汉译世界学术名著丛书

诠释学 I
真理与方法
——哲学诠释学的基本特征
（修订译本）

〔德〕汉斯-格奥尔格·伽达默尔 著

洪汉鼎 译

Gadamer, Hans-Georg
Gesammelte Werke
Bd. 1 Hermeneutik: Wahrheit und Methode. — 1. Grundzüge einer philosophischen Hermeneutik.
1. Auflage 1960
2. Auflage 1965 (erweitert)
3. Auflage 1972 (erweitert)
4. Auflage 1975 (unverändert)
5. Auflage 1986 (durchgesehen und erweitert [für ⟩Gesammelte Werke⟨])
6. Auflage 1990 (durchgesehen)

© 1960/1986 J. C. B. Mohr (Paul Siebeck), Tübingen.
本书根据德国蒂宾根莫尔·西贝克出版社1986年版译出

汉译世界学术名著丛书
出 版 说 明

我馆历来重视移译世界各国学术名著。从 20 世纪 50 年代起,更致力于翻译出版马克思主义诞生以前的古典学术著作,同时适当介绍当代具有定评的各派代表作品。我们确信只有用人类创造的全部知识财富来丰富自己的头脑,才能够建成现代化的社会主义社会。这些书籍所蕴藏的思想财富和学术价值,为学人所熟知,毋需赘述。这些译本过去以单行本印行,难见系统,汇编为丛书,才能相得益彰,蔚为大观,既便于研读查考,又利于文化积累。为此,我们从 1981 年着手分辑刊行,至 2004 年已先后分十辑印行名著 400 余种。现继续编印第十一辑。到 2010 年底出版至 460 种。今后在积累单本著作的基础上仍将陆续以名著版印行。希望海内外读书界、著译界给我们批评、建议,帮助我们把这套丛书出得更好。

商务印书馆编辑部
2009 年 10 月

中译本前言①

这是半个世纪以前的事。我感到极大的满意,我能在您访问海德堡期间与您认识,这对于我来说至今还是一件很罕见的事,一位像您这样很了解德国哲学的人曾把我自己的一些思考想法对您自己的国人开启。

的确,我自己很了解人们彼此进行交往和联系的活生生的话语的优越性。但是在这样一个远方的并具有古老文化的国度,尽管我的先辈康德、黑格尔、尼采和海德格尔的全集尚未完成,我自己的思想却能介绍给生生不息的中国文化,这确实是一种荣幸。

我们深刻地感到一种毕生的使命,这一使命我们为了人类文化的共同未来必须完成。

汉斯-格奥尔格·伽达默尔
2001年6月26日,海德堡

---

① 2001年6月,我在德国杜塞尔多夫大学卢茨·盖尔德塞策(Lutz Geldsetzer)教授陪同下拜访了当时已有101岁高龄的伽达默尔教授,在此次访问时,伽达默尔教授显得精神很好,足足谈了两个半小时。席间我请伽达默尔教授为《真理与方法》中译本写一序言,伽达默尔欣然允诺,并且一个多星期后就写出并寄给盖尔德塞策教授,请他转寄给我。从伽达默尔来信原件可看出,当时他还使用一台很古老的德国打字机,机械似乎不太灵活,字迹出现不清,而且有误。

——译者

译者序言

伽达默尔的《真理与方法》出版于 1960 年。自它问世以来，不仅西方哲学和美学受到它的重大影响，而且这种影响迅速地波及西方的文艺批评理论、历史学、法学和神学等各人文科学领域。在当代西方哲学的发展中，这本书可以说是继胡塞尔的《逻辑研究》（1900 年）、海德格尔的《存在与时间》（1927 年）之后的又一部重要的经典哲学著作。

正如本书副标题所示，《真理与方法》乃是阐明"哲学诠释学的基本特征"。"哲学诠释学"（die philosophische Hermeneutik）这一名称不仅意味着它与以往的诠释学相比有着根本的性质转变，而且表明了它是当代西方哲学发展的一个新的趋向，以致我们可以用诠释学哲学（die hermeneutische Philosophie）来标志当代西方哲学人文主义思潮中的一个重要哲学流派。

诠释学（Hermeneutik）本是一门研究理解和解释的学科，其最初的动因显然是为了正确解释《圣经》中上帝的语言。诠释学一词的希腊文词根赫尔墨斯（Hermes）本是希腊神话中的一位信使的名字，他的职务是通过他的解释向人们传递诸神的消息，因此当教父时代面临《旧约圣经》中的犹太民族的特殊历史和《新约圣经》中的耶稣的泛世说教之间的紧张关系而需要对《圣经》作出统一解释时，人们发展了一种神学诠释学，即一种正确理解和解释《圣经》的技术学，而以后当这种理解和解释的学问被用于法律或法典时，便产生了相应的法学诠释学。但诠释学作为一门关于理解和解释的系统理论，是由 19 世纪德国哲学家施莱尔马赫（1768—1834年）和狄尔泰（1833—1911 年）完成的。施莱尔马赫根据以往的《圣经》诠释学经验提出了有关正确理解和避免误解的普遍诠释学理论，从而使神学诠释学和法学诠释学成为普遍诠释学理论的具体运用。狄尔泰在施莱尔马赫的普遍诠释学理论设想的基础上试图为精神科学方法论奠定诠释学基础。按照他的看法，诠释学应当成为整个精神科学区别于自然科学的普遍方法论。不过，不论是施莱尔马赫，还是狄尔泰，他们的诠释学理论都没有超出方法论和认识论性质的研究，他们只属于古典的或传统的诠释学。

哲学诠释学正是在把传统诠释学从方法论和认识论性质的研究转变为本体论性质研究的过程中产生的。诠释学这种根本性转变的发动者乃是德国哲学家海德格尔。海德格尔通过对此在的时间性分析，把理解作为此在的存在方式来把握，从而使诠释学由精神科学的方法论转变为一种哲学。按照海德格尔的"事实性诠释学"，任何理解活动都基于"前理解"，理解活动就是此在的前结构向未来进行筹划的存在方式。伽达默尔秉承海德格尔的本体论转变，把诠释学进一步发展为哲学诠释学。按照他的看法，诠释学决不是一种方法论，而是人的世界经验的组成部分。他在《真理与方法》第 2 版序言中写道："我们一般所探究的不仅是科学及其经验方式的问题——我们所探究的是人的世界经验和生活实践的问题。借用康德的话来说,我们是在探究:理解怎样得以可能?这是一个先于主体性的一切理解行为的问题,也是一个先于理解科学的方法论及其规范和规则的问题。我认为海德格尔对人类此在的时间性分析已经令人信服地表明:理解不属于主体的行为方式,而是此在本身的存在方式。本书中的'诠释学'概念正是在这个意义上使用的。它标志着此在的根本运动性,这种运动性构成此在的有限性和历史性,因而也包括此在的全部世界经验。"① 正如康德并不想为现代自然科学规定它必须怎样做,以便使它经受理性的审判,而是追问使近代科学成为可能的认识条件是什么、它的界限是什么,同样,哲学诠释学也不是像古老的诠释学那样仅作为一门关于理解的技艺学,以便炮制一套规则体系来描述甚或指导精神科学的方法论程序,哲学诠释学乃是探究人类一切理解活动得以可能的基本条件,试图通过研究和分析一切理解现象的基本条件找出人的世界经验,在人类的有限的历史性的存在方式中发现人类与世界的根本关系。很显然,这里哲学诠释学已成为一门诠释学哲学。

《真理与方法》全书的基本内容和线索可以用伽达默尔自己在该书导言中的话来概括:"本书的探究是从对审美意识的批判开始,以便捍卫那种我们通过艺术作品而获得的真理的经验,以反对那种被科学的真理概念弄得很狭窄的美学理论。但是,我们的探

---

① 《真理与方法》1975年德文版第XVII—XVIII页,现载《诠释学Ⅱ 真理与方法》1986年德文版,第2卷,第439—440页。(可参见中译本边码,下同。)

究并不一直停留在对艺术真理的辩护上,而是试图从这个出发点开始去发展一种与我们整个诠释学经验相适应的认识和真理的概念。"①这也就是说,伽达默尔试图以艺术经验里真理问题的展现为出发点,进而探讨精神科学的理解问题,并发展一种哲学诠释学的认识和真理的概念。与这种思考线索相应,《真理与方法》一书分为三个部分:1)艺术经验里真理问题的展现;2)真理问题扩大到精神科学里的理解问题;3)以语言为主线的诠释学本体论转向。这三个部分分别构成三个领域,即美学领域、历史领域和语言领域。

艺术经验里的真理问题

按照现代科学方法论,艺术经验乃是一种非科学的经验,因此艺术经验里的真理即使不说是非真理,也是一种很特殊的非科学的真理。但是按照伽达默尔的看法,这乃是现代科学方法论的偏见。事实上,科学认识乃是我们认识世界许多方式中的一种,我们决不能以近代自然科学的认识和真理概念作为衡量我们一切其他认识方式的标准。他在本书导言中写道:"本书探究的出发点在于这样一种对抗,即在现代科学范围内抵制对科学方法的普遍要求。因此本书所关注的是,在经验所及并且可以追问其合法性的一切地方,去探寻那种超出科学方法论控制范围的对真理的经验。这样,精神科学就与那些处于科学之外的种种经验方式接近了,即与哲学的经验、艺术的经验和历史本身的经验接近了,所有这些都是

---

① 1975年德文版第XXIX页。

那些不能用科学方法论手段加以证实的真理借以显示自身的经验方式。"①因此,艺术经验的真理问题的探讨就自然成为我们深入理解精神科学的认识和真理的出发点。

正如维特根斯坦的语言分析以游戏为出发点一样,伽达默尔探讨艺术真理的入门概念也是游戏(Spiel)。按照通常的理解,游戏的主体是从事游戏活动的人即游戏者,但按伽达默尔的看法,游戏的真正主体不是游戏者,而是游戏本身,游戏者只有摆脱了自己的目的意识和紧张情绪才能真正说在进行游戏。所以游戏本身就是具有魅力吸引游戏者的东西,就是使游戏者卷入到游戏中的东西,就是束缚游戏者于游戏中的东西。游戏之所以吸引和束缚游戏者,按照伽达默尔的分析,正在于游戏使游戏者在游戏过程中得到自我表现(Sich-ausspielen)或自我表演(Sichdarstellung),因此伽达默尔说:"游戏的存在方式就是自我表现。"②但是,游戏者要在游戏中达到自我表现,需要观赏者,或者说,游戏是"为观看者而表现",游戏只有在观赏者那里才赢得其自身的完全意义。事实上,最真实感受游戏、并且游戏对之正确表现自己所意味的,正是那种并不参与游戏、而只是观赏游戏的人。所以"在观赏者那里,游戏好像被提升到了它的理想性"。③ 在这种意义上,我们同样也可以说观赏者和游戏者一同参与了游戏,游戏本身乃是由游戏者和观赏者所组成的统一整体。

按照语词史,游戏(Spiel)一词迅速把我们带到了观赏游戏

---

① 1975年德文版第XXVII—XXVIII页。
② 1986年德文版第1卷,第113页。
③ 1986年德文版第1卷,第115页。

(Schauspiel)即戏剧一词。戏剧是文学作品本身进入此在的活动。文学作品的真正存在只在于被展现的过程(Gespieltwerden),这也就是说,作品只有通过再创造或再现而使自身达到表现。伽达默尔通过绘画概念来阐明这一点。绘画(Bild)涉及原型(Urbild)和摹本(Abbild)。按照柏拉图的理念论,原型和摹本的关系乃是第一性东西(理念)和第二性东西(现象)的关系,原型优于摹本。但是按照伽达默尔的看法,绘画与原型的关系,从根本上说,完全不同于摹本和原型的关系,因为绘画乃是一种表现,原型只有通过绘画才能达到表现,因此原型是在表现中才达到自我表现,表现对于原型来说不是附属的事情,而是属于原型自身的存在,原型正是通过表现才经历了一种"在的扩充"(Zuwachs an Sein)。在这里我们看到了伽达默尔的现象学方法,即颠倒了以往形而上学关于本质和现象、实体和属性、原型和摹本的主从关系,原来认为是附属的东西现在起了主导的作用。

伽达默尔由此得出结论,艺术作品只有当被表现、被理解和被解释的时候,才具有意义,艺术作品只有在被表现、被理解和被解释时,它的意义才得以实现。他写道:"艺术的万神庙并非一种把自身呈现给纯粹审美意识的无时间的现时性,而是历史地实现自身的人类精神的集体业绩。所以审美经验也是一种自我理解的方式。但是所有自我理解都是在某个于此被理解的他物上实现的,并且包含这个他物的统一性和同一性。只要我们在世界中与艺术作品接触,并在个别艺术作品中与世界接触,那么这个他物就不会始终是一个我们刹那间陶醉于其中的陌生的宇宙。"①

---

① 1986年德文版第1卷,第102页。

译者序言

任何艺术作品的再现——不论是阅读一首诗,观看一幅画,还是演奏一曲音乐,演出一场戏剧——在伽达默尔看来,都是艺术作品本身的继续存在方式,因此艺术作品的真理性既不孤立地在作品上,也不孤立地在作为审美意识的主体上,艺术的真理和意义只存在于以后对它的理解和解释的无限过程中。他写道:"……对艺术作品的经验从根本上说总是超越了任何主观的解释视域的,不管是艺术家的视域,还是接受者的视域。作者的思想决不是衡量一部艺术作品的意义的可能尺度,甚至对一部作品,如果脱离它不断更新的被经验的实在性而光从它本身去谈论,也包含某种抽象性。"① 按照伽达默尔的看法,这就是一种过去和现在之间的沟通,艺术的真理和意义永远是无法穷尽的,而只存在于过去和现在之间的无限中介过程中。

精神科学的理解问题

但是,《真理与方法》并不停留在对艺术真理的辩护上,而是试图从这个出发点去发展一种与我们整个诠释学经验相适应的认识和真理的概念。正如在艺术的经验中我们涉及的是那些根本上超出了科学知识范围外的真理一样,在精神科学中我们涉及的也是这样一些类似的真理的经验。精神科学研讨各种历史传承物,我们对历史传承物的经验经常居间传达了我们必须一起参与其中去获得的真理。

任何理解和解释都依赖于理解者和解释者的前理解(Vorver-

---

① 1975年德文版第 XIX 页。

ständnis),这是海德格尔在其《存在与时间》一书中就指出过的,他在那里写道:"把某某东西作为某某东西加以解释,这在本质上是通过先有、先见和先把握来起作用的。解释从来就不是对某个先行给定的东西所作的无前提的把握。如果像准确的经典释文那样特殊的具体的解释喜欢援引'有典可稽'的东西,那么最先的'有典可稽'的东西无非只是解释者的不言自明的无可争议的先入之见。任何解释一开始就必须有这种先入之见,它作为随同解释就已经'被设定了'的东西是先行给定了的,也就是说,是在先有、先见、先把握中先行给定了的。"①对于这一点,伽达默尔通过对启蒙运动关于前见的成见的批判——在这方面,他认为启蒙运动对前见的批判,本身就是一种前见,因而他要求为权威和传统正名——得出结论说"理解甚至根本不能被认为是一种主体性的行为,而要被认为是一种置自身于传统过程中的行动,在这过程中过去和现在经常地得以中介",②因此"一切诠释学条件中最首要的条件总是前理解,……正是这种前理解规定了什么可以作为统一的意义被实现,并从而规定了对完全性的先把握的应用"。③

前理解或前见是历史赋予理解者或解释者的生产性的积极因素,它为理解者或解释者提供了特殊的"视域"(Horizont)。视域就是看视的区域,它包括了从某个立足点出发所能看到的一切。谁不能把自身置于这种历史性的视域中,谁就不能真正理解传承物的意义。但是按照伽达默尔的看法,理解者和解释者的视域不

---

① 海德格尔:《存在与时间》,1979年德文版,第150页。
② 1986年德文版第1卷,第295页。
③ 1986年德文版第1卷,第299页。

是封闭的和孤立的,它是理解在时间中进行交流的场所。理解者和解释者的任务就是扩大自己的视域,使它与其他视域相交融,这就是伽达默尔所谓的"视域融合"(Horizontverschmelzung),"理解其实总是这样一些被误认为是独自存在的视域的融合过程"。①视域融合不仅是历时性的,而且也是共时性的,在视域融合中,历史和现在、客体和主体、自我和他者构成了一个无限的统一整体。

这样,我们就达到伽达默尔所谓"效果历史"(Wirkungsgeschichte)这一诠释学核心概念了。他解释道:"真正的历史对象根本就不是对象,而是自己和他者的统一体,或一种关系,在这种关系中同时存在着历史的实在以及历史理解的实在。一种名副其实的诠释学必须在理解本身中显示历史的实在性。因此我就把所需要的这样一种东西称之为'效果历史'。理解按其本性乃是一种效果历史事件。"②按照伽达默尔的看法,任何事物一旦存在,必存在于一种特定的效果历史中,因此对任何事物的理解,都必须具有效果历史意识。他写道:"理解从来就不是一种对于某个被给定的'对象'的主观行为,而是属于效果历史,这就是说,理解是属于被理解东西的存在。"③即使对于历史科学来说,效果历史的反思也是历史描述和历史研究的基础,如果想让历史描述和历史研究完全避开效果历史反思的判断权限,那么这就等于取消了历史描述和历史研究。在伽达默尔看来,效果历史这一诠释学要素是这样彻底和根本,以致我们在自己整个命运中所获得的存在从本质上

---

① 1986年德文版第1卷,第311页。
② 1986年德文版第1卷,第305页。
③ 1975年德文版第XIX页。

说也超越了这种存在对其自身的认识。

效果历史概念揭示了诠释学另一重要功能即应用（Applikation）功能。按照浪漫主义诠释学的看法，诠释学只具有两种功能，即理解功能和解释功能，而无视它的应用功能。伽达默尔根据古代诠释学、特别是法学诠释学和神学诠释学的实践，强调了应用在诠释学里的根本作用。他认为，我们要对任何文本有正确的理解，就一定要在某个特定的时刻和某个具体的境况里对它进行理解，理解在任何时候都包含一种旨在过去和现在进行沟通的具体应用。伽达默尔特别援引了亚里士多德关于理论知识（Episteme）和实践知识（Phronesis）的重要区分，认为诠释学知识是与那种脱离任何特殊存在的纯粹理论知识完全不同的东西，诠释学本身就是一门现实的实践的学问，或者说，理解本身就是"一种效果（Wirkung），并知道自身是这样一种效果"。[①] 按照伽达默尔的看法，效果历史意识乃具有开放性的逻辑结构，开放性意味着问题性。我们只有取得某种问题视域，才能理解文本的意义，而且这种问题视域本身必然包含对问题的可能回答。这样我们可以看出，精神科学的逻辑本质上就是"一种关于问题的逻辑"，[②]正如我们不可能有偏离意见的对于意见的理解，同样我们也不可能有偏离真正提问的对于可问性的理解，"对于某物可问性的理解其实总已经是在提问"，[③]因而精神科学的真理永远处于一种"悬而

---

① 1986 年德文版第 1 卷，第 346 页。
② 1986 年德文版第 1 卷，第 375 页。
③ 1986 年德文版第 1 卷，第 380 页。

未决之中"。①

能被理解的存在就是语言

理解的实现方式乃是事物本身得以语言表达,因此对事物的理解必然通过语言的形式而产生,或者说,语言就是理解得以完成的形式。

与当代语言分析哲学的看法相反,伽达默尔不认为语言是事物的符号,而认为语言乃是原型的摹本。符号本身没有绝对的意义,它只有在同使用符号的主体相关时才有其指示意义,而且它的意义就是它所代表或指称的事物。反之,摹本决不是原型的单纯符号,它并不是从使用符号的主体那里获得其指示功能,而是从它自身的含义中获得这种功能,正是在摹本中,被描摹的原型才得到表达并获得继续存在的表现。伽达默尔写道:"语言并非只是标志对象世界的符号系统。语词并不只是符号,在某种较难理解的意义上说,语词几乎就是一种类似于摹本的东西。"②因此,语言和世界的关系决不是单纯符号和其所指称或代表的事物的关系,而是摹本与原型的关系。正如摹本具有使原型得以表现和继续存在的功能一样,语言也具有使世界得以表现和继续存在的作用。就此而言,"语言观就是世界观"。伽达默尔写道:"语言并非只是一种生活在世界上的人类所拥有的装备,相反,以语言为基础、并在语言中得以表现的乃是:人拥有世界。对于人类来说,世界就是存

---

① 1986 年德文版第 1 卷,第 380 页。
② 1986 年德文版第 1 卷,第 420 页。

在于那里的世界……但世界的这种存在却是通过语言被把握的。这就是洪堡从另外角度表述的命题的真正核心,即语言就是世界观。"①

世界本身是在语言中得以表现的,或者用伽达默尔的话来说,"能够理解的存在就是语言"。不过,这一命题并不是说存在就是语言,而是说我们只能通过语言来理解存在,或者说,世界只有进入语言,才能表现为我们的世界。所以伽达默尔在本书第2版序言中说这一命题必须在这个意义上去领会,即"它不是指理解者对存在的绝对把握,而是相反,它是指:凡是在某种东西能被我们所产生并因而被我们所把握的地方,存在就没被经验到,而只有在产生的东西仅仅能够被理解的地方,存在才被经验到"。② 语言性的世界经验是绝对的,它超越了一切存在状态的相对性。我们世界经验的语言性先于一切被认为是或被看待为存在的东西。因此语言和世界的基本关系并不意味着世界沦为语言的对象,倒不如说,一切认识和陈述的对象乃是由语言的视域所包围,人的世界经验的语言性并不意味世界的对象化,就此而言,科学所认识并据以保持其固有客观性的对象性乃属于由语言的世界关系所重新把握的相对性。这就是伽达默尔所谓的以语言为主线的诠释学本体论转向。

现在我们必须回到《真理与方法》一书的主题,即真理和方法的关系。这种关系显然是一种对峙关系,即科学的方法是不可能

---

① 1986年德文版第1卷,第446—447页。
② 1975年德文版第XXIII页。

达到理解的真理,伽达默尔以这样一段话作为本书的结束语:"我们的整个研究表明,由运用科学方法所提供的确实性并不足以保证真理。这一点特别适用于精神科学。但这并不意味着精神科学的科学性的降低,而是相反地证明了对特定的人类意义之要求的合法性,这种要求正是精神科学自古以来就提出的。在精神科学的认识中,认识者的自我存在也一起在起作用,虽然这确实标志了'方法'的局限,但并不表明科学的局限。凡以方法工具所不能做到的,必然并且能够通过提问和研究的学科来达到,而这种学科可以确保获得真理。"①

伽达默尔 1900 年 2 月 11 日生于德国马堡。1918 年至 1920 年代初就学于波兰布雷斯劳、德国马堡、弗赖堡和慕尼黑等大学,攻读德国文学、古典语言、艺术史和哲学。1922 年在纳托普(Natorp)教授指导下获博士学位,随后师从海德格尔,1928 年在马堡大学取得教授资格,讲授伦理学和美学,1937 年升为编外教授。1939 年在莱比锡大学获正式教授职位,1945 年任该校哲学系主任,1946—1947 年晋升为该校校长。1947 年转到法兰克福大学任首席哲学教授。1949 年在海德堡大学接替雅斯贝尔斯,自此之后一直在海德堡大学任教,1968 年退休后仍为该校名誉教授。自 1940 年起,曾相继任莱比锡、海德堡、雅典和罗马等科学院院士,1975 年任波士顿美国艺术和科学研究院荣誉院士。伽达默尔一生著述颇丰,主要著作有:《柏拉图的辩证伦理学——〈斐利布斯篇〉

---

① 1986 年德文版第 1 卷,第 494 页。

的现象学解释》(1931年初版,1968年以《柏拉图的辩证伦理学和柏拉图哲学其他方面的研究》为名扩充再版);《柏拉图与诗人》(1934年);《赫尔德思想中的民族与历史》(1941年);《歌德与哲学》(1947年);《论哲学的本源性》(1948年);《真理与方法》(1960年,1965年,1972年,1975年,1986年);《历史意识问题》(1963年);《短篇著作集》(四卷本,1967—1977年);《魏尔纳·索尔茨》(1968年);《黑格尔的辩证法——五篇诠释学研究论文》(1971年);《我是谁,你是谁?》(1973年);《柏拉图〈蒂迈欧篇〉里的理念和实在》(1974年);《科学时代的理性》(1976年);《诗学》(1977年);《美的现实性——作为游戏、象征和庆典的艺术》(1977年);《柏拉图和亚里士多德之间的善的观念》(1978年);《黑格尔遗产》(1979年)。其中《真理与方法》是他的代表作,先后再版了五次,1972年后被译成多种文字在世界各地发行。《伽达默尔著作集》共10卷,出版于1985年至1995年。

译者最早接触这本书是在1983年,记得那年我初次访问德国时,慕尼黑大学一位哲学教授曾向我推荐了这本书,认为要理解当代德国哲学的发展非读此书不可。继后我在德国几所大学的哲学教学中发现,尽管有些德国哲学家并不完全赞同伽达默尔的观点,但在他们的哲学讲课中总带有深厚的诠释学意识,甚而他们广泛地使用了一些哲学诠释学的术语。1985年回国后,在一次现代外国哲学年会上上海译文出版社编辑向我提出翻译此书的要求。为了不辜负出版社的期望,我在1986年就开始了此书的翻译工作,谁知此书的难度是这样大,以致在1990年底我只能交付前两部分的译稿,作为上卷出版。1989年我应邀参加了德国波恩举行的国际海德格尔研讨会,会议期间我与伽达默尔相识,并讨论了此书中的一些概念的译名。使我大为惊讶的是,伽达默尔本人对此书的翻译并不感兴趣,而且相反地提出了一条"不可翻译性"(Unübersetzbarkeit)的诠释学原理。如果从完满性和正确性的翻译要求出发,我们确实要承认这种不可翻译性,因为按照诠释学的观点,要把伽达默尔本人在写《真理与方法》时的意义内蕴全面而客观地表现出来,这是不可能的,任何翻译都带有翻译者的诠释学"境遇"和理解"视域",追求所谓的单一的真正的客观的意义乃是不可实现的幻想。但是按照我个人的看法,如果我们把翻译同样也视为一种理解、解释或再现的话,我们也不可因为翻译不能正确复制原书的原本意义而贬低翻译的价值。事实上,正如一切艺术作品的再现一样,一本书的翻译也是一种解释,因而也是该书继续存在的方式。① 当然由于翻译者的哲学修养或理解视域的限制,一部翻译作品是否是原书的一种好的解释或好的继续存在方式,乃是另外的一个问题。

特别是对于我们马克思主义哲学工作者,更需要用我们更高的理解视域——也就是我们所说的马克思主义哲学立场——来研究和批判当代西方哲学这一诠释学趋向。尽管这一趋向的后期发展特别是伽达默尔本人后期和法兰克福学派所提出的"实践哲学"与马克思主义哲学有某种类似的哲学观点,但我们应当注意,我们所理解的马克思主义与他们所谓的实践哲学在本质上是根本不同

---

① 伽达默尔在《真理与方法》第三部分就明确说过:"因此,一切翻译就已经是解释,我们甚至可以说,翻译始终是解释的过程,是翻译者对先给予他的语词所进行的解释过程。"(1986年德文版第1卷,第388页)

的,因此当我们阅读和研究这本书时,我们应有批判的观点。马克思主义哲学家应当是革命的、批判的和现实的哲学家。

洪汉鼎

1991年6月 于北京

序

原先版本的论文在收入本著作集时我又重新审阅一遍。除了个别细微的润色外,所收录的文章基本未加改动。原先的页码注在每页页边上面。附录(第1版第466—476页),以后版本的附录("诠释学与历史主义")(第2版第477—512页),第2版序(第XV—XXVI页)以及第3版后记(第513—541页)都收于本书第2卷附录中。

注释作了相当大的增加和增多。就我认为是有意义的而言,应当说它特别表示着研究的——不仅我自己的而且也有别人的——进展。所有的增加部分以及所有对原注释的增补都以方括号表示出来。多次所引的著作集第2卷应当被解读为是本书的继续、扩充和深入。因此两卷有一个扩充的共同的索引附在第2卷后,原先赖纳·维尔(Reiner Wiehl)先生所做的索引仍保留并在此表示致谢。

新的索引主要感谢这一版我的同事孔特·埃明(Kunt Eming)先生。我们的愿望是:在众多杂乱的概念里使主要的概念显示出来,特别是使第1卷与第2卷的相互隶属性明显表示出来。计算机将永远学不会的东西,应当说至少被我们以某种接近的方式做成了。

HGG

(汉斯-格奥尔格·伽达默尔)

目 录

导言 …………………………………………………………………… 3

第一部分 艺术经验里真理问题的展现

Ⅰ 审美领域的超越 …………………………………………………… 11
  1. 人文主义传统对于精神科学的意义 ………………………… 11
    a) 方法论问题 …………………………………………………… 11
    b) 人文主义的几个主导概念 ………………………………… 19
      α) 教化(Bildung) …………………………………………… 19
      β) 共通感(Sensus communis) …………………………… 33
      γ) 判断力(Urteilskraft) …………………………………… 50
      δ) 趣味(Geschmack) ……………………………………… 55
  2. 康德的批判所导致的美学主体化倾向 ……………………… 66
    a) 康德关于趣味和天才的学说 ……………………………… 66
      α) 趣味的先验特征 ………………………………………… 66
      β) 关于自由美和依存美的学说 …………………………… 70
      γ) 美的理想的学说 ………………………………………… 72
      δ) 自然和艺术中美的功利性 ……………………………… 76
      ε) 趣味和天才的关系 ……………………………………… 81

b）天才说美学和体验概念 …………………………………… 85
　　　α）天才概念的推广 ………………………………………… 85
　　　β）"体验"一词的历史 ……………………………………… 91
　　　γ）体验概念 ………………………………………………… 97
　　c）体验艺术的界限，为譬喻恢复名誉 ……………………… 106
3. 艺术真理问题的重新提出 …………………………………… 121
　　a）审美教化质疑 ……………………………………………… 121
　　b）对审美意识抽象的批判 …………………………………… 131

Ⅱ 艺术作品的本体论及其诠释学的意义 ………………………… 149
1. 作为本体论阐释主线的游戏 ………………………………… 149
　　a）游戏概念 …………………………………………………… 149
　　b）向构成物的转化与彻底的中介 …………………………… 163
　　c）审美存在的时间性 ………………………………………… 178
　　d）悲剧的例证 ………………………………………………… 189
2. 美学的和诠释学的结论 ……………………………………… 197
　　a）绘画的本体论意义 ………………………………………… 197
　　b）偶缘物和装饰品的本体论根据 …………………………… 211
　　c）文学的边界位置 …………………………………………… 234
　　d）作为诠释学任务的重构和综合 …………………………… 241

第二部分　真理问题扩大到精神科学里的理解问题

Ⅰ 历史的准备 ………………………………………………………… 251
1. 浪漫主义诠释学及其在历史学中的应用质疑 ……………… 251
　　a）诠释学在启蒙运动和浪漫主义时期之间的本质转变 …… 251
　　　α）浪漫主义诠释学的前史 ………………………………… 252

β) 施莱尔马赫的普遍诠释学设想 ……………………… 265
　　b) 浪漫主义诠释学之后的历史学派 ………………………… 283
　　　α) 面对整个世界史理想的困境 ………………………… 283
　　　β) 兰克的历史世界观 …………………………………… 292
　　　γ) 在 J.G. 德罗伊森那里历史学和诠释学的关系 ……… 304
2. 狄尔泰陷入历史主义困境 …………………………………… 312
　　a) 从历史学的认识论问题到为精神科学奠定诠释学基础 …… 312
　　b) 在狄尔泰关于历史意识的分析中科学和生命哲学的冲突 … 331
3. 通过现象学研究对认识论问题的克服 ……………………… 346
　　a) 胡塞尔和约尔克伯爵的生命概念 ……………………… 346
　　b) 海德格尔关于诠释学现象学的筹划 …………………… 362

II 一种诠释学经验理论的基本特征 …………………………… 377
1. 理解的历史性上升为诠释学原则 …………………………… 377
　　a) 诠释学循环和前见问题 ………………………………… 377
　　　α) 海德格尔对理解前结构的揭示 …………………… 377
　　　β) 启蒙运动对前见的贬斥 …………………………… 385
　　b) 作为理解条件的前见 …………………………………… 392
　　　α) 为权威和传统正名 ………………………………… 392
　　　β) 古典型的例证 ……………………………………… 403
　　c) 时间距离的诠释学意义 ………………………………… 411
　　d) 效果历史原则 …………………………………………… 424
2. 诠释学基本问题的重新发现 ………………………………… 434
　　a) 诠释学的应用问题 ……………………………………… 434
　　b) 亚里士多德诠释学的现实意义 ………………………… 441
　　c) 法学诠释学的典范意义 ………………………………… 459

3. 对效果历史意识的分析 ·· 482
  a) 反思哲学的界限 ··· 482
  b) 经验概念和诠释学经验的本质 ······································ 489
  c) 问题在诠释学里的优先性 ··· 511
    α) 柏拉图辩证法的范例 ·· 511
    β) 问和答的逻辑 ·· 522

第三部分　以语言为主线的诠释学本体论转向

1. 语言作为诠释学经验之媒介 ·· 539
  a) 语言性作为诠释学对象之规定 ······································ 547
  b) 语言性作为诠释学过程之规定 ······································ 556
2. "语言"概念在西方思想史上的发展 ···································· 569
  a) 语言和逻各斯（Logos） ··· 569
  b) 语言和话语（Verbum） ··· 588
  c) 语言和概念构成（Begriffsbildung） ································ 602
3. 语言作为诠释学本体论的视域 ··· 617
  a) 语言作为世界经验 ·· 617
  b) 语言中心及其思辨结构 ··· 642
  c) 诠释学的普遍性观点 ··· 666

版本 ·· 690

如果你只是接住自己抛出的东西,
这算不上什么,不过是雕虫小技;
只有当你一把接住
永恒之神
以精确计算的摆动,以神奇的拱桥形弧线
朝向你抛来的东西,
这才算得上一种本领,
但不是你的本领,而是某个世界的力量。

——R. M. 里尔克

导　言

　　本书所要探讨的是诠释学问题。理解和对所理解东西的正确解释的现象，不单单是精神科学方法论的一个特殊问题。自古以来，就存在一种神学的诠释学和一种法学的诠释学，这两种诠释学与其说具有科学理论的性质，毋宁说它们更适应于那些具有科学教养的法官或牧师的实践活动，并且是为这种活动服务的。因此，诠释学问题从其历史起源开始就超出了现代科学方法论概念所设置的界限。理解文本和解释文本不仅是科学深为关切的事情，而且也显然属于人类的整个世界经验。诠释学现象本来就不是一个方法论问题，它并不涉及那种使文本像所有其他经验对象那样承受科学探究的理解方法，而且一般来说，它根本就不是为了构造一种能满足科学方法论理想的确切知识。——不过，它在这里也涉及到知识和真理。在对传承物的理解中，不仅文本被理解了，而且见解也被获得了，真理也被认识了。那么，这究竟是一种什么样的知识和什么样的真理呢？

　　由于近代科学在对知识概念和真理概念的哲学解释和论证中占有着统治地位，这个问题似乎没有正当的合法性。然而，即使在科学领域内，这一问题也是完全不可避免的。理解的现象不仅遍及人类世界的一切方面，而且在科学范围内也有一种独立的有效性,并反对任何想把它归为一种科学方法的企图。本书探究的出发点在于这样一种对抗,即在现代科学范围内抵制对科学方法的普遍要求。因此本书所关注的是,在经验所及并且可以追问其合法性的一切地方,去探寻那种超出科学方法论控制范围的对真理的经验。这样,精神科学就与那些处于科学之外的种种经验方式接近了,即与哲学的经验、艺术的经验和历史本身的经验接近了,所有这些都是那些不能用科学方法论手段加以证实的真理借以显示自身的经验方式。

对于这一点,当代哲学已有了很清楚的认识。但是,怎样从哲学上对这种处于科学之外的认识方式的真理要求进行论证,这完全是另外一个问题。在我看来,诠释学现象的现实意义正在于:只有更深入地研究理解现象才能提供这样的论证。我认为,哲学史在现代的哲学研究工作中占有的重要性可以对此作出极其有力的证明。对于哲学的历史传统,我们接触到的理解是一种卓越的经验,这种经验很容易使我们看清在哲学史研究中出现的那种历史方法的假象。哲学研究的一个基本经验是:哲学思想的经典作家——如果我们试图理解他们——本身总是提出一种真理要求,而对于这种真理要求,当代的意识是既不能拒绝又无法超越的。当代天真的自尊感可能会否认哲学意识有承认我们自己的哲学见解低于柏拉图、亚里士多德、莱布尼茨、康德或黑格尔的哲学见解的可能性。人们可能会认为,当代哲学思维有一个弱点,即它承认自己的不足,并以此去解释和处理它的古典传统。当然,如果哲学家不认真地审视其自身的思想,而是愚蠢地自行充当丑角,那倒确实是哲学思维的一个更大的弱点。在对这些伟大思想家的原文的理解中，人们确实认识到了那种以其他方式不能获得的真理，我们必须承认这一点，尽管这一点是与科学用以衡量自身的研究和进步的尺度相背离的。

类似的情况也适合于艺术的经验。这里所谓的"艺术科学"所进行的科学研究从一开始就意识到了：它既不能取代艺术经验，也不能超越艺术经验。通过一部艺术作品所经验到的真理是用任何其他方式不能达到的，这一点构成了艺术维护自身而反对任何推理的哲学意义。所以，除了哲学的经验外，艺术的经验也是对科学意识的最严重的挑战，即要科学意识承认其自身的局限性。

因此，本书的探究是从对审美意识的批判开始，以便捍卫那种我们通过艺术作品而获得的真理的经验，以反对那种被科学的真理概念弄得很狭窄的美学理论。但是，我们的探究并不一直停留在对艺术真理的辩护上，而是试图从这个出发点开始去发展一种与我们整个诠释学经验相适应的认识和真理的概念。正如在艺术的经验中我们涉及的是那些根本上超出了方法论知识范围外的真理一样，同样的情况也适合于整个精神科学。在精神科学里，我们的各种形式历史传承物尽管都成了探究的对象，但同时在它们中真理也得到了表述(in ihrer Wahrheit zum Sprechen kommt)。[1] 对历史传承物的经验在根本上超越了它们中可被探究的东西。这种对历史传承物的经验不仅在历史批判所确定的意义上是真实的或不真实的——而且它经常地居间传达我们必须一起参与其中去获取的(teil zu gewinnen)真理。[2]

所以，这些以艺术经验和历史传承物经验为出发点的诠释学研究，试图使诠释学现象在其全部领域内得到明显的表现。在诠释学现象里,我们必须承认那种不仅在哲学上有其合法根据,而且本身就是哲学思维一种方式的真理的经验。因此,本书所阐述的诠释学不是精神科学的某种方法论学说,而是这样一种尝试,即试图理解什么是超出了方法论自我意识之外的真正的精神科学,以及什么使精神科学与我们的整个世界经验相联系。如果我们以理解作为我们思考的对象,那么其目的并不是想建立一门关于理解的技艺学,有如传统的语文学诠释学和神学诠释学所想做的那样。这样一门技艺学将不会看到,由于传承物告诉我们的东西的真理,富于艺术技巧的形式主义将占有一种虚假的优势。如果本书下面将证明在一切理解里实际起作用的事件何其多,以及我们所处的传统被现代历史意识所削弱的情况何其少,那么其目的并不是要为科学或生活实践制定规则,而是试图去纠正对这些东西究竟为何物的某种错误的思考。

本书希望以这种方式增强那种在我们这个倏忽即逝的时代受到被忽视的威胁的见解。变化着的东西远比一成不变的东西更能迫使人们注意它们。这是我们精神生活的一条普遍准则。因此,从历史演变经验出发的观点始终具有着成为歪曲东西的危险,因为这种观点忽视了稳定事物的隐蔽性。我认为,我们生活在我们历史意识的一种经常的过度兴奋之中。如果鉴于这种对历史演变的过分推崇而要援引自然的永恒秩序,并且召唤人的自然性以论证天赋人权思想,那么这正是这种过度兴奋的结果,而且正如我要指出的,这也是一个令人讨厌的结论。不仅历史的传承物和自然的生活秩序构成了我们作为人而生活于其中的世界的统一,——而且我们怎样彼此经验的方式,我们怎样经验历史传承物的方式,我们怎样经验我们存在和我们世界的自然给予性的方式，也构成了一个真正的诠释学宇宙，在此宇宙中我们不像是被封闭在一个无法攀越的栅栏中，而是开放地面对这个宇宙。[3]

对精神科学中属真理事物的思考，一定不能离开它承认其制约性的传统而进行反思。因此，这种思考必须为自己的活动方式提出这样的要求，即尽其可能地去把握历史的自我透明性（Selbstdurchsichtigkeit）。为了比现代科学的认识概念更好地对理解宇宙加以理解，它必须对它所使用的概念找寻一种新的关系。这种思考必将意识到，它自身的理解和解释绝不是一种依据于原则而来的构想，而是远久流传下来的事件的继续塑造。因此这种思考不会全盘照收其所使用的概念，而是收取从其概念的原始意义内涵中所传承给它的东西。

我们时代的哲学思考并不表现为古典哲学传统的直接而不中断的继续，因而与古典哲学传统相区别。当代哲学尽管与它的历史源流有着千丝万缕的联系，但它已清楚地意识到它与它的古典范例之间有着历史的距离。这首先在其变化了的概念关系中表现出来。无论西方哲学思想由于希腊概念的拉丁化和拉丁文概念文字译成现代文字而发生的变化是多么重要和根本，历史意识在最近几个世纪的产生却意味着一种更为深刻的进展。自那时以来，西方思想传统的连续性仅以片断的方式在起作用，因为人们那种使传统概念为自己思想服务的质朴的幼稚性已消失了。自此之后，科学与这些概念的关系已令人奇怪地对科学本身变得毫无关系，不管它同这些概念的关系是属于一种显示博学的（且不说具有古风的）接受方式，还是属于一种使概念沦为工具的技术操作方式。其实这两者都不能满足诠释学经验。哲学研究用以展现自身的概念世界已经极大地影响了我们,其方式有如我们用以生活的语言制约我们一样。如果思想要成为有意识的,那么它必须对这些在先的影响加以认识。这是一种新的批判的意识,自那时以来,这种意识已经伴随着一切负有责任的哲学研究,并且把那些在个体同周围世界的交往中形成的语言习惯和思想习惯置于我们大家共同属于的历史传统的法庭面前。

本书的探究力图通过使概念史的研究与对其论题的事实说明最紧密地联系起来而实现这种要求。胡塞尔曾使之成为我们义务的现象学描述的意识,狄尔泰曾用以放置一切哲学研究的历史视界广度,以及特别是由于海德格尔在几十年前的推动而引起的这两股力量的结合,指明了作者想用以衡量的标准,这种标准尽管在阐述上还有着一切不完善性,作者仍希望看到它没有保留地被加以应用。

第一部分

艺术经验里真理问题的展现

I
审美领域的超越

1. 人文主义传统对于精神科学的意义

a) 方法论问题

随同19世纪精神科学实际发展而出现的精神科学逻辑上的自我思考完全受自然科学的模式所支配。这一点只要我们考察一下"精神科学"(Geisteswissenschaften)这一词的历史就很清楚,尽管这一词仅在它的复数形式下才获得我们所熟悉的意义。[4] 同自然科学相比较,精神科学理解自身是这样明显,以致那种本存在于精神(Geist)概念和精神的科学(Die Wissenschaft des Geistes)概念里的唯心主义意蕴在此消失不见。"精神科学"这个词首先是通过约翰·斯图加特·穆勒[5]的《逻辑学》的[德文]翻译者而成为一个通用的词。穆勒在其著作里曾想附带地概述一下归纳逻辑有应用于"道德科学"(moral sciences)的可能性,而翻译者把这种科学称之为"精神科学"。① 从穆勒的《逻辑学》的内容中我们可以清楚

---

① J.St.穆勒:《演绎和归纳逻辑体系》,席尔(Schiel)译本,1863年第2版,第6卷:《论精神科学或道德科学的逻辑》。

地看出，问题根本不是要承认精神科学有某种自身的逻辑，而是相反地表明：作为一切经验科学基础的归纳方法在精神科学这个领域内也是唯一有效的方法。在这里穆勒是依据于一种英国式的传统，这个传统的最有成效的表述是休谟在其《人性论》导言中给出的。② 道德科学也在于认识齐一性、规则性和规律性，从而有可能预期个别的现象和过程。然而，即使在自然现象领域内，这一目标也不是到处可以同样的方式达到的。其原因仅在于：用以认识齐一性的材料并不是到处可以充分获得的。所以，尽管气象学所使用的方法完全类似于物理学的方法，然而由于它的材料不充分，它的预报也是靠不住的。这一点也同样适用于道德现象和社会现象领域。在这两个领域内对归纳法的使用，也是摆脱了任何形而上学假设的，并且完全不依赖于我们如何思考我们所观察的现象产生过程的方式。我们并不寻找某种特定结果的原因，而是简单地确定规则性。所以我们是否相信意志自由，这完全无关紧要，——我们仍然可以在社会生活领域内作出预见。凭借规则性去推断所期待的现象，这丝毫不包含对这样一种联系方式的假定，即这种联系方式和规则性使得人们有可能去进行预测。自由决定的加入——如果有这种决定的话——并不破坏合规则的过程，而是本身就属于那种可通过归纳法获得的普遍性和规则性。这就是我们在此纲领性地提出的某种关于社会的自然科学理想，这一理想在许多领域内已有了卓有成效的研究。我们只要想一想大众心理学，就可以知道。

---

② 大卫·休谟：《人性论》，导言。

但是,这就构成了精神科学向思维提出的真正问题,即如果我们是以对于规律性不断深化的认识为标准去衡量精神科学,那么我们就不能正确地把握精神科学的本质。社会-历史的世界的经验是不能以自然科学的归纳程序而提升为科学的。无论这里所谓科学有什么意思,并且即使一切历史知识都包含普遍经验对个别研究对象的应用,历史认识也不力求把具体现象看成为某个普遍规则的实例。个别事件并不单纯是对那种可以在实践活动中作出预测的规律性进行证明。历史认识的理想其实是,在现象的一次性和历史性的具体关系中去理解现象本身。在这种理解活动中,无论有如何多的普遍经验在起作用,其目的并不是证明和扩充这些普遍经验以达到规律性的认识,如人类、民族、国家一般是怎样发展的,而是去理解这个人、这个民族、这个国家是怎样的,它们现在成为什么——概括地说,它们是怎样成为今天这样的。

因为理解了某物是这样而来的,从而理解了某物是这样的,这究竟是怎样一种认识呢?这里"科学"指什么呢?尽管人们承认这种认识的理想是与自然科学的方式和目的根本不同的,人们仍然想以一种只是否定的方式把这种认识描述为"非精确科学"。甚至赫尔曼·赫尔姆霍茨[6]在他1862年著名讲演中对自然科学和精神科学所作的重要而公正的审察,虽然也是尽力强调精神科学的卓越的和人道的意义——但对精神科学的逻辑性质的描述仍然是一种基于自然科学方法论理想的消极的描述。③ 赫尔姆霍茨曾区

---

③ H.赫尔姆霍茨:《讲演和报告》,第4版,第1卷,"论自然科学与整个科学的关系",第167页以下。

分两种归纳法：逻辑的归纳法和艺术-本能的归纳法。但这意味着，他基本上不是在逻辑上，而是从心理学方面区分了两种处理方式。这两种处理方式都使用了归纳推论，但精神科学的推论方式是一种无意识的推断。因此精神科学的归纳程序就与独特的心理条件联在一起，它要求有一种机敏感（Taktgefühl），并且又需要其他一些精神能力，如丰富的记忆和对权威的承认，反之，自然科学家的自觉的推论则完全依赖于他自身的智力使用。——即使我们承认，这位伟大的自然研究家曾经反对那种想由自身的科学研究方式出发去制定一套普遍有效准则的企图，很显然，除了穆勒《逻辑学》告诉他的归纳概念外，他也并不掌握任何其他描述精神科学程序的逻辑可能性。近代力学及其在牛顿天体力学里的胜利对于18世纪科学所具有的那种实际的范例性，是赫尔姆霍茨视为理所当然的事，以致他根本未考虑这样一个问题：究竟是哪些哲学条件使得这门新科学能在17世纪得以产生。现在我们知道，巴黎的奥卡姆学派[7]对此曾有怎样大的影响。④ 对于赫尔姆霍茨来说，自然科学的方法论理想既不需要历史学的推导，也不需要认识论的制约，这就是他为什么不能把精神科学的研究方式理解为逻辑上不同于其他研究方式的原因。

这里有一项紧迫的任务，即把像"历史学派"那样的实际卓有成效的研究提升到逻辑的自我意识。早在1843年，J. G. 德罗伊森[8]这位古希腊文化史的作者和揭示者就已经写道："没有任何一个科

---

④ 特别是自从 P. 杜恒[9]的《莱奥纳多·达·芬奇研究》3卷本（1907年起）发表以来，该书现在由增至10卷本的遗著《世界体系——从柏拉图到哥白尼的宇宙学说史》（1913年起）所补充。[但也可参见安纳利斯·梅尔、A. 柯伊雷等人的著作。]

学领域有如历史学那样无意于理论上的证明、限定和划界。"德罗伊森曾经求助于康德,因为康德在历史的绝对命令中"曾指明那种生发出人类历史生命的活的源泉"。德罗伊森提出了这样一个要求,"成为重力中心的应是更深刻把握的历史概念,在这概念中,精神科学的动乱不定性将得到稳固并且能有继续发展的可能性"。⑤

德罗伊森在此所提出的自然科学的模式,并不是指在内容上符合科学理论的要求,而是指精神科学必须让自身作为一门同样独立的科学群建立起来。德罗伊森的《历史学》(*Historik*)就是试图解决这一任务。

甚至狄尔泰,虽然自然科学方法和穆勒逻辑的经验主义对他发生了很强烈的影响,他却保留了精神概念里的浪漫主义-唯心主义的传统。他常常感到自己优越于英国经验主义,因为他深深理解了究竟什么使得历史学派区别于一切自然科学的和天赋人权的思维。"只有从德国才能产生那种可取代充满偏见的独断的经验主义的真正的经验方法。穆勒就是由于缺乏历史的教养而成为独断的。"——这是狄尔泰在他的一本穆勒的《逻辑学》里所写的一条评语。⑥ 事实上,狄尔泰为奠定精神科学基础所进行的几十年之久的艰辛工作,就是与穆勒那著名的最后一章为精神科学所提出的逻辑要求的一场持久的论战。

虽然狄尔泰想要为精神科学方法上的独立性进行辩护,但他却仍然深受自然科学模式的影响。有两个证据可以说明这一点,

---

⑤ J. G. 德罗伊森:《历史学》(1925年新版,E. 罗特哈克编),第97页。
⑥ W. 狄尔泰:《全集》,第5卷,第LXXIV页。

这两个证据似乎也能为我们以后的研究指明途径。狄尔泰在其悼念威廉·舍勒尔[10]的文章中曾经强调说自然科学的精神主宰了舍勒尔的研究,而且他还想说明为什么舍勒尔如此强烈地受到英国经验论的影响:"舍勒尔是一个现代的人,我们先辈的世界不再是他的精神和他的心灵的故乡,而是他的历史对象。"⑦从这些话里我们可以看到,在狄尔泰心目中,消除与生命的联系,即获得一种与自身历史的距离乃属于科学认识,唯有这种距离方使历史可能成为对象。尽管我们可以承认,狄尔泰和舍勒尔两人对归纳法和比较法的运用都是受真正的个人的机敏所主宰,而且这种机敏是以某种心理文化为条件的,这种心理文化实际表明了古典文化世界和浪漫主义个性崇拜在这两位作者心中的继续存在。然而,自然科学的模式仍然主宰了他们的科学的自我理解。

这一点在第二个证据里尤其明显,在这个证据里,狄尔泰提出了精神科学方法的独立性,并且通过对精神科学对象的考察来论证这种独立性。⑧ 这种主张看起来真像是亚里士多德派的,并且还能表明对自然科学模式的真正摆脱。但是在他对精神科学方法的这种独立性的说明中,他却援引了古老的培根派的话:"只有服从自然法则才能征服自然"(Natura parendo vincitur)⑨——这是一个与狄尔泰本想掌握的古典的-浪漫主义的传统恰恰不相符合的原则。所以我们可以说,甚至狄尔泰——虽然他的历史学识使他超过了他同时代的新康德主义——在其逻辑方面的努力中也并没

---

⑦ W.狄尔泰:《全集》,第11卷,第244页。
⑧ 同上书,第1卷,第4页。
⑨ 同上书,第20页。

有从根本上远远超出赫尔姆霍茨所作出的素朴论断。不管狄尔泰是怎样急切地想维护精神科学在认识论上的独立性——人们在现代科学里称之为方法的东西仍是到处同一的,而且只有在自然科学中才得到其典范的表现。精神科学根本没有自己特有的方法。但是,我们可以和赫尔姆霍茨一样去追问,在精神科学领域内,究竟有多少东西意味着方法,以及精神科学所需要的其他条件对于精神科学的研究方式来说,是否就不比归纳逻辑更重要。当赫尔姆霍茨为了公正地对待精神科学而强调记忆和权威,并且讲到心理学上的机敏(它在这里替代了自觉的推理)时,他是正确地指明了这一点。这样一种机敏是依赖于什么呢?它是怎样获得的呢?精神科学中合乎科学的东西是否最终就在于这种机敏而不在于它的方法论呢?

由于精神科学引起了这个问题,并且由此抵制了对现代科学概念的顺应,精神科学便成为而且始终是哲学本身的一个难题。赫尔姆霍茨和他的世纪对这个问题所给出的回答是不充分的。他们跟随康德按照自然科学的模式去规定科学和认识的概念,并且在艺术的要素(艺术感受、艺术归纳)里找寻精神科学与众不同的特殊性。当赫尔姆霍茨并不相信,在自然科学研究里有"精神一闪念"(即人们称之为灵感的东西),并且只把科学工作视为"自觉推理的铁定般的工作程序"时,他所给出的自然科学研究的图画也可能是相当片面的。赫尔姆霍茨援引了约翰·斯图加特·穆勒的证据,按照这个证据,"最新的归纳科学对逻辑方法的进展所作出的贡献比所有专业哲学家还要来得多"。[10] 对于赫尔姆霍茨来说,归

---

[10] 赫尔姆霍茨,前引书,第178页。

纳科学绝对是科学方法的典范。

赫尔姆霍茨后来知道了，在历史认识中起决定性作用的是另外一种经验，这种经验完全不同于在自然规律研究中所需要的经验。因此他试图去说明为什么历史认识中的归纳方法与自然研究中的归纳方法处于不同的条件。为此他使用了作为康德哲学基础的自然和自由的区分。因此历史认识是另外一种不同的认识，因为在这个领域内不存在自然法则，而只存在对实践法则的自由依循，即对律令的自由依循。人类的自由世界并不承认自然法则的绝对普遍性（Ausnahmslosigkeit）。

但是，这种思路不是很有说服力的。当人们把对人类自由世界的归纳研究建立在康德关于自然和自由的区分上时，这既不符合康德的意图，也不符合归纳逻辑自身的思想。由于穆勒在方法论上不考虑自由问题，他在归纳逻辑方面是比较前后一致的；反之，赫尔姆霍茨为了公正地对待精神科学而援引康德，他这种前后不一致就不会有正确的结论。因为即使按照赫尔姆霍茨的看法，精神科学的经验主义也应像气象学的经验主义那样受到同样的评判，也即应当放弃和丢舍。

实际上，精神科学根本不会认为自己单纯从属于自然科学。精神科学在对德国古典文学精神遗产的继承中，更多地是发展了一种要成为人道主义真正继承人的带有傲气的自我感。德国古典文学时期不仅带来了文学和美学批评的革新——通过这种革新，消除了所流传下来的巴洛克[11]和启蒙运动理性主义的趣味理想，而且同时还赋予人性概念这一启蒙理性的理想以一种从根本上是崭新的内容。这首先表现在赫尔德[12]身上，他以其"达到人性的

I 审美领域的超越

教育"(Bildung zum Menschen)这一新的理想超过了启蒙运动的至善论(Perfektionismus)[13],并因而为历史精神科学在19世纪能得到发展奠定了基础。⑪ 当时上升为主导地位的教化概念(Der Begriff der Bildung)或许就是18世纪最伟大的观念,正是这一概念表现了19世纪精神科学赖以存在的要素,尽管精神科学还不知道在认识论上如何为这一要素进行辩护。

b) 人文主义的几个主导概念

α) 教化(Bildung)[14]

在教化(Bildung)概念里最明显地使人感觉到的,乃是一种极其深刻的精神转变,这种转变一方面使我们把歌德时代始终看成是属于我们的世纪,另一方面把巴洛克时代视为好像远离我们的史前时期。可是,我们通常所使用的基本概念和语词却是在那时形成的,如果谁不想被语言所困惑,而是谋求一种有历史根据的自我理解,那么他就会看到自己必须面对整个一堆语词史和概念史的问题。下面的探讨只是本书整个研究工作的一个开端,有助于我们所进行的哲学探究。我们所认为的一些不言而喻的概念,如"艺术"、"历史"、"创造性"、"世界观"、"体验"、"天才"、"外在世界"、"内在性"、"表达"、"风格"和"象征",本身就具有极其丰富的历史内涵。⑫

---

⑪ [参见我的论文"赫尔德和历史世界"(载《短篇著作集》,第3卷,第101—117页);该文也收入我的著作集,第4卷。]

⑫ [关于政治-社会方面的语词,目前可看奥托·布鲁纳、维纳·康策和赖因哈特·科泽勒克编辑出版的《历史基本概念辞典》,关于哲学的语词参阅J.里特的《哲学历史辞典》。]

如果我们转而考察教化概念——我们已经强调过这一概念对于精神科学的重要性——我们便会幸运地受益于一个既存的考察。[13] 这个考察对于这个词的历史作了很好的研究：它最初起源于中世纪的神秘主义，以后被巴洛克神秘教派所继承，再后通过克洛普施托克[15]那部主宰了整个时代的史诗《弥赛亚》而得到其宗教性的精神意蕴，最后被赫尔德从根本上规定为"达到人性的崇高教化"（Emporbildung zur Humanität）。19 世纪的教化宗教（Bildungsreligion）保存了这个词的深层内容，而我们的教化概念则是从这里得到规定的。

对于"教化"这词我们所熟悉的内容来说，首先要注意到的是："自然造就"（natürliche Bildung）这个古老的概念——它意指外在现象（肢体的形成，臻于完美的形式），并且一般意指自然所造成的形式（例如"山脉形成"）——当时就几乎完全与这个新概念相脱离。教化后来与修养概念最紧密地联系在一起，并且首先意指人类发展自己的天赋和能力的特有方式。赫尔德所赋予这一概念的特征，是在康德和黑格尔之间才圆满完成的。康德还没有在这样一种意义上使用"教化"这个词，他讲到过能力（或"天赋"）的修养（Kultur），这样一种修养就是行为主体的一种自由活动。所以他在讲到人对自己的义务应当是不让自己的天赋退化时，只称之为修养，而不使用"教化"这个词。[14] 反之，黑格尔在人对自身的义务

---

[13] 参见 I. 沙尔施米特：《造就和教化两词的意义变化》，博士论文，柯尼斯堡，1931 年。

[14] I. 康德：《道德形而上学》，第 2 部分"德性学说的形而上学最先根据"，第 19 节。

问题上采纳类似康德的观点时,却已经讲到了自我造就(Sichbilden)和教化,[15]而威廉·冯·洪堡[16]以他那与众不同的灵敏感觉已完全觉察到修养和教化之间的意义差别。他说:"但是如果我们用我们的语言来讲教化,那么我们以此意指某种更高级和更内在的东西,即一种由知识以及整个精神和道德所追求的情感而来、和谐地贯彻到感觉和个性之中的情操(Sinnesart)。"[16]教化在这里不再指修养,即能力或天赋的培养。教化这词的这种意义提升实际上是唤醒了古老的神秘主义传统,按照这种传统,人是按照上帝的形象创造的,人在自己的灵魂里就带有上帝的形象,并且必须在自身中去造就这种形象。对应于教化这个词的拉丁文是"formatio",而在其他语言,如在英语里的对应词(在沙夫茨伯里[17])则是form(形式)和formation(形成)。在德语里与forma这个概念相应的推导词,例如Formierung(塑形)和Formation(成型),很长时间与教化这个词处于竞争之中。自从文艺复兴时期的亚里士多德主义以来,forma就已完全脱离了其技术方面的意义,并以一种纯粹能动的和自然的方式加以解释。尽管如此,"教化"这词对"形式"这词的胜利看来仍不是偶然的,因为在教化(Bildung)里包含形象(Bild),形象既可以指摹本(Nachbild),又可以指范本(Vorbild),而形式概念则不具有这种神秘莫测的双重关系。[18]

与通常的从变异(Werden)到存在(Sein)的演变相适应的,教化这词[如同今天所用的"成型"(Formation)]与其说表示变异过

---

[15] G. F. W. 黑格尔:《著作集》(1832年起),第18卷,《哲学纲要》,第一教程,第41节以下。

[16] 威廉·冯·洪堡:《全集》,科学院版,第7卷,第1部,第30页。

程本身,不如说更多地表示这种变异过程的结果。这种演变在教化这里是特别明显的,因为教化的结果并不是在技术构造的方式里完成的,而是从塑形和教化的内在过程中产生的,因此教化的结果总是处于经常不断的继续和进一步教化之中。就这方面来说,教化这词决非偶然地与希腊语里的 physis(自然)相类似。正如自然一样,教化没有自身之外的目的。[我们将对"教化目的"(Bildungsziel)这词及其所指内容持怀疑的态度,这只能是来自教化的从属的意思。教化本身根本不可能是目的,它也不能作为这样的目的被追求,因为这样的目的只存在于人们所探究的教育者的意图中。]在这里,教化概念超出了对天赋的自然素质单纯培养的概念,尽管它是从这样的概念推导出来的。对自然素质的培养乃是发展某种被给予的东西,因此自然素质的训练和培养只是一种达到目的的单纯手段。所以,一本语言教科书的教学内容乃是单纯的手段,而不是目的本身,掌握它只有助于语言能力的提高。反之,在教化中,某人于此并通过此而得到教化的东西,完全变成了他自己的东西。虽然就某种程度而言,所有被吸收的东西都是被同化了的,但是在教化里,被同化了的东西并不像是一个已丧失其作用的手段。在所获得的教化里,实际上没有什么东西是丧失了,而是一切东西都被保存了。教化是一个真正的历史性的概念,并且正是因为这种"保存"的历史性质,教化对于精神科学中的理解有了重要的意义。

所以,对"教化"这词的历史最初的考察,就把我们带进了历史性概念领域,有如黑格尔首先在他的《第一哲学》[19]中对教化所作的卓越考察。实际上,黑格尔对什么是教化已经作出了最清楚的

I 审美领域的超越

说明。我们将首先跟随他。⑰ 他已经看到,哲学"在教化中获得了其存在的前提条件",而且我们还可以补充说,精神科学也是随着教化一起产生的,因为精神的存在是与教化观念本质上联系在一起的。

人之为人的显著特征就在于,他脱离了直接性和本能性的东西,而人之所以能脱离直接性和本能性的东西,就在于他的本质具有精神的理性的方面。"根据这一方面,人按其本性就不是他应当是的东西"——因此,人就需要教化。黑格尔称之为教化的形式本质的东西,是以教化的普遍性为基础的。从某种提升到普遍性的概念出发,黑格尔就能够统一地把握他的时代对于教化所作的理解。向普遍性的提升并不是局限于理论性的教化,而且一般来说,它不仅仅是指一种与实践活动相对立的理论活动,而是在总体上维护人类理性的本质规定。人类教化的一般本质就是使自身成为一个普遍的精神存在。谁沉湎于个别性,谁就是未受到教化的,例如,他没有节制和分寸地听任其盲目的愤怒。黑格尔指出,这样一种人根本缺乏抽象力:他不能撇开自己本身,而且不能看到某种普遍性,而他自身的特殊性却是由这种普遍性出发才得到正确而恰当的规定。

因此,教化作为向普遍性的提升,乃是人类的一项使命。它要求为了普遍性而舍弃特殊性。但是舍弃特殊性乃是否定性的,即对欲望的抑制,以及由此摆脱欲望对象和自由地驾驭欲望对象的

---

⑰ 黑格尔:《哲学纲要》,第41—45节。[现在可参见J-E.普莱内斯的汇编集《教化理论——问题和立场》,弗赖堡,1978年。此集也包含了布克、普莱内斯和沙夫的继续研究成果。]

客观性。这里,现象学辩证法的演绎就补充了《哲学纲要》里所陈述的东西。在《精神现象学》里,黑格尔阐述了一个真正"自在和自为"的自由的自我意识的发生过程,并且指出了劳动的本质不是消耗(verzehren)而是塑造(bilden)物品。⑬[20] 劳动着的意识在劳动赋予物品的独立存在中又发现自己是一个独立的意识。劳动是受到抑制的欲望。由于劳动塑造了对象,并且是无自我地活动着和企图得到普遍性的,所以劳动着的意识就超越了其自身此在的直接性而达到了普遍性——或者像黑格尔自己所说的,由于劳动着的意识塑造了物品,它也就塑造了自己本身。黑格尔的意思是这样:由于人获得了一种"能力",一种技能,所以他于此中就获得了一种特有的自我感。在人整个地投入于某个生疏的对象中,由于无自我的劳动而舍弃的东西,在他成为劳动着的意识时,又重新归还予他了。作为这样的意识,他在自身中发现了他自己的意义,而且就劳动来说,说劳动在塑造事物,这是完全正确的。劳动着的意识的自我感就包含着构成实践性的教化的一切要素,即放弃欲望的直接性、放弃个人需求和私有利益的直接性,以及对某种普遍性的追求。

在《哲学纲要》里,黑格尔通过一系列例子论证了追求普遍性的这种实践性教化的本质。例如在节制里就有这种实践性教化的本质,节制通过某种普遍性东西——例如健康的考虑——限制了

---

⑬ 黑格尔:《精神现象学》("哲学丛书"114),霍夫迈斯特编,第148页以下。[也可参见我的论文"黑格尔的自我意识辩证法"(载《黑格尔辩证法》,第2版,第49—64页;现收入我的著作集,第3卷)以及L.希普的著作《对实践哲学原则的确认:对黑格尔耶拿时期精神哲学的探究》,弗赖堡,1979年。]

过分满足需求和过分使用力量。同样,在谨慎里也表现了这种本质,谨慎在面对个别的情况和事情时,常常总是让人考虑到其他也可能是必然的东西。不过,每一种职业选择都具有某种这样的本质。因为每一种职务总具有某种属命运的东西、某种属外在必然性的东西,并且指望给自身以一项人们将不视为私有目的的任务。因此,实践性的教化就表现在:人们整个地直至一切方面都从事其职业活动。但这也包括人们克服那种对他们作为人的特殊性来说是生疏的东西,并使这种东西完全成为他自己的东西。因此热衷于职业普遍性的活动同时"就知道限制自身,这就是说,使其职业完全地成为他自己的事情。这样一来,职业对他来说就不是一种限制"。

在黑格尔对实践性教化的这种描述中,我们已经认识到历史性精神的基本规定,即自己与自己本身和解,在他物中认识自己本身。这基本规定在理论性教化的观念里得到了完满的表现,因为采取理论性态度本身就已是异化(Entfremdung),即指望"处置一些非直接性的东西,一些生疏的东西,处置一些属于回忆、记忆和思维的东西"。这样,理论性的教化就超出了人类直接获知和经验的事物之外。理论性的教化在于学会容忍异己的东西,并去寻求普遍的观点,以便不带有个人私利地去把握事物,把握"独立自在的客体"。[19] 因此,一切教化的获得都包含理论兴趣的发展,黑格尔认为古代世界和古代语言特别适合于这一点,因为这个世界是相当遥远和陌生的,这必然使我们与自身相分离——"但是,这

---

[19] 黑格尔:《著作集》,第18卷,第62页。

个世界也同时包含着返回到自身、与自身相友善和重新发现自身的一切起点和线索,不过,这是一个按照精神的真正普遍本质的自身。"⑳

人们在作为文科中学校长的黑格尔[21]的这段话中,将看到古典主义的那种偏见,即精神的普遍本质正是在古代尤其易被发现。不过,这里的基本思想还是正确的。在异己的东西里认识自身、在异己的东西里感到是在自己的家,这就是精神的基本运动,这种精神的存在只是从他物出发向自己本身的返回。就此而言,一切理论性的教化,甚至包括对陌生的语言和表象世界的领会,也只是很久以前开始的某个教化过程的单纯延续。每一个使自己由自然存在上升到精神性事物的个别个体,在他的民族的语言、习俗和制度里都发现一个前定的实体,而这个实体如他所掌握的语言一样,他已使其成为他自己的东西了。所以,只要单个个体于其中生长的世界是一个在语言和习俗方面合乎人性地造就的世界,单个个体就始终处于教化的过程中,始终处于对其自然性的扬弃中。黑格尔强调说,民族就是在这样的属它自己的世界中表现自己的此在。它从自身作出,因而也是从自身设定出它成为自在的东西。

由此可见,构成教化本质的并不是单纯的异化,而是理所当然以异化为前提的返回自身(Heim kehr zu sich)。因此教化就不仅可以理解为那种使精神历史地向普遍性提升的实现过程,而且同时也是被教化的人得以活动的要素。这是怎样的一种要素呢?这就是我们要向赫尔姆霍茨提出的问题。对此问题,黑格尔的答复

---

⑳ 黑格尔:《纽伦堡著作集》,J. 霍夫迈斯特编,第 312 页(1809 年讲演)。

将不会使我们满意。因为对于黑格尔来说,教化作为异化(Entfremdung)和同化(Aneignung)的运动是在某种完全充溢的实体中、在消除一切对象性的事物中实现的,而这种结果在哲学的绝对知识中才能达到。

正如我们不把意识历史性的见解与黑格尔的世界历史哲学联系起来一样,我们也不认为教化作为精神的一个要素同黑格尔的绝对精神哲学有联系。我们必须明确,即使对于已脱离黑格尔的历史精神科学来说,完满的教化(die vollendete Bildung)这一观念仍是一个必要的理想,因为教化是精神科学赖以存在的要素。即使在古老语言中对身体的外观称之为"完美形式"(vollkommene Bildung)的东西,与其说是指某种发展的最后阶段,还不如说是指那种开创一切发展并使所有肢体能和谐运动的成熟阶段。正是在这种意义上精神科学才假定:科学意识乃是一种已教化过的意识,并因此具有了正确的、不可学的和非效仿的机敏,而这种机敏像一个要素一样构成了精神科学的判断能力(Urteilsbildung)和认识方式。

赫尔姆霍茨关于精神科学的活动方式所描述的东西,特别是他称之为艺术家的情感和机敏的东西,实际上就是以教化这种要素为前提条件,在这种要素中,精神获得了一种特别自由的运动性。所以赫尔姆霍茨讲到了"随意性(Bereitwilligkeit),历史学家和语文学家由于这种随意性而在记忆中获得了截然不同的经验"。㉑ 从自然研究者思考所遵循的"自觉推理的铁定般的工作程

㉑ 赫尔姆霍茨,前引书,第178页。

序"的理想来看,赫尔姆霍茨这种描述可能是相当肤浅的。赫尔姆霍茨所运用的记忆概念,对于解释这里所包含的过程是不够的。如果人们在机敏或情感中所想到的是一种意外的心智能力——这种能力运用强有力的记忆并这样达到了并非可严格把握的知识,那么这种机敏或这种情感实际上就没有正确地被理解。使得这种机敏可能发生作用的东西、导致对这种机敏的获得和占有的东西,并不单纯是一种有益于精神科学认识的心理学设置。

此外,如果人们在记忆中所看到的只是某种一般的素质或能力,那么人们也就没有正确地把握记忆自身的本质。记住(Behalten)、遗忘(Vergessen)和再回忆(Wiedererinnern)属于人类的历史构成,而且本身就构成了人类的一段历史和一种教化。谁像训练一种单纯能力一样地训练记忆力——所有记忆技巧都是这样的训练——,他所获得的记忆力就不是他固有的东西。记忆力必定是被造就而成的,因为记忆力根本不是对一切事物的记忆。人们对有些东西有记忆,对另一些东西则没有记忆,而且人们像从记忆中忘却一些东西一样在记忆中保存了另一些东西。正是时间使记忆现象从能力心理学的平均化倾向中解放出来,并把这种记忆现象视为人类有限历史性存在的一个本质特征。遗忘实际上属于记忆和回忆,这一点长久以来未受到充分重视。遗忘不仅是一种脱落和一种缺乏,而且如 F. 尼采所首先强调的,它也是精神的一种生命条件。[22] 只有通过遗忘,精神才获得全面更新的可能,获得那种用新眼光去看待一切事物的能力,以致过去所信的东西和新

---

[22] F. 尼采:《不合时宜的思想》,第 2 卷,"历史学对生活的利弊论之一"。

见到的东西融合成一个多层次的统一体。"记住"乃是有歧义的。它作为记忆(mnēmē)包括对回忆(anamnēsis)的关系。㉓ 但是,这也同样适合于赫尔姆霍茨所使用的"机敏"概念。所谓机敏,我们理解为对于情境及其中行为的一种特定的敏感性和感受能力,至于这种敏感性和感受能力如何起作用,我们是不能按照一般原则来认识的。因此,不表达性(Unausdrücklichkeit)和不可表达性(Unausdrückbarkeit)属于机敏的本质。我们可以很机敏地(taktvoll)说某事,但这总是表示:我们很机敏地使某事被略过而不被表达,而不机敏地(taktlos)说某事则是指说出了人们只能略过的东西。但略过(übergehen)并不指不看某物,而是指这样去看某物,即不是正面触及它,而是旁敲侧击地触及它。因此,机敏就有助于我们保持距离,它避免了对人私有领域的冒犯、侵犯和伤害。

这样,赫尔姆霍茨所讲的机敏就不会与这种习惯的和日常交往的现象相等同了。但是它们两者之间也有某种本质上的共同点。因为就连在精神科学里起作用的机敏也并非只限于一种感情和无意识的东西,它同时也是一种认识方式和存在方式。这一点在上面对教化概念所进行的分析中,就更加明显地表现出来。赫尔姆霍茨称之为机敏的东西就包含教化,而且是一种既是审美性

㉓ 记忆的历史不是对记忆的训练史。记忆法虽然规定这个历史的一部分,但对那里出现的记忆(memoria)现象的实用主义考虑却意味着记忆现象的缩小。其实奥古斯丁本应处于这种记忆现象历史的中心,因为他完全改变了他所接受的毕达哥拉斯-柏拉图的传统。以后我们还要回到归纳问题中的记忆(mnēmē)功能问题。[参见《人文主义与象征主义》(卡斯特里编,1958年)里 P. 罗西的文章"文艺复兴时期艺术思想中的形象构造",以及 C. 范苏里的文章"在布鲁诺关于卢勒斯艺术思想的早期论文中的人文主义和象征学说"。]

教化又是历史性教化的功能。如果我们在精神科学研究中能信赖他的机敏，那么我们就一定对审美的东西和历史的东西有感觉，或者造就感觉。因为这种感觉不是简单地出自天性的东西，我们就有理由讲到审美的或历史的意识，而不真正讲到感觉。但或许这样的意识与感觉的直接性是有关系的，也就是说，这意识知道在个别事件中确切地作出区分和评价而无须说明其缘由。所以，谁具有了审美感觉，谁就知道区分美的和丑的，好的质量和糟的质量；谁具有了历史感觉，谁就知道对一个时代来说什么是可能的，什么是不可能的，而且他就具有对过去区别于现在的那种异样性的感觉。

如果所有这样都以教化为前提，那么这就意味着：教化不是一个程序或态度的问题，而是一个既成存在的问题（Frage des gewordenen Seins）。如果我们不事先具备一种对于艺术作品或过去的"他者"的接受性，那么我们就不能对传承物作出更精确的考察和更彻底的研究。我们追随黑格尔正是把这一点强调为教化的普遍特征，即这样地为他者、为其他更普遍的观点敞开自身。在这更普遍的观点中，存在着一种对于自身的尺度和距离的普遍感觉，而且在这一点上存在着一种超出自身而进入普遍性的提升。保持距离地看待自身和自己的个人目的，就是指看待这些东西如同其他东西看待这些东西一样。这种普遍性无疑不是一种概念的或知性的普遍性。从普遍性事物出发，特殊事物是得不到规定的，也没有什么东西令人信服地被证明。受到教化的人为其敞开自身的普遍观点对这个人来说，并不是一个适用的固定标准，对他来说，这个普遍观点只作为可能的他者的观点而存在。就这一点而论，受到教化的意识实际上就更具有某种感觉的特质。因为每一种感觉,例如视觉,当它达到了它的范围并为某个领域敞开自身,而且在对它如此开启的东西中把握了差异时,它就已是普遍的了。受到教化的意识之所以超越于所有的自然的感觉,就在于后者总是被限制于某个特定范围。受到教化的意识可以在一切方面进行活动,它是一种普遍的感觉(ein allgemeiner Sinn)。

我们所说的一种普遍的和共同的感觉,实际上就是对教化本质的一种表述,这种表述使得人们联想到某种广阔的历史关系。对教化这一概念的思考,如这概念作为赫尔姆霍茨的思想基础所考虑的,使我们重又回到了这个概念的广阔历史中。如果我们想把精神科学对哲学所表现的问题从那些人为地束缚了19世纪方法论的狭隘眼光中解放出来,那么我们就必须跟随这种历史关系一段路程。现代的科学概念以及与此相应的方法论概念是不充分的。精神科学之所以成为科学,与其说从现代科学的方法论概念中,不如说从教化概念的传统中更容易得到理解。这个传统就是我们所要回顾的人文主义传统。这个传统在与现代科学要求的对抗中赢得了某种新的意义。

分别地考察一下自人文主义时代以来对"学院派"科学的批判是怎样受到重视的,以及这种批判是怎样随着其论敌的变化而一同发生变化的,这倒是一桩有意义的事情。最初是一种想重新恢复古典文化的动机。人文主义者寻求希腊语言和博学之路的热情,除了好古的偏爱外,还意味着更多的东西。古典语言的复兴同时就导致了对修辞学的重新评价。因此,这种复兴一方面反抗"学院派",也就是反抗经院科学,另一方面支持一种在"学院派"中达不到的人类智慧的理想——这实际上是在哲学一开始时就已经存在的一种对抗。柏拉图对智者派的批判,尤其是他对伊索克拉底[22]的那种特有的心理矛盾的态度,指明了这里存在的哲学问题。面对17世纪自然科学的新方法论意识,这个古老的问题不可避免地更加尖锐化。鉴于这种新科学的独占性要求,人们便愈来愈迫切地提出了这样的问题,即在人文主义的教化概念中是否存在着真理的固有源泉。事实上我们将看到,这个问题就是人文主义教化思想的继续存活,19世纪的精神科学正是从这个思想的继续存活中才获得了其真正的生命,虽然它并没有承认这一点。

所以,在当时起决定性作用的不是数学而是人文主义研究,这从根本上说是不言而喻的事。那么,17世纪的新方法论对于精神科学来说究竟能有什么意义呢?对此,我们只需要阅读一下《波尔·罗亚尔逻辑》[23]有关章节就行了,这些章节论述了理性规则在历史真实里的应用,以便让人认识到这种方法论概念运用于精神科学其成效将是何等可怜。㉔如果17世纪的新方法论是指,要真实地判断某个事件,我们必须考虑该事件所伴随的情况,那么,这实际上是方法论上的一种陈词滥调。——詹孙教派[24]的信徒就是想以这种论证方式对于奇迹究竟在什么程度上值得相信这一问题给出一个方法论的指点。他们试图把新方法的精神运用到某种未受检验的奇迹信仰中,而且主张以这种方式使《圣经》传说和教会传统的真正奇迹合法化。新科学为旧教会服务,这是再清楚不过的了,不过,这种情况决不会继续,而且一旦基督教的前提本

㉔ 《波尔·罗亚尔逻辑》,第4部分,第13章以下。

身被人怀疑,人们就能想象必定会发生什么事。当自然科学的方法论理想被应用于证明《圣经》传说里的历史证据时,这种理想将不可避免地导致对基督教来说是灾难性的完全不同的后果。从詹孙教派的奇迹批判走向《圣经》的历史批判,其路程并不很遥远,对此,斯宾诺莎就是一个很好的例子[25]。以后我们将指明,这种方法如果被彻底地用作为精神科学真理的唯一准则,那就等于对这种真理的自我废弃。

β) 共通感(Sensus communis)[26]

在这种情况下,我们有必要回忆一下人文主义传统,并且追问从这种传统究竟对于精神科学的认识方式可以学到些什么。对此,维柯[27]的《论我们时代的研究方法》一书为我们提供了一个很有价值的出发点。㉕ 维柯对人文主义所进行的捍卫,正如书名所表示的,是通过耶稣会的教育学促成的,并且旨在反对笛卡尔和詹孙教派。维柯的这种教育学纲领,正如他的《新科学》的草案一样,是以古老的真理为基础的。因此他援引了共通感,即共同的感觉,以及人文主义的雄辩(eloquentia)理想,即古代传授智慧概念里已具有的要素。"绝妙的讲话"(eu legein)自古以来一直有一种双关的意思,它决不只是一种修辞学的理想。它也意味着讲出正确的东西,即说出真理。因此"绝妙的讲话"不仅是一门讲话的艺术,一门怎样讲得妙的艺术。

所以,在古代,这种理想不仅被许多修辞学教师声称是熟悉的,同样也被许多哲学教师声称是熟悉的。修辞学自古以来一直

㉕ J.B.维柯:《论我们时代的研究方法》,W.F.奥托的德译本,1947年。

与哲学发生冲突,并且为了反对"智者派"的空疏的思辨,它要求教导真正的生活智慧。因此,本身就是修辞学教师的维柯在这里自然就继承那种由古代而来的人文主义传统。显然,这种传统对于精神科学的自我理解来说有着重要意义,尤其是修辞学理想的那种积极的双关意义,这种理想不仅被柏拉图低估,而且也被近代的反修辞的唯方法论所忽略。就这方面而言,我们可以在维柯这里找到许多我们将要研究的东西。——但是,维柯对共通感的引用,除了修辞学的要素外,还包含古代传统里的另一个要素。这就是学者(Schulgelehrte)和学者所依赖的智者(Weise)之间的对立,这种对立在犬儒学派[28]的苏格拉底形象里就已获得了它的最早的形式,并且在 Sophia(理论智慧)和 Phronesis(实践智慧)的概念对立中具有其实际的基础。这种概念对立首先是由亚里士多德提出的,以后在逍遥学派[29]里被进一步发展成为一种对于理论的生活理想的批判,㉖并在希腊化时代,尤其是在希腊的教化理想与罗马政治统治阶层的自我意识结合在一起之后,共同规定了智者的形象。例如,众所周知,后期的罗马法权学说也是在某种法律技术和法律实践的背景下产生的,而这种法律技术和法律实践与其说与 sophia 的理论理想接近,毋宁说更多地与 phronēsis 的实践理想相近。㉗

随着古代哲学和修辞学的复兴,苏格拉底的形象完全变成了反对科学的对应语,尤其像 idiota,即无学问的人的形象所表现的

㉖ W. 耶格:《论哲学生活理想的起源和循环》,见《普鲁士科学院会议文件》,柏林,1928 年。

㉗ F. 维亚克尔:《论罗马法》,1945 年。

那样，这种人在学者和智者之间充当了一个完全新的角色。㉘人文主义的修辞学传统同样也知道援引苏格拉底和怀疑论斯多葛派对独断论者的批判。在维柯那里我们发现，他批判斯多葛派[30]是因为他们相信理性是真理规范（regula veri），反之他赞扬以无知作为知的旧学院派，并且格外赞扬新的学院派，是因为他们擅长论证艺术（这属于演讲术）。

当然，维柯对共通感的援引在这种人文主义传统内也表现了一种独特的性质。照维柯看来，在科学领域内也存在着古代人和现代人之争（die querelle des anciens et des modernes），不过他认为，这不再是与"经院派"的对立，而是与现代科学的一种特殊的对立。维柯并不否定近代批判性科学的长处，而是指出这种科学的界限。即使现在面对这种新科学和它的数学方法，我们也不应缺乏古代人的智慧和他们对于智慧（prudentia）与口才（eloquentia）的培养。现在对教育来说重要的东西仍是某种别的东西，即造就共通感，这种共通感不是靠真实的东西，而是由或然的东西里培育起来的。现在对于我们来说重要的东西就在于：共通感在这里显然不仅是指那种存在于一切人之中的普遍能力，而且它同时是指那种导致共同性的感觉。维柯认为，那种给予人的意志以其方向的东西不是理性的抽象普遍性，而是表现一个集团、一个民族、一个国家或整个人类的共同性的具体普遍性。因此，造就这种共同感觉，对于生活来说就具有着决定性的意义。

㉘ 参见库萨的尼古拉。他在4篇对话（《论智慧》，第1卷、第2卷；《论记忆》；《论静态实验》）里都援引一个无学问的人（idiota）作为对话者（海德堡科学院版，第5卷，1937年）。

维柯把口才的意义和独特权利建立在这种对真实东西和正确东西的共同感觉上,这种共同感觉虽然并不是一种有根据的认识,但允许我们寻求明显易懂的东西(verisimile)。他说,教育不能走批判研究的道路,青年需要形象去进行想象和培养记忆力。但是,在现代批判精神下的科学研究却不能达到这一点。所以维柯就用古老的论证法(Topica)来补充笛卡尔主义的批评法(critica)。论证法就是发现论据的技巧,它服务于造就一种对于可信事物的感觉,这种感觉是本能地并即时地(ex tempore)进行的,因而不能为科学所取代。

维柯是辩护性地作出这些规定。这些规定间接地认可了新的科学真理概念,因为它们只是维护了或然性事物的权利。正如我们所看到,维柯由此遵循了已退回到柏拉图的古代修辞学传统。但是维柯的意思远远超出了对修辞学女神菲托(Peithō)[31]的辩护。事实上维柯在这里所强调的,正像我们所指出的,乃是古老的亚里士多德派关于实践知识和理论知识之间的对立,这是一种不可以归结为真实知识和或然知识之间的对立。实践知识,即phronēsis,是另外一类知识,㉙它首先表示:它是针对具体情况的,因此它必须把握"情况"的无限多的变化。这正是维柯明确加以强调的东西。当然,他只是看到这种知识摆脱了理性的知识概念,但事实上这决不是一种单纯的顺应理想。亚里士多德派的对立,除了表示由一般原则而来的知识和具体事物的观知之间的对立外,

---

㉙ 亚里士多德:《尼各马可伦理学》,Z9,1141b33: Εἶδος μὲν οὐγ Τι ἂγ εἴη γνωσεως τὸ αὑιῶ εἰδέγαι(一般概念〔Eidos〕不是某种关于自身的知识)。

还表示其他的对立。亚里士多德派的对立也不仅仅是指这种把个别东西归于一般东西的我们称之为"判断力"的能力,而且其中还有一种积极的伦理的考虑在起作用,这种考虑以后就包含在罗马斯多葛派[32]关于共通感的学说里。这样一种把所给定的东西归入一般东西中、即归入我们所谋求的正确事物由之得出的目的中的概括,需要对具体情况的掌握和社会习俗上的适应。因而这种概括就以某种意向,即一种社会习俗上的存在(hexis)为前提条件。因此,按照亚里士多德的看法,phronesis 是一种"精神品性"。他在这种品性里看到的不只是一种能力(dynamis),而是一种社会习俗存在的规定性,这种规定性如果没有整个"道德品性"就不能存在,就像相反地"道德品性"如果没有这种规定性也不能存在一样。虽然这种品性在培养过程中能帮助人们区分应当做的事情和不应当做的事情,但它不只是一种实践性的智慧和一般的才智。这种品性关于应当做的和不应当做的区分,始终包含着适当和不适当的区分,并且由此假定了一种继续加深这种区分的社会习俗上的态度。

这就是从亚里士多德反对柏拉图的"善的理念"所发展而来的思想,事实上维柯援引共通感也是回到这种思想。在经院哲学里,例如托马斯——在其对《论灵魂》[30]的注疏里——那里,共通感是外在感觉的共同根源,或者说,是联结这些外在感觉,并对给予的东西进行判断的能力,一种人皆有之的能耐。[31] 反之,在维柯看来,共通感则是在所有人中存在的一种对于合理事物和公共福利

---

[30] 亚里士多德:《论灵魂》,425a14 以下。
[31] 托马斯·阿奎那:《神学大全》,第 1 集第 1 题 3ad2 以及第 78 题 4ad1。

的感觉,而且更多的还是一种通过生活的共同性而获得、并为这种共同性生活的规章制度和目的所限定的感觉。这种思想就像斯多葛派的 Koinai ennoiai(共同观念)一样,具有某种天赋人权的特色。但是,即使在这个意义上,共通感也不是希腊人的观念,它完全不表示亚里士多德在《论灵魂》里所讲的 Koinē dynamis(共同力),假如亚里士多德是试图用现象学的结论(这种结论指明每一种感知都是某种共相的区分和意向)来调解特殊感觉(aisthesis idia)学说的话。确切地说,维柯是返回到古罗马的共通感概念,尤其是罗马古典作家所理解的这一概念。这些古典作家面对希腊的文化而坚持他们自身政治和社会生活传统的价值和意义。因而这是一个具有批判性的声调,一个旨在反对哲学家理论思辨的批判性声调,这个声调在罗马人的共通感概念中就已经可以听得到,而维柯通过他反对近代科学(批评法)的另一种不同的立场使得人们又清楚地听到了这种声调。

这样,显然就有某种理由要把语文学-历史学的研究和精神科学的研究方式建立在这个共通感概念上。因为精神科学的对象、人的道德的和历史的存在,正如它们在人的行为和活动中所表现的,本身就是被共通感所根本规定的。所以,基于共相(普遍性)的推论和根据公理的证明都不能是充分的,因为凡事都依赖于具体情况。但是,这一点只是否定性地加以表述,实际上它是共同感觉所传导的某种特有的肯定性认识。历史认识的认知方式决不在于我们必须用"相信外来的证据"(特滕斯②)[33]去取代"自觉的推论"

---

② 特滕斯:《哲学探究》,1777年,康德学会重印版,第515页。

(赫尔姆霍茨)。但这也决不是说,这样的认识很少有真理价值。达兰贝尔③[34]正确地写道:"La probabilité a principalement lieu pour les faits historiques, et en général pour tous les événements passés, présents et à venir, que nous attribuons à une sorte de hasard, parce que nousn, en démêlons pas les causes. La partie de cette connaissance qui a pour odjet le présent et le passé, quoiqu'elle ne soit fondée que sur le simple témoignage, produit souvent en nous une persuasion aussi forte que celle qui naît des axiomes."("在历史事实里基本上是或然性在起作用,一般来说,对于所有过去、现在和未来的事件都是这样。我们之所以把这些事件归为一种偶然性的事件,是因为我们不能解释它们的原因。这类其对象是现在和过去事件的知识,虽然只可以根据证据而确定,然而常常在我们心里产生一种信念,这种信念就像那种产生于公理的信念一样强烈。")

历史(Historia)是与理论理性完全不同的真理源泉。西塞罗[35]早已看到了这一点,当时他把历史称之为记忆的生命(vita memoriae)。④ 历史自身存在的权利在于:人的激情是不能为理性的一般规则所支配。为此,我们更需要令人信服的事例,而这种事例只有历史才能提供出来。因此,培根就把提供这种事例的历史直截了当地称之为另一种哲学思辨之路(alia ratio philosophandi)。⑤

---

③ 《百科全书序言讨论》,克勒编,迈纳出版社,1955年,第80页。
④ 西塞罗:《论演说》,第2部,第9章,第36节。
⑤ 参见列奥·施特劳斯:《霍布斯的政治哲学》,第6章。

这也是一种足够否定性的表述。但是我们将会看到,在所有这些说法里,亚里士多德所认识的那种伦理习俗知识的存在方式都在起作用。记住亚里士多德的这种认识,对于精神科学的正当的自我理解来说将是重要的。

维柯对罗马人共通感概念的援引以及他为反对现代科学而对人文主义修辞学所作的辩护,对于我们来说有特别重要的意义,因为从这里我们接近了精神科学知识的一个真理要素,而这个要素在19世纪精神科学的自我反思里是不再可能达到的。维柯生活在一个尚未被中断的修辞学-人文主义文化传统中,而且他只需要重新肯定该传统的永恒的权利。最终他认识到,理性的证明和教导不能完全穷尽知识的范围。因此,维柯求诸共通感,正如我们所看到的,是依据于一种深远的一直可以追溯至古代的关系,这种关系直到现在还在继续起作用,而这种继续存在就构成了我们今天的课题。[36]

由于我们首先指出了把现代方法论概念运用于精神科学所引起的困难,我们必须相反地努力为自己开辟一条返回到这个传统的道路。为此目的,让我们探究这样两个问题:这个传统是怎样消失的,以及精神科学认识的真理要求怎样由此而受到那种对于它来说本质上是陌生的现代科学方法论思想尺度的支配。

对于这个本质上由德国"历史学派"所决定的发展过程来说,维柯以及一般意大利未被中断的修辞学传统并没有起直接的决定

㊱ 显然,卡斯蒂廖内[36]在介绍这种亚里士多德派思想方面起了一个重要作用。参见恩里希·洛斯:"巴尔达萨雷·卡斯蒂廖内的论贵族书"(载《罗马论集》,F. 夏尔克编,第2卷)。

性作用。维柯对于18世纪的影响几乎很难觉察到。但是维柯并不是唯一援引共通感的人,对18世纪发生巨大影响的沙夫茨伯里是他的一个重要的同伴。沙夫茨伯里曾把对机智(wit)和幽默(humour)的社会意义的评价置于共通感这一名称之下,并明确地援引了罗马古典作家和他们的人文主义解释。㊲ 正如我们已经注意到的,共通感这个概念对于我们确实也带有一种斯多葛派天赋人权的色彩。然而我们却不能否认沙夫茨伯里所追随的这种依据于罗马古典作家的人文主义解释的正确性。按照沙夫茨伯里的看法,人文主义者把共通感理解为对共同福利的感觉,但也是一种对共同体或社会、自然情感、人性、友善品质的爱。他们从马克·奥勒留[37]那里采用了一个术语,㊳ 即 koinonoēmosynē(共同思想力)。这是一个非常生僻的人造词,由此就基本证实了共通感概念根本不是起源于希腊哲学家,而是一种听起来像泛音一样的斯多噶概念的回声。人文主义者萨尔马修斯[38]描述这个词的内容为"moderatam, usitatam et ordinariam hominis mentem, que in commune qnodam modo consulit nec omnia ad commodum suum refert, respectumque etiam habet eorum, cum quibus versatur, modeste, modiceque de se sentiens"(人们的一种谦逊的、适度的和通常的精神状态,这种精神状态是以某种共同的东西为准则,它不把一切归到自身的功利之上,而是注意到它所追求的东西,并有节制地谦逊地从自身去进行思考)。这与其说是赋予一切人的一种

㊲ 沙夫茨伯里:《论特征》,第2卷,尤其是第3部分第1节。
㊳ 《马克·奥勒留回忆录》,第Ⅰ部,第16节。

天赋人权的素质,毋宁说是一种社会的品性,一种沙夫茨伯里所认为的比头脑品性更丰富的心灵品性。如果沙夫茨伯里是从这里出发去理解机智和幽默的,那么他也是跟随古代罗马人的想法,即那种在人性里包含着优美的生活方式、包含着领会并造就快乐的人的行为方式的想法,因为沙夫茨伯里知道自己与他的前人有某种深刻的联系。(沙夫茨伯里明确地把机智和幽默限制在朋友之间的社会交往上。)如果共通感在这里几乎像是一种社会交往品性一样,那么共通感中实际包含着一种道德的、也就是一种形而上学的根基。

这就是同情(sympathy)这种精神的和社会的品性,沙夫茨伯里看到了这种品性,而且众所周知,他在这种品性上不仅建立了道德学,而且建立了一种完全审美性的形而上学。他的后继者,首先是哈奇森[39][39]和休谟,曾把他的启示构造成为一种道德感学说,而这种学说以后就成为康德伦理学的一个出发点。

共同感觉(common sense,或译共通感)概念在苏格兰哲学里曾经起了一个实际上是核心的重要作用。苏格兰哲学致力于攻击形而上学及其怀疑主义的解决方案,并在日常感觉的原始而自然的判断基础上构造它的新体系(托马斯·里德[40])。[40]毫无疑问,

---

㊴ 哈奇森直截了当地用同情来解释共通感。
㊵ 托马斯·里德:《哲学著作集》,汉密尔顿编,1895年,第8版。在该书第2卷第774页以下有一个汉密尔顿关于共通感的详细注释,当然,这个注释不是历史地而更多是分类地处理一大堆史料。就像我从京特的友好指点中获得的启发一样,共通感在哲学里起系统作用的首先是在布菲尔[41]那里有据可查。通过感觉而获得的对世界的认识摆脱了任何理论的困境,而且实际地可得到确认,这本身就表现了一种古老的怀疑派的动机。但是布菲尔把共通感提升到公理的高度,使得共通感成为我们认识外在世界(res extra nos)的基础,正如笛卡尔主义的我思(cogito)是我们认识意识世界的基础一样。布菲尔曾对里德产生影响。

在他们的新体系中,共通感概念的亚里士多德-经院哲学传统起了实际的作用。他们对感觉和感觉之认识功能的探讨就是从这个传统出发进行的,而且这种探讨的最终目的是要修正过度的哲学思辨。但是,与此同时,他们又把握了日常感觉与社会的联系:"它们(指日常感觉)有助于指导我们的日常生活,而在日常生活方面,我们的推理能力却使我们误入歧途。"在他们心目中,正常人类理智的哲学,即健全感觉(good sense)的哲学,不仅是一副医治形而上学"夜游症"的良药,而且也包含一种促成合理社会生活的道德哲学的基础。

共同感觉或健全感觉(bon sens)概念里的道德因素,直至今天仍然在起作用,并且使这个概念与我们的"正常人类理智"概念区分开来。作为一个例子我援引亨利·柏格森[42]1895年在巴黎大学隆重授奖大会上关于健全感觉所作的杰出演讲。㊶柏格森对于自然科学的抽象和对于语言与法权思想的抽象所作的批判,以及他对于"一种随时返回自身、排除既存观念代之以新兴思想的内在理智能力"(第88页)的强烈呼吁,在法国就可以授名为"健全感觉"。尽管健全感觉这一概念的规定似乎天然地包含了对于感觉的关联,但对于柏格森来说,下面这一说仍然是不言而喻的,即健全感觉不同于感觉,它触及社会环境(das milieu social)。"其他感觉使我们与事物发生关系,而健全感觉则支配我们与人之间的关系"(第85页)。这是一种实践生活的才干,与其说是天赋,毋宁说是一项不断地"使我们适应新情况的调整性"任务;一种使一般原

㊶ 亨利·柏格森:《著作和讲演》,第1编(R. M. 莫萨-巴斯蒂德版),第84页以下。

则适应于现实以实现正义的活动;一种"对于实际真理的机智";一种"产生于公正心灵的正确判断"(第 88 页)。按照柏格森的看法,健全感觉作为思想和意愿的共同源泉,就是一种社会感(sens social),这种社会感既能避免形而上学玄想家的错误,也能避免那些找寻社会法则的科学独断论者的错误。"正确地说,也许它不是严格意义上的方法,而是一种行为方式。"柏格森尽管也论及古典主义研究对于造就健全感觉的意义——他把这种研究看成为一种破除"语言冰层"、发现底下自由思潮的努力(第 91 页)——但他无疑未追问相反的问题,即健全感觉对于这种古典主义研究本身是怎样必不可少的,也就是说,他并没有论及健全感觉的诠释学作用。他的问题根本不是针对科学,而是针对健全感觉对于生活的独立的意义。我们只是强调这个概念的道德和政治含义在他的思想和他的听众的思想里所具有的那种不言而喻的支配性。

值得注意的是,对于 19 世纪现代精神科学的自我认识起决定性影响的,并不是哲学的这种道德传统——维柯和沙夫茨伯里就属于这个传统,并且主要是以法国这个健全感觉的经典国家为代表——而是康德和歌德时代的德国哲学。在英国和拉丁语国家,共通感这一概念甚至直至今日还不是只表示一种批判的术语,而是表示一种国家公民的共同品性,而在德国,沙夫茨伯里和哈奇森的追随者即使在 18 世纪也没有采纳共通感这一概念所包含的政治-社会内容。18 世纪[德国]学院派形而上学[43]和大众哲学(Popularphilosophie)[44]虽然也非常注意向启蒙运动的主要国家英国和法国学习和模仿,然而它们却不能吸收它们的社会政治条件完全缺乏的东西。人们虽然采纳了共通感概念,然而由于丢掉

I 审美领域的超越

了它的一切政治内容,这一概念失去了它本来的批判意义。这样,人们把共通感只是理解为一种理论能力,一种与道德意识(良心)和趣味并列的理论判断力。因而共通感被归之于经院哲学的某种基本能力,对这种能力的批判则是由赫尔德完成的(见旨在反对里德的第4个批判性的《小树》),而且由于这种批判赫尔德在美学领域内成为历史主义的先驱。

然而,在共通感问题上也存在着一个明显的例外情况,即虔信派(Pietismus)[45]对共通感的引用。限制科学的、即论证的要求和求诸共通感,不仅对于像沙夫茨伯里这样的相对"学院派"的世俗之人来说是重要的,而且对于那些试图赢得其信徒的内心的牧师来说也是重要的。所以施瓦本地区的虔信派教徒厄廷格尔(Oetinger)[46]就明确地支持了沙夫茨伯里对共通感的维护。在厄廷格尔那里,我们发现共通感被直接翻译成"心地"(Herz),而且还有下面这段描述:"共通感所涉及的……是这样一些众所周知的东西,这些东西一切人日常都能看得见,它们彼此组合成一个完整的集体,它们既关系到真理和陈述,又关系到把握陈述的方式和形式。"㊷在这里厄廷格尔是想表明,问题不在于概念的明晰性——

㊷ 我引自 M. 弗里德里希·克里斯多夫·厄廷格尔的《共通感或普遍感觉的真理——依据原义解释的〈旧约全书〉箴言和传道书或雅俗皆宜的最佳家庭读物、伦理读物》(爱曼新编版本,1861年)。厄廷格尔为他的生成法援引了修辞学传统,并进而引证了沙夫茨伯里、费内伦[47]、弗勒里[48]。按照弗勒里(见《柏拉图论集》)的看法,演说家方法的长处在于"指出偏见",当厄廷格尔说演说家与哲学家共用这种方法,他是正确对待弗勒里的(前引书,第125页)。按照厄廷格尔,如果启蒙运动认为它超出了这种方法,那么这是启蒙运动的一个错误。我们的探究将使我们肯定厄廷格尔这种观点。因为如果厄廷格尔也反对一种现在不再具有或因此恰恰具有现实意义的几何学方法的形式,即启蒙运动的论证典范,那么同样的东西也适合于现代精神科学及其与"逻辑学"的关系。

概念的明晰性"不足以达到活生生的知识",而在于必须有"某种预感和意向"。"父亲无须任何论证就倾向于去照看他的小孩,这不是爱在显示,而是心灵不断地冲破了敌视所爱对象的理性。"因此厄廷格尔援引共通感以反对"学院派"的理性主义,对我们来说,就有特别的意义,因为这种援引在他那里有一种明显的诠释学的应用。对于像厄廷格尔这样的教会人士来说,重要的事情是理解《圣经》。因为在这方面数学的论证方法已无济于事,所以他要求另外一种方法,即"生成法"(generative Methode),这就是"培植性地解释《圣经》,以使正义能够像一株秧苗那样被培植出来"。

厄廷格尔也曾使共通感概念成为一门广博而有学问的探究的对象,这种探究同样也是旨在反对理性主义。[43] 在这里他与莱布尼茨相反,他在这个概念中看到了一切真理的源泉,即看到了真正的发现法(ars inveniendi),而莱布尼茨却把一切都建立在一种简单的形而上学演算上(以致每一种内在的趣味都被排除掉了)。按照厄廷格尔的看法,共通感的真正基础是 vita 概念,即生命概念(sensus communis vitae gaudens 使生命欢跃的共通感)。与用实验和计算强行地分割自然不同,厄廷格尔把从简单到复杂的自然进展看作为神圣创造的普遍生长规律,因而也是人类精神的普遍生长规律。为了说明一切知识皆起源于共通感,他援引了沃尔夫[49]、贝尔努利[50]和帕斯卡[51],援引了莫佩尔蒂[52]关于语言起源的研究,援引了培根、费内伦等人,并把共通感定义为"viva et

---

[43] F. ch. 厄廷格尔:《对共通感和理性的探究》(蒂宾根,1753 年)[新版:斯图加特-巴德;康斯泰特,1964 年]。参见"厄廷格尔是哲学家",载《短篇著作集》,第 3 卷,《观念与语言》,第 89—100 页[我的著作集,第 4 卷]。

penetrans perceptio objectorum toti humanitati obviorum, ex immediato tactu et intuitu eorum, quae sunt simplicissima……"("通过直接地接触和观看最简单的事物而对明显展示给整个人类的对象所具有的一种富有生气而敏锐异常的感觉……")。

从这句话的前半句已看出,厄廷格尔从一开始就把共通感这个词的人文主义-政治的意义与逍遥学派的共通感概念联在了一起。上述定义在有些地方(直接地接触和观看)使人想起了亚里士多德的心灵学说。他采纳了亚里士多德关于统一视觉和听觉等的共同力(gemeinsame Dynamis)的探究,并用来证明本来的生命奥秘。生命的神性般的奥秘就在于它的简单性。如果人类由于原罪而丧失了这种简单性,那么人类通过上帝的恩惠又能重新返回到统一性和简单性:"operatio logou s. präsentia Dei simplificat diversa in unum"["逻各斯的行为,或者上帝的存在,把各种不同东西统一成一个东西"(162)]。上帝的存在正在于生命本身,在于这种使一切有生命东西区别于一切死东西的"共同感觉"。[53]——厄廷格尔决不是偶然地才提到珊瑚虫和海星的,这些东西不管怎样被切割仍不断再生并形成新的个体。——在人类身上,同样的一种神性力量也在发生作用,它作为一种本能的和内在的心灵激素,推动人们去发现上帝的踪迹,去认识与人的幸福和生命有密切关系的东西。厄廷格尔明确地把对于一切时间和一切地方皆有益于人的共同真理的感受作为"感性的"真理从理性的真理区分出来。共同感觉是一种本能的复合物,即一种对于生命的真正幸福所依赖的东西的自然渴望,就此而言,它就是上帝存在的效应。本能(Instinkte)不应按莱布尼茨那样被理解为情感(Affekte),即confusae repraesentationes（混淆的表象），因为它不是倏忽即逝的，而是根深蒂固的倾向，并具有一种专横的、神圣的、不可抗拒的威力。㊹ 依赖于这种本能的共通感之所以对于我们的认识有着特别的意义，㊺ 正是因为它们乃是上帝的恩赐。厄廷格尔写道："理性是通过规则而常常不用上帝来控制自己，反之，感觉则始终伴随有上帝。所以，正如自然不同于艺术一样，感觉和理性也是不同的。上帝通过自然同时在全范围内有规则地发展而行事，——反之，艺术开始于某个个别部分……感觉模仿自然，理性模仿艺术"(247)。

这段话很重要，把我们引入一种诠释学的关系，就像在这部博学的著作中"所罗门的智慧"[54]一般地表现了认识的最终对象和最高例证一样。这就是关于共通感用法（usus）的一章。这里厄廷格尔攻击了沃尔夫派的诠释学理论。在厄廷格尔看来，比所有诠释学规则更为重要的东西乃是要有一种"丰满的感觉"（sensu plenus）。这样一种论点当然是一种纯粹的思辨，但它在生命概念即共通感概念中有其逻辑的基础。这个论点的诠释学意义可以通过下面这段话来说明："那些在《圣经》和上帝的造化里出现的观念愈是丰富和纯粹，个别东西在一切事物中和一切东西在个别事物中就愈多被认识。"㊻ 这里，在19世纪和20世纪人们喜欢称之为"直觉"的东西被带回到它的形而上学基础上，即被带回到在每一个体里都包含有整体的这样一种有机生命存在的结构上："cyclus vitae

---

㊹ 原文是：radicatae tendentia... Habent vim dictatoriam divinam, irresistibilem。

㊺ 原文是：in investigandis ideis usum habet insignem。

㊻ 原文是：sunt foecundiores et defaecatiores, quo magis intelliguntur singulae in omnibus et omnes in singulis。

centrum suum in corde habet, quod infinita simul percipit per sensum communem"["生命循环的中心在于心灵,心灵通过共通感认识无限"(见序言)]。

比所有诠释学规则知识更为深刻的东西乃是对于自身的应用:"applicentur regulae ad se ipsum ante omnia et tum habebitur clavis ad intelligentiam proverbiorum Salomonis"["规则首先应运用于自身,然后才有理解所罗门《圣经》的钥匙"(207)]。[47] 厄廷格尔知道从这里去取得与沙夫茨伯里思想的一致性,如他所说的,沙夫茨伯里是唯一一个以这个名称写过关于共通感著作的人。可是,厄廷格尔也援引了其他一些曾注意到理性方法片面性的人,如援引了帕斯卡关于"几何学的精神"(esprit geometrique)和"微妙的精神"(esprit de finesse)的区分。[55] 然而促使这位施瓦本的牧师集中考虑共通感概念的,与其说是一种政治或社会的兴趣,毋宁说是一种神学的考虑。

当然,其他一些虔信派神学家也以与厄廷格尔同样的方式针对当时流行的理性主义提出了应用(applicatio)的重要性,正如我们在兰巴赫[56]的例子里所看到的。当时具有广泛影响的兰巴赫的诠释学也一起探讨了应用问题。但是,18世纪后期虔信派的保守倾向却使得共通感的诠释学作用降低为一种单纯的校正作用:凡是与情感、判断和推理中的 consensus(一致意见)即共通感相矛盾的东西就不能是正确的。[48] 相对于沙夫茨伯里所讲的共通感对

---

[47] 正是在这里,厄廷格尔回想起了亚里士多德在道德哲学研究中对太年轻的听讲者的怀疑——这也是一个他怎样意识到应用问题的标志。参见本书第296页以下。

[48] 我援引马鲁斯[58]的《诠释学》,第1册,第2篇,第2章,第XXIII页。

于社会和国家的意义,共通感这种消极的作用表现了德国启蒙运动所产生的思想在内容上的空疏和抽象。

γ) 判断力(Urteilskraft)

可能正是因为18世纪德国这种思想的发展使得共通感概念与判断力概念最紧密地结合了起来。"健全的人类理智",有时也被称之为"共同的理智",其特征实际上根本是由判断力所规定的。[57]愚昧的人之所以区别于聪明的人,就在于他不具有判断力,也就是说,他不能正确地进行概括,并因此不能正确地应用他所学到和知道的东西。在18世纪,人们引进"判断力"一词是想重新恰当地恢复曾经被认为是精神的一种基本品性的iudicium(判断)这一概念。在这样的意义上,英国的道德哲学家强调说道德的和审美的判断不服从理性,而是具有sentiment(感情)或taste(情趣)的特质。德国启蒙运动的代表人物之一特滕斯,同样也在共通感里看到一种"没有反思的判断"(iudicium ohne Reflexion)。㊾ 实际上,判断力的活动,即把某个特殊事物归入某种一般东西中,例如把某事认作为某个规则的实例,在逻辑上是不可证明的。因此,判断力由于需要某个能够指导它的应用的规则而处于一种根本的困境中。因为正如康德所尖锐地指出的,为了遵循这个规则它将需要一个其他的判断力。㊿[59]所以判断力一般来说是不能学到的,它只能从具体事情上去训练,而且在这一点上,它更是一种类似感觉的能力。判断力是某种绝对学不到的东西,因为没有一种概念的

㊾ 特滕斯:《对人类天性及其发展的哲学试探》,莱比锡,1777年,第1卷,第520页。

㊿ 康德:《判断力批判》,1799年第2版,第VII页。

I 审美领域的超越

说明能指导规则的应用。

因此,德国启蒙运动哲学并不把判断力算作精神的高级能力,而是算作低级的认识能力。这样,判断力采取一种远远偏离共通感最初的罗马时期的含义而继续经院哲学传统的方向,这对美学来说应具有一种特别的意义。因为,在鲍姆加登[60]那里基本已完全确定:判断力所认识的东西是感性的个体,即单个事物,判断力在单个事物中所断定的东西则是该事物的完满性,或者说是非完满性。 在这个关于判断的规定中我们必须注意,这里并没有简单地应用某个预先给予的事物概念,而是说感性的个别事物本身之所以被把握,乃是由于在它们那里见出了多与一的一致性。所以这里不是对于某个普遍东西的应用,而是说内在的一致性乃是决定性的东西。[61]正如我们所看到的,这里已经涉及到了康德以后称之为"反思判断力"并理解为按照真实的和形式的合目的性的判断的东西。这里并不存在任何概念,而是单个事物被"内在地"(immanent)判断。康德把这称之为审美判断,并且像鲍姆加登把感受性的判断(iudicium sensitivum)描述为趣味(gustus)一样,康德重复说:"一种完满性的感性判断就是趣味。"㉒

以后我们将会看到,判断(iudicium)概念的这种美学上的转换——在 18 世纪首先是通过哥特舍德(Gottsched)促进的——是怎样在康德那里获得了根本意义的,以及怎样表明了康德关于规

鲍姆加登:《形而上学》,§606:perfectionem imperfectionemque rerum percipio, i. e. diiudico(感知,即引导事物的完满性和非完满性)。

㉒ 《康德的一个伦理学讲演》,门策尔编,1924 年,第 34 页。

定的判断力和反思的判断力的区分并不是没有问题的。㉝共通感的意义内涵很难被限制在审美判断上，因为从维柯和沙夫茨伯里对这一概念的使用来看，共通感并不首先是一种人们必须练习的形式能力或精神能力，而是始终包含了判断和规定判断内容的判断标准的总体。

健全的理性、共同的感觉，首先表现在它所做的关于合理和不合理、适当和不适当的判断里。谁具有一个健全的判断，他就不能以普遍的观点去评判特殊事物，而是知道真正关键的东西是什么，也就是说他以正确的、合理的、健全的观点去观看事物。一个骗子虽然能正确地算计人的弱点，并经常为了行骗而做正确的事，但他却不具有"健全的（即善良的）判断"（就这词的最高意义而言）。被归给判断能力的普遍性根本不像康德所认为的那样，是某种"共同的"东西。判断力与其说是一种能力，毋宁说是一种对一切人提出的要求。所有人都有足够的"共同感觉"（gemeinen Sinn），即判断能力，以致我们能指望他的表现"共同的意向"（Gemeinsinn），即真正的公民道德的团结一致，但这意味着对于正当和不正当的判断，以及对于"共同利益"的关心。这就是使维柯如此动人地依赖于人文主义传统的东西，面对共同感觉概念的抽象化倾向，他坚持这一词在罗马传统里的意义的全部价值（直到今天这还是拉丁民族的突出特征）。同样，沙夫茨伯里采用这一概念，也正如我们所看到的，是与人文主义的政治-社会传统相联系的。共通感就是公民道德存在的一个要素，即使这一概念在虔信派和苏格兰哲学里表示

㉝ 参见本书第 44 页以下。

一种对于形而上学的公开攻击,它仍保留了其本来的批判功能。

与此相反,康德在其《判断力批判》里对这一概念的采用则有完全不同的强调重点。㉞[62] 这一概念的基本道德含义在他那里不再有任何重要的地位。众所周知,正是为了反对英国哲学里出现的"道德情感"学说,康德提出了他的道德哲学。所以,共通感概念被他从道德哲学里完全排除出去了。

凡是涉及到道德命令的无条件性的东西是不能建立在情感基础上的,即使人们并不是指个别的情感,而是指共同的道德感受性,情况也是这样。因为具有道德性的命令的性质,是根本地排除对其他事物的权衡考虑的。道德命令的无条件性确实并不意味着道德意识在对其他事物的判断中应固执己见,宁可说,它是一种要求放弃自己判断的主观私有条件而置身于他人判断的立场上的道德命令。但是这种无条件性也意味着道德意识不能避免对他人判断的顾及。道德命令的强制性在比感受的普遍性能达到的更严格的意义上说是普遍的。应用道德规则来决定意志是判断力的事情。但是因为这里涉及到纯粹实践理性规则中的判断力,所以判断力的任务就在于防止那种"仅以经验结果……来定善恶实践概念的实践理性经验主义"。㉟ 这是在纯粹实践理性模型论里所说的话。[63]

对于康德确实也有这样一个问题,即我们怎样才能使纯粹实践理性的严格规则进入人的情感。康德在"纯粹实践理性的方法论"里研讨了这一问题,这种方法论是"想简略地提供一个建立和

㉞ 《判断力批判》,§40。
㉟ 《实践理性批判》,1787年,第124页。

培养真正道德情操的方法纲要"。[64]对于这一任务,康德实际上援引了共同的人类理性,并想培养和造就实践判断力,而在这里确实也有审美的因素在起作用。㊼但是,主张能以这种方式培养道德情感,这并不属于道德哲学的问题,而且无论如何也不涉及道德哲学的基础。因为康德的要求是,我们的意志决定只被那种依赖于纯粹实践理性的自我立法的动机所规定。对于纯粹实践理性的这种自我立法来说,任何单纯的感受共同性都不能构成它的基础,它的基础只是那种"即使模糊不明、但仍确切进行的实际理性行为",而说明和描述这种实际理性行为正是实践理性批判的任务。

即使就其逻辑意义而言,共通感这一词在康德那里也没有起什么作用。康德在判断力的先验学说里所论述的东西,即关于图式和公理的学说,㊽与共通感不再有任何关系,因为这里研讨的是那些涉及其先天对象的概念,而不是把单个事物归入一般事物的概括。反之,凡是真正涉及到认单个事物为一般事物的实例的能力的地方,凡我们讲到健全的理智的地方,按照康德,我们是同某种"共同的"东西打交道(就这词的最真实的意义而言),即"某种我们在任何地方都可以找到的东西,占有这些东西绝不是功绩或优点"。㊾[65]这种健全的理智没有别的意义,唯一的意义在于它是已造就和已阐明了的理智的先行阶段。这种理智虽然活动在判断力(人们称之为情感)的模糊不明的分化中,但它总是按照概念,"固然通常只是按照

㊼ 《实践理性批判》,第272页;《判断力批判》,§60。
㊽ 《纯粹理性批判》,第171页以下。
㊾ 《判断力批判》,1799年第3版,第157页。

I 审美领域的超越

模糊不明表现的原理"[66]去进行判断的,[59]并且确实不能被认为是一种特有的共同感觉。对判断力的一般的逻辑使用——人们把这种判断力归之于共通感——丝毫不包含某种自身的原则。[60]

所以,在人们能称之为感性判断能力的整个范围内,对于康德来说,只剩下了审美的趣味判断。在这里我们可以讲到真正的共同感觉。尽管人们在审美趣味中是否触及认识还是值得怀疑的,而且审美判断确实不是按照概念进行判断的,我们仍可确信,在审美趣味中具有普遍规定的必然性,即使这种趣味是感性的,而不是概念的。所以康德说,真正的共同感觉就是趣味(Geschmack)。[68]

如果我们考虑到在 18 世纪人们怎样喜爱讨论人的趣味的差异性的话,上述表述是悖理的。但是,即使我们不从趣味的差异性中引出任何怀疑主义-相对主义的结论,而是坚持一种好的趣味观念,把"好的趣味"——区分有教养的社会成员与所有其他人的一种奇特标志——称之为一种共同感觉,这也是悖理的。就某种经验主义主张的意义而言,这事实上是无意义的。我们将看到,这种描述只有对于康德的先验目的、即为进行趣味批判作先天证明,才是有意义的。但是我们将必须探究,把共同感觉概念限制到关于美的东西的趣味判断上,对于这种共同感觉的真理要求究竟意味着什么,那种康德式的趣味的主观先天性怎样影响了精神科学的自我理解。

δ) 趣味(Geschmack)

我们必须再次从更远的地方谈起,因为这里的问题实际上不

---

[59] 《判断力批判》,1799 年第 3 版,第 64 页。
[60] 参见康德把事例(以及历史)的意义认作判断力的"牵引车"(Gängelwagen)的论述(第 173 页)。[67]

仅涉及把共同感觉概念限制在趣味上,而且也关系到限制趣味概念本身。趣味这一概念在被康德作为他的判断力批判的基础之前就有很长的历史,这漫长的历史清楚地表明趣味概念最早是道德性的概念,而不是审美性的概念。趣味概念描述一种真正的人性理想,它的这一特征应当归功于那种对"学院派"的独断论采取批判立场的努力。只是到了后来,这一概念的用法才被限制到"美的精神性东西"上。

巴尔塔扎·格拉西安[69]处于这一历史的开端。[51] 格拉西安的出发点是:感性趣味是我们感觉里最动物性的和最内在的一种感觉,因而它已经包含了我们在对事物的高级判断里所作分辨的端倪。所以,趣味的感性差别——以最直接的方式享有的接受和拒绝——实际上并不是单纯的本能,而是介乎感性本能和精神自由之间的东西。这一点正表现了感性趣味的特征,即它对于那些属于生活最紧迫需要的东西具有选择和判断的距离。所以格拉西安已在趣味中看到了一种"动物性的精神活动",并正确地指出了不仅在精神(ingenio)中,而且在趣味(gusto)中,也存在着教化(cultura)。当然,这本身也适用于感性趣味。具有出色味觉的人,就是培养这种乐趣的优品尝家。趣味这一概念是格拉西安的社会理想教化的出发点,他的有教养的人(discreto)的理想在于,这种人,即hombre en su punto(完美的人),获得了同生活和社会的一切事物保

---

[51] 关于格拉西安和他的影响,特别是在德国的影响,基本读物是卡尔·波林斯基的《巴尔塔扎·格拉西安和德国的宫廷文学》,1894年。最近的补充读物是 Fr. 舒麦的《趣味概念在17和18世纪哲学里的发展》(《概念史文献》,第1卷,1955年)。[也可参见 W. 克劳斯的《德国和法国启蒙运动研究》,柏林,1963年。]

持正确距离的自由,所以他知道自觉而冷静地分辨和选择。

格拉西安由此所提出的教化理想可以说是划时代的。这个理想取代了基督教奉承者(卡斯蒂廖内)的教化理想。在西方教化理想的发展史上,格拉西安教化理想的卓越之处在于,它不依赖于等级制的前提。它是一种教化社会(Bildungsgesellschaft)的理想。[62] 情况似乎是这样:随着专制制度的形成及其对世袭贵族制的压制,这种社会教化理想在各处产生了。因此,趣味概念的历史依循着专制制度从西班牙到法国和英国的历史,并且与第三等级的前期发展相一致。趣味不仅仅是一个新社会所提出的理想,而且首先是以这个"好的趣味"理想的名称形成了人们以后称之为"好的社会"的东西。好的社会之所以能被承认和合法化,不再是由于出身和等级,基本上只是由于它的判断的共同性,或者更恰当地,由于它一般都知道使自己超出兴趣的狭隘性和偏爱的自私性而提出判断要求。

趣味概念无疑也包含认知方式。人们能对自己本身和个人偏爱保持距离,正是好的趣味的标志。因此按其最特有的本质来说,趣味丝毫不是个人的东西,而是第一级的社会现象。趣味甚至能像一个法院机构一样,以这法院机构所指和代表的某种普遍性名义去抵制个人的私有倾向。人们可能对自身趣味所摈弃的东西有一种偏爱。在此,趣味的裁决具有一种特殊的坚定性。众所周知,在有关趣味的事情上并没有论证的可能性(康德说得对,在趣味事情上可能有争执,但没有论辩[63][71]),但这不只是因为其中不存在

---

[62] 我认为,F.黑尔[70]关于现代教化概念起源于文艺复兴、宗教改革和反宗教改革时期的学院教化(Schulkultur)的观点是正确的。参见《欧洲的兴起》,第82、570页。

[63] 康德:《判断力批判》,1799年第3版,第233页。

一种所有人都必须承认的概念上的普遍标准,而且还因为即使存在这样的标准,我们也不可能一下子找到它,即它不是一下子被正确发现的。我们必须具有趣味——我们既不能向自身演示趣味,也不能以单纯的模仿去取代趣味。但是,趣味仍然不是单纯的个人特性,因为它要不断地成为好的趣味。趣味判断的坚定性就包含它的效用要求。好的趣味总是信赖它的判断,也就是说,按其本性来说,好的趣味是可信赖的趣味:要么接受,要么拒绝,从不摇摆、偏向他物,也不刨根问底。

所以,趣味是某种类似于感觉的东西,它的活动不具有任何有根据的知识。如果趣味对某物表现了否定的反应,那么它是不能说为什么。但是它非常确切地知道这是为什么。因此趣味的可靠性就是不受无趣味东西侵害的可靠性。值得注意的是,在趣味的分辨选择中,我们对这种否定的现象表现了更大的敏感性。趣味所真正追求的,根本不是充满趣味的东西,而是那种不伤害趣味的东西。这首先就是趣味对之下判断的东西。趣味正是这样被定义的,即它被无趣味的东西所伤害,因此它要回避这种东西,有如一切受到伤害之威胁的事物一样。所以,"坏的趣味"这一概念不是"好的趣味"的原来的相反现象,宁可说,"好的趣味"的对立面是"毫无趣味"。好的趣味是这样一种敏感性,这种敏感性如此自然地回避一切古怪的东西,以致对于没有趣味的人来说,对它的反应是完全不可理解的。

同趣味最紧密关联的一种现象是时尚(Mode)。这里趣味概念所包含的社会普遍化的要素成了一种决定性的实在。通过与时尚的比较可以表明,趣味所含有的普遍化是立足于完全不同的基

I 审美领域的超越

础,它并不只是意味着经验的普遍性(这对于康德乃是一个关键)。从语言上看,时尚概念已有这样的意思,即它关系到在一个经常稳固的社会行为整体里的一种具有可变性的方式(Modus)。单纯只是时尚的东西,本身除了由所有人的行动给出的准则外,不包含任何其他的准则。时尚按其所愿只规范那些对于其他人也是同样能规范的事物。对于时尚来说,本质的东西实际上是经验的普遍性、对其他事物的顾及、比较,以及置身于一种普遍性的观点中。就此而言,时尚造就了一种社会的依赖性,而很少有人能摆脱这种依赖性。因此康德是完全正确的,当他认为做一个符合时尚的愚人要比反对时尚更好㉞——尽管太认真地对待时尚之物无疑还是愚蠢。

反之,趣味现象可以被规定为精神的一种分辨能力。趣味尽管也是活动于这样的社会共同体中,但是它不隶属于这种共同体——正相反,好的趣味是这样显示自己的特征的,即它知道使自己去迎合由时尚所代表的趣味潮流,或者相反,它知道使时尚所要求的东西去迎合它自身的好的趣味。因此趣味概念包含着:我们即使在时尚中也掌握尺度,不盲目跟随时尚的变化要求,而是使用我们自己的判断。人们掌握趣味的"风格"(Stil),即把时尚的要求同他们自己趣味所注视着的整体联系起来,并接受那种与这个整体相适合、相适应的东西。

所以,趣味的首要问题不仅是承认这个东西或那个东西是美的,而且还要注意所有美的东西都必须与之相适合的整体。㉟ 因

㉞ 《实用观的人类学》,§71。
㉟ 参见 A. 波姆纳:《判断力批判入门》,第 280 页以下,尤其是第 285 页。

此趣味不是这种意义上的共同性感觉,即它使自身依赖于一种经验的普遍性,依赖于他人判断的完全一致性。趣味并不要求每个人都同意我们的判断,而是要求每个人都应当与我们的判断相协调(如康德所指出的那样)。⑯[72]因此,相对于时尚所表现的专横,可靠的趣味保留了一种特殊的自由和优越性。趣味本来的和完全属其自身的规范力量就在于,它确切地知道一个理想共同体的同意(Zustimmung)。与时尚所形成的趣味规范化不同,我们在这里看到了好的趣味的理想性。由此可以推知,趣味做了某种认识行为——当然是以一种不能与它所应用的具体情况相脱离的方式,也就是说,它未顾及到规则和概念。

显然,正是这一点构成了趣味概念原来的广度,即它表现了一种特有的认识方式。趣味应归入这样一种认识领域,在这领域内是以反思判断力的方式从个体去把握该个体可以归于其下的一般性。趣味和判断力一样,都是根据整体对个别事物进行评判,例如,该个别事物是否与所有其他事物相适应,该个别事物是否也是"合适的"。⑰我们对此必须具有"感觉"——因为它是不能被论证的。

可见,凡是想到整体的地方都需要这样一种感觉,但是,这种感觉不是作为一个整体被给出,或者说,不是在目的概念中被设想的;所以趣味决不限制于在其装饰性质上被确定的自然美和艺术

---

⑯ 《判断力批判》,1799年第3版,第67页。
⑰ 这里风格概念有其用武之地。它作为历史的范畴源出于:装饰性的东西相对于"美的东西"在起作用。参见本书第36页、第290页以下,以及补注I(我的著作集,第2卷,第375页以下)。[同时参见我的论文"诠释学问题的普遍性"(《短篇著作集》,第1卷,第101—112页;我的著作集,第2卷,第219页以下)。]

美,而是包括了道德和礼仪的整个领域。甚至道德观念也从不是作为整体而给出的,或以一种规范的单义的方式被规定的。确切地说,用法律和道德的规则去调理生活是不完善的,这种调理还需要创造性的补充。这就需要判断力去正确评价具体情况。尤其在法学里我们熟悉判断力的这种作用,在法学里,"诠释学"对法律的补充作用正在于,使法律具体化。

这常常是一个远比正确运用普遍原理更广的问题。我们关于法律和道德的知识总是从个别情况得到补充,也就是创造性地被规定的。法官不仅应用法律于具体事件中,而且通过他的裁决对法律("法官的法律")的发展作出贡献,正如法律一样,道德也是鉴于个别情况的创造性而不断得以发展的。所以,认为判断力只有在自然和艺术领域内作为对美和崇高东西的判断才是创造性的,决不是真实的情况。我们甚至不能像康德那样说,[68]"主要"在这里我们才能承认判断力的创造性。自然和艺术中的美应当被那弥漫于人的道德现实中的美的整个广阔海洋所充实。[73]

只有在纯粹理论上的和实践上的理性训练中,我们才能讲到把个别事物纳入某个给定一般的归纳活动(康德的规定性判断力)。[74]但实际上这里本身就包含着某种审美的判断。这是康德所间接承认的,因为他承认事例对增强判断力的作用。当然康德也作了限制性补充:"就知性认识的正确性和准确性而言,事例对之多少有所损害,因为只有在很少情况下,事例才恰当地满足规则

---

[68] 《判断力批判》,1799 年第 3 版,第 Ⅶ 页。

的条件（作为限定格）。"⑲但是这个限制的反面显然告诉我们，作为事例而起作用的事情与仅仅作为这个规则的事情实际上还是有所不同的。真正公开地对待这种事情——不管这是否只是在技术性的或实践的判断里存在——因而就总是含有一种审美的要素。就此而言，康德用作于判断力批判基础的关于规定性判断力和反思性判断力的区分，就不是一种无条件的区分。⑳[75]

显然，这里所不断涉及的不仅仅是关于逻辑判断力的问题，而且也是关于审美判断力的问题。判断力活动的个别情况从不是一种单纯的情况，它不仅仅限于某种普遍规则或概念的特殊事例。它其实经常是一种"个别的情况"，我们可以典型地称它为一种特殊情况，一种"独特情况"（Sonderfall），因为它并不通过规则来把握。每一个关于某种我们想在其具体个别性里加以理解的东西的判断，就像它要求我们具有亲身所及的行为情境一样，严格地说就是一个关于某种独特情况的判断。这无非只是表明，对情况的判断并不是简单地应用它据此而产生的普遍事物的准则，而是这判断本身一同规定、补充和修正了这准则。由此，我们最后可以推知：一切道德上的决定都需要趣味——虽然对这种决定的最个人化的平衡似乎并不就是唯一支配趣味的东西，但这种平衡却是一

---

⑲ 《纯粹理性批判》，第173页。

⑳ 显然，正是由于这种考虑黑格尔超出了康德关于规定性判断力和反思性判断力的区分。黑格尔承认康德判断力学说的思辨意义，因为在那里，普遍东西本身被康德设想为具体的，但是黑格尔又同时作了这样的限制，在康德那里，普遍和特殊的关系仍未表现为真理，而是作为一种主观的东西被对待[76]（《百科全书》，§55以下，以及拉松编《逻辑学》，II，19）。库诺·费舍（Kuno Fischer）甚至说，在同一哲学里，被给予的普遍性和要发现的普遍性的对立被扬弃了（《逻辑学和科学学说》，第148页）。

个不可缺少的要素。这实际上就是一种不可论证的机敏行为,即抓住了正确的东西,并对普遍性和道德规则(康德)的应用给出了规范,而理性自身是不能给出这种规范的。所以趣味虽然确实不是道德判断的基础,但它却是道德判断的最高实现。视不合理的东西为反趣味的人,就有最高的确信去接受好的东西和拒绝坏的东西——其高度就像我们最富有生机的感官所具有的选择或拒绝食物的那种确信一样。

趣味概念在17世纪的出现——我们上面已经指出它的社会性的和联结社会的作用——是与那种可以追溯至古代的道德哲学联系在一起的。

这是一种人文主义的而且最终也是希腊的组成要素,这种要素是由基督教所规定的道德哲学里仍是有效的东西。希腊的伦理学——毕达哥拉斯学派和柏拉图的适度伦理学(Massethik)、亚里士多德所创立的中庸伦理学(Ethik der Mesotes)——在某种深层和广泛的意义上就是好的趣味的伦理学。⑦

---

⑦ 亚里士多德在解释德行和正当行为的特征时所说的最后一句话常常是 ὡς δεῖ(出自内心的行为)或 ὡς ὁ ὀρθὸς λόγος(真诚的表达方式):在伦理实践中可以被教导的东西虽然是 λόγος(表达方式),但这种表达方式超出了某个一般框架之外就不是ἀκριβής(合适的)。关键的东西是把握正确的细微差别。主导这种把握的 φρόνησις(实践智慧)是一种 ἕξις τοῦ ἀληθεύειν(真实的生活方式),一种存在状态,在此状态中,某些隐蔽的东西成了可见的了,因而某种东西被认识了。尼古拉·哈特曼[77]在试图按照"价值"来理解伦理学的一切规范要素时,曾经由此提出了"情况价值"(Wert der Situation),这无疑是对亚里士多德的德行概念表的一种奇特的推广。[参见 N. 哈特曼:《伦理学》,柏林,1926年,第330—331页,以及最近我的论文"价值伦理学和实践哲学",载A. J. 布赫编:《尼古拉·哈特曼纪念文集(1882—1982)》,波恩,1982年,第113—122页;也见我的著作集,第4卷。]

当然,这样一种论点在我们听起来是陌生的。这有一个原因,因为我们通常在趣味概念里看不到理想的规范要素,因而仍被关于趣味差异性的相对主义-怀疑论的论证所影响。但是,我们首先被康德的道德哲学的成就所支配,他使伦理学摆脱了一切审美的和情感的因素。如果我们现在看到了康德判断力批判在精神科学历史上所起的作用,那么我们一定会说,他对于美学所奠定的先验哲学基础在两个方面是富有成效的,并且表现出了一个转折。这种先验哲学基础一方面表示过去传统的终结,另一方面又同时表示新的发展的开始。它曾把趣味概念限制在这样的范围内,在此范围内趣味能作为判断力的一个特有原则而要求独立不倚的有效性——并因而相反地把认识概念限制在理论的和实践的理性使用上。主导康德的先验目的在关于美(和崇高)的判断的受限制的现象上得到了实现,而且这种先验目的把更一般的趣味经验概念和审美判断力在法权和道德领域内的活动从哲学的中心排除出去。⑫

这种意义很难被过高评价,因为由此所放弃的东西正是语文学-历史研究借以生存的东西。当语文学-历史研究试图在自然科学之外以"精神科学"名义从方法上确立自身时,只有从这种所放弃的东西中才能取得对自身的完全的自我理解。现在——由于康德的先验探究——要去承认传承物(语文学-历史研究正是从事于培养和研究这种传承物)自身特有的真理要求这条道路被阻塞了。

---

⑫ 当然,康德并非未看到趣味作为"外在现象里的道德性"对于教养行为的决定性作用(参见《人类学》,§69),但是他把趣味从纯粹理性的意志决定中排除出去。

由此,精神科学的方法特征就在根本上丧失了它的合法性。

康德自己通过他的审美判断力的批判所证明和想证明的东西,是不再具有任何客观知识的审美趣味的主观普遍性,以及在"美的艺术"领域内天才(Genie)对一切规范美学的优越性。所以,浪漫主义诠释学和历史学认为对它们的自我理解的一个出发点仅在于这个通过康德美学而生效的天才概念。这是康德影响的另一个方面。审美判断力的先验证明确立了审美意识的自主性,从这种自主性历史意识也应当导出自身的合法性。康德所创建的新美学所包含的彻底主体化倾向确实开创了新纪元,一方面由于它不相信在自然科学的知识之外有任何其他的理论知识,从而迫使精神科学在自我思考中依赖自然科学的方法论,另一方面由于它提供了"艺术要素""情感"和"移情"作为辅助工具,从而减缓了这种对自然科学方法论的依赖。我们上面⑬已讨论过的赫尔姆霍茨关于精神科学特征的描述,在这两方面都是康德影响的一个卓越的例子。

如果我们想证明精神科学的这种自我解释的不足,并要为精神科学开辟更合适的前景,那么我们就必须进而研讨美学问题。康德赋予审美判断力的先验功能足以与概念性认识划清界限,并因此规定美和艺术的现象。但是,这与保留概念性认识的真理概念相关吗?难道我们不可以承认艺术作品有真理吗?我们还将看

---

⑬ 本书第11页以下。

到,要对这些问题作肯定的回答,不仅要对艺术的现象,而且也要对历史的现象作新的考察。⑭

2. 康德的批判所导致的美学主体化倾向[78]

a) 康德关于趣味和天才的学说

α) 趣味的先验特征

康德在研讨有关趣味基础性东西时发觉一种超越于经验普遍性的先天因素,他本人曾把这一点作为一种精神性的惊异去加以感受。⑮《判断力批判》正是从这种见解产生的。对判断力的批判不再是对这样一种意义上的趣味的单纯批判,即趣味是他人所作出的批判性判断的对象。判断力批判乃是批判的批判,也就是说,这种批判探究在有关趣味事物中这样一种批判性行为的合理性。因而它也就不再单纯涉及那些用来证明某种广泛接受并起主导作用的趣味的合理性的经验原理——或者不再单纯涉及那些探讨趣味差异性根源的备受欢迎的问题,而是涉及一种一般而且总是证明批判可能性的真正的先天性问题。这样一种先天性能在何处呢?

显然,美的效用并非来自一种普遍原则,也不能由这种普遍原

---

⑭ 我们要感谢阿尔夫雷德·波姆纳那本杰出著作《康德的判断力批判》,该书富有启发性地考察了康德探讨美学和历史问题之间联系的积极方面。但是我们也必须考虑这种联系的失误。

⑮ 参见保罗·门策尔:《康德美学的发展》,1952年。

I 审美领域的超越

则所证明。对于趣味问题不能通过论证和证明来决定这一点,从没有人怀疑过。同样也是显然的,好的趣味从不会具有一种实际的经验普遍性,所以援引起主导作用的趣味将看不到趣味的真正本质。我们已看到,趣味自身的概念里就包含着不盲目顺从和简单模仿主导性标准及所选择样板的通行价值。在审美趣味领域内,样板和范例虽然有其特权作用,但是正如康德所正确指出的,这种作用并不在于模仿的方式,而在于继承(Nachfolge)的方式。㊻[79]样板和范例虽然给予趣味以获取其自身进程的踪迹,但它们却没有剥夺趣味自身本来的任务,"因为趣味必须是一种自身特有的能力"。㊼[80]

另一方面,通过我们对概念史的简短考察,这一点也是足够清楚的,即一当问题涉及到审美判断时,在趣味中不是个别的偏爱被断定了,而是一种超经验的规范被把握了。因此我们可以说,康德把美学建立在趣味判断上顺应了审美现象的两个方面,即它的经验的非普遍性和它对普遍性的先天要求。

但是,康德为证明趣味领域内这种批判的合理性所付出的代价却是:他否认了趣味有任何认识意义。这是一种**主体性原则**,他把共通感也归结为这种原则。按照康德的看法,在被视为美的对象中没有什么东西可以被认识,他只主张,主体的快感先天地与被视为美的对象相符合。众所周知,康德把这种快感建立在合目的性基础上,对于我们的认识能力来说,对象的表象一般都具有这种

㊻ 《判断力批判》,1799 年第 3 版,第 139 页、第 200 页。
㊼ 同上书,§17(第 54 页)。

合目的性。这种合目的性是想象力和理解力的一种自由游戏,一种与认识根本相应的主体关系,它表现了对于对象的快感的根源。这种合目的性-主体性的关系,就理念而言,实际上对于所有人都是一样的,因而这种关系是普遍可传达的,由此它确立了趣味判断的普遍有效性的要求。[81]

这就是康德在审美判断力上所揭示的原则。这里审美判断力本身就是法则。就此而言,它是关于美的一种先天效用的问题,这种先天效用发生于趣味事物中单纯感性经验的一致性和理性主义的规则普遍性这两者中间。当然,如果我们认为趣味与"生命情感"的关系是趣味的唯一基础,那么我们就不能再把趣味称之为一种感性的认识(cognitio sensitiva)。在趣味中没有什么东西是从对象中认识的,但也没有发生一种单纯的主观反应,如感官愉悦事物的刺激所引起的那种反应一样。趣味就是"反思趣味"(Reflexionsgeschmack)。

如果康德就这样把趣味称之为真正的"共通感",⑬那么他就不再考虑共通感概念的那种我们前面所说的伟大的道德-政治的传统。[82]对于康德来说,共通感这个概念中其实包含了两个要素,其一,就趣味是我们所有认识能力自由活动的结果,并且不像某种外在感觉那样限制于某个专门领域而言,共通感就包含趣味所具有的普遍性;其二,就趣味如康德所述,摈弃了所有如刺激和情感骚动那样的主观的个人条件而言,共通感就包含趣味所具有的共有性(Gemeinschaftlichkeit)。所以,这种"感觉"的普遍性隐秘地

---

⑬ 《判断力批判》,1799年第3版,第64页。

Ⅰ 审美领域的超越

受到双向的规定,一方面受所摈弃的事物的规定,另一方面不积极地受确立共有性和设立共同体的事物的规定。

的确,康德还保留了趣味和社交性(Geselligkeit)之间古老的内在联系。但是"趣味的培养"(Kultur des Geschmacks)只是在"趣味方法论"这个标题下附带地加以研究。⑦ 在那里,Humaniora(古典学科),正如希腊范例所表现的,被规定为与人性相适合的社交性,[83]而且道德情感的培养也被描述为真正的趣味如何才能采取一种特定的不变形式的道路。⑧[84]因而趣味的内容规定也就从其先验功能的领域内产生了。康德所感兴趣的,仅在于有一个审美判断力的自身原则,因此,对康德来说,重要的只是纯粹的趣味判断。

与康德的先验目的相符合,"对趣味的分析"可以完全随意地从自然美、装饰事物以及艺术表现中获取审美愉悦的范例。对于审美判断的本质来说,没有什么东西依赖于其表象是令人愉悦的对象的具体存在特性(Daseinsart)。"审美判断力批判"不是一门艺术哲学——即使艺术也是这种判断力的一个对象。"纯粹的审美趣味判断"这一概念是一种方法上的抽象,这种抽象与自然和艺术的区分毫无关系。所以我们有必要通过对康德美学的更精确考察,把他那种特别与天才概念相联系的对艺术哲学的解释返真复

---

⑦ 《判断力批判》,§60。
⑧ 《判断力批判》,1799年第3版,第264页。对康德来说,至少——尽管他对英国道德情感哲学作了批判——这一点毋庸置疑,即这种道德情感现象就其亲缘关系来说是审美的。无论如何,在康德把自然美中的愉悦称作为"按亲缘关系说是道德的"地方,康德就能对道德情感这种实践判断力的结果,它是一种先天的愉悦(《判断力批判》,第169页)。

原。为此目的,我们将考察康德的奇特而富有争议的关于自由美(Freie Schönheit)和依存美(anhängende schönheit)的理论。[51]

β)关于自由美和依存美的学说

这里,康德讨论了"纯粹的"趣味判断和"理智的"趣味判断之间的区别,这种区别是与"自由的"美和"依存的"(依存于某个概念)美之间的对立[85]相对应的。由于自由的自然美以及——在艺术领域内——装饰品表现为纯粹的趣味判断本来的美(因为这两者是"自为地"美的),上述两种趣味判断的区分乃是一个对于艺术的理解来说极其致命的学说。凡是"预期"有概念出现的地方——并且这不仅仅在诗歌领域,而且在一切关于情境的表现艺术中——情境(die Sachlage)似乎就是与康德所援引的"依存"美的事例相类似的东西。康德所援引的事例——人、动物、建筑物——表示着自然事物,如它们存在于由人的目的所支配的世界中,或是表示着为人类目的所创造的事物。在所有这些情况中,目的规定(Zweckbestimmung)就意味着一种对审美愉悦的限制。这样,按照康德,文身(Tätowierung),也就是人体的装饰,就令人愤慨,尽管它能"直接地"使人欢悦。这里,康德确实未把这样的东西作为艺术来讲(不仅作为"一个事物的美的表象"),而是非常确实地把它们讲为(自然的,或者说,建筑艺术的)美的事物。

自然美和艺术美的区分,[86]正如康德自己后来所讨论的(§48),在这里不具有任何意义。但是,康德在自由美的事例中除了花朵外还援引了阿拉贝斯克[87]壁纸和音乐("无标题"、甚至"无

---

[51] 《判断力批判》,§16以下。

I 审美领域的超越

歌词"的音乐），这就间接地说明了所有下面这些东西都表现了某个"在特定的概念下的客体"，因而可以算作依存的、非自由的美：这些东西包括诗歌、造型艺术和建筑艺术整个领域，以及所有我们不是像看装饰花纹那样只看到其美的自然事物。在所有这些情形中，趣味判断被破坏和被限制了。对艺术的认可似乎不可能从"纯粹趣味判断"作为美学基础这一点出发——除非趣味的标准被降为一种单纯的先决条件。在这个意义上，我们就可以理解《判断力批判》后半部之所以引进天才概念的做法。但是，这只意味着一种推迟性的补充，因为前半部对此未加论述。这里（在§16），趣味的出发点看来很少是这样一种单纯的先决条件，以致康德需要详尽地阐释审美判断力的本质并维护它免受"理智的"标准的限制。即使康德看到在自由美和依存美这两种不同观点下所判断的东西可能是同一个对象，理想的趣味裁决者仍似乎是这样一种人，他是按照"他所感觉到的东西"，而不是按照"他所想到的东西"去判断。真正的美是花朵和装饰品的美，这种美在我们的受目的支配的世界里从一开始而且从自身起就表现为美，因此这种美就没有必要有意识地回避任何概念或目的。

然而，如果我们更细致地考虑，那么这样一种见解就既不符合康德的话，也不符合他所看到的事实。康德的立足点从趣味到天才的所谓转变并不是这样产生的。我们必须学会在开端处见到后来发展的潜在准备。我们已经确实无疑地知道，那种禁止某人去文身或禁止某个教堂使用一种特定的装饰图案的限制，并不是康德所反对的，而是被康德所要求的，因而康德由道德立场出发，把那种对审美愉悦的损害视为有益的举动。自由美的事例显然不应是用来说明本来的美,而只是确保了这样一种看法,即自由美的愉悦不是一种对事物的完满性的判断。如果康德在这一节结尾深信通过区分两种美,或更确切地说,通过区分两种对美的关系,能够平息趣味裁决者对美的一些争执,那么这种对某个趣味争执的平息可能性就只是混合两种观察方式的结果现象,而且的确是如此,常见的情况将是这两种观察方式的合一。

这样一种合一总是在"基于某个概念的观察"(Hinaussehen auf einen Begriff)不排斥想象力的自由的地方出现的。康德可以把下面这一点描述为审美愉悦的一种合理条件,即没有一种争执是随着目的规定而出现的。这里康德并不自相矛盾。正如自为地形成的自由美的孤立化是一种人为的做法一样(看来,"趣味"总是最多地在那些不仅是合理东西被选出的地方,而且在合理东西为合理场所而选出的地方得到证实的),我们也能够而且必须超越那种纯粹趣味判断的立足点,我们只要说:关于美的论述确实不存在于某个特定的知性概念被想象力机械地感性化的地方,而是只存在于想象力与知性更自由地相协调的地方,即存在于想象力能够是创造性的地方。但是,想象力的这种创造性的造就并非在它绝对自由的地方(如面对阿拉贝斯克的蜿蜒曲线)是最丰富的,而是在想象力活动于某个游戏空间里的地方才是最丰富的,而这样一种游戏空间与其说是被知性的统一欲作为界限而对想象力设立的,毋宁说是知性的统一欲为促进想象力活动而预先规定的。

γ) 美的理想的学说

当然,这末了的话超出了康德原文所说的,但他的思想(§17)的继续发展却指明了这种解释的合理性。这一节的重点布局显然

I 审美领域的超越

只有在作了细致的考察之后才会明确。在这里被详尽论述的美的规范观念,恰恰不是最主要的,而且也没有表现出趣味按其本质所要追求的那种美的理想。一个美的理想其实只是从人的形象中产生的:这在于"伦理情操的表现"(Ausdruck des Sittlichen),"没有这种表现,对象一般就不会使人愉悦"。按照某个美的理想而作出的判断,正如康德所述,当然不是一种单纯的趣味判断。下面这一点将被证明是这一学说的富有意义的结论:某物要作为艺术作品而使人愉悦,它就不能只是富有趣味而令人愉悦的。㉒

但实际上令人惊讶的是,如果真正的美似乎正是排除了由目的概念而来的每一种确定化,那么,在此对于一幢美的住宅、一棵美的树、一座美的花园等所说的本身正好相反,即它们并没有由目的概念设想出一个理想,"因为这些目的没有充分地(醒目点是我加的)被它们的概念所规定和固定,因而那合目的性就是那样松散自由,像在流动的美那里一样"。只有在人的形象中才存在某种美的理想! 正是因为只有人的形象才能达到由某个目的概念所固定的美。这个由温克尔曼[88]和莱辛㉓提出的学说在康德为美学奠定基础的工作中赢得了一个决定性的地位。因为正是这个论点表明了某种形式的趣味美学(阿拉贝斯克美学)是怎样少地与康德的思想相符合。

㉒ [遗憾的是,康德关于艺术理论的趣味判断的分析总是被人滥用,同时也被T. W. 阿多尔诺的《审美理论》(《著作集》,第 7 卷,第 22 页以下)或 H. R. 尧斯(《审美经验和文学诠释学》,法兰克福,1982 年,第 29 页以下)所滥用。]

㉓ 莱辛:《拉奥孔手稿》,第 20b 号,参见拉赫曼编:《莱辛全集》,1886 年开始出版,第 14 卷,第 415 页。

关于美的理想的学说就是建立在规范观念(Normalidee)和理性观念(Vernunftidee)或美的理想的区分基础上的。[89]审美的规范观念存在于自然的一切种类中。正如一个美的动物(例如,迈伦[90]的一头牝牛)所展示的,这就是对单个事例评判的一个标准衡量器。因而这种规范观念就是作为"悬浮于所有单个个体中的种类形象"的一种想象力的单个直观形象。但是,这样一种规范观念的表现之所以令人愉悦,并不是因为美,而只是"因为这种表现和决定这一种类中的一物能是美的那种条件不相矛盾"。这种表现不是美的原始形象(Urbild),而只是正确性的原始形象。[91]

这也适用于人的形象的规范观念。但是,在人的形象里存在着一种"表现伦理情操"的真实的美的理想。"表现伦理情操"就是:如果我们把伦理情操与后面关于审美理念和作为伦理象征的美的学说联系在一起,那么,我们就能认识到关于美的理想的学说也为认识艺术的本质提供了准备。㉞ 这种学说于艺术理论方面的应用在温克尔曼的古典主义精神里是显而易见的。㉟ 康德想讲的显然就是,在对人的形象的表现中,所表现的对象和在这种表现中作为艺术性内容向我们表达的东西乃是一个东西。这种表现除了已经在所表现事物的形象和外观中得到表现的东西外,就

㉞ 我们也注意到,康德从现在开始显然已想到了艺术作品,而且不再首先考虑自然美。[这已被视作"规范观念"及其有条理的表现,并且完全被视作理想:"甚至于谁想表现它。"(《判断力批判》,§17,第60页)]

㉟ 莱辛《拉奥孔手稿》中关于"花草和风景画家"的论述:"这位风景画家模仿了美,但这种美不能成为理想";在造型艺术的等级排列中雕塑所处的主导地位是积极地与此相应的。

不可能存在其他的内容。用康德的话来说就是：对这种所表现的美的理想的理智上和功利上的愉悦并没有被排斥在审美愉悦之外，而是与这种审美愉悦结合在一起。只有在对人的形象的表现中，作品的整个内容才同时作为其对象的表达向我们显现出来。[86]

所有艺术的本质根本在于——如黑格尔所表述的——艺术"在人类面前展现人类自身"（den Menschen vor sich selbst bringt）。[87] 同样，自然的其他对象——不仅仅是人的形象——也能够在艺术性表现中展示伦理观念。所有艺术性表现，不论是对景物的表现，还是对僵死自然的表现，甚至每一种对自然的心领神会的观察，都可以达到这种表现。然而，在这一点上康德正确地作了保留：伦理情操的表现乃是一种假借的表现。与此相反，是人把这种观念带进了他自身的存在中，而且，因为人之为人，他才使这种观念得以表现。一棵由于不幸的生长条件而枯萎的树木，对我们可能伤感地呈现出来，但是这种伤感并不是自身感受到伤感的树木的表现，而且从树木的理想来看，枯萎并不就是"伤感"。反之，伤感的人，就人类道德理想本身而言，却是伤感的（而且，这并不是因

---

[86] 这里康德追随祖尔策[92]，祖尔策在其《美的艺术一般理论》中题为"美"的这篇论文里以同样的方式突出人的形象，他指出，人的躯体"无非只是浩就成可见的心灵"。同样席勒在其"论马西森[93]的诗"这篇文章中也写道——也许在同样的意义上——"特定形式的王国并不超越动物性的肉体和人的心灵，因而只有在这两个领域中[这也许指（如内在联系所暗示的）这两者即动物性的肉体和心灵的统一，这种统一就构成人的双重本质]某种理想才能被设立。"此外，席勒的工作正是借助于象征概念对景物画和风景诗作辩护，并且由此开了以后艺术美学的先河。

[87] 《美学讲演录》，拉松版，第57页。"由于艺术作品是一种在人类面前展示人类是什么的方式，因而在人类的思想中就可以找到艺术作品的普遍需求。"

为我们要求他具有一个对他来说根本不适合的人性理想,按此理想,虽然他本身并没有伤感,却对我们表现了伤感)。当黑格尔在其美学讲演录中把伦理的表现复述为"精神的显现"时,他已经完满地领会了这一点。⑧

因而,"纯粹愉悦"的形式主义便导致了不仅对美学中的理性主义,而且一般地对每一种包罗万象的(宇宙论的)美的学说的决定性的摈弃。康德正是利用这种关于规范观念和美的理想的古典主义区分,摧毁了那种完满性美学(Vollkommenheitsästhetik)由以从每个存在者的完满显现中寻找其无与伦比和独一无二的美的基础。至此,"艺术"才能成为一种自主的显现(autonome Erscheinung)。艺术的使命不再是自然理想的表现,而是人在自然界和人类历史世界中的自我发现(Selbstbegegnung)。康德关于美是无概念地令人愉悦的证明,并没有阻止这样一个结论,即只有那种意味深深地感染我们的美才引起我们的全部兴趣。正是这种对于趣味的无概念性的认识才超越了某种单纯趣味的美学。⑨

δ)自然和艺术中美的功利性[94]

康德探讨了那种不是经验地而是先天地对待美的功利(Interesse)问题,[95]这种关于美的功利的问题相对于审美愉悦的非功利性的基本规定来说,就表现为一个新的问题,并且实现了从趣味观到天才观的过渡。这是一种在两种现象的内在联系中展开的同一

---

⑧ 《美学讲演录》,拉松版,第213页。

⑨ [康德明确地说道:"按照某个美的理想而作出的判断根本不是任何单纯的趣味判断。"(《判断力批判》,第61页)对此请参见我的论文"诗在黑格尔艺术体系中的地位"《黑格尔研究》,第21卷(1986年)。]

学说。为了稳固基础,"对趣味的批判"必须摆脱感觉主义和理性主义的偏见。这是很正常的,即有关审美判断物的存在种类问题(以及关于自然美和艺术美之关系的整个范围的问题)在这里还根本没有被康德提出。如果人们想到要结束趣味立足点,即超越这个立足点,那么这个问题的整个范围就必然会展现出来。[90] 美的合功利的意味性是康德美学本来存在的难题。美的合功利的意味性对于自然和艺术来说乃是另外一种意味性,并且正是自然美与艺术美的比较才导致了这个问题的展开。

这里,康德最独特的东西就表现出来了。[91] 绝不像我们所指望的那样,康德是为了艺术的缘故才放弃了"无功利的愉悦",并探讨了美的功利问题的。我们从美的理想的学说中只是推断出了艺术相对于自然美的优越性:一种作为伦理情操更直接表现的优越性。反之,康德首先(在§42)强调了自然美相对于艺术美的优越性。[96] 自然美不仅仅对于纯粹的审美判断具有一种优越性,即它表明了美是依据于所表象事物对于我们一般认识能力的合目的性。这一点在自然美上显得尤为明显,因为自然美不具有任何一种内容上的意义,因而自然美是在其非理智的纯化状态中展示趣味判断。

但是,自然美不仅仅具有这种方法上的优越性——按照康德

---

[90] 鲁道夫·奥德布莱希特的功绩在于他认识到了这种内在关系(《形式与精神——康德美学中辩证法思想的发展》,柏林,1930年)。[同时参见我的论文"直观和直观性",载《哲学新期刊》18/19(1980年),第173—180页;也见我的著作集,第8卷。]

[91] 席勒就正确地感觉到这一点,当他写道:"谁学会了把作者只作为一位伟大的思想家来赞赏,他就会在此为把握到作者心灵的踪迹而感到喜悦。"("论素朴诗和感伤诗",载京特和维特科夫斯基编:《席勒文集》,莱比锡,1910年起出版,第17卷,第480页)

的看法,它也具有一种内容上的优越性,而且康德对他学说中的这一点显然是尤为满意的。美的自然能唤起一种直接的兴趣,即一种道德上的兴趣。在自然的美的形式中发现美,反过来就导出了这样的思想,即"自然创造了那种美"。凡在这种思想引起某种兴趣的地方,就出现了道德情操的陶冶。当受过卢梭影响的康德反对把对美的高尚情绪普遍地退回到伦理情感上时,那种对自然美的感觉对于康德来说就是一种特有的东西。自然是美的这一点,只在那样一种人那里才唤起兴趣,这种人"已先期地把他的兴趣稳固地建立在伦理的善之上"。因而对自然中美的兴趣"按照亲缘关系来说是道德性的"。[97]由于这一点揭示了自然与我们超出一切功利的愉悦之间的无目的的一致性,也就是揭示了自然对于我们的一种神奇的合目的性,所以这一点就指向了作为造化最终目的的我们,指向了我们的"道德规定性"。

这里,对完满性美学的否定就与自然美的道德意味性最好地联系起来了。正是因为我们在自然中找不到任何一个自在的目的,而只是发现美,即一种旨在达到我们愉悦目的的合目的性,因而自然就由此给予了我们一个"暗示",我们实际上就是最终目的、造化的终极目标。古代宇宙论思想——这种思想指出人在存在者的整个结构中的地位,并且给予每个存在者以他的完满性的目的——的崩溃就赋予这个不再作为一种绝对目的的秩序而是美的世界以合乎我们目的的新的美。这种新的美便成了"自然",它的洁白无瑕就在于:它对人类以及人类社会的罪恶一无所知。虽然这样,这种作为自然的新的美还是对我们说了什么。鉴于人类的某种可理解的规定的理念,自然作为美的自然赢得了一种言语,这种言语就把这个理念传达给了我们。

当然,艺术的意义也是依据于艺术能和我们打招呼或攀谈(ansprechen),艺术能向人类展示他们在其道德规定存在中的自己本身。但是,艺术产品只是为了这样和我们打招呼或攀谈——反之,自然对象并不是为了这样和我们打招呼或攀谈。自然美的意味深长的功利性正在于:它还能使我们意识到我们自己的道德规定性。反之,艺术却不能在无目的的实在中向我们传达人类的这种自我发现。人在艺术中发现他自己本身,这对人来说,并不是从某个不同于他自身的他物出发而获得的确认。㉜

这一点本身是正确的。但是康德这种思想进程的封闭性的影响却是如此深刻——以致他没有把艺术现象纳入适合于他的标准中。我们可以作出相反的推论,自然美相对于艺术美的优越性只是自然美缺乏特定表述力的反面说法。所以人们能够在此相反地看到艺术相对于自然美的优越性,即艺术的语言乃是对我们富有感染力的语言(anspruchsvolle Sprache),这种语言不是随便而含糊地提供情绪性的解释,而是以富有意味而确切的方式和我们打招呼或攀谈。艺术的神奇和奥妙之处正在于:这种特定的要求(Anspruch)对于我们的情绪来说不是一副枷锁,而是正确地为我们认识能力的活动开启了自由的活动空间。因此康德说,㉝艺术必须要"作为自然

㉜ [这里对崇高的分析似乎应当突出它的制约性的作用。参见 J. H. 特雷德的《理论的理性作用和实践作用的区别以及它们在判断力批判内的统一》,海德堡,1969年。同时参见我的论文"直观和直观性",载《哲学新期刊》18/19(1980年),第1—13页;也见我的著作集,第8卷。]

㉝ 《判断力批判》,1799年第3版,第179页以下。

去看待",即无须显露规则的束缚而令人愉悦的,他是完全正确的。我们并不注意所表现事物与所认识的实在之间的有目的的契合,我们也不想在这里看到所表现事物与哪个实物相类似;我们并不是用一个我们已很熟悉的尺度去衡量所表现事物的愉悦意义,而是正相反,这个尺度、这个概念以非限制的方式被"审美地拓宽了"。⑭[98]

康德关于艺术是"某个事物的美的表象"的定义考虑到了下面这一点,即丑的东西通过艺术的表现也可成为美的。但是,艺术的本来本质在与自然美的对照中呈现得很不完满。如果某个事物的概念只是被美好地表现的,那么这个事物仍只是一种"有条理的"表现的事态,并且只是实现了一切美的必不可少的条件。按照康德的看法,艺术正是比"某个事物的美的表象"更多的东西:它是审美理念(ästhetische Idee)的表现,也就是说,艺术是某种超出一切概念的东西的表现。天才概念将表述康德这一见解。

不可否认,审美理念的学说对于当今的读者来说有一个不幸的特征,虽然艺术家通过对审美理念的表现无限地扩大了所与概念,并且使感受力的自由活动富有生气。从表面上看来,好像这些理念参与了已经起了主导作用的概念,如同神的属性参与了神的形象一样。理性概念对于不可解释的审美表象的传统优先地位是如此坚固,甚至在康德那里产生了一种好像概念先于审美理念而行的错误假象,虽然在能力的活动中居领先地位的根本不是理解

---

⑭ 《判断力批判》,1799年第3版,第194页。

力,而是想象力。㉟[99]因此艺术理论家将可找到康德无能为力的足够证据,把他们对于美的不可理解性(这种不可理解性同时维护了美的制约性)的主导见解坚持到底,而无需违反本意地去追求概念的优先地位。

但是,康德思想发展的基本线索却摆脱了这种不足,并且展示了一种富有影响的合乎逻辑的思考,而这种合乎逻辑的思考在用天才概念创建艺术的活动中达到了顶点。即使不对这种"旨在表现审美理念的能力"作深入的解释,我们也可以指明,康德在这里决没有抛弃他的先验哲学立场,也没有被迫误入某种艺术创造心理学的歧途。天才的非理性化实际上使某种创造性的创作规则要素昭著于世,这种要素对于创作者和欣赏者都同样明显:即,面对美的艺术的作品,除了在该作品一度有过的形式中和在没有一种语言能完全达到的该作品影响的奥秘中去把握该作品的内容之外,不存在任何其他的可能性。因此,天才概念相应于康德在审美趣味上视为决定性的东西,也就是相应于感受力的轻快活动、生命情感的飞跃,而这些东西都是产生于想象力和理解力的相互协调,并停滞于美的出现。天才完全就是这种富有生气的精神的一种显现方式。相对于教书匠的呆板的规则,天才显示了自由的创造活动,并因而显示了具有典范意义的独创性。

ε)**趣味和天才的关系**

鉴于这种情况,出现了康德究竟是怎样规定趣味和天才相互

㉟ 《判断力批判》,第161页:"在那里想象力为其自由中唤醒理解力。"同样,第194页:"在这场合,想象力是创造性的,并且把理智诸观念(理性)的能力带进了运动。"

关系的问题。由于属天才艺术的美的艺术作品仍处于美的主导性观点下,所以康德就维护趣味在原则上的优先地位。相对于天才的创造,我们可以把趣味所提供的修补(Nachbesserung)视为拘谨不自然的——但是,趣味却是天才被要求具有的必要条件。就这一点来说,按照康德的看法,趣味在此斗争中就应具有优先地位。但是,这并不是一个具有根本性意义的问题,因为从根本上说,趣味与天才立于同一基础。天才的艺术正在于使认识能力的自由游戏成为可传达的,而天才所发明的审美理念正造就了这一点。但是,情绪状态的可传达性、快感的可传达性乃是趣味的审美愉悦的特征。趣味是一种判断的能力,因而也是一种反思趣味,但是它所反思的东西正是那种使认识能力富有生气的情绪状态,而这种情绪状态既得自于艺术美,又同样得自于自然美。因此,天才概念的根本意义是被限制在艺术美的特殊情形中,反之,趣味概念的根本意义却是普遍的。

康德使天才概念完全服务于他的先验探究,而且决不把天才概念引入经验心理学,这一点在他把天才概念限制于艺术创造上可以完全明显看出来。康德拒绝把天才这一名称赋予科学技术领域内的伟大发明家和发现者,⑯从经验心理学角度来看,这是完全没有根据的。[100]凡是在人们必须"想到某种东西"、而这种东西又是他们不可能单单通过学习方法技巧找到的地方,也就是说,凡是存在着创造(inventio)的地方,凡是某事要归功于灵感而不是归功于方法技巧的地方,关键的东西就是天赋(inge-

---

⑯ 《判断力批判》,第183页以下。

nium），即天才。但是康德的意图还是正确的，只有艺术作品按照其意义来看才是被这一点所规定的，即艺术作品无非是天才的创造。只是在艺术家那里，情况才是这样，即他的"创造"、作品，就其自身的存在而言，不仅涉及进行判断和欣赏的精神，而且还涉及到进行创造的精神。只有这种创造才可能不被模仿，因此，如果康德在这里只是讲到天才，并把美的艺术定义为天才的艺术，那么从先验观点来看，这是正确的。所有其他才气横溢的成就和创造按其本质不是由天才所规定的，尽管这些创造的才智也可能是非常伟大。

我们认为，天才概念对于康德来说，实际上只意味着对那种使他有兴趣于"先验目的里"的审美判断力的东西的一种补充。我们不可忘记，《判断力批判》在其第2部分中完全只涉及自然（以及从目的概念对自然的判断），而根本不涉及艺术。因此把审美判断力应用于自然中的美和崇高上，对于体系的总体目的来说就比艺术的先验基础更重要得多。"自然对于我们认识能力的合目的性"——正如我们所看到的，这种合目的性只能在自然美上（而不是在美的艺术上）表现出来——同时作为审美判断力的先验原则就具有了这样的意义，即使理解力为把某个目的概念运用于自然中而有所准备。[57] 就此而言，趣味批判，即美学，就是一种对目的论的准备。虽然《纯粹理性批判》曾经摧毁了目的论对自然知识的根本要求，但把这种目的论加以合法化以使之成为判断力的原则，则是康德的哲学意图，这种意图把他的整个哲学导向体系上的完

---

[57] 《判断力批判》，第LI页。

成。判断力表现了沟通知性和理性的桥梁。趣味所指向的可理解事物,人类的超感性的实体(Substrat),同时就包含了对自然概念和自由概念的沟通。⑱[101]这就是自然美问题对于康德所具有的整体意义,即,自然美确立了目的论的中心地位。只有自然美,而不是艺术,才能有益于目的概念在判断自然中的合法地位。正是出于这种体系上的理由,"纯粹的"趣味判断就还是第3个批判的不可或缺的基础。

但是,即使在审美判断力批判的范围内,康德也没有讲到天才的立足点最终排挤了趣味的立足点。我们只需注意康德是怎样描述天才的,即天才是自然的一个宠儿——就像自然美被看作自然的一种恩赐一样。美的艺术必须被看作自然。自然通过天才赋予艺术以规则。在所有这些表述中,⑲自然概念乃是毫无争议的标准尺度。[102]

因此,天才概念所成就的事只是把美的艺术的产品同自然美在审美上加以等同看待。甚而就是艺术也被在审美上加以看待,也就是说,艺术也是反思判断力的一种情形。有意图地——在这点上就是充满目的地——被产生的东西不应涉及某个概念,而是要在单纯的判断过程中——完全像自然美一样——使人愉悦。"美的艺术是天才的艺术",这无非是说,对于艺术中的美来说不存在其他的判断原则,除了在我们认识能力活动中的对自由情感的合目的性的尺度外,不存在任何其他的概念和认识尺度。自然或

---

⑱ 《判断力批判》,第LV页以下。
⑲ 《判断力批判》,第181页。

艺术中的美[100]只有同样一种先天原则,这种原则完全存在于主体性中。审美判断力的自我立法(Heautonomie)绝不为审美对象的自主有效性领域提供任何基础。康德对判断力的某个先天原则的先验反思维护了审美判断的要求,但也从根本上否定了一种在艺术哲学意义上的哲学美学(康德自己说:这里的批判与任何一种学说或形而上学都不符合[101])。

b) 天才说美学和体验概念

α) 天才概念的推广

当先验哲学反思的含义在康德继承人那里发生变化的时候,把审美判断力建立在主体性的先天原则上就获得一种全新的意义。如果在康德那里曾建立自然美的优越性并把天才概念退回到自然上去的形而上学背景不再存在,那么艺术问题就可在一个新的意义上被提出来。席勒是怎样接受康德的《判断力批判》的,以及他是怎样为"审美教育"的思想而投入其整个富有道德教育气质的力量的方式,就已经使艺术的立足点获得了比康德的趣味和判断力的立足点更为重要的地位。

这样,从艺术的立足点来看,康德的趣味概念和天才概念的关系就从根本上发生了变化。天才概念必须成为更广泛的概念——反之,趣味现象则必须贬低自身。

实际上在康德那里已具备了进行这样一种再评价的可能

---

[100] 康德典型的方式是用"或"代替"和"。
[101] 《判断力批判》,第 X、LII 页。

性。即使按照康德的看法,美的艺术就是天才的艺术这一点对于趣味的判断功能来说,也不是无关紧要的。趣味恰恰是一同对此进行了判断:一部艺术作品是真正具有精神还是无精神的。康德曾对艺术美这样说过,"在评判这一类的对象时,必须要考虑"[112]它的可能性——因而必须要考虑天才,而在另一处地方这一点是完全不言而喻的,即没有天才,不仅美的艺术,而且一个正确的、判断这种美的艺术的趣味自身也不可能存在。[113] 因此,只要趣味被用于其最主要的对象,即美的艺术上,那么趣味的立足点就会从自身过渡到天才的立足点。理解的天才相应于创造的天才。虽然康德并没有这样讲过,但是他在这里[114]所使用的精神概念以同样的方式适用于这两个方面。这就构成了后来继续发展的基础。

事实上很明显,如果艺术的现象得到重视,那么趣味概念就失去了它的意义。相对于艺术作品来说,趣味的立足点只是一个次要的立足点。构成趣味的选择敏感性相对于天才艺术作品的独创性常常具有一种均一化的功能。趣味回避古怪的东西和非寻常的东西。它是一种表面感觉,它并不触及艺术生产的独创性东西。18世纪天才概念的发展已把反对趣味概念的斗争推到了顶点。发展天才概念当时是针对古典主义美学,因为当时人们指望法国古典主义的趣味理想能得到那种对莎士比亚的承认(莱辛!)。因此,当康德在先验目的中坚持趣味概念,他在这

---

[112] 《判断力批判》,§48。
[113] 同上书,§60。
[114] 同上书,§49。

一点上是落伍的,并且采取了一种调和的立场,因为那时趣味概念不仅在"狂飙与突进运动"影响下被激烈地加以摈弃,而且也受到猛烈的冲击。

但是,当康德从这种一般的基础出发过渡到艺术哲学的特殊问题时,他却超越了趣味立足点本身。因而,他能很好地论及某个完美趣味的理念(die Idee einer vollendung des Geschmacks)⑩。但这是怎样一种趣味呢?趣味的规范特征包含着对趣味的培养和完善化的可能性。按照康德的看法,完美趣味——造就这种趣味极关重要——将采取某个确定而不可改变的形式。[103]这一点——虽然在我们看来是如此荒谬——是完全合乎逻辑被思考的。因为如果趣味就其要求来看是好的趣味,那么这个要求的实现事实上也就必须结束美学上的怀疑论所引用的所有的趣味相对论。好的趣味将把握一切具有"质量"的艺术作品,因而也就将完全确实地把握一切由天才所创造的东西。

这样我们就可看到,康德所讨论的某个完美趣味的理念实际上将通过天才概念而更好地得到界定。显然,在自然美的领域内要一般地运用完美趣味的理念,这将是困难的。对于园艺来说,这一点也许行得通,但康德一贯是把园艺归入艺术美。⑩ 在自然美,如风景的美面前,完美趣味的理念却是完全缺乏立足之地的。完

---

⑩ 《判断力批判》,第 264 页。

⑩ 康德奇特地把园艺归入绘画艺术,而不归入建筑艺术(《判断力批判》,第 205 页)[104]——这是一种以从法国园林理想到英国园林理想的趣味改变为前提的分类。参见席勒的论文:"论 1795 年的园林建筑"以及施莱尔马赫《美学》,奥德布莱希特编,第 204 页)。施莱尔马赫曾把英国的园林艺术作为"水平面的建筑艺术"(horizontale Architektur)再次归入建筑艺术中。[参见本书第 162 页注释㊉。]

美趣味难道应当在于恰如其分地评价自然中一切美的东西吗？那里能够提供一种选择吗？那里存在一种等级秩序？一个阳光灿烂的景致比一个大雨瓢泼的景致要来得美吗？在自然中究竟是否存在有丑的东西？或者说，只是对变动不定的心境来说，才有变动不定的吸引人的东西，对于不同的趣味来说，才有不同的令人喜爱的东西？当康德从道德的意义上去探讨自然能否一般地使人喜爱，他也许是对的。但是人们对于自然能够用感觉去区分好的趣味和坏的趣味吗？凡是在这种区分完全毋庸置疑的地方，相对于艺术和人为的事物，正如我们所看到的，趣味相反地只是美的一种限制性的条件，它并不包含它的真正原则。所以，一个完美趣味的理念在自然面前如同在艺术面前一样，仍保留了一些可疑的东西。如果人们不把趣味的可变性归入趣味概念中，那么人们就赋予了趣味概念以威力；但如果人们把趣味的可变性确实归入趣味概念中，那么趣味就是所有人间事物的可变性和所有人间价值的相对性的标志。

由此可见，康德把美学建立在趣味概念上完全不能令人满意。但如果把康德作为艺术美的先验原则而提出的天才概念作为普遍的美学原则去运用，则会更容易使人接受。因为天才概念远比趣味概念更出色地实现那种面对时间变迁而自身永不改变的要求。艺术上的奇迹，成功的艺术创造所具有的那种神秘的完美，显然都是超时间的。因此我们似乎有可能把趣味概念隶属于艺术的先验根据之下，并把趣味概念理解为对艺术的天才的可靠感觉。康德的这句话："美的艺术就是天才的艺术"，因而就成了一般美学的先验原理。美学最终只有作为艺术哲学才

I 审美领域的超越

有可能存在。

正是德国唯心论得出了这一结论。正如费希特和谢林曾经追随康德关于先验想象力的学说一样,他们在美学中也对这一概念作出了一种新的运用。但与康德不同,艺术的立足点是作为无意识的天才创造的立足点而成为包罗万象的,而且也包括了被理解为精神的产物的自然。⑩

因此,美学的基础曾经发生偏移。正如趣味概念一样,自然美概念也被抛弃,或者说,被加以不同理解。康德曾经竭力描述的自然美的道德兴趣,现在退回到艺术作品里人的自我发现的背后去了。在黑格尔庞大的《美学》中,自然美只作为"精神的反映"而出现。自然美在他的整个美学体系中根本不是一个独立的元素。⑩[105]

显然,这是一种非规定性,美的自然就是以这种非规定性向为其作辩护的解释和理解的精神展现自身,用黑格尔的话来说,美的自然是"按其实质来说在精神中得到的"。⑩ 这里从美学来看,黑

---

⑩ 由于康德和他的追随者之间所发生的变化——这种变化我试图用"艺术的立足点"这一用语来表示——曾经掩盖美的普遍现象到这样一种程度,所以第1卷《施莱格尔残篇》(《弗里德里希·施莱格尔,残篇,出自"吕克昂"》,1797年)才能说:"人们把许多本来是自然的艺术作品的东西称之为艺术家。"在这句话里,虽然回响了康德把天才概念建立在自然恩赐基础上的想法,但这一想法却如此少地被人赏识,以致它反而成为对某种其自身很少是有意识的艺术家气质的反对。

⑩ 霍托斯编辑的《美学讲演录》曾经给予自然美一个过于独立的地位,正如拉松根据笔记所提出的黑格尔原来的划分所证实的。参见拉松版《黑格尔全集》,第Xa卷,第一分册《理念和理想》,第Ⅻ页以后。[现在可参见 A.格特曼-西弗特为准备一个新版本而作出的研究,载《黑格尔研究》,副刊第20卷(1985年),以及我的论文"诗在黑格尔艺术体系里的地位",载《黑格尔研究》,第21卷(1986年)。]

⑩ 拉松版《美学讲演录》。

格尔得出了一个绝对正确的结论,这一结论当我们前面讲到趣味观念应用于自然的困难性时已经暗示给我们了。毋庸置疑,关于某个风景的美的判断是依赖于某个时代的艺术趣味。人们或许想到了对阿尔卑斯山风光的丑陋的描绘,这种描绘我们在18世纪还能看到——显然它是一种主宰专制主义世纪的人为对称精神的反映。所以,黑格尔的美学完全处于艺术的立足点上。在艺术中,人发见了自己本身,精神发见了精神性的东西。

现在,对于新美学的发展来说决定性的东西则是,就像在整个哲学体系中一样,思辨唯心论在此起了一个远远超出其被认可的效用的作用。众所周知,19世纪中叶对黑格尔学派独断论的形式主义的反感曾导致在"回到康德去"的口号下重新进行批判的要求。这种情况也同样适用于美学。为世界观的某个历史而利用艺术(这种利用是黑格尔在其《美学》里所给出的)曾是这样泛滥,以致这样一种先天历史建构方法(在黑格尔学派里可以找到许多对这种方法的运用——如罗森克兰茨[106]、沙斯勒[107]等)很快就名誉扫地。但由此而提出的"回到康德去"的要求,并不能意味着对包括有康德批判的视域的真正回复和复得。我们宁可说,艺术现象和天才概念仍构成美学的中心,而自然美问题以及趣味概念仍继续处于边缘。

这一点在语言用语上也表现出来。我们在上面所说的康德想把天才概念限制在艺术家身上的做法并未继续得到发展。相反,在19世纪天才概念发展成为一个普遍的价值概念,而且还经历了——与独创性概念一起——一种真正的神化(Apotheose)。这就是浪漫主义-唯心主义的无意识创造概念,这一概念展示了这一发展,并且通过叔本华和无意识哲学发生了一种巨大的广泛影响。虽然我们已经指出,天才概念相对于趣味概念所具有的那样一种根本的优先地位与康德美学完全不相符合,但是康德的根本愿望——给美学设立一个自主的、摆脱概念尺度的基础,不是根本提出艺术领域内的真理问题,而是在生命情感的主观先天性上建立审美判断、建立我们的能力与构成趣味和天才的共同本质的"一般认识"的和谐——却迎合了19世纪的非理性主义和天才崇拜。尤其在费希特把天才和天才创造的立足点提升为一个普遍的先验立足点之后,康德关于审美愉悦内的"增强生命情感"(Steigerung des Lebensgefühls)的学说促使天才概念发展成为一个包罗万象的生命概念。这样,新康德主义由于试图从先验主体性中推导出一切客体的效用而把体验概念标明为意识的本来事实。⑩

β)"体验"一词的历史

对"体验"(Erlebnis)一词在德国文献中的出现所进行的考察导致了一个令人惊异的结论,即这个词不像动词 erleben(经历),它只是在19世纪70年代才成为普通的用词。在18世纪这个词还根本不存在,就连席勒和歌德也不知道这个词。这个词最早的出处⑪似

I 66

---

⑩ 这是路易吉·帕勒松的《德国的唯心主义美学》(1952年)的功绩。该书揭示了费希特对唯心主义美学的重要意义。与此相应,在整个新康德主义运动内也可看到费希特和黑格尔的潜在发展。

⑪ 这是友好的柏林德意志科学院告知的消息。当然,迄今为止,他们对"体验"这一惯用词的收集还是很不够的。[最近科拉德·克拉默在 J. 里特编的《哲学历史辞典》中写了关于"体验"一个条目(见该辞典,第2卷,第702—711页)。]

乎是黑格尔的一封信。⑫但是据我所知,这个词在[19世纪]30年代和40年代也完全只是个别地出现的[如蒂克[108]、亚历克西斯[109]和古茨科[110]],甚至在50年代和60年代这个词似乎也很少出现,只是到了70年代这个词才突然一下成了常用的词。⑬看来,这个词广泛地进入日常用语,是与它在传记文学里的运用相关联的。

由于这里所涉及的是一个已非常古老并在歌德时代就已经常使用的词即"经历"一词的再构造,所以人们就有一种想法,即从分析"经历"一词的意义去获得新构造的词。经历首先指"发生的事情还继续生存着"(noch am leben sein, wenn etwas geschieht)。由此出发,"经历"一词就具有一种用以把握某种实在东西的"直接性的特征"——这是与那种人们认为也知道、但缺乏由自身体验而来的证实的东西相反,因为后一种人们知道的东西或者是从他人那里获得,或者是来自道听途说,或者是推导、猜测或想象出来的。所经历的东西始终是自我经历的东西。

但是,"所经历的东西"这个形式同时也在下述意义上被使用,即在某处被经历的东西的继续存在的内容能通过这个形式

---

⑫ 黑格尔在关于一次旅行的报道中写过:"我的整个体验(meine ganze Erlebnis)"(《黑格尔书信集》,霍夫迈斯特编,第3卷,第179页)。在此人们必须注意,这是在书信中使用的,也就是说是在人们未找到一个更惯用的词汇,因而未加斟酌地采用了某个非惯用的术语,尤其是采用了那种出自口语表述的情况下使用的。所以黑格尔除此之外,还使用了一种类似的说法(《黑格尔书信集》,第3卷,第55页):"我在维也纳的生活"(nun von meinem Lebwesen in Wien)。显然,黑格尔是在找寻一个他尚未掌握的集合名词(就连上面第一个引文中Erlebnis作为阴性名词使用也说明了这点[111])。

⑬ 例如,在狄尔泰的《施莱尔马赫传》(1870年),尤斯蒂的《温克尔曼传》(1872年),赫尔曼·格里姆的《歌德传》(1877年),可能还有更多的地方。

I 审美领域的超越

得到表明。这种内容如同一种收获或结果,它是从已逝去的经历中得到延续、重视和意味的。显然,对"体验"一词的构造是以两个方面意义为根据的:一方面是直接性,这种直接性先于所有解释、处理或传达而存在,并且只是为解释提供线索、为创作提供素材;另一方面是由直接性中获得的收获,即直接性留存下来的结果。

与"经历"这种双重方面的意义相应的是传记文学,通过传记文学,"体验"一词才首先被采用。传记的本质,特别是19世纪艺术家传记和诗人传记的本质,就是从他们的生活出发去理解他们的作品。这种传记文学的功绩正在于:对我们在"体验"上所区分的两方面意义进行传导,或者说,把这两方面意义作为一种创造性的关系去加以认识。如果某个东西不仅被经历过,而且它的经历存在还获得一种使自身具有继续存在意义的特征,那么这种东西就属于体验。以这种方式成为体验的东西,在艺术表现里就完全获得了一种新的存在状态(Seinsstand)。狄尔泰那部著名论著的标题《体验和诗》则以一种给人深刻印象的方式表述了这种关系。事实上,正是狄尔泰首先赋予这个词以一种概念性的功能,从而使得这个词不久发展成为一个受人喜爱的时兴词,并且成为一个令人如此容易了解的价值概念的名称,以致许多欧洲语言都采用了这个词作为外来词。但是,我们也许可以认为,语言生命里的真正过程只是在词汇的精确化中进行的,正是由于这种词汇的精确化,才在狄尔泰那里出现了"体验"这个词。

但是,对"体验"这词要在语言上和概念上进行重新铸造的动机,在狄尔泰那里却以一种特别顺利的方式被孤立化了。《体验和诗》这个著作标题是以后(1905年)出现的。该著作中所包括的狄尔泰在1877年发表的关于歌德文章的最初文稿，虽然已经表现了对"体验"一词的确切运用，尚未具有该词以后在概念上的明确意义。因而精确地考察"体验"一词后期在概念上确定的意义的前期形式，是有益的。情况似乎是相当偶然，正是在一部歌德传记(以及一篇关于这个传记的论文)里，体验一词突然一下子被经常使用了。由于歌德的诗作通过他自己所经历的东西能在某种新的意义上被理解，因而不是其他人而是歌德本人诱发了人们对这个词的构造。歌德本人曾经对自己的创作这样说过，所有他的文学创作都具有某种相当的自白性质。⑭ 赫尔曼·格里姆[112]的《歌德传》把这句话作为一个方法论原则加以遵循，这样一来，他就经常地使用了"体验"这个词。

狄尔泰关于歌德的论文可以使我们返回到这个词的无意识的前期历史，因为这篇文章在1877年的文稿中，⑮以及在后期《体验和诗》(1905年)的写作中已存在。狄尔泰在这篇文章里把歌德同卢梭[113]加以比较，并且为了从卢梭内心经验世界来描述卢梭新颖的创作，他使用了"经历"这个措词，而以后在一篇对卢梭某部作品的解释中便使用了"往日的体验"这个说法。⑯

但是，在早期狄尔泰那里，体验一词的意义本身无论如何还是

---

⑭ 《诗与真理》，第2部，第7篇；《歌德著作集》，索菲版，第27卷，第110页。

⑮ 《大众心理学杂志》，第10卷。参见狄尔泰对《歌德与诗学想象》的注释(《体验和诗》，第468页以下)。

⑯ 《体验和诗》，第6版，第219页。参见卢梭的《忏悔录》，第2部，第9篇。这里，确切的对应词还未被指明。显然这涉及的并不是一种转译，而是对在卢梭那里阅读到的叙述的一种解释。

I 审美领域的超越

不确定的。这可以从狄尔泰关于他在后期版本里删掉体验一词所说的一段话清楚地看出来:"这是与他所经历的东西、与他由于不熟悉世界而作为体验一同想象的东西相符合的。"⑪话题又是讲卢梭。但是某个一同想象的体验并不完全地与"经历"一词本来的意义相符合——也不与狄尔泰自己后期的科学用语相符合。在狄尔泰后期,体验正是指直接的所与(das unmittelbar Gegebene),而这种直接的所与就是一切想象性创作的最终素材。⑱"体验"这个词的铸造显然唤起了对启蒙运动的理性主义的批判,这种批判从卢梭开始就使生命概念发挥了效用。这可能就是卢梭对德国古典文学时期的影响,这个影响使"所经历存在"(Erlebtsein)这个标准生效,而且由此也使"体验"一词的形成有了可能。⑲但是,生命概念也构成德国唯心论思辨思维的形而上学背景,并且像在黑格尔那里一样,在费希特那里,甚而在施莱尔马赫那里也起了一个根本的作用。相对于知性的抽象,正如相对于感觉或表象的个别性一样,生命这个概念就暗含对整体、对无限的关系,这一点在体验一词迄

---

⑪ 《大众心理学杂志》,第 10 卷。

⑱ 人们可以参见《体验和诗》中关于歌德论文的一些后期文稿,第 177 页:"诗是生命的表现和表达。它表达了体验,并且它表现了生命的外在实在。"

⑲ 这里歌德的用语无疑起了一个决定性的作用。"你们只能在每一首诗中问它是否包含了所经历的东西"(《歌德著作集》,纪念版,第 38 卷,第 326 页),或者"著作也具有其所经历的东西"(同前书,第 38 卷,第 257 页)。如果知识界和读书界是以这样一种标准去衡量事物的话,那么知识界和读书界本身也被理解为一种体验的对象。下面这一点确实不是偶然的,即在一部新的歌德传中,也就是在弗里德里希·贡多尔夫[114]的歌德专著中,体验这个概念再次经历了一场词义方面的进一步发展。贡多尔夫对原始体验(Ur-Erlebnis)和教化体验(Bildungserlebnisse)的区分,正是传记文学里构造此概念的一种彻底的继续,而在这种继续中"体验"一词得到了它的发展。

今所有的特征中是显然可见的。

施莱尔马赫为反对启蒙运动的冷漠的理性主义而援引富有生命气息的情感,席勒为反对社会机械论而呼吁审美自由,黑格尔用生命(后期是用精神)反抗"实证性"(Positivität)[115],这一切都是对现代工业社会抗议的先声,这种抗议在本世纪初就使体验和经历这两个词发展成为几乎具有宗教色彩的神圣语词。反对资产阶级文化及其生活方式的青年运动就是在这种影响下产生的。弗里德里希·尼采[116]和亨利·柏格森的影响也是在这方面发生的。而且就连某种"精神运动",例如围绕斯忒芬·乔治[117]的运动,以及乔治·西默尔[118]用以对这种过程作出哲学反应的地震仪似的敏感性,都同样表明了这一点。所以,当代的生命哲学乃是继承其浪漫主义的先驱。对当代广大群众生活的机械化的反抗,在今天还是以这样一种理所当然性强调这个词,以致这个词的真正概念性内涵仍还隐蔽着。⑫

因而,我们必须从体验这个词的浪漫主义的前期历史去理解狄尔泰对这个词的概念铸造,并且将记住狄尔泰是施莱尔马赫的传记家。当然,在施莱尔马赫那里还没有出现"体验"这个词,甚至连"经历"这个词似乎也未出现过。但是,在施莱尔马赫那里并不缺乏与体验具有同一意义范围的同义词,⑫并且泛神论的背景始

---

⑫ 可参见罗特哈克对于海德格尔——完全以笛卡尔派的概念含义为目的——批判"经历"的惊奇:《精神科学中的独断论思维形式和历史主义问题》,1954年,第431页。

⑫ 如生命行为、共同存在的行为、环节、自身的情感、感觉、影响、作为情绪自身的自由规定的激动、原始的内心东西、精神振奋,等等。

I 审美领域的超越

终是明显可见的。每一种行为作为一种生命要素,仍然是与在行为中所表现出来的生命无限性相关联。一切有限事物都是无限事物的表达或表现。

事实上,我们在狄尔泰的《施莱尔马赫传》对宗教观点的描述中,发现了对"体验"这词的特别意味深长的运用,这个运用已指明这样的概念内涵:"施莱尔马赫的每一个自为存在着的体验(Erlebnisse),都是一个被分离了的、从解释性关系里抽离出来的宇宙形象。"⑫

γ)体验概念

现在,如果我们紧接在"体验"的语词史之后探讨"体验"的概念史,那么我们就可以从前面所述得知,狄尔泰的体验概念显然包含了两个要素:泛神论的要素和实证论的要素,即体验(Erlebnis)和它的结果(Ergebnis)。这确实不是偶然的,而是狄尔泰自己处于思辨和经验之间的中间地位的结果,这个中间地位我们以后还要探讨。因为对于狄尔泰来说,重要的问题是从认识论上去为精神科学

---

⑫ 狄尔泰:《施莱尔马赫传》,第2版,第341页。值得注意的,"体验"(Erlebnisse)这个异文(我认为这是正确的)是该书第2版(1922年,穆勒特编)对1870年第1版中出现的"结果"(Ergebnisse)这个词(第1版,第305页)的修正。如果这里是第1版的一个排字讹误,那么我们在上面所坚持的体验和结果之间的意义相近就在这里起了作用。一个更进一步的事例可以解释这一点。我们在霍托那里(《生命和艺术的初步研究》,1835年)就读到这样一段话:"可是这样一种想象力与其说是自己在创造毋宁说更多地依据于对已经历过的情况的回忆,对已得出的经验的回忆。回忆保存和恢复了这种结果(Ergebnisse)在任何情况中出现的个别性和外在形式,而不让普遍的东西自为地出现。"如果在此原文中以"体验"(Erlebnisse)替代"结果",那么没有一位读者会对此感到惊奇。[在最后为《施莱尔马赫传》所写的导论中,狄尔泰经常地使用"体验"一词,参见《狄尔泰全集》,第13卷,第1部分,第XXXV—XLIV页。]

的活动进行辩护,所以探讨真正所与(das wahrhaft Gegebenen)这一动机到处支配着他。这也是一种具有认识论性质的动机,或者更确切地说,是一种认识论本身的动机,这个动机支配了他的概念构造,并且与我们上面所追溯的语言过程相符合。正如由于被工业革命所改造的文明复杂系统的弊端所产生的体验缺乏(Erlebnisferne)和体验饥渴(Erlebnishunger),使"体验"一词在日常语言中得以流行一样,历史意识对流传下来的东西所具有的新距离,也使体验概念进入了它的认识论的功能中。这一点的确表明了19世纪精神科学发展的特征,即精神科学不只是外在地承认自然科学为范本,而且出于与近代自然科学由之产生的同样理由,像自然科学一样表现出对经验和研究的同样热情。如果力学时代对于作为非人世界的自然必须感到的那种陌生性,在自我意识的概念中和在发展成为方法的"清楚而且明晰知觉"的确实性规则中具有它的认识论的表现,那么19世纪精神科学也对历史的世界感到同样的一种陌生性。过去时代的精神创造物,即艺术和历史,不再属于现代的不证自明的内容,而是被抛掷给(aufgegebene)研究的对象或所与(Gegebenheiten),从这些对象或所与出发,过去才可能让自身得到再现。[119] 所以,正是这种所与概念主导了狄尔泰铸造体验概念。

精神科学领域内的所与当然是属于一种独特的种类,狄尔泰想通过"体验"(Erlebnisse)概念去表述这一点。与笛卡尔的 res cogitans(被思物)术语相联系,狄尔泰通过反思性(Reflexivität)、通过内在存在(Innesein)去规定体验概念,并且想从这种独特的所与方式出发在认识论上为历史世界的认识进行辩护。在解释历史对象时所追溯到的最初的所与并不是实验和测试的数据,而是意义统一体(Bedeutungseinheiten)。这就是体验概念所要表达的东西:我们在精神科学中所遇到的意义构成物(Sinngebilde)——尽管还是如此陌生和不可理解地与我们对峙着——可能被追溯到意识中所与物的原始统一体,这个统一体不再包含陌生性的、对象性的和需要解释的东西。这就是体验统一体(Erlebniseinheiten),这种统一体本身就是意义统一体(Sinneinheiten)。

这一点将表明——对于狄尔泰思想来说具有决定性意义的——这个意义统一体作为原始的意识统一体(letzte Bewusstseinseinheit)并未被称之为感觉或感知,有如在康德主义以及在19世纪直至恩斯特·马赫[120]的实证主义认识论中那样理所当然所称呼的,狄尔泰把它称之为"体验"(Erlebnis)。因而狄尔泰就限制了由感觉原子构造知识的结构理想,并以一个更明确的所与物概念与之相对立。体验统一体(而不是它被分析成的心理要素)表现了所与物的真实统一。所以,某种限制机械论模式的生命概念便在精神科学的认识论中出现了。

这个生命概念是从目的论上被思考的:生命对狄尔泰来说,完全意味着创造性(Produktivität)。由于生命客观化于意义构成物中,因而一切对意义的理解,就是"一种返回(Zurückübersetzen),即由生命的客观化物返回到它们由之产生的富有生气的生命性(Lebendigkeit)中"。所以体验概念构成了对客体的一切知识的认识论基础。

体验这一概念在胡塞尔的现象学中所具有的认识论功能也是同样普遍的。在第5版《逻辑研究》(第2章)中,现象学的体验概念明确地与通常的体验概念区分了开来。体验统一体不被理解为某个自我的现实体验之流的一部分，而是被理解为一种意向关系。"体验"这个意义统一体在这里也是一种目的论的统一体。只有在体验中有某种东西被经历和被意指，否则就没有体验。虽然胡塞尔也承认非意向性的体验，但这些体验只是意义统一体即意向性体验的材料。就此而言，体验概念在胡塞尔那里就成了以意向性为本质特征的各类意识的一个包罗万象的称呼。[12]

因而，在狄尔泰这里就像在胡塞尔那里一样，在生命哲学中就像在现象学中一样，体验概念首先就表现为一个纯粹的认识论概念。这个概念在他们两人那里都是在其目的论的意义上被采用的，而不是在概念上被规定。生命就是在体验中所表现的东西，这将只是说，生命就是我们所要返归的本源（das Letzte）。对于这个由活动结果而来的概念铸造，语词史提供了一个确切的证明。因为我们看到，"体验"这个词的形成是与一个浓缩着、强化着的意义相适应的。如果某物被称之为体验，或者作为一种体验被评价，那么该物通过它的意义而被聚集成一个统一的意义整体。被视为某个体验的东西，不同于另一个体验——在这另一个体验中是另外的东西被经历——就像它不同于另一种生命历程一样——在这另一种生命历程中"没有什么东西"被经历。被视为某个体验的东西，不再只是一种在意识生命之流中短暂即逝的东西——它被视

---

[12] 参见 E. 胡塞尔：《逻辑研究》，第 2 卷，第 365 页注释；《纯粹现象学和现象学哲学的观念》，第 1 卷，第 65 页。

I 审美领域的超越

为统一体,并且由此赢得了一种新的成为某物的方式。就此而言,下面这一点是完全可理解的,即体验这个词是在传记文学中出现的,而且最终来源于自传中的使用。凡是能被称之为体验的东西,都是在回忆中建立起来的。我们用这个词意指这样一种意义内涵,这种意义内涵是某个经验对于具有体验的人可作为永存的内涵所具有的。这就是关于意识所具有的意向性体验和目的论结构的论述所确认的东西。但是在另一方面,体验概念中也存在生命和概念的对立。体验具有一种摆脱其意义的一切意向的显著的直接性。所有被经历的东西都是自我经历物,而且一同组成该经历物的意义,即所有被经历的东西都属于这个自我的统一体,因而包含了一种不可调换、不可替代的与这个生命整体的关联。就此而言,被经历的东西按其本质不是在其所传导并作为其意义而确定的东西中形成的。被经历东西的意义内涵于其中得到规定的自传性的或传记性的反思,仍然是被熔化在生命运动的整体中,而且持续不断地伴随着这种生命运动。正是体验如此被规定的存在方式,使得我们与它没有完结地发生关联。尼采说:"在思想深刻的人那里,一切体验是长久延续着的。"[123]他的意思就是:一切体验不是很快地被忘却,对它们的领会乃是一个漫长的过程,而且它们的真正存在和意义正是存在于这个过程中,而不只是存在于这样的原始经验到的内容中。因而我们专门称之为体验的东西,就是意指某种不可忘却、不可替代的东西,这些东西对于领悟其意义规定

---

[123] 《尼采全集》,穆沙里翁版,第14卷,第50页。

来说，在根本上是不会枯竭的。[125]

从哲学角度来看，我们在体验概念里所揭示的双重性意味着：这个概念的作用并不全是扮演原始所与和一切知识基础的角色。在"体验"概念中还存在某种完全不同的东西，这种东西要求得到认可，并且指出了一个仍需要研究的难题，即这个概念与生命的内在关系。[126]

首先，这是两个端点，由这两个端点出发，关于生命和体验的关系的这个不断扩展的课题就提了出来，而且我们以后将看到，不仅狄尔泰而且尤其胡塞尔都陷入了这里所面临的难题。这就是康德对于一切心灵实体说的批判和由此批判区分出的自我意识的先验统一（即统觉的综合统一）所具有的基本意义。一种依据批判方法的心理学的观念可能与这种对唯理论心理学的批判相联系，例如保罗·纳托普[121]早在1888年[127]就提出了这种心理学，并且以后理查德·赫尼希斯瓦尔德[122]还在它上面建立了思维心理学概念。[128]纳托普通过表明经历直接性的知觉（Bewusstheit）概念描述了批判心理学的对象，并且提出了一种普遍主体化的方法作为重构心理学的研讨方式。纳托普后来通过对同时代心理学研究的概

---

[125] 参见《狄尔泰全集》，第7卷，第29页以下。

[126] 因此当狄尔泰写了下面这段话时，他就因此限制了他自己在后期关于体验的定义："体验就是一种质地的存在＝一种现实性，这种现实性不能通过内在存在去定义，而是被降低到了未加分辨地被收取的东西之中。"（《狄尔泰全集》，第7卷，第230页）这里，主体性的出发点是很不充足的，这一点对狄尔泰来说本来是不清楚的，但是在语言思考的形式里他也意识到了："难道人们能说'被收取'吗？"

[127] 《依据批判方法的心理学导论》，1888年；《依据批判方法的普通心理学》，1912年（重新修改版）。

[128] 《思维心理学基础》，1921年第2版，1925年。

I 审美领域的超越

念构造的深入批判,维护和继续发展了他的基本观点。但是早在1888年他已确定了这种基本思想,即具体的原始体验,也就是意识的整体,表现了一种未分化的统一体,这个统一体通过认识的客观化方法才得到分化和规定。"但意识意味着生命,也就是通常的相互联系。"这一点特别是在意识和时间的关系中表现出来:"不是意识作为时间过程中的事件,而是时间作为意识的形式。"⑫

在纳托普这样反对占统治地位的心理学的同一年,即1888年,亨利·柏格森的第一部著作《论意识的直接所与》出版了。[123]这部著作是对同时代的心理物理学的一个批判性抨击,这个抨击像纳托普一样坚决地使用了生命概念,以反对心理学概念构造的客体化,尤其是空间化的倾向。这里就像在纳托普那里一样,对于"意识"及其分解的具体有着完全类似的论述。柏格森对此还新造了 durée(所与)这一著名的术语,这个术语陈述了心理事物的绝对延续性。柏格森把这延续性理解为"机制"(organisation),也就是说,他是由生命体存在方式(être vivant)出发来规定延续性的,在这生命体中每一个要素对于整体都是重要的(représentatif du tout)。柏格森把意识中的一切要素的内在渗透与倾听一首乐曲时一切音调的渗透方式进行了比较。在柏格森那里,这就是反对笛卡尔主义的生命概念的要素,他为反对客观化的科学而捍卫了这一要素。⑬

如果我们现在考察一下这里称为生命的东西以及其中在体验

---

⑫ 《依据批判方法的心理学导论》,第32页。
⑬ H.柏格森:《论意识的直接所与》,第76页以下。

概念里起作用的东西的更精确规定,那么就可表明:生命和体验的关系不是某个一般的东西与某个特殊的东西的关系。由其意向性内容所规定的体验统一体更多地存在于某种与生命的整体或总体的直接关系中。柏格森讲到了整体的再现,而且纳托普所使用的相互关联概念同样也是对在此出现的部分和整体的"机制"关系的一种表述。首先作出这一点的正是乔治·西默尔,他曾把生命概念作为"生命超出自己本身的扩张"去分析。[131]

整体在短暂体验中的再现,显然远远超出该整体被其对象所规定的事实。用施莱尔马赫的话来讲,每一个体验都是"无限生命的一个要素"。[132] 乔治·西默尔——此人不仅把"体验"这个词发展为一个时兴词,而且还同他人一起使这词臻于完美——正是在此看到了体验概念的显著特征,即"客体,例如在认识中,不仅成为图像和表象,而且成为生命过程本身的要素"。[133] 西默尔就曾经指出过,每一个体验都具有某种奇遇(Abenteuer)。[134] 但是,什么是奇遇呢?奇遇决不只是一种插曲(Episode)。插曲是一串彼此并列的个别事件,这些个别事件不具有任何一种内在关系,而且也正因为这些个别事件只是插曲,所以不具有任何一种持久的意义。反之,奇遇则与此相反,虽然奇遇也同样打断了事物的通常进程,但是它是积极的,并且与它所打断的联系发生很有意味的关联。

---

[131] 乔治·西默尔:《生命观》,1922年第2版,第13页。我们以后将看到,海德格尔是怎样迈出这决定性的一步的,他由生命概念的辩证玩味转入本体论的严格探讨(参阅本书第247页以下)。

[132] F.施莱尔马赫:《论宗教》,第2段。

[133] 乔治·西默尔:《桥和门》,朗德曼编,1957年,第8页。

[134] 参见西默尔:"哲学文化",载《论文集》,1911年,第11—28页。

所以,奇遇就可使生命作为整体,并在其广度和强度上为人所感受。奇遇的魅力就基于这一点。奇遇消除了日常生活所具有的条件性和制约性。奇遇敢于出现在不确定的事物中。

但是,奇遇同时也知道它作为奇遇所特有的例外性质,因此它仍与自身不能一起被置入的通常事物的回复发生关联。所以,奇遇就如同一个试验和一个检验一样被"通过了",而我们正是从这种试验和检验中得到充实和成熟。

这中间有些东西事实上是每一个体验所具有的。每一个体验都是由生活的延续性中产生,并且同时与其自身生命的整体相联。这不仅指体验只有在它尚未完全进入自己生命意识的内在联系时,它作为体验仍是生动活泼的,而且也指体验如何通过它在生命意识整体中消融而"被扬弃"的方式,根本地超越每一种人们自以为有的意义。由于体验本身是存在于生命整体里,因此生命整体此时也存在于体验之中。

在我们完成对"体验"的概念分析时,这一点也就随之清楚了,即在一般体验结构和审美特性的存在方式之间存在着怎样一种姻亲关系(Affinität)。审美体验不仅是一种与其他体验相并列的体验,而且代表了一般体验的本质类型。正如作为这种体验的艺术作品是一个自为的世界一样,作为体验的审美经历物也抛开了一切与现实的联系。艺术作品的规定性似乎就在于成为审美的体验,但这也就是说,艺术作品的力量使得体验者一下子摆脱了他的生命联系,同时使他返回到他的存在整体。在艺术的体验中存在着一种意义丰满(Bedeutungsfülle),这种意义丰满不只是属于这个特殊的内容或对象,而是更多地代表了生命的意义整体。一种审美体验总是包含着某个无限整体的经验。正是因为审美体验并没有与其他体验一起组成某个公开的经验过程的统一体，而是直接地表现了整体，这种体验的意义才成了一种无限的意义。

只要审美体验如我们上面所述，示范地表现了"体验"这一概念的内涵，下面这一点便是可以理解的，即体验概念对确立艺术的立足点来说就成了决定性的东西。艺术作品被理解为生命的完美的象征性再现，而每一种体验仿佛正走向这种再现。因此艺术作品本身就被表明为审美经验的对象。这对美学就有一个这样的结论，即所谓的体验艺术（Erlebniskunst）看来是真正的艺术。

c) 体验艺术的界限，为譬喻恢复名誉

体验艺术（Erlebniskunst）概念具有一种显著的两重性。本来，体验艺术显然是指，艺术来自于体验，并且是体验的表现。但在某种派生的意义上，体验艺术概念也被用于那种专为审美体验所规定的艺术。这两者显然是联系在一起的。凡是以某种体验的表现作为其存在规定性的东西，它的意义只能通过某种体验才能把握。

正如经常所看到的，"体验艺术"概念是由限制其要求的界限经验（Erfahrung der Grenze）所制约的。只有当一部艺术作品是体验的移置（Umsetzung）这一点不再是自明的，并且这种移置应归功于某个天才灵感的体验（这种天才灵感以一种梦游神式的自信创造了那种对于感受者来说已成为其体验的艺术作品）这一点不再是自明的时候，体验艺术概念才是轮廓清楚的。歌德的世纪对于我们来说正是标志上述两个条件已获得自明性的世纪，这个

世纪可以说构成一整个时代或时期。正是因为这个时代对我们来说已经结束,而且我们的视野能够超出其界限,我们才能够在其界限中看到该时代,并对该时代获得一个概念。

以后我们逐渐地意识到,这个时代在艺术和文学的整个历史中只是一个插曲。恩斯特·罗伯特·库丘斯[124]对中世纪美文学所作的卓越研究就对此提供了一个很好的描述。⑬ 如果我们的视野已开始超出体验艺术的界限并让其他的标准生效,西方艺术世界就会出现一个新的广阔天地,一个全陌生的艺术世界就会展现在我们眼前,因为西方艺术从古代一直到巴洛克时期是由完全不同于体验性(Erlebtheit)标准的另外一些价值标准所支配的。

的确,所有这一切对于我们来说都可能成为"体验"。这种审美的自我理解是经常地被使用的。但是我们不能误认为,对于我们来说这样地成为体验的艺术作品本身并不是为这种理解所规定的。我们关于天才和经历的价值概念在这里是不适合的。我们也能够回忆起完全不同的标准,并且也许还能说:使艺术作品成为艺术作品的,并不是体验的纯真性或体验表现的强烈性,而是固定的形式和表达方式的富有艺术性的安排。这种标准上的对峙虽然适用于一切种类的艺术,但在语言性的艺术中有它特别的证据。⑭ 在 18 世纪,诗歌与修辞学还以一种令现代意识惊异的方式相互并列着,康德在诗歌和修辞学这两者中看到了"一种作为知解力事务

---

⑬ E. R. 库丘斯:《欧洲文学与中世纪拉丁语》,伯尔尼,1948 年。

⑭ 参见比喻语言(Sinnbildsprache)和表现语言(Ausdruckssprache)之间的对峙。保罗·伯克曼曾把这种对峙作为他的《德国文学创作形式的发展史》的基础。

的想象力的自由活动"。⑬[125]只要在诗歌和修辞学中无意识地实现了感性和知性这两种认识能力的和谐,诗歌和修辞学对于康德来说就是美的艺术,并且是"自由的"。经历性和天才灵感的标准却必须针对这种传统开创一种相当不同的"更自由的"艺术概念,对于这种艺术概念,只有诗歌与之相适应,因为诗歌排除了一切暂时性的东西,反之,修辞学则完全被排除在这种艺术概念之外。

因而,19世纪修辞学的价值崩溃乃是运用天才无意识创造这一学说的必然结果。我们将在一个特定的事例上,即在象征(Symbol)和譬喻(Allegorie)的概念史上去探讨这一现象,因为象征和譬喻的内在关系在近代已发生了变化。

甚至对语词史感兴趣的研究者往往也没有足够重视这样的事实,即在我们看来是不言而喻的譬喻和象征之间在艺术上的对立,乃是上两个世纪哲学发展的结果,并且在发展的最初阶段,这种对立很少为人所认识,以致人们更多地提出这样的问题:作出这种区分和对峙的需要究竟是怎样产生的。我们不能忽视,对于我们时代的美学和历史哲学起了决定性影响的温克尔曼曾在相同的意义上使用了这两个概念,而这种用法是与整个18世纪的美文学相符合的。从词源来看,这两个词确实有某种共同的意义,即在这两个词中表现了这样的东西,该东西的涵义(sinn)并不存在于它的显现、它的外观或它的词文中,而是存在于某个处于它之外的所指(Bedeutung)中。某个东西这样地为某个别的东西而存在,这就构成了这两个词的共同性。这样的富有意义的关联,不仅存在于诗歌和造型艺术的领域中,而且也存在于宗教的神圣事物的领域内,

---

⑬ 《判断力批判》,第51节。

I 审美领域的超越

正是通过这种关联,非感觉的东西(die Unsinnliches)就成了可感觉的(sinnlich)了。[126]

我们必须作进一步的探讨,古代关于象征和譬喻这两个词的使用是怎样开创了我们现在所熟悉的关于这两个词以后的对立。这里我们只能确立几条基本线索。显然,这两个词最初是彼此根本不相关的。譬喻本来属于述说,即 Logos(讲话)领域,因此譬喻起一种修饰性的或诠释性的作用。它以某个其他的东西替代原来所意味的东西,或更确切地说,这个其他的东西使原来那个所意味的东西得到理解。⑬ 象征则与此相反,它并不被限制于 Logos(讲话)领域,因为象征并不是通过与某个其他意义的关联而有其意义,而是它自身的显而易见的存在具有"意义"。象征作为展示的东西,就是人们于其中认识了某个他物的东西。所以它是古代使者的证据和其他类似东西,显然,"象征"并不是单单通过其内容,而是通过其可展示性(Vorzeigbarkeit)起作用,因而它就是一种文献资料,⑭某个共同体的成员可以从该资料知道,它是否是宗教的象征,或是否在世俗的意义上作为一个记号或一个证件或一个口令而出现——在任何情况下,象征的意义都依据于它自身的在场,而且只是通过其所展示或表述的东西的立场才获得其再现性功能的。

虽然譬喻和象征这两个概念分属于不同的领域,但它们彼此还是很相近的,这不仅是因为它们都具有通过彼一物再现此一物的共

---

⑬ ἀλληγορία(譬喻)为原本的 ὑπόνοια(推测)进行辩护,参见普鲁塔克[127]:《音乐诗》,第 19e。

⑭ 作为"协议"的 σύμβολον(象征)的意义是否以"约定"本身的性质或它的文献记载为依据,我尚未确定。

同结构,而且还由于它们两者在宗教领域内都得到了优先的运用。譬喻产生于神学的需要,在宗教传说中——因而最初是在荷马那里——是为了揍除有害的东西,并认识其背后的有利的真理。凡在更合适表现婉言表述和间接表述的地方,譬喻在修辞学的应用中就获得了一个相应的功能。象征概念[最初似乎在克里西普[128]那里具有譬喻的意义⑩]首先通过新柏拉图主义的基督教的改造,也进入了这个修辞学-诠释学的譬喻概念的范围内。伪丢尼修[129]在其代表作的开首,根据上帝的超感性存在与我们习惯于感性事物的精神的不相应性,立即确立了象征性(Symbolikōs)表述的必要性。因而象征在这里获得了一个比类性功能。⑪ 这就导向了对神性事物的认识——完全就像譬喻的表述方式通向一个"更高的"意义一样。解释活动的譬喻方式和认识活动的象征方式具有相同的必然性基础,即不从感性事物出发,要认识神性的东西是不可能的。

但是,在象征概念里却显现了一种譬喻的修辞学运用完全不具有的形而上学背景。从感性事物出发导向神性的东西,这是可能的,因为感性事物并不是单纯的虚无和幽暗之物,而是真实事物的流溢和反映。现代的象征概念如果没有它的这种灵知性的功能和形而上学背景,就根本不可能理解。"象征"这一词之所以能够由它原来的作为文献资料、认识符号、证书的用途而被提升为某种神秘符号的哲学概念,并因此而能进入只有行家才能识其谜的象形文字之列,就是因为象征决不是一种任意地选取或构造的符号,

---

⑩ 《古代斯多葛残篇》,第2部,第257页以下。

⑪ συμβολικῶς καὶ ἀναγωγικῶς(象征性和比类性),参见《论天的本源》,第1章,第2节。

Ⅰ 审美领域的超越

而是以可见事物和不可见事物之间的某种形而上学关系为前提。宗教膜拜的一切形式都是以可见的外观和不可见的意义之间的不可分离性，即这两个领域的"吻合"为其基础的。这样，它转向审美领域就可理解了。按照索尔格[130]的看法，⑭象征性的东西标志一种"其中理念可以以任何一种方式被认识的存在"，因而也就是艺术作品所特有的理想和外在显现的内在统一。反之，譬喻性的东西则只是通过指出某个他物而使这种富有意义的统一得以实现。

然而，只要譬喻不只是表示讲话手段和解释含义（sensus allegoricus），而且也表示对艺术里抽象概念的相应的形象表现，那么譬喻概念在其自身方面就经历了一种特有的宽泛化。显然，修辞学和诗学的概念在此也是作为造型艺术领域内审美概念构造的样板而出现的。⑯当譬喻本来并非以那种象征所要求的形而上学的原始类似性为前提，而只是以某种由惯例和固定教条所造成的配列（Zuordnung）为前提时，譬喻概念的修辞学成分在这一点上对于这种意义的展开还是有效的，因为由惯例和固定教条所造成的

---

⑭ 《美学讲演录》，海泽编，1829 年，第 127 页。

⑯ 需要探讨的是，譬喻这个词最早是什么时候从语言领域转入造型艺术中去的，这个转入是由于象征学吗？（参见 P. 梅纳尔[131]的"象征主义和人文主义"，载《人文主义与象征主义》，卡斯泰利编，1958 年）在 18 世纪情况正相反，当讲到譬喻时，首先总是想到造型艺术，而且莱辛所代表的诗歌从譬喻中的解放，首先就是指诗歌从造型艺术的样板中的解放。另外，温克尔曼对譬喻概念所抱的肯定态度决不是迎合时代的趣味，也不是迎合同时代理论家如迪博斯[132]和阿尔加洛蒂[133]的见解。温克尔曼似乎更多地受到沃尔夫-鲍姆加登的影响，例如他主张画家的笔"应饱蘸理智"。所以温克尔曼不是根本地摈弃譬喻，而是依据于古代的古典主义来贬低与古代相反的新的譬喻。19 世纪对譬喻的普遍诋毁——其理所当然性完全就像人们理所当然地用象征性概念去对抗譬喻一样——很少能正确评价温克尔曼，例如尤斯蒂就是例子（《温克尔曼著作集》，第 1 卷，第 430 页以下）。

配列允许对无形象的东西使用形象性的表现。

这样,我们也许就可以概述语言上的意义倾向,这种语言上的意义倾向在18世纪末导致了作为内在的和本质的意味的象征和象征性与譬喻的外在的和人为的意味相对立。象征是感性的事物和非感性的事物的重合,而譬喻则是感性事物对非感性事物的富有意味的关联。

由于天才概念和"表现"的主体化的影响,这种意义的区别就成为一种价值对立。象征作为无止境的东西(因为它是不定的可解释的)是绝对地与处于更精确意义关系中并仅限于此种意义关系的譬喻事物相对立的,就像艺术与非艺术的对立一样。当启蒙运动时期的理性主义美学屈服于批判哲学和天才说美学时,正是象征的这种意义不确定性使得象征性(Symbolische)这一词和概念得到成功的发展。因此我们有必要详细地考察这种发展。

这里决定性的东西是康德在《判断力批判》第59节中对象征概念所给出的逻辑分析,这个分析最明确地解释了这一点。象征性表现被康德视为图式性表现的对立面。[134]象征性表现之所以是表现(并不像所谓逻辑"符号主义"里的单纯符号),只是因为象征性表现不是直接地表现某个概念(如在康德先验图式论哲学中所做的那样),而是间接地表现概念的,"由此,表现不含有概念的本来图式,而只单纯含有对反思的一种象征"。这种关于象征性表现的观念乃是康德思想中最卓越的成果之一。[135]康德曾以此正确地评价神学真理[这种神学真理在 Analogia entis(存在的类似性)[136]的思想中曾给予其经院哲学的形态],并使人的概念与神相脱离。从而康德揭示了——在他明确指出这种"事情"应得到"更深刻的研究"中——语言的象征性表述方式(即语言持久性的

Ⅰ 审美领域的超越

譬喻作用),并最后特别地使用了类比概念,以便描述美对伦理善的那种既不能是隶属的又不能是并列的关系。"美是伦理善的象征",在这个既审慎又精辟的命题中,康德把审美判断力充满反思自由的要求与它的人道意义结合在一起——这是一个产生巨大历史影响的思想。在这里,席勒是康德的继承人。⑭ 如果席勒把人类审美教育的观念建立在康德所表述的这种美与伦理情操的类比上,那么他就能遵循康德的一个明确的指示,即"趣味无须过分强烈的跳跃就使感官刺激向惯常性的道德兴趣的过渡成为可能"。⑮

现在出现了一个问题,即如此理解的象征概念是怎样以我们所熟悉的方式成为譬喻的对应概念的。席勒最初尚未触及这一问题,尽管他对冷漠的和人为的譬喻作了批判,这种譬喻当时被克洛普施托克、莱辛、青年歌德、卡尔-菲利普·莫里茨[137]等人用以反对温克尔曼。⑯ 在席勒和歌德的书信交往中才出现对象征概念的

---

⑭ 席勒在"优雅与庄重"中大略说过,美的对象应充当某个理念的"象征"(《席勒文集》,京特和维特科夫斯基编,1910 年起出版,第 17 卷,第 322 页)。

⑮ 康德:《判断力批判》,1799 年第 3 版,第 260 页。

⑯ 关于"象征"一词在歌德那里的用法所作的详尽的歌德语文学研究(库尔特·缪勒:《歌德艺术观中象征概念的历史前提》,1933 年)表明,深入地分析温克尔曼的譬喻美学对同时代人来说是如何重要,以及歌德艺术观具有何等的重要性。在温克尔曼著作中,费尔诺[138](第 1 卷,第 219 页)和亨利希·迈耶[139](第 2 卷,第 675 页以下)就假定了魏玛古典时期所提出的象征概念是理所当然的。因而这个词随即迅速地进入席勒和歌德的用语中——这个词在歌德以前似乎还根本不具有审美的意义。歌德对象征概念的铸造所作出的贡献,显然出自于其他的原因,即出自于新教诠释学和圣事学说,正如洛夫《象征概念》,第 195 页)通过格哈姆的提示所指出的。卡尔-菲利普·莫里茨对这一点曾作过特别出色的阐明。虽然他的艺术观充满了歌德的精神,但他在对譬喻的批判中却能指出,譬喻"接近于单纯的象征,而单纯的象征不再取决于美"(缪勒,前引书,第 201 页)。[现在在 W. 豪格(编辑的)文集《譬喻的形式和作用》(1978 年沃尔芬比特尔讨论会,斯图加特,梅兹纳出版社 1979 年版)里包含更丰富的资料。]

最初的重新创立。歌德在1797年8月17日那封著名的信中描述了他对法兰克福的印象所引起的伤感情绪,并对产生这样一种效果的对象写道:"这种对象是真正象征性的,也就是说,我几乎无需指出,这是存在于某种可以作为许多其他东西再现的多样性特征中的奇特事情,其中包含某种整体性的事情……"歌德很重视这种感受,因为这种感受可能使他避免"百万倍的经验的祸害"。席勒在这方面支持歌德,并且认为这种伤感的感受方式是与"我们彼此对此感受所确信的东西"完全一致。可是,在歌德那里,这种感受显然不会是一种作为实在经验的审美感受,对于实在经验的审美感受,他似乎根据古代新教的用语取掉了象征性这一概念。

席勒对于这样一种实在的象征观点提出了他的唯心主义异议,并且因而把象征的意义挪动到审美特性方面。歌德的艺术朋友迈耶为了确定真正的艺术作品与譬喻的界限,也同样遵循了对象征概念的这种审美运用。但是对于歌德自身来说,象征和譬喻在艺术理论上的对立仍只是指向有意义事物这个一般方向上的一个特殊现象,而歌德是要在一切现象中探寻这种一般方向。所以歌德把象征概念应用到例如色彩上,因为在这里"真实的关系同时表现了意义",在这里明显地表现出对于譬喻、象征、神秘化的传统诠释学的图式的依赖[⑩]——这一直到歌德能够写下最终对于他来说是如此独特的话:"所有出现的东西都是象征,并且由于这些东西完满地表现了自身,从而也就指出了其余的东西。"[⑭]

---

⑩ 《色彩理论》,第1卷,开首的箴言部分,第916条。
⑭ 参见1818年4月3日致舒巴特的信。同样,青年弗里德里希·施莱格尔也写道:"一切知识都是象征性的。"(《新哲学文集》,J.克尔纳编,1935年,第123页)

在哲学美学里,这种语言用法可能首先是在通过希腊"艺术宗教"的过程中出现的。这明确地表现在谢林艺术哲学从神话学的发展。谢林在艺术哲学里所援引的卡尔-菲利普·莫里茨虽然在其《神的学说》中已经驳斥了神话创作中的"单纯譬喻的解法",但他对于这种"幻想的语言"尚未使用象征这一术语。反之,谢林则写道:"一般神话,尤其是每一种神话创作,既不是图式化地,也不是譬喻性地,而是象征性地被领会。因为纯粹的艺术表现的要求,就是用完全中性的态度(mit völliger Indifferenz)去表现,也就是说,普遍性完全就是特殊性,而不是意味着特殊性,特殊性同时就是完全的普遍性,而不是意味着普遍性。"[149]当谢林这样(在对赫涅[140]的荷马观的批判里)提出神话和譬喻间的真正关系时,他同时就赋予了象征概念在艺术哲学中的中心地位。同样,在索尔格那里,我们也发现类似的表述,即所有艺术都是象征性的。[150] 索尔格以此想说的是,艺术作品就是"理念"自身的存在——而不是说,一个"于真正的艺术作品之外所发现的理念"是艺术作品的意义。我们宁可说,对于艺术作品或天才的创作,具有本质特征的东西就是,它们的意义是存在于现象本身中,而不是任意地被置人于现象中。谢林用 Sinnbild(意义形象)这个德文词来解释象征:"它是如此具体的,仅其本身就完全与形象一样,并且它还是如此普遍的和富有意义的,就如同概念一样。"[151]事实上,在歌德那里,象征概念这一名称就已有了一个决定性的特征,即理念本身就是给予自身于其

<small>[149] 谢林:《艺术哲学》(1802年)(《谢林全集》,第5卷,第411页)。
[150] 埃尔温:《关于美和艺术的4篇对话》,第2篇,第41页。
[151] 谢林:《艺术哲学》(1802年)(《谢林全集》,第5卷,第412页)。</small>

中存在的东西。只是因为在象征概念中包含着象征和所象征物的内在统一,这个概念才能发展成为普遍美学的基本概念。象征意味着感性现象与超感性意义的合一(Zusammenfall),这种合一,如希腊文 Symbolon(象征)一词的本来意义和此意义在各种教派术语使用中的发展所表示的,并不是一种在制定符号时的事后的归并,而是归并的东西的结合。所以弗里德里希·克罗伊策[141]这样写道,"教士们用以演奏高级知识"的所有象征手段宁可说是依据于神和人之间的那种"最初联系"。⑬克罗伊策的《象征学》提出了这一充满争议的任务,即阐明远古时期的谜底不透的象征手法。

当然,象征概念向审美的普遍原则的扩展并不是没有障碍的,因为构成象征的形象和意义的内在统一并不是绝对无条件的统一。象征不是简单地摈弃理念世界和感性世界之间的对峙关系,这就是说,象征恰恰也使人想起形式和本质、表现和内容之间的不协调。特别是象征的宗教功能要依存于这种对峙关系。正是在这种对峙的基础上,宗教信仰中现象和无限东西的刹那间而且总体性的合一才有可能,这一点假定了它是一种使象征充满意义的有限物和无限物的内在合并关系。因此象征的宗教形式完全适应于 Symbolon(象征)的本来规定性,即分一为二,再由二合一。

就象征是通过其意义而超越其可感性而言,形式和本质的不相称性对于象征来说就是本质性的。象征所特有的那种形式和本质之间的摇摆、不可决定性的特征正是来自于这种不相称性。显然,这种不相称性愈是强烈,象征就愈难以捉摸而充满意义,反之,这种不相称性愈是微弱,意义穿透形式就愈多。这就是克罗伊策所遵循

---

⑬ F.克罗伊策:《象征学》,第1卷,第19节。

I 审美领域的超越

的观点。⑬黑格尔把象征性的使用限制在东方的象征艺术上,基本上是依据于形象和意义的这种不相称性。所指意义过多应当是某种特别艺术形式的特征,⑭这种特别的艺术形式之所以区别于古典主义艺术,就在于古典主义艺术不包含这种不协调。显然,这是对下述概念的一种有意识的僵化和人为的狭窄化,这种概念正如我们所看到的,它所要表达的不再是形象和意义之间的不相称性,而是它们两者的合一。所以我们必须承认,黑格尔对象征性概念的限制(尽管有许多拥护者)是与新美学的发展趋势相违背的,这种新美学发展趋势自谢林以来正是试图在这种概念里思考现象和意义的统一,以便通过这种统一去维护审美自主性而反对概念要求。⑮

现在我们来考察与此发展相应的对譬喻的贬斥。在这里,自莱辛和赫尔德以来的德国美学对法国古典主义的反抗,从一开始就起了作用。⑯无论如何,索尔格还在一种对于整个基督教艺术非常重要的意义上保留了譬喻性这种表述,而且弗里德里希·施

---

⑬ F.克罗伊策:《象征学》,第1卷,第30节。

⑭ 《美学》,第1卷(《黑格尔著作集》,1832年起出版,第10卷,上册,第403页以下)。[参见我的论文"黑格尔与海德堡浪漫派",载《黑格尔辩证法》,第87—98页;以及我的著作集,第3卷。(其实此卷唯独此篇未收入,而是收入伽达默尔著作集,第4卷,第395页以下。——译者)]

⑮ 叔本华的例子至少将表明,1818年把象征理解为某个纯粹惯例性譬喻的特殊情形的语言用法,在1859年也还是存在的。参见《作为意志和表象的世界》,第50节。

⑯ 这里,在克洛普施托克看来(第10卷,第254页以下),甚至温克尔曼也还具有某种错误的依赖性:"大多数譬喻性绘画有两个主要缺点,一是它们常常根本无法理解或很费劲地被理解;一是它们就其本质而言是乏味的。……真正神圣的和现世的事情是那些最卓越的大师最喜爱从事的东西。……其他人可能关心他们祖国的事情。但无论怎样有趣的事,甚至古希腊和罗马的事情,与我有什么关系呢?"对譬喻(知性-譬喻)的低级意义的明确反抗,尤其在新法兰西人那里表现出来。参见索尔格:《美学讲演录》,第133页以下;埃尔温:《关于美和艺术的4篇对话》,第2篇,第49页;《遗著》,第1卷,第525页。

莱格尔还继续加以发展。施莱格尔说，一切美都是譬喻（《关于诗歌的对话》）。甚至黑格尔对象征性概念的使用（如克罗伊策的使用一样）也还是与这个譬喻性概念很接近的。但是，这种哲学家的用语已不再被19世纪的文化人文主义（Bildungshumanismus）所保留，因为这个用语依据于不可言说的东西与语言关系的浪漫主义观点，以及依据于"东方"譬喻诗的发现。人们援引了魏玛的古典主义，而事实上对譬喻的贬斥却是德国古典主义的中心任务，这个任务完全必然地产生于艺术从理性主义桎梏中的解放，产生于对天才概念的褒扬。譬喻确实不单纯是天才的事情，它依据于固定的传统，并时常具有一种特定的可说明的意义，而这种意义甚至并不与由概念而来的合乎知性的理解相矛盾——正相反，譬喻的概念和事情是紧密地与独断论相联系的，与神话的理性化（如在希腊启蒙时期）或与基督教为统一某种理论而对《圣经》作的解释（如在教父时期）相联系，而且最终是与基督教传统和古典文化的调和相联系，而这种调和正是现代欧洲艺术和文学的基础，其最后的普遍形式就是巴洛克风格。随着这种传统的破坏，譬喻也就消失了，因为当艺术的本质脱离了一切教义性的联系，并能用天才的无意识创造所定义时，譬喻在审美上势必会成为有问题的。

所以，我们看到歌德的艺术理论探讨对此所产生的强烈影响，即把象征性称为积极的艺术概念，把譬喻性称为消极的艺术概念。尤其是歌德自己的文学创作对此曾发挥作用，因为人们在他的文学创作中看到了生命的忏悔，也看到了体验的诗意塑造。歌德本人所提出的经历性标准在19世纪就成了主导的价值概念。凡在歌德作品中与此标准不符合的东西——如歌德的古代诗歌——按照该世纪的现实主义精神,就被作为譬喻上的"累赘物"而不予考虑。

这一点最终也在哲学美学的发展中产生了影响,这种哲学美学虽然也吸收了歌德式的包罗万象意义上的象征概念,但它完全是从现实和艺术的对立出发的,也就是说,它想到了"艺术的立足点"和19世纪的审美教化宗教(die ästhetische Bildungsreligion)。对此,以后的F. Th. 菲舍[142]是富有典型意义的,他愈是超越黑格尔,他就愈扩充黑格尔的象征概念,愈是在象征中看到了主体性的某种根本作用。"情绪的隐秘象征"赋予那种自身无生命的东西(自然或感性现象)以精神和意义。因为审美意识——相对于神话-宗教意识——自知是自由的,所以赋予一切事物以意识的象征手法也是"自由的"。既然一种多义的不确定性仍然与象征相符合,那么象征就不应再通过它与概念的密切联系而得到规定。宁可说,象征作为人类精神的创造而具有其自身特有的实证性。它是现象和理念的完满和谐(übereinstimmung),这种和谐现在——随着谢林——于象征概念中被思考,反之,不和谐则被保留给譬喻,或者说,被保留给神话意识。⑩ 在卡西尔[143]那里我们也发现,在类似的意义上审美的象征手法是通过下面这一点而与神话的象征手法表现对立的,即在审美的象征中,形象和意义的对峙被调和成均衡状态——这是古典主义"艺术宗教"概念的最

---

⑩ F. Th. 菲舍:《批判的进程:象征》。参见E. 伏尔哈德的卓越分析:《黑格尔和尼采之间》,1932年,第157页以下,以及W. 欧尔缪勒的发生学的论述:《F. Th. 菲舍和黑格尔之后的美学问题》,1959年。

后余波。⑲

我们从上述关于象征和譬喻的语词史的梗概中得出了一个实质性的结论。如果我们认识到"有机地生成的象征和冷静的合乎知性的譬喻"之对立是与天才说美学和体验美学相联系，那么象征和譬喻这两个概念间的僵死的对立就失去了它的约束力。如果巴洛克艺术的重新发现（在古玩市场上这是一种可以确切看见的事情），尤其是近几十年来巴洛克诗歌的重新发现，以及最近的艺术科学研究已经导致在某种程度上对譬喻恢复名誉，那么这种进程的理论基础现在也成为可以说明的了。19世纪美学的基础是情绪的象征化活动的自由。但这是一种主要的基础吗？这种象征化的活动果真在今天也没有受到某种继续存在的神话-譬喻传统的限制吗？如果我们认识到这一点，那么象征和譬喻的对立则又是相对的了，虽然这种对立由于体验美学的偏见而表现为是绝对的。同样，审美意识与神话意识的差别也很难被视为某种绝对的差别。

我们必须意识到，这样的问题的出现就包含对审美基本概念的某种根本性的修正。因为这里所涉及的显然不只是趣味和审美价值的再变迁问题。事实上，审美意识概念本身也是有疑问的——而且，审美意识概念所从属的艺术立足点由此也成了有疑问的。一般审美活动是否是一种相对于艺术作品的合适行为呢？或者，我们称之为"审美意识"的东西是否是一种抽象呢？我们所论述的对譬喻的新评价曾指明，就是在审美意识中，某种独断论的

---

⑲ E. 卡西尔：《精神科学构造中的象征形式概念》，第29页。[同样，B. 克罗齐：《作为表达科学和一般语言科学的美学》，蒂宾根，1930年。]

要素其实也是有其效用的。如果说神话意识和审美意识之间的区别不应是绝对的区别,那么,我们所看到的作为审美意识的创造物的艺术概念本身岂不也成了有疑问的吗?我们无论如何不能怀疑,艺术史上的伟大时代只是指这样的时代,在这些时代中,人们不受任何审美意识和我们对于"艺术"的概念的影响而面对[艺术]形象,这种形象的宗教或世俗的生命功能是为一切人所理解的,而且没有一个人仅仅是审美地享受这种形象。一般审美体验概念是否能运用到这种形象上去,而不削弱这种形象的真实存在呢?

3. 艺术真理问题的重新提出

a) 审美教化质疑

为了正确地衡量这个问题所涉及的范围,我们首先进行一种历史的考虑,这种历史的思考可以在某种特有的、历史上造成的意义上去规定"审美意识"概念。如果康德把时空学说称之为"先验感性学说(美学)",而把关于自然和艺术中的美和崇高的学说理解为一种"审美判断力批判",那么,我们今天用"审美的"一词所指的东西显然就不再完全地等同于康德赋予这个词的东西。这个转折点看来是存在于席勒那里,因为席勒将趣味的先验观点转化为一种道德要求,并把这一点视为无上命令:你要采取审美的态度![139]

---

[139] 这样,我们就可以概述《论人类审美教育》书信中(大约是第15封信)所确立的观点:"它应是理性(形式)冲动和感性(质料)冲动之间的某种共同东西,也就是一种游戏冲动(Spieltrieb)。"

席勒在其美学著作中曾把彻底的主体化从某种方法的前提条件改变为某种内容的前提条件,而康德曾用这种彻底的主体化先验地论证趣味判断及其对普遍有效性的要求。

由于康德已经给予趣味以这样一种从感官享受过渡到道德情感的意义,[59][144]席勒在此本来可以以康德本人为出发点。但是,由于席勒把艺术说成是自由的一种练习,因而他与费希特的联系就比与康德的联系更紧密得多。对于康德曾作为趣味和天才的先天性基础的认识能力的自由游戏,席勒是从费希特的冲动(本能)学说出发人类学地加以理解,因为游戏冲动(Spieltrieb)将会引起理性(形式)冲动和感性(质料)冲动之间的和谐。这种游戏冲动的造就就是审美教育的目的。

这有广泛的结论。因为现在艺术作为美的现象的艺术是与实际的现实相对立的,而且艺术是由这种对立而被理解的。现在,现象和实在的对立取代了那种自古以来就规定了艺术和自然关系的所谓积极的互补关系。按照传统的看法,"艺术"的规定性就是在由自然所给予和提供的空间内去实现其补充和充实的活动,尽管这种规定性也包含着一切有意识地把自然改造成人为需要的活动。[60]甚至"美的艺术",只要在这个视界中去看它,也是实在的某种完善化,而不是对实在的外在的修饰、遮掩或美化。但是,如果实在和现象的对立铸造了艺术概念,那么自然所构成的广阔框架就被打破,艺

---

[59] 《判断力批判》,第164页。

[60] 《判断力批判》,第164页。[《真理与方法》1975年版本注是:"$\dot{\eta}\ \tau\acute{\epsilon}\chi\nu\eta\ \tau\grave{\alpha}\ \mu\grave{\epsilon}\nu\ \overline{\epsilon}\pi\iota\tau\epsilon\lambda\epsilon\overline{\iota}\ \hat{\alpha}\ \eta\ \varphi\sigma\iota\varsigma\ \alpha\delta\upsilon\nu\alpha\tau\epsilon\overline{\iota}\ \alpha\pi\epsilon\epsilon\nu\acute{\alpha}\sigma\alpha\sigma\theta\alpha\iota\ \tau\grave{\alpha}\ \delta\grave{\epsilon}\ \mu\iota\mu\epsilon\overline{\iota}\tau\alpha\grave{\iota}$"(一般地说来,艺术部分地实现自然所不能实现的东西,部分地模仿自然)(亚里士多德:《物理学》,B8,199a15)。]

Ⅰ 审美领域的超越

术成了一种特有的立足点,并确立了一种特有的自主的统治要求。

凡是由艺术所统治的地方,美的法则在起作用,而且实在的界限被突破。这就是"理想王国",这个理想王国反对一切限制,也反对国家和社会所给予的道德约束。这与席勒美学的本体论基础的内在变动相联系,因为在《审美教育书简》中,一开始的杰出观点在展开的过程中发生了改变,即众所周知的,一种通过艺术的教育变成了一种通向艺术的教育。在真正的道德和政治自由——这种自由本应是由艺术提供的——的位置上,出现了某个"审美国度"的教化,即某个爱好艺术的文化社会的教化。[16] 但是这样一来,就连对康德式的感性世界和道德世界二元论的克服,也不得不进入到一个新的对立中,因为这种克服是通过审美活动的自由和艺术作品的和谐来表现的。理想和生命通过艺术而来的调解只是一种部分性的调解。美和艺术赋予实在的只是一种倏忽即逝的薄暮微光。美和艺术所提升的情感自由只是在某个审美王国中的自由,而不是实在中的自由。所以,在审美地调解康德式的存在(Sein)和应在(Sollen)的二元论的基础上,分裂出一个更深层的未解决的二元论。这就是异化了的实在的散文诗(Prosa),审美调解的诗歌针对这种散文诗,必须找寻它自身特有的自我意识。

席勒以诗歌与之对立的实在概念,确实不再是康德式的实在概念。因为正如我们所看到的,康德经常是从自然美出发的。但是,就康德为了批判独断形而上学的缘故把知识概念完全限制在

---

[16] 《论人类审美教育》,第 27 封信。还可参见 H. 库恩对这个审美教育过程的杰出论述:《黑格尔对德国古典美学的完成》,柏林,1931 年。

"纯粹自然科学"的可能性上,并因而使唯名论的实在概念具有公认的效用而言,19世纪美学所陷入的本体论困境,最终就可追溯到康德本人。由于唯名论偏见的影响,审美存在只能够不充分地和意义模糊地加以理解。

从根本上说,我们应把对那些有碍于正确理解审美存在的概念的摆脱,首先归功于对19世纪心理学和认识论的现象学批判。这个批判曾经表明,所有想从实在经验出发思考审美特性的存在方式、并把它理解为实在经验的变相的尝试,都是错误的。⑯ 所有这些概念,如模仿、假象、虚构、幻觉、巫术、梦幻等,都是以与某种有别于审美存在的本真存在的关联为前提的。但现在对审美经验的现象学还原却表明,审美经验根本不是从这种关联出发去思考的,而是审美经验在其所经验的东西里看到了真正真理。与此相应地还表明,审美经验按其本质是不能由于实在的真正经验而失望。与此相反,所有上面称之为实在经验的变相的东西,其本质特征就是有一种失望经验(Erfahrung der Enttäuschung)必然地与它们相符合。因为只是假象的东西终究要被识破,虚构的东西要成为现实的,属巫术的东西要失去其巫术性,属幻觉的东西要被看透,属梦幻的东西,我们由之而觉醒。如果审美性的东西也在这个意义上是假象,那么它的效用——如梦幻的恐怖性——也只能在我们尚未怀疑现象的实在性的时候才存在,而随着我们的觉醒将失去它的真理。

把审美特性的本体论规定推至审美假象概念上,其理论基础

---

⑯ 参见 E. 芬克:《想象和形象》,载《哲学和现象学研究年鉴》,第11卷,1930年。

在于：自然科学认识模式的统治导致了对一切立于这种新方法论之外的认识可能性的非议。

我记得，赫尔姆霍茨在我们由之出发的那个著名地方，并不知道有比"艺术性的"（Künstlerisch）这个形容词更好的词可以去刻画精神科学相对于自然科学的独特要素的特征。积极地与这种理论关系相应的，就是我们能称之为审美意识的东西。这就提出了"艺术的立足点"，席勒是第一个确立这种立足点的人。因为，正如"美的假象"的艺术是与实在相对立的一样，审美意识也包含着一种对实在的离异（Entfremdung）——它是"离异了的精神"的某种形态，黑格尔曾把教化（Bildung）视为这种"离异了的精神"。能够采取审美态度，就是已得到教化的意识的要素。[⑯] 因为在审美意识里我们看到了表明已得到教化的意识特征的一系列特点：上升为普遍性，放弃直接接受或拒绝的个别性，认可那些并不与自身要求或爱好相适应的东西。

我们在上面已从这种关系讨论了趣味概念的意义。但是，识别和联结某个社会的统一的趣味理想与构成审美教化外形的东西在特征上是有区别的。趣味还遵循一种内容上的标准。在某个社会里有效的东西，在某个社会里主宰着的趣味，便构成了社会生活的共同性。这样的一个社会选择并知道什么东西是属于它的，什么东西不是属于它的。甚至对艺术兴趣的占有，对社会来说，也不是任意的、谁想有就有的，实际的情况是，艺术家所创造的东西和社会所推崇的东西，都是与生活方式和趣味理想的统一联系在一起的。

---

⑯ 参见本书第17页以下。

反之,审美教化的理念——如我们从席勒那里推导出的——则正在于,不再使任何一种内容上的标准生效,并废除艺术作品从属于它的世界的统一性。其表现就是普遍扩大审美地教化成的意识自身所要求的占有物。凡是审美地教化成的意识承认有"质量"的东西,都是它自身的东西。它不再在它们之中作出选择,因为它本身既不是也不想是那种能够衡量某个选择的东西。它作为审美意识是从所有规定的和被规定的趣味中反思出来的,而它本身表现为规定性的零点状态。对它来说,艺术作品从属于它的世界不再适用了,情况相反,审美意识就是感受活动的中心,由这中心出发,一切被视为艺术的东西衡量着自身。

所以,我们称之为艺术作品和审美地加以体验的东西,依据于某种抽象的活动。由于撇开了一部作品作为其原始生命关系而生根于其中的一切东西,撇开了一部作品存在于其中并在其中获得其意义的一功宗教的或世俗的影响,这部作品将作为"纯粹的艺术作品"而显然可见。就此而言,审美意识的抽象进行了一种对它自身来说是积极的活动。它让人看到什么是纯粹的艺术作品,并使这东西自为地存有。这种审美意识的活动,我称之为"审美区分"(ästhetische Unterscheidung)。[145]

因此,与那种充满内容的确定的趣味在选取和拒斥中所作出的区分完全不同,这是一种单独从审美质量出发进行选择的抽象。这种抽象是在"审美体验"的自我意识中实现的。审美体验所专注的东西,应当是真正的作品——它所撇开的东西则是作品里所包含的非审美性的要素:目的、作用、内容意义。就这些要素使作品适应于它的世界并因而规定了作品原来所特有的整个丰富意义而言,这些要素可能是相当重要的,但是,作品的艺术本质必须与所有这些要素区分开来。这就正好给了审美意识这样一个本质规定,即审美意识乃进行这种对审美意指物(das ästhetisch Gemeinte)和所有非审美性东西(alle Ausser-Ästhetischen)的区分。审美意识抽掉了一部作品用以向我们展现的一切理解条件。因而这样一种区分本身就是一种特有的审美区分。它从一切内容要素——这些内容要素规定我们发表内容上的、道德上的和宗教上的见解——区分出了一部作品的审美质量,并且只在其审美存在中来呈现这种质量本身。同样,这种审美区分在再创造的艺术那里,也从其上演中区分出了原型(文学脚本、乐谱),而且由于这样,不仅与再创造相对立的原型,而且与原型或其他可能见解相区别的再创造本身,都能成为审美意指物。这就构成了审美意识的主宰性(Souveränität),即审美意识能到处去实现这样的审美区分,并能"审美地"观看一切事物。

因此,审美意识就具有了同时性(Simultaneität)特征。因为它要求一切具有艺术价值的东西都聚集在它那里。审美意识用以作为审美意识而活动的反思形式同样也不仅是一种现在性的形式。因为审美意识在自身中把它所认可的一切东西都提升到同时性,所以它同时规定自身也是历史性的意识。这不仅指,它包含有历史知识,并作为记号被使用[16]——审美意识作为审美意识而自身特有的对一切内容上被规定的趣味的摈弃,也强烈地表现在艺术家向历史性事物转向的创作中。历史画——其起源并不是由于

---

[16] 这里富有特征的是,对于作为一种社会性游戏的成语的爱好。

同时代人对表现的要求,而是由于要从历史反思中进行再现,历史小说,但首先是那些引起19世纪建筑艺术不断进行风格探索的历史化的形式,都表现了审美要素和历史要素在教化意识中的内在相关性。

人们可能会否认说,同时性不是由于审美区分才出现的,而历来就是历史生活的一种组合产物。至少,伟大的建筑作品作为过去的生动见证深入到了当代生活中,并且对风俗和伦理、绘画和装饰中的继承物的所有保存,只要向现代生活传导了某种古老的东西,它们就做了同样的组合。但是审美教化意识与此完全不同,它并不把自己理解为这样一种时代的组合,它自身所特有的这种同时性乃是建基于它所意识到的趣味的历史相对性。随着不要简单地把一种偏离自身"良好趣味"的趣味视作低劣趣味这种基本认识,事实的共时性(die faktische Gleichzeitigkeit)就成了某种原则的同时性(eine prinzipielle Simultaneität)。因而某种灵活的质量感觉就取代了趣味的统一。⑯

审美教化意识作为审美意识而进行的"审美区分",也为自己创造了一个特有的外在的存在(Dasein)。由于审美区分为共时性提供了场所,即文献方面的"百科图书馆"、博物馆、耸立的剧院、音乐厅等,审美区分也就显示了它的创造性。人们使现在所出现的事物与古老的东西的区别更加明显,例如,博物馆就不仅仅是一个已成为公开的收藏馆。古代的收藏馆(宫廷的和城市的)反映了对

---

⑯ 同时可参见 W.韦德勒[146]对这一发展所给出的示范性的描述:《缪斯之死》。[参见本书第93页注释⑯。]

Ⅰ 审美领域的超越

某种特定趣味的选择,并且优先收藏了可以视为典范性"流派"的同一类型的作品。反之,博物馆是这样的收藏馆的收藏馆,而且很明显地是在掩盖由这样的收藏馆而产生这一点才臻于完善的,尽管它事实上是通过对整体的历史的改造,或者通过尽可能广泛的补充而产生的。同样,上世纪耸立着的剧院或音乐厅也表明,演出计划是如何越来越远离当代人的创造,并且如何按照这些设施所承受的教化社会所特有的需求适应于自我确证。甚至看来如此地与审美体验的共时性相违背的艺术形式,如建筑艺术,也牵连进了这种教化社会中,而不管这种建筑艺术是通过建筑学和绘画的现代复制技术产生的,还是通过把旅游变成画册图片的现代旅游事业产生的。⑯

由于作品归属于审美意识,所以作品通过"审美区分"也就丧失了它所属的地盘和世界。与此相应的另一方面是,艺术家也丧失了他在世界中的立足之地。这一点在对所谓任务艺术(Auftragskunst)的非议中表现出来。对于由体验艺术时代所主宰的公众意识来说,必须要明确想到,出自自由灵感的创造是没有任务感的,预先给出的主题和已经存在的场合以前乃是艺术创造的例外情况,而我们今天对建筑师的感觉乃是另一种独特的形象,因为他对他的创造物来说,不像诗人、画家或音乐家那样独立于任务和场

---

⑯ 参见安德烈·马尔罗[147]的《失真的博物馆》和 W. 韦德勒的《阿里斯蒂的蜜蜂》,巴黎,1954 年。不过,在韦德勒那里,还缺乏那种把我们的诠释学兴趣引到自身上来的真正结论,因为韦德勒还总是——在对纯粹审美特性的批判中——把创作行为作为规范去把握,这种行为"先于作品而发生,但它同时深入到作品本身中,并且当我观看和领会作品时,我把握这种行为,我观看这种行为"(引自德文译本《缪斯之死》,第 181 页)。

合。自由的艺术家是没有任务感地进行创造的。他似乎正是通过他的创造的完全独立性而被标志的，并因而在社会上获得了某种局外人的典型特征，这种局外人的生活方式不是用公众伦理标准去衡量的。19 世纪出现的艺术家生活放荡（Boheme）的概念就反映了这一过程。流浪人的家乡对于艺术家的生活方式来说就成了其类概念。

然而，"如鸟如鱼一般自由的"艺术家却同时受制于某种使他成为双重角色的使命。因为某个从其宗教传统中生发出来的教化社会对艺术所期待的，随即就要比在"艺术的立足点"上与审美意识相符合这一点多得多。浪漫派新神话的要求——如在 F. 施莱格尔、谢林、荷尔德林[148]以及青年黑格尔那里所表现的，⑩但同样富有生气地出现在例如画家龙格[149]的艺术探索和反思中——给予艺术家及其在世界中的使命以一种新圣职的意识。艺术家就如同一个"现世的救世主"（伊默曼[150]），他在尘世中的创作应当造就对沉沦的调解，而这种调解已成为不可救药的世界所指望的。自此以来，这种要求规定了艺术家在世界中的悲剧，因为这个要求找到的兑现，始终只是某种个别的兑现。实际上这只意味着对这种要求的否定。对新的象征或对某个新的维系一切的"传说"的实验性的探寻，虽然可能吸引一批公众在身边，并形成一团体，但由于每个艺术家都是这样找到他的团体，因而这种团体教化的个别性只证明不断发生着的崩溃。这只是统一一切的审美教化的普遍

---

⑩ 参见 Fr. 罗森茨威格[151]：《德国唯心论最早的体系纲要》，1917 年，第 7 页。[参阅 R. 布勃纳的新版本，见《黑格尔研究》，副刊第 9 卷（1973 年），第 261—265 页；以及 C. 雅姆和 H. 施奈德：《理性的神话》，法兰克福，1984 年，第 11—14 页。]

形态。

教化的真正过程,即向普遍性提升的过程,在此似乎是自我崩溃的。"沉思性反思的能力,是运动在普遍性中,把每一种任意的内容置入所移来的视点中,并赋予这内容以思想",按照黑格尔,这就是不参与思想的真正内容的方式。伊默曼把这种精神向自身的自由涌入称之为某种耽于享乐的东西。⑲ 他以此描述了歌德时代的古典文学和哲学所开创的局面,在这种局面中,仿效者发现了精神的一切已经存在的形态,并因而把教化的真正成就、对陌生物和粗野物的涤除,改换为对这些东西的享受。这样,创作一首好诗,就成了轻而易举的事情,而造就一位诗人,则成了困难重重的难事。

b)对审美意识抽象的批判

现在让我们转向我们已描述其教化作用的审美区分概念,并且讨论审美特性概念(Begriff des Ästhetischen)所包含的理论困难。直至"纯粹审美特性"被留下的抽象显然要被抛弃。我认为,这在那种想以康德式区分为出发点去发展一种系统美学的最彻底的尝试上得到了明确的表现,这一尝试是由理查德·哈曼[152]作出的。⑳哈曼的尝试是卓绝的,因为他实际上返回到康德的先验意图,并因而消除了体验作为艺术唯一标准的片面用法。由于哈曼在审美要素存在的一切地方都同样地指出了这些要素,因而与目的相联系的特殊形式,如纪念碑艺术或广告艺术,也获得了其审美的正当性。

---

⑲ 例如,在《仿效者》里。[参见我的论文"伊默曼的仿效者小说"(《短篇著作集》,第 2 卷,第 148—160 页)。也见我的著作集,第 9 卷。]

⑳ 理查德·哈曼:《美学》,1921 年第 2 版。

但是，即使在这里哈曼也确立了审美区分的任务，因为他在那些特殊形式里详尽地区分了审美特性和审美特性存在于其中的非审美关系，就像我们在艺术经验之外还能讲到某人采取审美的态度一样。因而这就使美学问题又重新恢复了它的充分广度，并且又重新提出它的先验课题，这一先验课题过去是由于艺术的立足点及其关于美的假象和丑的现实的区分而被抛弃了的。审美体验对这一点即它的对象是真实的、还是不真实的，场景是舞台、还是生活，是无所谓的。审美意识具有一种不受任何限制的对一切事物的主宰权。

但是，哈曼的尝试在相反的方面却遭到了失败，即失败于艺术概念上。哈曼始终是如此宽泛地由审美特性领域中抽挤出艺术概念，以致这种艺术概念与精湛技艺相吻合。⑰ 这里"审美区分"被推到了极端。它甚至舍弃艺术而不顾。

哈曼所由之出发的美学基本概念是"感知的自身意味性"（Eigenbedeutsamkeit der Wahrnehmung）。显然，这个概念所表达的东西与康德关于与我们一般认识能力状况合目的的协调这一学说是一样的。对于康德来说，那种对认识来说是本质的概念标准即意义标准应被取消，同样，对于哈曼来说，也是这样。从语言上看，"具有意味性"（Bedeutsamkeit）乃是对意义（Bedeutung）的两次造就，这种造就把与某种特定意义的关联有意味地推到了不确定的领域。[153]一个东西是"具有意味的"（bedeutsam），就是说它的意义是（未说出的，或者）未认识的。而"自身意味性"则更超出这一点。一个东西是具有自身意味的（eigenbedeutsam），而不是具有

---

⑰ "艺术和技能"，参见《逻各斯》，1933年。

I 审美领域的超越

他物意味的(Fremdbedeutsam),就是说,它将根本断绝与那种可能规定其意义的东西的任何关联。这样一种概念能为美学提供一个坚实基础吗?难道我们能对某个感知使用"自身意味性"这一概念吗?难道我们必须否认审美"体验"概念有与感知相适应的东西吗,也就是说,我们必须否认审美体验也陈述了真实东西,因而与认识有关联吗?

事实上,我们回忆一下亚里士多德是有好处的。亚里士多德曾经指出,一切感觉(aisthēsis)都通向某个普遍性东西,即使每一个感觉都有其特定的范围,因而在此范围中直接给予的东西不是普遍的,情况也是如此。但是,这样一种对某个感觉所与的特殊感知正是一种抽象。实际上我们总是从某个普遍性东西出发去观看感官个别地给予我们的东西,例如把某个白色现象认作为某个人。[12]

反之,"审美的"观看确实有这样的特征,即它并不是匆忙地把所观看的事物与某个普遍性的东西、已知的意义、已设立的目的或诸如此类东西相联系,而是自身作为审美的东西逗留在所观看的事物中。但我们并没有因此而中断这样的观看关系,例如把我们在审美上赞赏的这个白色现象仍然视为一个人。我们的感知从来不是对诉诸于感官的事物的简单反映。

其实,新的心理学,尤其是舍勒[154]跟随 W.柯勒、[155] E.施特劳斯[156]、M.魏特海姆[157]等人对所谓刺激-反应的纯粹知觉概念所进行的尖锐批判,[13]已经指出这个概念来源于一种认识论上的

---

⑫ 亚里士多德:《论灵魂》,425a25。
⑬ M.舍勒:《知识形态和社会》,1926 年,第 397 页以下。[现在可参见《舍勒文集》,第 8 卷,第 315 页以下。]

独断论。刺激反应这个概念的真实意义只是某种正常的意义,即刺激反应乃是消除一切本能幻觉的最终极的理想结果,即某种大清醒的结果,这种清醒最终能使我们看到那里真实存在的东西,而不是本能幻觉所想象的东西。但是这意味着,由合适刺激概念所定义的纯粹感知只表现了某种理想的极限情况。

不过,对此还有第二点。即使被认为合适的感觉也从不会是对存在事物的一种简单的反映。因为感觉始终是一种把某物视为某物的理解。每一种把某物视为某某东西的理解,由于它是把视线从某某东西转向某某东西,一同视为某某东西,所以它解释了(artikuliert)那里存在的事物,而且所有那里存在的东西都能够再度处于某个注意的中心或者只是在边缘上和背景上被"一起观看"。因此,这一点是毫无疑义的,即观看作为一种对那里存在的事物的解释性的了解,仿佛把视线从那里所存在的许多东西上移开了,以致这些东西对于观看来说不再存在。然而,下面这一点也是同样确实的,即观看被其预想(Antizipation)引导着"看出了"根本不存在的东西。我们也可以想一下观看本身所具有的那种不改变倾向,以致我们始终尽可能精确地这样观看事物。

这种从实用经验出发对纯粹感知学说的批判,以后被海德格尔转变成根本性的批判。但是这个批判由此也适用于审美意识,尽管在此观看不是简单地"越过"所看到的东西,例如看到了该东西对某物的普遍适用性,而是逗留在所看到的东西上。逗留性的观看和觉察并不简单地就是对纯粹所看事物的观看,而始终是一种把某物视为某某东西的理解本身。"审美上"被观看事物的存在方式不是现成状态。[158]凡涉及有意味性表现的地方,如在造型艺术的作品里,

Ⅰ 审美领域的超越

只要这种表现不是无对象的抽象,意味性对于所看事物的了解来说就显然是主导性的。只有当我们"认识到"所表现的东西,我们才能"了解"一个形象,而且也只有这样,所表现的东西才基本上是一个形象。观看就是划分。只要我们还检试变动不居的划分形式,或者在这样的形式之间摇摆不定,如在某种字谜画那里,我们就还看不到存在的东西。字谜画仿佛是人为地使这种摇摆永恒化,它是观看的"痛苦"(Qual)。字谜画的情况类似于语言艺术作品。只要我们理解了某个文本——也就是说,至少把握了它所涉及的语言——该文本对我们来说才能是一部语言艺术作品。甚至当我们听某种纯粹的音乐,我们也必须"理解"它。并且只有当我们理解它的时候,当它对我们来说是"清楚的"时候,它对我们来说才作为艺术的创造物存在在那里。虽然纯粹的音乐是这样一种纯粹的形式波动,即一种有声的数学,并且不具有我们于其中觉察到的具体的意义内容,但对它的理解仍保存着一种对意义性事物的关联。正是这种关联的不确定性才构成了对这种音乐的特殊意义关系。⑫

---

⑫ 我认为,最近格奥加德斯所作出的关于声乐和纯粹音乐之间关系的研究(《音乐和语言》,1954年)就证实了这种关系[现在可参见格奥加德斯的遗著《声音和声响》,格丁根,1985年]。在我看来,当代关于抽象艺术的讨论流于概念争吵,即陷入了一种关于"具象性的"和"非具象性的"抽象对立之中。其实抽象性这一概念本身就具有论辩性的色彩。但是,论辩总是以共同性为前提条件。所以,抽象艺术并不全然脱离与具象性的关系,而是在隐秘形式里把握这种关系。只要我们的观看是而且总是对对象的观看,事情就决不会是这样。只有抛弃了那种实际指向"对象"的观看的习惯,我们才能具有一种审美的观看——并且我们所抛开的东西,我们必须观看它,即必须留意它。伯恩哈德·贝伦松的说法与此类似:"我们一般标明为'观看'的东西,是一种合目的性的协调……""造型艺术是我们所看到的东西和我们所知道的东西之间的一种妥协"("观看和认识",载《新展望》,1959年,第55—77页)。

单纯的观看,单纯的闻听,都是独断论的抽象,这种抽象人为地贬抑可感现象。感知总是把握意义。因此,只是在审美对象与其内容相对立的形式中找寻审美对象的统一,乃是一种荒谬的形式主义,这种形式主义无论如何不能与康德相联系。康德用他的形式概念意指完全不同的东西。在他那里,形式概念是指审美对象的结构,它不是针对一部艺术作品的富有意义的内容,而是针对材料的单纯感官刺激。[15] 所谓具象性的内容根本不是有待事后成型的素材,而是在艺术作品里已被系之于形式和意义的统一体之中。

画家语言中经常使用的"主题"这一术语就能够明确解释这一点。主题既能是抽象的,又同样能是具象性的——从本体论看,它作为主题无论如何都是非材料性的(aneu hyles),但这决不是说,它是无内容的。其实,它之所以是一个主题,是因为它以令人信服的方式具有了一个统一体,并且艺术家必须把这个统一体作为某种意义的统一体去加以贯彻,完全就像接受者把它理解为统一体一样。众所周知,康德在这方面就讲过"审美理念",对这种"审美理念"康德补充了"许多不可名状的东西"。[16][159]这就是康德超越审美特性的先验纯正性和承认艺术特殊存在的方式。正如我们前面所指出的,康德还根本未想到避免纯粹审美愉悦本身的"理智化"。阿拉贝斯克不是他的审美理想,而只是一种方法论上的特殊事例。为了正确对待艺术,美学必须超越自身并抛弃审美特性的

---

[15] 参见前面所引鲁道夫·奥德布莱希特之处。康德由于受古典主义偏见的影响,把色彩整个地与形式相对立,并把色彩视为刺激。不过这对于认识到现代绘画是以色彩所构成的人来说,不再会有迷惑。

[16] 《判断力批判》,第197页。

"纯正性"。⑰ 但是，美学由此就找到了一个真正坚实的地盘吗？在康德那里，天才概念具有先验的功能，正是通过这种先验功能，艺术概念才建立起来。我们已经看到，这个天才概念在康德的后继者那里是怎样扩充成为美学的普遍基础的。但是，天才概念真正有这种作用吗？

今天，艺术家的意识似乎是与这个概念相矛盾的。这就出现了一种所谓天才朦胧（Geniedämmerung）。天才用以进行创造的梦游般的无意识的想象——至少通过歌德对其诗兴创作方式的自我描述而能合法存在的一种想象——今天在我们看来，只是一种虚幻的浪漫情调。诗人保罗·瓦莱利[160]曾经用艺术家和工程师莱奥纳多·达·芬奇的标准去反对这种情调，在达·芬奇的独特天资中，手工艺、机械发明和艺术天才是不可分割地统一在一起的。⑱ 反之，普通意识今天还是受18世纪的天才崇拜的影响，并且受我们认为是19世纪市民社会典型特征的艺术家气质神秘化的影响。这就证明了，天才概念基本上是由观赏者的观点出发而构造的。这个古典时代的概念并不是对创造者的精神，而是对评判者的精神来说，才具有说服力。对于观赏者来说表现为奇迹的

---

⑰ "纯正性"的历史一定要谈一下。H.泽德尔迈尔（《现代艺术中的革命》，1955年，第100页）就指出过加尔文教的纯正主义和启蒙运动的自然神论。对于19世纪哲学概念语言起了决定性作用的康德，无疑是直接从古代毕达哥拉斯-柏拉图的纯正性学说出发的[参见G.莫洛维茨的"康德对柏拉图的理解"，载《康德研究》，1935年]。柏拉图主义是所有近代"纯正主义"的共同根源吗？关于柏拉图的净化，可参阅维尔纳·施米茨（未出版的）在海德堡大学申请学位的博士论文：《作为净化的驳议和辩证法》（1953年）。

⑱ 保罗·瓦莱利："莱奥纳多·达·芬奇的方法引论及其附注"，载《瓦莱利文集》，第1卷。

东西，即某种人们不可能设想某人能做出的东西，将通过天才灵感反映到神奇的创造中去。不过就创造者专注于自己本身，创造者也可能使用同样的理解形式，所以，18世纪的天才崇拜确实也是由创造者所造就的。[17] 但是创造者在自我神化里从未走到像市民社会所允许的那样远。创造者的自我理解仍是相当客观的。在观赏者寻求灵感、神秘物和深邃意义的地方，创造者所看到的乃是制作和能力的可能性和"技巧"的问题。[18]

如果我们考虑一下这种对于天才无意识创造性学说的批判，我们将看到自身又重新面临康德通过赋予天才概念的先验功能所已解决的问题。什么是一部艺术作品呢？艺术作品与手工产品，或与一般"制作物"，即与审美质量低劣的东西是怎样区分开来的呢？对于康德和唯心主义来说，艺术作品是被定义为天才的作品。艺术作品作为完美的出色物和典范的标志，就在于它为享受和观赏提供了一个源源不尽的逗留和解释的对象。享受的天才是与创造的天才相适应的，这一点在康德关于趣味和天才的学说中就已经讲过了，而且 K. Ph. 莫里茨和歌德还更加明确地指明了这一点。

现在，如果我们抛开天才概念，我们应当怎样思考艺术享受的本质，以及手工制作物和艺术创造物之间的差别呢？

一部艺术作品的完成，即它的实现，我们又应当怎样思考呢？通常被制作和生产的东西，都具有它们实现其目的的标准，

---

[17] 参见我对普罗米修斯象征的研究，即"论人类的精神历程"，1949年。［参见《短篇著作集》，第2卷，第105—135页；或我的著作集，第9卷。］

[18] 正是在这一点上，德苏瓦尔和其他人在方法论上有权要求"艺术家美学"。

也就是说，这些东西是由它们应当作出的用途所规定的。当所制作之物满足了规定给它的目的时，制作活动就结束了，所制作之物就完成了。[181] 但是，我们应当怎样思考一部艺术作品完成的标准呢？如果人们还想如此理智而冷静地观看艺术的"制作过程"，那么许多我们称之为艺术作品的东西就根本不会为某种用途所规定，并且也根本没有一种据以衡量一部艺术作品是否实现这个目的的标准。作品的存在难道只是表现某个实际上超出该作品的塑造过程的中断吗？作品在自己本身中就根本不可完成吗？

事实上，保罗·瓦莱利就是这样看问题的。他也没有畏惧这样的结论，这结论对于面对一部艺术作品并试图理解它的人来说，便是由此而得出的。如果一部艺术作品在自己本身中不是可完成的这一点应是成立的话，那么接受和理解的合适性应于何处衡量呢？一个塑造过程的偶然而任意的中断不能包含任何受制约的东西。[182] 由此也就得出，艺术作品必须向接受者提供接受者于自身方面从当下作品中所得出的东西。所以理解一个创造物的方式并不比其他活动方式更少合法性。并不存在任何合适性标准。这不仅是指诗人本身不具有这样一种标准——这一点天才说美学将承认的，实际上，对作品的每一次接触都有新创造的地位和权利——

---

[181] 参见柏拉图对求知过程的解释，这个过程适用于使用者，而不适用于制作者。参见《理想国》，第10卷，601c。

[182] 这就是促使我进行歌德研究的兴趣所在，参见"论人类的精神历程"，1949年；也可参见1958年我在威尼斯所作的讲演："审美意识置疑"《美学评论》，Ⅲ—AⅢ期，第374—383页）。[该文重印于 D. 亨利希和 W. 伊泽尔编的《艺术理论》，法兰克福，1982年，第59—69页。]

我认为这是一种站不住脚的诠释学虚无主义。如果瓦莱利为了回避天才无意识创造的神话,有时对其作品得出了这样的结论,⑬那么在我看来,他实际上是更加陷入了这种神话之中。因为他现在交付给读者和解释者的乃是他自己并不想行使的绝对创造全权。理解的天才实际上并不比创造的天才更能提供一个更好的指导。

如果人们不是从天才概念,而是从审美体验概念出发,也会出现同样的困境。这里,格奥尔格·冯·卢卡奇[161]的重要论文"美学中的主客体关系"⑭早已揭示了这一难题。他把一种赫拉克利特式的结构[162]归给了审美领域,想以此说明,审美对象的统一根本不是一种实际的所与物。艺术作品只是一种空洞的形式,即众多可能的审美体验的单纯会聚点,而在这些审美体验里只有审美对象存在在那里。正如人们所看到的,绝对的非连续性,即审美对象的统一体在众多体验中的瓦解,乃是体验说美学的必然结果。奥斯卡·贝克尔[163]跟随卢卡奇的思想直截了当地表述说:"从时间上看,作品只属于瞬间存在(也就是说,当下存在),它'现在'是这部作品,它现在已不再是这部作品。"⑮事实上,这一点是确实无疑的。把美学建立在体验中,这就导致了绝对的瞬间性(Punktualität),这种瞬间性既消除了艺术家与自身的同一性以及理解者或享受者

---

⑬ 《瓦莱利文集》,第3卷,对魅力的注释:"我的诗歌具有那种人们所赋予它的韵味。"

⑭ 参见《逻各斯》,第7卷,1917/1918年。瓦莱利附带地把艺术作品与某种化学催化剂作了比较(同上书,第83页)。

⑮ 奥斯卡·贝克尔:"美的消失和艺术家的冒险性",载《胡塞尔纪念文集》,1928年,第51页。[现在收入奥斯卡·贝克尔的《存在和本质》,普福林根,1963年,第11—40页。]

的同一性,又摈弃了艺术作品的统一性。⑱

我认为克尔凯郭尔已经指明这种立场是站不住脚的,因为他认识到主观主义的毁灭性的结论,并且第一个描述了审美直接性的自我毁灭。克尔凯郭尔关于存在的审美状态的学说是从道德学家立场出发设计出来的,因为道德学家看到了在纯粹的直接性和非连续性中存在将有怎样的危害性和荒谬性。因此,克尔凯郭尔的批判性尝试具有根本性的意义,因为在此对审美意识作出的批判揭示了审美存在的内在矛盾,以致审美存在不能不超出自己本身。由于存在的审美状态在自身中站不住脚,所以我们承认,艺术现象向存在提出了这样一项不可避免的任务,即面对每次审美印象挑战着的和使人入迷的现在(在场)去获得自我理解的连续性,因为只有这种连续性才可能支持人类的此在。⑱[164]

如果我们仍然试图对审美此在作出这样的一种存在规定,这种存在规定是在人类存在的诠释学连续性之外构造审美此在——那么正如我所主张的,克尔凯郭尔所进行的批判的合理性就会被抹杀。即使人们能够承认,在审美现象中,此在的历史性自我理解的界限是显然可见的——这种界限类似于那种表现自然性事物的界限,自然性事物作为精神的条件以许多不同的形式一起被置入于精神中,作为神话、作为梦幻、作为有意识生命的无意识先期形式而进入精神性事物中——我们仍未获得这样一个立足点,使我

---

⑱ 在 K. Ph. 莫里茨的《论美的形象性模仿》(1788 年)第 26 页上,我们已经读到这样的话:"作品在其诞生中有其最高目的,而在其演变中则达到了这种目的。"

⑲ 参见汉斯·泽德尔迈尔的"克尔凯郭尔论毕加索",载《言语和真理》,第 5 卷,第 356 页以下。

们能从其本身出发去观察限制和制约我们的东西,并且从外面去观察受如此限制和制约的我们。而且,我们的理解难以达到的东西,也将被认为是限制我们的东西,因而从属于人类此在于其中运动的自我理解的连续性。所以,对"美的消失和艺术家的冒险性"的认识,实际上并不是在此在的"诠释学现象学"之外对存在状况的描述,而是表述了这样一项任务,即面对审美存在和审美经验的这种非连续性去证明那种构成我们存在的诠释学的连续性。[18]

艺术的万神庙并非一种把自身呈现给纯粹审美意识的无时间的现时性,而是历史地实现自身的人类精神的集体业绩。所以审美经验也是一种自我理解的方式。但是所有自我理解都是在某个于此被理解的他物上实现的,并且包含这个他物的统一性和同一性。只要我们在世界中与艺术作品接触(Begegnen),并在个别艺术作品中与世界接触,那么艺术作品就不会始终是一个我们刹那间陶醉于其中的陌生的宇宙。我们其实是在艺术作品中学会理解我们自己,这就是说,我们是在我们此在的连续性中扬弃体验的非

---

[18] 我认为,奥斯卡·贝克尔对于"反本体论"(Paraontologie)的很有见识的想法似乎把海德格尔的"诠释学现象学"太多地视为一种内容论述,而太少地视为一种方法论述。从内容上看,奥斯卡·贝克尔本人在对问题的彻底反思中所达到的这种超本体论高度又完全返回到海德格尔在方法上所确立的基本点。这里又重演了那场围绕"自然"所展开的争论,在这场争论中,谢林仍被置于费希特知识学的方法论结论之下。如果超本体论草案承认自己具有补充的性质,它就必须使自己超出那种包含这两者的东西,而成为对海德格尔所开创的存在问题的真正度向的一种辩证的展示。当然,贝克尔如果是为了由此从本体论上规定艺术天才的主体性而详细说明审美问题的"超本体论的"(hyperontologische)度向,他是不会对海德格尔所开创的存在问题的真正度向作这样的认识的(参见他的最后一篇论文"艺术家和哲学家",载《具体理性——埃里希·罗特哈克纪念文集》)。[现在收入《存在和本质》这一卷中,普福林根,1963年,特别要看第 67—102 页。]

连续性和瞬间性。因此对于美和艺术，我们有必要采取这样一个立足点，这个立足点并不企求直接性，而是与人类的历史性实在相适应。援引直接性、援引瞬间的天才、援引"体验"的意义并不能抵御人类存在对于自我理解的连续性和统一性的要求。艺术的经验并不能被推入审美意识的非制约性中。

这种消极的见解有积极的意义：艺术就是认识，并且艺术作品的经验就是分享这种认识。[165]

这样一来就出现了这样一个问题，我们如何能够正确对待审美经验的真理，以及如何能够克服随着康德的"审美判断力批判"而开始的审美特性的彻底主体化倾向。我们已经指明，把审美判断力完全系之于主体状态，乃是为了达到某个完全受限制的先验根据（这是康德所执行的）这一目的的一种方法抽象。如果这种审美抽象以后却是在内容上被理解，并被转变到"纯粹审美地"理解艺术的要求，那么我们现在就看到，这种旨在达到真正的艺术经验的抽象要求是如何陷入了一种不可解决的矛盾之中。

在艺术中难道不应有认识吗？在艺术经验中难道不存在某种确实是与科学的真理要求不同、但同样确实也不从属于科学的真理要求的真理要求吗？美学的任务难道不是在于确立艺术经验是一种独特的认识方式，这种认识方式一方面确实不同于提供给科学以最终数据、而科学则从这些数据出发建立对自然的认识的感性认识，另一方面也确实不同于所有伦理方面的理性认识、而且一般地也不同于一切概念的认识，但它确实是一种传导真理的认识，难道不是这样吗？

假如我们是像康德一样按照科学的认识概念和自然科学的实

在概念来衡量认识的真理，上述这些就很难得到承认。对于经验概念我们有必要比康德所理解的更广泛地加以领会，这样即使是艺术作品的经验也能够被理解为经验。对此任务，我们可以援引黑格尔的值得赞赏的《美学讲演录》。在那里，一切艺术经验所包含的真理内容都以一种出色的方式被承认，并同时被一种历史意识去传导。美学由此就成为一种在艺术之镜里反映出来的世界观的历史，即真理的历史。这样，正如我们所表述的，在艺术经验本身中为真理的认识进行辩护这一任务就在原则上得到了承认。

我们所信赖的"世界观"概念——这概念在黑格尔那里首先出现在《精神现象学》中，⑱用以表示康德和费希特对某个道德世界秩序的基本道德经验的假设性补充——只有在美学中才获得其真正的意义。正是世界观的多种多样和可能的变化，才赋予了"世界观"概念以我们所熟悉的声调。⑲不过，艺术史对此才是主要的事例，因为艺术史的多样性在指向真正艺术的进步目的的统一中没有被扬弃。当然，黑格尔只是通过下面这一点才能认可艺术真理，即他让领悟性的哲学知识超过艺术真理，并且从已完成的现时自我意识出发去构造世界观的历史，如世界史和哲学史。但是，只要由此远远超越主观精神领域，人们于此中所能看到的就不只是某种不合情理的东西。在这种超越中就存在着黑格尔思想

---

⑱ 黑格尔：《精神现象学》，霍夫迈斯特编，第424页以下。

⑲ "世界观"这个词（参见 A. 格策：《论快感》，1924年）最初保留有与"可感世界"(mundus sensibilis)的关系，甚至在黑格尔那里，由于它是指艺术，因而根本性的世界观也属于艺术的概念（《美学》，第2卷，第131页）。但是按照黑格尔的看法，世界观的规定性对于当代艺术家来说乃是某种过去的东西，因而世界观的多样性和相对性也就成了反思和内在性的事情。

的一个永恒的真理要素。当然,只要概念真理由此成了万能的,并且在自身中扬弃了所有经验,黑格尔哲学就同时否认其在艺术经验中所认可的真理之路。如果我们想维护这一真理之路自身的合理性,我们就必须在原则上对于什么是这里所述的真理作出解释。整个来说,对这一问题的答复必须在精神科学里找到。因为精神科学并不想逾越一切经验——不管是审美意识的经验,还是历史意识的经验,是宗教意识的经验,还是政治意识的经验——的多样性,而是想理解一切经验的多样性,但这也就是说,精神科学指望得到这许多经验的真理。我们还必须去探讨,黑格尔和"历史学派"所表现的精神科学的自我理解是怎样彼此相关的,以及他们两者在关于什么东西使得对精神科学的真理的合理理解有了可能这一问题上是如何彼此对立的。无论如何,我们不能从审美意识出发,而只能在精神科学这个更为广泛的范围内去正确对待艺术问题。

由于我们试图修正审美意识的自我解释并重新提出审美经验为之作证的艺术真理问题,我们在这方向就只迈出了第一步。对于我们来说,关键的问题在于这样去看待艺术经验,以致把它理解为经验。艺术经验不应被伪造成审美教化的所有物,因而也不应使它自身的要求失去作用。我们将看到,只要所有与艺术语言的照面(Begegnung)就是与某种未完成事物的照面,并且这种照面本身就是这种事物的一部分,艺术经验中就存在有某种广泛的诠释学结论。这就是针对审美意识及其真理问题的失效而必须加以强调的东西。

如果思辨唯心论想使自己提升到无限知识的立足点以便克服

那种建立在康德基础上的审美主观主义和不可知论,那么正如我们所看到的,有限性的这样一种可知论的自我解脱包含了把艺术弃置于哲学之中。我们将要确立的不是这种无限知识的立足点,而是有限性的立足点。我认为,海德格尔对近代主观主义的批判的建设性成果,就在于他对存在的时间性的解释为上述立足点开辟了特有的可能性。从时间的视域对存在的解释并不是像人们一再误解的那样,指此在是这样彻底地被时间化,以致它不再是任何能作为恒在(Immerseiendes)或永恒的东西而存在的东西,而是指此在只能从其自身的时间和未来的关系上去理解。假如海德格尔的解释是带有这样一种意思,那么它就根本不涉及对主观主义的批判和克服,而是涉及对主观主义的一种"生存论上的"彻底化,而对这种彻底化人们一定能预见到它的集体主义的未来。但是,这里所涉及的哲学问题恰恰是对这种主观主义本身所提出的。仅由于此,人们把主观主义推向极端,以便使它成为有疑问的。哲学问题是探讨什么是自我理解的存在。由于这个问题,哲学也就从根本上超越了这种自我理解的视域。由于哲学揭示了时间是自我理解的隐秘根基,因而哲学不是教导一种出自虚无主义绝望的盲目的义务,而是开启了一种迄今是封闭的、超越出自主观性的思维的经验,海德格尔把这种经验称之为存在(Sein)。

为了正确地对待艺术经验,我们必须首先着手于审美意识的批判。艺术经验确实自己承认,它不能以某个终极的认识对它所经验的东西给出完满的真理。这里既不存在任何绝对的进步,也不存在对艺术作品中事物的任何最终的把握。艺术经验自身深知这一点。可是,同时我们也决不要简单地接受审美意识认为是它的经验的东西。因为,正如我们所看到的,审美意识在最终结论上仍把经验视为体验的非连续性。但是这个结论我们认为是不能接受的。

与此相反,我们对待艺术经验,不是追问它自身认为是什么,而是追问这种艺术经验真正是什么,以及什么是它的真理,即使它不知道它是什么和不能说它知道什么——就像海德格尔在与形而上学自身认为是什么的对立中去探问什么是形而上学一样。我们在艺术经验中看到了一种对作品的真正的经验,这种经验并不使制作它的人有所改变,并且我们探问以这种方式被经验的事物的存在方式。所以,我们可以指望更好地理解它是怎样一种我们在那里所见到的真理。

我们将看到,这样便同时开辟了一个领域,在这领域内,在精神科学所从事的"理解"中,真理的问题重新又被提了出来。[19]

如果我们想知道,在精神科学中什么是真理,我们就必须在同一意义上向整个精神科学活动提出哲学问题,就像海德格尔向形而上学和我们向审美意识提出哲学问题一样。我们将不能接受精神科学自我理解的回答,而是必须追问精神科学的理解究竟是什么。探讨艺术真理的问题尤其有助于准备这个广泛展开的问题,因为艺术作品的经验包含着理解,本身表现了某种诠释学现象,而且这种现象确实不是在某种科学方法论意义上的现象。其实,理

---

[19] [参见"精神科学中的真理",载《短篇著作集》,第 1 卷,第 39—45 页;以及我的著作集,第 2 卷,第 37 页以下。]

解归属于与艺术作品本身的照面,只有从艺术作品的存在方式出发,这种归属才能够得到阐明。

II
艺术作品的本体论及其诠释学的意义

1. 作为本体论阐释主线的游戏

a) 游戏概念

我们选取曾在美学中起过重大作用的概念即游戏(Spiel)[166]这一概念作为首要的出发点。但是重要的是,我们要把这一概念与它在康德和席勒那里所具有的并且支配全部新美学和人类学的那种主观的意义分割开。如果我们就与艺术经验的关系而谈论游戏,那么游戏并不指态度,甚而不指创造活动或鉴赏活动的情绪状态,更不是指在游戏活动中所实现的某种主体性的自由,而是指艺术作品本身的存在方式。我们在对审美意识的分析中已经看到,把审美意识看成面对某个对象(Gegenüber),这并不与实际情况相符合。这就是游戏概念为什么对我们来说显得重要的原因所在。

确实,游戏者的行为与游戏本身应有区别,游戏者的行为是与主体性的其他行为方式相关联的。因而我们可以说,游戏对于游戏者来说并不是某种严肃的事情,而且正由于此,人们才进行游戏。我们可以从这里出发去找寻对游戏概念的规定。单纯是游戏的东西,并不是严肃的。但游戏活动与严肃东西有一种特有的本质关联。这不仅是因为在游戏活动中游戏具有"目的",如亚里士多德所说的,它是"为了休息之故"而产生的。[132] 更重要的原因是,游戏活动本身就具有一种独特的、甚而是神圣的严肃。但是,在游戏着的行为中,所有那些规定那个活动着和忧烦着的此在的目的关系并不是简单地消失不见,而是以一种独特的方式被掺和(Verschweben)。游戏者自己知道,游戏只是游戏,而且存在于某个由目的的严肃所规定的世界之中。但是在这种方式中他并不知道,他作为游戏者,同时还意味着这种与严肃本身的关联。只有当游戏者全神贯注于游戏时,游戏活动才会实现它所具有的目的。使得游戏完全成为游戏的,不是从游戏中生发出来的与严肃的关联,而只是在游戏时的严肃。谁不严肃地对待游戏,谁就是游戏的破坏者。游戏的存在方式不允许游戏者像对待一个对象那样去对待游戏。游戏者清楚知道什么是游戏,知道他所做的"只是一种游戏",但他不知道他在知道这时他所"知道"的东西。

如果我们指望从游戏者的主观反思出发去探讨游戏本身的本质问题,那么我们所探讨的这个问题就找不到任何答案。[133] 因此

---

[132] 亚里士多德:《政治学》,第8卷,第3章,1337b39 等,通常参见《尼各马可伦理学》,第10卷,第6章,1176b33:παίειν ὄπως σπουδαίη καὶ Ἀνάχαροιν ὀρθῶς ἔχειν δοκεῖ(人们从事劳动,紧张之余需要休息,游戏正是为了使勤劳的人得以休息)。

[133] 库特·里茨勒在其充满思辨色彩的《论美》一书中,坚持以游戏者的主体性为出发点,并因此坚持游戏与严肃的对立,以致游戏概念对他来说显得太狭窄了,他不得不说:"我们怀疑,儿童的游戏是否仅是游戏"以及"艺术的游戏不仅仅是游戏"(第189页)。

我们不探问关于游戏本质的问题,而是去追问这类游戏的存在方式问题。我们确实已经看到,必须成为我们思考对象的,不是审美意识,而是艺术经验以及由此而来的关于艺术作品的存在方式的问题。但是,艺术作品决不是一个与自为存在的主体相对峙的对象,这恰恰就是我们为反对审美意识的衡量水准而必须把握的艺术经验。艺术作品其实是在它成为改变经验者的经验中才获得它真正的存在。保持和坚持什么东西的艺术经验的"主体",不是经验艺术者的主体性,而是艺术作品本身。正是在这一点上游戏的存在方式显得非常重要。因为游戏具有一种独特的本质,它独立于那些从事游戏活动的人的意识。所以,凡是在主体性的自为存在没有限制主题视域的地方,凡是在不存在任何进行游戏行为的主体的地方,就存在游戏,而且存在真正的游戏。

游戏的主体不是游戏者,而游戏只是通过游戏者才得以表现。游戏这一语词的使用,首先是该语词的多种比喻性的使用,已经表明了这一点,比登迪伊克[167]就特别重视这种语词的多种比喻性的使用。⑲

这里比喻性的使用一如既往地具有一种方法论上的重要性。如果某个语词被转用到它本来并不隶属的应用领域,真正的"本来的"意义就会一下子清晰地表现出来。语言在这里预先造成一种抽象,这种抽象本身乃是概念分析的任务。思想就只需要充分利用这种预先造成。

另外,词源学也表现了同样的情况。当然,词源学是远不可

---

⑲ F. J. J. 比登迪伊克:《游戏的本质和意义》,1933年。

靠的,因为词源学不是通过语言而是通过语言科学才造成抽象,这种抽象是完全不能通过语言本身、语言的实际应用而被证实的。因此,即使在符合词源学的地方,词源学也不是证据,而是概念分析的预先造成,只有在预先造成中词源学才找到它的坚固的根据。⑮

如果我们因为偏重所谓转借的意义而去考察游戏的语词史,那么情况是:我们是讲光线游戏、波动游戏、滚珠轴承中的机械零件游戏、零件的组合游戏、力的游戏、昆虫游戏甚至语词游戏。这总是指一种不断往返重复的运动,这种运动决不能系在一个使它中止的目的上。就连作为舞蹈的游戏这一语词的原始意义——这种意义还继续存在于各种各样的语词形式中(例如沿街奏乐者)——也与此相符合。⑯ 诚属游戏的活动决没有一个使它中止的目的,而只是在不断的重复中更新自身。往返重复运动对于游戏的本质规定来说是如此明显和根本,以致谁或什么东西进行这种运动倒是无关紧要的。这样的游戏活动似乎是没有根基的。游戏就是那种被游戏的或一直被进行游戏的东西——其中决没有任何从事游戏的主体被把握住。游戏就是这种往返重复运动的进行。所以,当我们谈论某种色彩游戏时,在这种情况里我们并不是指那里存在着一种在另一种色彩里从事游戏的个别色彩,而是指一种表现了五彩缤纷的统一过程或景象。

所以,游戏的存在方式并没有如下性质,即那里必须有一个从

---

⑮ 这种自明性一定是与那样一些人相对立的,那些人想从海德格尔的词源学手法批判其陈述的真理内涵。

⑯ 参见 J. 特里尔:《德国语言和文学历史论文集》,第 67 篇,1947 年。

事游戏活动的主体存在，以使游戏得以进行。其实，游戏的原本意义乃是一种被动式而含有主动性的意义（der mediale sinn）。所以我们讲到某种游戏时，说那里或那时有游戏"在玩"（spielt），有游戏在发生（sich abspielt），有游戏在进行（im Spiele ist）。⑲

在我看来，这种语言上的考察间接地表明了，游戏根本不能理解为一种人的活动。对于语言来说，游戏的真正主体显然不是那个除其他活动外也进行游戏的东西的主体性，而是游戏本身。我们只是这样习惯于把游戏这样的现象与主体性及其行为方式相关联，以致我们对语言精神的这种提示总是置之不顾。

不管怎样，最近的人类学研究也如此广泛地把握了游戏这一课题，以致这种研究似乎由此被导致由主体性出发的观察方式的边缘。赫伊津哈[168]曾经在所有文化中探寻游戏元素，并首先提出儿童游戏、动物游戏与宗教膜拜的"神圣游戏"的关联。这使他看到了游戏活动者意识中的特有的非决定性，这种非决定性使得我们绝对不可能在信仰和非信仰之间作出区分。"野蛮人自身绝不可能知道存在（Sein）和游戏（Spielen）之间的概念差别，他绝不可能知道同一性、图像或象征。因此我们是否通过把握原始时代

---

⑲ 赫伊津哈（《游戏的人——论游戏的文化起源》，洛弗特出版社版，第43页）注意到下述语言事实："尽管人们可以用德语说'ein Spiel treiben'（从事游戏），用荷兰文说'een spelletje doen'（进行游戏），但真正的动词乃是游戏（Spielen）本身，即人们游戏一种游戏（Man spielt ein Spiel）。换句话说，为了表现这种活动，名词中所包含的概念必须用动词来重复。就所有这类现象来看，这就意味着，这种行动具有如此特别和独立的性质，以致它根本不同于通常所说的那种活动。游戏决不是通常意义上的活动"——与此相应，"ein Spielchen machen"（玩一会儿游戏或起一会儿作用）这种说法也只是描述一种游戏时间的用法，根本不是描述游戏。

的游戏活动就最好地接近了野蛮人在其宗教行为中的精神状态,这还是一个问题。在我们的游戏概念中,信仰和想象的区分消失不见了。"⑲

这里,游戏相对于游戏者之意识的优先性基本上得到了承认,事实上,假如我们从游戏的被动见主动的意义出发,心理学家和人类学家要描述的那种游戏活动的经验也得到了新的阐明。游戏显然表现了一种秩序(Ordnung),正是在这种秩序里,游戏活动的往返重复像出自自身一样展现出来。属于游戏的活动不仅没有目的和意图,而且也没有紧张性。它好像是从自身出发而进行的。游戏的轻松性在主观上是作为解脱而被感受的,当然这种轻松性不是指实际上的缺乏紧张性,而只是指现象学上的缺乏紧张感。⑳游戏的秩序结构好像让游戏者专注于自身,并使他摆脱那种造成此在真正紧张感的主动者的使命。这也表现在游戏者自身想重复的本能冲动中,这种本能冲动在游戏的不断自我更新上表现出来,而游戏的这种不断的自我更新则铸造了游戏的形式(例如诗歌的叠句)。

游戏的存在方式与自然的运动形式是这样接近,以致我们可以得出一个重要的方法论结论。显然,我们不能说动物也在游戏,我们甚至也不能在转换的意义上说水和光在游戏。相反,我们只

---

⑲ 赫伊津哈:《游戏的人——论游戏的文化起源》,第32页。[也可参见我的论文"自我理解问题",载《短篇著作集》,第1卷,第70—81页、第85页以下;或我的著作集,第2卷,第121页以下;以及"人和语言",载《短篇著作集》,第1卷,第93—100页,特别是第98页以下;或我的著作集,第2卷,第146页以下。]

⑳ 里尔克在其第5篇"杜伊诺哀歌"中写道:"……在纯粹的不足为奇的变化之处——突然变成了那种空泛的充足。"

能说人也在游戏。人的游戏是一种自然过程。正是因为人是自然,并且就人是自然而言,人的游戏的意义才是一种纯粹的自我表现。所以,在此范围内区分真正的用法和比喻的用法,最终简直就成了无意义的了。

然而,正是首先从游戏的这种被动见主动的意义出发,才达到了艺术作品的存在的。就自然不带有目的和意图,不具有紧张感,而是一种经常不断的自我更新的游戏而言,自然才能呈现为艺术的蓝本。所以弗里德里希·施莱格尔写道:"所有神圣的艺术游戏只是对无限的世界游戏、永恒的自我创造的艺术作品的一种有偏差的模仿。"[20]

赫伊津哈所探讨的另一个问题,即竞赛的游戏特征,也可以从游戏活动的往返重复这一基本作用得到解释。当然,就竞赛者自己的意识来看,说他在游戏,对于竞赛者来说是不适合的。但是,往返重复的紧张运动正是通过竞赛而产生的,这种紧张运动使获胜者得以出现,并且使整个活动成为一种游戏。所以,从本质上说,往返重复运动显然属于游戏,以致在某种最终的意义上,根本不存在任何单纯自为的游戏(Für-sich-allein-Spielen)。因此游戏的情形就会是:尽管它无须有一个他者实际地参与游戏,但它必须始终有一个他者在那里存在,游戏者正是与这个他者进行游戏,而且这个他者用某种对抗活动来答复游戏者从自身出发的活动。所

---

[20] 弗里德里希·施莱格尔:《关于诗歌的对话》,参见 J. 米诺尔(Minor)编:《弗里德里希·施莱格尔早期文选》,1882年,第2卷,第364页。[也可参见汉斯·艾希纳重新出版的 E. 贝勒编的施莱格尔校勘本第1编,第2卷,第284—351页,在新版本里是第324页。]

以玩耍的猫选择一团线球来玩，因为这线球参与游戏，并且，球类游戏的永存性就是依据于球的自由周身滚动，球仿佛由自身作出了令人惊异的事情。

这样，游戏在从事游戏活动的游戏者面前的优先性，也将被游戏者自身以一种独特的方式感受到，这里涉及到了采取游戏态度的人类主体性的问题。而且，正是语词的非真实的应用，才对该语词的真正本质提供了最丰富的说明。这样我们对某人或许可以说，他是与可能性或计划进行游戏。我们以此所意指的东西是显而易见的，即这个人还没有被束缚在这样一种可能性上，有如束缚在严肃的目的上。他还有这样或那样去择取这一个或那一个可能性的自由。但另一方面，这种自由不是不要担风险的。游戏本身对于游戏者来说其实就是一种风险。我们只能与严肃的可能性进行游戏。这显然意味着，我们是在严肃的可能性能够超出和胜过某一可能性时才参与到严肃的可能性中去的。游戏对于游戏者所施以的魅力正存在于这种冒险之中。由此我们享受一种作出决定的自由，而这种自由同时又是要担风险的，而且是不可收回地被限制的。我们也许想到了复杂拼板游戏、单人纸牌游戏等。但这种情况也适合于严肃的事物。谁为了享有自己作出决定的自由而回避紧迫的决定，或周旋于那种他根本不想严肃对待、因而根本不包含因为选择它而使自己承担受其束缚的风险的可能性，我们就把他称之为游戏过度（Verspielt）的人。

由此出发，对于游戏的本质如何反映在游戏着的行为中，就给出了一个一般的特征：一切游戏活动都是一种被游戏过程（alles Spielen ist ein Gespieltwerden）。游戏的魅力，游戏所表现的迷惑力,正在于游戏超越游戏者而成为主宰。即使就人们试图实现自己提出的任务的那种游戏而言,也是一种冒险,即施以游戏魅力的东西是否"对",是否"成功",是否"再一次成功"。谁试图这样做,谁实际上就是被试图者(der Versuchte)。游戏的真正主体(这最明显地表现在那些只有单个游戏者的经验中)并不是游戏者,而是游戏本身。游戏就是具有魅力吸引游戏者的东西,就是使游戏者卷入到游戏中的东西,就是束缚游戏者于游戏中的东西。

这也表现在如下这一点上,即游戏具有一种自身特有的精神。[20] 可是这并不是指从事游戏的人的心境或精神状况。其实,在不同游戏的游戏活动中或者在对某种游戏的兴趣中所存在的这种情绪状态的差异性,乃是游戏本身差异性的结果,而不是其原因。游戏本身是通过它们的精神而彼此有别的。这并不依赖于任何其他东西,而只依据于游戏对于构成其实质的游戏反复运动预先有不同的规定和安排。预先规定游戏空间界限的规则和秩序,构成某种游戏的本质。这普遍地适用于有游戏出现的任何地方,例如适用于喷泉游戏或游玩着的动物。游戏借以表现的游戏空间,好像是被游戏本身从内部来量度的,而且这游戏空间更多地是通过规定游戏活动的秩序,而很少是通过游戏活动所及的东西,即通过外在地限制游戏活动的自由空间界域,来限定自身的。

在我看来,相对于这些普遍的规定,对于人类的游戏来说,富有特征的东西是它游戏某种东西(es etwas spielt)。这就是说,游

---

[20] 参见 F.G.云格尔:《游戏》。

戏所隶属的活动秩序,具有一种游戏者所"选择"的规定性。游戏者首先通过他想要游戏这一点来把他的游戏行为明确地与他的其他行为区分开来。但是,即使在游戏的准备过程中,游戏者也要进行他的选择,他选择了这一项游戏,而不选择那一项游戏。与此相应,游戏活动的游戏空间不单纯是表现自身(Sichausspielen)的自由空间,而是一种特意为游戏活动所界定和保留的空间。人类游戏需要它们的游戏场所。游戏领域的界定——正如赫伊津哈正确地强调的,[20]完全就像神圣区域的界定一样——把作为一种封闭世界的游戏世界与没有过渡和中介的目的世界对立起来。所有游戏活动都是玩味某物的活动(Etwas-Spielen),这首先在这些地方运用,即这里所安排的游戏反复活动被规定为一种行为,而且是一种脱离其他行为的行为。尽管游戏的真正本质在于使游戏的人脱离那种他在追求目的过程中所感到的紧张状态,然而游戏的人本身在游戏活动中仍是一个采取某种行为的人。由此就更进一步决定了游戏活动为什么总是玩味某物的活动。每一种游戏都给从事游戏的人提出了一项任务。游戏的人好像只有通过把自己行为的目的转化到单纯的游戏任务中去,才能使自己进入表现自身的自由之中。所以儿童在玩球时就向自己提出了任务,而且这个任务就是游戏的任务,因为游戏的真实目的根本不是解决这一任务,而是对游戏活动本身的安排和规定。

显然,游戏行为所表现的那种特有的轻快和放松依据于任务的特别性质,这种特别性质是与游戏任务相适应的,而且它形成于

---

[20] 赫伊津哈:《游戏的人——论游戏的文化起源》,第 17 页。

游戏任务的成功解决。

我们可以说,某个任务的成功"表现了轻快和放松"。这种说法在涉及游戏的地方特别易于理解,因为在那里任务的完成并没有指向一种目的关系。游戏确实被限制在表现自我上。因此游戏的存在方式就是自我表现(Selbstdarstellung)。而自我表现乃是自然的普遍的存在状态(Seinsaspekt)。我们今天知道,生物学的目的论观点对于理解生物的形成是何等不充分。[203] 这种情况也适用于游戏,光探讨游戏的生命功能和生物学目的的问题是极为不够的。游戏最突出的意义就是自我表现。

人类游戏的自我表现,尽管像我们所看到的那样,基于某种与游戏表面显出的目的相联系的行为之上,但是游戏的"意义"实际上并不在于达到这个目的。我们宁可说,游戏任务的自我交付实际上就是一种自我表现。游戏的自我表现就这样导致游戏者仿佛是通过他游戏某物即表现某物而达到他自己特有的自我表现。只是因为游戏活动总是一种表现活动,人类游戏才能够在表现活动本身中发现游戏的任务。因而就存在一种我们必须称之为表现游戏的游戏,不管这种游戏是在隐约的暗示意义关联中具有某种属于表现本身的东西(如"皇帝、国王、达官贵人"),或者游戏活动正在表现某种东西(例如孩子们玩汽车游戏)。

所有表现活动按其可能性都是一种为某人的表现活动。这样一种可能性被意指出来,这就构成了艺术的游戏性质里特有的东

---

[203] 特别是阿道夫·波尔特曼在许多论文中作出了这种批评,并重新确立了形态学观察方法的合理性。

西。这里游戏世界的封闭空间仿佛就使它的一堵墙倒塌了。[204] 宗教膜拜游戏(Kultspiel)和观赏游戏(Schauspiel)[169]显然并不是像游戏儿童所表现的那样去表现的。膜拜游戏和观赏游戏在它们表现时并不出现,而是同时越过自身指向了那些观看性地参与到表现活动中去的人。这里游戏不再是对某一安排就绪的活动的单纯自我表现,也不再是有游戏儿童于其中出现的单纯的表现,而"为……表现着"。这里一切表现活动所特有的这种指向活动好像被实现了,并且对于艺术的存在就成为决定性的东西。

一般来说,游戏并不为某人而表现,也就是说,它并不指向观众,尽管游戏按其本质是一种表现活动,尽管游戏者是在游戏中表现自身的。儿童是自为地游戏,尽管他们进行表现活动。甚至那些在观众面前所表现的体育活动一类的游戏,也不指向观众。的确,这些游戏由于要成为竞赛表现而面临着使自己丧失作为竞赛游戏的真正游戏性质的危险。那种作为膜拜行为一部分的宗教仪式行列也许要比一般游行队伍更庞大,因为它们按照自身的意义可以容纳整个宗教信徒团体。然而宗教膜拜行为乃是为整个信徒团体的实际表现,而且观赏游戏(Schauspiel)同样也是一种本质上需要观众的游戏行为。因此,宗教膜拜仪式中的神的表现,游戏中的神话的表现,也不仅是这种意义上的游戏,即参加活动的游戏者全部出现在表现性的游戏中,并在其中获得他们的更好的自我表

---

[204] 参见鲁道夫·卡斯纳:《数和面部表情》,第161页以下。卡斯纳指出:"儿童和玩具娃娃的最奇特的一致性和双重性"是与此相联系的,即在此缺乏第4堵"一直打开的观众之墙"(如在宗教膜拜行为中)。我则相反地推断,正是这第4堵观众之墙才封闭了艺术作品的游戏世界。

现，而且也是这种意义上的游戏，即游戏活动者为观众表现了某个意义整体。这实际上根本不是缺乏那个能变游戏为观赏的第4堵墙。我们宁可说，通向观众的公在（Offensein）共同构成了游戏的封闭性。只有观众才实现了游戏作为游戏的东西。㉖

这就是把游戏规定为一种主动性过程（ein mediale Vorgang）的重要性所在。我们已经看到，游戏并不是在游戏者的意识或行为中具有其存在，而是相反，它吸引游戏者入它的领域中，并且使游戏者充满了它的精神。游戏者是把游戏作为一种超过他的实在性来感受。这一点在游戏被"认为"是这种实在性本身的地方更为适用——例如，在游戏表现为"为观看者而表现"（Darstellung für den Zuschauer）的地方。

甚至戏剧（Schauspiel）也总是游戏，这就是说，戏剧具有成为某种自身封闭世界的游戏结构。但是宗教的或世俗的戏剧，尽管它们所表现的是一种完全自身封闭的世界，却好像敞开一样指向观赏者方面。在观赏者那里它们才赢得它们的完全意义。虽然游戏者好像在每一种游戏里都起了他们的作用，而且正是这样游戏才走向表现，但游戏本身却是由游戏者和观赏者所组成的整体。事实上，最真实感受游戏的，并且游戏对之正确表现自己所"意味"的，乃是那种并不参与游戏、而只是观赏游戏的人。在观赏者那里，游戏好像被提升到了它的理想性。

对于游戏者来说，这就意味着：游戏者并不像在每一种游戏中那样简单地起着（ausfüllen）他们的作用——游戏者其实是表演

㉖ 参见本书第114页注释㉔。

(vorspielen)他们的作用,他们对观赏者表现他们自己。游戏者参与游戏的方式现在不再是由他们完全出现在游戏里这一点决定的,而是由他们是在与整个戏剧的关联和关系中起着作用这一点来决定的,在这整个戏剧中,应出现的不是游戏者,而是观赏者。这就是在游戏成为戏剧时游戏之作为游戏而发生的一种彻底的转变。这种转变使观赏者处于游戏者的地位。只是为观赏者——而不是为游戏者,只是在观赏者中——而不是在游戏者中,游戏才起游戏作用。当然,这倒不是说,连游戏者也不可能感受到他于其中起着表现性作用的整体的意义。观赏者只是具有一种方法论上的优先性:由于游戏是为观赏者而存在的,所以下面这一点是一目了然的,即游戏自身蕴涵某种意义内容,这意义内容应当被理解,因此也是可与游戏者的行为脱离的。在此,游戏者和观赏者的区别就从根本上被取消了,游戏者和观赏者共同具有这样一种要求,即以游戏的意义内容去意指(meinen)游戏本身。

即使在游戏共同体拒绝一切观赏者——这或许是因为游戏共同体反对艺术生活的社会性的团体化——的地方,情况也是如此,例如在所谓要在某种纯真的意义上去演奏的室内音乐中就是这样,因为这种室内音乐是为演奏者而不是为观众进行的。谁以这种方式演奏音乐,实际上他也就力求使音乐更好地"表现出来"(herauskommt),但这也就是说,他正是力求使音乐为某个想倾听的人存在在那里。艺术的表现按其本质就是这样,即艺术是为某人而存在的,即使没有一个只是在倾听或观看的人存在于那里。

b) 向构成物的转化与彻底的中介

我把这种促使人类游戏真正完成其作为艺术的转化称之为向构成物的转化(Verwandlung ins Gebilde)。只有通过这种转化，游戏才赢得它的理想性，以致游戏可能被认为和理解为构成物。只有至此，游戏才显示出好像与游戏者的表现性行为相脱离，并且存在于游戏者所游戏之物的纯粹现象之中。作为这种现象的游戏——以及即兴作品的非预定因素——原则上是可重复的，并且就这一点看又是持久的。这样，游戏就具有了作品(Werk)的特质，即 Ergon(产品)的特质，而不仅只是(作者的)某种现实活动(Energeia)。[206] 在这种意义上，我就称游戏为一种构成物(Gebilde)。

然而，可这样地与游戏者的表现性行为相脱离的东西，仍然指向了表现。不过这种指向并不意味着这样一种意义的依赖性，即只有通过当时的表现者，也就是说，只从正表现着的人或正观赏着的人出发，而不是从作为该作品的创造者而被称为该作品真正作者的人即艺术家出发，游戏才获得其意义规定性。其实，游戏只有在所有艺术家面前才具有一种绝对的自主性，而这一点正应通过转化(Verwandlung)概念表示出来。

如果我们认真地把握了转化的意义，我们对艺术本质的规定性所应指出的东西就表现出来了。转化(Verwandlung)并不是变化(Veränderung)，或一种特别大规模的变化。其实，对于变化，

---

[206] 这里我援引了古典主义的区分，亚里士多德利用这种区分，从 ηραεις(行为)中分出了 ηοιησις(创造)(《欧德米亚伦理学》，第1卷；《尼各马可伦理学》，A1)。

人们总是想到,在那里发生变化的东西同时又作为原来的东西而存在,并被把握。尽管变化可能是整体的变化,但它总是自身某个部分的变化。从类别上看,一切变化(alloiōsis)均属于质的领域,也就是属于实体的某种偶性的领域。反之,转化则是指某物一下子和整个地成了其他的东西,而这其他的作为被转化成的东西则成了该物的真正的存在,相对于这种真正的存在,该物原先的存在就不再是存在的了。如果我们发现某人似乎转化了,那么我们以此所指的正是,他好像已成为另外一个人。这里不可能存在一个从一物过渡到另一物的渐变过程,因为彼一物的存在正是此一物的消灭。所以向构成物的转化就是指,早先存在的东西不再存在。但这也是指,现在存在的东西,在艺术游戏里表现的东西,乃是永远真实的东西。

首先,主体性的出发点如何违背事实在这里也是明显的。原先的游戏者就是不再存在的东西——这样,诗人或作曲家都可算在游戏者之列。所有这些游戏者都不具有一种特有的自为存在(Für-sich-sein),对于这种自为存在,他们是这样把握的,即他们的游戏活动意味着他们"只在游戏"。如果我们从游戏者出发去描述他们的游戏活动是什么,那么游戏活动显然就不是转化,而是伪装(Verkleidung)。谁伪装,谁就不愿被认出,而是想表现为另一个人并且被视为另一个人。他希望,在别人的眼里他不再是他本人,而是被视为某个其他人。因此他不愿意人们猜出他或认出他。他装扮其他人,但是以我们在日常实际交往中游戏某物的方式,也就是说,我们单纯地作假,伪装自己并造成假象。从表面上看,这样进行游戏的人似乎否认了与自身的连续性。但实际上这意味

Ⅱ 艺术作品的本体论及其诠释学的意义

着,他自为地把握了这种与自身的连续性,并且他只是蒙骗那些他对之作假的其他的人。

按照我们关于游戏本质所谈的一切,游戏本身与其中存在作假的游戏之间的这种主观区分,并不是游戏的真实性质。游戏本身其实是这样一种转化,即在那里从事游戏的人的同一性对于任何人来说都不继续存在。每个人只是探问:游戏应当是什么,那里什么东西被"意味"。游戏者(或者诗人)都不再存在,所存在的仅仅是被他们所游戏的东西。

但是,不再存在的东西首先是我们作为我们自己本身所生存于其中的世界。向构成物的转化并不简单地就是转到另一个世界。的确,构成物就是另一个自身封闭的世界,游戏就是在此世界中进行。但是只要游戏是构成物,游戏就仿佛在自身中找到了它的尺度,并且不按照任何外在于它的东西去衡量自身。所以,某种戏剧的行为——完全类似于宗教膜拜行为——简直是作为某种依赖于自身的东西而存在在那里。这种行为不再允许任何与实在的比较作为一切模仿相似性的隐秘标准。这种行为超出所有这类比较——并因此超出了这类行为是否完全真实的问题——因为某种超然的真理正是从这种行为得以表现的。甚至像哲学史公认的艺术存在等级论的最彻底的批判者柏拉图有时也不加区别地像谈论舞台上的喜剧和悲剧一样地谈论生活中的喜剧和悲剧。⑳[170]因为假如一个人知道去感知在他面前所发生的游戏的意义,这种[艺术和实在的]区分就消失了。戏剧所提供的快感在这两种情况里都

---

⑳ 柏拉图:《斐利布斯篇》,50b。

是相同的：这种快感是认识的快感。

这样，我们称之为向构成物的转化的东西就获得了它的完满意义。这种转化是向真实事物的转化。它不是指使用巫术这种意义的变幻，变幻期待着解巫咒语，并将回归原来的东西，而转化本身则是解救，并且回转到真实的存在。在游戏的表现中所出现的，就是这种属解救和回转的东西，被揭示和展现的，就是曾不断被掩盖和摆脱的东西。谁知道去感知生活的喜剧和悲剧，谁就知道使自己摆脱目的的强烈影响，这种目的掩盖了与我们一起进行的游戏。

"实在"（Wirklichkeit）总是处于这样一种可能性的未来视域中，这种可能性是人们既期待又担忧的，但无论如何仍是未被确定的。因此实在总是这样的情形，即相互排斥的期望能被唤起，而这些期望又不是全部能实现。正是由于未来的不确定性允许了这样过多的期望，以致实在必然落在期望之后。如果现在某种意义关联在某个特殊的事例中是这样实际地完成和实现了，以致没有任何意义线索消失在空无中，那么这种实在本身就好像是一种戏剧。同样，谁能把整个实在看作一个所有东西于其中实现的封闭的意义区域，谁就能谈论生活本身的喜剧和悲剧。在这些把实在理解为游戏的情况里所出现的，是那种属于游戏的实在的东西，我们把这种东西称之为艺术的游戏。所有游戏的存在经常是兑现（Einlösung），纯粹的实现，即在自身中具有其目的（Telos）的实现（Energeia）。艺术作品的世界——在此世界中游戏是这样完全地表现于其整个过程中——事实上就是一种完全转化了的世界。每一个人正是通过这世界认识到存在的东

Ⅱ 艺术作品的本体论及其诠释学的意义

西究竟是怎样的事物。

因此转化概念应当表明我们称之为构成物的那些东西的独立和超然的存在方式。从这个概念出发,所谓的实在就被规定为未转化的东西,而艺术被规定为在其真理中对这种实在的扬弃。因此把一切艺术建立在 mimesis,即模仿概念基础上的古代艺术理论,显然是从这样一种游戏出发的,即作为舞蹈的游戏就是神性东西的表现。⑳

但是,如果我们看到了模仿(Nachahmung)中存在的认识意义,那么模仿概念可能只描述了艺术的游戏。所表现的东西是存在于那里——这就是模仿的最原始关系。谁模仿某种东西,谁就让他所见到的东西并且以他如何见到这个东西的方式存在于那里。当幼童操弄他所看到的东西,并以此确认自己本身存在时,他就模仿性地开始了游戏活动。就连亚里士多德所援引的儿童装扮快感,也不是一种为了让人猜出和认出其背后真相的自身隐藏活动、伪装活动,而是相反,它是这样一种表现活动,其中只有所表现的东西存在。孩童无论如何是不愿在其装扮的背后被人猜出。他希望他所表现的东西应当存在,并且,假如某种东西应当被猜出,那么被猜出的东西正是他所表现的东西。应当被再认识的东西,就是现在"存在"的东西。㉑

---

⑳ 参见柯勒的最新研究:《模仿》,1954 年,这个研究证实了模仿和舞蹈的原始联系。

㉑ 亚里士多德:《诗学》,第 4 章,尤其是 1448b16:"συλλογίζεσθαι τί ἕκαστον, οἷον οὗτος ἐκεῖνος"(看图画而感到愉快,其理由就在于我们在看它的时候,同时也是在学习着——认识着事物的意义)。

我们由这种思考就可确认:模仿的认识意义就是再认识（Wiedererkennung）。但什么是再认识呢？只有对现象更精确的分析才会完全清楚地向我们解释我们所谈及的表现活动的存在意义。众所周知，亚里士多德曾经强调过，艺术家的表现甚至使不愉快的东西令人愉快地显现出来。⑳[171]康德也因为艺术能使丑的东西显现为美的东西，从而把艺术定义为对事物的美的表象。㉑[172]但是这种美的艺术显然不是指做作性（Künstlichkeit）和技巧性（Kunstfertigkeit）。并不像对杂技表演家那样，我们对于用以制作某物的技巧并不感到惊叹。对于这种技巧我们只有附带的兴趣，正如亚里士多德所明确说过的。㉒我们在一部艺术作品中所真正经验到的和所指望得到的，其实是这作品的真实性如何，也就是说，我们如何在其中更好地认识和再认识事物和我们自己本身的。

如果我们对于再认识只是看到，我们已经认识的某种东西又重新地被认识，也就是说，已认识的东西又被重新再认识，那么再认识按照其最深层本质来说究竟是什么，这一问题仍没有被理解。再认识所引起的快感其实是这样一种快感，即比起已经认识的东西来说有更多的东西被认识。在再认识中，我们所认识的东西仿佛通过一种突然醒悟而出现并被本质地把握，而这种突然醒悟来自完全的偶然性和制约这种东西的情况的变异性。这种被本质地把握的东西被认作某种东西。

这里我们达到了柏拉图主义的中心论点。柏拉图曾在其灵魂

---

⑳ 《诗学》，1448b10。
㉑ 康德：《判断力批判》，§48。
㉒ ［亚里士多德：《诗学》，第4章，1448b10以下。］

Ⅱ 艺术作品的本体论及其诠释学的意义

轮回说里把再回忆的神秘观念与其辩证法的途径连在一起思考,这种辩证法是在 Logoi 中,即在语言的理想性中探寻存在的真理。㉓ 实际上,这样一种本质唯心论已存在于再认识的现象中。"被认识的东西"只有通过对它的再认识才来到它的真实存在中,并表现为它现在所是的东西。作为再认识的东西,它就是在其本质中所把握的东西,也就是脱离其现象偶然性的东西。这也完全适用于游戏中那样一种相对于表现而出现的再认识。这样一种表现舍弃了所有那些纯属偶然的非本质的东西,例如表演者自身的个别存在。表演者完全消失在对他所表现的东西的认识中。但是被表现的东西,著名的神话传说事件,通过表现仿佛被提升到其有效的真理中。因为是对真实事物的认识,所以表现的存在就比所表现的素材的存在要多得多,荷马的阿希里斯的意义要比其原型的意义多得多。㉔

我们所探讨的原始的模仿关系,因而不仅包含所表现的东西存在于那里,而且也包含它更真实地出现在那里。模仿和表现不单单是描摹性的复现(Wiederholung),而且也是对本质的认识。因为模仿和表现不只是复现,而且也是"展现"(Hervorholung),所以在它们两者中同时涉及了观赏者。模仿和表现在其自身中就包含对它们为之表现的每一个人的本质关联。

的确,我们还可以更多地指出:本质的表现很少是单纯的模仿,以致这种表现必然是展示的(zeigend)。谁要模仿,谁就必须

㉓ 柏拉图:《斐多篇》,第 73 页以下。
㉔ [参见 H. 库恩:《苏格拉底——关于形而上学起源的试探》,柏林,1934 年。]

删去一些东西和突出一些东西。因为他在展示，他就必须夸张，而不管他愿意或不愿意［所以在柏拉图理念说里 aphhairein（删去）和 synhoran（突出）是联系在一起的］。就此而言，在"如此相像"的东西和它所想相像的东西之间就存在一种不可取消的存在间距。众所周知，柏拉图就曾经坚持这种本体论的间距，即坚持摹本（Abbild）对原型（Urbild）的或多或少的落后性，并从这里出发，把艺术游戏里的模仿和表现作为模仿的模仿列入第三等级。[215][173] 不过，在艺术的表现中，对作品的再认识仍是起作用的，因为这种再认识具有真正的本质认识的特征，并且正是由于柏拉图把一切本质认识理解为再认识，亚里士多德才能有理由认为诗比历史更具有哲学性。[216]

因此，模仿作为表现就具有一种卓越的认识功能。由于这种理由，只要艺术的认识意义无可争议地被承认，模仿概念在艺术理论里就能一直奏效。但这一点只有在我们确定了对真实事物的认识就是对本质的认识的时候才有效，[217]因为艺术是以一种令人信服的方式服务于这种认识。反之，对于现代科学的唯名论以及它的实在概念——康德曾根据这一概念在美学上得出了不可知论的

---

[215] 柏拉图：《理想国》，第 10 卷。［参阅"柏拉图与诗人"（1934 年），见我的著作集第 5 卷。］

[216] 亚里士多德：《诗学》，第 9 章，1451b6。

[217] 安娜·图玛金已很详尽地指出 18 世纪的艺术理论中从"模仿"向"表现"（Ausdruck）的过渡（《纪念塞缪尔·辛格文集》，1930 年）。［参见 W. 拜尔瓦尔特（《海德堡科学院会议报告》，1980 年，第一编论文集）。新柏拉图主义的概念 ἐκτύπωσις（摹本）成为它自身的"表现"：Petrarca。参见本书第 341 页、第 471 页以及补注Ⅵ；该附录现收入我的著作集，第 2 卷，第 384 页以下。］

结论——来说，模仿概念却失去了其审美的职责。

美学的这种主体性转变的困境对我们来说成为明显的事实之后，我们看到自己又被迫退回到古代的传统上去了。如果艺术不是一簇不断更换着的体验——其对象有如某个空洞形式一样时时主观地被注入意义——"表现"就必须被承认为艺术作品本身的存在方式。这一点应由表现概念是从游戏概念中推导出的这一事实所准备，因为自我表现是游戏的真正本质——因此也就是艺术作品的真正本质。所进行的游戏就是通过其表现与观赏者对话，并且因此，观赏者不管其与游戏者的一切间距而成为游戏的组成部分。

这一点在宗教膜拜行为这样一种表现活动方式上最为明显。在宗教膜拜行为这里，与教徒团体的关联是显然易见的，以致某个依然那样思考的审美意识不再能够主张，只有那种给予审美对象自为存在的审美区分才能发现膜拜偶像或宗教游戏的真正意义。没有任何人能够认为，执行膜拜行为对于宗教真理来说乃是非本质的东西。

同样的情况也以同样的方式适合于一般的戏剧（Schauspiel）和那些属于文学创作的活动。戏剧的表演同样也不是简单地与戏剧相脱离的，戏剧的表演并非那种不属于戏剧本质存在、反而像经验戏剧的审美体验那样主观的和流动的东西。其实，在表演中而且只有在表演中——最明显的情况是音乐——我们所遇见的东西才是作品本身，就像在宗教膜拜行为中所遇见的是神性的东西一样。这里游戏概念的出发点所带来的方法论上的益处是显而易见的。艺术作品并不是与它得以展现自身的机缘条件的"偶然性"完全隔绝的，凡有这种隔绝的地方，结果就是一种降低作品真正存在的抽象。作品本身是属于它为之表现的世界。戏剧只有在它被表演的地方才是真正存在的,尤其是音乐必须鸣响。

所以我的论点是,艺术的存在不能被规定为某种审美意识的对象,因为正相反,审美行为远比它对自身的意识要多。审美行为乃是表现活动中出现的存在事件的一部分,而且本质上属于作为游戏的游戏。

这将得出哪些本体论上的结论呢? 如果我们这样地从游戏的游戏特质出发,对于审美存在的存在方式的更接近的规定来说有什么结果呢? 显然,戏剧(观赏游戏)以及由此被理解的艺术作品决非一种游戏藉以自由实现自身的单纯规则图式或行为法规。戏剧的游戏活动不要理解为对某种游戏要求的满足,而要理解为文学作品本身进入此在的活动(das Ins-Dasein-Treten der Dichtung selbst)。所以,对于这样的问题,即这种文学作品的真正存在是什么,我们可以回答说,这种真正存在只在于被展现的过程(Gespieltwerden)中,只在于作为戏剧的表现活动中,虽然在其中得以表现的东西乃是它自身的存在。

让我们回忆一下前面所使用的"向构成物的转化"这一术语。游戏就是构成物——这一命题是说:尽管游戏依赖于被游戏过程(Gespieltwerden,或译被展现过程),但它是一种意义整体,游戏作为这种意义整体就能够反复地被表现,并能反复地在其意义中被理解。但反过来说,构成物也就是游戏,因为构成物——尽管它有其思想上的统一——只在每次被展现过程中才达到它的完全存在。我们针对审美区分的抽象所曾经想强调的东西,正是这两方面的相互联系。

我们现在可以对这种强调给以这样的形式,即我们以"审美无区分"(die ästhetische Nichtunterscheidung)反对审美区分,反对审美意识的真正组成要素。我们已看到,在模仿中被模仿的东西,被创作者所塑造的东西,被表演者所表现的东西,被观赏者所认识的东西,显然就是被意指的东西——表现的意义就包含于这种被意指的东西中——以致那种文学作品的塑造或表现的活动根本不能与这种被意指的东西相区别。而在人们作出这种区分的地方,创作的素材将与创作相区别,文学创作将与"观点"相区别。但是这种区分只具有次要性质。表演者所表现的东西,观赏者所认识的东西,乃是如同创作者所意指的那样一种塑造活动和行为本身。这里我们具有一种双重的模仿:创作者的表现和表演者的表现。但是这双重模仿却是一种东西:在它们两者中来到存在的乃是同一的东西。

我们可以更确切地说:表演的模仿性表现把文学创作所真正要求的东西带到了具体存在(Da-Sein)。某种作为人们在艺术游戏中所认识的真理统一体的双重无区别,是和文学创作与其素材、文学创作与表演之间的双重区别相符合的。如果我们从起源上去考察一下作为一部文学创作基础的情节,那么,这种区别是脱离文学创作的实际经验的,同样,如果观赏者思考一下表演背后所蕴涵的观点或作为这种表演的表现者的成就,那么这种区别也是脱离戏剧表演的实际经验的。而且,这样一种思考就已经包含了作品本身与它的表现之间的审美区分。但是,在某人面前所表演的悲剧的或喜剧的场面究竟是在舞台上还是在生活中出现——如果我们只是观赏者,那么正如我们所看到的,这一问题对于这种经验内容来说,甚至是无关紧要的。我们称之为构成物的东西,只是这样一种表现为意义整体的东西。这种东西既不是自在存在的,也不是在一种对它来说是偶然的中介中所能经验到的,这种东西是在此中介中获得了其真正的存在。

尽管这样一种构成物的多种多样的表演或实现还是要返回到游戏者的观点上去——但就连游戏者的观点也不总是封闭于其自认为的意见的主观性中,而是实实在在地存在于这多种多样的表演或实现之中。所以这根本不是一个关于观点的单纯主观的多样性的问题,而是一个关于作品自身存在可能性的问题,作品似乎把其自身陈列于它的多种多样的方面之中。

因此,我们不应否认,这里对于审美反思来说存在一个可能的出发点。在同一游戏的不同表现里,我们可以区分某一中介方式和其他的中介方式,就像我们可以用不同的方式去思考那些理解不同种类艺术作品的条件一样——例如,我们可以从这样一些问题出发去观察一幢建筑物:该建筑物是怎样"展现"它自身的,或它的周围环境应当怎样看,或者当我们面临修复一幅绘画的问题的时候。在所有这些情况里,作品本身是与它们的"表现"相区分的,[218]但是,如果我们把表现中可能出现的变异视为任意的和随便的,那么我们就忽视了艺术作品本身的制约性。实际上,表现中出

---

[218] 一个具有特殊意义的问题是,我们是否不应当在塑造过程本身中以同一意义去看待对作品已有的审美反思。不可否认,创作者在构思他的作品的观念时可能考虑、批判地比较和评判该作品组织构造的各种可能性。可是这种寓于创作本身的谨慎思考,在我看来,是与那种可能对作品本身进行的审美反思和审美批判完全不同的。虽然很有可能,成为创作者思考对象的东西,即塑造可能性,也可能是审美批判的出发点。但是,即使在创作反思和批判反思具有这种内容一致性的情况里,标准也是不同的。审美批判的基础在于破除统一理解,而创作者的审美思考则指向构造作品统一性本身。以后我们将看到,这种观点对于诠释学有哪些结论。

如果我们使创造过程和再创造过程同时在观念中进行,那么我认为,这始终是一种出自趣味说美学和天才说美学的错误的心理至上主义的残余。由此我们就看不到那种超出创作者和鉴赏者的主观性的事件,而这种事件正表现了一部作品的成功。

现的可能变异全都服从于"正确的"表现这一批判性的主导标准。[219]

我们也许把这一点作为现代戏剧里的一种传统来认识,这种传统是以一次上演、一个角色的创造或一次音乐表演的实践而开创的。这里不存在任何随意的安排,或一种单纯的观点改变,而只有一种由不断遵循范例和创造性改变所形成的传统,每一种新的尝试都必须服从这种传统。对此传统就连再创造的艺术家也具有某种确切的意识。再创造的艺术家怎样接触一部作品或一个角色,这无论如何总是与从事同一活动的范例有关。但是这里所涉及的决不是一种盲目的模仿。虽然由伟大的演员、导演或音乐家所创造的传统总是作为典范而有效,但它并不是自由创造的一种障碍,而是与作品本身融合在一起,以致在促进每个艺术家的创造性的再塑造方面,对这个典范的研讨并不比对作品本身的研讨来得少。再创造的艺术具有这样的独特性,即它所要从事的那些作品对于这种再塑造是明显地开放的,并且因此使艺术作品的同一性和连续性显而易见地向着未来敞开了。[220]

---

[219] 虽然我认为 R. 英加登[174]对于文学艺术作品的"图式论"的分析太少地为人重视,但当他(在其"对审美价值判断问题的评注",载《美学评论》,1959 年)在"审美对象"的具体化过程中看到艺术作品的审美评价的活动余地时,我是不同意他的。审美对象并不是在审美的理解体验中构成,而是艺术作品本身通过它的具体化和创作过程在其审美的质量里被经验的。在这方面我与 L. 帕雷松的"形式活力"(formativita)美学完全一致的。

[220] 我们以后将表明,这并不仅限于再创造的艺术,而是包括了每一种艺术作品,甚至可以说包括了每一种意义构成物(Sinngebilde),只要这些作品和构成物被引起新的理解。[参见本书第 165 页以下讨论文学的界限以及以"生命"的普遍意义作为意义的暂时构造的论题。参见"在现象学和辩证法之间——一种自我批判的尝试",载我的著作集,第 2 卷,第 3 页以下。]

这里用以衡量某物是否"正确表现"的尺度或许是一种极其灵活和相对的尺度。但是表现的制约性并不由于它必须放弃一种固定的尺度而减少。所以我们确实不会允许对一部音乐作品或一个剧本的解释有这样的自由，使得这种解释能用固定的"原文"去制造任意的效果，而且我们也会相反地把那种对于某一特定解释——例如由作曲家指挥的唱片灌制或从最初一场典范演出而制定的详细表演程式——的经典化做法视为对某种真正解释使命的误解。一种这样被追求的"正确性"是不符合于作品本身的真正制约性的，作品本身的这种制约性以一种自身特有的和直接的方式制约了每一个解释者，并且不允许解释者通过对原型的单纯模仿而减轻自己的责任。

把再创造的选择"自由"限制在外表形式或边缘现象上，而没有更多地既是制约性地同时又是自由地去思考某个再创造的整体，这显然是错误的。解释在某种特定的意义上就是再创造（Nachschaffen），但是这种再创造所根据的不是一个先行的创造行为，而是所创造的作品的形象（Figur），解释者按照他在其中所发现的意义使这形象达到表现。因此历史化的表现，如用古代乐器演奏的音乐，就不是像它们所要求的那样是如实的。它们由于作为模仿的模仿而处于"与真理隔着三层远"（柏拉图语）的危险中。

鉴于我们的历史存在所表现的有限性，那种认为唯一正确的表现的观念似乎具有某种荒谬的东西。对于这一点我们还要在其他地方加以论述。㉙ 每一种表现都力求成为正确的表现这一明显的事实,在这里仅作为这样一种证明,即中介活动(Vermittlung)和作品本身的无区别就是作品的真正经验。与此相应的,审美意识一般只能够以一种批判的方式,也就是在这种中介失效的地方,去实现作品和它的中介之间的审美区分。中介活动按其观念乃是一种彻底的中介活动。

彻底的中介意味着,中介的元素作为中介的东西而扬弃自身。这就是说,作为这种中介的再创造(例如戏剧和音乐,但也包括史诗或抒情诗的朗诵)并不成为核心的东西(thematisch),核心的东西是,作品通过再创造并在再创造中使自身达到了表现。我们将会看到,同样的情况也适合于建筑物和雕塑品得以表现自身的呈现性质(Zugangscharakter)和照面性质(Begegnungscharakter)。在这里,这样一种呈现本身也没有成为核心的东西,但也不能相反地说,我们为了把握作品本身必须抛开这些生命关联(Lebensbezügen)。作品存在于这些生命关联本身之中。作品产生于过去时代——作品正是作为从过去时代延续下来的文物耸立于现代之中——这一事实还远没有使作品的存在成为某种审美的或历史的意识的对象。作品只要仍发挥其作用,它就与每一个现代是同时的。的确,即使作品还仅仅作为艺术品在博物

㉙ [H. R. 尧斯提出的接受美学[175]已包含这种观点,但是他由于过分强调这一点以致陷入了他本不愿意的德里达的"解构主义"(Dekonstruktion)的边缘。[176]参阅我的论文"文本和解释"(我的著作集,第 2 卷,第 330 页以下)以及"解毁(Destruktion)与解构(Dekonstruktion)"(我的著作集,第 2 卷,第 361 页以下),我在"在现象学和辩证法之间——一种自我批判的尝试"一文中已指出这一点(我的著作集,第 2 卷,第 3 页以下)。]

馆里有一席之地,它也没有完全与自身相分离。一部艺术作品不仅从不完全丧失其原始作用的痕迹,并使有识之士可能有意识地重新创造它,——而且在陈列的画廊里得其寄生之地的艺术作品还一直是一个特有的根源。作品使其自身发挥效力,而且它用以这样做的方式——即"致死"其他的作品或很好地利用其他作品以充实自身——也仍然是它自身的某种东西。[177]

我们要探究在时间和情况的变迁过程中如此不同地表现自己的这种作品自身(dieses Selbst)的同一性究竟是什么。这种作品自身在变迁过程中显然并不是这样被分裂成各个方面,以致丧失其同一性。作品自身存在于所有这些变迁方面中。所有这些变迁方面都属于它。所有变迁方面都与它共时的(gleichzeitig)。这样就提出了对艺术作品作时间性解释的任务。

c) 审美存在的时间性

这是一种什么样的同时性呢?属于审美存在的究竟是什么样的一种时间性呢?人们一般把审美存在的这种同时性和现在性称之为它的无时间性。但是我们的任务则是要把这种无时间性与它本质上相关的时间性联系起来加以思考。无时间性首先无非只是一种辩证规定,这种规定一方面立于时间性的基础上,另一方面又处于与时间性的对立中。甚至有关两种时间性的说法,即一种历史的时间性和一种超历史的时间性——例如,泽德尔迈尔[178]紧跟巴德尔[179]之后,并依据博尔诺[180],试图用这两种时间性去规定艺术作品的时间性[22]——也没有超出这两者之间的辩证对立。超历史的、"神圣的"时间——在此时间中,"现在"不是短暂的瞬间,而是时间的充满——是从"生存状态的"时间性出发而被描述的,尽管它可能是稳妥性、轻快性、纯洁无邪或任何它应推重的性质。如果我们遵循事实而承认,"真正时间"(die Wahre Zeit)就呈现于历史存在的"现象时间"(Schein-Zeit)之中,上述这两种时间的对立是如何地不充分恰恰就表现出来了。真正时间的这样一种呈现显然具有一种耶稣显灵的性质,但这意味着,这样一种呈现对于经验着的意识来说,不会具有连续性。

事实上,这里又重新出现了我们上面所描述的审美意识的困境。因为正是连续性才造就了对每一种时间的理解,即使是对艺术作品的时间性也是这样。这里,海德格尔对于时间视域的本体论阐述所遭到的误解,引起了不良的后果。人们没有把握对于此在进行生存论分析的方法论意义,而是把这种由忧烦直到死亡的进程、即由彻底的有限性所规定的此在的生存论上的历史时间性作为理解存在的许多可能性中的一种方式看待,并且忘记了正是理解本身的存在方式在这里被揭示为时间性。把艺术作品的真正的时间性作为"神圣的时间"从正在消失着的历史时间中分离出来,实际上仍然是人类有限的艺术经验的一种简单的反映。只有一种《圣经》里的时间神学——这种神学不知道从人类的自我理解立场出发,而只知道从神的启示出发——才有可能讲到某种"神圣

---

[22] 汉斯·泽德尔迈尔:《艺术与真理》,罗沃尔特版《德国百科全书》,第71卷,1958年,第140页以下。

的时间",并且从神学上确认艺术作品的无时间性和这种"神圣的时间"之间的类似。没有这种神学的确认,讲"神圣的时间"就掩盖了真正的问题,这问题并不在于艺术作品的脱离时间性,而在于艺术作品的时间性。

这样,我们就再次提出我们的问题:什么是审美存在的时间性呢?㉓

我们的出发点是:艺术作品就是游戏,也就是说,艺术作品的真正存在不能与它的表现相脱离,并且正是在表现中才出现构成物的统一性和同一性。艺术作品的本质就包含对自我表现的依赖性。这意味着,艺术作品尽管在其表现中可能发生那样多的改变和变形,但它仍然是其自身。这一点正构成了每一种表现的制约性,即表现包含着对构成物本身的关联,并且隶属于从这构成物而取得的正确性的标准。甚至某种完全变形了的表现这种极端情形也证实了这一点。只要表现是指构成物本身的表现,并且作为构成物本身的表现被判断,表现就被认为是变形。表现就是以一种不可摆脱、无法消除的方式具有复现同一东西的特质。这里复现(Wiederholung)当然不是指把某种东西按原来的意义复现出来,即把某个东西归之于原本的东西。每一种复现对于作品本身其实同样是本源的。

㉓ 对于下面的论述,人们可以参阅 R. 克伯勒和 G. 克伯纳在《论美及其真理》(1957年)一书里的卓绝分析。我本人是在完成了我的著作之后才知道这个分析的。参见《哲学周刊》,第7期,第79页的简讯。[现在我已对此有了阐述:"论空和充满的时间"(《短篇著作集》,第3卷,第221—236页,现收入我的著作集,第4卷);"论西方的时间问题"(《短篇著作集》,第4卷,第17—33页,现收入我的著作集,第4卷);"庆典的艺术"(收入 J. 舒尔茨编:《人需要什么》,斯图加特,1977年,第61—70页);《美的现实性》,斯图加特,1977年,第29页以下。]

Ⅱ 艺术作品的本体论及其诠释学的意义

我们可以从节日庆典活动来认识这里所说的最神奇的时间结构。[24] 节日庆典活动是重复出现的,这一点至少适合于定期节日庆典活动。我们把这种重复出现的节日庆典活动称之为它的重返(Wiederkehr)。但是,重返的节日庆典活动既不是另外一种庆典活动,也不是对原来的庆典东西的单纯回顾。所有庆典活动的原本的神圣的特性显然是把这样的区分排除在外的,即我们是怎样在现在、回忆和期待的时间经验中认识到这些节日庆典活动的。节日庆典活动的时间经验,其实就是庆典的进行(Begehung),一种独特的现在(eine Gegenwart sui generis)。

从通常的演替时间经验出发难于把握庆典进行的时间特征。如果我们把节日庆典活动的重返与通常的时间及其度向的经验相联系,那么这种重返就表现为一种历史的时间性。节日庆典活动是一次次地演变着的,因为与它共时的总是一些异样的东西。不过,虽然有这种历史改变面,它仍然是经历这种演变的同一个节日庆典活动。节日庆典活动本来是具有某种性质,并以这种方式被庆祝,以后它演变为其他的性质和其他的方式,再以后又演变为其他更不同的性质和方式。

然而,这种改变根本未触及节日庆典活动的那种来自它被庆祝的时间特征。对于节日庆典活动的本质来说,它的历史关联是次要的。作为节日庆典活动它并不是以某一种历史事件的方式而成为某种同一的东西,但是它也并非由它的起源所规定,以致真正

---

[24] 瓦尔特·F. 奥托和卡尔·凯伦伊(Kerenyi)就曾经努力挖掘节日庆典活动对于宗教历史和人类学的意义(参阅卡尔·凯伦伊:《论节日庆典活动的本质》,帕多玛,1938年)。[现可参见我的论著《美的现实性》,第52页,以及上面所说的"庆典的艺术"。]

的节日庆典活动只是在从前存在——这不同于它后来怎样被庆祝的方式。从庆典的起源上看,例如通过它的创立或通过逐渐的引进,属于庆典活动的只是它应当定期地被庆祝。因此按照它的自身的原本本质来说,它经常是一种异样的活动(即使它是"这样严格地"被庆祝)。只是由于其经常是另外一种东西而存在的存在物,才在某种比所有属于历史的东西更彻底的意义上是时间性的。只有在变迁和重返过程中它才具有它的存在。㉕

节日活动仅仅由于它被庆祝而存在。但这决不是说,节日活动具有一种主体性的特征,它只是在庆祝者的主体性中才有它的

㉕ 亚里士多德正是在讨论阿那克西曼德时,即讨论日子和竞技会的存在时,也就是讨论节日庆典活动的存在时,才提到了始基(Apeiron)的存在方式的特征(《物理学》,第3卷,第6章,206a20)。阿那克西曼德是否已经试图在这种纯粹的时间现象的关系中去规定始基的不消失(Nicht-Ausgehen)呢?他是否在这里看到了比用亚里士多德的变易和存在概念去理解的东西更多的东西?因为日子的形象在其他人那里具有一种特别的作用:在柏拉图的《巴门尼德篇》(131b)中,苏格拉底想用对一切人都存在的日子的在场(Anwesenheit)去阐明理念与事物的关系。[181]这里用日子的存在来证明的东西并不是那种只在消失中才存在的东西,而是某种同一东西的不可分的存在和Parousia(再现),尽管日子到处是不同的。如果早期思想家思考存在,即在场,那么对他们来说表现在的东西是否应出现在展示神性的神圣圣餐仪式之光中呢?神性的再现对亚里士多德来说,的确还是那种最真实的存在,也就是说,是不被任何可能性($\delta\eta\nu\alpha\mu\epsilon\iota$)所限制的纯粹实在(Energeia)(《形而上学》,第13卷,第7章)。从通常的演替的时间经验出发,这种时间特征是不可能领会的。时间的度向以及对此时间度向的经验使我们把节日庆典活动的重返只理解为一种历史性的重返:即同一个庆典活动一次一次地演变。但事实上,节日庆典活动不是同一个活动,节日庆典活动是由于它经常是另一种活动而存在。只是由于其经常是别的东西而存在的存在物才在某种彻底的意义上是时间性的:即它在变易中才有其存在。参见海德格尔论"瞬间"(Weile)的存在特性,在《林中路》第322页以下。[这里我认为探讨赫拉克利特与柏拉图的关系对此问题是有所裨益的。参见我的论文"论赫拉克利特的开端"(现收入我的著作集,第6卷,第232—241页)以及我的"赫拉克利特研究",载我的著作集,第7卷。]

存在。人们庆祝节日,实际上是因为它存在于那里。同样的情况也适合于戏剧这样的观赏游戏,即观赏游戏必须为观赏者表现自身,然而它的存在绝不单纯是观赏者所具有的诸多体验的交点。情况正相反,观赏者的存在是由他"在那里的共在"(Dabeisein)所规定的。"共在"的意思比起那种单纯的与某个同时存在那里的他物的"同在"(Mitanwesenheit)要多。共在就是参与(Teilhabe)。谁共在于某物,谁就完全知道该物本来是怎样的。共在在派生的意义上也指某种主体行为的方式,即"专心于某物"(Bei-der-Sache-sein)。所以观赏是一种真正的参与方式。我们可以回忆一下宗教里的共享(Kommunion)概念,古希腊的 Theoria(理论)概念就是依据于这一概念的。众所周知,Theoros(理论研究者)就是指节日代表团的参加者。节日代表团的参加者,除了共在于那里,不具有任何其他的本领和作用。所以 Theoros 就是就词本来意义上的观赏者,这观赏者通过共在而参与了庆典活动,并且由此赢得了他的神圣合法的称号,例如赢得了他的不可侵犯性。

同样,希腊的形而上学还把 Theoria[26] 和 Nous(精神)的本质理解为与真实的存在物的纯粹的共在,[27]并且在我们看来,能从事理论活动的能力是这样被定义的,即我们能在某个事物上忘掉我们自己的目的。[28]但是 Theoria(理论)并不首先被设想为主观性

---

[26] [关于"理论"概念可参见 H-G. 伽达默尔的《赞美理论》,法兰克福,1983 年,第 26—50 页。]

[27] 参见我的论文"形而上学的前史"关于巴门尼德那里的"在"和"思"的关系的论述(《参与》,1949 年)。[现收入我的著作集,第 6 卷,第 9—29 页。]

[28] 参见本书第 15 页以下关于"教化"的论述。

的一种行为,即设想为主体的一种自我规定,而是从它所观看的东西出发来设想的。Theoria是实际的参与,它不是行动(Tun),而是一种遭受(Pathos),即由观看而来的入迷状态。从这里出发,格哈德·克吕格尔就使希腊人的理性概念的宗教背景得以理解了。㉙

㉙ 参见格哈德·克吕格尔:《认识和激情,柏拉图式思维的本质》,1940年第1版,尤其是该书导言包含着重要的见解。最近克吕格尔发表的一部讲演录(《哲学基本问题》,1958年)已把作者的根本意图清楚地表现出来了。所以这里我们可以对其观点作一些评论。克吕格尔对现代思维及其从"存在者状态上的真理"(ontische Wahrheit)的一切关系中的解放的批判,在我看来,是没有根据的。不管现代科学怎样建设性地向前发展,它从未抛弃而且也不能抛弃对经验的根本联系,这一点近代哲学是从未能忘却的。我们只要想一下康德的提问:一种纯粹的自然科学如何可能。但是,如果我们像克吕格尔所作的那样,片面地理解思辨唯心主义,我们就会很不公正地对待思辨唯心论。思辨唯心论对于所有思想规定的整体构造决不是对某个任何的世界图画的自我设想,而是想把经验的绝对后天性纳入思维中。这就是先验反思的精确意义。黑格尔的例子能够表明,甚至古代的概念实在论也能通过先验反思加以更新。克吕格尔的现代思维概念完全是依据于尼采的绝望激进主义。但是这种激进主义的权力意志的观点并不与唯心主义哲学相一致,而是相反,它是在唯心主义哲学瓦解之后由19世纪历史主义所准备的土壤上形成的。因此我不可能像克吕格尔所想要的那样去评价狄尔泰的精神科学认识理论。在我看来,关键的问题在于修正迄今为止对现代精神科学的哲学解释,这种哲学解释甚至在狄尔泰那里也表现出非常严重地受精密自然科学的片面方法论思想的支配。[对此参见我的新发表的论文"150年后的威廉·狄尔泰",载《现象学研究》,第16卷(1984年),第157—182页(我的著作集,第4卷);《狄尔泰和奥特伽——欧洲思想史上的一章》,1983年马德里狄尔泰讨论会报告(我的著作集,第4卷)以及《浪漫派与实证主义》,1983年罗马狄尔泰讨论会报告(我的著作集,第4卷)。]的确,如果克吕格尔求助于生活经验和艺术家的经验,我是与他一致的。在我看来,这些经验对我们思维的继续有效性就证明了古代思维和现代思维之间的对立,就像克吕格尔所尖锐化的那样,它本身就是现代的一种构造。

如果我们的探究——这不同于哲学美学的主体化倾向——是思考艺术经验,那么我们所涉及的就不只是一个美学问题,而且是一个一般现代思维的正确自我解释问题。现代思维所包含的总是比近代方法论概念所承认的东西更多。

我们的出发点是,作为艺术游戏组成部分的观赏者的真正存在,如果从主体性出发,就不能恰当地被理解为审美意识的一种行为方式。但是这并不是说,甚至连观赏者的本质也不能从那种我们所强调的共在出发来描述的。共在作为人类行为的一种主体活动而具有外在于自身存在(Aussersichsein)的性质。柏拉图在其《斐德罗篇》中已经指出了这样一种无知,由于这种无知,人们从合理的理性出发经常对"外在于自身存在"的陶醉作错误的理解,因为人们在"外在于自身存在"里面看到的只是一种对"在自身内存在"(Beisichsein)的单纯否定,也就是一种精神错乱。事实上,外在于自身的存在乃是完全与某物共在的积极可能性。这样一种共在具有忘却自我的特性,并且构成观赏者的本质,即忘却自我地投入某个所注视的东西。但是,这里的自我忘却性(Selbstvergessenheit)完全不同于某个私有的状态,因为它起源于对那种事物的完全专注,而这种专注可以看作为观赏者自身的积极活动。[20]

---

[20] E.芬克曾经试图通过一个明显受柏拉图《斐德罗篇》影响的区分去解释人们热衷于外在于自身存在的意义。但是,当纯粹理性的对应理想在那里把这种区分规定为有益的和有害的精神错乱的区分时,如果芬克把"纯真人的精神激动"与使人入神的迷狂加以对立,那么他就缺乏一种相应的标准。因为"纯真人的精神激动"最终也是一种脱离自身的存在(Wegsein)和这样一种同在,即人不"能"达到这种同在,但这同在能来到人身上,就此而言,我认为同在不能与迷狂分开。我们说,存在一种对立于人的威力中的精神激动,反之,迷狂乃是某种绝对超越我们的超威力的经验,这就是说,主宰自己本身和自己本身被战胜的这种区分同样是从威力思想出发被思考的,因而未正确对待外在于自身存在和与某物同在的内在关系,这种关系适用于每一种形式的精神激动和迷狂。芬克所描述的"纯真人的精神激动"这一术语,如果我们并没有"自我陶醉地-心理学地"误解其意义,那么它自身就是"有限性的有限地自我超越"的方式(参见欧根·芬克:《论迷狂的本质》,尤其是第22—25页)。

显然，在完全陶醉于艺术游戏的观赏者与仅仅由于好奇心而观看某物的人之间存在某种本质的区别。好奇心的特征是，好像被它所注视的东西所支配，在所注视的东西中完全忘却自身并且使自己无法摆脱这种东西。但是，好奇心的对象的特征则是，它根本不与观赏者相关。好奇心的对象对于观赏者来说没有任何意义。在好奇心的对象里没有什么观赏者实际想返回和集中注意的东西。因为正是新奇的形式上的性质，即抽象的异样性的形式性质，才形成所注视东西的魅力。这一点表现在，无聊和冷漠作为辩证的补充而归属于它。反之，作为艺术游戏向观赏者表现的东西并不穷尽于瞬间的单纯陶醉，而是含有对持久的欲求以及这一欲求的持久存在。

这里"欲求"（Anspruch）一词并不是偶然出现的。在克尔凯郭尔所引起的神学思考——这种思考我们称之为"辩证神学"——里，这一概念并非偶然地曾经使克尔凯郭尔的共时性概念所意指的东西得到某种神学的解释。一种欲求就是某种既存事物（Bestehendes）。它的合法性（或假借的合法性）乃是最首要的东西。正是因为欲求持续地存在着，所以它能够随时地被提出。欲求是针对某个人而存在，因而必须在这个人这里被提出。显然，欲求概念也含有这样的意思，即欲求本身并不是一种需要双方同意才能满足的确定的要求（Forderung），而是这种要求的根据。欲求乃是某个不定要求的合法基础。正如欲求是以这样一种被偿还的方式被满足，所以，如果欲求被提出，它就必须首先取得某种要求的形式。与欲求的持续存在相适应的东西是，欲求具体化自身而成为一种要求。

Ⅱ 艺术作品的本体论及其诠释学的意义

对路德教派神学的应用在于：信仰的欲求自圣母预告以来就存在了，并且在布道说教中一再被重新提出。布道说教（Predigt）这一词造就了这样一种由宗教膜拜行为（例如神圣的弥撒活动）所执行的彻底中介。而且我们还将看到，布道说教这一词甚至负有造就共时性的中介的职责，因而在诠释学的问题上，它就占有首要的地位。

无论如何，"共时性"（Gleichzeitigkeit）是属于艺术作品的存在。共时性构成"共在"（Dabeisein）的本质。共时性不是审美意识的同时性（Simultaneität）。因为这种同时性是指不同审美体验对象在某个意识中的同时存在（Zugleichsein）和同样有效（Gleich-Gültigkeit）。反之，这里"共时性"是指，某个向我们呈现的单一事物，即使它的起源是如此遥远，但在其表现中却赢得了完全的现在性。所以，共时性不是意识中的某种给予方式，而是意识的使命，以及为意识所要求的一种活动。这项使命在于，要这样地把握事物，以使这些事物成为"共时的"，但这也就是说，所有的中介被扬弃于彻底的现在性中。

众所周知，这种共时性概念来自克尔凯郭尔，克尔凯郭尔曾赋予这一概念某种特殊的神学意蕴。[20] 在克尔凯郭尔那里，共时性并不是同时存在，而是表述了向信仰者提出的这样一种任务，即要完全联系在一起地传达两件并不是同时的事情，即自身的现在和基督的拯救，以使后者仍然像某种现在之事（不是作为当时之事）被经验并被认真地接受。与此相反，审美意识的同时性则依据于

---

[20] 克尔凯郭尔：《哲学片断集》，主要是第 4 章。

对提出这种共时性任务的回避。

在这种意义上,共时性就特别与宗教膜拜行为以及布道说教里的福音预报相适应了。这里,共在的意义就是指对救世行为本身的真正参与。没有人能怀疑,像"美的"礼仪或"好的"布道一类的审美区分,相对于我们所产生的欲求都是不适当的。现在我主张,在根本上这也同样适合于艺术的经验。因此,这里传介也必须被设想为一种彻底的传介。不论是创造性的艺术家的个人存在——例如他的传记,还是表现一部作品的表演者的个人存在,以及观看游戏的观赏者的个人存在,相对于艺术作品的存在来说,都不具有一种自身的合法证明。

在某人面前表演的东西,对于每一个人来说,就这样地从连续着的世界进程中抽取出来,并这样地联结成一个独立的意义圈,以致从未引起人想超出它而走向任何一个其他的未来和实在。接受者被放置在一种绝对的距离中,这种距离阻止他的任何一种充满实践目的的参与。不过,这种距离在本来的意义上就是审美的距离,因为它意味着对于观赏的距离,这种距离使得对在某人面前表现的东西进行真正的和全面的参与得以可能。因此,观赏者与自己本身的连续性是与观赏者的狂热的自我忘却性相适应的。正是从他作为观赏者而丧失自身这一点出发,他才有可能指望达到意义的连续性。这就是观赏者自身的世界的真理,他在其中生活的宗教世界和伦理世界的真理,这个世界展现在他面前,他在这个世界里认识了他自己。所以,正如基督的再现即绝对的现在标志着审美存在的存在方式,以及一部艺术作品无论在任何一处现在都是同一部作品一样,观赏者所处于的绝对瞬间也同时既是忘却自我又是与自身的调解。使观赏者脱离任何事物的东西,同时就把观赏者的整个存在交还给了观赏者。

因此,审美存在对表现的依赖性,并不意味着缺乏或缺少自主的意义规定。这种依赖性乃属于审美存在自身的本质。观赏者就是我们称为审美游戏的那一类游戏的本质要素。这里让我们回忆一下我们在亚里士多德的《诗学》中所发现的关于悲剧的著名定义,在那定义中,观赏者的态度明确地被一同包含在悲剧的本质规定中。

d) 悲剧的例证

亚里士多德关于悲剧的理论,对于我们来说,应当作为一般审美存在的结构的例证。众所周知,亚里士多德的这一理论是与某种诗学相联系的,并且似乎仅对于诗剧才有效。在他的悲剧理论中,悲剧性是一种基本现象,一种意义结构(Sinnfigur),这种意义结构决不只存在于悲剧、即狭隘意义上的悲剧艺术作品中,而且也存在于其他的艺术种类中,首先在史诗中能有它的位置。事实上,只要在生活中存在着悲剧性,悲剧性就根本不是一种特殊的艺术现象。由于这种理由,悲剧性被最近的研究者(理查德·哈曼、马克斯·舍勒㉓)直截了当地看作一种非审美的要素;这里悲剧性就是指一种伦理的-形而上学的现象,这种现象只是从外面进入到审

㉓ 理查德·哈曼:《美学》,第 97 页:"因此悲剧性与美学毫不相干。"马克斯·舍勒《论价值的转变》中"关于悲剧性现象":"悲剧性是否是一种本质上的'审美的'现象,这是有待商榷的。"关于"悲剧"概念的特征可参阅 E. 施泰格:《解释的艺术》,第 132 页以下。

美问题领域内的。

但是,在审美特性概念向我们展示其可疑性之后,我们就必须反过来自问:悲剧性是否还是一种基本的审美现象。既然审美特性的存在对我们来说已明显地成了游戏和表现,所以我们也可以在悲剧游戏的理论、悲剧的诗学里探求悲剧性的本质。

从亚里士多德一直到现代关于悲剧性的充分思考里所得出的结论,当然不具有一成不变的性质。毫无疑问,在阿提克[182]的悲剧中,悲剧性的本质以一种唯一的方式表现出来,因为对于他,欧里庇得斯[183]是"最富于悲剧性的",㉓但对于亚里士多德来说,悲剧性的本质却是不同的,而对于那个认为埃斯库罗斯[184]揭示了悲剧现象的深刻本质的人来说又是不同的,不过,对于那个想到莎士比亚或黑贝尔[185]的人来说又更加不同。可是,这样的转变并不简单地意味着关于悲剧性的统一性本质的探讨成了无的放矢,而是正相反,它表明悲剧性现象是以一种使其聚集成一种历史统一体的粗略方式表现出来的。克尔凯郭尔所讲的现代派悲剧中对古典悲剧性的反思,㉔在一切关于悲剧性的现代思考里是经常出现的。如果我们从亚里士多德出发,那么我们将看到悲剧性现象的整个范围。由于亚里士多德在悲剧的本质规定中包括了对观看者的作用,所以他在其著名的悲剧定义中就对我们将要开始阐述的审美特性问题给出了决定性的启示。

详尽地论述这一著名的并且一再被讨论的关于悲剧的定义,

㉓ 亚里士多德:《诗学》,第 13 章,1453a29。
㉔ 克尔凯郭尔:《非此即彼》,第 1 章。

不能是我们这里的任务。但是观看者一同被包含在悲剧的本质规定中这一单纯事实,就把我们前面关于观赏者本质上归属于游戏所讲的东西解释清楚了。观赏者隶属于游戏的方式使艺术作为游戏的意义得到了呈现。所以观赏者对观赏游戏所持的距离并不是对某种行为的任意选择,而是那种在游戏的意义整体里有其根据的本质性关系。悲剧就是作为这种意义整体而被经验的悲剧性事件过程的统一体。但是,作为悲剧性事件过程被经验的东西,尽管与舞台上表演的戏剧不相关,而是与"生活"中的悲剧相关,它乃是一种自我封闭的意义圈,它从自身出发阻止了每一种对它的侵犯和干扰。作为悲剧性被理解的东西只需被接受。就此而论,悲剧性事实上就是一种基本的"审美"现象。

在亚里士多德那里,我们看到了悲剧性行为的表现对观看者具有一种特殊的作用。这种表现是通过 eleos 和 phobos 而发挥作用的。传统上用"怜悯"(Mitleid)和"畏惧"(Furcht)来翻译这两种情感,可能使它们具有一种太浓的主观色彩。在亚里士多德那里,Eleos 与怜悯或历代对怜悯的不同评价根本不相关。㉕ Phobos 同样很少被理解为一种内在的情绪状态。这两者其实是突然降临于人并袭击人的事件(Widerfahrnisse)。Eleos 就是由于面临我们称之为充满悲伤的东西而使人感到的哀伤(Jammer)。所以俄狄浦斯的命运(这是亚里士多德经常援引的例子)就使人感到了哀

㉕ 马克斯·科默雷尔(《莱辛和亚里士多德》)曾经卓越地描述了这种怜悯的发展过程,但他并没有从这种发展过程中充分地区分出 ελεos 的原始意义。现在可参见 W. 沙德瓦尔特:"畏惧和怜悯?",载《赫尔墨斯》,第 83 卷,1955 年,第 129 页以下;以及 H. 弗拉夏尔的补充,载《赫尔墨斯》,第 84 卷,1956 年,第 12—48 页。

伤。因此德文词 Jammer 是一个好的同义词，因为这个词不仅指内在性，而同样更指这种内在性的表现。同样，Phobos 不仅是一种情绪状态，而且正如亚里士多德所说的，也是这样一种寒噤（Kälteschauer），㉙它使人血液凝住，使人突然感到一种战栗。就亚里士多德的悲剧定义把 Phobos 与 Eleos 联系在一起的这种特殊讲法而言，Phobos 是指一种担忧的战噤，这种战噤是由于我们看到了迅速走向衰亡的事物并为之担忧而突然来到我们身上的。哀伤和担忧（Bangigkeit）都是一种"神移"（Ekstasis），即外于自身存在（Ausser-sich-sein）的方式，这种方式证明了在我们面前发生的事件的魅力。

亚里士多德关于这两种情感是这样说的，它们是戏剧借以完成对这两种情绪的净化作用（Reinigung）的东西。众所周知，这种翻译是有争议的，尤其是该句第 2 格的意思。㉚但是我认为，亚里士多德所意指的东西是完全与此不相干的，并且对他的话的理解最终必须要表明，为什么这两种在语法上是如此不同的观点却能够一直坚固地对峙存在着。在我看来，这是清楚的，即亚里士多德想到了那种由于看到一部悲剧而突然降临到观看者身上的悲剧性哀伤（Wehmut）。但是哀伤是一种特有地混杂着痛苦和欢乐的轻快和解脱。亚里士多德为什么能把这种状态

㉙ 亚里士多德：《修辞学》，第 2 卷，第 13 章，1389b32。

㉚ 参见 M. 科默雷尔："畏惧和怜悯？"，载《赫尔墨斯》，第 83 卷，第 262—272 页。科默雷尔使人们大致了解了古代人的各种观点。最近，客观的第 2 格的拥护者又出现了：在众多人中间首先是 K. H. 福尔克曼-施路克（《卡尔·赖因哈特纪念文集》，1952 年）。

称之为净化呢？什么是带有这种情感的或就是这种情感的非净化物，以及为什么这种非净化物在悲剧性的震颤中被消除了呢？我认为，答案似乎是这样，即哀伤和战噤的突然降临表现了一种痛苦的分裂。在此分裂中存在的是一种与所发生事件的分离（Uneinigkeit），也就是一种对抗可怕事件的拒绝接受（Nichtwahrhabenwollen）。但是，悲剧性灾祸的作用正在于，这种与存在事物的分裂得以消解。就此而言，悲剧性灾祸起了一种全面解放狭隘心胸的作用。我们不仅摆脱了这一悲剧命运的悲伤性和战栗性所曾经吸住我们的魅力，而且也同时摆脱了一切使得我们与存在事物分裂的东西。

因此，悲剧性的哀伤表现了一种肯定，即一种向自己本身的复归（Rückkehr），并且，如果像现代悲剧中所常见的那样，主人翁是在其自己的意识中被这种悲剧性的哀伤所感染，那么通过接受他的命运，他就分享了这种肯定的一部分。

但什么是这种肯定的真正对象呢？在这里是什么东西被肯定了呢？当然，这不是某种道德世界秩序的合理性。那种在亚里士多德那里几乎未起任何作用的声名狼藉的悲剧过失理论，对于现代悲剧来说，并不是一种合适的解释。因为凡是在过失和赎罪以一种似乎合适的程度彼此协调的地方，凡是在道德的过失账被偿还了的地方，都不存在悲剧。因此在现代悲剧里不可能而且也不允许有一种对过失和命运的完全主观化的做法。我们应当说，众多的悲剧结局乃是悲剧性本质的特征所在。尽管存在招致过失的所有主观性，但那种古代的命运超力元素仍在近代的悲剧里起着作用，这种超力正是在过失和命运的不均衡中作为对所有东西都同等的要素而表现出来。黑贝尔似乎还处于我们仍能称之为悲剧事物的范围中,因为在他那里,主观性的过失被这样细致地置入悲剧事件的进程中。根据同样的理由,关于基督教悲剧的想法也具有自身的可疑性,因为按照上帝的救世说,构成悲剧事件的幸和不幸不再决定人的命运。就连克尔凯郭尔㉘把古代灾祸(产生于基于某种情欲的厄运)与痛苦(摧毁了与自身不一致并处于冲突中的意识)加以巧妙对立的做法,只略而触及一般悲剧的范围。他改编的《安提戈涅》㉙将不再是一出悲剧。

因此,我们必须再重复这一问题,即在悲剧里究竟是什么东西为观看者所肯定了呢?显然,正是那种由某种过失行为所产生的不均衡性和极可怕的结果,才对观看者表现了真正的期待。悲剧性的肯定就是这种期待的实现。悲剧性的肯定具有一种真正共享的性质。它就是在这些过量的悲剧性灾难中所经验的真正共同物。观看者面对命运的威力认识了自己本身及其自身的有限存在。经历伟大事物的东西,具有典范的意义。对悲剧性哀伤的赞同并不是对这种悲剧性过程或那种压倒主人翁的命运公正性的认可,而是指有一种适用于一切的形而上学的存在秩序。"这事就是这样的"乃是观看者的一种自我认识的方式,这观看者从他像任何人一样处于其中的迷惑中重新理智地返回来。悲剧性的肯定就是观看者自身由于重新置身于意义连续性中而具有的一

㉘ 克尔凯郭尔:《非此即彼》,第1卷,第133页(迪德里赫斯版)。[参见新版本(E.希尔施)第1编第1卷,第157页以下。]

㉙ 同上书,第139页以下。

种洞见力。

从这种关于悲剧性的分析中,我们不仅推知,只要观看者的存在间距属于悲剧的本质,悲剧性在此就是一个基本的美学概念,而且更重要的还可推知,规定审美特性存在方式的观看者的存在间距,并不包括那种我们认作为"审美意识"本质特征的"审美区分"。观看者并不是在欣赏表现艺术的审美意识的间距中,[20]而是在同在的共享中进行活动的。悲剧性现象的真正要点最终存在于那里所表现和被认识的事物之中,存在于显然并不是随意地被参与的事物之中。所以,尽管在舞台上隆重演出的悲剧性的戏剧确实表现了每一个人生活里的异常境遇,但这悲剧性的戏剧仍不会是像一种离奇的体验,并且不会引起那种使得人们重新返回其真正存在的心醉神迷,实际上,是突然降临观看者身上的震惊和胆战深化了观看者与自己本身的连续性。悲剧性的哀伤出自观看者所获得的自我认识。观看者在悲剧性事件中重新发现了自己本身,因为悲剧性事件乃是他自己的世界,他在悲剧里遇到这个世界,并且通过宗教的或历史的传承物熟悉这个世界,并且,即使对于后来人的意识来说——无疑对亚里士多德的意识早已是这样,对塞涅卡[186]或高乃依[187]的意识更是这样——这种传承物不再具有约束力,但是在这种悲剧性作品和题材的继续有效性中存在远比某种文学典范的继续有效更多的东西。这种悲剧性作品和题材的继续有效性

---

[20] 亚里士多德:《诗学》,第 4 章,1448b18: διὰ τὴν ἀπεργαιαν ἢ τὴν χροὰν ἢ διὰ τοιαύτην τινὰ ἄλλην ἀλληναίταν("假如一个人以前未见过那东西,那他的愉快就将不是由作为那个东西的模仿的这幅画所引起的")——这与对所模仿东西的"认识"相反。

不仅以观看者熟悉这个传说为前提,而且还必须包含着这样的条件,即这部作品的语言还在实际上影响了他。只有这样,观看者与这种悲剧性题材和这种悲剧性作品的接触才能成为与自身的接触。

但是,这里适合于悲剧性的东西,实际上是在一个更广泛的范围内起作用。对于作者来说,自由创造始终只是某种受以前给出的价值判断所制约的交往关系的一个方面。尽管作者本人还是如此强烈地想象他是在进行自由创造,但他并不是自由地创造他的作品。事实上,古代模仿理论的一些基本东西直至今日仍然存在着。作者的自由创造乃是某种也束缚作者本人的普遍真理的表现。

这一点对于其他的艺术,特别是造型艺术,也是一样的。把体验转化成文学的那种自由创造想象的美学神话,以及同样属于这种神话的对天才的膜拜,只是证明神话-历史的传承物在 19 世纪不再是一种理所当然的所有物。但是,甚至想象的美学神话和天才发明也表现了一种经受不住实在事物检验的夸张。题材的选择和对所选择题材的安排永远不是来源于艺术家的自由意愿,而且也不是艺术家本人内心生活的单纯表现。艺术家其实是在与那些已具有思想准备的人攀谈,并且选择了他预期将对他们有效用的东西。在这里,艺术家自身就与他所针对和聚集的观众一样地处于同一传统之中。在这个意义上,他作为单个的人、作为思维着的意识,的确无需去明确地知道他做了什么和他的作品说了什么。作品从不会只是一个吸引演员、雕塑家或观赏者的属于魔术、陶醉或梦幻的陌生世界,作品始终是属于演员、雕塑家或观赏者自身的世界,演员、雕塑家或观赏者由于在这个世界更深刻地认识了自己,从而自己更本真地被转移到这个世界中去。作品永远保持一种意义连续性,这种连续性把艺术作品与实际存在的世界(Daseinswelt)联系在一起,并且即使教养社会的异化了的意识也从没有完全地摆脱这种意义连续性本身。

至此可以概括一下我们的观点。什么是审美存在呢?我们在游戏概念以及那种标志艺术游戏特征的向构成物转化的概念上,曾经试图指明某种普遍性的东西,即文学作品和音乐作品的表现或表演乃是某种本质性的东西,而绝不是非本质的东西。在表现或表演中所完成的东西,只是已经属艺术作品本身的东西:即通过演出所表现的东西的此在(Dasein)。审美存在的特殊时间性,即在被表现中具有它的存在,是在再现过程中作为独立的和分离的现象而存在的。

现在我们要问,上述这些观点是否真是普遍有效,以致审美存在的存在性质就能由此而被规定。这些观点是否也能被用于具有雕塑性质的艺术作品上去呢?让我们首先对所谓造型艺术提出这一问题。但是我们将表明,最具有雕塑性质的艺术,即建筑艺术,对于我们的提问特别富有启发性。

2. 美学的和诠释学的结论

a) 绘画的本体论意义[24]

从表面上看来,似乎首先在造型艺术中存在着具有如此明显同

---

[24] [目前可参见 G. 伯姆的"关于绘画的诠释学",载 H-G. 伽达默尔和 G. 伯姆编:《诠释学和科学》,法兰克福,1978 年,第 444—471 页;H-G. 伽达默尔:"论建筑和绘画",载纪念文集,伊姆达尔,1986 年。]

一性的作品,以致这作品不具有任何表现上的变异。变异的东西似乎不属于作品本身的东西,因而它具有一种主观的性质。所以,从主观方面出发,就会产生那种对正确体验作品有影响的限制,不过,这种主观的限制是可以被根本克服的。我们可以"直接地"、也就是说,无需某个进一步的中介,而把每一部造型艺术作品作为其本身来经验。只要在造型作品里存在再创造,这种再创造无疑就不属于艺术作品本身。但是,只要还存在着使某部造型作品可理解的主观条件,我们要经验该作品本身,就显然必须抛弃这些主观条件。这样一来,审美区分在这里就似乎具有它的完全正当性。

审美区分尤其会援引普遍语言词汇里称之为"绘画"(Bild)的东西作为例证。所谓绘画,我们首先理解为近代的框板画(Tafelbild),这种框板画不限于某个固定的场所,而且通过包围它的框架而完全自为地呈现自身——正是因为这样,正如现代美术馆所展示的,任意把它们加以并列才有可能。这样一种绘画本身显然根本不具有我们在文学作品和音乐里所强调的那种对于中介的客观依赖性。此外,为展览会或美术馆所作的绘画——这种绘画随着任务艺术(Auftragskunst)的消失而成了惯例——显然迎合了审美意识的抽象要求和天才说美学里所表述的灵感理论。所以"绘画"似乎完全证实了审美意识的直接性。绘画好像是审美意识的普遍性要求的有力证人,并且下面这一点显然也不是偶然发生的,即那种把艺术和艺术性概念发展成为对流传下来的创造物的理解形式、并因此实现了审美区分的审美意识,与那种把我们如此看到的一切东西聚集于博物馆中的收藏设置是同时存在的。由此我们使每一部艺术作品仿佛成了绘画。由于我们使艺术作品摆脱了其所有的生活关联以及我们理解它的特殊条件,艺术作品就像一幅绘画一样被嵌入了一个框架中,并且仿佛被挂置了起来。

所以,我们有必要更进一步探讨绘画的存在方式,并且追问我们通过游戏来描述的审美特性的本质规定是否对探讨绘画本质的问题有效。

我们这里所提出的探讨绘画存在方式的问题,就是探究那种对于绘画的所有各种不同的表现方式是共同的东西。这个问题包含着一种抽象,但这种抽象并不是哲学反思的专断性,而是哲学反思认为是由审美意识所实现的东西,对于审美意识来说,一切隶属于当代绘画技术的东西在根本上都成了绘画。在这种绘画概念的运用中,确实不存在任何一种历史真理。当代艺术史的研究可能非常充分地告诉我们,我们称之为"绘画"的东西具有一种变迁的历史。[20] 完美的"绘画顶峰"[特奥多尔·黑策][188]从根本上说是与西方绘画在文艺复兴盛期所达到的发展阶段的绘画内容相适应的。只有在这里我们才第一次有了那种完全立足于自身的绘画,这种绘画甚至无需框架和镶嵌空间而从自身出发就已是一个统一的和封闭的创造物。我们也许在 L. B. 阿尔贝蒂[189]对"绘画"所提出的风格要求(Forderung der concinnitas)里认识到对于新的艺术理想的一种好的理论表述,这种新的艺术理想规定了文艺复兴运动的绘画形式。

但是,我认为重要的问题是,这种新的艺术理想一般就是"绘画"理论家在这里所提出的关于美的古典主义的概念规定。亚里士

---

[20] 我为富有价值的证明和教益要感谢我在 1956 年明斯特新教学院(克利斯托弗罗斯修道院)艺术史家会晤时与沃尔夫冈·舍内的讨论。

多德早已经认识到,除非美不应作为美而被毁灭掉,否则美作为美,既不能从它抽掉什么,也不能对它添加什么。对于亚里士多德来说,无疑并不存在阿尔贝蒂意义上的绘画。㉓ 这就表明,"绘画"概念可能仍具有一种普遍的意义,这种普遍意义不能只被限制在绘画史上某个特定的阶段上。就连鄂图式的小画像或拜占庭的圣像在某种更宽泛的意义上也是绘画,尽管在这种情况里绘画构造是按照完全不同的原则,并甚而可以用"形象符号"(Bildzeichen)㉔这一概念来表明其特征。在同样的意义上,美学里的绘画概念将总是必须一同包括属于造型艺术的雕塑。这不是一种任意的普泛化,而是相应于哲学美学在历史上所形成的问题,这种问题最终返回到图像在柏拉图主义里的作用,并且在图像一词的用法里表现出来。㉕

近代的绘画概念自然不能作为理所当然的出发点。我们这里的探讨其实就是要从这种前提中解放出来。我们的探讨是想为绘画的存在方式提出一种理解形式,这种理解形式一方面把绘画同其对审美意识的关系分开来,同现代画廊使我们习惯的绘画概念分开来,另一方面又让绘画与体验美学所指责的"装饰物"(Dekorativen)概念联系在一起。如果我们的探讨在这方面是与近代艺术史研究有联系,那么这种联系确实不是偶然的,因为近代艺术史研究结束了那些在体验艺术时代不仅统治审美意识而且也支配艺术史思考的关于绘画和雕塑的朴素概念。我们宁可说,艺术科学的研

㉓ 参见《尼各马可伦理学》,第 2 卷,第 5 章,1106b10。
㉔ 这个用语出于达夫贝特·弗赖。[参见他在扬岑纪念文集里的论文。]
㉕ 参见 W. 帕茨:"论类型和哥特式的圆拱形的意义"(载《海德堡科学院论文集》,1951 年,第 24 页以下)。

究正如哲学反思一样,是以绘画的同样危机为基础的,这种危机是由现代工业和管理国家的存在及其职能的社会化所招致的。自从我们不再具有绘画的领地以来,我们才又认识到,绘画不仅是绘画,而且它也要求领地。㉖

但是,我们这里所进行的概念分析,其目的不是艺术理论的,而是本体论的。对于这种概念分析来说,它首先着眼的对传统美学的批判只是一个跳板,通过这跳板达到某种既包括艺术又包括历史的视域。我们在对绘画概念的分析中,只涉及到两个问题:其一是,绘画(Bild)在哪些方面不同于摹本(Abbild)[这也就是说,我们在探讨原型(Ur-Bild)的问题];其二是,绘画与其世界的关系是怎样从这里得出的。

所以,绘画概念超出了迄今所使用的表现概念,而且这是因为绘画与其原型具有本质的关系。

就第一个问题来看,表现概念在这里与涉及绘画原型的绘画概念交织在一起。在我们作为出发点的流动性艺术(transitorischen Künsten)[190]里,我们虽然讲到了表现,但没有讲到绘画。在流动性艺术中,表现似乎呈现出双重性。不仅文学创作是表现,而且它们的再现,如舞台上的演出,也是表现。对于我们来说,具有决定性意义的是,真正的艺术经验无须有所区分就经历了这种表现的双重性。在表现游戏中所呈现的世界并不像一个摹本那样接近于实在的世界,这种实在世界本身存在于那种所呈现的世界被提升的真理之中。再现,例如舞台上的演出,更不是这样的摹本,在此摹本之外,戏剧的原型本身还保留其自为存在。在这两种

㉖ 参见 W. 魏舍德尔:《实在性和诸实在性》,1960年,第158页以下。

表现方式中所运用的模仿概念,正如不是指所表现事物的显现一样,也更不是指摹绘(Abbildung)。没有作品的模仿,世界就不会像它存在于作品中那样存在于那里,而没有再现,作品在其自身方面也就不会存在于那里。因此所表现事物的存在完成于表现之中。假如在这里所获得的见解在造型艺术上也得到证明的话,我们将会把原本的存在和再创造的存在的这种本体论上的交织的基本意义,以及我们赋予流动性艺术的方法论上的优先权视为合法的。显然我们在这里不能说作品的本真存在就是再创造,正相反,绘画作为原型是拒绝再被创造的。同样清楚的是,在摹本中所摹绘的东西具有一种不依赖于绘画的存在,而且这一点是如此明显,以致绘画相对于所表现的事物似乎就是一种较次的存在。所以我们就使自己陷入了原型(Urbild)和摹本(Abbild)的本体论的难题之中。

我们的出发点是:艺术作品的存在方式就是表现(Darstellung),并且探问表现的意义如何能够在我们称为一幅绘画的东西上得以证实。这里表现不能意指摹绘。我们将必须通过下面这种区分去进一步规定绘画的存在方式,即我们把表现在绘画中如何涉及某个原型东西的方式,与摹绘关系即摹本与原型的关系加以区分。

这一点可以通过一种更精确的分析来说明,在这种分析中,我们首先可以看到生命物的,即 zōon(完整个体)的,特别是个人的古老的优先性。[20] 摹本的本质就在于它除了模拟原型外,不再具有任何其他的任务。因此,它的合适性的标准就是人们在摹本上

---

[20] ςῶον(完整个体)简单地叫作"Bild"(图像、绘画),这并不是没有道理的。我们以后必须考察由此得出的结论,看它们是否已摆脱了与这种模型的联系。同样,鲍赫(参阅第132页注释——此处有误,应是本书注释[20]。——译者)也强调了 imago(形象):"无论如何,这总是与人类形式中的图像相关的问题。这是中世纪艺术的唯一主题!"

认出原型。这就意味着,摹本的规定性就是扬弃其自身的自为存在,并且完全服务于中介所摹绘的东西。就此而言,理想的摹本就会是镜中之像(Spiegelbild),镜中之像实际上具有一种可消失的存在;它只是为了看镜子的人而存在,并且如果超出了它的纯粹的显现,它就什么也不是。但实际上这种镜中之像根本就不是图像(Bild)或摹本,因为它不具有任何自为存在;镜子反映出图像,也就是说,只有当人们在镜中看并于其中看到了他们自身的图像或镜中所反映的其他事物时,镜子才使它所反映的东西对于某人成为可见的。但这不是偶然的,即我们在这里仍讲图像(Bild),而不讲摹本或摹绘。因为在镜中之像中,存在的东西本身是显现于图像中,以致我在镜中之像中获得那个存在东西本身。反之,摹本总是只在涉及到它所意指的东西时才被见出。摹本并不想成为任何其他东西,它只想成为某物的重现,并且在对这样的事物的辨认中才有它唯一的功用(例如,证件照或商品目录中的样品照)。摹本是作为手段而起作用,并且像所有手段那样,通过其目的的实现而丧失其作用,就此意义而言,摹本扬弃其自身。摹本是为了这样扬弃自身而自为地存在着。摹本的这种自我扬弃就是摹本本身存在上的一种意向性的要素。如果在意向上有变化,例如当我们想把摹本与原型加以比较,按其类似性去评价摹本,并在这一点上要把摹本从原型中区分开来时,摹本就表现出其自身的假象(Erscheinung),这就像每一种不是被使用而是被检验的其他手段或工具一样。但是,摹本并不是在比较和区分的这种反思活动中具有其真正作用的,它的真正功用在于通过其类似性指出了所摹绘的事物。因此,摹本是在其自我扬弃中实现自身的。

反之,凡是属绘画的东西,一般不是在其自我扬弃中获得其规定性的，因为它们不是达到目的的手段。这里绘画本身就是被意指的东西，因为对于绘画来说，重要的东西在于其所表现的东西如何在其中表现出来。这首先意味着，我们不是简单地被绘画引向所表现的东西。表现其实总是本质性地与所表现的事物联系在一起，甚至就包括在所表现的事物中。这也就是镜子为什么反映图像（Bild）而不反映摹本（Abbild）的理由所在：因为图像就是镜中所表现的东西的图像，并且与所表现东西的存在不可分离。镜子可以给出一个歪曲的图像，但这无疑只是它的缺陷：它没有正确地实现他的功能。就此而言，镜子证明了下述这个可以说是根本的观点：即面对于图像的意向着眼于表现和所表现事物的原始统一和无区别。镜中所表现的东西乃是所表现事物的图像——它是"它的"图像（而不是镜子的图像）。

如果说，以绘画和所摹绘的事物的同一性和无区别为基础的神秘的绘画魔力，只是存在于绘画史的开端，可以说属于绘画的史前史，那么这并不意味着，某种与神秘的同一性渐渐疏远而愈来愈强调区别的绘画意识，可以完全脱离绘画的历史。[24] 其实，无区别仍是所有绘画经验的一种本质特征。绘画的不可替代性，它的不可损害性，它的"神圣性"，就我所见，都可以在这里所阐述的绘画本体论中得到恰当的解释。就是我们所描述的19世纪"艺术"的宗教化倾向也可以从这里加以说明。

通过镜子之像这一模式，当然不能把握审美的绘画概念的全部本质。在镜子之像这一模式上，我们只是看到了图像与"所表现

---

[24] 参见库特·鲍赫最近的研究成果："'imago'（形象）概念从古代到中世纪的演变历史"，载《哲学和科学论文集》（纪念 W. 希拉西诞辰70周年），第9—28页。

事物"的本体论上的不可分离性。但是,只要我们明确,面对图像的最初意向并不区分所表现物和表现,那么图像与所表现物的这种本体论上的不可分离性就是相当重要的。正是在这种不可分离性上,附带地形成了那种特有的区分(我们称之为"审美的"区分)意向。这种区分意向把表现视为不同于所表现物的东西。当然,这种意向并不是以这样的方式进行的,即它像人们通常对待临摹那样对待在表现中所摹绘东西的摹本。这种意向并不要求图像为了使所摹绘物存在而扬弃自己本身。相反,图像是为了让所摹绘物存在而肯定其自身的存在。

这里,镜子之像的主导功能也就丧失了其效用。镜子之像是一种单纯的假象(Schein),也就是说,它没有任何真实的存在,并且在其短暂的存在里被理解为某种依赖于反映的东西。但是绘画(就此词的审美意义而言)却确实具有某种自身特有的存在。它的这种作为表现的存在,因而也就是在其中它与所摹绘物不相同的东西,与单纯的摹本不同,给予绘画以成为一幅绘画的积极标志。甚至当代绘画机械学方面的技巧,在这一点上也能艺术地被使用,即这种技巧由所摹绘物中挖掘出了一些在其单纯外观上并不作为艺术看待的东西。这样一种绘画就不是一个摹本,因为它表现了那种如果没有它就不是如此表现的东西。这也就涉及到了原型(Urbild)的问题。〔例如一张好的人像照片。〕

所以,表现在某种本质的意义上总是与原型相关联,而这种原型正是在表现中达到了表现。但是,表现是比摹本还要多的东西。表现是图像(Bild)——而不是原型(Urbild)本身,这并不意味着任何消极的东西,不意味着任何对存在的单纯削弱,而是意味着某种自主的实在性。所以,绘画与原型的关系从根本上说完全不同于那种摹本与原型的关系。这不再是任何单方面的关系。绘画具有某种自身特有的实在性,这对于原型来说,相反地意味着,原型是在表现中达到表现的。原型是在表现中表现自身的。但是,这不一定是说,原型为了显现而依赖于这种特殊的表现。原型可以以不同于这种表现的其他方式来表现自身。但是,如果原型是这样表现的,那么这种表现就不再是一种附属的事情,而是属于它自身存在的东西。每一种这样的表现都是一种存在事件,并一起构成了所表现物的存在等级。原型通过表现好像经历了一种在的扩充(Zuwachs an Sein)。绘画的独特内容从本体论上说被规定为原型的流射(Emanation des Urbildes)。

流射的本质在于,所流射出的东西是一种剩余物。因此,流射出的东西所从之流射出的东西并不因为进行这种流射而削弱自身。这种思想通过新柏拉图主义哲学的发展——新柏拉图主义哲学就是用此思想突破了古希腊的实体本体论范围——就为绘画创立了积极的存在等级。因为,如果原始的"一"通过从其中流出"多"而自身没有减少什么,那就表示,存在变得更丰富了。

看来,希腊的前辈们在依据基督教学说拒斥《旧约》圣经对绘画的敌视时,已经运用了这种新柏拉图主义的思维方式。他们在上帝的化身成人中看到了对可见现象的基本认可,并因此为艺术作品赢得了某种合法性。我们也许在这种突破绘画禁律的过程中看到了这样的具有决定性的结果,即造型艺术在基督教的西方是怎样才有可能得以发展的。[24]

所以,绘画的本体论实在性是以原型(Urbild)和摹本(Abbild)

---

[24] 参见坎彭豪森[191]所写的"大马士革的约翰",载《神学和教会杂志》,第49卷,1952年,第54页以下,以及胡贝特·施拉德的《隐藏起来的上帝》,1949年,第23页。

的本体论关系为基础的。但是我们应当看到，柏拉图主义关于摹本和原型关系的看法并没有穷尽我们称之为绘画的东西的本体论意义（Seinsvalenz）。我认为，对于我们称之为绘画的东西的存在方式，除了通过某个宗教法律学的概念，即通过代表（Repräsentation）概念外，我们再找不到更好的方式去阐明。㊾

㊾ "代表"这个词的意义发展史是极富有启发性的。使罗马人所信服的这个词正是凭借基督教关于道成肉身和肉体神化的思想经历了一场崭新的意义转变。Repräsentation（代表）现在不再是指摹绘和形象表现，也就是不再是指商人支付购买金意义上的"展示"（Darstellung），而是指替代（Vertretung），如某人"替代"另一个人。显然，代表这个词之所以有这种意义，是因为所代表的东西存在于摹本本身里。Repraesentare 就是指使（让）在场（Gegenwärtigseinlassen）。教会律则就是在法权代表的意义上使用了这一词。库隆的尼古拉也是在这样的意义上采纳了这个词，并且像对绘画概念一样，对于这个词作了全新的系统的考虑。参见 G. 卡伦："库隆的尼古拉哲学体系里的政治理论"，载《历史杂志》，第 165 期（1942 年），第 275 页以下，以及他关于《论全权代表》的注释，载《海德堡科学院哲学历史组会议报告》，1935/1936 年，第 3 辑，第 64 页以下。法学上的代表概念的重要性是，所代表的个人只是所设想和所表现的人（das nur Vor-und Dargestellte），而行使其权利的代表则是依赖于其所代表的人。值得注意的是，代表的这种法权上的意义在莱布尼茨的再现概念形成过程中似乎不具有任何作用。莱布尼茨关于每一单子都具有宇宙代表（repraesentatio universi）的深奥形而上学学说，显然依据于这一概念在数学上的应用。所以 repraesentatio 在这里指对某种东西的数学"表现"，诸如像单义的配列那样的东西。反之，在我们的"表象"（Vorstellung）概念里完全是自明的那种向主观性的转化，则产生于 17 世纪理念概念的主观化倾向。在这方面马勒伯朗士对于莱布尼茨是有决定性影响的。参见马恩克：《现象学年鉴》，第 Ⅶ 卷，第 519 页以下、第 589 页以下。[就舞台上"表演"意义而言的 repraesentatio（再现）——在中世纪只能指这种东西：在宗教戏剧里——早在 13 世纪和 14 世纪就出现了，如 E. 沃尔夫的《中世纪戏剧的术语》（安思格里亚，第 77 卷）所证明的。可是，repraesentatio 并不因此就指"演出"，一直到 17 世纪都是指上帝本身在礼拜祷告戏剧中所表现的在场。正如宗教律则概念的情况一样，这里也是一种古代拉丁语词由于受到宗教的教会的新的神学理解而发生的变化。把这个词应用于游戏本身——而不应用于游戏中所表现的东西——乃是一个完全附属的过程；这过程是以戏剧脱离其宗教功用为前提的。]

[目前从法学方面来阐述 Repräsentation（代表）概念发展史的乃是哈索·霍夫曼的大部头著作（《从古代到 19 世纪"代表"一词的概念史研究》，柏林，1974 年）。]

显然，如果我们想相对于摹本去规定绘画的存在等级，那么代表概念就不是偶然地出现的。如果绘画是"代表"的一个要素，并因此具有某种自身的存在价值，那么，绘画就必须要有一种本质的变形，有一种几乎可以说是原型和摹本的本体论关系的倒转。因此绘画就具有一种对原型也有影响的独立性。因为严格说来，只是通过绘画（Bild），原型（Urbild）才真正成为原始-绘画（Ur-Bilde），也就是说，只有从绘画出发，所表现物才真正成为绘画性的（bildhaft）。

这一点在表象绘画（Repräsentationsbild）这一特殊情况中很容易被揭示。君主、政治家、英雄是怎样展示和表现自己的，这在绘画中得以表现。这意味着什么呢？这不是指所表现的人物通过绘画获得了某种新的更真实的显现方式。而是相反地指，正是因为君主、政治家、英雄必须展现自身和表现存在，因为他们必须进行表现活动（repräsentieren），所以绘画才获得其自身的实在性。尽管这样，这里也有一个突破点。当君主、政治家、英雄展现自身时，他们自身必须满足绘画向他们提出的期望（Bilderwartung）。只是因为他们是这样在展现自身中具有存在，所以他们才在绘画中专门得以表现。因此，第一位的无疑是自我表现（Sich-Darstellen），第二位的才是在这种自我表现的绘画中的表现。绘画的再现（Repräsentation）则是一个作为公开事件之再现的特殊情形。不过，第二位的东西对于第一位的东西也有反作用。谁的存在如此本质地包含着自我展现（SichZeigen），谁就不再属于他自己本身。[20] 例如，他不再能避免

---

[20] 这里，国家法律上的代理（Repräsentation）概念有一种特殊的转变。显然，由此概念所规定的 Repräsentation 的意义在根本上始终是指替代性的存在。只是因为某个官方职能的承担者，君主、官员等在他们所展现之处不是以个人身份出现，而是在他们的职能中出现——并且这种职能得以表现——所以我们才可以对他们本身说，他们在进行代理活动（Repräsentiere）。

在绘画中被表现出来——而且,由于这种表现规定了我们关于他而具有的形象,所以他最终必须像他的画像所规定的那样来展现自身。这样一来,就出现了矛盾:原型(Urbild)只有通过绘画(Bild)才成为绘画(Bild)——而绘画(Bild)却无非只是原型(Urbild)的显现(Erscheinung)。[㊸]

至此,我们已在世俗的关系里证实了这种绘画的"本体论"(Ontologie)。但是,显然只有宗教的绘画才使绘画的真正存在力(Seinsmacht)[㊹]完全地表现出来。因为对于神性的显现实际有效的,乃是这种显现唯独通过语词和形象(Bild)才获得其形象性(Bildhaftigkeit)。所以宗教绘画的意义就是一种示范性的意义。在宗教绘画里显然可见,绘画不是某种所摹绘事物的摹本,而是与所摹绘事物有存在方面的联系。从它的例证我们可以清楚看出,艺术一般来说并在某种普遍的意义上给存在带来某种形象性的扩充(einen Zuwachs an Bildhaftigkeit)。语词和绘画并不是单纯的模仿性的说明,而是让它们所表现的东西作为该物所是的东西完全地存在。

在艺术科学中,绘画的本体论问题是在类型(Typen)的形成和演变这个特殊问题上表现出来。在我看来,这种关系的特殊性是依据于这一事实,即只要造型艺术面对诗歌-宗教的传承物再一次造就了这些传承物本身所已经做出的东西,这里就存在一种双

㊸ 关于绘画概念丰富的多义性及其历史背景,请参见第141页注释。原型对于我们的语感来说不是一种绘画,这显然是以后的一种对存在的唯名论理解的结果——正如我们的分析所指出的,绘画的"辩证法"的本质方面正表现在这里。

㊹ 这似乎确定了古高地德语的 bilidi 首先总是意味着"力"(Macht)(参见克卢格-格策的著作,第V页)。

重的形象创造(Bildwerdung)。众所周知,希罗多德[192]曾说过,荷马和赫西俄德[193]曾为希腊人创造了他们的诸神,他这话正意味着,荷马和赫西俄德在希腊人的多种多样的宗教传说中引进了某种神学上的诸神家族谱系,并由此按照形式(eidos)和功能(timē)确定了不同的外形。㉔ 这里诗歌做了神学的工作。由于诗歌表述了诸神的彼此关系,它也就建立了某种系统整体。

只要诗歌对造型艺术赋予给出造型(Gestaltung)和改造造型(Ausgestaltung derselben)的任务,诗歌就使得固定类型的创造有了可能。正如诗的语言把某种最初的、干预局部膜拜仪式的统一性带进了宗教意识一样,诗的语言也就赋予了造型艺术一项新的使命。由于诗歌在语言的理智普遍性中使某种充满任意幻想的东西达到了表现,所以诗歌总是保留了一种特有的非确定性。至此,造型艺术才固定并在这一点上创造了类型。如果我们没有把神性的"画像"的创造与神祇的发明混为一谈,并且摆脱了费尔巴哈所引进的对《创世记》里的神的观念的颠倒,那么上述这点也是清楚的。㉕ 这种在19世纪占统治地位的人类学的转变和对宗教经验的重新解释其实源自于同样的主观主义,这种主观主义也是现代美学思想方式的基础。

与这种现代美学的主观主义思维方式相反,我们在前面已提出游戏概念作为真正艺术事件概念。这种观点在下面这一点上已经得到了证实,即绘画——以及不依赖于再创造的全部艺术——

㉔ 希罗多德:《历史》,第2部,第53页。
㉕ 参见卡尔·巴尔特:"路德维希·费尔巴哈",载《时代之间》,第5卷,1927年,第17页以下。

也是一种存在事件(本体论事件),因此不能恰当地被理解为某种审美意识的对象,而是要从诸如再现这样的现象出发,在其本体论的结构中被把握。绘画是一种存在事件——在绘画中存在达到了富有意义的可见的显现。因此,原型性(Urbildlichkeit)并不限制于绘画的"摹绘"功能上——因而也不限制于完全排斥建筑艺术的"对象性"绘画和雕像的个别领域。原型性其实是一种被建立在艺术的表现特征中的本质要素。艺术作品的"理想性"不是通过与某种理念的关系而被规定为一种需要模仿的、再次给出的存在,而是像黑格尔所指出的,被规定为理念本身的"显现"(Scheinen)。从绘画的这种本体论的基础出发,属画馆收藏品并与审美意识相适合的框板画的优先地位将失去意义。绘画其实包含了一种与其世界不可分离的联系。

b) 偶缘物和装饰品的本体论根据

如果我们以此为出发点,即艺术作品不应从"审美意识"出发去加以理解,那么对现代美学具有边缘意义的许多现象就消除了其自身的可疑性。而且,这些现象甚至还成了某种不能人为地加以取消的"美学的"提问的中心。

我所指的是这些现象,如肖像画、献诗或当代喜剧中的隐喻。当然,肖像画、献诗、隐喻这些美学概念本身都是从审美意识出发而形成的。对于审美意识来说,所有这些现象的共同点就表现在这类艺术形式自身所要求的**偶缘性特质**(Charakter der Okkasionalität)中。[194]偶缘性指的是,意义是由其得以被意指的境遇(Gelegenheit)从内容上继续规定的,所以它比没有这种境遇要包含更多的东西。㉕例如，肖像画就包含一种对所表现人物的关系，这不是我们硬加给肖像画的关系，而是肖像画表现本身所明确意指的关系，并且是表明该表现具有肖像画特征的关系。

在这里最为关键的一点是，我们所指出的这种偶缘性乃是作品本身要求的一部分，并且不是由作品的解释者硬加给作品的。正因为此，像肖像画这类艺术形式（肖像画显然是属于这类形式）在以体验概念为基础的美学中就找不到任何正确的位置。一幅肖像画或许在其自身的画像内容中就包含对原型（Urbild）的关系。这不仅仅是指画像实际上是按照这个原型绘制的，而且也包含这样的意思，即画像就是意指这个原型。

这一点在肖像画与画家为一幅风俗画或一幅人物构图所使用的模型（Modell）的区别中就很明显地表现出来。在肖像画中，所画的人物的个性得到表现。反之，如果一幅绘画把模型作为个性来表现，或作为一种出现在画家笔下的有趣的类型（Type）来表现，那么这模型就会毁坏了这幅画。因为这样一来，我们在这幅画中所看到的，不再是画家所表现的东西，而是某种未经改变的素材。如果一位画家所认识的模特儿在一幅人物画中被人认出来了，这个模特儿就破坏了这幅人物画的意义。因为模型是一种要消失的图式（Schema）。同样，与画家所用的原型的关系也必须在绘画中消失不见。

的确，我们通常也把这样的东西称为"模型"，即某种使本身并不可见的他物于其中成为可见的东西。例如，一幢设计房屋的模

㉕ 这就是我们以之为出发点的、现代逻辑中惯用的偶缘性意义。以荷尔德林1826年发表的《莱茵河颂》的窜改，就是体验美学败坏偶缘性的一个很好的例子。对辛克莱的献诗是如此令人诧异，以致人们宁可删去最后两节，而把整体作为片断看待。

型或原子模型。画家的模型并不是画像所意指的东西。画家的模型只用于衣饰装扮或表现姿态——就像一个装扮了的服装模特儿。反之,肖像画中所表现的人物却明显就是这个人本身,以致他并不起装扮的作用,即使这个人所穿着的华丽外装吸引着人们注意:因为外观的华丽乃属于他本身的东西。这个人就是他对其他人所实际是的那个人。㊼利用传记性的或渊源史的文献研究来解释一部基于体验或生活源泉的文学作品,往往只是做了那种从其模型来探讨一位画家作品的艺术研究所做的事。

模型和肖像画的区别就使这里所说的偶缘性的意思清楚了。这里所指的偶缘性显然是存在于一部作品本身的意义要求之中,它不同于所有那些能在作品里被观察到的和能由作品推出的违反这种要求的东西。一幅肖像画是想作为肖像画被理解,甚至在其与原型的关系几乎被绘画自身的形象内容所压倒之时,它也仍然如此。这一点在那些根本不属肖像画、但如人们所说却包含肖像画特征的绘画中,表现得尤为明显。这些绘画迫使我们去探讨在绘画后面可以被看到的原型,因而这些绘画的内涵就比那种只是要消失的图式的单纯模型的意思要多得多。同样的情况也出现在文学作品(文学性的肖像画就可以包括在文学作品内)中,因此文学作品没有必要成为伪艺术的影射小说(Schlüsselroman)的轻率的牺牲品。㊽

㊼ 柏拉图谈到过合乎礼仪的人($\pi\rho\acute{\epsilon}\pi o \nu$)近于美的东西($\kappa\alpha\lambda\acute{o}\nu$),参见《大希比阿斯》,293e。

㊽ J.布龙的值得赞赏的著作《希腊人的文学性肖像画》在这一点上就犯有不明确的毛病。

尽管这样一种具有偶缘性意思的隐喻与一部作品的其他历史文献内容之间的界限还是如此不确定并常有争议，人们是否接受作品所提出的意义要求，或者人们是否认为作品单纯只是一种我们试图探究的历史文献，这仍是一个原则性的问题。历史学家将到处去探寻所有能告诉他一些历史往事的关系，尽管这样做是违背作品的意义要求的。历史学家好像到处在艺术作品上找寻模型，也就是说，追踪那些被汇入作品里的历史联系（Zeitbezügen），尽管这些联系尚未被他同时代的观赏家所认识，而且对于整个作品的意义并不重要。我们这里所指的偶缘性并不是指这种情况，而是指，揭示某个特定的原型乃是作品自身意义要求的一部分。因此，决定一部作品是否具有这种偶缘性要素，并不取决于观赏者的意愿。一幅肖像画就是一幅肖像画，而且它并不是由于和为了那些在画中认出所画人物的人才成为肖像画的。尽管与原型的关系存在于作品自身中，把这种关系称之为偶缘性的还是正确的。因为肖像画本身并未说出谁是它所表现的人，而只是指出了它所表现的人乃是一个特定的个人（但不是类型）。只有当所表现的人是某人所熟悉的，这人才能"知道"所画的人是谁，只有当肖像画告知某人某种附带的称号或附带的信息，这人才能了解所画的人是谁。无论如何，绘画自身中存在着一种尚未实现、但基本上是可实现的指令，这个指令一起构成了绘画的意义。这种偶缘性就属于"绘画"的核心意义内涵，它完全独立于这种意义内涵的实现。

我们可以通过下面这一事实来认识这一点，即如果我们不认识一幅肖像画所画的人物，这幅肖像画对我们来说仍作为肖像画而出现（而且一幅人物画中的人物表现也是作为具有肖像画性质出现的)。在绘画中似乎有某种不可实现的东西,这就是那种属于境遇性的东西。但是,这样不可实现的东西,并不是某种不存在的东西;它甚至以完全明确的方式存在于那里。同样的情况也适合于某些诗的表现。品达[195]的凯旋诗、总是带有讥讽时代的喜剧,但也包括像贺拉斯的[196]颂诗和讽刺作品这类文学性的创作,这些作品就其整个本质来看都具有偶缘的性质。偶缘性在这些艺术作品里已获得了这样永久的形式,即使它未被实现或未被理解,它也仍是整个意义的一部分。解释者可能向我们解释的实际历史关系,对于整个诗来说,只是附属性的。解释者只是实现了诗本身中已存在的某种意义预示(Sinnvorzeichnung)。

我们必须看到,我们这里称为偶缘性的东西,决不是表现了一种对这类作品的艺术性要求和艺术性意义的削弱。因为那种对于审美主体性表现自身为"时间在游戏里的中断"㉙的东西,以及那种在体验艺术时代表现为对作品的审美意义有损害的东西,实际上只是我们前面所论述的本体论关系的主观反映。一部艺术作品是如此紧密地与它所关联的东西联系在一起,以致这部艺术作品如同通过一个新的存在事件而丰富了其所关联东西的存在。绘画中所把握的东西、诗歌中所交流的东西、舞台上所暗示的对象,这些都不是远离本质的附属性东西,而是这种本质自身的表现。我们上面关于一般绘画本体论意义所说的东西,也包括这种偶缘性要素。所以,在所说的这些现象中所遇到的偶缘性要素表现自身为某种普遍关系的特殊情形,这种普遍关系是与艺术作品的存在

㉙ 参见补注Ⅱ,载我的著作集,第 2 卷,第 379 页以下。

相适应的,即从其达到表现的"境遇"出发去经验某种对其意义的进一层规定。

这一点无疑在再创造艺术中,首先在舞台艺术和音乐中表现得最明显。舞台艺术和音乐为了存在期待境遇,并且通过其所遇到的境遇才规定了自身。

舞台之所以是一种极好的政治机构,是因为戏剧中存在的所有东西、戏剧所影射的东西、戏剧所唤醒的反响,所有这一切都是在演出中呈现出来的。没有人预先知道,什么东西将会"出现",什么东西无论如何将会逐渐消失。每一次演出都是一个事件,但不是一个与文学作品相脱离的自行出现和消失的事件——作品本身就是那种在演出事件中所发生的东西。作品的本质就在于它是如此具有"偶缘性的",以致演出的境遇使作品里存在的东西得以表达并表达出来。把文学作品变为舞台演出的导演,就是在他善于把握境遇这一点上显示其才能的。但是他的活动却是按照作者的指令,而作者的整个作品就是一种舞台指令。显然,这种情况也完全适用于音乐作品——乐谱实际上就只是一种指令。审美区分虽然可以按照由乐谱里读出的声音形象的内在结构去衡量所演奏的音乐——但是,没有人会怀疑,听音乐并不是读乐谱。㊿

所以,正是戏剧或音乐作品的本质使得这些作品在不同时代和不同境遇中的演出是而且必然是一种改变了的演出。我们必须

㊿ [关于"读"请参见我的论文"在现象学和辩证法之间——一种自我批判的尝试",载我的著作集,第2卷,第3页以下;以及我在该论文中所引用的著作。]

看到，这样一种必然的改动（mutatis mutandis）即使对于雕塑艺术也是适合的。因为在雕塑艺术那里，作品不会是"自在"存在的，也不会只是效果上的改变——艺术作品本身就是那种在不断变化的条件下不同地呈现出来的东西。今日之观赏者不仅仅是以不同的方式去观看，而且他也确实看到了不同的东西。我们只需想一想，古代灰白色的大理石观念是如何主宰着我们的趣味以及如何主宰着我们自文艺复兴时代以来所保持的行为态度，或者想一想古典主义情感在北部浪漫派中的反映是怎样表现在哥特式大教堂的纯粹主义*精神性中。

但是，特殊的偶缘性的艺术形式，如古代喜剧中的帕拉巴斯（Parabase）[197]或政治斗争中以某种完全特定的"境遇"为目标的讽刺画——最后以及肖像画——从根本上说也都是艺术作品所特有的普遍偶缘性的表现形式（Ausformungen），正是由于艺术作品不断随着境遇的变迁而重新规定自身。就连使这种严格意义上的偶缘性要求在艺术作品中得以实现的一次性的规定性，在艺术作品的存在里也成功地参与到那种使作品能达到新的实现的普遍性之中——以致，尽管艺术作品与境遇关系的一次性从未可能实现，但这种不可实现的关系在作品本身中仍是存在的和生效的。在此意义上，就连肖像画也是独立于其与原型关系的一次性的，而且甚至在超越这种关系时也在自身中同样包含了这种关系。

肖像画只是绘画的某种普遍本质规定的极端情况。每一幅绘

---

* 纯粹主义（purism，亦可译为纯粹派）系法国20世纪初以Amédée Ozenlant和Le Corbusier为代表的一个与立体派抗衡的艺术流派，主张用具像画法来表现机器时代的精神。——译者

画都是一种存在扩充(ein Seinszuwachs),并且本质上被规定为再现(Repräsentation),规定为来到表现(Zur-Darstellung Kommen)。在肖像画这种特殊情形中,只要某个个人富有代表性地(repräsentativ)被表现,这种再现就获得一种个人性的意义。因为这意味着,所表现的人物是在其肖像画中表现自身,并且以其肖像画再现自身。绘画不仅仅是图像,或者甚而不仅仅是摹本,绘画乃属于所表现的人的现时存在(Gegenwart)或者所表现的人的现时记忆(gegenwärtigen Gedächtnis)。这就构成了绘画的真正本质。就此而言,肖像画就是我们曾经归诸于这类绘画的普遍存在价值的特殊情形。在绘画中来到存在的东西,并不包含在熟悉绘画的人于被摹绘的人身上看到的东西中——一幅肖像画的真正评判者从来就不是最熟悉它的人,甚至也不是被表现的人本身。因为一幅肖像画根本不想像它在这一个或那一个最熟悉它的人的眼中所看到的那样去再现它所表现的个人。肖像画必然地展现一种理想性,这种理想性能够经历从再现物直到最接近物的无限层次。不过这种理想性并不改变这一事实,即,尽管肖像画中所画的个人可以摆脱偶然性和个人性的东西而进入其真实显现的本质性事物中,但在肖像画中所表现的还是一个个人而不是一个类型。

因此,属宗教或世俗文物的绘画作品,比起熟悉的肖像画更明显地证实了绘画的普遍存在价值,因为这些作为文物的绘画的公开功能正是依据于绘画的这种存在价值。一件文物就是在某个特定的现时性中保存其中所表现的东西,而这种特定的现时性显然是与审美意识的现实性完全不同的东西。[26] 文物并不单独根据绘画的自主表达力（Sagkraft）而生存。这一点可以通过下述事实来得知，即不同于绘画作品的其他东西，例如符号或碑文，也能具有同样的功能。对于由文物所回想的事物的认识，好像总是以其潜在的现时性为前提条件。所以，即使神像、君王像、为某人所竖立的纪念碑也都预先假定了神、君王、英雄或者事件、胜利或和约已具有一种制约一切事物的现时性。表现这些东西的绘画作品，在这一点上无非只是起了某种类似碑文的作用，即它现时性地保存了这些东西的普遍意义。然而——假如它是艺术作品，那么这不仅意味着它对某种东西赋予了这种预先给与的意义，而且也意味着它能表达某些自己的东西，并因此就不依赖于其所承担的前知（Vorwissen）。

即使绘画是通过其自主表达力使其所表现的东西达到显现的，但是作为一幅绘画总是——不顾所有审美区分——保存了它所表现东西的展现形式（Manifestation）。这一点在宗教绘画上是公认的。但是，宗教的和世俗的区别在艺术作品本身中却是一种相对的区别。甚至个人肖像画——假如它是一部艺术作品的话——也分享了神秘的存在之光（Seinsaustrahlung），这种神秘的存在之光来自于该画所表现事物的存在等级。

我们可以用一个例子来说明这一点：尤斯蒂[26]曾经相当动听地把委拉斯开兹[198]（Velasquez）的"布列达的投降"称为"一种军人的圣事"。他的意思是说，这幅绘画不是一幅众人肖像画，也不

---

[26] 参见本书第81页。
[26] 卡尔·尤斯蒂：《委拉斯开兹与他的时代》，第1卷，1888年，第366页。

是一幅单纯的历史画。在这幅画中所把握的东西并不只是这样一种庄严事件。实际上,这种隆重仪式的庄严性之所以在绘画中得以这样现时性的表现,乃是因为隆重仪式本身具有一种形象性(Bildhaftigkeit),并且像一件圣事那样被实现。存在这种需要绘画并且值得绘画的东西,只有当它们被表现在绘画里,它们好像才能使自己的本质得以完成。

如果我们想捍卫美的艺术作品的存在等级以反对审美的均一化,那么宗教词汇的出现就决不是偶然的。

这里与我们关于世俗和宗教的对立只是一种相对的对立的假定是完全一致的。我们只需回忆一下"世俗性"(Profanität)这一概念的意义和历史:"世俗的"(Profan)就是置于圣地之前的东西。世俗物概念以及由此概念推导出的世俗化概念总是预先已假定了宗教性。事实上,世俗和宗教的对立在其所从出的古代世界里只能是一种相对的对立,因为在那时生活的全部领域都是宗教性地被安排和规定的。只是从基督教开始,才有可能使我们按照一种严格的意义去理解世俗性。因为《新约圣经》曾这样地否认世界的神化,以致为世俗事物和宗教事物的绝对对立提供了地盘。教会的来世祈祷就意味着,世界只还是"这个现世"。教会的这种特殊性要求同时也开创了教会和国家的敌对关系,这种敌对关系随着古代世界的结束而出现,并且世俗性概念由此赢得其真正的现实性。众所周知,中世纪的整个历史就是由教会和国家的这种敌对关系所主宰。正是基督教教会思想的深化精神才最终解放了尘世的国家。中世纪盛期的世界历史意义就在于它开创了世俗世界,而这个世界给予世俗概念以其广泛的现代意义。㊻ 但是这一点并不改变这一事实,即世俗性仍是一种合乎宗教性的概念,并且只能为宗教性所规定。完全的世俗性乃是一个虚假观念。㊼

世俗和宗教的相对性不仅仅属于概念的辩证法,而且在绘画现象上还可以视为一种现实关系。一部艺术作品本身总是具有某种宗教性的东西。虽然我们可以正确地说,一部在博物馆中陈列的宗教艺术作品,或者一尊在博物馆中展示的纪念雕像,不再会受到像它们在其原始地点所曾受到的同样的损害,但这只是意味着,只要这部艺术作品已成为博物馆中的一件陈列品,实际上它就已经受到了损害。显然,这并非仅仅适用于宗教艺术作品。我们有时在古玩商店里也有同样的感觉,例如有些还带有某种浓厚生活气息的古玩被付诸拍卖时,它们无论如何是作为受损害的、作为一种对虔诚的损害或一种世俗化而被看待的。总而言之,每部艺术作品都具有某种反对世俗化的东西。

我认为,对此具有决定性证明力的事实是,甚至某种纯粹的审美意识也知道了这种世俗化概念。这种审美意识总是把艺术作品的损害视作亵渎[Frevel(亵渎)这个词今天几乎只适用于"Kunst-Frevel"(对艺术的亵渎)]。这就是现代审美的教化宗教所具有的一种典型特征。对于这种特征存在许多其他证据。例如,汪达尔ϟ义(Vandalismus,意思即破坏文物、蹂躏艺术)这个词[199]——其本来意

㊻ 参见弗里德里希·黑尔:《欧洲的形成》,维也纳,1949年。
㊼ W.卡姆拉《世俗中的人类》,1948年)为了表明现代科学的本质曾试图赋予世俗性概念以这种意义,但是对于他来说,这个概念也由它的对立概念,即"美的接受"所规定。

思一直要追溯至中世纪时代——正是在反对法国革命雅各宾党人的破坏行为的过程中才获得真正的认可。对艺术作品的毁坏就如同侵犯一个由神圣性所维护的世界一样。因此就连一种自主形成的审美意识也不能否认，艺术比审美意识所要认可的东西还要多。

所有这些思考都证明了一般由表现(Darstellung)概念去表明艺术存在方式特征的正确性，表现概念包括游戏和绘画、共享(Kommunion)和再现(Repräsentation)。因此艺术作品被设想为一种存在事件(Seinsvorgang)，而且那种由审美区分加诸作品的抽象也被取消。因而绘画就是一种表现事件。绘画与原型的关系非但不是对其存在自主性的削弱，反而使我们更有理由对绘画讲到某种存在的扩充。借用宗教性概念因而也成为必要的。

当然，关键的问题在于我们不要简单地把适用于艺术作品的特殊意义的表现与那种适用于象征之类的宗教表现混为一谈。并不是所有的"表现"形式都具有"艺术"的性质。表现形式也有象征，也有符号。这些东西同样也具有使其达到表现的指示结构(die Struktur der Verweisung)。

属于所有这些表现形式的这种指示结构，在近几十年所从事的关于表达(Ausdruck)和意义(Bedeutung)的本质的逻辑研究中，被相当详尽地加以探讨。[26] 我们这里可以回顾一下这些分析，当然是出于其他的目的。我们首先涉及的不是意义问题，而是绘画的本质问题。我们要不受审美意识所作出的抽象的影响去把握

---

[26] 这首先表现在 E. 胡塞尔的《逻辑研究》第 1 卷中，在受其影响的狄尔泰关于《历史世界的构造》(《狄尔泰全集》，第 7 卷)的研究中，以及在 M. 海德格尔对于世界的世界性(Weltlichkeit)的分析中(《存在与时间》，第 17、18 节)。

绘画的特性。因此,我们应当去考察这类指示现象,以便发现它们的共同性和区别。

绘画的本质似乎处于表现的两个极端之间。表现的这两个极端是纯粹的指示(das reine Verweisen)和纯粹的指代(das reine Vertreten),前者是符号(Zeichen)的本质,后者是象征(Symbol)的本质。在绘画的本质中就存在某种具有这两种功能的东西。绘画的表现活动包含对绘画所表现东西的指示要素。我们已经看到,这种要素在诸如以与原型的关系为本质特征的肖像画这样的特殊形式中得到最明显的表现。然而,一幅绘画并不是符号,因为符号无非只是其功能所要求的东西;并且符号的这种功能乃是从自身去指出什么(wegverweisen)。为了能够实现这种功能,符号当然必须首先有吸引力。符号一定是引人注目的,也就是说,它必须明显地突出自身,而且必须在其指示内容中表现自身——就像广告画一样。但是,不论是符号,还是广告画,都不是绘画。符号不可以这样吸引人,以致它使人们停留于符号本身中,因为符号只应使某种非现时的东西成为现时的,并且是以这样的方式,使得非现时的东西单独地成为被意指的东西。㉖ 因而,符号不可以通过其自身的形象内容而使人逗留不前。这一点适用于所有符号,例如交通标志符号或标记符号以及诸如此类的符号。所有这些符号

㉖ 这里所使用的绘画概念本身,正如我们前面所指出的(见本书第139页以下),在现代框板画中获得了其历史性的实现。但是我认为,对这概念的"先验的"运用是不成问题的。如果我们出于历史的考虑,通过"绘画符号"(Bildzeichen)概念把中世纪的表现与以后的"绘画"区别出来(D. 弗赖),那么,尽管有些在文本中被说成"符号"的东西运用于这样的表现,但是这些表现与单纯的符号的区别仍然是极明显的。绘画符号并不是一种符号,而是一种绘画。

都具有某种图式和抽象的东西,因为它们并不想展现自身,而是想展现非现时的东西,例如未来的曲线或一本书被读至的页码(符号只是通过抽象才获得其指示功能的,这一点甚至也适用于自然符号,例如天气的征兆。当我们仰望穹苍而被天空中某种现象的美所吸引并且凝注于它时,我们就感到一种使其符号性质消失的意向转移)。

在所有符号中似乎纪念物(Andenken)最具有自身的实在性。纪念物固然是意指过去的东西,并因此实实在在地是一个符号,但它对我们来说是同样宝贵的,因为它把过去的东西作为一种未过去的东西置于我们眼前。不过,这一点仍是清楚的,即它的这种性质并不是建立在纪念对象自身特有的存在上。纪念物只是对于曾经而且现在还仍旧留恋过去的人来说才具有作为纪念物的价值。如果纪念物所回顾的过去不再具有意义,纪念物就失去了它的价值。反之,那种不仅用纪念物来追忆,而且用纪念物来从事一种膜拜行为,并且有如生活在现在一样与过去生活在一起的人,却处于一种被扰乱的现实关系中。

因此,一幅绘画确实不是一种符号。即使纪念物,实际上也没有让我们逗留于它本身中,而是让我们逗留于它向我们表现的过去之中。反之,绘画只是通过它自身的内容去实现它对所表现事物的指示功能。我们由于专注于绘画,我们就同时处于所表现的事物之中。绘画通过让人逗留于它而成为指示的。因为,正如我们所强调的,绘画的存在价值正在于它不是绝对地与其所表现的事物分开,而是参与了其所表现事物的存在。我们已说过,所表现事物是在绘画中达到存在的。它经历了一种存在的扩充。但这就是说,它是存在于绘画中。只是由于一种审美反思——我称之为审美区分——才抽象掉了原型在绘画中的这种现时存在。

所以,绘画和符号的区别具有一种本体论的基础。绘画并不是消失在其指示功能里,而是在其自身存在中参与了它所摹绘的东西的存在。

当然,这种本体论的参与(Teilhabe)不仅仅适用于绘画,而且也适用于我们称之为象征的东西。不管是象征,还是绘画,它们都不指示任何不是同时在它们本身中现时存在的东西。所以我们有这样的任务,即要把绘画的存在方式与象征的存在方式彼此区别开来。㉗

在象征和符号之间存在一种明显的差别,即象征更接近于绘画。象征的表现功能并不是单纯地指示某种非现时的东西。象征其实是使那种基本上经常是现时的东西作为现时的东西而出现。"象征"的原始意义就表明了这一点。当人们把象征用作为分离的友人之间或某个宗教团体的分散成员之间的认知符号以表明他们彼此间的相关性时,这样一种象征无疑就具有了符号功能。但是,象征却是比符号还要多的东西。象征不仅仅指出了某种相关性,而且也证明和清楚地表现了这种相关性。古代来访者的信物(tessera hospitalis)就是过去生活的遗物,通过它的存在证明了其所展示的东西,也就是说,它使逝去了的东西本身再度成为现时存在的,并被认作为有效的。尤其对于宗教性的象征来说,象征不仅仅起了作为标记的作用,而且这些象征的意义就在于它被所有人

㉗ 参见本书第77—86页关于"象征"和"譬喻"在概念史上的区分。

理解，并使所有人联系起来，因而能承担一种符号功能。因此，只要所象征的东西是非感性的、无限的和不可表现的（不过这也是象征的能力），那么所象征的东西无疑就是需要表现的。因为只是由于所象征的东西本身是现时存在的，它才能在象征中成为现时存在的。

象征不仅指示某物，而且由于它替代某物，也表现了某物。但所谓替代（Vertreten）就是指，让某个不在场的东西成为现时存在的。所以象征是通过再现某物而替代某物的，这就是说，它使某物直接地成为现时存在的。正是因为象征以这种方式表现了它所替代的东西的现时存在，所以象征会受到与其所象征的事物同样的尊敬。诸如十字架、旗帜、制服这类的象征，都是这样明显地替代了所尊敬的事物，以致所尊敬的事物就存在于这些象征里面。

我们在前面用以表明绘画特征的代表（Repräsentation）概念在这里能发挥其原本的作用，这一点可以通过绘画中的表现和象征的表现功能之间存在的实际相近性来加以说明。在绘画和象征中，它们所表现的东西本身都是现时存在的。不过，这样一种绘画仍然不是象征。这倒不只是因为象征根本不需要形象地存在——象征是通过它的纯粹的此在和自我展现而实现其替代功能的，而是因为象征自身对于它所象征的东西并未说出什么。如果我们应遵循象征的指示，我们就必须像我们必须知道符号那样知道象征。因此，象征并不意味着对所代表的东西的一种存在的扩充。尽管让自身这样在象征中成为现时存在的，乃属于所代表物的存在，但是所代表物自身的存在在内容上却不是由于象征在那里存在和被展现这一事实而规定的。当象征存在于那里，所代表物就不再存在于那里。

象征只是单纯的替代者。因此,即使象征具有其自身的意义,它自身的意义也不是关键的东西。象征就是代表(Repräsentanten),并且是从它们应当代表的东西那里接受其代表的存在功能的。反之,绘画尽管也是代表,但是它是通过自身,通过它所带来的更多的意义去代表的。然而这就意味着,所代表的东西即"原型",在绘画中是更丰富地存在于那里,更真实地存在于那里,就好像它是真正的存在一样。

这样,绘画实际上就处于符号和象征之间。它的表现既不是一种纯粹的指示,也不是一种纯粹的替代。正是这种与绘画相适应的中间位置使绘画提升到一个完全属其自身的存在等级上。艺术性符号和象征都不像绘画那样是从其自身的内容出发而获得其功能意义的,它们必须被认作符号或象征。我们把它们的这种指称功能的起源称之为它们的创建(Stiftung)。而在属绘画的东西中则不存在这种意义的创建,这一点对我们所探究的绘画的存在价值的规定来说,则是具有决定性意义的。

所谓创建,我们理解为符号或象征功能的诞生。即使所谓自然符号,例如某个自然事件的所有迹象和预兆,也是在这种基本意义上被创建的。这就是说,只有当它们被认作符号时,它们才有一种符号功能。但是,它们只是由于符号和其所标示物的某种先行关系而被认作为符号的。同样的情况也适用于所有的艺术性符号。在艺术性符号那里,符号是通过惯例而实现其功能的,并且语言把这种创立符号的起源行动称之为创建。符号的指示意义首先也是依赖于符号的创建,例如,交通标志符号的意义就依赖于交通规则的公布,纪念符号的意义就依赖于对其保存的解释。同样,象征也必须回到赋予其再现特质的创建上,因为赋予象征以意义的,并不是象征自身的存在内容,而是创建、设立、赋予,这些东西给予那些本身并无意义的东西(例如王徽、旗帜、十字架)以意义。

我们必须看到,一部艺术作品并没有把其真正意义归功于这样一种创建,即使它事实上是作为宗教绘画或世俗纪念碑而被创建的,它也不会这样做。给予作品以其目的规定的公开的落成仪式或揭幕典礼,也没有将其意义给予作品。作品其实在其被赋予作为纪念物的功能之前,就已经是一种与其自身作为形象的或非形象的表现的指称功能相联的构成物(Gebilde)。所以,纪念碑的落成和揭幕典礼——假如历史距离已经使建筑物神圣化,那么我们决不是偶然地在谈宗教的和世俗的建筑作品时也谈及建筑纪念物——也只是实现了一种在作品自身内容本身中已有要求的功能。

这就是艺术作品为什么能够承担某种特定的现实功能、并拒绝其他的诸如宗教的或世俗的、公开的或隐秘的功能的根源所在。艺术作品之所以作为虔诚、尊敬或敬重的标记而被创建和推出,只是因为它们由自身出发就规定了并一同造就了这样一种功能关系。艺术作品自身就要求它们的位置,即使它们被误置了,例如被误放到现代收藏馆里,它们自身中那种原本的目的规定的痕迹也不可能消失。艺术作品乃属于它们的存在本身,因为它们的存在就是表现。

如果我们思考一下这些特殊形式的示范意义,那么我们将认识到,那些由体验艺术观点来看处于边缘的艺术形式反倒变成了中心:这里就是指所有那些其自身固有的内容超出它们本身而指向了某种由它们并为它们所规定的关系整体的艺术形式。这些艺术形式中的最伟大和最出色的就是建筑艺术。[20]

一个建筑物以某种双重的方式规定其本身。它一方面受其必须在某个整体空间关系中占据的位置所规定,另一方面它也同样受其应当服务的目的所规定。每一个建筑师必须考虑这两者。建筑师的设计本身是被这一事实所决定的,即建筑物应当服务于某种生活目的,并且必须适应于自然的和建筑上的条件。因此我们把一幢成功的建筑物称之为"杰作",这不仅是指该建筑物以一种完满的方式实现了其目的规定,而且也指该建筑物通过它的建成给市容或自然景致增添了新的光彩。建筑物正是通过它的这种双重顺应表现了一种真正的存在扩充,这就是说,它是一件艺术作品。

如果一个建筑物是胡乱地建在一个任意的地方,并成了一个有损环境的东西,这个建筑物就不是艺术作品。只有当某个建筑物表现出解决了某个"建筑任务"时,该建筑物才成为艺术作品。所以,艺术科学只认可那些包含某种值得纪念的东西的建筑物,并把这种建筑物称之为"纪念建筑物"。如果一个建筑物是一件艺术作品,它就不只是表现为艺术地解决了某个由它本来所从属的目的要求和生活要求所提出的建筑任务,而且它是以这种方式把握了这种要求,即使建筑物的现时显现对于那本来的目的规定乃是完全生疏的,这种要求仍是明显可见的。在现时显现中存在某种

---

[20] [参见我的论文"论建筑和绘画的读",载 G. 伯姆编的《H. 伊姆达尔纪念文集》,维尔茨堡,1986 年。]

东西回指原本的东西。凡在原本的规定已经成了完全不可辨认的,或者它的统一规定由于后来所发生的实在太多的变化而被破坏的地方,一个建筑物本身也会成为不可理解的。所以,在所有艺术种类中这种最具有雕塑性的建筑艺术就完全说明了"审美区分"如何是附属性的。一个建筑物从不首先是一件艺术品。建筑物借以从属于生活要求的目的规定,如果要不失去建筑物的实在性,就不能与建筑物本身相脱离。如果建筑物还只是某种审美意识的对象,它就只具有虚假的实在性,而且只以旅游者要求和照相复制这种变质形式过一种扭曲的生活。"自在的艺术作品"就表现为一种纯粹的抽象。

事实上,往日的大纪念建筑物在现代快节奏生活以及在现代设立的建筑群中的出现,提出了一种在石块上对过去和现在进行综合的任务。建筑艺术作品并不是静止地耸立于历史生活潮流的岸边,而是一同受历史生活潮流的冲击。即使富有历史感的时代试图恢复古老时代的建筑风貌,它们也不能使历史车轮倒转,而必须在过去和现在之间从自身方面造就一种新的更好的中介关系。甚至古代纪念物的修复者或保管者也总是其时代的艺术家。

建筑艺术对我们的探究所具有的特殊意义就在于:那种中介正是在建筑艺术中表现得最为明显,没有这种中介,一件艺术作品就根本不具有真正的现时性。所以,即使在表现尚未通过再创造而出现的地方(每一个人都知道再创造是属于表现自身的现在),过去和现在在艺术作品中仍是联系在一起的。每一部艺术作品都有它自身的世界,这并不意味着,当它原本的世界发生变化时,它只有在某个疏异的审美意识中才具有实在性。建筑艺术能够证明

II 艺术作品的本体论及其诠释学的意义

这一点,因为它与世界的从属关系乃是它的不可更改的本质。

不过,这也包含一个进一层的观点。建筑艺术完全具有空间形式。空间就是那种囊括了所有在空间中存在之物的东西。因此建筑艺术就囊括了所有其他的表现形式:所有造型艺术作品、所有装饰物——而且建筑艺术也给诗歌、音乐、戏剧和舞蹈的表现提供了它们的场所。建筑艺术由于囊括了整个艺术,它就使自身的观点到处适用。这种观点就是装饰(Dekoration)观点。建筑艺术为捍卫这种观点而反对那样一些艺术形式,这些艺术形式的作品不是装饰性的,而是通过其封闭的意义圈聚集于它们自身中。新的研究已经开始想到,这一点适合于一切造型艺术作品,造型艺术作品的位置就是在赋予任务过程中被预先规定的。即使立于座基之上的自由的立式雕塑,也没有真正地摆脱装饰关系,而是为再现地拔高某种它装饰性地顺应的生活关系而服务的。[29] 甚至具有自由灵活性并能到处演唱的诗歌和音乐,也并不是适应于任何空间,它们只是在这一个或那一个空间,在戏院、音乐厅或教堂里才找到其合适的场所。这并不是说我们应当为某个自身完成的创造物找到一个以后表演的外在场所,而是说我们必须顺应作品本身的空间造型的可能性,正如作品要有它自身的前提条件一样,作品也必须同样适应于所给予的东西(我们或许想到音响效果问题,这个问题不仅是一个技术上的课题,而且也是一个建筑艺术上的课题)。

---

[29] 出于同样的理由,施莱尔马赫正确地强调,园林艺术不属于绘画艺术而属于建筑艺术之列,以此反对康德(《美学》,第201页)。[关于"风景和园林艺术"这一题目目前可参见 J. 里特:《风景——论审美特性在现代社会中的功用》,明斯特,1963年,尤其是富有启发的注释�51,第52页以下。]

由这种考虑可以看到，建筑艺术相对于所有其他艺术而具有的这种综合性地位，包含着一种双重的中介过程。建筑艺术作为空间造型艺术，既是塑型于空间，又是腾空于空间。它不仅包括空间造型的所有装饰性观点，直至装饰图案，而且它本身按其本质也是装饰性的。装饰的本质正在于它恰恰造就了这两重中介，它既把观赏者的注意力吸引到自身上来，满足观赏者的趣味，同时又把观赏者从自身引进到它所伴随的生活关系的更大整体中。

这一点适用于整个装饰事物行列，从市政建筑直至个别装饰图案。一件建筑作品无疑应当是对某个艺术课题的解决，而且以此引起观赏者的惊叹和赞赏。不过，它也应当顺应某种生活要求，而不应成为目的自身。它将作为装饰物、作为心情背景、作为组成在一起的框架而适应某种生活关系。同样的情况适用于建筑艺术家所创造的所有单个作品，直至那种根本不应具有吸引力、而只是实现其伴随的装饰功能的装饰图案。但是，就连装饰图案的极端情形也仍具有装饰性中介自身的某种双重性，尽管装饰图案不应使人逗留于它，而且本身不应作为装饰性动机去看待，而只能起一种伴随性的效果。因此，装饰图案一般将不具有任何对象性的内容，或者将通过其风格技巧或重复变化去平衡这种内容，以使我们的目光掠过这内容。对装饰图案中所使用的自然形式的"认识"是无意中进行的。假如重复的图案被看作装饰图案实际的东西，那么装饰图案的重复就成了令人讨厌的乏味东西。但另一方面，装饰图案也不应是无生气地或单调地发挥作用，因为它作为伴随物应当具有一种有生气的效果，它也必须在某种程度上把观赏者的目光吸引到自身上来。

如果我们以这种方式了解了对建筑艺术提出的装饰要求的全部范围,那么我们将会很容易地看到,那种审美意识的偏见将在建筑艺术上最明显地遭到破产,按照这种偏见,真正的艺术作品就是那种外在于一切空间和一切时间而在体验过程中成为某个审美体验对象的东西。我们所习惯的关于真正艺术作品和单纯装饰的区分需要进一步验证,这在建筑艺术上是不容置疑的。

这里,装饰物概念显然是从它与"真正艺术作品"的对立、从它起源于天才灵感出发而被思考的。人们也许是这样进行论证的:这种仅仅是装饰性的东西并不是天才的艺术,而只是工匠的技巧;这种仅仅是装饰性的东西是作为工具从属于它应装饰的东西,因此它与所有那些从属于某个目的的工具一样,也能够被另一个合乎目的的工具所替代;这种仅仅是装饰性的东西丝毫也不能分享艺术作品的性质。

事实上,装饰概念必须摆脱这种与体验艺术概念相对立的关系,并且必须在我们曾经视为艺术作品存在方式的表现的本体论结构中去找寻其根据。我们只要回忆一下,装扮的东西,装饰的东西,按其原本的意义,完全是美的东西。我们必须重新提出这种古老的见解。所有作为装扮和进行装扮的东西,都是由它们与它们所装扮的东西、所依靠的东西、作为它们穿戴者的东西的关系所规定的。它们并不具有自身独特的审美性内涵,这种内涵只是在后来由于它们与其穿戴者的关系才获得一种受限制的条件。就连似乎赞成这种观点的康德在其关于文身的著名判断中也看到了这一事实,即装饰只有当它与其穿戴者一致并相适应时才是装饰。[70]

---

[70] 康德:《判断力批判》,1799年第3版,第50页。

所谓趣味不仅指人们知道在自身中去发现美的东西,而且也指人们知道何处有美的东西和何处没有美的东西。装饰品不是某种自为的、又被应用于其他事物的东西,装饰品属于其穿戴者的自我表现。对于装饰品来说,它们一定属于表现。但是,表现乃是一种存在事件,是再现。一个装饰品、一种装饰图案、一尊立于受偏爱地方的雕像,在这同样的意义上都是再现的,有如安置这些东西的教堂本身也是再现的一样。

因此,装饰物概念有助于充实我们关于审美特性存在方式的探讨。我们以后将会看到,重新提出美的古老的先验的意义从其他方面来说将有什么意义。我们用"表现"所意指的东西,无论如何乃是审美特性的一种普遍的本体论结构要素,乃是一种存在事件,而不是一种体验事件,体验事件是在艺术性创造的刹那间出现的,而且总是只在观赏者的情感中重复着。从游戏的普遍意义出发,我们曾经在这一事实中认识到表现的本体论意义,即"再创造"乃是创造性艺术本身的原始存在方式。现在我们已经证明了,绘画和雕塑艺术,从本体论上看,一般都具有同样的存在方式。艺术作品的独特存在方式就是存在来到了表现(ein Zur-Darstellung-Kommen des Seins)。

c) 文学的边界位置

我们所提出的本体论观点是否也涉及到文学(Literatur)的存在方式,现在似乎成了一个需要认真检验的问题。从表面上看,这里似乎不再存在一种能要求其自身存在价值的表现。阅读(Lektüre)是一种纯粹内在性的事件。在阅读中,似乎完全脱离一切境遇和偶然性,而这些境遇和偶然性在公开的朗诵或演出中是存在的。文学所依据的唯一条件就是它的语言传承物以及通过阅读理解这些东西。审美意识用来使自己独立于作品的那种审美区分难道不是通过阅读着的意识的自主性来确认自身的吗?文学似乎是脱离了其本体论价值的散文诗。书本是为一切人而不是为一人的,这是针对每一本书——并不仅仅是针对某本著名的书[27]——而说的。

[但这是对于文学的正确看法吗?或者说,这种看法最终是来源于一种出自疏异了的教化意识的逆向投影(Rückprojektion)吗?毫无疑问,文学作为阅读的对象乃是一种后来出现的现象。但是,文学这词不是指阅读,而是指书写,这决不是没有理由的。最新的研究(如帕里[200]和其他人)——这种研究使得我需要对我以前所写的这段文字进行改写[201]——已经更改了浪漫派关于荷马以前的叙事诗是口诵的看法,因为我们知道了阿尔巴尼亚的叙事诗有着长期口诵的历史。凡有文字的地方,文字固定史诗的工作也出现了。"文学"产生于行吟诗人的工作,当然这不是指作为阅读材料的文学,而是指作为朗诵材料的文学。无论如何,当我们看到阅读对于朗诵的优先性时(如我们以后所观察的),这并不是什么根本新的东西(我们或许想到了亚里士多德对剧院的忽视)。]

只要阅读是一种有声朗读,这一点便是直接明显的。但是,显然并不存在与无声阅读区别的严格界限;所有理解性的阅读始终是一种再创造和解释。重音、节奏以及诸如此类东西也属于全无

---

[27] 弗里德里希·尼采:《查拉图斯特拉如是说,为一切人而不是为一人的书》。

声的阅读。意义性事物以及对它们的理解是如此紧密地与语言的实际物理性能相联,以致理解总包含一种内在的言语活动。

如果情况是这样,我们就根本不能回避这一结论:文学——例如,文学自身独特的艺术形式即小说——在阅读中就具有一种同样原始的存在,有如被行吟诗人朗读的史诗,或被观赏者观看的绘画一样。据此,书本的阅读仍是一种使阅读的内容进入表现的事件。的确,文学以及在阅读中对它的接受表现了一种最大程度的自由性和灵活性。㉗ 这一点可以通过下面这一事实来证明,即我们并不需要一口气地读完一本书,以致如果我们想继续读它,我们必须重新开始。这种情况与倾听音乐或观看绘画完全不同。但是,这却表明"阅读"是与文本的统一相适应的。

只有从艺术作品的本体论出发——而不是从阅读过程中出现的审美体验出发——文学的艺术特征才能被把握。阅读正如朗诵或演出一样,乃是文学艺术作品的本质的一部分。阅读、朗诵或演出,所有这些东西都是我们一般称之为再创造的东西的阶段性部分,但这种再创造的东西实际上表现了一切流动性艺术(alle transitorische Künste)的原始存在方式,并且对于一般艺术存在方式的规定提供了典范证明。

但是,这可以推出一个进一层的结论。文学概念决不可能脱

㉗ R.英加登在他的《文学艺术作品》(1931 年)中对于文学艺术作品语言层次以及文学词汇视觉效应的灵活性作了卓越的分析。但也可参见本书第 124 页注释。[目前我已经发表了一系列的研究论文。参见"在现象学和辩证法之间——一种自我批判的尝试",载我的著作集,第 2 卷,但首先是该卷印出的论文"文本和解释"以及我的著作集第 8 卷将收集的一些论文。]

离接受者而存在。文学的此在并不是某种已疏异了的存在的死气沉沉的延续,好像这种存在可以作为同时发生的东西提供给后代体验实在的。文学其实是一种精神性保持和流传的功能,并且因此把它的隐匿的历史带进了每一个现时之中。从亚历山大语文学家所创立的古代文学构造法则开始,"古典作品"的复制和保持的整个结果,乃是一种富有生气的文化传统,这种传统不只是保存现存的东西,而且承认这种东西为典范,把它们作为范例流传下来。在所有的趣味变迁中,我们称之为"古典文学"的整个范围一直作为一切后来人(直至古代和现代莫须有之争的时代以及其后的时代)的永恒范例而存在。

正是历史意识的发展,才使得世界文学这一富有生气的统一体从其规范性统一要求的直接性中转变成为文学史的历史探究。但是,这是一个未结束的、或许从不可完结的过程。众所周知,歌德用德语第一次提出了世界文学(Weltliteratur)这个概念,㉕但是对于歌德来说,这一概念的规范性意义还是理所当然的。这一意义即使在今天也还没有消失,因为今天我们还对一部具有永恒意义的作品说它属于世界文学。

属世界文学的作品,在所有人的意识中都具有其位置。它属于"世界"。这样一个把一部属世界文学的作品归于自身的世界可以通过最遥远的间距脱离生育这部作品的原始世界。毫无疑问,这不再是同一个"世界"。但是即使这样,世界文学这一概念所包

㉕ 歌德:《艺术和古代社会》,纪念版,第38卷,第97页;以及1827年1月31日与爱克曼的谈话。

含的规范意义仍然意味着：属于世界文学的作品，尽管它们所讲述的世界完全是另一个陌生的世界，它依然还是意味深长的。同样，一部文学译著的存在也证明，在这部作品里所表现的东西始终是而且对于一切人都有真理性和有效性。因此世界文学绝不是那种按作品原本规定构造该作品存在方式的东西的一种疏异了的形式。其实正是文学的历史存在方式才有可能使某种东西属于世界文学。

以作品归属于世界文学来给出的规范性标志，现在把文学现象带到了一个新的视点中。因为，如果只有那种以其自身价值可以列入文学创作或语言艺术作品行列中的文学作品才可以被承认属于世界文学，那么从另一方面看，文学概念就远远比文学艺术作品概念来得宽广。所有语言传承物都参与了文学的存在方式——这不仅指宗教的、法律的、经济的、官方的和私人的各种文本，而且也指这些传承下来的文本被科学地加以整理和解释的著作，也就是说，整个精神科学。的确，只要科学探究与语言有本质的联系，那么所有科学探究都具有文学的形式。正是一切语言性东西的可书写性（Schriftfähigkeit），才使得文学具有最宽广的意义范围。

现在我们可以探究，我们关于艺术存在方式所获知的东西，是否还根本地适用于文学的这种宽广意义。我们是否必须把我们上面提出的文学的规范性意义保留给那些可被认为是艺术作品的文学作品呢？我们是否只可以对这些文学作品说它们分享艺术的存在价值呢？是否所有其他的文著作品存在形式都不分享艺术的存在价值呢？

或者说，在这里并不存在一个如此明确的界限吗？实际上有这样的科学著作存在,这些科学著作凭借其文字的优美使自己实现了那种可被视为文学艺术作品和可属于世界文学之列的要求。这一点从审美意识角度来看是明显的,因为审美意识在艺术作品中并不把其内容意义、而只把其造型质量认为是决定性的。但是,自从我们对审美意识的批判从根本上限制了这种观点的有效范围之后,这种关于文学艺术和文著作品之间的区别原则对于我们来说就有问题了。我们已经看到,审美意识并不是一下子把握一部文学艺术作品的本质性真理的。文学艺术作品其实与所有文著作品文本有共同之点,即它是用它的内容意义向我们述说的。我们的理解并不特别关注于作品作为艺术作品应具有的形式成就,而是关注于作品究竟向我们述说了些什么。

就此而言,文学艺术作品和任何其他文著作品文本之间的差别就不是一种如此根本性的区别。的确,在诗歌语言和散文语言之间存在差别,而且在文学性的散文语言和"科学性的"语言之间也存在差别。毫无疑问,我们可以从著作塑造(literarische Formung)观点来观察这些差别。但是,这些不同的"语言"之间的本质区别显然存在于别处,即存在于这些语言所提出的真理要求的差异之中。只要语言塑造使得应当被陈述的内容意义得以发挥作用,所有文著作品之间都存在一种深层的共同性。所以,对文本的理解,例如历史学家所进行的理解,与艺术经验根本不是全然不同的。如果在文学概念中不仅包括了文学艺术作品,而且一般也包括一切文字传承物,那么这绝不是一种纯粹的偶然。

无论如何,艺术和科学相互渗透的情况绝不是偶然地存在于文著作品现象中的。文著作品存在方式具有某种唯一性的不可比较的东西。文著作品存在方式提出了一种转为理解（Umsetzung in Verstehen）的特殊任务。没有什么东西有如文字这样生疏而同时需要理解。甚至与操陌生语言的人的接触，也不能与这样一种生疏性和陌生性相比较，因为不论表情语言还是发音语言总包含直接理解的元素。文字以及分享文字的东西即文著作品，就是转移到最生疏事物中去的精神理解性。没有什么东西像文字这样是纯粹的精神踪迹，但也没有什么东西像文字这样指向理解的精神。在对文字的理解和解释中产生了一种奇迹：某种陌生的僵死的东西转变成了绝对亲近的和熟悉的东西。没有一种我们往日所获得的传承物能在这方面与文字相媲美。往日生活的残留物，残存的建筑物、工具、墓穴内的供品，所有这些都由于受到时间潮水的冲刷而饱受损害——反之，文字传承物，当它们被理解和阅读时，却如此明显地是纯粹的精神，以致它们就像是现在对我们陈述着一样。因此阅读的能力，即善于理解文字东西的能力，就像一种隐秘的艺术，甚至就像一种消解和吸引我们的魔术一样。在阅读过程中，时间和空间仿佛都被抛弃了。谁能够阅读留传下来的文字东西，谁就证实并实现了过去的纯粹现时性。

因此，尽管所有审美上的界限划分，最宽广的文学概念在我们所确定的关系中仍是有效的。正如我们能够指明的，艺术作品的存在就是那种需要被观赏者接受才能完成的游戏。所以对于所有文本来说，只有在理解过程中才能实现由无生气的意义痕迹向有生气的意义转换。因此我们必须探讨这样的问题，即被证实为艺术经验的东西是否也整个适用于对文本的理解，是否也适用于对那些不是艺术作品的东西的理解。我们已看到，艺术作品是在其所获得的表现中才完成的,并且我们不得不得出这样的结论,即所有文学艺术作品都是在阅读过程中才可能完成。这一点是否也适用于对所有文本的理解呢?所有文本的意义是随着理解者的接受才完成的吗?换句话说,是否像倾听属于音乐的意义事件那样,理解也是属于文本的意义事件?如果我们像再创造性艺术家对待他的原型那样极端灵活地对待文本的意义,这还能叫做理解吗?

d) 作为诠释学任务的重构和综合

研讨对文本的理解技术的古典学科就是诠释学。如果我们的考虑是正确的,那么诠释学的真正问题与人们一般所认为的是完全不同的。诠释学问题指明的方向与我们对审美意识的批判把美学问题移入其中的方向是相同的。事实上,诠释学本来就必须这样宽泛地加以理解,它可以包括整个艺术领域及其问题。正如任何其他的需要理解的文本一样,每一部艺术作品——不仅是文学作品——都必须被理解,而且这样一种理解应当是可行的。因此诠释学意识获得一个甚至超出审美意识范围的广泛领域。美学必须被并入诠释学中。这不仅仅是一句涉及到问题范围的话,而且从内容上说也是相当精确的。这就是说,诠释学必须整个反过来这样被规定,以致它可以正确对待艺术经验。理解必须被视为意义事件的一部分,正是在理解中,一切陈述的意义——包括艺术陈述的意义和所有其他传承物陈述的意义——才得以形成和完成。

在19世纪,诠释学这个原本古老的神学和语文学辅助学科经历了一个重要的发展,这一发展使得诠释学成为整个精神科学活动的基础。诠释学从根本上已经超出了它原来的实用目的,即使人们能够理解文著作品文本或使这种理解简易化。不只是文字传承物是生疏的、需要重新更正确地加以同化,而且所有那些不再直接处于其世界而又于该世界中并对该世界进行表述的一切东西——这就是说,一切传承物、艺术以及往日的其他精神创造物、法律、宗教、哲学等等——都脱离了它们原来的意义,并被指定给了一个对它们进行解释和传导的神灵。我们与希腊人一样,把这种神灵称之为赫尔墨斯(Hermes),即上帝的信使(Götterboten)。正是历史意识的出现,才使得诠释学在精神科学范围内起了根本的作用。但是,我们必须探究这样一个问题:诠释学所提出的问题的整个涉及面,如果从历史意识的前提出发,是否能正确地被我们所把握。

迄今为止对这个领域的探讨——这首先是由威廉·狄尔泰为精神科学奠定诠释学基础的工作[24]以及他对诠释学起源的研究[25]所规定的——已经以其特定的方式确立了诠释学问题的范围。我们现在的任务就是要摆脱狄尔泰探究的这种占统治地位的影响,摆脱由他所创立的"精神史"(Geistesgeschichte)的偏见。

为了预先指明诠释学问题所涉及的范围,并把我们迄今为止探究的重要结论与我们现在重新扩大的问题结合在一起,首先让我们考虑一下由艺术现象提出的诠释学任务。虽然我们非常清楚地指明了"审美区分"乃是一种抽象、它并不能够舍弃艺术作品对其世界的隶属关系,然而下面这一点仍然是不容置疑

---

[24] 威廉·狄尔泰:《全集》,第7卷、第8卷。
[25] 同上书,第5卷。

的,即艺术从不只是逝去了的东西,艺术能够通过它自身的现时意义(Sinnpräsenz)去克服时间的距离。就此而言,艺术从这两方面为理解提供了卓越例证。艺术虽然不是历史意识的单纯对象,但是对艺术的理解却总是包含着历史的中介。那么面对艺术,诠释学的任务该怎样规定呢?

对于这个问题的两种可能回答的极端情形在施莱尔马赫和黑格尔那里表现了出来。我们可以用**重构**(Rekonstruktion)和**综合**(Integration)两个概念来描述这两种回答。[202] 不论对施莱尔马赫还是对黑格尔来说,一开始就存在着面对传承物的某种失落和疏异化的意识,这种意识引起他们的诠释学思考。然而,他们却以非常不同的方式规定了诠释学的任务。

施莱尔马赫——他的诠释学理论我们以后还要加以讨论——完全关注于在理解中重建(wiederherstellen)一部作品的原本规定。因为从过去流传给我们的艺术和文学已被夺去其原来的世界。正如我们在分析中所指出的,这一点既适用于所有艺术,当然也适用于文字性艺术,但是在造型艺术里表现得特别明显。所以施莱尔马赫写道:"当艺术作品进入交往时,也就是说,每一部艺术作品其理解性只有一部分是得自于其原来的规定",它们就不再是自然的和原来的东西。"因此当艺术作品原来的关系并未历史地保存下来时,艺术作品也就由于脱离这种原始关系而失去了它的意义。"他甚至直截了当地说:"因此,一部艺术作品也是真正扎根于它的根底和基础中,扎根于它的周围环境中。当艺术作品从这种周围环境中脱离出来并转入到交往时,它就失去了它的意义。它就像某种从火中救出来但具有烧伤痕迹的东

西一样。"㉖

由此不是就能得出艺术作品只有在它原来所属的地方才具有其真实的意义吗？因而对于艺术作品的意义的把握不就是一种对原本的东西的重建吗？如果我们知道并承认艺术作品不是审美体验的永恒对象，而是属于一个完满地规定其意义的"世界"，那么随之而来的结论似乎就是：艺术作品的真实意义只有从这个"世界"、首先是从它的起源和发祥地出发才能被理解。对艺术作品所属的"世界"的重建，对原本艺术家所"意指"的原来状况的重建，以原本的风格进行的表演，所有这些历史重构的手段都要求揭示一部艺术作品的真正意义，并阻止对它的误解和错误的引申——这实际上就是施莱尔马赫的思想，他的整个诠释学就是暗暗地以这种思想为前提。按照施莱尔马赫的看法，只要历史知识追溯出了偶缘的情况和原本的东西，历史知识就开辟了弥补所丧失的东西和重建传承物的道路。所以，诠释学的工作就是要重新获得艺术家精神中的"出发点"（Anknüpfungspunkt），这个出发点将使一部艺术作品的意义得以完全理解，这正像诠释学通过努力复制作者的原本创作过程而对本文所做的工作一样。

对于一部流传下来的作品借以实现其原本规定的诸种条件的重建，对理解来说，无疑是一种根本性的辅助工程。但是我们必须要追问，这里所获得的东西是否真正是我们作为艺术作品的意义（Bedeutung）所探求的东西，以及如果我们在理解中看到了一种第二次创造，即对原来产品的再创造，理解是否就正确地得以规定

㉖ 施莱尔马赫：《美学》，R. 奥德布莱希特编，第 84 页以下。

了？这样一种诠释学规定归根结底仍像所有那些对过去生活的修补和恢复一样是无意义的。正如所有的修复一样,鉴于我们存在的历史性,对原来条件的重建乃是一项无效的工作。被重建的、从疏异化唤回的生命,并不是原来的生命。这种生命在疏异化的延续中只不过赢得了派生的教化存在。新近广泛出现的趋势,即把艺术作品从博物馆中再放回到其规定的本来之处,或者重新给予建筑纪念物以其本来的形式,只能证明这一点。甚至由博物馆放回到教堂里去的绘画或者按其古老状况重新设立的建筑物,都不是它们原本所是的东西——这些东西只成了旅游观光者的意愿。与此完全一样,这样一种视理解为对原本东西的重建的诠释学工作无非是对一种僵死的意义的传达。

与此相反,黑格尔提出了另一种可能性,即使诠释学工作的得和失相互补充。黑格尔极其清楚地意识到所有修复的无效性,当他鉴于古代生活及其"艺术宗教"的衰亡而写道[27]:缪斯的作品"现在就是它们为我们所看见的那样,——是已经从树上摘下的美丽的果实,一个友好的命运把这些艺术品给予了我们,就像一个姑娘端上了这些果实一样。这里没有它们具体存在的真实生命,没有长有这些果实的树,没有土壤和构成它们实体的要素,也没有制约它们特性的气候,更没有支配它们成长过程的四季变换——同样,命运把那些古代的艺术作品给予我们,但却没有把那些作品的周围世界给予我们,没有把那些作品得以开花和结果的伦理生活的春天和夏天一并给予我们,而给予我们的只是对这种现实性的朦

---

[27] 黑格尔:《精神现象学》,霍夫迈斯特编,第524页。

胧的回忆"。而且黑格尔还把后人对待流传下来的艺术作品的态度称之为"外在的活动","这种活动类似于从这些果实中擦去雨珠或尘埃,并且在环绕着、创造着和鼓舞着伦理生活的现实性的内在因素上建立了它们的外部存在、语言、历史性等等僵死因素之详尽的架构,这并不是为了让自身深入生活于它们之中,而只是为了把它们加以表象式的陈列"。㉗ 黑格尔这里所描述的东西,正是施莱尔马赫的历史保存要求所包含的东西,不过在黑格尔这里,这些东西一开始就具有一种否定性的强调。对于那些充实艺术作品意义的偶缘性东西的研究,并不能重新产生这些作品。作品仍是从树上摘下的果实。我们通过把这些东西放回到它们的历史关系中去所获得的,并不是与它们活生生的关系,而是单纯的表象关系。黑格尔这里并不是否认对往日艺术采取这种历史态度是一个合理的工作,而是说明了艺术史研究的原则,这个原则在黑格尔看来,像所有"历史的"活动一样,无疑是一种外在的活动。

不过,按照黑格尔的看法,只要精神看到了自身在历史中以一种更高的方式表现出来,那么面对历史也包含面对艺术史的思维着的精神的真正使命,就不会是一种外在的活动。在进一步描述那位端上了从树上摘下的果实的姑娘时,黑格尔继续写道:"但是,正如那位把摘下来的果实捧出给我们的姑娘超过那个提供它们的

㉗ 但是,黑格尔的《美学》中有段话(霍托版,第Ⅱ卷,第 233 页)表明,对于黑格尔来说,"自身深入生活于"(das Sichhineinleben)也并不是一种解决办法:"这是毫无用处的,即实质上去适应过去的世界观,也就是说,企图通过例如做一个天主教徒,去安居于那些世界观中的一种。这就像现代许多人为了让自己的精神得以安宁而对艺术所做的……"。

条件和元素、树木、空气、日光等等并且直接生长出它们来的自然界，因为她是以一种更高的方式把所有这些东西聚集到具有自我意识的眼神和呈递的神情的光芒之中，同样，把那些艺术作品提供给我们的命运之神也超过了那个民族的伦理生活的现实性，因为这个精神就是那个外在化于艺术作品中的精神的内在回忆（Er-Innerung）——它是悲剧的命运之神，这命运把所有那些个别的神灵和实体的属性集合到那唯一的万神庙中，集合到那个自己意识到自己作为精神的精神中。"[203]

这里，黑格尔就超出了理解问题在施莱尔马赫那里所具有的整个范围。黑格尔把理解问题提高到这样一个基础上，正是在这个基础上他建立了他的作为绝对精神最高形式的哲学。在哲学的绝对知识中，精神的那种自我意识就完成了，那个精神，正如引文中所说的，"以一种更高的方式"在自身中把握了艺术的真理。因此对于黑格尔来说，正是哲学，也就是说，精神的历史性的自我渗透，才实现了诠释学的使命。哲学是历史意识的自我遗忘的最极端的对立面。对于哲学来说，表象的历史态度转变成了对于过去的思维态度。这里黑格尔说出了一个具有决定性意义的真理，因为历史精神的本质并不在于对过去事物的恢复，而是在于与现时生命的思维性沟通(in der denkenden Vermittlung mit dem gegenwärtigen Leben)。如果黑格尔不把这种思维性沟通认作某种外在的和补充性的关系，而是把它与艺术真理本身同等看待，那么他就是正确的。这样，黑格尔就在根本上超过了施莱尔马赫的诠释学观念。只要我们去探讨艺术和历史中展现出来的真理问题，艺术真理问题就迫使我们去进行对审美意识和历史意识的批判。[204]

第二部分

真理问题扩大到精神科学里的理解问题

"谁不认识某物,谁就不能从它的词得出它的意义。" I 177
——M. 路德 *

I
历史的准备

1. 浪漫主义诠释学及其在历史学中的应用质疑

a) 诠释学在启蒙运动和浪漫主义时期之间的本质转变

假如我们认识到以跟随黑格尔而不是施莱尔马赫为己任,诠释学的历史就必须有全新的着重点。它的最终完成不再是历史理解摆脱一切独断论的先入之见,而且我们也将不能再按照狄尔泰跟随施莱尔马赫所描述的方式来看待诠释学的产生。我们必须从狄尔泰所开创的道路走向新的道路,并找寻另一种不同于狄尔泰的历史自我意识所追求的目的。可是,我们将完全不考虑独断论对诠释学问题的兴趣,这种兴趣早先是由《旧约圣经》提供给早期教会的,[①]我们将满足于追随近代诠释学方法的发展,而这种发展

---

  * WA 饭桌谈话 5;26,11—16,编号 5246。
  [①] 我们可以考虑奥古斯丁的《基督教教义》,参见最近 G. 埃贝林的论文"诠释学",载《历史和当代的宗教》,第 3 版。

最后导致历史意识的形成。

α) 浪漫主义诠释学的前史

理解(Verstehen)和解释(Auslegung)的技艺学曾经由于一种类似的动机而沿两条路线——神学的和语文学的——加以发展。[205]正如狄尔泰很好地指出的,②神学诠释学的产生是由于宗教改革家要维护自己对《圣经》的理解以反对特利恩特宗派[206]神学家的攻击及其对传统必要性的辩护,而语文学的诠释学则是作为复兴古典文学这一人文主义要求的工具。这两条路线都是关系到重新发现(Wiederentdeckung),而且是重新发现某种并非绝对不知道、但其意义已成为陌生而难以接近的东西:古典文学虽然经常地作为人文教材出现,但完全被归并入基督教的世界;同样,《圣经》虽然也是教会经常阅读的圣书,但对它的理解则是由教会的独断论传统所规定的,而且按照宗教改革家的论证,是被教会的独断论传统所掩盖了的。在古典文学和《圣经》这两个历史传承物中所涉及的都是陌生语言,而不是罗马中古时代的那种普遍的学者语言,因此要对原本获得的传承物进行研究,就必须精通希腊文和希伯来文,并且还必须纯化拉丁文。在这两个传承物领域内,诠释学的要求就是通过精巧的程序为人文主义文学和《圣经》提示其文本的原本意义。具有决定性意义的事件是,通过路德[207]和梅兰希顿[208],人文主义传统和宗教改革的诱因结合了起来。

《圣经》诠释学的前提——就《圣经》诠释学作为现代精神科学

---

② 狄尔泰:《诠释学的起源》,载《狄尔泰全集》,第5卷,第317—338页。[目前狄尔泰的很有价值的原件发表在《施莱尔马赫传》第2卷里。参见我的评论,载我的著作集,第2卷(《真理与方法》,第3版后记),第463页以下。]

I 历史的准备

诠释学的前史而言——是宗教改革派的《圣经》自解原则（das Schriftprinzip）。路德的立场③大致如下：《圣经》是自身解释自身（sui ipsius interpres）。我们既不需要传统以获得对《圣经》的正确理解，也不需要一种解释技术以适应古代文字四重意义学说，《圣经》的原文本身就有一种明确的、可以从自身得知的意义，即文字意义（sensus literalis）。特别是隐喻的方法——这种方法以前对于《圣经》学说的教义统一似乎是不可缺少的——现在只有在《圣经》本身已给出了隐喻意图的地方才是有效的。所以在讲到隐喻故事时它才适合。反之，《旧约圣经》却不能通过一种隐喻的解释而获得其特殊的基督教要义。我们必须按照字义理解它，而且正是由于我们按照字义去理解它，并把它视为基督拯救行为所维护的法则的表现，《旧约圣经》才具有一种基督教义的重要性。

当然，《圣经》的字面意义并非在任何地方和任何时候都是明确可理解的。因为正是《圣经》的整体指导着对个别细节的理解，反之，这种整体也只有通过日益增多的对个别细节的理解才能获得。整体和部分这样一种循环关系本身并不是新的东西。古代的

---

③ 路德派解释《圣经》的诠释学原则，在 K. 霍尔之后，主要是被 G. 埃贝林加以深入研究（G. 埃贝林《福音派的〈圣经〉解释——路德诠释学探究》〔1942年〕和"路德诠释学的发端"〔《神学和教会杂志》，第48卷，1951年，第172—230页〕，以及最近发表的"上帝的话和诠释学"〔《神学和教会杂志》，第56卷，1959年〕）。我们这里只是一种概括性的说明，目的是突出一些必要的看法，并解释诠释学进入历史学（这是18世纪出现的）的转变。关于"只有一部《圣经》"（Sola scriptura）的本身问题，也可参见 G. 埃贝林的"诠释学"，载《历史和当代的宗教》，第3版。［参见 G. 埃贝林《词与信仰》，第2卷，蒂宾根，1969年，第99—120页。也可参见我的论文"古典诠释学和哲学诠释学"，载我的著作集，第2卷，第92—117页；以及 H.-G. 伽达默尔和 G. 伯姆合编的《哲学诠释学》，法兰克福，1976年。］

修辞学就已经知道这种关系，它把完满的讲演与有机的身体、与头和肢体的关系加以比较。路德和他的追随者④把这种从古代修辞学里所得知的观点应用到理解的过程，并把它发展成为文本解释的一般原则，即文本的一切个别细节都应当从上下文（contextus）即从前后关系以及从整体所目向的统一意义、即从目的（scopus）去加以理解。⑤

由于宗教改革派的神学是为了解释《圣经》而依据于这种原则，从自身方面它当然仍束缚于一种本身以独断论为基础的前提。它预先假设了这样一个前提，即《圣经》本身是一种统一的东西。从18世纪所确立的历史观点来判断，宗教改革派的神学也是独断论的，它排除了对《圣经》的任何可能考虑到其文本相互关系、目的

---

④ 在弗拉丘斯那里也可找到 caput（头）和 membra（肢体）的比较。

⑤ 与诠释学的起源一样，系统概念（Systembegriff）的起源显然也是基于同样的神学方面的原因。对此，O. 里奇尔的探究《科学语言词汇史和哲学方法论里的系统和系统方法》（波恩，1906年）是非常有教益的。他的研究表明，宗教改革派的神学由于不再愿意成为独断论传统的百科全书式的加工物，而是想根据《圣经》里的重要章节（共同之处）对基督教学说重新加以组织，从而趋于系统化——这样一种观点是有双重意义的，假如我们想到系统这一词是后来在17世纪哲学里出现的话。在17世纪哲学里，也是某种新的东西破坏了经院哲学的整个科学的传统结构，这就是新兴的自然科学。这种新的成分迫使哲学趋于系统化，即协调旧的东西和新的东西。自那时以来已成为一种方法论上必不可少的哲学工具的系统概念同样在近代初期哲学和科学的分裂中有其历史根源。系统概念之所以表现为某种显然是为哲学所需要的东西，只是因为哲学和科学的这种分裂自那时以来就向哲学提出了它的经常的任务。[关于系统一词的语义史：最早出现于《爱比诺米斯》991e，在这里系统（σύστημα）一词是与数（ἀριθμός）及和谐（ἁρμονία）相联系的，这似乎是从数的关系和声的关系转到天体秩序（参见《早期斯多葛派著作残篇》，片断Ⅱ，168,11以下）。我们也可以考虑赫拉克利特的想法（《前苏格拉底哲学家残篇》，第12篇，B54）：不协调出现于和谐的间隔"被克服"（überwunden）。与分裂相结合，这一点同样也出现在天文学和哲学的"系统"概念里。]

和组织结构的正当的个别解释。

而且,宗教改革派的神学似乎也是不彻底的。由于它最后要求以新教派的信仰形式作为理解《圣经》统一性的指南,它也抛弃了《圣经》自解原则——尽管这一原则曾有利于某种诚然是短暂的宗教改革传统。所以,不仅是反对宗教改革派的神学,而且就是狄尔泰本人也对它进行了批判。⑥ 狄尔泰从一种历史精神科学的完全自我感觉出发,曾讽刺性地评注了新教派诠释学的这些矛盾。不过,我们还将提出这样的问题,即这种自我意识——这正涉及到《圣经》诠释学的神学意义——是否真正是有根据的,由文本自身来理解文本的语文学-诠释学原则是否本身也有某种不能令人满意的东西,是否总是需要从独断论主导思想那里得到一种一般不承认的补充。

在历史上的启蒙运动完全测度了这一问题的可能性之后,今天这个问题才可能被提出来。狄尔泰对于诠释学起源的研究发展了一种明显一致的、按照近代科学概念是令人信服的关系。首先,诠释学必须使自己解除一切独断论的限制,解放自己,以便使自己能提升到历史研究原则的普遍意义。这发生在18世纪,当时像塞梅勒[209]和埃内斯蒂[210]这样的大人物已认识到,要正确地理解《圣经》,必须以承认它的作者之间的差别和放弃教义的独断论统一性为前提。由于这种"使解释从教条中解放出来"(狄尔泰),基督教神圣著作集开始被看作具有历史源泉的著作集,它们作为文

---

⑥ 参见《狄尔泰全集》,第2卷,第126页,注释3,关于理查德·西蒙对弗拉丘斯所进行的批判。

字的著作不仅必须遵从语法的解释,而且同时也要遵循历史的解释。⑦ 由整体关系来进行的理解现在也必须要求历史地再现文献所属的生活关系。旧有的以整体来理解个别的解释原则现在不再关系到和限制于教义的独断论统一,而是涉及到全部的历史实在,而个别的历史文献正构成这种实在整体的部分。

正如现在在神圣著作或世俗著作的解释之间不再有任何差别,因而只存在一种诠释学一样,这种诠释学最终不仅对一切历史研究有一种预备的作用——如作为正确解释古文字的技术——而且也包含整个历史研究事业本身。因为古文献中的每一个语句只能够从上下文关系加以理解,这不仅适合于古文字,而且也适合于它们所报道的内容。语句的意义本身不是固定不变的。历史研究的个别对象(不论是重大的还是微不足道的)得以表现自身真正的相对意义的世界史关系本身就是一个整体,只有借这一整体,一切个别东西的意义才能得以完全理解,反之,也只有通过这些个别东西,整体才能得到完全的理解:世界史好像就是一部大部头的晦涩不明的书,是用过去的语言所撰写的一部人类精神的集体著作,它的本文应当被我们所理解。历史研究是按照它所利用的语文学解释模式理解自身。我们将看到,这种模式事实上就是狄尔泰用以建立历史世界观的范式。

所以,在狄尔泰看来,诠释学仅当从服务于一种教义学任

---

⑦ 塞梅勒——他曾提出这种要求——当然以此还意味着服从《圣经》的拯救意义,因为历史地理解《圣经》的人"现在也能够按照一种由不同的时代和我们周围人的另一种不同的环境所决定的方式讲到这些对象"(引自 G. 埃贝林:"诠释学",载《历史和当代的宗教》,第 3 卷)——即那种服务于 applicatio(应用)的历史研究。

务——对于基督教神学家来说，这是一项正确宣告新教福音的任务——转向历史推理法作用时，它才获得自己真正的本质。但是，如果狄尔泰所追随的历史启蒙运动的理想应被证明是一种幻觉的话，那么他所概述的诠释学的前史也将得到一种完全不同的意义；因此，历史意识的转向就不是指它从教条桎梏中的解放，而是指它的本质的转变。这种情况也完全适合于语文学-诠释学。因为语文学的考证术（ars critica）首先就是以未加反思的古希腊罗马文化的典范性为前提的，语文学就是研讨这一时期的传承物。所以当古代和现代之间不再存在明确的榜样和仿效的关系时，语文学-诠释学就必须进行本质的转变。这种情况可以通过古今之争（die querelle des anciens et des modernes）来加以证明，这场古今之争乃是从法国古典主义一直到德国古典时期这一整个时代的普遍主题。这一主题发展了历史反思，这种反思终于摧毁了以古希腊罗马文化为典范的要求。所以，就语文学和神学这两条路线而言，它们都经历了同样的发展过程，这种发展终于导致建立普遍诠释学的想法，对于这种普遍诠释学来说，传承物的特殊典范性不再表现为诠释学任务的先决条件。

诠释学这门科学的发展，如施莱尔马赫在与语文学家F. A. 沃尔夫[211]和F. 阿斯特[212]的争论以及继续发展埃内斯蒂的神学诠释学时所作出的，也并不只是理解技术历史本身中的一种继续的步伐。实际上这种理解技术历史本身自从古典语文学的时代以来就已经被理论反思所伴随。不过，这种理论反思具有一种"技艺学"（Kunstlehre）的性质，即它想服务于理解技术，有如修辞学服务于演讲技术，诗学服务于作诗的技巧和品鉴。就这个意义而言，教父时代的神学诠释学和宗教改革时代的神学诠释学也都是一种技艺学。但现在这样一种理解已成问题了。这个问题的普遍性证明了:理解已经变成了一种具有新意义的任务,因此理论反思也获得了一种新意义。理论反思不再是一门服务于语文学家实践或神学家实践的技艺学。的确,施莱尔马赫最后仍称他的诠释学为"技艺学",但他是在一种完全不同的重要意义上这样称呼的。他试图越过神学家和语文学家的要求而返回到思想理解的更原始的关系,从而去获取神学家和语文学家所共用的方法的理论基础。

语文学家——施莱尔马赫的直接先驱——当时仍站在不同的立场上。对于他们来说,诠释学是由要理解的东西的内容所规定的——并且,这是古代-基督教文学不言而喻的统一性。阿斯特的普遍诠释学的目的是论证:"希腊和基督教时代所产生的生活的统一性"表现了一切"基督教人文主义者"根本所思想的东西。[⑧]——反之,施莱尔马赫不再在理解所必应用于的传承物的内容统一性里寻求诠释学的统一性,而是摆脱所有内容上的特殊性,在一种甚至不为思想怎样流传的方式(不管是文字的还是口头的,是用陌生的语言还是用自己同时代的语言)所影响的方法统一性中寻求诠释学的统一性。凡是在没有出现直接理解的地方,也就是说,必须考虑到有误解可能性的地方,就会产生诠释学的要求。

施莱尔马赫的普遍诠释学观念就是从这里开始的。这种观念

---

⑧ 狄尔泰正确地注意到这一点,但对此评价不同,他在1859年曾写道:"我们应当很好地注意,语文学、神学、历史和哲学……当时还没有像我们通常所认为的那样产生。可是,既然赫涅曾经使语文学成为一门具体学科,沃尔夫才首先称自己是语文学的学生。"(《青年狄尔泰》,第88页)

产生于这样一种想法,即陌生性的经验和误解的可能性乃是一种普遍的现象。的确,相对于非艺术性的讲话和口头的讲话(口头的讲话好像经常被一种富有生气的语调所解释)来说,在艺术性的讲话和文字固定下来的讲话里,这种陌生性更大,这种误解也更容易。但是,诠释学任务向"有意义的对话"(das bedeutsame Gespräch)的扩展——这对于施莱尔马赫是特别典型的——正表明诠释学本要克服的陌生性的意义相对于迄今为止的诠释学任务观来说曾发生怎样根本的转变。在一种新的普遍的意义上,陌生性与你的个性是不可解开地一起被给予的。

但是,我们不应当把这种表现施莱尔马赫特色的富有生气和才智的人的个性感认作是一种影响他的理论的个人的癖性。这种个性感其实是对所有那些在启蒙运动时期以"合理性的思想"这一名称被认作是人性的共同本质的东西的批判性拒绝,这种个性感迫使施莱尔马赫对传承物的关系采取了一种崭新的观点。[9] 他认为理解的技术需要加以根本的理论考察和普遍的训练,因为不管是根据《圣经》确立的同意还是靠理性建立的同意都不再构成对一切文本理解的独断论的指南。因此,对于施莱尔马赫来说,我们需要为诠释学反思提供一种根本的动因,并因而把诠释学问题置于一个迄今诠释学尚未认识的视域内。

为了对施莱尔马赫给予诠释学历史的这一特殊转折提供正确

---

[9] 克里斯蒂安·沃尔夫及其学派合乎逻辑地把"一般解释技术"算作哲学,因为"一切最后都集中于:如果我们理解了他人所讲的话,那么我们就可能认识和检验他们的真理"(瓦尔希,165)。本特利同样也这样主张,他曾要求语文学家:"他的唯一的向导是理性——即作者思想之光及其强制的力量"(引自韦格纳:《古代文化研究》,第94页)。

的背景知识,让我们考虑一个施莱尔马赫自己尚未完全处理的问题。这一问题虽然自从施莱尔马赫以来完全从诠释学的探究中消失了(这奇特地使狄尔泰对诠释学历史的历史兴趣变得相当狭窄),实际上却支配了诠释学的问题,并且使施莱尔马赫在诠释学历史上的地位能得以理解。我们从这一命题开始:"理解(Verstehen)首先指相互理解(sich miteinander verstehen)。"了解(Verständnis)首先是相互一致(Einverständnis)。所以,人们大多是直接地相互理解的,也就是说,他们相互了解直到取得相互一致为止。了解也总是对某物的了解。相互理解(Sich verstehen)就是对某物的相互理解(Sichverstehen in etwas)。语言已经表明:谈论的东西(Worüber)和涉及的东西(Worin)并不只是一个本身任意的相互理解不必依赖于它的谈论对象,而是相互理解本身的途径和目的。如果两个人是不依赖于这种谈论的东西和涉及的东西而相互理解的,那么这意味着:他们两人不仅是在这一方面或那一方面相互理解,而且在统一人类的所有本质事物方面都相互理解。只有在任何人都能意指和理解同一事物这种自然生活受到妨碍时,理解才成为特有的任务。哪里产生了误解,或哪里意见表达使人惊奇地感到不可理解,哪里意指事物的自然生活就这样受到阻碍,以致意见由于作为意见——也就是作为他人的意见、你的意见或文本的意见——而一般就成为某种固定的给予的东西。甚至在这里一般所寻求的也是同意(Verständigung)——而不只是了解(Verständnis),这样,我们重新又走到了关于事情的路上。只有当所有这种去路和回路——这些道路构成了对话的艺术、论证的艺术、提问的艺术、回答的艺术、反对和拒绝的艺术,并相对于文本作为探求理解的灵魂的内在对话——都是徒劳的,问题才会重

I 历史的准备

新被提出。只有到此时，理解的努力才注意到你的个性，考虑到这种个性的特有性。就一种陌生的语言而论，文本当然永远是一种语法-语言解释的对象，但这只是一种初步的条件。在努力去理解所说的内容时，如果提出他怎样得出他的意见这样的反思问题，那么理解的真正问题显然就被揭开了。因为很清楚，这样一种提问表现了一种完全不同种类的异样性，最终意味着放弃共同的意义。

斯宾诺莎的《圣经》批判对此就是一个卓越的例证（同时也是最早的文献之一）。在《神学政治论》第 7 章里，斯宾诺莎提出了他的基于自然解释的《圣经》解释方法：我们必须从历史资料推出作者的意思（mens）——因为这些书里所讲到的东西（奇迹和启示的故事）都不能从那些我们凭自然理性而知道的原则中推导出来。在这些本身是不可理解的（imperceptibiles）事物中——尽管《圣经》著作整个来说无可争议地具有一种道德的意义——所有重要的东西也都是可以被理解的，只要我们"历史地"理解了作者的精神，也就是说，只要我们克服我们的偏见，除了作者所能想到的意义外不考虑别的东西。[213]

因此，"以作者的精神"来进行历史解释的必要性来自于内容的晦涩暧昧和不可理解性。斯宾诺莎说，从没有人这样解释过欧几里得，以致我们会注意这位作者的生平、研究和习惯（vita, studium et mores），⑩这同样也适用于《圣经》论述道德问题的精神（circa documenta moralia）。只是因为《圣经》的故事里具有不可理解的东西（res imperceptibiles），所以我们对它们的理解才依赖

---

⑩ 对于历史思想的胜利，下述一点是有征兆性的，即施莱尔马赫至少在其诠释学里考虑到有可能按照"主观方面"，从欧几里得的天才思维上来解释欧几里得（151）。

于：我们能够从作者的整个著作去弄清作者的意思（ut mentem auctoris percipiamus）。这里，作者所意味的东西是否符合我们的观点，这事实上是无关紧要的——因为我们所想知道的只是命题的意义（den sensus orationum），而不是它们的真理（veritas）。为此，我们需要排除一切先入之见，甚至是通过我们理性（更正确地说，是通过我们的成见）而得来的东西（§17）。[214]

《圣经》理解的"当然性"（Natürlichkeit）也依赖于这一事实，即明显的东西可以清楚地被理解，不明显的东西可以"历史地"被理解。对事物的真理不能直接理解，就促成走历史研究之路。这样表达的解释原则对于斯宾诺莎自己对《圣经》传统的关系究竟意味着什么，这是另一个问题。无论如何，在斯宾诺莎看来，《圣经》里仅以这种方式可以历史地被理解的东西的范围是很大的，即使整个《圣经》的精神（quod ipsa veram virtutem doceat）是明确的，而明确的东西是具有压倒一切的重要性。

如果我们以这种方式回顾历史诠释学的前史，那么首先要注意的事情是，在语文学和自然科学之间（就它们早先的自我思考而言）存在一种紧密的相应关系，这种相应关系具有双重的意义：一方面，自然科学方法程序的"当然性"被认为也可应用于对《圣经》传统的态度，并且被历史方法所支持；但另一方面，《圣经》诠释学里所运用的语文学技巧，即从上下文关系去理解的技巧的当然性也给予自然研究以一项解释"自然之书"的任务。[11] 就此而言，语

---

[11] 所以培根把他的新方法理解为自然解释（interpretatio naturae），参见本书第353页以下。[也可参见 E. R. 库丘斯：《欧洲文学和罗马中世纪》，伯尔尼，1948年，第116页以下，以及 E. 罗特哈克：《自然之书——隐喻历史的资料和基础》，根据 W. 佩尔佩特编辑加工的《遗著》，波恩，1979年。]

文学的模式对于自然科学方法是具有指导性的。

这反映在这一事实上,即由《圣经》和权威取得的知识正是新兴自然科学必须进行反对的敌人。为反对这一敌人,新兴科学必须具有它自己特有的方法论,这种方法论通过数学和理性导向对本身是可理解的东西的洞见。

正如我们在斯宾诺莎那里所看到的,18世纪对《圣经》进行的彻底的历史批判在启蒙运动的理性信仰中完全有其独断论的基础。同样,历史思维的其他先驱——其中在18世纪有很多现在早已被忘记了名字的人——也曾试图为理解和解释历史著作提供指南。在这些人中间浪漫主义诠释学先驱克拉顿尼乌斯(Chladenius)⑫[215]特别突出,⑬事实上在克拉顿尼乌斯那里,我们发现确立"我们为什么这样而不是那样认识事物"的"观点"(Sehepunkt)这一重要概念,这本是来自光学的概念,显然这位作者是从莱布尼茨那里借用了这一概念。

但是,正如我们从他著作的名称得知的,克拉顿尼乌斯容易给人一种错误的假象,假如我们把他的诠释学看成一种历史方法论的早期形式的话。这不仅指"解释历史著作"的事情对他来说根本不是最重要的事情——在任何情况下这都是关于著作的实际内容的问题——而且也指整个解释问题在他看来基本上都是教育性的,具有偶缘的性质。解释显然与"合乎理性的讲话和著作"有关。对于他来说,解释就是指"增加那些对于完善理解一段原文是必要

---

⑫ 《对合乎理性的讲话和著作的正确解释导论》,1742年。
⑬ 根据 J. 瓦赫(Wach),瓦赫的三卷本著作《理解》完全停留在狄尔泰的视域内。

的概念"。所以,解释并不"指明对一段原文的真正理解",而是明显地被规定为排除原文中那些阻碍学生"完善理解"的晦涩疑点(序言)。在解释中我们必须使自己适应于学生的见解(§102)。

所以,在克拉顿尼乌斯看来,理解和解释不是一回事(§648)。很清楚,对于克拉顿尼乌斯来说,一段原文需要解释,完全是一种例外情况,只要我们知道了一段原文所涉及的东西——不管我们是从原文回忆起这些东西,还是仅通过这段原文才获得对这些东西的知识——我们一般就直接理解了这段原文(§682)。毫无疑问,这里对于理解来说重要的东西仍是对事物的理解(Sachverständnis),即有关实际事物的见解——这绝不是历史学的处置方法,也不是心理学-发生学的处置方法。

不过,这位作者仍然完全相信,只要解释艺术同时证明了解释的正当性,解释艺术就具有一种新的和特殊的迫切性。只要"学生有了与解释者同样的知识"(这样,所要理解的东西无需论证就是清楚明显的),或者"因为对解释者已有了很好的信任",解释显然就没有必要。不过,在他看来,这两个条件在他那时代似乎都不能得以实现,因为就(在启蒙运动的精神影响下)"学生想以他们自己的眼光来看"而言,对解释者不可能有信任,而就随着知识的发展——即随着科学的进展——要理解的事物的奥秘变得愈来愈多而言,学生也不可能有与解释者同样的知识(§668以下)。因此,随着自明的理解(Vonselbst-Verstehen)的消失,诠释学的需要产生了。

这样,本来是偶然的解释动机终于获得了一种根本的意义。克拉顿尼乌斯达到了一个非常重要的结论。他确信,完善地理解一位作者和完善地理解一次讲话或一篇著作并不是同一回事(§86)。理解一本书的标准绝不是知道它的作者的意思。因为"既然人们不能知道任何东西,他们的言辞、讲话和著作便可能意味着某种他们自己未曾想去说或写的东西",因而,"如果我们试图去理解他们的著作,我们可以有理由地去想那些作者自己还未曾想到的东西"。

即使情况相反,即"作者所意味的东西比我们所能理解的东西要多",诠释学的真正任务对于克拉顿尼乌斯来说,也不是最终去理解这些"多出的东西",而是理解书本身的真实的即客观的意思。因为"所有人们的著作和讲话都有某种不可理解的东西"——这就是说,都有某些由于缺乏客观知识而来的晦涩疑点——所以必然需要正确的解释。"对我们无收益的章节可以变成有收益的,"也就是说,"引起了更多的思想"。

不过,我们应当注意,在所有这些方面,克拉顿尼乌斯都没有考虑如何加强《圣经》的注释,而是明显地无视于"神圣的著作",对于这些神圣著作来说,"哲学的解释技术"只是一个过道。他也不想以他的阐述来论证,凡是我们能思考的东西(所有"应用")都属于一部书的理解,而是认为,只有那些符号作者意向的东西才属于一本书的理解。但是对于他来说,这种符合显然不具有那种历史-心理学限制的意义,而是指一种(如他所明确确信的)注释性地考虑新神学的实际符合关系。⑭

β) 施莱尔马赫的普遍诠释学设想

正如我们所看到的,假如我们不再用狄尔泰的观点去看待 19

---

⑭ 这确实适合于塞梅勒,前面注释⑦所引的他的话表明,他的历史解释要求怎样具有神学的意义。

世纪诠释学的前史,这段前史实际上就会显得很不一样。在斯宾诺莎和克拉顿尼乌斯这一方同施莱尔马赫这另一方之间发生了多么大的转变啊!那种促成斯宾诺莎转向历史研究并促使克拉顿尼乌斯在一种完全指向对象的意义上去构造解释技术的不可理解性,对于施莱尔马赫来说,具有了完全不同的普遍的意义。

如我所正确看到的,首先一个重要差别是:施莱尔马赫与其说在讲不理解(Unverständnis),毋宁说在讲误解(Missverstand)。他所想到的东西不再是那种帮助他人或学生理解的解释的教导作用。在他看来,解释和理解是最紧密地交织在一起的,有如外在的话语和内在的话语紧密地交织在一起一样,所有解释的问题实际上都是理解的问题。⑮ 他唯一研讨的是理解的技巧(die subtilitas intelligendi),而不是解释的技巧(die subtilitas explicandi)⑯[对于应用(applicatio)他更是沉默不言⑰]。但是,施莱尔马赫首先明确地区分了宽弛的诠释学实践和严格的诠释学实践,按照宽弛的诠释学实践,理解是自发出现的,而严格的诠释学实践的出发点则是:凡是自发出现的东西都是误解。⑱ 施莱尔马赫的特殊成就——发展一种真正的理解技艺学以代替"观察的聚集"——就是建立在

---

⑮ [这种把理解和解释加以融合的做法——我认为这种做法遭到 D. 希尔施这样的作者所反对——我可能从施莱尔马赫自己那里得到证实。《施莱尔马赫全集》,第 3 系列,第 3 卷,第 384 页(=苏尔康姆普版《哲学诠释学》卷,第 163 页):"解释与理解的区别只是像外在的讲话与内在的话语的区别一样"——这一般就表明思想具有语言性的必然性。]

⑯ 埃内斯蒂在《解释规则》NT(1761 年)第 7 页另外提出的。

⑰ J.J. 兰巴赫:《神学诠释学规则》,1723 年,第 2 页。

⑱ 《诠释学》,§15 和§16,载施莱尔马赫:《著作集》,第 1 系列,第 7 卷,第 29 页以下。

这种区分之上的。这意味着某种崭新的观点。因为从现在开始,我们不再把理解疑难和误解认为是偶然的,而认为是可被排除的组成要素。所以施莱尔马赫下了这样的定义:"诠释学是避免误解的技艺。"这个定义超出了解释实践的偶尔教导作用,使诠释学获得了一种方法论的独立性,因为"误解是自发地出现的,并且理解在任何时刻都必须被欲求和追求"。⑲ 避免误解——"一切任务都包含在这句否定性的话里。"施莱尔马赫在语法学的和心理学的解释规则系统里看到了诠释学的积极的解决办法,因为这套解释规则即使在解释者的意识里也是完全与一切独断论内容束缚相脱离的。

当然,施莱尔马赫并不是第一个把诠释学任务限制于使别人在讲话和著作中所意味的东西成为可理解的人。诠释学技艺从来就不是研讨事物的工具论。这一点使得诠释学从一开始就与施莱尔马赫称之为辩证法(Dialektik)的东西相区别。可是,凡是在我们致力于理解——例如对《圣经》或古典文学进行理解——的地方,我们总是要间接地涉及到隐藏在原文里的真理问题,并且要把这种真理揭示出来。事实上,应当被理解的东西并不是作为某种生命环节的思想,而是作为真理的思想。正是因为这一理由,诠释学才具有一种实际的作用,保留了研讨事物的实际意义。就施莱尔马赫至少基本上使诠释学——在科学系统内——与辩证法相关而言,他是考虑到这一点的。

然而,他给自己制定的任务却是孤立理解过程的任务。他认为诠释学应当独立地成为一门特有的方法论。对于施莱尔马赫来

---

⑲ 《诠释学》,§15 和§16,载施莱尔马赫:《著作集》,第 1 系列,第 7 卷,第 30 页。

说,这种方法论也包含使诠释学摆脱那种在他的先驱者沃尔夫和阿斯特看来构成诠释学本质的受限制的目的。他不承认诠释学应当限制于陌生的语言或书写的文字,"好像在会话和直接的听讲里就不会出现同样的东西"。[20]

这意思还不只是说诠释学问题从理解写下的文字东西扩展到理解一般的讲话,而且它还指明了一种根本的转变。应当被理解的东西现在不只是原文和它的客观意义,而且也包括讲话人或作者的个性。施莱尔马赫认为,只有返回到思想产生的根源,这些思想才可能得到真正的理解。对于斯宾诺莎来说是理解的界限、因而需要转向历史研究的东西,对于施莱尔马赫来说,则是正常的东西,并构成他由以发展其理解学说的前提。他认为"大多被忽视、甚至大部分完全被轻视"的东西,乃是"去理解一系列既作为一种迸发出来的生命环节,又同时作为一种与许多其他人甚至以不同方式相联系的活动的思想"。[21]

这样,在语法的解释之外,施莱尔马赫又提出了心理学的(技术性的)解释——这是他的创造性的贡献。[22] 下面我们将略去施莱尔马赫对于语法解释很有卓识的论述。它们包括既存的语言整体对于著作家、因而也是对于他的解释者所起作用的卓绝论述,以及文学整体对于一部个别著作有怎样的意义的卓绝论述。从最近关于

---

[20] F. 施莱尔马赫:《著作集》,第 3 系列,第 3 卷,第 390 页。

[21] [施莱尔马赫:《著作集》,第 3 系列,第 3 卷,第 392 页(=苏尔康姆普版,第 177 页以下)。]

[22] [参见 M. 弗兰克对我的说法所作的批评以及我在"现象学和辩证法之间——一种自我批判的尝试"里的答复,载我的著作集,第 2 卷,第 13 页以下。]

Ⅰ 历史的准备

施莱尔马赫未发表著作的研究来看,㉓似乎心理学的解释在施莱尔马赫思想的发展中只是逐渐才占据了重要位置。但不管怎样,这种心理学解释对19世纪理论形成——对于萨维尼[216]、伯克[217]、施泰因塔尔[218]、当然首先是对于狄尔泰——产生了决定性的影响。

甚至就《圣经》来说——这里对个别作者的心理学-个性的解释相对于教义学的统一意见和共同意见来说,其意义显得微不足道㉔——施莱尔马赫仍把语文学和教义学之间的方法论差别认为是本质的。㉕ 诠释学包括语法的解释技艺和心理学的解释技艺。但是施莱尔马赫的特殊贡献是心理学解释。这种解释归根结底就是一种预感行为(ein divinatorisches Verhalten),一种把自己置于作者的整个创作中的活动,一种对一部著作撰写的"内在根据"的

Ⅰ 191

㉓ 我们关于施莱尔马赫诠释学的认识至今仍依据于他在1829年科学院的讲演和吕克出版的《诠释学讲义》。这篇讲义是根据1819年的手稿、特别是施莱尔马赫最后10年的讲课笔记形成的。这一外在的事实就已经表明,我们所知道的诠释学理论属于施莱尔马赫思想发展的晚期阶段,而不属于他的早期与弗里德里希·施莱格尔交往的富有成效的时期。这理论——首先是通过狄尔泰——发生了历史的影响。上述讨论也是依据于这些文件,并试图得出它们的本质倾向。但是吕克的版本还保留了一些想指出施莱尔马赫诠释学思想发展的东西,这些东西值得我们注意。在我的建议下,海因茨·基默尔重新整理了收藏在柏林德意志科学院里的未发表的材料,并出版了附有一篇导论的《海德堡科学院论文集》校订本(1959年,修订论文)。H. 基默尔在那里所引的其博士论文中作了一个重要的尝试,他试图重新规定施莱尔马赫思想发展的方向。参阅他在《康德研究》上写的文章,1951年,第4册,第410页以下。[H. 基默尔的新版本看来要付出很大代价才能获得它的权威性,因为相对于吕克编辑的版本(目前重新由M. 弗兰克加以整理,使之易读),基默尔的新版本很少有人读。参见M. 弗兰克(编):《F. D. E. 施莱尔马赫——诠释学与批判》,法兰克福,1977年。]

㉔ 施莱尔马赫:《著作集》,第1系列,第7卷,第262页:"即使我们从不能够完全理解所有《新约》作者的个人的癖性,但最高的任务,即愈来愈完善地把握这些作者之间共同的生命,仍是可能的。"

㉕ 同上书,第1系列,第7卷,第83页。

把握,㉖一种对创造行为的模仿。这样,理解就是一种对原来生产品的再生产,一种对已认识的东西的再认识(伯克),㉗一种以概念的富有生气的环节、以作为创作组织点的"原始决定"(Keimentschluss)为出发点的重新构造(Nachkonstruktion)。㉘

但是,这种孤立地描述理解的做法意味着:我们试图作为言辞或文本去理解的思想构成物(das Gedankengebilde)并不能按照它的客观内容去理解,而是要理解为一种审美构成物、艺术作品或"艺术性的思想"。如果我们坚持这一点,那么我们就会理解,这里为什么根本不是一个与某物(施莱尔马赫的"存在")的关系的问题。施莱尔马赫遵循康德的美学基本规定,他曾说"艺术性的思想""只能按照较大或较小的愉悦而区分",并且"真正说来只是主体的瞬息间的活动"。㉙ 当然,理解任务得以进行的前提是:这种"艺术性的思想"不是一种单纯的瞬息间的活动,而是表现自身。施莱尔马赫在"艺术性的思想"里看到了极妙的生命要素,这些生命要素包含这样大的愉悦,它们突然表现了出来,但是它们仍保留了——不管它们在"艺术性的作品的原型"里引起了怎样强烈的愉悦——个体的思想,这是一种不受存在制约的自由构造。这正是那种使诗意的文本区别于科学的文本的东西。㉚ 施莱尔马赫确实

㉖ 施莱尔马赫:《著作集》,第3系列,第3卷,第355、358、364页。

㉗ 《语言学百科全书和方法论》,布拉土希克编,1886年第2版,第10页。

㉘ 狄尔泰在研究诗人的想象力时曾使用"影响点"(Eindruckspunkt)这一词,并明确把它从艺术家那里转用到了历史学家(第4卷,第283页)。我们以后将解释从思想史观点来看这种转用的意义。转用的基础是施莱尔马赫的生命概念:"但何处有生命存在,那里功能和作用就结合在一起。""原始决定"这一术语见施莱尔马赫:《著作集》,第1系列,第7卷,第168页。

㉙ 施莱尔马赫:《辩证法》(奥德布莱希特编),第569页以下。

㉚ 同上书,第470页。

想以此说明,诗人的言辞不受制于我们上面已经描述过的那种关于某物了解的标准,因为诗中所说的东西不能同它说的方式相分离。例如,特洛伊战争存在于荷马的诗中——一位研究历史客观实在性的人绝不再把荷马读成为诗的言辞。甚至没有人会主张荷马的诗已经通过考古学家的发掘赢得了艺术性的实在。这里应当要理解的东西决不是一种共同的关于事物的思想,而是个体的思想,这种个体思想按其本质是一个个别存在的自由构造、表达和自由表现。

但是,施莱尔马赫独特的地方在于,他在任何地方都追求这种自由创造的元素。甚至刚才我们所讲到的对话也被施莱尔马赫以同样的方式加以区分,除了一种"真正的对话"——这种对话涉及对意义的共同探究(das gemeinsame Wissenwollen des Sinns),是辩证法的原始形式——外,他还讲到了"自由的对话",他把这种对话称之为艺术性的思想。在这后一种对话里,思想的内容"几乎完全不加考虑"——这种对话无非是思想的相互促进("并且除了逐渐地耗尽被描述的过程外,没有任何其他的自然目的"),㉛一种在相互的信息交往中的艺术性的构造。

因为话语不仅是内在的思想产物,而且也是交往关系,本身具有一种外在的形式,所以话语就只是思想的直接显现,而且还预设了思考过程(Besinnung)。当然,这也适合于文字写下的东西,适合于一切文本。一切文字的东西总是通过艺术的表现。㉜哪里话语是艺术,哪里话语也就成了理解。所有话语和所有文本基本上都涉及理解的技艺,即涉及诠释学。这就解释了修辞学(美学的一个分支)和诠释学

㉛ 《辩证法》,第 572 页。
㉜ 《美学》(奥德布莱希特编),第 269 页。

的相属关系：每一种理解活动，按照施莱尔马赫，都是某种话语活动的回返（Umkehrung），即对一种构造的再构造（Nachkonstruktion）。因此，诠释学相应地也是修辞学和诗学的一种回返。

对于诗以这种方式与讲话艺术相联系，③我们可能感到有些奇怪。因为在我们看来，诗这门艺术的标志和地位似乎正在于它那里的语言不是话语，也就是说，诗不依赖于任何一种对话语和所谈东西或所开导东西的理解而具有一种意义和形式的统一性。但是，施莱尔马赫的"艺术性的思想"概念——他把诗艺术和讲话艺术包括在这一概念里——并不涉及产品，而是涉及主体的行为方式。所以，这里话语纯粹地被认为是艺术，它不涉及任何目的和事实关系，它被认为是创造性的生产性的表现。当然，非艺术性的东西和艺术性的东西之间的界线不是明确的，正如非艺术性的（直接的）理解和通过特殊艺术技巧而进行的理解之间的界线是不明确的一样。就这种产品是机械地遵照规律和规则而不是无意识的灵感所生产出来而言，创作过程将被解释者有意识地加以再思考；但就这种产品是个体性的、是天才的真正创造性的产品而言，就不能有这样一种按照规则的再思考。天才自身创造模式和给予规则：他创造新的语言使用方式和新的文学创作形式等等。施莱尔马赫充分考虑到了这种差别。就诠释学这一方面来说，与天才的作品相配应的，它需要预感（Divination）、直接的猜测（das unmittelbare Erraten），这归根结底预先假设了一种与天才水平相当的能力。但是，假如非艺术性的产品和艺术性的产品、机械的产品和天才的产品之间的界限是不确定的（因为个性常常得到表现，因而一种摆脱规则

---

③ 《美学》（奥德布莱希特编），第384页。

支配的天才因素在起作用——如儿童学习语言的情况),那么由此就可推知,一切理解的最后根据一定是一种同质性的预感行为(ein divinatorischer Akt der Kongenialität),这种行为的可能性依据于一切个性之间的一种先在的联系。

这事实上就是施莱尔马赫的前提,即一切个性都是普遍生命的表现,因此"每一个人在自身内与其他任何人都有一点关系,以致预感可以通过与自身相比较而引发出"。因此施莱尔马赫能够说,作者的个性可以直接地被把握,"因为我们似乎把自身转换成他人"。由于施莱尔马赫以这种方式使理解与个性问题相关,诠释学任务在他看来就显现为普遍的任务。因为陌生性和熟悉性这两个极端都是与一切个性的相对差别一起被给出的。理解的"方法"将同样地既注意到共同的东西——通过比较,又注意到个别的东西——通过猜测,这就是说,它既是比较的又是预感的。但是在这两方面,它都是"技艺",因为它不能变成机械地应用规则。预感的东西(das Divinatorische)总是不可缺少的。㉞

基于这种关于个性的美学形而上学,语文学家和神学家所使用的诠释学原则经历了一场重要的改变。施莱尔马赫跟随弗里德里希·阿斯特和整个诠释学-修辞学传统,他承认理解的本质特征之一是:部分的意义总只是由上下文关系、即最终由整体而得出的。显而易见,这个命题适合于对任何语句的语法理解,直至把语句安置在一部文学作品的整体关系之中,甚至安置在整个文学或者有关的文字大类之中——但是施莱尔马赫却把这个命题应用于心理学的理解,心理学理解必须把每一个思想创造物理解为这个人的整个生命关系的一个要素。

㉞ 施莱尔马赫:《著作集》,第1系列,第7卷,第146页以下。

很显然,这在逻辑上产生了一个循环,因为理解个别所依赖的整体并不是先于个别而被给予的——不管这整体是以一种独断论的教规方式(如天主教对《圣经》的理解,或者如我们所看到的,在某种程度上宗教改革派对《圣经》的理解),还是以一种与此相类似的时代精神这一先在概念的方式(如阿斯特假定因果报应作为古代精神的特征)被给出的。

但是,施莱尔马赫解释道,这两种独断论指南不能要求任何先天的有效性,因此它们只是循环的相对限制情况。从根本上说,理解总是一种处于这样一种循环中的自我运动,这就是为什么从整体到部分和从部分到整体的不断循环往返是本质性的道理。而且这种循环经常不断地在扩大,因为整体的概念是相对的,对个别东西的理解常常需要把它安置在愈来愈大的关系之中。施莱尔马赫把他经常运用的两极性的辩证法描述方法应用于诠释学,并根据古老的关于全体和部分的诠释学原则发展这一方法,从而考虑了理解的内在的暂时性和无限性。但是,这种对于他来说富有典型特征的思辨相对性与其说是一个基本原则,毋宁说是关于理解过程的一种描述程式。这表现在他假定了某种似乎完全理解的东西,这种完全理解发生在预感的转换出现、"所有个别东西终于一下子突然地获得了它们的完全照明"之时。

人们可能会问,这种说法(在柏克那里我们也发现了同样意义的说法)应当在严格的意义上去理解呢?还是只是描述了一种相对的理解完全性?的确,施莱尔马赫——甚至更明确的,是威廉·冯·洪堡——把个性看作一种永不能完全解释明白的神秘物。不过,即使上述说法只应相对地被理解,这里为理性和理解所设立的障碍无论如何也不是不可逾越的。它应当被情感(Gefühl),即一种直

I 历史的准备

接的同情性的和同质性的理解所超越。诠释学是一门艺术，而不是机械的过程。所以它使它的作品即理解像一部艺术作品那样臻于完成。

这种基于个性概念的诠释学的界限表现在：施莱尔马赫并不认为语文学和《圣经》诠释学的任务，即理解用陌生语言撰写的、出自过去时代的文本，比任何其他理解在根本上更成问题。的确，按照施莱尔马赫的看法，凡在需要克服时间差距的地方，就有一种特别的任务。施莱尔马赫把这任务称之为"与原来读者处于同一层次"（Gleichsetzung mit dem ursprünglichen Leser）。但是，这种"同一层次的操作"，即从语言方面和历史方面建立这种同层次性的活动，在他看来，只是真正理解活动的一种理想的先决条件，因为他认为，真正的理解活动并不是让自己与原来读者处于同一层次，而是与作者处于同一层次，通过这种与作者处于同一层次的活动，文本就被解释为它的作者的生命的特有表现。施莱尔马赫的问题不是历史的晦涩难理解性这个问题，而是"你"的晦涩难理解性问题。

但是，人们可能会提出这样的问题，即我们是否可能这样区分与原读者建立同层次性的活动和与作者建立同层次性的活动。其实，使自己与原读者处于同一层次的理想先决条件并不是先于真正的理解努力而实现的，而是完全与这种努力交织在一起的。我们不熟悉其语言也不了解其内容的过去时代的文本的意思，只能用我们已描述的方式，用整体和部分的循环往返运动才能表现出来。施莱尔马赫承认这一点。常常正是由于这种运动，我们才学会了理解陌生的意思、陌生的语言或陌生的过去。循环运动之所以必要，是"因为要解释的东西没有一个是可以一次就被理解的"。⑤ 因为即使属于我们自己语言范围内的东西，读者也一定要

---

⑤ 施莱尔马赫：《著作集》，第1系列，第7卷，第33页。

从作者的书中把他的词汇完全占为己有,更要把作者的特有意思完全占为己有。但是,从这些说法——这些说法在施莱尔马赫那里都可以找到——我们可以推知:使自己与原来读者处于同一层次的过程——这是施莱尔马赫所讲的——并不是一种可以和真正的理解努力(施莱尔马赫把这种理解努力理解为与作者处于同一层次的活动)相脱离的先行操作活动。

让我们更详细地考察施莱尔马赫这种建立同层次性活动(Gleichsetzung)的意思。因为这种活动当然不能意指简单的同一化。再创造活动本质上总是与创造活动不同的。所以施莱尔马赫主张,我们必须比作者理解他自己更好地理解作者——这是以后一再被重复的一句名言,近代诠释学的全部历史就表现在对它的各种不同的解释中。事实上,这个命题包含了诠释学的全部问题。因此,我们必须进一步考察这句名言的意思。在施莱尔马赫那里,这句名言的意思是很清楚的。施莱尔马赫把理解活动看成对某个创造所进行的重构(den rekonstruktiven Vollzug einer Produktion)。这种重构必然使许多原作者尚未能意识到的东西被意识到。显然,施莱尔马赫在这里是把天才说美学应用于他的普遍诠释学。天才艺术家的创造方式是无意识的创造和必然有意识的再创造这一理论得以建立的模式。㊱

事实上,如此理解的这句名言可以被看作是所有语文学的一条原则,假如我们把语文学看成是对艺术性话语的理解的话。使解释

㊱ H. 帕希(Patsch)在此期间已经比较精确地解释了浪漫主义诠释学的早期历史:"弗里德里希·施莱格尔的'语文学哲学'和施莱尔马赫的早期诠释学设想"(参见《神学与教会杂志》,第 63 卷,1966 年,第 434—472 页)。

者区别于作者的那种更好的理解,并不是指对文本所讲到的内容的理解,而是只指对文本的理解,即对作者所意指的和所表现的东西的理解。这种理解之所以可以称为"更好的",是因为对于某个陈述的明确的——因而也是突出的——理解包含比这个陈述的实际内容更多的知识。所以,这句名言讲的几乎是不言而喻的东西。谁从语言上理解了一个用陌生语言写的文本,谁就明确认识到了这个文本的语法规则和撰写形式,文本的作者虽然遵循这种规则和形式,但并未加以注意,因为他生活在这种语言以及这种语言的艺术表现手段中。同样的情况也基本上适合于一切真正天才性的创造和别人对此创造的接受。在对于诗的解释中,我们必须特别记住这一点。在那里我们对诗人的理解必然比诗人对自己的理解更好,因为当诗人塑造他的文本创造物时,他就根本不"理解自己"。

由此也可以推知——但愿诠释学永远不要忘记这一点——创造某个作品的艺术家并不是这个作品的理想解释者。艺术家作为解释者,并不比普通的接受者有更大的权威性。就他反思他自己的作品而言,他就是他自己的读者。他作为反思者所具有的看法并不具有权威性。解释的唯一标准就是他的作品的意蕴(Sinngehalt),即作品所"意指"的东西。㊲ 所以,天才创造学说在这里完成了一项重要的理论成就,因为它取消了解释者和原作者之间的差别。它使这两者都处于同一层次,因为应当被理解的东西并不是原作者反思性的自我解释,而是原作者的无意识的意见。这就是

㊲ 现代那种以作者的自我解释作为解释规则的看法,乃是一种错误的心理主义的产物。但从另一方面说,"理论",如音乐理论、诗理论和讲演术理论,也可以是一种合法的解释规则。[首先参见我的论文"现象学和辩证法之间——一种自我批判的尝试",载我的著作集,第2卷,第3页以下。]

施莱尔马赫以他那句背理的名言所想表示的意思。

在施莱尔马赫之后,其他人如奥古斯特·伯克、施泰因塔尔和狄尔泰,也在同样的意义上重复施莱尔马赫这句名言:"语文学家对讲话人和诗人的理解比讲话人和诗人对他们自己的理解更好,比他们同时代人的理解更好。因为语文学家清楚地知道那些人实际上有的、但他们自己却未曾意识的东西。"㊳按照施泰因塔尔的看法,通过"心理学规则的知识"语文学家可能使认识性的理解深化成为把握性的理解,因为他们深入探究了文字著作的原因、起源以及作者思想的构造。

施泰因塔尔对施莱尔马赫那句名言的复述已经表现了心理学规则研究的作用,这种研究以自然研究作为它的模式。狄尔泰在这里更加自由些,因为他更坚决地维护与天才说美学的联系。他特别把施莱尔马赫这句名言应用于对诗人的解释。从诗的"内在形式"去理解诗的"观念",当然可以称之为"更好地理解"。狄尔泰正是在这里看到了诠释学的"最辉煌的胜利",㊴因为只有当人们把伟大诗作的哲学意蕴理解为自由创造时,伟大诗作的哲学意蕴才被阐释出来。自由的创造不受外在的或对象的条件所限制,因而只可以被理解为"内在的形式"。

但我们可以提出这样的问题,这种"自由创造"的理想对于诠释学问题是否真能有权威性,甚至对艺术作品的理解是否按照这种尺度可以充分地被把握。我们也必须提出这样的问题,"对作者的理解比作者对自己的理解更好"这句话在天才说美学的前提下是否仍

㊳ 施泰因塔尔:《心理学和语言学导论》,柏林,1881年。
㊴ 《狄尔泰全集》,第5卷,第335页。

I 历史的准备

保留它本来的意义,或者这句话是否转变成某种完全新的东西。

事实上,施莱尔马赫这句话有一个前史。曾经研究过这一问题的博尔诺[40]曾指出在施莱尔马赫之前有两处地方可以找到这句话,即在费希特[41]和康德[42]那里。更早的证据他尚未能发现。[43] 根据这种理由,博尔诺推测说,这是一种口头的传统,一种民间广为流传的手艺人的语言学规则(Handwerksregel),被施莱尔马赫采用了。

我认为,不论根据外在的理由还是根据内在的理由,这种看法都不能成立。这句精心炮制的方法论名言——甚至直到今天它还经常被滥用为任意解释的特许证,因而相应地受到人们的攻击——似乎与语文学家的精神相矛盾。作为"人文主义者",语文学家以承认古典文献的绝对范例性为自豪。对于真正的人文主义者来说,他的作者确实完全不是这样的人,所以他们有可能想比作者自己更好地理解他的作品。我们一定不要忘记,人文主义者的最高目的根本不是原样地去"理解"他的范例,而是去模仿他的范例,甚而超出他的范例。因此,语文学家不仅作为解释者而且作为模仿者(假如不是竞争者的话)本来就与他的范例联系在一起的。正如教义学者对《圣经》的信奉一样,人文主义者对古典文化的信

---

[40] O. F. 博尔诺:《理解》。
[41] 《著作集》,第 6 卷,第 337 页。
[42] 《纯粹理性批判》,第 370 页。
[43] [M. 雷德克在狄尔泰的《施莱尔马赫传》新版本导论中(参见该书第 2 卷,第 1 册,第 LIV 页)还补充了同时代的赫尔德的证据(《关于神学研究的书信》,第 5 部分,1781 年),并指出早先路德的表述(《克莱门》,第 5 卷,第 416 页),这一表述我在本书第 281 页注释[46]里引用过:看吧,亚里士多德在其神学哲学里是怎样机智地思考的,即使并不是如他自己所愿望的那样,而是如他被我们更好地理解和使用的那样。]

奉也一定要保持一种疏远的关系，假如解释者的工作是要达到上述名言所表现的那种极端的自信程度的话。

因此情况很有可能是，并不是直到施莱尔马赫——他使诠释学成为一种摆脱一切内容的独立方法——这个如此彻底地要求解释者优越于他的对象的命题才能被采用。如果我们更细致地考察，费希特和康德那里先已有了这样的想法。因为这个被认为是手艺人的语文学规则的命题被使用的情况表明，费希特和康德完全是在另一种意义上使用它的。对于他们来说，这一般不是语文学原则，而是一种哲学要求，即通过更大的概念清晰性，摆脱一种理论里含有的矛盾。所以这是一条完全表述唯理论要求的原则：即唯一通过思考、通过发展作者思想里已有的结论，去获取那种符合作者真正意图的见解——如果作者是足够清楚而且明晰地思考的话，他是一定会具有这些见解的。甚至费希特在反对占统治地位的康德解释的斗争中所坚持的被诠释学看作不可能的论点，即"体系的发明者是一回事，而体系的解释者和跟随者则是另一回事"，㊹以及他要"按照精神去解释"康德的要求，㊺都充满了那种对于对象进行批判的要求。这样，这句有争议的命题无非是表达了对对象进行哲学批判的要求。谁能知道更好地去深入考虑作者所讲的东西，谁就可能在对作者本人还隐蔽着的真理光芒之中理解作者所说的东西。就这个意义而言，我们一定会比作者理解自己更好地理解作者这一原则是一条古老的原则——古老得有如科学

㊹ 《知识学第2篇导论》，参见《著作集》，第1卷，第485页。
㊺ 同上书，第479页注释。

I 历史的准备

批判一样。㊻但是,它打下了以唯理论精神进行客观哲学批判的公式的烙印。作为这样一个公式,当然它在施莱尔马赫那里就具有一种完全不同于语文学规则的意义。我们可以作这样一种推测,即施莱尔马赫重新把这条哲学批判的原则解释为语文学解释技艺的一条原则。㊼这将清楚地说明施莱尔马赫和浪漫主义所处的立场。他们在创造普遍诠释学的过程中,把基于对象理解的批判从

I 200

㊻ 我要感谢 H.博恩卡姆给我们提供了一个极妙的例证,说明这条被认为是手艺人的语文学技艺的公式在人们进行论战时如何自发地得以表现的。路德在把亚里士多德的运动概念应用于三位一体学说之后说道(1514 年 12 月 25 日布道辞,魏玛版,第 1 卷,第 28 页):"看吧,亚里士多德在其神学哲学里是怎样机智地思考的,即使并不是如他自己所愿望的那样,而是如他被我们更好地理解和使用的那样。因为他曾经正确地讲到这一事情,并且我认为,他相当炫耀他所说和称赞的东西,他是从其他人那里窃取来的。"我不能想象,语文学批评家会承认他们自己这样应用他们的"规则"。

㊼ 施莱尔马赫引进这条公式的方式暗示了这一点:"是的,如果公式有某种真的东西的话……它所能意指的一切就是这……。"在他的科学院讲演里(《著作集》,第 3 系列,第 3 卷,第 364 页),他以"那么,他能给自己一个关于他自己的说明"这样的话来避免矛盾。在同一时期的讲演手稿(1828 年)里,我们也发现有这样的话:"首先要很好地理解讲话,然后要比它的原作者更好地去理解它。"(《海德堡科学院论文集》,1959 年,修订论文,第 87 页)刚刚第一次发表的弗里德里希·施莱格尔的《格言集》(出自他的《哲学习艺时代》)对上述推测提供了一个很好的证明。正是在与施莱尔马赫过从甚密的年代,施莱格尔才作了下述注释:"为了理解某人,我们首先必须比那人更聪明,然后才同样的聪慧和同样的愚蠢。光比作者本人更好地理解一部杂乱不堪的作品的意义,这是不够的。所以我们必须从原则上来认识、描绘和解释这种混乱"(《著作和残篇》,贝勒编,第 158 页)。

虽然这段注释证明了,"更好地理解"仍是完全指对象而说的,即"更好"意味着不"杂乱",但是,由于杂乱本身被提升为理解和"解释"的对象,我们在这里也看到了导致施莱尔马赫的新诠释学原则的转变。我们这里已经达到了启蒙运动所理解的这一命题的一般意义和新浪漫派对该命题的解释之间的精确转折点。[海因里希·尼塞(《F.施莱格尔的语言理论》,第 92 页以下)确信施莱格尔的话乃是忠实于历史的语文学者的话:他必须用作者的意义(《"半个"雅典娜问题》,第 401 页)去"刻画"作者。而施莱尔马赫并不是这样看,他是用一种浪漫主义新含义的"更好地理解"而作出真正的贡献。]在谢林的《先验唯心论体系》里也有一个同样的转折点(《著作集》,第 3 卷,第 623 页),在那里他写道:"如果某人陈述和断言某事物,无论就他所生活的时代来说,还是就他所发表的其他言论来说,他都不可能完全看清他所说事物的意义,所以他在这里似乎是有意识地说出了他只能在无意识中说出来的某种东西……"参见前面第 187 页所引

科学解释领域内驱逐出去了。

施莱尔马赫这个命题,正如他自己对它的理解那样,不再涉及讲话的对象本身,而是注意到了这样一种说法,即把文本表现为脱离它的认识内容的一种自由的产物。因此他建立了这样的诠释学,对于他来说,这种诠释学就是根据语言的标准范例对于任何语言性事物的理解。个别人的话语事实上就是一种自由的创造活动,但其可能性也受语言的固定形式所限制。语言就是一种表达场地,对于施莱尔马赫来说,语言在诠释学领域的优先权意味着:作为解释者的人把文本看成独立于它们真理要求的纯粹的表达现象(Ausdrucksphänomene)。

在施莱尔马赫看来,甚至历史也只是这种自由创造的戏剧(Schauspiel),当然,这是一种神圣的创造性的戏剧,他把历史家态度理解为对这场伟大戏剧的观看和享受。狄尔泰所翻印的施莱尔马赫日记[48]极美地描述了浪漫派这种历史反思的乐趣:"真正的历史意蕴超出于历史。一切现象就如上帝的奇迹一样,只是为了引导我们注意那个嬉戏地制造这些现象的精神。"

当我们读了这样一段话,我们可能会明白,从施莱尔马赫的诠释学过渡到历史精神科学的普遍理解将会是怎样惊人的一步啊!但是,施莱尔马赫所发展的诠释学也是普遍的——这是一种很可

的克拉顿尼乌斯关于理解作者和理解本文的差别。下面这一点也可以作为该命题原本的启蒙运动意义的证明:最近[但同样在 A. 叔本华,第 2 卷,第 299 页(多伊森版)]我们在一位完全是非浪漫派的思想家那里发现了一种很接近这一命题的想法,他毫不犹豫地把这个命题与对象批评的标准联系在一起,参阅《胡塞尔文库》,第 6 卷,第 74 页。

[48] 《施莱尔马赫传》,第 1 版,附录,第 117 页。

能觉察到其限制的普遍性。他的诠释学实际上是考虑那些其权威性已确定的文本。在历史意识的发展中,这无疑是一个重要的阶段,它表明:对《圣经》和古希腊罗马古典文学的理解和解释现在完全摆脱了一切独断论的兴趣。无论是《圣经》的神圣真理还是古典文学的范例性,都不可能对这种既能知道在每一种文本中去把握其生命表现又能忽视该文本所说东西的真理的处置方法发生影响。

但是,促使施莱尔马赫有这种方法论抽象的兴趣,并不是历史学家的兴趣,而是神学家的兴趣。施莱尔马赫之所以想教导我们如何理解话语和文字传承物,是因为信仰学说依据于一种特殊的传承物,即《圣经》传承物。因此,施莱尔马赫的诠释学理论同那种可以作为精神科学方法论工具的历史学的距离还很远。这种诠释学理论的目的是精确地理解特定的文本,而历史脉络的普遍性应当服务于这种理解。这就是施莱尔马赫的局限性,而历史世界观决不能停留在这种局限性上。

b) 浪漫主义诠释学之后的历史学派

α) 面对整个世界史理想的困境

我们必须提出这样一个问题,即历史学家怎样能根据他们的诠释学理论来理解他们自己的工作。他们探究的主题不是个别的文本,而是整个世界史(Universalgeschichte)。这就规定了历史学家将以理解整个人类历史关系为己任。对于历史学家来说,每一个个别的文本并没有自身的价值,它们就像所有过去时代遗留下来的缄默无言的残渣瓦砾一样,只是作为认识历史关系的源泉,

即中介的材料。所以,历史学派根本不能继续建立在施莱尔马赫的诠释学基础上。㊾

但是,追求理解世界史这一大目标的历史世界观却一直依靠于浪漫主义的个性理论以及与这种理论相应的诠释学。我们也可以用否定的方式来表述这一点,即历史传承物对于现代所呈现的那种历史生活关系的先在性,即使在现在还不能在方法论反思中被采纳。历史学家宁可把他们的任务只看作为:通过研究传承物把过去的东西转达给现时代。因此,历史学派用以设想世界史方法论的基本格式实际上并不是别的格式,而只是那种适用于每一个文本的格式。这就是整体和部分的格式。虽然人们是否试图把一个文本从其目的和组成结构出发理解为某种文学构成物(literarisches Gebilde),或者人们是否试图把文本用作为认识某种重大历史关系的文献——因为文本对于这种历史关系提供了某种可以批判地加以考察的信息——这两者之间确实存在差别,然而这种语文学的兴趣和那种历史学的兴趣彼此却是相互隶属的。例如,历史学解释可以被用作为理解某个既存文本的工具,即使从另一种兴趣看,这种历史学解释在文本中只是注意那种作为历史传承物整体一部分的单纯原始资料。

我们发现,用清楚的方法论反思来陈述这一点的,既不在兰克[219]那里,也不在敏锐的方法学家德罗伊森那里,而首先是在狄尔泰这里,狄尔泰有意识地采用了浪漫主义诠释学,并把它发展成

㊾ 〔关于历史连续性这一实际问题可参见我的同题目的论文,载《短篇著作集》,第1卷,第149—160页,尤其是第158页以下;也可参见我的著作集,第2卷,第133页以下。〕

为一种历史学方法,甚而发展成为一门精神科学的认识理论。狄尔泰对于历史里的联系(Zusammenhang)概念的逻辑分析,事实上乃是把这样一条诠释学原则——我们只能从文本的整体去理解其个别,以及我们只能从文本的个别去理解其整体——应用于历史世界。我们发现,不仅原始资料是文本,而且历史实在本身也是一种要加以理解的文本。但是,在把诠释学转用于历史研究这种过程中,狄尔泰只是历史学派的解释者。他所表述的乃是兰克和德罗伊森基本上已想到的东西。

所以,浪漫主义诠释学及其背景,即泛神论的个性形而上学,对于19世纪历史研究的理论思考是起了决定性作用的,而这一点对于精神科学的命运和历史学派的世界观具有致命的影响。我们还将看到,历史学派所极力反对的黑格尔世界史哲学关于历史对于精神存在和真理认识的意义的认识远比那些不愿承认自己对黑格尔的依赖性的大历史学家来得深刻。施莱尔马赫那种与神学、美学和语文学问题如此紧密联系的个性概念,不仅可以用作反对先天构造历史哲学的批判范畴,而且也同时为历史科学提供了一种方法论的指南,这种指南,不亚于自然科学,指导历史科学进行研究,使历史科学不断依赖于经验这唯一基础。这样,对世界史哲学的反抗运动就推动了历史科学进入语文学的航道。这曾经是历史科学的骄傲,即历史科学既不是目的论地、也不是用前浪漫主义或后浪漫主义启蒙运动的格式从某种终极状态出发去思考世界史的关系,因为终极状态仿佛意味着历史的终结、世界史的末日。对于历史科学来说,其实并不存在任何历史的终结和任何超出历史之外的东西。因此,对于世界史全部历程的理解只能从历史传承物本身才能获得。但是,这一点却正是语文学诠释学的要求,即文本的意义由文本本身才能被理解。所以,历史学的基础就是诠释学。

当然,由于历史的书籍对于每一个现代来说都是一种突然中断于黑暗中的片断,世界史的理想对于历史世界观来说就必然成为一种特殊的难题。普泛的历史关系缺乏一种封闭性(Abgeschlossenheit 也可意译为自我包含性),这种封闭性在语文学家看来是文本应当具有的,而在历史学家看来,这种封闭性似乎使某种生命历史——其中包括某个已逝去的、从世界史舞台消失了的民族的历史,甚至还包括某个已结束了的、已被抛在我们后面的时期的历史——成为某个完整的意义整体,成为某种自身可理解的文本。

我们将看到,即使狄尔泰也曾经从这些相对的单元出发思考过,并因此完全继续立足于浪漫主义诠释学的基础上。在狄尔泰和浪漫主义诠释学那里,应当被理解的东西乃是意义整体,这个意义整体在他们两者那里同样都与要理解的人本身相脱离。总是存在一种陌生的、必须按照它自己的概念和价值标准等加以判断的个性,然而这种个性却能够被理解,因为"我"和"你"都是同一生命的"要素"。

至此,诠释学基础可能有效。但是,不论是对象与其解释者的这种脱离,还是某个意义整体内容上的封闭性,都不可能支持历史学家的最根本任务,即世界史。因为历史不仅是没有尽头的,而且我们自身是作为理解者本身立于历史之中的,我们是一个连续转动的链条中的一个有条件的和有限的环节。根据世界史问题的这种充满疑虑的情况,我们很有理由怀疑诠释学是否能一般成为历史学的基础。世界史并不是历史研究的单纯边缘问题和剩余问题,而是历史研究的真正中心问题。就连"历史学派"也认识到,根本不存在任何其他不同于世界史的历史,因为个别的唯一意义只能由整体所规定。经验主义研究家——对于他们来说,整体是永不能给出的——应当怎样对付这一问题而不失却他们对于哲学家的权利和他们先天的任意性呢?

首先,让我们探究一下"历史学派"是怎样试图研讨世界史问题的。为此我们必须从远处讲起,虽然是在历史学派所表现的理论性的关系内,但我们只探求世界史问题,并因而把我们限制于兰克和德罗伊森。

我们回忆一下历史学派曾经是怎样与黑格尔划清界限的。与那种先天构造世界史做法决裂仿佛是历史学派的出生卡(Geburtsbrief)。历史学派的新要求是:不是思辨哲学,而只是历史研究,才能导致某种世界史的观点。

赫尔德对于启蒙运动时期的历史哲学模式的批判为这种转变准备了决定性的前提条件。他对于启蒙运动时期的理性骄傲的攻击,在古典文化的典范性里,特别是在温克尔曼曾经大声疾呼过的古典文化的典范性里,找到了其最锐利的武器。《古代艺术史》一书显然不只是一种历史的叙述,它是当代的批判,它是一种纲领。但是,由于一切当代批判所具有的含糊性,对希腊艺术典范性的呼吁——希腊艺术应为自己当代树立一种新的理想——仍意味着通往历史认识的一个真正步伐。这里作为模式提供给当代的过去,由于我们探究和认识它这种特殊存在的原因,而被认为是某种不可重复的一次性东西。

赫尔德只需要很小一步就可超出温克尔曼所建立的基础,他需要认识一切过去中的典范性和不可重复性之间的辩证关系,以便用某个普遍的历史世界观来反对启蒙运动时期的目的论历史观。历史性地思考现在就意味着,承认每一个时期都具有它自身存在的权利,甚而具有它自己的完美性。赫尔德基本上做到了这一步。当然,只要古典主义成见还承认古典文化具有典范性的特殊地位,历史的世界观就仍不能得以完全的形成。因为承认某种超出历史之外的标准的,不仅是一种以启蒙运动理性信仰形式出现的目的论,而且还包括那种把完美的东西保留给过去或历史开端的相反的目的论。

存在许多按照历史本身之外的标准来思考历史的方式。威廉·冯·洪堡的古典主义把历史视为希腊生活完美性的丧失和衰落。歌德时代诺斯替派[220]的历史神学——这种神学对青年时代兰克的影响最近已得到证明⑤——把未来设想为原始时代某种已失落的完美性的重新建立。黑格尔把希腊人的艺术宗教描述为精神的一种已被克服的形式,并宣告在自由的普遍自我意识中历史在现代得以完美的实现,从而以现代的自我意识来调和古典文化在审美上的典范性。所有这些都是思考历史的方式,它们都假定了一个超出历史之外的标准。

19 世纪的历史研究从一开始就否认这样一种先天的非历史性的标准,因为它把自身理解为科学研究,但是它对这种先天非历

---

⑤ C.欣里希斯:《兰克和歌德时代的历史神学》(1954 年)。参见我写的简讯,载《哲学评论》,第 4 卷,第 123 页以下。

史性标准的否认,并不像它所认为和主张的那样摆脱了形而上学的假定。这一点通过对这种历史世界观的一些主导概念的分析可以看出来。这些概念虽然按其自身的意图是为了修正先天历史构造的先入之见(Vorgreiflichkeit),但是由于它们指向对唯心主义的精神概念的攻击,它们仍与这种先行之见发生关联。这一点最清楚地表现在狄尔泰对这种世界观所作出的透彻的哲学分析上。

这种世界观的出发点当然完全是由其与"历史哲学"的对立所规定的。这种历史世界观的所有代表,不论是兰克,还是德罗伊森,甚至狄尔泰,他们共同的基本假定就在于:理念、存在和自由在历史实在中找不到任何完全和恰当的表现。不过,这一点不能在一种单纯的缺乏或缺陷的意义上去理解。相反地他们从理念在历史中总是只有一种不完全的表象这一事实发现了历史的构造原则。恰恰是因为这一事实,就需要一种向人类启示他们自身及其在世界中位置的历史研究来替代哲学。把历史视为理念的纯粹表象这一观念将包含这样的意思,即对历史的抛弃乃是通向真理的特有之路。

但从另一方面说,历史实在也不是一种单纯的不透明的手段、缺乏精神的材料或精神徒劳地反抗而被扼杀于其镣铐中的僵死的必然性。这样一种把事件作为外在现象世界中的事件加以看待的诺斯替派-新柏拉图派的观点,并不符合历史的形而上学的存在价值,因而也不符合历史科学作为知识的地位。正是人类存在在时间中的展开才具有它自身的创造性。正是人类的丰富多彩和多种多样才使人类自身在人类命运的无限变迁中不断达到高一级的实在。历史学派的基本假定可能就是这样被表述的。它与歌德时代的古典主义的联系是不能忽视的。

这里主导的东西基本上是一种人文主义的理想。威廉·冯·洪堡在希腊文化所呈现的丰富多彩的伟大个性形式里看到了希腊文化的特殊完满性。当然,大历史学家们并不想限制于这样一种古典主义理想。他们宁可追随赫尔德。但是,以赫尔德为出发点的历史世界观,既然现在不再承认古典时代的优越性,如果不用威廉·冯·洪堡为了论证古典时代优越性而使用的同一标准来看全部世界史,它应当做什么其他的事呢?丰富多彩的个性现象不只是希腊人生命的标志,它也是一般历史性生命的标志,正是这一点构成了历史的价值和意义。这样一个使人焦虑不安的问题,即探究这一充满辉煌胜利和可怕失败的历史生命表现的那种令人心灵震惊的意义,应当在这里找到一个答案。

这个答案的优点是,它的人文主义理想并不包含任何特定的内容,而是以最大的多样性(Mannigfaltigkeit)这一形式理念为基础。这样一种理想是真正普遍性的,因为任何历史经验、任何仍如此令人惊讶的人间事物的短暂性都根本不能使这种理想受到动摇。历史自身内就有一种意义。对于这种意义似乎要说的东西——一切尘世间东西的短暂性——实际上就是它的本真根据。因为历史生命源源不断的创造性的奥秘就存在于这种不断消逝的过程本身之中。

现在的问题是,怎样用这种标准和历史的形式理想来设想世界史的统一性,以及怎样才能证明关于这种统一性的认识。我们首先跟随兰克。"每一种真正世界史的行为,从来就不只是单纯的消失(Vernichtung),而是能够在当代匆匆易逝的瞬间去发展某种

未来的东西,因此这种行为本身就包含一种对其自身不可毁坏的价值的完全而直接的感觉。"�51

不论是古典时代的优越地位,还是现代或该现代所导向的某个未来的优越地位,不论是衰落,还是前进,所有这些传统的世界史基本模式,都不能与真正的历史思想相谐调。一切时代与上帝之间的众人皆知的直接性反而很容易与世界史的联系(Zusammenhang)理念相吻合。因为联系——赫尔德称之为"连续秩序"(Folgeordnung)——就是历史实在本身的表现。历史上实际存在的东西是"按照严格的发展规律"而出现的,"继后的东西把刚才先行东西的后果和性质置于明亮的共同的光亮之中"。�52 在人类命运的变迁中不断坚持存在的乃是一种不可中断的生命联系,这是关于历史的形式结构——即在消逝过程中得以存在——的第一个表述。

无论如何,从这里我们可以理解兰克所谓"真正世界史的行为"究竟指什么,以及世界史的联系真正依据于什么。真正世界史的行为并没有任何可在它之外被发现和被把握的目的。就此而言,并没有一种先天可认识的必然性支配着历史。但是,历史联系的结构却是一种目的论的结构。标准就是后果(Erfolg)。我们确实看到,先行东西的意义正是由后继的东西所决定。兰克可能把这一点设想为历史认识的一个单纯条件。实际上,历史意义本身所具有的真正重要性正是依据于这一点。成功的东西或失败的东

�51 兰克:《世界史》,第 9 卷,第 270 页。

�52 兰克:《路德残篇》,第 1 卷。

西,不仅决定这种行为的意义,让它产生一个持久性的结果或让它毫无结果地消失,而且这种成功的东西或失败的东西也使得整个行为和事件的联系成为有意义的或无意义的。所以,历史的本体论结构本身虽然没有目的,但却是目的论的。[33] 兰克所使用的真正世界史的行为这一概念正是这样被定义的。真正世界史的行为之所以是这样一种行为,就是因为它创造历史,也就是说,它具有某种赋予这行为以持久历史性意义的结果。因此,历史联系的要素事实上被一种无意识的目的论所规定,这种目的论统一这些要素,并且把无意义的东西从这种联系中排斥出去。

β) 兰克的历史世界观

这样一种目的论当然不能用哲学概念来证明。它并不使世界史成为这样一种先天的系统,行动者被放置在这个系统中,就像被放置在一个无意识操纵他们的机械装置中一样。这样一种目的论其实是与行动的自由相谐调的。兰克本可能直截了当地说,历史联系的结构性链节就是"自由的场景"(Szenen der Freiheit)。[34] 这个用语意味着,在无限的事件网里存在某种重要的场面,而历史的决定仿佛就集中于这些场面之中。凡在自由地行动的地方,虽然都有决定被作出,但是这种决定实际上是某物被决定,这就是说,某种决定创造历史,并在自己结果里显示其完全而持久的意义,乃是真正历史瞬间的标志。历史瞬间给予历史联系以其鲜明的节奏(Artikulation)。我们把这样一些自由行动可以在其中起历史决

---

[33] 参见格哈德·马苏尔:《兰克的世界史概念》,1926年。
[34] 兰克:《世界史》,第9卷,第XIV页。

定性作用的瞬间称之为划时代的瞬间或转换期(Krisen),而把那些其行动能起这种决定性作用的个人,用黑格尔的用语,称之为"历史性的个人"。兰克称这些人为"创造性的人物,他们独立地参加观念和世界权力的斗争,并且把那些能决定未来的最有力量的人集中在一起"。这就是黑格尔精神的精神。

我们知道兰克关于历史联系如何得自这种自由决定这一问题极有教益的思考:"让我们承认历史永不能具有一种哲学系统的统一性;但是历史并不是没有一种内在的联系。在我们面前我们看到一系列彼此相继、互为制约的事件。当我们说'制约',这当然不是指由于绝对的必然性。最重要的事情是:在任何地方都需要人的自由。历史学追求自由的场景,这一点就是它的最大的魅力。但是,自由是与力、甚至与原始的力联系在一起的。如果没有力,自由就既不出现于世界的事件中,又不出现于观念的领域内。在每一瞬间都有某种新的东西能够开始,而这种新东西只能在一切人类活动的最初和共同的源泉找寻其起源。没有任何事物完全是为某种其他事物的缘故而存在;也没有任何事物完全是由某种其他事物的实在所产生。但是同时也存在着一种深层的内在联系,这种联系渗透于任何地方,并且没有任何人能完全独立于这种联系。自由之旁存在着必然性。必然性存在于那种已经被形成而不能又被毁灭的东西之中,这种东西是一切新产生的活动的基础。已经生成的东西(das Gewordene)构成了与将要生成的东西(das Werdenden)的联系。但是,即使这种联系本身也不是某种任意被接受的东西。这种联系是以一种特定的方式,如此这般而不是另一番模样地存在的。这种联系同样也是认识的对象。一长系列的事件——彼此相继、互为毗邻——以这样一种方式彼此相联系,从而形成一个世纪,一个时代……"。⑤

在这个说明里意味深长的东西乃是,自由概念怎样在这里与力这一概念相联系的。力显然是历史世界观的核心范畴。赫尔德为了摆脱启蒙运动时期的进步模式(Fortschrittsschema),特别是为了克服作为启蒙运动基础的理性概念,曾经使用了这一范畴。⑯力这一概念之所以在历史世界观里具有一个如此核心的地位,是因为在这概念内内在性和外在性是处于一种特有的对立统一关系中。任何力只存在于它的外现(Äusserung)中。外现不仅仅是力的抉择,而且也是力的实在。当黑格尔辩证地阐述力和外现的内在归属关系时,他是完全正确的。但从另一方面说,这种辩证法也包含着:力是比其外现更多的东西。力具有作用潜能(Wirkungsmöglichkeit),这就是说,力不仅仅是某种特定结果的原因,而且不管它出现于何处,它也是产生这种结果的能力(Vermögen)。所以力的存在方式是不同于结果的存在方式。力具有"犹豫"(Anstehen)方式——"犹豫"这词之所以适合,是因为,面对力可能表现自己于其中的东西的不可决定性,它显然表现了力的自为存在。由此可以推知,力是不可以从其外现而认识或量度的,而只能在一种内在的方式中被经验。对某个结果的观察总是只达到原因,而不是力,假如力是某种比属于结果的原因更多的内在东西的话。我们在原因东西里

---

⑤ 兰克:《世界史》,第 9 卷,第 XIII 页以下。
⑯ 在我的论文"赫尔德思想中的人民和历史"(1942 年)[《短篇著作集》,第 3 卷,第 101—117 页;现收入我的著作集,第 4 卷]里我曾经指明:赫尔德已经使莱布尼茨的力概念转用于历史世界。

所知觉的这种更多的东西,的确,也可以从结果、对立(Widerstand)中来理解,因为对立本身就是力的外现。但即使这样,经验力的东西也是一种内在知觉(Innesein)。内在知觉是力的经验方式,因为力按其自身本质而言是只与自身相关联。黑格尔在《精神现象学》中令人信服地证明了力的思想在生命的无限性中的辩证的扬弃过程,生命是与自身相关联,并居于自身之内。�57[221]

因此,兰克的表述获得了某种世界史的特征,即一种在思想和哲学的世界史领域内的特征。在这方面柏拉图是最早讲到能力(Dynamis)反思结构的人,从而以后有可能把这种能力转用于灵魂的本质上,例如亚里士多德在他的灵魂力论,即关于灵魂的能力的学说里就开始进行了这种研究。㊽ 力按其本体论的本质而言就是内在性(Innerlichkeit)。所以当兰克写道"自由是与力相联系的"时候,他是完全正确的。因为力——这是比其外现更多的东西——始终就已经是自由。这一点对于历史学家来说具有决定性的意义。他们知道:所有东西都可能以另外一种方式存在,任何行动的个人都可能以另外一种方式去行动。创造历史的力不是一种机械的元素。为了得出这一结论,兰克特别提到"甚至与原始的力",并且讲到"一切人类活动的最初和共同的源泉"——按照兰克的看法,这种源泉就是自由。

自由要受约束和限制,这一点并不与自由相矛盾。从力的本质就可看出这一点,因为力知道实现自身。因此兰克能够说:"自

�57 黑格尔:《精神现象学》,第 120 页以下(霍夫迈斯特版)。
㊽ 柏拉图:《卡尔米德篇》,169a。[也可参见"反思的先期形式",载《短篇著作集》,第 3 卷,第 1—13 页;我的著作集,第 6 卷,第 116—128 页。]

由之旁存在着必然性。"因为在这里必然性并不指一种排除自由的原因,而是指自由的力所具有的一种对抗性(Widerstand)。黑格尔所揭示的力的辩证法的真理就表现在这里。[59]自由的力所具有的对抗性本身是从自由而来。这里所说的必然性,乃是某种突然来到的东西和作相反行动的他物的力量,而这种他物在自由活动每一开端就预先被给予的。由于自由活动把许多东西作为不可能的东西排除掉,自由活动也把行动限制在那种是敞开的可能性的东西上。必然性本身是从自由而来,并且本身受自由制约,必然性总是与自由联系在一起。从逻辑上看,这里涉及的是一种假定的必然性(die hypothetische Notwendigkeit)[即由假设而来的必然性(das ex hypotheseōs anankaion)],从内容上看,这里涉及的不是自然的存在方式,而是历史存在的存在方式:已经生成的东西不是简单地被抛弃。就此而言,如兰克所说的,它就是"一切新产生的活动的基础",并且本身就是由活动而来的被生成的东西。由于已经生成的东西坚持作为基础,它就在统一的联系中形成新的活动。兰克说:"已经生成的东西构成了与将要生成的东西的联系。"这句很含糊的话明显地表现了什么东西构成历史实在:正要生成的东西虽然是自由的,但它所出自的这种自由每一次都是通过已经生成的东西、即自由得以活动的环境,而得到其限制。历史学家所使用的力、权力、决定性的趋势等等概念都想使历史存在的本质成为可见的,因为这些概念隐含着这样的意思,即历史里的理念总

---

[59] 黑格尔:《百科全书》,第136节以下。同样,参见《精神现象学》(霍夫迈斯特编),第105页以下;《逻辑学》(拉松编),第144页以下。

I 历史的准备

是只有一种不完全的表象。表现事件意义的,不是行动者的计划和观点,而是效果历史,效果历史使得历史的各种力成为可认识的。作为历史发展的真正承担者的历史力,并不是类似于单子论的个人主体性。一切个体化本身其实已经被相反的实在所影响,因而个体性不是主体性,而是富有生气的力。在兰克看来,国家就是这样的富有生气的力。他关于国家曾这样明确地说道,它们不是"普遍东西的部分",而是个体性东西,"真正的精神存在"。[50] 兰克把国家称为"上帝的思想",以便表明,正是这个创造者的特有生命力,而不是任何一种人的设想和愿望或任何一种可以被人们领会的计划,才使国家得以真实存在。

力这一范畴的使用现在使得我们有可能把历史中的联系设想为一种原始的给予物。力始终只是作为力的活动(Spiel)而实际存在的,而历史就是力的这样一种产生连续性的活动。兰克和德罗伊森都是在这种联系中讲到历史是一种"正在生成的总和"(eine werdende Summe),以便拒绝一切先天构造世界史的要求,并想以此完全立于经验的基础之上。[51] 但问题是,除了他们自己知道的东西外,这里是否还假定了更多的东西。世界史是一种正在生成的总和,这句话却意味着,世界史——即使未完结——是一个整体。但这却决不是自明的。在性质上不可比较的单位是不能总括在一起的。其实,总和需有这样的前提,即各单元被总括成的统一体已先行地造就了它们的总和关系。但是,这个前提是一种

---

[50] 兰克:《政治语录》(罗特哈克编),第 19、22、25 页。
[51] 兰克:《政治语录》(罗特哈克编),第 163 页;德罗伊森:《历史学》(罗特哈克编),第 72 页。

武断。历史的统一性理念其实并不像它看上去那样是形式的,是独立于某种对历史"的"内容性理解的。㊵

我们并不总是完全从世界史的统一方面去思考历史世界。例如,历史世界也能够——如在希罗多德(Herodot)那里——被看作为一种道德现象。作为道德现象的历史世界可以提供大量的范例,但不具有统一性。这样,关于世界史的统一性的论述怎样得到论证呢?这个问题以前是很容易回答的,那时人们假定历史中有某种目的的统一性,因而有某种计划的统一性。但是,如果我们假定历史里有这样一种目的和这样一种计划,那么什么是承担这种总算的大将呢?

如果历史实在被设想为力的活动,那么这种思想显然不足以使历史的统一成为必然的。所以赫尔德和洪堡所引导的东西,即丰富多彩的人类现象的理想,也建立不了真正的统一性。在事件的连续性中一定有某种作为方向性的目的而出现的东西。事实上,宗教起源的历史哲学末世论及其各种世俗化变形的种种说法,首先在这里是空洞的。㊶ 没有任何关于历史意义的先入之见能使历史研究有偏见。不过,尽管如此,历史研究的不言而喻的前提仍然是:历史形成一种统一性。所以德罗伊森能够明确地把世界史统一性思想本身——即使对于天命的计划没有内容上的观念——作为某种规范性的理念加以承认。

㊵ 兰克——不是作为唯一的人——把概括(subsumieren)设想和写为总和(summieren)(例如前引书,第63页),这一点对于历史学派的隐蔽思想是最富有典型性的。

㊶ 参见 K. 勒维特的《世界史和救世说》(斯图加特,1953年)以及我的论文"历史哲学"(《历史和当代宗教》,第3版)。

然而,在这个假设中却包含了一个从内容上规定它的进一层前提。世界史统一性的理念包含着世界史发展的不可中断的连续性。这种连续性观念首先也是具有形式的性质,不包含任何具体的内容。所以,这种观念就像是研究中的那种愈来愈深沉地进入世界史联系的紧密网中的先天物(Apriori)。就此而言,当兰克讲到历史发展"值得赞赏的连续性"(bewundernswerten Stetigkeit)时,我们只可以把它作为兰克的一种方法论的幼稚性来判断。⁶⁴ 实际上兰克以此所意指的东西,根本不是这种连续性的结构本身,而是在这种连续的发展中所形成的具有内容的东西。正是最终从历史发展的极为多样的整体中形成的某种唯一的东西,即那种通过日耳曼-罗马民族的开创而遍及整个地球的西方文化世界的统一性,引起兰克的赞赏。

当然,即使我们承认兰克对"连续性"的赞赏的这种内容性的意义,兰克的幼稚性总还是表现出来。世界史曾经在连续的发展中开创了这种西方文化世界,这一点决不是历史意识所把握的单纯经验事实,而是历史意识本身的条件,也就是不是某种能不存在或能够被新的经验所取消的东西。情况是这样,只是因为世界史已经走上了这个行程,关于历史意义的问题才能被某种世界史意识所提出,并且才能意指历史的连续性的统一。

对于这一点,我们可以援引兰克自己的看法。兰克认为东西方体系的最主要差别在于:在西方是历史的连续性形成文化的存

---

⁶⁴ 兰克:《世界史》,第9卷,第2部,第XIII页。

在形式。⑥ 就此而言,世界史的统一依赖于西方文化世界(这包括整个西方科学,特别是作为科学的历史)的统一,这一点决不是偶然的。而且,这种西方文化是由那种只在独一无二的拯救事件中有其绝对时间点的基督教义所影响的,这一点也决不是偶然的。兰克承认其中有些观点,因为他在基督教里看到了人重新返回到"面对上帝的直接性"中,面对上帝的直接性是他以一种浪漫主义方式放置在一切历史原始开端的东西。⑥ 但是我们仍将看到,这一事实情况的基本意义在历史世界观的哲学反思里仍未完全被认识到。

即使就历史学派的经验主义观点来说,也不是没有哲学前提的。富有洞察力的方法学家德罗伊森的贡献是,他剥掉了历史学派的经验主义伪装,并承认历史学派的基本意义。他的基本观点是:连续性是历史的本质,因为历史不同于自然,它包含时间的要素。对此德罗伊森总是一再援引亚里士多德关于心灵的论述,即心灵不断在自身内增值(epidosis eis hauto)。与自然的单纯重复形式不同,历史是由这种不断提升自己的过程(Steigerung)来表现自身特征的。但这种提升过程既是保留过程,又是对所保留东西的超越过程。但这两者都包含自我认识(Sichwissen)。所以历史本身不仅仅是一种认识对象,而且它的存在也是被自我认识所规定的。"历史的认识就是历史本身"(《历史学》,§15)。兰克所讲的世界史发展的值得赞赏的连续性,就是由连续性的意识而引

---

⑥ 兰克:《世界史》,第9卷,第1部,第270页以下。
⑥ 参见欣里希斯:《兰克和歌德时代的历史神学》,第239页以下。

I 历史的准备

起的,这是一种使历史成为历史的意识(《历史学》,§48)。

把这点只看成一种唯心主义的偏见,这完全是错误的。这种历史思想的先天原则(Apriori)本身其实就是一种历史实在。当雅各布·布尔克哈德[222]把西方文化传统的连续性视为西方文化本身的存在条件时,他是完全正确的。[⑰] 这种传统的瓦解,即雅各布·布尔克哈德曾多次阴森森预言过的某种新野蛮状态的闯入,对于历史世界观来说,并不是一种世界史范围内的灾难,而是这种历史本身的末日——至少就这种历史试图把自身理解为统一的世界史而言。阐明历史学派关于世界史探究的这种具有内容的前提之所以显得重要,正是因为历史学派本身基本上否认了这样一种前提。

这样,正如我们在兰克和德罗伊森那里能找到证明的,历史学派的诠释学自我理解在世界史思想里找到了它的最终基础。但是,历史学派却不能接受黑格尔通过精神概念对世界史统一性所做的解释。说那种构成历史意义的精神之目的是在已完成的历史当代自我意识中得以实现的——这是一种末世论的自我解释,这种解释通过把历史转入一种思辨概念而从根基上毁灭了历史。历史学派由此被迫进入对自身的神学理解。如果历史学派不想抛弃它自身特有的本质,即把自己视为继续进行的研究,它就必须把自身有限的受限制的认识与某种上帝的精神联系起来,因为对于上帝的精神来说,事物是在其完美性中被认识的。这里无限理解(das unendliche Verstehen)这一古老的理想被应用于历史的认

[⑰] 参见勒维特:《世界史和救世说》,第1章。

识。所以兰克写道:"我自己对上帝——假如我敢于这样说的话——是这样想的,即上帝——因为在上帝面前不存在时间——是在人类整体中通观整个历史的人类,并且发现任何人都具有同样价值。"⁶⁸

这里,无限知性(intellectus infinitus)的观念——对于这种无限知性来说,万物都是同时存在的(omnia simul)——被转变成历史公道的准绳(Urbild),历史学家很接近于这种准绳,因为他们知道,一切时期和一切历史现象在上帝面前都具有同样的权利。所以,历史学家的意识表现了人类自我意识的完美性。历史学家愈能够认识每一种现象特有的不可毁灭的价值,也就是说,愈能够历史地去思考,他的思想就愈接近上帝的思想。⁶⁹ 正是因为这一点,兰克曾经把历史学家的职业同牧师的职业相提并论。对于路德派兰克来说,"面对上帝的直接性"(Unmittelbarkeit zu Gott)就是基督教福音的真正内容。重新建立这种先于原罪而存在的直接性,并不只是由于教会的神恩手段而产生的——历史学家就曾经分享了这种直接性,因为他们使曾经堕落于历史中的人类成为他们研究的对象,并且在人类永不会完全丧失的直接性中去认识人类。

普遍史即世界史——这实际上不是意指过程整体的形式性的总概念,而是指在历史性的思考里,宇宙作为上帝的创造物被提升到对自己本身的意识。当然,这不是一种概念性的意识:历史科学的最终结果是"对万物的共同感觉、共同认知"(Mitgefühl,

---

⑥⑧ 兰克:《世界史》,第9卷,第2部,第5、7页。
⑥⑨ "因为这仿佛是上帝知识的一部分"(兰克,罗特哈克编,第43页,以及第52页)。

Mitwisserschaft des Alls)。⁷⁰ 正是在这种泛神论的背景里我们才能理解兰克所说他想消除自身这句著名的话。当然,正如狄尔泰所攻击的,⁷¹这种自我消除实际上乃是把自我扩充成某个内在宇宙。但是,兰克没有进行这种曾把狄尔泰引导到其精神科学的心理学基础上的精神反思决非偶然。对于兰克来说,自我消除乃是一种实际参与的形式。我们不可以从心理学上主观地理解参与(Teilhabe)这一概念,而必须从更为根本的生命概念出发去思考参与概念。因为所有历史现象都是大全生命(Allleben)的显现,所以,参与历史现象就是参与生命。

从这里,理解一词就具有了其近乎宗教性的色彩。理解就是直接地参与生命,而无需任何通过概念的思考中介过程。对于历史学家来说最为重要的东西是:不让实在与概念相关,而是在任何地方都达到这样一个要点,即"生命在思想着以及思想在生存着"。历史生命的诸现象在理解过程中都被视为大全生命的显现,上帝的显现。这样一种对大全生命的理解性的渗透,事实上比起人类对某个内在宇宙的认识成就来说还有更多的意思,所以狄尔泰为反对兰克重新表述了历史学家的理想。当兰克说"清楚的完全的生动的见解,乃是存在成为透明的和通观自身的标志"时,⁷²这是一种形而上学的陈述,它使得兰克更接近于费希特和黑格尔。从这样一句话显然可以看出,兰克在根本上是怎样接近于德国的唯心主义。黑格尔在哲学的绝对知识里所想到的存在的完全

---

⁷⁰ 兰克(罗特哈克编),第52页。
⁷¹ 《全集》,第5卷,第281页。
⁷² 《路德残篇》,13。

自我透明性,就是兰克意识自己为历史学家的根据,尽管兰克本人是极力反对思辨哲学要求的。正是由于这一点,诗人的形象更接近于他,他感觉不到有什么必要非区分自己是历史学家而不是诗人。因为历史学家和诗人都有共同之点,这就是,历史学家与诗人一样,都把万物生活于其中的要素作为"某种处于它们之外的东西"来表现。[73] 完全放弃对事物的直观,某个试图讲世界史故事的人[74]的庄严行为,事实上可以被称之为诗人的行为,因为对于历史学家来说,上帝并不是以概念的形式,而是以"外在的表象"的形式存在于一切事物之中。事实上,我们不能比用黑格尔这一概念更好地描述兰克的自我理解。正如兰克所理解的那样,历史学家乃是属于那种黑格尔曾称之为艺术宗教的绝对精神的形式。

γ) 在 J. G. 德罗伊森那里历史学和诠释学的关系

对于某个思想敏锐的历史学家来说,这种自我理解的问题一定是可明显看出的。德罗伊森的历史学的哲学意义正在于:他试图把理解概念从它在兰克那里所具有的交织着美学和泛神论的含糊性中解脱出来,并表述它的概念性的前提。第一个这样的前提就是表达(Ausdruck)概念。[75] 理解乃是对表达的理解。在表达中,内在的东西是直接出现的。但是这种内在的东西,即"内在的本质",却是第一个本真的实在。在这里德罗伊森完全站在笛卡尔

---

[73] 《路德残篇》,1。
[74] 致海因里希·兰克,1828 年 11 月(参见《自传》,第 162 页)。
[75] [参见本书第 341 页以下、第 471 页以下;以及我的著作集,第 2 卷,补注 Ⅳ,第 384 页以下。]

的地基上，并且处于康德和威廉·冯·洪堡的传统之中。个别的"自我"类似于现象世界里的一个孤立的点。但是在自我的表现中，首先在语言中以及基本在它能够表现自身的所有形式中，它却不再是一个孤立的点。自我属于可理解东西的世界。但是，历史性的理解并不具有与语言性的理解根本不同的性质。正如语言一样，历史世界并不具有某种纯粹精神性存在的特征。"要想理解伦理的、历史的世界，首先意味着我们认识到，这个世界既不只是诗意想象的，又不只是新陈代谢的。"⑯虽然这是针对巴克尔的粗鄙经验主义而说的，但是反过来它也适用于反对例如黑格尔的历史哲学的唯灵论。德罗伊森认为历史的双重性质是由于"人性的奇特的超凡魅力，人性是这样幸运地不完善，以致人性在精神和肉体两方面都必须伦理地行事"。⑰

德罗伊森以这些从威廉·冯·洪堡那里借用来的概念试图要说的，确实不是别的什么，而只是兰克在强调力时所意指的东西。德罗伊森也不把历史实在看作为纯粹的精神。伦理地行事，其实包含这样的意思，即不把历史世界认作是意志在某种完全是韧性的材料上的纯粹铸造。历史世界的实在性在于某种总是重新由精神进行的对于"无休止变化的有限系统"——每一行动者都属于这种有限系统——的把握和形成。德罗伊森现在能够在某种完全不同的程度上从这种历史的双重性质得出关于历史性行为的结论。

像兰克所满足的那种依据于诗人行为的做法，对于德罗伊森

---

⑯　德罗伊森（罗特哈克编），第65页。
⑰　同上。

来说不再是充分的。在观看或讲述过程中的自我消失并不引导到历史实在。因为诗人"对事件只撰写某种心理学的解释,但在实在中除了个性(Persönlichkeit)外,没有其他要素在起作用"(《历史学》,§41)。诗人把历史实在处理成好像是被行动着的个人所意愿和计划的。但这样被"意指"的东西根本不是历史实在。因此,行动者的实际愿望和计划根本不是历史理解的真正对象。对个别个人的心理学解释不能够穷尽历史事件本身的意义。"在这种事实情况里出现的,既不是意愿着的个人,也不是那种只是由于这个人的意志力、这个人的知性而产生的东西;它既不是这个个性的纯粹表现,也不是这个个性的完全表现"(§41)。因此,心理学解释在历史理解中只是一种从属的要素,而且这不只是因为这种解释不能实际达到其目的才这样的。这里不只是经验了一种限制。在历史学家看来,个人的内在性,道德心的神圣位置,并不只是不可达到的。只靠同情和爱所达到的东西其实根本不是历史学家研究的目的和对象。历史学家不需要探究特殊个人的内心奥秘。他探究的东西并不是像这样的一些个别人,而是他们作为道德力运动中的元素所具有的意义。

道德力(die sittlichen Mächte)概念在德罗伊森这里占有核心的地位(§55以下)。它既奠定了历史的存在方式,又确立了对这种方式进行历史认识的可能性。兰克关于自由、力和必然性的不确切的思考现在获得了它们的实际证明。同样,兰克关于历史事实概念的使用在德罗伊森这里也找到了某种更正。处于特殊追求和目的的偶然性中的个别人并不是历史的要素,个别人之所以成为历史要素,只是由于他提升自身到道德共同体的领域并参与了这

I 历史的准备

种共同体。通过人类共同工作而形成的这些道德力的运动构成了事物的发展。可能的东西确实是被这种运动所限制的。但是，如果我们因此讲到自由和必然性之间的某种对抗，那么这意味着剥夺自身的历史有限性。行动者坚定地站在自由的假定之下。事物的发展并不是一种对人的自由的外在限制，因为它不依赖于僵死的必然性，而是依赖于道德力的运动，而我们总是已经与这些力相关联的。事物的发展提出了行动者的伦理能力要维护自身的任务。[78] 因此，当德罗伊森完全从历史地行动着的人出发去规定必然性和自由的关系时，他是非常正确地规定了那种在历史中起支配作用的必然性和自由的关系。他把必然性与无条件的"应当"（Sollen）联系起来，把自由与无条件的"意愿"（Wollen）联系起来：必然性和自由都是道德力的表现，通过这两种表现个别人隶属于道德领域（§76）。

如我们所看到的，按照德罗伊森的看法，正是力的概念揭示了一切思辨的历史形而上学的局限性。他完全像兰克一样，就黑格尔的发展概念并不是一种只在历史过程中生长的胚胎这一意义批判了黑格尔这一概念。但是他更明确地规定了这里力指什么："力与工作一起生长。"个人的道德力由于积极进行一项具有伟大共同目标的工作而成为历史的力量。个人的道德力之所以成为历史的力量，因为道德的领域乃是事物发展过程中的持续的东西和有力量的东西。所以，力不再像在兰克那里那样是大全生命的一种原始的和直接的表现，而只是存在于这种中介过程中，并且只通过这种中介过程达到历史实在。

---

[78] 参见德罗伊森与巴克尔的争论（罗特哈克新版本，第61页）。

起中介作用的道德世界是这样运动的,即每一个人都参与这个世界,但是以不同的方式参与这个世界。某些人通过继续做习惯的事而保留原存在状态,另一些人则预感和表现新思想。历史过程的连续性就在于对那种通过批判仅按应当怎样存在而存在的东西的经常不断的克服过程(§77以下)。所以德罗伊森不愿讲到单纯的"自由的场景",因为自由是历史生命的基本脉搏,而不只是在例外情况里才有的。历史的伟大个性只是道德世界前进过程中的一种要素,道德世界作为整体以及在每一个个别东西中都是一个自由的世界。

在反对历史先验论方面,德罗伊森与兰克是意见一致的,即我们不能认识目的,而只能认识运动的方向。历史是人类无休止工作所追求的一切目的的最终目的,是不能通过历史认识而识别出来的。这个最终目的只是我们预感和相信的对象(§80—86)。

历史认识的地位是符合于这种历史图画的。但是,我们也不能像兰克所理解的那样,把这种历史认识理解为一种像在伟大史诗诗人那里出现的审美上的自我忘却和自我消失。兰克那里的泛神论特征是为了要求某种普遍而直接的参与,是为了要求某种对万物的共知(Mitwisserschaft)。反之,德罗伊森却想到了理解运动于其中的诸种中介过程。道德力不只是个人在行动中所提升到的真正历史实在。道德力同时也是历史提问者和历史研究者超越自身特殊性而提升的那种东西。历史学家是由其对某个特定的伦理领域、其祖国、其政治主张和宗教信仰的归属所规定和限制的。但是,他的参与正依据于这种不可抛弃的片面性。在他自身历史存在的具体条件内——而不是悬空在事物之上——他向自身提出

I 历史的准备

了要公正的任务。"他的公正就是,他试图去理解"(§91)。

因此,德罗伊森关于历史性认识的名言是"探究性地理解"(forschend verstehen)(§8)。这里不仅包含一种无限的中介过程,而且也包含一种最终的直接性。德罗伊森在这里如此意味深长地与理解概念相联结的探究概念,应当作为这样一种任务的无限性的标志,这种任务使历史学家不仅脱离了由你我之间的同情和爱所产生的完美和谐,同样也与艺术家创作的完美性完全分开。只有在对传承物的"无休止地"探究中,在对愈来愈新的原始资料的开启中,以及在对这些原始资料所做的愈来愈新的解释中,历史研究才不断地向"理念"迈进。这听起来好像依赖于自然科学的程序,并且好像是预先认识到新康德派对"物自体"的解释是"无限的任务",但是只要深入一考察,我们就可看出这里也包含某种不同的东西。德罗伊森的名言使历史学家的活动不仅脱离了艺术的完美理想性和心灵的内在交往,而且似乎与自然科学的程序也不相干。

在1882年讲演末尾,[79]我们发现这样一段话:"我们不能像自然科学那样使用实验手段,我们只能探究,并且除了探究外不能做任何别的。"所以,对于德罗伊森来说,探究概念里一定还有另一个要素是重要的,而不只是任务的无限性,因为作为某个无限过程标志的任务是历史研究与自然研究共同具有的,并且相对于18世纪的"科学"和更早一些时期的"学说"(Doctrina)来说,这任务有助于"探究"概念在19世纪的兴起。这种"探究"概念——大概是从

I 220

---

[79] 约翰·古斯塔夫·德罗伊森:《历史学》,R.许布纳编,1935年,第316页。根据弗里德里希·迈内克的笔记。

深入到未知领域的考察旅行者的概念出发的——以同样的方式既包括自然的认识,又包括历史世界的认识。世界认识的神学和哲学的背景消失得愈多,科学被设想为进入未知领域就愈多,因而科学被称之为研究就愈多。

但是,这种考虑并不足以解释德罗伊森怎样能通过说历史学是"探究,并且除了探究外不能做任何别的"这种方式使历史方法与自然科学的实验方法相区别的。这里一定有另一种无限性不同于未知世界的无限性,这种无限性在德罗伊森眼里是历史认识成为探究的主要标志。他的想法似乎是这样的:如果探究的东西本身永远不能成为可见的,那么探究就具有一种不同的、仿佛是质上的无限性。这事实上适合于历史的过去——与自然研究里的实验所表现的那种自我给予性相反。历史研究为了总是不同地认识传承物,它总是愈来愈新地、不断更新地被询问。它的答复从不像实验那样具有自我看见的单义的明确性。

如果现在我们问探索概念里的这种意义要素——德罗伊森在一种令人吃惊的实验和探索的对立中所追求的——的根源是什么,那么在我看来,我们将被引导到良知探究(Gewissensforschung)概念上。历史世界依据于自由,而这一点却保留了个人的一种最终不可深究的神秘性。⑩ 只有对良知的自我探究才能接近

---

⑩ 〔不过,研究概念里的神学附加物不仅与不可探究的个人及其自由有关,而且也与历史中我们永不能完全揭示的存在于上帝"所意指物"领域内的那种隐蔽了的"意义"有关。就此而言,这里历史学并不完全受诠释学过多影响,这一点对于"古希腊文化"的发现者来说应当是恰如其分的。参见我的著作集,第 2 卷,第 123 页以下,以及"海德格尔之路",载《马堡神学》,第 35 页以下;或者我的著作集,第 3 卷。〕

Ⅰ 历史的准备

于这种神秘性,只有上帝才能知道这里的真理。由于这种理由,历史研究将不想追求规律的知识,并无论如何不能要求实验的决定。因为历史学家通过无限的传承物的中介而与他们的对象有着距离。

但从另一方面来说,这种距离也是近在眼前的。虽然历史学家不能像明确掌握实验那样观看他们的"对象",但他们与他们的"对象"却是联系在一起的,只不过他们是通过他们的方式,即通过道德世界的可理解性和熟悉性,与其对象相联系,这种联系方式完全不同于自然研究者与其对象的联系方式。这里"传说"(Hörensagen)不是一种坏的证据,而是唯一可能的证据。

"每一个自我封闭在自身内,每一个人在其表达(Äusserun-gen)中向每一个他人敞开自身"(§91)。因此被认识的东西在这两方面是完全不同的:对于自然认识来说是规律的东西,对于历史学家来说就是道德力量(16)。在道德力量里面历史学家找到了他们的真理。

在对传承物的无休止的探究过程中,理解最终总是可能的。尽管有一切中介,理解概念对于德罗伊森来说仍保留了某种最终直接性的特征。"理解的可能性在于那些作为历史材料而存在的表现乃是与我们同质的","面对人、人的表达和人的形式,我们是并且感觉我们是在本质的相同性(Gleichartigkeit)和相互性(Gegenseitigkeit)之中"(§9)。正如理解使个别的自我与该自我所隶属的伦理共同体联系在一起一样,这些伦理共同体本身、家庭、民族、国家、宗教作为表现也是可理解的。

所以通过表达(Ausdruck)概念,历史实在被提升到非常重要的领域,因而在德罗伊森的方法论的自我分析中诠释学成为历史学的主角:"个别的东西在整体里被理解,而整体则由个别的东西来理解"(§10)。这就是古老的修辞学诠释学基本原则,现在这一原则被转变成内在的东西:"因为进行理解的人像他所要理解的人那样,也是一个自我,一个自身内的整体,所以他通过个别的表现来补充这个整体,而且通过这个整体来补充个别的表现。"这是施莱尔马赫的公式。在应用这一公式时,德罗伊森分享了它的前提,也就是说,那种他视为自由活动的历史,对于他来说,像一个文本那样是可深入理解的和有意义的。正如文本理解一样,历史理解的顶点乃是"精神的在场"(geistige Gegenwart)。所以,我们看到德罗伊森比兰克更精确地规定了什么中介元素被包含在研究和理解过程中,虽然最终他也只能用审美-诠释学的范畴去设想历史学的任务。按照德罗伊森的看法,历史学追求的目的也是从断编残简的传承物中去重构伟大的历史文本。

2. 狄尔泰陷入历史主义困境[81]

a) 从历史学的认识论问题到为精神科学奠定诠释学基础[82]

历史学派里存在的审美-诠释学因素和历史哲学因素之间的

---

[81] [对此请参见我早期的论文"近代德国哲学里的历史问题"(1943年),载《短篇著作集》,第1卷,第1—10页;我的著作集,第2卷,第27页以下。]

[82] [对此节请参见"历史意识问题"(《短篇著作集》,第4卷,第142—147页)以及1983年为纪念狄尔泰而新撰写的论文(我的著作集,第4卷)。狄尔泰研究首先是通过出版那些为《精神科学导论》续篇作准备的论文(《狄尔泰全集》,第18卷、第19卷)而重新开展起来的。]

对抗,在威廉·狄尔泰这里达到了顶点。狄尔泰的重要性在于:他真正认识到历史世界观相对于唯心主义所包含的认识论问题。狄尔泰作为施莱尔马赫的传记家,作为以浪漫主义理解理论探究诠释学起源和本质这一历史问题并撰写西方形而上学历史的历史学家,虽然仍运动在德国唯心主义的问题视域之内——但他作为兰克和该世纪新经验哲学的学生却同时立于一个如此不同的地基上,以致不论是施莱尔马赫的审美-泛神论的同一哲学,还是黑格尔的与历史哲学相结合的形而上学,对于他来说,都不能保持其有效性。的确,我们在兰克和德罗伊森那里已经发现他们都同样存在着一种唯心主义态度和经验主义态度之间的冲突,但是在狄尔泰这里,这种冲突变得特别尖锐。因为在狄尔泰这里,已经不再是单纯地以一种经验主义的研究态度去继续古典主义-浪漫主义精神,这种继续着的传统反而由于有意识地重新采用先是施莱尔马赫的后是黑格尔的思想而被过量充塞了。

即使我们把英国经验论和自然科学认识论对狄尔泰的早期的巨大影响作为对他的真正意图的损害而避而不谈,我们仍然不容易理解他的这些意图究竟是什么。我们感谢格奥尔格·米施[223]在这方面所作的重要进展。㊝ 但是,由于米施的目的是想把狄尔泰的立场与胡塞尔的现象学及海德格尔的基本本体论的哲学倾向相对照,狄尔泰的"生命哲学"倾向的内在矛盾就被他用这些当代的相反立场加以描绘。同样的情况也适合于 O. F. 博尔诺对于狄

㊝ 这不仅指格奥尔格·米施为狄尔泰《全集》第 5 卷所写的内容广泛的导论,而且也指他在《生命哲学和现象学》(1930 年第 1 版)这本书里所作的狄尔泰解释。

尔泰的有价值的描述。㉞

我们在狄尔泰这里将论证的这种冲突性的根源,早已存在于历史学派那种典型的哲学和经验两栖的立场里。这种冲突性并没有由于狄尔泰想建立一个认识论基础的尝试而被消除,反而由于狄尔泰这一尝试变得更为尖锐。狄尔泰为精神科学提供一个哲学基础的努力,就是试图从兰克和德罗伊森为反对德国唯心论而主张的东西推导出认识论上的结论。这一点狄尔泰自己是完全意识到的。他认为历史学派的弱点在于他们的反思缺乏彻底性:"历史学派不是返回到自身的认识论前提,或者返回到从康德直到黑格尔的唯心论的认识论前提,从而认识这些前提的不可统一性,而是无批判地把这两种观点结合在一起。"㉟所以,狄尔泰能够为自身制定这样一个任务,即在历史学派的历史经验和唯心主义遗产中间建立一个新的认识论上可行的基础。这就是他通过历史理性批判去补充康德的纯粹理性批判这一目的的意义。

这个任务本身就已经表明他背离了思辨唯心论。这一任务曾经提出了一种可以完全从语词上去理解的类比关系。狄尔泰是想说:历史理性需要一种完全像纯粹理性所需要的那样一种辩护。《纯粹理性批判》的划时代的成就不仅是摧毁了作为世界、灵魂和上帝的纯粹理性科学的形而上学,而且同时也揭示了这样一个领域,在此领域内我们不仅可以合法地使用先天的概念,而且认识也有了可能。这种纯粹理性批判不仅摧毁了精神观看者的梦幻,而

㉞ O. F. 博尔诺:《狄尔泰》,1936年。
㉟ 《狄尔泰全集》,第7卷,第281页。

且同时也答复了纯粹自然科学如何是可能的这一问题。在此期间，思辨唯心论曾把历史世界一起放入理性的自我解释之中，而且特别是通过黑格尔，在历史领域内作出了独创的成就。因此，纯粹理性科学的要求基本本上被推广到历史认识上。历史认识成为精神百科全书的一部分。

但是在历史学派看来，思辨的历史哲学乃是一种同样粗鄙的独断论，有如理性的形而上学一样。所以，历史学派必须对历史认识的哲学基础要求一种类似于康德曾经为自然认识所要求的东西。

这种要求是不能通过单纯地返回康德而实现的，尽管面对自然哲学的过分放纵我们可能采取这种途径。康德曾经结束了关于认识问题——由于17世纪新科学的出现而提出的问题——的各种努力。新科学所运用的数学-自然科学的构造在康德那里获得了有关其认识价值的合法证明，新科学之所以需要这种数学-自然科学构造，是因为新科学的概念除了理性存在（entia rationis）的要求外，并没有任何其他的存在要求。古老的表象理论（Abbildtheorie）显然不再是合法的。[88] 所以，通过思想和存在的不可比较性，认识问题以一种新的方式被提出来。狄尔泰清楚地看到了这一点，并且在他与约尔克伯爵（Grafen Yorck）[224]的通信里讲到了

---

[88] 我们可能在德谟克利特那里找到的，而新康德派的历史著作硬说在柏拉图那里也有的古代关于认识问题的早期形式，是处于一个不同的地基上。对于从德谟克利特那里可能引出的认识问题的讨论，其实在古代怀疑论那里就结束了。（参见保罗·纳托普的《古代认识问题研究》[1892年]，以及我在"关于前苏格拉底的概念世界"里的研究，1968年，第512—533页）[现收入我的著作集，第5卷，第263—282页。]

17世纪认识论问题所具有的唯名论背景,这一背景通过杜恒[225]以来的现代研究已得到出色的证实。⑰

现在,认识论问题通过历史科学获得了新的现实性。语词史已经证明了这一点,因为认识论(Erkenntnistheorie)一词是在黑格尔之后的时期里才出现的。当经验研究使黑格尔体系威信扫地时,认识论一词才得到了使用。19世纪之所以成为认识论世纪,是因为随着黑格尔哲学的瓦解,逻各斯(Logos 即理性)和存在之间的自明的符合关系最终被摧毁了。⑱ 由于黑格尔在一切地方,甚至在历史上强调理性,他成为古代逻各斯(即理性)哲学的最后一位最全面的代表。鉴于对先验历史哲学的批判,人们现在看到自己重新又被束缚在康德批判的桎梏下,在世界史的纯粹理性构造的要求被取消以及历史认识同样被限制于经验之后,康德批判的问题也对历史世界提出来了。如果历史被认为与自然一样,并不是精神的显现方式,那么人的精神怎样能够认识历史就成了一个问题,正如通过数学构造方法的自然认识对于人的精神也是一个问题一样。所以,相对于康德答复纯粹自然科学如何是可能的这一问题,狄尔泰必然试图对历史经验怎样可能成为科学这一问题进行答复。因此在与康德问题作清楚的比较之中,狄尔泰探究了那些能够支持精神科学的历史世界的范畴。

---

⑰ P.杜恒:《莱奥纳多·达·芬奇研究》,3卷本,巴黎,1955年;《世界体系》,第10卷,巴黎,1959年。[参见本书第11页,注释④。]
⑱ 对此参见 E.策勒的论文"认识论的意义和任务"(1862年),载他的《演讲和论文集》,第2卷,莱比锡,1875—1884年,第446—478页;以及我的论文"E.策勒——一位从神学走向哲学的自由主义者之路",载 W.德尔编辑出版的《森柏·阿佩特斯-鲁普莱希特-卡尔600年——海德堡大学1386—1986纪念文集》(6卷本),海德堡,1985年,第2卷。

Ⅰ 历史的准备

在这里使得狄尔泰成为重要人物、并使他与那些试图把精神科学包含在重新构造的批判哲学里面的新康德派相区别的关键在于,他没有忘记经验在这里是某种根本不同于自然认识领域内的经验的东西。在自然认识领域内所涉及的,只是通过经验而产生的可证实的观点(die verifizierbaren Feststellung),也就是说,是那种与个人的经验相脱离,并且总是构成经验知识中可靠部分的东西。对于这种"认识对象"的范畴分析,在新康德派看来,乃是先验哲学的积极成果。㉙

对于这种构造只略加改变,并且把它转用于历史认识领域,有如新康德派以价值哲学的形式所作出的,这在狄尔泰看来是远远不够的。狄尔泰曾经把新康德派的批判哲学本身视为独断论的,并且正如他把英国经验论称之为独断论一样,他有同样的正确性。因为承担历史世界构造的东西,并不是由经验而来、而后又在一种价值关系中出现的事实(Tatsachen),历史世界的基础其实是那种属于经验本身的内在历史性(die innere Geschichtlichkeit)。内在历史性是一种生命的历史过程,它的范例不是确定事实,而是那种使回忆和期待成为一个整体的奇特组合,我们把这种组合称之为经验,而且由于我们作出经验,我们获得了这种组合。所以,尤其是痛苦的实在经验给予见解正趋成熟的人的那种苦难(Leiden)和教训(Belehrung),才最先形成历史科学的认识方式。历史科学只是继续思考那种生活经验里已经被思考的东西。㉚

㉙ 参见 H. 李凯尔特同名的书:《认识对象》,弗赖堡,1892 年。
㉚ 参见本书第 352 页以下关于经验历史性的分析。

这样，认识论问题在这里就有了另一个出发点。在某种方式里，它的任务是容易解决的。它不需要首先探究我们的概念与"外在世界"相一致的可能性的基础。因为历史世界——我们这里涉及的就是对这一世界的认识——始终是一个由人的精神所构造和形成的世界。由于这个理由，狄尔泰并不认为普遍有效的历史综合判断在这里是成问题的，[91]并且他还在这里援引了维柯。我们回忆一下，维柯在反对笛卡尔派的怀疑论以及由这种怀疑论而确立的自然数学知识的确实性的斗争中，曾经主张人类所创造的历史世界在认识论上的优先地位。狄尔泰重复这同样的论据。他写道："历史科学可能性的第一个条件在于：我自身就是一种历史的存在，探究历史的人就是创造历史的人。"[92]正是主体和客体的这种同质性（Gleichartigkeit）才使得历史认识成为可能。

但是，这种观点却丝毫未解决狄尔泰所提出的认识论问题。而且，这种同一性条件还总是掩盖了历史的真正认识论问题。这问题就是：个别人的经验及其对这种经验的认识怎样提升为历史经验的。在历史中我们不再涉及那些像这样被个别人所体验的或像这样被其他人再体验的联系（Zusammenhänge）。而狄尔泰的论证首先只适合于个别人的体验和再体验。这就是狄尔泰认识论的出发点。狄尔泰提出个别人怎样得到某种生命联系的办法，并试图从这里出发去获取那些对于历史联系及其认识能承担作用的构造性的概念。

---

[91] 《狄尔泰全集》，第7卷，第278页。
[92] 同上。[但是谁真正创造历史呢？]

I 历史的准备

与自然认识的范畴不同,这些概念都是生命概念(Lebensbegriffe)。因为按照狄尔泰的看法,认识历史世界——在这世界里意识等同于对象这一唯心主义的思辨假设还总是可指明的实在——的最终前提是体验(Erlebnis)。这里是直接的确实性。因为属体验的东西不再被分解成一种行为,即某种内在意识(das Innewerden),和一种内容,即我们内在意识到的东西。[33] 属体验的东西其实是一种不可再分解的内在存在(Innesein)。即使说在体验中有某种东西被占有,这也是做了过多的区分。狄尔泰现在探究联系是怎样从这种直接确实性的精神世界的要素形成起来的,以及对这种联系的认识是怎样可能的。

早在他的"描述的和分析的心理学"的观念里,狄尔泰就有这样一个任务,即推导那种不同于自然认识解释模式的所谓"由某个人内在生命而获取的联系"(den erworbenen Zusammenhang des Seelenlebens)。[34] 他使用了结构(Struktur)概念,以便使对内心生命联系的体验性与自然事物的因果联系相区别。"结构"一词的逻辑特征就在于:它在这里意指一种关系整体(Beziehungsganz),这整体不依赖于事物(Erwirkseins)的时间性的因果次序,而依赖于内在的关系。

根据这一点,狄尔泰认为他已找到了一种特有的和有效的出发点,并且已经克服了那种使兰克和德罗伊森方法论反思混乱不堪的矛盾性(Unausgeglichenheit)。但是,他认为历史学派在这一

---

[33] 《狄尔泰全集》,第7卷,第27页以下、第230页。
[34] 同上书,13a。

点上是正确的：不存在一种普遍的主体，而只存在历史的个人。意义的理想性不可归入某个先验的主体，而是从生命的历史实在性产生的。正是生命自身在可理解的统一性中展现自身和造就自身，正是通过个别的个人这些统一性才被理解。这就是狄尔泰分析的不言而喻的出发点。生命的联系，如它对个人所表现的（并且在传记知识里被其他人再体验和理解的），是由某种特殊体验的意义所建立的。从这些特殊体验出发，就像从某种组织化了的中心出发一样，统一的生命过程被形成，这正如一段旋律的意义形式的出现一样——它不是单纯由于连续演奏的音调排列，而是从规定该旋律的形式统一的音乐主题出发而产生的。

很显然，这里正如在德罗伊森那里一样，浪漫主义诠释学的处理方式又出现了，并且经历了一种普遍的扩展。正如某个文本的上下文关系一样，生命的结构联系也是由整体和部分的关系所规定的。这种联系的每一部分表现了生命整体的某种东西，因而对整体具有某种意义，正如这部分自己的意义是被这个整体所规定的一样。这就是古老的文本解释的诠释学原则，这一原则之所以能适用于生命联系，是因为在生命联系中同样也假定了某种意义的统一，而这种统一的意义在它的所有部分中都得到了表现。

狄尔泰为精神科学奠定认识论基础的工作所迈出的决定性步伐是，发现了那种从构造个人生命经验里的联系到根本不为任何个人所体验和经验的历史联系的转变。这里——尽管有对思辨的一切批判——必然要有"逻辑主体"替代实在主体。狄尔泰对于这种困难是意识到的，但是他认为这样做本身是允许的，因为个人的休戚相关性（Zusammengehörigkeit）——例如在某代人或某民族

Ⅰ 历史的准备

的统一体里——表现了某种精神性的实在（eine seelische Wirklichkeit），我们之所以必须承认这种精神性的实在，正是因为我们不可能返回到它背后去解释它。这里确实不涉及实在主体。它的界限的模糊性就表明了这一点；特殊个人只是以它的存在的一部分被包含在它里面。但是按照狄尔泰的看法，下面这点却是确切无疑的，即我们可以作出关于这个主体的陈述。历史学家经常作出这种陈述，例如他们讲到民族的行为和命运。[65] 现在问题是，这种陈述怎样能在认识论上得以证明呢？

我们不可以主张，狄尔泰关于这问题的思想已达到完全的清楚性，尽管他在这里看到了决定性的问题。这里关键性的问题乃是从精神科学的心理学基础转变到诠释学基础。在这方面狄尔泰从未超出概述一步。所以，在《构造》[66]的两个完整的部分即自传和传记里——这是历史经验和历史认识的两种特殊情形——保留了一种不完全有根据的优势。因为我们确实看到，真正的历史问题并不是，联系一般来说是怎样可体验和可认识的，而是这种从未有人这样体验过的联系怎样应当是可认识的。但是，狄尔泰怎样想从理解现象出发去解释这一问题，却是毫无疑问的。理解就是对表达的理解（Verstehen ist Verstehen Von Ausdruck）。在表达中，被表达的东西是以一种不同于原因在结果中的方式出现。当表达被理解了，被表达的东西就出现在表达本身中并且被理解。

---

[65] 《狄尔泰全集》，第 7 卷，第 282 页以下。格奥尔格·西梅尔也试图通过体验主体性（Erlebnissubjektivität）和事实关系（Sachzusammenhang）的——最终也是心理学上的——辩证法解决这同样的问题。参见《桥和门》，第 82 页以下。

[66] 即《精神科学里的历史世界的构造》，载《全集》，第 7 卷。

狄尔泰从一开始就力求把精神世界的关系从自然领域内的因果关系里区别出来，因而表达概念和对表达的理解概念对他来说从一开始就处于核心位置。他由于胡塞尔影响而获得的新的方法论上的清晰性使他最后用胡塞尔的《逻辑研究》去综合那种由效果关系（Wirkungszusammenhang）而提升的意义概念。狄尔泰的精神生活的结构性（Strukturiertheit）概念相应于意识的意向性学说，因为这种结构性不仅从现象学方面描述了某种心理学事实，而且也从现象学方面描述了意识的本质规定。每一种意识都是对某物的意识，每一种关系都是对某物的关系。按照胡塞尔的看法，这种意向性的所指（das Wozu），即意向对象，并不是实在的心理成分，而是一种理想统一体，即这样的所意指物。所以，胡塞尔的第1卷《逻辑研究》为反对逻辑心理主义的偏见而维护一种理想的意义概念。胡塞尔这个证明对于狄尔泰有着决定性的意义。因为正是通过胡塞尔的分析，狄尔泰才能真正讲到那种使"结构"区分于因果关系的东西。

一个例子将清楚地表明这一点。心理的结构，如某个个人，是通过发展他的禀赋并同时经验到环境的条件性的效果而获得他的个性的。这里所出现的东西，即真正的"个性"，也就是说，个人的特征，并不是一种单纯的原因要素的结果，它不能只通过这些原因去理解，而是表现了一种自身可理解的统一，一种生命的统一，而这种生命的统一表现在它每一次的外现中，并因而能通过每一次外现来理解。这里某物是不依赖于其生成的因果秩序而结合成某种特有的形象（Figur）。这就是狄尔泰以前以结构性关系（Strukturzusammenhang）所意指的东西，也是他现在用胡塞尔的术语称之为"意义"（Bedeutung）的东西。

Ⅰ 历史的准备

狄尔泰现在也能够说,在某种程度上结构性关系是被给予的(gegeben)——这是他与埃宾豪斯的主要争论点。虽然结构性关系并不是在某种体验的直接性中被给予的,但是它也不能简单地被说成是作用因素基于心理"机制"的结果。意识的意向性学说实际上为所与性(Gegebenheit)概念提供了新的基础。自此以后,我们可以不再由体验原子(Erlebnisatomen)去推导联系并以这种方式去解释联系。意识其实总是包含在这样的联系之中,并在这种联系的概念中有其自身的存在。所以狄尔泰认为胡塞尔的《逻辑研究》是划时代的,⑰因为像结构和意义这些概念都得到了合理的证明,虽然它们不是可由要素推导出来的。这些概念现在被证明比那些所谓要素更原始,以前曾经认为这些概念就是从这些要素并基于这些要素而构造的。

当然,胡塞尔关于意义理想性的证明乃是纯粹逻辑探究的结果。而狄尔泰对此的证明则是某种完全不同的东西。对于狄尔泰来说,意义不是一个逻辑概念,而是被理解为生命的表现。生命本身,即这种流逝着的时间性,是以形成永恒的意义统一体为目标。生命本身解释自身。它自身就有诠释学结构。所以生命构成精神科学的真实基础。在狄尔泰思想里,诠释学不是单纯的浪漫主义遗产,而是从哲学建基于"生命"之中合乎逻辑地产生出来的。狄尔泰认为正是由于这一点他已完全超越了黑格尔的"理智主义"。同样,从莱布尼茨那里产生的浪漫主义-泛神论的个性概念也不能使狄尔泰感到满足。因为把哲学建基于生命之中,这也反抗个体

---

⑰《全集》,第7卷,13a。

形而上学,并且知道远远离开莱布尼茨的无窗户的单子论观点。按照这种单子论观点,只有单子才展现其自身的规律,所以对于这种观点来说,个性就不是一种植根于现象中的原始观念。狄尔泰宁可坚持所有"精神的生命性"都隶属于环境。[98] 根本不存在个性的原始力。个性是由于它肯定自身才成为它所是的东西。被效果的历史(Wirkungsverlauf)所限制,这属于个性的本质——正如属于所有历史的概念。即使像目的和意义这些概念,对于狄尔泰来说,也不是指柏拉图主义意义上或经院哲学意义上的观念。它们也是历史的观念,因为它们是被结果的历史所限制。它们必须是能概念(Energiebegriffe)。狄尔泰在这里依赖于费希特,[99] 费希特对于兰克也同样有决定性的影响。就此而言,狄尔泰的生命诠释学将总是立于历史世界观的基础之上。[100] 哲学提供给他的只是那种陈述历史世界观真理的概念可能性。

但是,尽管有所讲的这些限制条件,狄尔泰把诠释学建基于"生命"里的做法是否已经真正避免了唯心主义形而上学所隐含的结果,这还是不清楚的。[101] 对于狄尔泰来说,存在这样一些问题:个体的力怎样与超越于它的、先于它的东西,与客观的精神相联系?应当怎样设想力和意义的关系、力量和观念的关系、生命的事实性和理想性的关系?历史认识如何是可能的这一问题最终必

---

[98] 《全集》,第5卷,第266页。
[99] 《全集》,第7卷,第157、280、333页。
[100] 同上书,第280页。
[101] O. F. 博尔诺(《狄尔泰》,第168页以下)曾经正确看到,力概念在狄尔泰那里被放到非常次要的位置。这正表现了浪漫主义诠释学对狄尔泰思想的胜利。

须决定于对这些问题的解答。因为历史中的人都同样是由个性和客观精神的关系所根本决定的。

这种关系显然不是没有歧义的。一方面它是限制、压迫、抵抗的经验,通过这些经验个体意识到其自身的力。但另一方面它又不仅仅是个人经验到的实在的坚硬的墙。个体作为历史存在而经验到历史实在,而且这种历史实在同时也总是某种支持个体的东西;在历史实在里个体表现自身和重新发现自身。历史实在作为这样的东西就不是"坚硬的墙",而是生命的客观化物(Objektivationen)(德罗伊森曾经讲到"道德力量")。

这一点对于精神科学的性质具有根本方法论的意义。所与概念在这里具有一种根本不同的结构。精神科学里的所与与自然科学里的所与不同,其特征是:"在这个领域内我们必须抛弃所与概念的所有那些如物理世界形象所具有的固定的东西、异己的东西。"[14]一切所与在这里都是被创造出来的。维柯早已赋予历史对象的那种古老的优越性,按照狄尔泰的看法,乃是建立普遍性的基础,由于这种普遍性,理解才占有了历史世界。

但是问题在于,从心理学立场到诠释学立场的转变是否能在这个基础上获得真正成功,或者狄尔泰在这里是否陷入了那些把他带到他本不希望得到和不想承认的思辨唯心论的近处的问题关系之中。

在上面所援引的这句话中,我们不仅听到了费希特的声音,甚至还在语词本身中听到了黑格尔的声音。黑格尔对"实证性"的批判[15]、自我异化概念、精神作为在他物中的自我认识的这一规定,

---

[14] 《全集》,第7卷,第148页。
[15] 《黑格尔早期神学著作》,诺尔编,第139页以下。

都能很容易地从狄尔泰这句话中推导出来,并且我们可以问,历史世界观针对唯心论所强调的、并且狄尔泰试图从认识论上证实的差别究竟存在于何处。

当我们考虑到狄尔泰用以刻画生命这一基本历史事实的特征的一些重要术语时,这个问题变得更加尖锐。众所周知,他讲到过"生命的形成思想的工作"。[104] 这个术语怎样区别于黑格尔,是不容易说明的。生命很可能强烈地表现一种"深不可测的面貌",[105]狄尔泰还可能嘲弄那种对于生命的过分乐观的观点,这种观点在生命中只看到文化的进步——生命是用它所形成的思想来理解,所以它被隶属于一种目的论的解释模式,并且被设想为精神。因此,我们发现狄尔泰在后期愈来愈紧密地依赖于黑格尔,并且在他早期讲"生命"的地方改讲"精神"。他只是重复黑格尔自己曾经说过的概念的发展。根据这一事实,下面这点看来值得注意,即我们要把自己对黑格尔早期所谓"神学"著作的认识归功于狄尔泰。正是在这种有助于我们理解黑格尔思想发展过程的材料中,完全清楚地表明了黑格尔的精神概念是以某种精神性的生命概念为基础的。[106]

---

[104] 《全集》,第 7 卷,第 136 页。

[105] 《全集》,第 8 卷,第 224 页。

[106] 狄尔泰的重要著作《青年黑格尔发展史》1906 年第一次发表,后根据遗著手稿加以补充收在《全集》第 4 卷(1921 年)中,此书开创了黑格尔研究的一个新时期,这与其说是由于该著作的成就,毋宁说是由于它所提出的任务。继后不久(1911 年)又出版了赫尔曼·诺尔编的《早期神学著作》,这部著作被特奥多尔·黑林有说服力的注释(《黑格尔》,第 1 卷,1928 年)所解释。参见作者的"黑格尔和历史精神"和"黑格尔辩证法"(《全集》,第 3 卷)以及赫伯特·马尔库塞的《黑格尔本体论和历史性理论的建立》(1932 年),这部著作证明了生命概念对于《精神现象学》有范例性的作用。

Ⅰ 历史的准备

狄尔泰自己曾经试图对于他与黑格尔有联系的东西以及他与黑格尔相区别的东西作一个说明。⑩ 但是，如果狄尔泰自己仍给"客观精神"概念以这样一个中心地位，他对黑格尔理性信仰的批判、对黑格尔世界史的思辨构造的批判、对黑格尔从绝对的辩证的自我发展得出一切概念的先天推导的批判又说明什么呢？诚然，狄尔泰反对这种黑格尔式的概念抽象构造："我们今天必须从生命的实在出发。"他写道："我们正试图理解生命的实在，并且以正确的概念来表现这种实在。以这种方式，客观精神不被我们看作是片面建立在那种表现世界精神本质的普遍的理性之上，并且摆脱了某种观念构造，所以关于它的新概念才变成可能的。它现在包括语言、习俗、所有各种生命的形式和方式，同样也包括家庭、市民社会、国家和法律。甚至黑格尔现在作为绝对精神而与客观东西相区别的东西，如艺术、宗教和哲学也包括在这个概念之内……"（《全集》，第 7 卷，第 150 页）。

毫无疑义，这是对黑格尔思想的一种改造。它意味着什么呢？究竟怎样说明"生命的实在"呢？最重要的显然是客观精神概念扩大到包括艺术、宗教和哲学。因为这意味着，狄尔泰并不把这些东西看作是直接的真理，而是看作为生命的表现形式。由于他把艺术和宗教与哲学同等看待，他同时也拒绝了思辨概念的要求。在这里狄尔泰并不完全否认，这些形式相对于客观精神的其他形式有一种优越性，因为"正是在它们的有力的形式中"，精神才被客观

---

⑩ 详细的观点在狄尔泰死后发表的关于《青年黑格尔发展史》的注释中（第 4 卷，第 217—258 页），更深刻的观点在《构造》第 3 章中（第 146 页以下）。

化和被认识。正是这种精神的完美自我认识的优越性曾经使黑格尔把这些形式看成绝对精神的形式。在它们之中不再存在任何异己的东西,因而精神完全地返回到自己的家园。正如我们所看到的,艺术的客观化物对于狄尔泰来说也表现了诠释学的真正胜利。所以狄尔泰与黑格尔的对立最终可以归结为这样一种对立:按照黑格尔的看法,精神返回家园是在哲学概念里完成的,而对于狄尔泰来说,哲学概念并不具有认识意义,而只具有表现意义。

这样,我们必须探究一下,对于狄尔泰来说,是否就没有一种真正的"绝对精神"的精神形式,即那种具有完全的自我透明性、完全地摆脱一切异己性和一切他在性的精神形式。对于狄尔泰来说,毫无疑问有这样一种精神形式,并且这就是历史意识。历史意识符合这种理想,而不符合思辨哲学。历史意识把人类历史世界的所有现象只看作精神借以更深刻认识自身的对象。就这种意识把这些现象理解为精神的客观化物而言,它使它们返回到"它们本是由之而来的精神性的生命中"。[⑩] 客观精神的诸种形式对于历史意识来说也就是这个精神自我认识的诸对象。就历史意识把历史的一切所与理解为它们从之产生的生命的表现而言,历史意识扩大成为无所不包。"生命在这里把握生命。"[⑪]就此而言,全部传承物对于历史意识来说就成为人类精神的自我照面(Selbstbegegnung)。历史意识把那些似乎保留给艺术、宗教和哲学的特殊创造的东西吸引到自身上来。不是在思辨的概念认识里,而是在历

---

⑩ 《全集》,第5卷,第265页。
⑪ 《全集》,第7卷,第136页。

史意识里，精神对于自身的认识才得以完成。历史意识在所有事物中都看到历史精神。即使哲学也只被认为是生命的表现。由于哲学意识到这一点，所以它抛弃了它那种试图通过概念成为知识的古老要求。哲学成为哲学的哲学，成为一种对于为什么在生命中除了科学外还有哲学的哲学说明。狄尔泰在其晚年工作中曾经筹划了这样一种哲学的哲学。在这种哲学的哲学里，他把各种类型的世界观都归诸那种在它们中展现自身的生命的多方面性（Mehrseitigkeit）。⑩

这样一种对形而上学的历史性克服是与对伟大文学创作的精神科学解释联系在一起的。狄尔泰把这一点视为诠释学的胜利。但是，这仍是哲学和艺术对于历史地进行理解的意识所具有的一种相对的优先性。哲学和艺术可能由于精神并不必从它们读出来而保留一种特别的位置，因为它们是"纯粹的表现"，并且除此之外并不想是别的东西。但是，即使这样，它们也不是直接的真理，而只用作为生命关系的器官（Organ）。正如某种文化的某些繁荣时代更乐意揭示那种文化的"精神"，或者，正如伟大个性的特征是在他们的计划和行为中使真正的历史决定得以表现，同样，哲学和艺术对于解释性的理解也特别易于开放。正是形式的优越性、意义整体纯粹形式的优越性，才曾摆脱精神史在这里所追随的生成过程。狄尔泰在其《施莱尔马赫传》的导论中写道："精神运动的历史具有占据真正纪念碑的优点。我们可能有错误的是关于它的目

---

⑩ 《全集》，第5卷，第339页以下，以及第8卷。

的,而不是那种被表现在著作中的内在自我的内容。"⑪狄尔泰并不是偶然地对我们写了下面这个施莱尔马赫的注释:"开花乃是真正的成熟,而果实只是那种不再属于有机植物的东西的杂乱的躯壳。"⑫狄尔泰显然分享了这种美学形而上学的论点。这个论点乃是他与历史的关系的基础。

这符合于客观精神概念的改造,这种改造使得历史意识替代了形而上学。但是我们可以提出这样的问题,即历史意识是否可能真正填补在黑格尔那里由思辨概念所把握的精神的绝对知识所占据的这个位置。狄尔泰自己曾指出,因为我们自身是历史的存在,所以我们只是历史地认识。这被认为是一种认识论上的自我安慰,但是这又能怎样呢?维柯常说的话究竟正确吗?它不是把人类艺术精神的经验转用于我们面对事物的发展一般不能讲到"创造"即计划和执行的这样一种历史世界吗?认识论的轻松感应从哪里来呢?实际上它不就是一种困难感吗?意识的历史条件性对于意识是在历史认识中臻于完成的这一点难道不是表现了一种不可克服的限制吗?黑格尔可能想把历史扬弃在绝对知识中从而克服这种限制。但是,如果生命如狄尔泰所设想的就是那种不可穷尽的创造的实在,历史的意义关系的经常变化难道不就必须排斥任何达到客观性的知识吗?历史意识最终不就也是一种乌托邦式的理想,本身包含着内在矛盾吗?

---

⑪ 《施莱尔马赫传》,米勒特编,1922年,第XXXI页。
⑫ 同上书,1870年第1版;《施莱尔马赫内心发展的纪念碑》,第118页。参见《独白》,第417页。

b) 在狄尔泰关于历史意识的分析中科学和生命哲学的冲突

狄尔泰曾经不倦地思索这一问题。他的思索总是为了这样一个目的,即尽管认识者本身是受条件制约的,他总把对历史条件所制约的东西的认识证明为客观科学的成就。由其自身中心来构造其统一性的结构学说就是服务于这一目的的。某种结构关系可以从其自身中心出发来理解,这既符合古老的诠释学原则,又符合历史思维的要求,即我们必须从某个时代自身来理解该时代,而不能按照某个对它来说是陌生的当代标准来衡量它。按照这一格式——狄尔泰认为[13]——可以设想对愈来愈广泛的历史联系的认识,并且这种认识可以一直扩大到对世界史的认识,正像语词只可以从整个语句出发、语句只可以在整个文本的语境中甚而在全部流传下来的文献的关系中才被完全理解一样。

当然,应用这个格式是有前提的,即我们能够克服历史观察者的时空局限性(Standortgebundenheit)。但是,这一点正是历史意识的要求,即对所有事物应当具有一个真正的历史观点。历史意识认为这是它的最高成就。因此历史意识致力于造就"历史意义",以便使自己超出自己时代的偏见。这样,狄尔泰感到自己是历史世界观的真正完成者,因为他力图证明意识提升为历史意识是正当的。狄尔泰的认识论反思试图证明的东西从根本上说无非只是兰克一类人的那种伟大的诗意的自我忘却。只是以一种全面

---

[13] 《全集》,第7卷,第291页:"正如语词的字母一样,生命和历史都有一种意义。"

的和无限的理解的统治权替代了审美的自我忘却。把历史学建立在某种理解心理学上,正如狄尔泰所想到的,就是把历史学家置于那种与其对象的理想的同时性之中,而这种同时性就是我们所称的审美的同时性,并且在兰克那里我们还赞扬过。

当然,这种无限的理解对于有限的人的本性如何是可能的这一根本问题还存在着。这难道真是狄尔泰的看法吗?狄尔泰不是为反对黑格尔而坚持我们必须把握自己有限性的意识吗?

这里我们必须更详细地加以考察。狄尔泰对黑格尔的理性唯心主义的批判只涉及到黑格尔的概念思辨的先验论——对于狄尔泰来说,精神的内在无限性并没有任何根本的可疑性,而是可以在某种历史地被阐明的理性(这种理性可能成为理解一切的天才)的理想中得以积极实现的。对于狄尔泰来说,有限性的意识并不指意识的有限化和局限性。有限性的意识其实证明了生命在力量和活动方面超出一切限制的能力。所以它正表现了精神的潜在的无限性。当然,这种无限性借以实现自身的方式不是思辨,而是历史理性。因为历史理解在精神的整体性和无限性中具有其稳固的根据,所以历史理解可以扩及一切历史所与,并且成为真正的普遍的理解。狄尔泰在这里追随一种古老的学说,这种学说认为理解的可能性在于人类本性的同质性(Gleichartigkeit)。狄尔泰把我们自己的体验世界看作是这样一种扩充的单纯出发点,这种扩充在富有生气的变迁中,通过重新体验历史世界而获得的东西的无限性去补充我们自身体验的狭隘性和偶然性。

在狄尔泰看来,由于我们存在的历史有限性而归给理解普遍性的限制,只具有一种主观的性质。不过,尽管这样,他仍能够在这些限制中看到某种对于认识来说是富有成效的积极东西;所以他声称,只有同情(Sympathie)才使真正的理解成为可能。[14] 但是我们可以追问,这是否有任何根本的意义。首先,让我们规定:他把同情只看作为一种认识条件。我们可以像德罗伊森那样追问同情(这是一种爱的形式)是否指某种完全不同于认识的实际条件的东西。同情属于你我之间的关系形式。在这种实际的道德关系中确实存在认识,所以爱给予洞见。[15] 但是同情却是比单纯的认识条件更多的东西。通过同情,你同时得到转变。在德罗伊森那里有一句深刻的话:"因为我喜欢你这样,所以你必须是这样,这是一切教育的秘密。"[16]

如果狄尔泰讲到普遍的同情,并同时想到了老年的超然智慧,那么他确实不是指同情这种道德现象,而是指完美的历史意识的理想,这种理想基本上超出了那种由于偏爱和亲近某个对象这种主观偶然性而对理解所造成的界限。狄尔泰在这里追随兰克,因为兰克认为历史学家的职责在于对一切事物的同情(Mitleidenschaft des Alls)。[17] 不过,狄尔泰似乎在限制兰克的意思,他说历史理解的最好条件是这样一些条件,在这些条件中存在一种"通过

---

[14] 《全集》,第5卷,第277页。

[15] 参见马克斯·舍勒(Max Scheler)有关的论述,载《现象学和同情感理论,以及爱和恨》,1913年。

[16] 《历史学》,§41。

[17] 不过,他也跟随施莱尔马赫,因为施莱尔马赫只在很受限制的意义上把老年视为范例,参见下面的施莱尔马赫注释(狄尔泰:《施莱尔马赫传》,第1版,第417页):"老年人对于现实世界的特别不满足乃是对青年及其幸福的误解,因为青年人的幸福也是不涉及现实世界的。老年人对新时代的不满乃是属于一种挽歌。"

"因此历史意义对于达到永恒的青春是最为必要的,永恒的青春不是自然的赠品,而是自由的产物。"

伟大对象而来的对自己生命性的继续不断的制约性",因为他在这些条件中看到了理解的最高可能性。[118] 但是,如果我们把这种对自身生命性的制约性理解为某种不同于主观认识条件的东西,那么这将是错误的。

我们可以用例证来说明这一点。如果狄尔泰是说修昔底德(Thukydides)[226]与伯里克利(Perikles)[227]的关系,或兰克与路德的关系,那么他以此意指一种同质性的直觉联系,这种联系在历史学家身上自发地引起一种按其他方式很难达到的理解。但是他认为,这种在例外情况里以天才方式取得的理解常常可以通过科学方法达到。他明确地论证了精神科学可以使用比较方法,他说精神科学的任务就是克服我们自己经验范围所设立的偶然界限,"并且上升为伟大普遍性的真理"。[119]

这里是他的理论最成问题的论点之一。比较的本质已预先假定了那种支配两个比较者的认识着的主体性的非制约性。比较法以一种当然的方式使事物成为同时的。因此,我们必须对于比较方法是否真地满足了历史认识的观念这一点保持怀疑。这里在自然科学的某些领域内所习于采用并在精神科学的许多领域如语言研究、法律、艺术科学等领域内取得成功的某种处置方法,[120]是否真能从某种附属的工具发展成为对历史认识(这种认识常只为表面而无联系的反思提供一种虚假的证明)的本质具有根本重要性

---

[118] 《全集》,第5卷,第278页。
[119] 《全集》,第7卷,第99页。
[120] 这个"方法"的能言善辩的辩护人就是R.罗特哈克,但这个人自己对此的贡献却有利于证明相反的东西,即天才想象和大胆综合这种相反的方法。

的东西？这里我们必须赞同约尔克伯爵这样的观点，他写道："比较总是审美性的，它常涉及到形式"，[121]并且我们可以回忆，黑格尔在他之前就曾经天才地对比较方法进行了批判。[122]

无论如何，这一点是明确的，即狄尔泰并不认为，有限的-历史性的人受制于特殊时空关系，对精神科学认识可能性乃是一种根本的损害。历史意识应当实现这种对自身相对性的超越，以使精神科学认识的客观性成为可能。我们必须探究，假如没有一种超出一切历史意识的绝对的哲学知识的概念，这种要求应当怎样被证明合法。究竟历史意识相对于历史的一切其他意识形式有怎样的特征，以致它自身的条件性不会取消客观认识的基本要求呢？

历史意识的特征不能在于：它实际上乃是黑格尔意义上的"绝对知识"，也就是说，不能在于它以某个当代的自我意识去统一精神生成物整体。试图把精神历史全部真理包含在自身内的哲学意识这一要求，正是被历史世界观所否认的。这其实就是为什么需要历史经验的理由，即人类意识不是无限的理智，对于无限的理智来说，一切事物才是同时的和同在的。意识和对象的绝对同一性对于有限的历史性的意识来说基本上是不可达到的。这种意识总是卷入历史的效果关系之中。那么，历史意识那种超越自身并能够获得客观历史认识的特征究竟依据于什么呢？

---

[121] 《书信集》，1923年，第193页。
[122] 《逻辑学》，第2卷，拉松版，1934年，第36页以下。

我们在狄尔泰这里找不到关于这个问题的任何明确的答复。但是，他的整个学术活动却间接地表现了这样一种答复。我们可以说，历史意识与其说是自我消失（Selbstauslöschung），不如说是对自身的不断增强的占有（Besitz），这种占有使它区别于所有其他精神形式。所以，尽管历史意识所从之产生的历史生命的基础是如此不可消解，历史意识仍能历史地理解它自身那种采取历史态度行事的可能性。因此它不像在胜利地发展成为历史意识之前的意识那样，它不是某种生命实在的直接表现。它不再把它自己生命理解的标准简单地应用于它所处的传统上，并且以朴素的同化传统的方式去继续发展传统。它宁可对自身和它所处的传统采取一种反思的态度。它从它自己的历史去理解自身。历史意识就是某种自我认识方式。

这样一种答复指明了我们必须更深刻地规定自我认识的本质。事实上正如我们将指出的，狄尔泰的努力虽然最终是失败的，却指出了"从生命出发"去解释科学意识是怎样从自我认识中产生出来的。

狄尔泰从生命出发。生命本身指向反思（Besinnung）。我们感谢格奥尔格·米施对狄尔泰哲学思维的生命哲学倾向所作出的有力的说明。他的说明依据于这样的事实，即生命本身中就存在知识。甚至表明体验特征的内在存在（Innesein）也包含某种生命返回自身的方式。"知识就存在于这里，它是无需思考就与体验结合在一起的"（第7卷，第18页）。但是生命所固有的同样的反思性也规定了狄尔泰那种认为意义是从生命联系中产生的方式。因为意义被经验，只有当我们从"追求目的"走出之后。当我们使自己与我们自己活动的处境有一种距离时，这样一种反思才有可能。狄尔泰强调说——这里他无疑是正确的——正是在一切科学客观化之前,这样一种生命对自身的自然观点才这样被形成。这种自然观点客观化自身于格言和传说的智慧之中,但首先客观化于伟大的艺术作品中,于那种"精神东西从它的创作者脱离"的东西之中。[13] 艺术之所以是生命理解的某种特殊通道,是因为在它的"知识和行为的边界"中生命以某种观察、反思和理论所无法达到的深度揭示了自身。

如果生命本身是指向反思的,那么伟大艺术的纯粹体验表现就确实具有某种特殊的价值。但这并不排除这一事实,即在所有生命的表现中,知识总是已经在起作用,因而真理是可认识的。因为支配人类生活的表现形式乃是客观精神的所有形式。在语言、习俗、各种法律形式中,个人总是已经提升自己超出其特殊性。个人生存于其中的那种伟大的道德世界,表现了某种固定的东西,在这固定的东西上他能面对他的主观情感的匆匆易逝的偶然性去理解他自身。正是这种对于共同目标的献身,这种全力以赴致力于共同体的活动,"人们才摆脱了特殊性和短暂性"。

德罗伊森也可能说了同样的话,但在狄尔泰这里,它具有特定的声调。按照狄尔泰的看法,不论在抽象思考方面还是在实际思考方面,都表现了同样一种生命的倾向,即一种"对固定性的追求"。[14] 从这里我们就可理解,狄尔泰为什么能够把科学认识和哲学自我思考的客观性认作为生命的自然倾向的完成。在狄尔泰的思想里,决不存在一种精神科学方法论对自然科学程序的单纯外

---

[13] 《全集》,第7卷,第207页。
[14] 同上书,第347页。

在的适应,相反地,他在这两者之中发现了一种真正的共同性。实验方法的本质是超出观察的主观偶然性,由于凭借这种方法,自然规律性的知识才成为可能的。同样,精神科学也努力从方法论上超越由于所接近的传统而造成的自身的特殊时空立场的主观偶然性,从而达到历史认识的客观性。哲学自我思考也在同一方向内运动,因为它"作为人类历史事实本身也使自己成为对象",并且抛弃了那种凭借概念的纯粹认识的要求。

因此,对于狄尔泰来说,生命和知识的关系乃是一种原始的所与。这一点使狄尔泰立场经受得住一切从哲学方面而来的攻击,尤其是那些唯心主义反思哲学可能用来反对历史"相对主义"的论据。狄尔泰把哲学建立于生命这一原始事实中,并不寻求一种无矛盾的命题集合以代替迄今为止的哲学思想体系。我们宁可说,被狄尔泰指明对于思考在生命中的作用是真的东西,也同样适合于哲学自我思考。由于哲学自我思考把哲学也理解为生命的某种客观化,所以它思考生命本身到了尽头。它成为哲学的哲学,但不是在唯心主义的意义上,也不具有唯心主义所提出的要求。它并不想从某种思辨原则的统一出发去建立那种唯一可能的哲学,而是继续沿着历史自我思考之路走去。就此而言,它根本不会为那种指责它犯有相对主义的攻击所挫败。

不过,狄尔泰本人还总是经常地考虑这种攻击,并试图对下面这些问题给出一种解答,即在所有相对性中客观性是如何可能,有限东西对无限东西的关系是如何被设想。"任务在于指出,这些各个时代的相对的价值概念如何发展成为某种绝对的东西。"[12] 但

---

[12] 《全集》,第7卷,第290页。

I 历史的准备

是,我们在狄尔泰这里不会找到对这种相对主义问题的任何真正的答复,这倒不是因为他从未找到正确的答案,而是因为这根本不是他自己的真正问题。他其实很知道,在使他从相对性走向相对性的历史自我思考的发展过程中,他总是一步步地接近于绝对。因此,恩斯特·特勒尔奇完全正确地把狄尔泰的毕生工作概括为这样一个口号:"从相对性走向整体性。"狄尔泰自己对此的名言是:"要有意识地成为某种条件性的东西"[126]——这句名言公开地反对反思哲学的这一要求,即在向精神的绝对性和无限性的提升过程中,在自我意识的完成和真理中,把一切有限性的限制都弃之不顾。不过,他对于那种"相对主义"攻击的不倦的反思却表明,他实际上不能把握他的生命哲学反对唯心主义反思哲学的逻辑结论。否则他必会在相对主义的攻击中看到那种他自己的知识内在于生命的出发点将削弱其基础的"理智主义"。

这种含糊性在他思想的内在不统一里,即在他由之出发的未加分析的笛卡尔主义里,有其最终根据。他对于精神科学基础的认识论思考实际上并不与他的生命哲学出发点联系在一起。在他后期的笔记里对于这一点有一个有力的证明。狄尔泰在那里对于哲学基础曾作了这样的要求,即哲学基础必须扩大自身到每一个这样的领域,在此领域内"意识已经摆脱了权威,并且力求通过反思和怀疑立场达到有效知识"。[127] 这句话看来好像是关于科学和近代哲学一般本质的一个不会使人怀疑的证词。笛卡尔主义的声音在这里完全可听得见。但事实上这句话是在完全不同的意义上

---

[126] 《全集》,第5卷,第364页。
[127] 《全集》,第7卷,第6页。

被使用的,因为狄尔泰继续说道:"在任何地方生命都通向对其自身内被给予的东西的反思,而反思又导向怀疑。如果生命能坚持反对怀疑,那么思想最终可以达到有效知识。"[128]这里不再是说哲学偏见可以通过那种按笛卡尔方式建立的认识论基础加以克服,而是说,生命的实在性,伦理、宗教和实证法律等传统被反思所摧毁,并需要一种新秩序。如果狄尔泰在这里讲到知识和反思,那么他不是指知识在生命中的普遍内在性,而是指一种指向生命的运动。反之,伦理、宗教和法律的传统本身却依赖于生命对自身的认识。的确,我们已经看到,在对某种确实是科学的传统的遵循中,个人实现了向客观精神的提升。我们将乐意地同意狄尔泰这样的观点,思想对生命的影响"来自这样一种内在需要,即要在感性知觉、欲望和情感的无休止的变化之中去稳定某种能使我们生命得以固定和统一的坚固东西"。[129]但是,这种思想的成就是生命自身内在所固有的,并且实现于精神的客观化物中,这些作为道德、法律和宗教的客观化物支持个人,如果个人遵循社会的客观性的话。我们必须采取"反思和怀疑立场",以及这个工作"只在所有科学反思的形式里得以完成(否则就不会完成)",这绝对不能与狄尔泰的生命哲学见解联系在一起。[130] 这其实是描述了科学启蒙运动的特

---

[128] 《全集》,第7卷,第6页。

[129] 同上书,第3页。

[130] 这一点米施已经在《生命哲学和现象学》第295页,尤其是第312页以下指出过。米施区分了 Bewusstwerden(成为意识)和 Bewusstmachen(使之意识)。哲学思考可能是这两种东西。但是(他说)狄尔泰错误地追求一种连续,从一个到另一个的过渡。"本质上是指向客观性的理论的方向不能单纯由生命客观化物概念推导出来"(第298页)。本书对米施的这种批判给予另一种价值,因为它已经在浪漫主义诠释学中发现了笛卡尔主义,这种笛卡尔主义使狄尔泰思想在这里表现了含糊不清。

殊理想,这种理想不像启蒙运动的"理智主义"那样,它很少与生命内在性的思考相谐调,而狄尔泰生命哲学的基础就是反对这种理智主义。

事实上,确实性有许多非常不同的类型。通过怀疑而进行证实所提供的确实性乃是一种不同于直接的生命确实性的类型。直接的生命确实性是一切目的和价值所具有的,假如它们以一种绝对的要求出现于人类意识中的话。但是,科学的确实性完全不同于这种在生命中获得的确实性。科学的确实性总是具有某种笛卡尔主义特征。它是某种批判方法的结果,而这种批判方法只想承认不可怀疑的东西。所以这种确实性不是从怀疑及对怀疑的克服所产生的,而总是先于任何被怀疑的过程。正如笛卡尔在其著名的论怀疑的《沉思》集里试图提出一种像实验一样的人为的夸张的怀疑法,以便使自我意识得到根本宁静一样,方法论科学也从根本上对我们一般能怀疑的东西表示怀疑,以便以这种方式达到它的结论的确切性。

下面这一点对于狄尔泰为精神科学奠定基础的工作所包含的问题是具有特征性的,即狄尔泰未区分这种方法论的怀疑和那种来自"自身"的怀疑。在他看来,科学的确实性意味着生命确实性的最高形式。这并不是说,他在历史具体的完全压力下不感觉到生命的不确实性。正相反,他愈多地熟悉现代科学,他就愈强烈地感觉到作为他的根源的基督教传统和现代生活所解放的历史力量之间的冲突。需要某种稳固的东西在狄尔泰那里具有一种抵御生命可怕实在的所谓防卫需要的特征。但是,他希望对生命的不确实性和不可靠性的克服不是来自于社会和生活经验所提供的稳定性,而是来自于科学。

笛卡尔主义那种通过怀疑达到确实知识的方式,对于狄尔泰这位启蒙运动的儿子来说,乃是明显正确的。他所讲的摆脱权威,不仅符合建立自然科学这一认识论的需要,而且也同样涉及价值和目的的知识。在他看来,价值和目的不再是由传统、伦理、宗教、法律组成的不可怀疑的整体,而"精神在这里也必须从自身产生一种有效的知识"。⑬

使狄尔泰这位神学学生转向哲学的那种个人世俗化过程,是与现代科学产生的世界史进程相一致的。正如现代自然研究不把自然视为一种可理解的整体,而视为一种异己的产物,在研究它的过程中科学研究投射了某种有限制的但却确实可靠的光,并因而使得控制自然成为可能,同样,致力于防卫和安全的人类精神把科学所造就的理解能力与"生命的不可探究性"这种"可怕的面貌"对立起来。理解能力应当把生命广泛地展现在其社会历史实在里,以致尽管生命具有最终不可探究性,知识仍给予防卫和安全。启蒙运动作为一种历史启蒙运动被完成。

从这里我们可以理解狄尔泰为什么要从浪漫主义诠释学出发。⑬借助于浪漫主义诠释学他成功地掩盖了经验的历史本质和科学的认识方式之间的差别,或者更正确地说,使精神科学的认识

---

⑬ 《全集》,第7卷,第6页。
⑬ 施莱尔马赫的一段富有独创性的原文未受注意地被放进了狄尔泰死后发表的关于《构造》的材料中(第7卷):第225页"诠释学"。狄尔泰曾经把这段原文印在他的《施莱尔马赫传》的附录中——这是一个间接的证明,证明狄尔泰从未真正地摆脱他的浪漫主义出发点。我们常常很难区分他自己的著作和他所摘录的别人的东西。

I 历史的准备

方式与自然科学的方法论标准相谐调。我们上面已经看到,[13]并不是什么外在的调整使他这样做的。而我们现在认识到,如果他未忽略精神科学特有的本质的历史性,他是不能这样做的。这一点可以在他为精神科学所确立的客观性概念上明确看出来。精神科学既然作为科学就应当具有像自然科学一样的客观性。因为狄尔泰喜爱使用"结果"(Ergebnisse)一词,[14]并且通过描述精神科学方法证明这门科学与自然科学具有同等地位。在这方面浪漫主义诠释学支持了他,因为正如我们看到的,浪漫主义诠释学也根本不注意经验本身的历史本质。它假定理解的对象就是那种要加以解码(entziffernde)并在其自身意义上被理解的文本。所以,每一次与某个文本的接触,对于浪漫主义诠释学来说,就是精神的一种自我照面。每一个文本既是非常陌生的,因为它提出了一个任务,又是非常熟悉的,因为该任务的根本可解决性已被确定,即使我们对于文本其他情况都不知道,而只知道它是文本、著作、精神。

正如我们在施莱尔马赫那里所看到的,他的诠释学模式是那种在你我关系中可实现的同质性的理解(das kongeniale Verstehen)。理解文本与理解你一样,都具有达到完全正确性的同样可能性。作者的意思可以直接地由其文本中看出。解释者与他的作者是绝对同时性的。语文学的方法的胜利就是:把过去的精神理解为当代的精神,把陌生的东西理解为熟悉的东西。狄尔泰完全

---

[13] 参见本书第 240 页以下。
[14] 参见上面所述的美妙的印刷错误,见本书第 70 页(注释[12])。

被这种胜利所感染。他用它去证明精神科学的同等地位。正如自然科学认识经常探究某个当前东西给予什么启发一样,精神科学的作者也这样考察文本。

至此,狄尔泰认为,由于他把历史世界理解为某个要解释的文本,所以他正在完成上天赋予他的使命,即从认识论上证明精神科学的合法性。正如我们所看到的,在这里他事实上得出了一个历史学派从未想完全承认的结论。的确,兰克曾经把解释历史象形文字称之为历史学家的神圣任务。但是,说历史实在是这样一种纯粹的意义踪迹,以致我们只需要把它解释为某个文本,这却与历史学派的内在倾向完全不符合。可是,这种历史世界观的解释者狄尔泰却被推到了这个结论(正如兰克和德罗伊森有时也这样),因为诠释学乃是他的范例。结果就是:历史最终被归结为精神史——这种归结,狄尔泰在其对黑格尔精神哲学的半否定半肯定中事实上所承认了的。施莱尔马赫诠释学依据一种人为的方法论抽象,这种抽象试图建立某种精神的普遍工具,并试图用这种工具去表现基督信仰的神圣力量,而对于狄尔泰建立精神科学的工作来说,诠释学就远比这种工具的意义更多。诠释学是历史意识的普遍手段,对于这种手段来说,除了理解表现和表现中的生命外,不再有任何其他的真理认识。历史中的一切东西都是可理解的,因为一切东西都是文本。"正如语词的字母一样,生命和历史都有一种意义。"⑬所以,对历史过去的探究,最后被狄尔泰认为是解码(Entzifferung),而不是历史经验。

---

⑬ 《全集》,第 7 卷,第 291 页。

毫无疑问,这并不满足历史学派的目的。浪漫主义诠释学及其所基于的语文学方法,并不足以作为历史学的基础。同样,狄尔泰从自然科学借用来的归纳程序概念也不是令人满意的。历史经验,按照狄尔泰所给予的基本意义,既不是一种程序,也不是一种无名称的方法。的确,我们可以从它推导一般的经验规则,但是,它的方法论价值却不是一种可以明确概括一切正发生事情的规则知识的价值。经验规则其实需要使用它们的经验,并且基本上只在这种使用中才是它们所是的东西。鉴于这种情况,我们必须承认,精神科学的知识并不是归纳科学的知识,而是具有一种完全不同种类的客观性,并且以完全不同的方式被获得。[228]狄尔泰为精神科学所建立的生命哲学基础以及他对一切独断论的批判,甚至包括对经验主义的批判,曾经试图证明这一点。但是,支配他的认识论的笛卡尔主义却表现得如此强烈,以致在狄尔泰这里,历史经验的历史性并不起真正决定性的作用。的确,狄尔泰并不是不能认识个人和一般生活经验对精神科学知识所具有的重要性——但这两者在他那里只是被私有地加以规定。正是非方法论的和缺乏可证实性的归纳法才指明了方法论的科学归纳法。

如果我们现在回溯一下我们作为出发点的精神科学自我思考状况,我们将看到狄尔泰对此的贡献是特别富有典型性的。但他力图要解决的冲突却清楚表明,现代科学的方法论思想施加了怎样的压力,以及我们的任务一定是更正确地描述精神科学内存在的经验以及精神科学所能达到的客观性。

3. 通过现象学研究对认识论问题的克服

a) 胡塞尔和约尔克伯爵的生命概念

当然,对于完成提交给我们的这样一个任务来说,思辨唯心论比施莱尔马赫及其所开创的诠释学提供了更好的可能性。因为在思辨唯心论中,所与(Gegeben)概念和实证性(Positivität)概念都遭到了根本性的批判。狄尔泰最后试图援引这一点来阐明他的生命哲学的倾向。他写道:"费希特通过什么来标志新事物的开端呢?因为他从自我的理智直观(die intellektuelle Anschauung)出发,但这个自我不被看成一种实体、一种存在、一种所与,而是通过这种直观,即自我的这种深入自身的努力而被看成生命、活动或能力,从而指明有像对立这样的能动概念(Energiebegriffe)实现于自我之中。"[130]同样,狄尔泰最后在黑格尔的精神概念里认识到了一种真正的历史性概念的生命性。[131] 正如我们在分析体验概念时所强调的,他的一些同时代人也遵循着同一方向:尼采、柏格森(他是浪漫主义对力学思维方式批判的晚近后裔)和格奥尔格·西梅尔[229]。但是,对于历史存在和历史认识极为不恰当的实体概念

---

[130] 《全集》,第7卷,第333页。
[131] 同上书,第148页。

要进行怎样彻底的思想挑战,这首先是由海德格尔带到一般意识的。⑬ 正是通过海德格尔,狄尔泰的哲学意旨才被发挥出来。海德格尔把他的工作建立在胡塞尔现象学的意向性研究的基础上,因为这种意向性研究意味着一次决定性的突破,它根本不是像狄尔泰当时所认为的那种极端的柏拉图主义。⑬

反之,我们通过胡塞尔大量著作的编辑出版,对胡塞尔思想的缓慢发展过程愈认识得多,我们就愈加明确在意向性这个题目下胡塞尔对以往哲学的"客观主义"——甚至也包括对狄尔泰⑭——所进行的愈来愈强烈的彻底性批判,这种批判最终导致这样的主张:"意向性现象学第一次使得作为精神的精神成为系统性经验和科学的领域,从而引起了认识任务的彻底改变。绝对精神的普遍性把一切存在物都包容在一种绝对的历史性中,而自然作为精神的创造物也适应于这种历史性。"⑭在这里,作为唯一绝对、即作为

---

⑬ 早在1923年海德格尔就同我谈过他很赞赏格奥尔格·西梅尔的后期著作。这不只是对西梅尔哲学个性的一般承认,而是指海德格尔曾经受到的内容上的鼓舞,这一点今天任何读过《形而上学》四论第一篇的人都会清楚的。西梅尔这篇文章的内容可以概括为"生命直观"这标题,去世前不久的格奥尔格·西梅尔曾把这看作哲学的任务。在那里他写道"生命的确是过去和未来",他称"生命的超越为真正的绝对",而且文章结尾说:"我非常知道,要对这种直观生命方式进行概念表达将遇到怎样的逻辑障碍。在充满逻辑危险的现代,我试图系统地表述这些逻辑障碍,因为在这里我们不可能达到这样一个层次,在此层次上,逻辑障碍毫无疑问地不能使我们沉默,——因为这个层次正是逻辑本身形而上学根源从中汲取养分的层次。"

⑬ 参见纳托普对胡塞尔《观念》(1914年)的批评(《逻各斯》,1917年)。胡塞尔本人在1918年6月29日致纳托普的一封私人信件中写道:"我或许可以指出,我早在十多年以前就已经摆脱了静止的柏拉图主义阶段,并把先验生成学的观念作为现象学的主要课题。"O. 贝克尔在《胡塞尔纪念文集》第39页的注释中也表示了同样的看法。

⑭ 《胡塞尔文集》,第6卷,第344页。

⑭ 同上书,第346页。

非相对者的精神决非偶然地与显现在精神面前的一切东西的相对性形成对照,甚至胡塞尔本人也承认他的现象学是继续了康德和费希特的先验探究:"但是公正地来说,我们必须补充,导源于康德的德国唯心主义已经热切地致力于克服那种已经变得相当敏感的朴素性(即客观主义的朴素性)了。"⑭

后期胡塞尔的这些论述可能已经受到他与《存在与时间》论辩的启发,但是在此之前他还有许多别的思想意图,这些意图表明胡塞尔总是想把他的思想应用于历史精神科学的各种问题。因此,我们这里所论述的不是与狄尔泰工作(或者稍后海德格尔工作)的外在联系,而是胡塞尔本人对客观主义心理学和意识-哲学的伪柏拉图主义进行批判的后果。自从《观念》第 2 卷出版以来,这一点是完全清楚的。⑮[230]

鉴于这种情况,在我们的讨论中必须插入胡塞尔的现象学。⑯

当狄尔泰把胡塞尔的《逻辑研究》作为他的出发点时,他的选择是完全正确的。按照胡塞尔本人的说法,⑰主导他在《逻辑研究》之后毕生工作的东西乃是经验对象和所与方式之间的先天相互关联(Korrelationsapriori)。早在《逻辑研究》第 5 篇中,胡塞尔就已经阐述了意向性体验的性质,并使——这是他探究的主题——"作为意向性体验"(这是该书第 2 章的标题)的意识与体验

---

⑭ 《胡塞尔文集》,第 6 卷,第 339、271 页。
⑮ 同上书,第 4 卷。
⑯ [关于下面论述现在可参见我的论文"现象学运动"(《短篇著作集》,第 3 卷,第 150—189 页;我的著作集,第 3 卷)和"生命世界的科学"(《短篇著作集》,第 3 卷,第 190—201 页;我的著作集,第 3 卷)。]
⑰ 《胡塞尔文集》,第 6 卷,第 169 页。

的实际意识统一性以及与体验的内在知觉相区别。就此而言,他认为,意识不是"对象",而是一种本质性的协同关系(Zuordnung)——正是这一点对于狄尔泰很有启发。这种协同关系研究所揭示的东西就是克服"客观主义"的开始,因为语词的意义不能再与意识的实际心理内容(例如语词所引起的联想形象)相混淆了。意义的意向(Bedeutungsintention)和意义的充实(Bedeutungserfüllung)在本质上属于意义统一体,而且正如我们所使用的语词的意义一样,每一个对我有效的现存事物都相关地和本质必然地具有一种"实际经验和可能经验的所与方式的理想普遍性"。[16]

这样,就产生了"现象学"观念,即排除一切存在设定,只研讨主体的所与方式,并且现象学成为一种普遍的工作纲领,其目的是使一切客观性、一切存在意义从根本上可明白理解。这样,人类的主体性就具有存在的有效性。因此它也可以同样被看成"现象",也就是说,它也可以在其各种各样的所与方式里被探究。对作为现象的自我的这种探究,并不是对一个实在自我的"内在知觉",但它也不是对"意识"的单纯重构,即意识内容对一个先验的自我轴心的关系(纳托普),[17]而是一种十分精细的先验反思的主题。这种反思与客观意识现象的单纯所与、与意向性体验里的所与形成对比,表现了一种新研究方向的开拓。因为存在一种所与,其本身并不是意向性行为的对象。每一种体验都包含以前和以后的隐含的边缘域(Horizonte),并最终与以前

---

[16] 《胡塞尔文集》,第6卷,第169页。
[17] 《批判方法的心理学导论》,1888年;《批判方法的普通心理学》,1912年。

和以后出现的体验的连续统相融合,以形成统一的体验流(Erlebnisstrom)。

胡塞尔对时间意识的构成性(Konstitution)的研究产生于把握这一体验流存在方式的需要,因而也就是产生于把主体性引入对相关关系进行意向性研究的需要。自此之后,一切其他现象学研究都被看成是对时间意识的和时间意识里的诸单元的构成性的研究,这些时间意识的和时间意识里的单元从它方面说又是以时间意识的构成性本身为前提。因此很清楚,体验的单一性——不管它作为一种被构成的意义值的意向性相关项可能保留怎样的方法论意义——绝不是最终的现象学材料。反之,每一种这样的意向性体验却经常包含这样一种东西的双向空的边缘域,这种东西在它那里并非真正被意指的,但按其本质,一种实际的意义任何时候都可以指向这种东西,而且最终这是明显的,即体验流的统一性包含了可被如此论述的一切这类体验的全体。所以,意识的时间性构成乃是一切构成性问题的基础。体验流具有一种普遍的边缘域意识的特性,由这种边缘域意识实际上只有个别项——作为体验——被给出。

毋庸置疑,边缘域(Horizont 或译视域)概念和现象对于胡塞尔现象学研究具有重要的意义。显然,胡塞尔用这个概念——我们也将有必要使用这一概念——是试图在整体的基本连续性中捕捉一切有限的意见意向性的转化。边缘域不是僵死的界限,而是某种随同变化而继续向前移动的东西。所以,与构成体验流统一性的边缘域-意向性相适应的,乃是一种在客观对象方面同样广泛的边缘域-意向性。因为所有作为存在着的所与的东西都是在世

I 历史的准备

界里被给予的,所以它们也连带着世界边缘域。胡塞尔在回忆他的《观念》第1卷时曾用明确的自我批评的语调强调说,当时(1923年)他还没有充分地认识到世界现象的重要性。⑭ 他在《观念》里所阐述的先验还原论一定因此而变得愈来愈复杂。只是对客观科学有效性简单地加以否定,这是不够的,因为即使在这一完美的"悬置"(把科学知识所设立的存在放入括号)之中,世界仍然被看作某种预先被给予的东西。就此而言,有关探讨先天性和科学本质真理的认识论自我反思远远不是充分彻底的。

正是在这一点上,胡塞尔可能认识到他和狄尔泰的意图有某种一致性。狄尔泰也曾经同样反对过新康德派的批判哲学,因为他不认为批判哲学足以返回到认识论的主体。"在洛克、休谟和康德所构造的认识论主体的血管中并无真正的血液在流通。"⑮ 狄尔泰本人回到了生命统一体,回到了"生命的观点",同样地,胡塞尔的"意识生命"(Bewusstseinsleben)——这显然是他从纳托普那里接受的一个词——已经预示了后来广阔发展的倾向,即不仅研究个别的意识体验,而且也研究隐蔽的、匿名暗指的意识的诸意向关系,并以这种办法使一切存在的客观有效性全体得以理解。以后

---

⑭ 《胡塞尔文集》,第3卷,第390页:"从自然世界(无需把它表示为世界)出发,这是个大错误"(1922年),较详尽的自我批评见第3卷第399页(1929年)。按照《胡塞尔文集》第6卷第267页,"边缘域"和"边缘域意识"等概念是受到W.詹姆士的"边缘"(fringes)概念的启发。[最近H.吕伯在《W.西拉西(Szilasi)纪念文集》(慕尼黑,1960年)里已经注意到了R.阿芬那留斯(《人类世界概念》,莱比锡,1912年)对于胡塞尔批判性地反对"科学世界"所起的作用(参见H.吕伯:"实证主义和现象学(马赫和胡塞尔)",载《W.西拉西纪念文集》,第161—184页,尤其是第171页以下)。]

⑮ 《狄尔泰全集》,第1卷,第XVIII页。

这就被叫作:阐明"有作为的生命"(das Leistende Leben)的作为。

胡塞尔处处关心先验主体性的"作为"(Leistung)，这是与研究构成性的现象学任务完全一致的。然而对于他真正目的来说最有特征性的是，他不再讲意识，甚而不再讲主体性，而是讲"生命"。他试图穿过赋予意义的意识的现实性，甚至穿过共同意义的潜在性，返回到某种作为的普遍性，只有这种作为才能衡量被成就的、即被正当构成的东西的普遍性。这就是一种基本上是匿名的、即不是以任何个人的名义所完成的意向性，正是通过这种意向性，无所不包的世界边缘域才被构成。胡塞尔为了反对那种包括可被科学客观化的宇宙的世界概念，有意识地把这个现象学的世界概念称之为"生活世界"(Lebenswelt)，即这样一个世界，我们在其中无忧无虑地自然处世，它对我们不成为那种对象性的东西，而是呈现了一切经验的预先给定的基础。这个世界边缘域在一切科学里也是预先设定的，因而比一切科学更原始。作为边缘域现象，这个"世界"本质上与主体性相关联，而这一关联同时意味着，这一世界是"在流逝的当时性中存在的"。[150] 生活世界存在于永久的相对有效性的运动之中。

正如我们所知道的，生活世界这一概念[151]是与一切客观主义相对立的。它本质上是一个历史性概念，这概念不意指一个存在宇宙，即一个"存在着的世界"。事实上，一个无限的真实世界的观

---

[150] 《胡塞尔文集》，第6卷，第148页。
[151] ［关于生活世界的问题，除了我的著作集第3卷里的论文（"现象学运动"和"生活世界的科学"）以及L.兰格雷伯同样内容的论文外，尚有许多新发表的论文:如A.许茨、G.布兰德、U.格莱斯根斯、K.迪辛、P.扬森等的论文。]

念甚至也不能在历史经验中、从人类历史世界的无限进展中被有意义地创造出来。确实,我们可以探究那种包括一切人类所经验过的周围世界并因而绝对是世界可能经验的东西的结构,在这种意义上我们甚至可能讲到一门世界本体论。但是,这样一门世界本体论始终还是完全不同于自然科学可能达到的那种被设想得完美无缺的本体论。这种本体论提出了一种以世界的本质结构为对象的哲学任务。——但是,生活世界却意味着另外一种东西,即我们在其中作为历史存在物生存着的整体。这里我们不能避免这样的结论,即鉴于其中所包含的经验的历史性,一种可能的诸历史生活世界的宇宙的观念是根本不能实现的。过去的无限性,首先是历史未来的敞开性,是不可能与这样一种历史性宇宙的观念相并容的。胡塞尔明确地指明了这一结论,而不害怕相对主义的"幽灵"。⑬

显然,生活世界总同时是一个共同的世界,并且包括其他人的共在(Mitdasein)。它是一个个人的世界,而且这个个人世界总是自然而然地被预先设定为正当的。但是,这种正当性怎样由主体性的某种作为而证明呢?对于现象学的构成性分析来说,这种正当性提出了一项最为困难的任务,而胡塞尔就是孜孜不倦地研讨这一任务的矛盾性。在"纯粹自我"中怎样会产生那种不具有客观正当性、但自身却企图成为"自我"的东西呢?

"彻底"的唯心论的原则,即那种到处返回到先验主体性的构成性行为的原则,显然必须阐明普遍的边缘域意识的"世界",尤其

---

⑬ 《胡塞尔文集》,第 6 卷,第 501 页。

是阐明这个世界的主体间性(die Intersubjektivität)——虽然这种如此构成的东西,即这个作为众多个人共同具有的世界,本身也包含主体性。先验反思虽然要消除世界的一切正当性和任何其他东西的预先给予性,但另外它也必须把自己设想为被生活世界所包围。反思的自我知道自身是生存于有目的的规定性中,生活世界正表现了这种规定性的基础。所以,构造生活世界(如主体间性世界)的任务乃是一项荒谬的任务。但是,胡塞尔把所有这些都认为是表面的荒谬。按照他的论证,如果我们实实在在一贯地坚持现象学还原的先验意义,并且不害怕一种先验唯我论的幼稚恐吓,那么这些荒谬是可以消除的。鉴于胡塞尔思想形成过程中的这些明确的倾向,我认为,背后议论胡塞尔构成性概念的含糊性是错误的,它不是一种介于定义和幻想之间的东西。[13] 他坚信,他思想后来的发展一定可以完全克服这种对生成论唯心论的担心。他的现象学还原理论宁可说是第一次彻底地探讨了这种唯心论的真实意义。先验主体性是"原始自我"(Ur-Ich),而不是"某个自我"。对于这种先验主体性来说,预先给予的世界的基础被废除了。它是绝对的非相对者,而一切相对性,甚至包括探究的自我的相对性,都与这个绝对的非相对者相关。

然而,在胡塞尔那里也存在着一种事实上不断威胁要破坏这种构架的因素。实际上他的立场决不只是为使先验唯心论彻底化,他有更多的要求,这种"更多的"要求是以"生命"概念在他那里

---

[13] 正如 E. 芬克在其讲演"意向分析和思辨思想问题"中所说的,该报告载《现象学的当前问题》,1952 年。

I 历史的准备

所起的作用为标志的。"生命"不只是自然态度的"正-去那里-生存"(Gerade-Dahin-Leben)。生命也是而且正是作为一切客观化物源泉的被先验还原的主体性。在"生命"这一名称下有着胡塞尔在批判以往一切哲学的客观主义朴素性时强调为他自己成就的东西。他认为,他的成就在于揭示了唯心论和实在论之间通常认识论争执的虚假性,而以主体性和客体性的内在协调代替这种争执作为主题。[14] 这就是他之所以提出"有作为的生命"这一术语的理由。"对世界的彻底思考乃是对那种表现自身于'外界'的主体性的系统而纯粹的内在思考。[15] 正如对有生命的统一有机体一样,我们当然可以从外部去考察和分析它,但只有当我们返回到它的隐蔽的根源时才能够理解它……"[16] 所以,在这种方式下主体对世界的态度的可理解性就不存在于有意识的体验及其意向性里,而是存在于生命的匿名性的"作为"里。胡塞尔在此所用的有机体的比喻不只是一个比喻。正如他明确地说的,这个比喻应当按字的本义进行理解。

如果我们跟随胡塞尔著作里这一类偶尔可以发现的语言的和概念的指点,那么我们将觉得自己向德国唯心论的思辨的生命概念靠近了。可是,胡塞尔想说的东西是,我们可以不把主体性看成客观性的对立面,因为这样一种主体性概念本身可能被客观地思考。为此,他的先验现象学试图成为"相关关系的研究"。但这就

---

[14] 《胡塞尔文集》,第6卷,第34节,第265页以下。
[15] 同上书,第116页。
[16] 很难想象最近那些利用"自然"的存在反对历史性的尝试,在这种具有方法论意味的判决面前怎样可以站住脚跟。

是说：关系是首要的东西，而关系在其中展开的"项极"（Pole）是被关系自身所包围，⑮正如有生命的东西在其有机存在的统一性中包含着它的一切生命表现一样。"那种完全忽略了进行经验的、进行认知的、实际进行具体作为的主体性，光谈论'客观性'的素朴观，那样一些科学家——这些科学家看不到他们所获得的一切所谓客观真理以及作为他们表述基础的客观世界本身都是在他们自身内部形成的他们自己的生命创造物——关于自然和一般世界的素朴观，一当生命展现时，当然就不再可能存在了。"胡塞尔在谈到休谟时写了这段话。⑯

生命概念在这里所起的作用在狄尔泰关于体验关系概念的探究中有其明显的对应物。所以，正如狄尔泰在那里只从体验出发以便获得心理联系概念一样，胡塞尔也把体验流的统一性证明为过渡的和本质必然的，以同体验的个别性相对立。以意识生命为主题的研究，正如在狄尔泰那里所表现的，必须克服个别体验的出发点。就此而言，这两位思想家间存在着真正的共同性。他们两人都返回到生命的具体性。

但是问题在于，他们两人是否公正地对待生命概念所包含的思辨要求。狄尔泰试图从内在于生命的反思性中导出历史世界的构造（Aufbau），而胡塞尔则试图从"意识生命"里推出历史世界的构成（Konstitution）。我们可以问，在这两人的情况里，生命概念

---

⑮ ［参见 C. 沃尔措根：《自主关系，关于保罗·纳托普后期著作中的关系问题——一篇有关关系理论史的论文》，1984 年；以及我在《哲学评论》第 32 卷（1985 年）第 160 页发表的书评。］

⑯ 《胡塞尔文集》，第 6 卷，第 99 页。

Ⅰ 历史的准备

的真正内容是否过多地受到这种由最终的意识所与而进行推导的认识论模式的影响。首先主体间性的问题和对陌生自我的理解提出的困难可能引出这个问题。在胡塞尔和狄尔泰两个人那里都表现了这同样的困难。被反思加以考察的意识的内在所与性并不是直接地和原始地包含"你"。胡塞尔完全正确地强调,"你"不具有那种属于外在经验世界对象的固有的内在超越性。因为每一个"你"都是一个他"我",即它是根据"我"被理解的,同时又是与"我"脱离的,并且像"我"本身一样是独立的。胡塞尔在其极为艰苦的探究中试图通过共同世界的主体间性来阐明"我"和"你"的类似性——对此狄尔泰借助移情类推法(Analogieschluss der Einfühlung)从纯粹心理学来加以解释。胡塞尔极其彻底地决不以任何方式去限制先验主体性在认识论上的优先性。但是他的本体论偏见却与狄尔泰一样。首先他人被理解为知觉对象,然后这个对象通过移情作用"变成"你。在胡塞尔那里,这样一种移情概念确实具有纯粹先验的意义,⑲但它仍然朝向自我意识内在性,而且未能达到远远超越于意识的生命作用圈的方向,⑳虽然它声称要返回到这里。

因此,生命概念的思辨内容实际上在他们两人那里都未能得

---

⑲ 这是 D. 辛恩的功绩,他在其海德堡博士论文《胡塞尔的先验主体间性及其存在边缘域》(海德堡,1958年)里看出了主体间性构成背后的"移情"概念所具有的方法论的先验意义,而阿尔弗雷德·许茨在其"胡塞尔先验主体间性的问题"(《哲学评论》,第4卷,1957年,第2册)中却未看到这一点。[另外,D. 辛恩在《哲学评论》第14卷(1967年)第81—182页发表的评述海德格尔的文章也可以看作对后期海德格尔意旨的一篇卓越的概述。]

⑳ 这里我暗指维克托·冯·魏茨泽克的"格式塔圈"概念所开启的广阔视域。

以发展。狄尔泰只是为了反对形而上学思想而利用了生命观点,而胡塞尔则绝对没有把此概念与形而上学传统、特别是与思辨唯心论相互联系的想法。

在这一点上,1956年出版的、可惜过于零散的约尔克伯爵的遗著却具有令人惊异的现实意义。[60] 虽然海德格尔曾经着重地援引了这位重要人物的卓越见解,并认为他的思想甚至比狄尔泰的工作更为重要,[231]然而事实仍然是:狄尔泰完成了一项毕生的伟大工作,而伯爵的信件却未发展成为某种重要的体系。最近发表的他生前最后几年的遗著基本上改变了这种情况。尽管这些著作只是不完整的散篇,但他的系统构思却足够彻底地得以展现,以致我们不再能低估他的工作在思想史上的地位。

约尔克伯爵的研究正好完成了我们上面在狄尔泰和胡塞尔那里未能发现的东西。他在思辨唯心论和本世纪的新经验观点之间架设了一座桥梁,因为生命概念在这两个方向上都证明是无所不包的东西。对生命性(Lebendigkeit)的分析是约尔克伯爵的出发点,这一分析虽然听起来像是思辨的,但它却受了当时自然科学的思维方式的影响——显然受了达尔文的生命概念的影响。生命是自我肯定。这是基础。生命性的结构在于它是一种原始的区分(Urteilung),即在区分和分解自身中仍肯定自己是统一体。不过,原始区分仍被看成是自我意识的本质,因为即使它经常地把自己区分为自己和他者,但作为一种有生命性的东西,它仍存在于这些构成它的因素的作用和反作用之中。对它和对一切生命来说,

---

[60] 《意识态度和历史》,蒂宾根,1956年。

I 历史的准备

它是一种试验（Erprobung），即一种实验。"自发性和依存性是意识的基本特性，无论在肉体联结的领域还是在心理联结的领域，它们都是基本的组成成分，正如没有对象存在，不管是观看、身体感觉，还是想象、意愿或情感都不会存在。"[12]所以意识可以被理解为一种生活态度。这是约尔克伯爵向哲学提出的基本方法论要求，在这一点上他感到自己与狄尔泰是一致的。思想必须被引回到这个隐蔽的基础（胡塞尔会说"被引回到这个隐蔽的作为"）。因此，哲学反思的努力是必须的。因为哲学与生活倾向相反。约尔克伯爵写道："现在我们的思想运动于意识结果内"（即：它不知道这种"结果"和结果所依赖的生活态度的真实关系）。"这个前提条件就是所完成的区分。"[13]约尔克伯爵以此想说，思想的结果之所以是结果，只是因为它们脱离了和被脱离了生活态度。约尔克伯爵由此得出结论说：哲学必须使这种脱离过程颠倒过来。哲学必须按相反的方向重复生活实验，"以便认识生活结果的条件关系"。[14]这可以说是非常客观主义的和自然科学式的表述。与此相反，胡塞尔的还原理论却求诸其纯粹先验的思想方式。然而事实上，在约尔克伯爵的大胆而自信的思考里，不只是很明确地表现了狄尔泰和胡塞尔两人共同的倾向，而且也表现了他的思想更优越于他们两人。因为他的思想实际上是在思辨唯心论的同一哲学水平上展开的，因而狄尔泰和胡塞尔所探求的生命概念的隐蔽根源被清楚地揭示出来了。

---

[12] 《意识态度和历史》，第39页。
[13] 同上。
[14] 同上。

如果我们继续追随约尔克伯爵的这种思想,那么持续存在的唯心论动机就会一目了然。约尔克伯爵这里所陈述的就是黑格尔《精神现象学》里已经提出的生命和自我意识的结构对应关系。在保存的手稿残篇中,我们可以看到,早在黑格尔在法兰克福的最后几年里,生命概念就对他的哲学具有极大的重要性。在他的《精神现象学》里,生命现象完成了从意识到自我意识的决定性的过渡,而且事实上这种过渡不是人为的联系。因为生命和自我意识确实有某种类似性。生命是被这样的事实所决定的,即有生命的事物使自己区别于它在其中生存并与之保持联系的世界,并且继续使自己保留在这种自我区分的过程之中。有生命物的自我保存,是通过把外在于它的存在物投入它自身之中而产生的。一切有生命的东西都是靠与己相异的东西来滋养自身。生命存在的基本事实是同化。因此区分同时也是非区分。异己者被己所占有。

正如黑格尔已经指出和约尔克伯爵继续坚持的,生命物的这种结构在自我意识的本质里有其对应面。自我意识的存在在于:自我意识知道使所有东西成为它的知识的对象,并且在它所知的一切东西里认识它自身。因此,自我意识作为知识,它是一种自身与自身的区分,但作为自我意识,它同时又是一种合并,因为它把自己与自己结合在一起。

当然,我们这里所关心的不只是生命和自我意识的结构对应关系。黑格尔以辩证的方式从生命推导出自我意识,他是完全正确的。有生命之物事实上决不可能被对象意识、被企图探究现象法则的理智努力所真正认识。有生命之物不是那种我们可以从外界达到对其生命性理解的东西。把握生命性的唯一方式其实在于我们内在于它(man ihrer inne wird)。黑格尔在描述生命和自我意识的内在自我客观化过程时,影射了扎伊斯蒙面像的故事:[232]"这里是内在的东西在观看内在的东西。"⑮这是自我感觉的方式,即对自己生命性的内在意识,正是在这种内在意识中生命才唯一地被经验到。黑格尔指出这种经验怎样在欲望的形成中突然闪现,又怎样在欲望的满足中熄灭。这种生命活力的自我感觉——在这里生命性认识了自身——是一种不真实的先期形式(Vorform),即自我意识的最低形式,因为在欲望中获得的对自身的意识,同时又被欲望的满足所消灭。所以相对于对象的真理,相对于某种异己物的意识而言,它是不真实的,然而作为生命活力感觉,它是自我意识的第一真理。

我认为这里就是约尔克伯爵研究最有成效的东西。他的研究从生命和自我意识的对应中获得了一种方法论准则,按照这种准则它规定了哲学的本质和任务。它的主导概念是投射(Projektion)和抽象(Abstraktion)。投射和抽象构成了首要的生命行为,但它们也同样适合于重复性的历史行为。因此,如果哲学反思与生命性的这种结构相对应,并且只要哲学反思做到这一点,那么它就获得它自身的合法性。哲学反思的任务就是从意识成就的根源去理解意识成就,这是通过它把意识成就理解为结果,即理解为原始生命性的投射及其原始分化而做到的。

因此,约尔克伯爵把胡塞尔后来要在其现象学中广为发展的东西提高到方法论原则。这样我们理解了胡塞尔和狄尔泰这两位

---

⑮ 《精神现象学》,霍夫迈斯特版,第128页。

如此不同的思想家何以能走到一起来的。返回到新康德主义的抽象背后,这对于他们两人是共同的。约尔克伯爵虽然与他们一致,但实际上他所获得的成就更多。因为他不只是以一种认识论的目的返回到生命,而是维持生命和自我意识的形而上学关系,有如黑格尔所曾经作出的。正是这一点,他既高于狄尔泰,又高于胡塞尔。

正如我们所看到的,狄尔泰的认识论反思的错误在于,他过于轻率地从生命行为和他对固定东西的渴望中推导科学的客观性。胡塞尔则完全缺乏有关生命是什么的任何详尽的规定,虽然现象学的核心——即相关关系研究——实际上是遵循生命关系的结构模式。但是,约尔克伯爵却在黑格尔的精神现象学和胡塞尔的先验主体性现象学之间架设了一座一直被人忽视的桥梁。[56] 当然,由于他的遗著过于零散,我们无法得知他是怎样设法避免他责备黑格尔犯过的那种对生命加以辩证形而上学化的错误。

b) 海德格尔关于诠释学现象学的筹划[57]

狄尔泰和约尔克伯爵表述为他们共同"从生命来把握"的、并在胡塞尔返回到科学的客观性背后的生活世界这一行动中得以表现的那种倾向,对于海德格尔自己最初的探讨也是具有决定性的。但是,海德格尔却不再纠缠于那种认识论的蕴涵,按照这种认识论

---

[56] 关于这种事实联系,参见 A. de. 瓦尔亨斯(Waelhens)在《存在和意谓》(卢万,1957年,第7—29页)中的绝妙的评论。

[57] [关于本节请参见我的著作《海德格尔之路——后期著作研究》,蒂宾根,1983年,现收入我的著作集,第3卷。]

蕴涵,不论是返回到生命(狄尔泰)还是先验还原(胡塞尔绝对彻底的自我反思方法)都在自我所与的体验里有其方法论的根据。其实,所有这些东西都成了海德格尔批判的对象。在"事实性诠释学"(Hermeneutik der Faktizität)这一名称下,海德格尔把胡塞尔的本体论现象学及其所依据的事实和本质的区分同一种矛盾的要求加以对照。现象学探究的本体论基础,应当是那种不能证明和不可推导的此在的事实性,即生存(Existenz),而不是作为典型普遍性本质结构的纯粹我思——这是一种既大胆而又难于实现的思想。

这种思想的批判性方面的确不是绝对新的东西。这种批判性方面已经被青年黑格尔派以批判唯心主义的方式加以设想过,所以这决不是偶然的,即从黑格尔主义的精神危机里出现的克尔凯郭尔在当时同样被海德格尔和其他新康德派唯心论的批判者所接纳过。但从另一方面说,这种对唯心论的批判不论在当时还是在现在都面临先验探究的广泛要求。由于先验的反思不想忽视在精神的内容发展中任何可能的思想动机——并且这是自费希特[233]以来的先验哲学的要求——所以它把每一种可能的反对都已经纳入精神的整个反思中。这一点也适用于胡塞尔借以为现象学建立那种构造一切存在价值的普遍任务的先验探究。显然,这种探究也一定包括海德格尔所提出的事实性(Faktizität)。所以,胡塞尔能够把"在世界中的存在"(das In-der-Welt-sein)承认为先验意识的境域意向性(Horizontintentionalität)问题,因为先验主体性的绝对历史性必定能证明事实性的意义。因此彻底坚持其核心观念"原始自我"的胡塞尔能够立刻反对海德格尔说,事实性的意义本身就是一个理念(Eidos),因而在本质上它就属于本质普遍性的本体论领域。如果我们对胡塞尔后期著作的草稿,特别是那些集中于第 7 卷里关于"危机"的初稿加以考察的话,那么我们实际上将在那里发现对于在《观念》一书问题逻辑展开中的"绝对历史性"的许多分析,这些分析相应于海德格尔的革命性和论战性的新开端。⑱

我回忆起胡塞尔自己就曾经提出过在贯彻他的先验唯我论的过程中所产生的矛盾问题。因此,要把海德格尔能与胡塞尔现象学唯心论相抗衡的重要之点标示出来,实际上是根本不容易的。我们甚至必须承认,海德格尔的《存在与时间》一书的最初设计并不完全超出先验反思的问题范围。基础本体论(Fundamentalontologie)[234]的观念,这种本体论以与存在打交道的此在作为基础以及对这种此在的分析,最初似乎只实际标志一种在先验现象学范围内的新的问题度向。⑲存在和客观性的全部意义只有从此在的时间性和历史性出发才能被理解和证明——这无论如何是对于《存在与时间》主要倾向的一种可能的表述——对于这一点,胡塞尔至少也以他自己的方式、即从他的"原始自我"的绝对历史性的基础出发,加以要求过。如果海德格尔的方法论纲领批判性地针

---

⑱ 值得注意,在迄今出版的全部《胡塞尔文集》中,几乎找不到任何明确提到海德格尔名字的评论。这确实不只是编辑方面的原因。其实,胡塞尔很可能看到自己总是不断地陷入这样一种含糊性中,这种含糊性使他把海德格尔的《存在与时间》的出发点时而视为先验现象学,时而视为对这种现象学的批判。胡塞尔本可能在海德格尔这里重新认识他自己的思想,但这些思想是在一种完全不同的前沿位置上出现的,也就是在他看来,似乎是在敌对的歪曲中出现的。

⑲ 正如 O.贝克尔不久所强调的,参见《胡塞尔纪念文集》,第 39 页。

I 历史的准备

对胡塞尔用以归纳一切最终基础的先验主体性概念,那么胡塞尔将会说,这是对于先验还原的彻底性缺乏认识的表现。胡塞尔确实曾经主张过,先验主体性本身已经克服了和摆脱了实体本体论的一切关联,从而克服和摆脱了传统的客观主义。所以,胡塞尔认为自己是与整个形而上学相对立。

然而,值得注意的是,对于胡塞尔来说,这种对立在涉及康德及其先驱者和追随者所承担的先验探究的地方,却很少有其尖锐性。这里胡塞尔找到了他自己的真正先驱者和先行者。作为他最深刻的追求并且他认为是现代一般哲学本质的彻底的自我反思,使他返回到笛卡尔和英格兰人,并遵循康德式批判的方法论模式。当然,他的"构成性的"现象学是由那种对康德来说是陌生的而新康德主义也不可能达到的(因为新康德主义并不探究"科学的事实")任务的普遍性来表明其特征的。

但是,正是在胡塞尔与他的先驱者的这种相一致的地方却表现了他与海德格尔的差别。胡塞尔对迄今为止一切哲学的客观主义的批判乃是现代倾向在方法论上的一种继续,而且也被他认为是这样一种继续。反之,海德格尔的要求从一开始就是一种带有倒转预兆的目的论要求。海德格尔认为他自己的工作与其说是实现一种已经长期准备和规定了的倾向,毋宁说是返回到西方哲学的最早开端并重新引起那场已被遗忘了的古希腊人关于"存在"的争论。当然,即使在《存在与时间》出版的当时,就已经肯定了这次向最古老时代的返回同时也是对当代哲学立场的一次超越。所以,当海德格尔在当时把狄尔泰的研究和约尔克伯爵的思想归入现象学哲学的发展中时,这确实不是任意的联系。⑩ 事实性问题确实是历史主义的核心问题——至少是以对黑格尔关于历史中存在理性这一辩证前提的批判的形式。

所以,很清楚,海德格尔关于基础本体论的筹划必须把历史问题放在首位。但马上我们需要表明,并不是对历史主义问题的解决,而且一般也不是任何更为原始的科学建立,甚至也不是某种最终彻底的哲学自我建立(如在胡塞尔那里),构成这种基础本体论的意义,而是相反,整个建立思想本身经历了一次完全的转向。当海德格尔也致力于从绝对的时间性去解释存在、真理和历史时,其目的不再是与胡塞尔一样的,因为这种时间性不是"意识"的时间性或先验的原始自我的时间性。虽然在《存在与时间》的思想展开过程中,最初让人觉得好像只是一种先验反思的增强,好像达到了某个高级的反思阶段,时间被显示为存在的境域。但海德格尔指责胡塞尔现象学的先验主体性在本体论上的无根据性,却似乎正是通过重新唤起存在问题而被消除。凡称为存在的东西,应当由时间境域来规定。所以时间性的结构显现为主体性的本体论规定。但是情况还不只是这样。海德格尔的论点是:存在本身就是时间。这样一来,近代哲学的全部主观主义——事实上如我们不久将指出的,形而上学(这是由作为在场者(Anwesenden)的存在所占据的)的全部问题境域,就被毁于一旦。此在是与其存在打交道,此在首先是通过存在领悟(Seinsverständnis)而与其他在者相区别,这些论点正如在《存在与时间》中所表现的,它们并不构成某

---

⑩ 《存在与时间》,§77。

I 历史的准备

个先验探究必须以之为出发点的最终的基础。它们讲到一个完全不同的基础(Grunde)，只有这个基础才使所有存在领悟得以可能，这个基础就是：有一个"此"(Da)，一种在的开显(eine Lichtung im Sein)，也就是说，一种存在者和存在的区分。这个指向这一基本事实即"有"这个的问题，虽然本身就是一个探究存在的问题，但是在所有迄今探究存在者存在的问题里必然从未想到的一种方向上，被形而上学所提出的探究存在的问题所掩盖和隐蔽了。众所周知，海德格尔曾经由于无的问题在西方思想所造成的本体论困境而揭示了本质性的在的遗忘(Seinsvergessenheit)——这种在的遗忘自希腊形而上学之后统治了西方思想。由于海德格尔把探究存在的问题同时证明为探究无的问题，从而他把形而上学的开端和结尾彼此联结起来。探究存在的问题可以从探究无的问题那里提出来，这一点就预先设定了形而上学所拒绝的无的思想。

因此，使海德格尔提出存在问题并因而走向与西方形而上学相反的问题方向的真正先驱，既不能是狄尔泰，也不能是胡塞尔，最早只能是尼采。海德格尔可能在后来才意识到这一点。但是在回顾时我们可能看到，要把尼采对"柏拉图主义"的彻底批判提升到被他所批判的传统的高度上，要按西方形而上学自身的水准去面对西方形而上学，并且要把先验探究作为近代主观主义的结果去加以认识和克服——这乃是《存在与时间》一书一开始就已经包含的使命。

海德格尔最后称之为"转向"(Kehre)的东西，并不是先验反思运动中的一种新的回转，而正是使上述这些使命成为可能和得以执行。虽然《存在与时间》批判地揭示了胡塞尔的先验主体性概念缺乏本体论规定，但是它仍然用先验哲学工具来表述其自身对于存在问题的解释。海德格尔作为使命向自己提出的对存在问题的重新探讨，其实意味着他在现象学的"实证主义"中又认识到了形而上学的不能解决的基本问题，而这个问题最终发展的顶点则是隐蔽在精神概念里，正如思辨唯心论对精神概念所设想的。因此，海德格尔的目的是试图通过对胡塞尔的批判达到对思辨唯心论的本体论批判。在他建立"实存性诠释学"过程中，他既超越了古典唯心论曾经发展了的精神概念，又超越了现象学还原所纯化了的先验意识的论域(Themenfeld)。

海德格尔的诠释学-现象学以及他对此在历史性的分析，目的是为了普遍地重新提出存在问题，而不是为了建立某种精神科学理论或克服历史主义疑难论。这些都是特殊的当代现实问题，它们只能证明他重新彻底提出存在问题的结果。但是，正是由于他的提问的彻底性，他才能摆脱狄尔泰和胡塞尔对于精神科学基本概念的研究所曾经陷入的那种错乱。

狄尔泰试图从生命出发来理解精神科学并以生活经验为出发点，正如我们指出的，这一努力永远不能与他坚持的笛卡尔派的科学概念真正相容的。但不管他怎样过分强调生命的沉思倾向以及生命"趋向于稳定"，科学的客观性——他把这种客观性理解为结果的客观性——仍然来自于另一种源泉。因此狄尔泰不能完成他给自己所选择的任务，这任务就是从认识论上去证明精神科学的独特方法论性质，并因而把精神科学与自然科学同等看待。

但是，海德格尔可以从一个完全不同的立场开始，因为正如我们所看到的，胡塞尔早已使"返回到生命"成为一种绝对普遍的工作方法，并因而抛弃了单纯探究精神科学方法论问题的狭隘性。

I 历史的准备

胡塞尔对于生活世界和无名称的意义建立（这构成一切经验的基础）的分析给予精神科学的客观性一个全新的背景。这种分析使科学的客观性概念表现为一种特殊情况。科学可以是任何东西，但决不是那种要从其出发的事实(Faktum)。科学世界的构成性其实表现了一项特殊的使命，即去解释随同科学一起被给予的理想化(Idealisierung)。但是这一使命并不是首要的使命。当我们返回到"有作为的生命"(das leistende Leben)，自然和精神的对立就被证明不是最终有效的。不论精神科学还是自然科学都必须从普遍生命的意向性的作为(Leistung)，也就是从某种绝对的历史性中推导出来。这就是那种唯一满足于哲学自我反思的理解。

对于这一点，海德格尔根据他所重新唤起的存在问题给予一种新的和彻底的转折。他之所以跟随胡塞尔，是因为历史存在并不像狄尔泰所认为的那样可以与自然存在相区别，以便对历史科学的方法论性质给予一个认识论的证明。反之，自然科学的认识方式可以表现为理解的一种变体。"这种变体误以为它的正当任务就是在现成东西的本质上的不可理解性中去把握现成东西。"[⑰]理解并不是像狄尔泰所认为的那样，是在精神老年时代所获得的人类生活经验的顺从理想，同时也不是像胡塞尔所认为的那样，是相对于"非反思生活"(Dahinleben)素朴性的哲学最终方法论理想，而相反地是此在，即在世界中的存在的原始完成形式。在理解按照各种不同的实践的兴趣或理论的兴趣被区分之前，理解就是此在的存在方式，因为理解就是能存在(Seinkönnen)和"可能性"。

[⑰] 《存在与时间》，第153页。

面对对此在的这样一种生存论分析的背景,以及这种分析对于一般形而上学的要求所带来的一切深远的和不可测量的后果,精神科学的诠释学问题圈就突然显得很不一样。本书就是致力于探究诠释学问题这种新的方向。由于海德格尔重新唤起存在问题并因此超越了迄今为止的全部形而上学——这不只是指形而上学在近代科学和先验哲学的笛卡尔主义里所达到的顶峰——因而他不仅避免了历史主义的绝境,而且还获得了一种根本不同的新立场。理解概念不再像德罗伊森所认为的那样是一种方法论概念。理解也不是像狄尔泰在为精神科学建立一个诠释学基础的尝试中所确立的那样,只是跟随在生命的理想性倾向之后的一种相反的操作。理解就是人类生命本身原始的存在特质。如果说米施曾经从狄尔泰出发,把"自由地远离自身"认为是人类生命的一种基本结构,所有理解都依赖于这种基本结构,那么海德格尔的彻底本体论思考就是这样一个任务,即通过一种"对此在的先验分析"去阐明此在的这种结构。他揭示了一切理解的筹划性质,并且把理解活动本身设想为超越运动,即超越存在者的运动。

这对于传统的诠释学是一个过分的要求。[12] 的确,在德语里我们有时用理解一词来指一种实际取得的能力("er versteht nicht zu lesen"——这与"er versteht sich nicht auf das Lesen"意思相同,即"他不能读")。从表面上看来,这似乎与科学中进行的、与认识相联系的理解在本质上是不相同的。但是,如果我们精确

---

[12] 参见贝蒂在其学识渊博、才气横溢的著作《一般解释学基础》第91页注释14b里的近乎愤怒的抗议。

I 历史的准备

地考察这两种理解,那么我们可以看出它们有某种共同的东西。在理解的这两种意义里都包含对某物的认识(Erkennen)、通晓(Sich-Auskennen)。谁"理解"一个文本(或者甚至一条法律!),谁就不仅使自己取得对某种意义的理解,而且——由于理解的努力——所完成的理解表现了一种新的精神自由的状态。理解包含解释(Auslegen)、观察联系(Bezüge-sehen)、推出结论(Folgerungen-ziehen)等的全面可能性,在文本理解的范围内,通晓就正在于这许多可能性。所以,谁通晓(auskennt sich)一部机器,也就是说,谁知道(versteht sich)怎样去使用它,或者说,谁能具有(versteht sich)一种手艺——让我们假定:理解一般人为的事情和理解生命的表现或文本具有不同的标准——即使这样,情况仍然是:所有这种理解最终都是自我理解(Sichverstehen)。即使对某个表达式的理解,最终也不仅是对该表达式里所具有的东西的直接把握,而且也指对隐藏在表达式内的东西的开启,以致我们现在也了解了这隐藏的东西。但是这意味着,我们知道自己通晓它。这样,在任何情况下都是:谁理解,谁就知道按照他自身的可能性去筹划自身。⑩ 传统的诠释学曾经以不适当的方式使理解所属的问题境

---

⑩ 即使"理解"一词的语义史也指出了这一点。理解在法学上的意义,即在法庭上代表某种事情,似乎是理解一词的原始意义。这个词后来转用于精神方面,显然可以由下述事实来说明,即在法庭上代表某种事情,也包含着理解这种事情,也就是说,掌握这种事情到这种程度,以致我们能识别对方的所有可能的说法,并提出自己的公正立场。[海德格尔归给"理解"的作为"代表……"(Stehen für……)的意义,其实也表示立在对方的他者能够去"答复",并与其一起去"判决";这就是在真正的"对话"中所进行的论战要素,这种对话在本书第三部分里是明确地与黑格尔的"辩证法"相对立的。也可参见我的论文"自我理解的疑难性"(《短篇著作集》,第1卷,第70—81页;我的著作集,第2卷,第121—132页。)]

域变得很狭窄。这就是海德格尔所作出的超出狄尔泰的进展为什么对于诠释学问题也是富有成果的理由。的确,狄尔泰曾经反对自然科学对于精神科学具有范例的作用,并且胡塞尔甚至指出把自然科学的客观性概念应用于精神科学乃是"荒谬的",并且确立了一切历史世界和一切历史认识的本质相对性。[20] 但现在由于人类此在在生存论上的未来性,历史理解的结构才在其本体论的全部基础上得以显现。

因为历史认识是从此在的前结构(Vor-Struktur)得到其合法性的,所以任何人都没有理由去动摇所谓认识的内在固有标准。即使对于海德格尔来说,历史认识也不是有计谋的筹划,不是意愿目的的推断,不是按照愿望、前见或强大事物的影响对事物的整理,而永远是某种与事物相适应的东西,mensuratio ad rem。只是这个事物在这里不是factum brutum,即不是单纯的现成东西,单纯的可确定和可量度的东西,而首先本身是具有此在的存在方式。

当然,关键问题在于正确地理解这句常常重复的话。这句话并不意味着在认识者和被认识物之间有一种单纯的"同质性"(Gleichartigkeit),在此同质性基础上可以建立作为精神科学"方法"的心理转换的特殊性。如果是这样,那么历史诠释学将成为心理学的一个部分(正如狄尔泰事实上所设想的)。但实际上,一切认识者与被认识物的相适应性并不依据于它们具有同样的存在方

---

[20] [E.胡塞尔:《欧洲科学危机和先验现象学》,载《胡塞尔文集》,第6卷,第91页(219)。]

I 历史的准备

式这一事实,而是通过它们两者共同的存在方式的特殊性而获得其意义。这种特殊性在于:不管是认识者还是被认识物,都不是"在者状态上的"(ontisch)"现成事物",而是"历史性的"(historisch),即它们都具有历史性的存在方式。因此,正如约尔克伯爵所说的,任何东西事实上都依赖于"在者状态东西和历史性东西之间的一般差别"。[15] 由于约尔克伯爵把"同质性"与"隶属性"(Zugehörigkeit)对立起来,[16]海德格尔曾经以完全彻底性加以展开的那个问题才得以揭示出来:我们只是因为我们自己是"历史性的"才研究历史,这意味着:人类此在在其当下和遗忘的整个活动中的历史性,乃是我们能根本再现(vergegenwärtigen)过去的条件。最初似乎只是有损于科学传统概念和方法的障碍东西,或者作为取得历史认识的主观条件而出现的东西,现在成了某种根本探究的中心。"隶属性"并不是因为主题的选择和探究隶属于科学之外的主观动机而成为历史兴趣的原始意义的条件(否则隶属性只是对同情这种类型的情感依赖性的特殊事例),而是因为对传统的隶属性完全像此在对自身未来可能性的筹划一样,乃是此在的历史有限性的原始的本质的部分。海德格尔曾经正确地坚持说,他称之为被抛状态(Geworfenheit)的东西和属筹划的东西是结合在一起的。[17] 所以根本不存在那种使得这种生存论结构整体不起

---

[15] 《与狄尔泰的通信》,第 191 页。

[16] 参见 F. 考夫曼:"瓦滕堡的保罗·约尔克伯爵的哲学",载《哲学和现象学年鉴》,第 9 卷,哈雷,1928 年,第 50 页以下。[最近在《狄尔泰研究——1982 年》里有许多文章讲到狄尔泰的新贡献。对此也可参见我的著作集第 4 卷里的一些论文。]

[17] 《存在与时间》,第 181 页、第 192 页以及其他地方。

作用的理解和解释——即使认识者的意图只是想读出"那里存在着什么",并且想从其根源推知"它本来就是怎样的"。[17]

因此,我们在这里提出这样一个问题,即海德格尔所带来的本体论上的彻底化倾向是否有益于构造某种历史诠释学。海德格尔自己的打算确实不是这个目的,我们必须留神,别从他对此在历史性的生存论分析里推出轻率的结论。按照海德格尔的看法,对此在的生存论分析决不包含任何特殊的历史的生存理想(Existenzideal)。因此对于人及其在信仰中的生存的任何神学命题,这种生存论分析都要求某种先天的中立的有效性。这对于信仰的自我理解来说可能是一种难以满足的要求,正如关于布尔特曼[235]的争论所表明的。[19] 但是这也决不排斥这一事实,即对于基督教神学和历史精神科学来说,在内容上存在某些它们要承认的特殊的(生存状态上的)前提。但正因为这样,我们就必须承认生存论分析本身按其自身目的而言决不包含任何"生存状态的"理想教化,因而不能作为这样一种东西而加以批判(尽管有人常常试图这样做)。

如果我们在烦(Sorge)的时间性结构中发现了某种生存理想——我们可能把这种理想与更可喜的情绪(博尔诺)、[20] 即某种无烦的理想加以对照,或与尼采一样,把它与动物和儿童的天性上

---

[17] O. 福斯勒在《兰克的历史问题》中曾经指出,这种兰克式的用语并不像它听起来那样简单,而是针对某些道德说教的历史著作的自以为是态度。[对此请参阅"诠释学问题的普遍性"。(《短篇著作集》,第 1 卷,第 101—112 页;现收入我的著作集,第 2 卷,第 219 页以下。)]

[19] 参见本书第 335 页以下。

[20] O. F. 博尔诺:《情绪的本质》,弗赖堡,1943 年。

的无邪加以对照——那么这只是一种误解。但是我们不能否认，即使这也是一种生存理想。不过这在于它的结构是生存论的结构，有如海德格尔曾经指出的。

然而，儿童或动物的存在本身——与那种"无邪"理想相反——确实仍是一个本体论问题。[180] 无论如何，他们的存在方式不是像海德格尔对人的此在所要求的那种意义上的"生存"和历史性。所以我们可以探问，人的生存被某个外在于历史的东西、自然的东西所负载，这究竟意味着什么。如果我们真想彻底消除唯心主义思辨的迷惑力，那么我们显然不能从自我意识出发去思考"生命"的存在方式。当海德格尔着手修改他在《存在与时间》中的先验哲学自我观时，这就表明他认为生命的问题必须重新加以注意。所以他在《论人道主义的信》里曾经讲到人和动物之间存在的巨大鸿沟。[182] 毫无疑问，海德格尔自己对基础本体论的说明——他把这种基础本体论先验地建立在对此在的分析上——尚未提出对生命存在方式的积极说明。这里是一个有待研究的问题。但是所有这些都不改变这一事实，即如果我们认为任何一种不管是怎样的生存理想都可以反对"烦"的生存论环节（Existenzial），那么海德格尔称之为生存论的（Existenzial）东西的意义就从根本上被误解了。谁这样做，谁就误解了《存在与时间》一开始就提出的探究度向（Dimension der Fragestellung）。面对这样一种肤浅论证的争论，海德格尔可以完全正当地在康德的探究是先验的这种意义上

I 268

---

[180] ［这是 O. 贝克尔的问题（参见《此在和此本质》，普富林根，1963年，第67页以下。）］

[182] 《论人道主义的信》，伯尔尼，1947年，第69页。

指出他自己的先验的目的。海德格尔的探究从一开始就超越一切经验主义的区分，并因而超越一切具有特殊内容的理想教化[至于这种探究是否满足于他那重新提出存在问题的目的，则是另外一个问题]。

因此，我们首先以海德格尔探究的先验意义为出发点。⑬ 通过海德格尔对理解的先验解释，诠释学问题获得了某种普遍的框架，甚至增加了某种新的度向。解释者对其对象的隶属性——这在历史学派的思考里得不到任何令人信服的证明——现在得到了某种可具体证明的意义，而诠释学的任务就是作出这种意义的证明。此在的结构就是被抛的筹划（geworfener Entwurf），此在按其自己存在实现而言就是理解，这些即使对于精神科学里所进行的理解行为也是适合的。理解的普遍结构在历史理解里获得了它的具体性，因为习俗、传统与相应的自身未来的可能性的具体联系是在理解本身中得以实现的。向其能存在（Seinkönnen）筹划自身的此在总是已经"存在过的"（gewesen）。这就是被抛状态的生存论环节的意义。实际性诠释学的根本点及其与胡塞尔现象学的先验构成性探究的对立就在于：所有对其存在的自由选择行为都不能回到这种存在的事实性。任何促使和限制此在筹划的东西都绝对地先于此在而存在。这种此在的生存论结构也必须在对历史传统的理解里找到它的表现，所以我们首先仍必须跟随海德格尔。⑭

---

⑬ [参见我在"诠释学与历史主义"（现收入我的著作集，第2卷，第392页以下）一文中与 E. 贝蒂的讨论。]

⑭ 参见附录3，我的著作集，第2卷，第381页以下。

II
一种诠释学经验理论的基本特征

1. 理解的历史性上升为诠释学原则

a) 诠释学循环和前见问题

α) 海德格尔对理解前结构的揭示

海德格尔探究历史诠释学问题并对之进行批判，只是为了从这里按本体论的目的发展理解的前结构（Vorstruktur）。[⑮] 反之，我们探究的问题乃是，诠释学一旦从科学的客观性概念的本体论障碍中解脱出来，它怎样能正确地对待理解的历史性。传统的诠释学的自我理解依赖于它作为技艺学的性质。[⑯] 这甚至也适用于狄尔泰把诠释学推广为精神科学的工具的做法。虽然我们可以追问，是否存在这样一种理解的技艺学——我们将会回到这一问题——但无论如何，我们将必须探究海德格尔从此在的时间性推导理解循环结构这一根本做法对于精神科学诠释学所具有的后果。这些后果并不

[⑮] 海德格尔：《存在与时间》，第312页以下。
[⑯] 参见施莱尔马赫的《诠释学》（基默尔编：《海德堡科学院论文集》，1959年，修订版）。在这篇论文里，施莱尔马赫明确地承认古老的技艺学理想（第127页注释："如果理论只是停留在自然和艺术的基础（自然就是艺术的对象）上，我……憎恨这种理论。"）。
[参见本书第182页以下。]

定是说某种理论被用于某种实践,而这种实践现在可以用别的方式,即用技巧上正当的方式进行。这些后果可能在于:纠正经常所进行的理解用以理解自身的方式,并使之从不恰当的调整方式中纯化出来——这是一种最多只间接地有益于理解技巧的过程。

因此,我们将再次考察海德格尔对诠释学循环的描述,以便使循环结构在这里所获得的新的根本意义对于我们的目的更富有成效。海德格尔写道:"循环不可以被贬低为一种恶性循环,即使被认为是一种可以容忍的恶性循环也不行。在这种循环中包藏着最原始认识的一种积极的可能性。当然,这种可能性只有在如下情况下才能得到真实理解,这就是解释(Auslegung)理解到它的首要的经常的和最终的任务始终是不让向来就有的前有(Vorhabe)、前见(Vorsicht)和前把握(Vorgriff)以偶发奇想和流俗之见的方式出现,而是从事情本身出发处理这些前有、前见和前把握,从而确保论题的科学性。"

海德格尔这里所说的,首先不是要求一种理解的实践,而是描述那种理解性的解释得以完成的方式。海德格尔的诠释学反思的最终目的与其说是证明这里存在循环,毋宁说指明这种循环具有一种本体论的积极意义。这样一种描述对于每一个知道他做什么的解释者来说都是极易明了的。⑱ 所有正确的解释都必须避免随

---

⑱ 参见 E. 施泰格在《解释的艺术》(第 11 页以下)里与此相一致的描述。但是我不能同意这种说法,即文艺批评工作只开始于"我们已经置身于某个同时代的读者的处境中"。这是我们永不能实现然而始终能够理解的事情,虽然我们永远不能实现某种与作者的稳固的"个人的或同时的同一性"。也可参见附录四,第 382 页。[以及我的论文"论理解的循环"(《短篇著作集》,第 4 卷,第 54—61 页;我的著作集,第 2 卷,第 57—65 页)。对此也可参见 W. 施特格米勒的批评,载他的《所谓理解循环》,达姆施塔特,1974 年。从逻辑学方面对"诠释学循环"说法的反驳,忽视了这里一般并没有提出科学的证明要求,而是涉及一种自施莱尔马赫以来的修辞学所熟悉的逻辑比喻(Logische Metapher)。对此问题,阿佩尔有正确的批评,参见《哲学的改造》,两卷本,法兰克福,1973 年,第 2 卷,第 83、89、216 等页。]

心所欲的偶发奇想和难以觉察的思想习惯的局限性,并且凝目直接注意"事情本身"(这在语文学家那里就是充满意义的文本,而文本本身则又涉及事情)。的确,让自己这样地被事情所规定,对于解释者来说,显然不是一次性的"勇敢的"决定,而是"首要的、经常的和最终的任务"。因为解释者在解释过程中必须克服他们所经常经历到的起源于自身的精神涣散而注目于事情本身。谁想理解某个文本,谁总是在进行一种筹划。一旦某个最初的意义在文本中出现了,那么解释者就为整个文本预先筹划了某种意义。一种这样的最初意义之所以又出现,只是因为我们带着对某种特定意义的期待去读文本。作出这样一种预先的筹划——这当然不断地根据继续进入意义而出现的东西被修改——就是对这里存在的东西的理解。

当然,这种描述只是一个大致的略写。海德格尔所描述的过程是:对前筹划(Vorentwurf)的每一次修正是能够预先作出一种新的意义筹划;在意义的统一体被明确地确定之前,各种相互竞争的筹划可以彼此同时出现;解释开始于前把握(Vorbegriffen),而前把握可以被更合适的把握所代替:正是这种不断进行的新筹划过程构成了理解和解释的意义运动。谁试图去理解,谁就面临了那种并不是由事情本身而来的前见解(Vor-Meinungen)的干扰。理解的经常任务就是作出正确的符合于事物的筹划,这种筹划作为筹划就是预期(Vorwegnahmen),而预期应当是"由事情本身"才得到证明。这里除了肯定某种前见解被作了出来之外,不存在任何其他的"客观性"。标示不恰当前见解的任意性的东西,除了这些前见解并没有被作出来之外,还能是什么别的东西呢?但是理解完全地得到其真正可能性,只有当理解所设定的前见解不是任意的。这样,下面这种说法是完全正确的,即解释者无需丢弃他内心已有的前见解而直接地接触文本,而是只要明确地考察他内心所有的前见解的正当性,也就是说,考察其根源和有效性。

我们必须把这种基本要求设想为某种程序的彻底化,实际上这种程序当我们在理解时总是在进行着的。相对于每一个文本都有这样一个任务,即,不是简单地不加考察地使用我们自己的用语——或者在外来语言中使用我们所熟悉的来自著作家或日常交际的习语。我们宁可承认这样一种任务,即从当时的用语即作者的用语去获得我们对文本的理解。当然,问题在于这种普遍的要求如何可以被实现。特别是在语义学范围内我们面临着对我们自己用语的无意识的问题。我们究竟是怎样知道我们自己习惯的用语和文本的用语之间的区别呢?

我们必须说,正是我们一般对文本感到不满这一经验——或者是文本不产生任何意义,或者是它的意义与我们的期待不相协调——才使我们停下来并考虑到用语的可能的差别。某个与我讲同样语言的人,是在我所熟悉的意义上使用语词的,这是一个只能在特殊情况里才可能有疑问的一般前提——同样的情况也适用于外来语言,即我们认为我们具有这种语言的正常知识,并且在我们理解某个文本中假定了这种正常用法。

如此适合于用语的前见解的东西,也同样适合于我们用以读文本的内容上的前见解,这种内容上的前见解构成了我们的前理解。这里我们也可以同样地探问,我们究竟怎样才能够摆脱文本自己的前见解的诱惑力。的确,这不能是一般的前提,即在文本中

II 一种诠释学经验理论的基本特征

所陈述给我们的东西将完全符合于我自己的见解和期待。正相反，某人说给我的东西，不管是通过对话、书信或书籍或者其他什么方式，一般都首先有这样一个前提，即他在那里所说的东西和我必须认识的东西，乃是他的见解，而不是我的见解，因而无须我去分享这种见解。但是，这种前提并不是使理解变得容易的条件，而是一种对理解的阻难，因为规定我自己理解的前见解仍可能完全不被觉察地起作用。如果它们引起了误解——那么在没有相反的看法的地方，对文本的误解如何能够被认识呢？文本应当怎样先行去避免误解呢？

但是，如果我们更仔细地考察这种情况，那么我们会发现，即使见解（Meinungen）也不能随心所欲地被理解。正如我们不能继续误解某个用语否则会使整体的意义遭到破坏一样，我们也不能盲目地坚持我们自己对于事情的前见解，假如我们想理解他人的见解的话。当然，这并不是说，当我们倾听某人讲话或阅读某个著作时，我们必须忘掉所有关于内容的前见解和所有我们自己的见解。我们只是要求对他人的和文本的见解保持开放的态度。但是，这种开放性总是包含着我们要把他人的见解放入与我们自己整个见解的关系中，或者把我们自己的见解放入他人整个见解的关系中。虽然见解都是流动性的多种可能性（这正好与某种语言和某个词汇所表现的一致性形成对照），但是，在这众多"可认为的见解"（Meinbaren）中，也就是在某个读者能有意义地发现、因而能期待的众多东西之内，并不是所有东西都是可能的，谁不能听他人实际所说的东西，谁就最终不能正确地把他所误解的东西放入他自己对意义的众多期待之中。所以这里也存在一种标准。诠释学的任务自发地变成了一种事实的探究,并且总是被这种探究所同时规定。这样,诠释学工作就获得了一个坚固的基础。谁想理解,谁就从一开始便不能因为想尽可能彻底地和顽固地不听文本的见解而囿于他自己的偶然的前见解中——直到文本的见解成为可听见的并且取消了错误的理解为止。谁想理解一个文本,谁就准备让文本告诉他什么。因此,一个受过诠释学训练的意识从一开始就必须对文本的另一种存在有敏感。但是,这样一种敏感既不假定事物的"中立性",又不假定自我消解,而是包含对我们自己的前见解和前见的有意识同化。我们必须认识我们自己的先入之见(Voreingenommenheit),使得文本可以表现自身在其另一种存在中,并因而有可能去肯定它实际的真理以反对我们自己的前见解。

当海德格尔在所谓对"这里存在"的东西的"阅读"中揭示理解的前结构时,他是给出了一种完全正确的现象学描述。他也通过一个例子来指明这里提出了一个任务。在《存在与时间》里他以存在问题为例具体地解释了那个对于他来说就是诠释学问题的一般陈述。[18] 为了按照前有、前见和前把握来解释存在问题的诠释学境遇,他曾经在形而上学历史的重要转折点上批判地检验了他的指向形而上学的问题。这里从根本上说他只是做了历史诠释学在任何情况下都要求的东西。一种受方法论意识所指导的理解所力求的,势必不只是形成它的预期,而是对预期有意识,以便控制预期并因而从事物本身获得正确的理解。这一点正是海德格尔的意

---

[18] 《存在与时间》,第312页以下。

Ⅱ 一种诠释学经验理论的基本特征

思,因为他要求我们从事物本身推出前有、前见和前把握,以"确保"论题的科学性。

这里根本不是为了确保我们自己反对那种由文本可听到其声音的传承物,而是相反地为了使我们避免那种阻碍我们去客观地理解传承物的东西。正是隐蔽的前见的统治才使我们不理会传承物里所述说的事物。海德格尔曾经论证说,笛卡尔的意识概念和黑格尔的精神概念仍受那种从当下的和在场的存在去解释存在的希腊实体本体论所支配,这一论证虽然确实超出了近代形而上学的自我理解,但并不是任意的和随心所欲的,而是从某种"前有"出发,因为前有揭示了主体性概念的本体论前提,因而使这些传承物真正得以理解。另一方面,海德格尔在康德对"独断论的"形而上学的批判中发现某种有限性形而上学观念,这一观念对于他自己的本体论筹划乃是一种挑战。这样,由于他把科学论题置入对传承物的理解之内并甘冒此险,从而"确保"了论题的科学性。这就是理解中所包含的历史意识的具体形式。

一切理解都必然包含某种前见,这样一种承认给予诠释学问题尖锐的一击。按照这种观点,情况似乎是:尽管历史主义对唯理论和自然权利学说进行了批判,但历史主义却立于现代启蒙运动的基础上,并不自觉地分享了它的偏见。也就是说,它的本质里包含了并被规定了一种启蒙运动的前见:启蒙运动的基本前见就是反对前见本身的前见,因而就是对传统权力的剥夺。

概念史的分析可以表明,正是由于启蒙运动,前见概念才具有了那种我们所熟悉的否定意义。实际上前见就是一种判断,它是在一切对于事情具有决定性作用的要素被最后考察之前被给予的。在法学词汇里,一个前见就是在实际终审判断之前的一种正当的先行判决。对于某个处于法庭辩论的人来说,给出这样一种针对他的先行判断(Vorurteil),这当然会有损于他取胜的可能性。所以法文词 préjudice,正如拉丁文词 praeiudicium 一样,只意味着损害、不利、损失。可是这种否定性只是一种结果上的(konsekutive)否定性。这种否定性的结果正是依据于肯定的有效性,先行判决作为先见的价值——正如每一种先见之明的价值一样。

所以,"前见"(Vorurteil)其实并不意味着一种错误的判断。它的概念包含它可以具有肯定的和否定的价值。这显然是由于拉丁文词 praeiudicium 的影响,以致这个词除了否定的意义外还能有肯定的意义。说有 préjugés légitimes(正当的成见)。这与我们今天的语言用法相距很远。德文词(Vorurteil)——正如法文词 préjugé,不过比它更甚——似乎是通过启蒙运动及其宗教批判而被限制于"没有根据的判断"这一意义上的。[189] 给予判断以权威的,乃是其根据,其方法论上的证明(而不是它实际的正确性)。对于启蒙运动来说,缺乏这样一种根据并不意味可以有其他种类的有效性,而是意味着判断在事实本身里没有任何基础,即判断是"没有根据的"。这就是只有在唯理论的精神里才能有的一种结论。正是由于这一结论,一般前见丧失了信誉,而科学认识则要求完全排除前见。

接受这一口号的现代科学遵循着笛卡尔的怀疑原则,即不把

---

[189] 参见列奥·施特劳斯的《斯宾诺莎的宗教批判》,第163页:"'前见'这一词最恰当地表达了启蒙运动的伟大愿望,表达了想自由地、无偏见地进行考察的意愿。前见是意义太泛的'自由'一词的意义单一的对立相关词。"

任何一般可疑的东西认为是确实的,并且遵循着坚持这一要求的方法论思想。在我们导言性的考察中我们已经指出,我们很难使有助于形成我们历史意识的历史认识与这样一种理想进行协调,因而很难从现代方法概念出发去把握这一理想的真正性质。现在这里正是这些否定性的说法转变成肯定性的说法的地方。前见概念对此提供了一个最先的出发点。

β)启蒙运动对前见的贬斥

如果我们追随启蒙运动所发展的关于前见的学说,那么我们将发现关于前见有下面这样一种基本划分:我们必须区分由于人的威望而来的前见和由于过分轻率而来的前见(das Vorurteil des menschlichen Ansehens und das der übereilung)。[18] 这种划分的基础是前见起源于具有前见的人。或者是他人的威望、他人的权威诱使我们犯错误,或者是我们自己过分轻率。权威是前见的一个源泉,这符合于启蒙运动那个著名的原则,康德曾把这个原则表述为:大胆使用你自己的理智。[19] 虽然上述所引的划分确实也不限制于前见在理解文本中所起的作用,但这种划分的主要应用仍在诠释学领域之内。因为启蒙运动的批判首先是针对基督教的宗教传承物,也就是《圣经》。由于《圣经》被理解为一种历史文献,所以《圣经》批判使《圣经》的独断论要求受到威胁。现代启蒙运动相

---

[18] Praeiudicium auctoritatis et precipitantiae(权威的前见和轻率的前见):早在克里斯蒂安·托马修斯的[236]《前见注释》(1689/1690 年)和《理性学说引论》第 13 章§§39/40 里就出现过。参见瓦尔希编的《哲学辞典》(1726 年)的词条,见该书第 2794 页以下。

[19] 参见康德论文"答复这一问题:什么是启蒙运动?"开头部分(1784 年)。

对于所有其他启蒙运动所特有的彻底性在于：它必须反对《圣经》及其独断论解释以肯定自身。[⑫]因此诠释学问题特别成了它的中心问题。启蒙运动想正确地、即无成见地和合理地理解传承物。不过，这有其完全特别的困难，因为在用文字固定下来的单一东西中，具有非常重要的权威要素。书写下来的东西可能不是真的，这并不完全能容易地被看出。书写下来的东西具有可指明的明显性，并且就像是一种证明材料。因此我们需要一种特别的批判努力，才能使自己摆脱书写下来的东西所具有的前见，并像对所有口头陈述一样，区分其中的意见和真理。[⑬]启蒙运动的普遍倾向就是不承认任何权威，并把一切都放在理性的审判台面前。所以，书写下来的传承物、《圣经》以及所有其他历史文献，都不能要求绝对的有效性，传统的可能的真理只依赖于理性赋予它的可信性。不是传统，而是理性，表现了一切权威的最终源泉。被书写下来的东西并不一定是真的。我们可以更好地知道它们。这就是现代启蒙运动反对传统的普遍准则，由于这一准则，现代启蒙运动最后转为历史研究。[⑭]正如自然科学使感性现象的证明成为批判的对象一

[⑫] 古代启蒙运动——其成果是希腊哲学及其在智者派里所达到的顶峰——在本质上是完全不同的，因而它允许像柏拉图这样的思想家利用哲学神话去调和宗教传统和哲学研究的辩证方法。参见埃里希·弗兰克的《哲学知识和宗教真理》，第31页以下，以及我对此的评论，载《神学周刊》，1950年，第260—266页；另外还可特别参见格哈德·克吕格尔的《洞见和激情》，1951年第2版。

[⑬] 对此一个极妙的例子是，古代历史著作的权威在历史研究中逐渐受到破坏，而档案研究和基础研究逐渐发展（参阅例如 R. G. 科林伍德：《思想——一篇自传》，牛津，1939年，第11章，在这里他把转向基础研究直接与培根派的自然研究的革命进行对比）。

[⑭] 参见我们关于斯宾诺莎的《神学政治论》所说的话，在本书第184页以下。

样,启蒙运动也使传统成为批判的对象。不过,这并不一定是说,我们在任何地方都把这"反对前见的前见"认作是自由思想和无神论的最终结论——如在英国和法国那样。其实,德国启蒙运动大多都曾经承认基督宗教的"真实前见"。因为人类理性太软弱,不能没有前见去行事,所以,曾经受到真实前见的熏陶,乃是一种幸福。

探究一下启蒙运动的这样一种修正和节制态度⑲怎样为德国浪漫主义运动的形成作了准备——毫无疑问,例如,E.伯克的启蒙运动和宗教批判所作出的——这是很有意义的一件事。但是,所有这些修正和节制态度都没有改变根本的东西。真实的前见最终必须通过理性承认来证明,即使这一证明任务可能永远得不到完成。

这样,现代启蒙运动的标准仍然规定了历史主义的自我理解。当然,这一规定并不是直接出现的,而是在一种奇特的、由浪漫主义精神所造成的折射中出现的。这一点特别明显地表现在历史哲学的基本格式里,即通过逻各斯(Logos,即理性)消除神话的格式。浪漫主义和启蒙运动都分享了这一格式,并且通过浪漫主义对启蒙运动的反动,这一格式被僵化成为一种不可动摇的前提。这就是继续不断地使世界得以清醒(Entzauberung)的前提,这种清醒化给予这一格式以有效性。我们应当认为,这表现了精神历史本身的前进法则,并且正是因为浪漫主义否定地评价了这种发展,它才把那种格式作为自明之物加以接受。浪漫主义分享了启蒙运动的前提,并且只是颠倒了对它的

I 278

---

⑲ 例如,在 G.F.迈耶的《人类前见学说论文集》(1766年),就有这种态度。

评价,因为它认为只有古老的东西才有价值,例如:"哥特式的"中世纪,欧洲基督教国家共同体,社会的封建等级结构,但也有农民生活的简朴性和接近自然。

与启蒙运动的完满性信仰相反——这种完满性信仰想完全摆脱"迷信"和过去的前见——我们现在发现,古老的时代,神话世界,意识无法分析的、并在"近乎自然的社会"(naturwüchsinge Gesellschaft)里未被中断的生命,基督教骑士风尚世界,所有这些都获得了一种浪漫主义魔力,甚至真理的优先性。⑱ 颠倒启蒙运动的前提,曾经产生了复辟的荒谬倾向,这就是为古典而恢复古典的倾向、有意识地倒退到无意识的倾向等等,其登峰造极的表现就是承认原始的神话时代的卓越智慧。但是,正是通过这种浪漫主义对启蒙运动价值标准的颠倒,启蒙运动的前提,即神话和理性的抽象对立却被永恒化了。所有启蒙运动的批判现在通过浪漫主义对启蒙运动的这个反光镜大踏步地前进了。对理性完满性的信仰现在突然地变成了对"神话的"意识的完满性的信仰,并且在思想堕落(原罪)之前的某个原始乐园里进行反思。⑲

其实,富有神秘意味的洞黑无知——其中存在一种先于一切思想的神秘的集体意识——的前提,有如整个启蒙运动的完美状态和绝对知识的前提一样,也是独断论的和抽象的。原始智慧只是"原始愚昧"的反面说法。一切神秘意识本身总仍是知识,而且

---

⑱ 我在一篇关于伊默曼的《千年王国十四行诗》的短论里(参见《短篇著作集》,第 2 卷,第 136—147 页;现收入我的著作集,第 9 卷)曾用一个例子分析了这一过程。

⑲ [参见我的论文"神话与理性"(《短篇著作集》,第 4 卷,第 48—53 页,现收入我的著作集,第 8 卷)和"神话和科学"(我的著作集,第 8 卷)。]

由于它知道神圣的力量,它就超出了对力量的单纯害怕(如果我们可以把这样一种害怕认为是原始状态 Urstadium),不过它也超越了那种陶醉于宗教仪式的集体生活(正如我们在早期东方国家那里看到的)。这种神秘意识知道自身,并且在这种知识中它已不再只是外于自身而存在。[⑱]

与此相关联的,甚至真正神话式的思考和伪神话式的诗意思考之间的对立,也是一种基于启蒙运动某个前见的浪漫主义幻觉,这个前见就是:因为诗人的行为是一种自由想象力的创造,所以诗人的行为不再包含神话的宗教约束性。这就是以适合于科学信仰时代的现代装束出现的诗人和哲学家之间的古老争论。现在不再说,诗人说谎话,而是说,诗人根本就无须说真理,因为他们只是想施以审美的影响,只是想通过他们的想象创造唤醒听众或读者的想象力和生命情感。

"近乎自然的社会"这一概念可能也是浪漫主义逆光镜中的另一种情况,按照拉登杜夫(Ladendorf, 217)[238]的看法,这一概念是由 H. 莱奥(Leo)[⑲]提出的。在卡尔·马克思那里,这一概念似乎是作为一种限制其社会经济学的阶级斗争理论有效性的自然法残余而出现的。[⑳]这一概念回到了卢梭关于劳动分工和财富出现之

---

⑱ 我认为,霍克海默尔和阿多尔诺对于《启蒙运动辩证法》的分析是完全正确的(虽然我认为像"资产阶级的"这样的社会学概念应用于奥德赛乃是一种历史思考的错误,这乃是由于把荷马与约翰·海因里希·福斯[237]混为一谈,而这种混淆早已被歌德批判过)。

⑲ H. 莱奥:《国家自然学说的研究和概略》,1833年。

⑳ 参见 G. 冯. 卢卡奇以前在《历史和阶级意识》(1923年)一书中对这一重要问题所作的思考。[239]

前的社会的描述。[201] 无论如何,柏拉图在其关于自然状态的讥讽的描述中(这是在《理想国》第3卷中给出的)已经揭示了这种国家理论的虚妄性。[202]

浪漫主义的这种重新评价产生了19世纪历史科学的态度。这种态度不再用现代标准作为一种绝对去量度过去,它把某种特有的价值归给过去的时代,并且甚至能够承认过去时代这一方面或那一方面的优越性。浪漫主义的伟大成就——唤起早先的岁月,在民歌中倾听民众的声音,收集童话和传说,培养古老的风俗习惯,发现作为世界观的语言,研究"印度的宗教和智慧"——所有这些都促进了历史研究,而这种历史研究缓慢地、一步一步地把充满预感的重新苏醒转变为冷静枯萎的历史认识。历史学派正是通过浪漫主义而产生的,这一事实证明了浪漫主义对原始东西的恢复本身就立于启蒙运动的基础上。19世纪的历史科学是浪漫主义最骄傲的果实,并把自己直接理解为启蒙运动的完成,精神从独断论束缚中解放出来的最后一步,以及通向客观认识历史世界(通过现代科学,认识历史世界与认识自然处于同等的地位)的步骤。

浪漫主义的复古倾向可以与启蒙运动要求历史精神科学实在性的基本倾向联系起来,这一事实只是表明,它同样是与作为这两者基础的传承物的意义连续性决裂的。如果说所有传承物——在理性面前传承物表现为不可能的东西即荒谬的东

---

[201] 卢梭:《论人类不平等的起源和基础》。
[202] 参见我的著作《柏拉图和诗人》,第12页以下。[现收入我的著作集,第5卷,第187—211页。]

II 一种诠释学经验理论的基本特征

西——只能被理解为历史性的,即返回到过去时代的想象方式,这对于启蒙运动来说是一种被确定的事实,那么随着浪漫主义而产生的历史意识就意味着启蒙运动的一种彻底化。因为对于历史意识来说,反乎理性的传承物这一例外情况变成了普遍的规则。既然通过理性一般可达到的意义是如此少地被人相信,所以全部过去,甚至归根到底,全部同时代人的思想最终也只被理解为"历史性的"。因此,浪漫主义对启蒙运动的批判本身最后在启蒙运动中告终,因为它本身发展成为历史科学并把一切东西都纳入历史主义的旋涡之中。对一切前见的根本贬斥——这使新兴自然科学的经验热情与启蒙运动结合起来——在历史启蒙运动中成了普遍的和彻底的倾向。

这里正是某种哲学诠释学[240]尝试必须开始其批判的关键。消除一切前见这一启蒙运动的总要求本身被证明是一种前见,这一前见不仅统治了我们人类本性,而且同样支配了我们的历史意识,而扫除这一前见就必然为某种正当理解有限性开辟了道路。

我们处于各种传统之中,这一事实难道首先意味着我们受前见所支配,以及自己的自由受限制吗?一切人的存在,甚至最自由的人的存在难道不都是受限制、并受到各种方式制约的吗?如果情况是这样,那么某种绝对理性的观念对于历史人性(Menschentum)就根本不可能。理性对于我们来说只是作为实际历史性的东西而存在,即根本地说,理性不是它自己的主人,而总是经常地依赖于它所活动的被给予的环境。这不仅适合于康德由于受到休谟怀疑论批判的影响把唯理论要求限制在自然知识里的先天要素上这一意义,而且对于历史意识和历史认识的可能性更有其重要性。因为人在这里是与他自身和他自己的创造物打交道(维柯),这一说法只是对历史知识向我们所提出的问题的一种表面的解答。人对其自身及其历史命运也感到生疏,不过其方式完全不同于自然使他感到生疏那样,因为自然对他是一无所知的。

这里认识论问题以一种根本不同的方式被提出来。我们前面已经指明狄尔泰大概看到了这一点,但是他并不能克服传统认识理论对他的影响。他的出发点,即"体验"的内在意识,不能架起一座通向历史实在的桥,因为伟大的历史实在、社会和国家,实际上对于任何"体验"总是具有先行决定性的。自我思考和自传——狄尔泰的出发点——并不是最先的东西,也不是诠释学问题的充分基础,因为通过它们,历史再次被私有化了。其实历史并不隶属于我们,而是我们隶属于历史。早在我们通过自我反思理解我们自己之前,我们就以某种明显的方式在我们所生活的家庭、社会和国家中理解了我们自己。主体性的焦点乃是哈哈镜。个体的自我思考只是历史生命封闭电路中的一次闪光。因此个人的前见比起个人的判断来说,更是个人存在的历史实在。

b) 作为理解条件的前见

α) 为权威和传统正名

诠释学问题在这里有它的出发点。这就是为什么我们先考察启蒙运动对于"前见"这一概念贬斥的理由。在理性的绝对的自我构造的观念下表现为有限制的前见的东西,其实属于历史实在本身。如果我们想正确地对待人类的有限的历史的存在方式,那么我们就必须为前见概念根本恢复名誉,并承认有合理的前见存在。

Ⅱ 一种诠释学经验理论的基本特征

所以我们能够这样来表述某种真正历史诠释学的中心问题及其认识论基本问题:前见的合理性的基础在于何处?什么东西可以使合理的前见与所有其他无数的前见区别开来?因为克服后一种前见乃是批判理性义不容辞的任务。

由于我们现在对于启蒙运动以批判目的所提出的前见学说(这一学说我们上面已作介绍)给予积极肯定的性质,我们可以更好地研讨这一问题。首先关于前见区分为权威的前见和轻率的前见,这一区分显然是基于启蒙运动的基本前提,按照这一前提,如果我们严格遵照方法论规则使用理性,我们就可以避免任何错误。这就是笛卡尔的方法论思想。轻率是我们在使用自己理性时导致错误的真正源泉。反之,权威的过失在于根本不让我们使用自己的理性。权威和理性之间的相经排斥的对立,止是上述区分的基础。对于古老东西,对于权威东西的错误的先入之见,乃是本身必须要打破的东西。所以启蒙运动认为路德的宗教改革行为在于:"使人有威望的前见,特别是对哲学家王(他意指亚里士多德)和罗马教皇的前见,得到根本的削弱。"[23]……因此,宗教改革带来了诠释学的繁荣兴盛,正是诠释学才教导我们在理解传承物时正确使用理性。不论是教皇的学术权威,还是求助于传统,都不能替代诠释学的工作,因为只有诠释学工作才知道保护文本的合理意义以反对所有不合理的揣想。

这种诠释学的结果不一定就是像我们在斯宾诺莎那里看到的那种彻底的宗教批判。其实,超自然的真理可能仍然完全存在。在这种意义上,启蒙运动,特别是在德国大众哲学(Popularphilo-

---

[23] 瓦尔希:《哲学辞典》(1726年),1013条目。

sophie)范围内的启蒙运动,曾经多方限制了理性的要求,并承认《圣经》和教会的权威。所以我们在瓦尔希[241]那里看到,他虽然区分了两类前见——权威和过分轻率——但他把这两类前见视为两个极端,因此在这两个极端之间我们必须找到正确的中间道路,即调和理性和《圣经》权威。与此相应,他把过分轻率造成的前见理解为偏爱新事物的前见,理解为一种只是因为真理是古老的、被权威所支持的而轻率地拒绝真理的先人之见。[24] 所以,他深入研究了英国自由思想家[如柯林斯[242]和其他人],并且维护历史信仰以反对理性规则。这里,由轻率而来的前见的意义显然用一种保守的意义加以再解释。

但是,毫无疑问,启蒙运动的真正后果是完全不同的后果:即把所有权威隶属于理性。因此,由过分轻率而来的前见可以像笛卡尔所认为的那样去理解,即把它理解为我们在使用理性时造成一切错误的根源。与此相应,在启蒙运动胜利之后,即当诠释学摆脱了一切独断论束缚的时候,那种古老的区分又回到了一种被改变了的意义。所以我们在施莱尔马赫那里看到,他区分了偏颇(Befangenheit)和轻率作为误解的原因。[25] 他把由偏颇而来的持久的前见与由轻率而来的短暂的错误判断加以并列,但是只有前者才使研讨科学方法的人感兴趣。关于在某个由于权威而偏颇的人所具有的种种前见中,可能也有些是真知灼见——当然这是包含在原先的权威概念之中的——对于施莱尔马赫来说,似乎并不

㉔ 瓦尔希:1006条目以下,词条是"回顾自由"。同时参见本书第276页。
㉕ 施莱尔马赫:《著作集》,第1系列,第7卷,第31页。

II 一种诠释学经验理论的基本特征

重要。施莱尔马赫对于前见的传统区分的变更,乃是启蒙运动完成的标志。偏颇只意味着个人的一种理解限制:"对于近乎某个人自己观念的东西的一种片面的偏爱。"

但是,偏颇概念实际上隐藏了一个根本性的问题。制约我的前见乃产生于我的偏颇,这种看法本身就已经是一种从消除和澄清前见的立场而来的判断,它只适合于不合理的前见。如果相反也有合理的、有助于增进认识的前见,那么我们又重新回到了权威问题。因此启蒙运动的彻底结论——即使还包含在施莱尔马赫的方法论信仰里——并不是站得住脚的。

启蒙运动所提出的权威信仰和使用自己理性之间的对立,本身是合理的。如果权威的威望取代了我们自身的判断,那么权威事实上就是一种偏见的源泉。但是,这并不排除权威也是一种真理源泉的可能性。当启蒙运动坚决诋毁一切权威时,它是无视了这一点。为了证明这一情况,我们可以援引欧洲启蒙运动最伟大的先驱者之一,即笛卡尔。尽管笛卡尔的方法论思想有其彻底性,但众所周知,笛卡尔把道德性事物完全从理性重新完善地构造一切真理的要求中排除出去。这就是他所谓应急性道德(provisorische Moral)的意义。我认为下面这一点是具有代表性的,即笛卡尔实际上并没有提出他的明确的道德学,就我们从他给伊丽莎白的信件中所能判断的而言,他的道德学的基本原则几乎没有什么新的东西。期待现代科学及其发展能给我们提供某种新道德学,这显然是不可思议的。事实上,诋毁一切权威不只是启蒙运动本身所确立的一种偏见,而且这种诋毁也导致权威概念被曲解。因为根据启蒙运动所赋予理性和自由概念的意义,权威概念可以被看作为与理性和自由正好相对立的概念,即意味着盲目地服从。这就是我们从批判现代专制主义的用语里所认识的意义。

但是,这决不是权威的本质。的确,权威首先是人才有权威。但是,人的权威最终不是基于某种服从或抛弃理性的行动,而是基于某种承认和认可的行动——即承认和认可他人在判断和见解方面超出自己,因而他的判断领先,即他的判断与我们自己的判断具有优先性。与此相关联的是,权威不是现成被给予的,而是要我们去争取和必须去争取的,如果我们想要求权威的话。权威依赖于承认,因而依赖于一种理性本身的行动,理性知觉到它自己的局限性,因而承认他人具有更好的见解。权威的这种正确被理解的意义与盲目的服从命令毫无关联。而且权威根本就与服从毫无直接关系,而是与认可有关系。权威的存在确实是为了能够命令和得到服从,但这一点只是从某人具有的权威而得到的。即使由命令而来的无名称的和非个人的上级权威,最终也不是基于这种命令,而是那种使命令成为可能的东西。这里权威的真正基础也是一种自由和理性的行动,因为上级更全面了解情况或具有更多的信息,也就是说,因为上级具有更完善的认识,所以理性才从根本上认可上级有权威。㉖

㉖ (我认为,除非承认这一命题的真理,否则卡尔·雅斯贝斯的《论真理》第766页以下和格哈德·克吕格尔的《自由和世界管理》第231页以下所说的那种承认权威的倾向是不能令人信服的。)因此"党派(或领导人)总是正确的"这一臭名昭著的命题并不是因为它主张领导的优越性而是错误的,它的错误是在于它旨在维护那种靠专制命令行事的领导免受任何一种可能是真实的批判。真正的权威并不需要权威者出现。〔目前关于这个问题常有人讨论,尤其见我与J.哈贝马斯的争论。参见J.哈贝马斯编辑出版的论文集《诠释学和意识形态批判》,法兰克福,1977年;以及我在索洛图恩的讲演"论权威和批评自由的关系",载《瑞士新神经病学、新手足病防治疗学、新精神学治疗学文献》,第133卷,1983年,第11—16页。A.格伦最早阐明了组织机构的作用。〕

Ⅱ 一种诠释学经验理论的基本特征

因此,承认权威总是与这一思想相联系的,即权威所说的东西并不是无理性的和随心所欲的,而是原则上可以被认可接受的。这就是教师、上级、专家所要求的权威的本质。他们所培植的前见,虽然是被个人证明合理的,它们的有效性要求我们对代表它们的个人有偏袒,但是因为这些前见对于通过其他方式而能出现的东西,例如通过理性提供的坚固基础而出现的东西具有同样的偏袒,这些前见也可成为客观的前见。所以权威的本质与那种必须摆脱启蒙运动极端主义的前见学说有关。

这里,我们可以在浪漫主义对启蒙运动的批判中找到支持。因为存在一种浪漫主义特别要加以保护的权威形式,即传统。由于流传和习俗而奉为神圣的东西具有一种无名称的权威,而且我们有限的历史存在是这样被规定的,即因袭的权威——不仅是有根据的见解——总是具有超过我们活动和行为的力量。一切教育都依据于这一点,即使随着受教育者年龄成熟、教育者失去他的作用以及受教育者自己的见解和决定取代了教育者的权威,情况仍是这样。这种进入生命史成熟期的运动并不意味着某人已在下面这种意义上成为他自己的主人,即他摆脱了一切习俗和传统。例如,道德的实在性大多都是而且永远是基于习俗和传统的有效性。道德是在自由中被接受的,但决不是被自由的见解所创造,或者被自身所证明的。其实,我们称之为传统的东西,正是在于它们没有证明而有效。事实上,我们是把这样一种对启蒙运动的更正归功于浪漫主义,即除了理性根据外,传统也保留了权利,并且在一个相当大的范围内规定了我们的制度和行为。古代伦理学优越于近代道德哲学的特征在于:古代伦理学通过传统的不可或缺性证明了伦理学向"政治学"、即正确的立法艺术过渡的必然性。[20] 与此相比较，现代启蒙运动则是抽象的和革命的。

但是，传统概念与权威概念一样，也是很有歧义的，而且由于同样的理由，即因为它是启蒙运动原则的抽象对立面，规定了对传统的浪漫主义的理解。浪漫主义把传统视为理性自由的对立面，并且认为传统是历史上被给予的东西，有如自然一样。不管我们是想以革命的方式反对传统还是保留传统，传统仍被视为自由的自我规定的抽象对立面，因为它的有效性不需要任何合理的根据，而是理所当然地制约我们的。当然，浪漫主义对启蒙运动批判的情况并不是传统的不言而喻的统治——在这统治中传承下来的东西不受怀疑和批判的影响而被保存下来——的例证。这其实是一种特别的批判态度，这种态度在这里再次致力于传统的真理并试图更新传统，也就是我们称之为传统主义（Traditionalismus）的态度。

不过，我认为，传统和理性之间并不存在这样一种绝对的对立。不管有意识地恢复传统或有意识地创造新传统是怎样有问题的，浪漫主义对"发展了的传统"（die gewachsene Traditionen）的信念——在传统面前，一切理性必须沉默——仍是一样充满了偏见，并且基本上是启蒙运动式的。实际上，传统经常是自由和历史本身的一个要素。甚至最真实最坚固的传统也并不因为以前存在的东西的惰性就自然而然地实现自身，而是需要肯定、掌握和培养。传统按其本质就是保存（Bewahrung），尽管在历史的一切变迁中它一直是积极活动的。但是，保存是一种理性活动，当然也是

---

[20] 参见亚里士多德：《尼各马可伦理学》，第10章。

Ⅱ 一种诠释学经验理论的基本特征

这样一种难以觉察的不显眼的理性活动。正是因为这一理由,新的东西、被计划的东西才表现为理性的唯一的活动和行为。但是,这是一种假象。即使在生活受到猛烈改变的地方,如在革命的时代,远比任何人所知道的多得多的古老东西在所谓改革一切的浪潮中仍保存了下来,并且与新的东西一起构成新的价值。无论如何,保存与破坏和更新的行为一样,是一种自由的行动。这就是启蒙运动对传统的批判以及浪漫主义对传统的平反为什么都落后于它们的真正历史存在的原因。

这些考虑导致了这样一个问题,即在精神科学的诠释学里是否应当根本不给传统要素以权利。精神科学的研究不能认为自己是处于一种与我们作为历史存在对过去所采取的态度的绝对对立之中。在我们经常采取的对过去的态度中,真正的要求无论如何不是使我们远离和摆脱传统。我们其实是经常地处于传统之中,而且这种处于决不是什么对象化的(vergegenständlichend)行为,以致传统所告诉的东西被认为是某种另外的异己的东西——它一直是我们自己的东西,一种范例和借鉴,一种对自身的重新认识,在这种自我认识里,我们以后的历史判断几乎不被看作为认识,而被认为是对传统的最单纯的吸收或融化(Anverwandlung)。

因此,对于占统治地位的认识论方法学主义(Methodologismus)我们必须提出这样一个问题,历史意识的出现是否真正使我们的科学态度完全脱离了这样一种对过去的自然态度? 当精神科学内的理解把它自己的整个历史性都归到我们必须抛弃的前见方面,这样理解是否就真正正确地理解了自身? 或者说"无前见的科学"是否与那种传统借以生存和过去得以存在的朴素的接受和反思还共同具有比它自身所知道的更多的东西?

无论如何,精神科学的理解与继续存在的传统共同具有某种基本前提条件,即感到自身是在与传承物进行攀谈(angesprochen)。[243]下面这一点难道就不适合于精神科学所研究的对象,这种对象的意义只有在以后才能被经验?——这一点对于传统的内容来说显然是非常正确的。尽管这种意义还很可能总是一种间接的意义,并且是从似乎与现在毫无关系的历史兴趣中产生出来——甚至在"客观的"历史研究这一极端情况里,历史任务的真正实现仍总是重新规定被研究东西的意义。但是这种意义既存在于这种研究的结尾,也同样存在于这种研究的开端:即存在于研究课题的选择中,研究兴趣的唤起中,新问题的获得中。

因此,在所有历史诠释学一开始时,传统和历史学之间的抽象对立、历史和历史知识之间的抽象对立必须被消除。继续存在的传统的效果(Wirkung)和历史研究的效果形成了一种效果统一体(Wirkungseinheit),而对这种效果统一体的分析可能只找到相互作用的一种结构。[209]因此,我们确实不把历史意识认作某种完全新的东西——好像它是第一次出现的,而是把它认作那种向来构成人类与过去的关系的东西里的一个新要素。换言之,我们必须在历史关系里去认识传统要素,并且探究这一要素在诠释学上的成效性。

---

[209] 我不认为舍勒这种看法是正确的,即传统的前意识的压力可以随着历史科学的深入而减少(《人在宇宙中的地位》,第37页)。在我看来,这里所包含的历史科学的独立性似乎是连舍勒自己也一般能看透的一种任意的虚构(同样,参见他的《遗著》,第1卷,第228页以下,在那里他承认历史的启蒙运动或知识社会学的启蒙运动)。

II 一种诠释学经验理论的基本特征

在精神科学里,尽管有其独特的方法论性质,但传统的要素总是在起作用,而且这一要素构成精神科学的真正本质及其鲜明的特征。如果我们考察研究的历史并注意到精神科学史和自然科学史之间存在的差别,上述这一点便是直接明显的。当然,人的任何有限的历史性的努力决不能完全消除这种有限性的痕迹,甚至数学的历史或自然科学的历史也是人类精神史的一部分,并反映人类精神的命运。然而,当自然科学家从当代知识状况来描述他们的科学的历史,这就不只是一种历史的幼稚性。对于自然科学家来说,错误和歧途只具有一种历史的兴趣,因为研究的进展乃是他们研究的不言而喻的标准。因此,考察自然科学或数学的进展怎样归属于它们出现的历史瞬间,这只具有附属的兴趣。这种兴趣并不影响自然科学或数学的发现的认识论价值。

所以,我们根本不必否认传统要素在自然科学里也能起积极的作用,例如,在某种地方特别喜爱某种研究方式。但是,这样的科学研究并不是从这种情况,而是从它正研究的对象的规律得出它的发展规律的。[209]

显然,精神科学是不能用研究和进展这样的概念来正确描述的。当然,我们可以写某一问题解决的历史,例如对某种难读铭文进行辨认的历史,在这里除了最后达到最终的结果外不存在任何其他兴趣。如果情况不是这样,那么精神科学就根本不可能像在上世纪我们所看到的那样在方法论上依赖自然科学。但是,自然

---

[209] 〔这一问题自托马斯·库恩的《科学革命的结构》(芝加哥,1963年)和《必要的张力——对科学传统和变化的研究》(芝加哥,1977年)出版以来似乎变得相当复杂。〕

科学研究和精神科学研究之间的类比只是涉及到精神科学里所进行的工作的一种附属的层次。

这一点表现在：精神科学研究的伟大成就几乎永不会陈旧。显然，今天的读者可以很容易地考虑到这一事实，即一百年以前的历史学家只能支配很少的一些知识，因此他们作出了某些在细节上不正确的判断，但整个来说，今天的读者仍宁愿读德罗伊森或莫姆森[244]的著作而不喜欢读某个当代历史学家关于这个领域所写的最新材料。什么是这里量度的标准呢？显然，我们不能简单地用我们量度研究价值和重要性的标准来作为我们问题的基础。实际上，只是由于那个能把事情（Sache）正确描述给我们的人，该事情才对我们真正表现出重要性。所以，虽然事情确实是我们的兴趣所在，但事情只是通过它在其中向我们呈现的方面（Aspekte）而获得它的生命。我们承认事情有在不同的时间或从不同的方面历史地表现自身的诸不同方面；我们承认这些方面并不是简单地在继续研究的过程中被抛弃，而是像相互排斥的诸条件，这些条件每一个都是独立存在的，并且只由于我们才结合起来。我们的历史意识总是充满了各种各样能听到过去反响的声音。只有在这些众多的声音中，过去才表现出来。这构成了我们所分享和想分享的传统的本质。现代的历史研究本身不仅是研究，而且是传统的传递。我们并不是只从进展的规律和确切的结果方面去看待现代的研究——在这种研究中好像也有了某种新的历史经验，因为在研究中我们每次都听到某种过去在反响的新的声音。

它的基础是什么呢？显然，我们不能在适合于自然科学的意义上——即研究愈来愈深入到自然里面——讲到精神科学的固定的研究目的。其实,在精神科学里,致力于研究传统的兴趣被当代及其兴趣以一种特别的方式激发起来。研究的主题和对象实际上是由探究的动机所构成的。[20] 因此历史的研究被带到了生命自身所处的历史运动里,并且不能用它正在研究的对象从目的论上加以理解。这样一种"对象"本身显然根本不存在。这正是精神科学区别于自然科学的地方。当自然科学的对象可以理想地被规定为在完全的自然知识里可以被认识的东西时,如果我们说某种完全的历史知识,就是毫无意义的,并且正因为这种理由,我们也根本不可能讲到这种研究所探讨的"对象本身"。[21]

β) 古典型的例证[22]

当然,这是对精神科学的自我理解的一种苛求,即精神科学在其整个活动中能这样地使自己脱离自然科学的模式,并把它所研讨的任何东西的历史运动性不只认为是对它的客观性的一种损害,而且也认为是某种积极的东西。但是,在精神科学的最新发展过程中已存在这样一种可能正确思考此问题的出发点。历史研究的素朴方法论已不再能单独支配这一领域了。研究的进展不再普遍地以扩大和深入新领域或新材料这种模式加以理解,而是相反地以对问题达到某种更高的反思阶段加以理解。不过,即使这样,

---

[20] [K-G. 费伯在其《历史科学理论》一书(慕尼黑,1972年第2版,第25页)精辟的讨论中,不得不在"构成"一词后面加上一个讽刺的感叹号而引用这一命题。这迫使我提出这一问题,即我们怎样才可能正确地定义一个"历史事实"呢?]

[21] [今天我在经过30年科学研究工作之后乐意地承认我们甚至不必区分这种自然科学的"程式"(Stilisierung)。]

[22] [参见我的论文"在现象学和辩证法之间——一种自我批判的尝试",载我的著作集,第2卷。]

所谓研究的进展仍继续以一种适合于研究者的方式从目的论上加以思考。不过,一种充满自我批判精神的研究态度的诠释学意识同时在这里逐渐地发展。这首先适合于那些具有最古老传统的精神科学。所以,经典的古典科学在逐渐处理了它的最大范围的传承物之后,又继续以更精致的问题研讨它研究中特别喜爱的古老对象。因而它曾经导致某种像自我批判这样的东西,因为它曾经考虑到那种构成其特别喜爱对象的真正优点的东西。古典型概念——自德罗伊森发现希腊文化以来历史思想就曾经把这一概念归为单纯的风格概念——现在在科学里获得了某种新的合法性。

一个像古典型概念这样的规范性的概念何以可能保持一种科学的正当性或重又获得这种正当性,这自然要求一种细致的诠释学思考。因为从历史意识的自我理解中我们可以推出这样的结论,即过去的一切规范性的意义最后被现在成为统治者的历史理性所破坏。只是在历史主义的开端,例如在温克尔曼划时代的工作中,规范性要素才仍是历史研究本身的一种真正动机。

经典的古代(klassischen Altertum)概念和古典型(klassische)概念,正如其自德国古典主义时代以来首先支配着教育学思想那样,自身结合着规范性方面和历史性方面。人类历史发展的一个特定的发展阶段同时应当造就成熟的和完美的人的形象(Herausgestaltung)。在这概念的规范性意义和历史性意义之间存在的这种联系(Vermittlung),我们可以追溯到赫尔德。但是黑格尔仍坚持这种联系,虽然他对这种联系是以另一种历史哲学观点加以强调。古典艺术在黑格尔那里保持它的高贵性,因为它被理解为"艺术宗教"。由于精神的这一形态是一种过去的形态,所以它只是在某种有限制的意义上才是典范的。既然它是一种过去的艺术，它便证明了一般艺术的过去性质（Vergangenheitscharakter）。黑格尔通过这一点系统地论证了古典型概念历史化的正当性，并且开创了那种最后使古典型概念成为一种描述性的风格概念的发展过程。这种风格概念在古典的刻板和巴洛克的消解之间描述了一种尺度和丰富的短暂的和谐。既然古典型概念现在成了历史研究的风格史词汇，所以古典型概念仅以一种不为人承认的方式保留了一种与规范性内容的关联。㉓

当"古典语文学"在第一次世界大战之后以一种新人道主义的观点开始考察自身，并且非常犹豫地重新承认古典型概念里的规范性意义要素和历史性意义要素的结合时，这乃是历史自我批判开始的征象。㉔ 当然，这同时也表明（无论我们怎样尝试）我们不可能从内容上这样解释这种起源于古代并在某个学院派作家成为圣徒过程中起过作用的古典型概念，好像它本身已表现了某种风格理想的统一。㉕ 其实，作为风格符号的古典概念完全缺乏明确性。如果我们今天把"古典型"作为一种在区别以前和以后东西中都具有其明确性的历史性的风格概念加以使用，那么这个古代概念本有的历史内涵就完全消失了。古典型概念现在只表示一种历

㉓ ［关于"风格"概念请参见本书第 43 页注释以及补注Ⅰ，载我的著作集，第 2 卷，第 375—378 页。］

㉔ 由维尔纳·耶格一手操办的关于古典型的瑙姆堡会议（1930 年）以及"古典"杂志的创刊，都是这方面的例证。参见《经典和古典问题》（1931 年）。

㉕ 参见 A. 科尔特对 J. 施特鲁斯在瑙姆堡会议上的报告所作的正确批评（载《萨克森科学院报告》，第 86 卷，1934 年），以及我的评论，载《指南针》，第 11 卷，1935 年，第 612 页以下。［目前重印在我的著作集，第 5 卷，第 350—353 页。］

史时期,一种历史发展的阶段,而不表示任何超历史的价值。

但是,古典型概念里的规范要素事实上从未完全消失。一直到今天它仍是"德国中等人文科学教育"观念的基础。语文学家不满足于把造型艺术史上曾经发展了的历史风格概念单纯地应用于他的文本是有道理的。荷马是否也是"古典型的"?这一显而易见的问题动摇了那种被用于与艺术史作比较的古典型历史风格范畴——这是一个例证,说明历史意识除了承认自身外总是还包含更多的东西。

如果我们想知道这些内蕴,那么我们可能说:古典型之所以是一种真正的历史范畴,正是因为它远比某种时代概念或某种历史性的风格概念有更多的内容,不过它也并不想成为一种超历史的价值概念(Wertgedanke)。它并不只表示一种我们可以归给某些历史现象的特性,而是表示历史存在本身的一种独特方式,表示那种——通过愈来愈更新的证明(Bewährung)——允许某种真的东西来到存在的历史性保存过程(den geschichtlichen Vorzug der Bewahrung)。这种情况完全不像历史的思考方式想使我们相信的情况,即某物得以有古典型称号的价值判断事实上被历史反思及其对一切目的论的构造历史过程的方式的批判所破坏。古典型概念里所包含的价值判断通过这种批判实际上获得了某种新的真正的合法性:古典型之所以是某种对抗历史批判的东西,乃是因为它的历史性的统治、它的那种负有义务要去传承和保存价值的力量,都先于一切历史反思并且在这种反思中继续存在。

我们可以举"经典的古代"这一重要例子来说明这种情况。当然,如果我们把希腊化时期贬低为古典主义衰败没落的时代,这是

Ⅱ 一种诠释学经验理论的基本特征

非历史主义的,德罗伊森就曾正确强调了希腊化时期在世界史上的重要地位以及对于基督教诞生和发展的意义。但是,假如并不总是存在一种偏爱古典的前见,假如"人文主义"文化并不坚持"经典的古代"以及不把它作为未丧失的古代遗产保存在西方文化中,那么德罗伊森大可不必承担历史神正论的辩护人。从根本上说,古典型完全不同于某个客观主义的历史意识所使用的描述性概念;它是一种历史实在,而历史意识就隶属于这种历史实在,并服从于这种历史实在。我们所谓古典型,乃是某种从交替变迁时代及其变迁的趣味的差别中取回的东西——它可以以一种直接的方式被我们接触,但不是以那种仿佛触电的方式,后一种方式我们有时用来刻画当代艺术作品特征,在此方式里,实现对某种超出一切有意识期望的意义预感是瞬间地被经验到的。其实,古典型乃是对某种持续存在东西的意识,对某种不能被丧失并独立于一切时间条件的意义的意识,正是在这种意义上我们称某物为"古典型的"——即一种无时间性的当下存在,这种当下存在对于每一个当代都意味着同时性。

因此,"古典型"概念中(这完全符合古代和现代对于该词的用法)首先存在的是规范性的意义。但是,就这种规范通过回顾与某种实现和表现它的一度曾有的过去整体相关联而言,这种规范总是已经包含了某种历史地表现它的时代声调。所以我们毫不奇怪,随着历史反思——正如人们所说的,这种历史反思把温克尔曼的古典主义视作它的标准——在德国的兴起,一种历史性的时期或时代概念从那种在温克尔曼意义上被认作古典型的东西分离了出来,以便指称某种内容上完全特殊的风格理想,同时以一种历史描述的方式指称某个实现这一理想的时期或时代。从创建标准的后裔们(Epigonen)[245]的距离来看,显然,这种风格理想的实现标志了世界史上某个属于过去的特定瞬间。与此相应,古典型概念在近代思想中开始被用来描述整个"经典的古代",当时人文主义重新宣布了这种古代的典范性。因此人文主义并不是毫无理由地采纳了某种古代的用语。因为那些被人文主义所"发现的"古代作家都是同一类的作者,这些作者为以后的古代构造了经典的标准。

这些作者之所以被保存在西方文化史上并受人尊重,正是因为他们变成了规范的"学院派"的著作家。但我们很容易看到,历史性的风格概念是怎样能够依赖于这种用法的。因为铸造这一概念的虽然是一种规范的意识,但这概念里同时也包含某种回顾的特征。这是一种显露古典规范的衰落和距离的意识。古典型概念和古典风格概念决不是偶然地出现在以后的时期:在这方面卡里马可斯(Kallimachos)[246]和塔西陀(Tacitus)[247]的"对话"曾起了决定性的作用。㉑ 但是也还有某种别的原因。正如我们所知道的,那些被认为古典型的作家常常是某种文学类型的代表。他们被人们认为是那种文学类型规范的完美实现,即一种在回顾文学批评中可以看见的理想。如果我们现在历史地考察这些文学类型规范,也就是说,如果我们考察这些文学类型的历史,那么古典型

㉑ 因此,在瑙姆堡关于古典型的讨论中,"关于演说的对话"(Dialogus de oratoribus)受到特别注意并不是没有理由的。演讲术衰落的原因包含对其以前的伟大的承认,即包含一种规范的意识。

B.斯内尔正确地指出历史性的风格概念"巴洛克""古典式"等都预先假定了与古典型这一规范性概念的某种关联,并且只是逐渐地才脱离其贬低的意义(《人类的本质和实在》,载《H.普莱斯纳纪念文集》,第333页以下)。

Ⅱ 一种诠释学经验理论的基本特征

就成为某种风格方面的阶段概念,某种用以前和以后来表现这种类型历史的顶峰的概念。因为类型史的各顶峰曾大量地集中出现于同一个短暂时期中,所以古典型在经典的古代这整个历史发展中就指称这样一个阶段,并因而也成为一个与风格概念相结合的时代概念。

作为这样一种历史性的风格概念,古典型概念可以被推广到任何一种"发展",而内在固有的目的(Telos)给予这种发展以统一。事实上,一切文化都存在繁荣时代,在这些时代中,某种特殊的文化是通过各个领域内的特殊成就来标示的。所以古典型这一普遍的价值概念通过其特殊的历史实现又成为某种普遍的历史性风格概念。

虽然这是一种可以理解的发展,但概念的历史化同时也意味着它的根绝,因而历史意识在其开始从事自我批判时就要重新恢复古典型概念里的规范性要素和重视这一概念实现的历史一度性。每一种"新人文主义"都与最初的和最古老的人文主义一起意识到对其范例的直接而有义务的归属性,这种范例虽然作为某种到对其范例的直接而有义务的归属性,这种范例虽然作为某种过去的东西是不可达到的,但它是存在的。所以历史存在的某种普遍特质在"古典型"里达到顶点,这就是在时间的废墟中的保存(Bewahrung im Ruin der Zeit zu sein)。虽然传承物的一般本质就是,只有过去当中作为不过去的东西而保存下来的东西才使得历史认识成为可能,但是正如黑格尔所说的,古典型乃是"那种指称自身并因此也解释自身的东西"[217]——不过

---

[217] 黑格尔:《美学》,第2卷,第3页(此处有误,应为第13页。——译者)。

这归根到底就是说,古典型之所以是被保存的东西,正是因为它意指自身并解释自身,也就是以这种方式所说的东西,即它不是关于某个过去东西的陈述,不是某种单纯的、本身仍需要解释证明的东西,而是那种对某个现代这样说的东西,好像它是特别说给它的东西。我们所谓"古典型"的东西首先并不需要克服历史距离——因为它在其经常不断的中介中就实现了这种克服。因此,古典型的东西确实是"无时间性的",不过这种无时间性乃是历史存在的一种方式。

当然,这并不排除这一事实,即被认作为古典型的著作对某个意识到历史距离的发展了的历史意识提出了历史性的认识任务。历史意识的目的不再是像帕拉迪奥(Palladio)或高乃依那样以直接的方式要求古典的范例,而是把古典范例认作为一种只可从其自身时代去理解的历史现象。但是在这种理解中总是涉及到比单纯历史地构造作品所属的过去"世界"更多的东西。我们的理解总是同时包含某种我们一起归属这世界的意识。但是与此相应,作品也一起归属于我们的世界。

"古典型"这词所表示的正是这样一点,即一部作品继续存在的直接表达力基本上是无界限的。[218] 所以,不管古典型概念怎样强烈地表现距离和不可企及性并属于文化的意识形态,"古典的文化"(Klassische Bildung)依然还总是保留着某种古典型的持久有效性。甚至文化的意识形态也还证明着与古典作品所表现的世界

---

[218] 弗里德里希·施莱格尔(《残篇》,Minor 20)推出这样的诠释学结论:"一部古典作品必定永远不能被完全理解。但是,那些受其熏陶并正在教导它们的人却必定总想从它们中学会更多的东西。"

有某种终极的共同性和归属性。

这种关于古典型概念的解释并不要求任何独立的意义,而是想唤起一个普遍的问题,这个问题就是:过去和现在的这种历史性的中介,正如我们在古典型概念里所看到的,最终是否作为有效的基石成为一切历史行为的基础? 当浪漫主义诠释学把人性的同质性(Gleichartigkeit)取为它的理解理论的非历史性的基石,并因此把同质性的理解者从一切历史条件性中解放出来时,历史意识的自我批判最后却发展成不仅在事件过程中而且也同样在理解中去承认历史性运动。理解甚至根本不能被认为是一种主体性的行为,而要被认为是一种置自身于传承物事件中的行动(Einrücken in ein Überlieferungs-geschehen),在这行动中过去和现在不断地进行中介。这就是必须在诠释学理论里加以发挥的东西,因为诠释学理论过多地被某个程序、某种方法的观念所支配。

c) 时间距离的诠释学意义[219]

我们首先追问一下:诠释学究竟是怎样着手它的工作的? 由于诠释学的条件隶属于某个传统,这对于理解将导致什么结果呢? 这里让我们回忆一下这条诠释学规则,即我们必须从个别来理解整体,而又必须从整体来理解个别。这条规则源自古代修辞学,并且被近代诠释学从讲演技巧转用于理解的技术。这是一种普遍存在的循环关系。由于被整体所规定的各个部分本身同时也规定着这个整体,意指

---

[219] [这一节现在尤其要参阅我的论文"在现象学和辩证法之间——一种自我批判的尝试",载我的著作集,第2卷,第3页以下。]

整体的意义预期(Antizipation von Sinn)才成为明确的理解。

我们在学习古代语言时就认识到了这一点。在古代语言中我们知道,如果我们想理解某个语句在其语言意思方面的整个意义[248],那么我们就必须首先对这个语句进行"语法分析"(konstruieren)。但是这种语法分析过程本身却已经是被某种意义预期(Sinnerwartung)所支配,而这种意义预期来自于以往一直如是的关系。当然,这种预期还必须受到修正,假如文本需要这种修正的话。这就意味着,这种预期有了改变,而文本从另一种意义预期中获得了某种意见的统一性。所以,理解的运动经常就是从整体到部分,再从部分返回到整体。我们的任务就是要在各种同心圆中扩大这种被理解的意义的统一性。一切个别性与整体的一致性就是正确理解的合适标准。未达到这种一致性就意味着理解的失败。

施莱尔马赫曾经把这种部分与整体的诠释学循环区分为客观的与主观的两方面。正如个别的词从属于语句的上下文一样,个别的文本也从属于其作者的作品的上下文,而这作者的作品又从属于相关的文字类即文学的整体。但从另一方面说,同一文本作为某一瞬间创造性的表现,又从属于其作者的内心生活的整体。理解只有在这种客观的和主观的整体中才能得以完成。以后狄尔泰根据这种理论提出"结构"和"集中心"(Zentrierung in einem Mittelpunkt),试图从这里引出对整体的理解。狄尔泰由此(如我们讲过的)[29]把历来是一切文本解释的一个原则应用于历史世界,这条原则就是:我们必须从文本自身来理解某个文本。

---

[29] 参见本书第202页、第245页以下。

然而问题在于,理解的循环运动是否这样就被正确理解了呢?这里必须回到我们对施莱尔马赫诠释学所作的分析的结果。我们可以对施莱尔马赫所提出的主观解释完全置之不顾。当我们试图理解某个文本时,我们并不是把自己置入作者的内心状态中,而是——如果有人要讲自身置入的话——我们把自己置入那种他人得以形成其意见的透视(Perspektive)中。但这无非只是表示,我们试图承认他人所言的东西有事实的正确性。甚至,如果我们想要理解的话,我们还将力求加强他的论证。这种情况在谈话中就已经发生,而在对文字的东西进行理解时就更加经常地出现,以致我们在这里进入了一个有意义物的领域,该有意义物自身是可理解的,并且作为这种自身可理解的有意义物无需要人再返回到他人的主观性中。诠释学的任务就是要解释这种理解之谜,理解不是心灵之间的神秘交流,而是一种对共同意义的分有(Teilhabe)。

但是,即使像施莱尔马赫所描述的这种循环的客观方面,也并未触及事情的核心。我们已经看到,一切了解和一切理解的目的都在于取得对事情的一致性(das Einverständnis in der Sache)。所以,诠释学始终有这样的任务,即建立那种尚未达到的或被打乱了的一致性。诠释学的历史能够证明这一点,例如,我们想一下奥古斯丁,他的愿望就是想用基督教的教义来解释《旧约》,[21]或者我们想一下面临同样问题的早期福音派新教,[22]以及

---

[21] [对此参见 G. 里庞蒂:《作为解释理论家的奥古斯丁》,布雷西亚,1980年。]
[22] [参见 M. 弗拉丘斯:《〈圣经〉要旨及其讲述方式》,第2卷,1676年。]

最后想一下启蒙运动的时代,对于这个时代来说,那种试图只靠历史的解释来获取对文本的"更好理解",几乎就像是拒绝承认一致性。正是当浪漫主义和施莱尔马赫不再把他们由之而来并且生存于其中的这种传统约束形式看作为一切诠释学努力的坚固基础,从而建立了一种普遍范围的历史意识时,才出现了某种全新的东西。

施莱尔马赫的直接先驱者之一语文学家弗里德里希·阿斯特曾对诠释学任务有一个十分坚定的内容上的理解,因为他要求,诠释学应当在古代世界和基督教之间、在新发现的真正古典文化和基督教传统之间建立一致性。虽然与启蒙运动相比,这是某种新的东西,因为这种诠释学不再根据自然理性的标准来接受和拒绝传统,然而就其试图把这两种传统(它知道自己处于这些传统之中)带到某种有意义的一致性而言,这样一种诠释学仍然基本上坚持一切以往诠释学的任务,即要在理解中获得一种内容上的一致性。

施莱尔马赫以及他之后的19世纪科学由于超出了这种调解古典文化和基督教的"特殊性",并以一种形式的普遍性看待诠释学任务,于是成功地确立了诠释学与自然科学的客观性理想的一致性,但是,这一点只是由于他们不让具体的历史意识在诠释学理论中发挥效力才做到的。

与此相反,海德格尔对诠释学循环的描述和生存论上的论证,表现了一种决定性的转折。19世纪的诠释学理论确实也讲到过理解的循环结构,但始终是在部分与整体的一种形式关系的框架中,亦即总是从预先推知整体、其后在部分中解释整体这种主观的

Ⅱ 一种诠释学经验理论的基本特征

反思中来理解循环结构。按照这种理论,理解的循环运动总是沿着文本来回跑着,并且当文本被完全理解时,这种循环就消失。这种理解理论合乎逻辑地在施莱尔马赫的预感行为学说(die Lehre von dem divinatorischen Akt)里达到了顶峰。通过这种预感行为,一个人完全把自身置于作者的精神中,从而消除了关于文本的一切陌生的和诧异的东西。与此相反,海德格尔则是这样来描述循环的:对文本的理解永远都是被前理解(Vorverständnis)的先把握活动所规定。在完满的理解中,整体和部分的循环不是被消除,而是相反地得到最真正的实现。

这样,这种循环在本质上就不是形式的,它既不是主观的,又不是客观的,而是把理解活动描述为传承物的运动和解释者的运动的一种内在相互作用(Ineinanderspiel)。支配我们对某个文本理解的那种意义预期,并不是一种主观性的活动,而是由那种把我们与传承物联系在一起的共同性(Gemeinsamkeit)所规定的。但这种共同性是在我们与传承物的关系中、在经常不断的教化过程中被把握的。这种共同性并不只是我们已经总是有的前提条件,而是我们自己把它生产出来,因为我们理解、参与传承物进程,并因而继续规定传承物进程。所以,理解的循环一般不是一种"方法论的"循环,而是描述了一种理解中的本体论的结构要素。 Ⅰ 299

作为一切理解基础的这种循环的意义,还有一个进一层的诠释学结论,这个结论我想称之为"完全性的前把握"(Vorgriff der Vollkommenheit)。显然,这也是支配一切理解的一种形式的前提条件。它说的是,只有那种实际上表现了某种意义完全统一性的东西才是可理解的。所以,当我们阅读一段文本时,我们总是遵循这个完满性的前提条件,并且只有当这个前提条件被证明为不充分时,即文本是不可理解时,我们才对传承物发生怀疑,并试图发现以什么方式才能进行补救。这里我们可以把我们在对文本进行这种批判考虑中所遵循的规则暂置不论,因为关键的问题在于,这些规则的正确应用是不能脱离对文本的内容理解的。

因而,这种支配我们一切理解的完全性的前把握本身在内容上每次总是特定的。它不仅预先假定了一种内在的意义统一性来指导读者,而且读者的理解也是经常地由先验的意义预期所引导,而这种先验的意义预期来自于与被意指东西的真理的关系。所以,正如一个收信人理解了信中所包含的消息,并首先以写信人的眼光去看待事情,即把写信人所写的东西认为是真的——但并不是想把这个写信人的特别见解认为是真的——同样,我们根据从我们自己的先行实际关系中所获得的意义预期理解了传承下来的文本。而且,正如我们相信某个记者的消息是因为他当时在场或者他消息灵通,同样,我们基本上总是开启这样一种可能性,即对于在我们以前即已形成的意义,传承下来的文本作者要比我们知道得更多些。只有当把作者所说的东西认为是真的这种试图失败了,我们才力图——心理学或历史学地——把文本"理解"为他人的见解。[23] 所以完满性的前判断(Vorurteil)不仅包含了文本应当完全表现其见解这一形式要素,而且也意指文本所说的东西就是

---

[23] 在1958年于威尼斯会议上所作的关于审美判断的报告中,我曾经试图指出,即使这种审美判断——如历史学判断——也具有附属的性质,并且证明了"完全性的前把握"。该报告题为"关于审美意识的可疑性",发表在《美学评论》,3/3(1958年)。[D.亨利希、W.伊泽尔(编):《艺术理论》,1982年。]

II 一种诠释学经验理论的基本特征

完满真理。

这里再次证明了，理解首先意味着对某种事情的理解，其次才意味着分辨(abheben)并理解他人的见解。因此一切诠释学条件中最首要的条件总是前理解，这种前理解来自于与同一事情相关联的存在(im Zu-tun-haben mit der gleichen Sache)。正是这种前理解规定了什么可以作为统一的意义被实现，并从而规定了对完全性的前把握的应用。㉔

所以，隶属性的意义，亦即在我们的历史的-诠释学的行为中的传统因素，是通过共有基本的主要的前见(Vorurteile)而得以实现的。诠释学必须从这种立场出发，即试图去理解某物的人与在传承物中得以语言表达的东西是联系在一起的，并且与传承物得以讲述的传统具有或获得某种联系。另一方面，诠释学意识明白，它不可能以某种毫无疑问理所当然的完全一致性方式与这种东西相联系，正如它不可能与某种不中断的继续存在的传统相联系一

㉔ 这种完全性的前把握有一种例外情况，即故意颠倒或伪装了的文章，这种情况提出了最棘手的诠释学问题(参看列奥·施特劳斯在《迫害与写作方式》一书中富有教益的考虑)。这种例外的诠释学情况是具有特别意义的，因为它以同样的方式超出了纯粹的意义解释，正如历史的源泉批判返回到传承物的背后。虽然这里涉及的不是历史学的任务，而是一种诠释学的任务，但这个任务只有在我们把某种事实的理解用作为关键东西才可完成。只有这样，我们才可以发现伪装后面的东西——正如在对话中我们可以按照自己与他人对于事情的一致性程度去理解其中的反语。因此表面上的例外却证明了理解蕴含着一致性。[L. 施特劳斯是否总是有权利贯彻他的原则，例如在斯宾诺莎那里，我是有怀疑的。"伪装"包含某种意识的最高标准。调节、顺应等不需要有意识地发生。这是施特劳斯未充分注意到的。参见前引书，第 223 页以下，以及我的论文"诠释学与历史主义"，载我的著作集，第 2 卷，第 387 页以下。目前这个问题——我认为在太狭窄的语义学基础上——有很多的讨论，参见 D. 戴维森：《真理和解释探究》，牛津，1984 年。]

样。实际上存在着一种熟悉性和陌生性的两极对立,而诠释学的任务就是建立在这种两极对立上。只是对这种两极性我们不应当像施莱尔马赫那样从心理学上理解为隐蔽了个性秘密的两极距离(Spannweite),而应从真正诠释学上看,即鉴于某种被言说的东西,理解为传承物借以向我们述说的语言、传承物告诉我们的故事。这里给出了一种对立关系。传承物对于我们所具有的陌生性和熟悉性之间的地带,乃是具有历史意味的枯朽了的对象性和对某个传统的隶属性之间的中间地带。诠释学的真正位置就存在于这中间地带内。

从诠释学取得其活动地盘的这种中间地位可以推知,诠释学的任务根本不是要发展一种理解的程序,而是要澄清理解得以发生的条件。但这些条件完全不具有这样一种"程序"的或方法论的性质,以致作为解释者的我们可以对它们随意地加以应用——这些条件其实必须是被给予的。占据解释者意识的前见(Vorurteile)和前见解(Vormeinungen),并不是解释者自身可以自由支配的。解释者不可能事先就把那些使理解得以可能的生产性的前见(die Produktiven Vorurteile)与那些阻碍理解并导致误解的前见区分开来。

这种区分必须在理解过程本身中产生,因此诠释学必须追问这种区分是怎样发生的。但这就意味着,诠释学必须把那种在以往的诠释学中完全处于边缘地带的东西置于突出的地位上,这种东西就是时间距离(Zeitenabstand)及其对于理解的重要性。

这一点首先可以通过与浪漫主义诠释学理论作一比较来加以说明。我们会记得,在浪漫主义那里,理解被看成为对一原始产品

Ⅱ 一种诠释学经验理论的基本特征

的复制(Reproduktion)。因而也就使这样一种说法成为可能,即我们必须比作者理解他本人更好地理解作者。我们虽然已经考察过这种说法的根源及其与天才说美学的联系,但现在我们还必须回到这种说法上,因为按照我们现在的考虑,这句话有了一层新的意义。

后来的理解相对于原来的作品具有一种基本的优越性,因而可以说成是一种更好理解(ein Besserverstehen)——这完全不是由于后来的意识把自身置于与原作者同样位置上(如施莱尔马赫所认为的)所造成的,而是相反,它描述了解释者和原作者之间的一种不可消除的差异,而这种差异是由他们之间的历史距离所造成的。每一时代都必须按照它自己的方式来理解历史传承下来的文本,因为这文本是属于整个传统的一部分,而每一时代则是对这整个传统有一种实际的兴趣,并试图在这传统中理解自身。当某个文本对解释者产生兴趣时,该文本的真实意义并不依赖于作者及其最初的读者所表现的偶然性。至少这种意义不是完全从这里得到的。因为这种意义总是同时由解释者的历史处境所规定的,因而也是由整个客观的历史进程所规定的。就是像克拉顿尼乌斯[25]这样的作家——虽然他还没有把理解放入历史研究中——也已经完全自然地朴素地考虑到了这一点,因为他认为,作者并不需要知道他所写的东西的真实意义,因而解释者常常能够而且必须比这作者理解得更多些。不过,这一点具有根本的重要性。文本的意义超越它的作者,这并不只是暂时的,而是永远如此的。因

---

[25] 参见本书第187页。

此,理解就不只是一种复制的行为,而始终是一种创造性的行为。把理解中存在的这种创造性的环节称之为更好的理解,这未必是正确的。因为正如我们已经指明的,这个用语乃是启蒙运动时代的一项批判原则转用在天才说美学基础上的产物。实际上,理解并不是更好理解,既不是由于有更清楚的概念因而对事物有更完善的知识这种意思,也不是有意识的东西对于创造的无意识性所具有基本优越性这个意思。我们只消说,如果我们一般有所理解,那么我们总是以不同的方式在理解,这就够了。

这样一种理解概念当然完全破坏了浪漫主义诠释学所设定的范围。既然现在所关心的东西不是个人及其意见,而是事情的真理,所以文本就不被理解为单纯生命的表达,而是被严肃地放置在它的真理要求中。这就是"理解"的含义,这一点即使在以前也是不言而喻的——也许我们还记得前面所援引的克拉顿尼乌斯的话。[26] 但是,诠释学问题的这个方面却被历史意识和施莱尔马赫给予诠释学的心理学转向弄得威信扫地,只有当历史主义的绝境暴露出来并最后导致一种新的根本转变时,这个方面才会重新展示出来。在我看来,这种新的根本转变主要是由海德格尔激发起来的。因为只有当海德格尔赋予理解以"生存论的"(Existenzial)这种本体论转向之后,只有当海德格尔对此在的存在方式作出时间性的解释之后,时间距离的诠释学创新意蕴才能够被设想。

现在,时间不再主要是一种由于其分开和远离而必须被沟通的鸿沟,时间其实乃是现在植根于其中的事件的根本基础。因此,

---

[26] 参见本书第 186 页。

II 一种诠释学经验理论的基本特征

时间距离并不是某种必须被克服的东西。这种看法其实是历史主义的幼稚假定,即我们必须置身于当时的精神中,我们应当以它的概念和观念、而不是以我们自己的概念和观念来进行思考,并从而能够确保历史的客观性。事实上,重要的问题在于把时间距离看成是理解的一种积极的创造性的可能性。时间距离不是一个张着大口的鸿沟,而是由习俗和传统的连续性所填满,正是由于这种连续性,一切传承物才向我们呈现了出来。在这里,无论怎么讲一种事件的真正创造性也不过分。每一个人都知道,在时间距离没有给我们确定的尺度时,我们的判断是出奇的无能。所以对于科学意识来说,关于当代艺术的判断总是非常不确定的。显而易见,正是由于这些不可控制的前见,由于这些对我们能够认识这些创造物有着太多影响的前提条件,我们才走近了这些创造物,这些前见和前提能够赋予当代创造物以一种与其真正内容和真正意义不相适应的过分反响(Überresonanz)。只有当它们与现时代的一切关系都消失后,当代创造物自己的真正本性才显现出来,从而我们有可能对它们所说的东西进行那种可以要求普遍有效性的理解。

正是这种经验在历史研究中导致了这样一种观念,即只有从某种历史距离出发,才可能达到客观的认识。的确,一件事情所包含的东西,即居于事情本身中的内容,只有当它脱离了那种由当时环境而产生的现实性时才显现出来。一个历史事件的可综览性(Überschaubarkeit)、相对的封闭性,它与充实着当代的各种意见的距离——在某种意义上都是历史理解的真正积极的条件。因此历史方法的潜在前提就是,只有当某物归属于某种封闭的关系时,它的永存的意义才可客观地被认识。换句话说,当它名存实亡到了只引起历史兴趣时,它的永存的意义才可客观地被认识。只有到这时才似乎可能排除观察者的主观干扰。这实际上是一种悖论——是"某人在死前能否被称为幸福"这一古老道德问题在科学理论上的翻版。正如亚里士多德所指出的,这样一个问题可以促使人类判断能力何等地尖锐化,[22]同样,诠释学思考在这里也必须要抓住科学的方法论自我意识的尖锐化。完全确实的,只有当某种历史关系还只有历史兴趣时,某些诠释学要求才能自动地被实现,而某些错误源泉才会自动地被消除。但是问题在于,这是否是诠释学问题的终结。时间距离除了能遏制我们对对象的兴趣这一意义外,显然还有另一种意义。它可以使存在于事情里的真正意义充分地显露出来。但是,对一个文本或一部艺术作品里的真正意义的汲舀(Ausschöpfung)是永无止境的,它实际上是一种无限的过程。这不仅是指新的错误源泉不断被消除,以致真正的意义从一切混杂的东西被过滤出来,而且也指新的理解源泉不断产生,使得意想不到的意义关系展现出来。促成这种过滤过程的时间距离,本身并没有一种封闭的界限,而是在一种不断运动和扩展的过程中被把握。但是,伴随着时间距离造成的过滤过程的这种消极方面,同时也出现它对理解所具有的积极方面。它不仅使那些具有特殊性的前见消失,而且也使那些促成真实理解的前见浮现出来。

时间距离[23]常常能使诠释学的真正批判性问题得以解决,也

---

[22] 《尼各马可伦理学》,A7。
[23] [这里我已经删减了原来的正文("只有这种时间距离才能……"):正是距离——而不只是时间距离——才使这种诠释学任务得以解决。也可参见我的著作集,第2卷,第64页。]

Ⅱ 一种诠释学经验理论的基本特征

就是说,才能把我们得以进行理解的真前见(die wahre Vorurteile)与我们由之而产生误解的假前见(die falsche Vorurteile)区分开来。因此,诠释学上训练有素的意识将包括一种历史意识。它将意识到自己的那些指导理解的前见,以致传承物作为另一种意见被分离出来并发挥作用。要把这样一种前见区分出来,显然要求悬搁起它对我们的有效性。因为只要某个前见规定了我们,我们就知道和考虑它不是一个判断。我们怎样区分这种前见呢?当某个前见不断地不受注意地起作用时,要使人们意识到它可以说是不可能的;只有当它如所说的那样被刺激时,才可能使人们意识到它。而能如此提供刺激的东西,乃是与传承物的接触(Begegnung)。因为引诱人去理解的东西本身必须以前已经在其他在(Anderssein)中起作用。正如我们前面说过的,[26]理解借以开始的最先东西乃是某物能与我们进行攀谈(anspricht),这是一切诠释学条件里的最首要的条件。我们现在知道这需要什么,即对自己的前见作基本的悬置。但是,对判断的一切悬置,因而也就是对前见的一切悬置,从逻辑上看,都具有问题的结构。

问题的本质就是敞开和开放可能性。如果某个前见是有问题的——由于另一个人或一个文本对我们所说的东西——那么这并不意味着,这前见被简单地搁置一边,而另一个前见或另一种东西直接取代它而起作用。其实,假定这种对自己的无视,乃是历史客观主义的天真幼稚。事实上,我们自己的前见正是通过它冒险行事才真正发挥作用。只有给前见以充分发挥作用的余地,我们才

---

[26] 参见本书第295、300页。

能经验他人对真理的主张,并使他人有可能也充分发挥作用。

所谓历史主义的素朴性就在于它没有进行这种反思,并由于相信它的处理方法而忘记了他自己的历史性。这里我们必须摆脱一种有害于理解的历史思维而要求一种更好地进行理解的历史思维。一种真正的历史思维必须同时想到它自己的历史性。只有这样,它才不会追求某个历史对象(历史对象乃是我们不断研究的对象)的幽灵,而将学会在对象中认识它自己的他者,并因而认识自己和他者。真正的历史对象根本就不是对象,而是自己和他者的统一体,或一种关系,在这种关系中同时存在着历史的实在以及历史理解的实在。㉓ 一种名副其实的诠释学必须在理解本身中显示历史的实在性。因此我就把所需要的这样一种东西称之为"**效果历史**"(Wirkungsgeschichte)。理解按其本性乃是一种效果历史事件。

d) 效果历史原则

历史学的兴趣不只是注意历史现象或历史传承下来的作品,而且还在一种附属的意义上注意到这些现象和作品在历史(最后也包括对这些现象和作品研究的历史)上所产生的效果,这一点一般被认为是对那类曾经引发出许多有价值历史洞见的历史探究〔例如从赫尔曼·格林的《拉菲尔》到贡多尔夫及其后来的其他人〕的一种单纯的补充。就此而言,效果历史(Wirkungsgeschichte)并不是什么新东西。但是,每当一部作品或一个传承物应当从传

㉓ 〔这里经常存在一种危险,即在理解中"同化"他物并因此忽略它的他在性。〕

II 一种诠释学经验理论的基本特征

说和历史之间的朦胧地带摆脱出来而让其真正意义得以清楚而明晰地呈现时,我们总是需要这样一种效果历史的探究,这事实上却是一种新的要求——但不是对研究的要求,而是对研究的方法论意识的要求——这个要求是从对历史意识的彻底反思中不可避免地产生的。

当然,这不是传统诠释学概念意义上的诠释学要求。因为我的意思并不是说,历史研究应当发展一种与直接指向理解作品的探究完全不相干的效果历史的探究。这种要求乃是一种更富有理论性的要求。历史意识应当意识到,在它用以指向作品或传承物的所谓的直接性中,还经常包括这另一种探究,即使这种探究还未被认识到,从而未被考虑。当我们力图从对我们的诠释学处境(hermeneutische Situation)具有根本性意义的历史距离出发去理解某个历史现象时,我们总是已经受到效果历史的种种影响。这些影响首先规定了:哪些问题对于我们来说是值得探究的,哪些东西是我们研究的对象,我们仿佛忘记了实际存在的东西的一半,其而还严重,如果我们把直接的现象当成全部真理,那么我们就忘记了这种历史现象的全部真理。

在我们遵循可理解性标准的这种所谓我们理解的朴素性中,他者(das Andere)是这样强烈地通过我们自身而呈现出来,以致根本不再有像自我和他者的问题。历史客观主义由于依据于其批判方法,因而把历史意识本身就包容在效果历史之中这一点掩盖掉了。历史客观主义虽然通过其批判方法从根本上消除了与过去实际接触的任意性和随意性,但是它却以此安然自得地否认了那些支配它自身理解的并非任意的根本性前提,因而就未能达到真理，实际上尽管我们的理解有限，这种真理仍然是可达到的。在这一点上，历史客观主义倒像那种统计学，因为统计学正是通过让事实说话、看上去像有客观性而成为最佳的宣传工具，不过，它的这种客观性实际上是依赖于对它的探究的正当性。

我们并不是要求效果历史应当发展成为精神科学的一种新的独立的辅助学科，而是要求我们应当学会更好地理解我们自己，并且应当承认，在一切理解中，不管我们是否明确意识到，这种效果历史的影响总是在起作用。凡是在效果历史被天真的方法论信仰所否认的地方，其结果就只能是一种事实上歪曲变形了的认识。我们从科学史中认识到，效果历史正是对某种明显虚假的东西的不可辩驳的证明。但是，从整个情况来看，效果历史的力量并不依赖于对它的承认。历史高于有限人类意识的力量正在于：凡在人们由于信仰方法而否认自己的历史性的地方，效果历史就在那里获得认可。这一要求，即我们应当意识到这种效果历史，正是在这里有其迫切性——它是科学意识的一种必不可少的要求。但是这并不意味着，这一要求在一种绝对的意义上是可以实现的。效果历史应当完美无缺地被意识到，这种说法乃是类似于黑格尔对绝对知识所要求的那样一种不伦不类的主张，在黑格尔所要求的绝对知识中，历史达到了完全自我透明性，并因此而被提升到概念的高度。效果历史意识其实乃是理解活动过程本身的一个要素，而且正如我们将看到的，在取得正确提问过程中，它就已经在起着作用。

效果历史意识首先是对诠释学处境的意识。但是，要取得对一种处境的意识，在任何情况下都是一项具有特殊困难的任务。

II 一种诠释学经验理论的基本特征

处境这一概念的特征正在于:我们并不处于这处境的对面,因而也就无从对处境有任何客观性的认识。[23] 我们总是处于这种处境中,我们总是发现自己已经处于某个处境里,因而要想阐明这种处境,乃是一项绝不可能彻底完成的任务。这一点也适合于诠释学处境,也就是说,适合于我们发现我们自己总是与我们所要理解的传承物处于相关联的这样一种处境。对这种处境的阐释,也就是说,进行效果历史的反思,并不是可以完成的,但这种不可完成性不是由于缺乏反思,而是在于我们自身作为历史存在的本质。所谓历史地存在,就是说,永远不能进行自我认识(Geschichtlichsein heisst, nie im Sichwissen Aufgehen)。一切自我认识都是从历史地在先给定的东西开始的,这种在先给定的东西,我们可以用黑格尔的术语称之为"实体",因为它是一切主观见解和主观态度的基础,从而它也就规定和限定了在传承物的历史他在(Andersheit)中去理解传承物的一切可能性。哲学诠释学的任务可能正是从这里出发而具有这样的特征:它必须返回到黑格尔的《精神现象学》的道路,直至我们在一切主观性中揭示出那规定着它们的实体性。

一切有限的现在都有它的局限。我们可以这样来规定处境概念,即它表现了一种限制视觉可能性的立足点。因此视域(Horizont)概念本质上就属于处境概念。视域就是看视的区域(Ge-

---

[23] 处境概念的结构主要是由 K. 雅斯贝斯《时代的精神状况》和埃里希·罗特哈克所阐明的。[参见"什么是真理",载《短篇著作集》,第 1 卷,第 46—58 页,特别是第 55 页以下;也可参见我的著作集,第 2 卷,第 44 页以下。]

sichtskreis），这个区域囊括和包容了从某个立足点出发所能看到的一切。把这运用于思维着的意识，我们可以讲到视域的狭窄、视域的可能扩展以及新视域的开辟等等。这个词自尼采和胡塞尔[23]以来特别明显地被用于哲学的术语里，以此来标示思想与其有限规定性的联系以及扩展看视范围的步骤规则。一个根本没有视域的人，就是一个不能充分登高远望的人，从而就是过高估价近在咫尺的东西的人。反之，"具有视域"，就意味着，不局限于近在眼前的东西，而能够超出这种东西向外去观看。谁具有视域，谁就知道按照近和远、大和小去正确评价这个视域内的一切东西的意义。因此，诠释学处境的作用就意味着对于那些我们面对传承物而向自己提出的问题赢得一种正确的问题视域。

当然，在历史理解的范围内我们也喜欢讲到视域，尤其是当我们认为历史意识的要求应当是从每一过去的自身存在去观看每一过去时，也就是说，不从我们现在的标准和成见出发，而是在过去自身的历史视域中来观看过去，情况更是如此。历史理解的任务也包括要获得历史视域的要求，以便我们试图理解的东西以其真正的质性（Massen）呈现出来。谁不能以这种方式把自身置于这种使传承物得以讲述的历史视域中，那么他就将误解传承物内容的意义。就此而言，我们为了理解某个他物而必须把自身置于这个他物中，似乎成了一个合理的诠释学要求。然而，我们可以追问，这样一种说法是否也表明我们无法达到我们所要求的理解呢？

---

[23] ［以前 H. 库恩已经指出了这一点，参见"现象学的'视域'概念"（《纪念胡塞尔哲学论文集》，M. 费伯编），剑桥，1940 年，第 106—123 页。也可参见我前面关于"视域"的解释，在本书第 250 页以下。］

Ⅱ 一种诠释学经验理论的基本特征

这种情形正如那种只是为了达到了解某人这一目的而与某人进行的谈话一样,因为在这种谈话中,我们只是要知道他的立场和他的视域。这不是一种真正的谈话,也就是说,在这里我们并不谋求对某件事达成一致,而只是把谈话的一切实质内容仅仅作为了解他人视域的一种手段。例如,我们想一下口头考试或医生的某种形式的谈话。当历史意识把自身置于过去的处境中并由此而要求获得正确的历史视域时,历史意识显然正是在做与口试或医生谈话同样的事。所以,正如在我们与他人的谈话中,当我们已经知道了他的立场和视域之后,我们就无需使自己与他的意见完全一致也能理解他的意见,同样,历史地思维的人可以理解传承物的意义而无需自己与该传承物相一致,或在该传承物中进行理解。

在这两种情况中,进行理解的人仿佛已经从相互了解这一处境中退出来了。这样他自身就不能被达到。由于我们一开始就把某人的观点包含在他向我们说的东西中,我们就使我们自己的观点成为一种确实不可达到的东西。㉓ 在历史思维的起源中我们已经看到,它实际上采取了从手段到目的的这种意义暧昧的过渡,亦即它使本来只是手段的东西成了一种目的。历史地被理解的文本实质上(förmlich)被迫离开了要说出真相的要求。由于我们是从历史的观点去观看传承物,也就是把我们自己置入历史的处境中并且试图重建历史视域,因而我们认为自己理解了。然而事实上,我们已经从根本上抛弃了那种要在传承物中发现对于我们自身有

㉓ [我早在1943年就在我的论文"近代德国哲学中的历史问题"中说明过这一问题的道德方面(《短篇著作集》,第1卷,第1—10页;我的著作集,第2卷,第27—36页)。以下应当特别注意这一方面。]

效的和可理解的真理这一要求。就此而言,这样一种对他者的异己性(Andersheit)的承认——这使异己性成为客观认识的对象——就是对他的要求的一种基本终止。

但是问题在于,这种描述是否真正符合诠释学现象。这里难道有两个彼此不同的视域——一个是进行理解的人自己生存在其中的视域和一个他把自己置入其中的当时的历史视域——吗?说我们应当学会把自己置于陌生的视域中,这是对历史理解艺术的正确而充分的描述吗?有这种意义上的封闭的视域吗?我们想起了尼采对历史主义的谴责,它毁坏了由神话所包围的视域,而文化只有在这种视域中才能得以生存。[23] 一个人自己现在的视域总是这样一种封闭的视域吗?具有如此封闭视域的历史处境可能被我们设想吗?

或者,这是一种荒诞的想法,一种鲁滨逊式的历史解释,一种对不可达到的岛屿的虚构,一种有如鲁滨逊自身作为所谓孤独自我的原始现象一样的虚构吗?正如一个个别人永远不是一个单个人,因为他总是与他人相互了解,同样,那种被认为是围住一种文化的封闭视域也是一种抽象。人类此在的历史运动在于:它不具有任何绝对的立足点限制,因而它也从不会具有一种真正封闭的视域。视域其实就是我们活动于其中并且与我们一起活动的东西。视域对于活动的人来说总是变化的。所以,一切人类生命由之生存的以及以传统形式而存在于那里的过去视域,总是已经处于运动之中。引起这种包围我们的视域进行运动的,并不是历史

---

[23] 尼采:《不合时宜的思想》,第 2 部分开始。

II 一种诠释学经验理论的基本特征

意识。正是在这种视域中,这种运动才意识到自身。

当我们的历史意识置身于各种历史视域中,这并不意味着走进了一个与我们自身世界毫无关系的异己世界,而是说这些视域共同地形成了一个自内而运动的大视域,这个大视域超出现在的界限而包容着我们自我意识的历史深度。事实上这也是一种唯一的视域,这个视域包括了所有那些在历史意识中所包含的东西。我们的历史意识所指向的我们自己的过去和异己的过去一起构成了这个运动着的视域,人类生命总是得自这个运动着的视域,并且这个运动着的视域把人类生命规定为渊源(Herkunft)和传统(Überlieferung)。

所以,理解一种传统无疑需要一种历史视域。但这并不是说,我们是靠着把自身置入一种历史处境中而获得这种视域的。情况正相反,我们为了能这样把自身置入一种处境里,我们总是必须已经具有一种视域。因为什么叫做自身置入(Sichversetzen)呢?无疑,这不只是丢弃自己(Von-sich-absehen)。当然,就我们必须真正设想其他处境而言,这种丢弃是必要的。但是,我们必须也把自身一起带到这个其他的处境中。只有这样,才实现了自我置入的意义。例如,如果我们把自己置身于某个他人的处境中,那么我们就会理解他,这也就是说,通过我们把自己置入他的处境中,他人的质性、亦即他人的不可消解的个性才被意识到。

这样一种自身置入,既不是一个个性移入另一个个性中,也不是使另一个人受制于我们自己的标准,而总是意味着向一个更高的普遍性的提升,这种普遍性不仅克服了我们自己的个别性,而且也克服了那个他人的个别性。"视域"这一概念本身就表示了这一点，因为它表达了进行理解的人必须要有的卓越的宽广视界。获得一个视域，这总是意味着，我们学会了超出近在咫尺的东西去观看，但这不是为了避而不见这种东西，而是为了在一个更大的整体中按照一个更正确的尺度去更好地观看这种东西。如果我们像尼采那样说有许多变化着的视域是历史意识自身要置入进去的，这不是对历史意识的正确描述。谁这样避而不见自己，谁就根本没有历史视域，并且，尼采关于历史研究有害于人生的看法，其实并不是针对历史意识，而是针对历史意识所经受的自我异化，假如历史意识把现代历史科学方法认作为它的真正本质的话。我们已经指出，一个真正的历史意识总是一起看到自己的现在，而且是这样地去看自己的现在，以致它看自己就如同看待处于正确关系群中的历史性的他者一样。毫无疑问，历史意识为了获得历史视域，需要一种特别的努力。我们总是在希望和恐惧中被最接近我们的东西所影响，并且在这样一种影响中去接触过去的见证。因此，反对轻率地把过去看成是我们自己的意义期待（Sinnerwartungen），乃是一项经常的任务。只有这样，我们才会这样地倾听传承物，好像它能使自己的别的意义成为我们可听见的。

我们前面已经指出，这里产生了一种突出过程（ein Vorgang der Abhebung）。让我们看一下突出（Abhebung）[249]这个概念包含着什么。突出总是一种相互关系（Wechselbeziehung）。凡是被突出出来的东西，必定是从某物中突出出来，而这物自身反过来又被它所突出的东西所突出。因此，一切突出都使得原本是突出某物的东西得以可见。我们前面已把这称之为前见的作用（Ins-Spiel-bringen der Vorurteile）。我们开始原是这样说的，即一种诠

II 一种诠释学经验理论的基本特征

释学处境是由我们自己带来的各种前见所规定的。就此而言,这些前见构成了某个现在的视域,因为它们表现了那种我们不能超出其去观看的东西。但是,现在我们需要避免这样一种错误,好像那规定和限定现在视域的乃是一套固定不变的意见和评价,而过去的他在好像是在一个固定不变的根基上被突出出来的。

其实,只要我们不断地检验我们的所有前见,那么,现在视域就是在不断形成的过程中被把握的。这种检验的一个重要部分就是与过去的照面(Begegnung),以及对我们由之而来的那种传统的理解。所以,如果没有过去,现在视域就根本不能形成。正如没有一种我们误认为有的历史视域一样,也根本没有一种自为的(für sich)现在视域。理解其实总是这样一些被误认为是独自存在的视域的融合过程。我们首先是从远古的时代和它们对自身及其起源的素朴态度中认识到这种融合的力量的。在传统的支配下,这样一种融合过程是经常出现的,因为旧的东西和新的东西在这里总是不断地结合成某种更富有生气的有效的东西,而一般来说这两者彼此之间无需有明确的突出关系。

然而,如果根本没有这种彼此相区别的视域,那么为什么我们一般要讲到"各种视域融合",而不是只讲某种可以把其界限推至传承物根深处的视域的形成呢?提出这个问题就意味着,我们已经承认了那种使理解成为科学任务的处境的特殊性,并且必须首先把这种处境规定为一种诠释学处境。与历史意识一起进行的每一种与传承物的照面,本身都经验着文本与现在之间的紧张关系。诠释学的任务就在于不以一种朴素的同化去掩盖这种紧张关系,而是有意识地去暴露这种紧张关系。正是由于这种理由,诠释学的活动就是筹划一种不同于现在视域的历史视域。历史意识是意识到它自己的他在性,并因此把传统的视域与自己的视域区别开来。但另一方面,正如我们试图表明的,历史意识本身只是类似于某种对某个持续发生作用的传统进行叠加的过程(Überlagerung),因此它把彼此相区别的东西同时又结合起来,以便在它如此取得的历史视域的统一体中与自己本身再度相统一。

所以,历史视域的筹划活动只是理解过程中的一个阶段,而且不会使自己凝固成为某种过去意识的自我异化,而是被自己现在的理解视域所替代。在理解过程中产生一种真正的视域融合(Horizontverschmelzung),这种视域融合随着历史视域的筹划而同时消除了这视域。我们把这种融合的被控制的过程称之为效果历史意识的任务。虽然这一任务曾经被由浪漫主义诠释学所产生的美学-历史实证主义所掩盖,但它实际上却是一般诠释学的中心问题。这个就是存在于一切理解中的应用(Anwendung)问题。

2. 诠释学基本问题的重新发现

a) 诠释学的应用问题

即使在古老的诠释学传统里(后期浪漫主义科学学说的历史自我意识是完全忽视这种传统的),应用(Anwendung)这一问题仍具有其重要的位置。诠释学问题曾按下面方式进行划分:人们区分了一种理解的技巧(Subtilitas intelligendi),即理解(Verstehen),和一种解释的技巧(Subtilitas explicandi),即解释(Auslegen)。在虔信派里，人们又添加了应用的技巧(Subtilitas applicandi)，即应用(Anwenden)，作为第三种要素(例如在 J. J. 兰巴赫那里)。理解的行动曾被认为就是由这三种要素所构成。所有这三个要素很有意义地被当时的人们称为"技巧"(Subtilitas)，也就是说，它们与其说被理解为我们可以支配的方法，不如说被理解为一种需要特殊优异精神造就的能力(Können)。㉙

正如我们所看到的，诠释学问题是因为浪漫派认识到理解(intelligere)和解释(explicare)的内在统一才具有其重要意义的。解释不是一种在理解之后的偶尔附加的行为，正相反，理解总是解释，因而解释是理解的表现形式。按照这种观点，进行解释的语言和概念同样也要被认为是理解的一种内在构成要素。因而语言的问题一般就从它的偶然边缘位置进入到了哲学的中心。对此我们以后还将要加以考察。

但是，理解和解释的内在结合却导致诠释学问题里的第三个要素即应用(Applikation)与诠释学不发生任何关系。教导性的应用——例如《圣经》在基督教福音宣告和布道里所具有的应用——似乎与历史地和神学地理解《圣经》是完全不同的东西。如果我们反复思考一下，我们将达到这样一种观点，即在理解中总是有某种这样的事情出现，即把要理解的文本应用于解释者的目前境况。这样，我们似乎不得不超出浪漫主义诠释学而向前迈出一步，我们不仅把理解和解释，而且也把应用认为是一个统

㉙ 我认为兰巴赫的《〈圣经〉诠释学教本》(1723 年)是通过莫鲁斯的概述而为人知晓的。那里有这样的话："Solemus autem intelligendi explicandique subtilitatem (soliditatem vulgo)。"["理解和解释的精巧性(通常称为坚固性)。"]

一的过程的组成要素。这倒不是说我们又回到了虔信派所说的那三个分离的"技巧"的传统区分。正相反,因为我们认为,应用,正如理解和解释一样,同样是诠释学过程的一个不可或缺的组成部分。[29]

由于迄今为止的诠释学讨论的状况,我们突出强调了这一观点的根本重要性。我们首先可以诉诸已经被遗忘的诠释学的历史。早先,人们认为,诠释学具有一种使文本的意义适合于其正在对之讲述的具体境况的任务,乃是一件理所当然的事。那位能够解释奇迹语言的上帝意志的翻译者,是执行这一任务的原始典范。而直到今天,每一个翻译者的任务就不只是重新给出他所翻译的那位讨论对手所真正说过的东西,而是必须用一种在他看来对于目前谈话的实际情况似乎是必要的方式去表现这个人的意见,在这种谈话里,翻译者只把自己处理为两种讨论语言的认识者。

同样,诠释学的历史也教导我们,除了语文学的诠释学外,还有一种神学的诠释学和一种法学的诠释学,这两种诠释学与语文学诠释学一起构成了诠释学概念的全部内容。只是由于18世纪和19世纪历史意识的发展,语文学诠释学和历史学才解除了与其他诠释学学科的联系,而完全自为地把自己确立为精神科学研究的方法论。

语文学诠释学同法学的和神学的诠释学原先所形成的紧密联系依赖于这样一种承认,即承认应用是一切理解的一个不可

---

[29] [遗憾的是,双方关于诠释学的讨论都常常无视这个清楚的陈述。]

Ⅱ 一种诠释学经验理论的基本特征

或缺的组成要素。不仅对于法学诠释学,而且对于神学诠释学,在所提出的文本(不管是法律文本,还是福音布道文本)这一方和该文本被应用于某个具体解释时刻(不管是在判决里,还是在布道里)所取得的意义这另一方之间,都存在一种根本的对立关系(Spannung)。一条法律将不能历史地被理解,而应当通过解释使自身具体化于法律有效性中。同样,一份宗教布道文也不能只被看成是一份历史文件,而应当这样被理解,以致它能发挥其拯救作用。在这两种情况里,都包含这样的事实,即文本——不管是法律还是布道文——如果要正确地被理解,即按照文本所提出的要求被理解,那么它一定要在任何时候,即在任何具体境况里,以不同的方式重新被理解。理解在这里总已经是一种应用。

我们现在的出发点是这样一种认识,即在精神科学里所进行的理解本质上是一种历史性的理解,也就是说,在这里仅当文本每次都以不同方式被理解时,文本才可以说得到理解。这正表明了历史诠释学的任务,即它必须深入思考存在于共同事情的同一性和理解这种事情所必须要有的变迁境况之间的对立关系。我们已经说过,被浪漫主义诠释学推到边缘的理解的历史运动表现了适合于历史意识的诠释学探究的真正中心问题。我们关于传统在历史意识里的重要性的思想,是依据于海德格尔关于实存性诠释学所作的分析,并且试图把他这种分析有效地应用于精神科学的诠释学。我们已经指出,理解与其说是认知意识借以研讨某个它所选择的对象并对之获得客观认识的方法,毋宁说是这样一种以逗留于某个传统进程中为前提的活动。理解本身表明自己是一个事件。从哲学上看,诠释学的任务就在于探究,这样一种本身是被历史变化推着向前发展的理解活动究竟是怎样一门科学。

我们完全知道,我们这是在要求现代科学的自我理解所完全陌生的东西。整个来说,我们的想法是力图通过证明这一要求是大量问题会聚的结果而使这一要求易于实现。事实上,迄今为止的诠释学理论都土崩瓦解于它自身也不能维护的各种区分之中。凡在力求一种一般的解释理论的地方,这一点都是明显的。如果我们区分了认知的(kognitive)、规范的(normative)和再现的(reproduktive)解释,有如 E. 贝蒂在他那部基于值得赞赏的认识和洞见而撰著的《一般解释理论》里所做的那样,[20] 那么我们在按这种划分对现象进行整理时将遇到重重困难。这首先表现在科学中所进行的解释上。如果我们把神学的解释与法学的解释加以结合,并相应相予它们一种规范的功能,那么我们对此一定要回忆起施莱尔马赫,这个人与此相反地把神学的解释同一般的解释——这种一般的解释对于他来说就是语文学-历史的解释——最紧密地结合起来。事实上,认知的功能和规范的功能之间的裂缝贯穿于整个神学诠释学,并且可能很难通过区分科学认识和随后的教导性的应用而被克服。显然,这同样的裂缝也贯穿于整个法律的解释,因为对一条法律原文的意义的认识和这条法律在具体法律事件里的应用,不是两种分离的行为,而是一个统一的过程。

---

[20] 参见上面第 264 页所引的贝蒂的论文以及他的纪念碑式的代表作《一般解释学基础》,1967 年。[对此首先参见"诠释学与历史主义"(我的著作集,第 2 卷,第 387—424 页)和我的论文"埃米利奥·贝蒂及其唯心主义遗产",载《佛罗伦萨季刊》,第 7 卷,1978 年,第 5—11 页;现收入我的著作集,第 4 卷。]

II 一种诠释学经验理论的基本特征

但是,甚至那种似乎与我们迄今所讨论的各种解释距离最远的解释,我意指再现的解释——这种解释表现在戏剧和音乐中,并且只有通过被演出才有它们的真正存在[28]——也很难是一种独立的解释方式。这种解释也普遍存在认知功能和规范功能之间的裂缝。如果不理解原文的本来意义,并且在自己的再现和解释中不表现这种意义,那么没有人能演一出戏剧、朗诵一首诗歌或演奏一曲音乐。但同样的,假如把原文翻译成可感的现象中没有注意到那种由于他自己时代的风格愿望而对风格上正确再现的要求加以限制的另外的规范要素,也就没有人能实现这种再现的解释。如果我们完全想到,陌生语言的文本的翻译,它们的诗意的模仿,或者甚至正确地朗诵原文,都像语文学解释一样,本身都包含了同样的解释成就(Erklärungsleistung),以致两者彼此互补,那么,我们就不能避免下面这一结论,即在认知的解释、规范的解释和再现的解释之间所强加的这种区分是毫无根据的,这种区分只能表明这三者乃是一个统一的现象。

如果情况正是这样,那么,我们就有了从法学诠释学和神学诠释学来重新规定精神科学的诠释学这一任务了。对此当然需要一种从我们的探究中得到的认识,即浪漫主义诠释学和它在心理学解释里所取得的辉煌成就(即揭示和探究了他人的个性)太片面地处理了理解的问题。我们的思考阻止我们用解释者的主观性和要解释的意义的客观性去划分诠释学问题。这样一种划分办法来自于一种错误的对立,而这种对立是不能通过承认主观性和客观性

---

[28] 参见本书第一部分对艺术作品的本体论分析(第107页以下)。

的辩证关系而被消除的。在规范的功能和认知的功能之间作出区分，就是分割那种显然是一体的东西。法律在其规范应用中所表现的意义，从根本上说，无非只是事实在文本理解中所表现的意义。把理解文本的可能性建立在那种所谓统一一部作品的创作者和解释者的"同质性"(Kongenialität)这一前提上，这是完全错误的。假如情况是这样的话，精神科学就会非常糟糕。理解的奇迹其实在于这一事实：为了认识传承物里的真正意思和本来的意义，根本不需要同质性。我们可能开启文本的高一级要求，并在理解上符合文本告诉我们的意义。一般来说，语文学和历史精神科学领域内的诠释学并不是"统治知识"(Herrschaftswissen)，[29]即作为占有的同化(Aneignung)，而是屈从于文本统治我们心灵的要求。但是，法学诠释学和神学诠释学对此却是真正典范。解释法权意志，或者解释上帝的预言，显然就不是一种统治的形式(Herrschaftsformen)，而是服务的形式(Dienstformen)。在为有效的东西的服务里，它们就是解释，而且是包含应用的解释。我们的论点是：即使历史诠释学也有一种去履行的应用任务，因为它也服务于意义的有效性。在这方面它明显而自觉地在消除那种分离解释者和文本的时间间距，并克服文本所遭到的意义的疏异化(Sinnentfremdung)。[30]

---

[29] 参见马克斯·舍勒《知识和教化》(1927年)第26页所作出的区分。

[30] ［在这里，解释还非常狭窄地被限制于历史精神科学的特殊情况和"文本的存在"上。只有在第三部分里我们才探讨那种其实是经常被考虑的向语言和谈话的推广——因而探讨间距(Abstand)和他在(Andersheit)的基本结构。所以特别要参见本书第303页以下。］

b) 亚里士多德诠释学的现实意义[24]

在这一点上出现了一个我们已经多次触及的问题。如果诠释学问题的真正关键在于同一个传承物必定总是以不同的方式被理解,那么,从逻辑上看,这个问题就是关于普遍东西和特殊东西的关系的问题。因此,理解乃是把某种普遍东西应用于某个个别具体情况的特殊事例。这样一来,亚里士多德的伦理学对我们来说就获得了一种特别的意义,他的这种伦理学我们已经在关于精神科学理论的导言性的考察中作了简短的讨论。[25]其实,亚里士多德并没有涉及诠释学问题,或者说,根本没有涉及这一问题的历史度向,而是涉及了正确评价理性在道德行为中所必须起的作用。但是,今天使我们感兴趣的东西正是在于:他在那里所讨论的并不是与某个既成存在相脱离的理性和知识,而是被这个存在所规定并对这个存在进行规定的理性和知识。众所周知,由于亚里士多德在探讨善的问题时限制了苏格拉底-柏拉图的"唯智主义"(Intellektualismus),从而成为作为一门独立于形而上学学科的伦理学的创始人。亚里士多德批判柏拉图的善的理念乃是一种空疏的共相,他以对人的行为来说什么是善这个问题取代了[一般]人的善的问题。[26][250]亚里士多德这种批判的方向证明,德行和知识、

---

[24] [参见我的论文"在现象学和辩证法之间——一种自我批判的尝试",载我的著作集,第2卷,以及那里对"实践知识"一文的提示(第12页),该文现收入我的著作集,第5卷,第230—248页。]

[25] 参见本书第19页以下、第37页。

[26]《尼各马可伦理学》,A4。[目前可参见我的著作集第7卷所预告的科学院论文"柏拉图和亚里士多德关于善的理念的区别"。]

"善"(Arete)和"知"(Logos)的等同——这种等同乃是苏格拉底-柏拉图的德行学说的基础——乃是一种言过其实的夸张。亚里士多德因为证明了人的道德知识的基础成分是 orexis,即"努力",及其向某种固定的态度(hexis)的发展,所以他把德行学说带回到正确的尺度上。伦理学(Ethik)这一概念在名称上就指明了亚里士多德是把善建立在习行(Übung)和"Ethos"(习俗)基础之上的这一关系。[251]

人的道德文明之所以与自然秉性有本质的区别,乃是因为在这里起作用的不单纯是能力或力量,人其实是通过他做什么和他怎样行动才成为这样一个已成为如此地、但也是正在成为如此地以一定方式去行动的人。在这个意义上,亚里士多德认为"Ethos"(习俗)不同于"Physis"(自然),因为它属于一个自然规律不起作用的领域,然而它又不是一个完全没有规则支配的领域,而是一个可以改变人的规章制度和人的行为方式、并且只在某种限制程度上具有规则性的领域。

现在的问题在于,是否能够有这样一种关于人的道德存在的理论知识,以及知识(即"逻各斯")对人的道德存在究竟起什么作用。如果人经常是在他所处的个别实际情况里遇见善,那么道德知识的任务就一定是在具体情况里考察什么是该情况对他所要求的东西,或者换另一种说法,行动的人必须按照那种一般要求他的东西去考察具体情况。但是用否定的方式来说,这就意味着,不能被应用于具体情况的知识一般来说总是无意义的,并且冒有掩盖情况所做的具体要求的危险。这种表现伦理思考本质的事实,不仅使哲学伦理学成为一种方法论上的难题,而且同时也给予方法

Ⅱ 一种诠释学经验理论的基本特征

问题以某种道德方面的关联。与那种受柏拉图理念学说所规定的善的学说相反,亚里士多德强调说,在"实践哲学"里不可能有那种数学家所达到的高度精确性。要求这样一种精确性其实乃是一种错误。这里需要做的事情只是概略地呈现事物,并且通过这种概观给予道德意识以某种帮助。[24] 但是,这样一种帮助如何应是可能的,这已经就是一个道德问题。因为道德现象的本质标志之一显然就是,行动者必须认识自身和决定自身,并且不能够让任何东西从他那里夺走这种职责。所以,对于正确地接触某种哲学伦理学来说具有决定性的东西乃是,这种伦理学决不侵占道德意识的位置,然而它并不追求一种纯粹理论的、"历史的"知识,而是通过对现象的概略性解释帮助道德意识达到对于自身的清晰性。这一点在那个应当接受这种帮助的人——即听亚里士多德讲演的人——那里已经预先有种种假设,如他的存在必须成熟到足以使他对给予他的指教只去要求该指教能够并且允许给予的东西,而不要求任何其他的东西。用肯定的方式来说,就是他自身必须已经通过训练和教育在自己身上造就了一种态度,而在他生活的具体境况中去保持这种态度并且通过正当行为去证明这种态度一直是他经常的愿望。[25]

正如我们所看到的,方法论问题是完全由对象所规定的——这是亚里士多德的一个普遍原则——,并且对于我们的兴趣来说,重要的东西乃是更精确地去考察亚里士多德在其伦理学中所发展

---

[24] 参见《尼各马可伦理学》,A7 和 B2。
[25] 《尼各马可伦理学》的结尾一章给予这种要求以最广泛的表现,并因此而提出转向《政治学》探究的根据。[252]

的道德存在与道德意识之间所特有的关系。亚里士多德之所以保留苏格拉底，是因为苏格拉底坚持知识是道德存在的本质要素，而且正是苏格拉底-柏拉图的遗产和亚里士多德提出的"Ethos"要素之间所存在的那种协调关系才使我们感兴趣。因为即使诠释学问题显然也是与那种脱离任何特殊存在的"纯粹的"知识完全不同的东西。我们曾经讲到过解释者和他所研讨的传统的隶属关系，并且在理解本身中看到了一种历史事件要素（ein Moment des Geschehens）。受现代科学的客观化方法所支配——这是19世纪诠释学和历史学的本质特征——在我们看来，乃是某种错误的客观化倾向的结果。援引亚里士多德伦理学这一例子，就是帮助我们认清和避免这种错误。正如亚里士多德所描述的，道德的知识显然不是任何客观知识，求知者并不只是立于他所观察的事实的对面，而是直接地被他所认识的东西所影响。道德知识就是某种他必须去做的东西。㉖

显然，这不是科学知识。就此而言，亚里士多德在"phronesis"（实践智慧）的道德知识和"Episteme"（纯粹科学）的理论知识之间所作出的区分乃是一种简单的区别，特别是当我们想到，对于希腊人来说，由数学范例所代表的科学乃是一种关于不可改变东西的知识，即一种依赖于证明并因而能够被任何人学习的知识。从道德知识与这类数学知识的这种区别，精神科学的诠释学确实不能学到任何东西。相对于这样一种"理论的"科学，

㉖ 下面凡是没有特别注明的地方，都是援引《尼各马可伦理学》第6卷。[我在1930年所写的题为"实践知识"的文章就是对亚里士多德这部著作第6卷的分析，该文第一次发表在我的著作集，第5卷，第230—248页。]

II 一种诠释学经验理论的基本特征

精神科学宁可与道德知识紧密联系在一起。精神科学就是"道德的科学"。精神科学的对象就是人及其对于自身所知道的东西。但是人是作为一个行动者而认识自身,并且他对于自身所具有的这样一种知识并不想发现什么东西存在。行动者其实是与那种并不总是一样的,而是能发生变化的东西打交道。在这种东西上他能够找到他必须参与行动的场所。他的知识应当指导他的行动。

这里包含了一个亚里士多德在其伦理学中所研讨的关于道德知识的真正问题。因为行动受知识所指导,这首先而且典型地出现在希腊人讲到"Techne"(技艺)的地方。这是那种能够制造某种特殊事物的手艺人的技巧,或知识。问题在于道德知识是否也是这样一种知识。这是否意味着,道德知识也是一种关于人应当怎样造就他自身的知识。人类是否应当学会造就自身成为他们应当所是的东西,有如手艺人学会制造那种按照他的计划和愿望应当是那样的东西?人类是否按照他自身的"Eidos"(理念)去筹划自身,有如手艺人自身怀有某个他想制造的东西的"Eidos"并且知道怎样用材料把它呈现出来?众所周知,苏格拉底和柏拉图就曾经把 Techne(技艺)概念实际应用于人的存在概念上,并且我们不能否认,他们曾经在这里发现了某种真实的东西。技艺的模式至少在政治领域内具有一种卓越的批判作用,因为这种模式揭示了我们称之为政治艺术的东西的无根据性,按照这种政治艺术,每一个从事于政治事务的人,也就是每一个公民,都认为自己是一个精通的专家。很有意义的事情是,手艺人的知识在苏格拉底关于他和他的国民所具有的经验的著名说明中被承认为他领域内唯一的一种实在知识。[24]当然,就连手艺人也使他失望。手艺人的知识并不是那种造就人和这种公民的真实知识。但是,它是实在的知识。它是某种实在的技艺和技能,而不只是高水平的经验。在这里显然与苏格拉底所追求的真实的道德知识相一致。两者都是实际的(Vorgängiges)知识,并且都想规定和指导行动。因此它们本身一定包含知识对每一次具体任务的应用。

这就是我们之所以能够把亚里士多德对道德知识的分析与现代精神科学的诠释学问题联系起来的关键。的确,诠释学意识既不研讨技艺的知识,又不研讨道德的知识。但是,这两种知识类型都包含我们认为是诠释学中心问题的同一种·应·用·使·命·。当然,在它们两者那里"应用"一词的意思并不是一样的。在可以学会的技艺和人们通过经验而获得的东西之间存在一种非常奇特的对立关系(Spannung)。一个曾经学过手艺的人所具有的实际知识,在实践效果上并不一定就比那个没有受过教育、但具有丰富经验的人所具有的知识更优越。尽管情况是这样,我们也不能把关于技艺的实际知识称之为"理论的",特别是因为在使用这种知识时,经验是自动地被获得的。这种实际知识作为知识总是指一种实践,并且即使难加工的材料并不总是听从那个曾经学过其手艺的人,亚里士多德也仍能正确地引用诗人的话:"技艺(Techne)追随偶幸(Tyche),偶幸追随技艺。"[253]这就是说,曾经学过其行业的人就是具有最大幸福的人。这就是那

---

[24] 柏拉图:《申辩篇》,22cd。

Ⅱ 一种诠释学经验理论的基本特征

种通过技艺而实际获得的东西的真正优越性,无论怎样只有这种东西才是道德知识所要求的。因为对于道德知识来说,要做出正确的道德决定,经验从不可能是充分的。这里被道德意识所要求的也是一种对于行为的实际指导,而且在这里我们也不能满足于那种存在于(有关技艺的)实际知识和每次的成功之间的不确定关系。毫无疑问,在道德意识的完美性和制造能力的完美性即技艺的完美性之间确实存在一种真正的类似关系,但它们两者显然又不是同一种东西。

它们之间的区别无论如何是明显的。很清楚,人不能像手艺人支配他用来工作的材料那样支配自身。人显然不能像他能生产某种其他东西那样生产自身。人在其道德存在里关于自身所具有的知识一定是另一种知识,这种知识将不同于那种人用来指导生产某种东西的知识。亚里士多德以一种大胆的、而且是独一无二的方式表述了这一差别,他曾经把这种知识称之为自我知识(Sich-Wissen),即一种自为的知识(Für-sich-Wissen)。[28] 因此,道德意识的自我知识以一种对我们来说是直接明显的方式区别于理论的知识。但是道德意识的自我知识也区别于技艺的知识,并且正是为了表述这两方面的区别,亚里士多德大胆地使用了自我知识这一奇特术语。

---

[28] 《尼各马可伦理学》,Z8,1141b33,1142a30;《欧德米亚伦理学》,θ2,1246b36。[我认为,假如我们在这里与戈捷(参阅他的《尼各马可伦理学评注》第 2 版的新导言,卢万,1970 年)一样不掌握 πολιτική φρόνησις(具有特殊功能的实践知识),那么我们就无视了亚里士多德的伦理学和政治学在方法论上的本质同一性。也可参见我的评论,这个评论重新发表在我的著作集,第 6 卷,第 304—306 页。]

如果我们像亚里士多德那样在本体论上不把这种知识的"对象"规定为某种总是如此的普遍东西,而是规定为某种能够是别样的个别东西,那么要把这种知识与技艺的知识加以区别,便是一个极其困难的任务。因为初一看这两种知识似乎执行一种完全类似的任务。凡是知道制造某种东西的人,他也因此知道某种善的东西,而且他是这样"自为地"知道这种东西的,以致凡是存在这样做的可能性的地方,他都能实际地制造这种东西。为了完成制造,他选取了正确的材料并且选取了正确的工具。所以,他一定知道把他一般所学过的东西应用于具体的情况上。对于道德知识来说,是否也是这种情形呢?凡是必须作出道德决定的人,他一定总是已经学过某种东西的人。他是这样被教育和习惯所规定的人,以致他一般都知道什么是正当的。作出道德决定的任务正是在具体情况下作出正当行为的任务,即在具体情况中去观察那种是正当的东西,并且在具体情况中去把握那种是正当的东西。所以他也必须去做,必须选取正确的材料,并且他的行动必须完全像手艺人的行动那样得到卓越的指导。既然这样,它又怎么是一种完全不同种类的知识呢?

从亚里士多德关于 Phronesis(实践智慧)的分析里我们可以引出整个一堆论点来答复这一问题。因为亚里士多德那种从多方面来描述现象的能力正是他特有的天才。"在其综合中所把握的经验,乃是思辨概念"(黑格尔)。[24] 这里让我们只考虑一些对我们的讨论有重要意义的观点。

---

[24] 《黑格尔著作集》,1832年版,第14卷,第341页。

II 一种诠释学经验理论的基本特征

1. 我们学习一种技艺——并且也能够忘记这种技艺。但是我们并不学习道德知识，并且也不能忘记道德知识。我们并不是这样地立于道德知识的对面，以致我们能够接受它或不接受它，有如我们能够选取或不选取一种实际能力或技艺一样。我们其实总是已经处于那种应当行动的人的情况中（这里我不考虑儿童的特殊情况，对于儿童来说，服从教育他们的人取代了他们自己的决定），并且因此也总是必须已经具有和能够应用道德知识。正是因为这一点，应用概念是非常有问题的。因为我们只能应用某种我们事先已自为地具有的东西。但是我们却不这样自为地占有道德知识，以致我们已经具有它并随后应用它于具体情况。人对于他应当是什么所具有的观念（Bild），也就是他的正当和不正当的概念，他的庄重、勇敢、尊严、忠诚等概念（所有这些概念在亚里士多德的美德范畴表里都有它们的相应词），虽然在某种意义上都是人所注目的理想观念，但它们与那种要制作的对象的计划对于手艺人所表现的理想观念仍有某种区别。例如，属正当的东西并不是可以完全独立于那种需要我正当行动的情况而规定的，而手艺人意欲制作的东西的"观念"（Eidos）则是完全被规定的，并且是被它所意欲的使用所规定的。

的确，属正当的东西在一种绝对的意义上同样也是被规定的。因为属正当的东西是用法律来表述的，并且一般来说也同样包含伦理的行为规则，这种规则虽然没有编汇成法律，但却是很精确地被规定的，并且也具有普遍约束力。因此司法管理（Rechtspflege）乃是一种需要知识和技能的特殊任务。那么，它为什么就不是技艺呢？它为什么就不是把法律和规则应用于具体事例呢？我们为什么就不能讲法官的"技艺"呢？亚里士多德描述为法官的实践智慧形式（dikastikē phronesis）的东西为什么就不是一种技艺呢？[29]

当然，如果我们考虑一下这问题，我们将明白，法律的应用包含一种特殊的法学难题。手艺人的情况在这里是完全不同的情况。手艺人由于对他的对象具有计划并且又有执行规则，从而他着手执行这项计划，但是，他也可以被迫使自己适应于具体的情况和所与的条件，也就是说，他可以被迫不完全像他原来所想的那样去执行他的计划。但是这种改变决不意味着他关于他想要做的事情的知识因此而更加完善。他其实只是在执行过程中省略了某些东西。就此而言，这里所实际涉及的乃是他的知识的应用以及与此相联系的讨厌的不完善性问题。

反之，在"应用"法律的人那里完全是另一种情况。在具体情况里他将必须松懈法律的严厉性。但是，如果他这样做，并不是因为他没有别的更好办法，而是因为如果不这样做，他将不是正当的。由于他在法律上进行缓和，他并没有减低法律的声誉，而是相反地发现了更好的法律。亚里士多德在他对于"Epieikeia"，[30]即"公道"的分析中最清楚地表明了这一点：Epieikeia 就是法律的更正。[31] 亚里士多德指出，任何法律都处于与具体行动的必然对立之中，因为法律是普遍的，不能在自身内包括那种适合

---

[29] 《尼各马可伦理学》，Z8。

[30] 《尼各马可伦理学》，E14。

[31] 梅兰希顿在解释 Epieikeia 的根据时写道："所意欲的高级法律乃是低级法律"（见梅兰希顿《伦理学》的最早版本，H. 海内克编[柏林，1893 年]，第 29 页）。

Ⅱ 一种诠释学经验理论的基本特征

于一切具体情况的实际现实性。在本书一开始关于判断力的分析中我们就已经接触到了这一问题。㉓ 非常清楚,法学诠释学问题在这里找到了它的真正位置。㉔ 法律总是不完善的,这倒不是因为法律本身有缺陷,而是因为相对于法律所认为的秩序来说,人的实在必然总是不完善的,因而不允许有任何单纯的法律的应用。

从这些说明我们可以清楚看出,亚里士多德关于自然法(Naturrecht)问题的立场具有最微妙的性质,无论如何我们不能将它与以后时代的自然法传统相等同。这里我们只对自然法思想如何与诠释学问题发生联系给出一个概略的说明。㉕ 从我们至今所讨论的可以看出,亚里士多德并不是简单地拒绝自然法问题。他并不认为人们设定的法律就绝对是真正的法律,而是至少在所谓的公道考虑中看到一个法律补充的任务。所以通过他在本性上合乎法律的东西和法学上合乎法律的东西之间作出明确区分,他反对了极端的约定主义或法学实证主义。㉖ 不过,亚里士多德所设想的区别并不只是自然法的不可改变性和实证法律的可改变性之间的区别。的确,人们一般是这样理解亚里士多德的。但是人

㉓ 参见本书第 43 页以下。

㉔ Ideo adhibenda est ad omnes leges interpretatio quae flectat eas ad humaniorem ac leniorem sententiam,因此,解释应当被应用于每一种法律,以使它作出更合乎人性的宽宏大量的判决(梅兰希顿,第 29 页)。

㉕ 首先参见 H. 库恩对 L. 施特劳斯的《自然法和历史》(1953 年)所作出的卓越的批判,载《政治学杂志》,第 3 卷,1956 年,第 4 期。

㉖ 《尼各马可伦理学》,E10。当然,这种区分本身是起源于智者派,但是通过柏拉图的逻各斯的限制,它失去了它的破坏性意义,并且通过柏拉图的《政治学》(第 294 页以下)以及在亚里士多德那里,这种区别在法学上的积极意义变得明显了。

们忽略了他的见解的真正深刻意思。的确,亚里士多德接受了绝对不可改变的法律的观念,但是他明确地把这一观念只限制于上帝,并且解释说,在人间,不仅法学上制定的法律可以改变,而且自然法也是可以改变的。按照亚里士多德的看法,这种可改变性与下面这一点完全一致,即它是"自然的"法律。在我看来,他的这种主张的意义是这样:虽然存在那种完全只是单纯约定的法学上的法律(如交通规则或法规),但是也存在而且首先存在那种并不只是由于人们随意约定的法律,因为"事物的本性"要捍卫自身。所以把这样的法律称之为"自然的法律",完全是合理的。㉕ 因为事物的本性对于固定还留有某个活动的空间,所以这种自然的法律仍是可改变的。亚里士多德从别的领域引证的一些例子完全清楚地证明了这一点。按本性说,右手更为强壮,但没有什么东西阻止我们训练左手,以使它与右手一样强壮(亚里士多德明确地援引这个例子,因为这个例子是柏拉图经常喜欢引用的)。第二个例子更有说服力,因为它已经属于法学范围:尽管我们都是使用同一种量度,但当我们卖酒时所用的量度总是比我们买酒时所用的量度要大。亚里士多德在这里并不是说,我们在卖酒时经常想欺骗顾客,而是说这种行为符合法律范围内所允许的属正当事情的活动空间。他还举了一个最清楚的例子,即在最好的国家,"到处都是一样的",但并不是以这种方式:"如火到处都是以同一种方式燃烧,

---

㉕ 除非我们这样看,否则在《大伦理学》对应地方 A33 1194b30—95a7 的思考过程就不能被理解:μὴ εἰ μεταβάλλει διὰ τὴν ἡμεῖ εραν χρῆσιν, δια τοῦτ οὐκ ἔστι δικαιου φυσει, 千万不要认为,如果事物的改变是由于我们的用途,便不存在自然的法律,因为确实有自然的法律。

Ⅱ 一种诠释学经验理论的基本特征

不论是在希腊,还是在波斯"。

尽管亚里士多德清楚地作了这种陈述,以后的自然法理论却是这样引用这段话,好像亚里士多德是在用自然法的不可改变性来对比人的法律的不可改变性![29] 情况正相反。事实上,正如他的对照所表明的,自然法思想对于他来说只有一种批判的功能。我们决不能独断论地利用这段话,也就是说,我们不能使某种个别的法律内容带有自然法的庄严和不可侵犯性。按照亚里士多德的看法,由于一切有效的法律必然具有的不完善性,自然法思想是完全必需的,而且在涉及到公道考虑(这首先就是实际上决定法律的东西)的地方,具有特别的重要性。但是,自然法的作用只是一种批判的作用,因为只有在一条法律和另一条法律之间出现了某种不一致的地方,援引自然法才是合法的。

亚里士多德详尽解答的自然法的特殊问题,除了它们的基本意义外,在这里并不使我们感兴趣。亚里士多德在这里所指出的东西适合于人对于自己应当是什么而具有的一切概念,而不只是适合于法律问题。所有这些概念不单纯是任意的约定的理想,尽管道德概念在最不同的时代和民族中表现了变异,但在所有这些变异中仍有某种像事物的本性这样的东西。这并不是说,这种事物的本性,例如勇敢的理想,是我们能够自为地认识和应用的固定标准。亚里士多德其实是在承认,按他意见一般适合于人的东西也完全适合于伦理学教师,即伦理学教师也总是已经处于某种伦理-政治的束缚中,并且从这里才获得他关于事物的观念。他并不

---

[29] 参见梅兰希顿,前引书,第28页。

自认为他所描述的理想观念就是可教导的知识。这些理想观念只具有图式（Schemata）的有效性。它们总是首先具体化自身于行动者的具体境况中。它们并不是那种可以在星球上找到或在某个伦理自然宇宙中具有其不可改变位置的规范，以致重要的问题只是觉察到它们。但是从另一方面说，它们也不是单纯的约定，它们其实是重新给出事物的本性，只不过事物的本性本身经常是由道德意识对它们进行的应用所规定的。

2.这里表现了手段和目的之间概念关系的一种根本变化，这种变化使得道德知识区别于技艺知识。这种差别不仅在于道德知识没有任何单纯的个别目的，而是关系到整个正确生活的大事——反之，所有技艺知识只是某种个别的东西并且服务于个别的目的。这种差别也不仅在于道德知识一定能够出现在一切地方，甚而在技艺知识只可被欲求而并不实际存在的地方，它也能够出现。的确，即使在技艺知识可能存在的地方，技艺知识也总是使我们无需自我协商去考虑何物为知识。凡是有技艺的地方，我们一定学习它，并且能够找到正确的手段。反之，我们看到道德知识——而且以不可取消的方式——要求这种自我协商（Mitsichzurategehen）。即使我们设想这种知识达到了理想的完满性，这种知识也不是一种技艺类型的知识，而是这种自我协商（euboulia）的完成。

所以，这里涉及到了一种根本性的关系。对于道德知识的依赖性（Angewiesenheit），即对自我协商的依赖性，并不会由于技艺知识的扩充[254]而突然完全被取消。从根本上说，道德知识决不能具有某种可学知识的先在性（Vorgängigkeit）。手段和目的的

Ⅱ 一种诠释学经验理论的基本特征

关系在这里不是这样一种关系,以致关于正确手段的知识好像能够预先被获得,而且情况之所以这样,乃是因为正确目的的知识同样不是某种知识的单纯对象。并不存在整个正当生活所指向的东西的任何预先规定性。由于这种理由,亚里士多德关于实践智慧的定义显然带有模棱两可性,因为这种知识有时更多地与目的相关联,有时则更多地与达到目的的手段相关联。㉙事实上这意味着,我们整个生命所趋向的目的以及这种目的向行动的道德原则的发展,正如亚里士多德在他的伦理学中所描述的,不能够是某种绝对可学会的知识的对象。正如我们不能对自然法进行独断论使用一样,我们也不能对伦理学进行独断论使用。亚里士多德的德行学说其实描述了一种典型的中庸之道,在人的存在和行为中去保持这一态度是非常重要,但是,那种指向这一理想观念的道德知识乃是那种同样必须答复当时情况要求的知识。

因此反过来说,也不存在任何服务于达到道德目的的单纯合

㉙ 一般来说,亚里士多德强调 φρόνησις(实践智慧)与手段(ὰ ηρὸς ὸ τέλος,达到目的的手段)相关,而不与 τέλος(目的)本身相关。这可能就是与柏拉图的善的理念学说相对立的结果,这种对立使他作出了这样一种强调。但是 φρόνησις(实践智慧)并不单纯是正确选择手段的能力,而本身就是一种道德 Hexis(行为),这种行为把目的视为行动者被其道德存在所指向的东西,这一点我们可以从它们在亚里士多德伦理学中所占据的重要位置清楚看出来。尤其要参阅《尼各马可伦理学》Z10,1142b33;1140b13;1141b15。我高兴地看到 H. 库恩在其"希腊人的当代"一文(《伽达默尔纪念文集》,1960 年)中完全公正地对待这一事实,虽然他试图证明存在一种终极的"优选",从而使亚里士多德落后于柏拉图(第 134 页以下)。[用"prudentia"(预知,机智)拉丁文来译 φρόνησις,曾经导致对这一事实的无视,这种无视即使在今天的"道义"(deontischen)逻辑里也仍然可见。参见我在《哲学评论》第 32 卷(1985 年)第 1—26 页(="最新伦理学研究的综合评论")所推重的例外,即 T.恩格伯格-佩德逊的《亚里士多德的道德洞见理论》,牛津,1983 年。]

目的性的考虑，而手段的考虑本身就是一种道德的考虑，并且自身就可以使决定性目的的道德正确性得以具体化。亚里士多德所讲的自我知识(Sich-wissen)之所以是被规定的，是因为它包含完满的应用，并且在所与情况的直接性中去证明它的知识。所以它是一种完成道德认识的具体情况知识(ein Wissen vom Jeweiligen)，然而也是一种不被感官所看见的知识。因为，虽然我们必须从某个情况去观看它对我们所要求的东西，但这种观看并不意味着我们在这情况中知觉到了某种像这样的可见东西，而是意味着我们学会了把这种东西看成行动的情况，并根据正当的东西去观看。所以，正如我们在几何学的平面分析中"看到"三角形是最简单的平面图形，以致我们不再作进一步划分，而是必须停留在这里把这种图形作为最终图形，同样，在道德的考虑里，对直接可以做的东西的"观看"决不是任何单纯的观看，而是 Nous(思考)。这一点也可以从那种与这种观看形成对立的东西找到证明。[26] 与对属正当东西的观看相对立的东西并不是错误或者错觉，而是盲目性。谁被他的激情所压抑，谁就在所与情况里突然不再看到属正当的东西。他仿佛失去了他的自我控制力，因而丧失了他自己的正确性，即自身的正确度向(Gerichtetsein)，以致由于受到激情的辩证法的驱赶，激情告诉他的东西在他看来仿佛就是属正当的东西。道德知识实际上是一种特殊种类的知识。它以一种奇特的方式掌握手段和目的，并因而使自己区别于技艺知识。正因为如此，在道德知识里区分知识和经验是毫无意义的，虽然在技艺方面我们可以

---

[26] 《尼各马可伦理学》，Z9，1142a25 以下。

II 一种诠释学经验理论的基本特征

作出这种区分。因为道德知识本身就包含某种经验,并且事实上我们确实看到,这种知识或许就是经验的基本形式,与这种经验相比较,一切其他的经验表现了某种疏异性,假如我们不说变质性的话。[261]

3. 道德考虑的自我认识事实上具有某种与自身的卓越关系。我们从亚里士多德在分析实践智慧中所举出的种种情况可以得知这一点。在实践智慧、即谨慎的考虑这一德行之外,还存在"理解"(Verständnis 英译同情的理解)。[262] 理解也是作为一种道德知识德行的变形而被引入的,因为在这里不是关系到要去行动的我本身。所以"Synesis"(理解)明确地指道德判断的能力。显然,只有当我们在判断中置身于某人借以行动的整个具体情况中时,我们才赞扬某人的理解。[263] 所以这里不是关于某种一般的知识,而是关于某个时刻的具体情况。因而这种知识在任何意义上都不是一种技艺知识,或对这种技艺知识的应用。具有世界经验的人,如果作为那种知道一切伎俩和花招并对存在的一切事物有经验的人,他就对某个行动的人没有正确的理解,他要对此有理解,只有当他满足一个前提,即他亦想做正当的行动,他也与其他人一起被结合到这个共同关系中。这一点在所谓"良心问题"(Gewissensfrage)上的劝告现象表现出来。要求劝告的人和给予劝告的人都具有一

---

[261] 参见本书第363页以下。

[262] [σννεσις]((《尼各马可伦理学》,Z11)。

[263] [这里我已经更改了我原来的陈述,ἄλλου λέγουτος 在 1145a15 只意味着它不是我的行动的事情。当某人叙述某事,我能够理解性地去倾听——即使我本人不应去听取他。][255]

个共同的前提,即对方与他有着某种友谊的联系。只有在朋友之间才能彼此劝告,或者用另一种方式说,只有那种意味着友谊的劝告才对被劝告的人有意义。这里再一次表明,具有理解的人并不是无动于衷地站在对面去认识和判断,而是从一种特殊的使他与其他人联系在一起的隶属关系去一起思考,好像他与那人休戚相关。

如果我们进一层考虑亚里士多德所举出的两种道德考虑方式,即洞见(Einsicht)和宽容(Nachsicht),㉔那么这一点将会完全清楚。洞见在这里指一种特性。当某人以正当的方式作出正确的判断,我们说他是有洞见的。凡是有洞见的人,都乐意公正对待他人的特殊情况,因而他也最倾向于宽容或谅解。很显然,这里也不涉及某种技艺知识。

最后,由于亚里士多德描述了这种实践知识的一种自然变质的变种,他使得道德知识和具有这种知识的德行的特性变得特别明显。㉕他讲到 Deinos 是这样一个人,这人对于道德知识天生地具有一切自然条件和禀赋,他有非凡的技能所以能适应每一种情况,能在一切地方去利用他的优点并在每一种情况里找到出路。㉖但是,实践智慧的这种自然对立物是通过下面事实来表明其特征的,即 Deinos "能对付任何情况",能无阻碍地利用他的技能达到一切目的,并且对于人不做各种事情没有任何感觉。他是 aneu aretēs(没有德行的)[256]。所以,这个有如此技能的人被给予了这

㉔ γνώμη, ουγγνώμη。

㉕ 《尼各马可伦理学》,Z13,1144a23 以下。

㉖ 他是一个 πανοῦργος,即他是能对付任何情况的人。

样一个同样意味着"可怕"的名字决非偶然。没有什么东西有如一个无赖具有非凡才干那样可怕,那样不可思议,那样令人震惊。

如果我们把亚里士多德关于道德现象的描述,特别是他关于道德知识德行的描述与我们自己的探究联系起来,那么亚里士多德的分析事实上表现为一种属于诠释学任务的问题模式。我们已经证明了应用不是理解现象的一个随后的和偶然的成分,而是从一开始就整个地规定了理解活动。所以应用在这里不是某个预先给出的普遍东西对某个特殊情况的关系。研讨某个传承物的解释者就是试图把这种传承物应用于自身。但是这也不意味着传承下来的文本对于他是作为某种普遍东西被给出和被理解的,并且以后只有为特殊的应用才利用它。其实解释者除了这种普遍的东西——文本——外根本不想理解其他东西,也就是说,他只想理解传承物所说的东西,即构成文本的意义和意思的东西。但是为了理解这种东西,他一定不能无视他自己和他自己所处的具体的诠释学境况。如果他想根本理解的话,他必须把文本与这种境况联系起来。

c) 法学诠释学的典范意义

如果情况真是这样,那么精神科学诠释学与法学诠释学之间就不会像人们一般所认为的那样存在着巨大的差别。当然,占统治地位的观点是:只有历史意识才使理解提升为一种客观科学的方法,而诠释学只有当它以这种方式被扩建成为一门关于文本理解和解释的一般理论时,它才获得其真正的规定性。法学诠释学根本不属于这种情况,因为它的目的并不是理解既存的文本,而是想成为一种法律实践的补助措施以弥补法学理论体系里的某种缺陷和豁裂现象。因此从根本上说，法学诠释学与精神科学诠释学的任务即理解传承物，没有什么更多的关联。

但是，即使神学诠释学也不能要求这种独立的系统性的意义。施莱尔马赫曾经有意识地把神学诠释学归入普遍诠释学，并且只把它认作为这种普遍诠释学的一种特殊的应用。自那时以来，科学神学的那种想与现代历史科学并列的要求似乎就依据于这一事实，即除了那些被用于理解任何其他传承物的律则和规则外，不再有任何别的律则和规则可以被应用于《圣经》解释。因而根本不可能有一种特殊的神学诠释学。

可是，如果我们想以现代科学水准去恢复诠释学学科古老的真理和古老的统一性，那么这就是一种荒谬的论点。因为情况似乎是，要走向现代精神科学方法论，我们必须脱离任何独断论的束缚。法学诠释学之所以脱离整个理解理论，是因为它有一个独断论的目的，反之，正是由于松懈了与独断论的联系，神学诠释学才与语文学-历史学方法结合了起来。

在这种情况下，我们需要对法学诠释学和历史诠释学之间的区别具有特别的兴趣，并且必须探究那些法学诠释学和历史诠释学都在研讨同一对象的情况，也就是探究那些法律文本在法学内被解释并且历史地被理解的情况。这样，我们将探究法学史家（Rechtshistoriker）和法律学家（Juristen）对于同样给出的有效的法律文本各自采取的态度。在这里我们可能涉及到 E. 贝蒂的一些卓越的著作，㉕

㉕ 除了本书第264页和第315页所引的著作外，还有许多短篇论文。〔对此参见附录"诠释学与历史主义"，载我的著作集，第2卷，第387页以下；以及我的论文"埃米利奥·贝蒂和唯心主义遗产"，载《佛罗伦萨季刊》，第7卷（1978年），第5—11页。〕

Ⅱ 一种诠释学经验理论的基本特征

并从这里出发进行我们自己的思考。因此我们的问题是：独断论的兴趣和历史学的兴趣之间的区别是否是一种明确的区别。

显然，它们之间存在一种区别。法律学家是从现存的情况出发并且是为了这种现存的情况而理解法律的意义。反之，法学史家没有任何他要从之出发的现存情况，他只是想通过建设性地考虑法律的全部应用范围去规定法律的意义。法律的意义只有在所有这些应用中才能成为具体的。所以法学史家不能满足于用法律的原本应用去规定该法律的原本意义。作为历史学家他将必须公正地对待法律所经历的全部历史变迁，他将必须借助于法律的现代应用去理解法律的原本应用。

如果我们只是这样地描述法学史家的任务，即当他"重构了法律公式的原本意义内容"，他便完成了他的任务，并且与之相反地说，法律学家还必须"使法律的原本意义与现代的现实生活相协调"，我认为这是不够的。在我看来，这样一种区分将意味着法律学家的定义太宽泛，包括了法学史家的任务。谁想对某个法律作正确的意义调整，他就必须首先知道该法律的原本意义内容。所以他必须自身作法学历史性的思考。不过，历史的理解在这里对于他来说只是作为达到目的的工具而起作用。反之，法学独断论的任务也与那种历史学家毫无关系。作为历史学家，他必须探究历史的客观性，以便认清它的历史价值，而法律学家还要超出这一点，他要把这样掌握的东西正当地应用于法律的现在。这就是贝蒂所描述的。

但是，我们可以问一下，这样历史学家的任务是否就被充分广泛地认清和描述了呢？在我们的例子中，向历史学的转向究竟是怎样出现的呢？关于某个有效的法律，我们自然而然地假定它的法学意义是明确的，现代的法律实践只是简单地追随原本的意义。如果情况总是这样，那么探究某个法律的意义的问题在法学上和历史学上乃是同一个问题。对于法律学家来说，诠释学的任务无非只是确立法律的原本意义，并把它作为正确的意义去加以应用。所以早在1840年，萨维尼在其《罗马法的体系》里把法学诠释学的任务认为是纯粹历史学的任务。正如施莱尔马赫把解释者必须使自己等同于原始的读者这一点认为是毫无问题的一样，萨维尼也忽略了原本的法学意义和现代的法学意义之间的对立关系。[258]

以后的发展足够清楚地表明，这是一种在法学上毫无根据的虚构。恩斯特·福斯特霍夫（Ernst Forsthoff）[257]曾经在一个很有价值的探究中指出，由于纯粹的法律学上的理由，我们必须提出一种特有的关于事物的历史变迁的思考，通过这种思考，某个法律的原本意义内容将与该法律被应用于法律实践的意义内容区分开来。[259]的确，法律学家经常是研讨法律本身。但是，法律的规范内容却必须通过它要被应用的现存情况来规定。为了正确地认识这种规范内容，他们必须对原本的意义有历史性的认识，并且正是为了这一点法律解释者才关注法律通过法律实践而具有的历史价值。但是，他不能使自己束缚于例如国会记录告诉他的当时制定

---

[258] 施莱尔马赫的诠释学讲演正是在萨维尼的书出版前两年第一次发表在《遗著》版本里，这是否纯属偶然？我们必须在萨维尼自己的著作里特别考察诠释学理论的发展，福斯特霍夫在其探究中没有考虑这一问题。（关于萨维尼，首先参见弗兰茨·维亚克尔在《创立者和保持者》一书第110页的注释。）

[259] "法律和语言"，载《柯尼斯堡科学家学会论文集》，1940年。

Ⅱ 一种诠释学经验理论的基本特征

法律的意图。他必须承认以后所发生的情况变化,并因而必须重新规定法律的规范作用。

法学史家的情况与此完全不同。表面上看,他似乎只研讨法律的原本意义,即某法律在第一次公布时意指什么,具有怎样的有效性。但是,他怎样能认识这一点呢?如果他不知道那种使他的现时代与当时分离的情况变化,他能够认识这一点吗?就此而言,他不是必须做法学家所做的完全同样的事情,即他必须区分法律文本的原始意义内容和他在现时代作为前理解自发接受的那种法学内容吗?在我看来,诠释学境况对于历史学家和法律学家似乎是同样的,因为面对任何文本,我们都生活于一种直接的意义期待之中。我们绝不可能直接地接触历史对象而客观地得知其历史价值。历史学家必须承担法律学家所进行的同样的反思任务。

所以,不论是以历史学家的方式,还是以法律学家的方式,他们所理解的东西的实际内容乃是同样的。因此上面关于历史学家态度所给出的描述是不正确的。历史性的认识只能这样才被获得,即在任何情况下都必须从过去与现代的连续性中去考察过去——而这正是法律学家在其实际的通常工作中所做的,因为法律学家的任务就是"确保法律的不可中断的连续性和保持法律思想的传统"。[20]

当然,我们还必须探究,我们曾经分析的范例是否真正表明一般历史理解问题的特征。我们作为出发点的模式乃是对某个仍有效的法律的理解。这里历史学家和理论家都研讨同一对象。但

---

[20] 贝蒂,前引书,注释62a。

是，这是否一种特殊的情况呢？致力于过去法学文化的法学史家，以及任何试图认识那种不再与现在有任何直接连续性的过去的历史学家，将不能在我们所讨论的某个法律继续有效的情况下重新认识自己。他们将会说：法学诠释学具有一种对于历史诠释学关系来说是完全生疏的特殊的独断论的任务。

事实上，在我看来，情况正好相反。法学诠释学能够指明精神科学的真正程序究竟是什么。这里我们对于我们所探究的过去和现在的关系有一个模式。使传承下来的法律适合于现代需要的法官无疑在解决某项实际的任务。但是他对法律的解释绝不因为这种理由而是一种任意的再解释。在这里，理解和解释依然就是认识和承认某种有效的意义。法官试图通过把法律的"法权观念"与现代联系起来去适应这种观念。这当然是一种法律上的联系。法官试图要认识的东西正是法律的法权意义——而不是法律公布时的历史意义或该法律任何一次应用时的历史意义。法官的态度并不是历史学家的态度——尽管对于他自己的历史（这就是他的现在）他具有一种很好的态度。因此他能够经常地作为历史学家去考虑那些他作为法官曾经隐含地想到的问题。

反之，历史学家虽然面前没有执法任务，而是试图得知这个法律的历史意义——正如他想得知历史传承物的每一种其他内容一样——但他却不能忽视这一事实，即他在这里是从事一种需要用法学方式来理解的法律创造行为。他必须能够不仅从历史学上而且从法学上进行思考。的确，如果某个历史学家在考察某个在今天还有效的法律文本，这乃是一种特殊情况。但是这种特殊情况却使我们明确了是什么东西规定我们与每一个传承物的关系。想

Ⅱ 一种诠释学经验理论的基本特征

从法律的历史起源情况去理解法律的历史学家,根本不能无视该法律在法律上的连续作用。这种连续作用对他们呈现了他们在历史传承物上所提出的问题。文本必须用它所说的东西来理解,这一点是否适合于每一个文本呢?这是否不意味着,它经常需要某种改变(Umsetzung)呢?这种改变不是经常由于与现在的联系而出现吗?由于历史理解的真正对象不是事件,而是事件的"意义",当我们讲到某个自在存在的对象和主体对这个对象的接触时,就显然没有正确地描述这种理解。其实,在历史理解中总是包含这样的观念,即遗留给我们的传承物一直讲述到了现在(in die Gegenwart hineinspricht),必须用这种中介(Vermittlung)加以理解,而且还要理解为这种中介。所以法学诠释学其实不是特殊情况,而是相反,它正适合于恢复历史诠释学的全部问题范围,并因此重新产生诠释学问题的古老统一性,而在这种统一性中,法学家、神学家都与语文学家结合了起来。

我们上面[21]已把对传统的隶属性(Zugehörigkeit)描述为精神科学理解的条件。现在让我们通过考察这一理解结构要素怎样在法学诠释学和神学诠释学中得以表现来证明这一点。显然,这不是某种限制理解的条件,而是使理解成为可能的条件。解释者对于他的文本的隶属性类似于视点对于某幅图画的透视的隶属性。这并不是说我们应当找寻这个视点并取作我们的立足点,而是说,进行理解的人并不是任意地选取他的观点,而是发现他的位置已被事先给定了(Vorgegeben)。所以法学诠释学可能性的本质条

---

[21] 参见本书第266页。

件是，法律对于法律共同体的一切成员都具有同样的约束力。凡在不是这种情况的地方，例如在一个专制统治者的意志高于法律的专制主义国家，就不可能存在任何诠释学，"因为专制统治者可以违反一般解释规则去解释他的话"。㉒ 因为在这里，任务根本不是这样来解释法律，以使具体的事例能按照法律的法权意义得到公正的判定。情况正相反，君主那种不受法律约束的意志能够无需考虑法律——也就是不受解释的影响——而实现任何他认为是公正的事情。只有在某物是这样被制定，以致它作为被制定的东西是不可取消的并有约束力的地方，才能存在理解和解释的任务。

解释的任务就是使法律具体化㉓于每一种特殊情况，这也就是应用的任务。这里所包含的创造性的法律补充行为无疑是保留给法官的任务，但是法官正如法律共同体里的每一个其他成员一样，他也要服从法律。一个法治国家的观念包含着，法官的判决绝不是产生于某个任意的无预见的决定，而是产生于对整个情况的公正的权衡。任何一个深入到全部具体情况里的人都能够承担这种公正的权衡。正因为如此，在一个法治国家里存在法律保障。人们在思想上都能知道他们所涉及的真正问题应当是什么。任何一个律师和法律顾问在原则上都能给出正确的建议，也就是说，他

㉒ 瓦尔希，第158页。[在启蒙思想家看来，专制主义国家的情况似乎是这样，即"统治者"这样解释他的话，以致法律不是被取消，而是被颠倒解释，结果无需注意解释规则，法律就符合于统治者的意志。]

㉓ 这种法律具体化对于法理学非常重要，是它的中心论题，因而有大量关于这个论题的著作，参见卡尔·英吉希(Karl Engisch)的探究《具体化观念》(《海德堡科学院论文集》，1953年)。[也可参见卡尔·英吉希最近的著作：《法律学方法》，慕尼黑，1972年，第39—80页；以及他的《法律和道德——法哲学主题》，慕尼黑，1971年。]

II 一种诠释学经验理论的基本特征

们能够根据现存的法律正确地预告法官的判决。当然,具体化的任务并不在于单纯地认识法律条文,如果我们想从法律上判断某个具体事例,那么我们理所当然地还必须了解司法实践以及规定这种实践的各种要素。但是,这里所要求的对于法律的隶属性唯一在于:承认法律制度对每一个人都有效,并且没有任何人可以例外。因此在原则上我们总是有可能把握这样的现存法律制度,这就是说,我们有可能在理论上吸收过去对法律的任何一次补充。因此,在法学诠释学和法学独断论之间存在一种本质联系,正是这种本质联系使诠释学具有更大重要性。一种完美无缺的法学理论的观念——这种观念将使每一个判断成为单纯的归属行动——是站不住脚的。[24]

现在让我们从这个问题来考察一下被新教神学所发展的神学诠释学。[25] 这里与法学诠释学有一种真正的类似关系,因为在神学诠释学里独断论也同样不能要求任何优先性。福音宣告的真正具体化产生于牧师的布道中。正如法律制度的具体化产生于法官的判决中一样。不过,它们两者之间也存在着很大差别。牧师的布道与法官的判决不同,它不是对它所解释的文本进行创造性的

---

[24] 参见F.维亚克尔的论点。他曾经从法官的判断技巧和规定这种技巧的要素出发,简短地陈述了非法律性的法治问题(《法律和法官技巧》,1957年)。

[25] 除了这里所讨论的观点外,对历史主义诠释学的克服——这是我整个探究的目的——在神学上有一个积极的结果,这个结果在我看来似乎接近于神学家恩斯特·富克斯和格哈德·埃贝林的观点(恩斯特·富克斯:《诠释学》,1960年第2版;G.埃贝林:《历史和当代宗教辞典》,第3版,"诠释学"词条)。[也可参见我的论文"关于自我理解问题"《短篇著作集》,第1卷,第70—81页;现收入我的著作集,第2卷,第121—132页)。]

补充。因此,救世福音从布道的宣告中并不能产生那样一种可以与法官判决的法律补充力量相比较的新的内容。而且一般来说,救世福音并不由于牧师的思想而更清楚地得到规定。牧师与法官不一样,他作为牧师并不能以一种独断权威对信徒们讲话。的确,布道也是在解释某种有效真理,但这个真理乃是福音宣告,它是否成功并不决定于牧师的思想,而是决定于上帝言辞本身的力量,例如,即使是很蹩脚的牧师也能使人悔过自新。福音宣告不能脱离它的实行过程。纯粹学说的所有教条固定工作乃是次要的工作。《圣经》就是上帝的言辞,并且这意味着,《圣经》具有远远超过解释它的人的思想的绝对优先性。

解释应当永不忽略这一点。即使神学家的博学解释也必须经常记住,《圣经》乃是上帝的神圣宣告。因此,对《圣经》的理解就不只是对其意义的科学探究。布尔特曼曾经写道:"圣书的解释与所有其他文献一样,应当遵循同样的理解条件。"㉖但是,这句话的意义是有歧义的。因为问题在于任何文献是否除了那些对于每一个文本都必须要实现的形式的一般条件外,就不遵循任何其他的理解条件。布尔特曼自己强调说,所有理解都预先假定了解释者和文本之间存在着一种生命联系,解释者与他从文本中得知的事情之间有一种先行的关联。他把这种诠释学前提称之为前理解(Vorverständnis),因为它显然不是通过理解过程得到的,而是已经被预先设定。所以霍夫曼——布尔特曼赞同地引证他——写

㉖ 《信仰和理解》,第 2 卷,第 231 页。

道,《圣经》诠释学预先已假定了一种与《圣经》内容的关系。

但是我们可以问一下,这里是什么样的一种"前提"。这种前提是否与人的存在一起被给予的呢?在每一个人那里是否因为人被上帝问题所困缠而存在着一种与上帝启示真理的先行的实际关联呢?或者我们是否必须说,只有首先从上帝出发,也就是说,从信仰出发,人的存在才知道自身是被上帝问题所支配?但是这样一来,前理解所包含的前提的意义就成为有问题的了。因为这种前提显然就不是普遍有效的,而只是从真信仰观点来看才是有效的。

就《旧约圣经》而言,这是一个古老的诠释学问题。基督教从《新约圣经》出发对《旧约》的解释是正确的解释,还是犹太教对《旧约》的解释是正确的解释呢?或者,它们两者都是正确的解释,在它们之间存在着某种共同性呢?这是否就是解释所真正理解的东西呢?犹太人尽管对《旧约圣经》文本的理解不同于基督教徒的理解,但他与基督教徒分享同一个前提,即他也是被上帝问题所支配。虽然如此,犹太人对于基督教神学家的陈述仍保持这样一种看法,即如果基督教神学家是从《新约圣经》出发限制《旧约圣经》的真理,那么他们就不能正确理解《旧约圣经》。所以,我们被上帝问题所支配这一前提其实就已经包含认识真上帝及其启示的要求。甚至所谓非信仰也是由我们所要求的信仰规定的。生存论的前理解——这是布尔特曼的出发点——本身只能是一种基督教的理解。

我们也许试图避免这一结论,说我们只要认识到宗教文本只可被理解为答复上帝问题的文本就足够了。我们没有必要去要求解释者自身的宗教信仰。但是马克思主义者对此将说什么呢？因为马克思主义者认为，只有当他们把宗教说教视为社会统治阶级利益的反映时，他们才理解所有宗教说教。马克思主义者无疑不会接受这一前提，即人的此在是被上帝问题所支配。这样一个前提显然只对那些承认信仰真上帝或者不信仰真上帝的人才有效。所以我认为，神学里的前理解的诠释学意义本身就似乎是一种神学的意义。即使诠释学的历史也表明对文本的探究是怎样由一种最具体的前理解所决定。现代诠释学作为新教的一门解释《圣经》的技术学科，显然与天主教会的独断论传统及其公正无偏学说有一种敌对的关系。现代诠释学本身具有一种独断论教派的意义。这并不意味着，这样一种神学诠释学天生是独断论的，以致它从文本所读出的乃是它放入文本的东西。它其实是在孤注一掷。但是它假定了《圣经》是在对我们讲话，并且只有那些被允许去听这种讲话的人——不管他是持信仰态度还是持怀疑态度——才理解。就此而言，应用是首要的东西。

所以，我们可能提出这样一些事实作为各种形式的诠释学真正共同的东西，即所要理解的意义只有在解释过程中才能具体化和臻于完满，但是这种解释工作完全受文本的意义所制约。不管是法学家还是神学家，都不认为应用任务可以摆脱文本的制约。

尽管如此，使某种普遍的东西具体化并把它应用于自身这一任务，在历史精神科学内似乎仍具有一种完全不同的作用。如果我们探究应用在这里指什么以及它怎样出现于精神科学所进行的理解中，那么我们也许可以承认，存在着某类传承物，我们对它们可以采用与法律学家对法律、神学家对福音宣告所采取的同样应用方式。正如法官试图执行正义或牧师试图宣告福音的情况一样,并且正如在宣告正义和宣告福音这两种情况里被宣告的东西的意义得到其最完美的实现一样,我们也能对某个哲学文本或某个文学作品承认,这些文本要求读者和理解者有一种特殊的活动,并且对它们我们并不具有一种能采取历史距离的自由。我们将承认,这里理解总是包含对被理解的意义的应用。

但是,应用是否在本质上必然属于理解呢? 从现代科学观点出发,我们可以对这个问题作出否定的答复,并且说这样一种使解释者作为文本的原本听讲人的所谓应用根本是非科学的。历史精神科学是完全排除这种应用的。可是现代科学的科学性正在于:它使传承物客观化,并在方法论上消除解释者的现在对理解所产生的任何影响。要达到这一目的,常常是困难的,并且在文本的情况里要去保留这种所谓历史兴趣和理论兴趣的区分也同样是难以做到的,因为文本并不是对某个特殊的人讲话,它要求对任何接受传承物的人都有效。科学神学及其与《圣经》传承物的关系的问题就对此提供了一个很好的例证。情况似乎是这样,历史科学的要求和独断论的要求之间的对比只在个人的私有世界里才能找到。哲学家可能是同样的情况,而且当我们感到艺术作品在对我们说什么时,我们的审美意识也可能是同样的情况。但是,科学却提出了这样的要求,即要通过它的方法使自身保持一种独立于一切主观应用的态度。

这就是我们从现代科学理论的立场出发必须要论证的东西。我们将援引那些解释者根本不能直接取代原本接受者的事例作为具有典范价值的事例。例如,某个文本有完全确定的接受人的事例，如签订协约的双方，票据或命令的接受者。这里我们完全能很好地理解文本的意义，我们能想象自己取代了接受者，并且就这种取代可以使文本获得其完全的具体形式而言，我们可以把这承认为解释的成就。但是，这种使自身处于原来读者立场的取代（施莱尔马赫）是完全不同于应用的东西。它实际上回避了在当时和今天、"你"和"我"之间进行中介的任务，而这种中介任务却是我们所谓应用意指的东西，并且法学诠释学也承认这是它自己的任务。

让我们以理解命令为例。命令只有在有某个应服从它的人的地方才存在。所以，这里的理解乃是其中必定有一个人给出命令的那些人之间的关系的一部分。所谓理解命令，就是指把该命令应用于它所关涉的具体情况。虽然我们能重复命令以促使它被正确理解，但是这并不改变这一事实，即只有当它"按照其意义"被具体实现时，它的真实意义才被规定。正是由于这种理由，存在一种明确的拒绝服从行为，这种行为不单纯是不服从，而是通过命令的意义及其在某人身上的具体实现而证明自身（legtimiert）。谁拒绝服从一个命令，谁就已经理解了它，因为他把命令应用于具体情况，并且知道在这种情况中服从将意味着什么，所以他拒绝。衡量理解的标准显然不是命令的实际言辞，也不是发出命令的人的实际意见，而是对情况的理解和服从命令的人的责任性。即使我们把一个命令用文字写下来，或者说，使它在书面上被给出，以便检验理解的正确性和对它的执行，我们也不能认为这样做就万事大吉。那种光按命令辞文而不按其意义去执行命令的行为，乃是一种荒唐可笑的行径。所以毫无疑问，命令的接受者一定履行了一种意义理解的创造性的行为。

II 一种诠释学经验理论的基本特征

如果我们现在想到了那种认为传承物就是这样一种命令并试图去理解它的历史学家，他们的情况当然完全不同于原本接受者的情况。他们不是该命令所指的人，因而他们可以认为该命令与自身完全无干。但是，如果他们真想理解命令，他们就必须在思想上执行像该命令所指的接受者所执行的同样的行为。而该命令所指的接受者由于把该命令应用于自身，能够很好地区分命令的理解和命令的服从。甚至当他——而且正由于他——已经理解了命令，他才有可能不服从命令。对于历史学家来说，要重构他所讨论的命令所出自的原来情况，这可能是困难的。但是，只有当他已经执行了这种具体化的任务时，他才完全理解命令。这就是明确的诠释学要求：即要根据文本当时被写出的具体情况去理解文本的陈述。

按照科学的自我理解，历史学家无需区分文本是否有一个特别的接受对象或是否意指"属于一切时代"（Besitz für immer）。诠释学任务的普遍性其实依据于：我们必须从适合于文本的目的（Scopus）来理解每一个文本。但是这也就意味着，历史科学首先试图从其自身来理解每一个文本，并且不把文本所说的内容认为是真实的，而是让其真理搁置待决（in ihrer Wahrheit dahingestellt sein lässt）。理解无疑是一种具体化，但这是一种包含保持这样一种诠释学距离的具体化。只有当我们忘却了自己，理解才是可能的（Nur der versteht, der sich selber aus dem Spiele zu lassen versteht）。这就是科学的要求。

按照这样一种精神科学方法论的自我解释，我们一般可以说，解释者对每一个文本都联想了某个接受者（Adressat），而不管这个接受者是否被文本明确讲到过。这个接受者在任何情况中都是解释者知道与自身不同的原来读者。如果以否定的方式来说,这一点更清楚。谁试图作为语文学家或历史学家来理解某个文本,谁就无论如何不把该文本所说的东西应用于自身。他只试图理解作者的意见。如果他想的只是理解,他就对这个文本说的东西是否客观真理不感兴趣,即使文本自身声称教导真理,他也不会感兴趣。在这一点上语文学家和历史学家是意见一致的。

但是,诠释学和历史学显然不是完全一样的东西。由于我们深入地考察了它们两者之间的方法论区别,我们将认识到它们所具有的真正共同性并不是一般认为它们具有的共同性。历史学家对传承下来的文本具有一种不同的态度,他试图通过文本知道某种过去的事情。因此他试图通过其他传承物去补充和证实文本。他认为语文学家的工作有一种缺陷,因为语文学家把他的文本视为艺术作品。艺术作品乃是一个完全自足的世界。但是,历史学家的兴趣并不在于认识这种自足性(Selbstgenügsamkeit)。所以狄尔泰曾经反对施莱尔马赫道:"语文学想在各处看到圆满自足的此在。"㉗如果一部流传下来的文学作品对于历史学家产生了影响,这对他来说仍没有任何诠释学的意义。他根本不可能把自己理解为文本的接受者,并接受文本的要求。情况正相反,他是从文本自身不想提供的东西来考察文本。这一点也适合于那些本身想成为历史表现的传承物。即使历史著述家也要受到历史的批判。

就此而言,历史学家表现了一种对诠释学事业的超越。与此

㉗ 《青年狄尔泰》,第94页。

相应,解释概念在这里获得了一种新的明确的意义。它不再只是指一种明确理解所与文本的行动,有如语文学家曾经作出的那样。历史解释概念其实更符合于那种不被历史诠释学从古典的和传统的意义上去理解的——即作为某种指称语言和思想之间关系的修辞学术语——表达(Ausdruck)概念。表达所表达的东西不只是表达中应当得以表达的东西,即它所意指的东西,而首先是那种不是应得以表达而是在这种言辞和意见中一起得以表达的东西,即那种几乎可以说是表达"暴露"的东西。在这种广泛的意义里,"表达"概念所具有的内容远远超过语言学的表达概念。它其实包括了我们为理解一切事物而必须返回的一切东西。同样又包括了使我们有可能进行这种返回的东西。解释在这里不是指被意指的意义,而是指被隐蔽了的而且必须要揭示的意义。在这种意义上,每一个文本不仅表现了一种可理解的意义,而且本身在许多方面需要被揭示。文本本身就是一种表达现象。显然,历史学家有兴趣于文本的这一方面。因为(例如)一个报告作为证据的价值事实上也部分依赖于文本作为表达现象所表达的东西。从这里我们可以推知作者无需说而意指的东西,如他属于什么党派,他以什么立场观看事物,甚至我们还可以说他不真诚或不诚实到什么程度。这些影响证据可靠性的主观因素显然必须一起注意。但是,即使传承物的主观可靠性被确立了,传承物的内容本身也必须首先被解释,这也就是说,文本被理解为一种其真正意义只有超出其语词意义才能得知的证件(Dokument),例如通过与其他一些允许我们去评价某个传承物历史价值的材料进行比较。

所以,历史学家的基本原则是:传承物可以用一种不同于文本自身所要求的意义来进行解释。历史学家总是返回到传承物的背后,返回到传承物给予表达的意义的背后,以便探讨那种传承物不是自愿表达的实在。文本被置于所有其他历史材料即所谓过去遗物之中。所以它们必须被解释,即不仅按他们所说的东西被理解,而且按它们可以为之作证的东西被理解。

这里解释概念可以说臻于完成。凡是文本的意义不能直接被理解的地方,我们就必须进行解释。凡是我们不想信任某个现象直接表现的东西的地方,我们就必须进行解释。心理学家之所以进行解释,是因为他不接受生命表现自身所意指的意义而返回探究无意识里所出现的东西。同样,历史学家之所以解释过去的遗留材料,是为了发现其中被表现并同时被隐蔽的真正意义。

所以,在历史学家和那些只是为了美和真的缘故而想理解文本的语文学家之间存在一种天然的对立关系。历史学家是从文本自身没有陈说因而不需要包含在文本所意指的意义中的东西出发来进行解释。这里历史学的意识和语文学的意识陷入了一种根本的冲突之中——但是,自从历史学意识改变了语文学家的态度以来,这种对立几乎不复存在。自那时以来,语文学家抛弃了他的文本对他应具有某种规范有效性的要求。他不再把文本视作人类言辞的范式,不再认为文本具有人类所说东西的典范性,而是从文本自身根本不意指的东西出发去观看它们,也就是说,他把文本看作为历史学家。这样,语文学成了历史学的一门辅助学科。这一点可以在古典语文学那里看出来,古典语文学一开始就称自己为古代科学,如维拉莫维茨[258]所说的。语文学是历史研究的一个部门,它首先以语言和文学为自己研讨的对象。语文学家就是历史学家，因为他从他的原始文学资料里获得一种特有的历史度向。对于语文学家来说，理解就是把某个所与文本纳入（einordnen）语言、文学形式、风格等的历史关系中，并且通过这种中介最后纳入历史的生命联系整体中。只是有时他自己的原本的品性仿佛在起显著作用。所以在评价古代历史著作家时，他倾向于给予这些大作家以比历史学家认为正确的更大的信任。这种思想上的轻信——使语文学家过高地评价了他的文本的证据价值——乃是语文学家要成为"美的讲话"之友和古典文学中介人这一古老要求的最后痕迹。

现在让我们提出这样的问题，今天的历史学家和语文学家都赞同的这种关于精神科学工作程序的描述是否正确，以及历史意识在这里所提出的普遍要求是否公正。首先就语文学而言，这似乎是有问题的。[28] 语文学家如果屈服于历史研究的标准，那么他们最终会误解他们自己作为美的讲话之友的本性。如果说他们的文本对于他们具有一种典范性，那么这首先可能是形式。古老的富有浪漫热情的人文主义曾经认为，在古典文学中一切都是以一种典范的方式被说出来。但是，以这样一种典范方式被说出的东西其实远远多于单纯形式的典范。美的讲话之所以是美的讲话，不仅是因为其中被说的东西是以美的方式被说出的，而且也因为被说的东西本身就具有美。它不只是想成为单纯的美的讲话技巧。下面这一点特别适合于各民族的诗歌传承物，即我们不仅惊

---

[28] 参见 H. 帕策尔的论文"作为古典语文学方法论问题的人文主义"（《一般研究》，1948年）。

叹它们的诗的力量,它们表现的想象力和艺术性,而且也惊叹它们所讲出的伟大真理。

所以,如果在语文学家的工作中仍保留了某种属树立典范的东西,他实际上就不只是把他的文本与某个重构的接受者关联起来,而且也把他的文本与他自身关联起来(当然他是不愿承认这一点的)。虽然他承认典范的东西具有一种作为范例的力量,但是在他每一次树立典范的工作中总是已经包含这样一种理解,即不再自发地接受这些范例,而是对它们作了选择并知道对它们负有义务。因此他自身与范例的这种关系经常具有继承(Nachfolge)的性质。正如继承不只是单纯的模仿一样,语文学家的理解也是一种不断更新的照面形式(Form der Begegnung),并且本身具有一种事件性质,而这正是因为这种理解不是单纯的自发接受(kein blosses Dahingestelltseinlassen),而是包含了应用。语文学家仿佛是在不断编织一张由传统和习俗提供给我们的大网。

如果我们承认这一点,那么语文学一定可以通过我们把它与历史学区分出来而达到它的真正尊严和对它自身的正确理解。不过,我认为这只是一半真理。反之,我们必须探究这里所描绘的历史学态度的图画本身是否一幅歪曲的图画。也许不只是语文学家的态度,而且历史学家的态度亦然,他们与其说按照自然科学的方法论理想确立自己的行为方式,毋宁说按照法学诠释学和神学诠释学提供给我们的模式确定自己的行为方式。历史学家与文本的交往跟语文学家对其文本的原本依赖完全不同,这可能是符合实际情况的。历史学家试图返回到文本的后面,以便迫使文本产生它们不想给出并且自身也不能给出的解释,这也可能是符合实际

Ⅱ 一种诠释学经验理论的基本特征

情况的。如果我们用个别文本所表现的标准来衡量,情况似乎就是这样。历史学家对其文本的态度,类似于审讯官盘问证人的态度。但是,单纯地确立那些从证人一己之见而得到的事实,实际上并不使他成为历史学家;使他成为历史学家的东西是,理解他在确立的事实中所发现的意义。所以历史的证据类似于法庭上给出的证词。在德文中这两种情况使用同一个词决非偶然。在这两种情况里,Zeugnis 都是指帮助确立事实的工具。但是,事实本身不是探究的真正对象,而只是为法官进行公正判决这一真正任务和为历史学家确立某个事件在其历史自我意识整体中的历史意义这一真正任务提供某种资料。

所以,整个区别也许只是一个标准问题。如果我们想把握真正的东西,那么我们不应太挑剔地选择标准。既然我们已经指明传统的诠释学曾经人为地限制了现象领域,那么这一点也许也适合于历史学的态度。这里不也是这种情况,即真正决定性的东西已经先于任何历史方法的应用而存在吗?那种并不使历史问题的本质成为中心、并且不探究促使历史学家转向传承物的动机的历史诠释学,缺乏其最本质的核心。

如果我们承认这一点,那么语文学和历史学之间的关系会突然变得完全不同。虽然我们可以说语文学过多地受到历史学的影响,但这不是事情的最终方面。在我看来,我们必须使语文学家想起的应用问题,即使对于历史学理解这一更为复杂的情况来说也是有决定性意义的。的确,所有表面现象似乎都反对这一点,因为历史学理解似乎根本拒绝传承物所提出的应用要求。但我们已经看到,历史学理解并不是用文本自己的意向,而是用它自身特有的意向偏移（Intentionsverschiebung）来接受它的文本，即把它的文本看作一种原始历史资料，试图从这种资料获得对某种文本自身根本不想说、但我们发现恰恰表现在文本中的东西的理解。

但是，如果我们更切近地加以考察，那么将有这样一个问题，即历史学家的理解在本质结构上是否真与语文学家的理解有区别。的确，历史学家是从另一种观点来观看他的文本。但是，这种意向的改变只适合于这样一些个别的文本。对于历史学家来说，个别的文本是与其他原始资料和证据一起构成整个统一的传统。这种整个统一的传统就是他的真正的诠释学对象。他必须在同样的意义上理解这种传统，有如语文学家在统一的意义中去理解他的文本一样。所以历史学家必须承担某种应用任务。这是关键之点。历史学理解可以说是一种广义的语文学。

但是，这并不是说我们赞成历史学派的诠释学态度，该学派的问题我们上面已经作了说明。在那里我们已经讲到过语文学图式在历史学自我理解中的统治地位，并特别援引狄尔泰为精神科学所做的奠基工作来表明，历史学派那种认为历史是实在而不是单纯观念关系展开的真正目的是不可能实现的。我们决不会像狄尔泰那样主张，所有事件都像一个可读的文本那样具有一种完美的意义内容。如果我们称历史学为广义的语文学，那么这并不是说，历史学应当被理解为精神史。

其实，我们的想法正相反。我们认为，我们已经更正确地理解了究竟何为读文本。的确，并不存在这样的读者，世界史这部大书只是单纯地打开在他的眼前。但是，同样也不存在这样的读者，当他面对他眼前的文本，他只是读那里有的东西。其实，所有的读都

Ⅱ 一种诠释学经验理论的基本特征

包含一个应用,以致谁读某个文本,谁就自身处于他所理解的意义之中。他属于他所理解的文本。情况永远是这样,即在读某个文本过程中他所得知的意义线索(Sinnlinie),必然被中断于一个开放的不确定性之中。他可能承认,而且他必须承认,未来的世代将以不同的方式理解他在文本中所曾读到的东西。凡是适合于每一个读者的东西,也适合于历史学家。只是历史学家是研讨整个历史传统,如果他想理解这个传统,他必须把这个传统与他自身现在的生命联系起来,并且他以这种方式使整个历史传统对未来保持开放。

所以,我们也承认语文学和历史学之间有一种内在的统一性,但是我们既不是在历史学方法的普遍性中,也不是在以原来读者取代解释者的客观化做法中,又不是在对这种传统的历史批判中看到这种统一性,而是相反地在它们两者都履行了同样一个应用任务(区别只是程度上的)中看到了这种统一性。如果语文学家以我们所说的方式理解所与文本,即理解文本中的他自己,那么历史学家也理解他自己发现的世界史本身这个大文本——在这大文本中,每一个传承下来的文本只是一个意义片段,一个字母——并且他也理解在这个大文本中的他自己。语文学家和历史学家这两者都是从自我忘却(Selbstvergessenheit)中重返家园的,他们之所以被放逐到这种自我忘却中,乃是由于这样一种思想,对于这种思想来说,现代科学的方法论意识就是唯一的标准。他们两者现在都在效果历史意识中找到了它们的真正基础。

这表明法学诠释学模式实际上是富有成效的。如果法律学家认为他自己有责任像法官那样补充某个法律文本的原本意义,那么他正是做了所有其他理解中已有的事情。如果我们在语文学家和历史学家的所有诠释学活动中认识到效果历史意识,那么诠释学学科的古老统一性又重新恢复了它的权利。

包含在所有理解形式中的应用的意义,现在已经清楚。应用绝不是把我们自身首先理解的某种所与的普遍东西事后应用于某个具体情况,而是那种对我们来说就是所与文本的普遍东西自身的实际理解。理解被证明是一种效果(Wirkung),并知道自身是这样一种效果。

3. 对效果历史意识的分析

a) 反思哲学的界限[29]

我们现在必须探究:知识和效果究竟有怎样的关系?我们上面已经强调过,[30]效果历史意识不是探究一部作品所具有的效果历史,即不是探究一种仿佛是作品遗留在后面的痕迹——效果历史意识其实是作品本身的一种意识,因此是它本身产生效果。我们关于境域形成(Horizontbildung)和视域融合(Horizontverschmelzung)的全部说明旨在描述效果历史意识的作用方式(Vollzugsweise)。但是,这究竟是一种什么样的意识呢?这是一个关

---

[29] ["反思哲学"(Reflexionsphilosophie)概念是黑格尔为反对雅可比、康德和费希特而提出的。最早出现在《信仰和知识》里,不过是作为一种"主体性的反思哲学"。黑格尔自己以理性的反思与之相对立。]

[30] 参见本书第 305 页。

Ⅱ 一种诠释学经验理论的基本特征

键问题。我们还可以这样强调说,效果历史意识仿佛就包含在效果本身之内。效果历史意识既然作为意识,它在本质上似乎就能够使自己超越它是其意识的东西。反思性的结构基本上是一切意识所具有的。所以这种反思性的结构对于效果历史意识也一定有效。

我们也可以这样来表述这一点:当我们讲到效果历史意识时,我们是否不认为自己被束缚于那种消除一切直接关系(Betroffenheit)——我们意指效果——的内在的反思规则性呢?我们是否不会被迫承认黑格尔是正确的,以及我们必须不把黑格尔所认为的那种历史和真理的绝对中介关系认为是诠释学的基础呢?

如果我们想到了历史世界观及其从施莱尔马赫直到狄尔泰的发展,我们就根本不能轻视这一问题。任何地方都表现了这同样的问题。在任何地方,诠释学的要求只有在知识的无限性中,在全部传承物与现在的思维性的中介过程中才能实现。这种诠释学要求是根据完美的启蒙运动的理想,根据我们历史视域的完全开放,根据我们自己的有限性可在无限的知识中得以消除而提出的,简言之,是根据历史认知精神的无所不在(Allgegenwärtigkeit)而提出的。说19世纪的历史主义从未明确地承认这一结论,这显然没有什么重要意义。历史主义最终正是在黑格尔立场中才找到其合法根据,即使充满经验热情的历史学家所喜欢援引的不是黑格尔,而是施莱尔马赫和威廉·冯·洪堡。但是,不管是施莱尔马赫还是洪堡,他们都未真正彻底地思考他们的立场。尽管他们非常强调个体性,强调我们的理解必须克服的陌生性障碍,但理解最终只是在某种无限的意识中才找到它的完成,而这种无限的意识乃是个体性思想的基础。正是这种把一切个体都包含在绝对之中的泛神论观点，才使理解奇迹得以可能。所以，这里是存在和知识在绝对中的相互渗透。不管是施莱尔马赫的康德主义，还是洪堡的康德主义，他们对于唯心论在黑格尔的绝对辩证法中的思辨完成都没有给予独立的系统的肯定。适用于黑格尔的反思哲学批判，也适用于他们。

我们必须探究，我们自己关于某种历史诠释学的尝试是否受到同样的批判，或者，我们是否能使自己摆脱反思哲学的形而上学要求，并能通过记取青年黑格尔派对黑格尔的历史性批判来证明诠释学经验的合法性。

首先，我们必须要认识到绝对反思的强迫力量，并且承认黑格尔的批判家们从未能够真正破坏这种反思的魔力圈。只有当我们不满足于思辨唯心论的非理性主义的归并(Aufweichung)，而能够保留黑格尔思想的真理，那么我们才能够使历史诠释学问题摆脱思辨唯心论的混杂结论。我们这里所说的效果历史意识是这样来思考的，即作品的直接性和优越性在效果意识中并不被分解成单纯的反思实在性，即我们是在设想一种超出反思全能的实在性。这一点是批判黑格尔的关键，正是在这一点上，反思哲学原则实际上证明自身优越于它的一切批判者。

黑格尔对康德"物自体"的著名批判可以明确地说明这一点。[28] 康德对理性所作的批判性界定已经限制了范畴对可能经验对象的应用，并且解释了作为现象基础的物自体在原则上是不可认识的。黑格尔辩证的论证反对说，理性由于作出这种限制并区分现象

---

[28] 参见《哲学百科全书》，第60节。

和物自体，其实也证明这种区分乃是它自己的区分。在作出这种区分时，理性决不达到对它自身的限制，而是通过它作出这种限制而完全自在地存在。因为这意味着，理性已经超出了这种限制。使一个限制成为限制的东西，其实总是同时包含被限制所界限的东西所限制的东西（wogegen das durch die Grenze Eingegrenzte grenzt）。限制的辩证法是：只有通过它扬弃自身才存在。所以，标示物自体区别于它的现象的自在存在（Ansichsein）只是对我们才是自在的。在限制辩证法中表现为逻辑普遍性的东西，在经验中特殊化为这样的意识，即被意识所区分的自为存在乃是它自身的他物。它的真理被认识，是当它被认识为自我，即当它在完全绝对的自我意识中认识自身。我们后面将讨论这个论证的正确性和限制性。

由于黑格尔批判而引起的对这种绝对理性哲学所进行的各种各样批判，并不能抵御黑格尔特别是在他的现象学（即现象知识科学）中所描述的那种总体辩证法自我中介的结论。说他人必须被认作为不是从纯粹自我意识所把握的我自身的他物，而是要被认作为他者、认作为你——这是所有反对黑格尔辩证法无限性的原型——，这并没有真正击中黑格尔的要害。《精神现象学》的辩证法过程也许不能被像承认你的问题这样的任何东西所决定。我们只需要提到这个历史过程中的一些阶段：对于黑格尔来说，我们自己的自我意识只有通过被他人所承认才达到它的自我意识的真理；男人和女人的直接关系是相互承认的自然而然的知识（325）。㉙

㉙ ［最近我在《黑格尔辩证法——六篇诠释学研究论文》（蒂宾根，1980年第2版，现收入我的著作集，第3卷）第3章中对承认辩证法（《精神现象学》，第4章A，自我意识的独立性和依赖性，主人和奴隶）已作了一个精确的解释。］

另外，良知表现了被承认（Anerkanntwerden）的精神要素，并且相互的自我承认（在这种承认中精神是绝对的）只有通过坦白和宽恕才能达到。我们不能否认费尔巴哈和克尔凯郭尔的反驳已经先期考虑到了黑格尔所描述的这些精神形式。

对这位绝对思想家的攻击本身是没有根据的。使黑格尔哲学彻底动摇的阿基米德点永远不会通过反思而找到。这一点正构成反思哲学的形式性质，即任何出发点都包含在回到自身的意识的反思运动中。求助于直接性——不管是肉体本性的直接性，还是提出要求的你的直接性，不管是历史改变的难以测知的事实性的直接性，还是生产关系实在性的直接性——总是一种自我反驳，因为它本身就不是一种直接的态度，而是一种反思的活动。黑格尔左派对单纯的理智和解（这种和解不能说明世界的真正变化）的批判，哲学转向政治的整个学说，在根本上不可避免都是哲学的自我取消。㉓

所以出现了这样一个问题，即反思哲学的辩证优越性在什么范围内符合某种事实真理，以及在什么范围内它只产生一种形式的现象。因为反思哲学的论证最终不能掩盖这一事实，即从有限的人的意识立场出发对思辨思想所进行的批判包含某种真理。这一点特别明显地表现在那种毫无创见的唯心主义形式上，例如新康德主义对于生命哲学和存在哲学的批判。海因里希·李凯尔特——此人在1920年试图通过论证摧毁"生命哲学"——根本不

㉓ 这一点在马克思主义文献里直到今天还是明显可以看到的。参见 J. 哈贝马斯在"关于马克思和马克思主义的哲学讨论"（《哲学评论》，第 4 卷，第 3 期，1957 年，第 183 页以下）对于这一点的有力阐述。

Ⅱ 一种诠释学经验理论的基本特征

能获得在当时已开始蔓延的尼采和狄尔泰的那种影响。尽管我们能够很清楚地论证每一种相对主义的内在矛盾性——但是正如海德格尔所说的,所有这些得胜的论证本身却具有某种使我们不知所措的突然袭击的尝试。[24]尽管这些论证似乎是有说服力的,但它们仍抓不住关键的东西。虽然在使用它们时,我们可能被证明是正确的,但是它们本身并未表现出任何富有价值的卓识洞见。说怀疑论或相对主义的论点一方面要求是真的,另一方面又反驳自己这种要求,这虽然是一个不可反驳的论证,但这究竟有什么成果呢?以这种方式被证明得胜的反思论证其实又回到了论证者,因为它使得我们对一切反思的真理价值产生怀疑。这里受到打击的不是怀疑论或取消一切真理的相对论的实在性,而是一般形式论证的真理要求。

就此而言,这种反思论证的形式主义只在外表上具有哲学的合法性。事实上它并未告诉我们什么。我们首先从古代智者派那里熟悉了这种论证的表面合法性。柏拉图就曾经证明了古代智者派的内在空虚。但柏拉图也曾经是这样的人,他清楚地认识到,根本不存在这样充分的论证标准足以真正区分哲学家的谈话和智者派的谈话。特别是他在第七封信中指出,一个命题的形式矛盾性并不必然排除它的真理性。[25]

一切空洞论证的模式是智者派的问题:我们一般怎么能够探

---

[24] 海德格尔:《存在与时间》,第229页。
[25] 这是343cd那段费解的话的意义,对于这段话,那些否认第七封信可靠的人一定认为有第二个匿名的柏拉图。[参见我的详细解释"柏拉图的第七封信里的辩证法和诡辩论"(我的著作集,第6卷,第90—115页)。]

究我们并不认识的东西呢。柏拉图在《美诺篇》[26]里表述的这个智者派的反驳，并不是通过一种卓越的论证解答，而是非常典型地通过援引灵魂预先存在的神话得到克服的。这当然是一种很富有讽刺意味的援引，因为用来解决问题和探究之谜的预先存在和重新回忆的神话，其实并不表现一种宗教的确实性，而是依据于探究知识的灵魂的确实性，而这种确实性胜过形式论证的空洞性。然而对于柏拉图在逻各斯里所承认的弱点具有典型特征的是，他不是逻辑地，而是神秘地确立对智者派论证的批判。正如真意见是一种上帝的恩惠和礼物一样，对真逻各斯的探究和认识也不是人类精神的自由的私有物。我们以后将会看到，柏拉图在这里赋予苏格拉底辩证法的神秘合法性是具有根本意义的。假如智者派并没有被反驳——而且这不能通过论证来反驳——那么这个论证就要被丢弃。这就是"懒散理性"(faule Vernunft)的论证，并且具有真正象征性的重要性，因为所有空洞的反思，尽管有其得胜的假象，但最终都促使一般反思丧失信誉。

柏拉图对辩证的诡辩论的神秘主义反驳，尽管看上去是令人信服的，但并不使现代思维感到满足。黑格尔并不认识哲学的神秘主义基础。对于他来说，神话其实属于教育学。哲学的基础最终只能是理性。由于黑格尔这样深入地把反思辩证法作为理性的整个自我中介来研究，他从根本上超越了论证的形式主义——我们和柏拉图一样把这种形式主义称为智者派的形式主义。因此，黑格尔的辩证法与柏拉图的苏格拉底论证一样，乃是反对理解的

---

[26] 《美诺篇》，80d以下。

空洞论证,他把这种空洞论证称之为"外在反思"。但是正因为这种原因,深入研究黑格尔对于诠释学问题来说就具有根本意义。因为黑格尔的精神哲学要求实现历史和现代的整个中介。在这种哲学里所研讨的问题并不是反思的形式主义,而是我们自身也必须坚持的同样事情。黑格尔深刻地思索了作为诠释学问题根源的历史度向。

因此,我们必须从黑格尔的观点以及与黑格尔相区别的观点来规定效果历史意识的结构。黑格尔对基督教的唯灵论解释——他用这种解释来规定精神的本质——并不受下面这种反对意见所影响,即这种解释没有为他人的经验和历史他在的经验留下地盘。精神的生命其实正在于:在他在中认识自身。旨在达到自我认识的精神知道自身与陌生的"实证东西"(Positiven)相分裂,并且必须学会使自身与这种实证东西相和解,因为它把这种实证东西认作为自己的和家乡的东西。由于精神消除了实证东西的坚固性,所以它与自身达到了和解。就这种和解乃是精神的历史性工作而言,精神的历史态度就既不是自我反映(Selbstbespiegelung),也不是对它所经历的自我异化单纯形式的辩证的取消,而是一种经验实在的并且本身也是实在的经验。

b) 经验概念和诠释学经验的本质

这正是我们在分析效果历史意识时所必须坚持的东西:效果历史意识具有经验的结构。在我看来,经验概念——尽管看起来非常荒谬——乃是我们所具有的最难以理解的概念之一。因为经验概念在归纳逻辑中对自然科学起了主导的作用,所以它被隶属于一种认识论的解释图式,而这种解释图式在我看来似乎缩减了它原本的内容。我们可以想到,狄尔泰就曾经谴责英国经验论缺乏历史的教养。假如我们说他是在"生命哲学的"动机和科学理论的动机之间犹豫不决地摇摆的话,那么我们可以认为他这种谴责乃是半个批判。事实上,迄今为止的经验理论的缺点(也包括狄尔泰在内)在于:它们完全是从科学出发看问题,因而未注意经验的内在历史性。科学的目的是这样来客观化经验,以使经验不再包含任何历史的要素。自然科学实验是通过它的方法论程序做到这一点的。但是,历史批判方法在精神科学里也是执行这同样的任务。在这两种方法里,客观性都是这样得到保证的,即我们可以使这些基本的经验被每一个人重复。正如在自然科学里实验必须是可证实的一样,在精神科学里,全部程序也应当是可被检验的。就此而言,经验的历史性在科学里是没有任何地位的。

所以,现代科学在其方法论里只是继续贯彻一切经验已经追求的东西。一切经验只有当被证实时才是有效的。因此经验的威望依赖于它的原则上的可重复性。但这意味着,经验按其自身本性要丢弃自己的历史并取消自己的历史。这一点适合于日常生活的经验,并且对于任何一种科学的经验观来说也是正确的。因此,经验理论在目的论上是与这种理论所获知的真理完全相关,这决不是现代科学理论的偶然片面性,而是有事实根据的。

在当代,埃德蒙德·胡塞尔对这个问题给予特别的重视。他在其许多总是新的探究中试图解释那种在科学中出现的经验理想

Ⅱ 一种诠释学经验理论的基本特征

化的片面性。㉗ 为了这个目的,胡塞尔给出了一个经验的系谱,以说明经验作为生命世界的经验在它被科学理想化之前就存在。不过,我认为他似乎仍被他所批判的片面性所支配。因为就他使知觉作为某种外在的、指向单纯物理现象的东西成为一切连续的经验的基础而言,他总是把精确科学经验的理想化世界投射进原始的世界经验之中。我可以引证他的话:"即使由于这种感性的在场(Anwesenheit)它立即引起了我们的实践的或情绪方面的兴趣,对我们立即表现为某种有用的、吸引的或排斥的东西——但所有这些东西都基于这样一个事实,即它是带有那些能够单独通过感觉加以理解的性质的支撑物(Substrat),对于这些性质任何时候都有一种可能解释的途径。"㉘[我们可以看到,本体论的前概念"在场"是怎样强烈地支配着他。]胡塞尔试图从意义起源学上返回到经验的起源地并克服科学所造成的理想化,他这一尝试显然必须以一种特别的方式与这样一种困难相斗争,即自我的纯粹先验主体性实际上并不是作为这样的东西被给予的,而总是存在于语言的理想化中,而这种语言的理想化在所有获得经验的过程中已经存在,并且造成个别自我对某个语言共同体的隶属性。

事实上,如果我们返回到现代科学理论和逻辑的开端,我们将发现这样一个问题,即究竟在什么范围内能够对我们的理性有这

㉗ 参见《经验和判断》第42页以及他的大部头著作《欧洲科学的危机和先验现象学》第48页以下,尤其是第130页以下的说明。[这里作为基础的是一个很不同的基本概念。我认为,"纯粹的"知觉在现象学上就是一种单纯的构造,这个构造相应于派生出来的现成性(Vorhandenheit)概念——因此表现了他的科学理论仍有理想化倾向的残余。]

㉘ 《胡塞尔文库》,第6卷。参见本书第251页以下。

样一种纯粹的使用,使它按照方法论原则进行工作并摆脱一切前见和先入之见——首先是"语言方面的"前见和先入之见。在这个领域内,培根的特殊成就在于:他并不满足于那种把经验理论发展成为某种真归纳理论的固有的逻辑任务,而是相反地讨论了这种经验工作在道德上的全部困难和在人类学上的可疑性。他的归纳方法试图超出日常经验所具有的无规则性和偶然性,并且特别是超出日常经验的辩证使用。在这方面,他以一种预示方法论研究新时代的方式彻底地动摇了那种在当时仍被人文主义经院哲学所主张的基于简单枚举法的归纳理论。归纳概念利用了这样一种观念,即我们可以根据偶然观察进行概括,只要不出现相反事例,我们就可认为它有效。众所周知,培根用自然解释(interpretatio naturae),即对自然的真实存在的专门解释,来与这种预期(anticipatio),即这种对日常经验的草率概括相对立。㉘ 自然解释应当通过按方法进行的实验允许我们一步一步地上升到真实的可靠的普遍性,即自然的简单形式。这种真实的方法的特征是精神在那里不能为所欲为。㉙ 精神不能够像它所想的那样自由翱翔。为了获得一种有秩序的避免一切草率结论的经验,它只需要 gradatim(一步一步地)从特殊东西上升到普遍东西。㉚

培根自己把他所要求的方法称之为实验的方法。㉛ 但是我们

㉘ F.培根:《新工具》,第 1 卷,第 26 页以下。
㉙ 同上书,第 20 页以下、第 104 页。
㉚ 《新工具》,第 1 卷,第 19 页以下。
㉛ 同上书,特别要参见"distributio operist"("著作的分类")。

II 一种诠释学经验理论的基本特征

必须记住,实验在培根那里并不总是指自然科学家的一种技术性的活动,即在孤立的条件下人为地引出事件过程并使之得以量度。实验其实是而且首先是对我们精神的一种巧妙的指导,阻止它纵情于草率的概括,并使它自觉地改变它对自然的观察,自觉地面对最遥远的、表面上最不同的事例,以致它可以学会以一种逐渐的和连续的方式,通过排除过程去达到公理。㉓

整个来说,我们将同意一般对培根的批判,并必须承认培根的方法论建议是令人失望的。他的这些建议太含混和一般了,特别是在应用于自然研究时很少有成效,有如我们今天所看到的。的确,这位反对空疏的辩证和诡辩的学者本身也总是深深地陷入在他所攻击的形而上学传统及其辩证的论证形式中。他那种通过服从自然而达到征服自然的目的,那种攻击和强迫自然的新态度,以及所有那些使他成为现代科学先驱的一切,只是他的工作的一个纲领性的方面,而在这方面他的贡献很难说是不朽的。他的真正成就其实在于,他广泛地研究了那种支配人的精神并使人的精神脱离事物真知识的成见,而且因此使精神进行了一场方法论上的自我纯化,而这种精神自我纯化与其说是方法毋宁说是训练(disciplina)。培根这种著名的"成见"学说的最重要意义就在于使我们有可能遵照方法来使用理性。㉔ 正是这一点使我们对他发生了兴趣,因为这里尽管是批判的、为了排斥的目的,却表述了那种与科学目的没有任何目的论关系的经验生命环节。例如,当培根在

㉓ 《新工具》,第1卷,第22、28页。
㉔ 同上书,第38页以下。

"种族假相"里讲到人的精神总是天生地倾向于记住肯定的东西和忘记否定的东西时，就是这样。如信仰神谕就是依靠这种人的遗忘性，人的这种遗忘性只使人记住真实的预言，而不注意不真实的预言。同样，在培根看来，人的精神与语言习惯的关系也是一种被空洞的传统形式所混淆的知识形式。它属于市场假相。[259]

这两个例子足以表明，在培根那里，支配我们问题的目的论方面并不是唯一可能的方面。肯定的东西在记忆中的优先性是否在任何地方都有效，忘记否定的东西这一生命倾向是否在任何地方都被批判地对待，这对我们来说乃是一个重要的问题。自从埃斯库罗斯[260]的《普罗米修斯》以来，希望的本质是一个如此清晰的人类经验的标志，以致我们——由于人类经验在人类学上的重要性——必须把那种承认目的论为知识成就唯一标准的原则认为是片面的。关于语言的重要性我们大概有同样的看法，因为语言是先于一切经验而存在的。所以，虽然虚假的语词问题可能得自于语言习惯的统治，但语言同时又确实是经验本身的积极条件和指导。此外，胡塞尔也和培根一样，在语言表达领域内更多注意的是否定的方式，而不是肯定的方式。

因此，在分析经验概念时，我们将不让自己受这些模式的指导，因为我们不能限制自己于这种至今已发现有很多问题的目的论方面。但这并不是说，这方面未正确地把握经验结构中的真正要素。经验只有在它不被新的经验所反驳时才是有效的（ubi non reperitur instantia contradictoria），这一点显然表现了经验一般本质的特征，不管我们是在讨论现代意义上的科学的经验活动，还是在讨论我们每一个人经常所具有的日常生活的经验。

II 一种诠释学经验理论的基本特征

所以,这种特征与亚里士多德在他的《后分析篇》附录里对归纳概念所做的分析完全一致。[29] 亚里士多德在那里(同样在《形而上学》第1章里)描述了一种统一的经验是怎样通过许多个体的记忆而从许多个别的知觉推导出来。这是一种什么样的统一呢?显然,这是一种共相的统一。但是,经验的普遍性不等于科学的普遍性。按照亚里士多德的看法,经验的普遍性其实是在许多个别的知觉和真正的概念普遍性之间占据了一个显然不确定的中间位置。科学和技术是以概念的普遍性为它们的出发点。但是,什么是经验的普遍性,以及它怎样过渡到新的逻各斯的普遍性呢?如果经验向我们表明,某种特殊的药剂具有某种特定的效果,那么这意味着,某种共同的东西已从许多观察里被看出来了,而且真正的医学问题、科学问题确实只有从某种有保证的观察出发才有可能:这就是逻各斯的问题。科学知道为什么、根据什么理由这种药剂才有治疗的效果。经验不是科学本身,但经验却是科学的必要前提。经验必须已经是确实的,也就是说,个别的观察必须表现同样的规则性。只有当那种在经验中所涉及的普遍性被达到了,我们才可能探讨原因的问题并因此走向科学。我们重新要问:什么是这样一种普遍性?它显然是涉及许多个别观察的无差别的共同东西。正是因为我们记住了这许多观察,我们才可能作出某种确实的预见。

经验(Erfahrung)、记忆(Behalten)与由之而得出的经验统一性之间的关系在这里显然仍是不清楚的。亚里士多德在这里显然

---

[29]《后分析篇》,B19(第99页以下)。

依据于一种在他的时代已具有某种经典特征的思想论证。我们首先可以在安那克萨哥拉[261]那里找到这种论证。按照普罗塔克的说法,安那克萨哥拉曾证明人之所以区别于野兽,在于人有Empeiria(经验)、Mneme(记忆)、Sophia(智慧)和Techne(技艺)。㉘ 在埃斯库罗斯的《普罗米修斯》对"Mneme"(记忆)的强调里我们也发现了同样的观点。㉙ 虽然我们在柏拉图的普罗塔哥拉斯故事里没有发现同样的对"Mneme"的强调,但柏拉图㉚和亚里士多德都指出这已经是一种确定的理论。保留重要的知觉(monē)显然是有一种相联系的动机,即使我们能从个别人的经验得到普遍东西的认识。所有具有这种意义——即过去意义和时间意义——的Mneme(记忆)的动物,是与人类很相近的。我们需要一种特殊的探究,以考察记忆(mnēmē)和语言之间的关系怎样在我们已概述其踪迹的早期经验理论里发生作用。显然这种获得普遍概念的过程是与学习命名和讲话的过程联系在一起的,泰米斯修斯(Themistius)[262]毫不犹豫地通过语言学习和语词形成的例子来解释亚里士多德对归纳法的分析。不过,我们应当注意,亚里士多德所讲的经验普遍性无论如何决不是概念普遍性和科学普遍性。(我们由于这种理论而触及的问题无疑是智者派教育思想的问题。因为我们在所有可得到的文献中都发现这里所涉及的人类特征和自然的普遍安排之间有一种关系。但这种使人和动物彼此对立的动

㉘ 普罗塔克:《论幸运》,3P.98F=第尔斯:《前苏格拉底哲学家残篇》,安那克萨哥拉,B21b。

㉙ 埃斯库罗斯:《普罗米修斯》,461。

㉚ 《斐多篇》,96。

机正是智者派教育理想的当然出发点。)经验总是只在个别观察里才实际存在。经验在先在的普遍性中并不被认识。经验对于新经验的基本开放性(offen heit)正在于这里——这不仅是指错误得以更正这种一般的意义,而且也指这样的意思,即经验按其本质依赖于经常不断的证实,如果没有证实,经验必然会变成另外一种不同的东西(ubi reperitur instantia contradictoria)。

亚里士多德对于这种处置方法的逻辑给出了一个很美的图画。他把某人所做的许多观察与溃逃的(fliehenden)军队作比较。[263]这些观察是逃遁的(flüchtig,意即易变的),就是说,它们不是站得住的(stehenbleiben,意即不是固定不变的)。但是,如果在这种普遍的逃遁(Flucht,意即易变性)中一旦有某个观察被重复的经验所证明,这个观察就是站得住的(即固定不变的)。这样一来,在这一点上就好像在普遍的逃遁中出现了第一个停止。如果他人也这样停止,那么整个逃亡的军队最后都停止,并再服从统一命令。这里对整体的统一控制形象地说明了什么是科学。这个图画应当用来表明科学,即普遍真理怎么才是可能的,科学不可能依赖于观察的偶然性,而应当具有一种真正普遍的有效性。如果观察是这样依赖于偶然性,怎么能够从观察中产生科学呢?

这幅图画对于我们来说是重要的,因为它揭示了经验本质里起决定性作用的要素。正如所有图画一样,这幅图画也是不完美的。但是,图画的不完美并不是一个缺点,而是它所履行的抽象工作的反面情况。亚里士多德关于逃亡的军队的图画是不完美的,因为它从一个错误的前提出发,即在逃亡之前军队是站住不动的。这一点对于我们这里所应当描画的东西即知识产生方式当然是不适合的。但是,正是由于这个缺点我们看到了应当被这幅图画所说明的唯一东西:经验的产生是这样一个过程,对于这个过程没有一个人能支配它,并且甚至不为这个或那个观察的特殊力量所决定,而在这个过程中所有东西都以一种最终不可理解的方式被彼此组合整理在一起。图画敞开了这样一种获取经验的特有过程,即经验是突然地、不可预见地、然而又不是没有准备地从这个或那个对象所获得,并且从那时直到有新的经验为止都是有效的,即不仅对这个或那个事例,而是对所有这类东西都起决定性作用的。按照亚里士多德的看法,正是通过这种经验普遍性才产生真正的概念普遍性和科学的可能性。所以图画说明了经验的无规则的普遍性(经验的缀合)怎样实际导致 archē(始基)的统一[archē="命令"(Kommando)和"原则"(Prinzip)]。

如果我们现在和亚里士多德一样,只就"科学"着眼来思考经验的本质[——这当然不是指"现代"科学(Wissenschaft),而是指"知识"(Wissen)——],那么我们就简化了这种经验产生的过程。亚里士多德的图画虽然描述了这个过程,但他的描述是根据一些过分简单的前提,而这些前提又不是这样有效的。好像我们能够自发地对经验给出一种不包含矛盾的说明似的!亚里士多德在这里已经作了这样一个假设,即在观察的逃遁之中站住的、作为一种共相而出现的东西,事实上就是它们中共同的东西;对于亚里士多德来说,概念的普遍性就是一种本体论上的在先东西(Prius)。亚里士多德之所以有兴趣于经验,只是因为经验对于概念的形成有贡献。

如果我们这样从经验的结果来考察经验,那么经验产生的真

Ⅱ 一种诠释学经验理论的基本特征

正过程就被忽略过去了。这个过程事实上是一个本质上否定的过程。它不能简单地被描述为典型普遍性的不中断的发展。这种发展其实是这样产生的,即通过连续的错误的概括被经验所拒绝,以及被认为典型的东西被证明不是典型的。㉙ 这一点在语言上已表现出来了,因为我们是在两种不同的意义上讲到经验,一是指那些与我们的期望相适应并对之加以证明的经验,一是指我们所"做出"(macht)的经验。后一种经验,即真正意义上的经验,总是一种否定的经验。如果我们对某个对象作出一个经验,那么这意味着,我们至今一直未能正确地看事物,而现在才更好地知道了它是什么。所以经验的否定性具有一种特殊的创造性的意义。经验不单纯是一种我们看清和做了修正的欺骗(Täuschung),而是我们所获得的一种深远的知识。所以,我们对之作出经验的对象不能是一种任意捡起的对象,它一定具有这样的性质,即我们通过它不仅获得对它本身的更好的知识,而且也获得对于我们事先已知道的东西,即某种共相的更好的知识。经验通过否定而做到这一点,因此这种否定乃是一种肯定的否定。我们称这种经验为辩证的(dialektisch)。

对于我们来说,对于经验的辩证要素最重要的见证人,不再是亚里士多德,而是黑格尔。在黑格尔那里,历史性要素赢得了它的权利。黑格尔把经验设想为正在行动的怀疑论(den sich vollbrin-

---

㉙ [这一点同样也可以用卡尔·波普尔[264]的 trial and error(试验除错)这个概念来解释。——但有一个限制,即这概念太多地从人类经验生活的意志出发,而太少地从激情出发。如果只是就《研究的逻辑》而言,这是正确的,但是,如果我们意指在人的经验生活中实际起作用的逻辑,则这是不正确的。]

genden Skeptizismus）。而且我们看到，某人所作出的经验改变他的整个知识。严格地说，我们不能两次"作出"同一个经验。当然，经验的本性就在于它不断地被证实。好像只有通过重复，经验才能被获得。但是，作为被重复和被证实的经验，它又不再"成为"新的经验。当我们已做出一个经验，这意味着，我们占有它。我们现在可以预见以前未曾期待的东西。同样的东西对于某人不能再变成一种新的经验。只有某个其他的未曾期待的东西才能对某个占有经验的人提供某种新的经验。所以正在经验的意识已经颠倒了它的方向——即返回到它自身。经验者（Der Erfahrende）已经意识到他的经验——他是一个有经验者（Erfahrender）。所以，他获得了一个某物对他能够成为经验的新的视域。

这就是黑格尔对我们来说成为一个重要的见证人的根本点。他在其《精神现象学》中曾经指出那种想确信自身的意识怎样作出它的经验的。对于意识来说，它的对象就是自在之物（das Ansich），但究竟什么是自在之物，总是只能以它对于经验着的意识怎样表现而被知道的。所以，经验着的意识具有这种经验：对象的自在性是"为我们"（für uns）而自在。[265]

黑格尔在这里分析了经验概念——这是一个曾经引起海德格尔特别注意的分析，海德格尔对这个分析既感兴趣又感到厌恶。黑格尔说："意识对它自身——既对它的知识又对它的对象——所实行的这种辩证的运动，就其潜意识产生出新的真实对象这一点

---

⑩ 黑格尔：《精神现象学》，导论（霍夫迈斯特编，第73页）。
⑪ 海德格尔："黑格尔的经验概念"（《林中路》，第105—192页）。

Ⅱ 一种诠释学经验理论的基本特征

而言,恰恰就是人们称之为经验的那种东西。"[266]让我们回忆一下前面所说的东西,并且探究一下黑格尔究竟意指什么,因为他在这里显然想对经验的普遍本质作某种陈述。海德格尔曾经指出——我认为是正确的——黑格尔在这里不是辩证地解释经验,而是相反地从经验的本质来思考什么是辩证的东西。㊿按照黑格尔的看法,经验具有一种倒转意识(Umkehrung des Bewusstseins)的结构,因此它是一种辩证的运动。虽然黑格尔是在说通常对经验所理解的东西好像是别的东西,即一般来说我们"是通过一个另外的对象而经验到这第一个概念的非真实性"(而不是说对象改变自身)[267]。但是,这种不同只是一种表面现象。实际上,哲学意识知道经验着的意识当它从一个对象过渡到另一个对象时究竟在做什么:它在倒转自身。所以黑格尔主张,经验本身的真实本质就在于这样倒转自身(sich so umzukehren)。[268]

正如我们所看到,经验实际上首先总是否定(Nichtigkeit)的经验。它不是像我们所认为的那样。鉴于我们对另外某个对象所作出的经验,我们的知识及其对象这两者都在改变。我们现在可以另一种方式而且更好地知道这一点,这就是说,对象本身"并不坚守住"(hält nicht ans)。新的对象包含关于旧的对象的真理。

黑格尔以这种方式描述为经验的东西,乃是意识对于它自身所作出的经验。"经验的原则包含一个无限重要的规定,就是为了要接受或承认某个内容为真,我们必须自身出现在那里(dabei),或更确切地说,我们必须发现那一内容与我们自身的确实性相结

㊿ 《林中路》,第169页。

合和相统一",黑格尔在《哲学百科全书》中这样写道。⑳ 经验概念正是意指这一点,即这种与我们自身的相结合首先被确立。这就是意识所发生的倒转(Umkehrung),即在陌生的东西中、在他物中认识自身。经验的运动不管是作为一种向内容的多样性的自我扩展,还是作为愈来愈新的精神形式的涌现(哲学科学就是理解这种精神形式的必然性),在任何情况下它都是意识的倒转。黑格尔对经验的辩证描述具有某种真理。

当然,按照黑格尔的看法,意识的经验运动必然导致一种不再有任何他物或异己物存在于自身之外的自我认识(Sichwissen)。对于他来说,经验的完成就是"科学"(Wissenschaft),即自身在知识(Wissen)中的确实性。因此他用以思考经验的标准,就是自我认识的标准。这样,经验的辩证运动必须以克服一切经验为告终,而这种克服是在绝对的知识里,即在意识和对象的完全等同里才达到。从这里我们就可理解黑格尔对于历史所作的应用为什么对于诠释学意识不是正确的,因为他把这种应用理解为哲学的绝对自我意识的一部分。经验的本质在这里从一开始就被用某种超出经验的东西来设想。经验本身从来就不能是科学。经验永远与知识、与那种由理论的或技艺的一般知识而来的教导处于绝对的对立之中。经验的真理经常包含与新经验的关联。因此,我们称为有经验的人不仅通过经验而成为那样一种人,而且对于新的经验也取开放的态度。他的经验的完满性,我们称为"有经验的"人的完满存在,并不在于某人已经知道一切并且比任何其他人更好地

---

⑳ 《哲学百科全书》,§7。

II 一种诠释学经验理论的基本特征

知道一切。情况其实正相反，有经验的人表现为一个彻底非独断的人，他因为具有如此之多经验并且从经验中学习如此之多东西，因而特别有一种能力去获取新经验并从经验中进行学习。经验的辩证运动的真正完成并不在于某种封闭的知识，而是在于那种通过经验本身所促成的对于经验的开放性。

但是这样一来，我们这里所讲的经验概念就包含某种性质上崭新的要素。它不只是指这一事物或那一事物给予我们教导这种意义上的经验。它意指整个经验。它是那种必须经常被获取并且没有人能避免的经验。经验在这里是某种属于人类历史本质的东西。虽然为了某种教育的目的，例如双亲在教导他们的孩子时，我们可以使某人免去某些经验，但经验作为整体却不是任何人能避免的东西。这种意义上的经验其实包含了各种各样期望的落空（mannigfache Enttäuschung von Erwartungen），并且只是由于这种期望落空，经验才被获得。说经验主要是痛苦的和不愉快的经验，这并不表示一种特别的悲观（Schwarzfärberei），而是可由经验的本质直接看出来。正如培根已经知道的，我们只是通过否定的事例才获得新的经验。每一种名副其实的经验都与我们的期望相违背。所以人类的历史存在都包含一种根本的否定性作为本质要素，而这种否定性在经验和洞见的本质关系中显露出来。

洞见（Einsicht）的意义远多于对这一情况或那一情况的认识。洞见经常包含从某种欺骗和蒙蔽我们的东西的返回（Zurückkommen）。就此而言，洞见总是包含某种自我认识的要素，并且表现了我们在真正意义上称之为经验的东西的某种必然方面。洞见是某种我们来到的东西（wozu man kommt）。所以洞见最终是人类存在本身的某种规定,即是有见识的(einsichtig)和富有洞见的(einsichtsvoll)。

如果我们想为我们这里所说的经验本质第三个要素同样举出一个见证人,那么最好的就是埃斯库罗斯。埃斯库罗斯发现了这样一个公式,或者更确切地说,认识到这一公式里那种表现了经验的内在历史性的形而上学意义:"通过受苦而学习"(pathei-mathos)。这个公式不只是意味着,我们通过灾难而变成聪明,以及对事物的更正确的认识必须首先通过迷惑(Täuschung)和失望(Enttäuschung)而获得。如果这样来理解,那么这个公式可能就像人类经验本身一样古老。但是埃斯库罗斯以此意味更多的东西。[304] 他意指事情为什么是这样的理由。人应当通过受苦而学习的东西,不是这个或那个特殊的东西,而是对人类存在界限的洞见,对人类与上帝之间界限的绝对性的洞见。它最终是一种宗教的认识——即那种促使希腊悲剧诞生的认识。

所以,经验就是对人类有限性的经验。真正意义上有经验的人是一个对此经验有认识的人,他知道他既不是时间的主人,又不

---

[304] H. 德里在其富有见识的研究"痛苦和经验"(《美国科学和文学研究院院刊》,1956年,第5卷)中曾经从谚语的角度探讨 πάθος μάθος 这对押韵词的起源。他推测,这个谚语的原始意义是,只有愚蠢的人为了成为聪明的人才必须受苦,而聪明人是小心谨慎的。他说,埃斯库罗斯赋予这对词以宗教意蕴,乃是后来的发展。这一点似不令人信服,假如我们想到埃斯库罗斯所举的神话是讲人类性格的缺点,而不只是讲个别愚蠢人的话。另外,我们人类预见的限制是一个如此早期的人类经验,并且与一般人类痛苦经验这样紧密地联系在一起,以致我们很难相信,这个洞见在埃斯库罗斯发现它之前一直隐藏在一个无关紧要的谚语里。[最近在《文科中学》第87卷(1980年)第283页以下有海因茨·奈策尔关于埃斯库罗斯的"基本词"的文章,按照他的看法,这里意指对傲慢的惩罚,正如"谁不想听取,谁就必须自己去感受"。]

II 一种诠释学经验理论的基本特征

是未来的主人。这也就是说,有经验的人知道一切预见的界限和一切计划的不可靠性。在有经验的人身上经验的真理价值得到实现。如果经验过程里的每一阶段都已表现了有经验的人对新的经验具有一种开放性这一特征,那么这一特征也完全适合于完满经验的观念。所谓完满经验,并不是说经验来到了终点和达到了一个更高级的知识形式(黑格尔),而是说经验第一次完全地和真正地得到了存在。在完满经验里,一切独断论——起源于人类心境中的那种展翅翱翔的欲望——达到了某种绝对的界限。经验教导我们承认实在的东西。正如所有一般的认识愿望一样,对存在东西(was ist)的认识乃是一切经验的真正结果。但是存在东西在这里不是指这个或那个事物,而是指那种"不再可推翻的东西"(兰克)。

真正的经验就是这样一种使人类认识到自身有限性的经验。在经验中,人类的筹划理性的能力和自我认识找到了它们的界限。说任何事物都能被倒转,对于任何事物总是有时间,以及任何事物都可以任意地重新出现,这只能被证明是一种幻觉。存在和行动于历史中的人其实经常经验到,没有任何东西可以重新出现。对存在东西的承认在这里并不意味着对一度存在于那里的东西的认识,而是意味着对这样一种界限的洞见,在这界限内未来对于期望和计谋仍是开放的——或者更彻底地说,意味着有限存在的一切期望和计谋都是有限的和有限制的。真正的经验就是对我们自身历史性的经验。所以,经验概念的讨论达到了这样一个对于我们探究效果历史意识的本质很有启发性的结论。效果历史意识作为一种真正的经验形式,一定反映了经验的普遍结构。所以我们必须在<u>诠释学经验</u>中找出那些我们在上面对经验的分析中已经识别的要素。

  诠释学经验与**传承物**(Überlieferung)有关。传承物就是可被我们经验之物。但传承物并不只是一种我们通过经验所认识和支配的事件(Geschehen)，而是语言(Sprache)，也就是说，传承物像一个"你"那样自行讲话。一个"你"不是对象，而是与我们发生关系。如果认为在传承物中被经验的东西可以被理解为另一个人即"你"的意见，这将是错误的。我们宁可认为，对传承物的理解并不把传承的文本理解为某个"你"的生命表现，而是理解为某种脱离有意见的人、"我"和"你"的一切束缚的意义内容。尽管如此，对"你"的态度和这里出现的经验的意义一定能够有助于对诠释学经验的分析。因为传承物是一个真正的交往伙伴(Kommunikationspartner)，我们与它的伙伴关系，正如"我"和"你"的伙伴关系。

  显然，"你"的经验一定是一种特殊的经验，因为"你"不是对象，而是与我们发生关联。就此而言，我们上面提出的经验结构要素在这里将有一种变更。因为经验对象本身在这里具有人的特征，所以这种经验乃是一种道德现象，并且通过这种经验而获得的知识和他人的理解也同样是道德现象。因此让我们考察当经验是"你"的经验和诠释学经验时，经验结构将发生怎样的改变。

  存在这样一种"你"的经验，这种经验试图从同伴的行为中看出典型的东西，并且能够根据经验作出关于另一个人的预见。我们把这称之为人性知识(Menschenkenntnis)。我们理解另一个人，正如我们理解我们经验领域内的另外某个典型的事件。我们可以估量他。正如所有其他工具一样，他的行为也是作为工具服务于我们的目的。从道德上看，这种对"你"的态度意味着纯粹的

Ⅱ 一种诠释学经验理论的基本特征

自我关联性（Selbstbezüglichkeit），并与人的道德规范相抵触。众所周知，康德在解释无上命令时曾经特别这样说过，我们不应把其他人只作为工具来使用，而应当经常承认他们本身就是目的。

如果我们把对"你"的态度和对"你"的理解这种表现人性认识的形式应用于诠释学问题，那么对应的东西是对方法的素朴信仰以及通过方法可能达到的客观性。谁以这种方式理解传承物，谁就使传承物成为对象，但这也就是说，他以一种自由的无动于衷的方式面对传承物，并且由于他在方法上排除了与传承物关系中的一切主观因素，因而他知道传承物包含什么。我们曾经看到，他这样一来就使自己脱离了那种曾使他自身具有历史性实在的传统的继续影响（Fortwirken）。遵循18世纪方法论思想和休谟对此所作的纲领性表述的社会科学方法，其实是一种模仿自然科学方法论的陈词滥调。㊱ 但是，这只是说明了精神科学实际工作程序的一个方面，甚至这一方面也极端地被简化，因为这里所认识的只是人类行为中典型的东西、合乎规则的东西。因此，正如我们在自亚里士多德以来的关于归纳概念的目的论解释中所认识到的，这同样也使诠释学经验的本质失去了固有的光泽。

对"你"的经验和"你"的理解还有第二种方式，这在于："你"被承认为一个人，但是，尽管此人在对"你"的经验中有牵连，对"你"的理解仍是一种自我相关（Ichbezogenheit）的形式。这种自我相关起源于我-你关系的辩证法所引起的辩证假象。我-你关系不是一种直接关系，而是一种反思关系。对于任何一个要求都有一个

㊱ 参见本书导言关于这一问题的评论（第1页以下）。

相反的要求。这就是为什么关系中的每一方在反思上都能够巧妙地越过另一方的理由。一个人要求从自身出发去认识另一个人的要求,甚至要求比另一个人对自身的理解还要好地去理解这另一个人。这样,这个"你"就丧失了他对我们提出要求的直接性。他被理解了,但是这意味着,他是从另一个人的观点出发被预期和在反思上被截取了。就这是一种相互关系而言,它有助于构造我-你关系本身的实在性。人们之间的一切生命关系的内在历史性在于相互承认经常有斗争。相互承认可能采取不同程度的对立关系,一直到一个"我"被另一个"我"所完全统治。但是,甚至最极端的统治和奴役的形式也都是真正辩证的结构关系,正如黑格尔所曾经指出的。⑩[269]

这里获得的对"你"的经验实际上比人性认识更恰当。因为人性认识只试图估量另一个人将怎样行动。要把另一个人看成一个可以绝对被认识和使用的工具,这是一种幻觉。甚至奴隶也存在反抗主人的权力意志,正如尼采所正确说过的。⑪ 但是,这种支配一切我-你关系的交互性辩证法对于个体的意识必然是隐蔽的。通过服役而对主人横行霸道的奴隶,决不会认为他这样做有他自己个人的目的。事实上,他自己的自我意识正在于摆脱这种交互性的辩证法,从对他人的关系中反思他自身,并且因此成为他所不能企及的。由于我们理解了他人,要求认识他人,我们就从他那里

---

⑩ 参见卡尔·勒维特在《同类角色中的个人》(1928年)中关于这种"我"和"你"反思辩证法的卓越分析,以及我的评论,见《逻各斯》,XVIII(1929年),第436—440页。[现收入我的著作集,第4卷。]

⑪ 《查拉图斯特拉如是说》,第2部分(论自我超越)。

取得他自己要求的一切合法性。特别是关怀照顾的辩证法是以这种方式起作用，因为它把人类之间的一切关系都识破为追求统治的一种反思形式。想预先理解他人的要求执行了这样一种功能，即对他人要求保持一种实际的距离。这一点我们从教育关系这一权威的关怀形式上就很为熟悉。在这些反思的形式里，我-你关系的辩证法得到更明确的规定。

在诠释学领域内，与这种对"你"的经验相对应的，乃是我们一般称之为历史意识的东西。历史意识知道他物的他性（Andersheit），知道在他物他性中的过去，正如对"你"的理解知道"你"为一个人。历史意识在过去的他物中并不找寻某种普遍规律性的事件，而是找寻某种历史一度性的东西。由于它在对他物的认识中要求超出它自己的一切条件，所以它被束缚于一种辩证的假象中，因为它实际上试图成为过去的统治者。这不一定是由于世界史哲学的思辨要求——它也可能作为一种启蒙运动的完美理想为历史科学的经验态度指明道路，有如我们在狄尔泰那里所认识的。在我们对诠释学意识的分析中我们已经指出，历史意识所创造的、与知识中所完成的经验的辩证假象相符合的辩证假象乃是历史启蒙运动的不可能实现的理想。谁因为他依据于他的方法的客观性并否认他自己的历史条件性而认为自身摆脱了前见，他就把不自觉支配他的前见的力量经验为一种 vis a tergo（从背后来的力）。凡是不承认他被前见所统治的人将不能看到前见光芒所揭示的东西。这种情况正如"我"和"你"之间的关系一样。谁在这样一种关系的交互性之外反思自己，谁就改变了这种关系，并破坏了其道德的制约性。同样，谁在与传统的生命关系之外来反思自己，谁就破坏了这种传统的真实意义。试图理解传统的历史意识无需依赖于方法上是批判的工作方式来接触原始资料，好像这种工作方式可以保证它不把自己的判断与前见相混淆似的。历史意识实际上必须考虑自己的历史性。正如我们已经表述的，立于传统之中，并不限制认识的自由，而是使这种自由得以可能。

正是这种认识和承认才构成诠释学经验的第三个也是最高的类型：效果历史意识具有对传统的开放性。所以，效果历史意识与对"你"的经验具有一种真正的符合关系。正如我们所看到的，在人类行为中最重要的东西乃是真正把"你"作为"你"来经验，也就是说，不要忽视他的要求，并听取他对我们所说的东西。开放性就是为了这一点。但是，这种开放性最终不只是为我们要听取其讲话的这个人而存在。而情况是这样，谁想听取什么，谁就彻底是开放的。如果没有这样一种彼此的开放性，就不能有真正的人类联系。彼此相互隶属（Zueinandergehören）总同时意指彼此能够相互听取（Auf-ein-ander-Hören-können）。如果两个人彼此理解了，这就不是说，一个人"理解"、即通观了另一个人。同样，"听取某人"（auf jemanden hören）也不只是指我们无条件地做他人所想的东西。谁这样做，我们就称他为奴隶。所以，对他人的开放性包含这样一种承认，即我必须接受某些反对我自己的东西，即使没有任何其他人要求我这样做。

这就是与诠释学经验相符合的东西。我必须同意传统要求的有效性，这不仅是在单纯承认过去的他在性的意义上，而且也是在传统必定有什么要对我说的方式上。所以，这要求一种根本的开放性。谁以这种方式对传统实行开放，谁就看清了历史意识[指历

Ⅱ 一种诠释学经验理论的基本特征

史主义]根本不是真正开放的，而是相反，当它"历史地"读它的文本时，它总已经先行地和基本地弄平了（nivelliert）传统，以致我们自身认识的标准从未被传统提出问题。这里我想起了历史态度一般进行的朴素比较方式。弗里德里希·施莱格尔的《吕克昂》第25节说道："所谓历史批判的两个基本原则是平常公设和习惯公理。平常公设是：一切伟大的、善的和美的东西都是或然的，因为它们是异常的，至少是可疑的。习惯公理是：事物必须到处都像它们对我们所呈现的那样，因为这一点对于一切事物都是这样自然"——与此相反，效果历史意识超出这种适应（Angleichen）和比较（Vergleichen）的朴素性，因为它让自身经验传统，并对传统所具有的真理要求保持开放。诠释学意识并不是在它的方法论的自我确信中得到实现，而是在同一个经验共同体（Erfahrungsgemeinschaft）中实现——这共同体通过与受教条束缚的人的比较来区分有经验的人。这就是我们现在可以更精确地用经验概念来刻画效果历史意识特征的东西。

c) 问题在诠释学里的优先性

α) 柏拉图辩证法的范例

这预示了我们继续研究的方向。我们现在将考察那种刻画诠释学意识特征的开放性的逻辑结构，并且提示我们在分析诠释学境况时问题概念曾具有怎样一种重要性。显然，在所有经验里都预先设定了问题的结构。如果没有问题被提出，我们是不能有经验的。承认事情是不同的，不是像我们最初所想的那样，这显然预先假设了这样一个问题在进行，即该事情是这样还是不是这样。

经验本质所包含的开放性从逻辑上看就是这种非此即彼的开放性。开放性具有问题的结构。正如经验的辩证否定性是在完满经验的观念里得到它的实现——因为在完满经验的观念里我们意识到我们的绝对有限性和有限存在——同样,问题的逻辑形式和问题所包含的否定性也是在某种彻底的否定性即无知的知识中得到它的完成。这就是著名的苏格拉底式的 docta ignorantia(博学的无知),这种无知在最极端的疑难否定性中开启了问题的真正优越性。如果我们想解释诠释学经验的特殊性质,我们就必须深入地考察问题的本质。

问题的本质包含:问题具有某种意义。但是,意义是指方向的意义(Richtungssinn)。所以,问题的意义就是这样一种使答复唯一能被给出的方向,假如答复想是有意义的、意味深长的答复的话。问题使被问的东西转入某种特定的背景中。问题的出现好像开启了被问东西的存在。因此展示这种被开启的存在的逻各斯已经就是一种答复。它自身的意义只出现在问题的意义中。

柏拉图关于苏格拉底的描述提供给我们的最大启发之一就是,提出问题比答复问题还要困难——这与通常的看法完全相反。当苏格拉底的对话者不能答复苏格拉底的麻烦问题,倒转矛头,主张他们所谓的提问者的有利地位时,他们是完全失败的。[⑱] 在柏拉图对话的这种戏谑性动机背后存在对真正谈话和非真正谈话的批判性区分。对于那些在谈话中只是想证明自身正确而不是想得到有关事情的见解的人来说,提出问题当然比答复问题更容易。

---

⑱ 参见《普罗塔哥拉斯》第 335 页以下关于谈话形式的争论。

II 一种诠释学经验理论的基本特征

他不能答复问题,对他来说构不成什么危险。但是谈话对方再次的拒绝却实际表明,那个认为自己更好地知道一切的人根本不能提出正确的问题。为了能够提出问题,我们必须要知道,但这也就是说,知道我们并不知道。因此在柏拉图所描述的问题和答复、知识和无知之间的戏谑性的替换中,包含承认问题对于一切有揭示事情意义的认识和谈话的优先性。应当揭示某种事情的谈话需要通过问题来开启该事情。

由于这种理由,辩证法的进行方式乃是问和答,或者更确切地说,乃是一切通过提问的认识的通道(Durchgang)。提问就是进行开放(ins Offene stellen)。被提问东西的开放性在于回答的不固定性(Nichtfestgelegtsein)。被提问东西必须是悬而未决的,才能有一种确定的和决定性的答复。以这种方式显露被提问东西的有问题性,构成了提问的意义。被问的东西必须被带到悬而未决的状态,以致正和反之间保持均衡。每一个问题必须途经这种使它成为开放的问题的悬而未决通道才完成其意义。每一个真正的问题都要求这种开放性。如果问题缺乏这种开放性,那么问题在根本上说就是没有真实问题意义的虚假问题(Scheinfrage)。我们在教育问题里看到了这类虚假问题,这类问题的困难和荒谬在于它们是没有真正提问者的问题。我们在修辞学问题里也看到这类虚假问题,这类问题不仅没有提问者,而且也没有被问的对象。

问题的开放性并不是无边际的。它其实包含了由问题视域所划定的某种界限。没有这种界限的问题乃是空的问题。没有界限的问题之所以变成为一个问题,就是因为指定该问题方向的流动不确定性被提成为(gestellt)某种"非此即彼"的确定东西。换句话说,问题必须被提出(gestellt)。提问(Fragestellung)既预设了开放性,同时也预设了某种限制(Begrenzung)。提问蕴含了对前提的明确确认,这些前提是确定的,并且正是由于这些前提,可疑问的东西、即还是开放的东西才表现出来。因此,提问可以是正确的或错误的,而且是根据它是否进入真正开放领域而确定的。当某个提问并未达到开放状态,而又通过坚持错误前提来阻止这种开放,我们便把这个提问称之为错误的。它是伪装问题具有开放性和可决定性。但是,如果有疑问的东西没有与实际上确立的前提区分或正确区分开来,它就不能真正被带进开放状态,而且没有任何东西能被决定。

这一点在我们于日常生活中如此熟悉的所谓歪曲问题的错误提问里表现得非常清楚。对于一个歪曲的问题,我们根本不能给出回答,因为歪曲的问题只是表面上而不是实在地使我们途经那种可得以作出决定的开放的悬而不决状态。我们之所以不把这种问题称之为错误的,而称之为歪曲的,就是因为在其后总是隐蔽了一个问题,也就是说,它意指了一种开放——但这种开放并不处于所提问题所指定的方向之内。歪曲(Schief)就是指那种偏离方向的东西。一个问题的歪曲性在于,问题没有真实的方向意义,因而不可能有任何回答。同样,对于那些并不完全错误、但也不是正确的主张,我们也说它们是歪曲的。这一点是被它们的意义,也就是说,被它们与问题的关系所决定的。我们之所以不把它们称之为错误的,是因为我们在它们那里发觉了某种真实的东西,但是我们也不能因此称它们为正确的,因为它们并不符合任何有意义的问题,因而除非它们本身被修正,否则它们不具有任何正确的意义。

Ⅱ 一种诠释学经验理论的基本特征

意义总是某个可能的问题的方向意义。正确东西的意义必须符合问题所开辟的方向。

因为问题保持开放,所以问题经常包括肯定地被判断的东西和否定地被判断的东西。问题和知识之间的本质关系就依据于此。因为知识的本质不仅在于正确地判断某物,而且也在于同时并由于同样理由去排除不正确的东西。问题的决定是通向知识之路。决定问题的东西就是那些肯定一种可能性和反对另一种可能性的理由占据优势。但是这仍不是完全的知识。只有通过消除相反事例,只有当相反的论据被认为是不正确的时候,事情本身才被认识。

这一点特别明显地表现在中世纪的辩证法上。中世纪的辩证法不仅先列举了正和反,然后提出它自己的判决,而且最后还把全部论证放回原处。这种中世纪辩证法形式不仅是辩论教学体系的结果,而且相反地也依赖于科学和辩证法的内在联系,即答和问的内在联系。在亚里士多德的《形而上学》中有这样一句著名的话,[309]这句话曾经引起许多人注意,并且可以用我们这里所说的关系来解释。亚里士多德说,辩证法是这样一种能力,它不仅可以不依赖"是什么"(Was)去探究对立的东西,而且可以[探究]同一门科学是否能研讨对立的东西。[270]这里辩证法的某种普遍的特征(与我们在柏拉图的《巴门尼德篇》里所发现的完全一致)似乎与我们在《论辩篇》[310]里所熟悉的某种最特殊的"逻辑的"问题联系在一

---

[309] 《形而上学》,M4,1078b25 以下。
[310] 同上书,105b23。

起。同一门科学是否能研讨对立的东西,这确实似乎是一个很特别的问题。因而人们曾经想把这问题作为一种假问题而丢弃掉。⑪ 事实上,如果我们接受了问题对于回答的优先性(这是知识概念的基础),那么这两个问题的联系就立刻可以得到理解。知识总是指同时研讨对立的东西(auf das Entgegengesetzte Gehen)。知识优于先入之见就在于它能够把可能性设想为可能性。知识从根本上说就是辩证的。只有具有问题的人才能有知识,但问题包含是和否、是如此和不是如此的对立。只是因为知识在这种广泛的意义上是辩证的,所以才能够有使是和否这种对立明确成为其对象的"辩证法"。所以,是否可能有研讨对立东西的同一门科学这一表面上非常特别的问题,事实上包含着辩证法真正可能性的根据。

甚至亚里士多德关于证明和推理的学说——这事实上使辩证法降低为认识的一个附属元素——也给予问题同样的优先性,正如恩斯特·卡普(Ernst kapp)在其论述亚里士多德三段论起源的卓越著作中所特别指出的。⑫ 问题对于知识的本质所具有的优先性以一种最本源的方式证明了方法论观念对于知识的那种限制性——这一点正是我们整个思考的出发点。并不存在一种方法使我们学会提问,学会看出成问题的东西。苏格拉底的例子其实告诉我们,重要的东西乃是对自身无知的认识(das Wissen des Nichtwissens)。因此,苏格拉底的那种通过其使人误入歧途的艺

---

⑪ H.迈尔:《亚里士多德的三段论》,Ⅱ,2,168。
⑫ 主要参见他在《古典文化实用百科全书》(RE)里的词条"三段论"。

II 一种诠释学经验理论的基本特征

术(Verwirrungskunst)导致这一认识的辩证法为提问确立了前提。一切提问和求知欲望都是以无知的知识为前提——这也就是说,正是某种确切的无知才导致某种确切的问题。

柏拉图在其令人难忘的论述里曾经向我们指出,要认识我们是无知的,究竟困难存在于何处。这就是意见(Meinung)的力量,由于反对这种意见,我们才能非常困难地达到对无知的承认。意见就是压制提问的东西。意见具有一种奇特的扩大自身的倾向。它经常想成为普遍的意见,正如希腊人所用的 Doxa(意见)这个词的词义所表示的,这个希腊文词同时意指议会大多数人所通过的决议。那么,怎样会出现无知和提问呢?

首先我们确认,它们只有以像我们突然有一种想法的方式出现。的确,我们一般不说对于提问有突然想法,而是说对于回答有突然想法,即突然想到了谜语的答案。而且以此我们想确认,没有什么方法的途径可以导致那种是解题的思想。但是,我们同时也知道,这种突然想法并不完全是无准备而出现的。它已经预先假定了某种使这种想法突然能出现的开启领域的方向,但也就是说,它已经预先假定了提问。突然想法的真正本质也许很少是使人突然想到谜语的答案,而更多的是使人突然想到那种推进到开放状态并因而使回答有可能的问题。每一个突然想法都具有一种问题的结构。但是,突然想到问题已经就是对普遍意见的平坦前沿的突破。因此我们更多地是说问题来到了我们面前,问题自己提出来了或自己表现出来了,而很少说我们提出或设立问题。

我们已经看到,经验的否定性从逻辑上看就包含了问题。事实上,正是通过不符合前见解的东西所给予我们的刺激,我们才具有经验。因此提问更多地是被动的遭受（Erleiden），而不是主动的行动（Tun）。问题压向我们，以致我们不再能避免它或坚持我们习惯的意见。

当然，下面这一点似乎与这种看法相矛盾，即在苏格拉底-柏拉图的辩证法中，提问的艺术被提升为自觉的处理方式（Handhabung）。但是，关于这种艺术有这样一些特别的性质。我们看到，它被保留给那种想去认识的人，即那种已经有问题的人。提问的艺术并不是避免意见压力的艺术——它已经假定了这种自由。它根本不是希腊人讲到技艺（Techne）那种意义上的艺术，即不是一种我们可以掌握真理知识的可教导的能力。第7封信里的那句所谓认识论的离题话其实正是想使这种奇特的辩证法以其独一无二的特征区别于所有那些可教导的和可学到的东西。辩证法艺术并不是那种制服任何人的论证艺术。情况正相反，使用辩证法艺术、即使用提问和探究真理的艺术的人在听众眼里很可能论证失败。作为提问艺术的辩证法被证明可靠，只在于那个知道怎样去问的人能够掌握他的问题，也就是说，能够掌握开放的方向。提问艺术就是能继续提问的艺术（die Kunst des Weiterfragens），但也就是说，它是思考的艺术（die Kunst des Denkens）。它之所以被称为辩证法，是因为它是进行某种真正谈话的艺术。

要进行谈话，首先要求谈话的伙伴彼此不相互抵牾。因此谈话必然具有问和答的结构。谈话艺术的第一个条件是确保谈话伙伴与谈话人有同样的发言权（Mitgehen）。我们从柏拉图对话中的对话者经常重复"是"这个情况可以更好地认识这一点。这种单调对答的积极方面是论题在谈话中得以向前进展的内在逻辑必然性。进行谈话，就是说，服从谈话伙伴所指向的论题的指导。进行谈话并不要求否证（niederzuargumentieren）别人，而是相反地要求真正考虑别人意见的实际力量。因此，谈话是一种检验的艺术（eine Kunst des Erprobens）。[313] 但是检验艺术就是提问艺术。因为我们已经看到，提问就是暴露（Offenlegen）和开放（ins Offene stellen）。针对意见的顽固性，提问使事情及其一切可能性处于不确定状态。谁具有提问"艺术"，谁就是一个能阻止主导意见对于问题的压制的人。谁具有这种艺术，谁就会找寻一切支持意见的东西。辩证法并不在于试图发现所说东西的弱点，而是在于显露它的真正强大。辩证法并不是那种能使某个软弱东西成为强大东西的论证艺术和讲演艺术，而是那种能从事物本身出发增强反对意见的思考艺术。

柏拉图对话的无与伦比的现实意义应归功于这种强化艺术。因为在这种强化过程中被说的东西不断地变成最大可能的正确和真，并且克服所有想限制其有效性的反对论证。这里显然不是单纯地让论题逗留不决（Dahingestelltseinlassen）。因为凡是想认识某种东西的人，不能满足于单纯的意见，也就是说，他不能对那些有疑问的意见置之不顾。[314] 讲话者总是一直被要求着，直到所讲东西的真理最后涌现。苏格拉底对话的那种创造性的助产术（Maieutik）[271]，即那种像助产士一样使用语言的艺术（Hebam-

---

[313] 《形而上学》，1004b25："ἔστι δὲ ἡ διαλεκτικὴ πειραστική"（辩证法专务批评）。这里已经有进行指导的意思，这就是真正意义上的辩证法，因为检验和探究意见可提供赢得优势的机会，并因而使自己的前见解得以大胆考察。

[314] 参见本书第300页以下、第342页以下。

menkunst des Wortes），确实是针对那些是谈话伙伴的具体个人，但是它只涉及他们所表述的意见，而这些意见的内在的客观的一贯性是在谈话里被展开的。在其真理中所出现的东西是逻各斯，这种逻各斯既不是我的又不是你的，它是这样远远地超出谈话伙伴的主观意见，以致谈话的引导者自身也经常是无知的。辩证法作为一门进行谈话的艺术，同时是那种在某个统一方面通观（Zusammenzuschauen）事物的艺术（synhoran eis hen eidos），也就是说，它是阐明共同所指的概念构成的艺术（die Kunst der Begriffsbildung als Herausarbeitung des gemeinsam Gemeinten）。这一点正构成谈话的特征——相对于那种要求用文字写下来的陈述的僵硬形式——即这里语言是在问和答、给予（Geben）和取得（Nehmen）、相互争论（Aneinandervorbeireden）和达成一致（Miteinanderübereinkommen）的过程中实现那样一种意义沟通（Sinnkommunikation），而在文字传承物里巧妙地作出这种意义沟通正是诠释学的任务。因此，把诠释学任务描述为与文本进行的一种谈话（ein In-das-Gesprächkommen mit dem Text），这不只是一种比喻的说法——而是对原始东西的一种回忆。进行这种谈话的解释（Auslegung）是通过语言而实现，这一点并不意味着置身于陌生的手段中，而是相反地意味着重新产生原本的意义交往。因此，用文字形式传承下来的东西从它所处的异化中被带出来而回到了富有生气的正在进行谈话的当代，而谈话的原始程序经常就是问和答。

所以，如果我们要在诠释学现象中强调问题的优先地位，我们可以援引柏拉图。虽然柏拉图自己已经以某种特别的方式揭示了

II 一种诠释学经验理论的基本特征

诠释学现象，但我们可以比他更好地做到这一点。我们应当探究他对文字著述东西的批判，他之所以进行这种批判，是因为诗歌传承物和哲学传承物在当时雅典人的眼中已成了文学。我们在柏拉图的对话里可以看到，智者派在谈话中所培育的对文本的"解释"（Interpretation），特别是为了教育目的对诗的解释，怎样遭到柏拉图的反对。另外，我们还可以看到，柏拉图怎样试图通过其对话诗克服Logoi（语言）的弱点，特别是文字东西的弱点。对话的文学形式把语言和概念放回到谈话的原始运动中。这样，语词免受了一切独断论的滥用。

谈话的原始形式也可以在那些问和答之间的对应关系被掩盖了的派生形式中表现出来。例如通信（die Korrespondenz）就是一种有趣的过渡现象，它好像是这样一种同时展开相互争论和达成一致运动的书面谈话。通信的艺术在于不让文字的陈述成为论文，而是使它适合于通信者的相互接受（Entgegennahme）。但另一方面恰恰相反，它也在于正确地遵照和执行一切文字陈述东西所具有的最终有效的标准。寄出信件和收到回信之间的时间间距不只是一种外在因素，而且使这种通信交往形式具有作为特殊写作形式的真正特有的性质。所以我们曾指出，缩短邮寄时间根本不导致这种交往形式的增强，反而导致书信写作艺术的衰落。

谈话作为问答关系的原始性质，甚至在一个如此极端的事例中，如黑格尔的作为哲学方法的辩证法所表现的事例中也可以被看到。要展开思想规定的整体性——这是黑格尔的逻辑学的目的——就好像是试图在现代"方法"的伟大独白中去把握意义连续统（das Sinnkontinuum），而这种意义连续统本是个别地实现于正在进行的谈话中。当黑格尔提出要融化和精制抽象的思想规定的任务，这就意味着，把逻辑学融化于语言的程序（Vollzugsform）中，把概念融化于进行问和答的语词的意义力量之中——这是对于辩证法过去和现在究竟是什么的一个不成功的伟大提示。黑格尔的辩证法就是这样一种思想独白，它想先行地完成那种在每一次真正谈话中逐渐成熟的东西。

β)问和答的逻辑

这样，我们就回到了下面这个论点上来，即诠释学现象本身也包含了谈话的原始性质和问答的结构。某个传承下来的文本成为解释的对象，这已经意味着该文本对解释者提出了一个问题。所以，解释经常包含着与提给我们的问题的本质关联。理解一个文本，就是理解这个问题。但是正如我们所指出的，这是要靠我们取得诠释学视域才能实现。我们现在把这种视域看作是文本的意义方向得以规定的问题视域（Fragehorizont）。

谁想寻求理解，谁就必须反过来追问所说的话背后的东西。他必须从一个问题出发把所说的话理解为一种回答，即对这个问题的回答。所以，如果我们返回到所说的话背后，我们就必然已经超出所说的话进行追问（hinausgefragt）。我们只有通过取得问题视域才能理解文本的意义，而这种问题视域本身必然包含其他一些可能的回答。就此而言，命题的意义是相对于它是其回答的问题的，但这也就是说，命题的意义必然超出命题本身所说的东西。由这种考虑可以看出，精神科学的逻辑是一种关于问题的逻辑。

尽管有柏拉图，我们仍然谈不上有这样一种逻辑。我们在这方面能够援引的几乎是唯一的人，乃是 R.G. 科林伍德[272]。他在

II 一种诠释学经验理论的基本特征

一篇对实在论的牛津学派的机智而卓越的批判文章里,曾经提出一种关于"问和答的逻辑"的想法,只可惜他的这一想法并未得到系统的发挥。⑮ 他曾经敏锐地认识到流行的哲学批判以之为基础的朴素诠释学所缺乏的东西。特别是科林伍德在英国各大学里所看到的那种讨论"陈述"(statements)的做法,尽管也许是一个很好的智力训练,但显然忽视了一切理解所包含的历史性。科林伍德是这样论证的:我们实际上只有在已经理解了文本是对其回答的问题之后,才能理解文本。但是,因为我们只有从文本才能引出这个问题,从而回答的恰当性表现为重构问题的方法论前提,所以我们从任何地方对这个回答所进行的批判纯粹是欺人之谈。这个情况与理解艺术作品的情况相似。只有当我们预先假定一件艺术作品充分表现了一个艺术理念(Adäquation)时,艺术作品才能被理解。在这里我们也必须发现艺术作品所回答的问题,如果我们想理解艺术作品——即把它作为一种回答来理解的话。事实上这里涉及到了一切诠释学的某个公理,这个公理我们前面曾描述为"完全性的前把握"(Vorgriff der Vollkommenheit)。⑯

对于科林伍德来说,这是一切历史认识的要害。历史的方法

---

⑮ 参见科林伍德:《自传》,第30页以下。这篇自传由于我的建议而以《思想》这一书名出版了德文译本。同时也可参见海德堡大学约阿希姆·芬克尔戴(Joachim Finkeldei)的尚未付印的博士论文《问题的根据和本质》(1954年)。克罗齐(此人曾影响过科林伍德)已经采取了同样的立场,他在其《逻辑》一书(德文版,第135页以下)中把每一个定义理解为对某个问题的回答,因而定义也是"历史性的"。

⑯ 参见本书第299页以下以及我对瓜尔迪尼的批判,载《短篇著作集》,第2卷,第178—187页(我的著作集,第9卷),在那里我说:"对文学的一切批判总是解释的自我批判。"

要求我们把问答逻辑应用于历史传承物。只有当我们重构了有关人物的历史行动所回答的问题时,我们才能理解历史事件。科林伍德举了特拉法尔加之战和作为其基础的纳尔逊计划为例[273]。这个例子将表明,战役的进程之所以有助于我们理解纳尔逊的真正计划,正是因为这个计划被成功地实现了。反之,他的对手的计划却由于相反的理由,即因为计划失败,而不能从该事件加以重构。因此理解这次战役进程和理解纳尔逊在战役中所执行的计划,乃是同一个过程。⑰

事实上我们不能不看到,问和答的逻辑在这种情况里必须重构具有两种不同回答的两个不同的问题。某个重大事件进程的意义问题和这个进程是否按计划进行的问题。显然,只有当人的计划与事件的进程实际上都一样重要时,这两个问题才会同时发生。但这是一个我们不能把它作为方法论原则加以维护的前提,因为我们自己就是置身于历史中的人,并且面对某个同样讲述这种处于历史中的人的历史传承物。托尔斯泰对于战役前的军事会议的著名描述——人们详尽而透彻地估计了所有战略上的可能性并考虑到所有的计划,而那位将军当时却坐在那里睡着了,但在战役前夕他却巡视了所有前沿哨所——显然是非常精确地记述了我们称之为历史的事情。库图佐夫比参加军事会议的战略家更了解真实情况和起决定性作用的兵力[274]。我们从这个例子必须得出这个基本结论,即当历史的解释者把一组前后关系的意义认作是行动者和计划者实际所意图的目的时,他们总是冒着使这组关系实在

---

⑰ 科林伍德:《思想》,第70页。

II 一种诠释学经验理论的基本特征

化的风险。⑩

这个结论只有在黑格尔的前提下才是合理的,即历史哲学可以得知世界精神的计划,并能根据这种所得到的知识认定某些个人在世界史上具有重要意义,因为在他们的个别思想和事件的世界史意义之间存在一种真正的一致性。但是从这些以历史中主客体相一致为标志的事例中,我们却不能推导出一个认识历史的诠释学原则。对于历史传承物来说,黑格尔的学说显然只具有部分的真理。构成历史的由各种动机所交织成的无限延伸的网络,只是暂时和短期内才在某个个人身上获得那种合乎计划东西的明亮性。所以,黑格尔所描述的那种非同寻常的情况乃依据于一个个别人的主观思想和整个历史进程的意义之间所存在的不相称关系这一普遍基础。一般来说,我们所经历的事物进程是某种可能不断改变我们的计划和期待的东西。谁试图顽固地坚持他的计划,谁恰恰就会发现他的理智是怎样的无能。只有非常罕见的场合,一切事情才会"自发地"发生,即事件自行地符合我们的计划和愿望。只有在这种场合我们才能够说一切都是按计划进行的。但是把这种经验应用于整个历史,就是作出了一个与我们的历史经验完全相矛盾的骇人听闻的推断。

科林伍德把问答逻辑应用于诠释学理论的做法,现在由于这种推断而变得意义含糊不清。我们对于以文字形式传承下来的东西本身的理解并不具有这样一种性质,即我们能够在我们于这种

---

⑩ 关于这一点埃里希·泽贝格有一些很卓越的看法,参见他的《关于气体注释学问题》,载《塞林纪念文集》,第 127 页以下。[现收入 H-G. 伽达默尔和 G. 贝姆编:《诠释学和科学》,法兰克福,1978 年,第 272—282 页。]

文字传承物里所认识的意义和它的原作者曾经想到的意义之间简单地假定一种符合关系。正如历史事件一般并不表现出与历史上存在的并有所作为的人的主观思想有什么一致之处一样，文本的意义倾向一般也远远超出它的原作者曾经具有的意图。[319] 理解的任务首先是注意文本自身的意义。

这显然正是科林伍德根本否认在被认为是文本所回答的历史问题和哲学问题之间有任何区别时所想到的东西。然而我们必须坚持这一论点，即我们所想加以重构的问题首先并不涉及作者的思想上的体验，而完全只涉及文本自身的意义。所以，如果我们理解了某个命题的意义，即重构了该命题所实际回答的问题，那么我们一定可能追问提问者及其用意，对于后者来说，文本或许只是其所谓的回答。科林伍德的错误在于，他认为把文本应是其回答的问题和文本真正是其回答的问题区别开来的做法，在方法论上是荒谬的。他的这种讲法只有在下述情况里才是正确的，即当我们意指文本所讲述的事情时，对文本的理解一般才不包含这样一种区分。反之，重构某位作者的思想却是一项完全不同的任务。

我们必须追问，在什么条件下我们才提出这项不同的任务呢？因为下面这一点无疑是正确的，即对于理解文本意义的真正诠释学经验来说，重构作者事实上曾经想到的意图乃是一项还原的任务。正是历史主义的诱惑才使我们把这种还原视为科学性的美德，并把理解认作是一种仿佛重复文本形成过程的重构。因此，历史主义遵循我们在自然认识中所熟悉的认识理想，按照这种理想，

---

[319] 参见本书第187页、第301页的解释。

II 一种诠释学经验理论的基本特征

只有当我们能够人为地产生一种过程时,我们才理解这个过程。

我们前面已经指出,[20]维柯那种认为这种理想在历史中可得到最纯粹实现的说法是多么成问题,因为照他看来,正是在历史中人才接触他自身的人类历史实在。反之我们曾经强调,每一个历史学家和语文学家必须考虑他进行理解活动的意义境域的基本开放性(Unabschliessbarkeit)。历史传承物只有在我们考虑到它由于事物的继续发展而得到进一步基本规定时才能被理解,同样,研讨文学文本和哲学文本的语文学家也知道这些文本的意义是不可穷尽的。在这两种情况里,都是通过事件的继续发展,传承物才获得新的意义方面。通过在理解中新的强调,文本被带进某个真正进程之中,这正如事件通过其继续发展被带入真正进程之中一样。这正是我们所说的诠释学经验里的效果历史要素。理解的每一次实现都可能被认为是被理解东西的一种历史可能性。我们此在的历史有限性在于,我们自己意识到在我们之后别人将以不同的方式去理解。然而下面这一点对于我们的诠释学经验来说同样是确凿无疑的,即对于同一部作品,其意义的充满正是在理解的变迁之中得以表现,正如对于同一个历史事件,其意义是在发展过程中继续得以规定一样。以原作者意见为目标的诠释学还原正如把历史事件还原为当事人的意图一样不适当。

重构给定文本是其回答的问题,当然不能被认为是历史方法的纯粹成就。一开始出现的其实是文本向我们所提出的问题,即我们对于传承物的文字的反应(Betroffensein),以致对传承物的

---

[20] 参见本书第 226 页以下、第 280 页以下。

理解总是已经包含现代与传承物的历史自我中介的任务。所以问题和回答的关系事实上被颠倒了。对我们讲述什么的传承物——文本、作品、形迹——本身提出了一个问题，并因而使我们的意见处于开放状态。为了回答这个向我们提出的问题，我们这些被问的人就必须着手去提出问题。我们试图重构传承物好像是其回答的问题。但是，如果我们在提问上没有超出传承物所呈现给我们的历史视域，我们就根本不能这样做。重构文本应是其回答的问题，这一做法本身是在某种提问过程中进行的，通过这种提问我们寻求对传承物向我们提出的问题的回答。一个被重构的问题决不能处于它原本的视域之中。因为在重构中被描述的历史视域不是一个真正包容一切的视域。其实它本身还被那种包括我们这些提问、并对传承物文字作出反应的人在内的视域所包围。

就此而言，诠释学必然要不断地超越单纯的重构。我们根本不能不去思考那些对于作者来说是毫无疑问的因而作者未曾思考过的东西，并且把它们带入问题的开放性中。这不是打开任意解释的大门，而只是揭示一直在发生的事情。理解传承物的文字总是要求把重构的问题放入其可置疑的开放状态之中，即变成传承物对我们所呈现的问题。如果"历史的"问题自为地显现出来，那么这总是已经意味着，它本身不再"提升"自己成为问题。这种问题乃是不再理解的剩余产品，我们停滞不前的迂回之路。[20] 反之，真正的理解活动在于：我们是这样重新获得一个历史过去的概念，

---

[20] 参见我们前面关于斯宾诺莎《神学政治论》分析中对于这种历史东西的迂回之路的说明，在本书第184页以下。

II 一种诠释学经验理论的基本特征

以致它同时包括我们自己的概念在内。我在前面[52]曾把这种活动称之为视界融合。我们可以同意科林伍德的说法,即只有当我们理解了某物是其回答的问题,我们才理解该物,并且这样被理解的东西确实不能让其意义同我们自己的意见分开。重构那些把文本的意义理解为对其回答的问题其实变成了我们自己的提问。因为文本必须被理解为对某个真正提问的回答。

提问和理解之间所表现的密切关系给予诠释学经验以其真正的度向。谁想理解,谁就可能如此强烈地对于所意指东西的真理犹豫不决。他可能如此强烈地偏离事情的直接意见转而考虑深层的意义,但并不把这种深层意义认为是真实的,而只是把它当作有意义的,以致真理可能性仍处于悬而未决之中——进入这样一种悬而未决之中(Solches In-die-Schwebe-bringen),就是提问的特有的和原始的本质。提问总是显示出处于悬而未决之中的可能性。所以,正如不可能有偏离意见的对于意见的理解,同样也不可能有偏离真正提问的对于可问性(Fraglichkeit)的理解。对于某物可问性的理解其实总已经是在提问。对于提问不可能有单纯试验性的、可实现的态度,因为提问并不是设立(Setzen),而本身就是一种对于可能性的试验。这里提问的本质显示出柏拉图对话实践所证明的东西。[53]谁想思考,谁就必须提问。即使某人说"在这里我们可能提问",这也已经是一个真正提问,不过由于谨慎或客气这一提问被掩盖起来罢了。

---

[52] 参见本书第311页以下。
[53] 参见本书第368页以下。

这就是一切理解为什么总是超出对某个他人意见的单纯再思考（Nachvollziehen）的理由。因为提出问题，就是打开了意义的各种可能性，因而就让有意义的东西进入自己的意见中。只有在不正确的意义上我们才能理解我们自己并未问的问题，例如那些我们认为过了时的或者无意义的问题。因此这意味着，我们理解某些问题是怎样在某些历史前提下被提出来的。因此，理解这类问题就等于说理解那些由于其消失而使问题变得无意义的具体前提。例如永恒运动就是一个实例。这类问题的意义境域只是表面看来还是敞开的。这类问题不再被人理解为问题。因为在这里我们所理解的东西恰恰就是：这里没有问题。

理解一个问题，就是对这问题提出问题（Eine Frage verstehen heisst, sie fragen）。理解一个意见，就是把它理解为对某个问题的回答（Eine Meinung verstehen heisst, sie als Antwort auf eine Frage verstehen）。

科林伍德提出的问答逻辑结束了那种作为"牛津实在论者"与古典哲学家关系基础的永恒问题（Problem）的谈论，并且同样结束了新康德主义提出的问题史（Problemgeschichte）概念。问题史只有在它承认问题的同一性是一种空疏的抽象并使自身转为提问时，才可能是真正的历史。事实上并不存在一种超出历史之外的立脚点，以使我们站在上面可以从历史上对某个问题的各种解决尝试中去思考该问题的同一性。诚然，对于哲学文本的一切理解都需要重新认识有关这些文本所知道的东西。没有这种知识我们就什么也不会理解。但是，我们却不能因此而超出我们所处的并由之而进行理解的历史条件之外。我们重新认识的问题，其实并

II 一种诠释学经验理论的基本特征

不简单就是在一次真正提问中被理解的同一问题。我们只是由于自己的历史短见才会把它当成相同的问题。我们藉以设想问题真正同一性的所谓超立场的立场,乃是一种纯粹的幻觉。

我们现在可以理解为什么如此的理由。问题概念(Der Begriff des Problems)显然表述一种抽象,即把问题的内容与最初揭示该内容的问题(Frage)分离出来。问题概念是指那些真实的和真正有明确目的的问题(Frage)可以还原和可以归属的抽象图式。这样一种"问题"是脱离了有明确目的的问题联系的,而只有在这种问题联系中问题才能有清晰的意义。所以这种问题(Problem)是不能解决的,正如每一个没有明确意义的问题(Frage)一样,因为它并不是真正有明确目的而提出来的。

问题概念(Problembegriff)的起源也证明了这一点。问题概念不属于那种发现事物真理的所谓"善意的反驳"(wohlgemeinte Widerlegungen)㉞的领域,而是属于作为一种使对手感到惊奇或难堪的武器的辩证法的领域。在亚里士多德那里,"问题"(Problem)一词指那些表现为明显悬而未决(Alternative)的问题(Fragen),因为这些问题两方面都有证据,并由于它属于重大问题,我们不认为有理由能够决定它们。㉟ 所以,问题(Problem)并不是那种呈现自身并因而可以从其意义起源处获取其回答模式的真正问题(Frage),而是我们只能丢下不管和只能用辩证法方式加以处理的意见抉择(Alternativen des Meinens)。真正说来,"问题"

㉞ 柏拉图:《第七封信》,344b。
㉟ 亚里士多德:《论辩篇》,A11。

(Problem)的这种辩证法意义是在修辞学里而不是在哲学里具有其地位。问题概念的性质就是不可能根据理由来得出一个明确的决定。这就是为什么康德把问题概念的使用限制于纯粹理性的辩证法上的原因。问题(Problem)就是"完全从其根芽处起源的任务",也就是说,问题是理性本身的产物,理性绝对不能期望有对问题的完满解决。㉟ 富有意义的是,在 19 世纪随着哲学问题的直接传统的消失和历史主义的兴起,问题概念获得了普遍的有效性——这是一个标志,表明那种对于哲学的实际问题的直接关系不再存在。所以,哲学意识困惑的典型表现就是当其面对历史主义时,躲进抽象的问题概念里而看不到那种问题是以怎样的方式"存在"的问题。新康德主义的问题史就是历史主义的冒牌货。凭藉问答逻辑来进行的对问题概念的批判,必然摧毁那种认为问题的存在犹如天上繁星一样的幻觉。㊱ 对于诠释学经验的思考使问题(Problem)重新回到那些自身呈现的问题和从其动机中获取其意义的问题(Frage)。

㉟ 《纯粹理性批判》,第 321 页以下。

㊱ 尼古拉·哈特曼在其论文"哲学思维及其历史"(《普鲁士科学院论文集》,1936年,第 5 卷;现在收入《N. 哈特曼短篇著作集》,第 2 卷,第 1—47 页)中正确地指出,重要的事情是重新认识伟大思想家曾经认识的东西。但是,如果他为了维护某种固定的东西以反对历史主义的侵蚀,区分了真正问题内容(Problemgehalte)的固定性与它们被问(Problemstelluugen)和被回答(Problemlagen)方式的变更性,那么他就不能看到这一事实,即既没有"变更性"又没有"固定性",既没有"问题"和"体系"的对立,又没有"成就"的标准符合于哲学作为知识的性质。当他写道:"只有当某个人在认识中利用了数世纪的巨大知性经验,只有当他自己的经验基于他已认识并作过很好检验的东西上,……他的知识才能确保他自己的进步"(前引书,第 18 页),他就按照经验科学和认识进步的模式解释了"带有问题的系统接触",而这一模式并不完全量度我们在诠释学意识里已经看到过的那种传统和历史的复杂网络。

II 一种诠释学经验理论的基本特征

我们在诠释学经验的结构中所揭示的这种问和答的辩证法，现在能够更进一层规定究竟一种什么样的意识才是效果历史意识。因为我们所论证的问和答的辩证法使得理解关系表现为一种类似于某种谈话的相互关系。虽然一个文本并不像一个"你"那样对我的讲话。我们这些寻求理解的人必须通过我们自身使它讲话。但是我们却发现这样一种理解上的使文本讲话（solches verstehendes Zum-Reden-Bringen），并不是一种任意的出于我们自己根源的做法，而本身就是一个与文本中所期待的回答相关的问题。期待一个回答本身就已经预先假定了，提问题的人从属于传统并接受传统的呼唤（der Fragende von Überlieferung erreicht und aufgerufen ist）。这就是效果历史意识的真理。经验历史的意识由于放弃完全领悟的幻想，所以它对历史经验是敞开的。我们把它的实现方式描述为理解视域的交融，这就是在文本和解释者之间起中介作用的东西。

下面讨论的主导思想是：在理解中所发生的视域交融乃是语言的真正成就。当然，语言是什么乃是人类反复思考的最神秘莫测的难题之一。语言性（Sprachlichkeit）是这样不可思议地接近我们的思想，而在它发挥作用时又是这样少地成为我们的对象，以致它对我们隐藏了它自己本身的存在。可是在我们对精神科学思维的分析中，我们是这样地接近语言这种普遍的先于一切其他事物的奥秘，以致我们能够信赖我们正在研究的对象，让它安全地指导我们进行探讨。我们试图从我们所是的谈话（Gespräch）出发去接近语言的奥秘。

如果我们试图按照两个人之间进行的谈话模式来考虑诠释学现

象,那么这两个表面上是如此不同的情况,即文本理解(Textverständnis)和谈话中的相互理解(Verständigung im Gespräch)之间的主要共同点首先在于,每一种理解和每一种相互理解都涉及到了一个置于其面前的事物。正如每个人都试图与他的谈话伙伴关于某事物取得相互理解一样,解释者也试图理解文本对他所说的事物。这种对事物的理解必然通过语言的形式而产生,但这不是说理解是事后被嵌入语言中的,而是说理解的实现方式——这里不管是涉及文本还是涉及那些把事物呈现给我们的谈话伙伴——就是事物本身得以语言表达(das Zur-Sprach-Kommen der Sache selbst)。所以我们首先将考察真正谈话的结构,以便揭示那种表现文本理解的另一种谈话的特殊性。既然我们上面通过谈话的本质着重指出了问题(Frage)对于诠释学现象的构成性意义,现在我们就必须把作为问题基础的谈话的语言性证明为一种诠释学要素。

首先,我们确认,使某物得以表述的语言决不是这一个谈话伙伴或那一个谈话伙伴可以任意支配的财产。每一次谈话都预先假定了某种共同的语言,或者更正确地说,谈话创造了某种共同的语言。正如希腊人所说的,中间放着某种事物,这是谈话伙伴所共有的,他们彼此可以就它交换意见。因此关于某物的相互理解——这是谈话所想取得的目的——必然意味着:在谈话中首先有一种共同的语言被构造出来了。这不是一种调整工具的外在过程,甚至说谈话伙伴相互适应也不正确,确切地说,在成功的谈话中,谈话伙伴都处于事物的真理之下,从而彼此结合成一个新的共同体。谈话中的相互理解不是某种单纯的自我表现(Sichausspielen)和自己观点的贯彻执行,而是一种使我们进入那种使我们自身也有所改变的公共性中的转换(eine Verwandlung ins Gemeinsame hin, in der man nicht bleibt, was man war)。㊳

㊳ 参见我的论文"什么是真理?"(《短篇著作集》,第1卷,第46—58页)。[我的著作集,第2卷,第44—56页。]

第三部分

以语言为主线的诠释学本体论转向

> 诠释学的一切前提不过只是语言。Ⅰ 387
>
> ——F.施莱尔马赫

1. 语言作为诠释学经验之媒介

虽然我们说我们"进行"一场谈话,但实际上越是一场真正的谈话,它就越不是按谈话者的任何一方的意愿而进行。因此,真正的谈话决不可能是那种我们意想进行的谈话。一般说来,也许这样说更正确些,即我们陷入了一场谈话,甚至可以说,我们被卷入了一场谈话。在谈话中某个词如何引出其他的词,谈话如何发生其转变,如何继续进行,以及如何得出其结论等等,虽然都可以有某种进行的方式,但在这种进行过程中谈话的参加者与其说是谈话的引导者,不如说是谈话的被引导者。谁都不可能事先知道在谈话中会"产生出"什么结果。谈话达到相互了解或达不到相互了解,这就像是一件不受我们意愿支配而降临于我们身上的事件。正因为如此,所以我们才能说,有些谈话是卓越的谈话,而有些谈话则进行得不顺利。这一切都证明,谈话具有其自己的精神,并且在谈话中所运用的语言也在自身中具有其自己的真理,这也就是说,语言能让某种东西"显露出来"(entbirgen)和涌现出来,而这种东西自此才有存在。

我们在对浪漫主义诠释学的分析中已经发现,理解的基础并不在于使某个理解者置身于他人的思想之中,或直接参与到他人的内心活动之中。正如我们所看到的,所谓理解某人所说的东西,就是在语言上取得相互一致(Sich in der Sprache Verständigen),而不是说使自己置身于他人的思想之中并设身处地地领会他人的体验[275]。我们曾经强调说,在理解中这样所产生的意义经验总是包含着应用(Applikation)。现在我们注意到,这整个理解过程乃是一种语言过程。理解的真正问题以及那种巧妙地控制理解的尝试——这正是诠释学的主题——在传统上都归属于语法和修辞学领域,这一点决不是没有理由的。语言正是谈话双方进行相互了解并对某事取得一致意见的核心(Mitte)。

正是在相互了解受到阻碍或变得困难的情况中,我们才最清楚地意识到一切理解所依据的条件。因此,在两个操不同语言的人之间只有通过翻译和转换才可能进行谈话的这样一种语言过程就特别具有启发性。在这种谈话中,翻译者必须把所要理解的意义置入另一个谈话者所生活的语境中。这当然不是说,翻译者可以任意曲解讲话人所指的意义。相反,这种意义应当被保持下来,但由于这种意义应当在一种新的语言世界中被人理解,所以这种意义必须在新的语言世界中以一种新的方式发生作用。因此,一切翻译就已经是解释(Auslegung),我们甚至可以说,翻译始终是解释的过程,是翻译者对先给予他的语词所进行的解释过程。

所以,翻译这一例子使我们意识到语言性(Sprachlichkeit)是相互了解的媒介,而这种媒介只有通过明确的传达才能被巧妙地制造出来。当然,这样巧妙地制造媒介的活动不是谈话的正常情况,所以翻译也不是我们处理一门陌生语言的正常情况。我们宁

1. 语言作为诠释学经验之媒介

可说,对翻译的依赖就像谈话的双方被剥夺了自我独立性。凡需要翻译的地方,就必须要考虑讲话者原本语词的精神和对其复述的精神之间的距离。但这种距离是永远不可能完全克服掉的。因此,在这些情况中相互了解并非真正地发生在谈话的参与者之间,而是产生于翻译者之间,因为翻译者能在一个共同的相互了解的世界中真正地相遇。(最困难的对话显然莫过于两个操不同语言的人之间的对话,因为这两个对话者虽说理解对方的语言,但却不会说对方的语言。于是,就好像是由于一种更高的力量所迫使,这两种语言中的一种就试图使自己而不是另一种语言成为理解的媒介。)

凡是产生相互了解的地方,那里就无需翻译,而只是说话。理解一门外语的意思就是说,无需再把它翻译成自己的语言。谁真正掌握了一门语言,那就无需再翻译,甚至可以说,任何翻译都似乎是不可能的。理解一门语言本身根本不是真正的理解,而且也不包括任何解释过程,它只是一种生活过程(Lebensvollzug)。我们理解一门语言,乃是因为我们生活于这门语言之中——这个命题显然不仅适用于尚在使用着的活语言,而且也适用于已废弃不用的死语言。因此,诠释学问题并不是正确地掌握语言的问题,而是对于在语言媒介中所发生的事情正当地相互了解的问题。一切语言都是可以学会的,以致完满地使用语言就包含着如下意思,即我们无需再把自己的母语译成另外一门语言,或把另外这门语言译成自己的母语,而是用外语进行思维。为了在谈话中达到相互了解,能这样掌握语言恰是一个前提条件。一切谈话都有这样一个不言而喻的前提,即谈话者都操同一种语言。只有当通过相互谈话而在语言上取得一致理解成为可能的时候,理解和相互了解的问题才可能提出来。对翻译者的翻译的依赖乃是一种特殊情况,它使诠释学过程即谈话双重化了:谈话一方面是翻译者同对方的谈话,另一方面是自己同翻译者的谈话。

谈话是相互了解并取得一致意见的过程(ein Vorgang der Verständigung)。因此,在每一场真正的谈话中,我们都要考虑到对方,让他的观点真正发挥作用,并把自己置身于他的观点中,以致我们虽然不愿把对方理解为这样的个性,但却要把他所说的东西理解为这样的个性。在谈话中需要把握的是对方意见的实际根据,这样我们就能对事情达到相互一致看法。因此,我们并不是把对方的意见置回于他自身之中,而是置于我们自己的意见和猜测之中。如果我们真的把对方视作个性,比如在心理治疗的谈话或对被告的审问等情形中,那么达成相互了解的情况就决不会出现。①

在谈话中作为相互了解情况特征的一切东西,当其涉及到对文本的理解时就真正地转向了诠释学领域。我们仍然以对陌生语言进行翻译为例。在对某一文本进行翻译的时候,不管翻译者如何力图进入原作者的思想感情或是设身处地把自己想象为原作者,翻译都不可能纯粹是作者原始心理过程的重新唤起,而是对文本的再制作(Nachbildung),而这种再制作乃受到对文本内容的理解所指导,这一点是完全清楚的。同样不可怀疑的是,翻译所涉及的是解释(Auslegung),而不只是重现(Mitvollzug)。对于读者来

---

① 本书前面(第368页)提到的在这种谈话中所提问题的不真实性乃是与这种自我置入(Sich-Versetzen)——这指置入对方而不是指置入对方的客观根据——相适应的。

说，照耀在文本上的乃是从另一种语言而来的新的光。对翻译所提出的"信"(Treue)的要求不可能消除语言所具有的根本区别。尽管我们在翻译中力求"信"，我们还是会面临困难的选择。如果我们在翻译时想从原文中突出一种对我们很重要的性质，那么我们只有让这同一原文中的其他性质不显现出来或者完全压制下去才能实现。这种行为恰好就是我们称为解释(Auslegung)的行为。正如所有的解释一样，翻译也是一种突出重点的活动(Überhellung)。谁要翻译，谁就必须进行这种重点突出活动。翻译者显然不可能对他本人还不清楚的东西予以保留。他必须明确表示自己的观点。虽然也有难以确定的模棱两可情况，即在原文中(以及对于"原来的读者"来说)也确实有一些含糊不清之处。然而正是这种诠释学的模棱两可状况才使翻译者经常遇到的困境得以清楚显露。翻译者在这里必须丢弃这种模棱两可状况。他必须清楚地说明他自己对此作何种理解。虽然翻译者总可以不把文本的所有意义因素都表达出来，但这对他来说总意味着一种放弃。所有认真进行的翻译总比原文要更为清楚和更为明白。即使这种翻译是一种惟妙惟肖的仿制，它也总会缺少某些原文中所带有的韵味。(只有在极少数绝妙的翻译著作中这种损失才会得到弥补甚或获得新的效果——例如我想到波德莱尔的《恶之花》在施太芬·格奥尔格(Stefan George)的意译中似乎显出一种特有的新活力。)

所以，翻译者经常痛苦地意识到他同原文之间所具有的必然的距离。他处理文本的情况也需要有那种在谈话中力求达到相互了解的努力。只不过翻译的情况乃是一种特别艰难地取得相互了解的情况，因为在这里我们认识到，要排除那种同自己意见相反的意见的距离归根到底是不可能的。正如在存在有这种不可排除的距离的谈话时可能会在交换意见的过程中达到一种妥协一样,翻译者也会在反复斟酌和磋商中寻找最佳的解决办法,不过这种解决也总只能是一种妥协。在谈话中人们为了达到这个目的而置身于对方的立场,以便理解对方的观点,同样,翻译者也要完全置身于他的作者的立场。然而,谈话中的相互了解并不是通过设身处地而取得的,对于翻译者来说,这种设身处地也并不就是再创造的成功。这两者的结构显然是很相似的。谈话中的相互了解既包括使谈话伙伴对自己的观点有所准备,同时又要试图让陌生的、相反的观点对自己产生作用。如果在谈话中这种情况对谈话双方都发生,而且参加谈话的每一方都能在坚持自己理由的同时也考虑对方的根据,这样我们就能在一种不引人注意的、但并非任意的观点交换中(我们称之为意见交换)达到一种共同语言和共同意见。翻译的情况也与谈话完全相同,翻译者必须固守据以翻译的自己母语的权利,但同时也必须让外语对自己发生作用,甚至可以说,必须让原文及其表达方式的那种对立东西对自己发生作用。——不过,对翻译者的工作作如此描述也许太简单。即使是在必须把一门语言翻译成另一门语言的这种特殊情况中,事情还是不能同语言相分离的。只有当翻译者能把文本向他揭示的事情用语言表达出来,他才能惟妙惟肖地再制作,但这就是说:他必须找到一种语言,但这种语言并不仅仅是翻译者自己的语言,而且也是适合于原文的语言。②

---

② 这里就产生了"异化"(Verfremdung)问题,沙德瓦尔特(Schadewaldt)在其《奥德赛》译本的后记中(古典作家丛书,1958年,第324页)已对此作了相当重要的论述。

1. 语言作为诠释学经验之媒介

因此翻译者的情况和解释者的情况从根本上说乃是相同的情况。

翻译者必须克服语言之间的鸿沟,这一例证使得在解释者和文本之间起作用的并与谈话中的相互了解相一致的相互关系显得特别明显。因为所有翻译者都是解释者。外语的翻译情况只是表示一种更为严重的诠释学困难,既面对陌生性又要克服这种陌生性。所谓陌生性其实在相同的、明确规定的意义上就是传统诠释学必须处理的"对象"。翻译者的再制作任务同一切文本所提出的一般诠释学任务并不是在质上有什么区别,而只是在程度上有所不同。

当然这并不是说,面对文本的诠释学境况完全等同于两个谈话者之间的境况。在文本中所涉及的是"继续固定的生命表现"。③ 这种"生命表现"应该被理解,这就是说,只有通过两个谈话者之中的一个谈话者即解释者,诠释学谈话中的另一个参加者即文本才能说话。只有通过解释者,文本的文字符号才能转变成意义。也只有通过这样重新转入理解的活动,文本所说的内容才能表达出来。这种情况就像真正的谈话一样,在谈话中共同的东西乃在于把谈话者互相联系起来,这里则是把文本和解释者彼此联系起来。因此,正如口译者在谈话中只有参与到所谈论的事情之中才可能达到理解一样,解释者在面对文本时也有一个不可或缺的前提条件,即他必须参与到文本的意义之中。

因此,说有一种诠释学的谈话,这是完全正确的。但这就会引出以下的结论,即诠释学谈话必须像真正的谈话一样力求获得一

---

③ 德罗伊森:《历史学》,休伯纳编,1937年,第63页。

种共同的语言,但这种共同语言的获得过程却并不像在谈话中那样只是为了达到相互了解的目的而对某种工具的准备过程,而是与理解和相互了解的过程本身正好相合。而且,在这种"谈话"的参加者之间也像两个个人之间一样存在着一种交往(Kommunikation),而这种交往并非仅仅是适应(Anpassung)。文本表述了一件事情,但文本之所以能表述一件事情,归根到底是解释者的功劳。文本和解释者双方对此都出了一分力量。

因此,我们不能把文本所具有的意义等同于一种一成不变的固定的观点,这种观点向企图理解的人只提出这样一个问题,即对方怎么能持有这样一种荒唐的意见。在这个意义上我们可以说,在理解中所涉及的完全不是一种试图重构文本原义的"历史的理解"。我们所指的其实乃是理解文本本身。但这就是说,在重新唤起文本意义的过程中解释者自己的思想总是已经参与了进去。就此而言,解释者自己的视域具有决定性作用,但这种视域却又不像人们所坚持或贯彻的那种自己的观点,它乃是更像一种我们可发挥作用或进行冒险的意见或可能性,并以此帮助我们真正占有文本所说的内容。我们在前面已把这一点描述为视域融合(Horizontverschmelzung)。现在我们在这里认识到一种谈话的进行方式(Vollzugsform des Gesprächs),在这种谈话中得到表述的事情并非仅仅是我的意见或我的作者的意见,而是一件共同的事情。

对于谈话的语言性在所有理解里所具有的这种重要意义的认识,我们应当归功于德国浪漫主义派。德国浪漫主义派曾告诉我们,理解(Verstehen)和解释(Auslegung)归根到底是同一回事。正是通过这种认识,解释这一概念才正像我们所见的那样从它在

1. 语言作为诠释学经验之媒介

18世纪所具有的教育性的附属意义上升到一个重要的地位,这个地位我们可以说是语言问题对于哲学探究取得根本意义的关键地位。

自从浪漫主义派产生以来,我们不再这样想理解问题,好像当我们缺乏直接的理解时我们是通过一些进行解释的概念而达到理解的,而这些概念是我们按照需要从它们原来所处的语言贮存室中取出的[276]。其实,语言就是理解本身得以进行的普遍媒介。理解的进行方式就是解释。这种说法并非意指不存在特别的表述问题。文本的语言和解释者的语言之间的区别,或者说把翻译者同原文相隔开的语言鸿沟,并不是无足轻重的问题。恰好相反,语言表达问题实际上已经是理解本身的问题。一切理解都是解释(Auslegung),而一切解释都是通过语言的媒介而进行的,这种语言媒介既要把对象表述出来,同时又是解释者自己的语言。

因此,诠释学现象就表现为思维和讲话这一普遍关系的特殊情况,它们之间谜一般的内在性甚至导致语言隐匿在思维之中。解释就像谈话一样是一个封闭在问答辩证法中的圆圈。通过语言媒介而进行的、因而我们在解释文本的情况中可以称之为谈话的乃是一种真正历史的生命关系。理解的语言性是效果历史意识的具体化。

语言性和理解之间的本质关系首先是以这种方式来表示的,即传承物的本质就在于通过语言的媒介而存在,因此最好的解释对象就是具有语言性质的东西。

a) 语言性作为诠释学对象之规定

传承物的本质通过语言性而得到标志,这具有其诠释学的后果。理解语言传承物相对于理解其他传承物具有特有的优势。虽然语言传承物在直观的直接性这方面不如造型艺术的文物。但语言传承物缺乏直接性并不是一种缺陷，相反，在这种表面的缺陷中，在一切"文本"的抽象的陌生性中却以特有的方式表现出一切语言都属于理解的先行性质。语言传承物是真正词义上的传承物，这就是说，语言传承物并非仅仅是些留存下来的东西，我们的任务只是把它们仅作为过去的残留物加以研究和解释。凡以语言传承物的方式传到我们手中的东西并不是残留下来的（übriggeblieben），而是被递交给我们的（übergeben），也就是说，它是被诉说给我们（uns gesagt）——不管它是以神话、传说、习俗、谚语得以生存的直接重说的形式，还是以文字传承物的形式，在文字传承物中，其文字符号对一切懂得阅读它们的读者都是同样直接确定的。

传承物的本质以语言性作为标志，这一事实显然在传承物是一种文字传承物的情况中达到其完全的诠释学意义。语言在文字中是与其实现过程相脱离的。以文字形式传承下来的一切东西对于一切时代都是同时代的。在文字传承物中具有一种独特的过去和现代并存的形式，因为现代的意识对于一切文字传承物都有一种自由对待的可能性。进行理解的意识不再依赖那种所谓使过去的消息同现代进行中介的重述，而是在直接转向文字传承物中获得一种移动和扩展自己视域的真正可能性，并以此在一种根本深层的度向上使自己的世界得以充实。对文字传承物的精神占有（Aneignung）甚至超过了那种在陌生语言世界中进行漫游和历险的经验。钻研陌生语言和文学的读者每时每刻都保持着返回自身的自由运动，因此，他们总是这样地同时

1.语言作为诠释学经验之媒介

处于一切地方。

文字传承物并不是某个过去世界的残留物,它们总是超越这个世界而进入到它们所陈述的意义领域。正是语词的理想性(Idealität)使一切语言性的东西超越了其他以往残存物所具有的那种有限的和暂时的规定性。因此,传承物的承载者决不是那种作为以往时代证据的手书,而是记忆的持续。正是通过记忆的持续,传承物才成为我们世界的一部分,并使它所传介的内容直接地表达出来。凡我们取得文字传承物的地方,我们所认识的就不仅仅是些个别的事物,而是以其普遍的世界关系展现给我们的以往的人性(ein vergangenes Menschentum)本身。因此,如果我们对于某种文化根本不占有其语言传承物,而只占有无言的文物,那么我们对这种文化的理解就是非常不可靠的和残缺不全的,而我们也不把这种关于过去的信息称为历史。与此相反,文本却总是让总体得到表述。某些似乎是简直不可理解的无意义的笔划一旦被认作为可解释的文字时,就突然从自身出发表现得最可理解,甚至当其上下文联系被理解为完整的联系时,它们还能纠正不完善传承物的偶然性。

因此,文字固定的文本提出了真正的诠释学任务。文字性(Schriftlichkeit)就是自我陌生性(Selbstentfremdung)。所以,对这种自我陌生性的克服,也就是对文本的阅读,乃是理解的最高任务。甚至可以说,只有当我们能够把文本转换成语言的时候,我们才能正确地理解和解释某种碑文的纯符号成分。但这种把文本转换成语言的活动——我们可以回想到——总是同时也产生一种与被意指的东西、即被谈论的事物的关系。理解过程在此是完全活动于那种由语言传承物所传介的意义域之内。因此,对于某块碑文来说,只有当事先存在有(作为正确前提的)辨译的情况下才提出诠释学的任务。而非文字性的文物则只是在扩展的意义上才算提出一种诠释学的任务。因为这些文物并非从其本身就可理解。它们所意味的东西乃是一个对其进行解释的问题,而不是对其字面的辨译和理解。

语言在文字性中获得其真正的精神性,因为理解的意识面对文字传承物才达到它的完全自主性。理解的意识在其存在中无须依赖任何东西。因此阅读的意识潜在地占据着理解意识的历史。"语文学"(Philologie)这个概念本来的意思是指对说话的爱好,然而随着文字文化的产生,这个概念就完全转变成包容一切的阅读艺术,并丧失了这个概念原本所具有的与讲话和论证的关联。阅读的意识必然是历史的意识,是同历史传承物进行自由交往的意识。因此,当我们像黑格尔一样把历史的开端等同于某种求传承的意愿的产生,等同于某种求"思念持存"的意愿的产生,那是很有道理的。④ 文字性决不只是对于口头传承物的发展在质上并无改变的纯粹偶然的情况或纯粹的补充。追求延续、追求持存的意愿当然也可以无须文字而存在。但只有文字传承物才能同已经成为生命残余物的纯粹持存相分离,虽然现今此在可以从这种残余物出发有所补充地推知以往此在。

碑文这一类传承物并不是从一开始就加入了我们称之为文学的自由传承物形式,因为它依赖于残余物的存在,不管它们是石料

---

④ 黑格尔:《历史中的理性》(拉松版),第145页。

1.语言作为诠释学经验之媒介

的或者是其他材料的残余物。追求持存的意愿要为自己创造固有的延续形式,也就是我们称之为文学的东西,这对于一切通过抄件而到达我们手中的传承物却是完全适合的。文学中所存在的并非仅仅是些纪念碑或符号的东西。所谓文学其实都与一切时代有一种特有的共时性。所谓理解文学首先不是指推知过去的生活,而是指当代对所讲述的内容的参与(gegenwärtige Teilhabe an Gesagtem)。因此,这里根本不涉及两个人之间的关系,例如读者和作者之间的关系(作者也许是读者完全不认识的),而是涉及到对文本向我们所作的传达的参与。凡在我们理解的地方,那里文学作品中所讲内容的意义就完全不依赖于我们是否能从传承物中对作者构成一种形象,或者对传承物作某种源泉的历史阐明是否就是我们的愿望。

在此我们回想起一件事实,即诠释学本来的任务或首要的任务就是理解文本。正是施莱尔马赫才降低了文字的固定性对于诠释学问题所具有的本质重要性,因为他在口头讲述中——这是他真正所完成的工作——发现了存在着理解问题。我们在前面已经讲过,⑤施莱尔马赫带进诠释学中的心理学转向如何关闭了诠释学现象原本有的历史度向。实际上,文字性对于诠释学现象之所以具有中心的意义,只是因为在文字中同书写者或作者的分离有如同某个收信人或读者的姓名的分离一样,乃使自己达到了一种自身的此在。因此以文字形式固定下来的东西就在一切人眼前提升到一种意义域之中,而每一个能阅读它的人都同时参与到这个意义域之中。

---

⑤ 参见本书第189页以下、第302页以下。

与言语性相比，文字性显然是第二性的现象。文字的符号语言总要归结到真正的讲话语言。但是，语言能够被书写这一点对于语言的本质却决非第二性的。语言之所以能被书写，其根据就在于讲话本身加入了讲话中所传达的纯粹的意义观念性，而在文字中被讲出的这种意义却是纯粹自为的、完全脱离了一切表达和传告的情感因素。我们将不把某一文本理解为生命的表达，而是对它所说的内容进行理解。文字性乃是语言的抽象理想性。因此，文字记录的意义从根本上说是可辨认的和可复述的。在复述中所同一的只是在文字记录中实际记下的东西。这就同时清楚地表明，这里所说的复述并不是严格意义上的复述。复述所指的并不是归结到最早讲出或写下某种东西的原始意蕴。阅读的理解并不是重复某些以往的东西，而是参与了一种当前的意义。

文字性所具有的方法上的优点在于，在文字这里诠释学问题脱离了一切心理学因素而纯粹地显露出来。在我们眼里和对于我们的目的来说，表现为方法优点的东西当然同时也是一种特殊弱点的表现，这种弱点更多表现了文字的特征而不是讲话的特征。如果我们认识了一切文字的弱点，那么理解的任务就会特别清楚地被提出来。对此我们只要再一次回想到柏拉图这位先驱。柏拉图认为文字固有的弱点在于，如果书写的文字有意或无意地陷入了误解，那就无人能够帮助它。⑥

柏拉图在文字的无助性中显然发现了一种比讲话所具有的还

---

⑥ 柏拉图：《第七封信》，341C、344C；《斐德罗篇》，第275页。

1. 语言作为诠释学经验之媒介

更严重的弱点(to asthenes tōn Logōn)，当他要求辩证法以帮助讲话的弱点时，他却声称文字是毫无希望的，这当然是一种讽刺性的夸张，借助这种夸张柏拉图掩盖了他自己的文字作品和他自己的艺术。实际上书写与讲话所遇到的麻烦是相同的。正如在说话中存在着现象的艺术和真正思维的艺术——诡辩术和辩证法——的相互对应，同样也存在相对应的两种书写艺术，其中一种书写艺术为诡辩术服务，另一种为辩证法思维服务。确实存在着一种能够帮助思维的书写艺术，归属于这种艺术之下的就是理解的艺术，它也给书写下的东西提供同样的帮助。

正如我们已经说过，一切文字性的东西都是一种异化了的话语，因此它们需要把符号转换成话语和意义。正因为通过文字性就使意义遭受到一种自我异化，因此把文字符号转换成话语和意义就提出了真正的诠释学任务。所说内容的意义应当纯粹根据依文字符号而传承的字词(Wortlaut)重新表达出来。与所说出的话语相反，对文字的解释没有任何其他的辅助手段。因此，这里在某种特殊的意义上取决于书写的"艺术"。[7] 被说出的话语以令人吃惊的程度从自身出发解释自身，既可以通过说话方式、声音、速度等等，同时也可以通过说话时的环境。[8]

然而，同样也存在所谓能从自身出发阅读自身的文字写下的东西。两个伟大的德国哲学著作家席勒和费希特所进行的关于哲

---

[7] "讲话"和"书写"、朗读风格和文字固定物所需的高一级风格要求之间的巨大区别就基于这一事实。

[8] 基彭贝格(Kippenberg)曾讲过，里尔克[277]有一天朗读一首杜依诺斯哀歌，听众根本未觉察该诗的难度。

学中的精神和字母的重要争论就是从这个事实出发的。⑨ 在我看来,很值得我们注意的是,由于这两人所使用的美学标准不同,这场争论是不可能得到平息的。这里所涉及的问题从根本上说并不是所谓优美风格的美学问题,而是一个诠释学问题。如何激起读者的思想并使其取得创造性活动的写作"艺术"很少同传统的修辞学或美学的艺术手段有关。毋宁说,它完全关系到人们如何被引到共同思考文中所想的内容。写作的"艺术"在这里根本不能作如此理解和注意。写作的艺术如同讲话的艺术一样本身并不是目的,因此也不是诠释学努力的根本对象。理解完全是被事情拖入它的轨道的。因此,对于理解的任务来说,含糊地思考以及"糟糕"地写作并不是足以使诠释学艺术得以显示其全部荣耀的卓越例子,而是相反,它们乃是诠释学成功的根本前提、即所指意义的单义性发生动摇的模棱两可情况。

一切文字性的东西都要求能从自身出发被唤入讲说的语言中,这种意义自主的要求得到极大的强调,甚至一种真正的朗读,例如诗人朗读自己写的诗,如果听众的注意力从作为理解者的我们所真正对准的焦点偏离开,也会显出某种疑惑。对文本的解释正因为要依赖于该文本真正意义的传达,所以对文本的这种解释已经受制于一种实际的模式。这就是柏拉图的辩证法所提出的要求,它试图使逻各斯作为这个目的而发挥作用并超越实际谈话的参加者。的确,文字的特殊弱点,亦即文字相对于生动的谈话更加

---

⑨ 参见费希特书信,该信收入费希特《论哲学中的精神和字母》(《费希特书信集》,第2卷,第5章)。

1. 语言作为诠释学经验之媒介

需要帮助这种弱点也有其另外的一面,即它使理解的辩证任务加倍清楚地显露出来。因此,在文字中就像谈话时一样,理解必须寻求增强被说出的话的意义。在文本中所说的内容必须同加于它身上的一切关联相分离,并且必须在对它才唯一有效的完全的理想性中被把握。正因为文字的固定化使陈述的意义同陈述的人完全相分离,所以它就使得进行理解的读者重新成为它的真理要求的辩护人。读者也就在它的一切有效性中得知向他诉说和他所理解的东西。读者所理解的已经不仅仅是一种陌生的意见——它总已经是可能的真理。这就是通过把所说的东西同说话者相分离、把文字所赋予的持存同时间延续相分离所产生的结果。如果像本书前面所曾指出过的那样,⑩不习惯于阅读的人根本不曾怀疑过写下的东西可能是错的,因为对他们来说一切文字的东西就像一件文献一样本身就是可信的,那么这是有其更深的诠释学根据的。

一切文字的东西实际上是更主要的诠释学对象。我们在外语以及翻译问题等例子中所说明的一切也在阅读的自主性上得以证实:理解并不是心理的转化。理解的意义视域既不能完全由作者本来头脑中的想法所限制,也不能由文本原来写给其看的读者的视域所限制。

我们不该在文本中置入作者和原来的读者未曾想到的内容,这种说法最初听起来好像是一种受到普遍承认的合理的诠释学规则。其实这条规则只有在很极端的情况下才能被应用。因为文本不能被理解成作者主观性的生动表现。某一文本的意义不能从作

---

⑩ 参见本书第277页。

者的主观性出发找到它的范围。而且,不仅把某一文本的意义限制在作者"真实的"思想上是大有问题的,就是我们为了试图客观地规定某一文本的意义而把它理解成同时代人之间的谈话并把它关联到它原来的读者——这是施莱尔马赫的基本假定——我们还是不能跳出一种偶然界限。同时代的读者(Adresse)这个概念只能要求某种有限的批判效果。因为究竟什么叫同时代?前天的听众和后天的听众都总是属于我们把他们当作同时代人向之说话的人。我们该如何确定出后天的界限,从而把某个后天的读者划在界限之外?什么叫同时代人?鉴于昨天和后天之间的这种多方面的混淆,某一文本的真理要求又是什么?所谓原来的读者这个概念完全是未经澄清的抽象。

我们关于文字传承物本质的观点还包含着彻底反对原来读者这一概念在诠释学里的合法性。我们已经看到,文学如何通过求传承的意愿所规定。进行抄写和传承的人想的总是他的同时代人。因此,参考原来的读者看起来就像参考作者的意义一样只是表现了一种很粗糙的历史-诠释学规则,这种规则不能真正划定文本的意义域。通过文字固定下来的东西已经同它的起源和原作者的关联相脱离,并向新的关系积极地开放。像作者的意见或原来读者的理解这样的规范概念实际上只代表一种空位(eine leere Stelle),而这空位需不断地由具体理解场合所填补。

b) 语言性作为诠释学过程之规定

我们由此进入语言性和理解之关系得以表现的第二层领域。不仅是传承物这种优越的理解对象是具有语言性的——就是理解

1. 语言作为诠释学经验之媒介

本身也同语言性有着根本的联系。我们据以出发的命题是,理解就已经是解释(Auslegung),因为理解构造了文本的意见得以起作用的诠释学视域。但为能使某一文本的意见以其实际内容表达出来,我们就必须把这种意见翻译成我们的语言,但这也就是说,我们把它置于同我们得以进行语言活动的整个可能意见的关系中。我们已经从适合于诠释学现象的问题这一绝好的角度研究了可能性意见整体的逻辑结构。如果说我们现在研究的是一切理解的语言性,那么我们只是从另外角度重新表达了我们在问答辩证法中业已指明的内容。

这样,我们就进入了历史科学占统治地位的观点所普遍忽视的领域。因为历史学家一般在选择他用来描述其研究对象的历史特点的概念时都未曾对这些概念的来源及其正确性作明确的反思。他只遵循自己的实际利益而没有考虑过,他在由自己选择的概念中所发现的描述能力对他自己的见解可能是极其糟糕的,因为这些概念把历史上陌生的东西混同于熟悉的东西,并在作最不带偏见的解释时已经把对象的异在纳入自己的前概念之中。因此尽管历史学家遵循一切科学的方法论,他还是和一切其他人的态度一样,他们作为时代的产儿无疑是受到自己时代前概念和前见的控制。[11]

只要历史学家不承认他的这种天真性,他无疑就不可能达到事物所要求的反思水平。如果他开始意识到这种疑难因而提出要求,要人们在历史的理解中排除自己的概念而只在被理解

---

[11] 参见本书第367页,特别参见《弗里德里希-施莱格尔箴言集》。

时代的概念中进行思维,那么他的天真就真的不可救药了。⑫ 这种要求听起来像是历史意识一贯的要求,实际上对每一个有思考能力的读者来说只是一种天真的幻想。这种要求的天真性并不在于说历史意识的这种要求和决心是不可能实现的,因为解释者不可能完全达到把自己排除掉的这一理想。而这将总是还意味着,这种理想只是我们必须尽可能地接近的合理的理想。历史意识想从某个时代本身的概念出发理解这个时代的这一合法要求所真正意味的却完全是另外的意思。所谓排除当代概念的要求所指的并不是天真地使自己置身于过去,不如说这种要求本质上是个相对的要求,只有当其涉及到自己的概念时才有意义。如果历史意识为了要达到理解而想排除掉使理解唯一可能实现的东西,那它就搞错了。所谓历史地思维实际上就是说,如果我们试图用过去的概念进行思维,我们就必须进行那种在过去的概念身上所发生过的转化。历史地思维总是已经包含着过去的概念和我们自己的思想之间的一种中介。企图在解释时避免运用自己的概念,这不仅是不可能的,而且显然也是一种妄想。所谓解释(Auslegung)正在于:让自己的前概念发生作用,从而使文本的意思真正为我们表述出来。

我们在分析诠释学过程时已经把解释视域的获得认作一种视域融合。这一点现在也被解释的语言性这一点加以证明。文本应

---

⑫ 参见我关于 H. 罗斯(Rose)的著作《作为西方思维形式的古典主义》(格诺蒙,1940 年)第 433 页以下的评论[参见我的著作集,第 5 卷,第 353—356 页]。我后来发现,我在 1931 年的《柏拉图的辩证伦理学》的方法论导论中已含蓄地进行了相同的批判[参见我的著作集,第 5 卷,第 6—14 页]。

1. 语言作为诠释学经验之媒介

该通过解释而得到表述。如果文本或书籍不以其他人也可理解的语言说话，那么它们就不可能说话。因此，如果解释真正地想把文本加以表述，它就必须寻找正确的语言。所以我们之所以决不可能有一种所谓正确的"自在的"解释，就是因为一切解释都只同文本本身有关。传承物的历史生命力就在于它一直依赖于新的占有（Aneignung）和解释（Auslegung）。正确的"自在的"解释也许是一种毫无思想的理想，它认错了传承物的本质。一切解释都必须受制于它所从属的诠释学境况。

同境况相联系决不是说，一切解释都必然会提出的正确性要求将一定消溶于主观性和偶然性之中。我们并没有倒退到浪漫主义的认识观后面去，虽然诠释学问题正是通过浪漫主义的认识观才清除了一切偶然的动机。对我们来说，解释同样也不是一种教育行为，而是理解本身的实现，理解不仅仅对于我们正为之解释的对方来说，同样也对于解释者本人来说，只有在解释的语言表达性中才能实现。由于一切解释都具有语言性，因此在一切解释中也显然包括同他者的可能关系。如果在说话中不同时包括说话者和听说话的人，这就不可能有任何说话。这也同样适用于诠释学过程。但这种关系却并非以有意识地顺应某种教育境况的方式规定解释性的理解过程，相反，这种过程只不过是意义本身的具体化。我想到我们曾经怎样让完全从诠释学中被排除掉的应用因素重新发挥作用的。我们已经看到：所谓理解某一文本，总是指，把这一文本运用到我们身上。我们知道，尽管某一文本总是肯定可以作另外的理解，但它仍是在以前表现为其他面目的同一件文本。于是一切解释的真理要求根本不是相对的这一点就显得很清楚了。

因为一切解释本质上都同语言性相适应。理解通过解释而获得的语言表达性并没有在被理解的和被解释的对象之外再造出第二种意义。进行解释的概念在理解中根本不是主题性的，而是命定要消逝在由它们解释地表达出来的内容之后。听起来这种说法有点矛盾，即一种解释只有在它能以这种方式让自身消逝才是一种正确的解释。然而它同时又必须以注定要消逝的形式表现出来。理解的可能性就依赖于这种进行中介的解释的可能性。

这也适用于直接产生理解的情况以及不存在明显解释的情况。因为即使在这些理解的情况中也有一点，即解释必须是可能的。但这意味着，解释是潜在地包含于理解过程中。解释只是使理解得到明显的证明。解释并不是借以引出理解的一种手段，相反，解释倒是进入被理解的内容之中。我们可以回忆，这并非仅仅指文本的含义（Sinnmeinung）可以统一地被思考，而是指文本所陈述的事情也将由此得到表述。解释似乎是把事情搁在语词的天平上。——这种论断的普遍性如今经历了一些能间接证明这种普遍性的有特色的变化。凡是我们须理解和解释语言性文本的地方，以语言为媒介的解释就清楚地表明理解到底是怎么一回事：理解就是这样一种对所说的东西进行占有的过程（eine solche Aneignung des Gesagten），以使它成为自身的东西。语言的解释就是一般解释的形式。因此，即使要解释的东西不具有语言的性质，并非文本，而是一件绘画作品或音乐作品，那里也还是存在着解释。我们只要不被那些虽说不是语言性的、但实际上却以语言性为前提的解释形式搞混淆就行了。例如我们可以通过对比的手段来展示（demonstrieren）一些问题，比如我们可以把两幅画并列

1. 语言作为诠释学经验之媒介

在一起,或依次朗读两首诗,从而使其中的一幅画或一首诗对另一幅画或另一首诗进行解释。在这种情况中,指示性的展示似乎是排除语言解释的。但这实际上意味着这种展示乃是语言性解释的另一种形式。在被指示的东西中存在着解释的相反现象(Widerschein),它把指示用作某种直观的缩写。正如翻译概括了解释的结果,对文本正确的朗读必然已经决定了解释问题(因为我们只能朗诵我们已经理解了的东西)一样,指示在同样意义上也是一种解释。理解和解释以一种不可分开的方式彼此交织在一起。

与一切解释(Auslegung)都进入理解这一点相联系的是,解释(Interpretation)概念不仅被应用于科学的解释,同时也被应用于艺术的再现(Reproduktion),例如音乐或戏剧的演出。我们在上面已经指出,这种再现并不是在原作之外的第二种独立作品,而是让艺术品真正达到它的表现。使音乐文本或某个剧本得以存在的符号文字也只有在这种再现中才能得以兑现。朗读也是这一类的过程,亦即在一种新的直接性中唤起文本和转换文本。⑬

但由此可以推知,这一点也肯定适用于一切默读的理解。从根本上看阅读就总是已包含着解释。因此我们就不该说,阅读的理解是一种内心的演出,在这种演出中艺术品就如在众目睽睽的演出中一样地具有独立的存在——虽然留驻于心理内部的秘密性之中。我们倒是应该反过来说,在外部的时间和空间中进行的演出同艺术品相比实际上根本不具有独立的存在,而只有在派生的

---

⑬ [关于"阅读"和"再现"的区别请参见我的著作集第2卷"在现象学和辩证法之间——一种自我批判的尝试",第3—23页;以及该卷中刊登的论文"文本和解释",第330页以下。]

审美区分中才能获得这种存在。从诠释学观点来看,音乐或诗歌通过演出而得到的解释与通过阅读对文本的理解并没有什么区别:理解总是包含着解释。语文学家所做的工作同样在于使文本变得可以阅读和理解,也就是说,确保我们正确阅读和理解文本。因此,在一件作品通过再现而得到的解释与语文学家所作的解释之间并无原则差别。进行再现的艺术家尽管可以把语文学家以语词所作的解释的正当性感受为无足轻重的,并作为非艺术性的解释加以否认——但他决不可能想去否认再现性的解释从根本上说具有这种正当性。进行再现的艺术家必然也希望自己的观点是正确的、令人信服的,他也不会否认自己与眼前的文本之间的联系。但这种文本也就是给科学的解释者提出任务的文本。因此,进行再现的艺术家决不可能从根本上反对以下的说法,即他自己的、以再现性的解释表现出来的对作品的理解可以被重新理解,亦即可以通过解释而得到证明,而且这种解释将以语言的形式进行。这种解释也不是意义的新创造。与此相应的是,它作为一种解释又将重新消逝并在理解的直接性中保持它的真理性。

对解释和理解之间内在关联性的认识也将导致去摧毁以天才说美学为标志的艺术家和认识者所曾进行并正在进行的那种错误地对待直接性的浪漫主义观点。解释不可能替代被解释的作品。例如它不可能通过自己陈述的诗意力量而吸引别人对自己的注意。我们宁可说解释具有一种根本的偶然性。这一点不仅适用于作解释的语词,同样也适用于再现性的解释。解释的语词总具有某些偶然因素,因为它受诠释学的问题所推动,这不仅是由于在启蒙时代人们曾经把解释限制在教育的目的上,而且也因为理解总

1. 语言作为诠释学经验之媒介

是一种真正的事件。⑭ 同样,作为再现性的解释从某种根本意义上说来也是偶然的,这就是说,并非唯有当人们为了教导的目的而过分夸张地进行表演、示范、翻译或朗读时它才显出偶然性。因为在这种情况中,再现在特殊的、指示的意义上就是解释,也就是说它在自身中包括了一种故意的夸张和重点的突出,而这一点实际上与其他一切再现性的解释并未构成根本性的不同,而只形成程度的差别。尽管诗歌或音乐作品是通过演出才获得戏剧性的表现,但每次演出都有其重点。因此,这种故意的强调与为了教育目的而进行的强调之间区别并不大。一切演出都是解释。在一切解释中都有重点的突出。

只是因为演出并没有持续性的存在,并将消逝在它再现出的作品之中,故这个事实就显得不很明显。不过,如果我们从绘画艺术中举出一些相似的例子,例如由一个伟大的艺术家临摹某个古典大师的绘画,我们就会在其中发现同样突出重点的解释。同样我们也可以在重放老电影时判断出这种特有的效果,或者在一部对某人说来记忆犹新的电影直接重放时产生这种特有的效果:电影的一切情节都显得特别清楚。——这就很好地证明,我们在每一次再现时都谈论着作为这种再现之基础的某种观点,而这种观点肯定能够表明其正确。这种观点从总体上说是由上千种都愿成为正确的小决定组成的。论证性的证明和解释无须成为艺术家自己的事情;此外,语言解释的明显性基本上只具有大致的正确性,并将在本质上不及"艺术家的"再现所能达到的完整表现——不过

Ⅰ 405

---

⑭ 参见本书第 312 页以下[以及我的著作集第 2 卷第 4 部分的论文]。

一切理解同解释的内在联系以及语词解释的基本可能性在这里都未触及。

我们声称语言性所具有的根本优越性必须正确地加以理解。语言显然很少能够表达我们的感觉。面对着艺术品动人心魄的存在,用语言去把握它向我们诉说的内容这个任务显得好像是从毫无希望的远方所进行的一项无止境的工作。这样就能激起一种对语言的批判,即我们的理解欲望和理解能力总是不断地超出业已达到的任何陈述。但仅仅这一点却无法改变语言性所具有的根本优越性。我们的认识能力看起来比语言赋予我们的表达能力更具有个体性。面对语言据以强迫理解纳入束缚我们的确实图式这种社会所造成的统一倾向(Einebnungstendenz),我们的求知意志试图批判地摆脱这种图式化和前把握性(Vorgreiflichkeit)。但我们对于语言所要求的批判性考虑却与语言表达的习惯根本没有关系,而是同反映在语言中的意见的习惯有关。因此它根本不反对理解与语言性之间的本质联系。实际上它倾向于证明这种本质联系本身。因为一切这样的批判,即为了理解而超越我们陈述的图式都在语言形式中再一次找到它的表现。就此而言,语言胜过了所有对它管辖权的反对。语言的普遍性与理性的普遍性同步。诠释学意识在这里只涉及那种构成语言和理性一般关系的东西。如果一切理解都与其可能的解释处于一种必然的等值关系,如果理解根本就没有界限,那么理解在解释中所经验到的语言性把握也必然会在自身中具有一种克服一切限制的无限性。语言就是理性本身的语言。

这种说法肯定会使人感到犹豫。因为这就使得语言同理性、

1. 语言作为诠释学经验之媒介

但也就是说同它所命名的事物之间的关系如此密切，从而使以下事实变得扑朔迷离，即为何还会存在许多不同的语言，而且这些语言都似乎同样与理性和事物有着密切的关系。谁在语言中生活，谁就被他使用的语词与他意指的事物之间不可超越的适应性所充满。看起来陌生语言的其他语词决不可能同样恰当地命名同一个事物。合适的语词似乎总只能是自己的语词和唯一的语词，这样所意指的事实才可能是同样的事实。翻译的烦恼归根到底就在于，原文的语词和所指的内容似乎不可分离，因此为要使某一文本可以被人理解，我们就必须经常对它作详尽的解释性的改变，而不是对它翻译。我们的历史意识越是敏感，就越能感觉到外语的不可翻译性。但这样一来所谓语词和事物间的内在一致性就成了一种诠释学丑闻。因为，假如我们以这样的方式被关闭在我们所说的语言中，那怎么可能去理解一件陌生的传承物呢？

我们有必要识破这种论证过程的假象。实际上我们历史意识的敏感性所证明的恰好相反。理解和解释的努力总是有意义的。在这种努力中显示了理性借以超越一切现存语言之限制的高超的普遍性。诠释学经验是调整的经验，思维的理性正是通过这种调整经验而摆脱语言的樊篱，尽管理性本身乃是语言性地构造出来的。

从这种观点看，则语言问题立刻就不具有语言哲学（Sprachphilosophie）所追问的那种意义。当然，语言科学所感兴趣的语言的多样性也给我们提出了一个问题。但这个问题仅仅是问，尽管每一种语言都与其他语言有着千差万别，它为何还能够讲述它想讲述的一切东西。语言科学所教导我们的就是说，一切语言都以

I 406

它自己的方式做到这一点。从我们这方面所提的问题则是，在说话方式的这种多样性中是如何会到处具有思维和说话之间的这种一致性，以致一切文字传承物都可以从根本上得到理解。因此，我们感兴趣的与语言科学试图研究的恰好相反。

语言和思维的内在一致性同样是语言科学据以出发的前提。只有通过这个前提，语言科学才能成为一门科学。因为只有存在这种一致性，研究者借以使语言成为对象的那种抽象对于他们来说才有意义。正是通过同传统的神学偏见和理性主义偏见决裂，赫尔德和洪堡才能把语言看作世界观。由于他们承认思维和语言之间的一致性，他们才提出比较这种一致性的各种形式的任务。我们现在也从同样的观点出发，但我们走的却是相反的道路。我们试图不顾说话方式所具有的千差万别而坚持思维和语言之间不可消解的统一性，这种统一性在诠释学现象中则表现为理解和解释的统一性。

因此，我们在这里所追问的问题就是一切理解的概念性（Begrifflichkeit）。这个问题只有从表面看来才是个不关紧要的次要问题。我们已经看到，概念性的解释就是诠释学经验本身的进行方式。因此，这里所提的问题也是很困难的。解释者并不知道他把自己和自己的概念都带入了解释之中。解释者的思想完全成为语言表述的一个部分，因此他根本不会把语言表述作为一个对象。这样我们就可以理解，诠释学过程的这一个方面何以一直未曾被人注意。而且更有甚者，不恰当的语言理论还混淆了实际真相。显而易见，把语词和概念看作现存准备好的工具这种工具主义的符号理论误解了诠释学现象。如果我们固守语词和话语中所发生

1. 语言作为诠释学经验之媒介

的,尤其是精神科学同传承物进行的谈话中所发生的情况,则我们就必须承认,在这些过程中不断地进行着概念的构成。这并不是说,解释者使用了新的或不习惯的语词。但运用习惯的语词却不产生于逻辑归属活动,而个别性就是通过这种逻辑归属而归到概念的一般性之中的。我们可以回想到,理解总是包括一种运用因素,因此理解总是不断地继续进行概念的构成。如果我们想把与理解相连的语言性从所谓语言哲学的偏见中解放出来,我们就必须考虑到这一点。解释者运用语词和概念与工匠不同,工匠是在使用时拿起工具,用完就扔在一边。我们却必须认识到一切理解都同概念性具有内在的关联,并将拒斥一切不承认语词和事物之间内在一致性的理论。

而且情况可能还更为困难。我们所问的是,现代语言科学和语言哲学据以出发的语言概念究竟是否符合实际情况。最近,从语言科学方面所作的研究正确地指出,现代语言概念以一种语言意识为前提,而这种语言意识本身乃是一种历史的结果,它并不适用于历史开端时的语言概念,尤其不适用于希腊的语言概念。⑮ 从古希腊时期对语言的完全无意识开始一直走到了近代把语言贬低为一种工具,这种同时包括了语言行为变化的意识产生过程才第一次有可能达到对"语言"本身进行独立的考察,也就是说,按照语言的形式,脱离一切内容,对语言进行独立的考察。

我们可以怀疑,语言行为和语言理论之间的关系是否这样就

---

⑮ J.洛曼(Lohmann):《读书——语言哲学、语言历史和概念探究的研究》,第3卷,以及其他地方。

得到了正确的刻画——但无可怀疑的是,语言科学和语言哲学的工作前提是,只有语言形式才是它们唯一的论题。这里所说的形式这个概念是否恰当?语言难道真的如卡西尔所说只是一种象征形式?如果我们说语言性包含了被卡西尔称为象征形式的一切东西,即神话、艺术、法律等等,这是否就算正确地评价了语言的特点呢?⑯

我们在分析诠释学现象的过程中遇到了语言性的普遍作用。诠释学现象通过揭露其语言性而获得绝对普遍的意义。理解和阐释都以特定的方式被归置到语言传承物之中。但与此同时它们又超越了这种关系,这不仅是因为一切人类文化的创造物,也包括非语言性的创造物,都可以用这种方式得到理解;更根本的是,一切合理智的东西一般都必然可以理解和阐释。这一点不仅适用于理解,同样也适用于语言。这两者不能仅仅被当作人们可以经验地研究的一种因素。这两者决不是纯粹的对象,相反,它们包括了一切可以成为对象的东西。⑰

如果我们认识了语言性和理解之间的根本联系,那我们就不可能把那种从语言无意识经由语言意识再到低估语言价值的发展⑱认为是对历史过程的明显正确的描述。据我看来,这种图式

---

⑯ 参见恩斯特·卡西尔:《象征概念的本质和作用》,1956年(首先包括在瓦尔堡图书馆出版的论文)。R. 荷尼希斯瓦尔德(Hönigswald)的《哲学和语言》(1937年)附有对他的批判。

⑰ 荷尼希斯瓦尔德这样说:语言并非仅仅是事实,它同时也是原则(《哲学和语言》,第448页)。

⑱ J. 洛曼在《读书——语言哲学、语言历史和概念探究的研究》中这样描写这种发展。

不仅如它表明的那样,并不适合于语言理论的历史,它更不适合于活生生实现的语言生命本身。存在于讲话之中的活生生的语言,这种包括一切理解、甚至包括了文本解释者的理解的语言完全参与到思维或解释的过程之中,以致如果我们撇开语言传给我们的内容,而只想把语言作为形式来思考,那么我们手中可思考的东西就所剩无几了。语言无意识并未中止成为说话真正的存在方式。因此让我们把注意力转向希腊人,当语词和事物之间统治一切的统一性在他们眼中显得问题百出、疑虑重重时,他们对于我们称为语言的东西还没有找出一个词汇。我们还将把注意力转向中世纪的基督教思想,它从教义神学的兴趣出发重新思考了这种语词和事物统一的神秘性。

2."语言"概念在西方思想史上的发展

a) 语言和逻各斯(Logos)[278]

语词和事物之间的内在统一性对于一切远古的时代是这样的理所当然,以致某个真正的名称即使不被认为是这个名称的承载者的代表的话,它也至少被认为是这个名称的承载者的一个部分。对此富有特征的是,希腊文中指"语词"(Wort)的这个词 Onoma 同时也包含有"名称"(Name)的意思,尤其包含有"名字"(Eigenname)即称呼(Rufname)的意思。语词首先被人们从名称的角度来理解。但名称乃由于某人这样称呼或他的名字就这样称呼,所以才成其为名称。名称附属于它的承载者。名称的正确性就是通过某人这样被称呼而得到证明。因此名称似乎属于存在本身。

希腊哲学正是开始于这样的认识,即语词仅仅是名称,也就是说,语词并不代表真正的存在。哲学问题正是通过名称而突破了原本的无争论的因袭观点。对语词的相信和怀疑就是希腊启蒙思想据以观察语词和事物之间关系的两种问题情况。通过这两种情况,名称从范例作用(Vorbild)走向了反面(Gegenbild,即从表现事物变成了替代事物)。[279]名称是由人所给出,并且人可以对之进行改变,这引起了对语词的真理性的怀疑。我们究竟能否谈论名称的正确性?难道我们肯定不能谈论语词的正确性?也就是说,我们肯定不能要求语词和事物的一致性?难道赫拉克利特这位所有古代思想家中最深邃的思想家不曾发现语词游戏的深刻含义?这就是柏拉图的《克拉底鲁篇》(Kratylos)得以产生的背景,柏拉图这篇著作是古希腊人关于语言问题的基本著作,它包含了该问题的全部范围,因此,我们仅仅不完整地认识的后期希腊人关于该问题的讨论几乎没有增加什么本质上不同的东西。⑲

在柏拉图的《克拉底鲁篇》中所讨论的两种理论试图用不同的方式规定语词和事物的关系。传统的理论认为,通过协定和实践所取得的单义性的语言用法就是语词意义的唯一源泉。与之相反的理论则主张语词和事物之间具有一种自然的相符关系,而正确

---

⑲ 赫尔曼·施泰因塔尔(Hermann Steinthal)对这个问题的表述很有价值,参见《特别顾及逻辑学的希腊和罗马语言科学史》,1864年。[目前最有代表性的著作是K.盖塞尔(Gaiser)的著作《柏拉图的〈克拉底鲁篇〉里的名称和事物》,海德堡,1974年,同时参见《海德堡科学院论文集》,哲学历史学卷,1974年,第3卷。]

2."语言"概念在西方思想史上的发展

性(orthotēs)这个概念所指的就是这种相符关系。显然,这两种观点都比较极端,因此,在实际情况中,这两种观点根本不必互相排斥。不管怎样,说话的个人是并不知道作为这种观点前提的语词的"正确性"这个问题的。

被我们称为"一般语言用法"的语言的存在方式给这两种理论都划定了界限,约定主义的界限在于:如果语言要想存在,我们就不能任意地改变语词的含义。"特定语言"的问题指出了这种重新命名所需的条件。《克拉底鲁篇》中的赫墨根尼自己举了一个例子:重新命名一个奴仆。[20] 奴仆生活世界的内在依赖性、奴仆个人同他的职能的联系使得这种重新命名成为可能,而这种命名由于人对自己自为存在的要求、由于人要保全自己荣誉的要求本来是不可能做到的。孩子和情人同样也有"他们的"语言,通过这种语言,他们在只属于他们的世界中达到相互理解,但这也并不是由于任意的约定,而是由于一种语言习惯的形成。唯有世界的共同性——即使只是一个假扮的世界——才是"语言"的前提。

但是,相似性理论(Ähnlichkeitstheorie)的界限同样也是很明显的:我们不可能看着所指的事物而想着对语言进行批判,说语词并没有正确地反映事物。语言根本不像是一种我们可以操起使用的单纯工具,我们制造它是为了用它进行传达或作出区分。[21] 对语词的这两种解释都从语词的此在和使用上手(Zuhandensein)出发,并让事物作为事先意识到的自为存在。因此这两种解释从一

---

[20] 《克拉底鲁篇》,384d.
[21] 同上书,388c.

开始就起步太晚。所以我们有必要追问,当柏拉图指出了这两种极端的论点内在的无根据性时,他是否想对这两种论点的共同前提提出疑问。在我看来,柏拉图的意图是很清楚的——由于人们一直把《克拉底鲁篇》误认为系统地讨论语言哲学的问题,因而这一点未能得到足够的强调:柏拉图想用当时关于语言理论的讨论指出,在语言中、在语言对正确性的要求中(orthotēs tōn onomatōn),是不可能达到实际真理的(alētheia tōn ontōn),因此我们必须不借助于语词(aneu tōn onomatōn)而纯粹从事物自身出发(auta ex heautōn)认识存在物(das seiende)。[22] 这样,问题就可以彻底地深化到一种新的层次。柏拉图所欲达到的辩证法显然要求思维单独依据于自身,并开启思维的真正对象,亦即"理念",从而克服语词的力量(dynamis tōn onomatōn)和语词在诡辩术中恶魔般的技术作用。语词的领域(onomata)被辩证法所超过,这当然不是说,真的有一种与语词没有关系的认识,而只是说,并不是语词开辟了通向真理的道路,恰好相反,语词的"恰当性"(Angemessenheit)只有从事物的知识出发才能得到判断。

我们将承认这一点,但同时又将感到有些不足:柏拉图显然在语词和事物的真正关系面前退缩了。柏拉图在这里解释了人们何以能知道某物是一个最根本的问题,而在他真正讲到这种关系的地方,在他描述辩证法真正本性的地方,如在第七封信的附录里,[23]语言性只被说成是一种具有可疑的含糊性的外在因素。正

---

[22] 《克拉底鲁篇》,438d—439b。
[23] 参见《第七封信》,第 342 页以下。

2."语言"概念在西方思想史上的发展

如事物的感性现象一样,语言乃属于突出自身的表面之物(protei-nomena),真正的辩证法家必须对它弃置不顾。理念的纯粹思维,即所谓的 Dianoia,作为灵魂同自己的对话因而是沉默的(aneu phōnēs)。逻各斯㉔就是从这种思维出发通过嘴而发出的声音之流(rheuma dia tou stomatos meta phthongou)。声音的可感性(Versinnlichung)并不要求自己的真理性,这是很显然的。毫无疑问,柏拉图并未考虑到,他视为灵魂自我对话的思维过程自身就包括一种语言的束缚性,而且当我们在第七封信中读到关于语言的束缚性时,它是同认知辩证法相联系的,亦即同认识的整个运动都指向一(auto)这种方式相联系的。如果说在第七封信中语言的束缚性得到了彻底的承认,那么它并不是真正在它的意义中出现。这种语言束缚性仅只是认识的一个因素,这种因素完全是从认识所指向的事物本身出发而显露在它的辩证的暂时性中的。因此,我们必须得出以下的结论,即柏拉图所谓的发现理念过程比起诡辩派理论家的工作还更为彻底地掩盖了语言的真正本质,因为诡辩派理论家是在语言的使用和误用中发展他们自己的技巧(technē)的。

不管怎样,即使在柏拉图鉴于他的辩证法而最初超出《克拉底鲁篇》的讨论范围的地方,我们也未读到任何其他的同语言的关系,我们所读到的只是在这个范围内已经讨论过的关系:即语言是工具,是对来自于原型、事物本身这一类东西的描摹、制作和判断。因此,虽说柏拉图并未赋予语词的领域(onomata)以独立的认识功能,但他由于要求越出这个领域,他便进入了一种问题视域,而名称的"正确性"的探

㉔ 《智者篇》,263e、264a。

究就是在这一视域中得以提出的。柏拉图（例如在第七封信中）虽然也许对于名称的某种自然正确性并不想知道些什么，但他却在那里坚持把相等关系（homoion）作为尺度：摹本（Abbild）和原型（Urbild）对他来说甚至成为形而上学的模式，他用这种模式思考一切有关认识论范围内的事物。不管是工匠的艺术还是神圣的创世者的艺术，不管是演说家的艺术还是哲学辩证法家的艺术，都在用各自的工具描摹理念的真实存在。不过，距离（apechei）总是存在的——尽管真正的辩证法家要为自己克服这种距离。真正的谈话要素总是语词（onoma 和 rhēma）——相同的语词，真理把自己隐身于这种语词之中，直至使自己变得不可辨认和完全的虚无。㉕

如果我们从这种背景来考察《克拉底鲁篇》试图解决的关于"名称的正确性"的争执，那么在那里所讨论的理论就会突然具有一种超越柏拉图和他自己观点的兴趣。因为柏拉图笔下的苏格拉底证明无效的那两种理论并未在其完全的真理性中得到衡量。约定论把语词的"正确性"归结为一种称谓的给定（Namengeben），把它等同于用一个名称来给事物命名。对这种理论说来，名称中显然不存在有对实际知识的要求——苏格拉底是这样论述这种较为冷静观点的辩护者的：他从真的逻各斯和假的逻各斯的区别出发，把逻各斯的成分，即语词也区分为真的和假的，并把命名（Nennen）作为说话的一个部分同在讲话中所发生的对存在（ousia）的发现相联系。㉖ 这种论断同约定论的论点极为矛盾，因此很容易

㉕ ［关于摹仿请参见本书第 118 页以下，以及亚里士多德在其《形而上学》A6，987b10—13 中所证明的从"摹仿"（Mimesis）到"参与"（Methexis）的重要转变。］

㉖ 《克拉底鲁篇》，385b、387c。

2."语言"概念在西方思想史上的发展

由此出发相反地演绎出一种对于真名称和正确给定名称具有标准性的"自然本性"。苏格拉底自己也承认,对名称的"正确性"作这样的理解,将会导致词源学的陶醉和最荒谬的结果。——不过,在他处理相反论点时(按照这种观点,语词具有自然属性)情况也是如此。如果我们期望这相反的理论将通过揭露它错误地从讲话的真理推断出语词的真理(对此我们在《智者篇》中可以读到实际的改正)而遭到反驳,那么我们将会感到失望。这种解释完全停留在"自然属性"理论的基本前提之内,亦即它依赖于相似性原则,而这种相似性原则只有通过逐步的限制才会清除:如果说名称的"正确性"真的只能以正确的、也就是说同事物相符合的名称找出过程为依据,那么就会像所有这种符合性一样,也会存在正确性的程度和层次。因此,如果一种只有较少正确性的名称仍然能描摹事物的概貌(typos),那么这个名称作为使用就已经足够了。㉗ 但我们必须更为宽宏大量一些:如果某个词所发的声音同事物绝无丝毫相似之处,那么显然只有出自于习惯和约定才能被理解。——这样,相似性理论的整个原则就发生了动摇,并被比如表示数字的词这种例子所驳倒。在表示数字的词中根本不存在相似性,因为数字并不属于可见和可动的世界,因此,只有约定原则才对它适用。

这种对于自然属性理论(Physei-Theorie)的放弃显得很有和解性,也就是说,凡相似性原则(Ähnlichkeitsprinzip)不能适用的地方,约定原则(Konventionsprinzip)就必须作为补充而出现。柏拉图似乎认为,虽说相似性原则在应用时只是一种运用很自由的

㉗ 《克拉底鲁篇》,432a 以下。

原则，但它却是一种理性的原则。在实际的语言运用中表现出来并单独构成语词正确性的约定和惯例虽然可能使用相似性原则，但它却未束缚于这一原则。[28] 这是一种很适中的观点，但它却包含着这样一个基本前提，即语词并不具有实际的认识意义——这种结论超越了整个语词的领域以及关于语词的正确性的问题而指向了事物的知识。显然，这才是柏拉图唯一所关心的东西。

然而，苏格拉底反对克拉底鲁的论证由于坚持找出名称（Namenfindung）和设立名称（Namensetzung）的格式，从而压制了一系列不可能实现的观点。所谓语词是一种人们为了有教导性地并有区别地同事物打交道而设立的工具，也即一种或多或少地同其存在相符合、相适应的存在物，这种说法已经把探究语词本质的问题以一种很成问题的方式规定下来。这里所谈到的同事物打交道是把所意指的事物显现出来。语词只有把事物表达出来，也就是说只有当语词是一种表现（mimēsis）的时候，语词才是正确的。因此，语词所处理的决不是一种直接描摹意义上的摹仿式的表现，以致把声音或形象摹仿出来，相反，语词是存在（ousia），这种存在就是值得被称为存在（einai）的东西，它显然应由语词把它显现出来。但我们要问的是，我们为此而在谈话中所使用的概念，即 mimēma（描摹），亦即被理解为 mimēma（描摹）的 dēlōma（开启）这个概念是否正确[280]。

命名一个对象的语词之所以能按对象所是而命名，这是因为语词本身具有一种可以借以命名所意指东西的意义，但是这并非

---

[28] 《克拉底鲁篇》，434e。

2. "语言"概念在西方思想史上的发展

必然包含一种描摹关系。在 mimēma(描摹)的本质中肯定具有这一性质,即除了它表现自身之外,在它之中还表达了某种其他的东西。所以,纯粹的摹仿、"相像"(sein wie)总是已经包含了对摹仿和样本之间的存在距离进行反思的可能开端。但是,语词对事物的命名所用的方式比起相似性距离,即或多或少正确的描摹要更为内在、更具有精神性。当克拉底鲁对此表示反对时,他是非常正确的。当克拉底鲁说,只要一个词是词,它就必定是"正确的"词,正确的"合适的"词,他这种说法同样非常正确。如果情况不是这样,也就是说,如果词根本没有意义,那么词就只是一块单纯会发声音的矿石。[29] 在这种情况下,再谈论什么错误显然是毫无意义的。

当然,我们也很可能没有用正确的名称称呼某人,因为我们弄错了人,同样,我们也可能对某事未能使用"正确的词",因为我们认错了这件事。但这并不是说语词错了,而是语词的使用不当。语词只是从表面看来才适合于它所描摹的事物。其实语词适合于另外的东西,而且只有这样它才是正确的。同样,如果有谁学习一门外语,并为了学习外语而去记词汇,亦即去记他所不认识的词的意思,那么这就假定了,语词自有其真正的意思,这种意思是百科辞典从语言用法中获知并告知的。我们可能会搞错这种意思,但这不过说明:错误地使用了"正确的"语词。这样,谈论语词的绝对完满性就有了意义,因为在语词的感性现象和意义之间根本不存在感性的关系,根本不存在距离。因此,克拉底鲁似乎根本没有理

---

[29] 《克拉底鲁篇》,429bc、430a。

由使自己置于摹写论(Abbildschema)的桎梏之中。虽然对于摹本来说可以不必成为原型的纯翻版而同原型相肖，亦即作为某种另外不同的东西，并通过它并不完全的相似而指示出它所表现的另外东西。但对于语词和它的意义之间的关系来说显然却不是这么回事。因此，当苏格拉底认为语词同绘画(zōa)不一样，语词不仅具有正确性，而且具有真实性(alēthē)时，这就像在完全黑暗的真理领域中的一道闪电。[30] 语词的"真理性"当然并不在于它的正确性，并不在于它正确地适用于事物。相反，语词的这种真理性存在于语词的完满的精神性之中，亦即存在于词义在声音里的显现之中。在这个意义上，我们可以说一切语词都是"真的"，也就是说，它的存在就在于它的意义，而描摹则只是或多或少地相像，并因而——就事物的外观作衡量——只是或多或少地正确。

正如在柏拉图那里的通常情况一样，苏格拉底对他所反驳的东西茫然无知也具有实际的根据。克拉底鲁自己并不清楚语词的意思同其所命名的事物并非只是同一，而且他更不清楚的是——这正是柏拉图笔下的苏格拉底沉默的优越性的原因——逻各斯、演讲和说话以及在它们之中实现的对于事物的开启不同于存在于语词之中意义的表达(Meinen)——以及语言传达正确的和真实的东西的真正可能性只有在后者这里才算得其所。如果认错了话语所固有的这种真实可能性[即隶属于相反的可能性，即本质的错误、虚假(pseudos)]，就会产生出对它诡辩派的误用。如果我们没有把话语的这种真理功能同语词的意义性质彻底区别开来，而把

---

[30] 《克拉底鲁篇》，430d^5。

2."语言"概念在西方思想史上的发展

逻各斯理解为事物的表现(dēlōma)，理解为事物的显现，那么就会造成一种语言所特有的混乱可能性。这样人们就能说，在语词中具有事物。于是，固守着语词就会显得像是合法的认识之路。然而，相反的道路也同样适用：凡人们取得知识的地方，话语的真理肯定就像从它的要素中构成一样是从语词的真理中构成的，而且正如我们是以这些语词的"正确性"作为前提，亦即以语词自然地适合于由语词所命名的事物为前提，我们也将能够用它们对于事物所具有的描摹功能而解释这些语词的要素，即字母。这就是苏格拉底迫使他的对话者接受的结论。

但在所有这些说法中都忽视了这一事实，即事物的真理存在于话语之中，亦即特别存在于对事物统一的意见的讲说之中，而不存在于个别的语词之中——甚至也不存在于某种语言的整个词库中。正是这种忽视使得苏格拉底有可能对克拉底鲁的反驳进行驳斥，尽管那些反驳对于语词的真理即语词的意义性来说是恰当的。苏格拉底利用语词的用法，亦即利用话语、即具有真假可能性的逻各斯来反对克拉底鲁。名称和语词的真或假，似乎是就它们被真实地或错误地使用来说的，也就是就它们正确地或不正确地配列于事物来说的。但这样一种配列(Zuordnung)已经根本不再是语词的配列，而已经是逻各斯(判断关系)，并能在这样的逻各斯当中找到与之相适合的表达。例如，称呼某人为"苏格拉底"，这就是说，这个人叫做苏格拉底。

因此，作为逻各斯的配列已经不再仅仅是语词和事物之间的符合——就像它最终与爱利亚派存在学说相符合并作为描摹理论的前提那样。正因为在逻各斯之中的真理并不是纯听取(noein)

的真理，不是存在的单纯表现，而是把存在置于某种关系（Hinsicht）之中，赋予和归于存在以某物的东西，所以真理（当然也是非真理）的负载者就不是词语（onoma），而是逻各斯。由此就必然会得出如下结论：与逻各斯把事物归置于其中并据以对事物进行解释的关系结构（Beziehungsgefüge）相比，表述性（Ausgesagtheit）和语言联系性（Sprachgebundenheit）完全是次要的。——我们可以发现，并不是语词，而是数才是认识论（Noetischen）的真正范例，数的命名显然是纯粹的约定，数的"精确性"也只是在于每一个数都由它在数列中的位置而得到规定，因此，数是一种纯粹理智的产物，是一种并非在削弱它的存在效用意义上，而是在它完美的合理性意义上的理智存在物（ens rationis）。这就是与《克拉底鲁篇》有关的真正结果，这种结果具有一种最富有成效的后果，它在事实上影响着后来一切关于语言的思考。

如果说逻各斯的领域表现了处于多种配列关系之中的认识论的（Noetischen）领域，那么语词就完全像数一样成为一种恰当定义了的并预先被意识到的存在的单纯符号（Zeichen）。这样，问题就根本上倒过来了。如今再也不会从事物出发去探究语词的存在和工具存在（Mittelsein），而是从语词工具出发去探究语词对使用它的人传达了什么，以及它怎样进行这种传达。符号的本质在于：它在其运用功能中才有其存在，正因为此，它的能力就唯一在于进行指示（verweisend zu sein）。因此符号必然会在它的这种功能中被它所遭遇的并作为符号使用的环境衬托得更为突出，以便扬弃它自身物的存在，并化成（消失）为它的意义。这就是指示本身的抽象。

因此，符号并不是那种使它自身含义发生作用的东西。符号

2."语言"概念在西方思想史上的发展

同样也无须具有与它所指示东西相似的含义,如果符号具有这种相似性,那么它就只能是图表式的符号。但这就说明,一切可见的本身内容都被缩小到能使它的指示功能发挥出来的最小量。由某个符号物所作的指称越是单义,这种符号就越是纯符号,也就是说,这种符号完全消溶在这种配列关系之中。因此,例如文字符号是同确定的声音相配列,数字符号是同确定的数目相配列,它们是一切符号中最具精神性的符号,因为它们的配列是一种彻底的、使符号完全消溶自身的配列。标记(Merkzeichen)、记号(Abzeichen)、预兆(Vorzeichen)、症象(Anzeichen)等在被作为符号而使用时,亦即按它们的指示存在被抽象考虑时,都具有精神性。符号的此在在这里仅依赖于某些其他的东西,而这些东西作为符号物一方面既有自为的存在而有它们自己的意义,另一方面也有它作为符号所指称的意义。在这种情况下就会产生以下情形:符号意义只有在同使用符号的主体相关时才适合于符号——"符号本身并没有自己的绝对意义,这就是说,主体在它之中并没有被抛弃"㉛:主体总是直接的存在物。符号只有同其他存在物相联系时才有它的存在。例如,即使文字符号在某种装饰情况中也具有装饰价值,并且依据它的直接存在,符号才同时成为指示的符号、观念的符号。符号的存在与符号的意义之间的区别是绝对的。

在语词规定中起作用的另一对立极端即摹本(Abbild)中,情

㉛ 黑格尔:《耶拿现实哲学Ⅰ》,第210页。[现在收入《著作集》,第6卷,《耶拿体系草稿Ⅰ》,杜塞尔多夫,1975年,第287页。]

况就完全不一样。摹本当然也包括它的存在和意义之间的同样矛盾，但它却借助于它本身具有的相似性而扬弃了这种矛盾。摹本并不是从使用符号的主体那儿获得它的指示功能或表达功能，而是从它自身的实际内容中获得这种功能。摹本并不是纯符号。因为在摹本中被描摹的东西也得到表现、并获得持存和当下存在（zum Bleiben gebracht und gegenwärtig）。正是因此，摹本可以从相似性标准而得到评价，亦即看它能在多大程度上使并不当下存在的东西（das Nichtgegenwärtige）在当下表现出来。

语词是否仅仅只是"纯符号"，或者自身也具有某种"图像"（Bild）这个合理的问题被《克拉底鲁篇》彻底地破坏掉了。因为在《克拉底鲁篇》中已经表明，说语词是一种摹本的说法是荒谬的，因此剩下的唯一可能就只能说语词是一种符号。这种结果产生于《克拉底鲁篇》的消极的讨论——尽管它没有得到特别的强调——并通过知识的指示而占据了理智领域，以致从此之后，在整个关于语言的反思中，图像（eikōn）概念就被符号（sēmeion 即 sēmainon）概念所代替。这不仅是一种术语的变化，而且表现了对于语言到底为何物的思维的决定，这种决定是划时代的。㉜ 事物的真实存在应该"无须名称"地加以研究，这说明，在语词的自身存在中并没有通向真理的通道——虽然一切探究、询问、回答、教导和区分都显然不能没有语言的工具。这样就应该说，思维根本地摆脱了语词的固有存在而把语词作为纯粹的符号，通过这种符号而使被指

㉜ J.洛曼强调了斯多葛派的语法学和旨在模仿希腊概念语言的拉丁概念语言的建立具有何等的意义，参见他编辑出版的《读书——语言哲学、语言历史和概念探究的研究》第2卷（1949—1951年）。

2. "语言"概念在西方思想史上的发展

称物、思想和事物显现出来,以致语词和事物的关系就完全处于一种次要的地位。语词只是纯粹的传达工具,它通过声音媒介让所意指的东西显现出来(ekpherein)和报道出来(logos prophorikos)。由此引出的结论就是:理想的符号系统——其唯一的意义就是单义的配列——让语词的力量(dynamis tōn onomatōn)这种存在于具体历史发展着的语言中的偶然变化因素作为对它们有用性的单纯障碍表现出来。正是在这里产生了所谓普遍语言(characteristica universalis)的理想。[281]

对语言越出其作为一种符号标志的职能进行排除,亦即语言通过一种人工的、清楚地定义了的符号系统进行自我克服,这种18世纪和20世纪的启蒙理想同时也描绘了理想的语言,因为一切可知的、作为绝对可支配的对象的存在都与它相适应。如果说一切这样的数学符号语言离开了一种采用它的约定的语言都是不可设想的,那么这也并不能作为一种彻底的反驳。这种"元语言的"问题也许是不可解决的,因为它包含着一种反复的过程。但这种过程不可能完全实现这一点对于彻底承认它所趋向的理想却不意味着什么否定。

我们也必须承认,一切科学术语的创立,不管它的用途是怎样的狭窄,它总是表现为这种过程的一个阶段。什么叫一个术语?术语就是一种语词,只要它所指的是一个确定的概念,它的意义就受到清晰的限定。术语总是具有某些人工的因素,这或者是因为语词本身就是人工构造的,或者是因为——这是更多的情况——我们往往是把一个已经通用的语词从它的意义关联的领域中提取出来,并使其置于一种确定的概念意义之中。威廉·冯·洪堡曾经正确地指出,③谈话语言中的语词的生动意义在本质上具有一种灵活性,而与此相反,术语则是一种意义固定的语词,对语词作专业术语的使用则是对语言所行使的一种强制行动。术语的使用同逻辑演算的纯符号语言不同,它总是融入一种语言的说话之中(虽说总是以陌生语词的方式)。根本不存在纯专业术语的谈话,而人工地、与语言精神相违背地造出的技术表述(现代广告世界的艺术表述即为一种代表)也总是要返回到语言的生命中去。对此我可以提出一种间接的证明,即某些时候某种专业术语的区分并不能进行,而且它还经常被语言普通用法所拒斥。这显然表明,术语的使用必须遵从语言的要求。例如,我们可以想一下新康德学派对于"先验的"(transzendental)一词用作为"超验的"(transzendent)的错误做法所作的软弱无力的吹毛求疵,或者想一下在积极的、教条意义上使用的"意识形态"(Ideologie)一词,尽管它带有原本的论争性、工具性的印记却仍然被广泛采用。[282]因此,作为科学文本的解释者,我们总是必须考虑到一个语词在专业术语方面的使用和自由的使用之间的相互关联。④古代文本的现代解释者很容易倾向于低估这种要求,因为概念在现代科学用法中比起古代用法更加人工化和固定化,古代根本不知道有外来词,并且很少有人为制造的混合词。[283]

---

③ W. v. 洪堡:《论人类语言构造的多样性》,§9。

④ 例如,我们可以想一下亚里士多德关于 φρόνησις(实践知识)这个词的语言用法,正如我以前试图向 W. 耶格尔(Jaeger)指明的,该词非专业术语性的存在危及了那种按发展史进行的推论的确实性(参见"亚里士多德的告诫",载《赫尔默斯》,1928年,第146页以下)。[参见我的著作集,第5卷,第164—186页。]

2."语言"概念在西方思想史上的发展

也许只有通过数学符号学(symbolik)才可能彻底超越历史语言的偶然性及其概念的不确定性:按照莱布尼茨的想法,通过某种这样的符号系统的排列和组合,我们就能获得具有数学确定性的新的真理,因为由这样一种符号系统所模拟的秩序(ordo)将在一切语言中都找到一种对应。㉟ 很清楚,这样一种普遍语言的要求,就如莱布尼茨所提出的,作为一种发明的技术(ars inveniendi)正是依据于这种符号学的人造性(künstlichkeit)。这就是使演算成为可能的东西,亦即从组合系统的形式规则中发现关系——而不管经验是否为我们提供事物之间的相应这种组合的关系。因此,由于预先思考了可能性领域,思维着的理性本身就被置于其绝对的完善性之上。对于人类的理性来说,根本不存在比已知的数字序列(die notitia numerorum)还更高的认识恰当性(Adäquatheit),㊱所有演算都是按照它的模式进行的。然而一般说来,人类的不完善性并不允许有一种先天的恰当的认识,而经验则是不可缺少的。通过这样的符号(Symbole)而进行的认识并不具有清楚明晰性,因为这种符号并不代表直观的给定,相反,只要这种符号处于某种真正知识的地位,这种认识就是"盲目的",因为真正的认识只有通过指明(anzeigend)才能获得。

因此,莱布尼茨所追求的语言理想就是一种理性的"语言",一种概念的分析(analysis notionum),它从"第一级"概念出发而发展出整个真概念系统,并成为对一切存在物的摹写,有如上帝的理

㉟ 参见《莱布尼茨哲学著作集》,爱德曼编,第 2 卷,第 77 页。
㊱ 莱布尼茨:"论认识、真理和理念"(1684 年),见同上书,爱德曼编,第 79 页以下。

性所做的。㊲作为上帝谋划的世界的创造,亦即上帝在存在的可能性中计算出的最好的一种世界的创造,就将以这种方式由人类的精神来进行核算了。

实际上,我们从这种理想中看得很清楚,语言并非仅仅是指称对象整体的符号系统。语词并非仅仅是符号。在某种较难把握的意义上,语词几乎就是一种类似摹本的东西。我们只需要考虑一下纯人工语言的极端相反可能性,以便在这样一种混乱的语言理论中认识一种相对的合理性。语词以一种谜一般的方式同"被描摹的对象"相联结,它附属于被描摹对象的存在。这有一种根本性的意义,这并非仅仅指摹仿关系在语言构造中具有某种参考作用。因为这一点是无容争议的。柏拉图显然已经在这种意义上进行过考虑,当今天的语言研究使象声词在语言史上保持某种功能时,它们也是这样思考的。但人们在进行这样的思考时却在根本上把语言想得同被思考的存在完全分离,作为主观性的一种工具。这就是说,人们遵循一种抽象的思路,在这条思路的尽头则是一种人工语言的理性结构。

据我看来,人们这样做实际上已经同语言的本质背道而驰。㊳语言性和关于事物的思想是这样紧密相连,以致如果我们把真理的系统想象成一种存在可能性的先定系统,被操纵符号的主体所

㊲ 众所周知,笛卡尔在1629年11月20日写给梅斯纳(Mersenne)的信中(莱布尼茨是知道这封信的)已经根据数字符号图形的范式提出了这样一种理性符号语言的思想,它包括了整个哲学。其实,在库萨的尼古拉那里,这种思想的前期形式已经出现,当然是在柏拉图主义的限制中出现的,参见库萨的尼古拉:《理解的谎言》,第Ⅲ卷,第Ⅵ章。

㊳ 《后分析篇》,第2章,第19节。

2."语言"概念在西方思想史上的发展

运用的符号则归属于这种系统,那么这种想法就是一种抽象。语言性的语词并不是由人操纵的符号,它也不是人们造出并给予他人的符号,语词甚至于也不是存在物,人们可以拿起它并使其载以意义的观念性,[284] 以便由此而使其他存在物显现出来。这种观点从两方面看都是错误的。毋宁说意义的观念性就在语词本身之中。语词已经就是意义。但从另一方面看,这并不是说,语词先于一切存在者的经验而存在,通过它使经验屈服于自己,从而从外部加入到一个已经形成的经验之中。经验并非起先是无词的(wortlos),然后通过命名才成为反思的对象,例如通过把经验归入语词的普遍性的方式而后才成为反思的对象。相反,经验的本性就在于:它自己寻找并找到表达出它的语词。我们寻找正确的语词,这就是说,寻找真正属于事物的语词,从而使事物在语词之中表述出来。即使我们坚持认为,以上说法并不意味着简单的描摹关系——只要语词仍然属于事物本身,语词就不是作为符号而在事后配列于事物。我们在上面讨论过的亚里士多德关于概念经由归纳而构成的分析对此提出了一种间接的证据。虽然亚里士多德自己并未明确地将概念的构成同语词的构成以及学会语言的问题相联系,但泰米斯修斯(Themistius)在他的解释中却能直接把概念的构成同儿童学习语言的例子相比喻。㊴ 语言就这样深深地植根于逻各斯之中。

如果说希腊哲学不愿承认语词和事物、说话和思想之间的这

㊴ [我并不否认,"语言学的转向"(Iingustic turn)——我在50年代对此尚未认识——已经认识到这一点。参见我在我的论文"现象学运动"(《短篇著作集》,第3卷,第150—189页;现收入我的著作集,第3卷)中对此的论及。]

种关系,其理由也许就在于思想必须抵御说话人生活于其中的语词和事物之间的紧密关系。这种"一切语言中最能说的语言"(尼采)对思想的统治是这样强大,以致哲学最根本的任务就在于努力使自己摆脱语言。因此,希腊哲学家很早就开始在"Onoma"(名称)中同搞错和弄混思维进行斗争,并且坚持经常在语言中实现的理念性。巴门尼德就已开始采取这种观点,他从逻各斯出发考虑事物的真理,到柏拉图转向"讲话"时则使这种观点臻于完成,亚里士多德把存在的形式指向陈述的形式(schēmata tēs katēgorias)也是遵循这种转向。因为对理念(Eidos)的指向在这里被认作逻各斯的规定物,所以语言的本身存在就只能被认作为迷惑(Beirrung),而思想的努力就在于排除并控制住这种迷惑。因此,在《克拉底鲁篇》中所进行的对名称正确性的批判已经表现为在这个方向上迈出的第一步,而处于这个方向尽头的则是近代关于语言的工具理论和理性的符号系统的理想。挤在图像和符号之间的语言的存在只能被认作纯符号存在。

b) 语言和话语(Verbum)[285]

然而另外却还存在一种并非希腊的思想,这种思想更适合于语言的存在,从而使西方思想不至于完全遗忘掉语言。这就是基督教的道成肉身(Inkarnation)思想。道成肉身显然并不是外入肉体(Einkörperung)。与基督教的道成肉身概念相吻合的,既不是灵魂的观念,也不是上帝的观念,因为这些观念只同这种外入肉体相联系。[286]

在这种理论中以及在柏拉图-毕达哥拉斯哲学中所思考并与

2."语言"概念在西方思想史上的发展

灵魂轮回的宗教观念相适合的关于灵魂和肉体的关系,是把灵魂置于同肉体完全对立的地位。灵魂在一切外入肉体中都保持着它的自为存在,灵魂同肉体的分离则作为一种净化,也就是说重新获得它的真实的、真正的存在。使希腊宗教带上浓厚人间味道的神以人的形象的出现,也与道成肉身毫无关系。在希腊宗教中,神并未变成人,而是以人的形象向人显示自己,因为神总是使自己同时完全保持着超人的神性。与此相反,基督教所教导的上帝人化(die Menschwerdung Gottes)理论中却包括着牺牲,这种牺牲是以作为人类之子的耶稣受难于十字架上而实现的,但这却是一种充满秘密性的另外的关系,它的神学解释表现在三位一体的理论中。

基督教思想中这种最为重要的观念之所以对我们尤为重要,是因为在基督教思想中道成肉身同样是与话语的问题紧密相联系的。中世纪基督教思想所面临的最重要任务是对三位一体之秘密进行解释,而这种解释自教父时期以来并最终在经院哲学奥古斯丁主义系统的精心制作中一直依靠人类关于说话(Sprechen)和思想(Denken)的关系。因此,教义神学首先遵循的是约翰福音的前言。虽然教义神学是在试图利用希腊思想作为工具来解决自己的神学问题,但哲学思想却通过这种工具而获得一种希腊思想所不理会的度向。如果话语变成了肉,而圣灵的现实性只是在这种道成肉身中才得以实现,那么逻各斯就由此从同时也意味着它宇宙潜能的精神性中解放出来。拯救事件的一次性把历史本质引入西方思想,并把语言现象从它在意义理念性的沉溺中解脱出来,从而把它提供给了哲学反思。因为同希腊的逻各斯不同之处在于:话语是纯粹的事件(verbum proprie dicitur personaliter tantum,话语真正说来是为人说话而创造的)。㊵[287]

显然,人的语言在这里只是间接地被提升为思考的对象。神学上的语词问题,verbum dei(上帝的话语)的问题,亦即圣父和圣子的统一,只有在与人类话语的对照下才能出现。然而对我们说来最为重要的却在于,这种统一的神秘性被反映在语言的现象上。

教父时代关于道成肉身之神秘的神学思考怎样同后期希腊思想相联系的方式,对其以后所追求的新趋向是富有特征的。所以人们开始试图使用了斯多葛派关于内在逻各斯和外在逻各斯的对立概念(Logos endiathetos-prophorikos),㊶这种区分原本乃是使斯多葛派的逻各斯世界原则从单纯模仿的外在性中区分出来。㊷但对于基督教的启示信仰说来则刚好是相反的方向具有积极的意义。内在话语同讲话时发出声音的外在话语之间的相似性现在就获得一种示范的价值。

世界的创造曾是通过上帝的话语而实现的。因此,早期教父为了使这种非希腊的创世观念可以想象就早已使用了语言的奇迹。然而在《约翰福音》的前言中,真正的拯救行为,即上帝之子(圣子)的创生这种道成肉身的神秘却首先是用话语来描写的。[288]《圣经》注释家把话语的发声(das Lautwerden des Wortes)同样解释为如同上帝的肉化(das Fleischwerden Gottes)一样的奇迹。在话语的

㊵ 托马斯·阿奎那:《神学大全》,第1部,问题34及其他地方。
㊶ 我在以下的讨论中将引证《天主教神学辞典》里的"语词"这一富有教益的词条以及莱布雷通(Lebreton)的《三位一体教义史》。
㊷ 参见塞克斯都·恩彼里柯:《反数学家》,第8卷,第275页中关于鹦鹉的论述。

2."语言"概念在西方思想史上的发展

发声和上帝的肉化这两者中所涉及的生成(Werden)并不是从某种东西中生出其他东西的生成。这里所涉及的既不是某种东西从其他东西中的分离(kat′apokopēn),也不是内在话语通过它在外在性中的出现而导致的减少,更不是内在话语被消耗掉的某种其他东西的生成。[43] 在最早的对希腊思想的应用中我们就已经可以认出一种新的探究圣父与圣子、精神和话语之间神秘统一的倾向。如果说同话语的发声、外在话语直接的关联在基督教的教义中——由于对等级从属说(Subordinationismus)[289]的摈弃——最终被摈弃了,那么恰好在这种决定的基础上我们有必要对语言的神秘性及其与思维的关系重新进行哲学的阐明。语言更大的奇迹并不在于话语变成了肉并表现为外部的存在,而是在于,凡是这样出现并取得外部表现的东西就总已经是[意义和声音相统一的]话语。话语与上帝同在,并来源于永恒性,这是教会在抵御从属主义中获胜的理论,它把语言问题完全导回到思想的内在性中。

　　奥古斯丁——他总是不断地讨论语言问题——已经很明确地贬低了外在话语的价值,从而贬低了关于语言多样性这整个问题的价值。[44] 外在话语就如只能内在地复制的外在话语一样,都同某种确定的舌头相联系(Iingua)。在每一种语言中话语(verbum)

---

　　[43] Assumendo non consumendo(通过吸收,而不是通过消耗),参见奥古斯丁:《三位一体论》,第15章,第11节。
　　[44] 以下所述首先参见奥古斯丁的《三位一体论》,第15章,第10—15节。[最近G.理彭迪(Ripanti)在一篇富有见识的研究著作中指出,在基督教的三位一体学说中已有了某种《圣经》诠释学的基本特征,这种《圣经》诠释学不是神学的方法论学说,而是描述了阅读《圣经》的经验方式。参见G.理彭迪:《奥古斯丁作为解释的理论家》,布雷西亚,1980年。]

都有不同的发音这一事实只说明,话语不能通过人类的舌头表明它的真实的存在。奥古斯丁完全用柏拉图那种贬低感官现象的方式说:non dicitur, sicuti est, sed sicut potest videri audirive per corpus(我们不能说出事物本身是什么,而只能说出事物就我们肉体所看和所听是什么)。"真正的"话语,das verbum cordis(内心中的话语)是完全独立于这种感性现象的。话语既不可外在地表现出来(prolativum),又不可用与声音的相似性去思考(cogitativum in similitudine soni)。因此,这种内在话语就是上帝话语的镜子和图像。当奥古斯丁和经院哲学研究话语问题,以便获得概念工具去解释三位一体的秘密时,他们所讨论的唯一只是这种内在话语、内心的话语及其与理智(intelligentia)的关系。

这样就使语言本质中的某种非常确定的方面显现出来。三位一体的秘密在语言的奇迹中得到反映,因为真实的话语,即说出事物本身怎样的话语,并没有自为的成分而且并不想成为自为的存在:nihil de suo habens, sed totum de illa scientia de qua nascitur(话语并没有出自自身的东西,一切东西是由它们所从之产生的那种知识中得到的)。话语是在它的显示(Offenbarmachen)中有其存在。这也恰好适用于三位一体的神秘。这里也同样不牵涉到救世主的那种尘世的现象,而是涉及到他完全的神性,涉及到他同上帝的同一本质性。在这种同一本质性中去思考基督自身的个人存在,这就是神学的任务。人类的关系正是为此被召唤出来的,这种关系在精神的话语中,在理智的话语(verbum intellectus)中是可见出的。这里所涉及的并非一种纯粹的图像,因为人类关于思想和说话的关系尽管有其不完善之处却适合三位一体的神性关系。

2."语言"概念在西方思想史上的发展

精神的内在话语与思想完全是同本质的,就如圣子与圣父是同本质的一样。

也许有人会问,这样是否是用不可理解性来解释不可理解的东西。如果说有一种话语一直保持着作为思想的内在讲话而从不发声,那么它究竟是怎样的一种话语? 真的会有这样的话语吗? 难道所有我们的思想不是早已循着某种确定语言的轨道,难道我们不是很清楚地知道,如果我们真的想说某种语言,我们就必须以这种语言进行思考? 尽管我们可以想起我们的理性面对我们思维所受的语言束缚性仍为自己保留自由,不管这种自由是通过发明并使用人工的符号语言所获得的,抑或因为理性能够把某种语言译成另外的语言,即假定自身有能力超越语言束缚性而达到所指的意义,但是每一种这样的超越本身却都是语言性的超越,正如我们已经见到的那样。"理性的语言"并不是自为的语言。当我们面对我们语言束缚的不可扬弃性时谈论一种"内在的话语",一种好像以纯理性语言所述说的话语时,这到底有什么意义? 如果并没有任何实际有声音的话语,甚至也没有对这样一种话语的想象,而是只有由这种话语用符号所标明的东西,亦即所意指和思想的东西本身,那么理性的话语(如果我们在这里以理性来代替理智)如何证明自己为一个真正的"话语"呢?

由于内在话语的理论本是通过其类推而对三位一体进行神学阐明的,所以这些神学问题对我们不可能有进一步的帮助。相反,我们必须探究的事实是,这种"内在话语"究竟该是怎样的东西。它不可能就是希腊的逻各斯,不可能是灵魂同自己进行的谈话。"逻各斯"既可以由"理性"(ratio)、又可以由"话语"(verbum)替换这一单纯事实倒是证明：当经院哲学在对希腊的形而上学进行加工时，语言现象比起在希腊人那儿时更为有力地起着作用。

使经院哲学的思想对我们的探究有所帮助的特别困难在于，（正如我们在教父们部分地依靠后期古代思想、部分地改造后期古代思想的工作中所发现的）基督教对话语的理解随着后期经院哲学吸收亚里士多德哲学而重又接近了古典希腊哲学的逻各斯概念。所以托马斯就曾经系统地用亚里士多德的思想传达了从《约翰福音》的前言中发展出来的基督教理论。㊺ 值得注意的是，托马斯根本没有谈到语言多样性的问题，这个问题却是奥古斯丁一直讨论的问题，虽说他为了"内在话语"的缘故而排除了这个问题。对于托马斯说来，"内在话语"的理论正是他研究形式(forma)和话语(verbum)之关系的不言而喻的前提。

然而，即使在托马斯那里，逻各斯和话语也并非完全相符。虽然话语并不是陈述的行为，并非那种把自己的思想不可收回地交付给另一个他者的行为，但话语的存在特性却仍然是一种行为。内在的话语总是同它可能的表述相联系。它被理智把握的那种事实内容同时也为着可发出声音(Verlautbarung)而被安置。(similitudo rei concepta in intellectu et ordinata ad manifestationem vel ad se vel ad alterum，在理智中所把握和安置的事物或者由于自身或者由于他物而在现象上具有一种相似性)。因此，内在话语显然并不是同某种特定的语言相关，它甚至根本不具有从记忆

㊺ 参见《〈约翰福音〉注释》第一章"关于神性词和人间词的区别"，以及由托马斯原文汇编的相当晦涩但内容丰富的小册子《论理性词的本性》，这两篇著作是我们以下论述的主要依据。

2."语言"概念在西方思想史上的发展

中产生的话语的浮现特性(charaktereines Vorschwebens),相反,它是一直要想到底的内容(forma excogitata)。只要它所涉及的是一种想到底的思维(ein Zuendedenken),那我们就可以在内在话语之中承认一种过程的因素,它是通过外在方式(per modum egredientis)而进行。虽然内在话语并不是表述出来的话语,而是思想,但它是在这种自我讲话(Sich-Sagen)中所达到的思想的完善。内在话语由于表述了思想同时也可以说描摹了我们推论性的理智的有限性。因为我们的理智不能仅以一种思维的眼光把握它所知道的东西,所以它必须从自己产生出它所思考的东西,并且像一种内心的自我谈话那样把它置于自己面前。在这种意义上可以说一切思维都是一种自我说话(Sichsagen)。

希腊的逻各斯哲学也显然知道这一切。柏拉图把思维描写成灵魂同自己的内部谈话,[46]而他对哲学家要求的辩证法努力的无限性就是对我们有限理智的推论性(Diskursivität)的表述。不管柏拉图怎样要求"纯思维",在根本上他仍然经常承认 onoma(语词)和逻各斯作为思维事物的媒介是不可或缺的。如果说内在话语的理论所指的只是人类思维和谈话的推论性,那么"话语"又怎么能对三位一体理论所说的神性位格过程(Prozess der göttlichen Personen)构成一种类似呢?难道不正是直觉和推论这种对立一直在起着作用?而在直觉的"过程"和推论的过程中何处又有共同性呢?

显然,对于神性位格的关系说来,时间性是不适合的。然而作为人类思维推论之特征的相继性(Nacheinander)从根本说来也不是

---

[46] 柏拉图:《智者篇》,263e。[290]

一种时间关系。当人的思维从一件事转到另一件事时,亦即先想某件事然后再想另一件事时,它并不是从一件事被带到另一件事。人的思维并不是按照先想某件事、然后再想另一件事这种前后相继的顺序进行的——这种相继性只意味着思想本身总是由此而经常地发生变化。如果我们说人的思维既想这件事又想另一件事,那么这意思是说,思维知道该如何对待这两件事,这就意味着人的思维懂得如何把一件事和另一件事联系起来。因此,这里根本不存在时间关系,它所涉及的只是一种精神的过程,一种 emanatio intellectualis(理智的流射)。[291]

托马斯试图用这种新柏拉图主义的概念像描写三位一体的过程那样来描写内在话语的过程性质。这样就出现了某些在柏拉图的逻各斯哲学中并未包含的东西。新柏拉图主义中的流射(Emanation)概念包含的意思很多,它并非仅指作为运动过程的流溢这种物理现象。它是最早出现的源泉(Quelle)的图像。㊼ 在流射过程中,流射出其他东西的太一本身并未因此而受到损失或减少。这也适用于圣父产生出圣子,圣父并未因此而消耗掉自身的任何东西,而是把某些东西补充到自身中来。这对于在思维的过程中,亦即在自我讲话过程中实现的精神的出现(das geistige Hervorgehen)同样适用。这样一种出现同时也是一种完全的自我保存(Insichbleiben)。如果话语和理智之间的神性关系可以作如是描述,即话语并非部分地,而是整个地(totaliter)从理智中获得它

㊼ 参阅克里斯多夫·瓦格纳(Christoph Wagner)未发表的海德堡博士论文《多种比喻及一种柏罗丁式的形而上学模式——对柏罗丁具有本体论意义之比喻的探究》(1957年)。[292]关于"源泉"概念参见补注Ⅴ(我的著作集,第2卷,第383页以下)。

2."语言"概念在西方思想史上的发展

的起源,那么对我们来说,则一个话语是整个地从另一个话语产生出来的,但这也就是说,话语的起源在于精神之中,就如推论的结果是从前提产生出来一样(ut conclusio ex principiis)。因此,思维的过程及其产生并非一种改变的过程(motus),也不是从潜能向现实的转化,而是一种 ut actus ex actu(从现实到现实)的产生:话语并非在认识完成之后才产生,用经院哲学的术语说,话语并非是在理智通过类(species,即理念)而纳入形式(Information)之后才被构成,相反,话语就是认识过程本身。因此,话语也就与这种理智的构成(formatio)是同时的。

这样我们就可以理解话语的产生何以被理解为三位一体的真实摹本了。这里虽然在生产者之旁并不存在一个接受者,但却是真正的产生(generatio)、真正的诞生。正是话语的产生所具有的这种理智特性对于它的神学示范功能具有决定性的作用。在神性位格的过程以及思想的过程之间确实存在着某些共同之处。

然而,对我们说来更为重要的并非神性话语和人间话语之间的相似性,而是它们之间的区别。从神学方面看,这是非常清楚的。借助于与内在话语的相似而阐明的三位一体的神秘从人类思维角度看最终必定仍然是不可理解的。如果说在神性话语中说出了整个神性的精神(圣灵),那么在这种话语中的过程因素就意味着某些对我们来说根本不具有类似性的东西。如果神性精神(圣灵)通过认识自身的方式同时也认识了一切存在物,那么上帝的话语也就是在直观中(intuitus)观看并创造一切的精神的话语。发生过程(Hervorgang)消失在神的全知性的现实中。即使是创造也并非是真正的过程,而仅仅是在时间的框架中展示世界整体的秩序结构。㊽ 如果我们想要更详细地了解话语的过程因素——它对于我们探究语言性和理解之间的关系十分重要——那么我们就不该停留在与神学问题的相似处之上,相反我们必须驻足于人类精神的不完满性及其与神性精神的区别之上。在这方面我们也可以遵循托马斯的观点,因为他提出了人类精神和神性精神之间的三点区别。

1. 首先,人类的话语在被实现之前只是潜在的。人类的话语可以塑造成形,但它尚未成形。思想的过程只是当我们从记忆中想起某些东西时才开始进行。这已经是一种流射(Emanation),因为记忆并未因此而受到损害或丧失什么东西。然而,我们所想到的东西却并不是完成了的或想到底了的东西。也许真正的思维运动只是到此刻才算开始。在这种思维运动中精神忙碌地从此到彼、来回翻动、思考这一和那一问题,并以研究(inquisitio)和思索(cogitatio)的方式寻找它思想的完整表述。因此,完成了的话语只有在思维中才能构成,在这种意义上可以说话语就像一种工具,然而,当话语作为思想的至善至美存在于那里的时候,它就生产不出任何东西。宁可说事物已经存在于话语之中。因此,话语并不是真正的工具。托马斯对此发现了一个很好的例子。话语就像一面镜子,在这面镜子中可以看到事物。但这面镜子的特殊性却在于,它从不会越出事物的图像。在镜子中映

㊽ 不可忽视的是,教父哲学和经院哲学关于本源的解释在某种意义上只是重复那种在柏拉图门徒中所进行的关于正确把握《蒂迈欧篇》的讨论。[参见我的研究论文"柏拉图的《蒂迈欧篇》中的理念和实在"(《海德堡科学院会议文件》,哲学历史卷,论文集2,海德堡,1974年;现收入我的著作集,第6卷,第242—270页。)]

2."语言"概念在西方思想史上的发展

出的只是这映在其中的事物,因此整个镜子只不过映出它的图像(similitudo)。这个例子的深刻之处在于,话语在这里只是作为事物完善的反映,也就是被理解为事物的表达并超越了思维的道路,虽然话语的存在乃只是由于思维。但在神性精神中却不存在这种情况。

2.与神性话语相区别,人类的话语就其本质说是不完善的。没有一种人类的话语能够以完善的方式表达我们的精神。但正如上面关于镜子的例子所说明的,这并不真正是这种话语的不完善性。话语可以完全地转述精神所意指的内容。毋宁说这是人类精神的不完善性,因为人类精神从不具有完全的自我在场(Selbstgegenwart),而是分散在这种或那种意见之中。从人类精神的这种本质上的不完善性出发可以得出如下结论,即人类的话语并不像神性的话语那样是唯一的,而必然是许多种话语。因此,话语的多样性并不意味着个别的话语因为不能完满地表达出精神所意指的东西就具有一种我们可以去除掉的缺陷。相反,正是因为我们的理智是不完善的,亦即它并不能完满地居于它所知道的东西之中,所以它才需要话语的多样性。我们的理智并不真正知道它所知道的是什么。

3.这样就联系到第三个区别。如果说上帝在话语中是以纯粹的现实性完善地讲述出他的本性和实质,那么我们所思考的一切思想,以及使这些思想得以实现的一切话语都只是精神的偶然事件。虽说人类思想的话语是指向事物的,但它却不能把事物作为一个整体包含在自身之中。于是,思维就不断开辟通向新概念的道路,并且本质上是完全不可能完成的。思维的不可完成性也有其相反的一面，即它积极地构成了精神的无限性，从而使精神不断地在新的精神过程中超越自己，并在其中找到通向愈来愈新的设想的自由。

现在让我们概括一下我们从话语的神学中所获得的思想，首先，我们应该坚持一种观点，这种观点在以往的分析中几乎未曾显露，在经院哲学的思想中也几乎未得到表现，但它对我们所研究的诠释学现象却尤其具有特别的重要性。思想与那种同道成肉身的三位一体神秘相适应的自我说话的内在统一包含着如下结论：精神的内在话语并不是由某种反思活动构成的。谁思维某物，亦即对自己讲某物，这里某物就是指他所思维的东西，即事物。因此，如果他构成了话语，则他并非返身指向他自己的思想。我们宁可说话语就是他精神工作的产物。只要他把思想思索彻底，他就在自身中继续构成了话语。话语同一般产品的区别就在于它完全停留在精神性之内。这样就产生了一种假象，似乎这里涉及的是同自身的关系，而自我说话则似乎是一种反思。实际情况并非如此，而且正是在这种思维的结构中证明，为什么思维能够反思地指向自身并使自己成为对象。正是这种构成思维和说话之间内在统一的话语的内在性，才是导致"话语"的直接的、非反思的特性容易被人误解的原因。我们在思维的时候并不是从某件事进到另一件事，从思维进到自我说话。话语并非存在于一个与思维无关的精神领域（in aliquo sui nudo）。这样就引起一种假象，即话语的构成来自于精神的某种自身指向自身的活动（einem Sich-auf-sich-selbst-Richten des Geistes）。实际上在话语的构成中根本没有反思活动。因为话语所表达的根本就不是精神，而是所意指的事物。

2. "语言"概念在西方思想史上的发展

话语构成的出发点是那种充满精神的事情内容(die species)。寻找其表达的思维并非同精神相关，而是同事情有关。因此，话语并不是精神的表达，而是涉及到 similitudo rei(事物的相似)。被思考的事情(die species)和话语是紧密联系的。它们之间的联系极为紧密，以致话语并不是在精神中作为第二位的东西列在事情的旁边，相反，话语是认识得以完成的场所，亦即使事物得以完全思考的场所。托马斯指出，话语就像光一样，而颜色正是在光里才能被人看见。

然而，这种经院哲学的思想告诉我们的还有第二点。神性话语的统一性和人类话语的多样性之间这种区别并没有把实际情况完全说清楚。倒不如说统一性和多样性具有一种根本的辩证关系。这种关系的辩证法支配着话语的整个本质。即使神性话语也并不是完全摆脱多样性概念。虽然神性话语确实只是一种唯一的话语，它只是以拯救者的形态才来到世界上，但只要它仍然是一种事件——正如我们看到，尽管对等级从属观点(Subordination)有各种拒斥，但情况还是如此——这样就会在神性话语的统一性和它在教会中的表现之间产生出一种本质联系。作为基督教福音内容的拯救宣告(Verkündigung)本身就是在圣礼和布道中的一种固有的事件，并且只是述说基督的拯救活动中所发生的事。但不管怎样它还是一种唯一的话语，布道时总是不断重复地宣告这种话语。显然，作为福音，则它的特性中已经指示出它宣告的多样性。话语的意义同宣告事件不可分离。毋宁说这种活动的特性就属于意义本身。这就像在诅咒的时候诅咒既不能同诅咒的人分离，又不能同被诅咒的人分离。在诅咒中能被理解的东西并不是所说话语的抽象的逻辑意义,而是在诅咒中所发生的联系。㊾ 这对于由教会所宣告的话语的统一性和多样性也同样适用。基督被钉死在十字架并且重新又复活,这是在一切布道中所宣告的拯救的内容。复活的基督和布道所讲的基督是同一个人。尤其是近代新教神学详细论述了信仰的末世论特性,这种特性就以这种辩证关系作为其基础。

相反在人类的话语中,话语的多样性和话语的统一性的辩证关系则以新的光亮表现出来。人类的话语具有说话的特性,亦即通过话语的多样性的组合而把一种意见的统一体表达出来,这一点柏拉图已经认识到,并以辩证的方法展开了这种逻各斯的结构。然后亚里士多德又指出了构成命题、判断或命题组合以及推论的逻辑结构。但这样并未把实际情况揭示殆尽。以话语的多样性解释自身的话语的统一性,这使某些在逻辑学的本质结构中并未展开的东西展现出来,并使语言的事件性质(Geschehenscharakter der Sprache),亦即概念的构成过程产生作用。当经院哲学思想家发展话语理论(Verbumlehre)时,他们并没有停留在把概念的构成只看成对存在秩序的描摹上。

c) 语言和概念构成(Begriffsbildung)

与语言齐头并进的概念的自然构成并非总是跟从本质的秩序,相反,它总是根据偶然性和关系而发生,这种观点在柏拉图的

㊾ 在汉斯·李普斯(Hans Lipps)的《诠释学逻辑研究》(1938年)以及奥斯丁的《如何用词做事》(牛津,1962年)中可以找到极好的说明。

2."语言"概念在西方思想史上的发展

概念分析和亚里士多德的定义中都起着作用,这是任何明眼人都能发现的。然而由实体概念和偶性概念所规定的逻辑本质秩序的优先性却使语言概念的自然构成仅仅表现为我们有限精神的一种不完满性。人们认为,因为我们只认识偶然性,所以我们在概念的构成中只能遵循偶然性。但即使这一点是正确的,从这种不完满性中也可以推出一种特有的优越性——似乎托马斯已经正确地认识到了这一点——亦即进行无限的概念构成的自由以及不断地深入到所意指内容中去的自由。㊿由于思维过程被看成用语词进行解释的过程,这就使语言的逻辑成就显现出来,这种成就从事实秩序的关系出发就像面对一种无限的精神一样,是不可能完全把握的。亚里士多德和跟随他的托马斯所教导的那种观点,即把语言中出现的自然的概念构成置于逻辑的本质结构之中,只具有相对的真理性。当希腊逻辑思想被基督教神学所渗透时,某些新的因素产生了:语言中心(Die Mitte der Sprache),正是通过这种语言中心,道成肉身活动的调解性(Mittlertum)才达到它完全的真理性。基督学变成一种新的人类学的开路者,这种人类学以一种新的方式用神的无限性调解人类精神的有限性。我们称之为诠释学经验的东西正是在这里找到它真正的根据。

所以我们就必须把我们的注意力转向语言中所发生的自然的概念构成。尽管说话包含着把所意指的东西置于已有的词义的普遍性中去的意思,但却不能把说话认作是这样一种把特殊事物置

㊿ 我认为 G.拉柏奥(Rabeau)的托马斯解释《语词的类别》(巴黎,1938 年)正确地强调了这一点。

于普遍概念中去的归类活动的组合,这一点是显而易见的。说话的人——也就是说,使用普遍的词义的人——是如此地指向对事物进行直观的特殊因素,以致他所说的一切都分有了他正在考虑的环境的特殊本质。�51

这反过来又意味着,通过语词构成而被意指的一般概念自身也通过每次的对事物的直观而得到充实,从而最终也产生出一种更适合于直观事物特殊性的新的、更专门的语词构成。因此,说话尽管是以使用具有普遍意义的前定词为前提的,但它同时又确实是一种经常的概念构成过程,语言的意义生命就通过这种过程而使自身继续发展。

然而归纳和抽象的逻辑图式对此却起着错误引导的作用,因为在语言的意识中并不存在对不同物之间的共同性的明确反思,而对语词在其普遍意义中的使用却并不把通过这种意义所命名和指称的东西理解成某种归入普遍性的事情。类的普遍性和分类的概念构成对于语言意识完全是风马牛不相及。即使我们撇开同类概念无关的一切形式普遍性:如果某人把某种表述从一种事物转用到另一种事物上去,虽说他注意的是某些共同性的东西,但这肯定不是一种类的普遍性。不如说他遵循着自己扩展着的经验,这种经验发觉相似性——不管它是事物显现的相似性,抑或它的重大意义对我们具有的相似性。这里就存在着语言意识的天才性,即它知道如何表达这种相似性。我们把这称作它彻底的比喻性(Metaphorik),关键的东西在于要认识到,

---

�51 特奥多·利特(Theodor Litt)正确地强调了这一点,参见《精神科学认识构造中的普遍性》(《萨克森科学院报告》,第93卷,第1期,1941年)。

2."语言"概念在西方思想史上的发展

如果把某个语词转义的用法认为是非本质的使用,那么这就是某种与语言相逆的逻辑理论的偏见。[52]

不言而喻,经验的特殊性是在这样的转义中找到它的表达,它根本不是某种通过抽象而进行的概念构成的结果。但同样不言而喻的是,通过这种方式同样也能达到对共同性的认识。所以思维就能够趋向语言为其准备的贮存,以达到自己的阐明。[53] 柏拉图曾经用他"逃入逻各斯"的说法做到了这一点。[54] 然而,即使是分类逻辑(klassifikatorische Logik)也同语言为它做好的逻辑准备(Vorausleistung)相联系。

只要看一下概念构成的前史,尤其是看一下柏拉图学派的概念构成理论就能证明这一点。我们甚至看到,柏拉图那种超越名称的要求是以理念宇宙原则上独立于语言为前提的。然而,只要这种对名称的超越是鉴于理念而产生并被规定为辩证法,亦即作为一种对所观世界之统一的洞见,作为一种从不同的现象中找出共同性的观看,那么它所遵循的仍然是语言自身构成的自然方向。对名称的超越仅仅说明,事物的真理并非存在于名称之中。这并不是说,对于思维说来似乎可以无须使用名称和逻各斯。相反,柏拉图经常承认需要这种思维的中介,只要它们也必须被看作可以

---

[52] L. 克拉格斯(Klages)首先看到这一点。参见 K. 勒维特:《常人角色中的个人》,1928 年,第 33 页以下。[以及我的评论,载《逻各斯》,第 18 卷(1929 年),第 436—440 页;现收入我的著作集,第 4 卷。]

[53] 这种情况是不自觉地产生的,它还证明了海德格尔所指出的 λέγειν = 说话和 λέγειν = 共同读之间的意义相似(首先在他为 H. 扬岑写的纪念文章"赫拉克利特的逻各斯学说"中)。

[54] 柏拉图:《斐多篇》,99e。

不断改进的。作为事物之真正存在的理念不能以任何其他方式被认识，而只能通过这些中介被认识。但是否存在有一种本身作为这种确定和个别东西的理念的知识呢？事物的本质不正如语言是一种整体一样也以同样的方式作为一种整体？正如个别语词只有在话语的统一性中才有它的意义和相对的单义性一样，事物的真正知识也只有在理念之相关结构的整体中才能达到。这就是柏拉图《巴门尼德篇》的课题。但由此就产生出以下问题：人们为了仅仅定义一个单一的理念，亦即为了能把它同其他事物相区别，难道不是必须要了解整体吗？

如果我们像柏拉图一样把理念的宇宙当作存在的真正结构，那我们就很难避开这种结果。事实上，柏拉图学院的接替者，柏拉图主义者斯鲍锡普（Speusipp）[293]曾经讲过，他确实得出了这种结论。[55] 我们从他那里知道，他特别关注于找出共同性（homoia），他把类似性（Analogie），亦即按比例的相应性作为研究方法，从而远远超越了在类逻辑意义上的普遍化。发现共同性以及从多中看出—这种辩证的能力在这里非常接近于语言的自由普遍性和语言的语词构成原则。斯鲍锡普到处寻找的类似的共同性——种类的相应性，如与鸟类所相应的是翅膀，与鱼类相应的则是鱼鳍——是为概念的定义服务的，因为这种相应性同时也表现为语言中语词的最重要的构成原则之一。从一个领域到另一个领域的转换不仅具有一种逻辑功能，而且还同语言彻底的比喻相吻合。已知比喻的

---

[55] 参见 J. 斯坦策尔（Stenzels）在《古典文化实用百科全书》中关于斯鲍锡普所写的重要词条。

2."语言"概念在西方思想史上的发展

样式只是这种普遍的、同时又是语言和逻辑的构成原则的修辞学形式。因此亚里士多德才可以说"好的转换就意味着认识共同性"。㊶ 一般来说,亚里士多德的《论辩篇》(Topik)为概念和语言之间联系的不可消除性提供了大量的证明。对共同的类进行定义设定,很明显是从对共同性的观察而引导出来的。㊷ 因而类逻辑的开端处就有语言事先所做的工作。

同这种情况相符的是,亚里士多德到处都对那种如何在关于事物的谈话中使事物秩序显现出来的方式赋予最重要的意义。(《范畴篇》——而不仅是那些亚里士多德曾明确说是陈述的形式的东西。)由语言引导的概念构成不仅被哲学思维所利用,而且在某些方向上得到继续发展。我们在上面已经提到,亚里士多德关于概念构成的理论,即 Epagoge(归纳)理论,可以通过儿童学习说话来加以解释。㊸ 实际上,对于亚里士多德来说,尽管他自己的"逻辑学"的修养起着决定性的作用,尽管他也努力有意识地使用定义逻辑,尤其是在自然的分类描述中对本质的秩序进行描摹,并力求摆脱语言的偶然性,但他还是完全受到说话和思维之间统一性的束缚。

因此,在亚里士多德一般讲到语言的少数地方都没有使语言的意义域从由语言所命名的事实世界中孤立出来。当亚里士多德说到声音和文字符号只有成为"象征"(symbolon)然后才能进行"指称"时,这意思正是说,声音和文字符号并非自然东西,

---

㊶ 《诗学》,22,1459a8。
㊷ 《论辩篇》,A18,108b7—31 详尽地论述了 τοῦ ὁμοίου δεωρία(共同的类理论)。
㊸ 参见本书第 421 页。

而是按照某种协定(kata synthēkēn)。但这里并不是一种工具式的符号理论。毋宁说,使得语言声音或文字符号能意指什么东西的这种协定(Übereinkunft),并不是关于某种相互理解手段的约定——这样一种约定总是已经以语言作为前提——这种协定是人类共同体及其关于什么是善和正当的一致意见以之为基础的协议(Übereingekommensein)。[59] 在声音和符号的语言应用中所作的协议只是对那种何为善和正当的东西所作的基本协定的表述。尽管希腊人喜欢把善和正当以及他们称为 Nomoi(规范)的东西理解为神性人的决定和成就。但对于亚里士多德说来,这种 Nomos(规范)的起源更多地是刻画了它的效果而不是它真正的产生。这并不是说,亚里士多德根本不重视宗教的传统,相反,宗教传统以及每一种关于起源的探讨对于亚里士多德乃是通向存在知识和效用知识的道路。因此,亚里士多德对于语言所说的协定刻画了语言存在方式的特征,而不是讲它的起源。

我们回忆一下关于 Epagoge(归纳)的分析也可以证明这一点。[60] 正如我们所知,亚里士多德在那里以最机智的方式阐明了一般概念的构成究竟是如何实现的。我们现在知道,亚里士多德已经考虑到语言概念的自然构成总是一直在进行的情况。按照亚里士多德的观点,语言的概念构成具有一种完全非教条性的自由,因为从所遇到的经验中所看到的共同性并成为一般性的东西具有纯粹前准备工作(Vorleistung)的特征,这种前准备工作虽说处于

---

[59] 因此我们必须借助于《政治学》来看《解释篇》περὶ ἑρμηνείας 中专门术语性的表述(《政治学》,A2)。

[60] 《后分析篇》,B19。参见本书第 356 页以下。

2."语言"概念在西方思想史上的发展

科学的开端,但却并非科学。这就是亚里士多德所强调的。如果科学把有说服力的证明作为理想,那它就必然要超越这种程序方法。因此,亚里士多德既批判了斯鲍锡普关于共同性的理论,又从他的证明理想角度出发批判了柏拉图二分的辩证法。

但是这种用逻辑的证明理想进行衡量的结果是,亚里士多德的批判使语言的逻辑成就丧失了科学合法性。语言的逻辑成就只有从修辞学的角度才能获得承认并在修辞学中才被理解为比喻的艺术手段。正是对概念进行上下归属的逻辑理想,现在成了君临于生动的语言比喻之上的东西,而一切自然的概念构成则都是以语言的比喻为基础的。因为只有一种以逻辑学为指向的语法才能将语词的自身意义同它的转换意义相区别。以前构成语言生命之根据并构成它逻辑创造性的东西,亦即天才而富有创造性地找出那种使事物得以整理的共同性的活动,现在却作为比喻而被排挤到一边,并工具化为修辞学的形态。围绕希腊青年的教育而进行的哲学和修辞学之间的斗争(这种斗争以阿提克[294]哲学的取胜而告终)也具有这方面的因素,即关于语言的思维变成了一种语法学和修辞学的事情,而这两门学问早就认可科学的概念构成的理想。这样就开始把语言的意义域同以语言形态而出现的事物相分离。斯多葛派的逻辑学最早谈到那种非物质的意义。关于事物的谈话正是借助于这种意义才得以进行(to Lekton)[295]。最值得注意的是,这种意义同 topos 亦即空间被置于同一层次。[61] 正如空的空间只有用思维撇开在其中并列安置的事物才能成为思维的对象

---

[61] 《早期斯多葛派著作残篇》,阿尼姆(Arnim)编,第2卷,第87页。

一样,㉒这种"意义"也只有当我们用思维撇开借助于词义而命名的事物才能被认为是一种自为的"意义",并为这种意义形成一个概念。所以意义就像一个空间,事物可以并列安置在其中。

只有当说话和思维之间的内在统一性这种自然的关系受到干扰时,这种思想才可能显示出来。我们可以在这里像洛曼(Lohmann)曾经指出的那样,㉓提及斯多葛派思想和拉丁语的语法-句法构成之间的相应性。两种语言开始普遍使用希腊语的 Oikumene(共同性)对关于语言的思维起着一种促进的作用,这一点是无可争议的。也许其产生的根源更为久远,并且正是科学本身的产生才造成了这个过程。这样,这个过程的开端就被追溯到希腊科学的早期。对于这一点,可以由音乐、数学和物理学中的科学概念的构成得到证明,因为在这些学科中都须标出一个理性的对象领域,要构造这种对象领域就必须有相应的关系,而我们却根本不可能把这种关系称作语言。从根本上可以说,凡在语词取得一种纯符号功能的地方,则说话和思维之间的本来联系(我们的兴趣也正在此)就会转变成一种工具式的关系。这种关于语词和符号之间改变了的关系正是科学的概念构成的全部基础,而且它对我们来说已经是这样不言而喻,以致我们甚至需要一种巧妙的回想才能记起,在科学的单一

㉒ 参见被亚里士多德郾弃的 $\delta\iota\acute{\alpha}\sigma\tau\eta\mu\alpha$(并列存在)理论(《物理学》,A4,211b14 以下)。

㉓ J. 洛曼报道了他最近有趣的观察结果,按照他的看法,"理想的"声音形象和数的世界的发现都有其固有的构词方式,并由此而第一次引起了语言意识。参见 J. 洛曼:《音乐科学文献》,第 XIV 卷,1957 年,第 147—155 页;第 XVI 卷,1959 年,第 148—173 页、第 261—291 页;《读书——语言哲学、语言历史和概念探究的研究》,第 4 卷,第 2 集;以及"论希腊文化的范例性质"(载《伽达默尔纪念文集》,1960 年)。[现在斯图加特 1970 年出版了一卷《音乐和逻各斯》,但是这卷本想收集洛曼最重要论文,却只有很少一部分令人满意。]

2. "语言"概念在西方思想史上的发展

指称的理想旁边尚有语言本身的生命未加改变地继续存在着。

如果我们注意一下哲学史，那自然不会缺少这种回忆。我们曾经指出，在中世纪的思想中，语言问题的神学重要性如何总是又回溯到思维和说话的统一性的问题，并由此使一种在古典希腊哲学中尚未想到的因素起作用。语词是一种过程，意义的统一性就在这种过程中达到完全的表达——正如在关于语词的思考中所考虑的——这种观点相对于柏拉图关于一与多的辩证法指明了某些新的因素。因为对于柏拉图来说，逻各斯本身只是在这种辩证法的内部进行运动，它只不过是理念所遭受到的辩证法。这里并不存在真正的解释（Auslegung）问题，因为作为解释工具的语词和话语总是被思维着的精神所超越。与此相区别，我们在三位一体的思辨中发现，神成人的过程包含了新柏拉图主义关于展开（Entfaltung）、亦即关于如何从一中产生（Hervorgang）的探究，从而第一次表明了语词的过程特性。然而，只是当经院哲学在调解基督教思想和亚里士多德哲学时用一种新的因素作了补充，而这种因素使神性精神和人性精神的区别转变成具有积极意义的区别，并对新的时代具有最重要的意义，只是到了那时，语言问题才完全表露出来。这种因素就是创世的共同性。我认为，库萨的尼古拉[296]这位近来常被人们讨论的哲学家的地位自有其根本的突出之处。⁶⁴

---

⑭ 参见 K. H. 福尔克曼-施鲁克（Volkmann-Schluck），他试图首先从"图像"（Bild）的思想去规定库萨的尼古拉在思想史上的地位，参见他的《库萨的尼古拉》，1957年，尤其参见第146页以下。[另外请参见 J. 柯赫（Koch）的《库萨的尼古拉的揣想技巧》《北莱茵-威斯特伐伦州研究协会会刊》，第16卷）以及我自己的论文"库萨的尼古拉与当代哲学"（《短篇著作集》，第3卷，第80—88页，现收入我的著作集，第4卷）和"库萨的尼古拉在认识问题史中的地位"（《库萨的尼古拉学会会刊》，第11卷，1975年，第275—280页，现收入我的著作集，第4卷）。]

两种创世方式之间的类似性自然有其界限。这种界限同上面提到的神的话语和人的话语之间的区别相对应。虽说神的话语创造了世界,但并非以一种具有时间顺序的创造思想和创造日来创造世界的。与此相反,人类的精神却只有在时间的相继性中才能把握它的思想整体。——当然这并非纯粹的时间关系,正如我们在托马斯那儿所看到的。库萨的尼古拉特别强调了这一点。人类精神的这种关系就像数列一样。因此人类精神的创造根本不是一种时间性的事件,而是一种理性的运动。库萨的尼古拉在语词的属(Gattungen)和种(Arten)如何从感觉中形成并在个别概念和语词中展开的活动中发现同一种理性的活动。所以这两种语词(即属和种)同样也是理性存在物(entia rationis)。不管这种关于展开的说法听起来如何带有柏拉图-新柏拉图主义的味道,实际上库萨的尼古拉在关键之处克服了新柏拉图主义解释理论的流射说框架。他用基督教的话语理论来反对这种新柏拉图主义的观点。⑥⑤对他说来,语词只不过是精神的存在,而并不是精神被缩小或削弱了的显现。对这一点的认识构成了基督教哲学家优越于柏拉图主义者的高明之处。与此相适应,人类精神得以展开的多样性也决不是对真实统一性的背离,决不是丧失了自己的家。相反,尽管人类精神的有限性总是同绝对存在的无限统一性相关,但却必然会

---

⑥⑤ Philosophi quidem de Verbo divino et maximo absoluto sufficienter instructi non erant... Non sunt igitur formae actu nisi in Verbo ipsum Verbum... De docta ignorantia Ⅱ,9.["哲学家并不十分了解神性的最绝对的话语……假如(神性的)话语本身存在于话语之中的话,那么形式只存在于现实之中",载《论有学识的无知》,第2卷,第9章。]

2. "语言"概念在西方思想史上的发展

找到它积极的合法性。这种观点被包含在 complicatio（综合、概括）这个概念之中，从这个角度出发则语言现象也获得了一种新的因素。这就是既进行概括（Zusammenfassen）又进行展开（Entfalten）的人类精神。在谈话的多样性中进行的展开并非只是一种概念的展开，这种展开而是一直延伸到语言性之中。这就是可能命名的多样性——根据语言的不同性——这种多样性增强了概念的差异性。

随着古典本质逻辑的唯名论的消除，语言问题也进入了一个新的阶段。于是人们能够用各种方式（虽然不是以任意的方式）说出事物的一致性和区别处，这一点突然取得了积极的含义。如果属和种的关系不仅可以从事物的本性——即按照自我建造的富有生命的自然中的"真实的"种——得到证明，——而且同样也可以另外的方式而同人及其命名的主权相关，那么历史地生长起来的语言，其意义史及其语法和句法就能作为一种经验逻辑的、亦即一种自然的、历史的经验（这种经验本身又包含超自然的东西）的变化形式而发生作用。事物本身本来是清楚明白的。[66] 每一种语言以自己特有的方式对语词和事物所进行的划分（Aufgliederung）到处都表现了一种最初的自然的概念构成，这种自然的概念构成同科学的概念构成系统相距甚远。它完全遵循事物的人为方面，遵循人的需求和利益的系统。如果语言共同体只掌握所有事物的相同的、本质的方面，那么对于一种语言共同体来说是某种事物本质的东西就能用另外的、甚至完全是另外种类的事物把它归属到

---

[66] 参见本书第431页。

一种统一的命名之中。命名（impositio nominis）同科学的本质概念及其属和种的归类系统根本不相吻合。相反，同这种科学的属和种的归类系统相比，常常是偶然性引导着某个语词的一般意义。

于是我们就可以考虑到科学对语言的某种影响。例如我们今天已不再说鲸鱼（Walfisch），而只说鲸（Wal），因为我们都已知道，鲸是一种哺乳动物。另一方面，大量民间关于确定事物的称呼部分地通过现代交往生活，部分地通过科学-技术的标准化而渐渐地趋向一律，正如我们实际所使用的语言词汇根本不是增多，而是逐渐减少。也许会有某种非洲语言具有 200 种关于骆驼的不同表述，这些表述都是根据骆驼同沙漠居民的生活关联而作出的。根据"骆驼"在所有这些表述中所保留的占支配地位的意义来看，骆驼就好像是另一种存在物。[57] 我们可以说，在这种情况中，属概念和语言的称呼之间的距离是很显著的。然而我们也可以说，追求概念的普遍性和追求实用的意义这两种倾向之间的平衡，是任一种有生命力的语言都不可能完全达到的目标。因此，如果我们用真实的本质秩序衡量自然概念构成的联系（Kontingenz），并把它理解为纯粹的偶然，那么这就包含某种人为的并且违背语言本质的东西。实际上这种联系是通过必要而又合法的变化范围而产生的，正是在这种变化范围中，人类精神才能表述出事物的本质秩序。

尽管人类语言的混淆自有其《圣经》上的意义，但拉丁语的中世纪却并未真正追随语言问题的这个方面，这一事实也许首先应

---

[57] 参见卡西尔：《象征形式的哲学》，第 1 卷，1923 年，第 258 页。

2."语言"概念在西方思想史上的发展

该从拉丁语在学者之间具有不言而喻的统治地位而得到解释,同时也可从希腊逻各斯理论的继续影响得到解释。只是到了俗人的作用变得重要起来而民族语言进入了学者的教育之中的文艺复兴时期,则这种民族语言与内部话语即同"自然"词汇的关系才得到富有成果的反思。但我们必须注意,不要在进行这种反思时把现代语言哲学的立场及其工具式的语言概念作为前提。语言问题之所以到了文艺复兴时期才出现,其意义乃在于那时希腊-基督教的遗产仍然以不言而喻的方式起着作用。这在库萨的尼古拉身上表现得最为明显。作为精神统一的展开而用语词表达的概念同样也同一种自然词(vocabulum naturale)保持着关系[这种自然词反映在概念之中(relucet)]而不管个别的命名可能是任意的(impositio nominis fit ad beneplacitum)。⑱ 我们也许可以问,这是一种怎样的关联和怎样的一种自然词。然而,就一切语言都是某种精神统一的展开而言,一种语言中的个别词同所有其他语言中的个别词都具有某种最终的一致性,这种观点在方法论上具有正确的意义。

库萨的尼古拉用自然词所指的也并非一种始于人类语言混乱之前的原始语言的语词。这样一种原始状态理论意义上的亚当的语言对于库萨的尼古拉是很陌生的。相反,他是从一切人类认识之彻底的不精确性出发的。众所周知,他的认识论乃是柏拉图主

I 441

---

⑱ 我们在下文中所援引的最重要证据是库萨的尼古拉的《理解的谎言》,第 3 卷,第 2 章:"Quomodo est vocabulum naturale et aliud impositum secundum illud citra praecisionem..."("正如一个自然词一样,并且一个其他词是按照自然词而超出精确性的……")。

义的动机和唯名论的动机相互交杂的结果:一切人类的知识都只是纯粹的揣想和意见(coniectura, opinio)。[69] 这就是他应用于语言上的理论。这样他就可以承认民族语言的差异性及其词汇表面上的任意性,而无须接受一种纯约定的语言理论以及一种工具性的语言概念。正如人类的知识本质上是"不精确的",亦即可以允许有出入的,同样,人类的语言也是不精确的,允许有出入的。凡在一门语言中具有其固有表述(propria vocabula)的东西,则在另外的一种语言中也会有一种更粗疏、更冷僻的表述(magis barbara et remotiora vocabula)。因此,或多或少地存在着一种固有的表述(propria vocabula)。一切实际的命名在某种意义上都可以说是任意的,但它们却必然同相应于事实本身(forma)的自然表述(nomen naturale)相关。一切表述都是恰当的(congruum),但并非每一种表述都是精确的(precisum)。

这种语言理论的前提是,即使是附有语词的事物(formae)也不隶属于人类认识逐渐趋近的前定的原型秩序,相反,这种秩序是通过区别和概括从事物的给定性中构成的。这样,在库萨的尼古拉的思想中就产生了唯名论的转向。如果属和种(genera et species)本身就是理智存在物(entia rationis),那就很可以理解,尽管我们使用了不同语言中的不同的语词,但语词还是能够同它所表述的事物直观取得一致性。正因为所涉及的并不是表述的变化,而是事物直观的变化以及随之而来的概念构成的变化,所以这里涉及到一种本质的不精确性,这种不精确性并不排除在一切表述

---

[69] J.柯赫:《富有见识的表述》,参见本书第438页的注释[64]。

中都有一种事物本身(der forma)的反映。显然，只有当精神被提升为无限的精神时，这种本质的不精确性才能被克服。在无限的精神中只存在一种唯一的事物(forma)和一种唯一的语词(vocabulum)，亦即在一切事物中反映(relucet)出来的不可说出的上帝的话语(verbum Dei)。

如果我们把人类的精神看作对神性原型的摹仿，这样我们就可以让人类语言的变化域起作用。正如一开始在柏拉图学院中对类比研究的讨论一样，在中世纪关于共相讨论的末尾也考虑到语词和概念之间真实的相近性。但这里离开现代思想从语言的变化而为世界观引出的相对论的后果还很遥远。库萨的尼古拉在一切区别之中仍然保持着下面这一点的一致性，而基督教的柏拉图主义者就依赖于这一点：正是一切人类语言中的事物联系，而并非人类事物认识的语言束缚性才对他是根本性的。人类事物认识的语言束缚性只是表现了一种光谱的折射，真理就在这种折射中显现。

3. 语言作为诠释学本体论的视域

a) 语言作为世界经验

如果我们特地深入到语言问题史的某些阶段之中，语言是世界经验这一点就会在某些与现代语言哲学和语言科学相距甚远的观点中被认识到。现代关于语言的思维自赫尔德和洪堡以来就受到一种完全不同的兴趣的支配。它希望要研究一下，人类语言的自然性——这是一种很难与唯理论和正统教义截断的观点——是如何在人类语言构造多样性的经验范围内展开的。它在每种语言中都认出一种有机的结构,从而试图在比较的观察中研究人类精神为行使其语言能力而使用的丰富的手段。这种经验比较的研究方法对于库萨的尼古拉是很陌生的。他在以下这点上可以说仍然是个柏拉图主义者,即不精确东西的区别并不包含固有的真理性,因而,只有就这种区别与"真实的东西"相一致而言,他才对这种区别感兴趣。库萨的尼古拉对生成着的民族语言的民族特性根本没有兴趣,而洪堡则受这种兴趣所推动。

如果我们想正确地对待威廉·冯·洪堡这个现代语言哲学的创始人,我们就必须在他那儿提防由他开创的比较语言研究和民族心理学所造成的过度共鸣。"语词的真理性"问题⑦在洪堡那里尚未完全搞颠倒。洪堡并不只是探究人类语言构造的经验多样性,以便在这种可以把握的人类表达领域中深入到不同民族的个体特性中去。⑦ 洪堡对个体性的兴趣正如他同时代人的这种兴趣一样,根本不能被理解为对概念的一般性的背离。对他来说,毋宁说在个体性和一般的本性之间存在着一种不可分离的联系。个体性的感觉总是具有对某种全体性的预感。⑦ 因此,深入到语言现象的个体性中就意味着一种通向认识人类语言整体状况的道路。

洪堡的出发点是,语言是人类"精神力量"(Geisteskraft)的产物。凡有语言的地方,都有人类精神原始的语言力量在起作用,而每一种语言都懂得如何达到人类的这种自然力所追求的普遍目

---

⑦ [参见我的著作集第 8 卷中同一题目的论文。]
⑦ 下面请参见《论人类语言构造的多样性及其对人类精神发展的影响》(首次于 1836 年发表)。
⑦ 同上书,§6。

3.语言作为诠释学本体论的视域

标。但这并不排除而且正是证明语言比较所探究的是语言自身得以区别的完善性尺度。因为"力求使语言完善的理念得以实现的努力"对一切语言都是共同的,而语言研究者的工作就在于探究,各种语言到底以何种手段在何种程度上接近这种理念。因此,对洪堡说来,在语言的完善性中完全存在着区别。但这并不是一种预先存在的尺度,从而他可以把现象的多样性置于这种尺度之下,相反,他是从语言本身的内部本质及其丰富的现象中才获得这种尺度的。

洪堡据以比较各种人类语言的语言构造的规范兴趣并未取消对个体性的承认,也就是说,这种兴趣并未取消对每种语言的相对完善性的承认。众所周知,洪堡曾经说过要把每一种语言都理解为一种特有的世界观(Weltansicht),因为他研究了人类语言构成的原始现象据以区别的内在形式。这一观点的基础并非只是那种强调主体在把握世界时的突出作用的唯心主义哲学,而且还有由莱布尼茨首次创立的个体性形而上学。这不仅表现在精神力这个概念有语言现象归属于它,而且还特别表现在,洪堡除了通过声音区别语言之外还要求把精神力作为内在的语言意识而对语言进行区别。他谈到"现象中的内在意识的个体性",并用它来指"力量的能"(die Energie der Kraft),内在意识就以这种能来对声音行使影响。[73] 当然,他认为这种能不可能到处都一样的。正如我们看到,他还分享了启蒙运动这样的形而上学原则,即在对于真实的和完满的东西的接近中看出个体化原则。这正是莱布尼茨的单子论

---

[73] 参见 W. v. 洪堡的《论人类语言构造的多样性及其对人类精神发展的影响》。

宇宙，人类语言构成的多样性就借这种单子论宇宙而得以标明。

这样，洪堡所开创的研究道路就受到形式抽象（die Abstraktion auf die Form）的规定。因此人类语言的意义虽然被洪堡解释成民族精神特性的反映，但语言和思维之联系的普遍性却被限制到一种能力（Können）的形式主义。

洪堡看到了语言问题的根本意义，他说："语言乃是与一种无限的、真正无穷无尽的领域，与一切可思维事物之总和完全相对应的。因此，语言必须对有限的手段进行无限的使用，并且是通过产生思想和语言的力量之同一性而可能做到这一点的。"⑭能够对有限的手段进行无限的使用，这就是语言所特有的力量的真正本质。语言的力量能够把握所有它能对之进行作用的东西。这样，语言的力量就超越一切内容的应用。作为一种能力的形式主义，语言就同一切所说之内容规定性相脱离。洪堡甚为受惠于这种天才的观点，尤其是因为他没有认错，个体的力量相对于语言的力量显得极为微小，因而在个体和语言之间存在着一种变换关系，这种关系赋予人以相对于语言的某种自由。洪堡同样也没有认错，这种自由只是一种有限的自由，因为每一种语言都相对于每次所说的内容而构成一种特有的此在，从而使人们能在语言中特别清楚而生动地感觉到"遥远的过去如何同现在的感觉相联系，因为语言是通过我们前辈的感受而流传下来并保存了他们的情调"。⑮洪堡还在被作为形式而把握的语言中看到了精神的历史生命。以语言

---

⑭ 参见 W. v. 洪堡的《论人类语言构造的多样性及其对人类精神发展的影响》。
⑮ 同上书，§9。

力量这个概念为基础而建立语言现象,这赋予内在形式概念以一种特有的合法性,而这种合法性可以由语言生命的历史活动性得以证明。

尽管如此,这种语言概念同时也表现了一种抽象,而这种抽象我们为着我们的目的是必须要考虑的。语言形式和传承的内容在诠释学经验中是不可分离的。假如每一种语言都是一种世界观,那么语言从根本上说首先就不是作为一种确定的语言类型(就如语言学家对语言的看法),相反,语言是由在这种语言中所述说的内容而流传下来的。

通过承认语言和传承物的统一性如何深化了问题或使问题变得更为恰当,也许在下面这个例子中表现得很清楚。威廉·冯·洪堡曾经说过,学会一门外语肯定是在迄今为止的世界观中获得一种新的角度,他继续说道:"只是因为人们总是或多或少地把他自己的世界观,或者说他自己的语言观带入外语之中,所以这种结果很少被人纯粹而完全地感觉到。"[76]在这里作为一种限制和缺点而谈的东西(从带有其自己认识方法的语言研究者的观点看,这是正确的),实际上表现了诠释学经验的实现方式。把一种新的角度引入"迄今为止的世界观之中",并不是对某门外语的领会,而是对这门外语的使用,不管这种使用是在同外国人的生动交谈之中,抑或在对外国文学的研究之中。尽管我们会很深地置身于陌生的精神方式,但我们决不会因此而忘掉我们自己的世界观,亦即我们自己的语言观。也许我们所面对的其他世界并非仅是一个陌生的世

---

[76] 参见 W. v. 洪堡的《论人类语言构造的多样性及其对人类精神发展的影响》。

界,而是一个与我们有关联的其他世界。它不仅具有其自在的真理,而且还有其为我们的真理。

在外语中所体验到的其他世界甚至并非就是研究、熟识(Sichauskennen)和了解(Bescheidwissen)的对象。谁对某门外语的文学传承物采取消极等待的态度,从而只是用这门外语说话的人,就不会对这种语言具有对象性的关系,其情形就如使用这门外语的旅游者一样。旅游者的行为举止与语文学家完全不同,对于语文学家说来,语言传承物就是语言史和语言比较的材料。我们仅从外语的学习和学校借以把我们引入外语中的文学作品所特有的死灭情况中才能很好地认识到这种材料。如果我们形式地对待语言,我们显然就不能理解传承物。如果这种传承物不是以一种必须用文本的陈述来传达的熟悉性(Bekanntes und Vertrautes)加以表现,那么我们同样不能理解它所说的和必然所说的内容——这是并非不值得注意的问题的另一方面。因此,学会一门语言就是扩展我们能够学习的东西。只有在语言研究者的反思层面上,这种联系才会取得这种形式,即学会某门外语的后果"未被纯粹而完全地感受到"。诠释学经验本身则恰好相反:学会一门外语和理解一门外语——这种能力的形式主义——只是指能够使在语言中所说的东西自己对我们说出来。这种理解的完成总是指所说的东西对我们有一种要求(Inanspruchnahme),而如果我们没有把"我们自己的世界观,亦即自己的语言观"一起带入的话,则这种要求就不可能达到。洪堡自己对不同民族的文学传承物实际的熟悉性究竟在多大程度上影响了他对语言抽象方向的研究,这个问题也许是很值得研究一下的。

3. 语言作为诠释学本体论的视域

这个问题对于诠释学问题所具有的真正意义是在另外方面：在于它证明了<u>语言观就是世界观</u>。洪堡把生动的说话过程、语言的活动能力(Energeia)认作语言的本质，从而克服了语法学家的教条主义。从指导他关于语言所有思考的力的概念出发，洪堡特别地纠正了关于语言起源的问题，该问题曾经被神学的思考弄得特别困惑。他指出，这个问题非常错误，因为它包括了一个无语言的人类世界的结构，而其向语言性的提升则是在某时某地来到我们这里的。针对这样一种结构，洪堡正确地强调了语言从一开始就是人类的语言。⑰ 这种论断不仅改变了语言起源这个问题的意义——它还是一种影响深远的人类学观点的基础。

语言并非只是一种生活在世界上的人类所适于使用的装备，相反，以语言作为基础，并在语言中得以表现的是，人拥有世界。世界就是对于人而存在的世界，而不是对于其他生物而存在的世界，尽管它们也存在于世界之中。但世界对于人的这个此在却是通过语言而表述的。这就是洪堡从另外的角度表述的命题的根本核心，即语言就是世界观。⑱ 洪堡想以此说明，相对附属于某个语言共同体的个人，语言具有一种独立的此在，如果这个人是在这种语言中成长起来的，则语言就会把他同时引入一种确定的世界关系和世界行为之中。但更为重要的则是这种说法的根据：语言离开了它所表述的世界则没有它独立的此在。不仅世界之所以只是世界，是因为它要用语言表达出来——语

---

⑰ 参见 W. v. 洪堡的《论人类语言构造的多样性及其对人类精神发展的影响》，§9，第60页。

⑱ 同上书，§9，第59页。

言具有其根本此在,也只是在于,世界在语言中得到表述。语言的原始人类性同时也意味着人类在世存在的原始语言性。我们将必须探究语言和世界的关联,以便为诠释学经验的语言性获得恰当的视域。[79]

拥有世界的意思是:对世界采取态度(sich zur Welt verhalten)。但要对世界采取态度却要求我们尽可能地同由世界而来的相遇物(Begegnenden)保持距离,从而使它们能够如其本来面目那样地出现在我们之前。而这种能够也就是拥有世界和拥有语言。这样,世界(Welt)概念就成为环境(Umwelt 或译周遭世界)的概念反义词,环境是为一切在世界上存在的生物所拥有。[297]

的确,环境概念首先是为人类环境而使用,而且也只为人类环境而使用。环境就是人们生活于其中的"周围世界"(Milieu),而环境对生活于其中的人的性质和生活方式的影响就构成了环境的意义。人并非独立于世界向他显示的特殊方面。因此,环境概念最初是一个社会概念,这个概念试图揭示个体对于社会世界的依赖性,因此这个概念只同人类相关联。环境概念可以在广义上应用于一切生物,以便概括出这些生物的此在所依赖的条件。但在这种情况下我们也可以清楚地看出,人类同所有其他的生物不同,因为人拥有"世界",而生物则并不具有同样意义上的同世界的关系,它们似乎是被置于它们的环境之中。因此,把环境概念扩展到所有生物身上实际上就改变了这个概念的意义。

因此,同一切其他生物相反,人类的世界关系是通过无环境

---

[79] [参见我的著作集第 2 卷在"Ⅲ补充"这一栏里的论文,在该卷第 121—218 页。]

3. 语言作为诠释学本体论的视域

性(Umweltfreiheit)[298]来表现其特征的。这种无环境性包含了世界的语言构造性(die sprachliche Verfaßtheit der Welt)。这两者是相互隶属的。使自己超越于由世界涌来的熙熙攘攘的相遇物就意味着：拥有语言和世界。最近的哲学人类学在同尼采的争辩中就以这种形式提出了人类的特殊地位，并指出世界的语言构造性根本不是指人的世界举止被闭锁于一种用语言框架编制起来的环境之中。⑧ 相反，只要有语言和人存在，那就不仅有超越(Erhebung)或脱离(Erhobenheit)世界之压力的自由——而且无环境性也同我们赋予事物的名称的自由相联系，正如深刻的宗教注释所说，亚当就是以此为根据而从上帝那儿接受了制定名称的全权。

如果我们认识到这一点的重要意义，那就很可以理解，为什么同人类普遍的语言世界关系相对还存在着各种语言的多样性。由于人的无环境性，因此他的自由的语言能力一般是给定的，从而也就具有了历史多样性的根据，人的说话就以这种多样性而同世界交往。当神话谈到一种原始语言以及一种语言混乱的产生时，这种神话观虽说以富有意义的方式反映了那种语言多样性对理性所表现的真实的谜，但按其实际所理解的则这种神话报道是把事实头足倒置了，因为它认为人类在使用一种原始语言时的原始一致性被一种语言混乱摧毁了。实际情况是，由于人总是能够超越他所处的每一偶然环境，而他的讲话又总是能把世界表达出来，所以人从

---

⑧ 马克斯·舍勒(Max Scheler)、赫尔姆特·普利斯纳(Helmut Plessner)、阿诺德·格伦(Arnold Gehlen)。

一开始就具有行使其语言能力的变化性。

超越环境在这里从一开始就具有一种人类的意义,亦即具有一种语言的意义。动物也能够离开它的环境并漫游整个世界,而无须摆脱它的环境束缚。与此相反,对人类说来,超越环境就是越向世界(Erhebung zur Welt),它指的并不是离开环境,而是指用另外的态度对待环境,指一种自由的、保持距离的举止,而这种态度或举止的实现总是一种语言的过程。说有动物的语言只是 per aequivocationem(由于含糊性)。因为语言是一种在其使用中自由而可变的人的能力。语言对人的可变性并不仅是指还存在着我们可以学习的其他陌生语言。对于人说来,语言本身就是可变的,因为它对于同一件事为人准备了各种表述的可能性。即使是在特殊情况下,例如在聋哑人那里,语言也并非是一种真正的非常明显的手势语,而是通过清楚的手势使用而对同样清楚的默语的一种替代性的模仿。动物之间的相互理解可能性则不知道这种可变性。这种说法的本体论意义在于,虽然动物能够相互理解,但并不能理解构成世界的事实情况。亚里士多德已经非常清楚地看到这一点:动物的叫唤是向同类指示出某种举止,但由逻各斯而进行的语言理解则揭示了存在物本身。㉛

从语言的世界关系中引出了语言特有的事实性(Sachlichkeit)。语言所表达的是事实情况(Sachverhalte)。一个具有如此这般情况的事实——这种说法就包含着对其独立他在性的承认,

---

㉛ 亚里士多德:《政治学》,A2,1253a10 以下。[也可参见我的著作集,第 2 卷,第 146 页。]

3. 语言作为诠释学本体论的视域

这种他在性以说话者同事物的距离作为前提。[299]以这种距离作为基础，就可以有某些东西作为真正的事实情况而衬托出来并成为某种陈述的内容，这种陈述是其他人也能理解的。在衬托出来的事实情况的结构中显然也总是有否定性的因素一起存在。正是某些因素的显现而不是另一些因素的显现，这才构成一切存在物的规定性。因此，从根本上说也存在否定性的事实情况，这种否定性的事实情况是希腊思想首先想到的。早在对爱利亚派关于存在(Sein)和非存在(Noein)的配列这个基本命题默默的重复中，希腊思想就遵循了语言的根本事实性，而柏拉图在克服爱利亚派的存在概念时又把存在中的不存在认作谈论存在物的根本可能性。当然，正如我们所看到，在对理念(Eidos)逻各斯的精心表述中，对语言本身存在的探讨是不能得到正确展开的，因为希腊思想充满了语言的事实性。希腊思想在其语言的形成中遵循自然的世界经验，从而把世界设想为存在。一直被希腊思想认作存在物的东西从构成语言世界视域的包罗万象的总体中作为逻各斯、作为可陈述的事实情况而区别出来。如此被认作存在物的东西其实并不真是陈述的对象，而是"在陈述中得以表达"。从而希腊思想就在人类思维中获得了它的真理性和可显现性。所以希腊的本体论就建筑在语言的事实性之上，因为它从陈述出发思考语言的本质。

与此相对当然应该强调，语言只有在谈话中，也就是在相互理解的实行中才有其根本的存在。但这并不能理解成，似乎语言的目标已经由此而确定。相互理解(Verständigung)并不是纯粹的活动，不是实现目的的行动，有如造出某种我可以把自己的意见告知他人的符号。毋宁说，相互理解根本不需要真正词义上的工具。

相互理解是一种生活过程(Lebensvorgang),在这种生活过程中生活着一个生命共同体。在这一点上可以说人类通过谈话达到的相互理解与动物相互照料的相互理解并没有区别。因此,人类的语言就"世界"可以在语言性的相互理解中显现出来而言,必须被认作一种特别的、独特的生活过程。语言性的相互理解把它的论题放到相互理解的人面前,就像党派之间的争论对象被置于它们之间一样。世界这样就构成一块公共的基地,谁也未曾踏上过它,但谁都认可它,这种公共基地把所有相互说话的人都联结在一起。一切人类生活共同体的形式都是语言共同体的形式,甚至可以说:它构成了语言。因为语言按其本质乃是谈话的语言。它只有通过相互理解的过程才能构成自己的现实性。因此,语言决不仅仅是达到相互理解的手段。

因此,由人发明的人工理解系统根本不是语言。因为人工语言,例如秘密语言或数学符号语言都没有语言共同体和生活共同体作为它们的基础,而只是作为相互理解的手段和工具而被引入和使用。这就说明,人工语言总是以生动地进行的相互理解作为前提,而这正是语言性的。显然,某种人工语言据以成立的协议必然附属于另一种语言。与此相反,在一种真正的语言共同体中我们并不是尔后才达到一致,而是如同亚里士多德所指出的,已经存在着一致。[82] 在共同生活中向我们显现的、包容一切东西的并且我们的相互理解所指向的正是世界,而语言手段并不是语言的自为对象。对一种语言的相互理解并不是真正的相互理解情况,而

---

[82] 参见本书第435页以下。[以及我的著作集,第2卷,第16、74页。]

3. 语言作为诠释学本体论的视域

是约定一种工具、一种符号系统的特殊情况，这种工具或符号系统并不在谈话中具有它的存在，而是作为报道目的的手段。人类世界经验的语言性给予我们关于诠释学经验的分析以一种扩展的视域。在翻译的例子以及超越自己语言界限而可能达到相互理解的例子中所指出的东西证明：人所生活于其中的真正的语言世界并不是一种阻碍对自在存在认识的栅栏，相反，它基本上包含了能使我们的观点得以扩展和提升的一切。在某个确定的语言和文化传统中成长起来的人看世界显然不同于属于另一种传统的人。因此，在历史过程中相互分离的历史"世界"显然互相不同，而且也与当今的世界不同。不过，在不管怎样的传承物中表现自己的却总是一种人类的世界，亦即一种语言构成的世界。每一个这样的世界由于作为语言构成的世界就从自身出发而对一切可能的观点并从而对其自己世界观的扩展保持开放并相应地向其他世界开放。

这一点却具有根本的意义。因为这就使"自在世界"（Welt an sich）这个概念的使用产生了疑问。衡量自己世界观不断扩展的尺度不是由处于一切语言性之外的"自在世界"所构成。相反，人类世界经验无限的完善性是指，人们不管在何种语言中活动，他们总是只趋向一种不断扩展的方面，趋向一种世界"观"（Ansicht）。这种世界观的相对性并不在于，似乎我们可以用一个"自在世界"与它对置；好像正确的观点能够从一种人类-语言世界之外的可能方位出发遇见这个自在存在的世界。世界没有人也能够存在，也许将存在，这一点绝对没有人怀疑。它的相对性乃在于所有人类-语言地把握的世界观生活于其中的感官意义部分。一切世界观中都提到世界的自在存在。世界就是语言地组织起来的经验与之相关的整体。这样一种世界观的多样性根本不意味"世界"的相对化。相反，世界自身所是的东西根本不可能与它在其中显示自己的观点有区别。

这种关系同感觉事物时的情况相同。从现象学的观点看，"自在之物"只在于它的连续性，由于这种连续性，感觉事物在感觉上的细微差别（die perspektivischen Abschattungen）[300]才能相互连结起来，胡塞尔曾经指出过这点。㊳谁若是把"自在存在"（Ansichsein）同这些"观点"（Ansichten）对置，那他就必须或者是神学地思考——这时自在存在就不是对他而言，而仅仅是对上帝而言了——；或者是撒旦式地思维，即像那个妄图使整个世界都必须服从他来证明他自己的神性的魔鬼一样——这样，世界的自在存在对于他就是其想象的全能的限制。㊴我们可以在像感觉这样的相似的意义上谈论"语言的细微差别"，这种细微差别是世界在各种不同的语言世界中所经验到的。但在两者之间仍然有一种显著的区别，对事物感觉的每一种"细微差别"都和其他感觉绝对不同，并且一起构成作为这种细微差别之连续性的"自在之物"，反之，在语言世界观的细微差别中，每一种语言世界观都潜在地包含了一切其他的语言世界观，也就是说，每一种语言世界观都能使自己扩展

㊳ 《纯粹现象学和现象学哲学的观念》，第1卷，§41。

㊴ 如果人们援引世界的自在存在来反对唯心主义——不管是先验唯心主义还是"唯心主义的"语言哲学，那就纯属误解。因为他们认错了唯心主义的方法意义，而其形而上学形态自康德以来就已经一般被克服了。（参见康德《纯粹理性批判》第274页以下"对唯心主义的反驳"。）

3.语言作为诠释学本体论的视域

到其他的语言世界观中。它能使在另一种语言中所提供的世界的"观点"从自身而得到理解和把握。

因此,我们确信,我们世界经验的语言束缚性(Sprachgebundenheit)并不意味着排外的观点;如果我们通过进入陌生的语言世界而克服了我们迄今为止的世界经验的偏见和界限,这决不是说,我们离开了我们自己的世界并否认了自己的世界。我们就像旅行者一样带着新的经验重又回到自己的家乡。即使是作为一个永不回家的漫游者,我们也不可能完全忘却自己的世界。即使我们作为具有历史意识的学者很清楚人类对世界之思考的历史条件性以及自己的条件性,那我们也并未由此而达到了一种无条件的立场。如果说接受条件性这件事本身是绝对而无条件地真的,从而把它运用于自己身上不能没有矛盾,那这也决不是对接受这种彻底条件性的反驳。对条件性的意识本身决不会扬弃条件性。这正是反思哲学的一种偏见,它们把根本不在同一逻辑层次上的东西理解成命题的关系。因此,反思哲学的论据在这里是不合适的。因为这里涉及的根本不是无矛盾地保持判断关系,而是涉及到生活关系。只有我们世界经验的语言构造性才能把握多种多样的生活关系。⑧

因此,尽管哥白尼对于世界的解释早已成为我们知识的一个

---

⑧ K.-O.阿佩尔(Apel):"一种指向内容的语言科学的哲学真理概念",载《威斯盖伯纪念文集》,第 25 页以下。[现在收入阿佩尔的《哲学的转变》,两卷本,法兰克福,1973 年,参见该书第 1 卷,第 106—137 页。]阿佩尔正确地指出,人们关于自身的谈话根本不能被理解成是对这样一种存在(Sosein)进行对象性确定的论断,因此,通过指出某种陈述的逻辑自身相关性和它的矛盾性从而驳斥这种陈述乃是毫无意义的。

部分，但我们仍然可以说太阳落山。显然，我们既确认观察的印象（Augenschein），同时又了解这种印象在理智世界中另外的一面，这两者是完全可以互相结合的。难道不正是语言在多层次的生活关系中起着促进和调解的作用？我们关于太阳落山的说法显然不是任意的，而是说出了一种实在的现象。正是现象在向那自身不动的人进行显现。正是太阳把它的光线投射给我们复又离开我们。因此，太阳落山对于我们的直观来说乃是一种实在。〔它是"此在的相对性"（daseinsrelativ）〕。然而我们又能通过另一种模式结构而从这种直观证据中思维地摆脱出来，并且正因为我们能够做到这一点，所以我们同样能够讲出哥白尼理论这种理智的观点。但我们不能用这种科学理智的"眼光"去否认或驳斥自然的观察印象。这不仅因为观察印象对我们是一种真实的现实，因而这种驳斥是无意义的，而且因为科学所告诉我们的真理本身只是相对于某种确定的世界定向（Weltverhalten）而根本不能要求自己成为整体的真理。也许正是语言才真正解释了我们世界定向的整体，而在这种语言整体中，不光科学找到自己的合法性，观察印象也同样保持了自己的合法性。

当然这并不是说，语言是这种精神惰性力的原因，而只是说，我们对世界的直观和对我们本身的直观的直接性（我们就保持在这种直观的直接性中）在语言之中被保存和发生变化，因为我们这些有限的生物总是承上启下、有生有灭。在语言之中，超越一切个体意识的实在才会显现。

因此，在语言现象中不仅恒定物有其住所，而且事物的变化也能找到它的场所。从而我们就可以例如在语词的衰亡中认出道德

3.语言作为诠释学本体论的视域

和价值观的变化。例如,"德行"(Tugend)这个词在我们的语言世界中几乎只具有讽刺的含义。[86] 如果我们不用德行这个词而代之以其他的词,而这种词在其标志出德行的谨慎考虑中使道德规范以一种同固定的习俗世界背道而驰的方式继续生效,那么这样一种过程就是实际现实的反映。即使诗歌所用的词也经常成为对真实东西的检验,因为诗歌在似乎已显得过时不用的词中唤醒了秘密的生命,并使我们对于自己有所知晓。所有这一切都使语言能够具有开放性,因为语言并不是反思思想的创造物,而是与我们生活于其中的世界举止一起参与活动的。

这样就从总体上证实了我们在上面所提出的观点:世界本身是在语言中得到表现。语言的世界经验是"绝对的"。它超越了一切存在状态的相对性,因为它包容了一切自在存在,而不管自在存在在何种关系(相对性)中出现。我们世界经验的语言性相对于被作为存在物所认识和看待的一切都是先行的。因此,语言和世界的基本关系并不意味着世界变成了语言的对象。一切认识和陈述的对象都总是已被语言的世界视域所包围。这样一种人类世界经验的语言性并不意指世界的对象化。[87]

与此相反,科学所认识并据以保持其自身客观性的对象性却属于由语言的世界关系所把握的相对性。构成"认识"本质的"自在存在"(Ansichsein)概念在对象性中获得一种意志规定(Willensbestimmung)的特性。自在存在的事物独立于我们的愿

---

[86] 参见马克斯·舍勒"为德行恢复名誉"一文,载《价值的起源》,1919年。
[87] [在下面三页内正文有些较小的改动。对此部分请参见"在现象学和辩证法之间——一种自我批判的尝试",载我的著作集,第2卷,第3页以下。]

望和选择。然而因为这种事物是在它的自在存在中被认识的,因此它也由此而受到人的支配,以致人们可以打它的算盘,即可以把它编入人自己的目标之中。

正如我们所见,这种自在存在概念只是在表面上像是希腊的 kath'hauto(从自身)概念的等值物。后者首先指的乃是这样一种本体论的区别,即某种按其实质和本质而存在的存在物在本体论上不同于那种能自身存在并变化的东西。凡属于存在物之持存本质的东西显然在一种突出的意义上是可知的,这就是说,它总是预先已隶属于人类的精神。然而,现代科学意义上所谓"自在"的东西却同这种本质的和非本质的东西之间的本体论区别毫不相干,而是把自己规定为准许我们控制事物的确实知识。确实事实就是像人们必须要考虑的对象和阻力。正如马克斯·舍勒特别指出的,自在的事物对于某种特定的认识和意愿方式来说也是相对的。⑱

这并不意味着有一种确定的科学,它以特定的方式指向对存在物的统治并从这种统治意志出发规定相应的自在存在的意义。虽说舍勒正确地强调过,机械学的世界模式以特定的方式同制造事物的能力(Machenkönnen)相关。⑲ 但这显然是一种太片面的模式。"统治知识"(Herrschaftswissen)乃是现代自然科学的综合知识。这一点既适合于刚刚发展起来的关于生命的介于物理学-

---

⑱ 虽然舍勒把先验唯心主义的意义误解成生产唯心主义(Erzeugungsidealismus)并把"自在之物"当作主观地制造对象的反义词,但他这种观点仍然是正确的。

⑲ 首先参见舍勒的论文"认识和劳动",载《知识形式和社会》,1926年。[现在收入他的《著作集》,第8卷。]

化学之间的科学研究的自我理解,也适合于重新发展了的进化论。这一点特别明显地表现在那样一些具有与某种新的研究观点相联系的新的研究目标的领域。

所以,例如生物学家冯·于克斯科尔[301]的环境研究讲到了某种似乎不是物理世界的生命宇宙:在其中有多种多样的植物、动物和人的生命世界进行相互联系的宇宙。

这种生物学的立场要求克服以往动物观察在方法论上的天真的人类中心主义(Anthropozentrik),因为它研究生物生活于其中的环境的具体结构。人类的生活世界也像动物的环境一样以同样的方式从适用于人类感官的标记建造起来。如果"世界"以这种方式被认作生物学的计划方案,那就当然是要以经由物理学而造成的自在存在的世界为前提,因为人们订出了物竞天择的原则,各种生物就按这种原则从"自在存在"的材料中构筑它们的世界。生物学的宇宙就这样从物理学宇宙中通过重新塑造而获得,并间接地以物理学宇宙作为前提。显然,这里涉及的是一种新的立场。这是一种今天一般承认为行为生物学(Verhaltensforschung)的研究方向。这种研究方向当然也包括了人类这个特殊的种类。这种研究方向发展了一门物理学,人们借助于这门物理学把人类所发展的时-空观理解成相当复杂的数学结构的一种绝妙的特以人为定向的特殊情况——例如,当我们今天能够把蜜蜂的定向能力归属到它们的紫外线感觉后,我们就能了解蜜蜂的世界。

因此,物理学世界似乎既包括了动物世界又包括了人类世界。这样就产生一种假象,好像物理学"世界"就是真实的、自在存在的世界，同时又是生物各以自己的方式共同对待的绝对实在。

难道这种世界真是一个自在存在的世界？它真的超越了一切此在的相对性，而关于它的知识则可以被称作绝对的科学？某种"绝对的对象"这个概念本身岂不已经是一种自相矛盾（einhölzernes Eisen）？无论生物学的宇宙还是物理学的宇宙实际上都不可能否认它们各自特定存在的相对性。因此，物理学和生物学具有同样的本体论视域，作为科学，它们根本不可能越过这个视域。正如康德所指出的，它们对事物的认识只是意味着这些东西如何在空间和时间中存在，并且只是经验的对象。这恰好规定了在科学中所设定的知识进步的目标。即使是物理学世界也根本不可能想成为存在物的整体。因为即使是描绘一切存在物的世界方程式，以致体系的观察者也出现在体系的诸方程式中，也是以作为计算者而不是作为被计算的对象的物理学家的存在为前提。如果说有一种物理学既是进行计算同时又是自身计算的对象，这种说法是自相矛盾的。对于研究一切生物的生活世界以及人类的行为方式的生物学也是如此。生物学所研究的当然也包括研究者的存在——因为他本身也是一种生物和一个人。但决不能由此而认为，生物学只是一种人类的行为方式因而只能作为人类的行为方式被观察。因此生物学乃是认识（或错误）。生物学恰如物理学一样研究存在的东西，但本身却不是它所研究的对象。

不管是物理学还是生物学所研究的自在存在，都是相对于在它们的研究领域中设置的存在设定。不存在哪怕最微小的理由可以正确要求物理学超出这种存在设定而认识自在存在。无论物理学还是生物学，作为科学它们都预先设定了自己的对象领域，对这

3. 语言作为诠释学本体论的视域

种对象领域的认识则意味着对它们的统治。

与此相反，人类的世界关系如其在语言过程中所处的那样在总体上所指的却是一种完全不同的情况。语言地表现并被语言地把握的世界，并不像科学的对象那样在同一意义上是自在的和相对的。它不是自在的，因为它根本不具有对象性的特性。就它作为包罗万象的总体而言，它根本不可能在经验中被给出。就它作为世界而言，它也并不相对于某种特定语言。因为在一种语言世界中生活，就像我们作为语言共同体的成员所做的那样，这并不意味着进入一种环境，就像动物进入它们的生活世界一样。我们不可能用相应的方式从上面观察语言世界。因为根本不存在外在于语言世界经验的立场，似乎可以从此出发把语言本身变成对象。物理学并不能给出这样的立场，因为物理学作为其对象进行研究和考虑的根本不是世界，亦即存在物的总体。同样，研究语言构造的比较语言学也不可能找出一种同语言相脱离的立场，仿佛从这种立场出发就能认识存在物的自在，而语言世界经验的各种形式对于这种立场就可以作为从自在存在物中所得出的概括选择而重新构造的——就如人们研究其构造原则的动物的生活世界一样。其实在每种语言中都同存在物的无限性具有一种直接的联系。拥有语言意味着一种同动物的环境束缚性完全不同的存在方式。由于人类学会了陌生的语言，所以他们并不改变他们的世界关系，有如变成了陆地动物的水中动物那样，相反，由于人类坚持其自己的世界关系，所以他们通过陌生的语言世界反而扩充和丰富了这种世界关系。谁拥有语言，谁就"拥有"世界。

如果我们坚持了这一点，我们就再也不会把语言的事实性同科学的客观性相混淆。在语言的世界关系中存在的距离并不像自然科学通过清除认识中的主观因素而达到的客观性那样起作用。距离和语言的事实性显然也是一种并非由自身造成的真正的成就。我们知道,对经验的语言把握对于经验的掌握起了怎样的作用。它是成比例地出现、间接地构成并由此而受到限制,似乎它那紧迫的茫然不知所措的直接性已被推到遥远的地方。这样地掌握经验当然不同于科学对经验的加工,科学把经验客观化并使其服务于有利的目的。当自然研究者认识了某种自然过程的规律性的,他就能掌握某物,并能试验他是否能重新构造它。但在语言所渗透的自然的世界经验中却根本不涉及这类现象。讲话根本不是指使对象可以支配、可以计算。这不仅是说陈述和判断乃是语言举止多样性中的一种纯粹的特殊形式——它们总是交织在生活举止之中。客观化的科学把世界的自然经验的语言可塑性当作一种偏见的源泉,正如培根的例子教导我们的,新科学必然会用其精确的数学衡量的方法既反对语言的偏见又反对它天真的目的论,以便为它自己的建设性研究计划腾出地盘。⑩

另一方面,在语言的事实性和人类的科学能力之间也存在一种积极的实际联系。这一点在古代科学那儿显得尤其明显。古代科学起源于语言的世界经验,这既是它的特别突出之处,同时也是它特有的弱点。为了克服它的弱点,亦即克服它天真的人类中心主义,现代科学同时也放弃了它的突出之处,即加入自然的人类世界定向之中。理论(Theorie)这个概念可以很好地表明这一点。

---

⑩ 参见本书第354页以下。

3.语言作为诠释学本体论的视域

在现代科学中,理论的含义就如它所表现的那样,同希腊人用以接受世界秩序的观看和认识行为几乎完全无关。现代理论是一种建设手段,人们通过理论而统一地概括经验并能够统治经验。正如语言所说,人们是"构造"理论。这就包含了以下的意思,即一种理论会取代另一种理论,而每一种理论从一开始只要求有条件性的有效性,亦即并不劝导前进着的经验改变观点。但古代的理论(Theorie)却并不是同样意义上的手段,而是目的本身,是人类存在的最高方式。⑨

尽管如此,两者之间还是存在着紧密的联系。无论古代理论还是现代理论都克服了实际-实用的利益,这种利益把一切所发生的事都从自己的观点和目的去看待。亚里士多德告诉我们,只有当一切生活必需品都已齐备时,才可能出现理论的生活态度。⑨ 现代科学的理论态度对自然所提的问题也并不是为着特定的实际目的。虽说现代科学的问题和研究方式都针对着对存在物的统治因而可以在自身中被称为实践的科学。但是,对于个别研究者的意识而言,他的知识的应用在以下意义上只是第二位的,即虽说这种应用是从知识而来,但这种应用只是尔后的事情,因此,任何认识者都无需知道被认识的对象是否被应用或将派何种用场。然而,尽管有这种种相符性,但在"理论"和"理论性的"这两个词的词义中已经有了区别性。在现代语言用法中,"理论性的"这个概念几乎是一种否定的概念。所谓理论性的东西仅仅指那些同行动目

---

⑨ [参见我的论文"赞美理论",载我编辑出版的同名书,法兰克福,1983年,第26—50页;也见我的著作集,第10卷。]

⑨ 《形而上学》,A1。

的不具备可行的、确定的联系性的东西。反之,被设想出的理论本身却从应用的可能性出发被评价,也就是说,理论知识本身将从对存在物的有意识统治出发并且不是被当作目的,而是当作手段。相反,古代意义上的理论却完全不同。古代理论不仅观察现存的秩序,而且理论的含义还超出这种活动而指加入到秩序整体之中去。㉝[302]

据我看来,希腊的理论和现代科学之间的这种区别可以在对待语言的世界经验的不同关系中找到它真正的根据。正如我们在上面强调的,希腊知识在语言的世界经验中自有它的位置,并深深地受到语言的诱惑,因此,它反对 dynamis tōn onomatōn(语词力)的斗争从来不会导致产生一种必须完全克服语言力量的纯符号语言的理想,而这种理想正是现代科学及其旨在统治存在物的方向所追求的。无论是亚里士多德在逻辑学中使用的字母表示方法,还是他在物理学中使用的对运动过程作比例的、相对的描述方式,都显然完全不同于数学在 17 世纪所应用的方式。

所有援引科学起源于希腊的人都不能忽略这一点。这个时代终于应当结束了,因为人们已把现代科学的方法作为标准,用康德来解释柏拉图,用自然规律来解释理念(新康德主义)或者称赞在德谟克利特那里已经具有了真正"力学的"自然知识富有希望的开端。只要回想一下黑格尔以生命理念作为主线彻底克服理智观点

㉝ 参见本书第 129 页以下。

3.语言作为诠释学本体论的视域

的做法就可以指明这种看法的界限。㉞ 据我看来,只有海德格尔在《存在与时间》中才获得这样一种立场,站在这种立场上不仅可以思考希腊科学和现代科学的区别,同样也可以思考它们之间的联系。当海德格尔把"现成在手状态"(Vorhandenheit)这个概念证明为一种有缺陷的存在样式,并把它认作是古典形而上学及其在近代主观性概念中的连续影响的根据时,他所遵循的是希腊理论和现代科学之间本体论上正确的联系。在他对存在进行时间解释的视域中,古典形而上学整个来说是一种现成在手东西的本体论,而现代科学则不知不觉地是这种本体论的遗产继承人。但在希腊的理论中则当然还存在着另外的因素。理论与其说领会现成在手的东西,毋宁说把握具有"物"之尊严的事物本身。物的经验同纯粹现成在手东西的单纯可固定性毫不相关,同所谓经验科学的经验也不相干,这一点后期海德格尔已经作过强调。㉟ 因此,我们必须把物的尊严和语言的事实性从源于现成在手东西的本体论的偏见以及客观性概念中解放出来。

㉞ 按照事实看来,黑格尔对理智观点的同期性的表述,即把柏拉图的理念当作静止的规律领域而同现代力学的自然知识一起看待的做法完全适合于新康德主义的观点。(参见我为纪念保罗·纳托普的演讲:"保罗·纳托普",载《哲学分类学》,XVII 附注,以及《哲学见习》,第 60 页以下。)——当然也有区别,即新康德主义当作最终方法理想的东西,对于黑格尔则只具有将被超越的真理。[关于原子理论,请参见我在 1934 年所写的短文"古代原子理论",载我的著作集,第 5 卷,第 263—279 页。]

㉟ 关于"物",参见《讲演和论文》,第 164 页以下。最初在《存在与时间》中所采取的用"现成在手东西的科学"来对"理论"所作的概括式的综观,被后期海德格尔的探究丢弃了(参见该书第 51 页以下)。[也可参见我在 M. 海德格尔的《艺术作品的起源》里所写的后记,斯图加特,1960 年(雷克拉姆版),第 102—125 页,现在收入《海德格尔之路——后期作品研究》,蒂宾根,1983 年,第 81—92 页;以及我的著作集,第 3 卷。]

我们的出发点是，在对人类世界经验的语言把握中，不是现成在手的东西被考虑和衡量，而是存在物被表述，它作为存在着的和有意义地向人显示的东西。正是在这里——不是在统治着现代数学自然科学的理性构造方法理想中——才能重新认识在精神科学中所进行的理解。如果说我们在前面通过语言性来刻画效果历史意识进行方式的特征，那么这里也是同样，因为语言性完全表现了我们人类世界经验的特征。所以，正如"世界"在语言中并未被对象化，效果历史也不是诠释学意识的对象。

正如通过适用（Eignung）和意义而建立起来的我们世界经验之统一体这种物得到表达一样，那些递交给我们的传承物也通过我们的理解和解释而重新得到表述。这种表述的语言性就是一般人类世界经验的语言性。这就是我们对于诠释学现象的分析最终所引向的关于语言和世界之关系的讨论。

b) 语言中心及其思辨结构

人类世界经验的语言性显然是自柏拉图"逃入逻各斯"（Flucht in die Logoi）以来希腊形而上学发展关于存在的思想所依据的主线。因此我们必须探究，在希腊形而上学中存在的回答——它一直继续到黑格尔——在多大程度上适合于指导着我们的提问。

这种回答是一种神学的回答。在思考存在物的存在时，希腊形而上学把这种存在认为是在思想中实现自身的存在。这种思想就是奴斯（Nous）的思想，奴斯被设想为最高和最本真的存在物，它把一切存在物的存在都聚集于自身之中。说出逻各斯

3. 语言作为诠释学本体论的视域

（Artikulation des Logos）就是把存在物的结构带入语言,这种来到语言(Zursprachekommen)对于希腊思想无非只是存在物本身的在场(Gegenwart),即它的 Aletheia(真理)。人类思想把这种在场的无限性理解为其自身被实现的可能性,即其自身的神性。

我们并不跟随这种思想彻底的自我遗忘性,并且必将再探究,我们究竟能在多大程度上在黑格尔绝对唯心主义所表现的近代主观性概念的基础上重新恢复这种思想。因为我们是被诠释学现象所引导。但诠释学现象规定一切的根据就是我们历史经验的有限性。为了正确对待这种有限性,我们继续抓住语言的线索,因为在语言中存在结构(Seinsgefüge)并不是单纯地被摹仿,而是在语言的轨迹中我们经验的秩序和结构本身才不断变化地形成。

语言是有限性的轨迹,这并不是因为存在着人类语言构造的多样性,而是因为每种语言都不断地构成和继续构成,它越是把自己的世界经验加以表达,这种构成和继续构成就越频繁。语言是有限的,这并不是因为它并不同时就是所有的其他语言,而是因为它就是语言。我们曾经探究了西方关于语言思想的重要转折点,这种探究告诉我们,语言现象在比基督教关于"话语"的思想所产生的效果还更彻底的意义上是与人的有限性相适应的。我们的整个世界经验以及特别是诠释学经验都是从语言这个中心(Mitte der Sprache)出发展开的。

语词并不像中世纪思想所认为的只是"类"(Species)的完善化。如果说存在物是在思维着的精神中被表现的,那么它并不是一种预先存在的存在秩序的摹写,这种存在秩序的真实关系只能被一种无限精神(创造者的精神)所认识。语词也不是一种工具,有如数学语言可以建造一种经由计算而可支配的对象化的存在物宇宙。无限的意志与无限的精神一样都不能超出同我们的有限性相适应的存在经验。唯有语言中心，这种同存在物的总体相关的语言中心，才能使人类有限的-历史的本质同自己及世界相调解。

这样，柏拉图作为逻各斯事件（Widerfahrnis）抓住不放并在中世纪三位一体思辨中得到神秘证明的一和多的辩证法之谜才获得它真正的基础和根据。当柏拉图认识到语言的语词既是一同时又是多，他只迈出了第一步。我们讲给他人和他人讲给我们的语词（神学上：上帝的语词）都只是一种语词——但正如我们所看到的，这种语词的统一总是在语词所发出的声音中发展。柏拉图和奥古斯丁的辩证法所发现的这种逻各斯和语词（Verbum）的结构只是其逻辑内容的单纯反映。

但是还存在着另一种语词的辩证法，它给每一个语词都配列了一种内在的多重性范围：每一个语词都像从一个中心进出并同整体相关联，而只有通过这种整体语词才成其为语词。每一个语词都使它所附属的语言整体发生共鸣，并让作为它基础的世界观整体显现出来。因此，每一个语词作为当下发生的事件都在自身中带有未说出的成分，语词则同这种未说出的成分具有答复和暗示的关系。人类话语的偶缘性并不是其陈述力的暂时不完善性——相反，它是讲话的生动现实性（Virtualität）的逻辑表述，它使一种意义整体在发生作用，但又不能把这种意义整体完全说出来。⑨ 一切人类的讲话之所以是有限的，是因为在讲话中存在着

---

⑨ 这是汉斯·利普斯的功绩，他在《诠释学逻辑》中冲破了传统判断逻辑的藩篱，并揭示了逻辑现象的诠释学因素。

3. 语言作为诠释学本体论的视域

意义之展开和解释的无限性。因此,诠释学现象只有从这种存在的基本的有限状况出发才能得到阐明,而这种基本有限状况从根本上则是语言性构成的。

如果说我们在前面谈的是解释者对于他的文本的**隶属性**(Zugehörigkeit),并用效果历史意识概念概括了传统和历史之内在关系的特征,那么现在我们就能从语言性构成的世界经验的基础出发更切近地规定隶属性这个概念。

于是,我们就会像我们所必然希望的那样进入到自古以来哲学就很熟悉的问题领域。隶属性在形而上学中指存在和真理之间的**先验关系**,这种关系把认识当作存在本身的一种因素而并不首先当作一种主体的活动。这种把认识加入到存在之中的做法是古代和中世纪思想的前提。存在的事物就其本质而言是真实的,这就是说:出现在一种无限精神面前,而只有这样才使有限的人类思维有可能认识存在物。因此,这里思考并不是从一种自为存在的并使一切其他东西成为客体的主体概念出发。相反,在柏拉图那里,"灵魂"存在的规定在于,它分有了真实的存在,亦即像理念一样属于同一种本质领域,而亚里士多德对于灵魂则说,灵魂在某种意义上就是一切存在物。⑰ 在这种思想中根本没有谈到一种与世界无关的精神,这种精神自己意识到必须寻找通向世界存在的通路,相反,精神和存在从根本上互相依存。唯有关系才是根本的。

较早的思想是通过目的论思想所具有的普遍本体论作用来考

---

⑰ 柏拉图:《斐多篇》,72;亚里士多德:《动物学》,Ⅲ,8,431b21。

虑这种关系的。在目的关系中，使某物得以获取的中介并非偶然地证明自身适合于达到目的，相反，它从一开始就被选为和理解为与目的相符合的手段。因此，手段之归属于目的是先行的。我们称它为合目的性（Zweckmässigkeit），当然并非只有理性的人类行为才以这种方式而具有合目的性，它也适合于根本不谈目的的设定和手段之选择的地方，例如在一切生活关系中，生活关系也唯有在合目的性的理念之中才能被看作一切部分彼此间的相互和谐（Zusammenstimmen）。⑧ 所以这里整体的关系也比部分的关系更根本。甚至在进化论中，我们只有很谨慎才能运用适应（Anpassung）概念，因为这种理论是以不适应性作为自然的关系为前提的——似乎生物是被置于一个它们必须在事后加以适应的世界中。⑨ 正如适应性本身在这里构成了生物的生活关系，处于目的论思想支配下的认识概念也把自己规定为人类精神对物之自然界的自然配列（die natürliche Zuordnung）。

在现代科学中，这种把认识主体附属于认识客体的形而上学观点并没有合法性。⑩ 现代科学的方法论理想确保了它每一前进步伐都可以回溯到它的认识由之而建立起来的诸因素——另一方面，"物"类或整个有机界的目的论的意义统一性对于科学的方法论则丧失了它的正确性。特别是我们在前面提到的对亚里士多

---

⑧ 康德的目的论判断力批判也明显地让这种主观必然性存在。
⑨ 参见 H. 利普斯："论歌德的颜色理论"，载《人的现实性》，第 108 页以下。
⑩ ［按照我的看法，如果我们把量子物理学中适用的"不精确性"——即由于从观察者出发的"能"（Energie）本身似乎是要测量的，因而对所观察东西所具有的不精确性——认作为是"主体的作用"，那么这完全是一种混淆。］

3.语言作为诠释学本体论的视域

德-经院学派科学的言语表达的批判取消了作为逻各斯哲学基础的那种人和世界的古老配列关系。

然而,现代科学却从未完全否认其希腊的起源,尽管自17世纪以来,现代科学已经意识到自身及向它显现的无限可能性。但众所周知,笛卡尔关于方法的真正的论文,即他那本作为现代科学真正宣言的《规则》是到他死后很久才发表的。与此相反,他对于数学自然知识和形而上学之联结可能性的沉思则给整个时代提出了任务。从莱布尼茨到黑格尔的整个德国哲学都不断地试图用哲学和思辨科学来补充新的物理学,而亚里士多德的遗产则在这种哲学和思辨科学中得到更新和保存。我只要提及歌德对牛顿的异议,谢林、黑格尔和叔本华都以同样的方式表示过这种异议。

因此,在经过又一个世纪由近代科学、特别是历史精神科学的自我思考而进行的批判经验之后,我们又一次同这种遗产相联系,这就无须惊奇了。如果我们想要正确地对待事情的话,那么在一开始只是作为次要而附属的论题,作为德国唯心主义庞大遗产中不起眼的一章的精神科学的诠释学就把我们引回到古典形而上学的问题域之中。

辩证法概念在19世纪哲学中所起的作用已经证明了这一点。它从它的希腊起源中证实了问题联系的连续性。如果说问题在于理解统治着历史的超主体的力量,那么希腊人则在某种程度上超过了我们,因为我们深深地陷入了主观主义的困境中。希腊人并不试图从主观性出发并为了主观性而论证认识的客观性。毋宁说,希腊的思想从一开始就把自己视作存在本身的一个因素。巴门尼德在思想中发现了通向存在真理之路上最重要的路标。正如我们所强调的,作为逻各斯事件的辩证法对于希腊人并非一种完全由思想指引的运动,而是一种可被思想经验的事物本身的运动。虽然这听起来像是黑格尔的话,但这并不说明是一种错误的现代化,而是证明了一种历史的联系。黑格尔在我们所标志的近代思想的情况下有意采纳了希腊辩证法的范式。⑩ 谁想要研究希腊思想,谁就必须首先从黑格尔学习。黑格尔关于思想规定的辩证法和知识形态的辩证法以一种引人入胜的方式重复了思维和存在的整个中介,而这种中介以前则是希腊思想的自然因素。我们的诠释学理论想要承认事件和理解的相互交织,那它就不仅要回溯到黑格尔,而且也应该一直回溯到巴门尼德。

如果我们这样把我们从历史主义的困境中获得的隶属性概念同一般形而上学的背景相联系,那我们并不是想复活古典的存在可理解性的理论,或者想把这种理论应用于历史的世界。这种做法将是纯粹重复黑格尔,它不仅在康德和现代科学的经验立场面前站不住脚,而且首先在不再受神迹指引的历史经验面前也站不住脚。如果我们超越客体概念和理解之客观性概念而走入主体和客体之相互依存性的方向,那么我们只是追随事物本身的内在必然性。正是美学意识和历史意识的批判必然导致我们对客观性概念的批判并规定着我们离开现代科学的笛卡尔主义基础和复活希腊思想的真理因素。但我们既不能简单地跟从希腊人,也不能简单地追随德国唯心主义的同一哲学:我们是从语言中心出发进行思维。

---

⑩ 参见我在《黑格尔研究Ⅰ》中的论文"黑格尔和古代辩证法",载《黑格尔的辩证法》(1971年/1980年),第7—30页。[现收入我的著作集,第3卷。]

3. 语言作为诠释学本体论的视域

从语言中心出发，则隶属性概念就不能像它在形而上学中所认为的那样被当作精神与存在物之本质结构的目的论关联。诠释学经验具有语言的实现方式以及在传承物和解释者之间存在着对话这一事实表现了一种完全不同的基础。关键的东西是这里有某种东西发生(etwas geschieht)。[102] 解释者的意识并不是作为传承物的词语而到达解释者这儿的东西的主人，人们也不能把这里发生的东西适当地描写成存在东西的进一层认识，从而使一种无限的理智能包容一切从传承物总体才能说的东西。从解释者的观点看，发生的事件意味着解释者并不是作为认识者寻找他的对象，他并非运用方法的手段去"努力找出"(herausbekommen)对象的真正含义以及它本来究竟如何，即使这种工作很容易受到自己偏见的阻碍和欺骗。这只是真正的诠释学事件的外部因素。它引起了人们对待自己的不可缺少的方法原则。但真正的事件只有当作为传承物传到我们手中而我们又必须倾听的语词真正与我们相遇，并且就像在同我们讲话、自己向我们显露意思时才成为可能。我们在前面已经把事物的这个方面作为诠释学的问题逻辑而作了强调，并且指出，提问者如何转变成被问者，以及诠释学事件又如何在问题辩证法中得以进行。我们在这里提到这些，是为了正确地规定隶属性这个概念的意义如何适应于我们的诠释学经验。

因为从另一方面看，即从"对象"方面看，则这种事件就意味着进入表现(Insspielkommen)，意味着传承物的内容在它更新的、通过其他接受者而重新扩大的意义可能性和共鸣可能性中的自我表

---

[102]〔关于对话优于一切陈述，请参见我的著作集，第2卷，第121—217页"补充"。〕

现(Sichausspielen)。通过重新表达传承物的方式,就有一些以前并不存在的东西产生出来并继续生存下去。我们可以在任何一种历史事例中指明这一点。不管传承物是一种诗意的艺术品,或是传达某件重大事件的消息,无论哪种情况下,所传达的东西都以自我表现的形式重新进入此在。如果荷马的《伊利亚特》或亚历山大的《印第安之战》是以重新占有传承物的方式向我们说话,那就不会有只会不断被揭露的自在存在,而是像在一场真正的谈话中一样,总会产生出一些对话双方从自身出发不可能包括的东西。

如果我们想要正确地规定这里所涉及的隶属性概念,那么我们就必须注意存在于倾听(Hören)之中的特定辩证法。[303] 倾听的人并非仅仅被人攀谈。毋宁说,被攀谈的人不管他愿意或不愿意都必须倾听。他不可能像观看时那样通过观看某个方向从而不看对方的方法来不听其他人所讲的东西。在看和听之间的这种区别对于我们十分重要,因为正如亚里士多德早已认识到的那样,倾听的优先性是诠释学现象的基础。⑱ 对于亚里士多德来说,不存在借助于语言的倾听不能达到的东西。如果说其他的一切感觉都无法直接参与语言世界经验的普遍性,而只能开启其专门的领域,那么倾听则是一条通向整体的道路,因为它能够倾听逻各斯。从我们的诠释学立场看,这种倾听优先于观看的古老认识获得了一种全新的重要性。倾听所参与的语言不仅仅是在以下意义上才是普遍的,即一切都能用语言表达。诠释学经验的意义而是在于:语言

---

⑱ 亚里士多德:《论感觉》,473a3,以及《形而上学》,980b23—25。倾听优先于观看是通过逻各斯的普遍性而传达的,它同亚里士多德经常所强调的观看特别优先于其他感觉的说法并不矛盾。[参见《观看、倾听、阅读》,苏纳尔纪念文集,海德堡,1984年。]

3. 语言作为诠释学本体论的视域

相对于一切其他世界经验而开启着一种全新的度向,一种深层的度向,传承物就从这种深层的度向达到当下活生生的世界。即使在文字使用之前,这一点也已经是倾听的真正本质,当时倾听者能够倾听传说、神话和古老的真理。我们所认识的传承物的文字传达与此相比并不意味什么新东西,它只是改变了形式并增加了真正倾听任务的难度。

但隶属性概念却以新的方式得到了规定。所谓隶属的东西就是从传承物的诉说而来的东西。谁这样处于传承物之中——正如我们知道,这也适用于经由历史意识而被遗弃在一种新的现象自由中的人——谁就必须倾听从传承物中向他涌来的东西。传承物的真理与直接向感官显现的在场(Gegenwart)是一样的。

传承物的存在方式当然不具有感官直接性。它是语言,而理解传承物的倾听者则通过对文本的阐释把传承物的真理纳入其自身的语言世界关系之中。正如我们所指出的那样,这种在当下和传承物之间的语言交往是在一切理解活动中进行着的事件。诠释学经验必须把它所遇到的一切当下的东西都当作真实的经验。它不具备事先选择和拒斥的自由。它可以对理解显得比较特殊的东西留而不决,但即使这样也不能声称自己具有绝对的自由。诠释学经验不可能使那种就是自己本身的事件不发生。

同科学的方法论思想如此彻底抵牾的这种诠释学经验的结构,从自身来说是依据于我们详细说明了的语言是事件这一特性。这不仅是因为语言用法和语言手段的进展乃是这样一个并没有个别求知和进行选择的意识与之相对立的过程——就此而言,说"语言向我们诉说"(die Sprache uns spricht)比起说"我们讲语言"(Wir sie

I 467

sprechen)在字面上更为正确(因此,比如某一文本的语言用法可比它的作者更为精确地确定它的产生时间)——更重要的东西还在于我们所经常证明的,即构成真正诠释学事件的东西并不是作为语法或辞典的语言的语言,而是在传承物中所说的东西进入语言(Zursprachekommen),这种事件同时也就是占有(Aneignung)和解释(Auslegung)。只有这样才真正可以说,这种事件并非我们对于事物所做的行动,而是事物本身的行动。

这就证明了我们业已预示过的我们的立场向黑格尔和古代思想家立场的靠拢。现代方法论概念的不足之处就是我们研究的出发点。但这种不足却通过黑格尔对希腊方法论概念明显的依赖而得到其最引人注目的哲学证明。黑格尔曾经以"外在反思"(äußeren Reflexion)这一概念批判了那种把自己作为某种同事物相异的行动而进行的方法概念[304]。真正的方法乃是事物本身的行动。⑭ 这种断言当然不是说,哲学认识也并非一种行动,并非一种要求"概念努力"的努力。但这种行动或努力却在于,并非任意地、并非用自己突然产生的想法,运用这种或那种业已存在的观点去侵入思想的内在必然性。事物显然不是在我们并不思维的情况下进行其进程,但思维就意味着:使事物在其自身的结果中得到展开。属于这种过程的还有防止"习于侵入的"(die sich einzustellen pflegen)观念,以及坚持思维的结果。自希腊人以来我们就一直把这称之为辩证法。

黑格尔为了描述作为事物自身之行动的真正方法而援引了柏

---

⑭ 黑格尔:《逻辑学》,第 2 卷,第 330 页(迈纳版)。

拉图，柏拉图喜欢在同青年的谈话中突出苏格拉底，因为这些青年根本没有注意到占支配地位的意见就准备跟从苏格拉底提问所导致的结论。他在这些"可塑的青年"身上展现他自己的辩证发展的方法，因为这些青年人并不炫示自己的想法，而是宁可避免阻碍事物本身的进程。辩证法在这里只不过是引导谈话的艺术，而且尤其是一种通过提问和进一步追问而发现支配某人意见的不恰当性的艺术。因此，辩证法在这里是消极的，它把意见弄得混淆。但这种混淆又同时意味着一种澄清，因为它使对事物的正确观照显露出来。正如在著名的《美诺篇》的情节中那位奴隶在其一切站不住脚的成见都被摧毁之后，就从他的混乱中被引导到向他提出的数学问题的真正答案，所以一切辩证法的否定性包含着一种对真实东西的实际预示。

不仅在一切教育性的谈话中，而且在一切思想中，也唯有跟从事物自身的结果才能产生出属事物本质的东西。如果我们完全依靠思想的力量并且不让直观和意见的不言而喻性发挥作用，那么只有事物才使自身发生作用。这样，柏拉图就把我们在芝诺那儿首先认识到的爱利亚派的辩证法同苏格拉底的谈话术相联系，并在他的《巴门尼德篇》中使爱利亚派这种辩证法提升到一种新的反思层次。事物在思想的结果中悄悄地发生了转变，转变成其对立面，而思想则在"不知道什么中从对立的假设中试验性地引出结果"的情况下获得了力量，[⑮]这就是思想的经验，黑格尔那种作为纯思想向真理之系统整体自我展开的方法概念就建筑在这种经验

[⑮] 亚里士多德：《形而上学》，M4，1078b25；参见本书第370页。

之上。

因此,我们试图从语言中心出发思考的诠释学经验显然不像自称同语言力量完全脱离的概念辩证法那样,在同样的意义上作为思想的经验。同样,在诠释学经验中也会发现类似辩证法的东西,即一种事物自身的行动,这种行动同现代科学的方法论相反,乃是一种遭受(Erleiden),一种作为事件的理解。

然而,诠释学经验也有其后果:即不受外界影响的倾听的后果。对于诠释学经验来说,事物表现自身也并非没有其自己的努力,而这种努力就在于:"否定地对待自身。"谁试图理解某一文本,谁就必须拒斥某些东西,亦即避开那些从其自己的前见出发而作为意义期待起作用的东西,只要这些东西是被文本的意义所避开的话。即使是相反的经验——这作为辩证法的真正经验是在讲话中不断发生的——也在其中找到相适之处。理解所指向的意义整体的展开必然强迫我们作出解释和重新收回这些解释。解释的自我取消(Selbstaufhebung)只有当事物本身——文本的意义——产生作用的时候才算完成。解释的运动之所以是辩证的并不在于每种陈述的片面性都可以从另外一面来补充——正如我们将看到的,这只是解释中次要的现象——而首先在于,适合于解释文本意义的语词把这种意义的整体表达了出来,从而使意义的无限性以有限的方式在语词中得以表现。

这里存在着从语言中心出发考虑的辩证法,这种辩证法如何同柏拉图和黑格尔的形而上学辩证法相区别,这需要更为详细的讨论。依据由黑格尔证明的语言用法,我们把形而上学辩证法与诠释学辩证法之间的共同点称为思辨性(Spekulative)。思辨性在

3. 语言作为诠释学本体论的视域

这里意味着映现关系(das Verhältnis des Spiegelns)。[106] 映现经常是种替换(Vertauschung)。某物在他物中得到映现,例如城堡在池塘中得到映现,就是说,池塘映现出城堡的图像。映像(Spiegelbild)是通过观察者中介而同视象(Augenblick)本身本质地相联。它并没有自为存在,它就像一种"现象",它并不是自身,而是让景象(Anblick)本身映像地表现出来。它是那种只是一个东西之存在的双重化。映现的真正神秘就是图像的不可把握性,以及纯再现(Wiedergabe)的飘浮性。

如果我们现在以1800年左右的哲学赋予"思辨"这个词的意义来使用这个词,例如称某人具有思辨的头脑或发现某种思想非常思辨,那么这种语词用法的基础就是映现的思想。思辨性就意味着日常经验之教条的对立面。说某人是思辨的,就是说他并不直接沉溺于现象的坚实性或所意指东西的固定规定性,相反,他懂得反思——用黑格尔的话说就是:他能把自在之物认作为我之物。说某种思想是思辨的,这就是说这种思想并不把它陈述的关系认作是某种单义地指定给某个主体的性质,认作是某种单义地指定给所与物的特性,而是把它看作是一种映现关系,在这种关系中,映现本身就是被映现事物的纯粹表现,如一就是他者的一,而他者就是一的他者。

黑格尔在他对哲学命题的出色的逻辑分析中描述了思维的思

---

[106] "映现"这个词如何从 Speculum(思辨)中引申出来,可参见托马斯·阿奎那:《神学大全》,第2部,第2章,问题180论证3,以及谢林对"思辨对象"所作的生动描画,布鲁诺说(Ⅰ,Ⅳ,第237页):"你要思考一下对象以及从镜子中反射回来的图像……"

辨关系。[107] 他指出，哲学命题只是按其外部形式看才是一种判断，也就是说，把一个谓项列在主词概念之后。实际上，哲学命题并非从主词概念转移到另一个与之发生关联的概念，相反，它是以谓词的形式讲出主词的真理。"上帝是唯一者"这个命题并不是说，成为唯一者（Einer zu sein）是上帝的一种特性，相反，它是说，成为一（die Einheit zu sein）就是上帝的本质。规定的运动在这里同主词的坚固基础并无关系，"它在这个基础上来回运动"。主词并没有一会儿被规定为如此，一会儿又规定为那般，用这种眼光看是如此，用另一种眼光看则又是别样。这只是想象思维的方式而并非概念的方式。在概念的思维中，对命题主词的规定通常会出现的离题现象受到了阻碍，"我们甚至可以想象它遭受到一种反击。因为从主词出发，仿佛主词始终可以作为基础，可是当谓词即是实体的时候，它发现主词已经转变成了谓词，因而已经被扬弃了。而且，好像是谓词的东西既然已经变成了完整而独立的尺度，那么思维就不能再自由地到处驰骋，反而是被这种重力所阻碍而停顿下来了"。[108] 这样，命题的形式自身就崩溃了，因为思辨的命题并不是陈述某物具有什么，而是把概念的统一性表现出来。哲学命题这种通过反击而出现的双峰对峙性业已由黑格尔通过同节律所作的出色比较而得到描述，节律也是类似地从韵律和重音这两个因素作为其摆动着的和谐而产生出来的。

当一个命题通过其内容而强迫思维放弃其习惯的认识态度时，

---

[107] ［对此可参见我的《黑格尔的辩证法——六篇诠释学研究论文》，蒂宾根，1980年第2版；以及我的著作集，第3卷。］

[108] 黑格尔:《精神现象学》，前言，第50页（霍夫迈斯特编）。

3. 语言作为诠释学本体论的视域

思维就会经受到不习惯的阻碍(Hemmen)，这种阻碍实际上就构成一切哲学的思辨本质。黑格尔所撰写的杰出的哲学史已经表明，哲学如何从一开始就在这种意义上说是思辨的。如果哲学以谓词的形式说话，亦即用固定的观念处理上帝、灵魂和世界，那它就错误理解了哲学的本质并追求了一种片面的"关于理性对象的理智观点"。按照黑格尔的观点，这就是康德以前的独断形而上学的本质，并完全构画出了"最近之非哲学时代的特征。柏拉图则无论如何也不是这样的形而上学者，亚里士多德更不是，虽说有时人们认为他们是"。⑩

按照黑格尔的看法则关键在于，当思维轻易接受观念的习惯被概念打断时所经历的内在阻碍(die innerliche Hemmung)，我们应当加以明确的表现。非思辨的思维同样也能够要求这一点。思维具有"那种有效的、但以思辨命题的方式而未被注意的权利"。思维所能要求的，就是说出命题的辩证的自我摧毁。"在其他种类的认识中，证明(Beweis)构成了内在性这个外在陈述方面，然而，当辩证法同证明相分开之后，哲学证明这一概念事实上就已经丧失了。"不管黑格尔用这句话意指什么，⑪他总是想重建哲学证明的意义。这种意义产生于命题的辩证运动的表现里。这种辩证运动才真正是思辨的，而只有对辩证运动的表述才是思辨的表现。[因此，思辨的关系必然转变成辩证的表现。]按照黑格尔的意见，这就是哲学的要求。当然，这里所说的表达(Ausdruck)和表现

---

⑩ 黑格尔:《哲学全书》，§36。
⑪ 《精神现象学》，前言，第53页（霍夫迈斯特编）。黑格尔所指的是亚里士多德还是雅可比或浪漫主义？参见《黑格尔的辩证法》，第7页以下；以及我的著作集，第3卷。关于表达概念，参见本书第341页，以及补注Ⅵ（我的著作集，第2卷，第384页以下）。

(Darstellung)根本不是一种证明的行动,而是事物通过自身表达和表现的方式来证明自身。所以,当思维遭受到向其对立面的不可理解的转化时,辩证法就真正地被经验到了。正是对思想之结果的坚持才导致了转化的迅速运动。因此,寻找公正的人就会发现,死守着公正的观念如何会变得"抽象",从而证明自身是最大的不公正(summum iussumma iniuria)。

黑格尔在此对思辨性和辩证性作了一个确切的区别。辩证法就是思辨性的表达(Ausdruck),是真正存在于思辨性中的东西的表现(Darstellung),因而也就是"真正的"思辨性。但正如我们所见,这种表现并非一种添加的行动,而是事物本身的呈现(Herauskommen),因此,哲学证明本身就属于事物自身。虽然我们知道,这种证明起源于普通想象认识的要求,因而它是理智外在反思的表现。但尽管如此,这种表现其实却并非外在的。只有在思维不知道它最终只不过证明是事物在自身中的反思的情况下,这种表现才显得似乎是外在的。因此,黑格尔只是在《精神现象学》前言中才强调了思辨性和辩证性之间的区别。正因为这种区别事实上是自我扬弃的,因此,后期站在绝对知识立场上的黑格尔就不再坚持这种区别。

正是在这一点上,我们自己的探究与柏拉图和黑格尔的思辨辩证法的亲近处就发现了一种根本的界限。我们在黑格尔思辨的概念科学中发现的对思辨性和辩证性之区别的扬弃表明,黑格尔是如何视自己为希腊逻各斯哲学的完成者。他所称的辩证法和柏拉图所称的辩证法,其实际根据都是把语言置于"陈述"(Aussage)的统辖之下。但是,辩证地发展到矛盾顶点的这种陈述概念

3. 语言作为诠释学本体论的视域

同诠释学经验以及人类世界经验的语言性的本质却截然对立。虽说黑格尔的辩证法实际上也遵循语言的思辨精神，但根据黑格尔的自我理解，他只想考察语言那种规定思想的反思作用，并让思维通过有意识认识整体性的辩证中介过程达到概念的自我意识。这样，他的辩证法就只停留在陈述的领域之中而没有达到语言世界经验的领域。所以我们只需寥寥数笔，就能指明语言的辩证本质对于诠释学问题所具有的意义。

从另一种完全不同的意义上亦可说语言本身就包含着某些思辨的因素——并非只是在黑格尔所指的逻辑反思关系的本能预备性知识这种意义上，而是作为意义的实现，作为讲话、赞同、理解的事件。这样一种实现之所以是思辨的，是因为语词的有限可能性就如被置于无限的方向中一样地被隶属于所指的意义之中。谁需要说某种东西，他就必须找出能使其他人理解的语词。这并不意味着他作了"陈述"（Aussagen）。谁要是曾经经历过审讯——哪怕只是作为证人——谁就都会明白作证到底是怎么回事，并且都知道这种作证极少地表达出作证人所指的意思。在作证时，本该被说出东西的意义域被方法的精确性所掩盖。因此在证词中所剩下的只是所陈述的"纯"意义。这种纯意义就是记录下来的意义。但这种意义因其被缩小到被讲出的话之中，故而总是一种被歪曲了的意义。

说话（Sagen）作为让人理解某人所指的意义的活动正好与此相反，它把被说出的话同未说出的无限性联结在意义的统一体之中并使之被人理解。用这种方式说话的人也许用的只是最普通最常用的语词，然而他却用这些语词表达出未说的和该说的意思。

因此，当说话者并非用他的语词摹仿存在物而是说出同存在整体的关系并把它表达出来时，他就表现出一种思辨性。与此相关，如果谁像记录证词的人那样原封不动地转告所说的话语，那他无须有意识地进行歪曲就会改变掉所说话语的意义。即使在最普通的日常说话中我们也能看出思辨反映的这种本质特性对意义的最纯粹的重述恰是不可理解的。

这一切都以一种强化的意义出现在诗歌所用的语词中。说在诗的领域内我们可以在诗的"陈述"（Aussage）中看到诗的话语的真正现实性，这当然是对的。因为在诗的领域中，诗歌所用语词的意义不带任何附加的偶然知识就被陈述在所说的话语本身中，这不仅是有意义的，而且还被要求这样做。如果说在人们之间的相互理解活动中陈述的意义发生了改变，那么陈述这个概念在这里就达到了它的完成。所说出的话同作者的一切主观意图和个人经历相分离才构成了诗的语词的现实性。那么这种诗的陈述到底说了些什么呢？

首先很清楚，构成日常谈话的一切东西都可以再现在诗的语词中。如果说诗在谈话中向人显示，那么在诗的陈述中就不会重复记录所保存的"陈述"，而是谈话整体以一种神秘的方式出现在那里。以诗的形式由人说出的语词就如日常生活的说话一样变成思辨性的：说话者就像我们上面所讲过的那样在其说话中表达出一种对存在的关系。如果说我们讲到了一种诗的陈述，那么我们所指的并不是某人在诗中所讲出的陈述，而是像诗的语词一样作为诗本身的陈述。只有当诗的语词的语言事件从它那方面讲出其同存在的关系时，诗意的陈述才是思辨的。

如果我们考察像荷尔德林所描写的那种"诗意精神的进行方

式",那就会很清楚地看出,诗的语言事件究竟在何种意义上才是思辨的。荷尔德林曾指出,要找到一首诗的语言乃是以彻底消除一切熟悉的语词和说话方式为前提的。"由于诗人用他原始感觉的纯粹声调感到自己处于其整个内部和外部的生活之中并在他的世界中环视他自己,因此这个世界对他是新的、不熟悉的,他的所有经验、知识、直观、回忆以及表现在他内部和外部的艺术和自然等等都似乎第一次向他涌现,因而都是不可理解的、未规定的、消融在喧嚷的材料和生活之中。最为重要的是,他在这个当口并不接受既成的东西,并不从任何肯定的东西出发,而自然和艺术,尽管像他以前学到过和看到过的那样,在对他来说有一种语言存在于那里之前,甚至都不发一言……"(我们可以注意到这种说法同黑格尔对实证性的批判的接近之处)。作为成功作品和创作品的诗则并不是理想,而是从无限的生活中重新复活的精神(这种说法也使我们想到黑格尔)。诗并不描述或意指一种存在物,而是为我们开辟神性和人类的世界。诗的陈述唯有当其并非描摹一种业已存在的现实性,并非在本质的秩序中重现类(Species)的景象,而是在诗意感受的想象中介中表现一个新世界的新景象时,它才是思辨的。

我们业已不仅指出了日常话语而且也指出了诗意话语的语言事件的思辨结构。在那里所表明并把诗的语词作为日常谈话的强化而同日常谈话相联系的内在吻合性已经从心理学-主观性方面出发在唯心主义的语言哲学和由克罗齐[305]、弗斯勒[306]而导致的语言哲学的复兴中被我们所认识。⑪ 如果说我们强调的是另外一

---

⑪ 参见卡尔·弗斯勒的《唯心主义语言哲学基本特征》(1904年)。

面,即把来到语言(Zursprachekommen)作为语言事件的真正过程,那么我们就由此而为诠释学经验准备了地盘。正如我们所知,传承物如何被理解以及如何不断地重新得到表述乃是与生动的谈话同样的真实的事件。其特别处仅在于,语言世界定向的创造性由此而在一种业已语言地传达的内容中发现了新的应用。诠释学关系也是一种思辨的关系,但这种关系同黑格尔的哲学科学所描写的精神的辩证自我展开具有根本的区别。

如果说诠释学经验包含着同黑格尔的辩证表述相吻合的语言事件,那么它也就参与了一种辩证法,即我们前面所提到的问答辩证法。[⑩] 正如我们所知道的,对流传下来文本的理解与对它的解释具有一种内在的本质联系,如果说这种解释总是一种相对的、不完全的运动,那么理解就在这种解释中得到一种相对的完成。正如黑格尔所说,如果哲学陈述的思辨内容要想成为真正的科学,那它就需要与此相应地辩证地表达出其中所存在的矛盾。这里存在着一种真正的吻合关系。解释参与了人类精神的讨论,而这种人类精神又唯有在前后相继之中才能思考事物的统一性。正因为一切解释都必须具有某个开端并力求摆脱掉由解释而引起的片面性,所以解释就具有一切有限-历史存在的辩证结构。对于解释者说来,似乎总有些东西必然要被讲出并被表达出来。在这种意义上可以说一切解释都受动机推动并从其动机联系中获得它的意义。通过这种片面性,解释就使得事物的某个方面得到了强调,以致为了达到平衡,这同一个事物的另外方面必然

---

⑩ 参见本书第375页以下。

3. 语言作为诠释学本体论的视域

会继续地被讲出。正如哲学辩证法通过矛盾的激化和提升使一切片面的观点得到扬弃,从而使真理的整体得到表现,诠释学的努力也就有这样的任务,即从它所关联的全面性中开辟意义的整体。被意指意义的个别性同一切思想规定的整体性相符合。我们可以回想一下施莱尔马赫,他把自己的辩证法建立在个体形而上学的基础上,而在其诠释学理论中又从相反的思想路线出发建构了解释的过程。

然而,从施莱尔马赫的个体辩证建构和黑格尔的整体辩证建构中似乎得出的诠释学辩证法和哲学辩证法之间的相符关系,并不是真正的相符关系。因为在这样一种联系秩序中,诠释学经验的本质以及作为其基础的彻底有限性被错误地认识了。解释当然必须从某处开始。但它却不能从任意地方开始。它其实根本不是真正的开始。我们已经看到,诠释学经验总是包含着如下事实,即被理解的文本是在由前意见所规定的处境中讲话。这种处境并不是有损理解纯粹性的令人遗憾的歪曲,而是其可能性的条件,我们称其为诠释学处境。只是因为在理解者和其文本之间并不存在不言而喻的一致性,我们才可以在文本上加入诠释学的经验。只是因为文本必须从其陌生性转入被人掌握的东西,所以想理解的人就必须说点什么。只是因为文本这样要求,所以理解者所说的东西就进入了解释,并且仅仅如文本所要求的那样进入解释。解释在表面上所具有的开端其实只是一种回答,而正如所有的回答一样,解释的意义乃是由提出的问题所规定。回答辩证法总是先于解释辩证法而存在。正是它把理解规定为一种事件。

从这种观点可以引出如下结论,即诠释学不可能像黑格尔的逻辑学所认识的科学开端问题那样认识开端问题。[⑬] 凡提出开端问题的地方,这个问题实际上就是终结的问题。因为开端从终结来看乃被规定为终结的开端。这也许可以在无限知识以及思辨辩证法的前提下导致一种根本无法解决的问题,即开端究竟从何开始。一切开端都是终结,而一切终结也都是开端。不管怎样,在这种完满的循环中,追问哲学科学之开端的思辨问题从根本上是从它的完成来看才成立。

对于效果历史意识说来情况就完全不一样,诠释学经验乃是在效果历史意识中实现的。效果历史意识知道它所参与的意义事件的绝对开放性。当然,对于所有的理解这里也有一种尺度,理解就是按这种尺度进行衡量并达到可能的完成——这就是传承物内容本身,唯有它才是标准性的并且表达在语言里的。但却不存在可能的意识——我们业已反复强调过这一点,而理解的历史性也正以此为基础——根本不存在可能的意识,尽管它还似乎是这样强烈的无限的意识,好像在这种意识中,流传下来的"事物"就能在永恒之光中得到显现。对传承物的每一次占有或领会(Aneignung)都是历史地相异的占有或领会——这并不是说,一切占有或领会只不过是对它歪曲的把握,相反,一切占有或领会都是事物本身某一"方面"的经验。

一切传承物的内容都具有的矛盾,即既是此一物又是彼一物,这种矛盾证明一切解释实际上都是思辨的。因此,诠释学必须识

---

⑬ 黑格尔:《逻辑学》,第1卷,第69页以下。

3. 语言作为诠释学本体论的视域

破"自在意义"的独断论,正如批判哲学识破了经验的独断论那样。这当然不是说,每个解释者都认为他自己的意识是思辨的,亦即他具有一种存在于他自己解释意向中的独断论意识。相反,它指的是,一切解释都超越其方法的自我意识而在其实际进程中成为思辨的——这就是解释的语言性所显露的东西。因为用以解释的语词是解释者的语词——它并不是被解释文本的语言和词汇。这一事实表明,占有或领会并不是对流传下来的文本的单纯的再思考(Nachvollzug)或单纯的再讲述(Nachreden),而是有如理解的一种新创造。如果我们正确地强调一切意义的自我关联性(die Ichbezogenheit),⑭那么就诠释学现象来说,它就意味着如下意思,即传承物的所有意义都在同理解着的自我的关系中——而不是通过重构当初那个自我的意见——发现那种它得以被理解的具体性。

理解和解释的内在统一可以由以下这一事实得到确实证明,即展开某一文本的含义并用语言的方式使之表达出来的解释,同既存的文本相比表现为一种新的创造,但它并不宣称自己可以离开理解过程而存在。我们在上面业已指出,⑮进行解释的概念在理解完成之后就被抛弃,因为它被规定要消失。这就说明,它并不是任意的辅助手段,人们用时拿起用完又可甩到一边,相反,它属于事物(亦即意义)的内在结构。对于作解释的语词,以及对于所有使思维得以进行的语词说来也一样,它们并不是对象性的。作为理解的进程,这种语词就是效果历史意识的现实性,而作为这种

---

⑭ 参见斯坦策尔的出色著作《论意义、意思、概念和定义》,现在由于有新版本,此书很容易得到(科学书籍协会,达姆施塔特,1958年)。

⑮ 参见本书第402页以下。

现实性，它们才是真正思辨性的：它们没有确切的自身存在，而是反映对它们所呈现的图像（ungreifbar seinem eigenen Sein nach und doch das Bild zurückwerfend, das sich ihm bietet）。

也许同人们之间相互理解的直接性以及诗人的语词相比，解释者的语言只是一种第二性的语言现象。它仍然同语言性有关。但解释者的语言同时又是语言性的全面展现，它把语言用法和语言形态的所有形式都包括在自身之中。我们研究的出发点就是理解的这种全面语言性及其同理性的相关性，现在我们看到，我们整个的研究如何在这个方面联系起来。我们业已说明的诠释学问题从施莱尔马赫经由狄尔泰到胡塞尔和海德格尔的发展从历史角度证明了我们现在所得到的结论：语文学的方法论自我思考进入了一种重要的哲学提问。

c）诠释学的普遍性观点

语言是联系自我和世界的中介，或者更正确地说，语言使自我和世界在其原始的依属性中得以表现，这种观点引导着我们的研究。我们业已说明，语言这种思辨的中介如何相对于概念的辩证中介而表现为一种有限的事件。在我们所分析的一切情形中，不管是谈话的语言或是诗歌的语言或者解释的语言，语言的思辨结构都并不表现为对一种固定既存物的摹仿，而是一种使意义整体得以说明的语言表述（Zur-Sprache-Kommen）。我们也正因此而靠近了古代的辩证法，因为在古代的辩证法里存在的不是主体的方法上的主动性，而是思维所"遭受"的事物本身的行动。这种事物本身的行动就是攫住说话者的真正的思辨运动。我们已经研究

3. 语言作为诠释学本体论的视域

过这种思辨运动在说话中的主观反映。我们现在认识到,这种关于事物本身的行动的说法,关于意义进入语言表达的说法,指明了一种普遍的-本体论的结构,亦即指明了理解所能一般注意的一切东西的基本状况。能被理解的存在就是语言(Sein, das verstanden werden kann, ist Sprache)。诠释学现象在此好像把它自己的普遍性反映在被理解对象的存在状况上,因为它把被理解对象的存在状况在一种普遍的意义上规定为语言,并把它同存在物的关系规定为解释。因此,我们就不再仅仅谈论艺术的语言,而且也要谈论自然的语言,甚至谈论引导事物的任何语言。

我们前面已经强调了伴随近代科学开端的自然知识和语文学之间特有的关联。[116] 现在我们仍要对此作深入研究。[决非偶然,有人讲到"自然之书"像书籍之书(das Buch der Bücher)一样包含了同样多的真理。]能被理解的东西只是语言。这就是说,它具有这样的性质,只有从自身出发才能向理解显示。从这个方面也证明了语言的思辨结构。来到语言表达(Zur-Sprache-Kommen)并不意味着获得第二种存在。某物表现自身所是的东西其实属于其自身的存在。因此,在所有这些作为语言的东西中所涉及的是它的思辨统一性:一种存在于自身之中的区别:存在和表现的区别,但这种区别恰好又不应当是区别。

语言的思辨存在方式具有普遍的本体论意义。虽然语言表达的东西是同所说的语词不同的东西,但语词只有通过它所表达的东西才成其为语词。只是为了消失在被说的东西中,语词才有其

---

[116] 参见本书第185页,以及第243页以下。

自身感性意义的存在。反过来也可以说,语言表达的东西决非不具语言的先予物,而是唯有在语词之中才感受到其自身的规定性。

我们现在知道,我们在审美意识批判以及历史意识批判——正是这些批判我们开始了我们关于诠释学经验的分析——中所发现的正是这种思辨的运动。艺术品的存在并不是同它的再现或它显现的偶然性相区别的自在存在——只有在一种派生的对它们两者的理论性处理中才会造成这样一种"审美区分"。同样,凡是提供给我们源自传统或作为传统(历史的或语文学的)的历史认识的东西——某一事件的含义或某一文本的意义——都不是只需我们坚守的固定而自在存在的对象。即使是历史意识实际上也包含着过去和现在的中介。通过把语言性认作这种中介的普遍媒介,我们的探究就从对审美意识和历史意识的批判以及在此基础上设立的诠释学这种具体的出发点扩展到一种普遍的探究。因为人类的世界关系绝对是语言性的并因而是可理解性的。正如我们所见,诠释学因此就是哲学的一个普遍方面,而并非只是所谓精神科学的方法论基础。

从语言作为中介这一观点出发,进行对象化处置的自然知识以及与一切知识意向相符合的自在存在概念就被证明只是一种抽象的结果。自然知识从存在于我们世界经验的语言状况中的原始世界关系抽象出来,试图通过在方法上建立它的知识而证明存在物。因而它也就贬损一切不允许这种证明并不能为日益增长的对自然的统治服务的知识。与此相反,我们则试图把艺术和历史的存在方式以及与它们相符的经验从本体论的偏见中解放出来(这种本体论的偏见存在于科学的客观性理想之中),并鉴于艺术和历

3. 语言作为诠释学本体论的视域

史的经验而导向一种同人类普遍世界关系相适合的普遍诠释学。如果我们从语言概念出发表述了这种普遍的诠释学,那么不仅曾强烈地影响过精神科学中客观性概念的错误的方法论主义应该被拒斥——同时也该避免黑格尔式的关于无限的形而上学的唯心论唯灵主义。诠释学的基本经验并非仅仅通过陌生性和熟悉性、误解和理解之间的对立而向我们表现,施莱尔马赫的设想中所充斥的正是这些东西。在我们看来,施莱尔马赫通过其理解完成于预感东西(divinatorischen)这一学说最终也属于黑格尔流派。如果我们从理解的语言性出发,那么我们正好相反强调了语言事件的有限性,而理解则正是在语言事件中得到实现。引导事物的语言——不管它是哪一类事物——并不是 Logos ousias(本质逻各斯),也不是在某种无限理智的自我直观中得到实现——它是我们有限-历史的生物在学会讲话时所熟悉的语言。这适用于引导流传下来的文本的语言,因而就产生了真正历史性的诠释学任务。它也同样适用于艺术经验和历史经验——实际上,"艺术"和"历史"这两个概念本身都是理解形式(Auffassungsformen),它们作为诠释学经验的形式是从诠释学存在的普遍存在方式而形成的。

显然,艺术作品的特殊规定并不是在它的表现中取得其存在,同样,历史存在的特殊性也不是在它的含义中被理解。自我表现(Sichdarstellen)和被理解(Verstandenwerden)并不只是相互隶属,以致可以相互过渡,艺术作品同它的效果历史、历史传承物同其被理解的现在乃是一个东西——使自己同自己相区别的、表现自身的思辨语言,也就是陈述意义的语言,并不只是艺术和历史,而是一切存在物(只要它们能被理解)。作为诠释学基础的思辨存在特征具有与理性和语言相同的普遍范围。

随着我们的诠释学探究所采取的本体论转向,我们就接近了一种形而上学概念,这一概念的丰富含义我们可以通过对它的起源进行考察来指明。这就是美的概念,这个概念在18世纪与崇高概念一起曾在美学问题内占据了中心地位,而在19世纪又由于对古典主义美学的批评而完全地消失。众所周知,美的概念在以前是一个普泛的形而上学概念,它在形而上学内部,亦即一般的存在学说内部,具有一种决非可以限制在严格美学意义上的作用。这就表明这个古老的美的概念也能为包容一切的诠释学服务,为我们说明诠释学如何从对精神科学的方法论主义的批判中产生出来。

甚至对它的词义进行分析就可以看出,美的概念与我们进行的探究具有一种紧密的关系。德文 schön("美")这个词的希腊文是 kalon。虽然德文中没有与这个希腊词完全等值的词,即使把 pulchrum 作为中介词也不能说完全等值。但希腊思想对德语中"美"这个词的词义史却具有确然的影响,以致希腊文的 kalon 和德文的 schön 这两个词根本的含义因素是相同的。例如我们可以说"美"的艺术。由于用了"美"这个修饰词从而我们就把这种艺术同我们称为技术的东西,亦即同生产有用东西的"机械的"艺术相区别。同样,我们也可以说美的习俗、美的文学、美的精神等等。在所有这些组合词中美这个词就像希腊文的 kalon 这个词一样,同 chrēsimon(有用)这个概念处于对立之中。所有不属于生活必需品、而关系到生活的方式,关系到 eu zēn,亦即被希腊人理解为

3. 语言作为诠释学本体论的视域

paideia(人文教育)的东西就叫作 kalon。美的事物就是那些其价值自明的东西。我们不可能询问美的事物究竟用于何种目的。它们之完美全然只同自身相关(di' hauto haireton)，而不像有用的事物只是为着其他的目的。因此，语言用法就能使我们认识到被称为 kalon 的事物的存在范围。

即使是通常用来作为美这个概念的反义词的丑(aischron)这个词也证明了同样的含义。所谓 Aischron(丑)的东西就是不忍卒看的东西。美则是任人观赏，亦即最广义上的漂亮(Ansehnliche)。"漂亮"一词在德语用法里又表示伟大。事实上在应用"美"这个词时——不管希腊文抑或德文——总是要求某种可观的伟大。由于漂亮这个词的含义被置于由道德指点的整个恰当东西领域，这样它就同时接近于这样一种概念表达，即由有用物(chrēsimon)的反义词所规定的概念表达。 I 482

于是，美的概念就和善(agathon)具有了密切的关系，因为善也是为自身而被选择的东西，是目标，并把其他一切都归属为有用的手段。而美的事物则决不能被看作是为其他事物服务的手段。

所以我们在柏拉图的哲学中可以发现善的理念和美的理念之间具有一种紧密的联系，而且两者经常互用。两者都超越了一切条件性和众多性：爱的灵魂在一条由众多的美所引导的道路的尽头遇到了作为单一的东西、不变的东西、无边际的东西的自在之美(《会饮篇》)，正如超越了一切条件性和众多性的善的理念一样，即在某个确定方面才是善的东西(《理想国》)。自在之美表明自己超越了一切存在物，正如自在之善(epekeina)一样。因此，趋向于单一的善的存在物秩序就同美的秩序相一致。第欧梯玛(Diotima)所教导的爱之路超越了美的躯体而达到美的灵魂,并由美的灵魂而达到美的制度、道德和法律,并最终达到美的科学(例如达到数学所知道的美的数字关系),达到"美的话语的宽阔大海"⑪——而且超越这一切。我们可以自问,感官可见的领域突入"理智的"领域是否真地意味着一种区别以及美的事物之美的程度的提高而并非仅仅是美的存在物。然而,柏拉图显然认为目的论的存在秩序也是一种美的秩序,美在理智领域要比感官领域表现得更纯洁更清晰,因为感官领域受到不同尺度和不完善性的欺骗。中世纪哲学也以同样的方式把美的概念同善的概念(bonum)最紧密地联系起来,由于这种联系极为紧密,以致中世纪的人几乎不能理解亚里士多德关于kalon的经典论断,从而中世纪干脆就用善(bonum)来翻译古希腊的美(kalon)。⑱

美的理念与目的论的存在秩序的理念之间紧密联系的基础是毕达哥拉斯-柏拉图的尺度概念(Massbegriff)。柏拉图用尺度、合适性和合比例来规定美,亚里士多德则把秩序(taxis)、恰当的比例性(symmetria)和规定性(hōrismenon)称为美的要素(eidē),并发现这一切在数学中以典范的方式而存在。数学的美的本质秩

---

⑰ 《会饮篇》,210d:话语=关系。[参见"走在文字的途中",载我的著作集,第9卷。]

⑱ 亚里士多德:《形而上学》,M4,1078a3—6。参见格拉伯曼关于乌利希·冯·斯特拉斯堡引言,见《论美》,第31页(巴伐利亚科学院年鉴,1926年)以及G.桑梯奈洛关于库萨的尼古拉引言"我的女朋友,你是非常美"(Tota pulchra es),见《帕都拉科学院论文和报告》,LXXI。尼古拉的观点源自伪丢尼修和大阿尔伯特,他们规定了中世纪关于美的思想。

3. 语言作为诠释学本体论的视域

序和天体秩序之间的紧密联系具有更广的含义,它说明作为一切可见秩序之典范的宇宙同时也是可见领域内美的最高典范。适当的尺度、对称性就是一切美之存在物的决定性条件。

正如我们所知道的,这样一种关于美的规定乃是一种普遍的本体论的规定。自然和艺术在这里决不是对立的。这当然也说明,正是鉴于美,自然所具有的优先性也是无可争议的。艺术可以在自然秩序的整个形态内部感受到剩留的艺术形态的可能性,并以这种方式完善存在秩序的美的自然。但这决不说明"美"首先并主要出现在艺术之中。只要存在物的秩序被理解为自身就具有神性或理解为神的创造物——直到18世纪存在物的秩序都被当作神的创造物——那么艺术的特例也就唯有在这种存在秩序的视域中才被理解。我们已在前面描述过,美学问题如何只是到了19世纪才转移到艺术的立足点上。现在我们又看到,这是以一种形而上学的过程为基础的。这样一种向艺术立足点的转移在本体论上是以一种被认为无形态的、即由机械规律所统治的存在质(Seinsmasse)为前提的。从机械结构中构造出有用物的人类艺术精神也使一切美的东西最终只能从人自己的精神作品角度来理解。

与此相联系,近代科学只是在存在物的机械可造性的界限中才回想到"格式塔"的独立存在价值,并把格式塔的思想——但也包括形式的对称性——作为一种补充的认识原则而加入到自然的解释之中——首先是对有生命自然的解释之中(生物学、心理学)。近代科学这样做并没有放弃它根本的立场,它只是试图以一种更精巧的方式更好地达到它科学统治存在物的目标。这种观点必须要强调，以便反对现代自然研究的自我观。⑲但科学同时又让服务于无功利愉悦的自然美和艺术美在它自己的界限处、即由它引导的统治自然的界限处起作用。我们已经在讲到自然美和艺术美的关系被颠倒时描述了这种转变过程，由于这种转变，自然美最终丧失了它的优先地位，从而使自然美被当作一种精神的反射。我们也许还可以补充说，"自然"这个概念本身只有在与艺术概念的对照中才能得到自卢梭以来给它身上打下的印记。它变成了一个颇成问题的概念，变成精神的他在，成了非我，作为这样一种概念，它就不再具有普遍的本体论庄严地位，而这种庄严地位乃是作为美的事物之秩序的宇宙所拥有的。⑳

显然，不会有人想到对这种发展进行简单回溯，而且也不会有人想通过恢复希腊传统的最近形态，即18世纪的完美性美学（Vollkommenheitsästhetik），来重新建立我们在希腊哲学中所发现的美所具有的形而上学地位。尽管康德所开创的近代美学向主观主义的发展对我们来说是很不令人满意的，但康德却令人信服地证明了美学理性主义是站不住脚的。它的不正确在于把美的形而上学仅仅建筑在尺度本体论和目的论的存在秩序之上，而理性主义规则美学（Regelsästhetik）的古典形态就是最终建立在这种基础上的。实际上美的形而上学同这种美学理性主义的运用毫无关系。如果

---

⑲ ［上述的说明必须要仔细分别。在人的科学中所涉及的不只是有形态的东西。即便从机械构造概念出发，"对称性""秩序形态""体系"也不能被理解。但是，解答研究者的这种"美性"（schönheit）却决不是人同自身的自我照面（Selbstbegegnung）。］

⑳ ［参见后来出版的维也纳会议报告"人的哲学和科学"（1984年）以及龙德会议的报告"自然科学与诠释学"（1986年）。］

3. 语言作为诠释学本体论的视域

我们追溯到柏拉图,那么美的现象所具有的完全不同的一面就会显露出来,而这一方面正是我们的诠释学探究所感兴趣的。

尽管柏拉图把美的理念同善的理念紧密联系,但他还是认识到两者之间具有区别,这种区别包含着一种特有的美的优先性。我们已经看到,善的不可把握性在美之中,亦即在存在物和附属于它的澄明性(alētheia)之间的和谐性中发现一种相适性,因为美具有一种最终的显明性(Überschwenglichkeit)。但柏拉图又可以补充说,正是在试图认识善本身的过程中,善才逃避进美之中。[⑫] 因此,美与绝对不可把握的善的区别就在于它是可以被把握的。美的固有本质就在于能表现出来。美就表现在对善的追求之中。对于人类灵魂来说,美首先就是善的一种标志。凡以完善的形态表现的东西就具有了对自身爱的要求。美是直接使人喜爱它,而人类德行的主要形象在昏暗的表现媒介中只能模糊地认出,因为它并不具有自身的光,从而我们经常为德行的不纯的摹仿和假象所欺骗。但在美这儿情况就完全两样。美自身就有光亮度,因而我们不会受到歪曲摹本的欺骗。因为"只有美才享有这一点,即它是最光亮的(ekphanestaton)和最值得爱的东西"。[⑫]

在柏拉图令人难忘地描绘的这种美的神秘的功能中,我们可以发现美的本体论结构因素以及一种普遍的存在本身的结构。显然,美相对于善的突出之处在于,美是由自身得到表现,在它的存

[⑫] 《斐利布斯篇》,64e5。在我的著作《柏拉图的辩证伦理学》一书中,我更详细地讨论了这个问题(§14)[现收入我的著作集,第5卷,第150页以下],另见 G. 克吕格尔的《理智和激情》,第235页以下。

[⑫] 《斐多篇》,250d7。

在中直接呈现出来。这样美就具有一种能够给出美的最重要的本体论功能，即能使理念和现象之间进行中介的功能。这正是柏拉图主义的形而上学难点。这种困难在分有(methexis)这个概念上尤为明显，它不仅涉及到现象与理念的关系，而且也涉及到理念之间的关系。正如我们在《斐多篇》里所看到的，柏拉图特别喜欢用美的例子来阐明这种有争议的"分有"关系，这决非偶然。美的理念不可分割地、完整地真实存在于美的事物中。因此在美的例子中，柏拉图所指的理念(Eidos)的"感性显现"(Parousie)就得到了阐明，并相对于"生成"分有"存在"的逻辑困难而提供了事物的证明。"在场"(Anwesenheit)以令人信服的方式属于美的存在本身。尽管美就像某种超凡东西的反照那样被人强烈地体验——但它却处于感官可见的领域中。美在感官领域中其实是一种他在，是一种另外秩序的本质，这一点表现在它的显现方式中。美是突然地出现，并且同样突然地、并无中介环节地消失。如果我们必须同柏拉图谈论感官事物和理念之间的裂缝(chörismos)，那么我们就可以说：它存在于此，它又在此被弥合。

美不仅仅在感官可见的事物中表现出来，而且还是以这样的方式，即美只有通过感官可见的事物才真正存在，亦即作为众多中产生的一而突出出来。美自身确实是"最为光亮的"(to ekphanestaton)。在美和不分有美的事物之间存在有明显的界限，这也是从现象学上得到保证的结果。亚里士多德就讲到过"绝妙的作品"，[12]这

---

⑫ 《尼各马可伦理学》，B5，1106b6：ὅθεν εἰώθασιν ἐπιλέγειν τοῖς εὖ ἔχουσιν ἔργοις, ὅτι οὔτε ἀφελεῖν ἔστιν οὔτε προσθεῖναι(因此我们不得不说，人们在完满的作品里既不能去掉什么，也不能增添什么)。

3. 语言作为诠释学本体论的视域

种作品既不能加一分也不能减一毫;美最古老的本质成分就是敏感中心,比例关系的精确性。——我们只要想一下音乐据以产生的声调和谐的敏感性。

"耀现"(Hervorscheinen)并非只是美的东西的特性之一,而是构成它的根本本质。把人类灵魂的要求直接吸引到自己身上的这种美的标志就是建立在它的存在方式上的。正是存在物的相称性使存在物不能只是它所是的东西,而是使其作为一个自身均衡的、和谐的整体而显露。正是柏拉图在《斐利布斯篇》中所说的澄明性(alētheia)才是美的本质。[⑭] 美并非只是对称均匀,而是以之为基础的显露(Vorschein)本身。美是一种照射。但照射就意味着:照着某些东西,并使光亮所至的东西显露出来。美具有光的存在方式。

这并不是说,没有光就不可能有美的东西出现,没有东西可能是美的。它只是说明,美的东西的美只是作为光,作为光辉在美的东西上显现出来。美使自己显露出来。实际上光的一般存在方式就是这样在自身中把自己反映出来。光并不是它所照耀东西的亮度,相反,它使他物成为可见从而自己也就成为可见,而且它也唯有通过使他物成为可见的途径才能使自己成为可见。古代思想曾经强调过光的这种反射性(Reflexionsverfassung),[⑮] 与此相应,在近代哲学中起着决定作用的反思概念本来就属于光学领域。

光使看(sehen)和可见之物(sichtbares)结合起来,因此,没有

---

⑭ 柏拉图:《斐利布斯篇》,51d。
⑮ 《早期斯多葛派著作残篇》,第Ⅰ编,24,36,36:9。

光就既没有看也没有可见之物,其根据就在于构成光存在的反射性。如果我们思考光同美以及美之概念的意义域的关系,那么这种平平常常的论断就会具有丰富的结果。实际上,正是光才使可见物获得既"美"又"善"的形态。然而美却并非限制在可见物的范围。正如我们所知道的,一般善的显现方式就是存在物应当如何存在的显现方式。不仅使可见之物、而且也使可理解领域得以表现的光并不是太阳之光,而是精神之光,即奴斯(Nous)之光。柏拉图的深刻类比已经暗示过这一点。[126]亚里士多德从这种类比出发提出了奴斯的理论,而追随亚里士多德的中世纪基督教思想则发展了创造之理智(intellectus agens)的理论。从自身出发展现出被思考物之多样性的精神同时也在被思考物里展现了自身的存在。

我们在前面作过详细评价的基督教关于创世话语(verbum creans)的理论正是同柏拉图-新柏拉图主义光的形而上学有联系。如果我们把美的本体论结构描述为一种使事物在其尺度和范围中得以出现的显露(Vorschein),那么它也相应地适用于可理解领域。使一切事物都能自身阐明、自身可理解地出现的光正是语词之光。正是在光的形而上学基础上建立了美之物的显露和可理解之物的明显之间的紧密联系。[127]而正是这种关系在我们的诠释学研究中指导着我们。我想到对艺术作品的存在分析是如何被引

---

[126] 《理想国》,508d。

[127] 从伪丢尼修和大阿尔伯特到经院哲学的新柏拉图主义传统无一例外地都认识到这种关系。关于该传统的前史可参见汉斯·布鲁门伯格的"光作为真理之比喻",载《一般研究》,1957年第7期。

3. 语言作为诠释学本体论的视域

入诠释学的研究之中,以及诠释学研究又如何扩展到一种普遍的研究。这一切都不是依据光的形而上学而产生的。如果我们现在对光的形而上学与我们的研究之间的关系加以注意,它就会帮助我们认识到,光的结构显然同一种新柏拉图主义-基督教思想风格的感官-精神之光源的形而上学观点相分离。这从奥古斯丁对上帝创世说所作的教义解释中可以看得很清楚。奥古斯丁注意到,[12]光是在物的区分和发光天体的创造之前就被创造了。他特别强调,天地之开初的创造是在没有上帝语词的情况下发生的。〔正是随着光的创造,上帝才第一次说话。〕[307] 奥古斯丁把这种吩咐光和创造光的说话解释为精神性的光之生成(die geistige Lichtwerdung),正是通过光的生成,有形态事物的区别才成为可能。正是通过光,第一次被造出的天地之混沌的无形状才可能取得多种多样的形式。

我们在奥古斯丁对"天地之源"(Genesis)所作的富有才智的解释中认识到语言的思辨解释的前奏,这种语言的思辨解释乃是我们在对诠释学的世界经验所作的结构分析中发展出来的,按照这种思辨解释,被思考物的多样性是从语词的统一性中产生的。我们同时还认识到,光的形而上学使古代美的概念的一个方面发生作用,使它脱离了实体形而上学的联系并和神性无限精神的形而上学相关联而要求自己的权利。我们对美在古代希腊哲学中地位的分析还产生了以下结果,即形而上学的这个方面对我们仍然

---

[12] 在他的 Genesis 注解评论中。

具有一种创造性的意义。[12]存在就是自我表现,一切理解都是一种事件,这两种观点都以同样的方式超越了实体形而上学的视域,正如实体概念在主观性概念和科学客观性概念中所经历过的那种根本变化(Metamorphose)一样。这样,美的形而上学就对我们的研究产生了结果。如今我们不再像19世纪的讨论那样把艺术以及艺术品的真理要求——或者历史和精神科学方法论的真理要求——加以科学理论的证明作为任务。我们如今处理的任务远为普遍,即要使诠释学世界经验的本体论背景发生作用。

从美的形而上学出发首先能使我们认识到两个要点,这两个要点产生于美之物的显露(Vorschein)与可理解之物的明显(Einleuchten)之间的关系。第一个要点是,美之物的显现和理解的存在方式都具有自成事件性(Ereignischarakter);第二个要点是,诠释学经验,即对传承下来意义的经验,具有直接性,而这种直接性则像真理的一切自明性一样永远是美的经验的特征。

1.首先,让我们在传统的光的思辨和美的思辨为我们准备的背景基础上来证明我们赋予事物的行动在诠释学经验内部所具有的优先性。很清楚,我们在这里既不涉及神话学也不涉及黑格尔式的单纯的辩证转变,而是涉及一种面对近代科学方法论而能坚持的古老真理要素的继续影响。我们所用概念的语词史就已经证明了这一点。我们谈到,美和一切有意义的事物一样都是"恍然闪现的"(einleuchtend)。

---

[12] 在这方面值得注意的是,教父哲学和经院哲学的思想是如何从海德格尔出发而得到创造性的解释,例如,可参见马克斯·米勒的《存在和精神》(1940年)及《当代精神生活中的存在哲学》,第2版,第119页以下、第150页以下。

3. 语言作为诠释学本体论的视域

恍然闪现（Einleuchten）这个概念属于修辞学传统。所谓 eikos（模仿的）、verisimile（似真的）、Wahr-Scheinliche（或真的）以及明显的都属于同一个系列，它们相对于被证明东西（Bewiesenen）和被意识东西（Gewußten）的真实和确实而维护自己的正确性。我回想到我们曾赋予共通感（sensus communis）以一种特殊的意义。⑬ 也许有一种澄明（illuminatio）、顿悟（Erleuchtung）的神秘-虔信的声音对这一概念起着影响（这种声音也可以在共通感里被听到，例如厄廷格尔就这样认为）。⑬ 不管怎样，光的隐喻被用于这些领域则决非偶然。关于事件或事物的行动的讲话都是从事物本身出发提供的。恍然闪现的东西总是一种被说出的东西：一项建议，一个计划，一种猜测，一种论据或诸如此类。应该考虑到的是，恍然闪现的东西并不是被证明的，也不是完全确实的，而是在可能和猜想的东西中作为最好的而起作用。甚至我们可以这样说，即使我们正在进行反对某一论据的证明，该论据也有某种自身恍然闪现的因素。它是如何同我们自认为正确的整体联系起来，乃是一个悬而未决的问题，我们只可以说，它"自在地"就是恍然闪现的，亦即有某种东西对它支持的。这样一种说法就把与美的联系清楚地表现出来了。因为美也是令人对它陶醉的，它并不直接归附于我们的定向和价值观整体。确实，正如美也是一种经验，它像一种魔术或一种冒险一样在我们经验整体内部呈现出来并突出出来，并提出一种诠释学综合的固有任务，同样，恍然闪现的东西

I 489

---

⑬ 参见本书第 24 页以下。
⑬ ［对此参见我的论文"作为哲学家的厄廷格尔"（《短篇著作集》，第 3 卷，第 89—100 页；现收入我的著作集，第 4 卷）。］

显然也是某种使人惊异的东西，就如一道新的光芒的出现，通过这种光就使被观察的领域得到了扩展。

　　诠释学经验属于这种情况，因为它也是一种真实经验的事件。所说的东西里总有某种明显的东西，而这种东西却无须在每一细节上加以确保、判断和决定，这种情况实际上在传承物对我们说些什么的任何地方都适合。传承物通过被理解而肯定自身的真理，并且变动了先前一直包围着我们的视域。这在我们所指出的意义上就是一种真正的经验。美的事件和诠释学过程这两者都以人类存在的有限性作为基本前提。我们完全可以问，美对于无限的精神是否像对我们一样得到体验。无限精神是否可能看到一些同它眼前存在的整体美不同的东西？美的"显露"似乎是人类有限经验的专利。中世纪的思想也认识到相同的问题，即美在上帝中如何可能存在，因为上帝是唯一的而并不是众多的。只有库萨的尼古拉关于上帝众多之困难性理论才表现了一种令人满意的解决（参见本书[第452页]所引的他的著作《美的对话录》）。从这种理论看来以下的观点似乎是正确的，即正如在黑格尔的无限知识哲学里那样，艺术乃是在概念和哲学中被扬弃的表象形式。同样，诠释学经验的普遍性基本上也不接近于一种无限的精神，因为这种无限的精神把一切意义、一切 noēton（所思想的东西）都从自身展现出来，并在对它自身的完全自我观照中思考一切可思考的对象。亚里士多德的上帝（以及黑格尔的精神）超越了作为有限存在之运动的"哲学"。柏拉图则说，诸神都不作哲学思考。⑬

---

　　⑬ 《会饮篇》，204a1。

3. 语言作为诠释学本体论的视域

我们之所以能够不顾希腊的逻各斯哲学只是相当片面地揭示诠释学经验的土壤即语言中心而不断地援引柏拉图,这显然得归功于柏拉图美学理论的这种另外方面,这个方面在亚里士多德-经院哲学的形而上学历史中好像暗流一样存在着,并在有的时候,例如在新柏拉图主义和基督教的神秘主义以及神学的和哲学的唯灵主义中还得以明确的表现。在这种柏拉图主义的传统中,为人类存在有限性思想所需要的概念词汇被构成了。⑬ 在柏拉图的美学理论和普遍诠释学观点之间存在的亲缘关系也证明了这种柏拉图传统的持续性。

2. 如果我们从存在就是语言,亦即自我表现——这是诠释学的存在经验向我们揭示的——这种基本的本体论观点出发,那么由此产生的就不仅是美的自成事件性(Ereignischarakter)和一切理解的事件结构。正如美的存在方式被证明是一种普遍存在状况的标志,从隶属的真理概念中也能表现出一种同样的东西。我们在此也能从形而上学的传统出发,但我们在此也必须问,这种传统对于诠释学经验有何种适用之处。按传统的形而上学,存在物的真(Wahrsein)属于它的先验规定,而且同善(Gutsein)具有最紧密的联系[而在善上又同时显现美(Schönsein)]。所以我们想到了托马斯的说法,按他的说法,美是在同认识的关联中、善是在同欲求的关联中得到规定的⑭。美就是这样的东西,即在任何人对美的注视中却出现了对安静的要求:cuius ipsa apprehensio placet(领会本

---

⑬ 参见《夏尔特学派(Chartres)对库萨的尼古拉的意义》。[这种意义首先是由 R. 克里班斯基所强调。参见 J. 柯赫编的《论推测艺术》,科隆,1956 年。]

⑭ 托马斯·阿奎那:《神学大全》,第 1 部,问题 4、5 以及其他地方。

身自我满足)。美不仅越过善而且也给认识能力补充了一种秩序：addit supra bonum quemdam ordinem ad vim cognoscitivam(美越过善给认识力补充秩序)。美的"显露"在这里就像照耀着有形物的光一样出现：Lux splendens supra formatum(照耀有形物之光)。

我们试图通过再一次援引柏拉图把这种说法从它与形而上学的形式学说(Forma-Lehre)的联系中解放出来。柏拉图首先在美之中把 alētheia(显露、澄明或真理)证明为它的本质因素，他这样做的意思很明显：美作为善在其中得以表现的方式是在它的存在中使自身显现的，即表现自身的。这样表现自身的东西因为是表现自身，所以是不能同自身相区别的。它不是对自身来说是一物，而对他者来说是另一物。它也不是通过他物而存在的东西。美并不是从外界照射并倾注在某种形态上的光辉。毋宁说，形态的存在状况本身正在于这样地闪光，这样地表现自身。由此引出的结论是，鉴于美，美之物就必须在本体论上总被理解为"图像"(Bild)。至于它是"自身"抑或它的摹本，那是没有区别的。正如我们所见，美的形而上学标志就在于，它弥补了理念和表现之间的裂缝。很显然，正是"理念"(亦即它属于一种存在秩序)把自己提升为某种不管怎样表现而自身始终是固定的东西。但同样确实的是，美是自己出现的。正如我们所看到的，这决不意味着对理念学说的反对，而是理念学说问题的集中范例。凡在柏拉图呼唤美的证据的地方，他都无须坚持"自身"和摹本之间的对立。正是美本身既设定了这种对立又使这种对立得到扬弃。

对柏拉图的回溯使真理问题再次得到彰明。我们在对艺术品进行分析时曾试图证明，自我表现应该被认为是艺术品的真实存

3. 语言作为诠释学本体论的视域

在。为此目的我们提出了游戏概念,这种游戏概念又使我们进入了一般的联系。因为我们在游戏概念中发现,在游戏中表现自身的东西的真理并非超越对游戏事件的参与而被"相信"或"不相信"。[133]

这在美学领域中对我们是不言而喻的。如果某个诗人被人尊敬为先知,那么这并不是说人们在他的诗中真的发现了一种预言,例如在荷尔德林关于诸神回乡的诗歌中。恰好相反,诗人之所以是先知,乃是因为他表达了曾经存在、正在存在和将要存在的事物,由此,他所宣告的东西自身就得到了证明。确实,诗歌的陈述就像预言一样本身具有某种含糊性。但正是在这种含糊性中存在着它们的诠释学真理。谁在其中看到一种缺乏生存性严肃的审美学上的不受约束性,那他就显然没有认识到,人类的有限性对于诠释学世界经验具有何等根本的意义。预言所具有的含糊性并不是它的弱点,恰好是它的力量所在。如果有人想要以此证明荷尔德林或里尔克是否真的相信他们的上帝或天使,那这种研究肯定也是徒然的。[134]

康德把审美的愉悦基本地规定为无功利的愉悦,其意义并非只是消极的,即趣味的对象既不能当作有用物也不能作为善的东西被人追求,实际上,它也有积极的含义,即"此在"对于愉悦的审美内涵,亦即"纯直观"(der reine Anblick)并不能附加任何东西,因为审美的存在乃是自我表现的。唯有从道德立场出发才会对美

---

[133] 参见本书第109页以下。
[134] 参见本书第376页引证的与R. 瓜尔迪尼关于里尔克的争论。[也可参见我关于R. M. 里尔克的论文,载《诗学——选文集》,法兰克福,1977年,第77—102页;现收入我的著作集,第9卷。]

的此在产生一种功利感,例如对夜莺的鸣唱的兴趣,按照康德的说法,夜莺的骗人模仿乃是一种道德上的侮辱。从这种美学存在观出发是否真会得出如下结论,即这里不能够寻找真理,因为这里不存在认识问题,这种结论还是有问题的。我们在对审美特性的分析中曾经指出了认识概念的局限性,它限制了康德的研究,并从对艺术真理的探究出发找到了通向诠释学的道路,在诠释学中艺术和历史对我们来说是联系在一起的。

如果我们把理解过程仅仅当作对它文本的"真理"是无所谓的一种语文学意识的内在努力,那么这相对于诠释学现象就表现为一种不正确的限制。从另一方面看显然也很清楚,对文本的理解并不是从一种占压倒优势的实际知识立场出发事先决定真理问题,或在理解过程中只是把自己占压倒优势的实际知识灌输到理解中去。相反,诠释学经验的全部尊荣——包括历史对一般人类知识所具有的意义——对我们说来就在于:诠释学并不是把要解释的东西简单地归置到我们熟识的东西之中,相反,我们在传承物中所遇到的东西却向我们诉说着某些东西。显然,理解的满足并不在于对一切所写的东西达到一种技艺精湛的"理解"。理解毋宁是真实的经验,亦即同作为真理而发生作用的东西的照面(Begegnung)。

出于我们业已讨论过的原因,这种照面本身是在语言的解释过程中进行,并由此而证明语言现象和理解现象是存在和认识的普遍模式,这就使在理解中起作用的真理的意义得到更详细的规定。我们把表达事物的语词本身认作一种思辨的事件。真理就存在于用语词所讲出的话中,而不是存在于封闭在主观部分软弱无能之处的

3. 语言作为诠释学本体论的视域

意见之中。我们认识到,对某人所说东西进行理解并不是一种猜出说话者内心生活的设身处地活动(Einfühlungsleistung)。显然在一切理解中,所说出的内容往往通过偶然的意义补充而获得它的规定性。但这种由境况和联系所获得的规定(正是这种境况和联系把一句话语补充到意义整体性之中,并使所讲的话真正讲出来)并不适用于讲话者,而是适用于被讲出的内容。

与此相应,诗的陈述表明为一种完全进入陈述和完全体现在陈述中的意义的特例。在诗歌中,来到表达(Zur-sprache kommen)就像进入秩序的关联,通过这种关联,所讲内容的"真理"就有了支持并得到了确保。不仅是诗歌的陈述,而且一切表达都具有某种这样的自身证明性质。"在词语破碎处,无物存在。"正如我们所强调的,讲话从来就不仅仅是把个别置于一般概念之中。在使用语词的时候,可见的所与物并不是作为某个一般概念的特殊情况而出现,而是自身表现在所说出的内容中——正如美的理念就存在于美的东西之中。

在这种情况下什么叫真理,最好还是从游戏概念出发作出规定:我们在理解中所遇到的事物如何使其重点发挥出来,这本身就是一种语言过程,或者说是围绕着所意指内容而用语词进行的一场游戏。所以正是语言的游戏使我们在其中作为学习者——我们何时不是个学习者呢?——而达到对世界的理解。让我们在此回想一下我们关于游戏本质的基本观点,按照这种观点,游戏者的行为不能被理解为一种主观性的行为,因为游戏就是进行游戏的东西,它把游戏者纳入自身之中并从而使自己成为游戏活动的真正主体(Subjectum)。[137] 与此相应,我们在此并不说用语言进行的游戏或用向我们诉说的世界经验或传统的内容进行的游戏,相反,我们说的是语言游戏本身,这种游戏向我们诉说、建议、沉默、询问,并在回答中使自身得到完成。

理解是一种游戏,但这并不是说理解者游戏般地保持着自己,并对向他提出的要求隐瞒了自己的意见。能够自己隐瞒的这种自我保持的自由在这里是根本不存在的,这只有通过游戏概念在理解中的运用才能讲出。谁进行理解,谁就总是已经进入了一种事件,通过这种事件有意义的东西表现了出来。所以这就很好地证明了诠释学现象所使用的游戏概念恰如美的经验所用的游戏概念一样。当我们理解某一文本的时候,文本中的意义对我们的吸引恰如美对我们的吸引一样。在我们能够清醒过来并检验文本向我们提出的意义要求之前,文本的意义就已经自己在发挥作用,并自身就已经有一种吸引作用。我们在美的经验以及理解传承物的意义时所遭遇的事情确实具有某种游戏的真理。作为理解者,我们进入了一种真理的事件,如果我们想知道我们究竟该相信什么,那么我们简直可以说到达得太晚。

因此,决不可能存在摆脱一切前见的理解,尽管我们的认识意愿必然总是力图避开我们前见的轨迹。我们的整个研究表明,由运用科学方法所提供的确实性并不足以保证真理。这一点特别适用于精神科学,但这并不意味着精神科学的科学性的降低,而是相

---

[137] 参见本书第107页以下,以及E.芬克的《作为世界象征的游戏》(1960年)和我的介绍,载《哲学评论》,第9卷,第1—8页。

反地证明了对特定的人类意义之要求的合法性,这种要求正是精神科学自古以来就提出的。在精神科学的认识中,认识者的自我存在也一起在发挥作用,虽然这确实标志了"方法"的局限,但并不表明科学的局限。凡由方法的工具所不能做到的,必然而且确实能够通过一种提问和研究的学科来达到,而这门学科能够确保获得真理。

版本
Bibliographische Nachweise

《真理与方法——哲学诠释学的基本特征》
Wahrheit und Methode · Grundzüge einer philosophischen Hermeneutik

1. Erstdruck Tübingen J. C. B. Mohr (Paul Siebeck)1960, XVII, 486S.
Exkurse S. 466—476, jetzt in Ges. Werke Bd. 2, (26)S. 375ff.
Register S. 477—486, jetzt in Ges. Werke Bd. 2, S. 513ff.
2. erweiterte Auflage Tübingen 1965, XXVII, 512S.
Vorwort zur 2. Aufl, S. XVI — XXVI, jetzt in Ges. Werke Bd. 2,(29)S. 437ff.
3. erweiterte Auflage Tübingen 1972, XXXI, 553S.
Nachwort zur 3. Aufl. S. 513—541, jetzt in Ges. Werke Bd. 2,(30)S. 449ff.
4. unveränderte Auflage Tübingen 1978.
5. durchgesehene und erweiterte Auflage Tübingen 1986, XII, 495S.
Vorwort [zur 5. Auflage]S. V.
6. durchgesehene Auflage Tübingen 1990, XII, 495S.

汉译世界学术名著丛书

诠释学 II
真理与方法

—— 补充和索引

（修订译本）

〔德〕汉斯-格奥尔格·伽达默尔 著

洪汉鼎 译

商務印書館
创于1897 The Commercial Press

Gadamer, Hans-Georg
Gesammelte Werke
Bd. 2. Hermeneutik: Wahrheit und Methode. —2. Ergänzungen, Register.
1. Auflage 1986
2. Auflage 1993 (durchgesehen)

© 1986/1993 J. C. B. Mohr (Paul Siebeck), Tübingen.
本书根据德国蒂宾根莫尔·西贝克出版社 1986 年版译出

目　录

Ⅰ　导论

1. 在现象学和辩证法之间
   ——一种自我批判的尝试(1985年) 2

Ⅱ　准备

2. 当今德国哲学中的历史问题(1943年) 32
3. 精神科学中的真理(1953年) 45
4. 什么是真理？(1957年) 54
5. 论理解的循环(1959年) 70
6. 事情的本质和事物的语言(1960年) 81
7. 作为哲学的概念史(1970年) 95
8. 古典诠释学和哲学诠释学(1968年) 114

Ⅲ　补充

9. 自我理解的疑难性
   ——关于去神话化问题的诠释学讨论(1961年) 150
10. 历史的连续性和存在的瞬间(1965年) 166

11.	人和语言(1966年) ……………………………………… 182
12.	论未来的规划(1965年) ………………………………… 194
13.	语义学和诠释学(1968年) ……………………………… 218
14.	语言和理解(1970年) …………………………………… 230
15.	语言能在多大程度上规定思维?(1970年) …………… 249
16.	无谈话能力(1972年) …………………………………… 259

IV 发展

17.	诠释学问题的普遍性(1966年) ………………………… 271
18.	修辞学、诠释学和意识形态批判
	——对《真理与方法》再作后设批判性的解释(1967年)
	……………………………………………………………… 288
19.	答《诠释学和意识形态批判》(1971年) ………………… 312
20.	修辞学和诠释学(1976年) ……………………………… 344
21.	逻辑学还是修辞学?
	——再论诠释学前史(1976年) ………………………… 365
22.	作为理论和实践双重任务的诠释学(1978年) ………… 378
23.	实践理性问题(1980年) ………………………………… 401
24.	文本和解释(1983年) …………………………………… 414
25.	解析和解构(1985年) …………………………………… 454

V 附录

26.	补注Ⅰ-Ⅵ(1960年) ……………………………………… 471
27.	诠释学与历史主义(1965年) …………………………… 488

28. 诠释学(1969年) …………………………………… 536
29. 第2版序言(1965年) ………………………………… 551
30. 第3版后记(1972年) ………………………………… 567
31. 汉斯-格奥尔格·伽达默尔自述(1973年) ………… 606
本书论文版源 …………………………………………… 649

译者注释 ………………………………………………… 656
概念、名词索引(汉—德) ……………………………… 730
概念、名词索引(德—汉) ……………………………… 757
人名索引(汉—德) ……………………………………… 794
人名索引(德—汉) ……………………………………… 816
本书所引经典文献 ……………………………………… 845

译后记 …………………………………………………… 849
《真理与方法》(修订译本)译后记 …………………… 866

I

导 论

1
在现象学和辩证法之间
——一种自我批判的尝试

（1985年）

25年前,我曾把从各个角度出发进行的研究综合成一个统一的哲学体系,如今该是对这种理论构想的逻辑一贯性进行一番检验的时候了,尤其要检查一下该体系的逻辑推论中是否存在断裂和不连贯。它们是否会导致严重的根本错误,抑或它们只是那种必然会或多或少地过时的表达形式方面的问题呢?

在被称作精神科学的领域中如此地把重点放在语文学-历史科学学科上的做法当然已经过时。在社会科学、结构主义和语言学的时代,人们不再会满足于这种与历史学派的浪漫主义遗产相联系的出发点。实际上在我的理论体系中起作用的正是自身的原初经验的局限性。我的体系的目的从一开始就指向诠释学经验的普遍性,假如这种诠释学经验真的是一种普遍的经验,那么它就应该是从任何一个出发点出发都能达到的。①

至于这种研究对于自然科学所提出的相反看法,其有效性无疑就更差了。我很清楚,在我的体系中没有触及自然科学领域的

---

① 在本书内首先我的论文"修辞学、诠释学和意识形态批判"对此有详细的论述,参见本书第232页以下。

诠释学问题,因为该领域超出了我的科学研究的范围。我只是在历史-语文学学科中才有某些资格参与这一问题的研究工作。凡在我不能研究第一手材料的领域中,我都觉得自己没有权利提醒研究者知道他到底干了些什么或与之发生了些什么。诠释学思考的本质就在于,它必须产生于诠释学实践。

早在1934年,当我读到莫里茨·石里克对记录陈述的独断论所作的富有成果的批判时就已经明白,在自然科学中也包含着诠释学的疑难。② 但是,当石里克那本书的思想在30年代(当时德国与外界日渐隔绝)得到发展的时候,物理主义和科学的统一则是当时流行的对立思潮。盎格鲁-撒克逊研究中的语言学转向(linguistic turn)在那时尚未出现。至于维特根斯坦的后期作品我也只是在彻底检查了自己的思想历程之后才可能进行研究,而且我也是在后来才认识到波普尔对实证主义的批判同我自己的研究方向有着类似的动机。③

因此,我十分清楚自己思想出发点的时代局限性。考虑诠释学实践业已改变的条件那已经是年轻人的任务了,而且这种工作已经在许多方面开始进行。若说我这个年近80的老人还能再学习,这似乎是太不自量了。因此,我就让《真理与方法》以及所有的后期论文都保持原封不动,而只是偶尔做一些小小的改动。

然而,我理论体系自身的内在逻辑一贯性就完全是另一码事

---

② M. 石里克:"论认识的基础",载《认识》,第4卷(1934年)。也可参见《1926—1936年论文集》,维也纳,1938年,尤其见第290—295页和第300—309页。

③ 参见 J. C. 威斯海默(Weinsheimer)《伽达默尔的诠释学——读〈真理与方法〉》一书序言,耶鲁,1985年版。该序言写得非常具有启发性。

了。因此,本书作为我著作集的第2卷就可以对它作些补充。本书的内容分为3个部分:《真理与方法》的准备:这部分文章因其特有的前理解性有时可能对读者有用;补充:这部分文章是在随后的年代中写的。(这两部分文章绝大部分都已在我的《短篇著作集》中发表过。)这本第2卷中最重要的部分是继续发展部分;这种发展,一方面是我已经进行了的,另一方面是通过对自己思想进行批判讨论而进行的。特别是文学理论,它在一开始就表现为我思想的一种扩展,在我著作集的第8和第9卷中详细讨论了它同诠释学实践更紧密的联系。关于诠释学种类的根本性问题既是通过同哈贝马斯的讨论,也是通过同德里达的反复较量而得到某种新的阐明,这些讨论收在本卷中显得很合适。在最后的附录部分编列了补注、《真理与方法》的后期版本中附加的补充、前言和后记。我在1973年写的自述则作为本书的结束。著作集第1卷和第2卷只作了一个共同的索引,这是为强调两者之间的联系。我希望,通过本卷的结构布局能够弥补《真理与方法》的缺陷,并能为年轻一代的继续工作稍尽绵薄之力。[1]

在我编本卷的时候当然不能不考虑我的理论在批评过程中所产生的反应。事物本身就具有效果历史,这是一个诠释学真理,在本卷的编辑时也不能忽视这一真理。在这个意义上,我要指出重印在本书附录中的我为《真理与方法》第2版写的前言和为第3第4版写的后记。今天,当我回顾往事的时候,我发现自己所追求的理论一致性似乎在以下这点上没有完全达到:我未能足够清楚地说明,游戏概念和现代的主观主义思维出发点这两种对立的基本构想是如何达到一致的。我在书中先是讨论艺术游戏,然后考察了与语言游戏有关的谈话的语言基础。这样就提出了更宽广更有决定性的问题,即我到底在多大程度上做到了把诠释学度向作为一种自我意识的对立面而显露出来,这就是说,在理解时不是去扬弃他者的他在性,而是保持这种他在性。这样,我就必须在我业已扩展到语言普遍性的本体论观点中重新召回游戏概念。这就使我把语言游戏同艺术游戏(我在艺术游戏中发现了诠释学典型现象)更紧密地相联系。这样就显然容易使我按照游戏模式去考虑我们世界经验的普遍语言性。在我的《真理与方法》第 2 版的前言以及我的"现象学运动"④这篇论文的结尾中我都已经指出,我在 30 年代关于游戏概念的想法同后期维特根斯坦的思想具有一致性。

如果有人把学说话称作一种学习过程,这只是一种空洞的说法。实际上这是一种游戏,是一种模仿的游戏和交流的游戏。在正在成长的儿童的模仿追求里,发音及发音时感到的娱乐是同意义的闪光相联系的。谁也无法用理性的方式回答儿童是如何第一次开始理解意义这个问题的。在理解意义的活动中总是事先存在了先于语言的意义经验,然后才能进行目光和表情的交流,这样才使一切交流的通道畅通无阻。同样,完满的结束也是不可思议的。谁也不可能讲清楚当今语言学所说的"语言能力"究竟是怎么一回事。所谓的"语言能力"显然并不能像语言的正确成分那样客观地被模仿。"能力"这个表达只不过想说明,在说话时形成的语言能力并不能被描绘成规则应用,从而不能被当作仅仅是合规则地处

---

④ 《短篇著作集》,第 3 卷,第 150—189 页,尤其是第 185 页以下;现收入我的著作集,第 3 卷。

理语言。我们必须把它看作一种在自由的语言练习过程范围内产生的成果,从而使我们最终就像出自自己的能力而"知道"何者正确似的。使语言的普遍性发生诠释学的作用,我的这一尝试的核心就是我要把学习说话和获得世界定向看作人类教化历史无尽地延续的过程。也许这是一种永无止境的过程——虽然它所建立的仍然是类似能力的东西。⑤ 我们可以比较一下外语学习。一般说来,除非我们不断地并完全地进入到一种陌生语言的环境之中,否则我们在学外语时只能说是接近了所谓的语言能力。一般说来,语言能力只有在自己的母语中才能达到,亦即在人们生长和生活的地方所说的语言中才能达到。这就说明,我们是用母语的眼光学会看世界,反过来则可以说,我们语言能力的第一次扩展是在观看周围世界的时候才开始得到表现的。

于是问题就在于,这种作为世界游戏之一的语言游戏是如何同艺术游戏相联系的。这两种游戏之间的关系究竟如何?很清楚,在这两种情形中语言都适应于诠释学度向。我认为已令人信服地说明,对于所说出的话的理解必须从对话情景出发,归根结底也就是说,要从问答辩证法出发加以思考,而人们正是在这种问答辩证法中才达到一致意见并用语言表达出共同的世界。⑥ 我已经超出了科林伍德所提出的问答逻辑,因为我认为世界定向并非仅仅表现在从说话者之间发展出问题和回答,而且这种世界定向也是由所谈的事情产生出来的。是事物"提出问题"。因此在文本和

---

⑤ 最近我在海伦阿伯召开的新教学院的大会上作了一个关于"语言及其界限"的学术报告,这篇文章收在《进化和语言》,海伦阿伯文集,1985年,第89—99页。

⑥ 参见我的著作集,第1卷,第375页以下。

它的解释者之间也有问题和回答在发生作用。文本是用文字写成的,这一点对于问题情景并没有任何影响。这里所涉及的是所谈论的事物,涉及的是它这样或那样的存在。例如通过信件所传递的信息就是借助其他手段来继续的谈话。因此,每一本期待着读者的回答的书都开辟了这样一种谈话。在这种谈话中就有某些事物得到了表达。

那么在艺术作品中,尤其在语言的艺术作品中情况又是如何呢?在那里怎么谈得上理解和相互理解的对话结构呢?在这种艺术作品中既没有作为回答者的作者,也没有可以如此这般地存在着并可被人讨论的事物。文本作品是自为存在的。如果说这里也有问答辩证法,那它也只是发生在一个方向。也就是说,这种辩证法只是从试图理解艺术作品的人身上发生。他向艺术作品提问并且自问,并试图倾听作品的回答。作为这样一个人,他就可能同时既是思考者、提问者,又是回答者,就像在真正的谈话中两个人之间发生的情况一样。但这种正在理解的读者同自己所进行的对话却似乎并不是同文本进行的对话,因为文本是固定的,因而是以完成的形态被给出的。可是,真的有某种以完成的形态而被给出的文本吗?

这里并不出现问答辩证法。也许艺术作品的特征就在于我们永远不可能完全理解艺术作品。这就是说,如果我们带着问题去接触艺术作品,那么我们永远不可能以我们已经"知道了"的方式获得一个最终的答案。我们并不能从艺术作品身上得到一个切合实际的信息——而这就足够了。对于一件艺术作品,我们不可能像对待某个传递信息的报道那样把其中所具有的信息统统收悉,以致它好像完全被采集光了似的。我们在欣赏诗歌作品的时候,不管是用实在的耳朵倾听它还是在默读中用内心的耳朵倾听它,它都表现为一种循环的运动,在这种运动中,回答重又变成问题并诱发出新的回答。这就促成了在艺术作品面前的徘徊逗留——而不管它是什么形式的艺术作品。逗留(Verweilen)显然是艺术经验的真正特色。一件艺术作品是永远不可能被穷尽的。它永远不可能被人把意义掏空。我们正是通过对艺术作品是否感到"空洞",从而区分出它们是非艺术品即赝品或哗众取宠的东西等等。没有一件艺术作品会永远用同样的方式感染我们。所以我们总是必须作出不同的回答。其他的感受性、注意力和开放性使某个固有的、统一的和同样的形式,亦即艺术陈述的统一性表现为一种永远不可穷尽的回答多样性。但是我认为,利用这种永无止境的多样性来反对艺术作品不可动摇的同一性乃是一种谬见。我认为以下说法似乎正是用来反对尧斯的接受美学和德里达的解构主义的(这两者在这点上是相近的):坚守文本的意义同一性既不是回复到业已被克服了的古典美学的柏拉图主义,也不是囿于形而上学。

也许人们会问,我把理解的差异性与文本或艺术品的统一性联系起来的试图,特别是我在艺术领域中坚持作品概念(Werkbegriff)的做法难道不正是以一种形而上学意义上的同一性概念为前提的吗?因为如果诠释学意识的反思也承认理解总是不同的理解,那么我们就实际上正确地对待了作为艺术品之特色的反抗性和不可穷尽性。艺术这个例子真的能构成一般诠释学能得以展开的领域吗?

我的回答是：我的诠释学理论的出发点对我来说正是在于，艺术作品乃是对我们理解的一种挑战，因为它总是不断地摆脱掉穷尽一切的处境并把一种永远不能克服的抵抗性同企图把艺术作品置于概念的同一性的倾向对峙起来。我认为，在康德的《判断力批判》一书中人们就可以知道这一点。正因为此，艺术例子就可以行使指导职能，我的《真理与方法》的第一部分对于我的哲学诠释学的整个构想就起着这种指导职能。如果我们把"艺术"的"陈述"的无限多样性承认是"真"的，那么这种职能就变得格外明显。

我从一开始就作为"恶"的无限性的辩护人而著称，这种恶的无限性使我同黑格尔处于似乎是极为紧张的关系之中。[2] 不管怎样，在《真理与方法》那本书中处理反思哲学的界限并转为分析经验概念的那章中，我都试图清楚地说明这一点。我甚至利用黑格尔带有敌意地使用的"反思哲学"这个概念来反对黑格尔自己，并在他的辩证方法中看出他同近代科学思想的不良妥协。如果说黑格尔的辩证方法把正在进行着的经验的外在反思置于思想的自我反思之中，那它只不过是在思想之中的一种调解。

另一方面，我们几乎无法回避意识唯心主义的内在封闭性和反思运动的吸引力，这种反思运动把一切都吸入内在性之中。当海德格尔通过实际性诠释学而超越了此在的先验分析和出发点时，他不是正确的吗？我又如何找出我自己的道路呢？

事实上我是从狄尔泰及其为奠定精神科学基础的探究出发的，并通过批判使自己与这种倾向相脱离。当然，通过这种方式，我很艰难地才达到从开初就致力研究的诠释学问题的普遍性。

人们在我论证的某些论点上会特别感到我的出发点同"历史"

精神科学是一致的。特别是我引进的时间距离的诠释学含义是如此明显地让人认为,这为他者之他在性的根本性意义以及适合于作为谈话之语言的根本作用做了不好准备。也许,首先在一种一般的形式中谈论距离的诠释学功能更为符合事实。它并非总是涉及一种历史距离,它也并非总是那种能够克服错误的共鸣和歪曲的应用的时间距离。距离即使在同时性中也表明是一种诠释学因素,例如,在两个通过谈话试图寻找共同基础的谈话者之间,以及在用外语讲话或在陌生的文化中生活的人之间进行的照面(Begagnung)就是如此。在所有这些照面中人们总会把一些以为是不言而喻的东西当作自己的前意思,因而就不能认识到自己天真地把它想当然地等同起来并造成了误解。对谈话基本含义的认识对于人种学研究及其征询意见技术的疑问性也具有意义。⑦ 同样正确的是,凡时间距离发生作用的地方,它都保持了一种特殊的批判辅助性,因为变化总是此后才发生,而区别也只是此后才能被观察到。我们可以想象一下评价同时代的艺术的困难性,这一点我在我的著作中特别加以注意。

　　毫无疑问,这种思考扩展了距离经验的含义。但它仍然一直处于一种精神科学理论的论证关系之中。我的诠释学哲学的真正推动力却正好相反。我是在主观唯心主义的危机中成长起来的,在我青年时代,这种主观唯心主义随着人们重新接受克尔凯郭尔对黑格尔的批判而得到勃兴。它给理解的意义指出了一种完全不

---

⑦ 对此可参阅 L. C. 瓦特松(Watson)和 M. B. 瓦特松-弗朗克(Watson-Franke)的新作《解释生活史》,1985 年(鲁特格大学出版社)。

同的方向。正是他者打破了我的自我中心主义,因为它使我去理解某物。这种动机从一开始就引导着我。在我写于1943年的文章中(这篇文章我重新发表在本书中⑧)这种动机得到完全的显现。当海德格尔在当时看到这篇短文时,他一方面点头赞赏,但同时又问道:"那么你又怎么处理被抛状态(Geworfenheit)呢?"显然,海德格尔的反问中包含的意思是,在被抛状态这个专门概念中存在着对完全的自我占有和自我意识这种理想的反例。但我却看到了这种他者的特殊现象并正确地试图在谈话中建立起我们世界定向的语言性。这样我认为自己开辟了一个问题域,这个问题域从我的前驱者克尔凯郭尔、戈加滕(Gogarten)、特奥多·赫克尔(Theodor Haecker)、弗里德里希·埃伯纳(Friedrich Ebner)、弗朗茨·罗森茨威格(Franz Rosenzweig)、马丁·布伯(Martin Buber)、维克多·冯·魏茨泽克(Viktor von Weizsäcker)等人开始就吸引了我。

当我在今天试图重新思考我同海德格尔的关系以及我同他的思想的联系时,这一切都历历在目。批评家曾经以完全不同的方式看待这种关系。一般说来,人们都确信是我使用了"效果历史意识"这个概念。实际上我只是重新使用了意识概念,而海德格尔在《存在与时间》中早已清楚地指出了意识概念的本体论前在性(Voreingenommenheit),这对我来说只意味着适应一种对我来说很自然的语言用法。这当然会造成与早期海德格尔的探究密切相连的假象,这种探究从此在出发,而此在只与它的存在相关并通过

---

⑧ 《当今德国哲学中的历史问题》,参见我的著作集,第2卷,第27页以下。

这种存在理解而表明自身。后期海德格尔则力求克服《存在与时间》所具有的先验哲学立场。但我自己引入效果历史意识概念的动机却正在于开辟通往后期海德格尔的通道。当海德格尔关于形而上学概念语言的思想产生时,他陷入了一种语言困境,这种困境导致他依赖荷尔德林的语言并导向一种半诗化的文风。我在自己关于后期海德格尔的一些短篇文章中⑨试图讲清楚,后期海德格尔的语言态度并不表明他已陷入了诗学;相反,在他的思想线索中已经存在着把我引向我自己的研究工作的因素。

我从学于海德格尔是从海德格尔由马堡回到弗赖堡开始的,并以我自己在马堡开始担任教席而告终。那时海德格尔发表了在今天作为艺术作品论文而著称的三篇法兰克福讲演。我是在1936年听到这些讲演的。在那些讲演中出现了"大地"(Erde)这个概念,由于这个概念,海德格尔就又一次极度地违背了他长期以来从德语的语言精神中更新并在讲课中赋予其生命的现代哲学的词汇。这与我自己的探究和我自己关于艺术和哲学关系的经验是这样对立,以致在我心中立即唤起了一种反响。我的哲学诠释学正是试图遵循后期海德格尔的探究方向并以新的方式达到后期海德格尔所想完成的工作。为了这个目标我容忍自己坚持意识概念,尽管海德格尔的本体论批判正是反对这种意识概念的最终建立作用。不过我试图把这个概念限制在它自身之内。海德格尔无疑在这里发现一种倒退到已被他超越了的思想域的倾向——虽说他并未忽视,我的意图同他自己的思想方向乃是一致的,至于我所

---

⑨ 《海德格尔之路——后期著作研究》,蒂宾根,1983年;现收入我的著作集,第3卷。

走过的道路是否能说已在一定程度上赶上了海德格尔的思想历险,这一点不能由我来断定。但我们今天总可以说,这是一条可以由此出发指示出后期海德格尔的某些思想尝试的道路,对于那些不能与海德格尔的思想行程同步的人,这条道路也能使他们了解一些东西。当然人们必须正确地阅读《真理与方法》一书中关于效果历史意识的章节。在这些章节中人们绝不会看到对自我意识的修改,例如某种效果历史的意识或某种以此为基础的诠释学方法。相反,人们必定会在其中发现我们都生活于其中的效果历史对意识的限制。这种效果历史是我们永远不可能完全识破的。正如我当时曾讲过的,效果历史意识"与其说是意识倒不如说是存在"。⑩

因此,当年轻一代批判诠释学的学者中的一些佼佼者,像海纳·安茨(Heiner Anz)、曼福雷德·弗朗克(Manfred Frank)或托马斯·西伯姆(Thomas Seebohm)等人⑪认为我继续使用传统的哲学概念是同我的构思相矛盾的,对此我是不能苟同的。德里达曾用这种论证反对过海德格尔⑫。他认为海德格尔并未能克服实际上由尼采造成的形而上学。按照这种论证,法国最近的尼采崇拜者理所当然地摧毁了存在问题和意义问题。

现在我自己也不得不反对海德格尔,我认为根本不存在形而

---

⑩ [参见我的著作集,第 1 卷,第 367、460 页;第 2 卷,第 247 页。]

⑪ 海纳·安茨:《诗歌用语的含义——诗学的诠释学证明及批判之研究》,慕尼黑,1979 年;曼福雷德·弗朗克:《可说的和不可说的——最近法国诠释学和文本学研究》,法兰克福,1980 年,以及《什么是新结构主义?》,法兰克福,1984 年;托马斯·西伯姆:《论诠释学理性批评》,波恩,1972 年。

⑫ 《哲学的边缘》,巴黎,1972 年,第 77 页。

上学的语言。我在勒维特的纪念文集中已经说明了这一点。[13] 实际上只存在其内容由语词的运用而规定的形而上学概念,就如所有的语词一样。我们的思想据以活动的概念就如我们日常语言用法中的语词一样很少受固定的前定性的僵硬规则的控制。尽管哲学的语言承荷着沉重的传统负担,例如被转换成拉丁语的亚里士多德形而上学的语言,但它仍然试图使语言提供的所有内容具有灵活性。它甚至能够在拉丁语中重新改造古老的意义指向,例如库萨的尼古拉的这种天才就曾使我长期惊叹不已。这种改造并非必然通过黑格尔式的辩证方法抑或海德格尔的语言力或语言强制而发生。我在我的语境中所使用的概念都通过它们的使用而重新得到定义。它们甚至已不再是海德格尔的本体论神学(Ontotheologie)向我们重新解释过的古典亚里士多德形而上学的概念。它们更多地同柏拉图的传统有关系。我有时[例如在代表(Repräsentation)的例子中[14]]通过某些细微的变动而使用的术语像 Mimesis(模仿),Methexis(分享),Partizipation(参与),Anamnesis(回忆),Emanation(流射)等,都带有柏拉图的概念痕迹。就这些概念由亚里士多德所建立的形态来说,它们在亚里士多德那儿至多只是在批判的转义中起作用,并且并不属于形而上学的概念。我要再次提请大家注意我那篇关于善的理念的学术论文,[15]我在那篇文章中试图使人相信,亚里士多德比起

---

[13] "关于黑格尔和海德格尔这一题目的评注",参见《勒维特纪念文集》,斯图加特,1967年,第123—131页,以及《海德格尔之路——后期著作研究》,第61—69页;也可参见我的著作集,第3卷。

[14] [参见我的著作集,第1卷,第74页以下、第146页以下和第210页以下。]

[15] "柏拉图和亚里士多德关于善的理念"(《海德堡科学院会议论文集》,哲学-历史卷,论文集2),海德堡,1978年,第16页[现收入我的著作集,第7卷]。

人们所认为的更是一个柏拉图主义者,而亚里士多德的本体论神学构想只是他从他的物理学出发进行并收集在《形而上学》一书中的一种设想。

这样我就接触到自己同海德格尔的思想真正的分离点了,我的研究,尤其是关于柏拉图的研究的很大部分都与这个分离点有关。⑯(我感到满意的是,正是这些研究向年事已高的海德格尔说明了某些东西。读者可以在我的著作集第6卷和第7卷的一部分中找到这些文章。)我认为,我们不能把柏拉图读成本体论神学的先驱者。甚至亚里士多德的形而上学还包含有海德格尔当年所阐明的因素之外的因素。对此我认为我能在一定的范围内引证海德格尔自己的话。我首先想到的是海德格尔以前对"著名的类推"的偏好。他在马堡时期经常这样说。亚里士多德的这种 analogia entis(事物的类推)理论对于他自己从早期开始就是作为对抗终极证明理想的保证人而受到他的欢迎,就如它曾以费希特的方式指导过胡塞尔一样。在海德格尔那里为了小心翼翼地同胡塞尔的先验自我解释保持距离而经常使用的术语乃是"同源性"(Gleichursprünglichkeit)——这个术语可能是"类推"的同义词,并且基本上是一种现象学-诠释学用语。引导海德格尔从 Phronesis(实践智慧)概念出发走上他自己道路的并非仅仅是亚里士多德对善的理念的批判。正如海德格尔富有启发的关于 Physis 的文章所指出的,他感到给予自己以推动的正是亚里士多德形而上

---

⑯ [对此参见我的著作集,第5、6卷以及即出的第7卷。]

学的中心,正是亚里士多德的物理学。⑰ 这正可以说明,为什么我要赋予语言的对话结构以如此中心的作用。我是从伟大的对话家柏拉图那里,或者说正是从柏拉图所撰写的苏格拉底的对话中学习到,科学意识的独白结构永远不可能使哲学思想达到它的目的。我对第7封信注释的解释似乎使我否定了一切对这封信的真实性所具有的怀疑。从那封信我们才能完全理解,为什么哲学的语言自那以后总是经常地在同自己历史的对话中不断地构成——虽说以前它总是随着历史意识的出现而在一种新的、充满紧张的历史重建和思辨改造的两重性中解说着、纠正着、改变着。形而上学的语言总是并永远是一种对话,即使这种对话已经经历了数百年数千年之久的历史距离。正是出于这种理由,所以哲学文本并不是真正的文本或作品,而是进行了诸多时代的一场谈话的记录。

也许我该在这里对一些有关诠释学问题的继续发展和独立的相反解释作些评论,例如汉斯·罗伯特·尧斯和曼福雷德·弗朗克是前者的代表,而雅科斯·德里达则是后者的代表。尧斯所提出的接受美学(Rezeptionsästhetik)用全新的角度指出了文学研究的一个整体度向,这是毫无疑问的。但接受美学是否正确地描绘了我在哲学诠释学中所看到的东西呢？如果人们在这里认为我是在为古典主义和柏拉图主义的肤浅概念讲话,那我就认为人们误解了我在古典型概念的例子中所阐明的理解的历史性。实际情况

---

⑰ "论本质和Physis(自然)概念",参见亚里士多德:《物理学》,B1,载《亚里士多德全集》,第1系列,第9卷,第239页以下。

正好相反。在《真理与方法》一书中关于古典型的例证将表明,历史的运动性是如何深深地进入了人们称之为古典型的东西(以及那些当然包含某种规范成分而不具备风格特征的东西)的无时间性之中,从而使得理解总是不断地变化和更新。古典型的例证不仅同古典的风格观念毫无关系,而且与那些我总是认作为柏拉图本身意图之变形的柏拉图主义的肤浅概念也毫不相关。⑱ 当奥斯卡·贝克尔在他的批判中谴责我过分沉溺于历史,并用毕达哥拉斯主义关于数、声音和梦的思想来反对我时,他的看法比起尧斯来还算较为正确一些。⑲ 不过,这种指责实际上也不正确。但这里我们并不讨论这个问题。尧斯的接受美学如果想把作为一切接受模式基础的艺术作品消融在声音的多角形平面中,那么我认为这是一种篡改。

我同样不明白的是,尧斯试图使其发生作用的"审美经验"怎么会使艺术经验得到满足。我的"审美无区分"这个颇为费解的概念的要点就在于不该把审美经验太孤立,以致使艺术仅仅变成一种享受的对象。尧斯对视域融合的"否定"在我看来也似乎犯了同样的错误。我在我的分析中已经强调过,视域的显露(Horizontabhebung)在诠释学研究过程中表现为一种整体因素。诠释学反思告诉我们,这种显露任务从本质根据来说是不可能完成的,这也并非表明我们经验的弱点。接受研究不可能摆脱存在十一切解释中的诠释学关联(Implikation)。

---

⑱ 在前面第12页提到的关于善的理念的文章中我曾试图使人相信亚里士多德已经进行了这种修正:亚里士多德用元-物理学重新解释了柏拉图的元-数学。

⑲ 《哲学评论》,第10卷,1962年,第225—237页。

曼福雷德·弗朗克通过他的依据于德国唯心主义和浪漫主义的内在知识的研究同样在本质上推动了哲学诠释学。但我认为他所说的也并非都很清楚。他在很多出版物[20]中从他那方面批判了我对施莱尔马赫心理学解释所作的批判性研究。他的批判以结构主义和新结构主义的观点作为根据并对于施莱尔马赫正处于现代符号理论开端的语法解释给以极大的注意。他试图褒扬施莱尔马赫的语法解释而反对其心理学的解释。但我认为并不能因此而贬低作为施莱尔马赫真正新贡献的心理学解释。同样,我们也不能仅仅因为预感(Divination)这个概念同"风格"有关就贬低它。好像风格并不属于讲话的具体因素。此外,预感这个概念是施莱尔马赫一直坚持使用的,他于1829年所作的权威性的学术演讲就证明了这一点。[21]

谈论语法解释的纯语言意义,好像有一种不带心理学解释的纯语法解释,这是不对的。诠释学问题正由于语法解释乃是被个体化了的心理学解释所渗透才得到显露,而解释者复杂的条件性就在这种心理学解释中起作用。我愿意承认,我因此而愿意更强

---

[20] 《个体的普遍性——施莱尔马赫的文本结构和文本解释》,法兰克福,1977年,以及《施莱尔马赫导论——诠释学与批判》,1977年(第7—66页)。

[21] 预感概念在那里完全起着我所描述过的作用。显然在预感的程序中牵涉到一种类推的程序。但问题在于这种类推程序是为谁服务的。弗朗克在他那本值得称道的《施莱尔马赫的诠释学》的新版本第52页中引证了下述这句话:"一切告知(Mitteilung)都是对感觉的重新认识。"使得解释不可完成的并不是语法解释而是心理学解释,因为语法解释反而使完满的理解得以实现(吕克编,205[3])。个性化和诠释学问题并不在语法解释中,而是存在于心理学解释中。我认为关键就在于此。弗朗克在反对基默尔的意见时就正确地指出,心理学解释在施莱尔马赫那里从一开始就出现了,并且由于施莱尔马赫而进入了诠释学。

烈地关注施莱尔马赫的辩证法和美学,弗朗克正确地指出了这一点。也许我对施莱尔马赫的个体化理解这一很有价值的观点还可以更好地加以处理。但我在《真理与方法》出版后不久就直接对此作了弥补。[22] 我当时的用意并不在于对施莱尔马赫作全面的评价,而是把他解释成效果历史的始作俑者,效果历史这个概念已由施泰因哈尔(Steinthal)投入使用,并以狄尔泰所赋予的科学理论高度取得了无可争议的统治地位。据我看来,这样就缩小了诠释学问题的范围,并且这种效果历史绝非虚构。[23]

在此期间,曼福雷德·弗朗克最近的研究又为德国读者介绍了新结构主义的基本原理。[24] 这使我在某些方面有所明白。特别是弗朗克的阐述使我认清楚,德里达对 présence(在场)的形而上学的指责主要是依据于海德格尔对胡塞尔的批判以及海德格尔以"现成在手状态"(Vorhandenheit)这个术语对希腊本体论所作的批判。但德里达既没有正确地评价胡塞尔也没有正确地评价海德格尔。其实胡塞尔并没有停留于他的《逻辑研究》第 1 卷所谈论的理想的——即某一种的——意义(ideal-einen-Bedeutung)上,而是通过对时间的分析证明了那里所假定的同一性。

时间意识的现象学一般只是表现了客观效用的临时基础。这

---

[22] 参见我的论文"施莱尔马赫诠释学中的语言问题",载《短篇著作集》,第 3 卷,第 129 页以下;也可参见我的著作集,第 4 卷。

[23] W. 安茨在《神学和教会杂志》1985 年第 1—21 页的一篇出色的论文"施莱尔马赫和克尔凯郭尔"中解释了施莱尔马赫的"辩证法"中对于哲学诠释学具有创造性的因素。

[24] 参见 M. 弗朗克的《可说的和不可说的——最近法国诠释学和文本学研究》(法兰克福,1980 年)以及《什么是新结构主义?》(法兰克福,1984 年)。

无疑是胡塞尔的意图并且非常具有说服力。据我看来,即使人们把胡塞尔的先验的终极证明观念以及他对先验自我及其临时自我结构的承认指责为"逻辑研究"的最终保证,这也并不能动摇同一性。

这些指责并未触及自我的同一性以及建立在两个对话者之间的意义同一性。虽说通过他者进行的理解绝不可能达到对被理解物的完全揭示这一点无疑是正确的。但诠释学分析却必须清除一种关于理解和相互理解的错误模式。因此在相互取得一致意见的时候绝不是使区别消失于同一性之中。当我们说我们对某事取得一致意见时,这绝不是说,某人同他者在信念上完全一致了。我们德语对此有个很好的表述,即"Man kommt überein"("达成协议")。借用希腊语言的天才,这可表述为一种更高形式的 syntheke(综合)[4]。如果我们把讲话即 discours 的要素孤立起来并使它成为批判的对象,我认为这是一种观看角度的转向。实际上并不存在这样的要素,而且我们也可以理解,为什么当我们注视着"符号"("Zeichen")的时候必须谈延异(différance 或 différence)。没有一种符号能够在绝对的意义上同含义(Bedeutung)同一。德里达在胡塞尔的《逻辑研究》和《现象学观念(第 1 卷)》的意向性概念中发现了柏拉图主义的影子,他对这种柏拉图主义的批判当然是有道理的。但胡塞尔本人早已澄清了这一点。我认为,从消极的综合概念和同义的意向性学说出发实际上有一条很清晰的路线可通向诠释学经验,而这种诠释学经验凡在它摆脱了先验思维方式的方法压力的地方都可以同我的格言相一致,即"我们有所理解的时候,我们总是以不同的方式在理解"。㉕ 自《真理与方法》完成之后,文学概念在诠释学的问题圈中所取得的地位就一直是我主要的研究课题。大家可以对比一下我的著作集第 2 卷中的"文本和解释"、"解析和解构"以及第 8 和第 9 卷中的文章。正如我曾说过的,我在《真理与方法》中并没有精确地区分语言游戏和艺术游戏之间必要的区别,而实际上语言和艺术之间的联系正是在文学中最能使人把握到,而文学正是通过语言艺术——以及书写艺术——而得到规定的。

诗学自古以来就同修辞学紧密相连,而随着阅读文化的扩展——它在希腊化时代业已开始并在宗教改革时代得到完成——所书写下来的东西,或者用一般的概念说,litterae(文学)就被包括在文本之中了。这就意味着,阅读成了诠释学和解释的中心。诠释学和解释都是为阅读服务的,而阅读同时又是理解。凡同文学诠释学有关的地方,它都首先涉及到阅读的本质。我们自然可以深信活生生的话语所具有的优先地位,存在于谈话中的语言的本源性。然而阅读却指示了一个更为宽广的范围。这样,更宽泛的文学概念就得到了证明,而这个概念正是我在《真理与方法》第一部分末尾预先为后来的观点指出的。

看来有必要在这里讨论一下阅读和再现(Reproduzieren)之间的区别。虽说我不能像埃米里·贝蒂在他的解释理论中所作的那样把理解和再现完全区别开来,但我必须坚持以下观点,即正是阅读,而不是再现,才是艺术作品本身真正的体验方式,而这种体

㉕ [参见我的著作集,第 1 卷,第 302 页。]

验方式则把艺术作品规定为艺术作品。在艺术作品中涉及的乃是一种"真正"词义上的"阅读",正如诗的文本乃是一种"真正"词义上的文本。实际上阅读正是一切与艺术照面的进行方式(die Vollzugsform aller Begegnung mit kunst)。它不仅存在于文本中,而且也存在于绘画和建筑物中。㉖

再现则是另一回事,它是以声音和音调等感性材料达到一种新的实现——因此它涉及的似乎是一种新的创作。的确,再现将把真正的作品表现出来,正如戏剧在舞台上的表演以及音乐在演奏中的表现,我认为,这种生动的再现具有解释的名称乃是正确的。因此无论在再现的情况中或是在阅读的情况中都必须坚持解释的共同性。再现也是理解,虽说理解并非仅仅是再现。再现所涉及的并不是一种完全自由的创造,而是正如"Aufführung"这个词很好地表达的那样是一种演出,通过这种演出对某件固定作品的理解就达到一种新的实现。而在阅读时的情况则不一样,在阅读时,文字固定物的实际意义(Sinnwirklichkeit)是在意义进程本身中得到实现,而没有任何东西发生。因此,在阅读时理解的实现就不像再现时那样,㉗它不是以一种新的感性现象来实现的。

㉖ 参见我的论文"关于绘画和建筑的阅读",载 G. 伯姆主编:《M. 英达尔纪念文集》,维尔茨堡,1986年。

㉗ 这是一个特别的问题,正如在音乐中关于阅读和再现的关系问题。也许我们会同意在阅读音符时并不能真正体验到音乐,这就构成音乐和文学的区别。这也显然适用于戏剧,因为戏剧原来也不是为阅读而写的。甚至史诗从某种外在意义看以前也是为演唱者而写的。尽管如此,这里还是存在本质区别。音乐是需要有人演奏的,而听众也仿佛要一起演奏。在这个问题上我从格奥加德斯(Georgiades)那里学到很多,这里请读者参阅最新由他的遗著中整理出版的著作《命名和演奏》(哥廷根,1985年)。

阅读是一种特有的、在自身中得到实现的意义进程(Sinnvollzug)，从而与剧院和音乐厅里的演出大相径庭，这一点在朗读(Vorlesen)上就可以得到说明。在默读中这点也相当清楚，尽管默读有时也发出声来，例如在古典时代就显然如此。虽说它只是以一种程式化的方式直观地得到实现，它仍然是一种完全的意义进程。它保留着用各种想象去进行补充的可能。我已运用罗曼·英加登的研究对此作了说明。朗读者的情况也是如此：好的朗读者必须时刻牢记他并不是真正的说话者，他只是服务于一种阅读过程。虽说他的朗读在他人看来是再现和表演，也即包含一种在感官世界中新的实现，但它却封闭在阅读过程的内部。

通过这种区分我们肯定可以澄清我在其他论文中一直反复思考的问题，即作者的意图对于诠释学事件究竟起着何种作用。在日常的言语用法中，由于它涉及的并不是穿透僵硬的文字，所以这点比较清楚。我们必须理解他人；我们必须理解他人所意指的究竟是什么。我们可以说并没有同自己相分离，并没有以一种文字的或固定下来的话语向不相识的人作传达或转告，而这个不相识的人则可能由于有意无意的误解而歪曲了他要理解的内容。此外，我们甚至没有同我们正与之说话并倾听我们说话的人相分离。

这位他者在多大程度上理解我所想说的内容，是通过他在多大程度上同意我所说的而得到表现。通过谈话被理解的对象就从意义指向的不确定提升到一种新的确定性，这种确定性能使自己发现被人理解了或被人误解了。这就是谈话中所真正发生的：被意指的内容清楚地表达出来，因为它变成一种共同的东西。因此个别的表述总是处于一种商谈事件(ein kommunikative Geschehen)之中并且根本也不能被理解为个别的表述。因此所谓的 mens auctoris（作者的精神），正如"作者"这个词一样，只是在不涉及生动的谈话，而只涉及固定下来的表述的地方才起一种诠释学的作用。于是那里的问题又出现了：是否只有当我们追溯到原作者的时候才能够理解呢？如果我们追溯到了原作者的意思，这种理解就足够了吗？如果因为我们对原作者一无所知从而不可能追溯时又将怎么办呢？

我认为传统的诠释学并没有完全克服心理主义的后果。在所有的阅读和对文字东西的理解时都涉及到一种过程，通过这种过程，被固定在文本中的内容就提升为新的陈述并且必定会得到新的具体实现。真正的谈话的本质就在于，含义总是会超越所说出的话语。所以我认为，把说话者的含义（Meinung）假设为理解的尺度就是一种未曾揭露的本体论误解。看来好像我们可以把说话者的含义以一种复制的方式制造出来，然后把它作为尺度对话语进行衡量。实际上正如我们所看到的，阅读根本不是能同原文进行比较的再现。这种说法就如已由现象学研究克服了的认识论理论一样，即我们在意识中有着一幅我们意指对象的图像，即所谓的表象。一切阅读都会越出僵死的词迹而达到所说的意义本身，所以阅读既不是返回到人们理解为灵魂过程或表达事件的原本的创造过程，也不会把所指内容理解得完全不同于从僵死的词迹出发的理解。这就说明：当某人理解他者所说的内容时，这并不仅仅是一种意指（Gemeintes），而是一种参与（Geteiltes）、一种共同的活动（Gemeinsames）。谁通过阅读把一个文本表达出来（即使在阅读时并非都发出声音），他就把该文本所具有的意义指向置于他自己开辟的意义宇宙之中。这就最终证明了我所遵循的浪漫主义观点,即所有的理解都已经是解释。施莱尔马赫[28]曾经这样明确表述过:"解释同理解的区别就如发声的说话同内心的说话之间的区别一样。"[29]

这也适用于阅读。我们称阅读为理解的阅读。因此阅读本身已经是对所意指的东西的解释。这样阅读就是一切意义进程的共同基本结构。

尽管阅读绝不是再现,但我们所阅读的一切文本都只有在理解中才能得到实现。而被阅读的文本也将经验到一种存在增长,正是这种存在增长才给予作品以完全的当代性(Gegenwärtigkeit)。虽说阅读并不是在舞台或讲台上的再现,但我认为情况正是如此。

我在"文本和解释"那篇文章中已经详细地分析了诠释学必须处理的各种不同形式的文本。然而历史学这种特殊形式的文本却需要一种特别的讨论。即使我们从这一前提出发,即历史研究归根结底也是解释,因而也是意义的进程,我们也必须提出以下问题,即历史学家同他要研究的文本亦即历史本身之间的关系与语文学家同他的文本之间的关系是否两样。历史学家对我在《真理与方法》一书中(第330页以下)所指出的观点所表现的反感使我理解到,我并未能摆脱掉把历史理解的特殊方式过于同语文学家的理解方式等同的这种危险。我现在发现,这并不像我在《真理与方法》中所考虑的那样只是一个标准问题。历史学并非仅仅是扩大意义上的语文学(《真理与方法》第345页)。毋宁说这是另一种

---

[28] 《施莱尔马赫全集》,第3卷,第384页。
[29] 《真理与方法》,参见我的著作集,第1卷,第188页。

意义上的文本,因此理解文本在两种情况里都起作用。

可以作为历史对象呈现的整个传承物并不是像单个文本对于语文学家那种意义上的文本。对于历史学家说来这种传承物的整体是否就如语文学家所面对的文本那样被给出的呢?对于语文学家来说,文本,尤其是诗的文本就像一种先于一切新解释的固定尺度那样是被给予的。而历史学家则相反,他首先需要重构他的基本文本即历史本身。当然,我们不能在两者之间作出截然的区分。历史学家对于他所遇到的文字文本或其他文本首先也得像语文学家一样进行理解。语文学家也同样必须常对他的文本进行重建和评论从而使人们可以理解这些文本,他也要让历史知识像其他学科中一切可能的其他知识一样包括在他对文本的理解中。但在历史学和语文学中,理解的眼光,亦即对意义的注视仍然是不相同的。一件文本的意义同它所想讲的相同。而一件事件的意义则相反,人们只有根据文本和其他证据,甚至通过重新评价这些文本和证据本身的观点才能释读出来。

为了说明问题我想在这里引入一种语文学的意义,这种意义可能是对希腊语词的词义翻译:语文学就是对自己陈述的意义感到乐趣。至于这种意义是以语言形式还是其他形式陈述那是无关紧要的。因此,艺术当然也就是这样的一种意义承载者,科学和哲学也同样如此。但是语文学的这种最广的含义,即理解意义,却与同样试图理解意义的历史学不同。作为科学,语文学和历史学都使用它们的科学方法。但是,一旦涉及的是文本(不管是哪种形式的文本),这些文本却不能仅以方法研究的途径得到理解。每一件文本在科学给它提供帮助之前都要先找到它的读者。对自己陈述的意义感到愉悦,以及对被掩盖的意义进行研究这两者之间的区别已经划出了两种理解方式活动的意义范围。一方面是读者对意义的猜测——而读者这个概念显然可以毫无困难地扩展到一切形式的艺术。另一方面则是读者因其自己的出身和来源而具有的不确定知识,以及自己当下的历史深度。因此,对自己陈述意义的所有文本的解释就总是同先行的理解有关,并在这种先行理解的扩展中得到完成。

历史的文本也同样如此,它部分是由本身的生活史,部分则由通过历史知识的教育而成为每个人所知的东西所预先规定的。在历史研究开始其方法的工作之前,我们都已被置于这样一种把本身传统的内容都包括在内的历史图像之中。与我们所有的历史性一样,那种把传统和来源同批判的历史研究相联结的生命纽带也永远不会完全解开。即使有人试图像兰克那样作为臆想的世界史旁观者来消除掉他自己的个体性,他也仍然是他自己时代的宠儿和他的家乡的骄子。不管是语文学家或是历史学家都无法认出他们自身理解的条件性,这些条件性乃是先于他们而存在并且是先于他们方法上的自我控制而存在的。这对于历史学家和语文学家都是如此,但语文学家的情形却不同于历史学家的情形。对于语文学家,在文本中陈述的意义的同时性是通过他的解释而设立的(如果这种解释是成功的话)。但在另一方面,我们在历史学家那儿发现的则是建立和消除意义关联,以及经常的纠正,摧毁传说,发现错误,经常打破意义结构——这样做都是为了寻求在这后面隐藏着的意义,这种意义也许根本不可能达到意义证据的同时性。

使我继续发展我的研究的另一个方向,是与社会科学和实践哲学的问题有关。因此约尔根·哈贝马斯于60年代对我的研究所表示的批判兴趣就具有了批判的意义。他的批判和我的反批判使我更加意识到我事实上已经进入了的一个领域,因为我已超越了文本和解释的领域而开始研究一切理解的语言性。这就给了我一个机会,使我不断地深入到修辞学部分中去。这个部分在诠释学的历史中已有所表现,但诠释学还要为社会存在形式而占有这部分。本书中的部分文章对这一点也作了证明。

最后我还必须面对同一个问题方向,即更清楚地勾勒出哲学诠释学的科学理论特性,以便理解和解释以及诠释学科学的程序都能在这种特性中证明自己的合法性。于是我提出了自己从一开始就苦苦求索的问题:什么是实践哲学?理论和反思如何才能指向实践的领域?因为在实践的领域中绝不能容忍距离而是要求义务。这个问题在开初是由于克尔凯郭尔的存在激情(Existenzpathos)而吸引着我。在这个问题上我是以亚里士多德的实践哲学的典范为根据的。我力图避免那种关于理论及其应用的错误模式,这种模式从近代科学概念出发对实践概念作了片面规定。康德正是在这点上开始了对近代的自我批判。我一直都相信在康德的《道德形而上学的奠基》中可以发现一种虽说是部分的亦即只是局限在绝对命令之中,但整个说来却是不可动摇的真理,如果启蒙运动的动机是想维护卢梭的批判(这种批判对康德说来按他自己的承认乃是确定的),它就不该缠留在一种社会功利主义之中。

在这个问题背后存在着"一般"具体化(Kontretion des Allgemeinen)这个古老的形而上学问题。我在我的早期对柏拉图和亚里士多德的研究中就已注意到这点。我思想形成时期的第一篇文章(写于1930年)现在正好以"实践知识"为题第一次发表在我的著作集第5卷中。我在那篇文章中联系《尼各马可伦理学》第6卷解释了Phronesis(实践智慧)的本质,我这样做是由于受了海德格尔的影响。在《真理与方法》中这个问题重又取得了中心地位。如今亚里士多德的实践哲学传统已被人从多方面重新接受。我认为这个问题具有一种真正的现实性,这是毫无疑义的。在我看来这同今天多方与所谓的新亚里士多德主义相联系的政治口号并无关系。什么是实践哲学这个问题对于近代思想的科学概念总是一种不容忽视的真正挑战。我们可以从亚里士多德那里得知希腊的科学这个概念,即Episteme,所指的是理性知识(Vernunfterkenntnis)。这就是说,它的典范是在数学中而根本不包括经验。因此,近代科学与希腊的科学概念即Episteme很少相符,它倒是更接近于Techne(技术)这一概念。不管怎样,实践知识和政治知识从根本上说与所有那些可学到的知识形式及其应用的结构是不一样的。实践知识实际上就是从自身出发为一切建立在科学基础上的能力指示其位置的知识。这就是苏格拉底追问善的问题的含义,柏拉图和亚里士多德都坚持了这种含义。如果有谁相信,科学因其无可争辩的权能而可以代替实践理性和政治合理性,他就忽视了人类生活形式的引导力量,因为唯有人类的生活形式才能够有意义并理智地利用科学和一切人类的能力,并能对这种利用负责。

但实践哲学本身却并不是这样一种合理性。它是哲学,这就是说,它是一种反思,并且是对人类生活形式所必须是什么的反思。在同样的意义上可以说哲学诠释学也并非理解的艺术,而是理解艺术的理论。但这种种唤起意识的形式都来自于实践,离开了实践就将是纯粹的虚无。这就是从诠释学的问题出发所重新证明的知识和科学的特殊意义。这也正是我自《真理与方法》完成以后一直致力的目标。

补正:关于诠释学和解构主义的讨论在此期间仍在热烈进行。参见 J. 哈贝马斯对德里达所作的出色批判(《现代哲学讨论》,法兰克福,1985 年,第 191 页以下),以及关于《文本和解释》的讨论(由德尔梅厄(Dallmayr)用英语写作,在依阿华作准备),还有我对 F. 德尔梅厄《城邦和实践》(剑桥,1984 年)所作的评论。这些文章都对"解毁和解构"(参见我的著作集,第 2 卷,第 361 页以下)作了补充。

II

准 备

2
当今德国哲学中的历史问题
(1943年)

如果要对近几十年德国哲学的特征作出描绘,我们会发现它最重要的特征就是它的历史态度。盎格鲁-撒克逊的观察家有时甚至就把它叫作一种沉重的历史态度,他们对德国哲学为何如此着重讨论哲学的历史问题感到奇怪。实际上哲学对其自身历史感兴趣绝非是不言而喻的事情,它包含着一种特有的疑问。假如说哲学和一切认知一样都是研讨真理,那么我们应当怎样认识通向真理的直接道路(Wege)和间接道路(Umwege)呢?无论如何,弗里德里希·尼采在他著名的《不合时宜的考察》第二部中对历史学所作的批判至今仍在我们耳边回响。难道历史意义真的只是19世纪在他那里所看到的我们那个世界的巨大扩展?难道这种历史意义不正是一种标志,它表明自从现代人开始学会用众多的眼睛同时观看世界以来,现代人已根本不再拥有自己的世界?凡在真理借以显现的各种观点开始被人认识的地方,难道这种真理的意义不是早已消解了?

事实上,我们必须认识到,人的此在及其认识的历史性怎样已经对我们成为一个问题。在德国,人们把这个问题称作历史性问题。它并非以前那种探询历史的本质和意义的老问题。人类的事务不断变化,民族和文化兴盛和衰败,这一切一直是哲学反思的对象。作为西方世界观第一个塑造者的希腊人,并未把这种兴衰沉浮认作人类存在的本质,恰好相反,他们从在一切变化之中所持存的东西出发,因为它是真正的秩序。据以思考人的存在的范型是自然、是宇宙的秩序,这种秩序自身保持着并在永恒的轮回中周而复始。希腊人认为人的秩序也该如此常驻不变,而把它的变化认作毁灭。历史就是毁灭史。① 自从基督教产生以来,人的存在的不可重复性才被认作是它固有的本质特征。人类事务的整体,即"这个宇宙",相对于彼岸上帝的唯一本质只是一种非本质,而拯救行为则赋予了人类历史以一种新的意义。拯救行为是不断地作出赞同上帝抑或反对上帝的抉择。人处于被一次性的拯救行为所规定了的拯救史之中。人的每一个瞬间都具有绝对的重要性,但人的整个命运却一直隐藏在上帝的神意和对于事物结局的期待中。因此,人的此在既是有限的,但又和无限相联系。历史具有一种特有的、积极的意义。一千多年来在基督教的西方,人们就从这种前提出发思考历史的形而上学。启蒙时代的进步观念则以世俗化的形态成为这种联系中的一环。确实,即使是历史哲学最后的伟大尝试,即黑格尔对历史中的理性的指明,也仍然是这种意义上的形而上学。随着这种形而上学背景的全面崩溃,历史问题对人的此在意识才成为决定性的。它变成了历史性的问题。

1841年,老谢林应召柏林大学哲学教席,以便抵消黑格尔在

---

① [参见我为 G. 罗厄(Rohr)《柏拉图的历史地位》写的书评,载我的著作集,第5卷,第327—331页。]

政治和科学方面的危险影响。然而,与谢林的想法和意愿相反,他对黑格尔的批判却表明哲学在一般西方文化中的领导地位已告终结。获得承认的并不是谢林自己的哲学,而是对自然科学方法论的偏重。甚至历史问题也按照这种方法论模式加以构造。

当哲学从该世纪中叶的模仿黑格尔主义和学院派唯物主义的深潭中脱身出来时,它仍带有康德及其追问科学之根据的认识论问题的标志。康德在《纯粹理性批判》中回答了纯粹自然科学如何可能的问题。如今人们却在问历史科学如何可能。人们试图(用威廉·狄尔泰的话来说)用"历史理性批判"(Kritik der historischen Vernunft)来取代"纯粹理性批判"。历史问题变成了历史科学问题。历史科学是如何获得其认识论的权力的?然而,这样提问就意味着按自然科学的模式来衡量历史科学。新康德主义历史逻辑学的经典著作有一个引人注目的标题"自然科学概念构造的界限"(Die Grenzen der Naturwissenschaftlichen Begriffsbildung)。亨利希·李凯尔特(Heinrich Rickert)试图在这里指明,历史的对象如何得到标画、为何在历史中找不到像自然科学那种普遍的规律性,而只能认识到个别之物、个体之物。是什么东西使一件单纯的事件(Faktum)成为一种历史事实(Tatsache)?回答是:它的意义,亦即它和人类文化价值体系的关系。在这种探究中,自然科学知识的模型在一切领域取得了支配的地位。历史问题完全变成仅仅是认识论问题,变成历史科学如何可能的问题。

其实,人类所关注的历史问题并非科学认识问题,而是自己的生活意识问题。这也不只是说,我们人类具有一种历史,亦即我们的命运在经历兴盛、繁荣和衰落之中。不如说具有决定意义的是,我们正是在这种命运的沉浮中寻找着我们存在的意义。时代的强力把我们拖入时代,又在我们心中唤起某种支配时代的本己的强力意识,而我们本是根据这种强力来塑造自身的命运。我们在有限性本身中追问意义。这就是历史性问题,就是推动着哲学的历史性问题。这个问题的范围在德国这个浪漫主义的古典国家已得到测定,因为在那儿浪漫主义的遗产在由19世纪带来的现代科学的繁荣中仍得以保持了下来。

正是威廉·狄尔泰这位在威廉二世时代的德国于柏林当了几十年哲学教授的受人尊敬、著名的德国精神的历史作家,在认识论占统治地位的时代,仍然清醒地认识到这个历史性问题并对它作了深刻思考。他的同代人,甚至许多他的学生和朋友也只把他看作一个天才的历史学家,看作德国伟大历史著述传统的一位可尊敬的继承者,称他在哲学史和精神史领域中作出新的、光彩耀人的成就。他的著作涉及多种领域,但只有一些论文和学术论文得到发表。然而在第一次世界大战以后他多卷本的著作集出版了,其中充实了许多重要的遗作。自此以后,狄尔泰显然也被人认作一位哲学家,认作思考历史性问题的思想家。奥特伽·伽塞特(Ortega Y. Gasset)[5]甚至走得更远,他把狄尔泰称作19世纪下半叶最伟大的思想家。

然而我们当然必须学会从与狄尔泰本人方法论观点相反的角度去阅读狄尔泰的著作。因为从表面看来,狄尔泰的著作与新康德主义认识论的提问具有相似的出发点,他通过指出精神科学本身的原则从而试图为它制订一种独立的哲学基础。他在某种描述的和解析的心理学里看到一切精神科学的基础。他在1892年写的一篇《关于一门描述和解析的心理学的观念》(Ideen zu einer beschreibenden und zergliedernden Psychologie)的经典论文中[6]，克服了心理学领域中的自然科学方法论，并赋予精神科学自身以方法论的自我意识。因此，他似乎同样受到认识论提问的控制，这种提问问的是科学的可能性，而不追问什么是历史。然而，实际上他并未仅限于反思我们的历史知识，这种反思正是历史科学的前提，狄尔泰反复思考的是我们人的存在，这种存在受它关于其历史的知识的规定。他把人的此在的根本特性描述为"生命"(Leben)。他认为生命也是一切历史认识最终都要返回到的"核心的"原始事实(die"kernhafte"Urtatsache)。人类生活中的所有客体都应返回到生命的思维构造工作(die gedankenbildende Arbeit)，而不是返回到一种认识论的主体。艺术、国家、社会、宗教以及在这个领域中存在的一切绝对的价值、善行和准则都最终来源于生命的思维构造工作。如果它们要求绝对有效性，那这只能由"时代视界的限制"来解释，这就是说，缺乏历史视界。例如，经过历史启蒙的人知道，与偷窃行为相比，杀人并非必然是更重的罪行。他知道，古老的日耳曼法对偷窃的惩罚更甚于杀人，因为偷窃是卑鄙的、非人性的。只有不知道这一切的人才会相信这里存在绝对的等级秩序。于是历史的启蒙就导致了对无条件者之有条件性的认识，导致对历史相对性的认识，但狄尔泰未因此成为历史相对主义的代表，因为他所思考的并不是相对性，而是生命这个"核心"事实，它是所有相对性的根据。

生命的思维构造工作是如何进行的？狄尔泰把他的哲学建立在理解的内在经验上，理解为我们揭示了概念无法通达的现实。

所有的历史知识都是这样的理解。但理解并不仅仅是历史科学的行事方法,而是人的存在的根本规定。关键在于,我们具有内在的体验。在"回忆"(Erinnerung)中形成这种体验,被扩展为对意义的理解。当狄尔泰认识到这种对意义的理解和自然科学的认识过程具有完全不同的结构时,他就和浪漫主义思想相联系。这里不是从一物类推到另一物、又类推到另外一物,以便从中抽象出普遍性,相反,在这里个别体验就已经是一种意义的整体,是一种关联。而且,个别体验虽说是整个生命过程的一部分,但它的意义却以一种独特的方式和这个整体相联系。这当然不是说某人终极的体验才实现并规定了生命整体的意义。不如说,生活命运的意义本身就是一个不是由终点,而是由某种构造意义的中心出发构造而成的整体。整体关联的意义不是由最近的体验构成,而是由具有决定意义的体验构成。即使是一个瞬间都可能对整个生命具有决定意义。

由于狄尔泰依赖浪漫主义理论,因此他宁可从音乐的理解来阐明这种关系。虽说一首乐曲就是诸多单个音调的排列,但乐曲的结构却并非因最后一个音才得以构成。毋宁说这里早已具有充满意义的动机,整首乐曲就是从这个中心出发得到构成并组成一个整体单位。对历史的理解也是这样一种从中心出发的理解。历史的完整意义很可能只有在普遍的历史中才得以实现。因此,恩斯特·特勒尔奇(Ernst Troeltsch)曾把狄尔泰的愿望说成"从相对性到整体性"。但这里重要的在于:整体性并不是一直延续到当前的已完成了的历史整体,而是从一个中心出发,从一种中心化着的意义出发得到构造的。

事实上,这样构造的意义关联(Bedentungszusammenhang)同时就是一种效果关联(Wirkungszusammenhang),这就是说,它并不是在理解中才得以构造,它同时也是作为力量的联系而起作用。历史始终同时既是意义联系又是力量联系。比如狄尔泰指出:一个时代就代表一种统一的意义联系。他把这种联系叫作时代的"结构"。因此,只有这样说才有意义,即人们必须从该时代的结构出发理解该时代的所有现象。仅仅认识陌生时代或陌生环境的纯粹影响或作用,这还不足以满足理解。只有当人体验到对他有所准备、有所感受的影响时,他才会满足。他的这种感受性就是结构。反之,如果人们想完全打断对这种历史效果线索的追问,那就是一种错误的片面性。对影响的经验最终还须取决于,产生这种影响的东西是切近并发生作用的东西。历史并非仅是意义联系,而且是力量的现实联系。让我们仍然用人的生活命运的例子来说明这一点。人的生活命运当然是按照它向之趋近的规律而展现的。但这种命运的环境也随之造成:Daimon und Kairos,即前定性和机会是一起出现的。历史永远既是意义又是现实,既是意义又是力量。

狄尔泰并非偶然地比较美学的理解。因为他关于历史存在及其力量和意义作用的整个理论都有一个前提:即理解的距离是既存的,而历史理性的自主权则是可能的。因此,就像美学理解是在理解着的距离中实现的那样,历史的理解也建立在这种距离之上。狄尔泰甚至恰恰把这理解成生命本身的运动,即思虑(Besinnung)正是从生命中产生出来。从消极方面说,这表示:生命必须摆脱用概念进行的认识,以便构成自己的客观化物。然而真的存在这种理解的自由吗? 相信通过历史的启蒙就能变得自由的这种信念在历史自我意识的结构点上有其决定性的根据：即自我意识是在一种无限的、不可逆转的过程中被把握的。康德和观念论就是从这点出发的：每一种已达到的知识本身又可能重又成为一种新知识的对象。当我知道之时，我同样可以知道我知道。这种反思运动是无限的。这种结构对于历史自我意识就意味着，寻找其自我意识的精神正是由此而不断改变着其自身的存在。一旦精神把握自身它就已经与以前的自己变得不同。让我们举例说明这一点：如果某人意识到自己的愤怒，那这种已达到的自我意识已经是一种改变，虽说并非就是自己愤怒的消失。黑格尔在他的《精神现象学》中描写了自我意识趋向自身的这种运动。然而，当黑格尔在哲学自我意识里看到了这种运动的绝对终点时，狄尔泰却把这种形而上学的要求斥之为独断的。这样历史理性的无限制性就对他开启了。历史的理解意味着自我意识的不断增强，意味着生命视域的不断扩展。这里既没有停顿也没有回复。作为精神的历史学家，狄尔泰的广博性就依据于这种在理解中进行的生命无限扩展。狄尔泰是历史启蒙的思想家。历史意识就是形而上学的终结。

这里存在一个要点，当今的哲学研究根据这一点被指向了一条新的道路。

这种理解的自由真的存在吗？事件(Geschehen)的无限联系真的能在这种理解的自由中表现为历史的本质？当我们追问历史自我意识的界限时我们追问的不正是历史的本质？尼采就是最先踏上这种提问之路的人。在他《不合时宜的考察》第二部中他询问历史(Historie)对于生活的用处和害处，他在书中勾画了一幅他的时代所经受的历史病态的惊人图景。他指出，所有促进生命的冲动如何被这种历史病深深毁坏,所有联结的尺度和价值如何因此而丧失,以致人们学会用任意的陌生的标准并不断用其他的价值观进行衡量。但尼采的批评同时也是建设性的。因为他公布了生活的尺度,这种尺度可以衡量一种文化可以不受损害地承担多少历史。历史的自我意识可以有各种样式,它可以是保持性的,或构造范型的或导致毁灭的。在推动历史的这种种方式的真正平衡状态中必须保持可塑的力量,唯此力量才能使文化保持活力。文化需要一种被神话装扮过的视界,它也需要与历史启蒙相对立的限制。但是否有一种回复?抑或任何回复都是不必要的?相信历史理性的理解具有无限性的信念也许是一种幻想?是对我们历史存在和历史意识错误的自我解释?这正是具有决定意义的问题。

存在着许多问题,能使我们对历史理性无限制性的信念产生怀疑。我想到对历史精神的自然常数的追问、对它的生物学前提的追问。我想到对历史的开端的追问。历史真的始于人类开始流传下关于自己的自我意识之时?创造历史的决定难道不比这种自我意识更早?是否存在一种比所有历史时代的前提——犁的发明具有更重要意义的行动?史前民族用以反映自身命运的神话是什么?然而,自从哲学研究超出狄尔泰作出了一些重要进步以来,狄尔泰关于历史理解的问题在今天仍向我们呈现出新的面目。马丁·海德格尔在《存在与时间》中以基本的提问联系涉及到人的此在的历史性。他把历史问题从本体论的前提中解放出来,而狄尔泰则仍处于这种前提之下来看问题。海德格尔指出,存在并非必定和总是意指对象性,实际上关键的东西乃在于"制订出存在的事物(Ontische)和历史的事物(Historische)之间属的差别"。人的此在的存在是一种历史性的存在。但这表明,它不像自然科学对象的此在那样是现成在手的,只是比自然科学的对象更为脆弱和可变易。相反,在更原始的意义上,历史性,亦即时间性才意味着存在,而不是自然科学力图认识的现成在手的东西。历史理性之所以存在,只是因为人的此在是时间性的、历史性的。世界历史之所以存在,只是因为人的这种时间性的此在"具有世界"。编年史之所以存在,只是因为人的历史性此在本身就是时间。

从这种观点出发,狄尔泰的学说就获得了一种新的面目。首先我们可以问,这种理解的自由究竟代表什么?难道它不是一种纯粹的假象?狄尔泰相信理解可以摆脱借助概念的认识,但他据此所指的难道不就是一种变得不可相信的形而上学的概念?我们所有的理解难道不总是受到概念的指导?历史的理解自夸它不带前见。但这种无前见性不正总是一种有限的无前见性?这种要求不正总有一种论战性的意义,亦即要摆脱这种或那种前见?实际上,要求不带前见(正如人的生活经验所教导我们的)实际上不正总是掩盖了前见的顽固性,这种前见规定着我们而又不被我们察觉?我们可以从历史学家的工作方法中充分认识这一点。他们要求持批判态度,也就是说,用类似法官审慎的公正态度来倾听某个历史问题的材料和证据,以便深入到事物的本质。然而,这种所谓的批判难道不总以起主导作用的前见隐蔽的有效性为根据?在对材料和证据进行批判时最终总有一种信念标准,这种标准只与人们认为可能的东西、准备相信的东西有关。最后,还可以再说几句。历史就像现实生活一样,只有当它深入到(hineinsprechen)我们先已具有的关于事物、人和时代的判断中时,它才同我们攀谈时

(ansprechen)。所有关于意义的理解都有一个前提,即我们要带有这样一种前见的联系。海德格尔把这种情况称作诠释学循环(hermeneutischen Zirkel):我们只能理解我们已知的东西,只能听出我们已读进去的东西。若按自然科学的认识标准来衡量,这似乎是无法容忍的。但实际上唯其如此历史的理解才可能。关键不在于避开这种循环,而是从正确的方式进入这种循环。

由此就产生出第二点:对意义的揭示并不像狄尔泰所认为的那样出自于理解的距离,而是来自于我们自己处在历史的效果联系之中。历史的理解本身总是对效果和继续效果的经验。它的束缚性正好意味着它的历史效用力(Wirkungskraft)。因此具有历史意义的东西要比在行动过程中的理解更为本源地可通达。历史性的此在始终具有一种处境、一种观点和一个视界。这就像一幅绘画中的透视法,亦即按"较近""较远"编排的事物的次序,包含一种人们必须占据的视点。然而人们总是通过自己的编排才进入同事物的存在关系并附属于事物的秩序。这样才使事件的一次性、瞬间的充实性得到呈现。与此相反,前透视法的绘画却把所有的事物都展现在一种展开的永恒性以及对一种彼岸意义的一览无余之中。因此历史的真理却不是某种观念的透视,而是一种不可重复的决定的联结物。

于是又产生出第三个观点,我总觉得急迫地需要说出这一点:理解具有无限制的自由不仅是一种被哲学思考所揭示的幻觉,而且当我们试图理解时我们就能经验到这种理解自由的限制。正由于理解的自由必然受到限制,所以只有在自我放弃,亦即遇到不可理解之物时,理解才真正得以实现。我这里所指的并非某种未作研究便下的好心决定,而是我们大家都知道的我们道德生活经验中的一个因素:在我和你关系中的理解。这种经验告诉我们:在我和你之间,除非当其中之一提出要求以对方的存在和意见来理解对方,否则绝不会产生真正的相互理解。要先于对方所说的话语之前"进行理解"(Verstehend),这实际就是拒绝对方的要求。这就是一种不让对方对自己说什么的方式。然而,如果有谁能够让对方说些什么,能够让对方的要求发生作用,而不去事先理解对方并因此而限制对方,那他才能获得真正的自我认识。这样他才会有所领悟。所以我们处于狭隘生活经历中的自我并不像狄尔泰所认为的那样会在自主的理解中得到某种真正的扩展,而是在和不理解的东西相遇时才得到这种扩展。也许只有当我们感受到一个完全陌生的历史世界的气息时我们才会认识到自己固有的历史存在。历史存在者的基本特性显然就是要显明(bedeutend zu sein),但这是一种积极的说法;而趋向历史的存在则是让某物对自己有所显明(sich etwas bedeuten zu lassen)。在我和你之间因此只产生出真正的联结,而在我们和历史之间则只产生出历史命运的联结。

　　从这个观点出发就有一个问题成为历史诠释学的中心,这个问题至今一直疑窦重重,这就是神话问题。它是所有历史方法论问题中最为晦暗不明的问题。如果我们想要科学性的说明,我们究竟该怎样解释神话呢?我们在作说明时必然感受的不言而喻,富有成果的前见究竟是什么?神话的意义和童话的意义是隐藏得最深层的意义。它们的意义用何衡量?难道我们不曾觉得不存在足以解释神话和童话之意义的方法?难道归根到底和实际上情况不是这样吗?即我们根本无法解释神话,因为神话是在解释我们?

实际上，只要神话在诉说，它们就是真正的卓越者，是真正的全知者，它们在黑暗中闪烁照明并对我们进行教导。神话和童话似乎从一开始就充满知识，因此它们具有真正的历史深度。在历史奥秘中透露的精神并不是我们的历史理性精神。因此，我们这些历史人在被儿童称作自己的东西的神话和童话面前显得茫然无助。因此，我们经过启蒙的理性仍处于神话力量的控制之下。人类的精神史并不是解脱世界的神话的过程，不是用逻各斯、用理性去消解神话的过程。这种模式是建筑在历史启蒙的偏见上，建筑在一种天真的前提上，即进行理性思考者的理性是使这种模式获胜并得到统治的足够根据。实际上，理性本身不可能做到这一点。理性本身只是一种历史的可能性——和机会。它既不能理解自己，又不能理解神话的现实性，理性其实反倒受神话的包围并永远处于神话的支配之中。

认为历史启蒙具有全能力量的想法只是一种假相。历史的真正本质存在于和这种启蒙相抵抗之处，存在于能证明自己具有持续当前性的事物身上。神话并不是历史现实的面具，仿佛理性能从事物中得出这种历史现实，从而使自身成为历史的理性。相反，它倒是揭示了历史的本质力量。我们自身历史意识的视界并非是受过启蒙的意识的不带神话的、无尽的沙漠。这种启蒙状态其实受到历史的束缚和限制，是我们命运实现过程中的一个阶段。如果这种启蒙状态把自己认为是历史意识的无命运支配的自由，它就误解了自己。但这只是说明：历史就是我们从来曾是和现在所是。它是我们命运的联结纽带。

3
精神科学中的真理

(1953年)

由于精神科学具有较大的公开性,因此我们很难对于其研究方式找到正当的理解。我们很难明确表述精神科学中属真理的东西及其得出的结论。但在精神科学的某些领域中,因其对象明了易懂,这一点仿佛倒更容易做到。如果一个国民经济学家必须在今天谈论他的工作对于公众福利的意义,那么他肯定能得到普遍的理解。如果一个艺术科学家为我们展示一些美的东西,即使它们只是一些远古时代的发掘物,他也可能得到普遍的理解。因为即使那些很古老的东西也会唤起一种令人惊异的普遍兴趣。但哲学家的情况却正相反,他们并不能提供显而易见或大家都信的结果,而只能表述一些需要思考和反思的东西,这些东西正是在精神科学的工作中向思考者展现了自身。

一

现代的科学概念是由17世纪自然科学的发展所铸造的。我们对自然日益增长的统治应当归功于这种发展,因此人们又期待关于人和社会的科学也能达到对人文-历史世界类似的统治。实际上自从科学使我们对自然的统治日益加甚,人们对精神科学期待得还更多,我们对文化感到的不适非但没有减轻,反而加重了。自然科学的方法并没有包容所有知识价值,它甚至从未包含过最重要的知识价值,那就是对自然手段和人的统治所为之服务的最终目标。人们期待从精神科学及其中的哲学里得出的知识乃是另外种类、另外等级的知识。于是我们将不再谈论自然科学方法的运用为所有科学提供的共同性,而是谈论精神科学使其表现得如此有意义、如此值得思考的一次性。

1. 在精神科学中究竟什么才真正是科学的?我们真的可以毫无问题地把自然科学的研究概念运用到精神科学中去?因为自然科学所考虑的东西,例如去发现新的、从未认识过的东西,开辟一条安全的、经由所有可反复检验的道路达到这种新的真理等等,这一切在精神科学中似乎只处于次要的地位。精神科学知识的丰硕成果似乎更接近于艺术家的直觉本能而不是自然科学研究的方法精神。确实,在每一个研究领域中人们可能说一切天才创造都是重复同样的东西。但在自然科学研究的方法工作中却总是不断产生出新的见识,就此而言,科学本身就藏身在方法的运用中。

精神科学的研究当然也要运用方法。在通俗科学的美文学中,通过某种可验证性也显示出方法的运用——但这种验证性却是用于材料而不是用于从这些材料中得出的结果。在精神科学领域中,科学并不因其方法论而能保证其真理性。在业余爱好者非科学的作品中甚至有可能倒比有意识地运用研究方法的作品中存在更多的真理。实际上可以指出,过去一个世纪中精神科学的发展虽说总把自然科学作为自己的榜样,但它最强烈、最根本的动力却并非来自这种经验科学的出色激情,而是来自浪漫主义和德国唯心主义的精神。正是在浪漫主义和唯心主义中活跃着关于启蒙的界限以及科学方法的界限的知识。

2.虽说精神科学因此而对我们有如此的意义,然而,人类渴求真理之心真的就因此而得到了满足?精神科学通过研究和理解进入历史的宽广领域,虽说它由此扩展了人类关于整个过去的精神视界,但当代的真理追求不仅不会因此而得到满足,而且它本身也已似乎变得可疑。精神科学在其自身中所构造的历史意义带来了一种适应可变标准的习惯,而这种习惯由于使用自己的标准而导致了不确定性。尼采在他《不合时宜的考察》第二部中就已明白,历史学对生活不光有用,同时也有害。历史主义在所有事物中都发现历史局限性,从而摧毁了历史研究的实用意义。历史主义的精致的理解艺术削弱了企图达到绝对价值的力量,而生活的道德现实就存在于这种绝对价值之中。历史主义的认识论顶峰就是相对主义,它导致的后果则是虚无主义。

关于所有认识都受当代活跃的历史和社会力量所限制的这一见解并不只是从理论上削弱我们的认识信念,而且也表明我们的认识相对于时代的意志力毫无实际的自卫能力。精神科学被勒令效力于这种倾向,而且被从它的知识在社会、政治、宗教抑或无论其他什么方面所意味的权力价值(Machtwert)来评价。于是,它就强化了权力对精神施加的压力。精神科学比起自然科学毫无疑问更容易受恐怖统治的伤害,因为它不像自然科学那样具有令人称羡的确定尺度,可以从有目的的伪装和隐藏中区分出真实的、正确的东西。于是,精神科学用以与一切研究的道德习俗相联结起来的最后的道德共同性也陷入了危机。

如果谁从完全怀疑的角度考虑精神科学中真理所具有的这种可疑性,那他首先更愿在一个自然科学家以及由自然科学的观念世界规定的门外汉圈子中引用一个无可怀疑的证据:伟大的物理学家赫尔曼·赫尔姆霍茨(Hermann Helmholtz)在大约100年前就讲过自然科学和精神科学的区别。他认为精神科学这门特殊科学具有合理性和先见之明的优势,他的这种观点今天仍然值得我们重视。虽说他按照自然科学的方法来衡量精神科学的工作方式,并从这个角度进行描述,因此我们很可以理解他用以得出精神科学结论的那种充满预感的直接推论(Kurzschluss)显然无法满足他的逻辑要求。但他发现,这正是精神科学达到真理的实际方法,并且还需要其他种类的人的条件来得出这种直接结论。凡属于记忆、想象、机敏、缪斯的敏感和世界经验的东西当然与自然科学工作者所需要的工具完全不同,但它也是一种工具,只是它们不能被造出来,而是通过进入到人类历史巨大的传承物中才得到增长。这里起作用的并不只是启蒙时代的老格言:鼓起勇气,运用你的理性。这里起作用的恰好也是相反的东西:权威性(Autorität)。

我们必须正确地思考上述话的含义,权威性并不是一种要求盲目听从和禁止思考的权力优势。权威性真正的本质毋宁在于:它不是一种非理性的优势,甚至我们可以说,它可以是一种理性本身的要求,它乃是另外一种优势,以克服自己判断的观点作为前提。听从权威性就意味着领会到,他者——以及从传承物和历史中发出的其他声音——可能比自己看得更好。每一个在精神科学中寻找通路的年轻初学者都会从自己的经验中认识到这一点。我自己就记得作为一个初学者如何和一个饱学之士争论一个科学问题,我自认为对此问题上所知甚好。后来他突然教了我一件我不知道的事情,于是我很愤怒地问他:您怎么知道这个的? 他的回答是:等您到了我这般年纪,您也会明白的。

这是一个正确的回答。然而,作为一个自然科学的教师或学生,有谁愿意承认这样一种回答? 我们多半不会说,为什么初学者的这种或那种语文学或历史学的猜测"不可能"。这是一个机敏问题,是通过不断地和事情打交道学会的,但不是教会的,不能被说明的。因此,在这样一种教育的情境中几乎毫无例外,博学的老师总是对的,初学者总是错的。当然,和这种特别的真理条件相联系,相对于自然科学研究者我们也没有绝对确定的尺度,以区分真正的成就和空洞的要求,是的,我们甚至经常怀疑自己所说的是否真的包含着我们所认为的真理。

二

倾听传承物并使自己置身于其中,这显然是精神科学中行之有效的寻求真理之途。甚至我们作为历史学家对传承物进行的一切批判,最终都是为了使我们得以亲近我们处身其中的真正的传承物。条件性并不是对历史认识的妨碍,而是真理本身的一个要素。如果我们不想随意地陷入这种条件的限制,我们就必须同时考虑这种条件。将那种存在与认识者的角度相分离的真理的幻象加以摧毁,在这里正可以成为"科学的"任务。我们有限性的标志正在于能一直想到这种有限性并使自己免于幻想。而对历史方法之客观性的天真信念就是一种这样的幻想。但是,取代这种信念的却并不是衰弱的相对主义。我们本身的存在以及我们能从过去的历史中听出的东西既不是任意的也不是随意的。

我们历史地认识的东西其实归根结底就是我们自己。精神科学的认识都带有某种自我认识。尽管在自我认识中比在任何地方都更容易产生失望,但在自我认识中也比任何地方更能达到对人的存在的深刻洞见。因此,正如我们所知,在精神科学中,从历史传承物中听出的并非只是我们自己,而且恰恰也有其他东西:从中我们经验到一种推动(Anstoß),从而使我们能超越自我。因此,并非简单地满足我们期待的研究,这种研究不具推动性的(Unansfössige)——就能获得我们的支持;相反,它是要我们认识到——与我们自身相反——何处存在新的推动。

对上述两点疑虑的反思却对我们的任务产生了直接的实际后果。谁要想促进精神科学的发展,谁就只能在极少情况里作出实际的帮助。在精神科学中得到帮助的只是人,而且在这个领域中充满了不确定性,因为衡量精神科学成就的尺度极难控制。由于我们真正支持的并非不具推动性的研究,这使我们面临一个几乎无法解决的任务,要去认识我们无法看到的新的富有成果的东西。因为我们的方法挡住了自己的目光。任何一种自由的管理方式都无法满足这项任务。

三

从我们的思考中又引出这样一个问题,为什么在大众时代精神科学的状况是如此困难。在一个严密组织的社会中每一个利益集团都按其经济和社会权力的尺度发生作用。他们对科学研究工作的评价标准,也完全看它的结果有利还是损害他们本身的权力。

因此,每一种研究都担心它的自由受到干涉,甚至自然科学家也知道,如果他们的研究成果不利于统治者的利益,那么贯彻执行就会遇到困难。经济和社会的利益对科学施加着压力。

然而,在精神科学领域中,这种压力可以说是从内部进攻的。它本身就处于把适应权力利益的东西视为真实的东西这一危险之中。因为它的研究具有一种不确定性因素,因此,其他人的赞同对于精神科学就非常重要。如果专家具有"权威性",他们就成为这样的人。然而由于他们的特殊参与的工作对所有人都是不确定的,因此,希望和公众的判断相一致,希望使自己的研究在公众中得到共鸣,这一切早已是精神科学工作者未曾察觉地携带的意图。比如,在政治历史的写作中,祖国的利益就特别明显。同样的历史事件即使在最严肃的另一民族的研究者笔下也会显出极大的不同,这已广为人知。这并不是出于效果的考虑,而是由于内心的附属性,正是这种附属性规定了他们的立场。但由于事情很容易逆转,因此他们就会寻求有利于公开效果的立场。

但我们必须认识到,这并不是鉴于人的弱点而偶尔产生的一种附带的败坏现象,这正是我们时代的标志,正是从这种普遍的弱点中产生出一种行使权力和统治的制度。谁掌握新闻单位技术工具,他就不仅能决定公众意见——而且由于操纵了公众意见他可以控制公众的意见去达到自己的目的。正因为我们在形成判断时太具依赖性,而不是根据通过启蒙建立起来的自我估价,这种权力手段就具有恶魔般强大的力量。谁不承认自己的依赖性并相信自己具有并不存在的自由,那他就是作茧自缚。其实令人可怕的就在于,受威吓的人自己在威吓自己。理性本身可以贿赂,这正是人类近百年来造成的具有灾难性的体验。

精神科学对此有特殊体会,但它也由此具有一种防止滥用权力和贿赂理性的可能性。因为它的自我认识使它无法期待从更多的科学得到它至今尚未做到的事。完成了的启蒙的理想本身就是一种矛盾,因此精神科学就有了自己特定的任务:在科学研究中总是永远承认自己的有限性和历史条件性,并且不断地反对启蒙运动的自我神化幻想。它不能推卸在社会上发挥作用的责任。面对现代世界通过操纵舆论从而控制公众意见的局面,精神科学越过家庭和学校对从中生长出来的人产生直接的影响。它就称精神科学中的真理为自由之永不熄灭的痕迹。

这使我们最后回想起柏拉图早已说过的一个观点:他把存在于 Logoi,即说话中的科学称作滋养灵魂,正如吃喝是身体的营养。"人们在买东西的时候同样要怀疑他是否被欺骗买了坏东西。的确,买知识甚至比买饮食有更大的危险,因为你从批发商或零售商那里买来饮食,把它放在特别的器皿里带回家,在把它当作食品吃下肚之前,你可以把它放在家里,找一个懂得什么是可以吃的,什么是不能吃的,应当吃多少,以及应当在什么时候吃的人来看看,这样,买饮食的危险就不那么大了。可是你买知识的货物却不能把它放在别的器皿里,你付钱买它的时候,必须把它立刻接纳到灵魂里并受其影响,要不是大受其害,就是大得其益。"②

柏拉图笔下的苏格拉底用这些话警告一个年轻人,不要不假思索地相信当时某个令人称羡的智者上的课。他发现在诡辩术和

---

② 《普罗泰戈拉篇》,314,a、b。

真正的哲学之间存在一种与在 Logoi,即讲话之中的知识相联系的二义性。但他同样也认识到作出正确决定的特殊意义。

这种认识可以运用到探究精神科学中的真理的问题上,由此,它就在整个科学中成为一门特殊学科。只要它转向人的教育和教化,那么即使它自称的认识或真正的认识都会对一切人类事务产生直接影响。在精神科学中并不存在区分正确和错误的手段,它所使用的只是 Logoi,讲话。而正是借助于这种手段才能达到人能达到的最高真理。构成精神科学之思考实际上只是它的本质特征:它就是 Logoi,讲话,且"只是"讲话。

4
什么是真理？
（1957年）

直接从历史境遇的意义来理解，则彼拉多(Pilatus)的问题"什么是真理"(《新约圣经·约翰福音》，第18章，第38行)是一个中立性的问题。[7]在当时的巴勒斯坦的国家法情况下，担任约旦行政长官的蓬丁乌斯·彼拉多讲这句话的意思是要说明，由一个像耶稣那样的人所宣称为真理的东西和国家丝毫没有关系。面对这种情况国家机关所采取的自由主义的宽容的态度具有某种很值得注意的东西。如果我们想在古代国家或近代国家直到自由主义时代的国家之间寻找相似性的东西那将是徒劳的。正是这种摇摆于犹太"国王"和罗马执政官之间的国家暴力的特殊国家法状况，使这样一种宽容态度根本上成为可能。也许宽容的政治观点总是相似的；那么由宽容理想所提出的政治任务就在于建立相似的国家政权平衡状态。

如果人们相信，由于现代国家原则上承认了科学的自由，因此这种问题在现代国家中不复存在，那是一种幻想。因为把科学自由作为依据，这一直是一种危险的抽象。科学家只要一走出宁静的研究所和受禁止入内招牌保护的实验室，并把他的知识公布于众，科学自由就不再能使他摆脱政治责任的束缚。尽管真理的观念无条件和明确地支配着科学家的生活,但是他说话时的坦率性是有局限的和暧昧的。他必须知道并对他的话所起的效果负责。这种联系极端不利的一面在于,由于他要考虑效果,他就陷入了一种境地,即他力求去说事实上是公众舆论或国家的权力利益指使他说的话,而且劝说自己把它作为真理而接受。在发表意见的局限和思想的不自由之间存在着一种内在的联系。我们不想隐瞒,在彼拉多所提出的意义上的"什么是真理"这个问题,直到今天仍然决定着我们的生活。

然而还有另外一种声调,我们很熟悉用这种声调倾听彼拉多的问题,当尼采说,新约中唯一有价值的话就是彼拉多的问题时,他就是用这种声调聆听这个问题的。按照这种声调,彼拉多的话对于"狂热的宗教徒"表示了一种怀疑。尼采引用这一点并非偶然。因为尼采对他那个时代的基督教所作的批判也是一个心理学家对宗教狂热者的批判。

尼采把这种怀疑极端化为对科学的怀疑。实际上科学与宗教狂热者确有共同之处。因为科学总是要求证明并且提出证明,所以它也和宗教狂热者一样地不宽容。如果一个人总想证明他所说的必然是真理,那他正是最不宽容的。尼采认为科学是不宽容的,因为它压根儿就是一种虚弱的标志,是生命的晚期产品,是一种亚历山大城遗物,是辩证法的发明者苏格拉底带到这个世界上来的颓废的遗产,其实在这个世界中并没有"不正当的证明",而只有正当的自我确信无须证明地指示和诉说出来。

这种从心理学角度对真理的断言产生的怀疑当然并不针对科学本身。没有人会在这点上跟随尼采。但事实上仍有对科学的怀疑,它是在"什么是真理"这句话背后作为第三层次的东西出现的。科学真的像它声称的那样是真理最后的审定者和唯一承担者吗?

我们要感谢科学把我们从众多成见中解放出来并使我们从众多幻觉中醒悟过来。科学的真理要求就在于对未经验证的成见提出疑问,并用这种方式使我们对事物的认识达到比迄今为止所知的更多更好。与此同时,对我们而言,科学的方法在一切存在事物上扩展得越远,从科学前提出发而来的对真理的追问能否在其完整的距离内获得允许就变得越发可疑。我们焦虑不安地自问:科学的方法究竟可以推广到多远?因为存在着太多我们必须知道答案的问题,而科学却不让我们知晓这些问题。科学使这些问题丧失信誉,也就是把这些问题说成是无意义的问题,从而禁止这些问题。因为对于科学来说,唯有满足其传导真理和证明真理的方法的才具有意义。这种对科学的真理要求表现出的不快感首先表现在宗教、哲学和世界观中。对科学持怀疑态度的人就是引证这些学科来划出科学专门化的界限,指出方法的研究相对于重要的生活问题所具有的局限性。

如果我们对彼拉多的问题的三个层次先都作了这样的说明,那就清楚,唯在第三层次即真理和科学的内在联系上,才成为问题,而这个层次对于我们最为重要。因此,我们首先要评价这一事实,即真理和科学根本上具有极为优先的联系。

众所周知,正是科学构成西方文明的特点,而后又构成它的具有控制性的一致性。但如果我们要想了解这种联系,我们就必须回溯到这种西方科学的起源,亦即回溯到它的希腊根源。希腊科学与人们在此之前所知并一直当作知识的一切东西相比具有一些新的因素。当希腊人形成这种科学之时,他们就使西方与东方相区别并使西方走上了自己的发展道路。它是一种对不知的、少见的、令人惊奇的事物而进行认识(Kenntnis)、再认识(Erkenntnis)、研究(Erforschung)的独特的追求,是一种对人们自己解释并认作真的事物(实际上应当怀疑的事物)的同样独特的怀疑,正是这种独特的追求和怀疑创造了科学。也许荷马史诗中的一个场面可以当作富有教益的例子:人们问特莱马赫是谁,回答说:"我的母亲叫潘涅罗帕,但没有人确切地知道谁是我的父亲,有人说,他是奥德赛。"这种直至最极端的怀疑揭示了希腊人的特殊才能,这种才能把他们渴求认识和要求真理的直接性发展成了科学。

当海德格尔在当代追溯希腊关于真理这个词的意义时,这就表达了一种令人信服的认识。说 Aletheia(真理)的真实意义是去蔽(Unverborgenheit),这并非海德格尔的首创。但海德格尔使我们认识到这对于存在之思具有何种意义,亦即我们必须从事物的遮蔽性(Verborgenheit)和掩饰性(Verhohlenheit)上以掠夺的方式赢获真理。遮蔽性和掩饰性——这两者共属一体。事物总是从自身出发保持在遮蔽性之中;据说赫拉克利特曾说过"自然喜欢把自己隐藏起来"。而掩饰性也正是人的言行所固有的。因为人的话语并非总是传达真理,它也熟悉假象、幻觉和伪装。因此,在真的存在和真的话语之间就有一种原始的联系。在者的去蔽就在陈述的揭露(Unverhohlenheit,直言不讳、毫不掩饰)中得到表达。

最精妙地进行这种联系的讲话方式就是理论(Lehre)。在此我们必须说明,理论教导对于我们来说并不是讲话唯一的、首要的经验,而它却很可能是由希腊哲学家首先想出的讲话经验,且这种讲话经验竭其所能造就了科学。一当希腊人很快认识到,在话语中主要保持和隐藏的就是让事物本身处于其可理解状态中时,于是,讲话,逻各斯(logos)就经常被正当地翻译成了理性。在特定的讲话方式中得到展现和转达的正是事物本身的理性,人们把这种讲话方式叫作陈述或判断,希腊语是 apophansis。后来的逻辑学为此词构造了判断这个概念。对于判断的规定是,它和所有其他讲话方式不同之处在于它只想成为真的,它的衡量尺度只在于它按在者的存在样式去敞开在者。有无数种讲话的形式,诸如命令、请求、咒骂以及尚须加以说明的完全谜一般的疑问现象,用这些讲话形式也能说明一些真实的东西。但它们的最终规定性并不仅仅是按在者本身来指明在者。

在讲话中完全指明真理的究竟是何种经验? 真理就是去蔽(Unverborgenheit)。让去蔽呈现出来,也就是显现(Offenbarmachen),这就是讲话的意义。人们呈现,并以这种方式呈现,向他人转达有如呈现在他人面前的东西。亚里士多德如是说:如果一个判断把事物中的联系如其所是地呈现出来,它就是一个真判断,如果在其话语中呈现的联系并非是事物本身中的联系,它就是一个错误的判断。因此,话语的真理性就以话语与事物是否符合来确定,亦即视话语的呈现是否符合所呈现的事物而定。于是就产生了从逻辑学角度看十分可信的真理定义,真理就是 adaequatio intellectus ad rem(知性对事物的符合)。这样就设定了一个毋庸置疑的自明的前提;话语,也就是在话语中讲出的 intellectus(知性)都有这样衡量自身的可能性,即只把存在的东西在某人所说的话语里加以表述,而且它还能如事物所是的样子指明事物。由于注意到还存在话语的其他真理可能性,我们在哲学中把它称之为命题真理(Satzwahrheit)。真理的所处就是判断。

这可能是一种片面的主张,亚里士多德对此并未提出清晰的证据。但它却是从希腊的逻各斯理论中发展出来并且成为近代科学概念发展的基础。由希腊人创造的科学最初和我们的科学概念是完全不同的。真正的科学并不是自然科学,更不是历史学,而只有数学才算真正的科学。因为数学的对象是一种纯理性的存在,又因为它可以在封闭的演绎联系中得到表现,因此它就是所有科学的典范。现代科学的看法则正相反,数学并非因其对象的存在方式而是作为最完美的认识方法而成为典范。近代科学的形态经历了与希腊和基督教西方科学形态的根本决裂。如今占统治地位的是方法概念。近代意义的方法尽管能在不同的学科中具有多样性,但它却是一种统一的方法。由方法概念规定的认识理想就在于我们这样有意识地大步走上一条认识的道路,以致有可能永远继续走这条道路。方法(methodos)就叫作"跟踪之路"(Weg des Nachgehens)。总是可以像人们走过的路一样让人跟随着走,这就是方法,它标志出科学的进程。但由此就必然会对随着真理要求能出现的东西进行限制。如果说可验证性(Nachprüfbarkeit)——不管何种方式的验证——才构成真理(veritas)的特性,那么衡量知识的尺度就不再是它的真理,而只是它的确实性。于是由笛卡尔表述的古典的确实性规则就成为现代科学的基本伦理,它只让满足确实性理想的东西作为满足真理的条件。

现代科学的这种本质对于我们整个生活具有决定性的作用。因为证实的理想,即把知识限制于可验证性,都只有在仿造

(Nachmachen)中才得到实现。这就是现代科学,整个计划和技术世界就从它的进步规则中生长出来。技术化给我们带来的文明和困境的问题并不在于知识和实际运用之间缺乏正确的仲裁。其实正是科学的认识方式本身才使它不可能有这种仲裁。它本身就是一种技术。

对于科学概念随着近代的开始而经历的转变所作的真正反思就在于要看到,在这种转变中同样包含着希腊关于存在思想的根本原理。现代物理学以古代形而上学作为前提。海德格尔认识到西方思想具有从这种悠远历史中继承而来的烙印,这构成他对当代历史性的自我意识的本质意义。因为这种认识确定了西方文明史的不可避免性,从而拒斥了一切重建古老理想的浪漫主义尝试,不管它们是中世纪的理想,抑或希腊化——人文主义的道路。即使由黑格尔创造的历史哲学和哲学史的模式也不能令人满意。因为按黑格尔的观点,希腊哲学只是对那种在精神的自我意识中得到其近代实现的东西的一种思辨预演而已:思辨唯心主义及其对思辨科学的要求本身最终成了一种无力的复辟。科学是我们文明的核心——无论人们如何斥骂它。

然而,并非直到今天哲学才开始发现其中的问题。毋宁说这里存在着我们整个文明意识未曾解决的困难,这种困难是现代科学从对"学派"的批判及其阴影中得来的。从哲学角度看应该这样来提问题:我们能否并在何种意义用何种方式追溯到构筑在科学中的深层知识?无需强调,我们每个人的实际生活经验总在不断地进行这种追溯。我们总是能希望其他人发现我们当作真理但又无法证明的东西。确实,我们甚至不需要总是把证明的方法当作使其他人获得见解的正确方法。按照逻辑形式,陈述有赖于可客观化(Objektivierbarkeit),但我们却逐渐地超越了这种可客观化的界限。我们经常生活在对这种并非可客观化的东西的传达形式中,这种传达形式为我们提供了语言,甚至是诗人的语言。

虽然科学要求通过客观认识克服主观经验的偶然性,通过概念的单义性克服语言多义标志。但问题在于,在科学本身内部真的存在这样一种作为判断的本质和陈述真理性本质的可客观化界限吗?

该问题的答案绝非不言而喻。在当今哲学中存在着一种巨大的,其意义确实不容忽视的思潮,上述问题的答案就包含在这种思潮中。这种思潮相信,一切哲学的整个秘密和唯一任务就在于精确地构造陈述,从而使它能够清晰地陈述意指的事物。哲学必须构造一种符号体系,这种体系不依赖自然语言比喻的多义性,也不依赖现代文化民族使用的多种语言以及由此造成的不断的误解和分歧,而是要达到数学的清晰和精确。数理逻辑在这里成了解决科学迄今为止留给哲学的所有问题的途径。这股思潮发自于唯名论的故乡并扩展到整个世界,它表现为18世纪观念的复活。作为一种哲学它当然困扰于固有的逻辑困难。它自己也开始认识到这一点。它证明,由封闭在这种约定中的体系本身根本不可能导出约定的符号体系,因为每提出一种人工语言就已经以另一种人们说的语言为前提。这就是元语言所遇到的逻辑难题。但其实还有另外的解决方法。我们所操并生活于其中的语言具有一种突出的地位。它同时就为所有相随而来的逻辑分析提供了内容的预先所与性(Vorgegebenheit)。而且它并不是陈述的单纯集合。因为要说出真理的陈述除了要满足逻辑分析外还必须满足其他完全不同的条件。它的去蔽要求并非仅在于让存在的东西提示出来。仅仅把存在的东西通过陈述提示出来是不够的。因为问题恰好在于,是否所有存在的事物都能在话语中被提示出来,人们是否通过提示他能提示的东西而不阻碍承认那些仍然是存在的和被经验的东西。

我认为精神科学为该问题提供了意味深长的证据。即使在精神科学中也有一些能从属于现代科学方法概念的因素。我们每个人都必须在可能的范围内把所有认识的可证实性作为一种理想。但我们必须承认,这种理想很难达到,而那些力求最精确地达到该理想的研究者却常常未能讲出真正重要的东西。因此我们就会发现,在精神科学中存在着某些不可能以同样方式在自然科学中想到的东西,亦即有时一位研究者从一本业余爱好者的书中能学到比从其他专门学者的书中能学到的东西更多。当然这只限于例外的情况。但是存在这种情况就表明,在真理认识和可陈述性之间有一种并非按陈述的可证实性来衡量的关系。我们从精神科学中深切地认识到这一点,因此我们很有理由对某种确定的科学工作类型抱有不信任,这些科学工作将其借以进行的方法前前后后并且首先是在下面——也就是在脚注中——完全清楚地指明了。这种工作真的询问着某些新东西?真的认识到什么?抑或只是很好地仿制人们借以认识的方法,由于这种方法只以外在形式出现,从而人们就以这样的方式表达科学工作?我们必须承认在精神科学中的情况正好相反,最巨大和最有成果的成就远远先于可证实性的理想。这一点从哲学上讲是很有意义的。因为这并不是指那些没有独创性的研究者出于一种幻觉而装得像一个博学者,而富有成果的研究者则必须以一种革命的方式把迄今为止在科学中适用的一切都撇在一边。相反，这里表明一种实际的关系，按照这种关系，凡使科学可能的，则它同样也能阻碍科学认识的成就。这里涉及的是真理和非真理的原则关系。

这种关系表明在以下这点，仅仅把存在的东西如其所是地呈现出来虽说是真实的，但这样做也同时指出哪些东西可以继续作有意义的追问，并能在进一步的认识中得到揭示。仅仅取得认识的进步，而不同时提出可能的真理，这是不可能的。因此，这里涉及的绝不是一种量的关系，似乎我们只能保持知识的有限范围。相反，情况并不仅是当我们认识真理的时候，我们总是同时遮蔽和遗忘真理，而是当我们追问真理的时候，我们必然已经陷在自己诠释学境遇的藩篱之中。但这就表明，我们根本不能认识某些真实的东西，因为我们在并不自觉的情况下已经陷入了前见。甚至在科学工作的实践中也有诸如"模式"(Mode)之类的东西。

我们知道，模式具有何等巨大的力量和强制力。然而在科学中"模式"这个词听起来却特别糟糕。因为我们的要求自然在于，超越仅仅要求模式的东西。但问题却在于，科学中同样存在模式是否真的无关宏旨。我们借以认识真理的方法是否必然会使我们每一个进步远离从之出发的前提，并把前提置于不言而喻的黑暗之中，从而使我们极难超越这种前提，难以检验新的前提并获得真正新的认识。不仅存在生活的官僚化，而且还有科学的官僚化。我们问道：这到底是科学的本质，还仅是科学的一种文化病，就像我们在其他领域如当我们惊异于行政机构大楼和保险机关的庞大建筑时发现的类似病态？也许它真的是真理的本质，就如希腊人当初对真理的思考那样，因此它也是我们认识能力的本质，就如希腊科学首先创造的那样,正如我们上面所见,现代科学只是把希腊科学的前提——这些前提主要表现在逻各斯,陈述和判断诸概念中——推向极端而已。在当代德国由胡塞尔和海德格尔规定的现象学研究试图对此作出说明,它追问超越逻辑的陈述的真理条件是什么。我认为原则上可以说:不可能存在绝对是真的陈述。

众所周知,这种论点就是黑格尔通过辩证法达到理性自我建构的出发点。"句子的形式不足以讲出思辨的真理。"因为真理是整体。于是,黑格尔对陈述和句子所作的这种批判本身就与整体陈述性理想相联系,亦即与辩证过程的整体相联系,这种过程唯有在绝对知识中才被人认识。这种理想又一次把希腊人的观点极端化了。为陈述的逻辑自身设置的界限并不是由黑格尔规定的,而是鉴于针对黑格尔的历史经验的科学才真正得到规定。致力于历史世界经验研究的狄尔泰的工作也在海德格尔的新的工作中起过重要的作用。

如果想把握陈述的真理,那么没有一种陈述仅从其揭示的内容出发就可得到把握。任何陈述都受动机推动。每一个陈述都有其未曾说出的前提。唯有同时考虑到这种前提的人才能真正衡量某个陈述的真理性。因此我断定:所有陈述之动机的最终逻辑形式就是问题。在逻辑学中据优先地位的并不是判断,而是问题,就如柏拉图的对话以及希腊逻辑学的辩证法起源历史地证明的那样。但问题优先于陈述只是表明,陈述本质上就是回答。没有一种陈述不表现为某种方式的回答。而对陈述的理解也必然是从对该陈述回答的问题的理解获得其唯一的尺度。这是不言而喻的,每个人都能从其生活经验认识到这一点。如果有人提出一个使人无法理解的断言,那么,人们就要试图解释这个断言来自何处。他到底提出了什么问题,从而他的陈述可以作为该问题的回答? 如果一个陈述是一个应是真的陈述,则我们就必须试着自己找出可以让陈述作为其答案的问题来。当然,要找出可以让陈述作为其真答案的那个问题并不容易。这之所以不容易,主要是因为问题本身并非我们能够任意设想的每一个问题。因为每一个问题本身又是一种回答。这就是我们在这里所陷入的辩证法。每个问题都受动机推动。它的意义也绝不会在本身中完全表现出来。③ 我在上面指出了威胁我们科学文化的亚历山大主义问题,只要问题的起源在这种科学文化中变得复杂困难,那么这里就会有它的根。对于研究者来说,在科学中具有决定意义的就是发现问题。但发现问题则意味着能够打破一直统治我们整个思考和认识的封闭的、不可穿透的、遗留下来的前见。具有这种打破能力,并以这种方式发现新问题,使新回答成为可能,这些就是研究者的任务。所有陈述的意义域都源自于问题境遇(Fragesituation)。

我在这里使用了"境遇"(Situation)概念,这是表明,科学的问题和科学的陈述只是某种可由境遇这个概念来规定的,极为普遍关系的特例。甚至在美国的实用主义中就早已有了境遇和真理的联系。实用主义把能够对付某种境遇作为真理的标志。认识的成果就在于排除某种疑难境遇——我并不认为这里所举实用主义处理事情的方法就已足够。这只是表明实用主义把一切所谓的哲学问题和形而上学问题简单地撇在一边,因为它所关心的只是能够

---

③ [参见我的著作集,第 1 卷,第 304、368 页、第 374 页以下。]

应付境遇。为了达到进步，它把整个传统的独断论重负扔掉。——我认为这是一种错误的结论。我所说的问题占有优先地位绝非实用主义的含义。而真实的回答同样也并非与处理结果这个尺度相联系。不过，实用主义也有其正确之处，即我们必须超越问题与陈述意义之间的形式联系。如果我们摒弃科学上问题和答案的理论关系，转而思考人被称呼、被询问和自问的具体境遇，我们就能非常具体地发现问题具有的人际现象。这样就清楚地表明陈述的本质能在自身中经验到一种扩展。仅仅说陈述就是回答并且指示出一个问题还是不够的，应该说问题与回答一样在其共同的陈述性质中本身就有一种诠释学功能。它们两者都是谈话（Anrede）。这并不只是说，在我们陈述的内容中总有一些来自于社会环境的东西起作用。虽然这样说也是正确的。但问题却并不在此，而是在于真理只有作为一种谈话才可能存在于陈述之中。构成陈述之真理的境遇域就包含陈述向之诉说什么的人。

现代存在主义哲学完全有意识地引出了这个结论。我想到雅斯贝斯的交往哲学，它的要点在于，科学的绝对必要性将在人类此在的根本问题，如有限性、历史性、过失、死亡——简而言之，所谓的"边际境遇"——所到之处找到终点。交往在此并非由无可反驳的证据传送知识，而是存在与存在的交往（Commercium）。我们说话时本身就在听人家说话并且像我回答你的问题一样，因为对于他的你来说，他本身就是一个你。当然，我觉得，针对匿名的、普通的、无可反驳的科学真理概念提出一个生存真理的对立概念是不够的。毋宁说在雅斯贝斯指出的真理与可能的存在的这种联系之后还隐藏着一个普遍的哲学问题。

海德格尔关于真理本质的追问在这里才真正超越了主观性的疑难范围。他的思考经历了从"用具"(Zeug)转到"作品"(Werk)再到"事物"(Ding)之道路,他的这一思路把科学问题以及历史科学问题都远远抛在后头。现在正是不可忘记这一点的时候,即存在的历史性在此在知道并且作为科学而表现出历史性之处占据着统治地位。当人们把历史科学的诠释学从主观性的疑难中解脱出来(海德格尔正是遵循这一思路)时,在从施莱尔马赫直到狄尔泰的浪漫主义和历史主义学派中发展出来的历史科学诠释学就变成了一种全新的任务。唯一在这方面已做过最早研究的是汉斯·利普斯(Hans Lipps),虽说他的诠释学逻辑④并不能提供一种真正的诠释学,但他却相对于语言的逻辑平面化成功地表现了语言的束缚性。

正如上面所说,每个陈述都有其境遇域和谈话功能,这只是继续研究的基础,以便把所有陈述的有限性和历史性都归溯到我们存在的基本有限性。陈述并非只是一个以前存在的事情的再现(Vergegenwärtigen),这首先说明,陈述属于历史存在的整体,并不能和它同在的一切事物具有同时性。如果我们想理解流传给我们的句子,我们就必须进行历史思考,从这种思考中得出这些句子在何处和怎样被说出,它原来的动机背景是什么,它原来的意义是什么。因此,要想象句子的本来面目,我们就必须同时想象起它的历史视界。但这显然还不足以描绘我们真正所做的工作。因为我

---

④ [参见 H. 利普斯:《诠释学逻辑研究》,载著作集,第 2 卷,法兰克福,1976 年(第 1 版 1938 年)。]

们和传承物的交往并非只限于用历史的重构来传达它的意义从而达到对它的理解。也许语文学家会这样做。然而即使语文学家也会承认他实际所做的不止这些。假如古代并没有成为一种经典,不是所有陈述、思考和创作的典范,那就不会有古典语文学。但这也适用于所有其他语文学,在这些语文学中,其他的、陌生的或往昔的语言都向我们展现了它们的魅力。真正的语文学并非只是历史学,而且这是因为历史学本身其实也是一种 ratio philosophandi(哲学理性),是一种认识真理的方法。谁进行历史的研究,他就总会一起被下面这一点所规定,即他本身必定经验着历史。因此,历史总是要不断地重写,因为当代总是对我们有所规定。这里的关键并非只是重构、与过去达到同时。理解的固有谜团和问题就在于,这样同时构造的东西本身总是已经和我们同时作为一种意愿真实的存在。纯粹重构过去的意义好像和直接作为真实说给我们听的东西混合了起来。我认为这是我们对历史意识的自我把握必须作的最重要修正之一,它证明共时性(Gleichzeitigkeit)是一种最高的辩证法问题。历史认识绝不单是再现当时的情况(Vergegenwärtigung)。同样,理解也不仅是重构一种意义结构成物(Nachkonstruktion eines Sinngebildes),有意识地解释一种无意识的产物。相反,互相理解则是对某物的理解。与此相应,理解过去就意味着倾听过去中曾作为有效的而说给我们听的东西。对于诠释学来说,问题优先于陈述,就意味着自己询问要去理解的问题。把当前的视界和历史视界相融合就是历史精神科学的工作。但它所推进的只是我们因为自己存在而一直已经在做的工作。

当我使用"共时性"这个概念时,我是要把克尔凯郭尔提出的这个概念的应用方式能够为我们所用。正是克尔凯郭尔用"共时性"(Gleichzeitigkeit)来标志基督教布道的真理性。他认为基督存在的本质任务就是用共时性去扬弃过去的距离。他出于神学根据以矛盾的形式表现的观点其实完全适用于我们与传承物和过去的关系。我认为是语言引导着过去视界和当前视界的不断综合。我们能互相理解,是通过我们相互谈话,通过我们常常偏离了谈话题目,但最终又通过讲话把话中所说的事物带到我们面前。情况之所以如此,是因为语言自有其自身的历史性。我们每一个人都有自己的语言。根本不存在一种对所有人都共同的语言的问题,只有一种惊异,虽说我们大众都有不同的语言,但我们却能越过个体、民族和时间的界限达到理解,解决这种惊异的答案当然不在于,由于我们在谈论这些事物,它们就作为一种共同事物呈现在我们面前。事物究竟怎样,只有在我们谈论它时才呈现出来。我们所谓真理的意思,诸如敞开性、事物的去蔽等等都有其本身的时间性和历史性。我们在追求真理的努力中惊异地所提供的只是以下事实:不通过谈话、回答和由此获得的一致意见,我们就不能说出真理。语言和谈话的本质中最令人惊异之处在于:当我和他人谈论某事的时候,即使我本人也并不局限于我所意指的事物之上,谈话双方都不可能用他的意见包括所有真理,然而整个真理却能把谈话双方包括在各人的意见中。和我们的历史性存在相适合的诠释学的任务在于,揭示语言与谈话的意义关系,正是这种意义关联超越我们在产生着作用。

5

论理解的循环

(1959年)

我们必须从个别理解整体并从整体理解个别这一诠释学规则,来自于古代的修辞学并经由近代诠释学而从一种说话艺术转变为理解的艺术。不管在修辞学中还是在诠释学中,它都是一种循环的关系。对整体得以被意指的意义的预期是通过以下这点而达到清楚的理解,即从整体出发规定着自己的部分也从它这方面规定着该整体。

我们可以从外语学习中认识到这点。我们知道,在我们试图在句子的语言意义中理解句子的个别成分之前,首先我们必须"构造"(konstruieren)这个句子。但这种造句过程本身又受到一种意义期待的支配,这种意义期待则来自于以前发生的事情的联系。这种意义期待当然是可以修正的,只要文本要求这样做。这就意味着,这种意义期待会得到改变,而文本则会在另一种意义期待之下结合进一个意义统一体。所以,理解的运动就这样不断地从整体到部分又从部分到整体。理解的任务就在于从同心圆中扩展被理解的意义统一体。所有个别和整体的一致就是当时理解正确性的标准,缺乏这种一致则意味着理解的失败。

施莱尔马赫对这种部分和整体的诠释学循环既按其客观方面

又按其主观方面作了区别。正如个别词是处于句子的联系之中一样,个别文本也处于一个作家著作的联系之中,而作家的作品又处于有关的文字类以及文学整体之中,但从另一方面看,该文本作为某个创造瞬间的表现又属于它的作者的灵魂生活的整体。唯有在这种客观类型和主观类型的整体中理解才能实现。——依据这种理论,狄尔泰而后又谈到"结构"和"集中心",整体的理解就产生于这一集中。他由此又把一直作为一切解释之基本原理的原则扩展到历史世界之中,这条原则就是:我们必须从文本自身出发理解文本。

然而,对理解的循环运动作如此理解是否适当还是个问题。施莱尔马赫作为主观解释而阐发的观点也许完全可以撇开不管。当我们试图理解某个文本的时候,我们并非把自身置入作者的灵魂状态中,假如真要说自身置入的话,那么我们是把自己置身于他的意见之中。但这无非就是说,我们试图承认他人所说的具有事实的正确性。如果我们想理解的话,我们甚至会努力去增强他的论据。因此,在谈话中,尤其是在理解书面文字时会发生这样的情况,即我们在一种有意义物领域中运动,这种有意义的东西本身就是可以理解的,并且作为这种可理解的东西,它本身不会促使人回到他人的主观性中去。诠释学的任务即是阐明这种理解的奇迹,理解并不是一种充满神秘感的灵魂的分享,而是一种对共同意义的参与。

即使是施莱尔马赫所描述的这种理解循环的客观方面也没有触及事物的核心。一切相互理解和一切理解的目的均在于达到在某事上的一致。因此,诠释学历来的任务就是,把没出现的或被干扰的一致性建立起来。诠释学的历史可以证明这一点。比如我们可以想一下奥古斯丁,他想把旧约和基督教的福音调解起来,或者想一下早期的新教,他们也面临着同样的问题,最后还可以想一下启蒙时代,那时认为,对一件文本的"完全理解"只有通过历史解释的途径才能达到,因此,启蒙时代里显然已接近于放弃一致。——当浪漫主义和施莱尔马赫建立了一种普遍范围的历史意识,并把他们所由产生并置身于其中的传统之束缚形成不再当作对一切诠释学努力都有效的坚固基础时,就产生了一些全新的东西。施莱尔马赫的直接先驱者之一,即语文学家阿斯特(F. Ast),对诠释学的任务有一种十分坚定的内容性的理解,因为他要求,诠释学应该在古代和基督教之间,在新发现的真正古典文化和基督教传统之间建立一致性。这和启蒙时代相比已经有点新意,因为如今已不再涉及对传统的权威为一方和以自然理性为另一方的两方之间作调解,而是涉及到两种传统因素的调解,这两种因素都是通过启蒙而被意识到,从而提出了它们之间和解的任务。

我认为,古典文化与基督教义具有统一性的理论对于诠释学现象具有一种真理要素,但施莱尔马赫和他的后继者则不正确地把它抛弃了。阿斯特通过他的思辨能力防止了在历史中只找寻过去而不找寻当代真理的做法,从施莱尔马赫继承下来的诠释学相对于这些背景就显得比较浅薄地流行于方法的诠释学了。

如果从海德格尔提出的问题角度对待这一点。那就可以发现更多的东西。从海德格尔的存在分析出发,理解的循环结构就重新获得其内容的含义。海德格尔写道,"循环不可以被贬低为一种恶性循环,即使被认为是一种可以容忍的恶性循环也不行。在这种循

论理解的循环

环中蕴藏着最原始认识的一种积极的可能性。当然,这种可能性只有在如下情况才能得到真实理解,这就是:解释(Auslegung)理解到它的首要的、不断的和最终的任务是不让向来就有的前有、前见与前把握以偶发奇想和流俗之见的方式出现。它的任务而是从事情本身出发来清理前有、前见和前把握,从而确保课题的科学性"。⑤

海德格尔在此所讲的首先并不是一种对理解实践的要求,而是描述理解性解释(das verstehende Auslegen)的进行方式本身。海德格尔诠释学反思的成就并不在于指出这里存在一种循环,而在于指出这种循环具有本体论的积极意义。每一个了解自己所做事的解释者都明白这种描述。⑥ 所有正确的解释都必须避免随心所欲的偶发奇想和未曾注意的思维习惯的束缚,从而把目光指向"事物本身"(在语文学家那儿唯有与事物有关的才算有意义的文本)。

对于解释者来说,让事物这样来作规定并不是一种一次性的"勇敢"决定,而是真正"首要的、经常的和最终的任务"。因为解释者必须经过从自身方面经常不断经历的整个迷误过程才能注视事物本身。谁想理解文本,谁就一直在进行筹划。一当文本中显示出第一种意义,他就事先筹划整体的意义。正因为人们已经用某种意义期待来阅读文本,所以这种意义才能重复出现。正是通过这种预先筹划,才产生了对搁在那里的东西的理解,而这种预先筹划则通过不断继续深入到意义之中而进行修正。

以下的描述当然只是一种粗略的概述:对预先筹划的每一种

---

⑤ 《存在与时间》,第 154 页。
⑥ 例如可参见 E. 施泰格在《解释艺术》第 11 页以下相应的描述。

修正都可能是对意义一种新筹划的预先筹划;相互矛盾的筹划可以互相加工,直到清楚地确定意义的统一体;解释是带着前把握进行的,这种前把握将被合适的概念取代;正是这种不断更新的重新筹划构成理解和解释的意义运动的,这就是海德格尔所描述的过程。谁想进行理解,谁就可能面临那种并不是由事物本身而来的前意见(Vor-Meinungen)的干扰。因此,理解的经常性任务就是构造正确的、与事物相称的筹划,这就叫先行冒险(Vorwegnahmen),而且这种先行应该不断"由事物本身"得到证明。除了构造出自我保证的前意见外,没有任何其他的"客观性"。这有其很好的意思:解释者并非从自身业已具有的前意见出发走向"文本",而是明确地检查本身具有的前意见是否合法,亦即检验它的来源和作用。

我们必须把这种基本要求当作我们实际一直在运用的做法的极端化。我们必须彻底抛弃如下观点,即在听某人讲话或去参加一个讲座时绝不能对内容带有任何前意见并且必须忘记自己所有的前意见,相反,应该一直把对他人或文本的意见的敞开包括在内,把它们置于与自己所有意见的一种关系之中,或把自己的意见置于它们的意见之中。换句话说,尽管意见是一种流动的多种可能性,但在这种意见的多样性中,亦即读者能有意义地发现并因而能够期待的意见的多样性中却并非可以任意的意见,如果谁没有听到对方实际说的意思,那他最终也不能把它置于自己多种意义期待之中。因此这里还有一个尺度。诠释学任务越过自身进入一种实际的提问,而且总是受这种实际提问的共同规定。据此,诠释学工作就具有了坚实的根据。谁想理解,谁就不能一开始听任自己随心所欲的前意见,以便尽可能始终一贯地和顽强地不听错文本的意见——直到不可能不听到这些意见并且摧毁任意的理解。谁想理解文本,谁就得准备让文本讲话。因此,受过诠释学训练的意识必定一开始就感受到文本的他在性。但这种感受却既不是以事物的"中性"也不是自我的消解为前提的,而是包含着对自己前意见和前见的明显占有。这就是说,要意识到自己的先入之见,从而让文本在其他在性中显示出来,因而让它的实际真理可能针对自己的前意见而得到表现。

当海德格尔在所谓对"搁在那儿"(dasteht)的东西的"阅读"中发现理解的前结构时,他对此是作了完全正确的现象学描述。他还提出了一个可从中引申出任务的例子。他在《存在与时间》具体说明了关于存在问题的一般陈述,并使之成为诠释学问题(《存在与时间》,第312页以下)。为了按照前有、前见和前把握来说明存在问题的诠释学境遇,他曾经在形而上学历史的根本转折点上批判地检验了他的这个指向形而上学的问题。他所做的正是历史诠释学意识无论如何要求做的工作。受方法论意识引导的理解必不会力图简单地得出预期推断,而是要意识到这种预期推断,以便能控制这种推断并从事物出发获得正确的理解。这就是海德格尔的意思,因为他要求在对前有、前见和前把握加工时从事物本身出发"确保"科学的论题。

因此,诠释学循环在海德格尔的分析中获得一种全新的含义。迄今为止的理论总把理解的循环结构局限于个体与整体的形式关系的范围内,亦即局限于它的主观反思:先对整体作预测然后在个体中作解释(Explikation)。按照这种理论,循环运动就仅仅围绕文本进行并在对文本完成了的理解中被扬弃。这种理解理论在一种预感行为中达到顶点,这种预感行为完全从作者的角度着想,并由此而消除掉文本所具有的一切陌生和疏异性。海德格尔则正相反,他认为对文本的理解一直受到前理解的前把握活动支配。海德格尔所描写的不过就是把历史意识具体化的任务。这项任务要求人们意识到自己的前意见和前见,并努力把历史意识渗透到理解的过程中,从而使把握历史他者以及由此运用的历史方法不只是看出人们放置进去的东西。

整体和部分循环的内容意义是所有理解的基础,但我认为它必须由某种进一步的规定所补充;我想把它称为"完全性的前把握"(Vorgriff der Vollkommenheit)。这就设定了一个引导一切理解的前提。这前提就是,只有真正表现出完全意义统一体的东西才是可理解的。因此当我们在阅读一个文本时,我们就要构成这种完满性前提。只有当此前提真的不可能实现,也就是说,该文本变得不可理解时,我们才对它产生疑问,才对传承物产生怀疑并试图作出补救。至于我们在这种文本批判的考虑中遵循何种规则仍可撇开不管,因为这里的关键在于,运用这些规则的合法性是无法和文本的内容理解分割开的。

完全性的前把握引导着我们的所有理解,但它本身又表明是一种当时内容的规定者。它不仅预先假定了一种内在的意义统一性来指导读者,而且读者的理解同样会经常受到先验意义期待的引导,这种意义期待产生于与所意指东西的真理的关系。这就像收信人理解该信所包含的消息一样,他首先用写信人的眼光看待信中描写的事情,也就是说把他写的事当真——而并非试图把写信人的意见理解为真的。我们理解传承下来的文本,情况也是如此,我们是以来自于我们自己的事实关系的意义期待作为根据进行理解的。正如我们相信某个记者的消息是因为他在当场或是消息灵通,同样,当我们面对传承下来的文本时我们也基本上开启了这种可能性,即这种文本可能比我们自己的前意见知道得更清楚。只有当我们把所说出的话当真的试图失败时,我们才会力图把文本当作某个他者——心理上或历史上——的意见来"理解"。⑦ 完满性前见所包含的不仅仅指文本应该完全说出它的意见,而且还指它所讲的东西具有完全的真理性。理解主要是指:对事物的理解,然后才是指:突出和理解他人的意见本身。所有诠释学条件中首要的一条就是事物理解(Sachverständnis),即和同一的事物打交道。从这种事物理解中规定何者可作为统一的意义并据此来运用完全性的前把握。于是,隶属性的意义,亦即在历史-诠释学过程中的传统因素,才通过作为基础和承载者前见的共同性得到实现。诠释学必须从以下观点出发:谁想理解,谁就和传承物讲出的事物相联结,并且和传统有一种联系或获得一种联系,传承物就是从这种传统中说话的。另一方面诠释学意识也知道,它不可能以毋庸置疑的统一性和这种事物相联结,好像这种统一性乃是某种传统的不中断的继续生存。实际上在熟悉和陌生之间有一种对立性,诠释学任务就建立在这种对立之上,只不过不能把这种任务按施莱尔马赫从心理学上理解成隐藏个性秘密的跨度(Spannweite),

---

⑦ 我于1958年在威尼斯会议上作的关于美学判断的演讲中试图指出,甚至美学判断——就如历史判断一样——也具有次要性质并且证明了"完全性的前把握"。[该文现收于 D. 亨利希、H. R. 尧斯编:《艺术理论》,法兰克福,1982年,第59—69页。]

其实它是真正诠释学的任务,也就是说要注视说出的东西:传承物据以和我们说话的语言,它说给我们听的故事。传承物对我们所具有的陌生和熟悉之间的位置,乃是具有历史意味的已远逝的对象性与对传统的隶属性之间的中间地带。诠释学的真正位置就处于这个中间地带。

诠释学在这种中间位置找到它的立足点,从这种中间位置出发就会把迄今为止的诠释学一直撇在一边的东西置于中心位置:时间距离及其对于理解的意义。时间并非主要是一种因其分开、遥远而必须被沟通的鸿沟,实际上它是事件的承载基础,当下的理解就根植于该基础之中。因此,时间距离并不是某种必须被克服的东西。认为我们可以置身于时代精神之中,以该时代的概念和观念而不是以自己的概念和观念来思考,并以此达到历史客观性,这只不过是历史主义天真的前提。

实际上应该把时间距离当作理解的积极的和建设性的可能性来认识。时间距离被习俗和传统的持续性填满,正是在习俗和传统的光照中所有传承物向我们显示。在这里谈论事件具有真正的创造性也许并非不必要。大家都知道凡我们未从时间距离获得确切的尺度,我们的判断就非常软弱无力。所以关于当代艺术的判断对于科学意识也具有类似受怀疑的不确定性。实际上无法控制的前见就是我们据以从事创造的根据,它能赋予创造一种与其真实内容和真实意义并不一致的过度共鸣。只有当所有这些实际关联都已逐渐消退,这些作品本身的结构才会显露出来,我们才能对作品中所说的进行那种可以要求普遍性有效性的理解。把文本或艺术创作品中存在的真实的意义析取出来,本身乃一个无尽的过程。引导这种析取的时间距离是在经常的运动和扩展中得到理解的,这就是它对于理解具有的创造性方面。时间距离可以让具有特定性质的前见消退,并使对真正的理解有帮助的前见浮现出来。

时间距离⑧通常可以解决诠释学真正批判性的任务,即把真的前见与伪的前见区分开来。受过诠释学训练的意识会因此包含一种历史意识。这样它就必然会意识到那些引导理解的前见,从而把作为他者意见的传承物显露出来并让它起作用。让前见本身如此显露当然要求暂时中止它的作用,因为只要某种前见在规定着我们,我们就知道和考虑它不是一个判断。只要一种前见在不断地、不被察觉地起作用,它就不可能被带到我的面前,只有当它如所说的那样被刺激,它才能被带到我面前。只有让它与传承物接触,它才会提供刺激。因为引诱人去理解的东西本身必须已在他在性中起作用。使理解得以开始的首要一步是有某些东西向我们诉说,这就是所有诠释学条件中最首要的一条。现在我们可以发现由此要求的乃是彻底搁置自己的前见。从逻辑上看,对判断的搁置,尤其是对前见的搁置,都具有一种问题结构。

问题的本质就在于可能性的敞开(Offenlegen)和保留(offenhalten)。如果某项前见出现疑问——鉴于某个他者和某件文本对我们所说的东西——那绝不意味着可以把它简单地搬到一边并让他者或他在性直接取代它的位置起作用。觉得可以从自身出发采纳这种预见,这毋宁是历史客观主义的天真想法。事实上只有

---

⑧ [关于这种对于原来文本的改变,可参见我的著作集,第1卷,第304页。]

在前见产生作用的时候,才能使自己的前见正确地产生作用。只有让自己的前见充分发挥作用,它才能和其他前见一样产生作用,从而让其他前见也能充分发挥作用。

所谓的历史主义的天真就在于,它逃避这种反思,并且因信赖其工作程序的方法而忘却了自己的历史性。我们必须摆脱一种有害于理解的历史思考而转向一种更好理解的历史思考。真正的历史思考必须同时想到它自己的历史性。只有这样,它才不会去追逐某个历史对象(历史对象是我们不断研究的对象)的幽灵,而是学会在对象中认出自身的他在性并因而认识自己和他者。真正的历史对象根本就不是对象,而是自己和他者的统一体,是一种关系,在这种关系中同时存在着历史的实在和历史理解的实在。一种名副其实的诠释学将会在理解本身中展示这种特有的历史实在。我把这所要求的称之为"效果历史"(Wirkungsgeschichte)。理解是一种效果历史事件。它要证明,和一切理解相适应的就是语言性,诠释学事件就在语言性中发展。

6
事情的本质和事物的语言
（1960年）

如果说本文是以两个就各方面看来均意指相同事情的讲话方式作为分析的对象，那么其主要的意图在于阐明，尽管当今哲学思维的出发点和方法论理想各不相同，但仍有一种事实上的趋同统治着当今的哲学思维。通过说明在这似乎相同的哲学思维中存在问题的对峙，因而在这些以其区别所认识的哲学思维里，相同的推动力的作用就得以同时表现出来。我们可能很少首先在这里想到语言用法。因为语言用法似乎证明两种用法完全可以互换。例如我们常说"事情的本性就是如此"，我们也可以说"事物为自己说话"，或者说"事物引导明白无误的语言"。上述这两种说法涉及的都是某种保证用语，它无须提出任何理由说明我们为何要把某事当真，相反，它要拒绝进一步证明的要求。甚至在上述例句中出现的"事情"（Sache）和"事物"（Ding）这两个概念似乎指的也是同样的意思。这两个概念表达的都是某种不太确定的所指物。与此相应，当我们说事情的"本质"或事物的"语言"时，甚至这两个说法的含义也有些相同，即它们以论战的方式否认和事物打交道时可以采取随心所欲的态度，尤其否认纯粹的意见、任意的猜测或对事情的断言、任意的否定或固执己见。

然而,一旦我们更为留神,并探究到语言用法的隐蔽区别,则可以完全互换的表面现象就会烟消云散。事情这个概念主要由其对立概念人而得到规定。事情和人这种对立的意义原本在于人对于事情具有显见的优先地位。人似乎是因其自身的存在而受尊崇的东西,相反,事情则是被使用的、完全受我们支配的东西。说到"事情的本质"这个说法,它的要点就在于,即使这种供我们使用、被我们支配的东西实际上也有自身的存在,根据这种存在,它就可以从它的本质出发抗拒不符合事实的支配欲,从积极的角度讲,它规定了某种确定的、与事实相符的态度。于是,人对于事情的优势地位也就转化到它的反面。与人和人之间适应的灵活性相反,事情的本质则是我们必须考虑的不变的给定性。因此,事情这个概念能保持其自身的重要性,它要求我们具有自我遗忘的精神,甚至强迫我们不去考虑别人。

由此就产生了事实性(Sachlichkeit)的口号,我们也把这个口号当作哲学信念,就如康德在其《纯粹理性批判》作为箴言的那句培根的名言所说:De nobis ipsis silemus, de re autem quae agitur...(我们对于我们自身不欲有所言,但关于事物应当从事物本身讨论……)。

在古典哲学思想家中,这种事实性的最伟大代言人是黑格尔,他谈论事情的作为,并且认为真正的哲学思辨就是让事情自己活动,而不让我们随心所欲的想法,亦即我们的反思活动对事情发生作用。在本世纪初曾经表达了一种新的哲学研究观点的著名的现象学口号"回到事情本身去",其含义也与上述的意思类同。现象学分析要揭露的就是不符合事实的、有偏见的、任意的构造和理论及其未经检验的前提,实际上它正是通过对现象进行不带先入之见的分析证实上述谬误。

但是事情(Sache)这个概念表述的不仅仅是罗马法的 res(物)概念,在德语的"Sache"这个词及其含义中注入的主要是拉丁语 causa(问题或讼争)所指的东西。"Sache"在德语的语言用法中主要意指 causa,即需要商谈的有争议的事情。它本来就是两个争执的派别置于中间的事情,因为需要对这件事作决定而现在尚未作出决定。这件事应该被保证不受任一派别的专横操纵,在这种情况下,事实性的含义恰好与派别性相反,即与那种为派别的目的而滥用权力的行为相反。"事情的本质"这个法学概念当然不是指派别之间争执的事情,而是为立法者制订法律以及解释法律时的个人好恶设定的界限。求助于事情的本质表明一种与人的好恶无关的秩序,并想使活生生的司法精神胜过法律的文字。甚至在法学中,事情的本质也是自身起作用的东西,是人们必须尊重的东西。

如果我们再看一下"事物的语言"的含义,我们似乎被置于完全相似的方向之中。事物的语言也是我们听得不够从而应该更好地听从的东西。同样,这个用语也有某种论战的强调。它表明,我们通常根本不打算就其本身的存在听从事物,相反却把事物置于人的算计以及通过科学的理性化对自然的统治之下。在一个日益技术化的世界中谈论对事物的尊崇愈发不能被人理解。这种观念正在消失,只有诗人仍然忠实于这种观念。至于我们毕竟尚能谈论事物的语言,这就使我们记起事物实际上是什么东西,它不是供使用被消费的材料,不是供人使用然后扔到一边的工具,而是在自身中有其存在,"推挤到无中"(海德格尔语)的东西。它本身的自在存在由于人类专横的支配欲而遭到忽视,正如一种成为需要被倾听的语言。⑨ 因此,事物的语言这个表述并不是唯有魔术家梅林或用童话精神才能证明的神话——神话的诗意的真理,这个表述将唤醒我们心中沉睡已久的关于这样的事物之存在的回忆,而这种事物总是能如其所是地存在。

在某种意义上可以说这两个短语其实讲的是相同的——而且是真实的——东西。习惯用语恰恰不只是变得面目全非的语言训练的僵死物。它们同时是一种共同精神的遗产,只要我们正确地理解它们并深入其隐藏的丰富含义,它们就能使我们重新认识这种共同精神。因此,对此处这两个习惯用语的分析告诉我们,它们在某种意义上讲的是相同的东西,即某种与人类任意专横相对立而我们必须记住的东西。然而事情还不仅于此。虽说"事情的本质"和"事物的语言"这两个概念以几乎可以互换的方式被使用,并且由共同的对立命题得到规定,但在这种共性背后仍然隐藏着一种并非偶然的区别。阐明这两个短语隐蔽的弦外之音中存在的对峙似乎是一件哲学任务,我想指出,当今哲学所从事的正是解决这种对峙,它标出了我们共同所处的问题困境。

对于哲学意识来说,在"事情的本质"这个概念中汇聚了一种可以从许多方面感觉到的对哲学唯心主义的反抗,尤其是反对这种唯心主义在19世纪下半叶复活的新康德主义形式。新康德主义尽管引用康德的思想,以使他成为当时的进步信念和科学骄傲

---

⑨ 在我1960年发表于雷克拉姆集刊上对海德格尔艺术作品的解释中,我强调这个思想是海德格尔后期作品重要的出发点(现载《海德格尔之路——后期著作研究》,蒂宾根,1983年,第81—93页,也可参见我的著作集,第3卷)。

的代言人,但它从根本上说来绝不可能从自在之物开始。由于康德的后继者明确地抛弃了形而上学的唯心主义,因此他们在思想上不可能再回到康德关于自在之物和现象的二元论。只有重新解释康德的思想,康德的那些语词才能适应自身已变得自明的信念,与此相应,唯心主义就意味着完全通过认识来规定对象。于是,自在之物就被理解成只是继续规定这个无限的任务的方向目标而已,甚至胡塞尔,尽管他与新康德主义相反,较少从科学事实出发而更多地从日常经验出发,但他也试图为自在之物理论提供现象学的证明,他的出发点在于,感觉事物的各种侧显(Abschattungen)构成某种经验的持续性。自在之物理论的意思似乎只能指:事物的一个方面可以连续不断地在其他方面感觉到,正是这种连续的可感知使得我们经验的统一联系成为可能。甚至胡塞尔也是从我们认识的进步观念出发理解自在之物的观念,因为我们认识的进步观念在科学研究中有其最后的证明。

在道德哲学领域当然不存在类似情况。因为自卢梭和康德以来就再也不可能设想人类的道德完善性。然而,对新康德主义的现象学批判即使在这里也找到了出发点,而且是针对康德道德哲学的形式主义。康德关于义务现象的出发点以及他对绝对命令无条件性的证明,似乎要把道德律所提供的任何内容都从道德哲学中驱逐出去。马克斯·舍勒(Max Scheler)对康德伦理学的形式主义所作的批判就批判的消极面来看非常软弱,但它构思出一种质料的价值伦理学从而证明了本身的丰富成果。舍勒对新康德主义生产概念所作的现象学批判也表现为一种重要的推动,它特别导致了尼古拉·哈特曼(Nicolai Hartmann)放弃新康德主义,并形成了他"知识形而上学"(Metaphysik der Erkenntnis)的构想。⑩哈特曼认为,知识绝不引起认识对象的改变——更不用说代表认识对象的制造——所有存在事物不管是否被认识都无所谓,这正是对任何形式的先验唯心主义的反驳,也是对胡塞尔构造研究的反驳。从积极的角度看,尼古拉·哈特曼相信,承认在者的自在存在及其独立于一切人的主观性正可以开辟出一条到达新的本体论的道路。这样他就接近于新"实在论",这种新实在论同时也在英国——在那里是全面地——高奏凯歌。

我认为,如此地抛弃先验哲学的反思是对其意义的巨大误解,这是自黑格尔逝世以来哲学认识衰落的后果。如果这种摒弃在当今的哲学思维中仍然一再重复发生,那它当然有根据。如果我们让神创秩序的优越存在现实性——人的专横意志遇到这种神创秩序的存在现实性就会撞得粉身碎骨(格哈德·克吕格尔)〔Gerhard Krüger〕,以及自然界对于人和人的历史表现的冷漠(卡尔·勒维特〔Karl Löwith〕)发生作用,那么这种有争议的摒弃就可以理解为向事情本质的一种求助。然而,我认为如此求助于事情的本质可以在这样一个共同前提上找到其界限,这种前提未经置疑地曾统治着所有试图重新构造事物自在存在的行为。该前提认为,人的主观性就是意志,当我们把自在存在作为界限来对抗人的存在的意志规定时,这种意志仍有不可置疑的作用。"按照事情"就表

---

⑩ 对此最早的文献是 N.哈特曼于1914年发表在《精神科学》杂志上的对舍勒的评论(见哈特曼:《短论集》,第3卷,第365页)。参见我的文章"知识形而上学",载《逻各斯》,1924年(现收入我的著作集,第4卷)。

明，这些现代主观主义的批判者们根本没有脱离他们所批判的对象，而只是从另一方面说出对立的命题。新康德主义把科学文化的进步作为主线，批判家们则以自在存在形而上学的片面性来对抗新康德主义的片面性，实际上这种形而上学与其对手都同样认为意志的规定性具有先在的统治地位。

面对这种情况人们必然会问事情的本质：这个口号是否并非可疑的战斗口号、所有这些试图相反的古典形而上学是否表明了一种真正的优越性，并且提出了仍然存在的任务。我认为古典形而上学的优越性就在于，它一开始就超越了把主观性和意志作为一方，客观性和自在存在作为另一方的二元论，因为它思考二者之间前在的相辅相成（Entsprechung）。当然这是一种神学的相辅相成，古典形而上学关于认识符合实情的真理概念即以此为根据。因为灵魂和事情两者的结合就在于它们两者的被创造性（Kreatürlichkeit）。正如被创造的灵魂是为了与在者相聚，被创造的事情就是为着要真，即要被认识。这就是创世主的无限精神，有限的精神觉得无法解决的谜就在这种精神中得到解决。创造的本质和现实性状就在于，灵魂和事情具有这种协调一致。

然而哲学却无疑不再能够利用这种神学的根据，也不想再重复它的世俗形态，有如思辨唯心主义以它的有限性和无限性的辩证中介所表现的。然而哲学又不能掉头不顾这种一致性的真理。在这个意义上就继续存在着形而上学的任务，当然这种任务不再作为形而上学，亦即不能通过追溯到无限的理智来得到解决。这样问题就来了。存在能公正评判这种一致性的有限的可能吗？这种一致性是否有一种根据，它无须寻求神性精神的无限性，但却能公正评判灵魂和存在无限的一致性?我认为有这样的根据。这种根据是一条道路,哲学思维根据这条道路会变得日益明确,这条道路制造了这种一致性。这就是语言的道路。

我觉得,近几十年语言现象占据哲学研究的中心绝非偶然。也许我们甚至可以说,今天以盎格鲁-撒克逊的唯名论为一方和大陆形而上学传统为另一方,在不同民族之间存在的巨大哲学鸿沟正是在此标志下开始得到沟通。无论如何,在英国和美国从对逻辑人工语言疑难的深刻反思中发展起来的语言分析,以触目的方式接近了 E. 胡塞尔现象学派的研究思路。正如在海德格尔对现象学的发展中,由于承认了人的此在的有限性和历史性从而根本改变了形而上学的任务一样,逻辑实证主义反形而上学的热情也随着承认说出的语言具有独立的意义而被消解(维特根斯坦)。从信息直到神话和传说都是一种"指示"(马丁·海德格尔),语言则是它们共同的论题。我认为我们必须提出以下问题,如果我们想真正地思考语言,那么语言最终是否必然要被称为"事物的语言",事物的语言是否使灵魂和存在的原始一致性这样得以证明,以致有限的意识也能对它有所了解。

语言是意识借以和在者联系的媒介,这本身绝不是新的论断。黑格尔就已经把语言叫作意识的媒介,⑪主观精神与客观存在就是通过这种媒介进行中介。今天,恩斯特·卡西尔(Ernst Cassirer)把科学事实这个新康德主义狭窄的出发点扩展成一种符号形式的哲学,它不仅把自然科学和精神科学都包括在一起,而且还赋

---

⑪ [《精神现象学》,霍夫迈斯特编,第459页。]

予人类的所有文化活动一种先验的基础。

卡西尔的出发点是:语言、艺术和宗教都是表象形式,亦即以某种感性的形式表现某种精神。通过对所有这些精神体现形式所作的先验反思,则先验唯心主义必然会被提升到一种新的、真正的普遍性。符号形式是精神在感性显现的流动时间性中的成形(Gestaltwerdungen),它也是联结的媒介,因为它既是客观的显现又是精神的痕迹。——人们当然会问,卡西尔所设想的这样一种对精神的基本力量所作的分析是否真的解释了语言现象的唯一性。因为语言并不和艺术、法律、宗教并列,而是所有这些显现借以进行的媒介。语言概念由此在符号形式,亦即表达精神的形式内部并非只获得一种特殊的标志。相反,只要语言还被当作符号形式,它就尚未在其真正的领域内被认识。甚至对于源自赫尔德和洪堡的唯心主义语言哲学毋宁说也可以提出与符号形式哲学相关的批判性问题,当语言哲学针对其"形式"的时候,它是否未曾把语言和它所说的以及由它所中介的东西相脱离。尽管语言是通过它的现实性表现我们寻求的一致性,但语言真正的现实性不正在于它根本不是形式的力量和能力,而是通过其可能的语言表达而对一切存在者作先行的把握? 与其说语言是人的语言倒不如说它是事物的语言,难道不是这样吗?

词和物的内在的隶属性是在思想的开端就经由语言而被提升为问题,这个问题从这个角度出发重又获得人们的兴趣。希腊人提出的名称的正确性问题只是一种词语巫术的最后回声,亦即把词当作事物本身,当作它所代表的存在。确实,希腊哲学思维是随着这种名称魔术的消失才开始的,它的第一步就是语言批判。然而这种哲学也保留了许多关于原始的世界经验自我遗忘性的天真想法,它认为显现在逻各斯中的事物的本质是在者本身的自我表现。柏拉图在《斐多篇》中把逃入逻各斯(die Flucht in die Logoi)称作"第二好的行驶"(zweitbeste Fahrt),因为在这里,在者只是在逻各斯的映象中而不是在它直接的现实性中被考察,他的说法中具有对这种表现形式一丝讥讽的味道。事物的真实存在最终恰恰是在它的语言显现中才能通达,亦即在它被意指物的观念性中才能通达,这种被意指物显然不能为经验的无思想的眼力所掌握,因此,被意指物本身、因而事物显现的语言性本身却未被经验到。由于形而上学把事物的真实存在理解成"精神"(Geist)可以通达的本质,这种存在经验的语言性就被掩蔽起来了。

希腊形而上学的基督教遗产,经院哲学的中世纪也完全从类(species)的角度把词认作它的完美体现,而没有把握它的道成肉身之谜。形而上学的思考最初考虑的就是世界经验的语言性,这种语言性最后变成某种次要的、偶然的东西,它将对事物的思维的瞥见通过语言惯例来加以图示化并离开了原始的存在经验。实际上正是世界经验的语言性隐藏自身在事物先于其语言显现的先行性的假象背后。尤其是那种任何事物都具有普通客体化可解的假象,这种假象受到语言普遍性的支持,而语言则因这种假象而变得晦暗不明。至少在印欧语系中,语言能够把一般的命名功能扩展到任一句子成分,并能把一切成分都构成进一步陈述的可能的主语,于是就增强了普遍物化的假象,这种假象把语言降低成只是理解的工具。现代语言分析试图通过制订人工符号系统揭露语言的文字诱惑,但它并未对这种客体化的基本前提提出疑问。它只是通过自我限制告诉我们,引进人工符号系统绝不可能真正脱出语言的轨迹,只要所有这样的系统都要以自然语言为前提。正如古典语言哲学揭示了询问语言的起源是一个站不住脚的问题,对人工语言观念的深刻反思也将导致这种观念的自我扬弃,并将证明自然语言的合法性。然而这样做的含义通常未被人考虑到。我们当然知道,语言只有在被人说,亦即在人们知道互相理解的地方才具有现实性。然而和语言相适应的这样一种存在是什么?是一种理解工具的存在?我认为亚里士多德就已指出过语言真正的存在性质,因为他把协调(Syntheke)这个概念和其朴素的"习俗"(Konvention)意义相分离。⑫

由于亚里士多德从协调概念中排除掉所有关于创造(Stiftung)和产生(Entstehung)的含义,从而他指明了那种灵魂和世界的一致性的方向,这种一致性既在语言本身的现象中闪现,又独立于无限精神强有力的向外涌现,而这种向外涌现乃是形而上学赋予这种一致性的神学基础。在语言中实现的关于事物的理解,既不表明事物具有优先地位,也不表明运用语言理解手段的人类精神具有优先地位。相反,正是在语言的世界经验中得到具体体现的这种一致性总是绝对前行的。

这可以从本身就构成语言的结构因素的现象中得到极好的阐明,亦即节奏。理查德·赫尼希斯瓦尔德(Richard Hönigswald)在他的思维心理学分析中早已强调过,⑬节奏的本质就存在于存在和灵魂之间特有的中间领域。通过节奏的节奏化而得到的序列

---

⑫ [《解释篇》,4,16b31 以下。]
⑬ [R.赫尼希斯瓦尔德:《节奏问题》,莱比锡,1926 年。]

并非必定代表现象本身的节奏。相反,节奏化只有在某种均匀有节奏的过程中才能被听到,从而才以节奏的方式组合起来——或者更恰当地说,当我们想感受某种均匀有节奏的过程时,那就不是只能,而是必须跟从这种节奏。然而这里说的必须又是什么意思呢?它是针对事物的本质的吗?当然不是。那么"现象的本己节奏"又是指什么?难道现象不正因为被有节奏地或节奏化地听到才如其所是的吗?一致性一方面是比听觉过程要更原始,另一方面又比节奏化的把握更原始,它就存在于两者之间。

诗人对这一点特别了解,尤其是那些试图解释自己受其支配的诗化精神进行方式的诗人,例如荷尔德林。当他们把语言的前定性和世界的前定性(亦即事物的秩序的前定性)都和诗歌的原始体验相分离,并把诗的想象描写成世界和灵魂在变成诗歌语言过程中的相互融合(Sicheinschwingen),这正是他们所描写的节奏体验。用语言表达的诗歌创作以有限的方式确保了灵魂和世界的对话(das einander Zugesprochensein)。正是在这里证实了语言的存在具有其中心地位。最近的哲学思想认为很自然的即从主体性出发则完全陷入了谬误。语言绝不能被认为是主体性前行的世界筹划,它既不是个别意识的筹划,也不是民族精神的筹划。这一切都是神话,就像天才概念一样,天才概念之所以在美学理论中起着支配性的作用,因为该概念把创造物的产生理解成一种无意识的创造,并从类推解释有意识的制造。艺术品不能从某项方案按计划的实施——哪怕它是梦游般无意识的方案——角度来理解,就如世界历史过程可以为我的有限的意识当作某项计划的实施。无论在历史中或是艺术中其实都是幸运和成功诱惑人们进行从后果而来的预卜(oracula ex eventu),实际上它们却掩盖了讲述出它们的事件、词或行为。

我认为,自我解释在所有这些领域中保持着一种其实并无正当理由的优先地位,这是现代主观主义的后果。实际上我们无须承认诗人在解释他的诗作时有什么特权地位,就如政治家对他本身参与其中的事件作为历史解释时也不该有特权地位。在所有这些情况中唯一可以运用的真正的自我理解概念不能从完成了的自我意识模式出发来考虑,⑭而要从宗教经验的角度来考虑。宗教经验总是包含以下意思:人类自我理解的歧途只有通过神的恩典才能找到其真正的目标,亦即达到这样一种观点,即任何道路都可以达到自我的拯救。所有人的自我理解都受其不充分所规定。这也完全适用于作品和行动。艺术和历史因此按照其自身的存在而避免了从意识主观性出发的解释。它们属于那种诠释学普遍性,这种普遍性由超越一切个体意识的语言的进行方式和现实性得到描绘。⑮ 在语言中,在我们世界经验的语言性中存在着适合于我们这些有限众生的有限和无限的中介。在语言中被解释的总是有限的经验,这种经验绝不会碰到无限的意指只能猜测而又不能说出的界限。语言本身的进行进程永远不受限制,绝不是不断地接近被意指的意义,而是在它的每一步进程中不断表现这种意义。是作品的成功,而不是它的意指才构成它的意义。把意义表述出来的是遇到的词,而不是隐藏进意指的主观性中的词。正是传统开启并划定了我们的历史视野——而不是"自在"(an sich)发生的

---

⑭ [参见我的论文"自我理解的疑难性",本书第121页以下。]

⑮ 除《真理与方法》(我的著作集,第1卷)外,另参见本书第219页以下的论文"诠释学问题的普遍性"(以及有关的后期论文,参见本书第232页以下)。

历史的晦暗的事件。

于是,我们在讲到事情的本质和事物的语言时作为其间特征的对意指的摒弃就获得一种积极的意义和具体实现。由此也使这两句短语之间存在的对峙真正被揭示。看来好像同样的东西其实并不相同。这是有所不同的东西,不管是从意指的主观性和意志的专横性体验到限制,还是从语言显示的世界中在者前行的运行角度来考虑。我认为,和我们的有限性相适合的那种一致性经验不能依靠反抗其他意谓并要求注意的事情的本质,它只能依靠像事物自身表达出来那样被听从的事物的语言,形而上学曾把这种一致性说成被造物互相之间的原始符合,尤其是被创造的灵魂与被创造的事物的符合。

7
作为哲学的概念史
（1970年）

"作为哲学的概念史"这个题目会造成一种假象，似乎这样就把哲学思考中一种次级的探究角度和一门辅助学科不恰当地提高为一种普遍的要求，因为该题目似乎包含这样的断定，概念史就是哲学，甚或断定哲学应该是概念史。毫无疑问，这两个论点都是那种其正确性并没有现成根据，因此我们必须对其加以论证的论题。

不管怎样，本文题目蕴含着哲学究为何物的陈述，亦即哲学的概念史构成哲学的本质——这和"实证"科学的陈述里概念的功能不一样。如果说在实证科学中概念的有效性是按能获得被经验控制的认识来衡量的话，那么哲学显然就不具备这种意义上的对象。这就开启了哲学的可疑性。我们能否说明哲学的对象而又不陷入追问我们所用概念的恰当性问题之中呢？既然我们在哲学中根本不知道用什么东西来衡量，那么这里的"恰当"究指何物呢？

唯有西方哲学传统可能包含对这个问题的历史答案。我们也只能对这种传统发问。因为在其他文化中，尤其在辽远的东方文化里发展起来的对奥秘和智慧的谜一般的陈述方式，和西方称作哲学的东西最终毕竟没有可验证的关系，尤其是我们以其名义发问的科学本身就是一种西方的发现。如果说哲学没有自己的对象,没有可据以测量,并用自己的概念和语言诸工具进行测量的对象,那这岂不是说哲学的对象就是概念本身?概念就是真实的存在,我们通常就是这样使用"概念"这个词的。例如,如果有人想特别赞扬某人交朋友的能力,就可以说这就是朋友的概念。如果把概念称作哲学的对象,也就是把思想的自我展开当作哲学的对象,那么它如何对存在的事物作解释和认识呢?从亚里士多德直到黑格尔的传统回答:对,就是这样。亚里士多德在他的《形而上学》一书γ章中对哲学,尤其是称为第一哲学的形而上学——"哲学"其实就是"认识"——作了如此规定,他说:所有其他科学都有其确定的领域,它们在该领域中自有特定的对象。但哲学作为我们在此寻找的科学却没有这种界定的对象。哲学把存在作为对象,并且与这个探求存在的问题本身相联系的乃是对彼此相互区别的存在方式的观看(Blick):不变的永恒和上帝,自身不断运动者,自然,自我束缚的Ethas(伦理),人。因此我们就这样面对着形而上学传统的主要论题,形而上学传统发展到康德哲学就取得了自然形而上学和道德形而上学的形式,在这种传统中,关于上帝的知识与道德哲学具有特别的联系。

然而,这种形而上学的对象领域在科学时代又能意味什么?这不仅是说,正是康德通过他对纯粹理性的批判,亦即通过批判人能够从纯概念获得认识的能力,从而摧毁了迄今为止划分为理性宇宙学、理性心理学和理性神学三部门的形而上学传统形态。我们在今天首先也发现,科学要求作为人类唯一合法的认识方式——这种要求当然很少是由于科学本身,更多是受到惊异于科学后果的公众的支持——这种要求如何导致在人们通常称之为哲学的内部把科学理论和逻辑以及语言分析摆到了突出地位。伴随这种日益增长趋势产生如下现象,人们通常叫作哲学的另外东西被作为世界观或意识形态而从哲学中排除出去,并最终受到一种外来的批判,这种批判不允许哲学再作为认识产生作用。这就产生了下列问题:哲学还能是什么,哲学在科学的要求之外究竟还能真正主张些什么呢?

门外汉会这样回答:相对于世界观和意识形态那种轻率的沾沾自喜的结构,科学的哲学将要求自己运用明确的概念。这其实是门外汉早就要求的,他们期待哲学家能很好地定义他的所有概念。究竟这种作定义的要求是否合理,是否符合哲学的要求和任务,究竟何种东西才在科学的领域中有其无可动摇的合法性,这一切都需要追问。因为就在概念的明确性这个前提中还有另外一个前提,即概念就是我们制作用来说明对象并把它置于认识之中的工具。我们可以看到,我们一般所认识的最恰当的定义和最精确地构造的概念只有在整个对象世界由思维本身而产生的地方才能找到,也就是在数学中能找到。在数学里没有经验的作用,因为当理性在解答数或几何图形等难解之谜以及承担解释时,理性是自我证明的。

语言和哲学思维是否像从现成的工具箱里取工具那样取出或扔掉哲学的概念,并用这种方式找到认识并驳斥不符合认识目的的知识?我们可以说:在某种意义上是这样,只要概念分析一直包括语言批判,并通过对概念进行仔细的逻辑分析揭露虚假的问题和虚假的成见。但这种尤其在本世纪初怀着巨大热情从哲学逻辑中产生的明晰的概念语言的理想本身却受到这种努力自身内在发展的束缚。用纯人工语言表达哲学思想的观点在其逻辑自我分析过程中被证明是不可能的,因为只要我们想引进人工语言,我们就必定需要用我们所说的语言。然而众所周知,我们所说的语言经常会导致我们认识的谬误。培根就已揭露了语言的偶像(idola fori),即语言使用的成见,会阻碍不带偏见的研究和认识。

但事实是否仅止于此?如果说语言总混有成见,这是否意味着在语言中只会产生非真理?语言并非只是这样。语言乃是对世界的包罗万象的预先设置(Vorausgelegtheit),因而是不可取代的。在用哲学方式进行批判的思维之先,世界对我们总已被揭示在语言之中。世界就在我们学习语言的过程中、学会母语的过程中对我们表现出来。这与其说是谬误不如说是阐明。这当然也包含以下意思,在这种语言揭示中开始的概念构造过程从来没有最初的开端。它和铁匠用某种合适的材料打造一件新工具不一样。因为概念的构造总是在我们所说的语言中、在那种通过语言对世界的阐释中进行继续思考,这就绝不可能从零开始。因此,世界的揭示得以展现的语言无疑就是经验的产物和成果。但这里的"经验"并不具有直接所与物的独断论含义,本世纪的哲学运动业已充分揭露了这种所与物的本体论——形而上学的偏见性,不管是在现象学—诠释学传统还是在唯名论传统哪一个阵营里。经验并不是最初的感觉(sensation)。可以叫作经验的并不是感觉及其材料的出发点。我们已经看到,即使我们感觉的所与物也是在解释联系中得到展现,把某物认作真的感知则在感觉材料的直接性之前就已揭示了感觉的证据。因此我们可以说:从诠释学角度来看,概念构成一直受到人们所说语言的束缚。如果情况真的如此,那么哲学唯一正当的道路就是认识到词和概念的关系是规定我们思维的关系。

我说词和概念的关系,而不说复数的词和复数的概念的关系。我用它来指对词和概念均适宜的内涵统一:适合于这种关系的不是复数的词,也不是迄今语言理论研究认为不言而喻的复数的语言。所有被人说的语言都只有作为对某人所说的话,作为促成人之间交往的话语的统一体才能牢固地建立起来。单个词的统一性先于许多词或语言的所有多样性而存在。这种统一性包含着一种值得用词把握的东西的内涵无限性。倘若"单个词"(das Wort)就是福音的整体,并且在每个我(pro me)的现实性意义上代表福音的整体,那么 Verbum(动词)这个神学概念在这点上就很有启发性。

概念的情况也是如此。所谓的概念体系即是我们每人必须自己定义、界定和规定的观念的众多——这些都与对哲学的概念性和作为概念的哲学的彻底追问无关。因为哲学涉及的是概念"的"统一性。比如柏拉图,他曾谈到他的理念论,以及他从哲学上研讨这种"屡被谈论的"理念论,他曾讲到一以及问一如何又是"多"等等。又如黑格尔,他在其《逻辑学》中想对上帝的观点进行反思,上帝的观点在创世之初就作为存在的可能性整体处于它的精神之中,最后以作为这种可能性的完成了的自我展开的"那个概念"(dem Begriff)而结束。哲学对象的统一性的给定乃在于:正如词的统一性是可说性(Sagwürdigen)的统一性一样,哲学思想的统一性就是可思想性(Denkwürdigen)的统一性。因此,任何一个单独的概念定义都不具有自明的哲学合法性——它总是思维的统一体,单个概念的功能只有在这种统一体中才得其合法的意义规定。如果我们现在提出什么是概念史的任务的问题,那我们就可以确定,它并不是哲学史研究的补充工作,而是属于哲学进程并作为"哲学"本身应该进行的工作。

我们可以从它的一个对立立场及其界限来说明,亦即从所谓的问题史角度来说明。从我们的思考就能说明,为什么这种传统的,在新康德主义以及过去50到100年间成为占统治地位的哲学史的研究方式实际上是不能令人满意的。问题史的研究取得过巨大成就是不容置疑的。——它构造了一个本身很有道理的前提。如果说哲学家的学说体系未能按照逻辑学或数学的典范把自身安置成一种呈现前进姿态的知识,如果说哲学立场的来回转移——除了康德不谈——不能把自身转换成一种科学的稳定进步路线,那么这些学说试图回答的问题就一直是一些同样的问题并且一直要求人们对它们重新认识。这就是问题史有意识要祛除所有哲学思考历史相对化危险的方法。虽说它不想严格地声称或不能声称,在对同一些问题进行的分析和处理中总是有一种哲学史中表现的直线式进步。尼古拉·哈特曼——我们在这个问题上的进步都应归功于他——曾谨慎地指出:问题史的根本意义就是深化(并不断精致化)问题意识。哲学的进步就在于此。从我这里提出的思考出发,则这种问题史的方法就显出一种独断论因素。它包含着不能令人信服的前提。可以用一个例子来说明这一点。

自由问题显然是个最能满足作为同一个问题这种条件的问题之一。要想成为一个哲学问题的条件事实上就在于:它是无法解决的。这就是说,它必须是如此范围广泛和性质根本的问题,以致总是被我们不断重新提出,因为没有一种可能"解答"可以完全解答这个问题。亚里士多德就曾这样描述过辩证法问题的本质,辩证法问题就是人们可以和对手不断进行争论、又不能下定论的大问题。但问题在于:真的存在"这个"自由问题吗?对自由的追问在所有时代都是同样的吗?柏拉图的《国家篇》中有一个寓意深刻的神话,说灵魂在出生之前选择自身命运,如果它抱怨自己选择的后果,它就会得到如下答复,"aitia helomenou,即你自己要对你的选择负责"。⑯柏拉图的这个神话难道与斯多葛派道德哲学里占主导地位的自由概念是一样的吗?斯多葛派道德哲学坚决地主张:保持独立和自由的唯一途径就是心灵不要依赖自己以外的任何其他的东西,这种自由概念与柏拉图的神话是同样的问题吗?当基督教神学编造并试图解决人的自由和神的天意之间的对立这个难解的神学之谜时,涉及的也是同样的问题吗?当我们在自然科学时代提出这样一个问题:既然自然事件完全是确定的,既然所有自然科学都必然有一个前提,即在自然界中没有神迹出现,那又如何理解自由的可能性呢?这个问题也是和上述问题一样的问题吗?由此所表述的意志决定论和非决定论问题难道也是同样的问题吗?

我们只要对这个所谓同一的问题作进一步的分析就会发现,在这个所谓的同一问题性中隐藏着怎样一种独断。一个这样的问题就是一个从未受到真正发问的问题。每个受到真正发问的问题都受动机支配。当我们真正理解一个问题并且也许想回答它时,我们都知道我们为什么要对某事发问,我们也必然知道我们为什

---

⑯ 〔《国家篇》,X,617e4。〕

么受到询问。因此我认为关于自由问题的例子足以表明,该问题每次的提问(Jeweilige Fragestellung)并未因其涉及的是同一个自由问题这个前提而被人理解。其实关键在于要把真正的问题,即它怎样提出——而不是把那种抽象表述的问题可能性——视作我们必须理解的东西。每一个问题都受动机支配。每个问题是从其动机的方式获得其意义。我们可以从所谓的教育性问题上完全认识这一点,当某人被问及某事,那个发问者其实并非因为真想知道该问题的结果而问他。我们完全清楚提问人知道他所提的问题。如果我问的是我早已知道的问题,那这到底算一种怎样的问题呢?对于这种教育性问题,我们必须根据诠释学理由判定它根本不具备教育性。这类问题只有通过检查性的继续对话最终引到"开放的"问题,以此克服它违背本质的缺点,从而才可以算是正确的问题。只有这种问题才能测出某人究竟懂得什么。——只有我知道某个问题为什么被问,才可能真正回答这个问题,但这表明,即使在哲学无穷无尽地追问的那些大问题中,这些问题的意义也是受问题的动机规定的。因此,如果我们谈论自由问题时遮蔽了赋予该问题以意义的提问角度,亦即在实际上构成问题的紧迫性、它如何被问的角度,那就是一种独断论的说明。我们只要承认哲学从整体说来只是一种发问,我们就必须询问它的问题是如何提出的,这就是说:哲学到底是在何种概念性中运动的。因为正是概念性铸造了提问的立场。因此关键就在于问题是如何提出的,记住这点我们就能学会作出提问。如果我问:在一种受因果律的自然科学统治的世界观中自由的含义是什么,那么这个问题的立场以及因果律这个概念的含义都已进入了这个问题的意义之中。于是我们就要问：什么是因果性，它是否构成自由问题里要问东西的整个范围？正是由于缺乏这种认识，因此在20年代和30年代产生了现代物理学驳斥因果性的奇特的废话。

这种论断也可以具有积极的作用。如果说问题的意义是在提问的过程中和使这种提问成为可能的概念性中真正形成的，那么概念与语言的关系就不仅是语言批判（Sprachkritik）的关系，而且还是一个语言发明（Sprachfindung）的问题。我认为这就是哲学最极度惊险的戏剧，即哲学就是不断地努力寻找语言，说得更感人一点：哲学就是不断感到有语言困境。这并非海德格尔的创新。

语言发明在哲学中所产生的作用显然是很突出的。这从专门术语在哲学中所产生的作用就可以看出：概念的语言形式是专门术语，这就是说是一种十分清晰、清楚划定意义界限的词。然而每个人都知道，类似用数学符号的演算那种精确性作专门术语式的讲话是不可能的。虽说讲话时也允许使用专门术语，但这只是表明，这种专门术语不断进入到讲话的理解过程中，并在这种理解过程中行使其语言功能。在科学，尤其在数学中总要求创造固定的术语，以便行使精确固定的认识功能，与此可能性相反，我们发现哲学的语言用语与语言中发生的可证明方式并无二致。这里要求的显然是一种特定的可证明方式（Ausweisbarkeit），如果我们要想证明我们提问方法的合理性，那我们的首要任务就在于提出词和概念、日常口语与用概念词表达的思想之间的联系，只有这样才能说明哲学概念词的概念性起源的隐蔽性。我们在本世纪曾经历过一个经典的例子，这就是发现在"主体"（Subjekt）概念中隐藏的概念史背景及其本体论的内涵。"主体"的希腊词是 hypokeimenon，意思是作为根据或基础的东西（Zugrundeliegende），这个词被亚里士多德用来指那种相对于存在物不同现象形式的变化而本身不变的、并作为这种变化性质之根据的东西。然而，当今天人们使用主体这个词的时候是否还能听出这个作为其他一切事物根据的 hypokeimenon、subiectum 的意思呢？比如像我们这些置身于笛卡尔主义的传统中，用主体概念去思考自我反思、自我认识的人能听出原先希腊文的含义吗？谁还能听出"主体"原来的含义就是"作为根据或基础的东西"？但我也要问，谁又没有听出这种含义？谁不是这样假定，凡被自我反思规定的东西都像这样一种存在物存在于那里，而在其性质变化中仍然保持着作为根据和承载者的东西？正因为未曾发现这个概念的原始历史含义，才会使人们把主体想成由其自我意识规定的，本身是唯一的东西，从而才使人们发现自己遇到一个恼人的问题，怎样才能从主体"显著的孤立状态"中摆脱出来。于是就产生了外部世界的实在性问题。正是本世纪的批判才使人们开始把我们的思想和意识如何才能达到外部世界这个问题当作错误的问题，因为意识根本无非就是对某事的意识。把自我意识置于世界意识之上是一个本体论偏见，它最终是建筑在具有 hypokeimenon 意思的主体概念所产生的无法控制的继续影响之上，亦即建筑在与此含义相适应的拉丁文的实体概念的无法控制的继续影响之上。自我意识规定了与其他一切存在物不同的具有自我意识的实体。然而具有广延的外在的自然与自我意识的实体又如何联系呢？这两种根本不同的实体如何互相作用——这就是近代哲学初期著名的问题，这个问题成了所谓自然科学与精神科学具有不同方法的二元论根据。

但这个问题首先只是作个例子而已,从它要引出一个普遍的问题:用概念史作解释是否总具有意义并总是必要?

对这个问题我只想作一个限制性的回答:只要概念仍然一起活在语言的生命中,则概念史的解释就总是有意义的——但这也同时表明,一种完全觉知的理想是无意义的。[8]因为语言具有自我遗忘性,只有打断说话进程并使该进程中某些东西突然停顿的"反自然的"批判的努力,才能对一个词及其概念意义产生觉知并作出主题的解释。我曾对我的小女儿作过以下观察:当她学写字时,有一天在做功课时问道:"草莓是怎么写的?"当她得到答案后若有所思地指出:"真奇怪,当我听到这个词的时候,我根本不理解这个词,只有当我把它忘了之后,我才又进入这个词。"进入词,这其实就是我们讲话的方式。假如我现在真能打住我想转达的欲求,并把我刚说出的词带入反思并置于反思之中,那么讲话的过程就被完全阻断了。自我遗忘就这样地属于语言的本质。正是出于这种理由,概念解释——概念史就是概念解释——永远只能是不完全的。它只有在以下情况中才是有用的和重要的:或者揭露由陌生语言或僵化的语言引起的遮蔽,或者解开语言困境,从而我们进入紧张的反思。因为语言困境必然会把反思者完全带入意识。只有面对可支配的语言表达可能性而感到一种不满足的人才会进行哲学思考,如果我们真的解开敢于说出唯有依靠自身才证明合适的概念陈述的人的困境,我们才能进行共同思考。

我们必须把握哲学概念语言的希腊起源,但也还要加上德国神秘学的语言及其对概念语言的渗透——直到黑格尔和海德格尔独创的概念构造。这些就是语言困境的特例，也是对思考和共同思考的特别要求。

巴门尼德(Parmenides)在他的哲学诗中提出了存在学说，它是西方思想的伟大开端。这个理论为后人提出了一个无法解决的问题，甚至连柏拉图都承认自己不能正确把握这一问题，即在巴门尼德那里存在究竟意味着什么。对此问题现代的研究仍然分歧重重。赫尔曼·柯亨(Hermann Cohen)认为，该理论其实是把同一律作为最高的思维要求。历史的研究则反对这种体系化的时代错误。因此人们正确地反驳说，这里所指的存在其实就是世界，就是存在者的整体，爱奥尼亚人用 ta panta（一切）这个名称追问的就是这个整体。⑰ 巴门尼德的存在究竟是一种最高哲学概念的前声，抑或是所有存在物的集合名称，这个问题并不能以二者择一作出决定。相反，我们必须感受到语言困境，这种困境在巨大的思绪跃动中发明了 to on 这个表达，亦即存在者，抽象的单数的存在者——以前人们只说 onta，即许多存在物。如果我们要想跟随这里发生的思想，我们就必须衡量这种说法所具有的新的冒险行动。

另外还要表明，用这种中性的单数名词还不能完全认识这个所意指概念。因为用这种存在者什么不能指呢！比如，它就会像填塞得很好的球一样具有充足的理由。只要思想试图思考尚无语言表述的事物，并因此不能确实坚持自己的思维意向，那么我们就

---

⑰ ［参见 H. 波埃德(Boedes):《作为早期希腊哲学询问目标的根据和现状》，海牙，1962 年，第 23 页以下。］

能看到上面描述过的语言困境的例子。

同样也可以指明柏拉图如何达到以下认识,即对于思维的每种规定,对于每一个句子、每一个判断、每一个陈述,都必然要既思考同一性又思考差异性。如果我们要把某物作为它所是之物来思考,那么我们就必然会把它思考成与其他物不同的事物。同一性和差异性总是不可分解地联系在一起。在后来的哲学中我们把这种概念称为反思概念(Reflexionsbegriffe),因为它标志了一种互相转化的辩证关系。当柏拉图阐明这个伟大发现时,他把这个所谓的反思概念呈现在引人注意的联系中,他把同一性和差异性这两个在思维中总一起出现的概念与静和动并置在一起。人们会问,它们互相有什么关系。其中的一组概念是描述世界的:这里是静,那里是动,另一组概念即同一性和差异性则只是出现在思想中的。两组概念都可以具有辩证的意义,因为离开了动也无法思考静。但它们却是完全不同类的概念。柏拉图认为这种不同是属于同一层次的。在其《蒂迈欧篇》中他就直接说过,创世者让人的精神完全认识到同一性和差异性,这样人类就可以认识天体轨道的规律性以及与黄道相联系的偏离现象,从而在共造这种运动的时候学会思维。

另一个简单的例子是亚里士多德的 hylē,即质料概念。[18] 当我们说质料的时候,当然我们已经通过世界远离了亚里士多德原本想用他的概念表达的理解。因为 hylē 原本是人们用来制造某

---

[18] [参见我的论文"真的存在质料吗?——对哲学和科学概念构造的研究",载我的著作集,第 6 卷,第 206—217 页。]

物的建筑材料,亚里士多德把它当作一种本体论原则。它表明了希腊人的技术精神,因为他们把这样一个词置于哲学的中心地位。至于形式则是作为一种技术努力和成就的结果而出现,这种成就是对尚未具备形式东西的塑型。如果认为这样一个质性的概念只是一种自为自在的材料,然后由聪明的工匠取在手中并加上"形式",认为这就是亚里士多德关于 hylē 的思想,那么这就贬低了亚里士多德。其实,亚里士多德想用这种来自于工匠世界的质性概念描述一种本体论关系,描述一种存在的结构因素,这种因素在所有关于存在物的思想和认识中不仅对围绕我们的自然而起作用,而且还在数学(noētē hylē 思考原料)领域中产生作用。他想指出,当我们把某物认作或规定为某物,我们总把它当作一种尚未规定的东西,唯有通过一种附加的规定才能把它和其他事物相区别。因此他说,hylē 具有种类功能。与此相应的是亚里士多德经典性的定义理论,按照这种理论,定义中包含最近的种和属差。于是,hylē 在亚里士多德的思想中就取得一种本体论的功能。

如果说哲学概念性的特征就在于,思想总是处于要为它真正想说的东西找寻某种真正合适的表述语的困境之中,那么所有哲学都有以下危险,即思想会沉陷于其自身之后,陷于其概念语言手段的不合适之中。这在上面举出的例子中很容易就可以看出。甚至巴门尼德的直接追随者芝诺就曾提出以下问题:存在究竟在何处?什么是存在所据的场所?如果存在在某物之中,则这个包容存在的某物本身又须在某物之中。显然芝诺这个思想尖锐的提问者并不能掌握存在学说的哲学意义,他把"存在"完全只理解为"一切物"。然而,让后继者背上思想成就衰败的负担是不正确的。哲学思想的语言困境就是思想者本人的困境。只要遭到语言拒绝，思想者就不能确切地掌握他思想的意义方向。并非只有芝诺，巴门尼德本人也像上面提到的那样谈论存在，他把存在比作一个具有牢固支撑的球。——也许亚里士多德本人——并非只是"亚里士多德派"——也未能对质料概念具有的本体论功能做过恰当的思考和概念的阐释，从而使亚里士多德派不能保持住原本的思想意图。因此，当代的解释者唯有通过概念史意识，才能追索思想的真实意图，因为概念史意识似乎置身于那种寻找自身语言的思想的现实（actus）中。

最后让我从最近的哲学中举一个例子，它也许可以表明，一个经由传统凝固的概念是如何进入到语言的生命中并能从事新的概念工作。"实体"（Substanz）概念似乎完全是从经院学派的亚里士多德主义传下来并从那里得到规定的。当我们讲到正在研究其本质或反应的化学实体时，我们也是在亚里士多德的意义上使用这个词的。实体在这里就是我们对之进行探究的存在东西（Vorliegende）。但这还不是这个词的所有意思。我们也在另外的、强调其价值的意思上使用这个词，并从这个词中引申出"非本质的"（substanzlos）和"实质的"（substantiell）这两个评价性的词，比如当我们发现某项计划实质性不够，我们就是指这项计划太含糊，太没有确定性。如果我们说某人有实质，那就是说除了他与我们打交道时显示的样子之外，他还胸有成竹。我们可以说经院学派——亚里士多德主义的实体概念在此已转变到一种全新的层面之中。在这个术语这种新的应用范围里，关于实体和功能，保存的本质及其变化的规定的旧的（对于现代科学已完全不适用的）概念因素就获得一种新的生命,并且变成很难被取代的词——这只是说明,这些词重新获得了生命。对"实体"这个词的历史所作的概念史反思从消极方面认识到由伽利略的力学导致的放弃实体的认识——从积极方面则认识到黑格尔对实体概念创造性的重建,这种重建呈现在他的客观精神学说里。一般说来,人造的概念不会成为语言用词。语言通常都反对人工的塑造或从外来语中借用词,因而不会把它们接纳在一般的语用法中。但语言却用新的意义接纳了实体这个词,黑格尔还为它提供了哲学上的合理性,因为他对我们说,我们所是的东西并非只是通过个别思考着的我的自我意识,而是通过在社会和国家中展开的精神的现实性来思考的。

　　以上讨论的例子表明,在语言用法和概念构造之间具有多么紧密的关系。概念史跟随思想的运动,思想的运动总要越出习惯的语言用法并把词汇的意义方向从其原来的应用范围中解放出来,对它进行扩展或限制,作比较或区别,就如亚里士多德在《形而上学》δ章的概念表中系统地所作的那样。此外概念的构造也可以重新对语言生命起反作用,就如黑格尔正确地把实体概念扩大运用于精神的东西那样。但一般说来情况正好相反,生动的语言用法的范围通常都会抵御哲学家专业术语的僵硬用法。不管怎样,概念塑造与语言用法之间的关系是最具光彩的关系。在实际的语言用法中,人们从来不会固守自己规定的专业术语用法。我以前曾经有机会指出,⑲亚里士多德在他本身的语言用法中也并

---

⑲ "亚里士多德的告诫(Protreptikos)……",载《赫尔墨斯》,第63卷,1927年,第138—164页[现收入我的著作集,第5卷,第164—186页]。

不遵照由他自己在尼各马可伦理学中对 phronēsis（实践智慧）和 sophia（理论智慧）作的区别，甚至康德对 transzendent（超验）和 transzendental（先验）所作的著名区分也从未在语言生命中获得承认。在我青年时代，亦即新康德主义盛行时代，如果有人对"贝多芬的先验音乐"这种用法进行嘲讽式的批评："写这句话的人根本不知道先验和超验的区别"，这只能说是吹毛求疵者的傲慢。显然，只有想理解康德哲学的人才需要谨遵这种区别。然而语言用法却具有自主性，因而无须这种人为的规定。语言用法的这种自主性当然并不排除我们能够区分好的德语和坏的德语，甚至也不排除我们能讲到错误的语言用法。但语言用法的自主性在这些情况下恰好表明，在我们看来，类似学校在德文课上经常对违反通常语言用法所作的批评指责其实包含着某些糟糕因素，而比其他教育更为重要的语言教育并不是由知道得更好的人作的改正，它只有通过榜样才能达到。[20]

哲学的概念用词与语言的生命保持着联系，而且日常生动的语言用法在使用精心塑造的专业术语时也共同起作用，这一点不该看作哲学概念构造的缺陷。正是在这种承担着概念构造的语言生命的继续作用中，产生了概念史的任务。它所涉及的并非只是对单个概念作历史的解释，而是要复活在哲学语言用法的断裂处所表现的思想的张力，因为概念的努力就在哲学语言用法的断裂处"扭曲"。词和概念的关系在这种"扭曲"（Verwerfungen）处裂

---

[20] ［参见我1979年在德国语言和诗歌学院授予我西格蒙德-弗洛伊德奖时作的答谢辞《好的德语》（《年鉴》，1980年，第76—82页），重印于《赞美理论》，法兰克福，1983年，第164—173页。］

开，而日常用词则经过人工处理变成新的概念陈述，这种"扭曲"就是概念史能成为哲学的合法性。因为在此过程中出现的就是未曾意识到的哲学，这种哲学存在于日常语言和科学语言的语词构造和概念构造过程中。这个过程超越了所有有意识的概念塑造，让它起作用就是证明哲学概念的方法，从而"合适性"概念就获得一种新的、哲学的意义——这不是像经验科学中那样按照经验的预先给予来衡量，而是按表现为我们语言的世界定向的经验整体来衡量。概念史的证明所能成就的就是把哲学的表述从学院派的僵化中解救出来，并使它重获日常讲话的活力。但这就是说，要重新回到从概念词走向语言词的道路上去，并离开从语言的词走向概念词的道路。哲学在这里就像音乐。我们在西门子的实验室能听到的音乐都由技术设备滤去了泛音，这根本不是音乐。音乐具有自己的构造，在此构造中泛音与它能在新的发音效果和声音的陈述能力中制造出的所有声音一起发音。哲学思维的情况也是如此。我们使用的词的泛音使我们保持了思维任务的无限性这个哲学任务，唯有如此才能——在所有的限制中——完成哲学的任务。因此，哲学思维和共同思维将必须打破所谓化学提炼的概念的僵化。

打破这种僵化概念的艺术的永恒典范就是柏拉图的对话以及柏拉图笔下的苏格拉底指导的谈话。那些不言而喻而形成的规范概念就在这种对话中断裂，尽管在这些规范概念背后有一种不再负责的实在性根据本身力量的优势活动，同时由于我们自我理解的新的实现，对我们道德-政治自我解释中的正规概念所真正意指东西的新发觉，从而我们被引导走上哲学思考的道路。因此，对我们来说关键不在于概念史研究,而是在于把从概念史的研究中学到的学科运用到我们的概念中去,从而能把一种真正的联系性带到我们的思想之中。但由此就引出以下结论:哲学语言的理想并不在于从语言的生命中分解出一种专业术语的、清晰的规范概念,而是把概念思维和语言及存在于语言中的真理整体重新联结。唯有在真正的讲话或谈话中,哲学才有其真正的、它自己的试金石,除此之外,别无他途。

8
古典诠释学和哲学诠释学
(1968年)

"诠释学"(Hermeneutik)这一名称,正如在我们科学语言开始时可以发现的那些源自希腊的语词的情况一样,是具有相当不同的反思层次。诠释学首先代表一种具有技艺高超的实践。它表示了一种可以补充说"技艺"(Techne)的构词法(Wortbildung)。这种艺术就其根本而言就是宣告、口译、阐明和解释的艺术,当然也包括作为其基础的理解的艺术,凡在某物的意义并非开放和明显时,就需要这种艺术。在最早使用该词的时候㉑就存在某种含糊性。赫尔默斯(Hermes)是诸神的信使,他把诸神的旨意传达给凡人——在荷马的描述里,他通常是从字面上转达诸神告诉他的消息。然而,特别在世俗的使用中,hermēneus(诠释)的任务却恰好在于把一种用陌生的或不可理解的方式表达的东西翻译成可理解的语言。翻译这个职业因而总有某种"自由"。翻译总以完全理解陌生的语言,而且还以对被表达东西本来含义(Sinn-Meinung)的理解为前提。谁想成为一个翻译者,谁就必须把他人意指的东

㉑ [这个词的词源真的与信使神"赫尔默斯"有关,如词的使用和古代词源学所认为的那样,这在最新的研究(贝弗尼斯特〔S. Benveniste〕)里是受到怀疑的。]

西重新用语言表达出来。"诠释学"的工作就总是这样从一个世界到另一个世界的转换,从神的世界转换到人的世界,从一个陌生的语言世界转换到另一个自己的语言世界。(人间的翻译家总是只能用自己的语言作翻译。)因为翻译真正的任务就在于"有收效的传达"(ausrichten)某种事情,所以 hermēneus(诠释)的意义就在翻译和实际命令、单纯的通知和要求服从之间摇摆。虽然 hermēneia 通常被认作完全中性意义的"思想的表述"(Aussage von Gedanken),然而引人注目的是,柏拉图[22]并没有把这个词理解成思想的表达,而只是理解成具有命令性质的国王的知识、传令官的知识。因此,诠释学必然被理解成与占卜术相近的艺术:[23]一门转达神的旨意的艺术接近于从符号中猜出神意或未来的艺术。——然而,诠释学中引人注意的却一直是另外一种纯认知意义的成分;因为亚里士多德在《解释篇》(Peri hermēneias)中谈到 logos apophantikos(陈述语句)的时候仅仅指出陈述的逻辑含义。与此相应,在后希腊化时期,hermēneia 和 hermēneus 的纯认知含义得到了发展,并且可以表示"博学的阐释"和"阐释者"或"翻译者"。当然,作为艺术的"诠释学"还会从古老的宗教来源[24]中增添一点东西:它是一门我们必须把它的要求当作命令一般加以服从的艺术,一门会让我们充满惊奇的艺术,因为它能理解和解释那种对我们封闭的东西——陌生的话语或他人未曾说出的信念。它也

---

[22] 柏拉图:《政治家篇》,260d。
[23] 《依庇诺米篇》,975c。
[24] 福第欧斯(Photios):《古典文献精选》,7;柏拉图:《伊安篇》,534e;《法律篇》,907d。

是一种 ars(技能),用德语说就是一种技艺学(Kunstlehre),就如演讲术或书写术或计算术——它与其说是一门"科学",不如说是一种实用的技巧。

这种意义在这个古老的词后来回响的词义中也存在,例如在后来的神学和法学诠释学中所表现的:它是一种"技术",或至少是一种可以作为工具使用的"技术",并且总是包含一种规范的职能:解释者并非只理解它的技术,而且也把规范——神的或人的规则——表达出来。

当我们今天讲到"诠释学",我们是处于近代的科学传统之中。与此相应,"诠释学"这个用语也正是在这个时候开始的,也就是说,它是随着现代方法论概念和科学概念的产生而使用的。于是它就一直包含一种方法论意识。人们不仅掌握解释的技术,而且能够从理论上证明这种解释技术。"诠释学"第一次作为书名出现是在 1654 年,作者是丹恩豪尔(J. Dannhauer)。㉕自那以后,人们区分了一种神学—语文学的诠释学和一种法学的诠释学。

从神学上讲,"诠释学"表示一种正确解释圣经的技术,这门本身相当古老的技术早在教父时代就被用到方法论的思考上,这首先表现在奥古斯丁的《论基督教学说》(De doctrina christiana)一书里。基督教教义学的任务是由犹太民族如何从救世史角度解释旧约的特定历史和新约中耶稣的泛世说教这两者之间的紧张关系所规定的。因此诠释学就必须用方法论的反思帮助并找出解决的办法。奥古斯丁在《论基督教学说》一书中借助新柏拉图主义的观

㉕ J. 丹恩豪尔:《圣经诠释学或圣经文献解释方法》(1654 年)。

点讲述了灵魂如何超越语词和道德的意义而上升到精神意义的过程。由于他用一种统一的观点把古代的诠释学遗产联系起来，从而他解决了教义学的问题。

古代诠释学的核心是寓意解释（allegorischen Interpretation）问题。寓意解释本身相当古老。Hyponoia，即背后的意思，乃是表示寓意含义的原本的词。这种寓意解释早在智者派（Sophistik）时代就已流行，当时塔特（A. Tate）就这样断定，而且后来的纸章书也证明了这一点。作为其根据的历史联系是很清楚的：由于被认作属于贵族社会的荷马史诗的价值观已丧失了其约束力，从而人们要求一种新的解释艺术来对待传承物。这与城邦的民主化进程是一起发生的，当时城邦的新贵们采用了旧贵族伦理。它的表现就是智者派的教育观念：奥德赛取代了阿喀琉斯的地位，而且常常表现出智者派的特征。尤其在希腊化时期斯多葛派对荷马的解释中寓意解释被用成了一种普遍的方法。奥里根（Origines）和奥古斯丁概述的教父时代的诠释学就是以此为出发点的。这种诠释学在中世纪被卡西安（Cassian）加以系统化，并发展成为四重文字意义的方法。[9]

由于宗教改革派激烈地反对教会理论的传统及其用多种文字意义方法处理圣经经文，[26]他们就转回到圣经的文字研究，从而诠释学获得了一种新的促进。尤其是寓意的方法受到他们的抨击，

㉖ 参见 K. 霍尔（Holl）对路德诠释学的研究《路德对解释技术的发展所作的贡献》（1920年），以及 G. 埃伯林后来的研究《福音教义解释——对路德诠释学的研究》（1942年）；"路德诠释学的开端"，载《神学与教会杂志》，第48卷（1951年）；"诠释学神学？"，载《词和信仰》，第2卷，蒂宾根，1969年，第99—120页。

寓意的理解仅限于比喻的意义——例如在耶稣的讲话中——能自我证明的情况下才被采用。于是诠释学内部就出现了一种新的方法学意识,这种意识试图成为客观的、受对象制约的、摆脱一切主观意愿的方法。然而,其中心动机仍是一个通常的想法:无论是近代的神学诠释学还是近代的人文主义诠释学,都是要正确解释那些包含需要重新争得真正权威性东西的文本。因此,促进诠释学努力的动机并不像后来施莱尔马赫所说的那样,是因为某些传承物难以理解,可能造成误解,相反,而是因为现存的传统由于发现其被掩盖了的根源而被破坏并变形,因而需要重新理解传承物。传承物被遮蔽或歪曲的原始意义(Ur-Sinn)应当再被探索和重新说明。诠释学总是试图通过对原始根源的追溯来对那些由于曲解、变形或误用而被破坏了的东西获得一种新的理解——例如教会的理论传统对圣经的歪曲,经院哲学粗陋的拉丁文对古典作家的歪曲,地方性的法律实施对罗马法的歪曲等等。新的努力并非只为更正确地理解,而是让典范重新在其本意上发挥作用,就如福音的布道、预言的解释或对强制规定的神律的解释等等。

然而自近代开始,在诠释学这种事实方面的起因之外还有一种形式方面的动机在起作用,因为专门使用数学语言的新科学方法意识正朝着符号语言的普遍解释理论方向发展。为了达到它的普遍性,诠释学被作为逻辑学的一部分来进行详细讨论。㉗ 沃尔夫(Chr. Wolff)的《逻辑学》中划出专门一章来写诠释学,㉘这对18

㉗ 参见 L. 盖尔德塞策(Geldsetzer)为格奥尔格·弗里德里希·迈耶的《普遍解释技术试探》重印本(1965年)写的导言,尤其是第 X 页以下。

㉘ Chr. 沃尔夫:《理性哲学或逻辑哲学》(1732年),第3部分,第3篇,第6、7章。

世纪确实产生了决定性作用。这里有一种逻辑学—哲学的兴趣在起作用,它试图以一种普通语义学来奠定诠释学的基础。这种普通语义学的概要首先是迈耶(Georg Friedrich Maier)为我们提供的,他的卓越的前驱则是克拉顿尼乌斯(Chladenius)。㉙ ——但是一般来说,在 17 世纪,在神学和语文学里成长起来的诠释学学科仍是片段零散的,它更多为说教目的而不是为哲学目的服务的。虽说为了实用的目的,它发展了一些方法学的基本规则,这些规则绝大部分均取自于古代语法学和修辞学(奎因梯利安〔Quintillian〕㉚),但总体说来仍然只是一些片段解释的集合,这些片段解释是用来阐发对圣经(或者在人文主义领域中对古典作家)的理解。"指南"(Clavis)、"钥匙"(Schlüssel)是当时经常使用的书名,如在弗兰西斯(M. Flacius)那里。㉛

古典新教派诠释学的概念词汇全都来自古代修辞学。梅兰希顿(Melanchton)把修辞学的基本概念转用于对书籍的正确研究(bonisauctoribus legendis),这在后期古典修辞学及其文字研究中有其典范作用(哈里卡那斯的狄奥尼斯[10]),从而他这种做法是划时代的。所以那种想从整体理解一切个别的要求可以追溯到 caput(整体)和 membra(部分)的关系,古代修辞学就以此为典范。这种诠释学原则在弗兰西斯那里达到了最紧张的运用,因为他为

㉙ J. A. 克拉顿尼乌斯:《正确解释合理性的讲话和著作导论》(1742 年,重印版 1970 年)。

㉚ 奎因梯利安:《演说方法》。

㉛ M. 弗兰西斯:《圣经指南》(1567 年),参阅"论圣经文字的合理认识"(《圣经指南》的一部分),德文拉丁文对照本,1968 年重印版。

着反对《新约全书》的个别解释而使用的教义统一规则极大地限制了路德教派的圣经自解原则。

因依赖古典修辞学而预先置于这些"诠释学"中的一般诠释学原则当然不能证明它对这些文献具有哲学兴趣。同样,在新教诠释学的早期历史中业已反映出一种较深的哲学疑难,这种疑难到本世纪才完全暴露出来。路德教派的原则"圣经自身解释自身"(sacra scriptura sui ipsius interpres)虽说公开拒斥了罗马教会的独断论传统,然而因为这句话绝非赞同天真的灵感论,更因为遵循大学问家路德圣经翻译原则的威腾堡神学为了证明自己的工作的正确而附加上大量语文学和注释学的技能,所以每一种解释的疑难必然也同时要诉诸于自身解释自身这一原则。这个原则的自相矛盾是非常明显的,以致天主教教义传统的捍卫者、特伦托宗教会议和反宗教改革的文献也不可能不发现它的理论弱点。不可否认,新约的圣经注释也不可能没有独断论的指导原则,这种原则一部分系统地包括在《信仰文献》中,部分则被选择为最重要的论题(loci praecipui)。理查德·西蒙(Richard Simon)对弗兰西斯的批判[32]在我们今天看来仍是关于"前理解"的诠释学疑难最杰出的文件,它将表明,在这个疑难中隐藏着本世纪的哲学才刚刚揭露出来的本体论的含义。随着对语词灵感理论的拒斥,早期启蒙运动的神学诠释学最终也试图获得普遍的理解规则。尤其历史圣经批判就是在那时找到它的最早的合法性。斯宾诺莎的《神学政治论》就是这种批判的主要结果。他的批判,例如对奇迹概念的批判,就是

---

[32] R.西蒙:《新约圣经文本批评史》(1969年);《论圣经作者的灵感》(1687年)。

由理性的这种要求而获得合理性的,即只承认合理性的东西,亦即只承认可能的东西。它不仅是批判,它同时也包括一种积极的转变,因为理性所攻击的圣经里的那些东西也要求一种自然的解释。这就导致了向历史性东西的转变,亦即从所谓的(以及不可理解的)奇迹历史转向(可理解的)奇迹信仰。[33]

虔信派的诠释学(pietistische Hermeneutik)抵制了它的消极启蒙的影响,自 A. H. 弗兰克(Francke)以来这种诠释学就把使人虔信的运用与文本的解释紧密联系。这里涌现了古典修辞学及其情绪作用理论的传统,该传统特别影响了布道理论(sermo),它在新教仪式中取得一种新的、巨大的作用。J. J. 兰巴赫(Rambach)[34] 富有影响的诠释学明确地把应用的精巧(subtilitas applicandi)与理解和解释的精巧(subtilitas intelligendi und explicandi)相提并论,这显然和布道的意义相适应。完全源自于人文主义竞赛观念的 subtilitas(精巧性)一词也许极好地表明,解释的"方法"——就如一切规则的应用——要用一种本身不能由规则保证的判断力。[35] 这对将理论应用于诠释学实践产生了持久的限制。此外,诠释学作为神学的辅助学科在 18 世纪后期仍在不断地寻求和教义兴趣的协调(例如埃内斯蒂〔Ernesti〕、塞姆勒〔Semler〕)。

只有到了施莱尔马赫(受 F. 施莱格尔的启发)才使诠释学作为一种普遍的理解和解释的理论而摆脱了一切独断论的和偶然的

---

[33] [参见我在"诠释学和历史主义"一文中对斯特劳斯关于斯宾诺莎解释所作的批判论述,本书第 414 页以下。]

[34] J. J. 兰巴赫:《圣经诠释学原则》(1723 年)。

[35] 康德:《判断力批判》(1799 年第 3 版),Ⅶ。

因素,这些因素在施莱尔马赫那里只在专门用于圣经研究时才偶尔发生作用。施莱尔马赫用他的诠释学理论捍卫了神学的科学性,特别是反对灵感神学,因为灵感神学从根本上使通过文本注释、历史神学和语文学等来理解圣经的方法验证性发生了疑问。然而施莱尔马赫普遍诠释学概念的背后动机并不仅是这种神学-科学政治的兴趣,而是一种哲学动机。浪漫主义时代最深刻的推动力之一就在于相信谈话是一种特别的、非独断的、无法由独断论取代的真理源泉。如果说康德和费希特把"我思"的冲动作为一切哲学的最高原则,那么施莱格尔(F. Schlegel)和施莱尔马赫这一代以强烈的友谊关怀著称的浪漫主义者则把这种原则转换成一种个性形而上学。个性的不可讲说性也为转向历史世界打下了基础,这种历史世界随着革命时代与传统的决裂而进入人们的意识。能够建立友谊、谈话、写信、一般交往——所有这些浪漫主义具有生活感的特征都迎合着对理解和误解的兴趣,于是,这种人类的原始经验就在施莱尔马赫的诠释学中构成方法论的出发点。从他开始,对文本的理解、对陌生的、疏异的、歪曲的、僵化在文字中的精神线索的理解,换言之,对文学尤其是对圣经作生动的解释就成为特别的运用。

自然,施莱尔马赫的诠释学也并没有完全摆脱旧的诠释学文献的学究气——他的哲学著作在某种程度上仍受到其他唯心主义大思想家的影响。他既没有费希特强大的演绎力,也没有谢林精巧的思辨,更没有黑格尔概念术的顽固性——即使在他作哲学思考时,他仍是一个谈话者。他的著作更像一个演说家的备忘录。尤其是他对诠释学的贡献受到很大的限制,从诠释学角度看最令人感兴趣的东西,亦即他对思想和讲话的看法却根本不在《诠释学》一书中,而是收在他的辩证法讲演中。如果我们期待一种可供使用的批判的辩证法,那我们将一无所获。㊱ 在施莱尔马赫那里,原来给予诠释学努力以其意义的文本的基本规范意义却退到了次要的位置。理解就是依据精神的同质性(Kongenialität)来再现地复制原来的思想创造过程。这就是施莱尔马赫根据一切生命都是个体化的这种形而上学观点所教导的内容。这样语言的作用就突出了,并且以某种形式基本克服了那种只限于书面文字的学术性的局限性。施莱尔马赫把理解建立在谈话和人与人之间的相互理解的基础上,这意味着诠释学基础的深化,从而有可能建立一种以诠释学为基础的科学体系。诠释学成为所有历史精神科学的基础,而不仅仅是神学的基础。"权威"文本的独断论前提——由于这种前提,所有的诠释学工作,无论是神学家还是人文主义语文学家(不谈法学家)的诠释学工作曾有其原本的调解作用——如今已消失了。因而历史主义就有了自由发展的天地。

在施莱尔马赫的追随者那里,尤其是心理学解释受到浪漫主义学派天才无意识创造理论的支持,这两者一起构成精神科学最主要的理论基础。这在施泰因塔尔(Steinthal)身上表现得最富有启发,㊲并且在狄尔泰那里导致一种试图在"描述和分析心理学"基础上重新系统地建立精神科学概念的想法。施莱尔马赫当然没有想到要为历史科学作哲学论证。相反,他本身就属于由康德和

㊱ [G. 瓦蒂莫(Vattimo):《施莱尔马赫的解释哲学》,米兰诺,1968年。]
㊲ H. 施泰因塔尔:《心理学和语言科学导论》,1881年。

费希特建立的先验唯心主义的思想阵营。尤其是费希特的《全部知识学基础》几乎与《纯粹理性批判》具有同样划时代的意义。正如费希特那本书的书名所示,这里涉及的是从一种统一的"最高原理"或原则,即理性的冲动(费希特不讲"事实"〔Tatsache〕,而说"本原行动"〔Tathandlung〕)中导引出所有知识,这种从康德的"批判的"唯心主义向"绝对的"唯心主义的转向成为所有后来哲学家的基础:席勒、施莱尔马赫、谢林、弗里德里希·施莱格尔和威廉·冯·洪堡——直到伯克、兰克、德罗伊森和狄尔泰。"历史学派"尽管拒绝以费希特和黑格尔的方式先验地构造世界史,但也同样具有唯心主义哲学的理论基础,这在埃里希·罗特哈克(Erich Rothacker)㊳身上尤其能得到证明。著名语文学家奥古斯丁·伯克(August Boeckh)关于"语言科学百科全书"的讲座很有影响。他在讲座中把语文学的任务规定为"对已认识东西的认识"(Erkennen des Erkannten)。由此就为语文学的次级特性找到一个极好的公式。在人文主义中重新发现并被人一直模仿的古典文献的规范意义逐渐变得失去历史作用了。伯克从这种"理解"的基本任务出发,把不同的解释方式区分为语法解释、文学分类解释、历史-现实解释和心理-个性解释。在这里狄尔泰就和他的理解心理学相联系。

显然主要由于 J. St. 穆勒(Mill)"归纳逻辑"的影响才使"认识论"指向在这时得到了改变,当狄尔泰为反对在赫巴特(Herbart)和费希特基础上扩展的实验心理学而为"理解"心理学观念辩护

㊳ [《精神科学导论》,蒂宾根,1920年。]

时,他仍然具有"经验"的一般立场,这种经验当然是以根据"意识的句子"和体验概念建立的形式出现的。对于狄尔泰来说,历史学家 J. G. 德罗伊森(Droysen)据以建立其富有思想的历史学的历史哲学和历史神学背景,以及狄尔泰的朋友、思辨的路德教派瓦腾堡的约尔克(Yorck von Wartenburg)对同时代人天真的历史主义作的严厉批判,都意味着不断的警告。上述两人都为狄尔泰后来开拓新的发展道路作出了贡献。在狄尔泰那里构成诠释学心理学基础的体验概念(Erlebnisbegriff)通过对表达(Ausdruck)和含义(Bedeutung)的区分得到补充,这部分是由于胡塞尔心理学批判的影响(见其《逻辑研究》的导论)及其柏拉图式的意义理论,部分是由于和黑格尔的客观精神理论重新联系,这主要是出于狄尔泰对青年黑格尔的研究。[39]——这在 20 世纪产生了很多结果。狄尔泰的工作由 G. 米施(Misch)、B. 克罗图伊森(Groethuysen)、E. 斯潘格(Spranger)、Th. 利特(Litt)、J. 瓦赫(Wach)、H. 弗雷耶(Freyer)、E. 罗特哈克、O. 博尔诺(Bollnow)等人继续下去。从施莱尔马赫直到狄尔泰及其后的整个诠释学的唯心主义传统却被法学史家 E. 贝蒂(Betti)加以吸收。[40]

当然,狄尔泰自己无法真正解决这个令他苦恼的任务,即把"历史的意识"与科学的真理要求从理论上加以调解。E. 特勒尔奇(Troeltsch)按狄尔泰的意思从理论上解决相对主义问题的名言"从相对性到整体性",就如他本人的工作一样仍然陷于它想克

---

[39] W. 狄尔泰:《狄尔泰全集》,第 4 卷、第 8 卷,现在也可参看第 18 卷、第 19 卷。
[40] E. 贝蒂:《一般解释学基础》(1954 年);《作为精神科学方法论的一般解释学》(1967 年)。

服的历史主义之中。值得注意的是,特勒尔奇在他的三卷本的历史主义著作中也总是一再偏到(杰出的)历史解释之中,相反,狄尔泰则试图在一切相对性的背后回到一种稳固性,因此他构造了一种与生命的多方面性相符合的富有极大影响的世界观类型理论。但这只是在很有限的意义上克服了历史主义。因为规定各种类型理论的基础是"世界观"概念,这就是说,是一种不再能进行深入研究的"意识观点"(Bewusstseinsstellung)概念,这种意识观点我们只能描述或与其他世界观相比较,但必须作为某种"生命的表现现象"起作用。"通过概念的认识愿望",也就是哲学的真理要求,为了"历史意识"而必须被抛弃,这就是狄尔泰未经反思的独断论前提,它和费希特被人极大地误用了的话"人选择何种哲学有赖于他是何种人"[41]大相径庭,这句话清楚表明了对唯心主义的信奉。

独断论因素在狄尔泰的后继者那里表现得非常明显:当时风行一时的教育学-人类学的、心理学的、社会学的、艺术理论的、历史的类型学说实际地表明,它们的成果其实依赖于作为它们根据的隐秘的独断论。马克斯·韦伯(Max Weber)、斯潘格、利特、品德尔(Pinder)、克莱希默(Kretschmer)、杨恩希(Jaensch)、莱尔希(Lersch)等人的所有这些类型学都表明,它们都本具有有限的真理价值,然而如果它们想把握所有现象的全体性,亦即想成为完备的类型学,则它们就会同样丧失这些真理价值。把某种类型学"扩建"成包容一切的理论从根本上说来就意味着它的自我消解,即丧失了它的独断的真理内核。就连雅斯贝斯的《世界观的心理学》也

---

[41] J.G.费希特:《著作集》,I.H.费希特编(1845/48年),第1卷,第434页。

未能像他后来在其《哲学》里所要求的(和达到的)那样完全避免了马克斯·韦伯和狄尔泰后继者的一切类型学的问题。类型学的思维方式其实只是从一种极端的唯名论的观点来看才是合理的。甚至马克斯·韦伯惨淡经营的彻底唯名论也认识到自己的局限性,它也要用完全非理性的任意设定的让步来作补充,他说每个人都必须选择自己想追随的"他的上帝"。㊷

随着施莱尔马赫的一般基础而开创的这一时期的神学诠释学也以同样方式陷入了它的独断论的困境中。施莱尔马赫诠释学讲演录的出版商吕克(Lücke)就极为强调其中的神学因素。19世纪的神学教义学全都回复到具有信仰规则的老的新教诠释学的疑难处。与此相对的是自由主义神学对所有教义学进行批判的历史要求,从而导致了对神学特殊任务日益增长的冷漠态度。于是,在自由主义神学时代基本上不再有专门的神学诠释学疑难。

在极端历史主义的进程以及在辩证神学[巴尔特(Karl Barth)、图尔纳森(Thurneysen)]的推动下,本应纳入反神话化运动中R. 布尔特曼(Bultmann)的诠释学思考在历史诠释学和教义诠释学之间建立了真正的调解,这可以说是一件划时代的事件。当然,在历史-个性化的分析和基督福音的布讲之间仍具有理论上不能解决的两难困境,但布尔特曼的"神话"概念很快证明是在现代启蒙运动基础上建立的有最充分前提的构造体系。他否定神话语言中具有的真理要求——这被认为是一种最片面的诠释学论断。

㊷ D. 亨利希(Henrich):《马克斯·韦伯科学理论的统一性》(1952年)。

G.博恩卡姆(Bornkamm)以其渊博的学识指出,[43]关于反神话化的争论仍具有极为普遍的诠释学兴趣,因为在这场争论中,教义学和诠释学之间旧有的对峙仍以经过时代修正的方式存在。布尔特曼的神学自我思考摆脱了唯心主义,并且接近了海德格尔的思想。卡尔·巴尔特和辩证神学提出的要求也在这里发生作用,因为它使人认识到"关于上帝的讲话"(Reden über Gott)的人类的和神学的疑难。布尔特曼试图找寻一种"积极的"、亦即可以从方法上证明的、无须丢弃历史神学成就的解决方案。他觉得海德格尔《存在与时间》的存在主义哲学在这方面提供了一种中立的人类学的立场,从这个立场出发,信仰的自我理解就能得到本体论的证明。[44]人类此在趋向本真状态的未来性以及相反的情况,即在世界中的沉沦,都可以通过信仰和罪责概念得到神学的阐明。虽说这并非海德格尔意义上对存在问题的阐明,而只是一种人类学的转义解释。但布尔特曼根据能在(Seinkönnen)的"本真性"证明上帝问题对于人的存在具有普遍的重要意义,这是真正的诠释学收获。他的重点在前理解(Vorverständnisse)概念——假如我们完全不谈这种诠释学意识在注释学方面取得的丰富成就的话。

但是,海德格尔的哲学新见解并非只在神学上产生了积极的影响,而且有可能首先摧毁那种在狄尔泰学派里占统治地位的相

---

[43] G.博恩卡姆:"最近讨论的鲁道夫·布尔特曼的神学",载《神学评论》,1963年,第29期,1/2分刊,第33—141页。

[44] 关于存在主义哲学的这样一种"中立的"要求的疑难,可参见K.勒维特的"现象学向哲学发展的基本特征及其与新教神学的关系",载《神学评论》,1930年,第2期,第26页以下、第333页以下。

对主义的和类型学的顽固基础。G.米施的贡献在于他把狄尔泰与胡塞尔和海德格尔加以对比,从而重新激发了狄尔泰对哲学的推动力,⑮尽管他对狄尔泰生命哲学发端的构筑表明狄尔泰最后是与海德格尔对立的——其实,狄尔泰在"先验意识"之后重返回到"生命"立场,对于海德格尔建立其哲学乃是一个重要的支撑。由G.米施和其他人把狄尔泰许多零散的论文都收集在《狄尔泰全集》第5至8卷中,以及米施写的非常内行的导言使狄尔泰被其历史学成就掩盖了的哲学研究在20年代第一次为世人所知。由于狄尔泰(以及克尔凯郭尔)的观念进入了存在哲学的基础,诠释学问题就获得了其哲学上的彻底性。海德格尔在当时构造了"事实性诠释学"(Hermeneutik der Faktizität)概念,并且据此针对胡塞尔的现象学的本质本体论提出了一项矛盾的任务,即仍然去解释"存在"的"不可前思性"(das Unvordenkliche)(谢林),甚至把存在本身解释为"理解"(Verstehen)和"阐释"(Auslegung),即解释成根据其自身可能性的自我筹划。于是诠释学的发展达到一个关键点,即诠释学现象的工具主义的方法意义必须返回本体论上去。"理解"不再是人的思想对那些可以用方法归类并归入到科学过程中去的东西的行为,而是构成人的此在的基本运动性。海德格尔把理解当作存在的基本活动,从而赋予理解以刻画性(Charakterisierung)和着重性(Akzentuierung),理解的这种刻画性和着重性于是就汇入了在理论上首先是由尼采阐明的解释概念里。这种阐明依据于对自我意识表述的怀疑,正如尼采所明确说的,这将比笛

---

⑮ G.米施:《现象学和生命哲学》(1929年)。

卡尔的怀疑来得更妙。㊻ 在尼采那里这种怀疑的结果完全改变了一般真理的意义,以致解释过程就变成权力意志的一种形式,并由此而获得本体论意义。

我认为,在20世纪,无论在青年海德格尔还是雅斯贝斯那里,历史性这个概念也具有这种类似的本体论意义。历史性不再是对理性及其掌握真理要求的限制,相反却表现为真理认识的积极条件。这样历史相对主义的论证就失去了它的现实基础。绝对真理的标准已被证明只是抽象的-形而上学的偶像,并失去了一切方法论的含义。历史性不再招引历史相对主义的幽灵,而胡塞尔的《作为严格科学的哲学》那篇纲领性的论文却正是对这种幽灵的强烈警告。

重新复活的克尔凯郭尔的思想影响首先和最有效地向这种新方向适应,这种影响通过乌那马诺(Unamano)和其他人激发了对唯心主义的新的批判,并发展出作为另一个我的你的观点。例如在特奥多·海克尔(Theodor Haecker)、弗里德里希·戈加滕(Friedrich Gogarlen)、爱德华·格里斯巴赫(Eduard Griesebach)、弗迪南德·埃伯纳(Fordinand Ebner)、马丁·布伯、卡尔·雅斯贝斯、维克多·冯·魏茨泽克(Viktor von Weizsäcker)以及在卡尔·勒维特(Karl Löwith)的《人际作用中的个人》(Das Individuum in der Rolle des Mitmenschen)一书(慕尼黑,1928年)中都可以看到这一点。

E.贝蒂试图通过机智的辩证法在主观和客观的共同作用中

㊻ 《尼采全集》,第7卷,第3分册,第40[25]页;也可参见第40[10]、[20]页。

证明浪漫主义诠释学遗产的合理性,然而,自从《存在与时间》指出主体概念具有本体论上的前把握性,以及后期海德格尔在"转向"(Kehre)思想中冲破了先验哲学反思的范围之后,甚至这种机智的辩证法也必然不能令人满意。构成揭蔽(Entbergung)和遮蔽(Verbergung)活动范围的真理"事件"(Ereignis)给予一切揭蔽——包括对理解科学的揭蔽——以一种新的本体论价值。于是才可能对传统诠释学产生一系列新的疑问。

唯心主义诠释学的心理学基础本身就有问题:难道文本的意义真的只限于"所意指的"意义(mens auctoris 作者的意思)吗?理解难道只不过是原始创作的再现吗? 显然,这种观点对于法学诠释学是不适合的,因为法学诠释学曾经产生了明显的法权创造性的作用。但人们通常把这种作用归为法学诠释学正规的任务,并把它看作与"科学"无关的实际应用。科学客观性的概念要求坚持由 mens auctoris 构成的法则。但这种法则真能满足人们的要求吗? 比如在对艺术作品的解释中(这些艺术作品在导演、乐队指挥和翻译家那里本身还具有一种实际产品的形式)情况又是如何呢? 难道我们能否认再现的艺术家"解释着"原来的作品——而并非从中创造出一种新作品? 我们可以从音乐或戏剧作品中详细区分适当的和"不允许的"或"违背风格的"再现解释。我们有何理由把这种再现的解释意义和科学的意义相区别呢? 这种再现真的像梦幻一般无知无觉? 再现的意义内容并不限于由作者有意识地赋予的意义所产生的东西。众所周知,艺术家的自我解释都会引起疑问。他们的作品的意义仍然为实际的解解提出一种明确的接近任务。再现根本不是随心所欲的任意发挥，正如科学承担的解释一样。

历史事件的意义和含义的情况又如何呢？同代人的意识的显著特征是：他们虽然"体验着"该历史，却不知道它是怎样发生的。与此相反，狄尔泰却自始至终一直坚持他的体验（Erlebnisse）概念具有系统的结果。这正如标准的传记和自传对于狄尔泰历史作用关系理论所说的。[47] 甚至 R. G. 科林伍德[48]运用克罗齐（Benedetto Croce）的黑格尔主义辩证方法对实证主义的方法论意识所作的机智的批判，由于他的重演（reenactment）理论也仍然囿于主观主义的问题堆中，因为它把认真领会已执行的计划作为历史理解的模式。在这方面黑格尔更彻底。黑格尔要求在历史中认识理性，他的这一要求的根据是"精神"概念，精神概念的本质就在于，它"陷于时间之中"，并且唯有从它的历史中才能获得其内容的规定性。然而，即使对于黑格尔也存在有"世界历史的个体"，他称之为"世界精神代理人"（Geschäftsträger des Weltgeistes），他们的个人决定和爱好与那种"处于时间中"的东西完全一致。但这种例外情况对于黑格尔来说却并不规定历史理解的意义，而是从把握由哲学家所作出的历史必然性角度被规定为例外。施莱尔马赫曾经走出了的指望历史学家与他的对象同气质（Kongenialität）的出路显然并不能实际继续下去。这种方法使世界历史仿佛变成美学的戏剧。这样做一方面意味着对历史学家提出了过分的要求，同时又低估了他把自己的视

---

[47] 参见《狄尔泰全集》，第8卷。
[48] 科林伍德：《思想——一篇自传》(1955年)。

野和过去的视野相交合的任务。

宗教文献的布道意义的情况又是如何呢？这里也表明同气质概念是荒谬的。因为它召回了灵感理论的幽灵。然而，即使对圣经的历史注释在此也受到限制，特别是与圣经作者的"自我理解"这个主导概念发生抵触。难道圣经的福音意义不是必然会不同于新约作者神学观点的单纯相加吗？因此虔信派的诠释学（A. H. 弗兰克、兰巴赫）的观点仍然值得我们注意，他们在其解释理论里除了理解和解释外还附加上应用（Applikation），从而突出了"文献"与当代的联系。这里就隐藏着诠释学的中心动机，即要真正严肃地对待人的历史性。所以唯心主义诠释学确实也考虑到这一点，尤其是 E. 贝蒂的"意义相应规则"（Kanon der Sinnentsprechung）。可是只有断然承认前理解概念和效果历史原则或者发挥效果历史意识，才能提供一个充分的方法论基础。《新约》神学的规则概念（Kanonbegriff）作为一种特例在此找到了它的合法性。如果我们坚持要把 mens auctoris（作者的意思或作者意指的意义）作为规范，那么即使《旧约》的神学意义也很难得到证明，正如 G. V. 拉德（Rad）的积极成果首先所指明的，拉德的研究超越了这种观点的限制。与这种情况相适应，最新的诠释学讨论同样也延伸到了天主教神学［斯塔克尔（E. Stachel）、比塞尔（E. Biser）、柯雷特（Coreth）］。[49]

在文学理论中也出现了类似理论，部分地是以"接受美学"这

---

[49] G. 斯塔克尔：《新诠释学》（1967 年）；E. 比塞尔：《神学的语言理论和诠释学》（1970 年）；E. 柯雷特：《诠释学基本问题》（1969 年）。

一名称出现的（尧斯、伊泽尔〔Iser〕、格里克〔K. J. Gerigk〕）。但也正是在这个领域，对限制于方法论的语文学的反对也日益强烈（赫施〔D. Hirsch〕、托马斯·西伯姆〔Th. Seebohm〕），⑩这些人忧心研究的客观性会因此而受到损害。

法学诠释学令人尊敬的传统借助于这个问题获得了新的生命。在现代法律教义学中，这种诠释学本来只起着一种可怜的作用，只不过是自身完满实现的教义学身上无法避免的污点而已。但无论如何我们绝不能忽视：它是一种正规的学科，并执行着补充法律的教义学功能。作为这样一门学科它行使一种不可或缺的任务，因为它在所定法律的普遍性和个别案例的具体性之间无法取消的裂缝中架起了沟通的桥梁。甚至亚里士多德在尼各马可伦理学中讨论自然法问题和 epieikeia（公正）概念时就在法学理论内部划出了诠释学的地盘。对法学诠释学历史的回顾也表明，㊁理解地进行解释的问题和应用问题不可分割地联系在一起。自从法学接受了罗马法之后，这个双重任务对它就显得尤为重要。那时不仅要理解罗马法学家，而且也要同时把罗马法的教义学应用于近代的文化世界。㊂ 于是在法学内就造成了诠释学任务和教义学任务相当密切的联系，正如神学所承担的那样。只要罗马法仍然保持它的法律效用，那么罗马法的解释理论就无法解除罗马法的历

---

⑩ R. 尧斯：《文学史对文学的挑战》(1970 年)、《美学经验和文学诠释学》（法兰克福，1977 年）；W. 伊泽尔：《文本的集合结构》(1970 年)、《内含的读者》（慕尼黑，1972 年）；E. D. 赫施：《解释的有效性》(1976 年)；Th. 西伯姆：《诠释学理性批判》(1972 年)。

㊁ 参见 C. Fr. 瓦尔赫(Walch)、C. H. 埃克阿德：《法学诠释学》，前言(1779 年)。

㊂ 此外参见 P. 科夏克(Koschaker)：《欧洲和罗马法》(1958 年)。

史疏异性。梯鲍特（A. F. J. Thibaut）在 1806 年对罗马法的解释表明，[53]解释理论不能只依赖立法者观点，而必须把"法律的根据"提高为真正的诠释学规则，这是不言而喻的。

随着现代法律编纂学的创立，解释罗马法这一古典的首要任务在实践的意义上就失去了其教义学的兴趣，并成为法学史提问的组成部分。所以它可能作为法学史毫无保留地归入历史科学的方法论思想之中。反之，法学诠释学作为一门法学教义学的辅助学科则成了法学的新风格。不过，"法律具体化"[54]这一基本任务仍然存在，并且法学史和规范科学的关系十分复杂，并非简单地能用法学史取代诠释学。在法律文本颁布之前或之时对历史环境和立法者的实际考虑作历史的解释也许从诠释学看来是富有启发的——然而 ratio legis（法律理性）却并未消解在这种解释之中，它对所有司法权仍是一种不可避免的诠释学主管。这样诠释学问题也同样在所有法律学中生了根，正如对于神学及其经常性的"应用"任务所发生的情况一样。

我们必然会问：神学和法律学难道未为普通诠释学作出了本质的贡献吗？显然，神学、法律科学和历史-语文科学自身固有的方法论疑难是不足以展开这一问题的。关键在于要指明历史认识自身观点的局限，并给予教义学解释以一种有限的合法性。[55] 这

---

[53] A. F. J. 梯鲍特：《罗马法的逻辑解释理论》（1799 年，1806 年第 2 版，1967 年重印版）。

[54] K. 英吉希（Engisch）："当代法律和法学中的具体化观念"，载《海德堡科学院论文集》（1953 年）。

[55] 参见 E. 罗特哈克：《精神科学中的独断思考形式和历史主义问题》（美因茨，1954 年）。

当然与科学的无前提性概念发生矛盾。㊺ 由于这种理由,我在《真理与方法》中所进行的探究,是从一种经验领域出发,这种经验领域在某种意义上必须被认为是独断的,因为它的价值要求需要绝对承认并且不容置疑,这就是艺术的经验。理解在这个领域就意味着承认和同意:"领会打动我们的东西"(E. 斯泰格〔E. Staiger〕)。作为科学工作而保持其所有严肃性的艺术科学或文艺科学的客观性无论如何都处于艺术经验或诗歌经验之后。因此在真正的艺术经验中应用(applicatio)与理解(intellectio)和解释(explicatio)根本不可能分开的。这对于艺术科学不可能不产生后果。这里存在的问题首先由泽德尔迈尔(H. Sedlmayr)在其关于第一艺术科学和第二艺术科学的区分中进行了讨论。㊻ 艺术科学和文艺科学研究所发展出的多种方法最终总要靠以下这点验证其成效:它究竟在多大程度上帮助艺术品的经验达到较高的清晰性和合适性。它本身就需要诠释学组合。于是,在法学诠释学中具有世袭领地的应用结构就获得了典范价值。由此产生的法学史理解和法学教义学理解的重新靠拢显然不能抛弃它们的区别,就如贝蒂和维亚克尔(F. Wieacker)所强调的。然而,作为所有理解之本质因素的"应用"意义并不是对某种原本自为东西的事后和外在的"应用"。为预先规定的目标而运用某种手段或在我们的行为中运用规则通常并不是指我们把一种自我独立的事实,例如一种

㊺ 参见 E. 斯潘格:"论科学的无前提性",载《柏林科学院论文集》(1929 年),该书证明这个口号产生于 1870 年以后的文化斗争,这当然并未对其不受限制的普遍性造成丝毫的怀疑。

㊻ H. 泽德尔迈尔:《艺术和真理》(1959 年)。

"纯理论"被认识的事物归置于某种实际的目标。相反,手段和规则一般说来是从目标和行为得到规定或概括的。黑格尔在其《精神现象学》中就已分析过规律和偶然的辩证关系,具体的规定性正是在这种辩证关系中得到相互投射的。㊸

哲学分析揭露出理解具有应用结构,但它绝不意味着限制"无前提的"准备状态,以便理解文本本身所讲的,它也绝不允许我们把文本"自己的"意思与文本相脱离,从而使事先想好的观点产生作用。反思仅仅揭示理解置身于其中的条件,当我们力图理解文本的陈述时,这些条件作为我们的"前理解"总是早已在运用之中。但这绝不是说,只要精神科学尚未提升到科学并组合进科学的统一之中,我们就必须让"精神科学"作为"不精密的"科学继续带着它的一切令人遗憾的缺陷苟且偷生。相反,哲学诠释学将得出这样的结果,即只有让理解者自己的前提产生作用,理解才是可能的。解释者创造性的贡献不可取消地附属于理解的意义本身。这并非证明主观偏见的私人性和任意性是合理的。因为这里涉及的事物——我们想要理解的文本——才是使之发生作用的唯一的尺度。然而,那些无法抛弃的、必要的时间距离、文化距离、阶级距离、种族距离——抑或个人距离——却总是超主观的因素,它赋予一切理解以紧迫感和生命。我们也可以这样描述这种实情:解释者和文本都有其各自的"视域",所谓的理解就是这两个视域的融合。于是,无论在新教科学(首先在恩斯特·富克斯〔Ernst Fuchs〕和格哈德·埃贝林〔Gerhard Ebeling〕),还是在诸如文学

㊸ 〔《精神现象学》,霍夫迈斯特编,第189页以下。〕

批评以及海德格尔哲学思想的继续发展中,诠释学的问题都基本上摆脱了主观-心理学基础,并进入到客观的、经过效果历史中介的意义方向之中。

中介这种距离的基本事实就是语言,解释者(或翻译者!)用语言把所理解的东西重新表述出来。神学家和诗学家都同样谈论语言事件。因此诠释学在某种意义上也以其独特的方式靠近了从新实证主义形而上学批判中产生出来的分析哲学。自从分析哲学不再坚持通过人工符号语言分析讲话方式和弄清一切陈述的意义以便一劳永逸地消除"语言的邪魔"之后,它最终也无法超越语言在语言游戏中的作用,正如维特根斯坦的《哲学研究》所表明的。阿佩尔(K. O. Apel)曾正确地强调指出,"语言游戏"概念当然只能不连续地描述传承物的连续性。[59] 只要诠释学通过对理解条件(前理解、问题前行性、一切陈述的动机史)的反思去克服存在于所与概念中的实证主义幼稚性,那它同时也是对实证主义方法思想的批判。至于它在多大程度上遵循先验理论的模式(阿佩尔)或遵循历史辩证法的模式(哈贝马斯),那是有待商议的。[60]

诠释学无论如何总有其本身独立的研究范围。尽管它有形式普遍性,但它却不能合法地归置于逻辑学之中。在某种意义上诠释学是和逻辑学分享这种普遍性,在某种意义上它甚至比逻辑学

---

[59] K. O. 阿佩尔:"维特根斯坦和理解问题",载《神学和教会杂志》,第63卷(1966年),第49—87页。[现载《哲学的转变》,法兰克福,1973年,第1卷,第335—377页。]

[60] 参见《诠释学和辩证法》中的论文以及我的《真理与方法》后记(1972年第3版;我的著作集,第2卷,第449页以下)。

具有更大的普遍性。虽然任何陈述的联系均可从其逻辑结构进行观察：语法规则、句法规则以及逻辑一贯性规则总可运用于讲话和思考的联系之上。但真正生动的讲话关联却很少能满足陈述逻辑（Aussagelogik）的严格要求。讲话和谈话并不是逻辑判断意义上的"陈述"，因为逻辑判断意义上的陈述的单义性和含义对每个人来说都是可检验的和可设想的，反之，讲话和谈话都具有偶然因素。讲话和谈话都出现在交往过程之中，科学陈述或科学证明方式的独白性只是这种过程中的一个特例。语言的进行方式是对话，甚至可说是灵魂和自己的对话，就如柏拉图对思想所描述的。在这种意义上可以说诠释学就是最具有普遍性的理解理论和相互理解理论。它并非仅就每个陈述的逻辑值上理解每一陈述，而是把它理解为对问题的回答，但这就是说：谁想进行理解，谁就必须理解问题，而正因为理解是从其动机史出发获得意义的，它就必然会超越靠逻辑把握的陈述内容。黑格尔的精神辩证法就已基本上包含了这种观点，B.克罗齐、科林伍德和其他一些人又使这种观点得到重生。《问答逻辑》（The logic of question and answer）是科林伍德《自传》中最有阅读价值的一章。然而即使纯现象学分析也无法回避这一事实：即既不存在孤立的知觉，也不存在孤立的判断。这是由 H.利普的《诠释学逻辑》（Hermeneutische Logik）根据胡塞尔匿名意向性理论从现象学角度所证明的，并在海德格尔生存论世界概念的影响下得到详细说明的。在英国，奥斯汀（J. L. Austin）在同一个方向上继续推进了后期维特根斯坦的思想转折。

随着从科学语言返回到日常生活的语言，从经验科学返回到

"生活世界"(胡塞尔)的经验,就会引出以下结论:诠释学不该被归并于"逻辑学"之中,而必须归溯到古老的修辞学传统之中,我在前面已经指出,[61]诠释学和修辞学传统早已紧密联系在一起。由此它重又连接起在18世纪已中断的思想线索。当时维柯(G. B. Vico)作为那不勒斯的修辞学教授首先针对"现代"科学的独白要求捍卫了古老的修辞学传统,他把现代科学称为critica(考证)。他特别突出了修辞学对于教育和造就共通感(sensus communis)所具有的意义,实际上诠释学和修辞学一样都具有eikos,亦即说服论证的作用。修辞学传统尽管在德国——除了赫尔德——于18世纪已彻底中断,但它却以不为人知的方式确实保存在美学和诠释学领域中,正如多克霍恩(K. L. Dockhorn)首先指出了的。[62] 和现代数理逻辑及其继续发展的独白要求相反,在今天的修辞学和法理学中出现了对上述要求的抵抗,这是由佩雷尔曼(Ch. Perelman)及其学派表现出的。[63]

与此相关还有一个范围极广的诠释学问题域,它和语言在诠释学中占据的中心地位相联系。语言并不只是各种媒介中的一种——在"符号形式"(symbolische Formen)(卡西尔)的世界内——它和理性潜在的共同性具有特别的关联。在语言中实现交往活动的正是理性,R. 赫尼希斯瓦尔德就曾经强调:语言并非只

---

[61] 参见本书第95页以下。
[62] K. L. 多克霍恩:"关于伽达默尔《真理与方法》一书的评论",载《哥廷根学报》,第218卷(1966年)。
[63] 参见 M. 纳汤松(Natanson)和 H. W. 约翰斯通(Johnstone)编辑出版的《哲学、修辞学和论辩》(1965年)。

是"事实"(Faktum),而是"原则"(Prinzip)。诠释学向度的普遍性即以此为基础。奥古斯丁和托马斯的意义理论就已谈到这种普遍性,因为他们发现事物的意义超过了符号(语词)的意义,因而证明了超越 sensus litteralis(文字意义)的合理性。当然,今天的诠释学不能简单地跟随这种超越,这就是说,它将不使新的喻意法登上宝座。因为这就需要预先设置一种上帝用以与我们讲话的创世语言。但我们却无法避免下述考虑:"意义"不仅进入到话语和文字中,而且也进入到所有人的创作之中,而从中阅读出意义就是诠释学的任务。黑格尔的"客观精神"理论就表达了这种意思,而且他的精神哲学中的客观精神部分一直是生动独立于他的辩证法体系的(参见尼古拉·哈特曼的客观精神理论以及克罗齐和金蒂尔的唯心主义)。并非只有艺术的语言才提出合理的理解要求,而是各种形式的人类文化创作都提出这种要求。这个问题还可以进一步扩展。还有什么东西不属于我们语言作出的世界定向(Weltorientierung)呢?人类对世界的所有认识都是靠语言媒介的。第一次的世界定向是在学习讲话中完成的。但事情还不仅如此,我们的"在世存在"的语言性最终表达了整个经验范围。亚里士多德所描述的并由 F. 培根作为近代经验科学基础加以构筑的归纳逻辑,^㉔作为科学经验的逻辑理论也许是不能令人满意的,需要修正的^㉕——于是趋向于世界的语言表达就作为它的补充而出现。泰米斯修斯(Themistius)在他的亚里士多德评注中就已经用学习讲

㉔ 亚里士多德:《后分析篇》,第 2 章,第 19 节。
㉕ K. R. 波普尔:《研究逻辑》(1966 年第 2 版)。

话来解释亚里士多德的有关章节(《后分析篇》,B19),而现代语言学(乔姆斯基〔N. Chomsky〕)和心理学(皮亚杰〔J. Piaget〕)则在这个领域作出了新的进步。但这还有更为深远的意义:所有经验都是在不断交往地继续构造我们世界认识的过程中实现的。比起A.伯克为语文学家的工作所描绘的公式,经验是在更深刻更普遍意义上对已认识东西的不断认识(Erkenntnis von Erkanntem)。因为我们生活于其中的传承物并不是只由文本和文物所构成,只传达语言所写下的或历史文献所证明的意义,而把我们生活的真正决定因素、创作条件等都排除"在外"的所谓的文化传承物。正相反,经常提供,即 traditur(传承),给我们的乃是一个作为开放的整体的在交往活动中不断经验着的世界本身。而这无非只是经验。凡在哪里世界被经验了,陌生性被抛弃了,凡在哪里出现了明白易懂、理解领会和通晓掌握,那里就有经验,并且最后,诠释学作为哲学理论最首要的任务就在于指出,唯有把一切科学认识都组合进个别人对个别事物的知识才能叫作"经验",有如波兰尼(M. Polanyi)所指明的那样。⑯

所以,诠释学领域就涉及到已经历了数千年的哲学概念的工作。诠释学作为思维着的经验的传承物必须被理解成唯一巨大的谈话,所有的当前都加入到这种谈话之中,而又不能以优异的方式掌握并批判地控制这种谈话。这就是问题史的弱点,即它只能把哲学史当作证实自身问题的观点来阅读,而不能把它当作揭露我们本身观点局限性的批判的参与者。这当然需要进行诠释学的反

---

⑯ M.波兰尼:《人的知识》,芝加哥,1958年。

思。诠释学反思告诉我们,哲学的语言总具有某些不合适性,在哲学语言的意向中总能追寻到比陈述中所发现的以及用语词所表达的更多的东西。固定在哲学语言中并流传下来的概念词并不是标志某种明确意义的固定标号和记号,有如数学家和逻辑学家的符号系统和应用这些系统的情况那样。哲学概念词乃产生于发生在语言中的人解释世界的交往活动,并且受它的继续推动,发生变化并丰富自身,不断进入到新的关联之中并遮蔽旧的关联,时而旷废到半无思想状态,时而又在新提问着的思考中重新活跃起来。

因此,所有哲学的概念工作都以诠释学度向作为基础,这种度向目前人们是以一个不甚精确的词"概念史"来标志的。但它并不是一种次要的研究,它也不表明我们可以不讲事物而只讲我们所用的理解手段,相反,它是在构成我们概念使用中的批判因素。那些要求明确定义的外行们的狂怒,甚至那种片面的语义学的认识论所要求的清晰性的幻想,都同样未能认清语言究竟是什么,未能认清概念的语言是不能被发明、任意改变、任意使用和任意抛弃的,它是从我们得以进行思维活动的因素中产生出来的。在人造的专业术语形式中出现的只是这种活生生的思维和讲话之流的僵硬外壳。甚至人造的专业术语也是受我们在讲话中进行的交往事件所引导和推动,而理解和赞同正是在这种交往事件中才得以建立。⑰ 我认为这就是英国的后期分析哲学和诠释学之间的聚合点。但它们之间的符合仍是有限的。正如狄尔泰在 19 世纪描绘

---

⑰ 参见"概念史和哲学的语言",载《北莱茵-威斯特伐伦州研究工作联合会会刊》,第 170 卷(1971 年)(现载我的著作集,第 4 卷)。

美国经验论缺乏历史教养一样,作过历史反思的诠释学的批判要求就在于,不要用逻辑结构去控制讲话的方式——这只是"分析"哲学的理想,而要用其中整个表现的历史经验来同化(Aneignung)用语言传达的内容。

诠释学问题在社会科学的逻辑领域也得到了一种新的刺激。我们显然必须承认诠释学向度是一切世界经验的基础,而且正如托马斯·库恩指出的那样,它在自然科学的研究中也起作用。⑱但它在社会科学中的作用却更大。因为只要社会具有一种以语言进行理解的此在,⑲则社会科学自身的对象领域本身(并不仅仅它的理论构造)就会受到诠释学向度的控制。对精神科学中幼稚的客观主义所作的诠释学批判在某种意义上可以在受到马克思主义启发的意识形态批判中(哈贝马斯——并参见汉斯·阿尔伯特〔Hans Albert〕针锋相对的论战)⑳找到它的相应物。同样,用谈话进行治疗也是一种卓越的诠释学现象,对此首先由拉康(J. Lacan)和利科尔(P. Ricoeur)㉑重新讨论了它的理论基础。当然,

---

⑱ Th. 库恩:《科学革命的结构》,芝加哥,1963年。

⑲ 查尔斯·泰勒(Charles Taylor):"解释和人的科学",载《形而上学评论》,第25卷(1971年),第3—51页。现载 C. 泰勒的《人学中的阐释和解释》,法兰克福,1975年,第154—219页。

⑳ 哈贝马斯:"论社会科学的逻辑",载《哲学评论》,附刊5(1967年);《诠释学与意识形态批判》(1971年);汉斯·阿尔伯特《构造与批判》(1972年);以及哈贝马斯后期讨论诠释学的著作,参见《交往行为理论》,两卷本,法兰克福,1981年,第1卷,第143页和第192页以下。

㉑ P. 利科尔:《论解释——一篇关于弗洛伊德的论文》(1965年,德译本,1969年);《解释的冲突》,1969年;"诠释学与意识形态批判",载《消除神话和意识形态》,卡斯特里,1973年;《隐喻》,巴黎,1975年;J. 拉康:《作品集》,1966年。

我很怀疑精神病和社会病之间会具有多大的相似性。[72] 社会科学家与社会的关系绝不同于精神分析家与其病人的关系。意识形态批判是指使自己摆脱一切意识形态的前占有，但它并不比作为一门社会技术的"实证主义"社会科学更少独断性。而对这种中介试图我觉得德里达针对诠释学提出的解构（Dekonstruktion）对立理论是可以理解的。[73] 但诠释学经验却能针对这种解构的"意义"理论为自己的权利作辩护。必须在文学（écriture）中寻找"意义"，这和形而上学毫不相干（除了尼采）。

如果我们跟随诠释学的观点，那么所有理解的努力原则上都旨在达到可能的意见一致（Konsensus）、可能的相互一致，而且如果要产生理解，本身就必须以起联结作用的意见一致为根据。这绝不是独断的假设，而只是简单的现象学描述。凡不存在联结的地方就不可能有谈话。因此意识形态批判作为最终决定者就必须由本身引导进行合理的讨论，从而能以不强迫的方式达到意见一致。这一点在精神分析的过程中即可得到证明。精神分析谈话疗法的结果并不只是建筑在对病人作任意的反思研究。在医生的帮助下通过谈话疗法使病人最后得解除他的神经阻滞，这还不是精神分析的全部目的。它的最终目的毋宁在于使病人重新获得他和他人交往的自然能力，这就是说使他回到基本的意见一致中去，这样才能使人和其他人作有意义的交谈。

这里出现了不容忽视的区别。意识形态批判要求成为解放性

---

[72] 参见 J. 哈贝马斯编：《诠释学与意识形态批判》（1971 年）。
[73] 《文字和区分》，巴黎，1967 年。

的反思，与此相应，治疗性的对话则要求意识到无意识的面具并由此清除这种面具。两者都以自己的知识作为前提并声称自己具有科学的基础。与此相反，诠释学反思却从不包含这类内容性的、前行性的要求。它并不声称自己知道实际的社会条件只会造成歪曲的交往。它似乎早已了解人们会知道从未受曲解的正确的交往中必然产生什么。诠释学也不是指像治疗医生那样工作，治疗医生把病人引导到对自身生命历史和真正本质较高的认识，从而使病人的反思过程达到良好的结果。无论在意识形态批判中还是在精神分析中，解释都意味着受到一种先行知识的引导，要从这种先行知识出发使事先想好的固定想法和成见得到消除。在这种意义上可以说这两者都是"启蒙"（Aufklärung）。与此相反，诠释学经验则对所有先行知识的要求均持怀疑态度。布尔特曼提出的前理解概念所指的并不是以下这种知识：我们的成见应该在理解的进程中产生作用……诸如"启蒙"、"解放"、"非强制性的对话"等概念在诠释学经验的具体化过程中表明自己只不过是可怜的抽象。诠释学经验认识到，成见能够扎根很深，而纯自我认识极少能消解成见的威力。现代启蒙之父之一的笛卡尔对此了解得很清楚，因为他很少通过争辩，而是通过沉思，通过不断重复后的反思来试图证明他的新方法概念的合理性。我们不该把这斥为纯粹修辞的粉饰。没有修辞的粉饰就没有交往，就没有哲学和科学的贡献。因为它们都必须通过修辞手段才能生效。整部思想史都证明修辞学和诠释学的古老亲近关系。但诠释学却经常包含一种超出纯修辞学的因素：它总包含着一种与他人用词表达的意见进行照面（Begegnung）。这也适用于要理解的文本以及所有其他此类文化的作品。为了被理解,诠释学必须发挥自己的说服力。因此诠释学就是哲学,因为它并未限于成为一门"只是"理解他人意见的技艺理论。诠释学反思包含这一因素,即在理解某物或某人的时候都要进行自我批判。谁要理解,谁就不具有优势地位,相反却要承认自己猜测的真理应该受到检查。所有的理解都包含这一点,因此,一切理解都有助于继续深造效果历史意识。

取得相互一致意见的基本模式是对话、谈话。如果谈话者之一绝对地相信自己具有比别人优越的地位,从而声称自己事先具有别人被囿于其中的成见的知识,则这种谈话显然是不可能的。他这样做就是陷入了自己的成见之中。如果对话的一方不让谈话自由进行,则通过对话达到一致在原则上是不可能的。我们可以举个例子来说明,比如某人在社会交往中扮演心理学家或精神分析者的角色,对于他人的陈述根本不去认真对待,而是要求用精神分析的方式去看透这些陈述。在这种情况下,社会生活赖以建立的伙伴关系就会受到破坏。这个问题主要由保尔·利科尔进行过系统的讨论,是在他谈到"解释的冲突"时讨论的。在讨论中,利科尔把马克思、尼采和弗洛伊德作为一方,把对"符号"的理解的现象学意向性作为另一方,并试图找出两者间的辩证中介。这两者中一方是探究起源,类似考古学,另一方则针对所指的意义,恰似目的论。在利科尔看来这只是一种准备性的区分,只是为一种普遍诠释学作准备。普遍诠释学必须通过符号来阐明对符号的理解和自我理解这两者的根本功能。——我认为这样一种普遍诠释学理论是不牢固的。这里列出的对符号的理解的方式尽管具有不同的、并不一样的符号意义,但却并未构成不同的"意义"。一种理解方式会开辟出另一种理解方式,因为它总是意味着他者。一种方式在理解符号想说什么,另一种方式则在理解符号想隐藏或伪装什么。这就是"理解"具有的完全不同的意义。

诠释学的普遍性最终有赖于它的理论的和先验的特性在多大程度上局限于它在科学中的效用,或者它是否证明了 sensus communis(共通感)原则,以及证明了那种将一切科学应用组合进实践意识中的方式。诠释学——从如此普遍的角度理解——接近于"实践哲学"(praktische Philosophie),里特(J. Ritter)和他的学派促进了实践哲学在德国先验哲学传统中的复活。哲学诠释学本身已意识到这种结果。⑭ 一种理解实践的理论当然是理论而不是实践,然而实践的理论也因此而并非一种"技术"或所谓社会实践科学化工作:它是一种哲学思考,思考对一切自然和社会的科学-技术统治所设置的界限。这就是真理,面对近代的科学概念而捍卫这些真理,这就是哲学诠释学最重要的任务之一。⑮

---

⑭ 参见 J. 里特:《形而上学和政治》(1969 年);M. 里德尔:《为实践哲学恢复名誉》(1972 年)。

⑮ 伽达默尔:"理论、技术、实践",载《新人类学》,第 1 卷导论(1972 年)[现载我的著作集,第 4 卷]。

Ⅲ

补　充

9

自我理解的疑难性
——关于去神话化问题的诠释学讨论

(1961年)

鲁道夫·布尔特曼关于《新约》去神话化的纲领性论文的发表在当时曾引起了极大的轰动，如果谁耳闻目睹了这一事实，并考虑到这篇论文的影响一直持续到今天，那他就不会自欺欺人地说这里所涉及的仅仅是一个神学问题，是专门的教义学问题。对于熟悉布尔特曼神学工作的专家来说，这篇文章绝非是什么耸人听闻的东西。布尔特曼只是阐述了长期以来在神学家的注释工作中所发生的事实。但这一点却正是哲学思考能对神学讨论作出贡献之处。去神话化的问题无疑也具有一种普遍的诠释学因素。神学问题所涉及的并不是去神话化的诠释学现象本身，而是去神话化的教义后果。也就是说，被去神话化的东西的界限是否由布尔特曼从新教神学的教义立场出发正确地划分出来了。——下面的探讨想从一个依我看来尚未足够发生作用的角度来阐明这个问题的诠释学因素。它所提的问题是，对《新约》的理解究竟是从信仰的自我理解的主导概念出发就能充分地理解，还是有一种胜过个体的自我理解，亦即他的自我存在的完全不同的因素在起作用。据此，这里就该提出理解和游戏的关系。为此尚需要说几点诠释学观点揭示其位置的考虑。

这里必须说明的第一点是：理解作为诠释学任务始终已经包含着一种反思的向度。理解并非是某种认识的单纯复制，也就是说，它不是认识的单纯的重复实现，而是意识到认识实现本身的重复性。正如奥古斯丁·伯克所表述的，这是对已被认识的事物的认识(ein Erkennen des Erkannten)。这个表面看来似乎是矛盾的表述概括了浪漫主义诠释学的观点，在浪漫主义诠释学看来，诠释学现象的反思结构是非常清楚的。理解的实现就是要求在某一认识过程中使无意识的东西被意识到。因此，浪漫主义诠释学是建筑在康德美学的一个基本概念即天才概念之上，天才"无意识地"——像自然本身一样——亦即并非有意识地运用规则，并非通过单纯地模仿典范而创造杰作。

Ⅱ122

由此就已表明了诠释学问题所处的特殊位置。显然，只要问题所涉及的是纯粹的接受和照原样复制某种精神传统，那么这里就不存在诠释学问题，例如对古代经典作品的人文主义的重新发现就是这种情况，它主要是以模仿和直接追随，即和古典作家进行直接的竞争为目的，而不是对这一精神传统单纯的理解。诠释问题显然只存在于这样的情况中，即那里没有一个强大的传统把人们自己对传统的看法归并于自身之中，而是人们突然意识到自己与面临的传承物处于陌生的关系中，或者是他根本不属于这种传承，或者是把他与传承物相联结的传统再也不能毫无疑问地占有他。

后一种情况即是这里所要谈的诠释学问题的因素。无论是对基督教传承物的理解，还是对古代的经典作品的理解在我们看来都包含着历史的意识。尽管把我们和伟大的希腊——基督教传统相联结的东西,仍然还很有生命力,但是对不再毫无疑问地属于这一传统的这种他在性的意识,对我们所有人具有决定作用。这一点在开始对传统进行历史批判的时候,尤其在由斯宾诺莎和他的神学政治论所开创的对圣经的批判中可以看得很清楚。在对圣经的批判中清楚地表明,当理解者不再能直接理解传承物中所说的内容时,他就不得不绕道而行,而历史理解的道路就是一条无法回避的迂回之路。旨在从历史境况出发解释传承物意义的发生学论断,只有当由于理性本身的反对而不可能直接达到对所表述的真理的洞见时才会出现。

显然,这种历史解释的迂回道路并非在现代启蒙的标志中才出现。例如面对《旧约》基督教神学很快就面临着一个任务,通过注释尽量剔去《旧约》中与基督教教义和道德理论不相吻合的内容,另外,除了奥古斯丁在《论基督教的学说》中所表现的寓意的和类型学的解释外,历史反思也服务于这一目的。但在这种情况中,基督教教会的教义传统仍然是不可动摇的基础。历史的思考只是理解《圣经》的罕见和偶尔使用的辅助性手段。——随着近代自然科学和自然科学批判的出现,这种情况才得到根本的改变。《圣经》中根据现代科学能够从纯粹理性出发加以认识的东西只是一个很窄的领域,而那些只有通过返回到历史条件才能理解的领域却大大增长。虽然斯宾诺莎认为,理性在圣经中看到的道德真理是不证自明的,但这种自明性在某种意义上等同于欧几里得几何学的自明性,这种几何学直接包含着对理性来说是显而易见的真理,因此人们根本不会提出关于这种洞见之历史起源的问题。于是，在《圣经》传承物中以这种方式不言而喻地存在的道德真理在斯宾诺莎看来仅仅是圣经传承物整体中的一小部分。圣经从总体上来说对理性是陌生。如果人们想理解圣经，那就必须参与历史反思，就如在奇迹批判中那样。

现在就是这种贯穿于终结了的浪漫主义中的对传承物的完全陌生性的坚信——作为对当前的绝对他在性的反面——被提高为诠释学过程的基本方法前提。正是通过以下一点诠释学才成了一种普遍的方法论，即它设定所要理解的内容的陌生性为前提，并因而把通过学会理解而克服这种陌生性变成一种任务。很能说明问题的是，施莱尔马赫根本不认为对欧几里得几何学的原理本身历史地进行理解，亦即通过回溯到欧几里得生活中那些使欧几里得思想得以完成创造性的时刻而理解欧几里得的原理是一种荒谬的想法。于是心理学——历史的理解就作为真正方法论科学的方法而取代了直接的对事实的洞察。这样圣经学即在神学释义视角下的神学就被提升为一种真正的历史——批判的科学。诠释学成了历史方法中的普遍方法：在《圣经》注释领域中进行这种历史——批判思考显然导致了教义学和诠释学之间的严重对立，这种对立直至今日仍然贯穿于对新约所进行的神学研究中。

可是，历史学派，尤其是它的最敏锐的方法论者德罗伊森所赋予历史学家任务的决定性形式之中的历史学派却根本不接受历史对象的完全客观主义的异化。德罗伊森对这种"太监式的客观性"（eunuchenhafte Objektivität）报以辛辣的嘲弄，并反过来把对统治着历史的强大的道德力量的依附性称作一切历史理解的前提条件。他有一句名言，即历史学家的任务就是探索地进行理解，这句名言甚至本身就具有某种神学的因素。天意的计划对人是隐而不露的,但在人类对世界历史之联系的不倦的探索中历史精神预感到那对我们隐蔽着的整体的含义。理解在此并不仅仅是偶然地由于历史学家与他的历史对象相接近和气质相似而获得支持的普遍方法。并不是本身偶然的同情的问题,而是在对对象以及视角的选择中(在这种视角中对象表现为一个历史问题)才有某种理解的本己的历史性在起作用。

显然,对于历史研究的方法自我意识来说很难确认事情的这一面。因为即使是历史精神科学也受到近代科学思想的影响。虽说对启蒙时代理性主义进行的浪漫主义批判打破了自然法的统治,但历史研究之路仍然认为自己是通往人对自身进行完全的历史解释的途径,这种解释的结果必然导致希腊-基督教传统的最后的教义残余之消融。与这种理想相适应的历史客观主义从一种科学的思想中吸取力量,这种科学思想的真正背景就是近代的哲学主观主义。虽说德罗伊森努力抵抗这种哲学主观主义,但直到海德格尔在《存在与时间》中所进行的对哲学主观主义的彻底批判才第一次从哲学上论证了德罗伊森的历史神学观点,并且证明了狄尔泰的真正对手是瓦登堡的约尔克伯爵,后者是立场坚定的路德派,与他相比,狄尔泰受近代科学概念的影响却强得多。由于海德格尔不再把此在的历史性视为对此在之认识可能性的限制和对科学客观性理想的威胁,而是从积极的意义上把这种历史性纳入本体论的课题,从而被历史学派尊奉为方法的理解概念就变为一种包罗万象的哲学概念。按照《存在与时间》中的观点,理解就是此在本身历史性的实现方式。此在的未来性,即此在的时间性所具有的基本的筹划特性,被另一个规定即被抛状态的规定(Bestimmung der Geworfenheit)所限制。这种规定不仅表明了独立的自我占有的界限,同时也开辟并决定了我们之所是的那种积极的可能性。自我理解的概念在某种意义上虽说是先验唯心主义的遗产并且其本身在当代已经由胡塞尔得到扩展,但它只是在海德格尔那儿才第一次获得了它真正的历史性,并由此才有能力承担起表述信仰之自我理解这一神学要求,因为并不是自我意识的独立的自身媒介,而是一个人身上所发生的,特别是从神学角度看在呼唤启示时所发生的对于自我的经验才能够去掉信仰之自我理解中的错误的诺斯替派自我确信要求。

格哈德·克吕格尔在一篇论卡尔·巴尔特的《罗马信简》的论文中早已试图沿着这个方向使辩证神学倾向彻底化。[①] 海德格尔在马堡逗留时期也从一场难忘的冲突中得益匪浅,这场冲突是由于鲁道夫·布尔特曼从海德格尔对近代的客观主义的主观主义的批判中得出了神学上的收益而引起的。

然而海德格尔并没有停留在先验论模式上,在《存在与时间》中这种先验论模式还规定了自我理解概念。早在《存在与时间》中根本的问题也不是以何种方式才能理解"存在",而是以何种方式理解就是"存在"。对存在的理解是人类此在的生存论标志。在这里存在已经不被理解为意识客体化活动的结果,如在胡塞尔的现象学中就是这种情况,而是当问题是针对正在理解自我的此在本

---

① [参见我的论文"在时间之间",载《大学》(Universitas),第27卷(1972年),第1221—1227页,重印于《哲学年鉴》,蒂宾根,1977年,第222—230页。]

身时，追问存在的问题就进入了一种完全不同的领域。先验的模式最终必然失败。先验自我的无限的对立面被纳入了本体论的问题中。在这个意义上可以说，《存在与时间》已经开始扬弃那种海德格尔后来称之为形而上学本质的存在遗忘（Seinsvergessenheit）。他所谓的"转折"（die Kehre）仅在于承认我们不可能在先验的反思中克服先验的存在遗忘。就此而言，一切后来的"存在事件"（Seinsgeschehen）、作为存在"澄明"（Lichtung des Seins）的"在此"（Da）等概念早已作为结论而隐藏于《存在与时间》的最初萌芽之中。

语言的秘密在海德格尔的晚期思想中所起的作用足以说明，对自我理解之历史性的深入不仅把意识概念，而且也把自我性概念从它的中心地位中驱逐出去。因为还有什么比起我们处于其中的语言这个神秘的领域更加无意识、更加无我的呢？语言领域使存在的东西得以表达，从而使存在"本身到时"（sich zeitigt）。然而凡是适合于语言之秘密的东西，同样也适合于理解概念。但即使理解也不应被理解为理解着的意识的一种简单的活动，而应理解为存在事件本身的一种方式。完全从形式上来说，语言和理解在海德格尔的思想中所据有的优先性是指"关系"相对于它的关系成分即理解着的我和被理解的东西所具有的先行性。但是我仍然认为有可能在诠释学意识本身中证明海德格尔关于"存在"的陈述以及从"转向"经验中发展出的问题方向，我在《真理与方法》中曾经做过这种尝试。理解和理解对象之间的关系优先于理解和理解对象，正如说话者和被述说的对象之间的关系是指一种运动的实现过程，这个过程不可能在关系的任一方成员中具有坚固的基础。

理解并不是具有唯心主义自称所具有的那种不言自喻之确实性的自我理解,但它也不仅仅是对唯心主义的革命批判,这种批判把自我理解概念理解为自身所发生的并由此使自身变成真正自我的东西。反之我则相信,在理解中有一种吾丧吾的因素,这种因素对于神学诠释学来说也是值得重视的,并且应该根据游戏结构的主线加以研究。

这里我们就不得不直接回溯到古代并回溯到在希腊思想的开端所存在的神话和逻各斯之间的独特关系。按照流行的解释模式,消除世界袪魅化的过程必然从神话达到逻各斯,这一模式在我看来是一种近代的偏见。如果人们以这种模式为基础,那就不可能理解诸如阿提卡的哲学如何可能与希腊的启蒙倾向相对并在宗教传统和哲学思想之间建立起一种世俗的和解。我们要感谢格哈德·克吕格尔对希腊哲学尤其是柏拉图哲学思维之宗教前提的无与伦比的阐明。② 古代希腊的神话和逻各斯的历史比起启蒙的模式有着完全不同的复杂的结构。面对这个事实人们甚至可以理解古代科学研究对神话的宗教起源价值所抱有的极大不信任,以及它对固定的礼仪传统形式所给予的偏爱。因为神话的可变性,即它总是可以通过诗人而获得新的解释这种开放性,最终迫使人们认识到,下列问题提错了:这样一种古代的神话究竟在何种意义下被"相信",而如果神话一旦进入诗的游戏中是否就不再被相信。事实上神话和思维着的意识具有极为内在的联系,因而以概念语

---

② [G. 克吕格尔:《洞见和激情:柏拉图思想的本质》,法兰克福,1939 年,1983 年第 5 版以及我的论文"哲学和宗教"(至今尚未发表),现载我的著作集,第 7 卷。]

言对神话所作的哲学解释对其揭示和掩盖,令人敬畏的畏惧和精神的自由之间的不断摇摆并没有增添什么本质上新的东西,而这种来回摆动则伴随着整个希腊神话的历史。如果我们想正确地理解布尔特曼去神话化(Entmythologisierung)的纲领中所蕴含的神话概念,那么回忆一下这种背景是很有用的。布尔特曼在纲领中称之为神话世界观并用科学世界观与之作对比的(后者作为世界观能够使我们大家都觉得它是真实的)东西几乎不具有人们在围绕布尔特曼纲领进行的争论中所赋予它的最终有效性的含义。从根本上说,基督教神学家与圣经传统的关系并非与希腊人和他的神话的关系有什么根本性的不同。布尔特曼对去神话化概念所作的偶然的并在某种意义上可说是附带的表述,实际上只是对他整个释义神学的概括,根本不具有启蒙的含义。自由历史圣经学的学生在圣经传承物中寻找的毋宁是与一切历史启蒙相背离的东西,是作为启示和福音诠释的真正承担者并表现为真正的信仰召唤的东西。

铸成布尔特曼概念的正是这种积极的教义学兴趣,而不是一种进步的启蒙兴趣。因此他的神话概念完全是一个描述性的概念。它所涉及的是某些历史—偶然性的东西,并且不管存在于新的去神话化概念中的神学问题可能是多么地根本,反正这里涉及的是一种实际的诠释问题,它根本不触及一切诠释的诠释学原则。毋宁说他的诠释学意义恰恰在于,人们不能教条地固守某种确定的神话概念,以使人们由此出发可以一劳永逸地断定,在圣经文献中对于现代人来说哪些可以通过科学的启蒙而被揭示为纯粹的神话,哪些则不能。不是从近代科学出发,而是必须积极地从接受福音宣道出发,从信仰的内在要求出发来确定哪些是纯粹的神话。这种"去神话化"的另一个例子就是希腊诗人面对他的民族神话传统所具有并行使的极大自由。即使是这些也并非"启蒙",而是诗人发挥他的精神力量和行使批判权力。人们只要想一下品达(Pindar)或埃斯库罗斯(Aischylos),于是就产生了从游戏自由着眼去思考信仰与理解之间的关系的必要性。

把僵死的信仰严肃性及游戏的任意性相联系一开始也许会令人吃惊。确实,如果我们以通常的方式把游戏和游戏活动理解为一种主观行为,而不把一种自成一体的动念整体(就其本身而言仍是游戏者的主观性)包括在自身之中,那么信仰和游戏的这种对立的位置的意义就会完全消失。所以,正如我希望在我的著作中已经说明的那样,③这种游戏概念似乎正是合法的、本源的概念,因而我们应该从游戏立场上对信仰和理解之间的关系给以一种真正的注意。

在一个既定的游戏空间内部的来回运动不是从人的游戏和主观性的游戏行为中引申而来,恰好相反,对于人的主观性来说,游戏的本质经验恰好在于,那些完全服从自己规律性的东西在这里取得了主导地位。与某个特定方向的运动相适应的是相反方向的运动。决定游戏者意识的是游戏来回运动具有一种特殊的自由和轻松。它就像是自发地进行的———一种失重的平衡状态,"在这种状态中纯粹的太少(das reine Zuwenig)不可思议地在转变着——转身跃入那种空洞的太多(jenes leere Zuvil)"(里尔克〔Rilke〕)。

---

③ 〔参见我的著作集,第1卷,第107页以下、第491页以下。〕

从竞争状态中个人所获得的成绩的提高,却具有某些诸如他在其中扮演一个角色之游戏的轻松性所吸引这样的东西。究竟什么东西被带入游戏或处于游戏之中,这并不取决于我们自身,而是由我们称之为游戏的关系所掌握。对于作为游戏的主体而参与游戏的个人来说,可能一开始这好像是一种适应,人们使自己去适应游戏或服从它,亦即人们放弃自己意志力的独立性。比如两个一起拉锯的人之所以能让锯自由地游戏是通过他们表面看起来是在互相适应,从而使一个人的运动力用完之时即让另一个人的运动力投入进来。这看起来就好像是两个人之间有一种默契,一个人有意使自己的行为与另一个人一致。但这还不是游戏。构成游戏的并不是彼此相对的两者的主观行为,而是运动本身的形态,这种运动形态就像在无意识的目的论中所说的,属于个人的行为。神经病学家维克多·冯·魏茨泽克的功劳就是通过实验研究了这种现象并在他的著作《格式塔圈》(Der Gestaltkreis)中对此作出了理论的分析。我认为他的另一个功绩是指出了獴和蛇之间互相对峙的紧张关系不能被描述为一方对另一方之侵略意图的反应,而是一种具有绝对同时性的相互行为。这里真正起决定作用的不是两者中的任何一方,而是包括了各个人的运动行为在内的整个运动之统一形式。从理论概括的角度来说就是个人的自我,他们的行为以及他们对自身的理解都同时溶化到一个更高的规定中,这个规定才是真正的决定者。

这就是我想用以观察信仰和理解之关系的视角。信仰的自我理解显然是这样规定的,即从神学角度看,信仰并不是人的可能性,而是上帝向信仰者所显现的恩赐。然而,只要人的自我理解是由现代科学和科学方法论所统治，那就很难在人的内部自我理解中真正确认这种神学观点和宗教经验。在现代科学和方法论基础上建筑起来的知识概念不能容忍对它普遍性的要求的任何限制。根据这种要求，一切自我理解均表现为一种自我占有，这种自我占有最不能容忍的是，使和它与自身相分离的东西与它背道而驰。在这里游戏概念就可以变得很重要。因为加入到游戏之中，这种如痴如醉的自我遗忘并不是被体验的自我占有的失落，而是被积极地体验为一种超越自身的自由的轻松。这从自我理解的主观方面来看是根本不可能统一把握的。正如荷兰历史学家赫伊津哈（Huizinga）曾阐述过的，游戏者的意识处于相信和不相信之不可区分的平衡之中，"野蛮人根本不知道存在和游戏之间的概念区别"。

然而不单单是野蛮人不知道这种概念区别，自我理解的要求在任何地方总是被提出——只要人作为人，这个要求又何处不被提出？——它总是被包括在详细规定了的界限内。诠释学意识并不与其自身的透视性竞争，这种意识的透视性按黑格尔的说法就是绝对知识并构成存在的最高方式。我们不仅仅在信仰领域谈到自我理解。一切理解归根结底都是自我理解，但并非是一种事先具有的或最终达到自我占有的方式的自我理解。因为这种自我理解总是仅仅在对某件事的理解中实现并且不具有自由地自我实现的性质。我们这个自我并不占有自身，不如说它是自己显现的。神学家确实也说信仰就是其中有一个新人产生这样的事件。神学家还说，应该相信和理解的是语词，通过语词我们就克服了我们生活于其中的关于自我深不可测的不可知性。正如哈曼（J. G. Hamann)清楚地指出的,自我理解概念原本具有一种神学的色彩。④他提到这样一个事实,即我们并不理解自己,除非是在上帝面前。

但上帝就是语词。在神学的思想中人类的语词早就开始被用来为说明上帝的语调和三位一体之神秘性服务的。尤其是奥古斯丁以无数不同的方式从人与人之间语词和对话角度描述了三位一体的超越人的神秘。语词和对话无疑在自身中具有游戏的因素,人们如何敢于说出一句话或是"隐藏在胸中",如何从他人口中引出一句话并从他口中得到回答,如何自己作出回答,每句话又是如何在它被说出和被理解的某种关系中"进行游戏",所有这一切都指出了理解和游戏具有共同的结构。儿童借以认识世界的也正是语言游戏。确实,我们所学到的一切都是在语言游戏中进行的。当然我们并不是说,当我们讲话的时候只是在玩儿而并不是严肃认真的。毋宁说,我们所找到的语词似乎是捕住了我们自己的意思并把它们纳入到超出我们的想法暂时性的联系中。那个倾听着大人的语言并模仿这种语言的儿童是何时才理解他所使用的言语呢?游戏是从何时开始具有了严肃性,而这种严肃性又从何时开始不再是游戏了呢?语词的所有意义之确定似乎是在游戏中从语词的情境价值中生长出来的。正如文字代表了语言出声状态的确定,并能发出声音以反作用于语言的发声形式一样,生动的谈话和语言的生命具有其游戏的地方,那里亦是一种往返运动。无人可以确定一个词的意

---

④ 参见发表在《海德堡研究》丛书中雷纳特·克诺尔(Renate Knoll)的海德堡大学博士论文《J. G. 哈曼和 Fr. H. 雅可比》,载《海德堡研究》,1963 年第 7 期。[关于"自我理解"这个表述,参见《海德格尔之路——后期著作研究》,第 35 页以下和注释 10,现载我的著作集,第 3 卷。]

义,而说话能力也并非仅仅意味着正确学会了词的固定意义并会使用它们。语言的生命只是存在于我们从学习说话时就开始的游戏的不断的继续游戏之中。新的用词之参加到游戏之中和旧词语的消亡同样不被人注意,同样是无意识地发生的。而人的相互共存正是在这种持续的游戏中实现的。在相互说话中发生的相互理解本身又是一种游戏。当两人互相对话时,他们说的是相同的语言。他们并不知道他们是通过讲这种语言而继续作这种语言游戏。但他们每人说的也都是自己的语言。相互理解的实现是通过话和话相对,但却不是停滞不动。而是在互相对话中我们总是进入对方的想象世界,就好像我们参与到他的世界之中而对方也参与到我们的世界之中。我们就这样相互游戏直到作为给予和拿取的游戏——即真正的谈话——开始。没有人可以否认在这种真正的谈话中存在着一些偶然性、意外的好处,以及最终也有某些轻松、升华的东西,这些都属于游戏的本质。确实,谈话的升华并不使人感到是自我占有的丧失,而是我们本身的丰富,尽管我们自身对此并未觉察。

我觉得在和文本打交道以及理解保存在宗教文献中的福音启示的含义时的情况也与此类似。传承物的生命,尤其是福音预告的生命就存在于这种理解的游戏之中。只要一篇文本保持沉默,则对它的理解就尚未开始。然而文本是能够开始讲话的(这里不谈为此必须具备哪些前提条件)。但是文本并非是以无生命的僵死状态说着它的话,始终说着相同的话,相反它总是给向它提问的人以新的回答并向回答它的人提出新的疑问。对文本的理解是一种谈话方式的自我理解。对这一点可以由此得到证实,如果在和某件文本的具体交往中,只有当文本中诉说的东西能够以自己的解释语言表达出来时,才可能产生理解。解释属于理解的本质统一性。对某人所讲的东西必须被他所接受,从而以自己的语言用自己的话说出并找到回答。这也完全适用了福音启示的文本,假如人们觉得这个文本不是自己说出来的,它也就不会真正被理解。而使对文本的理解和解释得以真正实现的就是布道。正是布道,而不是神学家们解释性的评论和诠释工作才直接服务于福音启示,因为布道不仅把对圣经所说的话的理解传达给教徒,而且布道者自己也对此深信不疑。理解之真正的实现并不在于布道本身,而是在于布道作为一种向每个人发出的召唤让人获知的方式。

如果说在布道中产生的是一种自我理解,那么即使不说它是对自身的消极性理解但也一定是一种很矛盾的理解,在这种理解中人们听到皈依宗教的召唤。这种自我理解显然并未成为《新约》的神学解释的标准。此外,《新约》文本本身已经是对福音的解释,因而它并不想在自身中被理解,而想被理解为福音的传介者。那么这是不是给了文本以说话的自由,从而等于使它们似乎成为无我的证据呢?不管我们该怎样感谢新神学研究为认识《新约》的作者本身神学含义所作的贡献,新教的福音启示则是通过所有这些中介方式传播的,这可以和传统的流传或神话传说通过鸿篇巨制不断变化创新的方式相比较。诠释过程的真正实现在我看来既在于扩展解释者的自我理解又在于扩展被解释物的自我理解。因此,"去神话化"不仅发生在神学家的行为中,它也发生在《圣经》本身之中。但是无论在神学家的声音中还是在圣经本身中,"去神话化"并不是正确理解的确切保证。真正的理解事件远远超越了可以通过方法的努力和批判的自我控制而达到对他者之言语的理解。确实,它远远超越了我们可以意识到的东西。适应于一切谈话的是,通过谈话就有一些东西变成了其他的东西。此外,对召唤皈依并允诺我们对我们自身以更好理解的上帝的话,我们不能像面对一个人们必须让它放置在那儿的语词那样去理解。在那里进行理解的根本不是我们自己。始终有一个过去(Vergangenheit)在让我们说:我理解了。

10
历史的连续性和存在的瞬间
(1965年)

进行一场既不知其开端又不知其终结的谈话,这无异于一场冒险,尽管如此,我们却常常要进行这样的冒险。要以哲学在最近10年间学会的观点谈论历史问题,情况也是如此。

本文的论题已经表明,这里讨论的是与本世纪哲学相联系的提问立场。如果我们记得,本世纪头20年对历史——自由主义科学,尤其是19世纪历史神学的批判带有何等的突然性,引起何其深广的共鸣,则我们就能理解"历史的连续性和存在的瞬间"这个论题是对历史问题立场本身合法性的疑问,从而是对整个世纪的疑问。

如果我们想简略地指出以前对历史所作的哲学反思达到哪些根本的内容,它的根本问题何在,则我就想回顾一下德国西南学派的历史哲学,亦即海德堡的新康德主义(如果可以把历史科学的认识论称作一种历史哲学的话),并且还想回忆一下威廉·狄尔泰的历史哲学(如果可以把形而上学在历史中的消解称作一种历史哲学的话)。认识论思想是海德堡的新康德主义从康德出发扩展到历史科学中的思想,它的提问立场是:历史研究的对象如何和自然科学研究对象的既定性方式(Gegebenheitsweise)相区别? 如何才使一件事实成为历史事实?

为了回答这种历史方法论的提问,产生了关于既存物(Gegebenen)的价值关系的理论:发生的事件唯有通过和某种价值体系的关联才能成为历史事实。如此证明历史认识的合法化是从文化统一概念及其在价值哲学中系统的自我观点为基础的。对此可以提出一个批判的问题,我们究竟有多大把握可以把真正的历史归入到历史性之中,而不是只把在作用不变领域中提升出来的东西归入历史性中。

另一方面,如果我们用精神科学的心理学检验一下新康德主义的这种认识论历史哲学坚定的反对者威廉·狄尔泰本身命题的结果,我们就会发现,虽说他也确实询问历史过程的本质结构,并试图用合适的概念说明散布在时间中的历史联系的连续性,但他这样做的出发点却仍是心理学,是存在于本人生活经历中的内部自我确信。这种自我确信甚至还用来证明历史事件的连续性。这种事件连续性的自我确信在自传中具有其最出色的表现及其以文学的方式固定的实现。正是在自传中,人们试图从丰富的生活经历——这些经历的编排以及本身所赖以生活的状况——出发,把它当作一种意义关联进行回顾,从而获得某种生命历史整体的统一性。然而不可否认,自传只能从特定的角度反映我们称为历史的东西。在自传中被理解的东西总处于观察者本身解释的熟悉的光线之中。在回顾时包括进理解统一性中的是体验过的过去和自我体验的历史。即使我们把自我认识这整个难题撇在一边,我们仍然不清楚,从这种心理学的体验连续性中如何产生出包括在完全不同、巨大尺度中的历史联系。

对于19世纪历史哲学思想,尤其是对本世纪两种引人注目观点所进行的批判至少是以"存在的瞬间"(der Augenblick der Existenz)这样的提示语来说明的。这里涉及的原始事实(Urfaktum)显然不是这一问题:即历史的联系是如何被我们进行着回忆和想象的意识合法地认识和陈述的?我们在这里提出的并作为历史问题加以认识的真正的问题是以历史性(Geschichtlichkeit)这个概念来表达的。

历史性这个词早就在一种朴素的意义上被使用过,它主要由威廉·狄尔泰的哲学朋友,瓦登堡的约尔克伯爵使它成为一个概念,并经过狄尔泰的中介,最终在本世纪的哲学中经过海德格尔和雅斯贝斯达到了顶峰。其中的新义在于,这个历史性概念包含了一种本体论的陈述。约尔克就已说过"存在者状态上的和历史的东西的类差别"。历史性概念并不表述某种关于事件过程联系,说它是真实的,而是表述处于历史中的人的存在方式,人的自身存在基本上只能通过历史性概念方可理解。

瞬间概念也属于这种联系。它指的根本不是表明历史、决定历史的时间点,而是人类此在的历史性得到经验的瞬间。

历史性概念首先由于鲁道夫·布尔特曼才进入到神学之中。在他无数博学的、前后一贯的注释工作中,对人类此在历史性的洞察和决定性的瞬间恰好是主导概念。等待末日的问题在神秘的解释中代表告别辞,但在约翰福音中却通过注释被简化成末世的瞬间,它可以指任何一个瞬间,作为决定信仰的瞬间它表示对基督教福音的接受或拒绝。因此,随着这个概念而展开讨论的是一个真正现实的题目,它的改变了的重点在于,当我们追溯"瞬间"这个概念达到历史性这个极端的顶峰时,历史的连续性对我们就重新成为一个问题。

历史的连续性使我们又回到流逝的时间之谜。时间从不停顿,这是亚里士多德和奥古斯丁进行时间分析时的老问题。尤其是奥古斯丁的时间分析为我们阐明了希腊和古典思想遗留下的本体论困境,当它们想说明什么是时间时就陷入了这个困境。在任何瞬间都不可能被认作现存的东西究竟是什么?因为就在我把它认作现在的当口,这个现在已不再是现在。在无限的过去中展现的现在,从无尽的将来中涌现的现在使以下问题迷惑难解:什么是现在,这种流逝过去的,即将来的并又流逝去的时间之流究竟是什么?

时间的本体论疑难就在于,用古代发展的存在哲学无法说出或把握它真正的存在。我觉得,在历史的连续性概念中反映的也是这个问题。当然不能说历史的连续性是直接从不断重复展现的现在的日常经验中感受到疑难的。也许连续性经验的基础完全不同于不停流逝的时间经验。在对历史存在的追问中被问及的历史的连续性最终发现:尽管有形形色色的过去性,但却根本不存在不同时就是变易的时间流逝。于是历史意识的真理仿佛得到了完美的体现:在时间的流逝中总包括着变易,在变易中又总包括着时间流逝,历史联系的连续性总是不断地从无尽的变化之流中构筑起来。

这种基本观点产生了如下结果,凡在这种历史之流中被体验为流逝或变易的,均有赖于人们表述或区分这种所谓流逝着的事件之链的规定。这是一种极端唯名论的基本态度,它实际上把一切事件的内部划分,按意义的区分,都相对化成灭亡或出生、变易或流逝。历史的划分就是我们决定意义的意识作的划分。因为它最终是任意的,因此就不具备真正的历史现实性。我们必须批判地放弃这种建筑在希腊本体论前提上关于历史的观点,并且注意这一基本现象,这种现象揭露了这种观察方式中隐含的错误的唯名论命题。

在事件中也存在某些类似非连续性的因素。我们可以用时代经验(Epochenerfahrung)的方式认识这种非连续性。⑤ 运用现象学方法可以证明确实存在这种因素,它们并非产生于我们事后的编排、分类以及以控制为目的的认识兴趣,而是确确实实的历史现实。存在着如划分时代这样一种原始的经验。历史学家划分的历史时代植根于真实的时代经验,并且最终必须在这种经验中得到证明。虽说时代本来只不过是一种天文学概念,表示作为人们计算根据的星宿排列。与此相应,历史意义上的时代则是一种阶段,人们根据这种阶段计算新的时代。但这是否说明这只是约定和任意的呢?标志时代阶段的历史排列并非人们据以计算的时间的外在尺度,相反它规定时间内容本身,亦即规定我们所称的历史。我一直特别注意——也许因为它古色古香的表达方式——康德谈到法国革命时所说的话:"这样的事件不会遗忘。"一件事件不会遗忘——当然这句话说的只是:没有人能遗忘这件事——显然是指事件的意义。正因为没有人能遗忘,所以语言就把该事件当作一

---

⑤ [参见我的后期论文"论空洞的时间和充满的时间",载《短篇著作集》,第 3 卷,第 221—236 页,现载我的著作集,第 3 卷。]

种行为的本质并且可以说：该事件不会遗忘。语言在这里指示出某些东西。正是这某些东西存在人的意识中，而意识通常会忘却很多东西。区分的经验和非连续性的经验，不断改变之中的驻足的经验就是以此为据。

如果今天有人说：我们进入了原子能时代（automic age），它的意思就是——我们当然有理由非常认真地对待这句话——由此产生了一些新的因素，它们不可能很快就又被另一些新因素淘汰，相反我们必将按这种新因素以一种性质不同、清晰的方式把以前的时代称作旧时代。比如战争对于我们就成为与发现原子能这个划时代事件之前性质根本不同的事物。正因为产生了某些因素，据此以前的时代才成为旧时代。如果发生了这类事，则时间本身也会变旧，但这并不是说，过去似乎已经沉没，不再具有现实意义，不再与当前有关，从而成为一种均匀的，可看透的过去的时间范围，而是说时间本身的未来也正处于划时代事件的划时代意义之中。我认为，有丰富的现象证明的经验可以说明如此表现的就是真实的事件本身。

当然我们永远不可能确切地知道，我们是否有权把某件事件说成其有真正划时代的含义。然而，尽管对未来的任何陈述有这种不确定性，但只要可以因该事件及其直接作用而使人确信：它是划时代的，这就足够了。除了这种巨大的历史命运经验，我们还可以提出其他类似的经验，我想提出三种这类划时代经验的形式。

其一是变老的经验（die Alterserfahrung）。我认为它作为一种非连续性经验是每一个人都会直接遇到的。虽然我们每人都有出生年月，并且按照计算天数和钟点的时间计算方式来生活并算出我们的年龄,然而,诸如孩子长大成人的成熟却没有过程,我们无法用流逝的时间这种衡量手段去跟踪这个过程。因为孩子突然之间已不再是孩子,在以前构成其熟悉本质的一切突然都不可再现地消失了,不再存在。或举另一个例子,即我们逐渐变老的例子:当我们重新见到某个人时会有这样的感觉:啊,他已经变老了。这种经验也不是指这个人在持续流逝的时间中达到某个确定的点,而是指对于他本人以及那个碰到他的人来说,他已经变样了。以前的那个青年,充满活力的青年时代已经消失,也许从中会产生出某些非常美好、非常丰富多彩的东西,而这些东西在匆匆忙忙的年代中并没有得到表现。

或者再举另外的例子,即我们熟知的对以往时代的计算的例子。从一个朝代到另一个朝代的过渡,比如某个统治者逝世,由其后继者接任统治,无论是在本王朝之内的更替或是以革命形式导致的更替,都意味着时代的划分。我们之所以用这样的事件划分时代,并不是因为它特别方便,就像星宿一样使每个人都可以看到,而是因为它事实上使某个民族人民的生活共同注意到,从现在起一切都改变了,以前存在的一切都不再存在。因此,时代经验就感到事件本身具有一种内在的非连续性,这种非连续性并非事后历史传记的划分从而需要证明其合法性。我甚至想说,我们正因为此才经验到历史的现实性。因为人们在这里经验的并不是可以完全想象和再现出来的过去(Gewesen),而是通过发生而存在并且永远不可能不发生的事物。

我想到的第三个例子是时间转折的"绝对时代",亦即通过基督的诞生而进入到古代历史意识中的时代经验。我之所以讲这种经验是因为它并非出于宗教真理的理由,而是出于概念的理由必定被称作绝对的时代经验。因为随着这种新联系的经验和基督教的福音宣告,我们已在新的意义上发现了作为历史的历史。历史是人的命运经验,是幸运和不幸的轮番交替,是环境对于一种幸运的和有效果的行为或充满痛苦的失败的顺从或抵抗——这一切当然都是人的原始经验。唯有针对这种原始经验我们才能确定何种意义因素能解释这种经验,基督教的绝对时代经验能带来何种新的意义因素。

于是我们就可以把这种新的因素和希腊的历史经验作比较。如果我们以希腊人的方式观察历史经验,并且突出能为我们显露基督教历史思想的因素,那么历史在希腊人看来不过就是偏离秩序。

希腊人认为最根本的就是 perihodos,即"阶段",阶段是天体周转中保持不变的东西。最根本的就是人类群体生活中不变的真理、道德秩序、国家秩序、民间风俗等等。每一个思考者都不得不在人类存在的恒定性中看待人类此在的存在。不管哲学家以最完美的形式提出并为人类行为提供的典范是古代伦理学的德行概念范畴,或是组织好的国家、城邦、秩序的理想——不管怎样,历史总是对这种持存秩序的偏离。它是人所具有的在组织好的整体中无法扬弃的非秩序因素。⑥

从新的历史意识角度讲则正好相反——我暂且不谈究竟在何种程度上存在犹太历史意识,这种意识先于新的历史意识并在某

---

⑥ [参见我为罗厄写的书评,载我的著作集,第5卷,第327—331页。]

种程度上只是通过基督教历史经验的修正才成为普遍的意识——虽然根据基督教信念,历史中的秩序是无法认识的,但却确实存在这样一种秩序,它是天意,是神旨。在历史事件的来去和沉浮中我们有限的认识能力无法认识整体的意义,因为我们无法看到整体的意图和目的。随着基督教布道的神圣信仰却也产生以下观点:无秩序的现象用更高的观点看却具有一种秩序,因此,历史也许只是一种让人猜测的历史,但在上帝的旨意中却无论如何是无可争辩的现实的神圣秩序。

卡尔·勒维特的《世界历史和神迹》(Weltgeschichte und Heilsgeschehen)一书非常生动地说明,这种基督教的历史观如何产生了一种历史哲学,它声称自己了解神旨,甚至最终还要求像自然科学认识自然现象那样认识历史事件及其秩序,因为从这种知识出发就能规划和制造历史,而不管这种历史是否是一种表现基督教历史哲学的世俗最终目标的政治乌托邦和历史乌托邦的形式。

这种乌托邦历史期待的形式最终表现为基督教历史哲学世俗化的结果,它并非只是无望地和基督教神的谜底不可认识的基本经验处于冲突之中,我认为它本身就有关于人类此在有限性的内在矛盾,因为人类此在作规划的前见是产生不出从被理解的历史中引出定会出现的未来这一要求的。

这种历史哲学真的找到通向历史现实之路了吗?我觉得时代经验本身在这里正好证明了它的反面,即历史的现实性并不是以认知地再现事件或认知地统治事件的方式,而是在命运的经验中赋予我们的。我们具有的,诸如某些事情变化了,旧事物都变得陈旧,并出现了新事物等经验都是某种转变(Übergang)的经验,它并不确保连续性,相反,倒证实非连续性,并表现为和历史现实性的相遇。

我总是深深沉醉在诗人荷尔德林的一篇短文中,它开头一句话是"沉沦的祖国"。它是对《恩培多克勒之死》(der Tod des Empedokles)这一剧本的理论研究,荷尔德林在所有变化反应的措辞和动机中始终把英雄之死作为他带给时代的献祭品,从而理解为未来的奠基。在这篇只有在施瓦本才写得出的复杂的论文中,荷尔德林说明,实际上每一个瞬间都是转变的瞬间,也就是从两种相互对立的现实中转身脱身,其一是转身而去、自我消解的现实,其二是迎面而来、正在生成的现实。荷尔德林用"理想的"消解和"现实的"新的生成来勾勒我用新和旧的不同所表示的时代经验。引导他这样做的观点是把整体当作活生生的统一体。有机体在材料的不断变化中保持统一性,在每一次消解中重又产生新的东西,生命就是这样构成的。在人类历史的变化过程中生命的形式就在于,自我的消解的因素正是借助于对新事物的经验才经验到它自身的统一性。荷尔德林在这里想对我们说的就是,旧事物,亦即对待旧事物的表现方式,其实属于生成中的新事物本身的现实性。荷尔德林认为,视死如归,通过悲剧的调解使生命重生,这些悲剧式的肯定都是悲剧的伟大形式,但这一切并不直接属于我试图在此发展的观点因而应该撇在一边。我们也完全不要管那些悲剧式的词藻,以及那些突出理想的旧事物相对于现实的新事物的生成的得意的表述。只要我们根据自身的历史经验本身来看待这种经验就够了。在荷尔德林的论文中还包括以下观点,了解和认识并不是把某种封闭的东西如其所是地再现出来,只有从新因素出发、根据今天的情况所作的再现才能获得它的可能性和实现。但这就是说:所有这样的再现和了解本身就是一种事件,就是历史。并非只有把摇摆着的诗人精神附加到消失着、消解着的历史世界之上才能构筑历史意义的观念性,其实世界本身就不会忘记,它是从无尽的创造可能中创造新的生活形式,从而获得其本身的观念性。悲剧式的肯定,对过去的理想的看法。这些同时就是对存在的、持存的真理的认识。

这样我就接触到整体观点,这种观点从我自己的研究中已变得尤为重要。是什么把悲剧的英雄提升为命运的角色,由于他的死亡就使生命得到更新?什么是观众接受悲剧灾难时的感情净化,或曰新的无畏?真理在这种经验中究竟构造了什么?

我们在这里称之为真理的就是回忆的实在(erinnerte Wirklichkeit)。我们并非把发生的一切都回忆成真的、有意义的东西。不仅悲剧诗人,甚至我们情感不懈的理想化力量也经常进行理想化的构想,把存在过和消失的东西提升为持存的、真实的东西。如果我们获悉一个熟人的死讯,则就会出现我这里描述的最深刻的经验:这个人的存在方式怎样突然改变了,他怎样变得持存不动、更为纯化,并不是说他在道德上更好或更可爱,但他被封闭在持存的轮廓中使人周知——这只是因为我们不能再从他身上期待些什么,不能再从他身上经验到什么,不能再对他施以爱。我认为用这个极端例子描写的经验就是一种认识。在这种认识中出现的就是真理。这里所说的绝不是通常所谓的美化,而是这种超越变灭无常的东西的自我提升(Sich-Erheben),它超越了历史时间之流冲毁一切僵死界限一切僵死外廓的流逝活动。这里突然出现了某些东西并保持下来，这似乎有助于表达一种真理。

从这方面出发不仅可以构成非连续性的真正经验，而且还可以构成历史的连续性的经验。我上面描写的都可以在克尔凯郭尔的"瞬间"(Augenblick)概念中重新找到，在眼睛的那种充实了的一瞥之中不再是指均匀流逝着的改变中的一个标记，而是不得不选择的、唯一的瞬间，因为它只是一种现在，永不再来。从这种观点出发则历史的连续性不再被看作流逝的时间事件再现的连续性，而是对非连续性经验提出提问，提问非连续性如何包括连续性，在何种意义上包括连续性。

我在自己的探索中曾这样说过：如果我们在传承物中遇到某些可以理解的东西，那么这种行为本身就是发生(Geschehen)。如果我们从传承物中取出一个词，让它自己说话，这也是一种事件的发生。这当然不是把历史理解为一种过程，而是理解在历史中向我们诉说、向我们走来而与我们相遇的东西。

我也许为上述现象选了含义太多的表述，我认为我们所有的历史理解都受到一种效果历史意识的规定。

我用这个表述想说明的首先是，我们本身并不能和事件（发生）本身相分离，也不能与它相对立，从而把过去变成我们的客体。如果我们真的这样想，就难以认识到真正的历史经验。我们总是已经处在历史之中。用赫尔德的话来讲，我们不仅本身就是这种环环相扣的长链中的一环，而且我们每时每刻都可能从这种源自过去、迎面走来并传承给我们的东西中理解自己。我把这叫作"效果历史意识"(Wirkungsgeschichtliches Bewußtsein)，因为我想用这个概念一方面说明，我们的意识受到效果历史的规定，受到现实事件的规定，这种事件不可能像与过去遥相对峙那样与我们的意识相分离。另一方面我还想说明，它还能在我们心中不断重新制造出这种产生的意识——就像所有我们经验到的过去必然使我们能以某种方式获悉它的真理。

我首先要根据所有理解都有语言性来作证明。我所指的是极朴实的事情，它根本没有奥秘。这里说的只是：我们的历史意识充满了关于它在知识、关于陌生历史世界陌生性的知识，这种历史意识用思维着的历史认识巨大努力力图把它本身的概念与陌生时代和陌生世界的概念区分开来，然而这两种概念最终却总是相互调解。举个例子：从最古老的文化传承给我们的最陌生的法律形式将作为在法律可能的共同范围内得到理解的法律形态被我们把握。如果我们能够解释人们如何把引人注意的巴比伦证物（以及可以处理的东西）理解为法律证物，从而使人们可以理解它，那么这并非只是我们历史意识的证明。不仅这种历史距离要通过语言来沟通，而且这种沟通是在所有特定历史意识之前发生作用的。这就恰好构成语言现象中心地位，语言不仅统治着历史解释的过程，而且是传递过去消失的事物的形式。我们已经习惯于用某种历史的傲慢看待以下事实：古代或中世纪的作家如何以极为天真的类型学的或道德的方式，在过去的证据中要求直接证明他们自认为真实的东西。我们说他们这样做缺乏历史感。然而，这样一种以直接道德的或诸如此类方式实现的理解以及归置过去传承物的方式仍是一种语言发生（geschehen），它和现代科学中的历史解释过程一样。只是因为未曾改变地流传下来的词突然具有完全改变了的意义,我们才能最清楚地看到这一点。任何和传承物所作的天真的打交道都是一种在瞬间上的应用,这种应用我们可以最大限度地发现它的不科学性和错误之处,但这种应用仍然属于创造性的误解,文化的流传联系就从这种误解中产生出来。在所有的历史认识中总活跃着这类与我们的关联。

我把语言作为中介的方式,超越所有距离和非连续性的历史连续性就存在于这种中介方式之中,我认为这已由以上说明的现象得到很好的证明。然而其中还存在着根本的真理:语言总是只存在于谈话之中。语言是自我实现的,只有在相互的说话中语言才能实现它的任务,在这种谈话中词被给予对方,而我们共同指引的语言就在这种谈话中使相互寻找的语言尽情发挥作用。如果使语言脱离在讲话和回答中被理解的直接境遇,则这种语言概念必定会在一个根本向度上使语言缩短。语言进行的直接性包括对这一问题的回答,即尽管我们每人每刻都会遇到区分和抉择,但历史的连续性却仍然继续进行这种区分和抉择,并使之成为可能。因为以下这一切也是谈话:过去的文本,过去的证物,人类构造能力的构成如何达到我们的方式。这里不存在研究者面对丰富研究对象的那种抽身旁观(unbeteiligtem Gegenüber 或译不参与的面对)。相反,这种经验处于一种交往事件之中,这种交往事件具有谈话的基本结构。在这种交往中并不是每个人都各讲各的,而是一方倾听另一方的说话,并且因为他倾听对方的说话,也作出了与对方没有问没有说时不一样的回答。一方因其被不一样地被提问而作出不一样的回答,以及他因为对某个答案有疑问而提问,我觉得正是这种结构同样适用于与历史传承物的交往。并非只有艺术品才对我们说话——一切我们获悉的人类的音信都对我们说话。

从我提出的这条思路出发就能得出以下结论：本文题目中历史的连续性和存在的瞬间让人感到的对立其实是错误的夸大。我已经指出，非连续性存在于发生（Geschehen）的过程中，正是在对瞬间的这种刻画中才可能保持和经验历史的连续性。连续性并不是处于完美历史主义极端中的平静的确定性；可以在发生事件的任何地方把发生（Geschehen）表述成一种新的开端，因为变化和消逝就是每个瞬间真正的现实，并且作为一种转变而确保了发生（Geschehen）的连续性。这绝不是一种毫无疑问的确定性，相反是对所有人的经验意识提出的任务。它在传承物和传统中得到实现。但在传承物和传统中根本没有自身实现的平静的确定性。传承物和传统并不具备有机生命的纯洁性。如果它们被当作无生命的僵死物看待，则也可以用革命的热情进行斗争。传统和传承物并非在顽固地坚守拿过来的东西中保持其真正的意义，它们而是表现为在与我们谈话中经验的、不间断的参与者，从而保持其真正的意义。它们回答我们的问题并提出新的问题，这样就证明了它们自己的现实性和继续发生作用的活力。

凡是再现的意识理解为把过去的事物拿过来、保持住，并与创新意志相对置的东西都根本不是活生生的传统。传统真正的真理埋藏得更深，存在于我们迎向未来，证实新事物的时候才变得现实的领域中。海德格尔在数十年前曾告诉我们，过去并非首要存在于回忆中，而是存在于遗忘中，我称它是别人向我表明的最伟大的观点。确实，这就是过去附属于人的此在本身的方式。正因为过去具有这种遗忘的此在，它才能保持一些东西并被人回忆。所有流逝而去的东西都沉入一种遗忘,正是这种遗忘才能抓住并保持住藏身在遗忘之中、陷入遗忘之中的东西。这里就存在着引出历史连续性的任务。对于处在历史中的人来说,保持住经常失落东西的回忆并不是旁观的认识者客体化行为,而是传承物的生命过程本身。对于这种生命过程来说,关键不在于把过去的视野任意无限地扩展,而在于提出问题找到答案,这种答案将从我们所是出发使我们作为我们未来的可能性持续存在下去。

11
人和语言
（1966 年）

亚里士多德为人的本质下了一个经典性的定义,根据这个定义,人就是具有逻各斯的生物。在西方文化传统中,这个定义以这样一种形式成为一种规范的定义,即人是 animal rationale,具有理性的动物,也就是说人是由于能够思维而和其他动物相区别。这样,人们就以理性或思想这样的含义解释了逻各斯这个希腊词。实际上,逻各斯这个词的主要意思是语言。亚里士多德曾用如下方法来区别人和动物:⑦动物之间是通过互相指示哪些东西在激起它们的欲望从而可以去寻求这种东西,哪些东西在伤害它们从而可以避开这种东西而达到相互理解的。这就是动物的本性所能做到的。唯有人则除了本性之外还有逻各斯。这样,人才能互相表达出哪些东西有用,哪些东西有害,什么是正确的,什么是错误的。这是一个相当奥妙的论断。那些有用或有害的东西乃是这样一些东西,这些东西本身并没有追求价值,而是为了别的根本还未存在的东西,它们只是服务于获得这些东西。因此,人最显著的特征就在于他超越了实际现存的东西,就在于他具有对未来的感觉。

---

⑦ [《政治学》,A2,1253a9 以下。]

同时,亚里士多德又补充说,正是因为人有这种感觉,才会产生公正和不公正的意义——而所有这一切都是因为人唯一作为具有逻各斯的个体。人能够思想,能够说话。人能够说话,也就是说他能够通过他的话语表达出当下并未出现的东西,从而使其他人能够预先了解。人能够把自己意指的所有东西表达出来从而使他人知道,甚至比这更重要的是,正由于人能够用这种方式相互之间传递信息,因此,只有人之间才存在共同的意见,这就是一般概念,尤其是那些使人类能够没有谋杀和互相残杀的——以社会生活的形式,以政治宪法的组织形式或以劳动分工的经济生活形式等——共同生活成为可能的一般概念。所有这一切皆由于一个简单的论断,即人是一种具有语言的生物。

有人可能会认为,这种显而易见令人信服的观点在我们思考人的本性问题的时候就一直保证着语言现象的优先地位。如果我们把动物之间相互理解的方法也称为语言,那么我们说动物的语言和人借以接受和相互传递客观世界信息的语言完全不同,这不是最为不言而喻的吗?而且,人类语言的符号不像动物的表达标志那样固定,而是保持着可变性,这种可变性不光表现在人类有许多种语言,更在于在同一种语言内人能用相同的表述表达不同的事物,或者能够用不同的表述表达同一种事物。

然而,西方哲学思想实际上并没有把语言的本质作为哲学思考的中心。虽然有一个明显的暗示,即在《旧约·创世记》中,上帝通过让人类的始祖按照自己的意愿命名世界上所有的存在物,以此授予他对世界的统治权。巴比伦塔[11]的故事同样也表明了语言对人类生活的根本意义。然而,恰恰是西方基督教的宗教传统以某种方式阻碍了有关语言的思想,以致关于语言起源的问题只有到了启蒙时代才被重新提出。当人们不再用《圣经》的《创世记》而是在人的本性中寻求对语言起源问题的回答时,这就意味着一个重大的进展。因为随之就必不可免会跨出新的一步:语言的天然性质使我们不可能提出人类还没有语言时的原始状况的问题,以及语言的起源问题。赫尔德和威廉·冯·洪堡把语言的原始人类性认为是人类的原始语言性,并指出这种现象对于人类世界观点具有根本性的意义。威廉·冯·洪堡的研究领域是人类语言结构的多样性,他一度当过文化部长,后来退出公众生活潜心学术研究。他是一个来自于特洛尔区的智者,通过自己晚年的研究工作而成为现代语言学的创始人。

但是,威廉·冯·洪堡创立的语言哲学和语言学还绝不意味着亚里士多德基本观点的真正重建。通过把各民族的语言作为自己的研究对象,洪堡开辟了一条认识道路,从而使他能通过一种新的有希望的方法既说明不同时代不同民族的区别性,也说明作为这种区别性之基础的人类共同本性。但这样做法仅仅使人具有一种能力而且仅仅阐明了这种能力的结构规律性——亦即我们所谓语法、句法和词汇等——这种做法同时也限制了人和语言问题的视域。人们想通过语言这面镜子学会认识各民族的世界观,甚至想以此认识他们文化发展的细节。——我想到对印度日耳曼人家庭文化状况的认识,对此我们要感谢维克多·汉(Viktor Hehn)关于人工培植的植物和家畜的极好的研究。语言学就像其他史前史一样是人类精神的史前史。但语言现象通过这种方法仅仅具有某种极好的表达领域的含义,人们可以通过这个领域研究人的本性和人性在历史中的发展。但凭借这种方法却并不能进入哲学思想的核心。因为笛卡尔主义把意识定义成自我意识的思想仍然是所有近代思想的背景。自我意识是一切确定性不可动摇的基础,一切事实中最为确实无疑的事实,我作为这种自我意识才知道我自己,自我意识在近代思想中成为衡量所有能满足科学认识要求的东西的标准。语言科学研究最终也依据于这同一基础。那种在语言塑造的能量中具有其证明形式的,乃是主体的自发性,所以表现在语言中的世界观也可以根据这个原则作为富有成果的解释——语言为人类思想提出的谜根本不可能在此出现。因为对自身深不可测的无意识性正是语言的一种本性。就这点来说,**语言(die Sprache)这个**概念只是后来才使用并非偶然。逻各斯这个词不仅仅指思想和语言,它还指概念和规律,语言这个概念的出现以语言意识为前提。但这仅仅是一种反思活动的结果,在这种反思活动中,思维者从讲话的无意识过程反思出来,并和自身保持一种距离。但语言固有之谜却在于,我们绝不能完全做到这一点。毋宁说,一切关于语言的思维早已再次落进语言的窠臼。我们只能在语言中进行思维,我们的思维只能寓于语言之中正是语言给思想提出的深奥之谜。

语言并不是意识借以和世界打交道的一种工具(Mitee)。它并不是与符号和用具(Werkzeug)——这两者当然都属于人的本质标志——并列的第三种器械(Instrument)。语言根本不是器械用具。因为用具的本性就在于我们能掌握对它的使用,这就是说,当我们要用它时可以把它拿起来,一旦这件工具完成它的使命又可以把它放在一边。但这和我们使用语言的词汇时大不一样,虽说我们也是把已到了嘴边的词讲出来,一旦用过这些词后又把它们放回到我们掌握的词汇库中。因此,这种类比是错误的,因为我们永远不可能发现自己是一种与世界相对的意识,并在一种仿佛是没有语言的状况中采用理解的工具。毋宁说,在所有我们关于自我的知识和关于外界的知识中,我们总是早已被我们自己的语言包围。我们通过学着讲话而长大成人、认识世界、认识人类并最终认识我们自己。学着说话并不是指学着使用一种早已存在的工具去标明我们已熟悉和认识的世界,而是指像世界与我们照面的那样去赢得对世界自身的熟悉和了解。

这是一种何等深奥又隐蔽的过程。认为孩子说出一个词、第一个词的看法是何等的荒唐。谁要是试图让孩子在一种和人类语音完全隔绝的环境中成长,然后从这些孩子们第一次喃喃学语的发音中去发现现存人类语言的一种表达方式,并把这表达方式冠以"原始"语言的创造,以此来发现人类的原始语言,那又将是一种何等的荒唐。这类想法的荒唐性在于它希图通过某种人工方法排除掉我们被生活于其中的语言世界所包围的实际事实。实际上,我们总是早已处于语言之家中正如我们早已居于世界之家中。我又在亚里士多德那儿发现他关于如何学习说话有最机智的描述。⑧ 当然,亚里士多德的描述根本不是指学习说话,而是指思维,也就是指获得一般概念。在现象的变动中,在不断交替变更的印象之流中,诸如固定不变的东西到底是如何产生的?显然,这首先是由于人有保持的能力,也就是说记忆力,记忆力使我们能够把

---

⑧ [《后分析篇》,B19,99b35 以下。]

某种东西认作是同一的东西,这是抽象思维第一个伟大成果。从变动不居的现象中观察到一种共同的现象,于是,从我们称之为经验的日积月累的重新认识中,就渐渐地出现了经验的统一性。但从这种统一性中产生了以一般认识的方式对所经验之物的明显支配。于是亚里士多德问道:这种一般知识究竟怎么可能产生呢?显然不是通过以下这种方法:即我们经验着一件又一件的现象,而后,突然间,当某种现象再一次出现,并被我们确认为与以前经验到的现象一样,于是我们就获得了一般知识。然而这种个别现象并不是因某种神秘的力量能表达出一般从而与所有其他个别现象相区别。毋宁说,它与所有其他个别现象一模一样。然而,关于一般的知识确实在某个阶段产生了。这是从何开始的呢?亚里士多德对此作了一个绝好的比喻:一支正在疾速逃遁的部队是如何停住的呢?这支部队是以哪一刻开始停住的?显然不是由于第一个士兵停住了,或是第二个或是第三个士兵停住了。我们也不能说当相当数目正在逃遁的士兵站住时这支队伍就停住了,显然也不能说部队是在最后一个士兵收住脚步时停住的。因为部队并不是在最后一个士兵停住时才开始停止前进。从开始停到完全停住经过了很长一段时间。这支部队是怎样开始停步,这种停步的行动怎样扩展,最后直到整个部队完全停步,也就是再一次地遵守统一的命令,这一切都未曾被人清楚地描述,或者有计划地掌握,或者精确地了解过。然而,这个过程却无可怀疑地发生着。关于一般知识的情况也正是如此。同样,一般概念如何进入语言的过程也正是如此。

我们所有的思想和认识总是由于对世界的语言解释而具有成

见,进入这种语言的解释就意味着在这个世界中成长(aufwachsen)。在这个意义上可以说语言就是人的有限性的真实标志。语言总是超越我们。个体的意识并不是衡量他的存在的标准。实际上,根本不存在语言真的属于其中并诉说它的个体意识。那么语言是如何存在呢?显然不可能离开个体意识而存在。但语言也不存在于许多个体意识的单纯集合之中。

没有一个人会在讲话时真正意识到自己的讲话。只有在例外的情况下人们才会对他正在说的语言产生意识。例如,当一个人带着某种目的要说什么,并且话已来到了嘴边,他突然打住了,因为他发现自己将要说的事情显得有点奇怪或滑稽,以致他会自问"真的可以这样讲吗?"在这种时刻我们会对自己讲的语言产生即刻的意识,因为这时语言不做它自己的工作。那么什么是语言自己的工作呢?我认为可以在这里区分出三点。

1. 首先是讲话具有本质上的自我遗忘性(Selbstvergessenheit)。生动的谈话根本意识不到语言学划分的语言结构,语法和句法等等。现代教育不得不用母语而不用像拉丁文那种死语言教语法和句法,这是特殊的违反常情的情况。每个人都被要求清楚地认识他作为母语掌握的语言的语法,这其实是一种巨大的抽象结果。语言的实际进展过程会使语法在任何时刻都完全消失在用语法所说的话之后。在学习外语的时候,我们每个人也都有过关于这种现象的极好体验。这就是课本中和课堂上使用的例句。这些例句的任务是使学外语的人抽象认识某种语言现象。以前,当人们还认识到这种抽象任务就是学习语言的语法和句法时,当时所用的句子都是一些高雅而无意义的句子,这种句子讲的是恺撒或卡尔叔叔如何如何。更新的教育则倾向于使用大量充斥外国有趣信息的例句。这种方法有一种未曾料到的副作用,由于这种句子中所说的内容吸引了学习者的注意力,因而遮蔽了作为一种语法例句的功能。因此,语言越是生动地进行,我们就越少意识到语言。这样,从语言的自我遗忘性中引出的结论就是,语言的真正存在就在它所说的之中,它所说的东西构成我们生活于其中的共同世界,从外语的(活语言的和死语言的)文学作品中传给我们的整个传统的长链也属于这个世界。语言的真实存在就是当我们听到它,听到它所说的话语时,就能融身于其中的东西。

2. 我认为语言存在的第二个基本特征是它的无我性(Ichlosigkeit)。只要一个人所说的是其他人不理解的语言,他就不算在讲话。因为讲话的含义就是对某人讲话。讲话中所用的词所以是合适的词,并非仅因为这些词向我自己表现所意指的事情,而是因为它们使我正与之讲话的另一个人也了解这件事情。

在这个意义上可以说,讲话并不属于"我"的范围而属于"我们"的范围。因此,弗迪南德·埃伯纳以前曾经正确地给他一篇著名的文章《词和精神的现实》(Das Wort und die geitstigen Realitäten)加上副标题"圣灵论残篇"(Pneumatologische Fragmente)。因为语言的精神现实性就是把我和你统一起来的Pneuma(灵魂)即精神的现实性。正如人们早就注意到的讲话的现实性在于谈话。但在每一次谈话中总有一种精神起作用,这种精神或是好的或是坏的,或是执拗地中断交流的精神,或是在我和你之间进行中介和交流的精神。

正如我在其他地方指出,⑨每一种谈话的进行方式都可以用游戏概念作出描述。当然我们必须摆脱一种思维习惯,这种思维习惯从游戏者的意识出发思考游戏的本质。这种主要因席勒而流行的游戏者定义仅从游戏的主观现象出发把握游戏的真实结构。但游戏实际上是一个运动过程,它包括进行游戏的人(die Spielenden)或进行游戏的东西(das Spielende)。因此,当我们讲到"波浪的游戏"或"游戏着的苍蝇"或"参加者的自由游戏"时,绝不仅仅是一种譬喻。其实,对于正在进行游戏的意识来说,游戏吸引人的地方恰恰在于游戏意识全神贯注地加入到展开自身动力的活动关联之中。当游戏者本人全神贯注地参与到游戏中,这个游戏才算在进行,也就是说,游戏者再也不把自己当作不认真的,仅仅在作游戏的人。那些不能把全副身心投入到游戏中的人,我们就称之为不能进行游戏的人。因此我认为:游戏的基本原则,就是要满足游戏的精神——轻松的精神、自由的精神和成功的喜悦的精神——并满足游戏者。游戏的这种基本规则都和以语言起作用的谈话的规则具有相似的结构。如果人们相互开始谈话并将谈话进行下去,在这种谈话中个人袖手旁观或放开的意愿再也不具决定性作用,而是谈话主题的规律引出陈述和相反的陈述,并在最后使它们相互融合。因此,如果一次谈话成功了,那么正如我们所说的,谈话者就在那里被谈话所满足了。这种彼此相对的谈话游戏还可以进而在灵魂与自身的内在谈话中进行,对此柏拉图很妙地称之为思想。

---

⑨ 《真理与方法》,参见我的著作集,第1卷,第三部分,第491页以下。

3. 由此引出第三个因素，我想把它称为语言的普遍性。语言并不是一个封闭的可言说领域，仿佛与这个领域相对另有一个不可言说的领域。其实不然。语言是包容一切的。没有任何东西可以完全避开被言说，只要我们的意指活动指及某物，某物就无法避免被言说。正是由于理性的普遍性，我们的讲话能力才具有不倦的发展。因此，每一场谈话都具有内在的无限性，都是无穷尽的。如果某个谈话者结束对话，那或者是因为他认为所讲的对他已经足够，或者认为已经无话可讲。但每次这样的中断都与重新谈话具有内在的联系。

我们每人都有过被要求以一种令人不快的方式作出陈述的经验。作为一个极端的例子，我们可以想到一场审讯或者在法庭前的陈述。在这种情况里，我们所必须回答的问题就像是针对意欲表达自己并进入谈话的讲话精神所设置的障碍（"在此我说"或"回答我的问题！"）。所有讲出的话的真实含义绝不只在自身，而是或多或少地与未讲的话有关。每一个陈述都受动机支配，这就是说，我们可以对所说的每一句话有意发问"为什么你说这些？"只有在所说出的话中同时也理解到未说出的话，这个陈述才被理解。我们尤其在提问中认识到这个情况。对于不理解其动机的问题，我们就不可能找到答案。因为只有问题的动机史才敞开了可以从中提出或给出答案的领域。因此，不论在提问还是回答中实际上都有一场无穷的谈话，说话和回答就存在于这种谈话的空间中。一切说出的东西都处在这个空间中。

我们可以用我们每人都有的一个经验来解释这一点。我指的是翻译者和外国翻译作品的读者。翻译者面对的是语言的文本，亦即口头或文字表述的内容,翻译者必须把它们翻译成自己的语言。他受到文本本身内容的束缚。因此,他只有先使自己成为这些内容的讲述者,才能把文本的内容从陌生的语言材料转换成他自己的语言材料。但这就意味着他必须获得与原来外语中所说内容相应的陈述的无尽的领域。任何人都知道这是何等地困难。任何人都知道译文会使本来在外语中所说的东西显得平淡无味。这是在一种平面上的反映,从而使译文的词义和句子形式都能遵从原文,但这样,译文就没有空间了。[12]这里缺少第三个维度,从而原本的内容,即原文中所说的东西不能在其意义领域内建立起来。这是任何翻译都无法避免的局限性。没有一种译文能代替原文。但如果有人认为,原文中的陈述经过翻译者以平面形式的投射后,应该更容易理解,因为原文中绝大多数可能的背景或词外之意将不再保存下来——如果有人认为,这种简化的意义必能使理解更加容易,那就错了。任何一种译文都不可能像原文那样容易理解。因为所说话中涉及的许多意义——意义总是一种方向意义(Richtungssinn)——仅仅在原文中才得以表述,而在所有的跟读(Nachsagen)和跟说(Nachsprechen)中都会滑落。因此,翻译者的任务绝不能仅仅照搬所说的话,而是把自身置入所说的话的方向即意义中,这样才能把要说的东西转换进自己陈述的方向中。

这个问题在口译时表现得最为清楚。口译就是通过口译者的中介使两个操不同语言的人之间的对话成为可能。如果一个口译者仅仅把一方所说的字和句转化成另一种语言的字和句,他就会使谈话变得陌生而不可理解。他必须做的并不是用词义完全相同的词译出另一方所讲的话,而毋宁是通过略去许多话而把一方想说的或已说的翻译出来。他翻译的有限性同样必须获得空间,在这个领域里唯有谈话,亦即与所有相互理解相符的内在无限性,才是可能的。

因此,如果我们仅仅在唯有语言充填的领域,在人的共在领域,在总是新生出一致性的相互理解的领域——这是一个对于人类生活如同我们呼吸的空气一样不可须臾离开的领域——中看语言,那么语言就是人的存在的真正媒介。正如亚里士多德所说,人实际上就是具有语言的生物。一切与人有关的事情,我们都应该让它们说给我们听。

12
论未来的规划
(1965年)

如果我们说,首先并不是自然科学本身的进步,而是自然科学之技术——经济应用的合理化才导致了我们现在所处的工业革命新阶段,这大概不是一种夸张。据我看,并不是未曾预料到的对自然统治的增长,而是对社会生活的科学控制方法的发展才铸造了我们时代的面目。正因为此才使自19世纪开始的现代科学的胜利进军成了一种统治一切的社会因素。于是作为我们文明之基础的科学思想掌握了社会实践的所有领域。科学的市场研究、科学地指挥战争、科学的外交政策、科学地培养后代、科学地领导人等等,这一切使专家统治在经济和社会中占据了中心地位。

于是就首次提出了世界秩序问题。这里所指的并非对现存的秩序的认识,而是对尚未存在的秩序的规划和创造。然而我们要问,总要对某种尚未存在的东西进行规划和创造,这一问题究竟提得是否正确。很清楚,在各民族之间并不存在人们所希望的世界秩序。这从以下事实中可以说明,即当今人们对于正确秩序的看法大相径庭,因而是放弃共存的口号占据了统治地位。然而这个产生于核武器均势的口号却包含着一种威胁这一问题之意义的表述。如果关于正确秩序的不同看法从一开始就是不可调和的,那么谈论一种应该创造的世界秩序到底还有什么意义？如果人们并不知道一切中间的步骤，或者说一切可能的步骤将会导向怎样的结果，那么人们又如何能用世界秩序的尺度来衡量规划呢？世界范围内的任何规划难道不是取决于一种确定的共同目的观的存在吗？当然也有一些振奋人心的领域，例如世界卫生保健领域、世界交通以及世界食物供应领域等等。然而是否能够在这条道路上继续前进并且逐步扩大合理、统一控制管理的领域，从而最终达到一种完全有控制的并合理地组织起来的世界？与此相反，人们认为，世界秩序的概念和起主导作用的秩序观必然会有内容上的不同。如果人们给这些概念加入它可能的反命题则这一点从方法上看是很清楚的。从本性上看，我们关于正确、善等等的观念还不如不正确和坏的观念那样明确，那样确定。消极的和私人的东西显然占有优先地位，它作为应该被否定和应该被排除的东西却从自身出发硬要强加于我们的变革意志，并由此来突出自己。于是，本该消除的非秩序概念却往往更容易确定并产生出更为不同的甚至对立的秩序意义。但是把仍然由非秩序统治着而应该产生秩序的部分领域扩展到整个世界秩序，这样做是否合理？让我们以经济的非秩序作为例子。在经济领域中似乎最容易获得一种合理的秩序观。凡阻碍经济合理化的状态都可以被称为非秩序。然而在普遍福利概念中显然存在着对世界经济秩序的不同观点，这些不同观点不可能融化为某个个别大世界工厂的合理性观点。于是问题就纷至沓来，例如是否应该为了普遍增长福利而容忍企业主获取过高利润，抑或是否应该从福利政策理由出发选择一种国有化的从而是官僚化的经济，尽管这种经济效益比较低。然而，这难道还是纯经济问题吗？当然不是。正因为这里有其他的政治因素在起作用，因此经济因素就基本上没有被触及。正在增长着的世界经济合作的合理性似乎成为一种真正的尺度，而世界秩序的意义就是由这种尺度而得到定义。

然而这里却包含着一种可疑的前提。这就是经济视角可以和政治视角相分离。我们是否可以像谈论经济的非秩序状况和合理的世界经济秩序状况那样规定政治上的非秩序状况，消除这种非秩序性就能合理地把握住政治秩序概念？也许我们可以说：就如普遍的福利是世界经济的尺度一样，对于世界政治来说则在避免全球性的自我毁灭这一点上存在着一种同样无歧义的尺度。可是这是一种真正的平行关系吗？真的可以由此产生出使人们可能达到理性一致的政治秩序观吗？假如我们说，维护和平是一切政治的目的，那么如果涉及的是常规战争，这种说法就只能在很有限的范围内是明白无误的。因为从字义上理解就是说：所谓现状（status quo）就是该保持的世界秩序——这个结论目前在核均势压力下确实继续有效并日益缩小着世界政治可能变化的活动余地。可是这难道是政治尺度，是值得追求的理想吗？政治当然是以状态的可变性为前提的。在这个世界上存在着"正确的"并能为"正确的"世界政治秩序服务的政治变革，对此绝不会有人有异议。然而由此又提出了以下问题：这种正确性以什么作为标准？以一种政治秩序观作标准？即使涉及的是极为合理的世界政治秩序观，比如关于欧洲统一的观点，但这种尺度也会变得极为不确定。如果由于欧洲的统一而破坏了现存的世界经济和世界政治的相互联系并打破了联邦的统一，那还能说这样是"正确的"，亦即是一种世界秩序的进步吗？由此而可能产生的究竟是更多的秩序还是更多的非秩序呢？

我们可以把这个问题提得更为彻底些，即是否可能设想出某种政治秩序观，它并不必然会引起反对的观点？能否设想出一些政治秩序观，它们不给任何现存的政治权力以机会，而只有当它们对其他政治权力不利时才给某种权力以机会？我们能说这种权力利益对立的存在是非秩序吗？难道它不是政治秩序的本质？

把不发达国家的存在看作非秩序，也许更能说明问题。众所周知，我们把排除这种非秩序的努力称为发展政策。由此立刻就产生了合理的实际问题，例如人口政策和食物供应政策等一类的问题。显而易见，一切人口增长的过度压力都被视为非秩序，从另一方面来说对食物的浪费、土地的荒芜、食物源的破坏等都可视作非秩序。然而所有这些特定的秩序观都渗透在世界政治之中，在世界政治中则有无数的视角起着决定作用，因此要想普遍明确地制定出一种政治秩序观似乎是毫无希望的。

同样也不存在一个合理的理由，可以使我们以为合理的规划和秩序获得成功之领域的扩展必然会使我们接近合理的世界政治秩序。我们可以同样有理由得出相反的结论，并不得不承认正在增长着的危险性，即把合理的联系用于不合理的目的，就如俗语所说"宁要大炮不要黄油"。我们还必须更彻底地问，难道不正是我们的经济和社会生活的科学化——只要想一下舆论研究以及制造舆论的战略——尽管没有增加但却使人们意识到最终目标，亦即关于应有的世界秩序的内容之不可靠性？这种科学化第一次把我们整个世界的塑造变成可以科学地通报和控制计划的对象，从而它在实际上掩盖了秩序尺度的不确定性。是否这种任务压根儿就提错了？不管在无数部分领域中采取了多少科学合理的行动，但我们究竟能否把整个世界的秩序认作为这种合理规划和实施的对象？

这个问题尽管和我们时代的科学信仰极为不相符，但我们必须把这个问题置于一个更为一般问题的背景之上来看，这个更为一般的问题是自17世纪以来通过近代科学的产生而提出的，并且至今仍未得到解决。一切对于我们世界之秩序可能性的反思都必须从以下这一深刻对峙出发，即以科学的权威为一方与打着宗教、传统习俗和习惯烙印的人民的生活方式为另一方之间的对峙。我们也许从古老的亚洲文化或所谓不发达国家的生活方式和欧洲文明的接触中所产生的对峙形式中了解到这种对峙。但这只体现了这个一般问题的特殊情形。据我看，最紧急的问题并不在于我们如何能够把西方文明和远东国家的陌生传统相调和，并使之达到一种富有成效的平衡，而在于应该如何在我们自身的文化基础上评价这种经由科学才可能实现的文明过程的意义，并把它和我们社会的宗教和道德传统相调和。因为这才是我们如今正在研究的世界秩序问题。这个问题通过欧洲科学的文明成果到处以同样的彻底性被提出来。

回顾一下上一世纪的历史就很清楚，从17世纪开始得到贯彻的新的科学思想一开始只能很犹豫地、逐步地扩展它所内含的普遍可能性。因此，我们也许可以说，除了唯一的核物理学以外作为当今工业革命之标志的种种发展全部都建筑在19世纪科学发现的基础之上，这就是说：从科学上看这一切发展在当时就已经可能。然而只要基督教的和道德的传统规范立场竭力反对,即使自由的19世纪在利用科学发现中也是很犹豫的。我想起了达尔文主义所必须克服的反抗。如今这一类的障碍似乎已经消除,由此,我们科学发现的技术应用可能性得到了释放。专家们提供了在他的科学中所存在的可能性,而一旦遇到要决定可能性的可行性时,公众意识总是转向科学。但是,即使在这里也有例外。我们可以想一下在遗传发生学中出现的培育人种的可能性,面对这种可能性人们对其后果怀着不可克服的极大惊恐。

确实存在着足够的警告呼声,这种呼声一个世纪以来一直以悲观主义文化批判的形式使我们时有所闻。虽说这些呼声主要在受到被抽去立足之地之威胁的阶层中,例如贵族、大资产者以及知识界中得到共鸣,但它只有很少的内在可信性,因为它们从总体上来看还是站在现代科学文明的基础上。我想到了马克斯·韦伯逼迫浪漫主义秘传者斯忒芬·乔治(Stefan George)的方式,这种方式很值得思考。这并不是说这种呼声就其自身并没有文献价值。它所证明的并非它所声称的。当它宣告文化的没落时,它在实际上证明了正在没落的生活传统的价值与不断证明自身的科学信仰之间存在着某种不成比例。这个问题应该提得更彻底一点。在我看来,如果现代科学思想始终只局限于自己的圈子之内,亦即只看到用科学方法掌握事物的可能性——似乎在可能达到的手段和可能性领域与生活规范和目的之间的不成比例根本不存在一样,那么这是很具有灾难性的。而且以下情况似乎也成了科学思想的内在的倾向,这就是在获得手段和"掌握"手段中的不断进步倾向似乎使目的问题成了多余,从而陷入了深深的无知之中。

所以，关于我们今天和未来世界之秩序形式的问题总是作为一种纯怀疑性的问题被提出，我们究竟能做什么？我们如何才能把事情做好？我们能够据以进行规划的基础究竟怎样？我们必须改变什么注意什么，从而使我们对世界的管理变得更好更顺利？关于一个管理完善的世界的观念，似乎是最进步的国家按其生活情调和政治信仰全力以赴为之奋斗的理想。值得注意的是，这种理想表现为一种完美管理的理想而不是表现为在内容上确定的关于未来的理想，例如作为柏拉图的乌托邦国家赖以为基础的正义国家，或作为通过某种政治制度、某个民族或种族对其他制度民族和种族的统治而形成的世界国家。毋宁说在管理的理想中有一种不具备特定内容的秩序观，这里所宣称一切管理的目的并不是何种秩序应该占统治地位，而在于一切事物都该有它的秩序。因而从本质上来说管理观念中包含有中性的理想。这里所追求的是运转良好这一自我价值。也许以下希望并不是一种空想，即希望我们当前浩大的世界能够对付这样一种中性的管理理想的基础并能够在此基础上相互平衡。这就接近于由此出发把世界管理的观念看作未来的秩序形式。在这种秩序形式中政治的实际化就可能得以真正实现。那么这种世界管理的形式理想真是世界秩序观念的完成吗？

这一切都已经存在过。熟悉柏拉图对话集的人都知道，在智者的启蒙时代专门知识的观念曾获得过一种相类似的、普遍的意义。它在希腊人那儿被称为技术（Techne），是关于能够自身完美的可制造物的知识。要制造的对象的种类和外观构成了整个过程得以进行的视角。选择正确的手段，正确的材料，各个具体工作阶段的合乎技术的进程,这一切都趋向一种理想的完美,它证实了从亚里士多德那儿引证的话:"技术依恋幸运,幸运依恋技术。"⑩谁掌握了它的艺术,谁就无需再求幸运。

尽管如此,一切技术的本质在于它不是为了自身而存在,也不是为了某个为其自身而存在的要制造的对象而存在。至于说到要制造的对象的种类和外观,则毋宁说这取决于需要,对象就是为了需要而制造的。然而那制造出需要对象的人的知识和能力本身却并不了解这一需要。他既不懂得他所制造的东西该如何正确使用,更不知道该如何把它用于正确的目的。因此必须有一种新的专门知识来考虑对事物的正当使用,亦即考虑把这手段应用于正当目的。由于我们需要的世界显然是一个这样的手段和目的相结合的整体等级结构,因此就好像是从自身产生出一种至高技术的观念,一种专门知识的观念,这种知识懂得如何正确使用一切专门知识:是一种至高无上的专门知识:即政治技术。这样一种观念有意义吗?政治家真是一切专家之专家,政治艺术就是最高的专门知识?诚然,称之为国家的就是希腊的城邦(Polis)而不是世界,但由于希腊关于Polis的思想指的只是Polis的内部秩序而并非我们今天所称的国家关系的国际大政治,所以还只是一个尺度问题。完善地管理的世界就等于理想的Polis。

然而,问题在于:被柏拉图称为政治艺术的一切专门知识之专门知识是否不仅仅是与按柏拉图的看法必须对其祖国之腐败负责的人的无知行径的批判的对立面。技术的理想,可教可学的专门

---

⑩ [《尼各马可伦理学》,4,1140a19。]

知识的理想究竟是否满足了向人的政治存在所提出的要求？这里不是讨论柏拉图哲学中技术思想的范围和界限的地方，更不是谈另一个问题，即柏拉图自己的哲学究竟在多大程度上追随某种政治理想，当然这种政治理想不可能是我们的政治理想。但为了澄清现实问题，回忆一下柏拉图还是有益的。他教我们对下列想法产生怀疑，即人类科学的增长能够把握并驾驭整个人类的社会存在和国家存在。我们可以在这里回想一下笛卡尔主义关于思维的东西和广延的东西之间的对立，这一对立尽管有各种变化，但它正确地估计了把"科学"应用于"自我意识"的根本问题。直到"临时道德"(provisorischen Moral)的笛卡尔视为遥远目标的新科学被应用于社会，这个问题才真正得到认真对待。康德把人作为"两个世界的公民"的说法对此作出了恰当的表达。人在其存在整体中可以变为客体，从而使人会制造人，而且是在人的一切社会生活关系中，也就是说可能会有一个专家，这个专家不是"他"自身，但是他不仅"管理"着"他"，而且"管理"着一切其他人，而且这个专家又因他自己的管理而同时被管理，这一切导致公开的纠纷，从而使柏拉图的专门知识表现为讽刺书，虽说这种讽刺书被饰以各种鲜亮的色彩，饰以先验的神性和善的知识。

即使我们完全撇开一个有计划合理性的世界组织之计划者以及理智的管理者在这个世界中的地位问题不谈，与"科学"对人的具体生活情境以及其中产生作用的理性进行统治的看法相联系的纠葛也是无法解决的。我认为这里希腊的思想也非常具有现实性。正是亚里士多德关于技术和Phronesis(实践知识)的区分完全反映了这种复杂性。在具体生活情境中认识可行性的实践知识所具有的完善性并不像技术中专门知识所具有的那种完美性。技术是可教的又是可学的,技术方面的成就显然不依赖于掌握这门技术的人从道德或政治角度来看是一个什么样的人,但是对于阐明并指导人的实际生活情境的知识和理性来说,情况就正好相反。当然,这里在某种程度上也存在把某种普遍知识应用于某种具体情况这样的现象。我们所理解关于人的知识、政治经验和处事智慧中也包含着——当然从某种程度来说是不确切的类比推理——一般知识及其运用的因素。假如不是这样的话,就根本不可能有教和学的可能。而且亚里士多德在他的伦理学和政治学草案中所阐述的哲学知识也是不可能的。同样,这里也不涉及规律与事例的逻辑关系,也不涉及与现代科学思想相适应的对过程的预测和先知。即使人们以一种社会物理学的空想作基础,也摆脱不了柏拉图由此指出的纠葛,即柏拉图把政治家,亦即所有从事政治活动的人尊奉为最高级的专家。这样一种社会物理学家(如果允许我这么称呼的话)的知识可能会造就一种社会的技术员,这种技术员会制造出一切可能想出来的东西,但他仍然是一个不懂得在自己能生产的东西中到底该生产什么的人。亚里士多德详尽地思考了这种纠葛,并因此而把处理具体情况的实践知识叫作"另一类的知识"。⑪ 亚里士多德这里所主张的并不是愚蠢的非理性主义,而是在一种实践政治意义上懂得发现可行性的理性的闪光。因此,一切实际的生活抉择都在于对导致既定目标的各种可能性的权衡。不难理解,自马克斯·韦伯以来的社会科学都把其科学合理性建

---

⑪ [《尼各马可伦理学》,9,1141b33 和 1142a30。]

筑在手段选择的合理性之上，而且如今都想使越来越多的过去处于"政治"抉择之下的领域具体化。但是，既然马克斯·韦伯已经把他不带价值倾向的社会学的慷慨激昂和一种同样慷慨激昂的对每人都必须选择的上帝的皈依相结合——那么使我们能够把既定的目标作为出发点的这样一种抽象还能不能进行呢？如果回答是肯定的，即么一切就只取决于专门知识，我们也就接近了美好的时刻。因为在专家之间达成相互理解的前景比起政治家之间达成相互理解远为广阔。甚至有人试图把所谓专家小组在进行国际协商时不能达成一致的原因归咎于政府的政治指示。这点究竟是否合适。虽说存在着个别领域，在那里该怎么办成为一个纯粹的目标合理性问题，这些领域中似乎比较容易在专家之间达成一致。然而还没有一个自我控制的尺度以便仅仅在法庭的专家鉴定中能使专家的陈述局限于他学术上真正能够负责的范围内。很有可能在法庭辩论场合中这种意义上的理想的专家却几乎用不上，因为法庭面临的进行判决的必要性总是迫使人们去应用其不可辩驳性不一定可靠的断定。不仅间接证据是不确定的。占统治地位的社会偏见和政治偏见的总体所起的作用越强，那么纯专家以及受科学保证的目的合理性的概念就越是形同虚设。社会科学如果不同时蕴含了确定目标的优先性它就不可能掌握手段-目标的联系，这一点适用于现代社会科学的整个领域，如果我们对这种蕴含的内在条件寻根究底，那么在科学所寻求的无时间性的真理和使用科学的人的现时的观念之间的矛盾最终就会显露出来。

可行的事情并非就是可能的事情或在可能的事情中最具优越性的事。不如说，这一个与另一个相比所具有的优越性和优势都是按人们自己设置的或为某人设置的尺度衡量的。正是在社会中有效的东西即打上了道德和政治信念印记的规范思想，指导着一切教育和自我教育，也就是指导着旨在追求科学客观性的教育。

这当然不是说，除了适应现存的社会秩序及其标准的道德和政治理想外再不存在其他的道德和政治理想。毋宁说这等于是再一次遭受到一次颠倒的抽象。有效的尺度并不仅仅是由他者（甚至是由父辈）设定的，就像把法律应用于某一情况那样我们必须应用的尺度，相反，而是个人的每个具体抉择也对在整体中有效的东西起着参与决定作用。

这和所谓的语言正确性情况相像。在语言中也存在一种无可争辩的普遍有效性，这种普遍有效性甚至于承受某种法典化。例如学校中的语言课就内在必然地由学校教师所统治，教师把这种金科玉律强加于学生。然而语言是有生命的，它的生命并不在于僵硬地应用规划，而在于不断扩展语言的用法，也就是说归根结底是通过每个人的行动。

在本世纪的哲学中这些真理中的一部分是由备受诽谤的存在主义哲学所代表的。尤其是境遇概念（der Begriff der Situation）在背离新康德主义学派的科学方法论中产生了巨大的作用。实际上，正如雅斯贝斯所分析的，在这个概念中有一种逻辑的动机，其复杂性超过了一般和特殊以及规律和事例的简单关系。置身于某种境遇之中应是包含着某种对象化的知识所不可达到的因素。人们并非徒然地在这样的联系中使用比喻性的用法，例如，为了超出一般的通晓而认识到真正的可行性和可能性人们就必须身临其境。境遇并不具备纯粹的相对性质,以致关于客观所与的知识就足以使人了解一切。即使是科学所准备的一切关于客观所与的足够知识也不能预先推知出从境遇场所中产生的前景。

这种思考的结果似乎是:从古时候传下来的制作和制造观念是一种错误的认识模式。在每人都可学会的科学知识(如技术)与某个人自己最内行的知识之间的对峙本身是一种古老的对峙,但是在现代科学产生之前没有发展为真正的二律背反,这绝非偶然。在亚里士多德那里政治艺术和政治感觉(技术以及实践知识)之间的关系似乎根本不存在疑问。凡存在可学习的知识的领域,我们都必须学习。但这始终仅仅是知识和能力的部分领域,它绝不可能涵盖道德和政治行动的领域。人类知识的一切形式都要与之相适应的总体知识也给一切技术以尺度。从原则意义上来说技术是填补自然为人的工作留下的漏洞,因而始终只是对我们知识的一种补充。与此相反,在今天,现代科学的方法理想用以分离并划定其对象的巨大抽象,则在不断超越自身的科学知识与一切现实抉择之不可逆反的最终有效性之间,以及在专家与政治家之间造成了质的区别。无论如何看来是缺少构成政治家知识的理性模式。

马克斯·韦伯堂吉诃德式地在不带价值倾向的科学与世界观的抉择之间所作的鲜明区分使这种缺乏明朗化了。作为现代科学的构造思想之基础的制造理想在这里导致了一种疑问。如果我们用古老的控制(Steuern)模式来代替制作模式,也许这种漏洞就会被补上。因为控制并不是制作——毋宁说是对所与的自我适应。

在这里显然有两个构成控制之本质的因素内在统一地互相联结，一是保持一种在精确限定的活动领域内摇摆的平衡，二是操纵，亦即规定在保持这种摇摆的平衡情况下有可能的继续运动的方向。这说明我们的一切计划和行动都是在一种我们的生活条件所表现出的不稳定的平衡状态内实现的。这种平衡观不仅仅是一种最古老的政治秩序观念，这种古老的观念限制并规定了行动的自由程度。平衡其实是生活本身的基本规定，一切未定的、尚未确定的生命可能性都与之相联系。技术和科学文明时代的人像其他任何一个生物一样不可能摆脱这种规定。我们甚至可以在这种基本规定中发现他自身自由的本质条件。只有在保持着平衡力的地方人类意志和作用因素才能产生决定作用。这一点我们自古以来就可以从政治中认识到。获得行动自由是以创造一种平衡状态为前提的。在现代自然科学中我们也看到相类似的情况。人们越来越热衷于追踪调节，同时又远离以下天真信仰即以为用我们粗陋手段就可以呈现出生命体的自我调节体系。我们所有的研究，只要它是传递知识的，确实都使我们恰好能以始终是符合实际的方式以人工手段干涉自然过程。这样，相对于计划和制作，控制的认识模式日益获得更重要的地位。当然，即使是这种模式也不应该隐瞒，一切控制都须具备什么前提——何种关于目标和方向的知识。柏拉图正是根据舵手的能力描绘了一切能力的界限。舵手把他的乘客安全地送到一块地方——但来到这块地方对于乘客是否好，关于这一点掌舵者全然不知。阿伽门农的轮船舵手可能是在他主人遭谋杀以后才遭到怀疑的。

也许没有比医生的境遇这例子更能说明上述问题的了。在这个例子中科学与医生救护的具体做法之间的冲突体现在一种职业活动的统一中。一切类似的纠葛都表明,凡是有科学培训基础的职业都必须在生活实践和科学之间进行调解,比如法官、牧师、教师等都是如此,这一点是不言自明的,但医学的情况却具有一种特殊的模式特点。在这里是具有极其丰富的超群的可能性的现代科学直接与医生的救护和治疗这种自古以来每个医务人员都碰到的基本境遇发生了矛盾。这种冲突以极端的方式超出了自古以来医学科学所带有的疑问性。医学在何种程度上可被理解为"科学"亦即理解为一种实际的科学,一种技术,即制造能力,这个问题本身是一个老之又老的医学问题,因为一切其他有关生产的专门知识都在自己的活动中找到其知识的证明,而医学的活动却具有一种不可消除的模棱两可性。医生所采取的措施在多大程度上有助于病人恢复健康,抑或这种健康的恢复完全是自然发生的,这在单个病例中无法确定,因而整个治疗技艺——这和其他技术很不相同——自古以来就需要特别的辩解。⑫

看来人们称之为健康之物的结构就在于,它所涉及的并不是一种界线分明的事物,而是一个自古以来用平衡概念才能加以描述的状态。而平衡概念就在于,它在一定的范围内来回摆动,这种摆动能自我调节平衡,只有在越出所允许的摆动范围时才会完全失去平衡,从而必须通过一种新的努力才能很费力地重新达到平衡——假如这还可能的话。因此,成功的重建无非是指重新形成

---

⑫ [关于这个问题参见我的《治疗术辩解》,载《短篇著作集》,第1卷,第211—219页,现载我的著作集,第4卷,以及"理论、技术、实践",载《新人类学》,前言,由我和P.福格勒主编,斯图加特,1972年,第1卷,第Ⅸ—ⅩⅩⅩⅥ页,现载我的著作集,第4卷。]

摆动的平衡。这就给"干涉"(Eingriff)以一个特定的尺度。干涉是指从外部干涉一个自我平衡自我调节的体系。因此,任何要在这种平衡中排除障碍的干涉都有不自觉地改变其他平衡条件的危险。而科学的可能性越大,这种危险就越增长。说得更一般一些就是:这里在通过自然科学的因果分析才能获得的知识和做这种可分离的联系,与康德所指出的只有从目的论观点才能理解的个体组织之间存在着根本的对峙。就此而言,现代医学就陷入了来自现代科学生物学领域的一般问题之中。在这个领域中所取得的进步,尤其是通过所谓的信息论和控制论所取得的进步,使得在康德看来似乎是完全不能达到的草茎牛顿[13]的理想失去了不少空想思想的明确性。同样,关于形态学的方法也根本不能确定。情况反而是我们从来就未能认识到,为什么形态学的方法不能最好地与因果分析取得一致。所谓的行为研究也在它观察显然不能被看作机械的因果联系行为的时候提出了它自己的方法前提,但并不因此而使它对行为的这种解释包含某种矛盾。即使有一天能够成功地做到在曲颈瓶里生产出生命有机体,那么对如此生产出来的有机体的行为进行研究也不会无意义,科学思想允许两种方法并存并把它们置于同一个目的之下,即科学地认识经验领域并适当地支配这种领域。支配能力绝不仅仅限于制造能力。它还包括对人们尚未掌握的过程的预见能力,比如对于生物在特定情况下之行为的预见。

因此,我们的问题绝不是方法二元论的问题,而是特殊的医学问题,我认为这个问题恰好是科学管理现代世界秩序这个题目的典型情况。现代医学在征服原本很危险的人类疾病状况中所取得的巨大进步又导致了复杂问题的产生,而那些献身于希波克拉底誓言的医生们最终必须对此作出解释。这显然不是说,救护和治疗的实际必要性证明了科学之技术运用的模式太特殊。而是说,正是我们的知识水平,也就是说知识的局限性最终使得医生不得不相信手感和直觉,而在这些都不起作用时,就得指靠纯粹的碰运气了。因此,我认为,设想一种也能帮助医学达到一种我们今天尚不能设想的科学完美性的完美的生物学这绝不是一种矛盾。但我认为恰好这就促使我们今天所看到的尚处于萌芽状态的纷乱变得更为明显。例如我想到通过今天的医学技术所实现的延长临死者的试验。在这样的实践中,作为病人而构成正在进行救护的医生的真正的对立面的这个人的统一体似乎等于再没有地位了。上面讲到生物遗传学的育种可能性时也指出过类似的情况。看来生命的局限性和有限性使得具有最高可能性的自然科学与人类自我理解之间不可避免地产生冲突。

现在这里在做——亦即根据某种设计进行制造——和控制——亦即重新形成平衡并在不断更新的条件下把持方向——之彼岸,可能有一种行为方式变得重要起来,这种行为方式顾及到一切支配意志的界限,而亚里士多德很正确地未把它算作技术,这就是:向自己讨教(des Mit-sich-zu-Rate-Gehen)。这是个人(或者团体)面临要求作出抉择的情境时所使用的。这里涉及的不再是专家的知识,不是作为知者而和其他人相对立的专家的知识,而是人们所需要的但并不向人提供科学的知识,人们面对各种不同的可能性,于是他们反复权衡,何者是正确的。世界上并不存在一种有权要求一般有效性的知识。因此就需要一种包含着另外一种共同性而不是一般有效性的商议。这种商议也让其他人发表意见,把自己与他人相对比。因此,它不能以科学的风格自始至终得到实现。因为这里涉及的不仅是找到达到某种固定目标的正确手段,而首先涉及的乃是对何者该存在、何者不该存在——何者正当、何者不正当的观念。这就是在有关可行性的自我咨询中以不可表达的方式形成的真正共同的东西。这种咨询的结果不仅是完成一项工作或达到某种人们所追求的状况,而是产生了一种联带(Solidarität),把所有人联合为一体。

让我们把这种思考运用到现代世界的境遇以及我们所面临的任务中去。过去人们不谈如何科学地解决我们所面临的行星的政治秩序任务问题。现在人们明确表示,在这方面科学也大有发展前途,虽说还根本没有达到使西方文明能够不受阻碍地扩展,并最终排挤或扼杀一切其他的人类秩序形式。但恰好这一点就是问题所在。生产一种统一的机器文明人,这种人学会使用一种相应统一的文明语言——英语担当这个角色最为恰当——这样显然会使科学地管理世界的理想变得更加容易实现。但根本的问题在于,这样一种理想本身是否能够被向往。我们也许从语言发展进程中就可以看出,我们这个星球上的文明平衡过程应该如何实现。使用技术器械所要求并使之成为可能的符号系统发展出一种独特的辩证法。符号系统不再仅仅是达到技术目标的工具。它排除了凡是用它的手段不能表示出来的传达的目的。例如国际交往语言的良好运行就依据于其中可传递东西必须在一定界限之内。服务于追求科学的统一的某种普遍科学语言的逻辑-认识论的完美化,将具有同样的面目。这种完美性可能会成功地减少阻碍人与人之间相互理解的不精确性和多义性。因此，人们根本不需要去追求某种未来的世界语言。而是只要把各种活生生的民族语言同时纳入一种可变换系统，从而由一种理想的翻译机器来保证理解的明确性也许就足够了。这一切也许是可能做到而且也许为时已不远。然而这里也不可避免这种普遍的手段变成普遍的目标。我们由此而获得的可能并不是说出一切人们所能想到的并在人们之间互相传递的工具，相反，我们获得的将可能是保证只有被纳入程序编排并被传递的东西才能被我们所思考的工具。在这一发展中，我们最终已处于这种状况。由于现代大众媒介的普及而具有一种新的进行方式的令人忧虑的语言操纵现象已经清楚地证明了，这里所存在的目的和手段的辩证关系。目前这种情况还只出现在对阵线的描画中。在世界的一部分地区被称为民主和自由的东西，在世界的另部分地区则被称为操纵舆论和愚弄公众的语言操纵，但这只不过是这个体系之不完善的一种表现。包裹一切的语言操纵本身上升为目的，从而隐入不为人注意之中。

我们必须看到这种极端的观点，以便认清，在一切源初的人类世界经验中存在着事先已规定了我们的不可扬弃的条件，这意味着什么。说我们生于其中、长于其中的语言，并非仅仅是为掌握文明机器服务的符号系统，这并不意味着对我们母语的浪漫主义偶像化。不如说在任何语言中都存在着公式化的倾向。通过语言来解释世界在学习语言中总是同时具有语言操纵的性质。事情是通过词语得到说明的。二到三岁是天才的学习语言的年龄，它由于环境交往的逼迫而终结。但我仍然觉得，和任何人为地构造起来的符号系列不一样，语言生命的实现和进一步发展与历史的人类存在于其中的活生生的传统是不可分离的。这就为一切语言生命保证了一种内在的无限性,这种内在无限性主要表现在人可以通过学习陌生的语言而进入陌生的世界解释之中并根据陌生的东西经验自身的丰富与匮乏。这一点也正是人的不可扬弃之有限性的表现。每一个个人都必须学习说话并且在这种过程中将有他自己的历史,即使在最完善的机器时代也不会摆脱历史。我们将进入的后历史时代将在这一点上发现它的局限。

我们在这里所证明的,当然看起来并不完全符合于现代世界的尺度。在意识到科学应用的界限时,如果也能同时意识到是何物在科学之前并独立于科学而把人民分开和结合,法律和道德形式,我们自己的传统,史诗传说和历史的内容,如何决定了共同生活的特点,这也许是正确的。但这样的意识难道不总是局限于狭小的知识分子团体之内,而与此同时我们时代的技术梦幻则越来越对人类的意识起着催眠的作用吗?

然而——决定着人的信念并以千百种直接或间接的教育方式,对人的信念发生作用的东西尽管也可以由科学专家们计划、安排和规定——但最终得到贯彻并继续起作用的是受自己的传统束缚的人的意识。人类将在我们这个联系越来越紧密的世界中越来越认识到,把各国人民相区分的不仅仅是经济-技术发展的差别,也不仅仅因为消灭了经济-技术发展差别就能使人们相联结,而恰恰是各民族之间不可消除的区别,自然的、历史地形成的区别才把我们作为人而相互联结。

最终我们可以提出以下问题,面对我们时代的强大的科学文明倾向,这样一种回想究竟可能有何意义。对技术所作的可受人拥护的批评与一切其他文化批判一样具有内在的不公正性,这在上面已经讲到了。我们也并不期望对当代技术梦幻之界限的认识能够或应该影响文明进步的规律。因此就要提出如下问题,这种认识究竟能起什么作用,这是一个不可能作出概括性回答的一般性问题。

于是,凡是在人们离统治自然力还相距很远因而不得不经常和肉体痛苦、贫穷和疾病作斗争的地方,统治自然的可能性也就会具有另外的意义并获得更高的评价。在这种落后国家中的精英将全力以赴以科学为根据进行计划——他们将对来自于这些国家的宗教和社会传统的阻力特别敏感。假如不管在什么情况下计划的实际性都要求自我控制的高度道德水平,那么在这种情况下,这种实际性也与政治信仰和有意识的意识形态批判相联系。相反,在高度发达国家中人们虽然还从未用一种没有理想的饮食终日来和允诺要提高人类福利的计划者的幻想相对立。在那里人们必须和存在于占有关系或获利可能性中的进步的障碍作斗争。但是在现代工业社会的生活中人们摆脱外部痛苦和过量工作而获得的自由越多,人们好像越是能够控制速度,人们就越发不期待光靠未来的科学计划来医治社会弊端。这里不仅涉及各国经济发展中的差别,而且还有古老的文化传统之间的差别,这种差别在一个相互联系日益紧密的世界中进入一切人意识之中,只有当计划和进步使得任何目的似乎都可以达到时,认识人与人之间以及各民族之间存在之差别就会成为一种迫切的要求。这种认识几乎不再是科学的成就,而毋宁说是科学批判的成就。这首先是宽容教育。⑬ 已

---

⑬ [参见我的论文"宽容观念",载我的著作集,第 4 卷。]

被证明了的国家共同生活秩序观,例如民主的理想(东方意义或西方意义上的民主)在这样的认识中觉察到自己的前提。经济进步在世界的任何地区都是可向往的,但它的含义却并非一样。

最后请允许我再回过来说一下哲学在上述境遇中的作用。哲学在趋向完美的科学文化中究竟还有没有作用?这里必须指出在哲学观点和对哲学本身的观点中某些流传很广的倾向。向哲学家提出一种给具体科学的专门化以概括性知识的所谓超科学要求——这是从古典哲学时代流传下来的任务,因为当时古典哲学本身还是一种总体科学——这乃是科学上的外行想法。期望从哲学中得到逻辑和方法论的一般知识,在我看来也同样是浅薄的:似乎具体科学并不是从其他对它们有用的科学而是从哲学获得方法和符号系统。哲学的科学方法论对此绝对不是必不可少的。诚然,这是哲学的合法任务。但作为普遍意识的哲学在今天究竟有什么作用这个问题,从哲学上是得不到解答的。不如说哲学是以对这个问题的解答为前提。要对存在的事物有所认识,当然也属于对什么是科学有所认识。但同时也必须时时想着,并非存在的一切都是或能够是科学的对象。

对于意识究竟能起什么作用的问题,从根本上说来,在当今哲学讨论中有两种回答。一种回答的出发点是,意识应该深化人们对今天实际存在东西的理解并使之彻底化。这个任务包括摧毁对古代美好时光的一切浪漫主义幻想,并承认安全感在一个从基督教角度理解的世界中已不复存在。由此可以得出,应该承认上帝在我们面前隐蔽起来了,而我们则生活在神的阴暗之中(马丁·布伯)或者也应该承认我们的形而上学传统越是在科学的统治中得到完善,那么关于"存在"的问题就越是沉落于存在遗忘之中(马丁·海德格尔)。这样哲学思想就被理解为一种世界的末世论(Weltlicher Eschatologie),亦即,论证了对一种世道翻转的期待,这种期待虽然不能说出它期待的是什么,但由于它事先知道当代的最终结果,所以它必然随着世道的转变而实现。人们可以对奢望能绝然认识一切存在之物的这种极端表示赞赏,认为它没有遭受到不公正的文化批判,而这种文化批判的不公正则在于,它们欣赏自己所否认的东西,并因而阻碍了对真实存在东西的认识。如果这种极端主义在一切事物中看到的都是虚无,那么它能正确地看到真实存在的东西吗?

关于意识能起什么作用这个问题还有另一种可能的回答,据我看来,这种回答与我们的要求,即要认识,要使我们能认识的一切成为实际这种要求是完全一致的。当代所怀有的那种技术梦幻难道不可能真的是一种梦幻吗?因为我们这个世界所完成的变化和变革之日益加快的互相更迭,用我们生活之持久的现实性来衡量确实具有某些幻想和不真实的因素。对存在之物的认识则恰好可以使人们意识到,就是在那些一切都显得变化如何剧烈的地方事物的变化却如此之少。绝对不可能得出为维持现存秩序(和非秩序)作辩护的结论。这里关键毋宁在于要纠正我们的意识,使其重新能够为学会在变化了的以及我们能够和应该改变的事物背后保存没有改变的和现实的因素。在我看来,保守派和革命派都需要以同样方式纠正他们的意识。不可改变的持久的现实性——生和死、青年和老年、家乡和异乡、约束和自由——要求得到每个人的承认。它划分出人类可以在其中进行规划的领域,并划出了它能够成功的界限。世界各地区和世界各国家,权力和思想的革命,在这个星球上(以及这个星球以外的)对我们生活进行谋划和设置等等,不管科学有多大能耐,都不能越过一个尺度,一个也许无人认识但却确实是为每个人设置的尺度。

13
语义学和诠释学

(1968年)

在当今哲学研究方向中,语义学和诠释学具有特别的现实意义,我认为这绝非偶然。语义学和诠释学都从我们思维的语言表达形式出发。它们不再忽略所有精神体验的基本所与形式。因为两者均与语言打交道,它们都明显具有真正普遍的观察角度。因为,在语言的所与性中又有什么不是符号、什么不是理解过程中的一个环节呢?

语义学仿佛是以外部对语言的所与领域作观察性的描述,因此,它甚至能发展一种与这些符号相关的分类方式。这要归功于美国研究者查尔斯·莫里斯[14]。另一方面,诠释学则注意这种符号世界运用过程中的内在因素,或者说是注意讲话的内在过程,这种过程从外部看则显示为我们对这个符号世界的内在使用(die In-Gebrauchnahme einer Zeichenwelt)。两者都按各自的方法以我们与世界的整体关系(此关系是通过语言表现出来的)为研究主题。而且两者都追溯到现存语言多元论的背后,从而作出自己的说明。

我觉得语义学分析的功绩就在于认识到语言的整体结构并由此指出符号,象征的单义性以及语言表述的逻辑形式化等错误理想的局限性。语义学结构分析的重大价值尤其在于它解除孤立的语词符号所具有的同一性假象,而且它以不同的方式做到这一点:或者指出语词的同义词,或者表现为意义更深远的形式,即证明单个语词的表达是完全不可转义、不可转换的。我称第二种做法意义更为深远,因为它追溯到隐藏在同义词背后的因素。同样的思想可以使用多种表达,同一样事物可以使用多种词汇,按照对事物只是作指称和命名的观点,这一切也许使区别、分类和区分成为可能,然而,单个语词符号越不孤立,表达式的意义就具有越强的个体性。同义性的概念渐渐消解。最后出现了一种语义学理想,认为在某种确定的语境中仅有一种表达式才能作为正确的、合适的词,别无它者。诗歌的语词运用也许是最具个体化的一种,在诗的语词运用中似乎有种个性化的递增,从史诗的语词运用到戏剧、抒情诗直到诗的诗歌结构逐级递增。它表现为抒情诗在实际上是绝对无法翻译的。

也许举一句诗的例子可以说明语义学因素能起何种作用。伊默曼(K. Immermann)有一句诗文:"Die Zähre rinnt"(意为"泪如泉涌")。每一个第一次听到用 Zähre 代替 Träne 的语词用法的人也许会非常惊讶,[15]因为它用一个非常古老的词代替了人们惯用的词。但我们却可以在与一首真正诗歌相关之处——就像这里举的例子——考虑诗这种类型的语境,从而最后接受诗人这种选择。我们将会发现,由于使用了与日常用语流泪相对的 Zähre 这个词导致了一种不一样的、稍许改变的意义。我们也许会怀疑,这是否真是一种意义区别?难道这只不过是具有美学上的意义,或者说难道这种区别不就只具有情感角度或音调悦耳的价值吗?当然,也许用 Zähre 这词听起来和 Träne 两样。然而不正是因为它的意义，Träne 才可以用 Zähre 来替换吗？

我们必须认真地思考这种反对意见。因为事实上要想为某个表述的意义(Sinn)或所指(Bedeutung)或意思(Meaning)找到更好的定义是很难的，倒是找个可替换的词来得容易些。如果用某个表述取代另一个表述，同时又不改变其整体意义，那么该表述就和被它取代的表述具有相同的意义。然而，这种替换理论究竟能在多大程度上适用于讲话这个语言现象真正的统一体的意义，这还是大可怀疑的。毫无疑问这里涉及的是讲话的统一体而并非可替换的单个表述。语义学分析恰好能够克服把词孤立开来的意义理论。按这种较宽泛的观点，我们就必须把定义语词意义的替换理论限制在它的效用范围之内。语言构成物的结构并不能简单地从单个表述的一致以及可替换性得到描述。等效的运用当然存在，但这种等效关系却并非不可改变的配列关系(Zuordnungen)，而是有如时代精神随着年代更替发生语义变换那样不断进行的产生和死灭。我们也许注意到英语的表述在我们今天社会生活中的兴盛。因此，语义学分析可以轻而易举地看出时代的区别和历史的进程，并尤其能认出某个结构整体在新的整体结构中的产生过程。它的描述精确性证明了，当某个语词领域转入新的关联中会产生不连贯——这种不连贯通常证明，在这里可以看到真正新的因素。

这点尤其适用于隐喻逻辑(die Logik der Metapher)。长期以来，隐喻一直具有转换的假象，也就是说，隐喻能回溯到自身被创造出来从而能转换到新的应用领域中的原始意义域，假如这种关联被承认的话。一旦语词在其隐喻的运用中扎下根并失去它的接受和转换性质,它才开始在新的关联中发展出有如"自己本真的"含义。因此,如果我们在语言中使用的某种表述,例如"开花"这个词中认出其在植物世界中本来的功能,并认为用这个词描述一种生物甚或社会和文化等更高生活统一体的做法是不适当的、转义的使用,那显然是纯粹学校所教的语法惯例。制订一种词汇表及其运用规则只是概略地实现下述做法,即用这种方式经常把表述植入新的运用领域从而建立语言的结构。

因此语义学有确定的限制。我们当然可以从对语言的基本语义结构作全面分析的观点出发,把所有现存的语言都当作语言的表现形态。但这样做就会把讲话中经常出现的个性化倾向与一切讲话均具有的约定倾向相对立。因为我们绝不可能太偏离语言约定,这正是语言的生命。谁讲一种他人无法理解的私人语言,他就根本不能算是在讲话。但从另一方面讲:如果谁只讲选词、句法和文风上已完全依照约定性(习惯)的语言,那他就会丧失谈话(Anrede)和感召(Evokation)的力量,这种力量只有通过语言词汇和语言手段的个性化才可能得到。

这种过程的绝好例子是一向存在于专业术语和生活用语之间的张力。专业术语非常死板,这种现象不仅为研究者熟知,就连努力接受教育的门外汉也非常熟悉。专业术语具有一种特别的范围,无法置于语言真正的生命之中。然而,对于这种清晰定义的并在生动的交往中进入语言生命中的专业术语具有本质意义的却是,只有运用多义的、含糊的谈话的交往力量才能达到那种以前是受单义性限制的解释能力。科学可以保护自己的概念免遭这种含糊性,但方法的"纯洁性"却只有在特定领域才能达到。存在于语言世界关联中的世界定向联系是它的前提。例如,可以想一下物理学的力概念以及"力量"这个日常用语所带有的,能使门外汉了解科学知识的含义。我曾指出,厄廷格尔(F. Chr. Oetinger)和赫尔德如何用这种方式把牛顿的发现融入到一般意识之中。力这个概念是从日常生活的力量经验出发得到理解的。尽管如此,这个概念词仍然在德语中生根并且愈益个性化,一直达到无法翻译的程度。谁要想把歌德的诗"天荒有力"(Im Anfang war die Kraft)用另一种语言表达出来,就必然要和歌德一样考虑"但我随即得到警告,难道我不与力同在?"

如果看到日常语言中常见的个性化倾向,那实际上就会在诗歌中看到这种个性化倾向的完美表现。然而,如果这是正确的,那么替换理论是否足以满足语言表述的意义概念就大可疑问。抒情诗以极端的例子表明了不可翻译性,以致要想把一种语言转换成另一种语言就不可能不损害它整个的诗的诉说力,这就使用一种表述替换另一种表述的替换观念宣告失败。但这和高度个性化的诗歌语言具有普遍意义这种特殊现象并没有关系。如果我说得不错,那么替换性和语言过程中的个性化因素乃是相矛盾的。当我们在谈话时,由于修辞的丰富,或因为讲话人未能马上找到更好的表达从而进行自我修正,于是就用另外的表述来代替某一个表述,或者在原有表述之外再提出另外类似的表述,即使如此,话语的意义也是在表述的互相更替的过程中建立起来,而并非从这种流逝的一次性中涌现出来。只有当我们用意义相同的词取代所用的词,这才叫作涌现出来。这样我们就能触及到语义学自我扬弃并发生转变的关节点。语义学是一种符号理论,尤其是一种语言符号的理论。但符号又是工具。它就像人类活动的其他工具一样按照人的爱好来使用或被扔在一边。"人控制他的工具",这就是说"人按目的运用工具"。我们当然也可以说,当人用某种语言向他人传达时,他就必须控制这门语言。但真正的谈话又不仅止于选择工具以达到确定的交往目标。人所控制的语言就是人生活于其中的语言,这就是说,人想传达的不过是在语言形式中"认识"的东西。所谓人"选择"他的词,只是为交往造出的现象或效果,谈话就藏身于这种现象和效果之中。"自由的"谈话就在自我遗忘的状态中达到在语言媒介中所唤起的事物。这点甚至适用于理解以文字固定下来的讲话,亦即文本。因为在人们理解文本的时候,文本也重又融化进话语的意义运动之中。

于是,除了把文本的语言著述作为整体进行分析并析出其语义结构的研究领域之外,又浮现出另一种提问和研究方向,这就是诠释学方向。诠释学的根据就在于,语言总是回溯到自身,回溯到它所表现的表述性之背后。语言并不融化在它所讲出、表达出的东西之中。这里出现的诠释学度向显然指对人们思考和传达的东西具有的客体性所作的限制。语言表述并不是不够清晰、需要改的东西,如果语言就是它所能是的东西,那它就必定总是要回到它所唤起和传达的东西背后去。因为在讲话中总是蕴含着讲话所包含的意义,这种意义唯有作为幕后的意义才能行使它的意义功能,因此,当意义出现在表述中时,它就失去了自己的意义功能。为了说明这一点,我想区分讲话以这种方式返回其身之后的两种形式:在讲话中未曾说出的但通过讲话呈现出来的,以及通过讲话掩盖了的。

首先让我们看看那些尽管具有不可说性却仍然讲出的东西。这里出现的就是所有讲话都具有的广阔的偶缘性（Okkasionalität）范围，正是这种偶缘性一起构成了讲话的意义。偶缘性亦即依赖于使用某个表述的时机（Gelegenheit）。诠释学分析可以表明，这种对时机的依赖性本身并不是偶然的，不像所谓的"这里"、"这个"等偶然的表述，在其语义本性中不具备固定的、可赋予的内容，偶缘性类似某种可以设置内容的空白形式，我们可以把变化的内容置入这种空白形式。不过，诠释学分析还将表明，这种时机性正好构成讲话的本质。因为每个陈述并非简单地在其语言和逻辑的构造中具有清晰的意义，其实任何陈述都受动机驱使。唯有陈述背后的问题才赋予它们意义。诠释学的问题功能反过来重又揭开陈述作为回答的陈述意义，我不想在这里谈论处境仍然很糟糕的问题诠释学。有许多种问题，而且每个人都知道，为了完全揭示问题的问题意义，问题无需具备句法的特征。我指的是问题语调，通过这种语调，作为陈述句句法构造的话语就能具备问题性质。最好的例子就是那些具有问题性质的句子也可以反过来获得陈述句的性质。我们把这种句子称之为修辞学问题。所谓修辞学问题仅从形式上看是一个问题，而按其内容本身却是一种断定。如果我们想分析这种疑问句的性质如何会变成肯定的、断言性的，那就可以看出，修辞学的疑问句之所以变成肯定性的，是因为它假定了一个答案。通过提问，这种句子好像已预先提出了一种共同的答案。

在已说的东西中指出未说的最正式的形式是回溯到问题。人们必然会问，这种蕴含形式究竟是包罗一切的，抑或还有其他类似的蕴含形式。例如,它是否适用于诸多从严格意义上讲根本不能算陈述的陈述,因为这些陈述没有把某种意指事实关系的信息、传达作为其真正的、唯一的意图,而是具有完全不同的功能意义?我指的是像诅咒或祝福、宗教传统的布道,以及命令或抱怨等这类讲话现象。这些都是讲话的方式,它们因为不具备重复性所以才能表述自己的意义,如果要想把这种话语写下来,亦即把它们变成一种传达性的陈述,就会完全改变这种陈述的意义,例如,"我说我在诅咒你",就会完全改变该陈述的诅咒性质,尽管没有破坏原话。现在的问题在于:这里的词语是对作为动机的问题的答案吗?这里的词是否要通过问题并且唯有通过问题才能被理解?显然,如果不从行为关联去接受其意义定向,则这类从诅咒到祝福的所有陈述的意义都不可能被感受到。这种陈述形式也具有偶缘性是毋庸置疑的,因为被说东西的时机性在理解中达到了满足。 ⅠⅠ18

当我们面对一件具有卓越"文学"意义的"文本"的时候,又会出现一种新的疑难。因为这种文本的"意义"并非偶然地受动机驱使,相反,它需要"总是"在诉说,"总是"在回答,也就是说,它不可避免地同时激起文本作为对其回答的问题。这种文本正好就是传统诠释学,例如神学诠释学、法学诠释学以及文学批评等等的优先对象,因为正是针对这种"文本"才提出以下任务,即从文字中唤醒被凝固在文字中的意义。

然而又有另一种诠释学反思的形式更深地进入我们语言行为的诠释学条件之中,这种反思并不单指未说的,而是指被讲话所掩盖的。通过讲话本身的过程可以产生掩盖作用,这在撒谎这个特例中为人周知。这种复杂的、从东方的客套话直到人与人之间明显的失信等包括谎言在内的人际关系的缠结,并不具备语义学性质。谎言连篇的人吹牛不打草稿,而且毫不脸红,这就是说,他甚至还能掩盖那种就是他的谈话的掩盖行为。然而,谎言的这种性质只有在语言的艺术品中才具有语言现实性,因为唯有在这里,我们才仅仅依靠语言来揭示现实,并把这当作一项任务。被称为谎言的掩饰方式在全部诗歌陈述的语言整体性中具有其真正的语义结构。现代语言学家谈论文本的谎言标志,借助这种标志,文本中的陈述才被认出是为了掩饰而设置的。谎言并非就是某些错误的断言。它涉及的是本身知晓的掩饰的谈话。因此,识破谎言或者说认清谎言的撒谎性(如撒谎者的真实意图一样),这就是语言在诗的上下文中所起的表达任务。

反之,掩饰则具有完全另外的错误含义。正确断言的语言行为与错误断言的语言行为并无区别。错误并不是语义学现象,也不是诠释学现象,虽说与这两者都有关系。错误的陈述是错误观点的"正确"表达,然而作为一种表述现象或语言现象它与正确观点的表达相比并无特别之处。也许谎言是一种特别的语言现象,然而一般说来只是一种无害的掩饰行为。我说无害的,这不仅是由于谎言总是短命的,而且因为它处于语言的世界交往中,它的这种交往的证明在于:谎言以谈话的交往真理价值为前提,并在识破或揭露谎言时重新制造出来。被揭露在撒谎的人会承认这一点,只有当谎言不再把自己当作这种掩饰,它才获得一种新的、规定所有世界关系的性质。我们称这种现象为欺骗(Verlogenheit),在这种欺骗状态中,真实的或真理的意义就丧失殆尽。这种欺骗自己不会承认,它通过讲话而确保自己不被揭露。它把讲话的模糊性扩展到自己身上，以此坚持欺骗。讲话的力量在这里处于其包容一切的展示之中，虽说总是以暴露社会判决的形式。于是，欺骗就成了自我异化的典型，自我异化能遇到语言意识并要求通过诠释学反思的努力消解这种异化。从诠释学角度看，谈话的参与者认识到欺骗，这就意味着把对方排除在交往之外，因为他的话语站不住脚。

因为诠释学是在相互理解和自我理解不能出现的时候才插手干预。我在下面将要讨论的并且诠释学反思首先要研究的两种由谈话来掩盖的强有力的形式，恰好适合这种规定整个世界态度的由谈话作的掩饰。其一是悄悄地利用成见。我们在讲话时受到前概念和前理解的指引，这些前概念和前理解总是被掩饰，为了意识到这种成见，需要在讲话意向指向中具有真正的断裂，这正是我们谈话的基本特性。一般说来这会导致一种新的经验。前见会因为这种新经验而站不住脚。然而，作为基础的成见非常强大，它要求具有不言而喻的确定性，并把自己表现为无偏见的，从而加强自己的作用，通过这一系列做法成见就得到确保。我们把这种强化成见的语言形成认作一切教义学都具有的顽固的重复性。但我们也可以从科学中认出这种成见，比如为了获得不带有偏见的知识和科学的客观性，人们就选出某种科学（例如物理学）的方法，并把它不加修正地转用到其他领域，例如转用到社会知识上。更有甚者，把科学作为社会决策过程中最高的权力，这种情况在我们今天日益增多。唯有诠释学反思可以表明，这样就将忽视了与知识联结在一起的旨趣。我们把这种诠释学反思叫作意识形态批判（Ideologiekritik），这种批判将会引起对意识形态的怀疑，亦即把假想的客观性解释为社会权力关系真正稳定的表达。意识形态批判借助于历史反思和社会反思将使人们认识在社会上占统治地位的成见并消解这种成见,也就是说它将扬弃存在于这种成见不受控制的影响中的掩饰。这是一种特别困难的任务。因为对不言自明东西的怀疑会唤起所有实际证据的抵抗。但诠释学理论正是在这儿产生作用:它可能在受到巨大的习惯和成见闭锁的地方促成一种普遍的接受状态。意识形态批判只是诠释学反思的特殊形式,它力求批判地消解某种特定的成见。

然而,诠释学反思却具有普遍的作用范围。与科学相反,它并不在涉及意识形态怀疑这种特定社会问题方面力争获得承认,而是在科学方法论的自我解释方面力争获得承认。科学的基础是以其客观的方法成为对象的东西的个别性。作为现代方法的科学受到放弃开端所规定,亦即排除掉一切违背本身进程的方法论的东西。正因为此它证明自己的职权范围是不受限制的,并且从来不会被自我证明所难住。于是它就唤起了认识的整体性现象,社会的成见或利益就在这种现象的掩护下为自己辩护。只要想一下专家在当今社会的作用,想一想科学和政治、战争和司法更多由专家决定而不是政治委员会决定的方式,而社会的意志本来是该在政治委员会中得到体现的。

诠释学批判只有当它引起自我反思、自己的批判努力,亦即反思本身的所处的束缚性和依赖性,然后才能获得真正的创造性。我觉得只有这样做诠释学反思才接近了真正的认识理想,因为它甚至对反思的幻象也进行思考。要是哪种批判的意识到处指出成见性和依赖性,但却认为自己是绝对正确的、不带偏见、无须依赖的,这种反思必定会落入谬误。因为它本身也是受到批判对象的驱使。相对于它所消解的对象,它具有无法消解的依赖性。要求完全不带成见,这只是天真的想法,不管这种天真表现为绝对启蒙运动的幻想,抑或摆脱一切形而上学传统前见的经验论的幻想,或者通过意识形态批判克服科学的幻想。我觉得,经过诠释学阐明的意识无论如何都会因其把自身带入反思而使一种更为优越的真理发生作用。它的真理就是翻译的真理。它的优越性在于能把陌生的东西变成熟悉的东西,它并非只是批判地消除或非批判地复制陌生的东西,而是用自己的概念把陌生的东西置于自己的视野中,并使它重新起作用。翻译会让他者的真理观点相对于自身而得到保存,从而使陌生的因素和自身的因素在一种新的形态中相互交流。从某种意义上说,现存语言表述的东西将被保存在这种诠释学反思实践的形式中,亦即从其自己的语言世界结构中解放出来。但它将把自身——而并非我们自己的意见——带到一种新的语言世界解释之中。在思想无尽地扩展运动的过程中,在让他者相对于自身发挥作用的过程中,理性力量得到了展示。理性知道人的认识是有限的并将永远是有限的,哪怕它能认识到自己的界限。因此,诠释学反思就是对思维着的意识的自我批判,它把其所有的抽象观念和科学知识都重新置于人类世界经验的整体中,哲学不管明显还是不明显总是对传统思维企图的批判,它完全是这样一种诠释学进程,它把导致语义学分析的结构整体性融化在翻译和把握的不断进程中,而我们就是在该进程中生活和交往。

14
语言和理解
(1970年)

理解问题在最近几年具有了日益增长的现实意义——当然这是与世界政治和社会政治形势的尖锐化和贯穿于我们当代之紧张空气的加剧相联系的。我们到处可以见到,人们企图在地区、民族、联盟及世代之间建立相互理解的努力遭到失败,其原因好像缺少共同语言,而所用的主导概念却像火上加油,反而使人们共同力求消除的对立和紧张固定化并尖锐化。我们只要想一下"民主"或"自由"的概念就可以明白这一点。

因此,就无须再用什么证据来证明以下论题,即一切理解都是语言问题,一切理解都在语言性的媒介中获得成功或失败。一切理解现象,一切构成所谓诠释学对象的理解和误解现象都表现为语言现象。我打算在下面所讨论的论点则更为激进一步。我的论点是,不仅人与人之间的相互理解过程表现为语言现象,而且当理解过程的对象是语言以外的领域,或者倾听的是无声的书写文字的时候,理解过程本身也表现为一种语言现象,一种被柏拉图描述为思维之本质的灵魂与自身的内心对话的语言现象。

一切理解都是语言的理解,这是一个挑战性的断定。为了举出充分的反例,我们只需看看我们周围和我们自己的经验,在这些反例中恰好是默然的、无言的理解才表现为最高、最内在的理解方式。谁努力去倾听语言,谁就会立刻碰到这类现象,例如"默契"或"无声的猜测"等等。这样就显然会提出一个问题,从某种意义上说这难道不是语言性的模式? 我希望自己能够更清楚地说明,为何这样讲是有意义的。

对于其他现象,即语言本身导致我们产生的现象情况又是如何呢? (我指的是"无言的惊讶"或"无声的赞赏"之类现象)关于这里所遇到的现象我们可以这么说:这使我们哑然无言。它使我们哑然无言显然在于它太过于明显,在我们日益开阔的眼光前它显得太过于巨大,以致用语言已不足以对这种现象进行把握。说使人哑然无言的现象也是语言性的形式之一,这种断言是否过分大胆? 这难道不就是那些硬要把一切本来很正常的事物本末倒置的哲学家的荒谬的独断论吗? 但是,如果说某人哑然无言,这不啻是说,该人想说的话太多以致他竟不知道从何说起。语言的失灵(Versagen)证明语言为一切事物找寻表达的能力(Vermögen)——而这恰好说明某人哑然无言也是一种说话方式——这种说话方式人们不是用来结束他的讲话,而是开始讲话。

我想首先用我所列举的第一个语言的反例,即我们所说的"默契"(stilles Einvestandnis)来证明这一点。这种语言表达方式具有何种诠释学价值? 我们今天多方探讨的理解问题,尤其是在不能提供精确验证方法的科学中的理解问题在于,正是一种理解的纯粹内在的自明性使人豁然开朗,例如当我在某种情境下突然理解了某种句子的联系,理解了某人的陈述时,就是这种情况。这也就是说,我突然完全清楚地明白对方说的对在哪里或错在哪里。

这种理解经验显然总是以理解困难即达成一致的障碍为前提。因此,一切理解愿望的努力总是开始于,某人所遇到的东西使他感到陌生,具有挑战性,使其迷惑。

对于我们的理解遇到障碍这种情况,希腊人有一个很好的词,他们称这种现象为 atopon。这个词的原意是:失去方位,即某些不能列入我们理解预料的公式之中从而使我们愣住了的东西。哲学起源于惊奇这一著名的柏拉图观点,指的就是这种愣住(Stutzen),也就是说,我们不再能对我们的世界方位继续作前公式化的预料,从而唤起了我们的思考。亚里士多德曾经对此作过很出色的描述。他说,我们的预料取决于我们对某种联系具有多少洞见。他举例说:如果有人对于$\sqrt{2}$是不合理的,因此不可合理地表述一个正方形的边长为对角线之关系这一点表示奇怪,那么人们就会由此看出,他不是一个数学家,作为数学家,只会对某人认为这种关系是合理的这一点表示奇怪。不管这如何涉及到知识和对事物的深入程度,但发愣总是相对的。所有这样的愣住、惊奇以及在理解中的不能继续显然始终都是为着理解的继续进行,为了更深入的认识!

因此我认为:如果我们要想真正把握理解在我们整个人的存在以及社会的人的存在中的地位,那么我们就必须有意识地首先从理解受阻的这一特殊角度出发认识理解现象。达成一致的前提是存在着对达成一致的阻碍。而旨在消除理解之障碍的理解-欲望的任务正是针对理解和一致中相对少见的障碍提出的。换句话说,"默契"的例子并不是对理解之语言性的异议,而是保证了理解之语言性的广度和普遍性。在我看来这是一个基本真理,在我们通过几个世纪以来把近代科学的方法概念绝对化为我们的自我理解的方法概念以后,我们应该重新尊重这一真理。

近代科学是产生于17世纪的科学,它是以方法论思想和从方法上保证认识进步的思想为基础。它把通向世界的某种形式特权化,从而以一种唯一的方式改变了我们这个星球,但这种形式既不是我们所具有的唯一通道,也不是包罗万象的通道。这种通向世界的通道通过方法上的割裂和有意识的提问——如实验——为我们的新行动选定了用这种割裂的方法而进行主题研究的个别领域。这就是数学自然科学,尤其是17世纪伽利略机械力学的伟大成就。众所周知,发现自由落体定律以及斜面定律的精神成就不是通过纯粹的观测获得的。当时根本不存在真空。自由落体只是一种抽象。每一个人可能都还记得,他在学校里做实验,看到在相对真空中小铅片和羽毛如何以相同的速度下落时自己感到多么惊奇。对于伽利略来说,如果他想不考虑媒介的抵抗力,那么他就要把自然界并不存在的条件分离出来。只有这样的抽象才使人们有可能在数学上精确地描述在自然现象中构成结果的诸因素,从而使人类有控制的干预成为可能。

伽利略建立的机械力学实际上是我们技术文明之母。这里出现了某种特定的方法论的认识方式,它在我们非方法论的,包括我们生活经验所有领域的对世界的认识和科学的认识成就之间引起了对峙。康德伟大的哲学功绩在于,他从概念上为这种近代的对峙问题找到了一种令人信服的解答。因为17世纪和18世纪的哲学都苦恼于以下这个不可解决的任务,即要把形而上学传统巨大的全知性与新的科学统一起来——这是一种在从概念出发的理性科学和经验科学之间不可能达到真正平衡的企图。但康德却找到了解决方法。他利用英国的形而上学批判,批判性地把理性和理性的概念认识限制于经验范围之内的所与东西,虽说他的这一做法意味着形而上学这一独断论的理性科学的崩溃,但这个被他的同代人称为"粉碎一切者"的哥尼斯堡温和的康德教授却同时又是建立在严格的实践理性自律原则之上的道德哲学的伟大创始人。他把自由作为理性的唯一要素,也就是说,他指出,如果不承认自由,那么人的实践理性以及人类的道德此在和社会此在都是不能设想的,从而他与源于近代自然科学的一切决定论倾向相反,为自由概念之下的思想开辟了新的合法性。实际上康德的道德哲学的动力,尤其是由费希特所介绍的康德道德哲学的动力是伟大的"历史世界观"开路先锋的支柱:尤其是威廉·冯·洪堡、兰克和德罗伊森。但是即使是黑格尔和所有其他积极或消极地受他影响的人也都自始至终充满着自由概念,从而相对于一切纯粹历史科学的方法主义而保持着在哲学上的伟大和整体的特征。

然而,即使是这种新科学和新科学所带有的方法理想之间的联系也使理解现象变得陌生。就如对于自然探索者来说,自然界开始是无法认识的陌生的东西,自然科学家必须通过计算和有目的的强制,通过辅以实验节选才能把它表述出来,同样使用理解的科学也是逐渐地从这种形式的方法概念出发进行理解,并因此而把理解主要并首先看作是对误解的排除,看作是对存在于我和你之间的陌生性的消除。但是难道你就像通过定义而作为实验性自然研究的对象那样陌生吗?我们应该承认:取得一致先于误解,因此,理解总是一再回归到重新产生的一致。我认为,这就给了理解的普遍性以完全的合法性。

但为什么说理解现象是一种语言的现象？为什么"默契"，即作为世界定向之共同性而一再被重建的"默契"就意味着语言性呢？这样提问就已隐含着答案。因为正是语言不断建造并担负着这种世界定向的共同性。相互对话（Miteinandersprechen）主要不是互相争论（sich-miteinander-Auseinandersetzen）。在我看来，现代社会内部的对峙有一个明显的特点，这就是它很喜欢这样运用我们的语言。相互对话（Miteinanderreden）也不是各谈各的（Aneinandervorbeireden）。毋宁说在相互对话中构造了话题的共同视角。人类交往真正的现实性就在于，谈话并不是以自己的意见反对他人的意见，或把自己的意见作为对他人意见的添补。谈话改变着谈话双方。一种成功的谈话就在于，人们不再会重新回到引起谈话的不一致状态，而是达到了共同性（Gemeinsamkeit），这种共同性是如此的共同，以致它不再是我的意见或你的意见，而是对世界的共同解释。正是这种共同性才使道德的统一性和社会统一性成为可能。一切正当的或作为正当而产生作用的东西，按其本质都要求共同性，这种共同性就建筑在人的自我理解之中。实际上共同的意见不断地在相互对话中形成，然后又回归到相互一致和自我理解的沉默之中。我认为根据这个理由则我的断定就得到了证明，即一切超出语词的理解形式都回归到在讲话和相互对话中得到扩展的理解。

如果我从这种观点出发，那么这无非就是说在一切理解中都存在着一种潜在的语言相关性，因此我们总可能——这是我们理性的骄傲——在出现意见不一致的地方通过相互对话而达成一致。我们并非总能够成功,但是我们的社会生活的前提就在于相互对话可以在最广阔的范围内达到在顽固坚持己见的情况下所封锁了的东西。如果有人认为我在这里所据以出发并力图使其成为可信的理解的普遍性内含着一种对我们社会世界的和谐的或保守的基本态度,那真是一个严重的误会。"理解"我们世界的安排和秩序,我们在这个世界上相互理解,不仅要以对现存秩序的承认和维护为前提,而且当然也同样要以对僵化或异化了的东西的批判和斗争为前提。

这反过来又表现在我们如何进行对话并形成一致的方式。我们可以从代代相继中观察到这一点。尤其是像上一世纪发生的情况那样,当世界历史穿上了七里靴,[16] 我们就能目睹新语言是如何产生的。新语言在这里当然不是指某种完全新的语言,但显然也不仅仅是指对同一事物表述方式的改变,而是指随着新视角,新目的的出现也产生了新的讲话。新的语言带来了对相互理解的干扰,但同时在交往过程中也带来了对这种干扰的克服。至少这是一切交往的理想目标。在特定的条件下这种目标可能被证明为是达不到的。属于这种特定条件的首先是人际一致性的病态断裂,这种病态的断裂被称之为神经官能症症状,于是就产生这样的问题,即在社会生活中,交往过程在总体上是否同样也能为扩散和维护一种"错误"的意识服务。这至少是意识形态批判的论点,即在各社会利益阵营中的对立使得交往过程实际上成为不可能,就如患精神病的情况一样。但正如在患精神病的情况中治疗就在于使病人重新与社会的理解共同体相联系,意识形态批判本身的意义也是在于纠正错误的意识,从而重新建立起正确的一致。在某种一致深受干扰的特殊情况下也许需要一些特殊的重建形式,这种形式基于对干扰的清楚认识。但它们由此却正证明了相互理解本身的重要作用。

此外不言而喻的是,语言总是在保守性和革命爆发的对抗中过着其充满紧张的生活。当我们进入学校时,我们都曾体验过语言的最初压力。学校中所不允许的正是在我们健全的语言想象看来是正确的东西!在图画课上也一样,正是这种课常常使学校的孩子们失去了对图画的兴趣并荒废了画画。实际上学校是社会顺应潮流派(Konformismus)总体中的一个机构。当然只是其他机构中的一个。我当然不想被人误解为,似乎我是对学校提出控告。我的意思是说:这是社会,是社会总是在起着规范性和跟随潮流的作用。这也绝不是说,一切社会教育都不过是一种压抑过程,而语言教育则纯粹是这种压抑的工具。因为尽管有各种顺应潮流派存在,但语言仍然是活的。从我们的生活和我们经验的变化中产生出新的语言搭配和表达方式。使语言成为某种共同东西、从而又一再产生新动力促使这种共同性发生变化的对抗也总是继续存在。

于是,我们将提出以下问题,这种自然的社会顺应潮流派和产生于批判观点的挣脱社会的力量之间的关系在一种高度工业化的技术文明中是否发生质的变化。在语言用法和语言生活中不被察觉的变化,流行话和时髦语的出现和消亡总是一而再地不断进行,特别是突变时代在它的衰落过程中恰恰可以通过对语言变化的观察而反映出来,例如修昔底斯(Thukydides)对被围困的雅典城内发生鼠疫的后果所作的著名描绘就是这种情况。但在我们当今的情况下所涉及的却是完全新的另一种形式的东西,是从未存在过的东西。我指的是有明确目的的语言操纵(Sprachreglung)。它似乎是由技术文明发明的事实。然而,我们称之为语言操纵的不再是学校教师或公众舆论机构无意的语言操纵,而是被有意识地加以利用的政治工具。它借助于某种集中控制的交往系统通过技术方法来规定语言操纵,从而使事实具有强烈的影响。有一个现实的例子使我们发现我们如今仍然处于一种自身变化着的语言运动之中,这就是德国的另一半被称之为德意志民主共和国。众所周知这种表达方式被官方语言操纵禁止了数十年之久,没有人会看不出,为此而提出的"中德"(Mitteldeutschland)这个叫法带有鲜明的政治色彩。这里应该撇开一切内容的问题而只注意过程本身。今天制造舆论的技术形式使集中控制的语言操纵能起到一种特殊的扭转社会自然潮流的影响。我们当今的问题是,我们应该如何把集中控制的制造舆论政策和以下要求相一致,即高扬理性,从自由的认识和批判的判断出发来共同决定社会生活。

人们可能会认为解决这个问题的办法是,科学的标志正在于使我们有可能独立于公众舆论和政治,并培养人们从自由的思想出发形成判断。在其最特有的领域内可以说这确实是科学的标志。但这是否意味着,科学也是依靠自己的力量而达到影响公众呢?尽管科学按照自己的意图是想摆脱一切操纵——但公众对科学可怕的评价却和这个愿望完全相对。公众评价不断地限制着它在研究者那儿惊奇地发现的批判的自由,公众评价甚至在事实上涉及政治权力之争的地方也首先要引证科学的权威。

究竟是否存在着一种人们应该倾听的科学自己的语言?这种

说法显然有双重意义：一方面它发展出自己的语言手段以便在研究过程中写成文字并进行交流；另一方面（这是另一种意义），科学使用一种能使公众意识理解并能克服科学之传奇式的不可理解性的语言。但在科学研究内部发展起来的交往系统究竟是否具有自己的语言特性呢？如果我们从这种意义上谈论科学语言，那么我们所指的显然是那种不是从日常语言中产生的交往系统。最好的例子就是数学及其在自然科学中的作用。数学本身究竟为何物，这是它的私有秘密。即使物理学家也不知晓。数学所认识的，它的对象、它的问题都是某种独特的东西。数学在自身中发展，它作为理性而自我观照、逗留在自身进行研究，这显然是人类理性的伟大奇迹之一。但作为一种描述世界的语言，数学只是我们整个语言行为符号系统中的一种，而不是一种自己独特的语言。众所周知，每当物理学家想在他的方程式之外使他人或是只想使自己理解，他自己在那里算了些什么的时候，他总会陷入最难堪的困境。物理学家常常处于这种综合任务的紧张之中，恰恰是大物理学家在那种情况下常常以一种机智的方式变得很有诗才。原子颗粒如何进行它的一切活动，它们如何捕捉电子和进行其他的老实的和狡猾的程序等等，这一切都完全是童话的语言，而物理学家就用这种语言力图使自己理解并在一定范围内也使我们大家都理解他在方程中所精确反映的内容。

但这里的问题是：物理学家用以获得并表述他知识的数学并不是一种特有的语言，而是属于物理学家用以说出他想说的话的各种语言手段之中的。换句话说：科学性的讲话始终是用在自身中存在、发展并变化的语言来传递某种专业语言或专业表述——

我们称之为学术性的术语。这种综合和传递的任务在物理学家那里达到特别的高峰,因为他在所有自然研究者中是最多地用数学说话的。正因为他是广泛使用数学符号的极端例子,所以他尤其富有学识意义。在富有诗意的隐喻技巧里可以看出对于物理学来说数学只是语言的一部分,但绝不是独立的部分。只有当语言,尤其是现成的语言,作为各种文化的世界视角而有其现实性时,语言才是独立的。于是问题就在于,科学的语言与思维和科学以外的语言与思维之间是什么关系。在我们日常说话可伸缩的自由中所发生的情况难道仅仅是对科学语言的靠拢? 谁否认这一点,人们可能向他提出异议,虽说现在看起来似乎现成的语言还是不可缺少的,但我们大家还必须学得更好一些,以至于最终我们可以不用语词而理解物理学的方程,甚至能用方程式算出我们自身和我们的行为,这样我们除科学语言之外就不再需要其他语言了。实际上当代逻辑演算就以这种单义的人工语言作为目的。但对这一点是有争议的。维柯和赫尔德则相反把诗看作人类的原始语言,而认为现代语言的理智主义化是语言的悲惨命运而不是语言观念的完善。问题在于:认为现在存在着向科学语言靠拢的日益增长的趋势,每一种语言都把向这一目标的靠拢作为自身的完善,这种看法究竟是否正确?

为了能够阐明这个问题,我想对两个现象进行对照。其中之一是Aussage(陈述),另一种现象是das Wort(话)。我想先说明一下这两个概念。当我说"das Wort"时,我所指的并不是像辞典上写的其复数是Wörter的单字。我所指的也不是其复数是Worte(言语)可以同其他词一起构成句子的言词。我指的是只有单数的

"Wort"。这是话,是对某个人说的,是某人让别人对自己说的话,是在一定的明确的生活联系中所出现(fällt)的、其统一性也只有从这种生活联系的共同性中才能感受的话。我们最好回忆一下在这个单数的"Wort"背后最终还存在着《新约》的语言用法。因为不管 Wort 在《新约》中指的是什么——当浮士德想翻译《约翰福音》时,曾对它冥思苦想——这个发散力量的活性的词对于歌德来说并不是一个单个的魔词,而是(这里并非暗示道成肉身事件)通过人类理性的联结指向人"对存在的渴望"。

如果我在这种意义上把"Wort"与"Aussage"相对照,那么"Aussage"的意义也就一目了然。我们说的是在陈述逻辑即陈述演算联系中的陈述,在现代数学的逻辑形式化中的陈述。这种对于我们说来不言而喻的表达方式归根结底溯源于我们西方文化最有影响的抉择之一,这就是在陈述基础上的逻辑构造。亚里士多德作为这种逻辑某个部分的创立者,作为逻辑思想推论过程最杰出的分析者,通过陈述句及其推论关系的形式化创立了这种逻辑学。我们都知道以下著名的三段论例子:"凡人皆死。德罗斯是人,所以德罗斯会死。"这里所进行的是怎样一种抽象过程呢?显然这里只对于所被陈述的内容。其他一切语言形式和说话形式都没有成为分析的对象,而只有陈述句才是分析的对象。希腊词叫作 apophansis(展示),logos apophantikos(展示的话),亦即话、命题,其唯一的意义就是引起 apophanesthai(自我展示),即引起被说出内容的自我展现。这是一个命题,它从一切它没有明确说出来的内容中抽象出来,从这个意义上说,这是一个理论性的句子。唯有那种通过它的已被说出而显露出来的东西,才在这里成为分析的对象和逻辑推论的基础。

于是我发问:真的存在这样的纯陈述句?何时存在?哪里存在?陈述句无论如何不是唯一存在的说话方式。亚里士多德在讲他的陈述理论时谈到这一点,很清楚我们还应该想到以下方式,即祈祷和请求,咒骂和命令。我们甚至必须把一种最不可思议的中间现象考虑在内,即疑问句,它特有的本质显然是,比起其他句子它和陈述句最为接近,但却显然不允许有一种在陈述逻辑意义上的逻辑存在。也许有一种疑问逻辑。属于这种逻辑的内容也许是,对某问题的回答必然会唤起新的问题。也许还存在着请求逻辑,比如第一个请求永远不是最后的请求。但这是否该称为"逻辑",抑或逻辑就只与纯粹陈述联系有关?而且陈述的界限如何定?我们是否可以把一个陈述和它的动机联系相分离?

现代科学的方法论中当然不常谈这些。因为科学方法的本质就在于,它的陈述就等于是一种从方法上保证了真理的宝库。科学宝库如同其他宝库一样具有可供任意使用的贮藏。实际上近代科学的本质就在于它不断地丰富着可供任意使用的知识贮藏。一切关于科学的社会责任和人道责任的问题,即自广岛以来我们的良心迫使我们去考虑的问题,都由于以下事实而尖锐化了,即近代科学的方法论后果就在于,科学不再能像控制事实联系本身那样控制科学知识的应用目的。正是近代科学的方法抽象使科学得以创造成就,因为它使我们称之为技术的实际应用成为可能。因此,作为科学之应用的技术本身不再能被人所控制。如果我争辩说,科学可能会限制自身,那么我绝不是一个宿命论者和人类社会灭亡的预言家。相反我认为,不是科学本身,归根结底而是我们一切人的能力和政治能力，才能唯一做到保证合乎理性地运用我们的能力，或至少使我们避免最严重的灾难。由此可以看出，陈述真理的抽象以及建筑在陈述句之上的逻辑在近代科学中是完全合理的——只不过我们必须为此付出很高的代价，这是近代科学按其本质不可能为我们免除的，这就是：面对科学为我们建立的制造能力的普遍性，任何通过理论理性以及借助科学手段对制造能力作的限制都不能与之相适应。毫无疑问，这里有一种"纯粹"的陈述句，但这是说，陈述句中表述的知识能够为一切可能的目的服务。

我当然要自问，难道不正是这个例子，即把孤立的陈述句作为改变世界的技术力量之基础的例子，事实上表明了陈述从来不可能在完全的孤立中发生。难道在这里一切陈述都是有动机的这一点不是事实？作为抽象之基础以及作为集中于创造能力之基础的（它在17世纪最终导致了近代科学这种伟大的方法思想）是与中世纪宗教观的分离以及自我节制和自救的决心。这就是求知欲的动机基础，这种求知欲同时又是创造能力，并由此嘲弄了一切界限和控制。与此相反，在具有高度文明的东方亚洲，知识的标志就在于，对知识的技术应用受到社会理性约束力的控制，从而自己能力的可能性就得不到实现。使这种做法成为可能，但我们却缺乏的力量究竟是什么，这是对宗教研究者、文化历史学家，归根结底是对我们一直未曾找到的真正精通中国语言和文化的哲学家提出的问题。

无论如何我认为，近代科学和技术文化的极端例子表明，只要我们看到科学的整体，那么把陈述孤立起来，把陈述和一切动机联系相分离的做法是大有疑问的。因此，我们所理解为陈述的都是一种有动机驱使的陈述,这一点仍然是正确的。有些情况下存在着尤其可以有多种说法的现象,例如审讯和作证等。正是出于法律审讯的机智和法律诉讼的必要,向作证者,至少是在某些案例中,向作证者提的问题往往是他自己并不知道对方为何要问他的问题。在一定的情况下,证人所作的陈述的价值全在于,他们没有可能有意地为被告开脱或加重罪责,因为证人看不透他回答的问题与案例之间的联系,因此,每个曾作过证人或被审讯过的人都知道,要一个人回答他自己不知道对方为何要问的问题,这是多么残忍。和这种作证陈述的"纯粹"陈述虚构相适应的是同样具有虚构性的纯事实确证,正是这种虚构的"仅限于事实",才给了辩护人以机会。法庭上的陈述这一极端例子告诉我们,人们都是有动机驱使地在说话,因此我们不是作陈述,而是进行回答。但回答问题意味着,实现问题的意义以及问题的动机背景。众所周知,最困难不过的就是要回答所谓的"愚蠢的问题",也就是回答那些提得很邪乎,丝毫不显示出其明确的意义指向的问题。

从中可以看出,陈述从来不在自身中完全包括它的含义内容。在逻辑学中,人们早就把这一点作为偶缘性问题加以认识。存在于一切语言中的所谓"偶缘性的"表述的特征是,它不像其他表达方式那样把其含义完全包含在自身中。例如,如果我说"这里"、"这里"是指什么,这并不因为这个词被说出或被写出来了,所以就对每个人来说都可理解,而是我们必须知道,这个"这里"曾经在哪里或现在在哪里。"这里"这个词本身意义的实现要求用说出这个词的时机,即 occasio,来充实。这种表达方式因此就使逻辑现象学分析具有特别的兴趣,因为我们可以在这些意义中表明,它们把情境和时机都包括在它自己的意义内容中。这个所谓的"偶缘性的"表述的特殊问题看来在许多方面都需要扩展。汉斯·利普斯在他《诠释学逻辑研究》(Untersuchungen zur hermeneutischen Logik)一书中做了这项工作,⑭同样它在现代英国分析哲学中,例如在所谓的"奥斯丁派",即奥斯丁的后继者那里也是一个重要的提问,奥斯丁曾经给出书名《我们如何用词来做事?》(How to do Things with Words?)⑮这就是从自身转化成行动的说话形式的例子,这些形式和纯粹的陈述概念形成鲜明对照。

Ⅱ 196

让我们把这个界线模糊的孤立的陈述概念和"Wort"相对置,但这个"Wort"不是在说话中存在的最小的单位。我们所说的"Wort"或别人对我们说的"Wort"并不是语言分析的那种语法要素,即在学习说话的具体现象中可以表明它和一个句子的语调相比是何等次要的那种语法要素。可以真正作为意义之最小单位的"Wort"并不是作为分析一段话的最终成分的"Wort"。但这个"Wort"也不是名称,说话并不是命名,因为正如《旧约·创世记》所指出的,在名称和命名时就存在给出名称的错误含义。我们总是处在命名的任意性和自由性中,恰恰这一点不是我们的基本语言关系:并不存在第一个 Wort。所谓第一个词的说法本身就是充满矛盾的。每一个词的含义都是以某个词的系统为基础。比如我也不能够说:"我引进了一个词。"虽说总是有人这样说,但他们过高估计自己了。并不是他们引进这个词。他们

---

⑭ [蒂宾根,1938年,现载《利普斯选集》,第2卷,法兰克福,1976年。]
⑮ [J. L. 奥斯丁:《我们如何用词来做事?》,剑桥,1955年。]

至多不过是对某种表述提出了建议,或给他们所定义的专业表述打上印记。但这是否会成为一个词却并不由他们决定。词是自己引进的。只有当它进入了交往的使用,才会变成一个词。它并不是通过某个提出这种建议的人的引进行为,而显然是因为这个词"自己引进了"才成为"Wort"。甚至"习惯用语"的说法也始终还影响着与我们的语言世界经验之实质无关的事物。看起来就好像人们在裤兜里装着这些语词,而当要使用它们时就把它们拿出来,似乎习惯用语是由使用它的人任意使用的。实际上语言恰恰不取决于使用它的人。习惯用语实际上也意味着,语言拒绝被滥用。正是语言本身规定了什么叫语言的使用,这里并不存在语言的神秘化,而是指一种不能被归结为个人主观意见的语言要求。是我们在说话,不是我们中的任何一个人,而是我们大家,这就是"语言"的存在方式。

语词也不是通过符号或其他表述现象的词义的"理想统一"而得到完全显现。虽说现象学,尤其是胡塞尔在他的《逻辑研究》中阐明了一切符号和语词的含义之间的区别,这是本世纪初逻辑学和现象学最为重要的成就之一。胡塞尔正确地指出,一个词的含义与在使用词时加进的现实心理观念图像毫无关系。由于一个词具有一种含义——并且始终是这同一种含义——从而使这词理想化,这种理想化使词和一切其他意思的含义相区别,比如和符号-含义相区别。我们认识到一个词的含义并不简单地具有心理本性,这种认识显然极为重要,但从另一方面看只谈论词义的理想统一是不够的。语言的基础显然在于,尽管词有确定的含义但词却不具备单义性,词具有一种摆动的含义范围,而正是这种摆动性才

语言和理解

构成了说话现象特有的冒险性。正是在说话过程中，在继续说话的过程中，在某种语言语境的构造中，话语中带有含义的因素通过相互挪动整理而固定下来。

我们尤其从理解外文的文本中可以看出这一点。我们都清楚地知道，词义的摆动如何在某个句子结构的意义统一体的贯通和再现中渐渐地固定下来。当然这样说是一种很不完全的描述。我们只要想一想翻译的过程，就可以发现这种描述是多么不完整。因为翻译的整个苦恼就在于，一个句子所具有的含义统一体并不是简单地通过把它的各个句子成分安置到另一种语言的相应的句子成分上去就能准确地表达出来，假如这样就会出现我们一般在翻译过来的书中所看到的可怕形象——没有思想内容的字母。这里所缺乏的并且是唯一构成语言的要素乃是，一个词给出另外的词，每一个词都是人从另一个词中引申而来同时又从自身出发使谈话得以继续。如果一句翻译的句子不是被翻译艺术大师彻底地改动从而使人看不出在它后面还有另外一句生动的句子，那么这个句子就像一张与风景相对照的地图一样。一个句子的含义并不仅仅存在于系统和上下文之中，这种所谓在上下文之中（In-einem-Kontext-Stehen）同时也意味着，即使这种上下文使该词的含义十分明确，但这个含义仍然不能完全和该词所具有的多重含义相分离。词在它出现于其中的谈话中所具有的词义当然不仅仅是这次谈话中的含义，而是还有其他意思存在，而所有这些共在含义的存在就构成了存在于生动谈话中的引申力。因此可以说，每一场谈话都显示出继续谈话的可能性。人们始终可以沿着谈话开始时的方向逐渐展开谈话。这就是我们下述论点的真理之所在，即讲话是在"谈话"的要素中发生的。

如果我们不是从可孤立的陈述出发,而是从同时即是谈话生活的我们对世界之态度的整体出发理解语言现象,那么我们就能更好地理解为何语言现象这样充满谜一般的性质,如此吸引人又远拒于人。说话是被我们解释为一般理性本质的最深的自我遗忘的活动。每个人都有过如下体验:即自己在说话中突然顿住,以及当一个人有意识地注意自己要说的话时却突然说不出话来。我和我的小女儿的一段小小的经历可以说明这点:我的女儿要写"草莓",她就问这个词该怎么写。当有人告诉她以后,她说:"真奇怪,当我听到这个词的时候,我根本不理解这个词,只有当我把它忘了之后,我才又进入这个词。"因此,处于词之中,也就是说不再把词作为对象运用,显然是一切语言行为的基本模式。语言有一种隐匿和隐匿自身的力量。因此,在语言中所发生的东西,都能免受自己反思的控制而同时隐入无意识之中。如果我们认识了语言的这种显露-隐藏性质,那么我们就必然会超出陈述逻辑的范围而进入更广的视野。在语言的生命统一体中,科学语言仅仅是一种被整合的因素,特别是还存在着其他话语的形式,那就是我们在哲学宗教和诗歌式的讲话中看到的话语。在这些现象中词是另一种自我遗忘的走向世界的通道。我们处于词之家中。词对于谈论的东西就像一种城堡。这一点在诗歌的用语中尤其看得清楚。

15
语言能在多大程度上规定思维？
（1970年）

这里我们首先必须弄清的是：为什么这个题目对于我们来说是一个问题？在这个问题后面存在着何种对我们思维的怀疑或批判？这是一种原则性的怀疑，它怀疑我们是否能够从我们语言教育、语言修养和以语言作媒介的思维方式的禁区中走出来并能够使自己面对着一种和我们的前意见、前规范、前期待不相符合的现实。在当今的条件下，即由于广泛流行的人类此在意识对人类的未来感到的不安，这种怀疑成为一种渐渐进入我们所有人意识之中的怀疑，即如果我们仍然像现在这样走下去，如果我们仍然继续实行工业化和人类劳动的利润化并把我们这个星球渐渐地组织成一个巨大的工厂，那么我们就不仅在生物意义上而且在人类自身理想的意义上都危及了人的生存条件，甚至走向自我毁灭。于是就促使我们今天以特别的警觉询问一下，在我们的世界行为中是否有某些错误的东西，或者我们是否在我们经由语言媒介的世界经验中就已经受偏见的影响，甚而更糟的是，我们是否在任凭某种强制性的摆布，这种强制性一直可以追溯到我们最初的世界经验的语言结构，并把我们的眼光引向死胡同。事实情况逐渐表明，如果我们仍然按老办法进行——虽说还不是屈指可数但却可以肯定地预告——地球上将不再可能有生命。对这一点可以作出极为肯定的预告,就像我们根据天文学的计算不得不预告地球将与另一个巨大星体相撞一样。因此,这是一个具有真正现实性的题目,即是否真正是语言使我们处于这种多祸害的危境之中。

没有人会否认我们的语言对我们的思维具有影响。我们是用语词进行思维。思维就是指自身思考某些东西,而自身思考某些东西又是指自身讲出某些东西。因此我认为,柏拉图把思维称为灵魂和自身的对话,称为一种不断进行自我超越(Sich-Überholen),反过来又对自身和自己的意见和观点发生怀疑、提出异议的对话,他这样认识思维的本质是十分正确的。如果说有什么东西能标志我们人类的思维,那就是这种永无止境、永不最终导向某物的和我们自身的对话。这就把我们和那种无限精神的理想相区别,对于这种无限精神的理想来说,一切存在和真实的东西都展现在一种单一的已开启的生命瞥见中。正是在我们的语言经验中,在我们进入和成长于这种和自身的内心对话中——这同时又是先期的和其他人的对话并把他人牵入和我们对话的过程——世界才在一切经验领域向我们唯一展现和整理出来。但这也就是说,通向整理和定向的只有一条路,这条道路是从提供给我们的具体经验的给予性出发导向某些定向点,这些定向点我们认之为概念或共相,对于共相来说,当时的具体的东西都是一种个别情况。

这一点亚里士多德在他对一切经验上升为概念和一般之途径所作的出色描绘中表达得很清楚。⑯ 在那里他描述了如何以各种

---

⑯ [《后分析篇》,B19,100a3 以下。]

感觉中形成经验的统一体、如何又从经验的多样性中最终渐渐地形成某种如对一般的领悟,这种一般是在变化着的经验生活诸方面的长河中保持不变的东西。亚里士多德给这种过程找到了一个很好的比喻。他问道:到底怎样才达到对一般的认识呢?是通过经验的积累、通过我们不断地重复相同的经验并重新认作这种相同经验?是的,这是自然而然的,但正是在这里存在着一个问题:什么叫作把它们认作"相同的经验",而何时才形成一般性的统一体呢?这就好像一支正在逃跑中的军队一样:在逃跑的军队中最终有一个人开始向后张望,看敌人究竟离多远,当他看到敌人根本还没逼近,于是就停了一会儿,接着第二个士兵停了下来。无论是第一个士兵,或是第二个或第三个士兵,这些都不是整个部队——但最终整个部队却停了下来。这和学习说话也一样。根本不存在第一个词;我们却是在语言和世界中边学习边生长。是否可以由此推论说,一切都取决于我们如何通过学习语言和学习我们以对话方式所学会的一切东西而进入我们未来的世界定向的前设定(Vorschematisierungen)之中呢?这就是如今人们所说的"社会化"过程:进入到社会行为中去。这也必然是一种进入协议,进入通过协议而组成的社会生活,这也就具有了成为意识形态的嫌疑。正如学习说话从根本上说就是经常练习掌握习惯用语和论证方式一样,我们总的信念和意见的形成也是一条在事先形成的意义表达结构中运动的道路。那么什么是真理呢?如何才能把这种预先形成的用语和表述材料融会贯通,从而达到那种我们极少才具有的感觉,即我们真正讲出了我们所指的意思这样的完美地步呢?

正如在说话中发生的情形一样,在我们整个生活定向中,我们所熟悉的也是传统地预先形成的世界。问题在于,在我们的自我理解中,我们是否可以像我刚才讲的说话中较少出现的情形那样,有时候觉得自己达到了确实说出了自己想说的话这样的完美地步。也就是说:我们能否做到自己所理解的就是真实存在的?完全的理解和精确的讲述这两种现象就是我们世界定向的极限情况,是我们和自身无止尽的内心对话的极限。但我却认为:正因为这种对话是无止尽的,正因为这种以预先形成的讲话公式向我们提供的事物定向不断地进入到我们相互理解和自身理解活动的自发过程之中,才给我们开启了我们真正理解的、真正能够在精神上据为己有的东西的无限性。灵魂与自身的内心对话永无止境。这就是我用来反驳说语言有意识形态嫌疑这种观点的论点。

这就是我有理由要捍卫的理解和说话的普遍性要求。我们可以用语言表达一切,我们也能力求做到对一切事物互相理解。诚然,我们总是受到我们自己的能力和可能之有限性的局限,而只有一种真正无止尽的对话才能完全实现这一要求,这也是事实。这是不言而喻的。但问题是不是有一系列针对我们以语言为媒介的世界经验的普遍性的激烈的反对意见呢?一种论点就是认为一切语言性的世界观都具有相对性,这是由美国人从洪堡的遗产中吸取并以新的经验研究思考使之活跃起来的。根据这种理论,不同的语言是不同的世界观和对世界的看法,而且我们不可能摆脱我们被包围在其图式之中的个别世界观:在尼采《权力意志》一书的格言中早已指出,上帝真正的创造活动就在于,上帝创造了语法,也就是说,上帝把我们安置在我们掌握世界这一图式之中,从而使我们不可能去追溯这种图式的背后。思维对我们说话能力和说话习惯具有的这种依赖性难道不是强制性的吗？如果我们在一个开始形成一种洲际全球平衡文化的世界中环顾四周，从而不再仅仅用以前西方哲学的不言而喻性说话，那么会出现何种命运的意义呢？我们难道不会对以下观点进行反思，即我们所有的哲学概念语言和从这些哲学概念语言移植到科学中并加以改造的概念语言不过是这种究其根源起源于希腊的世界观的一种？这就是形而上学的语言，我们从语法中认识了它的范畴，例如主语和谓语、名词和动词、主词和功能词。我们曾以如今仍然很活跃的警世的意识察觉到，在例如功能词这样的概念中也回响着我们整个欧洲文化的前图式。因此，在这些问题背后总是有一个可怕的问题，即我们在我们一切思维中，甚至在批判地消除一切形而上学的概念如实体和偶性，主体和它的特性等等（甚至包括我们整个的谓词逻辑在内）时是否就不再彻底思考这一结论，即早在一切文字传承物之前数世纪印欧语系的民族就形成了作为语言结构和世界态度的东西？这正是当我们也许正处于我们语言文化的终点的今天提出的问题，这个终点是随着技术文明及其数学符号化而慢慢出现的。

但这并非是对语言所发的多余的怀疑，我们确实应该向自己发问，从这里出发一切事物究竟在何种程度上被预先规定。最终是否确实在一切世界历史之前世界历史命运剧中就有了一种注定，这种注定通过我们的说话迫使我们去思维，如果它继续这样发展下去，就会导致人类的技术自我毁灭？

也许人们可以对此进行反驳说，这种对自身的怀疑是否会人为地剥夺我们自己的理性。在这个问题上难道我们不是站在同一个基地上并且知道，我们所说的正是某些现实的东西，而当我讲到一种由来已久的人类的自我危害并看到西方历史的一种命运联系的时候(这首先是最近由海德格尔教给我们认识的),这并不是某种哲学家的幻想国中的黑色的画？这一切将来总有一天会成为人类不言自明的知识。我们今天日益清楚地看到并首先是通过海德格尔而认识到,希腊的形而上学就是技术的开端。从西方哲学中成长起来的概念形成通过漫长的历史道路导致了把征服欲作为对现实的基本经验。然而我们难道真的该认为,我们开始认识到的事物是无法超越的界限么？

我们在这里要讨论的第二个责难,主要是由哈贝马斯为反对我们的理论而阐发的。他的问题是,当我宣称,我们是借助于语言才把世界经验表述为共同的经验时,是否把语言以外的经验方式低估了。虽说语言的多样性无可非议,但正如我们中每一个稍微会用其他语言进行思维的人都知道的,这种相对性并不是说,它把我们驱赶进一道永远不可能摆脱的桎梏中。然而,难道不存在非语言形式的其他现实经验吗？这种经验就是统治和劳动的经验。这就是哈贝马斯用来反对诠释学要求之普遍性的两个论据。⑰ 他显然把语言的理解解释为一种内在意义运动的封闭圈子(我不明白他为什么要这样认为)并把它称为民族的文化传统。然而,民族的文化传统首先是统治形式和统治艺术的传统,是自由理想、秩序目标等等传统。谁否认我们人类特有的能力不仅存在于说话之中？我们应该承认,任何语言性的世界经验都是世界的经验而不

---

⑰ [J.哈贝马斯:"诠释学的普遍要求",载《诠释学和辩证法:伽达默尔纪念文集》,两卷本,R.布勒纳、K.克拉默和R.维尔出版,蒂宾根,1970年,第1卷,第73—104页;并参见我的论文"诠释学问题的普遍性",本书第219页以下。]

是语言的经验。我们在语言的解释中所表达的难道不是和现实的相遇么？与统治和不自由的相遇，导致了我们政治观念的发展，我们在掌握劳动过程中作为我们人类自我发现的道路加以经验的就是劳动的世界、能力的世界。认为我们人的自我理解、我们的评价、我们与自身的谈话并非首先是在我们人类在统治和劳动中生存的具体经验中才有它具体的实现和批判的作用，这是一种错误的抽象。我们在一个语言世界中活动并通过预先形成的语言经验进入我们的世界，这一情况根本不会使我们失去批判的可能性。恰好相反：只要我们使自己置身于同其他具有新的批判思考和新的经验的思维不同的人的谈话之中，就可以为自己开辟超越我们的习俗和一切前定经验的可能性。在我们的世界中基本上涉及的仍然是一开始就涉及的相同的东西，这就是在语言上被纳入习俗传统和社会规范之中，而在这一切习俗传统和社会规范的后面则存在着经济利益和统治利益。而正是在我们人类的经验世界中，我们依靠我们的判断力，亦即依靠我们对于一切习俗采取批判态度的能力。事实上我们要把它归功于我们理性所具有的语言效力，我们并不是由于语言而使理性受到了阻碍。确实，我们的世界经验并非仅仅在学习说话和语言练习中发生，这十分正确。正如哈贝马斯借助于皮亚杰的研究所指出的，还存在着前语言的世界经验。存在着手势、神色和表情等把我们相联系的语言，以及笑和哭（普莱斯纳〔H. Plessner〕曾让我们注意笑和哭的诠释学），还存在着经由科学而建造起来的世界，在这个世界中精确的数学符号的特殊语言最终使理论构成有了固定的基础并使人具有制造和操纵的能力，这种能力对我们来说正是一种 homo faber 即人类技术发明能力的自我表现。但所有这些人类自我表现的形式本身却必定要不断被纳入那种灵魂和自己的内心对话之中。

我承认,这种现象证明,在语言和习俗的相对性之后,存在着一种共同的东西,它根本不是语言,而是一种旨在可能被语言化的共同的东西,也许用"理性"这样一个词来称谓它也还算可以。当然存在着某种把语言称之为语言的东西,这就是,作为语言的语言以一种特有的方式和所有其他的交往行为相区别。我们称这种区别为书写和书面文字。像某人和另一人或某人和自己进行的有说服力的谈话,这样以如此直观和生动的方式相互不可分离的东西却能够接受这种僵死的书画文字形式(这种书面文字形式能破译、能阅读、能用新的意义阐释),从而使我们整个世界或多或少地——也许这种情况不会再延续多久——变成一个文字的世界,一个通过书写和书面文字进行管理的世界,这到底意味着什么?文字的普遍性是以什么东西为基础?在文字中又会发生什么?撇开一切文字的区别性我也许可以说:一切文字都要求被理解,要求一种犹如对内心耳朵增强提升的东西。这一点在涉及到诗歌之类时是不言而喻的,即使在哲学领域中我也经常对学生说:你们必须竖起你们的耳朵,你们必须知道,当你们把一个词放在口中时,你们并不是在使用一种随心所欲的工具,不合人意就可能被扔到角落里去的工具,实际上你们已固定在某种思维方向上,这种思维方向自古以来又远远超越你们而去。我们所作的始终是一种回溯(Rückverwandlung)。从广义上我想把它称为"翻译"(Übersetzung)。阅读已经是翻译,而翻译则是再一次翻译。我们可以思考一下这种情况,什么叫我们在翻译,这就是说,我们把某种死的东西转释为一种新的阅读理解过程，或者说从某种用陌生的语言表述出来的作为文本存在的东西转译成另一种我们自己的语言。

翻译过程从根本上包括了人类理解世界和社会交往的全部秘密。翻译是内心的预见，即在整体上预先把握意义和对被预见的东西的明确的确证的不可分割的统一。一切说话本身都具有这种先认识和确证的性质。亨利希·冯·克莱斯特（Heinrich von Kleist）写过一篇名为《论思想在谈话中的逐渐完成》（Über die allmähliche Verfertigung der Gedanken beim Reden）的好文章。我认为，每个考学生的教授，都首先必须在一份保证书上签名，证明他看过这篇文章。这篇文章描述了亨利希·冯·克莱斯特在柏林报考硕士时的经历。那时的考试是公开的，当然来听者只是未来的考生（这在今天也是如此）。亨利希·冯·克莱斯特描写了考试是如何进行的，考试中教授如何像子弹出膛一样提出一个问题，而考生也必须像子弹出膛那样讲出答案。然而如今我们都知道：任何一个人都知道答案的问题只有傻瓜才能回答。问题应该自我设立，这就是说，问题应该包括一种回答可能的开放性。所作出的回答合乎理性是人们能够评价的唯一可能的考试成绩。计算机和鹦鹉可以用快得多的速度找出一个"正确"答案。克莱斯特还为这种经验找到一个很漂亮的词：思想的孕育必须置于运动之中。在讲话中的情况即是：一个词给出了另一个词，并由此发展了我们的思想。一个词是真正的词，是当它在说话中从还被预先公式化了的语言宝库和语言用法中被提供出来。人们说着这种词，而这种词又把人们远远引向他们自身也许看不出的后果和目标。这就是语言的世界指向之普遍性的背景,换言之,亦即我们的世界知识对于我们来说并不是我们要学会吃力地逐段逐段背出来的无限的文本。"背诵"(Aufsagen)这个词应该使我们意识到它根本不是讲话。背诵与讲话相反。背诵早已知道接下去的是什么,从而不会遇到突然灵机一动这种可能的好处。我们都知道在最坏的演员那儿所具有的经验,这种演员只是背诵,使我们觉得当他说出第一个词时就总是在想着下一个词。这其实根本不是说话。只有当我们冒险提出某些东西并跟从它的含义的时候,我们的说话才是说话。总而言之我想说,在关于我们理解的语言性问题上的真正误解实际上是对语言的误解,似乎语言只不过是词、句子、概念、观点和意见等等的组合。语言实际上只是一种词,这种词的效能为我们开辟了继续说话和彼此谈话的无限性以及和自己说话和让自己说话的自由。语言并不是强加在我们身上的人们制造出来的习俗,前图式化的负担,而是使语言整体不断重新流动起来的生成力和创造力。

16
无谈话能力
（1972年）

我们马上就会理解这里提出的是怎样一个问题，以及这个问题是从何种事实出发的。是谈话的艺术消失了？难道我们没有看到当代社会生活中日益增长着一种人类行为的独白化？这是与科学技术思维方式相联系的当代文明的一般现象，还是现代世界中特殊的使青年人缄口的自我异化和孤独的经验？甚至是决心抛弃一切理解愿望，是对统治着公众生活被其他人诉之为无谈话能力的假理解的愤怒的反抗？以上这些就是每一个听到本文讨论的题目时马上会想到的问题。

谈话的能力是人的自然能力。亚里士多德说人是拥有语言的生物，而语言只可能存在于谈话中。尽管语言可以规范化，可以在词典、语法和文学中有一种相对的固定化——但语言固有的生动性，它的老化和更新、它的粗糙化和精美化，直至达到高度的文学艺术风格形式，这一切都依赖于互相进行谈话的人之间生动的交流。语言仅仅存在于谈话之中。

但谈话在人们之间所产生的作用却极为不同。有一次我在柏林的一家旅馆观察过一个芬兰军官军事代表团，他们围着一个巨大的圆桌坐着沉默不语地沉思着，而在每个人与他的邻座之间都隔着遥远的心灵苔原，就像隔着一段不可跨越的距离。但是有哪一个北方国家的旅行者又会对南方国家如西班牙或意大利市场和广场上经常出现的大叫大嚷的谈话热潮不感到惊奇呢！然而，我们也许既不应该把前一种情况看作缺乏谈话愿望，也不应把后一种现象视为具有特殊的谈话天才。因为谈话也许还有些不同于在它声音强弱中变化着的群体生活的中交往方式。而对无谈话能力的抱怨指的也不是这点。谈话应该在一种更高要求的意义上来加以理解。

我们用一种相反的现象来说明一下吧，这种现象也许对我们谈话能力的退化并不是无责任的：我指的是电话中的谈话。我们已经非常习惯于在电话中进行长时间的谈话。在两个站在一起的人之间是几乎感觉不到在打电话时由于谈话只限于声音而出现的交往的贫困化。但谈话的问题绝不会出现在以下情况中，即两个生活有紧密联系的人继续编织谈话的线索。无谈话能力的问题毋宁是说，人们是否能做到足够坦率并感到对方也很坦率，以便使谈话的线索能够继续下去。而在这里电话谈话的经验就像照相有底片一样是文件档案式的。在电话中几乎完全不可能窥察到对方是否有参加谈话的坦率的诚意，电话中人们从不可能感受到这样一种经验，它常常使人们相互接近，一步一步更深入到谈话之中，最终两人都深深地陷入到谈话之中，从而产生出一种使谈话双方之间不可分离的共同性。我把电话中的谈话称作照相底片式的谈话。因为通过以电缆为媒介人工的接近，人们几乎感觉不到使人们能够互相靠拢的探问和谛听这种气氛。在每一次电话通话中不管对话者如何确信他是怎样高兴，但总有一些野蛮的干扰或被干扰存在。

我们的这一比较第一次使我们感觉到,要进行能够把谈话引向人类共同性深处的真正谈话的条件相距多么遥远,以及在现代文明中有哪些与谈话相对立的反对力量得到了发展。也许刚刚处在技术完善开端的现代信息技术——如果可以相信技术预言家的话——不久就将把书籍和报纸甚至把从人的相互接触中可能产生的真正的教诲都完全变成多余的东西,这种信息技术使我们回忆起它的对立面,这就是曾经改变了世界的谈话巨人:孔子和释迦牟尼、耶稣和苏格拉底。虽说我们也阅读他们的谈话,但它们只是其他人的记录,这些人不能保持和再现谈话原有的超凡魅力。这种超凡的魅力只存在于生动自发的问和答,讲话和听别人讲话之中。虽然这些记录具有一种特殊的文件式的力量。在某种意义上它们是文学,也就是说,它们以书写的艺术为前提,这种艺术懂得如何用文学的手段描绘和塑造生动的现实。但这种记录与想象力的文学游戏不同,它具有一种独特的透明度,它表明它是以真人真事为背景的。神学家弗朗茨·奥佛伯克(Franz Overbeck)正确地考察过这一点,并在运用到《新约》时用了"原文学"(Urliteratur)的概念,这种原文学与真正的文学相比要早得多,就像原始时代相对于有历史记载的时代一样。

在此再看一下另外一种类似现象是有好处的。无谈话能力并非我们所知道的唯一的交往衰退现象。我们早已观察到信件和通讯的减少。17和18世纪爱写洋洋万言长信的人早已属于过去的年代。显然,对于通信这种通讯方式来说,用巡回邮车——这完全是按字母意思指邮车马匹的巡回——相互作答的邮车时代,比起以几乎可以完全同时进行问与答的电话技术时代要有利得多。了解美国的人都知道,在美国现在人们比古代写信要少得多。确实,现代人们用信件彼此通讯(这即使在古代也是尽可能减少),尽可能局限于那些既不能使用语言的创造力,又不能使用心灵的感受力,也不能使用创造性的想象力,或许用电传打字机可以干得比羽毛笔更好这样的事情。信变成了一种落后的通讯工具。

即使是在哲学思维的领域,谈话现象,尤其是两人之间被称为对话的那样最佳的谈话形式也起着一种作用,而且在我们把其认识为一般文化现象的相反领域也起着作用。首先使谈话现象相对于哲学思维后果严重的独白性具有一种批判作用的是浪漫主义时代及其在20世纪的复兴。像弗里德里希·施莱尔马赫这样的谈话大师、友谊的天才,或者弗里德里希·施莱格尔,他的敏感使他更加热衷于谈话而不是固执己见,他们两人同时都是某种辩证法的哲学辩护士,这种辩证法认为柏拉图式的对话模式和谈话模式具有自己的真理优势。很容易看出这种优势存在于何处。如果有两个人相遇并彼此进行交流,那么总是好像有两个世界,两种世界视角和两种相对立的世界观。这并不是如大思想家的思想以其概念的严格性和他们所制定的理论试图使其得以传播的那种对一个世界的一种看法。即使柏拉图也并非仅仅出于对谈话大师,即苏格拉底的崇敬才以对话形式写下他的哲学。他在对话中就已经看到一种真理的原则,即话只有通过被他人接受并得到他人赞同才能得到验证。思维的结果如果得不到另一个与他的思想同步的其他人的赞同,这种思维的结果就没有说服力。确实,人的每一种观点都带有某些偶然因素。人们经验世界的方式,看、听甚或品尝等等都保持着它特有的不可扬弃的秘密。"谁用手指指着一种气味?"(里尔克)正如我们对世界的感性认识永远是个人的感觉一样,我们的欲望和利益也各不相同,而大家所共有的并且能够把握大家所共有的东西的理性面对我们每个个性内在的盲目性却显得软弱无力,因此,和其他人的谈话,他的反对或赞同,他的理解或误解都意味着我们个性的某种扩展,并且是对理性激励我们去达到的可能的共同性的检验。我们可以想出一系列的对话哲学都是从这一经验出发的,即从整个世界反映在其中的不可混淆的个人的观点以及在一切个人的观点中表现得不一样的整体世界出发。正是莱布尼茨伟大的形而上学概念使歌德也叹为观止,莱布尼茨说,单个的个人是宇宙的多面镜,而在多面镜中反映出来的整体就是那同一个宇宙本身,这样就可以构造出一个谈话的宇宙。

使浪漫主义通过揭示个性的不解之秘密转而反对抽象的一般概念的东西,在本世纪初对19世纪学院哲学的批判以及对自由主义的进步信念的批判中得到了复兴。恰恰是德国浪漫主义的学生,丹麦作家克尔凯郭尔在19世纪40年代以高超的写作艺术对黑格尔唯心主义的学院统治宣战,这并非偶然,克尔凯郭尔在20世纪由于他的作品被译成德文因而在整个欧洲获得影响。正是在海德堡(以及德国的其他许多地方),克尔凯郭尔的思想把"你"的经验以及联结我与你的话的经验与新康德主义的唯心主义相对立。在海德堡尤其是因雅斯贝斯而受到促进的克尔凯郭尔复兴在《创造》(Die Kreatur)杂志上得到了有效的表达。像弗朗茨·罗森茨威格和马丁·布伯,弗里德里希·戈加滕和弗迪南德·埃伯纳这样一些人(为了提及源自不同阵营的犹太教、基督教和天主教的思想家)以及一个有威望的精神病医生维克多·冯·魏茨泽克都统一于一个信念,即谈话是通向真理之路。

什么是谈话?我们想到的当然是在两个人之间进行的一种过程,这种过程尽管具有扩张性和潜在的无限性却具有本身的统一性和封闭性。对我们而言所谓谈话就是,在我们心中留下某些痕迹的东西。这并不是说我们在谈话中经验到某些新的东西从而才使谈话成为一场谈话,而是说我们在其他人那儿遇到了在我们自己的世界经验中未曾接触过的东西。促使哲学家对独白性思维进行批判的东西,个人在自身身上就可以经验到。谈话具有一种转变力。凡一场成功的谈话总给我们留下某些东西,而且在我们心中留下了改变我们的某些东西。因此,谈话与友谊比肩而立。[13] 只有在谈话中(以及就像达成某种默契而相视而笑中)才能互相成为朋友并造就一种共同性,在这种共同性中,每人对于对方都是同一个人,因为双方都找到了对方并且在对方身上找到了自己。

然而为了不要老是只讲谈话的这种极端和深奥的意义,我们想把我们的注意力转向存在于我们生活中的各种谈话形式,以及处于本文所要讨论的特殊威胁下的谈话形式。这首先是教育式的谈话。这并不是说它本身就具有特别重要的意义。而是说,在教育式的谈话中可能特别清楚地表明,在无能力谈话的经验背后存在的究竟是什么东西。虽然教师和学生之间的谈话肯定是谈话经验的原始形式,而一切我们上面已经谈到的富有魅力的谈话大师

---

[13] [参阅我为《U. 赫尔希(Hölscher)纪念文集》(维尔茨堡,1985年)所写的论文"友谊和自我认识",载我的著作集,第7卷。]

无谈话能力

都是大师和教师,他们都通过谈话教育他们的学生和追随者。但是在教师的情况中显然存在着一种特殊的困难,即要在自身中保持能使大部分人折服的谈话能力。一切教书的人都认为他必须讲话并能够讲话,而他越是能够前后一贯、有联系地讲话,他就越以为他在传播他的学说。这就是我们大家都知道的讲台危险。我想起了我在学生时代在胡塞尔那里上讨论课的情景。众所周知,这种讨论课应该尽可能地引导学生进行研究式的谈话或至少是教育式的谈话。20年代初作为弗赖堡的现象学大师怀着深深的传教使命感并在哲学教学工作中确实很出色的胡塞尔,却不是一位谈话的大师。在讨论课上他先提出一个问题,在得到简短的回答后接着他就这个回答进行两小时不间断的独白式讲学。讨论课结束,他和他的助手海德格尔走出课堂时,他对海德格尔说:"今天可进行了一场热烈的讨论。"——这种经验在今天导致了像讲座危机这样的情况。这里的无讲话能力显然主要是在教师这一边。就教师原本是科学传授者而言,那么就是在于现代科学和理论构成的独白式结构。我们在大学生活中曾一再试图通过讨论而使讲座气氛变得活跃一点,当然在这里我们也不得不得出相反的经验,这就是要把听众倾听的行为转向提问和反问的主动行为是极其困难、鲜有成功的。最后在教师的情况中只要它超出小范围谈话的亲密气氛,那么就存在着一种无法消除的谈话困难。柏拉图早已意识到这一点:一场谈话从来不可能与许多人同时进行,或仅在许多人在场的情况下也不可能进行谈话。我们的所谓讲台讨论(Podiumsdiskussion),在半圆桌上的谈话只是一种半死的谈话(halb tote Gespräche)。但确实存在其他的、真正的,亦即个体化的谈话情境,在这种情境中谈话才保持它真正的功能。我想把三种谈话形式区别开来:协商谈话(Verhandlungsgespräch)、治疗谈话(Heilgespräch)和知己的谈话(vertrauliche Gespräch)。

光从字面上就可以看出协商谈话强调的是交换性,在意见交换中谈话双方相互接近。显然这里涉及到的是社会实践的形式。在两个业务伙伴之间的谈判或政治谈判都不具有所谓个人交换意见的性质。在谈判中如果谈话是有成果的,那么虽然谈话也达到一种平衡,这是谈话的本来规定,但是在相互交流其条件中达到平衡的人却并不是作为个人说话和出场的,而是作为由他们代表的党派利益的代言人。尽管如此,如果能更仔细地研究一下富有成果的商人或政治家究竟具有何种真正的谈话天才,他们如何懂得克服对方身上存在的妨碍平衡的障碍,这也是颇有吸引力的。这里显然有一个关键的前提,即要善于把对方当作对方。在这种情况下就是要了解与自己利益相对的对方的真正利益,而被正确预感到的对方利益也许就已经包含了达成一致的可能性。就此而言,协商谈话中本身就表现出谈话的重要规定,这就是为了能够谈话,就必须能够倾听。和对方接触即使在仅仅涉及到金钱或权力利益的地方也能使自己超越自己的界限。

对我们的题目具有特殊启发力的是治疗性谈话,尤其是在精神分析门诊中经常使用的治疗谈话。因为在这里,无谈话能力恰好是出发点,由此出发重新学习谈话就是治疗过程本身。把病人最终驱赶入完全无助的病态干扰就在于,和周围世界的自然交往被神经错乱的观念打断了。病人愈是深深地沉溺于这种错乱观念之中,以致使他不再能去真正倾听他人的谈话,他就愈是沉溺于自己病态的观念之中。但正是由于他不能忍受和人类自然的谈话共同体的分离才使他最终认识到自己病了,从而使他去求医。这里描写的是对我们的论题极有意义的出发情形。极端的例子总是比一般的例子更有教益。精神分析性的治疗谈话之特殊性恰好在于,构成这种特殊病情的无谈话能力,唯有通过谈话才能获得治疗。但从这种过程中学到的东西却不能够简单地转用到其他领域。首先精神分析家并不仅仅是谈话伙伴,他还是知情者,他要突破病人的反抗努力去开启受禁忌的无意识领域。虽说人们说得很有道理,谈话本身是共同的启发工作,它并非仅仅是医生知识的运用。但另外一个与此相联系的条件却是专业性的,它限制了把精神分析式的治疗谈话转用到社会实践的谈话生活:这里的首要前提是病人认识到自己有病,也就是说,无谈话能力在这里是自己承认的。

但我们所思考的本来的论题却相反,是一种自己不承认的无谈话能力。它的典型形式恰好相反,即人们不是看到自己的无能力,而是看到他人的无能力。人们说"和你没什么好谈的"。而对方的感觉和体验则是未被理解。这就使人一开始就哑然无言,甚或被气得咬紧嘴唇。因此"无谈话能力"归根到底总是某个自己不能谈话,或者不能成功地与他人展开谈话的人们所提出的诊断,但是他人无能力始终也同时是自己的无能力。

我想从主观和客观两个方面来分析这种无能力。亦即一方面谈谈主观的无能力,即无能力倾听,另一方面谈谈客观的无能力,这种客观无能力的基础就是不存在共同语言。无能力倾听是一种众所周知的现象,因此我们根本无需想象其他特别具有这种无能力现象的人。我们从自身就足可体验到这种情况,因为我们常常漏听或错听。这难道不是人类的基本经验之一,即我们不能及时地感觉到他人身上发生的事情,我们的耳朵不够灵,因而不能听出对方的沉默和观点?抑或人们听错了?这种情况的发生似乎是不能令人信服的。我曾有一次——由于莱比锡地方当局的(本身无关紧要的)侵犯——被关于警察局监牢中。在那里走廊上整天有人被喊去受审讯。我几乎在每一次听到呼喊时都以为听到了自己的名字——我心里这种期待竟如此迫切!漏听和错听——这两者都源于相同的在自身中可能出现的原因。漏听或错听的人总是经常倾听自己的人,他的耳朵好像总是充满了他经常对自己说的话,因为他总是在追逐自己的欲望和兴趣,以致不能倾听对方的话,这就是我所强调的我们不同层次的本质特性。但尽管如此,我们总是能重新具有谈话的能力,亦即倾听对方的话的能力,我认为这就是意味着人向人道的真正升华。

当然,也可能存在着客观的原因,我们越是习惯于当代科学文明的独白状态,越是习惯于听任匿名的通讯技术的摆布,人们之间的共同语言也就越会日趋崩溃。我们可以想一下宴会上的谈话以及在某些值得同情的美国富人的豪华住宅中由于现代化技术设备和他无谓的浪费才达到的谈话的受抑的极端形式。在这种住宅中,餐厅布置得使每个就餐者从他的菜盘上一抬起头就可以舒适地看到专门为他设置的电视屏幕。我们还可以勾画出更为先进的技术进步,譬如说人们可以戴上一副眼镜,这种眼镜不能透视,而是只能看到电视,就像人们有时看到有人在奥登森林中漫游,同时听着漫游者身边带着晶体管收音机中播放的熟悉的音乐一样。这

无谈话能力

些例子只是想说明,确实存在着使人们有可能荒废说话能力的客观的社会条件,而说话就是和某人的说话或回答某人问题,也就是我们称之为的谈话。

然而极端例子也可以说明一般情况。我们可以看到,人们之间的相互理解既创造着一种共同的语言,反之又是以共同语言为前提。人们之间的疏远表现在,他们不再说(如人们所说的)同一种语言,而人们之间的接近就在于:他们找到了一种共同的语言。确实,凡是缺乏共同语言的地方,相互理解就极为困难。而只要人们寻找共同语言并最终找到了共同语言,那么相互理解就一定能成功。我们可以在操不同母语的人之间结结巴巴谈话的极端例子中认识这一点,他们只知道对方语言的只言片语,但却感觉到迫切需要相互说点什么。在这种情况下,人们如何在实际交往中,甚至在个人或理论性的谈话中最终达到理解,甚至最终达成一致,这也许可以成为一种象征,它表明,即使是在似乎缺乏语言的地方也可能达到相互理解,只要有耐心、敏感、有同情心和宽容,以及对作为我们生命之一部分的理性的无条件的信任。我们经常体验到,即使是在不同气质、不同政治观点的人们之间,也能进行谈话。"无谈话能力"在我看来与其说是对方实际具有的缺点,还不如说是人们对不想跟从他们思想的人提出的一种谴责。

IV

发 展

17
诠释学问题的普遍性
（1966年）

为什么语言问题在当今的哲学讨论中占据了类似思想这一概念或者说"思考自身的思想"这一概念于一个半世纪以前所处的中心地位？我想用这个问题间接地对我们必须称之为近代的中心问题的这个问题——一个由于近代科学的存在而向我们提出的问题——作一个回答。我指的问题是，当我们经历了自己的生活历史和生活命运之后，我们作为人所具有的天然的世界观和世界经验如何和那种表现科学见解的不容置疑的、匿名的权威发生关系。自从17世纪以来，哲学的真正任务一直在于把人的认识能力和创造能力的新运用和我们人类生活经验的总体相调解。这个任务曾以不同方式表达出来，并包括今天我们这代人所从事的试图，因为我们这代人把我们在世存在的基本进行方式，亦即语言这个论题，作为包罗万象的世界构造形式置于哲学的中心地位。因此，我们总是想到凝固在非语言符号中的科学陈述，我们总是具有以下任务，把通过科学而可支配的并受我们随意操纵的对象世界，亦即我们称之为技术世界和那种既不是任意的也不再是可由我们操纵的、而仅仅要求我们尊重的我们存在的基本秩序重新联结起来。

我想对一些简单明了的现象进行解释，诠释学观点的普遍性即与此相关。我联系到海德格尔在他早期发展的说话方式以及原本产生于新教神学并经由威廉·狄尔泰引入我们世纪的观点的继续发挥而把这种观点称为"诠释学的"。

什么是诠释学？我想从与我们的此在休戚相关领域中遇到的两种异化经验开始讲述这个问题。我指的是审美意识的异化经验和历史意识的异化经验。我想说明的问题在这两种情况中都可以用很少几句话说明：审美意识承认一种我们既不能否认也不能缩小其价值的可能性，即：我们或者批判地或者赞同地使自己和一种艺术构成物(Gebilde)的性质发生关系，这句话的意思是说，我们本身具有的判断力将最终决定判断对象的陈述力及其效果。我们所拒绝的艺术品不会对我们说什么东西——或者说，我们之所以拒绝它，正是因为它无法对我们说什么东西。这就在艺术一词最广的意义上刻画了我们和艺术的关系，正如黑格尔指出的那样，艺术显然包括了整个古希腊-非基督教的宗教世界，它是艺术-宗教，是以人类形象的回答体验神性的方式。当这整个经验世界异化成审美判断的对象时，它显然就失去它原来毫无疑义的权威。此外，我们还必须承认，对我们而言——艺术传承物的世界，艺术用如此多的人类世界为我们赢得的伟大共时性(Gleichzeitigkeit)远不只是我们能任意地接受或拒斥的一种对象。当我们被一件艺术品吸引时，它就再也不让我们随意地撇开它或仅仅按我们自己的主张接受它或拒斥它，这种情况难道不是真的吗？那些千百年流传下来的人类艺术天才的创造物确实并非为这种美学的接受或拒斥而创作，这难道不也是真的吗？任何一个和过去的宗教文化联系的艺术家都只能带着如下意图创作他的艺术品，即：他所创造的作品将在它所说和所表达的东西上被人接受,被纳入人类彼此生活的世界。艺术的意识,审美的意识,它们都是第二性的意识。相对于从艺术品本身引出的直接的真实性要求,它们只是第二性的。当我们根据一件艺术品的美学特性对它进行判断时,它就疏离了一些实际上与我们更为亲近的东西。当我们离开抓住我们的直接的真实性要求、不再追求这种要求时,总是会发生这种向审美判断的异化。因此,我思考的出发点之一就是,在艺术经验领域起作用的审美主权,一旦面对我们在艺术陈述的形式中遇到的真正的经验现实,它就表现为一种异化。①

大约30年以前,这里提出的问题曾以一种被歪曲的形式出现过,那时,国社党的艺术政策为了实现和达到它自己的政治目的,曾试图用艺术与民族紧密联系的话对纯美学文化的形式主义进行批判。尽管这种说法在执行这种口号的人那里遭到滥用,但我们不能否认,艺术与民族紧密联系的观点包含一种真知灼见。每一件真正的艺术创作总是隶属于它的社会群体,而这种群体总是和受艺术批判影响和威胁的文化社会相区别。

异化经验的第二种模式是我们所谓的历史意识,这是一种逐渐建立的,在接纳过去生活的见证物时保持一种自我批评距离的高贵的艺术。兰克消除个体性的著名公式曾经披上一件作为历史思想风俗习惯的通俗形式:历史意识的任务是,从时代精神出发理解该时代的所有证据,把这些证据从我们自己当今生活的令人喜

---

① [对此参见我1958年写的"审美意识的疑难",以及我的著作集第8卷中的其他文章。]

欢的现实性中解救出来,把过去作为一种人类现象来认识而无须作道德上的美化。② 在他著名的论文《历史对生命的作用和损害》(Über Nutzen und Nachteil der Historie für das Leben)中,尼采系统阐述了这种历史距离和始终与当代联系在一起的直接的塑造意志(Formungswillen)之间的矛盾。与此同时,他揭露了这种所谓"亚历山大式"的衰弱的生存形式意志(Formwillen)的许多后果,这种生存形式意志表现为现代历史科学。我们可以回忆他对现代精神的评价软弱的指责,由于现代精神如此习惯于在各种不同的、变化的情况下考虑事物,它已变得眼花缭乱,以致不能对呈现给它的东西形成自己的观点,不能对与它劈面相遇的事物决定自己的立场。尼采把这种历史客观主义的价值盲目性归溯到陌生的历史世界和当代的生活力量之间的冲突。

显然,尼采是一个狂热的见证者。但我们在过去100年间以这种历史意识所作出的历史经验十分有力地告诉我们,历史意识与它的历史客观性的要求具有本身特有的困难。即使是对那些看起来已经极为成功地达到了兰克个体主义自我消融的要求的历史学研究巨著,我们仍然能够准确无误地把它们归属于写作这些著作时所处时代的政治倾向,这对于我们科学经验已是毋庸置疑的事实。当我们阅读蒙姆森(Th. Mommsen)的罗马史的时候,我们知道唯有谁才可能写作这本书,也就是说,这位历史学家在他所处时代的何种政治境况中把过去年代的各种见解组织成一种富有意

---

② [参见 O. 福斯勒(Vossler)的"兰克的历史问题",该文是 L. 兰克所著《法兰西史——主要是16世纪和17世纪的历史》(莱比锡,1943年)一书的导言。另见 O. 福斯勒:《精神与历史——论文集》,慕尼黑,1964年,第184—214页。]

味的陈述。从普鲁士编年史学家中选几个著名的名字,例如特赖奇克(Treitschke)和西贝尔(Sybel),通过他们的著作我们同样可以认出这一点。这就首先清楚地表明,历史方法的自我理解所表述的,并非历史经验的整个现实。尽可能地控制我们自己当代的偏见从而不误解过去的证据,这无疑是一个正确的目标。但这显然不是在此要完成的理解过去及其传承物的整个任务。真正的情况可能是——追随这种思想,实际上乃是在对历史科学的自我观点作批判考察时提出的首要任务之一——唯有历史研究中不重要的事才会让我们接近这种完全消除个体性的理想,而那些重大创造性的研究成果总是保存了一些具有在过去中直接反映当代和在当代中直接反映过去的巨大魔力。我由之出发的这第二种异化经验,即历史科学,仅仅表达了我们的实际经验——即我们与历史传承物的实际照面——的一个部分,它所了解的仅仅是这种历史传承物的一种异化形式。

如果我把诠释学意识作为某种必须要发展的、包容一切的可能性而和上述异化例子相比较,那么,我们首先就必须克服科学理论的简单化,正是由于这种简单化,我们按传统方式称之为"诠释学科学"的东西才被归属到近代科学观念之中。例如,如果我们考虑施莱尔马赫的诠释学,就会发现,他关于这门诠释学学科的观点特别受到这种近代科学思想的限制,施莱尔马赫曾经把历史浪漫主义的观点引入他的诠释学,与此同时,他在头脑中仍然清楚地保留着基督教神学的考虑,并试图使他的诠释学作为一种普遍的理解技术理论而对解释《圣经》这项特殊工作有所帮助。施莱尔马赫把诠释学定义为避免误解的艺术。这种描述当然没有完全曲解诠释学的努力。陌生的东西很容易引起误解,这种误解由于时代的距离、语言用法的改变或语词意义和想象方式的转变使我们易于发生。因此,我们必须通过受控制的方法思考来消除误解。只不过这样就产生一个问题,当我说理解就是避免误解,这种说法是否对理解现象作出了恰当的定义?事实上,每一种误解不都是以某种如基本认同(tragendes Einverständnis)这样的东西为前提吗?

在此我试图使大家注意一种生活经验。例如,我们说,理解和误解是在我和你之间发生的。然而,"我和你"这个表述证明了一种令人惊奇的异化。根本不存在这种东西。既不存在"这个"我,也不存在"那个"你,只有一种对我而言的你说(Du-Sagen eines Ich)和相对于你的我说(Ich-Sagen gegenüber einem Du),但这些都是发生在理解之前的境况。我们都知道,每一个你说都以某种深层的共同一致为前提。这里负载有某种持久的东西。而且,当我们试图对持有不同意见的问题达到一致时,这种深层因素总是开始起作用,尽管我们极少意识到这种负载的因素。如今,诠释学科学却要我们相信,我们必须理解的文本乃是某种陌生的东西,它力图把我们诱引至误解,而我们的任务就是,通过一种受控制的历史训练过程,通过历史批判、通过与心理学导引能力相联系的可控制的方法把误解可能借以潜入的一切因素排除掉。依我看来,这种说法从某个方面说是正确的,但它仅仅是对一种包罗万象的生活现象非常片面的描述,这种生活现象构成了把我们都包括在一起的"我们—存在"。依我之见,我们的任务就是,超越作为审美意识、历史意识和被局限为避免误解之技术的诠释学意识之基础的成见,并且克服存在于这些意识中的异化。

那么，在这三种经验中被我们所遗漏的是什么呢？为什么这些经验的个别性对我们如经敏感呢？面对大量早已使我们深受感染并且我们称之为艺术中的"古典"的东西，审美意识是什么呢？③什么将对我们产生深刻印象，什么将被我们发现为有意义的，不是早就以这种方式决定了么？所有我们带着一种直觉的、哪怕是错误的但对我们的意识首先却是有用的确定性说，"这是古典的，它将永世流传"，这些东西早已预先决定了我们进行审美判断的可能性。的确不存在一种纯粹的形式标准，它可以要求从高超的艺术技巧去判断和认可造型水平或塑造程度。相反，我们处在一种由不断向我们传来的声音而给予的我们感性和精神存在的审美共振之中——它是所有清晰的审美判断的前提。

历史意识的情况也是如此。在此，我们显然同样必须承认，有无数和我们自己的当代及其历史意识深度没有关系的历史研究任务。但我无疑认为，我们的文化和我们的当代由之生存的巨大的过去视域，无疑影响着我们对未来的一切向往、希望和畏惧。历史是与我们的未来相联系，并且本身只是根据我们的未来而存在。这些我们都从海德格尔那里学到过，因为他清楚地展示了，未来对于我们可能的回忆和记忆从而对于我们的整个历史所具有的首要地位。

这一点也表现在海德格尔关于诠释学循环创造性的论述中，

---

③ ［如果把我在《真理与方法》（见我的著作集，第 1 卷，第 290 页以下）中关于"古典型的例证"所说的当作承认一种柏拉图化了的古典风格理想（H. R. 尧斯：《审美经验和文学诠释学》，法兰克福，1979 年），而不是对一种历史范畴的解释，那就是一种误解。］

我曾对这种观点作过如下表述:构成我们存在的与其说是我们的判断,不如说是我们的前见。④[17]这是一种带有挑战性的表述,因为,我用这种表述使一种积极的前见概念恢复了它的合法地位,这种概念是被法国和英国的启蒙学者从我们的语言用法中驱逐出去了。我们可以指出,前见概念本来并不仅仅具有我们加给它的那种含义。前见并非必然是不正确的或错误的,从而会歪曲真理。事实上,从我们存在的历史性就可以推出,从文字意义上讲,前见构成了我们整个经验能力的先行指向。前见是我们开启世界的先入之见,正是它们构成我们经验事物的条件,构成我们遭遇到的事物对我们诉说的条件。这当然不是说,我们被一堵偏见的墙所包围,只让那些持有其护照的东西通过狭窄的入口,并坚持:"这里不会说出新东西。"相反,我们欢迎的正是那些向我们好奇心有预告新东西的客人。然而,我们从何知道我们所接纳的客人是能向我们讲出某种新东西的人呢?⑤难道我们听新东西的期待以及准备不是同样必然受到早已占据了我们的老东西的规定吗?这就足以证明,为何和权威概念具有密切内在联系的前见概念需要从诠释学角度恢复名誉。然而,如同每一种观点一样,这种观点同样也不完全确切。诠释学经验的本质并不是什么等在外面渴望进来的东西,相反,我们是被某种东西所支配,而且正是借助于这种支配我们的东西才会向新的、不同的、真实的东西开放。柏拉图把这一点

---

④ [《真理与方法》,见我的著作集,第1卷,第278页以下,以及"论理解的循环",本书第57页以下。]

⑤ [关于"新东西"的概念,参见《老东西和新东西》,1981年,萨尔茨堡文艺节上的开幕词(载我的著作集,第4卷)。]

说得很清楚,他巧妙地把躯体的食物和精神的食粮作了比较:即使我们能拒绝前者(例如,根据医生的建议),但我们总是早已接受了后者。⑥

当然现在的问题是,面对近代科学的存在,我们怎样保证自己存在所具有的诠释学条件性的合法性,因为近代科学遵循不带先入之见和无成见的原则。我们显然不能通过为科学制定规则并建议它严格遵守这种规则来使我们存在的诠释学条件取得合法性——且不说这种说法总是有点儿滑稽。科学不会帮我们这种忙。科学将以一种超越对它的控制的内在必然性继续自己的道路,它将创造出越来越多令人惊奇的知识和控制力量。它不可能有其他途径。因为某种研究可能有培养出超人的危险而去阻止遗传学家的研究,这显然是愚蠢的。因此,这个问题并不是说,我们的人类意识把自己置于和科学进程相对立的地位,竟然宣称要发展一种反科学。尽管如此,我们却不能避免下述问题,即我们在审美意识和历史意识这类显然无害的对象中所意识到的东西是否也表现了一种在现代自然科学和我们对待世界的技术态度中存在的问题?如果我们根据现代科学的基础建立一个将我们周围的一切都加以改变的充满新技术目的的世界,我们就不会假定为此而获得了决定性知识的研究者会对这种技术的可利用性只轻率加以一瞥。真正的研究者是被一种真诚追求知识的热望所推动而绝不受其他欲望推动。尽管如此,我们仍然必须提出以下问题,面对建筑在我们现代科学之上的整个文明是否不断有什么东西被忽略

---

⑥ [《普罗塔戈拉》,314a。]

了——如果使这些认识和创造成为可能的先决条件仍然处在半明半暗之中,结果是否会使运用这些知识的人本身都遭到毁灭。⑦

这个问题确实具有普遍性。诠释学问题,正如我已加以阐明的那样,绝不局限于我开始自己研究的领域。真正的关键是确立一种理论基础,从而能够承担当代文化的基本事实,承担科学及其工业的、技术的利用。统计学为我们提供了一个有用的例子,表明诠释学因素如何囊括了科学的全部过程。作为一个极端的例子,它表明,科学总是处于方法论抽象的限制条件之中,而现代科学的成果有赖于如下事实,即其他提问的可能性都被抽象所掩蔽。在统计学中这种事实表现得很明显,因为,统计学所要回答问题的前把握性使它特别适合于宣传的目的。要想取得宣传效果,就必须事先影响它的宣传对象的判断,并试图限制他们的判断能力。因此,统计学所确立的东西看起来似乎是一种事实的语言,但是,这些事实所回答的是什么问题,如果提出另外的问题又将由哪些事实开始讲话,这些却是诠释学的提问。只有诠释学的研究才能判定这些事实所含意义,并判定由这些事实引出的结论的合法性。

然而我却抢先并且是无意地使用了以下这种说法,即何种答案回答何种问题依事实而定。事实上,这就是诠释学的原始现象:没有一种陈述不能被理解为对某个问题的回答,并且也只能这样来理解各种陈述。这一点丝毫也没有损害给人深刻印象的近代科学方法论。谁想学习科学,谁就必须学会掌握它的方法论。然而我们同样知道,方法论本身并不能在任何意义上保证其应用的创造性。正

---

⑦ [在此期间许多在讨论的科学的责任性问题,依我看来是一个道德问题。]

相反(生活中的任何经验都可以证明),存在着运用方法论而毫无成果的事实,那就是,把方法用到并非真正值得认识的事物身上,用到那些还没有成为以真问题为基础的研究对象的事物身上。

近代科学的方法论自我意识当然反对这种论点。例如一个历史学家会提出异议:谈论这样一种历史传统当然很好,在这种历史传统中唯有过去的声音才获得其意义,并且那些规定当代的前见也是通过这种历史传统而产生。但在严肃的历史研究问题中情况就完全不一样。比如,我们怎么可能当真地认为,对 15 世纪城市纳税制度或者对爱斯基摩人的婚姻习俗的解释是从对当代意识及其预期中才获得其意义的?但是,这些乃是历史知识的问题,认识这些问题完全不依赖作为任务的任何当代关系。

为了回答这种反驳,即这种观点的极端性也许类似于我们在某些大工业研究机构中看到的情形,特别是在美国和俄国发生的情形,我指的是所谓的随机试验(Seriengrossversuch)。在这类试验中,人们投入所需的各种材料而根本不考虑浪费和代价,怀着侥幸心理,指望千百项措施中的某一项终有一天会导致一项引人注意的发现,也就是说,将成为对某个人们可以继续进一步研究的问题的解答。无疑,现代人文科学研究在某种程度上也以这种方式进行。比如,我们可以想一下,大量的出版物尤其是越来越完善的索引。现代历史研究能否通过这种程序增加我们的机会,从而真正注意到重要的事实并使我们的知识相应地丰富起来,这个问题还有待解决。但是,即使这样做了,人们还是可以问:从 1000 个历史学家中摘出无数的研究成果,也即确立事实联系的观点,以便使第 1001 个历史学家能发现某些重要的东西,这真是一种理想吗?当然,我这样说是给真正的学术研究画了一幅漫画。但在每一幅漫画中都有真理的因素,而我所勾勒的这幅漫画就包含着对以下问题的间接回答,即,究竟是什么造成了有创造性的研究者?是因为他学会了方法吗?然而,那些从未创造过任何新东西的人同样学会了方法。唯有想象(Phantasie)才是学者的决定性任务。想象在此当然不是指构想各种事情的模糊能力,相反,它具有一种诠释学的功能,并使人能敏感地发现什么是有问题的,使人能提出真正的、有创造性的问题——一般说来,只有掌握其科学的所有方法的人才能具有想象力。

作为柏拉图研究者,我特别喜欢苏格拉底和智者派艺术家进行争论的难忘场面,他用他的问题使他们陷入绝望,直到最后,他们再也不能忍受苏格拉底的问题,因而要求让自己担任显然更有成效的提问者角色。然而,结果怎样呢?他们根本不知道该问点儿什么。他们根本想不出值得深入研究并坚持给出后果的问题。

我从这个例子中得出如下推论。我一开始只从某些方面对诠释学意识进行描述,但它的真正仅仅总是在于,我们可以看出何者是该问的问题。如果我们所面对的不仅仅是各个民族的艺术传统,不仅仅是历史传统,不仅仅是处于其诠释学前提条件中的现代科学原则,而是我们的全部经验生活,我认为,我们这才算是成功地把科学的经验加入到了我们自身的、普遍的和人类的生活经验。因为,现在我们已经达到了可以称为(就像约翰纳斯·洛曼〔Johannes Lohmann〕所称[⑧])"语言的世界构成"(sprachliche Welt-

---

⑧ "哲学和语学科学",载《促进哲学和具体科学关系的文集》,第15卷(1965年)。

konstitution)的基本层次。这种基本层次就是预先规定我们一切认识可能性的效果历史意识。我撇开不谈下述事实,即学者——甚至自然科学家——也许都不能完全独立于社会习俗及环境中的一切可能因素——我的意思是说,在他的科学经验内部,并不是"铁定般的推论规则"(赫尔姆霍茨语),而是不可预见的命运为他提供了有成果的思想,例如牛顿的苹果落地及其他偶然的观察燃起了科学灵感的火花。

效果历史意识在语言性中得到实现。我们可以从有思想的语言研究者那里得知,语言在其生命和进程中,绝不能被想成仅仅是自身变化的,相反,有一种目的论在其中起作用。这句话的意思是说,为了说出某些事物,不断构成的语词以及出现在语言中的表达手段都不是偶然地组合的,因为它们绝不会再次抽身出来;相反,却以这种方式建立起一种对世界的明确表述——这是一种似乎是受操纵的进程,我们总是可以在学习说话的孩子身上观察到这种进程。对此,请允许我引用亚里士多德的一段话,我对此要作比较详细的解释,因为,它从某个方面巧妙地描绘了语言的构成。这就是亚里士多德所说的 epagoge,亦即普遍性的形成。普遍性是如何形成的?在哲学中我们说,达到一般概念,然而,甚至语词在这个意义上也显然是一般的。那么,语词如何成其为"语词",也就是说,语词是如何具有普遍意义的呢?一个具有感觉的存在在其第一次统觉中,发现自己处于一个刺激因素的汹涌的海洋之中,如同我们所说,最后有一天他终于开始认识到某些东西。显然,我们借此并不是说他本来是盲目的,相反,当我们说"认识"(erkennen)时候,我们指的是"重新认出"(wiederekennen),亦即从流逝过去的形象之流中辨认出（herauserkennen）某些同一的东西。用这种方式辨认出的东西显然会保持住。但这究竟是如何发生的呢？一个孩子何时首次认出自己的母亲？是他第一次看到自己母亲的时候吗？不！那么，究竟什么时候呢？这是怎样发生的呢？我们究竟能否说，这是一次性的事件，即一种首次的认识把孩子从茫然无知的黑暗中解放出来？我认为我们显然不能这样说。亚里士多德绝妙地描述了这一点。他说，这和一支正在逃跑的军队情况一样，他们由于恐慌而逃跑，直到最后终于有个人停下来，回头观看敌人是否仍然危险地紧追在身后。这支军队并不是在某个士兵停步时停住的。然后，另一个士兵又停步了。同样这支军队也不是由于有两个士兵停步而停住。那么，这支军队究竟何时停住的呢？它突然又重整旗鼓起来。突然重又听从了指挥。亚里士多德的描述包含着一个巧妙的双关语，因为，在希腊语中命令亦指 arche，亦即原则（principium）。原则在什么时候成其为原则？通过何种能力？这个问题其实就是普遍性何时出现（Zustandekommen）的问题。⑨

如果我没有误解约翰纳斯·洛曼的陈述，那么，正是这种目的论在语言的生命中不断产生作用。当洛曼把语言倾向说成是使特定的形式得以扩充的历史的真实动因时，他当然知道，这种目的论是在这些——用一个美妙的德文词来说——Zustandekommen，即来到存在（Zum-Stehen-Kommen）的形式中实现的。我认为，这里所展示的，正是我们关于世界的整个人类经验的真正实现方式。学说话当然是一个特别有创造性的阶段，经过一段时间，我们就把

---

⑨ ［参见亚里士多德：《后分析篇》，B19，100a3以下。］

一个3岁孩子的天才改变成一个善于遣词造句的能人。然而在使用那些最终产生的对世界的语言解释时,我们开始阶段的某些创造性的东西还是存在着的。例如,在我们试图进行翻译的时候,在生活或文学或其他领域中,我们都碰到过这种情况,也就是说,我们都熟悉当自己找不到合适词的时候那种奇怪的、不舒服的、转弯抹角的感觉。一旦我们找到了合适的表述(它们不一定总是一个词),一旦我们确信找到了这种表述,这时它就"停顿"(steht),就有某些东西来到"存在",我们又在陌生的语言事件洪流中找到立足之地,而语言事件的无穷变化则会使我们失去方向。我在此描述的是整个人类经验世界的模式。我把这种经验称为诠释学的。因为,我们如此描述的过程不断重复地贯穿于我们熟悉的经验中。在这个过程中,总是有一个已解释了的,并早已在它的基本关系上组织好了的世界,它作为某种新的东西进入经验,它打乱了曾引导我们的期待的东西,并在这种激变中进行重新组织。误解和陌生性并不是首要因素,因此,不能把避免误解看作诠释学的特殊任务,实际情况正好相反,只有通过熟悉和一致同意,才使我们走出异己世界成为可能,才使从异己世界中找出一些东西成为可能,从而才可能扩大、丰富我们自己关于世界的经验。

诠释学度向所具有的普遍性要求就该如此理解。理解和语言紧密相连。但是,这个断言并不会导致任何形式的语言相对主义(Sprachrelativismus)。虽说人生活在语言之中的说法确实是正确的。但语言并不是一种信号系统,并不是当我们进入办公室或转换站时借助于电报键盘发出的信号。这种信号并不是说话,因为,它并不具备语言塑造和世界经验之行为的无限性。虽然我们完全生活于语言之中，这却绝不是相对主义，因为，这绝对不是监禁在一种语言之中——甚至不可能监禁在我们的母语之中。当我们学习一门外语时都能体验到这一点，尤其是当我们在会一点外语的情况下旅行时，掌握一门外语，意味着当我们在外国用外语讲话时用不着不断地求助于我们自己的世界和本国语言的词汇。我们对这门外语了解得越多，就越少察觉到对本国语言的侧视，只有当我们对外语了解得不够好的情况下才会有这种感觉。不管怎么说，这已经是讲话，尽管可能是一种结结巴巴的讲话，因为结结巴巴是对讲话意图的一种阻挠，因而也就打开了可能表述的无限领域。在这种意义上可以说，我们生活于其中的任何语言都是无限的，然而，如果以此推论说，因为有各种各样的语言，所以理性是有缺陷的，这就大错特错了。事实正好相反。正是通过我们的有限性，我们存在的特殊性（这点正是在语言种类的繁多中可以看得很明显），才在我们所属（指向我们所是）的真理方向上开辟了无限的对话。

如果这种说法是正确的，那么，我们开始讲的由科学创立的现代工业——劳动世界的关系就首先在语言层次上反映出来。我们生活在所有生活形式的水准正被日益拉平的时代——这对于维持地球上的生命是一种合理的必然的要求。例如，人类的食物问题，只有通过克服存在于地球各地的大量浪费才能解决。毋庸讳言，甚至在个体生命内部，机器工业世界也作为一种技术完美的领域而不断扩展。当我们听现代情人的谈话时，我们有时会自问，他们究竟是在用语词交流还是用广告标志以及来自现代工业世界符号语言的技术术语进行交流。工业化时代拉平了的生活方式不可避免也影响了语言，正如事实上语言词汇枯竭的现象愈演愈热，因此使语言非常近似于一种技术符号系统。如我所做,用"尽管"来连接第三格的人不久将变成一种博物馆里的陈列品。这一类拉平倾向是不可抗拒的。尽管如此,只要我们想在互相之间说点什么,我们自己的语言世界就仍然在同时增长。这是人与人之间的实际关系。每一个人首先是一种语言的圈子,这种语言的圈子和其他的语言圈子发生接触,从而出现越来越多的语言圈子。由此产生的总是语言,是以词汇和语法出现的语言,而且永远伴随着内在的谈话的无限性,这种谈话是在每一个讲话者和他的谈话对象之间进行。这就是诠释学的基本度向。真正的说话,即要说出一点东西而不是给出预定的信号,而是寻找一些借此能与他者联系的语词,这就是普遍的人类任务——但这对于试图把文字写下来的传承物讲出来的人则是一项特别的任务,例如对于要把写下的教义转达给别人听的神学家就是如此。

18

修辞学、诠释学和意识形态批判
——对《真理与方法》再作后设批判性的解释

(1967年)

哲学诠释学的任务在于充分揭示整个诠释学的广泛领域,并指出它对我们整个世界理解的根本意义,这种理解以各种形式发生,从人际交往直到社会操纵,从个人在社会中的经验(如他对于社会所产生的经验),从源于宗教和法律、艺术和哲学而建立起来的传统直到革命意识的解放性反思力,但这并不排除它仍是单个研究者从中取得自己出发点的有限的经验和经验领域。我本人的试图与狄尔泰对德国浪漫主义遗产所作的哲学上的继续发展相联系,因为他把精神科学的理论作为研究的论题,他同时把它置于一个新的、大大扩展了的基点上:艺术经验以其独具的成效卓著的共时性(Gleichzeitigkeit)要求对付精神科学的历史疏异化。以此去追问所有科学的根基,并且反过来,以预先把握一切科学的真理为瞄准点,这应该表现在人类所有世界经验根本的语言性上,而人类世界经验的实现方式则是一种经常自我更新的共时性。因此,出发点现象在对人类世界关系的普遍的语言性的分析中特别突出,这就不可避免了。这很吻合诠释学问题的科学史起源,而诠释学问题的缘起则是由于文字的传承物,亦即通过文字的固定化、持续性而对时间距离感到陌生了的传承物。这样就使我们能把翻译的多层性(vielschichtige)问题提升为人类世界交往的语言性模型,并依照翻译的结构发展出如何使陌生变成熟悉的普遍问题。

然而,"趋向文本的存在"(Sein zum Texte)⑩却并非仅限于诠释学领域——除非"文本"超越了狭义的用法,超越了"上帝用他的手写成的"文本,即自然之书(liber naturae),这种文本还包括从物理学直到社会学和人类学的所有科学。然而,仅用翻译的模式绝不能把握语言在人的行为举止中所意味的多样性。虽说,在阅读这本最伟大的"书"时会表现出构成理解和理解性——也许还有理解力——的紧张和松弛,然而对于诠释学问题的普遍性却不可能产生怀疑。这绝不是一个次要的论题。诠释学绝非只是浪漫主义精神科学的辅助学科。

然而,人类语言性的普遍现象也伸展到其他的领域。因此,诠释学论题还延伸到规定着人类世界经验语言性的其他关联之中。这些关联中的一部分已在《真理与方法》中作过说明。在那里,效果历史意识是作为人类语言观念在其历史中某些阶段的有意识说明;然而,正如约翰纳斯·洛曼在他《哲学和语言科学》(Philosophie und Sprachwissenschaft)⑪一书以及在格诺蒙讨论我的试图这段时期所指出,⑫这个论题还要延伸到其他完全不同的领域。洛曼把我概要描述过的"语言概念在西方思想里的发展"在语言史范围内的前后跨度都延长了。作为向后的延伸,他把"'概念'的起

---

⑩ O. 马尔夸特(Marquard)在1966年海德堡哲学大会就是这样说的。
⑪ "经验和思维",载《促进哲学和具体科学关系的文集》,第15卷(1965年)。
⑫ 同上书,第37卷,1965年,第709—718页。

源追溯成在一种被思考的形式中给予实际'概括'的对象的理智手段的起源"(714),在古印欧语的"词干变位"类型中认识概念的语法形式,这种语法形式在 Copule(连接系词)中得到最明显的表达——他用这种方法引出理论作为西方最根本的创造的可能性。作为向前的延伸,他重又根据语言形式的发展把西方的思想史说成从词干变化到词语变化的转变过程,而西方的思想史正是使现代意义上的科学能够支配世界。

真正普遍的语言性在另一种意义上是诠释学的本质前提,几乎就像语言解释艺术的积极性与消极性的相对,此外,这种真正普遍的语言性还证明了修辞学。我在自己书中注意到,修辞学和诠释学之间的联系可以从多方面进行扩展,克劳斯·多克霍恩在哥廷根学术报告中丰富的补充和证明已经表明了这一点。[13] 但语言性最终乃是深深植根于人类存在的社会性之中,因此,诠释学提问的权利和界限也必定成为社会科学理论家从事的工作。哈贝马斯[14]最近就把哲学诠释学和社会科学的逻辑相联系,并从社会科学的认识兴趣出发评价哲学诠释学。

似乎有必要把贯串于修辞学、诠释学和社会学的普遍性的相互依赖作为论题,并且阐明这种普遍性的各种合法性。比起这些学科都具有的某种因与实践的关联而被规定的科学要求两义性(这在修辞学和诠释学身上表现得最为明显),这乃是更为重要的要求。

---

[13] 《年度文集》,第 3、4 合期(1966 年),第 169—206 页。
[14] 《哲学评论》,附刊 5(1967 年),第 149—180 页[另见《社会科学的逻辑》,法兰克福,1970 年,1982 年增补版]。

因为修辞学并非只是讲话形式的理论和说服的手段,而是从一种自然的能力发展成实际的技能,无须对它的手段作任何理论反思,这是众所周知的。同样,理解的艺术——不管其手段和方法是什么——当然也并不直接依赖于它据以遵从其规则的意识。在理解的艺术中,每个人都具有的自然能力也转变成一种能力,人们可以通过这种能力通达到一切他者,而理论则至多只能说个为什么。在这两种情形中,在理论与它被抽象出来并被我们称作的实践之间存在一种事后的关系。修辞学属于最早的希腊哲学,理解的艺术则是牢固的传统联系后来被消解的结果,以及想把消逝的传统保持住并在明了的意识中扬弃它的努力的结果。

亚里士多德写了第一部修辞学的历史。对此我们只剩下残简断编。不管怎样,修辞学理论总是由亚里士多德构造的,他是为着完成最初由柏拉图设想的纲领。柏拉图在其同时代的雄辩者所提出的表面要求背后发现了一个唯有哲学家和辩证论者才能解决的真正任务,亦即:在掌握能引起有效影响的讲话时,要把适当的论据提给那些对此特别能接受的灵魂。这是一种在理论上很有启发性的提法,但它却蕴含着两个柏拉图式的前提:第一个前提,唯有认识真理,亦即理念的人,才懂得如何确定地找出修辞学论证中的"或然性"伪论据;第二个前提,他对于应该施加影响的对象的灵魂必须非常熟悉。亚里士多德的修辞学主要就是对后一个论点的草拟。在他的修辞学中,他提出了话语与灵魂相适应的理论,这种相适应是柏拉图在《斐德罗篇》中所要求的,它表现为讲话艺术的人类学基础。

修辞学理论是早就准备好的一场争论的结果,这场争论由于一种新的讲话艺术和教育观念的出现而得到解决,它们令人入迷、使人吃惊,我们称之为诡辩论。当时作为一种教人学会把一切都头足倒置的可怕的全新能力,讲话艺术从西西里涌入等级森严,但却很容易受引诱的青年人所生活着的雅典。于是,人们就把这种巨大的独裁者(如高尔吉亚〔Gorgias〕对讲话艺术的称呼⑮)作为一种新的教育科目。从普罗泰戈拉直到伊索克拉特,这些大师们都要求不仅教人讲话,而且要求教人形成能预见政治结果的正确公民意识。然而,唯有柏拉图才创造了修辞学的基础,从这种基础出发,这种新的、震撼一切的讲话艺术——阿里斯托芬(Aristophanes)足够清楚地向我们说明了这一切——才找到它的界限和合法地位。它也同样证明了柏拉图学院的哲学辩证法和亚里士多德关于逻辑学和修辞学的证明。

理解的历史也同样古老而受人尊崇。如果想在存在着真正的理解艺术的地方认识诠释学,那么,如果不从《伊利亚特》中的涅斯托耳开始,至少须从《奥德赛》开始。我们可以引证说,这种新的诡辩术的教育运动其实推动了对著名诗词的解释,并且富有艺术地把它们作为教育的例子,我们可以像古德特(Hermann Gundert)一样把这种例子与苏格拉底的诠释学相对置。⑯ 然而,这还远不是一种理解的理论,对于诠释学问题的产生最有特色的是,趋近遥远、克服陌生,并在过去和现在之间架起沟通的桥梁。诠释学出现在近代,该时代已经认识到自己和以往时代的距离。在宗教改革

---

⑮ 《高尔吉亚篇》,456a 以下。
⑯ 赫尔曼·古德特:"诠释学",载《奥托·雷根伯根纪念文集》,1952年。

派理解圣经的神学要求及其圣经自解原则中已经具有类似的因素,然而,只有当启蒙运动和浪漫主义中生长出历史意识并对所有传承物建立起原先中断的关系之时,这种因素才得到真正的扩展。和这种诠释学理论的历史相联系,它总是旨在解释"用文字记载的生命表现"这项任务,虽说施莱尔马赫对诠释学作理论加工时是和表现在口头谈话过程中的理解相关联。与此相反,修辞学却针对讲话效果的直接性,虽说它也涉及充满艺术的写作方法,并发展出文风和文体的理论,但它的真正实施过程却并不在于阅读,而在于讲话。朗读的话被置于中心地位当然已表明了一种倾向,讲话艺术乃以书面文字的艺术手段为根据并和它原本的境遇相脱离。这里出现了与诗学相互的作用,诗学的语言对象完完全全就是艺术,它从口语向书面语的转换以及从书面语向口语的转换不会造成任何损失。

但这种讲话艺术本身和它作用的直接性相联系。克劳斯·多克霍恩用他的渊博的学识已经指出,从西塞罗、奎因梯利安直到18世纪英格兰的政治修辞学把激起效果作为最重要的说服手段是在何种情况下产生的。然而,对于作为诠释学努力对象的书面表述而言,激起效果这项对于讲话者而言最根本的任务却作用甚微,与这种区别相关的是:讲话者吸引着他的听众。讲话者论证的明显性使听众心服口服。批判的思考不能也不该让听众折服于话语的信服力。与此相反,对书写下来的东西进行阅读和解释则需要远离并脱离它的作者、它的规定性、它的意图和未曾说出的倾向,因此,把握文本的意义就具有一种自我创造的特性,它更类似于讲话者的艺术而不是听众的行为。因此,我们必须理解,解释艺术的理论工具很大程度上都取自于修辞学,对此,我曾多次指出,而多克霍恩则在更广的基础上作了阐明。

对于理解所作的理论思考除了赞同修辞学的观点还能赞同哪种观点呢？修辞学自古以来就是真理要求的唯一辩护者,它相对于科学的证明和确定性要求捍卫了似真性(Wahrscheinliche)、明显性(Verisimile)以及对共同理性的阐明。无须证明的信服和阐明显然既是理解和解释的目的和尺度,也是讲话艺术和说服艺术的目标和尺度——明晰的信服和一般掌握观点的整个宽广领域不会因科学的进步而日益缩小(尽管它仍是如此宽广),相反它会扩展到每一种新的研究认识之中,以便使用这种认识、适应这种认识。修辞学的普遍存在是不受限制的。正是通过修辞学,科学才成为生活的一种社会因素。仅从物理学出发,我们对于如此明显地改变了此在的现代物理学能知道点什么？所有旨在越出专家圈子的表述(也许该说,只要它并不局限于内行专家的小圈子)都要归功于它具有的修辞学因素才会产生作用。正如亨利·高黑尔(Henri Gouhier)所指出的,⑰甚至连笛卡尔这样一个热情地为方法和确定性作辩护的伟大人物,在他的所有著作中也是一个大量使用修辞学手段的著作家。修辞学在社会生活中的基本作用是毋庸置疑的。一切能够成为实用的科学都有赖于修辞学。——另一方面,诠释学的作用也同样普遍。原本是由于对流传下来的文本不理解或有误解才要求诠释学,但这种不理解或有误解只是在所有人类的世界定向中作为不寻常的(atopon)、无法归入熟悉的经

---

⑰ 亨利·高黑尔:"反抗真实"(卡斯特里编:《修辞学与巴洛克》,罗马,1955年)。

验期待秩序中去的特例而已。正如随着认识的进步,奇迹(mirabilia)会因其被理解而失去陌生性,对传承物的每一次成功的占有也会使它消融于一种新的、本己的熟悉性之中,在这种熟悉性中,传承物属于我们,我们也属于传承物。双方都汇入一个包容了历史和当代、自己和他者的共同世界,这个世界可以在人们的互相讲话中感受其自己的语言表达。甚至从理解方面也可以表明人类语言的普遍性,那是一种自身无限的因素,它承载一切,不仅承载由语言流传下来的文化,而且承载所有的一切,因为一切事物都被带进理解性之中,我们就在这种理解性中进行活动。柏拉图可能曾经正确地以此为出发点,即谁在话语的镜子中观察事物,谁就能发现这些事物完全的、未被简化的真理。当柏拉图教导我们说,一切认识首先是对该认识是什么的重新认识,这种说法同样具有一种深刻的、正确的含义。"最初的"认识如同第一个词一样也不可能。甚至其后果似乎还不能看出的最新的认识也只不过是以前的认识,因为它是从以前的认识中产生出来,并且进入到主体之间相互理解的媒介之中。

　　人类语言性中的修辞学因素和诠释学因素就是如此完全地渗透在一起。如果相互理解(Verständigung)和一致意见(Einverständnis)的形成过程中没有承载人类关系,那就绝不会有讲话者和讲话艺术——如果"一场谈话"的一致意见没有受到干扰,从而相互理解不是必须去寻求的话,那就根本不会有诠释学任务。因此,把语言性局限于修辞学有助于消除以下假象,仿佛诠释学仅仅局限于审美—人文科学的传统,仿佛诠释学哲学必须研究与"现实"存在的世界相对的、在"文化传承物"中得到展现的"意义"世界。

诠释学命题同样必须为社会科学的逻辑所注意,这也符合诠释学命题的普遍性。因此,哈贝马斯研究了《真理与方法》中对"效果历史意识"和"翻译"模式的分析,并赋予它们一种克服社会科学逻辑中实证主义的僵化及其未经过历史反思的语言学基础的积极功能。[18] 和诠释学的这种关系因此同样属于应该为社会科学的方法论服务这样一个理所当然的前提。由于受到最大应用范围的前决定(Vorentscheidung),它当然和诠释学疑难的传统出发点,亦即美学——浪漫主义精神科学构成的出发点相分离。方法的异化构成现代科学的本质,甚至完全在"人文科学"意义上使用的"真理与方法",也具有该书名所蕴含的反命题,虽说方法的异化从未被排除过,[19]但精神科学当然还是分析的出发点,因为精神科学与之相关的经验与方法和科学根本不相干,而是在科学之外的经验,例如艺术经验和被它的历史传承物打上印记的文化经验。诠释学经验在所有这些经验中以同样的方式起作用,而且它本身并不是方法论异化的对象,而是它的前提条件,因为它赋予科学以问题,并因此而使方法的运用成为可能。现代社会科学则相反,倘若诠释学反思对于它是不可避免的(正如《真理与方法》对于精神科学所证明的),它却提出一个要求,就如哈贝马斯所说,要通过"受到控制的"异化把理解"从一种前科学的操作提升为一种经过反思的操作过程",也可以说是要通过"机智的方法训练"(172/174)。

自古以来,科学的道路就是要通过可学习的、可控制的实施方

---

[18] [哈贝马斯:"论社会科学的逻辑",载《哲学评论》,附刊5,1967年。]
[19] [参见第2版前言,本书第437页以下。]

法达到凭个人的聪明偶尔地、甚而以不可靠的、无法控制的方法所能完成的工作。诠释学条件的唤起意识在进行理解的精神科学中起作用,如果对这种条件的认识把并不想"理解",而是试图根据沉积在语言性中的理解性科学地把握社会实在结构的社会科学引导到有助于其工作的方法运用,这当然是一种科学的胜利。诠释学反思显然不能受它的规定而局限于这种科学范围内的功能,尤其不能不做以下工作,即对于社会科学所从事的理解的方法疏异化重新运用诠释学反思——哪怕会因此而再次和实证主义的贬低诠释学的做法针锋相对。

然而我们却首先发现,诠释学疑难如何在社会科学理论内部起作用并从中显现出来。

首先是"语言学命题"(124页以下)。如果语言性被描述为诠释学意识的实施方式,那么就会在作为人类社会性的基本结构的语言性中认识社会科学有效的先天性,而从这种先天性出发,那种把社会看作一种可观察、可操纵的功能整体的行为主义-实证主义理论就会被证明是荒谬的。这种观点能使人有所启发,只要人类社会生存在制度之中,它就以这样的形式被人理解、流传、改革,简而言之,被构成社会的个体的内在自我理解所决定。哈贝马斯针对维特根斯坦的语言游戏理论和温赫(P. Winch)[20]对这种理论的运用认为,所有社会科学陈述的语言先天性的诠释学权利就在于,它从效果历史的思想出发,对趋向社会科学对象领域的交往过程提出了异议。

---

[20] 温赫:《社会科学的观念》,伦敦/纽约,1958年(德文版,1966年)。

此外,当哈贝马斯根据与所有人的理解和行为相适应的前理解(Vorverstandnisse)和根本的前见制约性(Vorurteilsbedingtheit)进行分析时,他对于诠释学反思提出的要求仍然是完全不一样的。试图反思自己的前见并控制自己前理解的效果历史意识虽说终止了天真的客观主义(这种客观主义导致了实证主义科学理论和社会科学的现象学和语言分析基础的错误),但究竟是何者引导着这种反思?这个问题曾经是普遍历史的问题,亦即想象历史有一个目标,这种目标产生于社会行为的目标想象。如果诠释学反思满足于一般的考虑,即我们永远不可能超越本身立场的限制,那么它是没有后果的。虽说就内容而言,历史哲学的要求受到这种考虑的责难,但历史意识却仍会不断地从它自己的未来指向性中不断设想出前理解的普遍历史。什么东西能有助于其暂时性和根本的可超越性的认识?

然而,在诠释学反思产生作用的地方到底发生了什么?效果历史反思与它意识到的传统究竟处于何种关系?我认为,我的观点就在于,它就是承认我们效果历史局限性和有限性的必然结果,诠释学教导我们,要把继续生活着的、"自然生长的"传统与对此反思的占有之间的对立当作独断的来揭露。在这种对立命题的背后隐藏着一种独断的客观主义,这种客观主义甚至歪曲了反思概念。在理解科学中的理解者同样不能从他诠释学境遇的效果历史关联中反思出来,因此他的理解活动本身也并不组合进这种事件之中。历史学家,甚至所谓批判科学的历史学家也很少消除掉继续存在的传统(例如民族国家的传统),因此,他作为一个民族的历史学家反倒陷入这种构成和继续构成着的传统,而最重要的是:他越是有意识地反思到自己的诠释学局限，他就越具有这种局限。德罗伊森曾清楚地识破了历史学家那种"阉人般的客观性"在其方法论的天真无知，但他对19世纪市民文化的民族国家意识起的作用最大——至少比起兰克的史诗意识作用更大，这种史诗宁愿对极权国家中的政治漠不关心。理解本身就是事件（Geschehen）。只有天真的、未经反思的历史主义才会在历史-诠释学科学中看到一种扬弃了传统力量的全新东西。我试图从语言性角度为继续存在于社会传承物中经常的调解提出清晰的证明，这种语言性能够承载所有理解。

哈贝马斯反对这种证明，即科学的媒介通过反思而得到深刻的改变。这正是源自18世纪精神的德国唯心主义赋予我们的永恒的遗产。虽说黑格尔的反思经验不能再在绝对意识中得到实现，"语言唯心主义"的情况也是如此（179），这种唯心主义不断地表现为纯粹的"文化传承物"，对它的诠释学占有和构成，面对不仅从语言，而且也从劳动和统治中编织起来的社会生活联系的现实整体，它就是一种可怜的衰弱不堪。诠释学反思必须转向意识形态批判。

哈贝马斯因此和社会学认识兴趣的中心动机相联系。正如修辞学（作为理论）通过话语的力量驳斥意识的妖魔化（Verzauberung），其方式是把事实和真实与它所谓造就的可能性相区别；正如诠释学把受干扰的主体间的一致重新置于交往的相互反思之中，尤其把一种异化成错误客观主义的认识置回到它的诠释学基础，同样，在社会科学的反思中，则有一种解放的兴趣在产生作用，它通过使人认识而消除外部的和内在的社会强制力。如果说修辞学和诠释学只是试图通过语言解释证明合法性,那么,意识形态批判虽说本身也是用语言解释的反思行为,但它却可以揭露"语言的蒙蔽"(178)。

在精神分析治疗领域也有这种为社会生活所要求的反思的解放力量。被识破的压抑会使错误的强制失去力量,对一切行动的动机构造过程进行反思所达到的最终状况与行动者本人指向的意义一起发生——在精神分析的情形中这点受到治疗任务的限制,因而只表现为一种边际概念——同样,社会现实也只有在这样一种虚构的终极状态中才可能从诠释学角度恰当地领会。实际上,社会生活产生于理解的动机和现实强制力量的交织,社会研究在不断进步的构造过程中掌握和领会着这种交织,但为了行动不得不释放这种交织。

毋庸争论,这种社会理论概念自有其道理。从所有的行为动机与理解意义共同发生这种边际概念出发解释诠释学的贡献,这样做是否正确把握了诠释学的贡献,这点似乎大可疑问。诠释学问题是否只因在意义并未有意贯彻时也能被体验到,所以它才如此普遍,并对所有历史和当代的人际经验都极为重要?如果把理解意义的领域("文化传承物")与其他的,即只是可作为现实因素认识的社会现实参数分割开,这就会缩减诠释学领域的普通性。仿佛作为错误语言意识的意识形态不仅可以作为理解的意义而存在,而且还能在它"真正的"意义,例如统治利益的意义上被理解似的。这点也适用于精神分析家所意识到的无意识动机。

《真理与方法》在艺术经验和精神科学中获得发展诠释学向度的出发点,这点在这里看来似乎对它真正适用范围的可信性造成了困难。当然,在《真理与方法》第三部分中被称为普遍的贯彻太粗略、太片面。但事实上从诠释学的提问角度看,把劳动和统治等现实因素划在它们的范围之外,这当然也是荒谬的。在诠释学努力中被反思的前见有何不同?它们还可能从别的什么地方而来?来源于文化传承物?当然也是。但文化传承物又缘何构成?语言唯心主义仿佛真是一种荒唐的怪诞——如果它不想独自具有一种方法的功能。哈贝马斯曾经说过:"诠释学仿佛从内部撞上传统关系的墙(Traditionszusammenhang)。"(177)如果这种说法的意思是反对一种并不包括在我们去理解的、可理解或不可理解的世界中的,而是凝固在对变化(而不是对行为)的固定观察中"从外部而来的"(von außen)东西,那这种说法还有点道理。但我认为,把文化传承物绝对化的做法是错误的。它意味着:于想理解一切能被理解的东西。在这个意义上才能理解这一命题"能被理解的存在就是语言。"㉑

我们并未因此而局限于一种意义世界,这种意义世界在对已认识东西的认识时(A.伯克)仿佛是一种认识的次要对象,是对业已认知东西的占有,并把"文化传承物"的领域纳入最终规定社会生活的真正的经济和政治现实之中——其实在语言之镜中反映出的就是一切存在的东西。在语言之镜中,也唯有在此中,我们才遇到它处无法遇到的东西,因为这就是我们(但并非只是我们意指的和由我们认知的东西)。最后,语言根本不是镜子,我们在语言中所看到的并不是我们和一切存在的反映(Widerspiegelung),而是对与我们共在的和劳动及统治真正联系的、构成我们世界的东西

㉑ [参见我的著作集,第1卷,第478页。]

的解释和发挥。语言并不是最终发现的一切社会-历史过程和行为的匿名主体,只为我们的观察目光提供它行动和客体化的整体,语言只是游戏,是我们都参与其中的游戏。在游戏中无人能优于他者。每一个人都"在游戏中"(dran)并且不断处于游戏的进程中。当我们进行理解,尤其当我们识破成见或揭露伪装现实的借口时,所进行的就是这样一种游戏。的确,在游戏时我们最多只是在"理解"。当我们识破了在我们看来是奇怪的、不可理解的东西时,最后,当我们把它们都置于我们用语言归置的世界中,那时一切都将被领悟,这就像在一盘象棋难局中,只有最终的解救对策才使棋子处于荒谬位置的必要性被人理解。

但这是否说明,只有当我们识破借口、揭露错误的非分要求之后才能理解?哈贝马斯似乎把这点作为前提。至少他认为,只有当反思做到这一点时,才能证明反思的力量,如果我们一直停留在语言精心编造的谎言之中并且继续编织这种谎言,这就证明它的软弱无力。他的前提就是,在诠释学科学之中进行的反思"动摇了生活实践的独断论"。与此相反,他把以下这点当作无法证明的、背弃启蒙运动遗产的命题,即澄清理解的成见结构也能汇入对权威的认可,亦即对一种独断权力的认可!——这种命题甚至可以用以下方式表述:保守主义(并不是伯克那一代保守主义,而是经历了德国历史上三次巨大崩溃却又未能用革命方式动摇现存社会秩序这代人的保守主义)能够看出轻易隐藏着的真理。当我从解放性启蒙运动抽象的反命题中分解出权威和理性,并肯定它们本质上矛盾的关系时,我所讲的只是能看出的要求,并不是某种"基

本信念"(174)。㉒

我认为,启蒙运动的反命题忽视了一个真理,这点具有灾难性的后果——而且,因为人们赋予反思以一种错误的权力,所以就唯心主义地忽视了它真正的依赖性。应该承认,权威是以无数统治秩序的形式行使独断权力的,从关于军队和管理机关命令的教育秩序直到政治权力的权力等级或传教者的权力等级秩序。然而,这幅证明权威的顺从图景绝不能说明,为什么这一切都是秩序而并非具体权力行使的无序。我觉得,有必要为现实的权威关系找到确定的承认。问题仅仅在于这种承认建立在何种基础之上。显然,这种承认通常只是面对权力表达出软弱者的实际退却,但这并不是承认,也不建筑在权威之上。只需要研究一下诸如权威丧失或权威崩溃(及其反面)的过程,就会发现权威是什么,它据何而来。权威并不源于独断的权力,而是源于对独断的承认。对独断的承认不过就是认为,权威比认识更为重要,因而使人相信它是正确的。承认仅仅以此"为基础"。它也因为被"自由地"承认而行使统治。倾听它的并不是盲目的顺从。

然而,所谓并不存在权威的丧失和解放性的批判,这种观点在我看来却是不被允许的。我们是否可以说:通过解放性的反思批判导致权威的丧失,抑或:权威丧失表现在批判和解放之中,这一切也许只能听其自然,而根本不是真正的二者选一。然而,引起争论的只在于,反思是否总能消解实质性的关系抑或也能把它们置

㉒ [参见我目前发表的论文"论权威和批判自由的联系",瑞士精神病学档案馆,载《神经外科学和精神病学》,第133卷(1983年),第11—16页。]

于意识之中。由我（根据亚里士多德的伦理学）提出的学习和教育过程却被哈贝马斯奇怪地当作片面的说法。说传统本身是而且永远是成见起作用的唯一根据——就如哈贝马斯归诸我头上的——这和我的论题完全不符，我说的是权威以认识为根据。成年人能够——但他并不必须！——出于理智接受他顺从地保持的观点。传统不是证明，至少不是反思要求的证明。然而这正是问题所在：反思在何处要求证明？到处？我把它与人类此在的有限性和反思本质上的个别性相对置。这里涉及的问题是，人究竟是把反思的功能置于唤起意识这一边，用其他的可能性和实际起作用的相对抗，然后，为了其他可能性而谴责现存的东西，但又同样能够有意识地接受与传统事实上相对抗的观点，或者说唤起意识只消解起作用的传统。当哈贝马斯说(176)[305]"权威可以摆脱它身上纯粹的统治因素（——我把这解释成：不是权威的东西——），并能在非强力的理智如合理的决定的推动下消解掉"时，我就根本无法知道，我们究竟争论的是什么。至多只是争，"合理的决定"是否能从某种社会科学中（根据某种进步！）分离出来还是不能分离出来。但这点留待以后再谈。

　　哈贝马斯使用的反思和唤起意识的概念在诠释学反思看来乃是受过独断的感染，我曾希望，我所作的诠释学反思在这个问题上会有效。我们通过胡塞尔（在他匿名意向性的理论中）和海德格尔（在对隐藏在唯心主义的主体和客体概念中的本体论缩减的证明中）学会识破承载在反思概念中的错误的对象化。很可能有一种内在的意向性回转，它绝不会把共同意指的东西提升为讨论的对象。布伦坦诺(Brentano)（在接受亚里士多德的观点时）已经发现这一点。我不知道，假如不从这一点出发，我们究竟怎么能理解语言谜一般的存在形式。我们必须（用 L. 洛曼的话来讲）把在语言扩展中发生的"有效的"反思和明确的、主题的反思相区别，后面这种反思是在西方思想史中形成的，它通过把一切都变成对象，从而作为一种科学创造了地球上明日文明的前提条件。

哈贝马斯据以捍卫经验科学免成一种任意语言游戏的究竟是何种独特的感情。谁使经验科学的必然性——按照尽可能地用技术支配世界的观点——发生疑问？至多是研究者本人会因为自己和科学的关系用纯主观的理由否认他工作的技术动机。现代科学的实际应用深刻地改变了我们的世界和我们的语言，这一点无人会否认。但恰好是"也改变了我们的语言"。这绝不意味着以哈贝马斯强加于我的那种形式，亦即用语言表达的意识规定着生活实践的物质存在，我只是说，根本不存在不以一种语言表达的意识表现出来的具有其真正强制力的社会现实。现实并不发生"在语言的背后"(179)[309]，而是发生在能够完全理解世界（或根本不能理解世界）的东西背后，它也发生在语言之中。

当然，这样就使"近乎自然性"（Naturwüchsigkeit）（例如在 173/4)[302/3]概念变得大可怀疑，马克思早就把它当作与现代阶级社会的劳动世界相反的概念，而哈贝马斯也很喜欢运用这个概念（"传承物近乎自然的本质"，以及"近乎自然关系的因果性"）。这是一种浪漫主义——这种浪漫主义在传统和以历史意识为根据的反思之间造成一种人为的鸿沟。但"语言的唯心主义"却有一种优点，它不会陷入这种浪漫主义。

哈贝马斯根据他本人也要求的历史条件对先验哲学的内在论

发出疑问,这使他的批判达到了顶点。这确实是个核心问题。凡是认真看待人类此在有限性的人,凡根本不想构造"意识本身"或 intellectus|archetypus(原型理智)或某种能产生作用的先验自我(ein transzendentales Ego)的人都无法避免以下问题:他本人作为先验自我的思想如何可能被感知。然而,正是在这里我却发现,我所发展的诠释学领域根本没有任何实际的困难。

帕伦伯格(W. Pannenberg)与我的研究所作的极其有用的争辩[23]使我认识到,黑格尔于历史中证明理性的要求,与人们总是像"最后的历史学家"(166)那样运用的、不断自身超越的普遍历史概念之间,存在着如何深刻的区别。对于黑格尔的世界历史哲学的要求当然可以争论。但黑格尔毕竟知道:"那埋葬你的人的脚已经站在了门口",而且我们可以发现,通过所有世界历史的揭露,所有自由的目的思想都会彰显出来,我们绝不能像超越意识那样地超越这种彰显。同样,每个历史学家都必然会提出的要求是,用今天的眼光(并且用今天之未来的眼光)把握一切事件的意义,这其实是一种完全不一样的并且非常谦虚的要求。没有人能够否认,历史均以未来为前提。因此,一种普遍历史的概念就不可避免地是当代历史意识"在实际意图"中的向度之一。然而,把黑格尔局限在一切当代的解释需要上,这对于他是否公正?"用实际的意图"——今天没有人会超出这种要求,甚至连烙记着自身有限性的意识以及对概念的专断表示的不信任都能想到这一点。我们真的

---

[23] W.帕伦伯格:"诠释学和普遍历史",载《神学和教会杂志》,第60卷,1963年,第90—121页。

想根据实际的意图把黑格尔还原吗？

根据我的理解，我和帕伦伯格的讨论在这一点上并没有任何结果。因为即使帕伦伯格也不想复活黑格尔的要求——当然只有一点区别，对于基督教的神学家而言，一切普遍历史概念的"实际意图"都在道成肉身（Inkarnation）的绝对历史性中有其坚固的根据。

然而，问题仍然存在。如果面对修辞学的普遍性和意识形态批判的实际性仍然能够提出诠释学疑难，那它就必须证明它自身的普遍性，而这正好与现代科学采纳诠释学反思并使其为科学服务的要求针锋相对（采用"对智慧进行方法上的训练"）。它只有在不陷于先验反思那难以理解的内在性，而是从本身出发能够说出，面对现代科学——而并非在科学之中——这种反思到底能够作出些什么时，才能证明这种普遍性。

正因为诠释学反思能够唤醒一切意识，所以，它首先必须在科学自身内部表明这一点。对既存前理解的反思将使我们发现某些原本在我背后发生的东西。但只是某些——而不是所有这类东西。因为，效果历史意识是一种无法扬弃的方式，与其说它是意识，倒不如说它是存在。但这并不说明，它无须经常地唤醒意识就能避免意识形态的僵化。只有通过这种反思，我才能面对自己不再感到不自由，而是能对我前理解的正确与否作出自由的判断——尽管这种自由只在于，我学会对充满前见所看的事物获得一种新的理解。但这里又蕴含着以下观点，那引导着我前理解的前见也总是一起发生作用——直到这种前见被抛弃掉，而这却总是可以被称为一种改造（Umbildung）。这就是经验不知疲倦的力量,它总是在一切已为人所知的事物中构成新的前理解。

我的诠释学研究出发领域是艺术科学以及语文学-历史科学领域,从这些领域出发可以很容易表明,诠释学反思是如何起作用的。只要想一下,在艺术科学中,风格史研究的自主性如何因艺术概念的诠释学反思——抑或对某个时期和某个风格概念的诠释学反思——而动摇,圣像学(Ikonographie)如何从它原先的边缘地位凸现出来,关于体验和表达概念的诠释学反思又具有何种文学后果——虽说只不过是有意识地继续推进那早已涌现出来的研究倾向(反作用也是一种作用)。因为坚固的成见被动摇预示着科学的进步,这是完全不言而喻的。它使新的问题成为可能,而历史研究通过概念史意识所能获得的成果,我们经常能够体验到。我相信自己已经在这个领域指出,历史的疏异如何以"视域融合"(Horizontverschmelzung)的形式得到调解。我要感谢哈贝马斯深刻的研究,他使我在社会科学之中发现诠释学的贡献,特别是他把实证主义科学理论的前理解、先验现象学的前理解和一般语言学的前理解和诠释学向度加以对照,从而使我认识到诠释学在社会科学内部所作的贡献。

然而诠释学反思的功能却并不仅限于科学。一切现代科学均有一种固有的深深的疏异,这种疏异是科学对于自然意识的过高要求,它在现代科学的开始阶段就通过方法概念而达到反思的意识。诠释学反思并不能对此有任何改变。但它可以通过显露在科学中起引导作用的前理解,从而开启新的问题域,并以此间接地为方法的研究服务。它还可以使人认识到,科学的方法论为科学的进步作出了怎样的成就,科学提出了何种简化和抽象的要求从而把自然意识不知所措地甩在身后——但这种自然意识作为通过科学达到的发明和信息的消受者却经常追随着科学。对此我们可以用维特根斯坦的话来这样表达：科学的"语言游戏"总是和表现为母语的后设语言相关联。通过科学所获得的知识经过现代通讯工具并在恰当的（有时是不恰当地过于）拖迟之后经由学校和教育而进入社会的意识。于是它就表现为"社会语言的"现实性。

这对于自然科学本身当然无关紧要。真正的自然科学家本来就明白，他的科学知识领域在人类现实的整体中如何特殊。他并没有分享公众强加给他的神化。这些公众——以及进入公众社会的科学家——非常需要对科学的前提和界限进行诠释学反思。所谓的人文科学（Humaniora）却总是很容易和一般意识调解，只要它能够接近这种一般意识，因为它的对象就直接属于文化传承物和传统的教育事业。然而，现代社会科学却和它的对象，亦即社会现实，处于一种特有的紧张关系，这种关系特别需要诠释学反思。社会科学的进步要归功于方法的疏异，但这种疏异在此却和整个人类—社会世界相关。它发现自己因此而受到科学的支配，这种支配表现为计划、操纵、组织、发展等形式，简而言之，表现为从外部决定每一个个人和团体生活的无数种作用。照料着社会机器运转的社会工程师似乎和他所从属的社会相分离了。

经过诠释学反思的社会学却不能遵循这种做法。哈贝马斯对社会科学逻辑所作的清醒的分析断然提出另一种类的认识兴趣，它使社会学家与社会的技术专家相区别。他把它称为仅仅旨在反思的解放性认识兴趣，并以精神分析的例子作为依据。

确实，诠释学在精神分析领域必然产生的作用是根本性的，而且正如上面指出的那样,在该领域中,无意识动机对于诠释学理论同样表现为没有限制,而且心理疗法在该领域中被描述成"把中断的教育过程补充进完整的(可以被讲述的)历史中去"(189),而诠释学和封闭在谈话中的语言圈子也在这里找到它们的位置,我认为,这首先是学自拉康。㉔

但显然这还不是问题的全部。由弗洛伊德制订的解释范围要求具有真正自然科学假说的性质,亦即适用于认识的规律。这必然表现为方法论疏异在精神分析内部所产生的作用,而且它也确实如此。尽管成功的分析结果获得了它自己的证明,但精神分析的认识要求却绝不能化简成一种实用性的要求。但这意味着,精神分析显然要再一次地经受诠释学的反思。精神分析学家对于自己所属社会现实中的地位又将如何处理?他要深入到有意识的浅薄解释之后进行追问,揭开经过伪装的自我理解,识破社会禁忌的压抑作用,这一切都属于解放性的反思,精神分析学家就把他的病人引入这种反思。然而,假如他在自己并不能合法地作为医生,而只能作为社会的游戏成员的地方行使这种反思,他就失去自己的社会作用。谁根据某些现存之外的东西来"识破"他的游戏伙伴,亦即不认真看待伙伴的作为,那他就是一个破坏游戏的人,就是人人避之唯恐不及的人。精神分析学家要求的反思的解放性力量必然会在社会意识中找到它的界限,分析者在这种意识中就像他的病人一样和其他人一起进行理解。诠释学反思教导我们,尽管社

㉔ [参见他的《作品集》,汀槛出版社(Aux Editions du Seuil),巴黎,1996年;以及赫尔曼·朗格(Hermann Lang)出的海德堡博士论文《语言和无意识——雅克·拉康的精神分析基础》,法兰克福,1973年。]

会共同体中存在着各种对立和干扰,但它总能重新回到社会的一致意见,正是由于这种一致意见,社会共同体才能够存在。

但这样就使精神分析理论和社会学理论之间的类似性产生了疑问。它们将在何处找到各自的界限？病人的角色在何处中止而社会伙伴角色又在何处以非职业性的权利进入？深入追问和挖掘真相针对何种社会意识的自我解释才是合适的（例如用一种革命的改造意愿）,针对何种社会意识的自我解释则是不合适的？这些问题看来无法回答。似乎会产生以下不可避免的后果,即一切统治强权的消解必然会浮现在基本的解放性的意识面前——这就是说,无政府主义的乌托邦必然会成为它最终的榜样。——我认为,这从诠释学角度看当然是一种错误的意识。

19

答《诠释学和意识形态批判》*

（1971年）

诠释学是相互理解（Verständigung）的艺术。然而，对诠释学的问题要达到相互理解，却似乎具有特别的困难——至少在讨论中所涉及的诸如科学、批判和反思等概念均未经澄清时就是这样。因为我们生活在这样一个时代，在此时代，科学正在越来越广泛的程度上实施对自然的统治并指导对人类共同生活的管理，而且我们的文明——这文明不倦地纠正着其成就的缺陷，不断地提出新的科学研究任务，而再度进步、规划和对灾祸的预防就以此种任务为根据——的骄傲还助长了一种真正的蒙蔽力量。坚持通过科学不断实现对世界的统治导致一种这样的体系，个人的实践意识听命于这种体系，毫无主见地屈服于这种体系，或者用革命的方式——这种做法同样不算有主见——反对这种体系以保护自身。

阐明这种蒙蔽与那种反抗科学及其技术应用的浪漫主义文化批判并不相干。不管是把"理性的丧失"（the eclipse of reason），抑或日益增长的"存在遗忘"，还是"真理与方法"的对峙作为思考

---

* ［所引论文页码见于《诠释学与意识形态批判论文集》（法兰克福，1971年），正是针对这部论文集我作的答复。］

的对象——只有受到蒙蔽的科学意识才会忽视以下事实，即关于人类社会的真正目标的争论，或者在制作的前统治中对存在的追问，抑或关于我们的历史传统和未来的认识，均指示一门知识，这门知识并非科学，但它却引导着一切人类的生活实践，并且正是在这种生活实践有意关心科学的进步和应用时起引导作用。

现代科学自17世纪以来创造了一个新世界，它毫不留情地放弃了对实体的认识，把自己局限于用数学方式对自然的设计以及测量、实验等方法的运用，并从而开辟了统治自然的建设性道路。技术文明全球性的扩展正是以此为指导。尽管如此，但却只是到了本世纪，那在我们的科学进步意识和社会-政治意识之间的对峙才随着日益增长的成果而不断尖锐化。然而，科学知识和社会-政治知识之间的冲突却是一个很老的问题。正是这种冲突使苏格拉底付出了生命，因为他证明了工匠的专业知识导致了其对真正值得认识的东西，也就是善的无知。在柏拉图笔下的苏格拉底身上重复着这一切。柏拉图用辩证法这门引导谈话的艺术不仅来对比专业人员有限的专业知识，而且也用来对比所有科学的最高典范，亦即数学——虽说他仍在数学的统治中发现了询问真正的存在和最高的善这个最后的"辩证法"问题的必不可少的条件。

亚里士多德的伦理学尽管对制造知识（techne 技术）和实践知识（phronesis 实践智慧）之间的区别作了基本的说明，但即使在那里仍然有几处不甚清楚，例如政治家和政治活动家的政治知识与专家的技术知识彼此如何区别。虽说那里也列出了很清楚的等级，例如尽管在战时所有其他的"技术"都要服务于全军统帅，但这统帅最终是为和平服务，而政治家则无论在和平时期和战时均操心所有人的幸福。但那也有问题。比如谁是政治家？是身居政治要务的专家？抑或是作为选民的组成部分通过投票作决定的公民（以及因此有其"公民"职务的人）？柏拉图在《卡尔米德篇》中论证了把政治科学作为科学之科学的专家理想是荒谬的。㉕ 显然，我们不能按照制造知识的模式来理解作为实践-政治决定之基础的知识，并在其中发现最高级的技术知识，也即制造人类幸福的知识。因此，像柏拉图如何喜欢向雅典大人物的儿子们示威，以及亚里士多德——尽管他本人不是雅典的公民，而只是在雅典教授知识——如何把理想地立国和制宪的外来专家们称作诡辩论者（而不是称为政治学家）并对他们作了批驳，这些都是难以明说的。确实，这些专家都不能算作政治家，也即不能算作自己城邦中扮演领导角色的公民。然而，即使这一切对于亚里士多德都朗若白昼，并且他已针对技术知识的结构而出色地制订了实践知识本身的结构——但仍然还存在一个问题：亚里士多德本人作出这种划分并教授的究竟是何种知识？实践的（和政治的）科学究竟是一种什么样的知识？

这种知识并不简单就是亚里士多德当作 phronesis 来描述和分析的那种实践知识更为高级的形式。虽说亚里士多德清楚地区分了"实践哲学"和"理论科学"，他认为实践哲学的"对象"并不是永远固定的东西和最久远的原则和公理，而是处于经常变化之中的人类实践。但实践哲学在某种意义上却仍然是理论性的，因为

㉕ 参见第9届达姆施塔特对话文集《专家的界限》中我的论文"人及其未来"，第160—168页。

它所教导的并不是去解释和决定某种具体实践情境的实际操作知识，而是促成关于人的行为及其"政治"此在形式的"一般"知识。因此，在西方科学史的传统中，实践哲学（scientia practica）作为一种独特的科学形式既不是理论的科学，又不能通过它是"与实践有关"就充分被刻画的科学。作为一种学说，它绝不是"操作知识"（Handlungswissen）。㉖但它难道不是一种技术或"技艺学"？它不能被比作语法学或修辞学，这些学科是为一种技术性的能力——讲话或书写——准备技术性的规则意识，这种意识一方面能够控制实践，另一方面则也是学说。这些技艺学因其超越单纯的经验的优点似乎为讲话或书写工作赋予最终的有效性，有如所有其他我们为了生产产品而使用的技术和工匠的知识。实践哲学并不像语法学或修辞学作为一种技艺学那样是对人类社会实践的规则知识，毋宁说它是对此类知识的反思，从而最终是"一般的"和"理论的"知识。另一方面，学说和讲话在这里处于一种特有的条件之中，因为所有道德哲学的知识以及相应的所有一般国家学说均与特殊的学习者的经验条件相联系。亚里士多德完全承认，只有当学生已成熟得足以把一般的话语以独立的责任感运用到他们生活经验的具体环境之中，则这种关于每个人最独特的具体实践的"一般话语"才是正当的。因此，实践的科学虽然也许是一种"一般的"知识，但这种知识与其说是制造的知识，倒不如说是一种批判。

㉖ 恩斯特·施密特（Ernst Schmidt）在对多纳尔德·莫纳（J. Donald Monan）的《亚里士多德的道德知识及其方法论》一书的批评中就已正确地指出了这一点（《哲学评论》，第17卷，1971年，第249页以下）。

这就似乎与哲学诠释学相近了。只要人们还把诠释学定义成理解的艺术,并把诸如讲话艺术和写作艺术等这类艺术的运用理解成与能力有关的行为,则这类学科性的知识就能作为有意识的规则运用并可以叫作技艺学。施莱尔马赫和他的后继者就是这样把诠释学理解成"技艺学"(Kunstlehre)。但这却并不是"哲学的"诠释学。哲学诠释学不会把一种能力提升为规则意识。这种"提升"总是一种非常矛盾的过程,因为规则意识也相反会重又"提升"为"自动的"能力。哲学诠释学则正相反,它是对这种能力以及作为这种能力基础的知识作的反思。因此,它并不是用于克服特定的理解困难,有如在阅读文本和与别人谈话时所发生的那样,它所从事的工作,正如哈贝马斯所称,乃是一种"批判的反思知识"。但什么叫批判的反思知识呢?

让我们设法对上面所说的这种知识有一具体的印象。哲学诠释学从事的反思似乎在以下意义上是批判性的,即它揭露天真的客观主义,而以自然科学为榜样的历史科学的自我理解就受到这种客观主义的束缚。意识形态批判在这一点上可以利用诠释学反思,因为它从社会批判角度解释了所有理解都具有的成见性——或者说诠释学反思从以下方式揭露了语词错误的假设,有如维特根斯坦通过追溯到与实践相关的说话所具有的诠释学原始境遇对心理学概念所作的批判。甚至这种对语言魔法的批判也证明了我们的自我理解,从而可以更正确地对待我们的经验。——批判的反思例如也可以如此受到诠释学的指导,即它保护可理解的讲话免受逻辑学的错误要求,这种错误要求曾为哲学文本提供衡量陈述演算的特定尺度,并想证明(卡尔纳普或吐根哈特)当海德格尔或黑格尔谈论无的时候,这种说法是没有意义的,因为它不能满足逻辑学的条件。但哲学诠释学却可以在此批判地指出,如此运用诠释学经验是不恰当的,从而会背离人们应当理解的东西。例如"走向无的无"(nichtende Nichts)并不像卡尔纳普所说是表达一种情感,而是表达一种需要去理解的思想运动。——在我看来,当有人譬如在柏拉图的对话中检验苏格拉底论证方式的逻辑合理性的时候,诠释学反思似乎是同样富有成效的。诠释学反思在这里可以发现,这种苏格拉底式引导谈话的交往过程就是理解和相互理解的过程,这种过程与逻辑分析家的认识目标根本不相干。㉗——在所有此类情况中,反思的批判显然都依据于某种由诠释学经验及其语言过程所代表的最高当局。它被提升为批判的意识:什么是目前陈述的意图(scopus),哪些诠释学努力要求拥有真正存在的权利。

反思的批判涉及的完全是对一种自我理解的修正。就此而言,这种诠释学反思是"哲学的"——这并非因为它从一开始就要求某种哲学的合法性,恰恰相反,是因为它否定了某种"哲学的"要求。它所批判的并不是诸如自然研究过程或逻辑分析过程等科学的过程,而是正如前面所说,在这种运用中缺乏的方法合理性。根据这类批判工作来建立哲学的合法性,这当然不算什么特别。也许除了指出这一事实外,哲学活动不存在别的合理性证明,即虽说总是处于反"形而上学"要求的这种否定性的预期之中,例如处于怀疑论、语言批判或科学理论的预期之中,哲学

㉗ 柏拉图:《第七封信》,343A7:"因为并非讲话者的'灵魂'遭反驳。"

却总是已经存在了。

但是,哲学诠释学的要求却伸展得更为深远。它提出了普遍性的要求。它以此来证明这种普遍性的要求:即理解和相互理解原本和最初并不是指从方法角度训练的与文本的关系,而是人类社会生活的进行形式,人类社会生活的最后形态就是交谈共同体(Gesprächsgemeinschaft)。没有任何东西,包括一般世界经验,能同这种交谈共同体相脱离。无论是现代科学的专门化及其日益增长的经营秘传,还是物质的劳动和它的组织形式,甚或用统治形式管理社会的政治统治机构和管理机构,它们都不处于这种普遍的实践理性(以及非理性)的媒介之外。

然而,诠释学经验的普遍性也很有争议。难道它不是由于自己的语言进行方式而局限于一种相互交往理解的圈子之中,而这种圈子似乎在多种方式下是欺骗性的?这首先就是科学本身及其理论构造的事实。但哈贝马斯却在此发现了异议:"现代科学当然可以合法地提出达到关于'事物'的真实陈述的要求,它可以无须参照人的话语这面镜子,而采用独白的方式进行。"虽说他承认这种"用独白的方式"构造的科学理论必须在日常语言的对话中使人理解,但他却在其中发现了一个对于诠释学乃是全新的问题,即诠释学要受到这种理论语言的限制。由于诠释学从一起始本来就只与口语构造和流传下来的文化打交道,因此,要解释语言如何脱离对话的结构并能取得严格的理论构造,就成为一项新的任务。

我不能理解这种解释。专业语言和日常语言之间的差别千百年来就已存在。难道数学是门新的学科?自古以来对专家、萨满教徒和医生的定义不就在于他们并不使用大家都能理解的理解手段?能被看作近代的问题的至多是这一问题,即专家不再把他的知识翻译成普通的日常语言这一点看作他自己的任务,因而这种诠释学综合的任务就成为一项特别的任务。但这样一种诠释学的任务却并未因此改变。也许哈贝马斯的意思只是说,对于在诸如数学和当今数理自然科学领域中存在的理论构造,我们无须诉诸于日常语言就能"理解"?这点当然毋庸置疑。如果声称我们所有的世界经验都只不过是一种语言过程,我们色彩感的发展只不过在于使用色彩词的不同,这是荒谬的。㉘ 甚至连皮亚杰的发生学认识(哈贝马斯和这种理论有关系)似乎也认为存在一种前语言地起作用的范畴适用语,但像赫尔姆特·普莱斯特㉙、米切尔·波兰尼㉚和汉斯·库恩兹㉛等人特别注意的各种非语言的交往形式,却使得所有想根据一种语言普遍性否认其他语言之外的理解形式的论点显得可笑。相反,言语是这些形式的被传达了的特定存在。然而正如哈贝马斯正确地认识到的,正是在理解的可传达性中存在着诠释学的论题(77页)。所以,如果我们想避免关于语词的争论,那么我们最好放弃这个引号,例如不要在我们的语言世界解释

㉘ 这是波曼说的(第98页),他甚至议论我说"被理解的一切无非只是语言"——"再没有具体的意义……",并把这归咎于一种过分表述的诠释学发问立场。但他本人却在这里陷入他批判我的多义性——他低估了所有诠释学哲学与诠释学实践的本质关系。我们将会知道,在这种情况下将会发生什么(并不是"相信")。波曼在他对我作的最有裨益的批判中指责我的"多义性",显然一部分原因是出于我的概念的弱点,另一部分原因却正是诠释学经验的本质,即要使自己暂时不作决断,并且经常要试图做到,把人们理解成对另一件事的陈述的东西从事实角度明显地找出来。

㉙ 现载《哲学人类学:人的状况》,法兰克福,1970年。

㉚ 载《缄默的向度》,纽约,1966年。

㉛ 例如与我在《哲学研究》第20卷(1961年)的批判性争论。

作为理解着的解释这一意义上去"理解"人工符号系统。这样我们就当然不能再说,自然科学无须"参照人的话语这面镜子"而达到关于"事物"的东述。自然科学认识的是怎样一种"事物"?诠释学的要求是而且始终是,只把那种不可理解的和不是普遍的,而只是在内行之间才"可理解的"东西整合到语言的世界解释的统一性当中。严格说来,以下这点并不能作为对此要求的反驳,即现代科学发展出了它自己的特殊语言、专业语言和人工符号系统,并在这些系统中"独白式"地操作,也即在所有日常语言的交往之外达到"理解"和"相互理解"。提出这种反驳的哈贝马斯本人很清楚地知道,这种构成现代社会工程师和专家思路的"理解"和自我理解恰好缺乏那种能够使他们承担社会责任的反思。

哈贝马斯如此清楚地知道这一点,以致为了使反思得到重视,他还生动地描绘了一门批判的反思科学的例子,这个例子或许应当成为社会反思的一个典范,这就是精神分析。精神分析进行批判的、解放的反思,它通过反思把受到扭曲的交往从它的障碍中解救出来并重新建立交往。在社会领域中值得重视的也是这种解放的反思。并非只有精神病人在防御其神经疾病时要受到系统扭曲的交往的痛苦,从根本上说,每一种和占统治地位的社会制度相一致并支持它的强权性质的社会意识都有这种痛苦。这是并未被提出来讨论的前提条件,哈贝马斯正是在这个前提条件下进行论证。

正如精神分析家对出于治疗愿望而上门的病人总要给予一种最负责任的解放性的反思工作,同样在社会领域内,我们也要使人认识到所有形式的强权统治,并使之加以消除。哈贝马斯和齐格尔用不同的方式以语言的欺骗性这个原则性的论题对此作了特别具体的论述。他们这样做的意图，在某种意义上当然是把理解技术化，通过这种技术化克服语言交往的多义性。但又不止于此。哈贝马斯虽然也争论这种元语言的可能性，但精神分析对于他却有另外的含义，这就是它的方法特殊性，它既是说明性的科学（因此而可能是技术）同时又是解放性的反思。他认为在精神分析这种情形中，语言必定被欺骗了，因为在精神病中我们会发现一种非常彻底和系统的交往阻挠，如果治疗性的谈话不在非常特别和复杂的条件下进行，它就必然会失败。在谈话中，尽管精神分析最终在病人的认可中得到证实，尽管在征兆消除后病人重又恢复了正常的交往能力，但那种把谈论伙伴联结在一起的基本认同（das tragende Einverständnis）的前提却不能兑现。哈贝马斯在此进而使自己与洛伦兹关于"语言毁坏"那富于启发的描述发生联系。

但他自愿补充了他认为的关键：正如病人学会识破未曾识破的强权、学会解除压抑并有意识地克服压抑一样，在社会领域也是如此，我们要通过意识形态批判识破并消解社会统治关系中未被识破的强权。哲学诠释学充满自信的谈话乐观主义却无法做到这一点，因为它仅仅坚持建筑在占统治地位的社会成见基础之上的虚假认同。它缺乏批判的反思。因此需要一种对"受到系统扭曲的交往"的深层诠释学解释。因为我们"必须假定，我们熟悉的传统和语言游戏的深层同意（Hintergrundkonsensus）不仅在受干扰的家族制度的病理个例中，而且在整个社会制度中也可存在一种强迫整合的意识，一种伪交往的结果"。哈贝马斯反驳了把交往局限于"在传统领域中起作用的信念"，并在其中发现一种深层诠释学提出的把解释私人化的不可能的要求。显然他就是在这种意义上理解我对于医生的社会角色以及心理治疗受限制的条件等说法的。

事实上这就接近了我提出的反驳,即只要解放性的反思工作是以职业的责任性进行,病人和医生就可以在确定的社会角色游戏中进行游戏并被局限于这种社会角色游戏。如果越过医生治疗的范围并在解放性的反思中把他人的社会意识作为"病态的"来"处理",这就不可能属于医生的社会合法性(例如外行的分析家)。——我这样说并没有误解精神分析疗法所特有的治疗特性,这就是独占("转用")和释放的复杂混合,它构成正在进行治疗的分析者的艺术。无论是洛伦兹出色地描述的过程(哈贝马斯即以此为根据),还是齐格尔的解释,我都完全承认这种"治疗"并不能作为一种技术来描述,而只能看作一种共同的反思工作。此外,我还承认,当分析者不再作为医生而是作为社会成员来行使他的社会作用时,分析者并不能把他的分析经验和知识简单地抛在一边。但这并不能改变以下情况,即这种精神分析因素的混合在社会交往中意味着一种干扰因素。我并没有说这种情况是可以避免的。比如说人们也会给笔相学者写信并把信交付他们,但却并不想因此而触动他们的笔相学家的权能,而且在这种特殊权能之外,确实还有这样的事情:人们通过对话的运用、主要通过倾听和其他人的有效影响却也可以让自己对于人的知识、另外的信息和疏异的观察发生作用,并为了"纯"理性的谈话而避免公开。例如可以想一下沙特关于他人的注视所作的著名描写。

尽管如此,处于社会伙伴关系中的这种诠释学境遇,仍然同处于分析关系中的诠释学境遇大相径庭。如果我对某人叙述一个梦,而且我在这样做时并没有分析的意图,或者我的角色根本不是作为病人,那么我的叙述当然就没有引导分析梦的含义的意义。如果听者在倾听时这么做了,那么他就缺乏这种诠释学意图。毋宁说这里的意图是要说出自己梦幻的无意识游戏,从而使人家也可以加入到童话的幻想或诗意的构想力中去。这种诠释学要求是合理的,它和那种在分析领域中十分常见的现象毫无矛盾。如果有人忽视了被描述的诠释学境遇,例如不把让·保罗的梦幻诗理解成构想力富有意义的游戏,而是当作非常严肃一部秘传的无意识的象征,那么拒绝这种做法是完全正确的。这里正是诠释学对深层心理学合法性的批评,这种批评绝不局限于审美的教化愉悦。例如,当有人以热烈的情绪讨论某个政治问题,而且试图通过甚至令人生气的尖锐的论辩去说服他人,这样他就会有一个诠释学要求,即要得到对方的反驳,而不是按照"谁生气,谁就错"的格言去看待他有情绪的深层心理活动。我们下面还会回过头来讨论精神分析和诠释学反思的这种关系以及混淆这两种"语言游戏"的危险。

这样在解放性反思的作用里,就有了精神分析对于诠释学批判和在社会交往内部的批判所具有的典范意义,解放性反思在此起了它的治疗作用。这种反思通过使未看清的东西变成可看清的,从而摆脱了那种强行支配个人的东西。当然,这是与诠释学反思不同意义上的批判反思,诠释学反思,如我所描述的,是要摧毁不正确的自我理解,揭露方法运用的失当。这并不是说以精神分析为典范的批判会和这种诠释学批判相矛盾(虽说我想指出,诠释学批判必定会拒绝采用这种典范)。但这种以精神分析为典范的批判相对于诠释学批判却是不够的。诠释学科学为维护自身而通过诠释学反思驳斥以下说法,即说它的方法是非科学的,因为它否认科学(science)的客观性。意识形态批判在这一点上甚至赞同哲学诠释学。但它又转而批判诠释学,因为诠释学以不能容忍的方式坚持对因袭而流传下来的成见的传统主义的把握,而自从工业革命爆发和科学的勃兴以来,这种传统因素在社会生活中只具有次要的作用。

K.O.阿佩尔当然作过这种批判,而他显然是误解了哲学诠释学谈到应用时的含义。哲学诠释学在谈论应用时所涉及的是一种在所有理解中蕴含的因素。人们确实应当严肃地看到,我所提出的对诠释学经验的分析,是以诠释学科学富有成效的实践作为对象,其中根本没有"有意识的应用",而这种"有意识的应用"能使人担心认识会被败坏成意识形态。这种误解曾使贝蒂感到不安。——显然,这里有应用意识(Applikationsbewuβtsein)概念不清的作用。正如阿佩尔所指出的,应用意识确实是针对理解科学的客观主义自我理解并同样鉴于理解的生活实践而被当作一种诠释学要求提出来的。就此而言,一种哲学诠释学,正如我所试图发展的,肯定是"规范的",也即是在这一意义上:它致力于用某种更好的哲学来代替一种较坏的哲学。但是,它并不推销一种新的实践,而且也并未说过,诠释学实践总是在具体上受到某种应用意识和应用意图的指引,更又何从谈起有意去证明起作用的传统的合法性。

当然,错误的自我理解会对实践过程起反作用,同样,恰当的自我理解也会有反作用,只要这种自我理解从理论方面摧毁了这种起因于理论的实践扭曲。但是,效果历史反思的任务绝不是去追求现实化和追求"应用",正相反,它不仅要通过科学方法的正规手段,而且要通过具体内容的反思来阻止并破坏一切在理解传统时的现实化做法。阿佩尔对我说了他的心里话,他说:"在具有应用意识的解释方法的责任领域内,为了使理解在某种情况下不受限制,必须使当时的现实应用增加难度。"(141)我想走得更远,因此我不说"在某种情况下",而说"在任何情况下"——只不过我不把此命题作为应用意识的结果,而是当作真正科学责任的满足,我认为,这种科学责任经常只有在意识形态的成见作为背景产生作用的情况下才会受到损害,因为伪科学的方法思考不会感觉到这种责任。在这点上我和阿佩尔(32)一样,确实发现一种意识形态被败坏的危险。这是否如阿佩尔(35)所说类似于那种被他称为"存在主义"的诠释学精神科学,对此我没有把握,因为我并不明白他所指的到底是什么意思。但这肯定不同于哲学诠释学所指向的领域或哲学诠释学本身。相反,诠释学反思却能在这里成为"实践的":它使人们意识到前见,从而使任何意识形态都变得可疑。

我们最好用具体例子来证明这一点。为了不超出我的判断权限之外,让我们来看一下本世纪关于前苏格拉底解释的历史。在这里,每一种解释都有某种前见在起作用,乔埃尔(K. Joeel)是宗教学的前见,卡尔·赖因哈特(K. Reinhardt)是逻辑解释的前见,维尔纳·耶格(W. Jaeger)是捉摸不透的宗教一神论的前见(正如布吕克㉜出色地指出的),至于我自己,当然受到海德格尔对

㉜ [参见《亚里士多德》,法兰克福,1935年第4版,1974年,第213页以下。]

存在问题解释的影响,试图根据古典哲学从哲学思考的角度来理解"神性"㉝,因而在所有这些例子中我们都可观察到一种前见在起指导作用,由于这些前见均对迄今为止的前见作了修正,因此它们具有建设性的作用。这并不是把事先想好的意见应用于文本,而是试图对于存在的东西进行理解和更好的理解,因为我们识破了他人的前见。但我们之所以能够识破,只是因为我们用了新的眼光看待存在的东西。诠释学反思并未脱离诠释学实践。

当然,我们必须注意不要按照直接进步的模式来理解这种诠释学研究活动。阿佩尔关于诠释学问题的讨论因其援引皮尔士和罗伊斯而大为增色,他在所有的意义理解中都制订出实践关系,因此,当他要求提出一个不受限制的解释共同体(Interpretationsgemeinschaft)的观念时,他是完全正确的。显然,这样一种解释共同体的特征就是证明理解努力的真理要求的合法性。但我怀疑把这种合法性证明仅限于进步观念是否正确。业已被证明的解释可能性的多样性绝不排除这些可能性会相互取代。事实也是如此,在这种解释实践的进程中出现的辩证反题也绝不会保证它达到真正的综合。相反,我们绝不能在这种历史科学的领域中用那种只是局部地存在的进步来看待解释事件的"结果",而是要在和知识的下滑和衰落相对立的成就中看待这种结果:即语言的重新赋予生气和意义的重新获得,这种意义是通过传承物向我们诉说的。只有按照绝对知识的尺度,也即并非人类知识的尺度,才能说它是

㉝ [参见我的论文"论早期希腊思想中的神性",载我的著作集,第6卷,第154页。]

危险的相对主义。

在历史意识出现之前统治传统领域的是天真的应用,我认为,如果把这种天真的应用等同于所有理解中都具有的应用因素,这当然也是一种误解。㉞ 毫无疑问,理解的实践因传统的断裂和历史意识的出现而得到修正。尽管如此,我从来就不相信,历史意识及其在历史精神科学中的形成乃是传统权力被瓦解的根据,甚至传统的断裂本身对此不起决定性作用(传统的断裂是随近代而开始,并在法国大革命中达到其第一次极端的顶峰)。我觉得,历史精神科学与其说是通过对这种传统断裂的反应而被呼唤出的,还不如说它们从一开始就对这种传统断裂发生作用或仅仅肯定这种断裂。显然,尽管精神科学具有浪漫主义的源头,但它本身却是一种断裂的传统现象,并且在某种意义上继续发展了批判的启蒙。我把它称为那个时代启蒙的反光镜,㉟但从另一方面看,其中显然也有浪漫主义修复的功力在起作用。无论对它持欢迎还是批判态度,这都丝毫不影响这种专门的认识成就风靡一时。例如可以想一下劳默尔的《斯道佛时代的历史》。它完全不同于有意识的应用。毋宁说,它内在地渗透了批判的启蒙,这启蒙对天真地相信传承物会继续生效以及共同规定历史视域的继续发生作用的传统进行批判,这属于历史科学的本质,而且这绝非仅仅存在于浪漫主义精神科学的故乡。例如伯罗奔尼撒战争期间的雅典史、对伯里克利或对吉布的克里昂的评价在德意志帝国的传统中看起来就完全

㉞ [参见我的著作集,第1卷,第344页以下、第407页。]
㉟ 参见我的著作集,第1卷,第278页。

不同于用美国民主制的眼光所看的——尽管这两种传统都非常年轻。——对于马克思主义传统,情况也是如此。例如,如果我用阶级斗争的范畴阅读齐格尔的思想,那我绝不会搞错(有如他所担心的),这样做时会意识到何种效果历史反思——如果他认为,在某种情况下,会因此而达到一种合理的证明,那他就搞错了。诠释学反思仅限于开启那种如果没有诠释学反思就不会被觉察到的认知机遇。诠释学反思本身并不有助于获得真理标准。

关于有意识应用的说法在其他领域也受到极大的误解。令我惊讶的是,阿佩尔提出的导演和音乐家的例子中居然在有意识应用的意义上谈论现实化(Aktua Lisierung),仿佛与要重新复苏的作品的联系并不必支配整个解释一样。实际上,我们之所以把成功的导演或音乐的复制尊崇为解释,是因为作品本身以其真正的内容被重新表述出来。反之,如果要求我们在复制的工作中提出粗略的现实化倾向,并对当代作出过分清楚的暗示,那我们当然会觉得不合适。口译是诠释学任务现存的典范,如果忽视了口译者并不是翻译,而是通过说话把他所理解的部分用另一种语言提供给另一方,那就是极大地低估了口译者的形象。我觉得在这里一个客观化的概念总是受到与事实不符的意义和意义透明度的引导。

诠释学经验并非起自于近代科学,而是自从出现了诠释学提问立场之后就包含了一种从未减缓过的冲突。它并不能被归入在他在中认识自我这种唯心主义的框架内,从而使意义被完全把握住并流传下来,这种唯心主义的意义-理解概念按我的看法不仅使阿佩尔弄错了,而且也使绝大多数我的批判者误入歧途。这样一种简化为唯心主义的哲学诠释学需要作出批判性的补充,这一点我承认,而且在对19世纪黑格尔后继者德罗伊森和狄尔泰的批判中我也试图指出这一点。但这难道不正是一种诠释学的动力,即通过解释来"理解"陌生的东西、捉摸不透的神意、宗教典籍或古典作家的作品?难道这不正说明理解者相对于说话者和有待理解者总具有一种基本的劣势吗?

因此,诠释学的这种原始规定因近代传统的断裂和另一种完全不同的精确认识理想的出现而得到轮廓清楚的描述。然而,提出诠释学任务的根本条件——对此任务人们并不愿真正承认而我则试图重新提出——从来就是获得一种占优势的意义的条件。当我在我的研究中提出时间距离的诠释学创造性㊱,并且在根本上强调所有理解和效果历史反思的有限性和不可结束性时,我所说的并不是独创的观点。这只不过是真正诠释学论题的发挥。它在历史经验中完全可找到自己真正的证明。在历史领域,它确实与意义透明度无关。"历史学"必须不断防范人文精神的淡化。历史经验并不是关于意义、计划和理性的经验,只有用绝对知识哲学的永恒眼光才会要求在历史中把握理性。这样,历史经验实际上又把诠释学任务重新置于其本来的位置。它必须重新破译历史的意义残篇,这些意义残篇由于事实的晦暗而受到限制和破坏,当然,首先是由于那种使未来对每一个当下意识变得日益模糊的黄昏而受到限制和破坏。甚至属于理解结构的"完全性前把握"㊲也强调

㊱ [参见我的著作集,第1卷,第301页以下。]
㊲ [参见我的著作集,第1卷,第299页以下;第2卷,第61页以下。]

它的"前把握",因为要被理解东西的优势即使不通过解释也可得到保障。因此,当阿佩尔、哈贝马斯以及经过重大修正的齐格尔依赖一种说明性科学的观点把诠释学反思提升为完全唯心主义的意义度向时,这就非常令人吃惊。这实际上就存在于这些精神分析作者所设想的典范作用当中。

这样,我们就又回到那种把精神分析的解放性反思应用于社会领域的所谓转用的合法性这个问题上来。对于那些足以冷静地预知和预示历史的人而言,历史究竟是他们所否认的无法识破的东西,抑或这种因素只是对于业已变得理智的人类不再起作用的未成形,这一切都有赖于精神分析的知识究竟有多少有效性。绝非偶然,精神分析这门科学在关于诠释学的讨论中得到特别的重视,而且阿佩尔、哈贝马斯和齐格尔的论述都很有教益。但是它的人类学收获是否得到正确表达?例如,当阿佩尔说自然生物完全在有意识的欲求控制下被保存下来,这种理想就有赖于这种转用的合法性。因为人是一种社会生物。

为了证明这一点,哈贝马斯为交往权能的元诠释学理论制订了广泛的基础。当他根据深层心理学经验勾勒出"我-它结构"(Ich-Es-Strukturen)和"超-我-结构"(Über-Ich-Strukturen)之形成理论后,他似乎觉得转用到社会领域已经完全不成问题。根据这种普遍的"交往权能理论"(Theorie der kommunikativen Kompetenz),"掌握角色活动的基本性质理论"乃是对立面。我不知道自己是否正确地理解了哈贝马斯。"交往权能"这个表述显然是仿照乔姆斯基的语言权能,它指的是对理解和相互理解能力的毫无疑问的掌握,正如说话权能意味着言语能力的掌握一样。正如语言学的理想就在于提出语言权能的理论,并且最终建设性阐明语言的一切例外现象和各种变体,同样,相对于日常语言的理解也必须达到类似的理解。如果研究工作尚不足以达到这一点,那丝毫也不会改变以下基本事实,即借助于对造成系统扭曲交往的条件的认识,我们可以达到理想的理解实施,这种实施必然会导致认同。唯有这种认同才能成为合理的真理标准。反之,缺乏这种理论,就会使人陷入强制性认同的 tragenden Einverstaendnis(基本的认同),并且无法识破这一点。

交往权能理论至少能用于证明识破受扭曲的社会交往这种要求的合法性,就此而言,它是同精神分析在治疗性谈话中的活动相当的。然而,个例并不能决定全体。因此我们必须采用这样一些团体,其中每一团体都生存于相互认同之中。因此当认同在这些团体之间受到了破坏并且被寻求时,我们这里所说的就不是精神分裂的个人与语言共同体之间的某种东西。那么,这里是谁的精神分裂了呢?例如,在说到"民主"这个词的时候,究竟发生了何种解符号化(Desymbolisation)?根据何种权能?当然在这些团体的背后都必然有着关于自由究竟为何物的观点,这是不言而喻的。因此哈贝马斯也说:不受强制的、能解决这种扭曲的合理的谈话总是以对某种正确生活的预期为前提。唯有如此,这样的谈话才能成功。"按真正的认同来衡量的真理观念包含着成年(Muendigkeit)的观念"(100)。

对于这种从善的观念引导出真的观念、从"纯粹"理智概念引导出存在的真理标准,我觉得很明显是来自于形而上学。纯粹理智概念起源于中世纪的理智论,它以天使作为代表,这种天使具有恰当的方式去观察上帝的本质。我很难在这里不把哈贝马斯归于错误的本体论自我理解之中,就像对阿佩尔通过合理性扬弃自然生物的做法我的感觉一样。当然,哈贝马斯恰好也谴责我有错误的本体论倾向,因为,例如我不能在权威和启蒙之间看到绝对的对立。按照哈贝马斯的观点,这当然是错误的。因为它的前提是,起证明作用的承认无须权威证明的认同而自由地起作用[38]。但这种前提是不允许的。真的根本不能建立这种前提吗?当哈贝马斯承认,在没有强制和统治的社会生活这种主导观念中存在这种不带有强制的赞同时,他自己不正是提出了这样的前提?我自己当然从未见过这种"理想的"关系,而只见过所有具体经验的例子,在这些例子中人们谈论自然的权威以及他们所找到的信徒。这里总是谈到强制交往,例如,凡在爱、典范的选择、自愿的服从等使上下级关系固定化的地方,我就觉得有一种独断的成见与人们认为的"理性"有关系。因此我就无法发现,在社会领域中,交往权能及其理论统治如何能拆除团体之间的障碍,这些团体在相互的批判中都斥责对方的一致意见具有强制性质。而且"温和的生产权力"(齐格尔,249)好像也是必不可少的,因而,另一种完全不同的权能的要求也是必不可缺的,也即政治活动的权能——它的目标就是在缺乏交往可能性的地方引起交往的可能。

在这一点上,齐格尔的论辩对我很有启发,他的论辩实际上是

---

[38] 当冯·波曼(见前引书第89页)要我们注意17世纪和18世纪,尤其要阅读莱辛时,他是完全正确的。我自己首先就以斯宾诺莎为依据,还有笛卡尔,在其他情况下则依据克拉顿尼乌斯,这说明我从来就不属于"完全反对启蒙"的蒙昧主义这一边(见前引书第115页)。

针对我而不是针对哈贝马斯。虽说我根本不知道,当他说到一种"理解的责任"(也许这是理性的同义词?)和一种"批判的权利"(难道这也不正是理性的同义词?)时,他到底说的是什么。仿佛这两个命题一个并不包含另一个似的。但我在下面这一点上赞同他的意见,即交往理解的可能性受条件的支配,这种条件不可能由谈话重新创造出来,而是构成一种先行的一致。我认为这确实对每一次谈话都基本适用。这完全不是强迫,而是使谈话成为可能。齐格尔的以下说法完全正确:谁参与谈话,谁就已经同意把谈话的条件视为既定的。反之,拒绝谈话,或用"与你没什么好说的"表明谈话企图的破裂,则意味着这样一种情境,在此交往的理解受到极大的干扰,从而根本不可能期待有交往的试图。

这当然是一种一般不能称之为神经障碍的干扰。恰好相反,这是情绪上的固执或蒙蔽等日常经验,这种经验通常甚至是双方的,并且双方都对对方进行谴责。因此,它并不代表一种交往权能的干扰,而是无法克服的意见分歧。对于这种对立的信念当然可以说到无对话可能。但它的背景与精神病的背景却大相径庭。它是由于团体信念统治的缘故,这种团体信念陷于词藻的作用范围,从而就能落入有损于对话的境地。把它比作精神分析者归于精神病患者并试图治疗的病态的无对话能力,这就会导致谬误。在社会和政治集团之间不可沟通的对立是以利益的区别和经验的差别为基础的。它们从谈话中产生,这就是说,它们的不可沟通性并非与生俱来,而是理解试图的结果——而且这种情况永远不会终结,而是和那种在精神上永不穷尽的解释共同体中重新进行的谈话相联系,而这种解释共同体可以归属到交往权能的概念之中。这里谈到的蒙蔽是以自认为单独占有正确的信念为前提。凡是这样认为,则就是一种固有的蒙蔽。与此相反,我认为,当哲学诠释学认为交往的真正含义就是对相互的成见进行检验,甚至当它面对"文本"这种文化传承物时仍然坚持这种相互关系,它就一直是正确的。

然而,我有时所用的说法,即关键在于取得和传统的联系,却容易引起误解。我的说法绝不带有偏爱人们必须盲目地顺从的传统这层意思。相反,"和传统的联系"意思只是说,传统并未中止于被人们当作自己的源头所认识和意识的东西,从而使传统无法保存在某种正确的历史意识之中。对既存事物的改变与对既存事物的捍卫同样都是与传统相联系的形式。传统本身也只有在经常的变化中才能存在。于是,和传统"取得联系"就成为一种经验的表述,按照这种经验,我们的计划和愿望经常都是赶在了现实的前头,也就是说,未与现实相关。因此,关键就要在预期的愿望和可行性之间、在单纯的愿望和实际的愿望之间进行调解,也就是把预期植入现实的材料之中。

这确实并非没有批判的区别。我甚至可以说,只有在这种实践关联中"决定的"东西才是真正的批判。我与齐格尔一样认为,如果一种批判,一方面针对对方的或占统治地位的社会成见而指出它们的强制性,另一方又声称要通过交往来消解这种蒙蔽关系,那么这种批判就处于一种十分尴尬的境地。批判必须忽略根本的差别。在精神分析的例子中,病人的痛苦和治疗愿望为医生的治疗行为准备了基础,从而使医生可以建立他的权威,并且无须强制地来解释受抑制的动机。这里的基础是一方自愿服从于另一方。

但在社会生活中的情况则正好相反,对方的抵制以及反对对方的抵制乃是各方的共同前提。

这一点在我看来是如此理所当然,以致当我的批判者如齐格尔以及更根本地说哈贝马斯等指责我,说我根据我的诠释学想否认革命意识和改革意识的合法性时,我感到非常愕然。当我对哈贝马斯提出反驳说医生-病人关系对于社会的对话是不够的,并且向他提出问题:"相对于对社会意识的何种自我解释——所有的伦理习俗都是这样的自我解释——则寻根究底的追问才是合适的,例如在革命的变革意愿中?相对于何种自我解释是不合适的?"我这样问乃是针对由哈贝马斯提出的类比。对这个问题的回答在精神分析的例子里是通过内行的医生的权威给出的。但在社会和政治领域中却缺少这种交往分析的特殊基础,即病人是由于知道自己生病而自愿地接受这种分析。因此,我认为这些问题实际上无法从诠释学角度来回答。它们建筑在政治-社会信念的基础上。但这绝不是说,与认可传统相区别的革命变革意愿因此就无法证明它的合法性。这两种信念都无法或不需要用诠释学从理论上证明它的合法性。诠释学理论本身根本无法决定以下前提正确与否,即社会受到阶级斗争的统治、在阶级之间根本不存在对话基础。我的批判者们显然忽视了在对诠释学经验进行反思时的效用要求,否则他们就不会对以下论题提出异议,即凡在相互理解可能的地方都是以某种一致(Solidaritaet)作为前提。他们倒是提出了这种前提。我的观点中没有什么可使他们作这种抨击,好像这种"基本的认同"保守的方面多于革命的方面,被我当作保守的,而不是革命性的一致加以使用。这是理性本身的观念,它无法放弃普遍认同的观念。这是大家都赞同的一致。

只有和年轻一代的讨论,尤其是和哈贝马斯的讨论才告诉我,意识形态批判者的 intentio obliqua(服从的意向)也同样保持了我所强调的"保守的前见"。我通过对这种据说正确的觉察进行研究得出结论,即保守的前见在这里究竟能含有何种诠释学意义,也即要使人认识,在谈话中究竟要求多少不言而喻的前提。虽说齐格尔引证了我承认自己保守主义的话,但他却在开始自己陈述之处中断了引文。但他的陈述却是说确定的认识就是因此而成为可能。我认为关键就在于认识机会。但这却也是人们唯一能够讨论的地方:我认为可以在这种前提下所认识到的东西,究竟是不是真实的。我认为齐格尔从他相反的前见出发却达到了相同的结果,而且在以下这点与我完全一致,即哈贝马斯赋予了反思一种错误的权力。也许这是与我作根据的经验相同的经验,但却作了相反的评价,这种评价导致了他对哈贝马斯作的相应批判,这种批判恰好体现在他对伯恩斯坦修正主义所作的批判上。因此,齐格尔按照他对诠释学的理解,就顺理成章地对诠释学作出批判:"它也许根本不会由于反批判,而唯有通过革命斗争本身才会从这种(大家统一的一致)幻梦中惊醒过来。"但我认为这个命题并不会顺理成章地开辟出一种讨论……

让我们回到讨论的主题上来——即诠释学实践的理论基础。我与我的批判者在一点上意见相同,并且因为他们迫使我提出这一点而感谢他们:正如意识形态批判根据自我反思而超越了理解的"技艺学",我觉得诠释学反思也是理解本身的一个组成部分,我甚至认为,把反思和实践相分离包含着一种独断的谬误,这也同样适用于"解放性的反思"这个概念。这也是为何我觉得用"解放"概念描述黑格尔《精神现象学》中变易精神所经历的各个形态的进展很糟糕的原因。当然,作为变化的辩证法经验在黑格尔那里是通过觉悟而起作用。但我却认为,布伯纳根据情况正确地强调了黑格尔现象学辩证法中的某些因素,也即,从另一种精神形态产生的某种精神形态其实并非产生于另一种精神形态,而是开拓了一种新的直接性。[39] 精神形态的发展阶段是按照它的终点而设计而并非由其开端而推导。这就是促使我对之加以阐述的原因,关键在于倒过来阅读《精神现象学》,把它颠倒如同实际思维过程一样,从主体到在主体中扩展出来并超越其意识的实体。这种逆向趋势包括对绝对知识观念的彻底批判。知识的绝对透明性类似于唯心主义对恶的无限性的掩饰,有限的人类正是在这种恶的无限性中创造其经验。

我这样就用黑格尔式的语言表达了我的思想,然而,这就成为批判性评论的对象,特别是波曼的批判,他认为我使用克尔凯郭尔、库萨的尼古拉以及特别是黑格尔的概念都是不合法的,因为我使用的概念语言手段都脱离了它们的系统联系。[40] 这种批判并非没有一点道理,特别是就黑格尔的概念语言来说,更可以说言之成理,因为我在《真理与方法》中对黑格尔作的批判性论

---

[39] 前引书,第231页以下。
[40] [参见我的著作集,第1卷,第99页以下。]

战显然非常不能令人满意。㊶尽管如此,我也想在此为我描述性地获得古典作家的思想的做法作辩护。由于我是根据最宽泛的经验意义使用黑格尔描述的"辩证的意识经验概念",因此根据我的看法,我是实事求是地提出我对黑格尔的批评。完成的经验并不是知识的完成,而是对于新的经验有着完满的开放性,这就是诠释学反思针对绝对知识概念而使人认识到的真理。它在这一点上乃是明白无误的。

关于解放的说法也没有什么两样。我认为在这里使用的反思概念并非不是独断的。它并没有表达实践所特有的觉悟(Bewußtmachung),而是像哈贝马斯曾经表达过的那样,建筑在某种"反事实的认同"的基础上。这里隐藏着预知的要求——在实际的接触之前,对此人们并不同意。然而诠释学实践的意义就在于,不要从这种反事实的认同出发,而要尽可能地促成这种认同,并且它所导致的结果,不外乎是说:通过具体的批判而达到确信。作为哈贝马斯之基础的反思概念的独断性质,也许可以在以下例子中表现出来:在正确地批判社会对专家的迷信时,他要求"摆脱受技术限制的合理性的反思阶段"。㊷这里蕴含了一种我认为是错误的阶段观念。即使面对社会中"科学的新作用",下面这一点在社会中也是有效的,即制造能力——亚里士多德称之为技术(techne)——的合理性,是一种不同的,但却并非低于存在于公民

㊶ 在此我请读者注意我的论文"黑格尔逻辑学的观念"(载《黑格尔辩证法》,蒂宾根,1971年,第49—69页)[现载我的著作集,第3卷,第65—86页]。

㊷ 哈贝马斯:《理论与实践》,第232页。

的合理认同中的反思性。诠释学反思就着眼于对这种合理性的阐明。如果缺少批判论据之间经常进行的相互作用,那么它的目标就确实不能达到,但这些论据应该是反映谈话伙伴的具体信念的。

我认为,在合理认识的动机中扬弃自然的规定性这一理想,乃是一种独断的过分拔高,它并不适合于人的状况。在个体心理学和深层心理学中的情况就是如此。通过疾病和健康、对医生帮助的依赖和治疗后的康复之间的对立,这一点已被设定:分析只具备有限的作用范围。正如"反馈"理论所明确承认的,甚至分析者本人也不能分析到底。我觉得没有资格从深层心理学的这种基本状态中得出人类学-心理学结果,对此只要注意一下平衡概念以及围绕平衡状态的游戏存在方式,我在其他地方用它来说明健康的本体论性质。[43]

另一方面,因为哈贝马斯讲到"深层诠释学"(Tiefenhermeneutik),所以我必须摆明我自己的论点,我觉得把诠释学还原为"文化传承物"和在该领域起作用的意义透明性的理想,都被唯心主义地淡化过。意义的理解既不能局限于 mens auctoris(作者的意思),又不能局限于 mens actoris(行为者的意图),这是我最本质的观点。当然这并不是说,理解的最高峰就在于阐明无意识的动机,相反,理解乃是越出个体的有限视域,勾勒出各种意义路线,从而使历史传承物开口说话。正如阿佩尔正确地强调过的,诠释学的意义向度是同理想的解释共同体无尽的谈话相

---

[43] 尤见"治疗术辩解",载《短篇著作集》,第1卷,第211页以下[现载我的著作集,第4卷]。

关联。我在《真理与方法》中⁴⁴试图指出科林伍德重演理论的不可行,从而相应地,在对作者的文学作品或行为者的历史行为的深层心理学解释中,肯定经常可以发现某种忍俊不禁的语言游戏的混淆。

在诠释学实践与其训练中总是有一种效果历史因素在共同规定理解者的意识,这就使它与一种纯技术的可学性相区别,虽说可以把这种技术叫作社会技术或批判的方法。但这里也有反向的作用,即被理解的东西也总会产生出某种确信力,它会共同影响新信念的构成。我绝不否认,对事物本身意见的抽象是一种正确的理解努力。谁想进行理解,谁就无须赞同他理解的东西。但我认为,诠释学经验告诉我们:这种抽象的力量永远只是一种有限的力量。我们理解的东西也总是在为自己说话。诠释学宇宙的范围就建筑在这一点上。由于诠释学宇宙在它全部活动范围产生作用,这就会迫使理解者让他的前见产生作用。这一切就是从实践而且只有从实践中才能产生的反思结果。当我把这一切都比作"趋向文本的存在"时,人们也许会因为我是个老的语言学家而原谅我。实际上,诠释学经验完全渗透在人类实践的一般本质之中,对于文字所写内容的理解虽说是根本的、但却是以次要的方式被包括在这种实践中。从根本上说,理性生物的谈话能力能达到多远,诠释学经验也就能达到多远。

因此,我感到不能不承认这一事实,即具有说服力的论辩领域(而并非具有逻辑强制性的领域)就是诠释学和修辞学所共有的领域。在现代科学文化中为修辞学作辩护很困难(甚至当齐格尔用

---

④ [参见我的著作,第1卷,第376页以下。]

维柯来作说明的时候也误解了修辞学中的理性特征,因为他显然认为,通常只有煽动者才会具有如 in utramque partem disputare(两面争辩)那样的卑鄙的能力,并且认为 Carneades 就是这种煽动者)。显然自古以来,讲话艺术要顾及效果,但即使如此,它也根本未能脱离理性的领域,而维柯赋予 copia 即丰富的观察角度以特有的价值也就非常正确。另一方面我觉得像哈贝马斯所作的论断非常不符合现实,按照他的判断,修辞学具有一种为了进行不受强制的合理谈话而必须放弃的强制性质。如果说修辞学包含一种强制因素,那么绝对可以肯定,社会实践——也许还有革命实践——如果没有这种强制因素,那就根本不可想象。我觉得以下这点很值得注意,即我们时代的科学文化并未降低修辞学的意义,而是补充增加了这种意义,只要看一看大众媒介(或者哈贝马斯对"公众意见"的杰出分析)就能明白这一点。

操纵(Manipulation)这个概念在这里的含义非常含糊不清。任何一种通过讲话造成的情绪影响在某种意义上都是这样一种操纵。然而,修辞学历来就作为社会生活的一个组成因素却并不是纯粹的社会技术。亚里士多德就不把修辞学叫作 techne(技术),而是叫作 dynamis(能力)[45],从而属于 zoon logon echon(有语言天才的动物)。即使我们工业社会所发展的舆论形成的技术形式,在任何方面也总包含一种赞同的因素,它或者来自于可以隐瞒其赞同意见的消费者,也可以以下具有决定性的方式表现出来,即我们的大众媒介并非一种统一政治意志的简单延伸,而是政治争论的

---

[45] [《修辞学》,A2,1355b。]

展示之地,这种争论有时反映着,有时则是决定着社会的政治进程。相反,深层诠释学理论要证明对社会进行批判的解放性反思,甚至期待从自然语言的一种理论中能"推导出作为任何讲话之必要规则的理性讲话原则,哪怕这种讲话受到歪曲,与它的意愿相反",这种深层诠释学理论蕴含着——尤其是面对现代社会国家的组织和其中的舆论形成形式——社会工程师的角色,社会工程师的工作不是放任自流,而是制造舆论。这将使社会工程师持有舆论工具,并用垄断舆论的权力而持有由他代表的真理。这并不是虚构的想象。修辞学不会被人抛弃,仿佛不再需要它,不再依赖它。

显然,修辞学与诠释学一样,作为生活的实施形式,并不依赖于哈贝马斯称作正确生活的预期。这种预期是一切社会伙伴关系及其相互理解努力的基础。同样有效的一点是:必然引导着一切从理性理想出发的信念试图的理性理想,同时也禁止在其他的蒙蔽中要求正确的洞见。因此在自由交往中,共同生活的理想既是有约束力的,又是不确定的。在这种正式范围内存在着极为不同的生活目标。甚至那事实上对于所有实践理性都具有本质意义的对正确生活的期待,也必须具体体现,这就是说,这种预期必须接受纯愿望和实现真正目标的意愿尖锐的对立。

我认为,对我来说最关键的问题乃是认识一个老问题,亚里士多德在他对柏拉图的善的一般理念进行批判时就已看到这个问题。[46] 人类的善就是在人的实践中遇到的东西,它并非无须具体

---

[46] [参见我的海德堡学术论文"柏拉图和亚里士多德关于善的理念",海德堡,1978年,现载我的著作集,第7卷。]

境遇就可得到规定,在具体境遇中才会有某些因素比其他因素更为优异。只有这样,而并非反事实的认同,才是批判的善的经验。它必须在境遇的具体化中加以发展,这样一种正确生活的理念作为一般理念乃是"空泛的"。[47] 这里有一个至关重要的事实,即实践理性的知识并不是一种面对未知者而意识到自己优越性的知识,相反,在这里任何人都会提出这种要求:去认识对于整体的合理性。但这对于人类的社会共同生活则意味着必须说服其他人——这意思当然不是说,政治学以及社会生活的成形只不过就是谈话共同体,从而把摆脱一切统治压力的自由谈话看作真正的治疗手段。政治要求理性把利益导向意志的构成,而一切社会和政治的意志表达都有赖于通过修辞学构成共同的信念。这就包含着人们总必须顾及正确对待对立信念的可能性,不管这种信念存在于个人抑或社会领域。我认为这点也属于理性这个概念。我很乐意承认诠释学经验造就了西方文化传统的特殊内容,这种诠释学经验的道路导致我要求采用一个具有最广泛运用的概念。我指的就是游戏概念。我们并非仅从现代经济学的游戏理论中了解这个概念。我认为,它倒是反映了和人的理性活动相联系的多元性,同样也反映了把互相冲突的力量结合进一个整体的多元性。力量的游戏受到信念、论辩和经验游戏的补充。对话模式在正确的运用中保持着它的丰硕成果:在力量的交换中,就如在观点的相互冲突中一样,建立起一种共同性,这种共同性超越了个体和个体所从属的团体。

---

[47] 亚里士多德:《尼各马可伦理学》,A4,1096b20: μάταιον τὸ εἶδος.

20
修辞学和诠释学
(1976年)

在尤吉乌斯学会[18]的报告里,我们几乎无法选出一个比修辞学和诠释学这一题目更为强调的对立论题。因为尤吉乌斯的与众不同之处,而且并非仅仅是因为莱布尼茨把自己看成这位17世纪近代科学伟大开拓者的真正伙伴,恰恰是他断然否弃辩证法和诠释学的方法,并且转向经验和一种(从奴隶般地神化亚里士多德的观点看当然是纯化了的)证明逻辑。他不仅本身就生长在以辩证法和诠释学作为根据的人文主义文化之中,而且后来还承认这种文化具有准备性的价值,并且认为,护教神学(Kontroverstheologie)强化了"辩证法和诠释学能力"乃是很重要的(1638年给雅克·拉古斯的信)。当然,这些都是写在一封信里,它更多地具有教育-外交的含意而并非一种真正的评价,因为尤吉乌斯实际上只想使他早期的学生对科学的方法论和逻辑学产生兴趣。尽管如此,这种灵活的态度仍然表明了普遍存在的修辞学教育,这对于那时的科学大人物(Mann der Wissenschaft)是理所当然的。只有从这种背景出发,才能真正评价像尤吉乌斯这样作为新科学思想先驱人物特有的贡献。

如果想理解人文科学的认识论和科学命运——直到它以浪漫主义精神科学的形态出现的方法论构造,那么,"修辞学"的背景就具有独特的讨论意义。它并不是诠释学理论在这种联系中所产生的作用——这种作用不过是次要的——而是修辞学的古典传统、中世纪传统和人文主义传统,这才是关键所在。修辞学是三种艺术(Trivium)[19]的一部分,它引导着某种因其渗透一切而几乎不被人注意的不言而喻的生活。但这却表明,在旧时代的悄悄变化中,渐渐地开辟了历史科学的新纪元。诠释学理论的历史肇始于拒绝对路德新教作反宗教改革的、特利恩特宗派式的攻击,从路德到梅兰希顿和弗兰西斯、经由开初的理性主义和与其相对的虔信主义,直到在浪漫主义时代产生的历史世界观,这种历史的发展并不在认识论和科学理论的观点内展开,而是在神学争论的紧迫性中得到发展,这种神学争论则是由宗教改革引起的。显然,正是出于对现代历史精神科学前史的追问,才使得威廉·狄尔泰和约金姆·瓦赫写成这部历史。

在这里起作用的是和前理解概念相联系的诠释学真理。甚至对诠释学历史的研究也同样处于前理解这种普遍的诠释学法则的支配,这可以首先从三个例子得到说明。

第一个例子就是威廉·狄尔泰研究诠释学历史的基础,亦即狄尔泰作为一个年轻的学者写的柏林科学院的征奖论文,该文因马丁·雷德克尔对狄尔泰未完成的《施莱尔马赫传》第 2 卷的编辑而最终于 1966 年得以发表,该文在 1900 年只有像概略说明那样的极小一部分才为人所知。[48] 狄尔泰在该文中对弗兰西斯作了出色的、附有大量引文的说明。他对弗兰西斯的诠释学理论作了检

---

[48] 威廉·狄尔泰:《施莱尔马赫传》,第 2 卷,第 595 页以下。

验和评价,提出了他自己意识到的历史意义和科学的、历史—批判方法的尺度。按照这种尺度衡量,在弗兰西斯的工作中混杂着天才的正确预见和不可思议地陷入独断主义的狭隘和空洞的形式主义。确实,如果在解释宗教文献时仅仅提出自由主义时代历史神学所研究的问题(狄尔泰本人就属于这个时代),那就没什么可说了。要从每件文本本身的联系理解文本而不要屈从于独断的强制,这是一种值得称赞的意图,如果我们像施莱尔马赫那样强调"心理学"解释,这种做法在运用于《新约》时最终导致了教义的解体,每一位《新约》的作者都可以置于这种诠释学观点之中,这就导致损害了以《圣经》自解原则为基础的宗教改革教义学。这是狄尔泰含蓄地认可的结果。这是他对弗兰西斯进行批判的基础,因为他在弗兰西斯对整个宗教文献或教义原则的非历史和抽象的逻辑概括中看到了他注释的缺点。同样,教义学和注释之间的对峙也从另外一方面展现了狄尔泰的观点,在对弗朗茨(H. Franz)及其强调文献整体的上下文要甚于单个文本观点的批判时,他的观点得到完全展现。对历史神学的批判是在最近 50 年才开始,在对"福音启示"(Kerygma)概念的争论中达到顶点,这种批判使我们易于接受教规的诠释学合法性以及弗兰西斯身上独断兴趣的诠释学合法性。

在研究诠释学历史的过程中前理解起作用的第二个例子是由盖尔德塞策(L. Geldsetzer)提出的独断型诠释学(die dogmatische Hermeneutik)和探究型诠释学(die zetetische Hermeneutik)的区别。[49] 借助于把一种和独断论相联系、受到机构及其权威确认的、

---

[49] 参见盖尔德塞策在编辑出版他的梯鲍特和弗兰西斯的诠释学新版本里所作的最值得一谈的导言。

总以捍卫独断的教规为目的的解释和非独断的、公开的、探求性的,有时甚至在进行解释时导致"不可理解"的文本的解释相区别,诠释学的历史显示出一种打上现代科学理论意义的前理解的形态。在这点上可以说,虽然最近的诠释学也支持神学-教义学的兴趣,但它却显然更接近一种法学诠释学,这种法学诠释学非常独断地认为自己就是去实施由法律固定下的法制。然而问题恰好在于,如果在制订法律的过程中忽视了解释法律时的探究因素,并认为法学诠释学的本质仅仅在于把个别案例归入一般法律,这是否就是对法学诠释学的误解。关于法律和案例之间辩证关系的新观点(黑格尔为这种辩证关系提供了具有决定意义的思维手段),在这点上很可能改变了我们法学诠释学的前理解。司法判例的作用历来限制着概括模式。它实际上是对法律的正确解释(而不仅是它的正确运用)。这也同样适用于与一切实际任务无关的《圣经》的解释或对古典作家进行必要的修正。正如"信仰类推"(Analogie des Glaubens)对于《圣经》的解释并不是坚固的、独断的预先确定,语言也是如此,如果对于古典文本的语言用科学理论的客观性概念进行衡量,并把这种文本的示范性质当作对理解的独断限制,那么古典文本的语言就是无法理解的。我认为,独断诠释学和探究诠释学的区别本身就是独断的,因此应该对它进行诠释学的消解。

第三种有趣的前理解把诠释学的历史置于一种特别的角度,这种前理解最近由哈索·耶格(Hasso Jaeger)在论诠释学的前史这篇学术性很强的讲演中提出。[50] 耶格把丹恩豪尔摆在中心地

---

[50]《概念史档案》,第18卷(1974年),第35—84页。

位,正是通过丹恩豪尔才第一次出现"诠释学"这个词,并且发现通过解释的逻辑来扩展亚里士多德的逻辑。他在丹恩豪尔身上看到了人文主义公众文学精神(res publica Litteraria)最后的证据,而后的理性主义使这种精神僵化,非理性主义和从施莱尔马赫经由狄尔泰到胡塞尔和海德格尔(还有更糟糕的)的现代主观主义则使其产生出其有害的结果。令人惊讶的是,该作者既没有提到人文主义运动与宗教改革《圣经》自解原则的联系,也没有提到修辞学在整个解释疑难中所产生的特定作用。

毫无疑问(并且狄尔泰也清楚认识到),宗教改革运动的《圣经》自解原则本身也和它的理论辩护一样都适合于普遍的人文主义转向,这种转向摒弃了经院哲学的教条风格及其对教会权威的依靠,并且要求阅读原版的文本。因此,它也属于重新发现古典作家这种更为广阔的人文主义联系之中,而这里的古典作家当然主要指西塞罗的古典拉丁文。然而,这并非只是一种理论的发现,而是同样属于模仿(imitatio)规律,属于复兴古典讲话艺术和文体艺术的规律,于是,修辞学就成为无所不在的了。

当然,这并不意味着朗诵艺术的重生。古典的讲话艺术失去其古典的领域,亦即城邦和共和国,又如何能被重新唤起?自从罗马共和国终结以来,修辞学就失去它的政治中心地位,在中世纪它只是由教会管理的学院文化中的一个因素。如果不经过许多极为明显的作用改变,修辞学就不可能经历人文主义所力图达到的复兴。重新发现古典文化和两件具有重大后果的事情相联系,即印刷术的发明,以及随宗教改革运动而导致的阅读和写作范围的极大扩展,这种扩展乃是和普遍僧侣精神(allgemeine Priestertum)

的理论相联系的。由此就开始了一个过程,经过长达千年的中介,它最终不仅导致了扫除文盲,甚至导致了一种默读文化(Kultur des stillen Lesens),这种文化把说话、大声读出的词和真正讲出的话都置于次要的地位——这是一种巨大的内在化进程,只是当大众媒介开启了新的说话通道,我们才意识到这一点。

修辞学的基础更多地有赖于西塞罗和奎因梯利安而不是亚里士多德,因此,修辞学的人文主义复兴很快就偏离它的起源,并且进入到新的、改变其形式和作用的力量领域。虽说它的理论形态可以理解成一种或然性的逻辑,并且和辩证法结成一种不可分离的统一体。这样它就从逻辑形式主义学派和以权威为依据的神学独断论中解放出来。通过这种方式,或然性的逻辑就更加处于逻辑学的标准之内,而不会危及亚里士多德的分析篇所提供的必然性逻辑的优先地位。

因此,在文艺复兴时期也重复着类似的冲突,就如古典时代在修辞学和哲学之间发生的冲突一样。然而,当时对修辞学的权利和效用发难并且在争辩中取胜的却不再是哲学,而是现代科学和与其相适应的判断、推理和证明的逻辑。

对于近代科学的优势而言,辩护词是一种说话的证据,18世纪初期在以传统自傲的那不勒斯,吉安姆巴蒂斯塔·维柯就把辩护词作为修辞学不可或缺的证据。[51] 同样,维柯用他的论辩所维护的修辞学的教化功能这件事实在当时一直存在,而且一直持存至今——当然主要不是在讲话艺术的真实运用和尊重讲话艺术的

---

[51] 维柯:《论我们时代的研究方法》。[参见我的著作集,第1卷,第24页以下。]

艺术理解中,而是把修辞学传统转用到对古典文本的阅读。

因此,虽说好像存在着纯粹运用古老的讲话艺术理论,最终却出现了某些新的因素,亦即对于解释文本作说明的新的诠释学。于是,修辞学和诠释学就在某一点上具有深刻的相似性:说话能力和理解能力一样,都是人的自然能力,它们都无须有意识地运用艺术规则就能完整地形成,只要把自然的天赋与正确的培养和练习结合起来。

如果古典修辞学的传统只是指有意识的技巧训练,只存在于写下来的话语的文体艺术之中,并且与法律的、政治的以及指示性的讲话艺术相区别,那就完全是一种论题的限制。最具有特点的是,德国著名学者梅兰希顿在这里附加上了 das genos didaskalikon(学说类)即学术讲演。㊾ 更有特色的是,梅兰希顿认为,修辞学,亦即古典优美讲话艺术(ars bene dicendi)真正的益处就在于,年轻人不能缺少良好的阅读艺术(ars bene legendi),亦即理解和评判讲话、长时间的争论以及书籍和文本的能力。㊿ 虽说梅兰希顿讨论的主要是一种学习和训练说话能力的补充性动机,但在梅兰希顿的解释过程中,阅读以及传达和认识文本中附加性的宗教真理却渐渐地被提到人文主义模仿理想之上。于是,梅兰希顿的修辞学讲演对于新教的教育事业的形成产生了决定性的作用。

于是,修辞学的任务就此扩展到诠释学,虽说当时并未准确地意识到这种转移,甚至连诠释学这个新的名词都未发现。然而,修

㊾ 《梅兰希顿全集》,第13卷,第423页以下。
㊿ 同上书,第417页。

辞学的巨大遗产对于解释文本这种新的工作在关键点上仍起作用。正如真正的修辞学对于柏拉图的学生来说,乃是无法和关于事物的真理的知识(rerum cognitio)相分离,否则便会陷入绝对的否定中,㊴同样,对文本的解释也有一个不言而喻的前提,即被解释的文本包含着关于事物的真理。修辞学最早的复兴是在人文主义时代,当时的修辞学还完全处于模仿(Imitatio)的理想支配之下,因而,上述这点可能被当作毋庸置疑的。此外,对于我们正在研究的向诠释学的转化,这一点也是完全有作用的。因为,不管在梅兰希顿身上,还是在弗兰西斯·伊吕里库斯(Flacius Illyricus)这个新教诠释学第一个创立者身上,关于宗教经典可理解性的神学争论都是推动性的根据。因此,诸如能否用理解的艺术揭开错误句子中的真实含义这类问题是根本不可能出现的。只是随着17世纪日益增长的方法意识才使情况发生了变化——也许察巴雷拉(Zabarella)在这一点上很有影响——而且诠释学的科学理论根据也发生了变化。我们可以在丹恩豪尔身上观察到这一点,他把修辞学驱逐到附录之中,并且试图根据亚里士多德的逻辑学建立新的诠释学。这当然不是说,丹恩豪尔根本不和修辞学传统有任何联系,因为修辞学构成了解释文本的典范。

首先让我们看一下梅兰希顿,虽说路德派神学的《圣经》自解原则在他的修辞学讲演里是不言而喻的前提,并且起着重要的作用,但这一原则却并不统治论辩的艺术风格,他的论辩完全保持着

㊴ 《梅兰希顿全集》,第13卷,rerum cognitio ad docendum necessaria(对事物的认识必然成为学说);柏拉图:《斐德罗篇》,262c。

亚里士多德学派的精神。梅兰希顿力图完全根据我们描述的向阅读的新转变来一般证明修辞学的意义和价值。"如果不依靠某种为他提供的部分的编排、讲话者的分段和意图，以及对晦暗不清的事物进行讨论和澄清的方法的艺术，那就没人能够清楚地把握冗长的说明和复杂的讨论。"㊹这里梅兰希顿想到的当然是神学争论，但他所遵循的却完全是亚里士多德的传统，中世纪和人文主义的传统，因为他把修辞学与辩证法紧密地联系在一起，这就是说，他并没有赋予修辞学以特别的领域，而是强调修辞学的普遍可应用性和有用性。

"首要的，或者说最关键的就是主要的意图和中心的观点，或者如我们所说，话语的要点（der Scopus der Rede）。"㊺梅兰希顿因此引进了一个在稍后弗兰西斯的诠释学中占统治地位的概念，他从亚里士多德伦理学的方法论导读中借用了这一概念。这里梅兰希顿显然不是指狭义上的讲话，因为他说，希腊人在刚开始的时候就对他们的书籍（词义如此！）经常这样发问。文本的基本意图对于准确的理解乃是最根本的。这一点其实对于梅兰希顿提出的最重要的理论也是根本性的，这无疑就是他的 Loci Commune（共同论题）理论。他把它作为 inventio（发明）的一个部分引进，并且遵循古代论题学传统，但又充分意识到其中存在的诠释学疑难。他强调，这些"包含着整个艺术源泉和总体"㊻的最重要的章节并非只是更大的观点储存库，虽说对于讲话者或学者而言，尽可能多地

㊹《梅兰希顿全集》，第 13 卷，第 417 页。
㊺ 同上书，第 442 页以下。
㊻ 同上书，第 470 页。

涉及观点乃是最有用的——因为,实际上这种 Loci(论题)的正确搜集就包含着知识的整体。这就蕴含着对修辞学论题学(Topik)的肤浅性所作的诠释学批判。㊸ 这种批判又反过来激起了对自身操作过程的证明。因为,梅兰希顿是第一个根据有意义的选择和搜集宗教经典的关键之处而建立起旧教的教义学的人,这就是1519年问世的 Loci Praecipui(讲话或著作的主题)。后来对新教自解原则作的天主教批判是完全不正确的,因为,它在回顾这些教义命题的提出时指责了新教自解原则的不一致。虽说以下这点无可非议,即每一种选择都包含着解释,从而具有独断的含义,但旧教神学的诠释学要求却在于,从《圣经》本身以及从它的意图来证明教义的抽象。当然还有另外一个问题,即宗教改革派的神学家究竟在多大程度上遵循他们的原则。

关键在于寓意解释的重新兴起,寓意解释对于《旧约》当然具有某种不可或缺性,正如今天可以在所谓的"类型学"解释中看到这一点。占卜者和预言家的解释都和路德派的注释实践有显著的联系,这也许能表明自解原则的继续生效。梅兰希顿说:"这里传达的并不仅仅是寓意,而是首先把历史本身与信仰和著作的 Loci

---

㊸ 梅兰希顿的门徒们显然并没有以同样的方式意识到这个疑难,我在约翰纳斯·斯图姆(Johannes Sturm)的《论拉丁语言的翻译方法》(出版于1581年)中找到如下一段文字:"在新时代,我们这些门生积极致力于学习普遍论题。其中有一些我们是从埃拉斯穆斯(Erasmus)所出版的关于研究方法的书中摘引出来的。我们荣耀回忆起的菲利浦(梅兰希顿)曾传授了一些共同论题,而另一些人也传授了另一些共同论题。我认为,我们不仅应当陈述关于德行和恶行的共同论题,而且也应当讲到所有事物的共同论题……这些共同论题可能有助于你们记忆或回忆。"梅兰希顿的学生关于收集Loci(论题)的诠释学度向显然并不是像他们老师那样清楚的。

communes(共同论题)相联系,然后才会从这种Loci(论题)中产生出寓意。然而,假如不具备出色的学术能力,就没人能够遵循这种过程。"⑤这段文字以妥协的态度证明了我们的解释的立场,即自解原则声称具有其基本的地位。

我们可以继续推论,把修辞学因素当作后期诠释学的基本原理,但这也许只能算一种一般的思考。诠释学涉及的是阅读这项新任务。和说出的话语不同,写下的文本或者复写的文本被剥夺了讲话者通常能提供的理解辅助手段。文本应该概括在某个正确强调的概念之下,而且每一个人都知道,以真正合适的强调重新给出某个文本的命题乃是多么困难。整个理解过程在理想的——因而是从不可能完全实现的——情况下才进入正确的强调。丹恩豪尔曾正确地指出:"除了通过活生生的教师,几乎没有其他方法能使文学被人理解。没有这类帮助,谁能阅读僧侣们的古老手稿?只有根据讲话者提出的圆周句、逗号、冒号等规定才能认识标点符号。"这段文字证明:标点符号这种阅读的新辅助手段乃是依据古老的修辞学组织术。

然而,这个问题的全部范围是从虔信派诠释学的角度理解的,它从奥古斯特·赫尔曼·弗兰克开始,然后通过兰巴赫及其后继者得到发展。只是到了这个时候,古典修辞学的古老篇章,亦即唤起情绪一章才被认作一种诠释学原则。出于精神最根本规定的情绪存在于所有的话语中,而且人们都认识到以下经验:"在传播同样词句时,如果它们用不同的情绪和姿势说出来,那它们就会有完

---

⑤ 《梅兰希顿全集》,第13卷,第452页。

全不同的意义。"承认所有话语都存在情绪改变的因素,其中就有由施莱尔马赫建立的"心理学"解释的根源以及后来所谓的移情理论的根源,兰巴赫这样说:"作者的精神对于解释者具有极大的吸引力,以至于解释者渐渐地成了作者的第二个自我。"

但我们已经说得太远了。最早的诠释学自我思考在宗教改革时代就已由弗兰西斯作出。弗兰西斯当然首先只是一个语文学家和人文主义者,这正是路德的宗教改革要争取得到的。弗兰西斯无可争辩的功绩在于,通过发展他的诠释学,使路德派的圣经自解原则免受三位一体神学家的攻击。他为宗教经典所作的辩护必然要进行两条战线的战斗。一方面,要反对和《圣经》不符合的西塞罗主义的人文主义文风理想;另一方面,要反对反宗教改革的攻击,这种攻击认为,如果不借助教会学术传统作解释,宗教经典就根本无法理解。不用这种万能的教义钥匙去理解宗教经典,正是弗兰西斯所撰写的所谓《圣经指南》(Clavis scripturae sacrae)这部秘诀性著作的根本意图。弗兰西斯以更完全的彻底性在这里讨论了宗教经典困难性的原因,为此,他甚至从他的天主教批判者理查德·西蒙(Richard Simon)那儿得到具有讽刺意味的赞扬——西蒙还赞扬他对教义学说的博识。然而,弗兰西斯认为,对于整个自解原则来说,宗教经典在神学上具有根本性的最主要的困难并非一般性的困难,即用陌生语言写成的文本向理解提出的困难。这只是该问题扩展得最远的方面,弗兰西斯作为一个卓越的希伯来语学者和希腊语学者对此是特别内行的。实际上,更重要的是宗教原因。"对于神学理论,所有的人因其本性不仅感到困难、无知,而且会急切地趋向于相反的意义;我们不仅无法热爱它们、追求它们、理解它们,而且反而会认为它们是愚蠢的、不虔诚的、甚至害怕它们。"

这里显然触及到所有诠释学的中心动机,亦即要克服疏异性,认同陌生东西,通达它特别的,甚至是唯一的结构,与此结构相比,所有所谓的文本疏异性,亦即语言的疏异性、时代观的疏异性、表达方式的疏异性等等都显得次要。因为,这里涉及到新教教会的原始动机,亦即准则和预告以及神恩之间的对立。如果由于这种教义的利益而把这里所建立的诠释学也叫作独断的,那就太轻率了。它当然会服务于基督教信仰的不言而喻性以及信仰福音。尽管如此,它在原则上仍是一种纯诠释学的努力。它是对新教自解原则的加工和证明,这一原则的运用证实了"用信仰来证明"的宗教前提。

如果把解释文本的任务置于现代科学理论的偏见之中,并且依照科学性的尺度进行,那实际上是一种目光短浅的看法。在任何具体情况下解释的任务,从来就不是仅仅是对任意一句话的意义作逻辑-技术的查明,这种做法完全不会顾及所说话语的真理这种问题。每一种理解一件文本的意义的努力都意味着接受文本所提出的挑战。假如结果是要用更好的知识进行批判并且证明被理解命题的错误所在,那么它的真理要求才是所有努力的前提。在弗兰西斯创立他的诠释学的方法中我们也能看到这一点。他了解福音代表着哪一种挑战。当他详述正确理解宗教文献的所有条件时,这绝不是过于啰唆,也不是独断的限制。这里所涉及的并不只是(举个例子来说)如弗兰西斯所要求的倾听神的话这种虔诚的期待,而是涉及到摆脱一切忧虑的精神的条件,这种精神在所有困难的事情和事务中必定明显存在(第88页)。或者说,除了要熟记我们根本不理解的东西,"并希望有朝一日上帝能使我们明白"这种建议之外,还存在另外的建议,这个建议也许更为普遍,并且在阅读每一篇宗教文献时都会让人感到有用,亦即,首先要把握住整个文本的"Scopus",即目的和意图。

宗教文献要求的特殊性绝不会因这种普遍的建议而被淡化,相反会因其运用而得到恰当的突出。"我们必须注意到,此书并不像大部分书籍那样只包含一种理论,而是包含两种理论,即神律和福音。虽说它们本质上乃是相互对立,但却能够相互协调,因为当神律揭露我们罪恶之时,就间接地使我们(通过基督)接受了宽恕。"这也是一种诠释学事件。它表明,《圣经》也要求一种特别的占有形式,亦即通过信仰者接受虔诚的布道。这就是我们必须依之阅读宗教文献的目的,甚至当我们作为纯粹的历史学家去研究它们,甚或作为无神论者根据例如马克思主义的基础认为,整个宗教全是"错的",也须遵循这种目的。这种文本——像所有其他种类的文本一样——必须按其意向(Intention)来理解。

所有关于宗教文献的讲经和解释,尤其是那些唤起宗教文献、使其重新成为福音的布道讲话,都处于福音的教会要求之中。这就承认了一种诠释学的思考,但这种要求却绝不证明,我们可以把弗兰西斯的诠释学理论叫作独断论的。弗兰西斯诠释学理论所提供的只是对路德提出的自解原则的精确理论证明。如果说弗兰西斯的诠释学理论把宗教文本理解成宗教的布道,这和人文主义和语文学的正确解释原则也并不冲突。它从不要求《新约》文本无法证明的独断的前假定(Vorannahmen),而是表现为优于这种文本的权威性(Instanz)。他的整个诠释学都遵循一条原理,即唯有联系才能真正规定单个字、单句话的意义:"ut sensus locorum tum ex scopo scripti aut textus, cum ex toto contextu petatur"(不管是从著作或文本的目的而来,还是从整个语境而来的段落的意义,都应当被研究)。这里非常清楚地表现出反对所有与文献相悖的理论传统。它恰好说明,弗兰西斯像梅兰希顿一样跟从路德,因为他警告了寓意的危险。正是这种 scopus totius scripti(整个著作的目的)的理论防止了这种企图。

如果研究得更仔细一点,它显然就是修辞学的古典隐喻概念(Begriffsmetaphern),这一概念由于要反对宗教文献教义地服从于教会的理论权威而提出。scopus 这个词被称作文本的头或脸,这点通常从标题就可以明显地看出,但首先是从思路的主要线索得出的。于是,古老的修辞学的 dispositio(配置、组织)观点被采纳并得到了改建。人们必须小心地注意(借用这种表述方法)头在何处、胸在何处、手在何处、脚在何处,而这些个别的器官和部分又是如何构成整体。弗兰西斯就说过文本的"解剖学"(Anatomie)。这是真正的柏拉图说法。不讲词和句子的纯粹排列,而把每一种说话都像一个活的生物一样组织起来,都具有自己的躯体,这样,每一次讲话既不会没有头,也不会没有脚,而是从里到外都互相处于良好的和谐关系,和整体也是这样的关系。《斐德罗篇》就是这样说的(264c)。甚至亚里士多德也遵循这种修辞学概念,他在《诗学》中如此描述悲剧的构造:hōsper zōon hen holon(正如一个作为单个和整体的生物)。⁶⁰ 我们德语有句成语"das hat Hand und Fuß"(这有手有脚,引申为某事很有道理)也属于这同一种传统。

然而,以下这点也是真正的柏拉图观点(亚里士多德的解释和证明就针对这点),即修辞学的本质并非只局限于这种可表述为技术规则的技艺学之中。柏拉图在《斐德罗篇》中批判道,修辞学教师所从事的事业还处在真正的艺术之"前"。因为,真正的修辞学艺术既不能脱离关于真理的知识,也不能脱离关于"灵魂"的知识。这里所指的是听者的内心状况,为了达到说服的目的起见,听者的情绪和激情应当用话语来激起。《斐德罗篇》就是如此说,整个修辞学至今在日常用法中与人打交道时就遵循这种 argumentum ad hominem(为了人的论证)原理。

显然,在 17 和 18 世纪得到发展的近代科学时代和理性主义的时代,修辞学和诠释学之间的联系被闭锁了。最近 H. 耶格首先注意到丹恩豪尔用他的"好的解释者观念"(idea boni interpretis)所起的作用。⁶¹ 丹恩豪尔似乎是第一个使用诠释学这个术语的人,而且显然以亚里士多德工具论里的相应篇章为依据。耶格指出,丹恩豪尔的要求就在于,继续发展并完成亚里士多德以其 Peri hermenias(《解释篇》)这篇著作所开辟的思路。正如他自己所说:"通过补充一座新城的做法去扩展亚里士多德的工具论。"他的指向也是逻辑学,他把它作为一种更广的部分,作为一种更广义的哲学科学,作为解释科学而建立起来,并且以一种极为普遍的方

---

⁶⁰ 《诗学》,23,1459a20。

⁶¹ [H. 耶格:"诠释学前史研究",载《概念史档案》,第 18 卷(1974 年),第 35—84 页、第 41 页以下。]

式使神学诠释学和法学诠释学得到预先整理,也使所有特殊应用的逻辑学和语法学得到预先整理。于是丹恩豪尔就删除了他所称为的雄辩术的解释,亦即人们用文本所力图达到的使用和利用以及人们通常称之为的 accomodatio textus(文本的适应),并且试图通过他的诠释学达到一种可与逻辑学相匹敌的、在一般理解文本时的人性的和逻辑的正确性。正是这种趋于一种新逻辑学的倾向导致他拿分析逻辑来对比,并最后明确地摒弃分析逻辑。分析逻辑和诠释学是逻辑学的两个部分,两者都要达到真理,并教导我们如何驳斥谬误。它们的区别在于,诠释学也教我们研究错误句子的真实意义,而分析逻辑则只从真实的原则推导出结论的真理。因此,诠释学只考虑句子的"意义",而不管它的实际正确性。

丹恩豪尔十分清楚其中的困难,即作者所指的意义通常并不很清晰,也不会用得很明确。这其实是人的弱点,甚至一句单一的话也可能有多种意义。但他只要求通过诠释学努力来消除这种多义性。他的这种思考究竟如何理性化,这从下面可以看出,即他认为,诠释学的理想就在于把不合逻辑的话语转变得合乎逻辑,从而使其顺顺当当。这样做的关键就在于,把诸如诗歌类型的这种话语重新归置,以使其在其自身中得到证明,从而不可能欺骗任何人。这种真实的位置就是合逻辑的话语、纯粹的陈述、绝对的判断和独特的说话方式。

我认为,像 H. 耶格那样把诠释学的这种逻辑学定位称颂为诠释学观念的真正实现乃是错误的。作为 17 世纪初斯特拉斯堡的神学家,丹恩豪尔本人也承认自己是亚里士多德《工具论》的学生,这部《工具论》把他从同代人的辩证法迷阵中解救出来。如果撇开新教诠释学的科学理论分类而只看内容,那么他就几乎完全赞同新教诠释学,当他超越和修辞学的联系,他就会直接依靠弗兰西斯,因为弗兰西斯在这方面赋予了足够的注意。实际上,他作为新教神学家也显然承认修辞学的作用。在他的《圣经诠释学》(Hermeneutica sacrae scripturae)一书中,他大段引证奥古斯丁,以便证明,在宗教文献中绝不存在纯粹的质朴性(有如按西塞罗学派的修辞学理想可能呈现的那样),而只存在一种特殊的辩才(Beredsamkeit),有如在具有最高权威的人和几乎带有神性的人身上所看到的。我们可以看到,人文主义修辞学的文体规则在17世纪是怎样取得有效的,甚至基督教神学家也只有和奥古斯丁一起捍卫《圣经》的修辞学层面才能自保。丹恩豪尔对于诠释学的方法自我理解的这种理性主义新定向从内容上革新的东西,与宗教改革派的自解原则激起的诠释学活动本身毫无关系。丹恩豪尔本人也经常卷入有争议的神学问题,并且像其他路德派教徒一样把以下这点作为根据,即诠释学能力和理解宗教文献的能力是所有人都共有的。诠释学的训练在他那儿同样也被用作对教皇论者的驳斥。⑫

此外,不管我们是从逻辑学方向发展他的方法的自我理解,还是从修辞学和辩证法的方向发展他的方法论,诠释学这门"艺术"总具有一种超越所有应用形式——不管是对于《圣经》的应用,还是对于古典作品的应用、法律文本的应用——的普遍性。普遍性

---

⑫ 上面提到的斯图姆无疑是以这种方式依赖于亚里士多德的。他曾经这样警告耶稣会士"ut magis sint Aristotelici quam theologi"(他们〔指耶稣会士〕比神学家还更亚里士多德派)。

在这两种方向中都存在,并以其特定的疑难为根据,这种疑难存在于"技艺学"(Kunstlehre)这一概念之中,其根源则是由亚里士多德引进的概念构造。相对于技术或技艺学的"纯"例,修辞学和诠释学就表现为特例。两者都涉及语言性的普遍性而与制作的某种特定的实际领域无关。与此相联系,它们都或多或少地从自然的、一般人的讲话能力或理解能力过渡到有意识地运用讲话和理解的艺术规则。但这里还有另一个重要方面,从现代科学概念出发或从古代的技术概念出发均无法发现这个方面。在这两种情况中,"纯艺术"和日常生活实践的自然条件和社会条件的分离只是在有限的情况下才可能。就修辞学而言,脱离自然的状况和自然的练习并不会帮助单纯的规则知识及其认识成为真正的雄辩,它同时又反过来表明,如果讲话的单纯艺术性不具有合适的内容,那它就只能是空洞的诡辩术。

如果我们转到正确解释的艺术,那我们就必须谈到一种特有的居间领域,亦即用文字或铅字固定下来的话语。从一方面说,这种固定增加了理解的困难,甚至在语言-语法的条件完全得到满足的情况下也是如此。因为必须把僵死的语词唤醒成为生动的说话。但从另一方面说,这种固定又意味着理解的容易,因为固定下来的东西以不变的形式呈现给重复的理解努力。这里谈的并非死板地计算文字固定所产生的积极面和消极面。因为在诠释学中涉及的是解释文本,而文本不管用作朗读,还是用作默读,都是某种话语,因此,在任何情况下,书写艺术都与解释和理解的任务相对立。所以,在吟诵文化的早期时代就有一种特殊的写作艺术,它要为朗诵正确地指出文本根据。这就是在希腊人和罗马人的古典时代发生过决定性作用的重要的文体学观点。随着默读这种一般的准备以及印刷术的出现,从而使其他的阅读辅助手段,诸如标点符号和分段等变得格外重要。这也显然会改变写作艺术的要求。由此可以联想到在塔西佗的《对话集》中讨论过的雄辩术衰落的原因:正是在印刷术中存在着史诗文化衰落的原因以及改变书写艺术的原因,这种原因和改变了的朗读术相适应。我们可以看到,修辞学和诠释学和手工艺人的具体的知识模式有多大的不同,而"技术"(techne)概念就恰好和这种模式相联系。

甚至在施莱尔马赫身上也存在技艺学这个概念的疑难,当他把该概念用到修辞学和诠释学上去的时候,这个疑难就明显地表现出来。在理解和解释之间存在的相互联系完全类似于讲话和讲话术之间存在的相互联系。在这两种情况下,合规则运用的成分被精心归置,以致使人感到,在修辞学和诠释学中完全和逻辑学一样谈论一种理论意识倒是更为正确,亦即谈论一种或多或少脱离了应用功能的"哲学的"说明任务。

这就必然会出现一种特别的特殊地位,它和亚里士多德的实践哲学具有的意义相当。虽说它也叫作哲学(philosophia),因而是指一种"理论的"而并非实践的兴趣。尽管如此,就如亚里士多德在他的伦理学中所强调的那样,它从事的却并非纯为着知识,而是为着 arete(德行),亦即为着实际的存在和活动。因此,我认为以下这点非常引人注目,即我们也可以同样地讲到亚里士多德在《形而上学》第 6 卷中叫创制哲学(poietike philosophia)的以及显然把诗学和修辞学都包括在内的东西。这二者都并不是在技术知识意义上的技术。二者都以人的普遍能力为基础。它与技术相比所具有的特殊地位当然不像实践哲学的观念那样具有明显的标记,实践哲学的观念因其与柏拉图善的理念的争论性关系而独具特色。此外我还认为,可以把诗哲学的特殊地位和界限像实践哲学一样地称作亚里士多德思想的结果,无论如何历史已产生了这种后果。分为语法学、辩证法和修辞学并在修辞学中把诗学包括在内的这三位一体艺术和一切特定的生产、制造某物的方法相比也有同样一种普遍的地位,那种特定的生产、制造方法一般则适合于实践和引导实践的合理性。这三位一体艺术绝不是科学,而是"自由的"艺术,也就是说,它们属于人类此在的基本活动。它们并不是人们的所作所学,从而使人成为掌握了其所学的人。相反,能够造就这种能力倒属于人本身的可能性,使人成为所是和能够是的存在。

这就是我们研究其发展的修辞学和诠释学的关系所最终阐明的道理。甚至解释和理解的艺术也不是一种我们可以学会的技能,从而使我们成为一个掌握了其所学的东西的人,即一个专业的口译者。它属于人本身。因此,所谓的"精神科学"在过去和现在都正确地被叫作 Humaniora 或 humanities(人学或人文科学)。由于作为近代之本质特征的方法和科学的勃兴使得这一点变得模糊不清。实际上,如果一种文化赋予科学以及以科学为基础的技术学以领导地位,就根本不会冲破人类作为人的共同世界和社会而生存于其中的更广的范围。在这种更广的范围中,修辞学和诠释学具有一种无可争辩的、包容一切的地位。

21
逻辑学还是修辞学?
——再论诠释学前史
(1976年)

H.-E. 哈索·耶格以他的论文"诠释学早期历史研究"(Studien zur Frühgeschichte der Hermeneutik)⑥³为我们关于诠释学前期历史的认识增添了崭新的一章。我们早就知道,"诠释学"这个词首先出现在约翰·孔哈德·丹恩豪尔的一篇文章中,并且至少从狄尔泰以来就很明确,诠释学具有某种人文主义的前史。随着耶格对丹恩豪尔的评价,这幅图景就起了变化。首先,耶格指出,丹恩豪尔从青年时代就开始遵循某种解释逻辑的纲领,并早在1629年就为这种逻辑使用了"诠释学"(Hermeneutica)这个名称。耶格和狄尔泰相反,他不想再把这种诠释学看作浪漫主义诠释学的神学的——从而也是非常可怜的——预备阶段,而是看作人文主义运动的一种特有的创造,它和路德和教皇之间所进行的关于《圣经》解释原则(Schriftprinzip)的争论毫无关系。狄尔泰当然向我们指出,正是这种争论才第一次形成了新教《圣经》注释的诠释学原理,我们可以在弗兰西斯·伊吕里库斯那里发现这些原理的

---

⑥³ 《概念史档案》,XVII/1,第35—84页。文中的页数可以表明这种贡献。

证明。H.耶格则试图尽可能地排除其中的神学成分。

耶格本人的真正兴趣则在于指明"诠释学"是17世纪的科学理论概念,这在丹恩豪尔的《好的解释者观念》(*Idea bori interpretis*,1630年)中得到说明。

耶格的具有深厚学识基础的概念史研究恰当地运用了语词史的观点,到最后这种语词史的立场几乎完全占据了他的贡献,以至于使他把狄尔泰所说的关于《圣经》解释的神学争论文献[64]完全撇在一边。正如耶格所指出,丹恩豪尔运用诠释学这个词本身并没有前史。而新学科的科学理论证明——正如丹恩豪尔所说的 die oikonomia(简省证明学说)——才是他真正的工作。

耶格关于丹恩豪尔的论述(47—59)不仅使丹恩豪尔的科学理论概念而且连诠释学这个名词的提出都能令人理解。丹恩豪尔曾独立地重新发现了亚里士多德的《工具论》,并由这种发现而确定其整个精神的存在。这当然是重新回到真正的亚里士多德,这种回复使他免受拉米斯[20]逻辑学(60)的影响,并在阿尔托弗(Altorfer)的亚里士多德主义中找到了证明。丹恩豪尔除了亚里士多德的《解释篇》提出的陈述逻辑之外又提出 hermeneutica generalis(普遍诠释)作为一座"新城"(50)。亚里士多德《工具论》的主题因此而被扩展到对他人的讲话和对文章的解释。

耶格指出,丹恩豪尔因此而和新的分析理论相联系,这种理论正统治着当时的亚里士多德主义,并作为 methodus resolutiva(解

---

[64] "施莱尔马赫的诠释学体系与老的新教诠释学的对立"(1860年),载《狄尔泰全集》,第14卷,第2分册,第595—787页;"诠释学的产生"(1864/1900年),载《狄尔泰全集》,第5卷,第317—338页。

析法)而为人所知(51f.)。如果耶格能出版他事先预告的大作,那么我们可以对上述情况了解到更多的东西。就我所知,这种methodus(方法)是亚里士多德的逻辑学和柏拉图辩证法在古典后期混合形式的自由扩展,不过亚里士多德本人对此讲得很少:无论是在把推论过程和证明过程变成逻辑论题,还是在运用时涉及到实践考虑的结构(找到通向目标的手段),亚里士多德显然总是联系到几何学的 analyein(分析)概念,这一点不应被耶格关于新柏拉图主义把分析用作为掌握原理之途径的论述所遮蔽(52)。对这种分析的依靠对于丹恩豪尔的诠释学纲领乃是决定性的。丹恩豪尔显然在亚里士多德的《解释篇》中实际上发现了一种综合过程(话语由其部分组合而成)。他把作为分析的诠释学挪到这种综合的陈述逻辑之旁,亚里士多德分析论的这种扩展具有重要的后果。正如形式推论理论只保证内在合乎逻辑性而并不确保它的实际正确性,诠释学在丹恩豪尔那里也只表明某个陈述的正确意义,但并不指明一个正确陈述的意义。它并不追求从原理出发进行推导。在这里丹恩豪尔是非常极端的,并且耶格指出,丹恩豪尔在这点上遵循古代和中世纪关于 sensus(意义)和 sententia(语句)的区别的理论(56)。与此相反,其他人则在诠释学中看到一条虽说是间接的和次要的但却是特有的通向真理认识之道路。这显然也是凯克曼(Keckermann)的观点(1614),凯克曼曾直率地讲到一种 clavis intelligentiae(理智的钥匙)(71f.)。

情况很有可能,丹恩豪尔不管怎样是在把 Hermeneutica(诠释)和 analytic(分析论)加以联系——换句话说:是在把诠释学归并到逻辑学(61)。

耶格对 hermeneia(诠释)这个词在人文主义时代的出现所作的语词史补充研究也证明了这一点(65—73)。丹恩豪尔整个术语表的前史将这一点表现得更清楚。我们从中可以受到足够的启发。我认为,最有趣的是阿莫尼奥斯·赫缪(Ammonios Hermeiu)所起的作用。他在亚里士多德的《解释篇》中发现了思想最初的语词化过程(Verwortung),这就是说,并非只是把一种语言翻译成另一种语言或是把含糊不清的表述翻译成清楚的表述,而且也是思想本身用语言清晰表述(64f.)。尽管在耶格论文的结尾处(81f.)指出了诠释学的这一"灵魂",但在丹恩豪尔那儿,这种动机却似乎还未起作用。

也许,对丹恩豪尔诠释学观点作这样的表述是恰当的,但我觉得,耶格所遵循的思路是片面的。如果我们通览了这位博学的作者提出的整个语词史材料,尤其是语词的古典存在形式,那就绝不会让自己只局限于逻辑学和科学理论。诠释学这一语词的相关领域指示的倒是修辞学的领域。因为这并不符合作者的本意,所以让我们强调作者提出的材料中的这一方面。首先是在柏拉图的《伊庇诺米篇》中引人注目地产生了诠释学这一语词(84〔注释〕,160)。根据其和占卜术(Mantik)的类似关系,我们无法怀疑,这里涉及的是真正的语言用法。这一语词指的是和神的交往,这种交往并非十分容易,因为不依靠技巧就很难明了神的暗示的意义。我不知道为何作者不喜欢这种观点。没有人会认为,这种技巧在柏拉图看来非常崇高。但这在这里并不起作用。但我们不应忽视这里涉及的任务是与耶格承认的人文主义诠释学具有的任务相同,也就是说,这里同样涉及到被耶格指责的新的任务,亦即,使不理解的东西成为可理解的任务(这正是口译者从事工作的基本情形)。

同样我也无法理解,为何作者要如此回避诠释学一词和赫尔墨斯神的关系。我也根本感受不到作者对以下事情感受到的胜利感,即从赫尔墨斯神导出诠释学这个词的说法被现代语言学揭露为只是一种虚构,而且我们如果不掌握这一点,就无法了解这个词的词源学意义(84〔注释〕,160)。然而,我即使注意到这点,也绝不会因此会对(如我所看到的)奥古斯丁与整个传统是如何理解这个词而感到迷惑。引证贝弗尼斯特(S. Benveniste)(41〔注释〕,17a)也无济于事。传统的证据十分重要——但却不是作为一种语言科学的论据,它只是有效地指出,诠释学现象必须以及正被看得如何宽广而普遍:它被看作"一切思想的使节"(Nuntius für alles Gedachte)。

我觉得,对《民法大全》(Corpus juris civilis)的摘引是个新贡献。其中提到经纪人职业所特有的理解技巧,这种技巧能使缔约双方对交易的价格达成一致意见。耶格引证了法国人文主义者安东尼·孔德(Antoine Conte)的观点(38f.),这对人很有启发。从他的引证可以看出,经纪人事务中出现的特定通译技巧早已为法国人文主义者在一种普遍的意义上加以理解。他说,为这种服务支付的报酬并不像经纪人的工作所获得的利润那样声名狼藉。它涉及的是最广义上的通译工作和中介工作。但正如与经纪人相比较所表明的,这种通译的功能并非仅限于机械的语言的翻译,也并不限于仅对含糊不清的东西进行阐明,而是表现为一种包容一切的理解手段,它能在各派别利益(voluntatum contrahentium)之间进行调解。和《伊庇诺米篇》完全一样，这里涉及的是一种普遍的中介活动，这种活动不仅存在于科学的联系之中，更存在于实际生活的过程中。（当然，在这种语词应用中仅仅涉及到促进理解的一种实际技巧，而根本不涉及对这种技巧的规则作逻辑分析。）

不过，无论是古代的语言用法还是人文主义复兴的语言用法，它们都毋庸置疑地指示着修辞学的领域而并非逻辑学的领域。在我看来，这才是关键所在，我期待这位博学的作者作出不同于他在论文中提出的另外说明。我认为，他讨论的并不吻合人文主义传统所准备好的整个领域。他所经常使用的 res publica litteraria（大众文学物）这种普遍的措辞并不能解释修辞学和逻辑学的区别。丹恩豪尔关于《逻辑学》的看法真的和察巴雷拉（Zabarella）的影响相联系（74）？抑或和在斯特拉斯堡特别有影响的法国人文主义（以及反拉米斯主义）逻辑学家的影响相联系？

特别有趣的是，甚至丹恩豪尔也指出印刷术的扩展对于诠释学的意义。毫无疑问，正是通过印刷术才使语言交往的生活发生了根本变化。默读习惯和一般僧侣精神的宗教改革激情具有特别联系，它表现出一种需要新的受过训练的引导的新情况。自从用嘴说的词和由行家朗诵的词不再主宰交往过程以来，作为文本意义轨迹的文字符号与被意指的意义之间的距离就大大增加。这里出现了一个全新的问题，它不仅涉及理解和解释的任务范围，而且涉及书写艺术本身。我们无论如何都可以理解，这里寻找的是诠释学真正的作者身份。丹恩豪尔提出的科学理论变形并没有考虑到这一点。正是梅兰希顿本人把修辞学转用到解释术上，从而成至于狄尔泰作为依据的弗兰西斯,我们也不能像耶格所作的那样,把他简单地归到神学家的争论文学之中。虽说弗兰西斯的《圣经指南》乃是为他的神学关注服务,但它的基础却完完全全是一般意义上的语文学——人文主义的。弗兰西斯试图证明,《圣经》如同所有其他文本一样是完全能被理解的。作为一个伟大的希伯来语言学家和语文学家,他捍卫路德的口号 sacra scriptura sui ipsius interpres(《圣经》是自身解释自身)而反对天主教特利恩特会议的争论,这种争论主张教会的理论传统不可或缺。这里无法讨论弗兰西斯究竟在多大程度上实现了他的意图,抑或讨论在他证明《圣经》的可理解性时是否受到未经证明的独断的前概念指引,抑或这一点是否像狄尔泰所指出的那样真是一种缺陷。我认为,他那作为一切解释努力之根据的"Scopus"(目的)理论实际上和路德的辩解神学紧密联系,从而使这种新的诠释学思考最终不能和力求阅读《圣经》行为的宗教意义相分离。⑥ 然而,这难道不适用于人文主义传统,并以完全合适的方式适用于它的模仿理想?我认为,所要解释的文本的正式的和规范的意义——正如在解释法律时一样——是整个解释努力中决定性的因素。这绝不意味着对诠释学要求的限制,即要把很难理解的文本归置到理解之中去。

弗兰西斯在他的论辩中很小心地保留了阅读《圣经》的 periti。这是典型的人文主义的遗传特征。但这对以下这点却不产生作

---

⑥ 我在尤吉乌斯学会的一次演讲中已经指出了这一点,参见"修辞学和诠释学",1976年。[现载本书第276页以下。]

⑥ 参见前面注释中引证的研究论文。

用,即诠释学发展的基础仍然是宗教改革的要求,要使每个人都成为《圣经》的读者。(与此相反,法学诠释学一直只是一种职业化的学科。)这也表现出它与修辞学的相近之处。修辞学也是一种专家从事的工作。即使讲话的艺术需要运用人们能够学会的特殊技巧手段,但它和理解的艺术一样,基本上只是人的自然能力。"诠释学"这个词就像修辞学一样,都只表明是对这种手段的运用。在 18 世纪和 19 世纪,对于那些掌握理解的艺术并能把它用于别人身上的人,人们都把他们比作牧师(Seelsorger),因为他们掌握了"诠释学",也就是说,掌握了理解他人并使他人理解自己的艺术。⑰

这位博学的作者就像 Res publica litteraria universalis(普通大众文学物)忠实的辩护者一样地说话,他像叔本华一样地抱怨它的衰亡(40〔注释〕,16)。他目睹了它在 18 世纪的衰亡,他认为,这种衰亡导致了他所描述的人文主义诠释学迅速受到死板的理性主义(而且就像人们必定会补充的那样,受到虔信派神学反倾向)的压制。因此,他的论文充满了论战的声调。他想痛斥从狄尔泰直到当代诠释学的整个精神科学的浪漫主义传统,但他首先要痛斥的是这种传统在"海德格尔和布尔特曼方向"上的最新发展(35)。

---

⑰ 参见我的著作集,第 1 卷,第 312 页以下。那里需要补充:约翰·彼得·海贝尔(Johann Peter Hebel)给他的朋友赫施(Hitzig)的信中说到(1804 年 11 月):"霍夫拉特·福尔茨这位掌握了所有诠释学中最杰出的诠释学的人正在练习理解人的弱点并作出解释……"。[1874—1809 年的信,载《全集》,第 1 卷,W. 采特纳编辑出版,卡尔斯鲁厄,1957 年,第 230 页。]在绍伊默(H. Seume)的散文作品中也可以发现该意思的表述(绍伊默在莱比锡跟莫鲁斯〔Morus〕研究过神学)。

这位作者显然紧紧盯着"建构性诠释学"(die konstruktive Hermeneutik)这一概念,这个概念本是他创造的,他以一种相当幽默的方式把它和胡塞尔赋予意义的行为这个概念相联系(83f.)。对于胡塞尔的这种理论有人提出了反驳,这种反驳主要是从海德格尔对胡塞尔作的本体论批判出发的。这和"建构性诠释学"到底有什么关系?"建构性诠释学"到底是什么?同样,关于语言的表达力的说法和海德格尔的"语言会讲话"也只有极小的相关。海德格尔这种挑衅性的话指的是,语言对于每一个别讲话者具有先行性(Vorgängigkeit)。因此,在某种意义上我们可以说——当然不是在作者所强调的意义上——,语言对于思想有一种确定的、然而又是受限制的前定性(Vorgegebenheit)。我觉得,"语言会说话"这句表述所包含的合理性的意义具有一种新柏拉图主义的因素,即正是某种语词,但也确实是思想的语词,才在话语和讲话里清晰表达出来。作者在他论文的结论中也触及到这种动机,他引用了普罗丁的"论心灵"(psyche)(82),但他却并未因此而得益。我认为,我已经指出过,这种理论不但可能依据于奥古斯丁,而且也能以库萨的尼古拉为根据。[68] 虔信主义对解释的"心理学化"(Psychologisierung)所起的作用可以成为人文主义-修辞学遗产和浪漫主义理论之间具有决定性的中介(A. H. 弗朗克、兰巴赫)。但耶格却根本没有提到这一点。

他认为,新的诠释学没有传统乃是一种令人满意的事情。不管这样说有什么意思,他只能在不同的意义上和狄尔泰以及由海

---

[68] 参见我的著作集,第1卷,第424页以下。

德格尔出发而发展的哲学诠释学的立场发生关系。狄尔泰曾试图指出神学诠释学的传统，施莱尔马赫以及后浪漫主义时代的历史方法就处于这种传统之中。前浪漫主义的前历史实际上只是前历史而并不是历史。只是随着神学的解释理论和语文学的解释理论扩展成一种普遍的历史方法论观念，才诞生了耶格意义上的"新诠释学"。

与此相反，由海德格尔对意识唯心主义的批判所开启的诠释学理论的转向却有着很老的历史，我们可以在其中发现诠释学问题和亚里士多德以来实践哲学传统的联系，而这种联系正是 J. 里特和我所主张的。我们不能把这种联系简单地置之不理，天知道为何耶格对"解释"(Deuten)和"理解"如此恼火。这两者至多不过是分析的程序，它与那种非理性主义的冒险活动丝毫不相干。相反它能符合古典的修辞学传统，根据耶格的论文（它促使我去研究丹恩豪尔）我知道，甚至亚里士多德的逻辑学作为 Methodus resolutiva（解析方法）意义上的分析理论对于诠释学的理论构筑也只是一种其他的、可能的方向而已。然而我从耶格广征博引的文章中却无法得出这种"而已"。我不明白，为什么丹恩豪尔的逻辑亚里士多德主义相对于弗兰西斯和神学诠释学却该在 res publia litteraria（大众文学物）内部取得一种优越地位。

耶格所谓的"新诠释学"是一种相当复杂的构成物，这一点大家都愿意承认。它的论题和倾向有时会得到漫画式的误解。然而，耶格为之作斗争的新诠释学这个词到底指什么意思？在耶格那里，这个词具有非理性的神奇武器的意思。他用"解释"(Deuten)这个词到底指什么意思？如果他以此指的是施莱尔马赫以及狄尔泰把解释心理学化的做法,我还可以赞成他。然而,从他作为"大众文学物"的成员所感受到的巨大距离出发,则狄尔泰和E.贝蒂对唯心主义-诠释学传统的概括与海德格尔和我的贡献就在他看来合而为一了(35)。他觉得,精神科学的方法论和揭示一切方法论之界限的哲学反思乃是一回事。该怎样理解这一切?它们都是恶魔?

我发现,只有一条道路才能使我搞清,把不同的事物这样视为一物到底是什么意思,它又如何能自圆其说。这条路就存在于古代与现代之争(querelle des anciens et des modernes)的出发点中,列奥·斯特劳斯(Leo Strauss)在他早期关于斯宾诺莎的书中就曾选择过这种方向。⑩ 在那本书里斯特劳斯明显倾向于古代。自那时以来,这场斗争对于历史意识的产生具有的意义才被浪漫主义方面注意到(参见由H.R.尧斯作序的佩拉尔特〔M. Perrault〕的新版书⑩)。这里涉及到一个最严肃的问题。所有被叫作"诠释学者"的人,包括德国唯心主义哲学在内,当然都属于"现代"。狄尔泰一生都和历史相对主义的幽灵缠在一起,这就可以很好地勾画出这种"现代"的疑难。

几十年来,我一直在考虑以下问题:赞同古代在今天将意味着什么?不管怎样,它总有以下意思,即它的辩护者并非用古代人的

---

⑩ 列奥·斯特劳斯:《斯宾诺莎的宗教批判是他圣经学的基础》,柏林,1930年。并参见我的论文"诠释学和历史主义",本书第387页以下。

⑩ 佩拉尔特:《就艺术和科学而言古代和现代之比较》(Parallèle des anciens et des modernes en ce qui regarde les arts et les sciences)(1688年),并有H.R.尧斯作的序:"在古代与现代之争中的审美规范和历史反思",慕尼黑,1964年。

眼光看事物想问题，而是作为一个当今的历史家来看这种看法、想这种想法。因此，耶格本人也处于一种诠释学问题之中，这至少通过下面一点把他和古代区别开来，即他是用粗野的讽刺拒斥当代的诠释学。我们无法说，这种研究就像他提出的后浪漫主义时代的前提一样，亦即，本身要具有历史意识。这点既适用于他，也适用于被他称为"现代"的人。但这绝不是说，只要承认这一点，就能把"新诠释学"这门特殊的理论回射到过去的年代。毋庸置疑，诸如把奥古斯丁的基督教时代和基督教创始时期的游牧文化相区别的历史距离，这些对于奥古斯丁本人也是一个真正的诠释学问题。基督教接受《旧约》的宗教文献并非完全没有问题。在这个意义上可以说，《基督教学说》具有一种诠释学维度。

我们不能这样把"新诠释学"一股脑儿地算作现代主义的错误。也许诠释学反思的任务就在于：超越在古典的古代与现代之争中发生的对立，既不谈现代的进步信念，也不谈纯粹模仿古代的满足。这就是说，一方面识破由于自我意识的优先性和方法论科学性的确定信条导致的偏见——另一方面又要控制住对立的偏见，就好像我们能把基督教的年代和现代科学都撇在一边。席勒在他对歌德的特性所作的著名描绘中早就清楚地表达了这一点。正确地描绘古人，并不意味着回到古代或是模仿古人。在诠释学的意义上这只是说，以自我意识为基础的近代哲学思想意识到自己的片面性，并且提出了诠释学的经验，即有时我们倒更容易理解古代而不是现代。难道这就是耶格针对"建构性诠释学"和胡塞尔的"赋予意义的行为"所指责的"主观主义"？也许这很合我意。但这和作者的意思却并不一致。这和他对海德格尔的影射又如何协调一致？然后又该怎么办？比耶格指责的新诠释学更不带传统？抑或完全不顾我们和耶格都置身其中的传统？

22
作为理论和实践双重任务的诠释学
(1978年)

不仅诠释学这个词已经很古老,而且,不管诠释学这个词在今天是否重又与解释(Interpretation)、阐释(Auslegung)、翻译抑或只与理解相联系,其所指的事情无论如何却远远先于近代发展起来的方法论科学的观念。甚至近代的语言用法也反映出使诠释学事务得以显现的那种独特的理论和实践的双重方面和矛盾性质。18世纪末和19世纪初,在一些作家笔下曾零零星星地出现过诠释学这个词,这表明当时这个词——也许是来自于神学——已经进入到了日常用语,当然,那时它是单指实际的理解能力,也就是说,对别人进行可理解的、充满同情的沟通。这大概是在牧师那儿得到特别的强调。所以我曾在德国著作家亨利希·绍伊默(Heinrich Seume,他曾在莱比锡当过马鲁斯的学生)和约翰·彼特·海贝尔(Johann Peter Hebel)那儿发现过这个词。施莱尔马赫是近代把诠释学发展成精神科学的一般方法论的创始人,甚至他也坚决地以下述观点为根据,即理解的艺术并非仅以文本为研究对象,它同样处于人际交往的事务之中。

因此,诠释学并非只是一种科学的方法,或是标明某类特定的科学。它首先指的是人的自然能力。

像"诠释学"这样一种会在实践和理论的含义之间左右摇摆的表达式随处可见。例如,我们可以在日常与人交往中讲诸如"逻辑"或逻辑错误而根本不指逻辑学这门特殊的哲学学科。"修辞学"这个词的情况也是如此,我们不仅用它指可以学习的讲话艺术,同时也用它指自然天赋及其活动。很明显,正如没有自然天赋则学习一门可学的东西只会取得很有限的成果,缺乏讲话的自然天赋的人也不可能通过方法论的训练而在讲话时应付自如。对于理解的艺术,对于诠释学,情况也确实是如此。

这一切都有其科学理论意义。类似于对自然天赋进行训练并使之达到理论意识的这类科学到底是什么?这对于科学史也是一个尚未解决的问题。理解的艺术应该如何归属?诠释学究竟是接近于修辞学抑或必须把它置于逻辑学和科学的方法论一边?我最近写了一些文章试图对这个科学史问题进行探究。⑦ 这个科学史探究表明,就像语言用法所表现的,那种作为现代科学之基础的方法论概念已经消解了过去那种明确指向这种人类自然能力的"科学"概念。

因此就出现了这样一个普遍性的问题,即在科学体系内部至今是否继续存在着一种因素,它更接近于科学概念的古老传统而不是现代科学的方法论概念。我们总是可以问,这是否至少适用于所谓的精神科学精确划定的领域——而不要管在包括现代自然科学在内的所有知识欲中是否有一种诠释学向度在起作用。

---

⑦ 参见《短篇著作集》,第4卷,第148—172页以及第164—172页。[现载本书第276页以下。]

然而至少有一种科学理论的典范,它似乎能赋予这种精神科学的方法论转向以某种合理性,这就是亚里士多德创建的"实践哲学"。⑫

亚里士多德把柏拉图的辩证法理解为一种理论的知识,相对于这种辩证法,他要为实践哲学要求一种特殊的独立性,并且开启了一种实践哲学的传统,这种传统延至19世纪一直在发挥它的作用,并直到20世纪被所谓的"政治科学"或"政治学"所取代。但在亚里士多德为反对柏拉图的辩证法统一科学而用以提出实践哲学观念的所有规定中,这种所谓"实践哲学"的科学理论方面却仍非常模糊。直到今天,仍有人试图在亚里士多德伦理学的"方法"中——亚里士多德把伦理学作为"实践哲学"而引入,而在伦理学中实践合理性的德行(Die Tugend der praktischen Vernunftigkeit),也即 Phronesis(实践智慧)据有中心的地位——仅仅看到一种实践理性的作用(任何人的行为都服从实践合理性的标准——这是亚里士多德对于实践哲学思考的贡献——但这并不说明实践哲学的方法是什么)。因此,在这个问题上产生争论是不足为奇的,因为亚里士多德关于科学的方法论和系统意义的论述总体而言很少,他显然较少想到科学的方法特性而更多地想到其对象领域的区别。《形而上学》卷六(E)第一章和卷十一(K)第七章尤其证明了这一点,虽说在那里物理学(以及其最终目标"第一哲学")是作为理论科学而与实践科学和创制科学判然有别。但是,

---

⑫ 当我 1978 年 1 月在明斯特谈论文本的论点时,我利用机会对我的同事约金姆·里特的记忆力表示了称道,他对此问题的研究包含着很多有益的观点。

如果我们要检验理论科学和非理论科学的区别如何被证明,我们就会发现,那里仅仅讲到这些知识的对象不同。这显然符合亚里士多德的一般方法原理,即方法必须依其对象而定,对象定了,事情也就清楚了。在物理学中其对象是通过自我运动来规定,与此相反,生产性知识的对象,也即要生产的产品,其源泉乃在生产者及其知识和能力之中,同样,实践—政治活动的对象也受活动者和他的知识所规定。这就可能出现一种假象,仿佛亚里士多德在这里说的是技术性的知识(例如医生的知识)和能够作出理性决定的人(prohairesis)的实践知识,仿佛就是这种知识本身构成了与物理学的理论知识相对应的创制的科学或实践的科学。显然情况并非如此。这里所区分的种种科学(除此之外,在理论领域内还有物理学、数学和神学等进一步的区分)是被视为同一类知识,它们都寻求认识 Archai(最高原则)和 Aitiai(理由原因)。这里涉及的是最高原则的研究(Archeforschung),这就是说,这里并不涉及处于应用中的医生、工匠或政治家的知识,而是涉及可以被讲出和传授的一般性知识。

值得注意的是,亚里士多德在这里根本没有考虑这种区别。显然在他看来不言而喻的是,在这些领域中普遍的知识根本不会提出任何独立的要求,而总是包含有转用到个别例子的具体运用。但我们的研究却表明,我们必须把那些以实践的或创制的活动或生产过程(包括话语的创作和"生产"的过程在内)当作讨论对象的哲学科学作为对这些活动或生产过程的研究与这些活动或生产过程本身明确区分出来。实践哲学并不是实践合理性的德行。

当然，人们在将现代的理论概念应用于实践哲学时颇费踌躇，因为这种哲学按其自我标志就已经是实践的。因此，最大的困难问题就是找出在这些领域内所适用的这种科学特性所依赖的诸种特殊条件。无论如何，亚里士多德本人是用含糊的暗示来说明这些特定条件，说它们不是很清楚。在实践哲学方面，情况又是特别的复杂，因此更要求某种亚里士多德角度的方法论反思。实践哲学需要一种特别的合法性。显然，关键性的问题在于，这种实践的科学必须和人类生活中包容一切的善的问题打交道，它不像Technai(技术学)仅限于某个确定的领域。此外，"实践哲学"这个用语恰好说明，它并不打算利用某种宇宙论的、本体论的或形而上学的关于实践问题的论证。如果这里必须局限于对人而言是重要的东西即实践的善，那么处理这种实践活动问题的方法显然就和实践理性(praktische Vernunft)具有根本的区别。甚至在"理论哲学"这种看似累赘的表述中以及在"实践哲学"这个自我标志中就已经包含着迄今为止仍在哲学家的反思中反映出的因素，即哲学并不能完全放弃那种不仅要认识，而且本身就要有实际作用的要求，也就是说，作为"人类生活中善的科学"本身就要求促进这种善。在被称之为Technai(技术学)的创制科学(poietische Wissenschaften)中，这一点对我们也是特别清楚的，它们甚而就是"技艺学问"(Kunstlehren)，对于这种技艺学问来说，唯有实际的使用才是决定性的。政治伦理学的情况虽然完全不一样，但它也不可能放弃这样一种实践的要求。所以这种要求直至今天仍然一直被人提出。伦理学并非只描述有效的规范，而且也证明这些规范的效用，甚或制定更为正确的规范。至少从卢梭对于启蒙时代的理性骄傲作了批判之后,这就成为一个现实的问题。如果自然道德意识的纯洁性实际上能够以其无比的精确性和细腻的感受性知道如何认识和选择善和责任,那么"关于道德事务的哲学科学"又如何能证明它存在要求的合理性呢?在这里我们不能详尽地论述康德面对卢梭的挑战如何证明道德哲学事业,我们甚而也不能详尽论述亚里士多德是如何提出这相同的问题并试图通过为那些能够有意识感受到关于"实践的善"理论指导的人作出某些特殊条件的方法来证明它的合理性。⑦ 实践哲学在我们的生活中只是作为此类知识传统的例子,这种知识与现代方法论概念并不吻合。

我们的论题是诠释学,对于诠释学来说,它与修辞学的关系乃是最为重要的。即使我们不知道近代的诠释学是随着梅兰希顿(Melanchthon)复活亚里士多德主义而发展成一种与修辞学相平行的学科,修辞学的科学理论问题仍然是现成的研究出发点。显然,讲话的能力和理解的能力具有同样的广度和普遍性。对于一切我们都可以讲话,而对于人们所讲的一切我们又都应该理解。修辞学和诠释学在这里具有一种很紧密的内在联系。出色地掌握这种讲话能力和理解能力尤其可以在文字的运用、在书写的"讲话"和理解所写的文字这些情况中表现出来。诠释学完全可以被定义为一门把所说和所写的东西重新再说出来的艺术。这到底是一门怎样的"艺术",我们可以从修辞学来加以认识。

什么是作为一门科学的修辞学,或者修辞学的艺术是由什么

---

⑦ [参见我的论文"论哲学伦理学的可能性",载《短篇著作集》,第1卷,第179—191页;并参见我的著作集,第4卷。]

构成的,这个问题在科学理论反思的开端就已成为思考的对象。正是在古希腊教育中哲学和修辞学之间众人皆知的对立才促使柏拉图提出了追问修辞学的知识性质的问题。自从柏拉图在《高尔吉亚篇》中把整个修辞学作为谄媚术与烹饪术加以等同并使它与所有真正的知识相对立之后,柏拉图的对话集《斐德罗篇》就致力于赋予修辞学一种更深刻的意义并使之也得到一种哲学证明的任务。所以那里提出的问题就是修辞学里究竟什么才算技术(techne)。《斐德罗篇》的观点同样也是亚里士多德修辞学的基本观点,这种修辞学与其说是一种关于讲话艺术的技艺学,毋宁说是一种由讲话所规定的人类生活的哲学。

这样一种修辞学就像辩证法一样具有其要求的普遍性,因为它并不像某种专门的技术能力一样局限于某个特定的领域。正因为此,它又和哲学处于竞争状态之中,并能作为一种普遍的基础知识与哲学竞争。《斐德罗篇》要表明,这样一种广义的修辞学如果想克服仅作为一种规范性技术的局限(按照柏拉图的观点,这种技术只包括 ta pro tes technes anankaia mathemata〔那种对于技术的必要性必须被学习的东西〕,《斐德罗篇》,269b),那么它最终就必然会归并到作为辩证法知识之总体的哲学之中。这种论证与我们这里讨论的问题有关,因为在《斐德罗篇》中关于修辞学如何超越一门纯粹的技术而进入一种真正的知识(对此柏拉图当然仍称之为"技术")所讲的一切,最终也必然能够运用到作为理解艺术的诠释学身上。

一种被广为接受的观点认为,柏拉图本人把辩证法,也就是哲学理解为一种技术,并在他相对于其他所谓的技术(Technai)来说明它的特征时,他只是说它是一种最高的知识,是人们必须知晓的最高知识即善的知识(megiston mathema)。这个观点在经过必要的修正后也必定适用于他所要求的哲学修辞学,因而最终也适用于诠释学。只有到亚里士多德才出现了具有重大影响的科学、技术和实践合理性(phronesis,实践智慧)的区分。

事实上,实践哲学这个概念是以亚里士多德对柏拉图善的理念作的批判为基础。唯有很仔细地察看才会发现,如我在一篇此时业已完成的论文中所试图说明的,[74]虽说在那里对善的追问被提得仿佛是技术和科学在其领域中所追随的知识理念的最高实现,但这种善的追问并未在一种最高的可学习的科学中真正得到实现。作为最高可学的对象的善(to agathon)在苏格拉底的 Elenchos(推理)中总是以一种否定性的论证方式出现。苏格拉底驳斥了要把技术当作真正的知识的要求。他自己的知识是 docta ignorantia(博学的无知),而且并非不正确地称作辩证法。只有能坚持到最后的话语和回答的人才能认识。同样,就修辞学而言,如果它成了辩证法,那它就只能是技术或科学。谁是真正的讲话能手,谁就会把他要说服人家相信的东西当作善和正确的东西加以认识并对之加以坚持。但这种善的知识和讲话艺术的能力指的都并非普遍的"善"的知识,而是人们此时此地必须用来说服别人相信的知识,以及我们如何行动和面对谁我们这样做的知识。只有认识了善的知识所要求的具体内容,人们才会理解,为何这门教人如何把话写下来的艺术会在

---

[74] "柏拉图和亚里士多德关于善的理念"(海德堡科学院学术论文,1978年,哲学-历史卷,论文3),海德堡,1978年。[现载我的著作集,第7卷。]

进一步的争辩中有这样的作用。它也可以是一门艺术,柏拉图在他对伊索克拉特讲的和解的话中明确地承认了这一点,然而也仅仅在文章的这一处以及只有当人们了解了上文——超出关于口头言语的弱点——所述的所有成文东西的缺陷并能对他和所有讲话提供帮助的场合下——作为进行答辩的辩证法家,情况才是如此。

这个论述具有根本的意义。真正的知识,除了那种是知识的东西以及最终把一切可知或"整体的本质"所包括在内的东西之外,还要认识 Kairos(良机),也就是说,要知道必须在何时讲话以及如何讲话。但这一点人们仅仅通过规则或对规则的学习是无法掌握的。正如康德在他的《判断力批判》中正确地提到的,规则的合理使用是无规则可循的。

这在柏拉图的《斐德罗篇》中(268ff.)曾以很有趣的看法表现出来,谁只掌握医学的知识和治疗规则,但不知道在何时何地应用它们,谁就不是一个医生。同样,如果悲剧诗人和音乐家只是学会他那门艺术的一般规则和进行方式,但却无法用它们写出作品来,那就不能算是诗人或音乐家(280Bff.)。因此,所有讲话人必须知道在何时何地说话(hai eukairiai te kai akairiai),现在有益的东西和现在无益的东西(《斐德罗篇》,272A6)。

在柏拉图这里已经预示了一种对可学知识的技术-模式的过分强调,因为他把最高的知识归到辩证法上。无论是医生、诗人还是音乐家都不知道"善"。辩证法家或哲学家,这里指的是真正的辩证法家或哲学家而不是诡辩家,并没"有"一种特别的知识,而是他们本人就是辩证法或哲学的体现。与此相应,在政治家的对话中,真正的政治术作为一种编织术而出现,人们用它对对立的元素编织成统一体(305e)。政治术就在政治家身上得到体现。同样,在《斐利布斯篇》中,关于善的生活的知识表现为一种混合术,它由寻找自己的幸福的人具体地实现。恩斯特·卡帕(Ernst Kapp)在一篇杰出的论文中就"政治家"的情况而指明了这一点。我在自己早期所写的批判维纳·耶格发展史建构的论文中也提出了类似《斐利布斯篇》的观点。[75]

作为亚里士多德理论之端的关于理论哲学、实践哲学和创制哲学的三分法必须根据这种背景来看待,对他的实践哲学的科学理论地位的评价也必须根据这种背景来作出。柏拉图在《斐德罗篇》中对修辞学进行的辩证法加工提高证明是具有里程碑意义的。修辞学不能和辩证法分离,作为令人信服的说服是不能和真实的知识相分离。同样,理解也必须从知的角度出发来考虑。这是一种学习能力,当亚里士多德谈到智慧(synesis)的时候也强调了这一点。[76] 对于真正的辩证法演讲者和真正的政治家来说,以及在人们对自己生活的指导中,"善"的问题一直是关键的问题——善并不表现为可以通过制造而产生出来的Ergon(产品),而是表现为实践和Eupraxis(善行,也就是说,作为现实活动〔Energeia〕)。与此相应,在亚里士多德的政治学中,虽说教育学是为了"造就"好公民,但它却并没有被处理为创制的哲学(poietische philosophic),而是像制定宪法的理论一样被当作实践哲学。[77]

---

[75] 恩斯特·卡帕:"理论与实践",载《语文学杂志》,第6卷,1938年,第179—194页;伽达默尔:"亚里士多德的告诫",载《赫尔默斯》,第63卷,1928年,第138—164页;也可参见《柏拉图的辩证伦理学》,1931年。[现载我的著作集,第5卷,第163—186。]

[76] 《尼各马可伦理学》,Z11。

[77] 《政治学》,H1,1337a14ff.。

虽说以下说法是正确的,即亚里士多德的实践哲学观念总体而言并未真正被人铭记,而只是限于政治学之中。实践哲学观念接近于一种技术的概念,因为它使一种以哲学的方式活动的知识服务于制定法律的理性。这点不久也整合进了近代的科学思想。与此相反,希腊的道德哲学较少以亚里士多德的形式而更多以斯多葛主义的形式影响后代,尤其是近代。同样,亚里士多德的修辞学对于古典修辞学的传统的影响也很小。对于讲演术的大师和指导人们学会杰出的讲演术,它都过于哲学化。然而,正像亚里士多德所说,由于它与辩证法和伦理学(peri ta ēthē pragmateia 属于伦理学的东西,见《修辞学》,1356a26)相结合的"哲学的"特性,它在人文主义时代和宗教改革时代获得新生。宗教改革家们,尤其是梅兰希顿,对亚里士多德的修辞学所作的利用和我们在此讨论的问题特别有关。梅兰希顿把它从"制造"讲话的艺术改造成相互理解性地追随讲话的艺术,也即改造成诠释学。这里有两个因素汇合在一起:随着印刷术的发明而产生的新的书写文字和新的阅读文化,以及宗教改革反对传统并导致自解原则的神学转折。《圣经》对于福音预告所具有的中心地位导致把它翻译成民众的语言,并把一般僧侣教义变成一种需要新的说明的使用《圣经》的方式。因为凡被外行也能阅读的任何地方,就不再涉及到那种在阅读时被某种职业的工匠传统所指导的人或按照善辩的演讲达到理解的人。无论是法学家使人产生深刻印象的修辞学或是神职人员的修辞学还是文学的修辞学都无法帮助读者。

我们都知道,要把一种用外语写成的文本或虽用本国语言但却很难的文本立刻就以能理解它的方式读出来有多难。如果在课堂上请一位新生朗读一句德语的或希腊语的或汉语的句子,那他在朗读时最不能理解的总是汉语的句子,只有当我们理解了所读的东西时,我们才能读得抑扬顿挫,从而真正表达出意思。

因此,阅读难懂的文本就成为日益增长的困难,也就是说要把文字表达成话语变得日益困难,正是这种困难在近代从各种不同的方向把理解的艺术提升到了方法论的自我意识。

文字当然不是在我们这个阅读文化的年代才出现,我们今天倒是接近了这种阅读文化的终结。随着文字而提出的诠释学任务历来就不是破译文字符号这种外在的技术,而是正确理解用文字固定下来的意义。只要文字还一直行使着清晰确定和可控制认证的功能,那么撰写文字和理解如此写下的文本的任务就都要求进行技术训练,这种训练也许涉及到赋税、契约(令我们语言研究者高兴的是它们有时是用两种语言写就)或其他宗教的或法律的文件。因此,诠释学的技术训练同样建筑在古老实践的基础之上。

诠释学这种技术训练意识到在这种实践中发生的是什么。对于理解实践的思考根本无法和修辞学传统分离,而这正是由梅兰希顿所作出的对于诠释学最为重要的贡献之一,即他提出 Scopi(观点或视角)的理论。梅兰希顿注意到,亚里士多德就像演说家们一样在其文章的开头就指出了我们为理解他们文章所必须依赖的观点。这显然与是否在解释法律或宗教文献或"古典"诗歌作品不相干。这种文本的"意义"并不是由"中性的"理解所规定,而是取决于它们自己的效用要求。

对文字的解释问题首先是在两个领域中发现这种古老的训练并提出一种新的日益增长的理论意识:在对法律文本的解释中,尤其是自从查士丁尼主持编纂罗马法以来,这种解释构成了法学家的活动,以及在以教会的基督教义理论传统对《圣经》的解释中。近代法学诠释学和神学诠释学都能与这两个领域联系起来。

甚至在任何独立的法典编汇工作中,找寻法律和提出判决的任务也包含着一种无法避免的对峙,对此亚里士多德早已讨论过,也即在具有作用的——成文法或未成文法——法律条文的普遍性与具体案例的个别性之间的对峙。具体的判决事务在法律问题上并不是理论的陈述,而是"用词做事",这是很明显的。正确解释法律在某种意义上是以其运用为前提。我们甚至可以说,法律的每一次应用绝不仅限于对其法律意义的理解,而是在于创造一种新的现实。这就像那种再现的艺术一样,在那里对于现存的作品,不管它是乐谱还是戏剧文本,都可以超越,因为每一次演出都创造了和确立了新的现实。然而,在这种再现的艺术中我们仍然可以说,每一次演出都是以对所与作品的某种解释为基础的。同样我们也可以说,在由这些演出所代表的各种可能的解释中,我们仍可区分和断定合适性的程度。至少在戏剧院和音乐会的演出,按其理想的规定不仅仅是表现,而是解释,因此,尤其对于音乐我们完全可以理所当然地谈到由进行再创造的艺术家对作品作的解释。我认为把法律运用到某种现成的案件上也是以类似的方式包含了解释活动。但这却说明,法律规定的每一次应用,就其是实事求是的而言,都是对某项法律的意义的具体化和进一步阐明。我认为马克斯·韦伯说的下面这段话很正确:"真正有意识的'创造',也即创造新的法律,只有在预言家处理现存生效的法律时才存在。在很大程度上,新法律绝不是全新的东西,从客观性的眼光来看,至多不过是'创造性的'的产物而已,从主观性的眼光来看,它们充其量不过充当了已存在的——甚至常是潜在的——法规的代言人,即它们的解释者和应用者,而不是它们的创造者。"与此相应的是古老的亚里士多德的智慧,即诉讼活动总需要补充性的因地制宜的考虑,因地制宜的观点和法律并不矛盾,而是因其放松了法律条文的字面意义才真正完全实现了法律的意义。这种古老的法律活动问题在近代的开端随着罗马法典的接受而被特别强调,因为传统的法律责任规范,因为新的法律而产生了疑问,这样,作为解释理论的法学诠释学就被赋以一种突出的意义。为 Aequitas(因地制宜的合理性)进行辩护在近代早期从布德斯(Budeus)到维柯的讨论中占有很重要的地位。我们甚至可以这样说,构成法学家之本质的对法律的博学,在今天可以有充分的理由称之为"Jurisprudenz",即法律的聪慧。这个词让我们回想起实践哲学的遗产,它在 prudentia(智慧)中看到实践合理性的最高德行。正是由于这种法学博学性方法特征见解及其实际规定的丧失,从而19世纪后期法学(Rechtswissenschaft)这个表述就占了统治地位。[78]

神学领域的情况也是如此。虽说自古代后期就存在一种解释术,甚至可以说存在有一种对《圣经》的不同解释方法进行正确区分的理论,但自从卡西奥多(Cassiodor)以来所区别的众多《圣经》

---

[78] jurisprudentia 这个词用 Rechtswissenschaft 这个德语词表述(而不用较旧的 Rechtsgelehrsamkeit)也许可以追溯到历史学派的开端,萨维尼(Savigny)和他的《历史法学杂志》就属于该学派。在那里历史科学的类推法和对独断的自然法思想的批判一起在发生作用。此外,还倾向于取代 prudentia 而更强调 Scientia 并突出实践的公平考虑(例如可参见弗兰西斯・柯纳〔Francois Connan〕在《评论》Ⅰ、Ⅱ中对这种趋向法科学倾向的批判)。也可参见柯夏克的《欧洲和罗马法》,1953年,第2版,第337页。

解释形式却更多地是指示如何才能使《圣经》运用于教会的教义传统，而不是像它们所想的那样是为了传达正确的理论而提出一种解释《圣经》的方法。另一方面，随着宗教改革号召人们回到《圣经》本身，尤其是随着《圣经》阅读日益扩展，在宗教改革关于普遍宗教精神的理论中所蕴含的牧师行业传统之外又出现了完全针锋相对的诠释学问题。然而，当时最关键的却并不是处理《圣经》中用陌生语言写成的文本，把这些文本如实地翻译成民众的语言以及根据语言学、文学和历史学知识对之进行确切理解。通过宗教改革回溯到新约的极端主义以及回溯到教会的教义传统反倒使基督教文献以某种全新的、陌生的极端性面对读者，这就远远超越了对于所有其他用陌生语言写成的古代文本都是必需的语文学和历史学的那种片断性的辅助作用。

宗教改革派诠释学所强调的，尤其是弗拉西斯（Flacius）所强调的，乃是《圣经》的福音布道阻碍了人的自然的前理解。这里指望得到证明的不是对神律的遵从和可嘉的行为，而是信仰——对上帝成人和耶稣复活这一奇迹的信仰。《圣经》的福音布道要求人们的是完全坚信自身、坚信自己的贡献和自己的"善行"，以致自宗教改革以来所强调的整个基督教神学活动形式比它在旧的基督教传统中更坚决地服务于忏悔、确证和呼吁信仰。因此，这种信仰整个说来是建筑在对基督教布道的正确解释之上。于是，通过布道解释《圣经》在基督教教会的神学活动中占据了重要地位，这就使神学诠释学的特殊任务得到强调。神学诠释学并非用来对《圣经》进行科学理解，而是用作布道的实践，据此使福音通达个人，从而使人们意识到那里所谈论的和所意指的乃是他们自身。因此，应用(Applikation)并非只是对理解的"运用",而是理解本身的真正内核。所以在虔信派那儿表现得最为极端的应用疑难并非只是宗教文本诠释学中的一个本质因素,而是使诠释学问题的哲学意义全部表现出来。它并非只是一种方法的工具。

在浪漫主义时代由施莱尔马赫和他的后继者把诠释学构筑成一种普遍的"艺术理论",并且以此证明神学科学的特性及其在各门科学面前享有同等方法论权利,这在诠释学的发展过程中是决定性的一步。施莱尔马赫的天才禀赋是善于与他人进行理解性的沟通,在一个对友谊的培养达到真正高度的年代里,他也许可以被称为最有天才的时代宠儿。施莱尔马赫有一个很清楚的想法,即我们不能把理解的艺术仅限于科学范围。这种理解艺术甚至在社交生活中都起着一种突出的作用,例如当人们想理解一个思想深邃的人所说的令人无法马上理解的话时,我们就常常运用这种理解艺术,在思想深刻的谈话者之间倾听对方的话语就像阅读文本一样有时必须揣摩字里行间的意思。尽管如此,施莱尔马赫的身上仍有近代科学概念在诠释学的自我理解上打下的印记。他区分了松散的诠释学实践和严格的诠释学实践。松散的诠释学实践的出发点是,面对他人的表达,正确的理解和一致意见是常例而误解只是例外,与此相反,严格的诠释学实践的出发点则是,误解才是常例,只有通过训练有素的努力才能避免误解,从而达到正确的理解。很显然,按照这种区分则所谓阐释的任务就从真正理解生活中经常出现的理解关联中被分离出来。于是就必须克服一种完全的异化(Entfremdung)。消除疏异并使之成为自己的内容这项需要技艺的活动,因而就取代了交往能力——在交往能力中人们共同生活并与他生活于其中的传承物进行调解。

与施莱尔马赫开辟的诠释学普遍化的倾向相适应,尤其与在"语法的"解释之外他又引进"心理学的"解释这种独特的贡献相适应,在19世纪他的后继者们那里诠释学被发展成了一种方法论。它的对象是作为研究者面对的匿名的"文本"。尤其是威廉·狄尔泰追随施莱尔马赫致力于为精神科学建立诠释学基础,以使精神科学能和自然科学相匹敌,因为他进一步发展了施莱尔马赫对心理学解释的强调。他认为诠释学最独特的胜利就在于对艺术作品的解释,这种解释把无意识的天才创作提升到意识。面对艺术作品,所有传统的诠释学方法,诸如语法的、历史的、美学的和心理的方法,只是在它们都必须服务于对个别作品的理解这一范围内才达到理解理想的较高层次的实现。正是在这里,尤其在文学批评领域内,浪漫主义诠释学发展成一种遗产,它在语言用法上也带着它古老起原的痕迹,即批导(Kritik)。批导的意思就在于,从效果和内容角度评价一部作品,并把它和所有不符合它标准的作品相区别。狄尔泰的努力显然在于把现代科学的方法概念也扩展到"批导"之中,并把诗意的"表达"从理解心理学出发作科学的解释。通过"文学史"间接之路终于出现了"文学科学"(Literaturwissenschaft)这个表述。它反映了一种传统意识在19世纪科学实证主义时代的衰落,这种意识在德语世界中日益被现代自然科学的理想所同化,直至改变了它的名称。

如果我们从近代诠释学进展的概览出发回溯到亚里士多德的实践哲学和技术理论传统,那么我们就会面临一个问题,即柏拉图和亚里士多德已感受到的技术知识概念与包容了人类最终目标在内的实践-政治知识概念之间的冲突在现代科学和科学理论的地基上将会产生多大的成果。就诠释学而言,它面临的任务就是要把那种与现代理论科学概念及其实践-技术运用相适应的理论与实践脱节的状态与这样一种走着从实践到其理论意识相反道路的科学思想相对照。

从这点出发可以比从今天科学方法论的内在疑难出发更清楚地阐明诠释学的问题,我觉得这一点可以从诠释学与作为它基础的修辞学以及亚里士多德的实践哲学这种双重关系来考察。当然,要对一门像亚里士多德的修辞学那样的学科在科学理论里规定一个位置是非常困难的。但我们却仍有理由把它和诗学恰当地联系起来,并且无法否认这两种以亚里士多德的名义保存下来的作品的理论意义。它们不可能被列入技术手册的行列,并在一种技术的意义上促进讲话和作诗的艺术。在亚里士多德的眼中会不会把它们与治疗术和宁可当作技术科学的体育学归并在一起呢?亚里士多德在他把大量政治知识的材料进行理论加工的《政治学》中难道不是大大扩展了实践哲学的问题域,使它超越了他所研究和分析的宪法形式的多样性,而让最好的宪法、从而关于"善"的"实践"问题成为首要的讨论问题吗?被我们称之为诠释学的理解艺术如何才能在亚里士多德的思想视野中找到它的位置呢?

我觉得在此必须说明,理解(Verstehen)和相互理解(Verständnis)的希腊词 Synesis 通常是出现于学习现象中的中性语境中并且可以与希腊文学习一词(Mathesis)在互换的意义上被使用,但是在亚里士多德伦理学中,理解这词却表现为某种精神的德行。显然,这是对亚里士多德常常在中性意义上使用的词更严格的用法,这种严格用法和 Techne(技术)和 Phronesis(实践智慧)在这方面词汇学的严格含义相适合。但这个词的含义远不止于此。"相互理解"(Verständnis)在希腊词中的意义与我开头提到的诠释学在 18 世纪作为灵魂的知识和灵魂的理解的意义一样。"相互理解"意指一种实践合理性的变形,意指一种对他人实际考虑的明智判断。⑲ 显然,这里指的不仅仅是对所说的某事的理解,它还包括一种共同性,通过这种共同性双方进入一种彼此商讨建议(Miteinander-zu-Rate-Gehen),即提出建议和采纳建议,具有首要的意义。只有朋友或有友好态度的人才能给出建议。这实际上就完全触及到和实践哲学观念相联系的问题的中心,因为由这种与实践合理性(实践智慧)相对应的部分可推出道德蕴含。亚里士多德在其伦理学中分析的是"德行",是一种一直处于其规范有效性前提之下的规范概念。实践理性的德行并不是一种能够发现达到正确目的或目标的实践手段的中性能力,而是和亚里士多德称为 Ethos(习行,伦理)的东西不可分割地联系在一起。Ethos 对于亚里士多德来说,就是 Arche(原则),是一种从它出发就可以作出一切实践—哲学的解释的东西。虽然亚里士多德出于分析的目的把伦理的德行和知性的德行(Dianoetischen Tugend)相区别,并把它们归到两个所谓理性灵魂的"部分"。但这种灵魂的"部分"到底是什么意思,抑或它们只是像凹和凸两面一样被理

---

⑲ 克劳斯·冯·波曼(Claus von Bormann):《批判的实际根源》(1974 年),他在这本一般说来很有成果的书的第 70 页中却把事实搞颠倒了,他想根据"对自我的批判理解"来证明对他人的理解。

解为同一个事物的两个不同方面,对此亚里士多德也追问过(《尼各马可伦理学》,A13,1102a28ff.)。最后,在他对于人类何谓实践的善的分析中,这种基本的区别也必须根据他的整个实践哲学所提出的方法要求来加以考虑。它们并不会取代实际上合理的决定,这种决定是处于任何环境中的个体所要求的。亚里士多德所有典型的描述都该从这种具体情况去理解。甚至很符合亚里士多德伦理德行的关于中庸之道的著名分析,也是一种含义很多的空洞规定。不仅它们要从两个极端出发获得它们的相对内容,这种相对内容在人们的道德信念和相反行为中的诸侧面比值得赞赏的中庸之道更具有更多的规定性,而且它就是以这种方式系统描述的 spoudaios(认真)的伦理习行(Ethos)。hos dei(理应如何)和 hos ho orthos logos(正确如何)并不是对于严格的概念要求的托词,而是指出 Arete(德行)能获得其规定性的唯一具体条件。显然,作出这些具体条件就是具有实践智慧(Phronesis)的人的事情。

从这种考虑出发,曾经多次讨论的关于实践哲学和政治哲学任务的初步描述就得到了一种精确的勾勒。伯耐特(Burnet)认为亚里士多德有意识地向柏拉图关于技术(techne)的用法靠拢,[80]这在"创制的"技术知识与以典型的普遍性解释"善"的"实践哲学"之间存在的冲突中有其真实的根据,因为这种实践哲学本身并不是实践智慧。在这里实践(Praxis)、选择(Prohairesis)、技术(techne)和方法(methodos)组成一个系列并构成一个逐步过渡的

---

[80] [参见他出版的《尼各马可伦理学》A1 的评注。]

连续统。㉛但是，亚里士多德也反思了政治学（politike）能为实际生活所起的作用。他把这种实际事务的要求比作弓箭手在瞄准他的猎物时所注视的准线（Marke）。由于注视这个准线，他就轻而易举地射中目标，这当然不是说射箭术仅仅在于瞄准这个准线。为了能射中目标，人们必须掌握射箭的技术。但是，为了使人更容易对准目标，为了更精确和更好地掌握发射的方向，这种准线却起到了它的作用。如果我们把这种比喻应用到实践哲学上，那么我们将必须从这一事实出发，即作为一个是其所是——即按他的"习行"行事的人，在其具体的决定中是受他的实践合理性的指导，而确实不依赖于某一个教师的指导，虽然这里也可能由于帮助理性思考保持其行动的最终目标，从而为有意识地避免在道德事务中可能出现的偏差而提供帮助。实践理性并不只限于某个特定的领域，它根本不是某种能力"应用于"某个对象。实践理性可以发展出方法——不过，这与其说是方法，不如说是简便规则（Faustregel），并且很可能作为人们掌握的艺术而达到真正的操纵。尽管如此，它仍然不是那种有如制造能力一样的可以（任意或根据要求）选择自己任务的"能力"（Koennen），而是像生活实践一样自立的。因此，亚里士多德的实践哲学不同于专家的所谓中性专业知识，专家们往往像一个不相干的观察者对待政治和立法的任务。

亚里士多德在讨论从伦理学到政治学的那章里清楚地说明了

㉛ ［《尼各马可伦理学》，A1,1094a1ff.。］

这一点。㉛实践哲学的前提就在于,我们总是已经被自己受教于其中并作为整个社会生活秩序之基础的规范观念所预先规定。但这绝不是说,这些规范的观点会不改变地长存和不受批判。社会生命就存在于对迄今生效的东西不断加以改变的过程中。然而,要想抽象地推导出规范观念并且企图以科学的正确性来建立其有效性,乃是一种幻想。这里要求的是这样一种科学概念,这种概念不承认不相干(不参与)的旁观者的理想,而是力图以对联系一切人的共同性的意识取代这种理想。我在自己的研究中已经把这一点运用到诠释学上,并且强调了解释者对于其所解释的东西的依赖性。谁想进行理解,谁就总是预先带着某种使理解者和他想理解的对象联系起来的东西,即一种基本的一致意见(Einverstaendnis)。若某个讲话者想在争论性的问题上说服别人并使人信服,那么他就总是必须使自己和这种一致意见相联系。㉜因此,对他人意见或某个文本的每一次理解尽管有一切可能的误解,仍可从相互理解关联中进行把握并试图克服不一致的意见而达到理解。这一点甚至还适合于活生生的科学实践。科学实践也不是简单地把知识和方法运用于一个任意的对象。只有置身于科学中的人,问题才会对他提出。时代本身的问题、思想经验、需要和希望如何强烈地反映着科学和研究的利益指向,对此每个科学史家都耳熟能详。理解科学的普遍主题是置身于传统中的人,在这种理解科学的领域中继续存在着柏拉图加诸于修辞学

㉛ [《尼各马可伦理学》,K10,1179b24 和 1180a14f.。]

㉜ 佩尔曼(Ch. Perelman)及其学派从法学家经验出发复活了"论辩"作为一种修辞学过程的结构和意义的古老的观点。

的古老的普遍性要求。这种与哲学的亲近关系也适合于诠释学,而这种关系正是《斐德罗篇》关于修辞学的讨论中最为激动人心的成果。

这绝不意味着现代科学的方法严密性必须被放弃或加以限制。所谓的"诠释学"或"精神科学",尽管它们的利益指向和程序与自然科学的做法大相径庭,但都遵循标志一切科学方法进程的同一的批判合理性标准。不过它们首先可以正确地以实践哲学的典范为基础。亚里士多德也把实践哲学叫作"政治学"。政治学被亚里士多德称为"最具建筑学特点的",⑭因为它把古代系统学的所有科学和艺术都包括在自身之内。甚至修辞学也属此列。因此诠释学的普遍性要求就在于,综合整理所有的科学,认识所有科学方法应用于对象的认知机会,并尽其可能地利用它们。但正如"政治学"作为实践哲学并非只是一种最高的技术,诠释学的情况也同样如此。它把所有科学所能认识的东西都包括进我们处身于其中的理解关联之中。正因为诠释学把科学的贡献都归入这种把涌向我们的传承物和我们联结成现实生活统一体的理解关联之中,因此诠释学本身并不是一种方法,也不是在 19 世纪由施莱尔马赫和伯克直到狄尔泰和埃米里奥·贝蒂作为语文科学的方法论所发展出的一组方法,它是哲学。它不仅提供关于科学应用程序的解释,而且还对预先规定一切科学之运用的问题作出说明——这就像柏拉图所说的修辞学,这是一些规定所有人类认识和活动的问题,是对于人之为人以及对"善"的选择最为至关紧要的"最伟大的"问题。

---

⑭ 《尼各马可伦理学》,A1,1094a27。

23
实践理性问题
（1980年）

据我看来，在所谓精神科学的自我理解方面，实践理性问题不仅是其中的一个问题，而且比所有其他问题更首要地被提了出来。humanities即"精神科学"在科学领域中究竟据有何种位置？我将试图指明，正是亚里士多德的实践哲学——而不是近代的方法概念和科学概念——才为精神科学合适的自我理解提供了唯一有承载力的模式。简略的历史考察便能引出这个具有挑战性的论题。

科学概念是希腊精神真正具有转折性的发现，由此而诞生了我们称之为的西方文化，科学概念是西方文化的特征，如果我们把西方文化和伟大的高度发展的亚洲文化作比较，则它的厄运也许就在于这种科学概念之中。科学对于希腊人主要由数学来代表。数学是真正和唯一的理性科学。数学涉及的是不变物，并且只有在某物是不变的地方我们才能知晓不变物，而无须随时重新考察。即使现代科学也必须以某种方式坚持这种原理，以便能被作为科学来理解。不变的自然规律取代了受数学启示的希腊智慧，亦即毕达哥拉斯派关于数和星辰理论的伟大内容。显然，按照这种模式，人类事务只具有很少的认知性。道德和政治、人类制订的法律、人类据以生活的价值观、人类自己制订的制度、人类遵循的习惯,所有这一切都无法要求不变性和真正的认知性或可知性。

于是,在现代科学观点的影响下产生了某种把古代科学思想遗产根据新的基础加以改变的事件:随着伽利略开始了认识世界的新阶段。从此一种新的认知思想规定了科学提问的对象。这就是方法的思想和方法对于事情的优先地位:方法上的可认知性条件规定了科学的对象。于是就产生以下问题,在这种情况下人文科学(Humaniora)——这种人们总是可以询问的独特的比较初级的学科看上去就像最高级的学科,真正的人的科学一样——究竟是种怎样的科学。我们称为精神科学的这种有关人类事务的科学到底是什么?

当然它在很大程度上仍遵循近代科学思想。但它同时还强烈保持人的知识的古老传统,这种传统自古代以来一直影响着西方的文化史。约翰·斯图亚特·穆勒这位著名的《归纳逻辑》作者——该书对于19和20世纪出现的科学繁荣乃是一部不言而喻的奠基作——还用古典的名称把精神科学说成道德科学(moral sciences)。但他却把它的科学性——绝不是玩笑——比作气象学:精神科学中陈述的可信程度类似于长期天气预报。这显然出于经验科学概念的外推法,这种概念经由近代硕果累累的自然科学得以形成。从此以后,捍卫"人文科学",即Hamaniora的自主的有效范围就成为哲学的任务之一。

以前根本不需要这样做。无可争辩地承载以往关于人的人文知识的传统洪流是修辞学。现代人听到这种说法会感到有点陌生,因为他们把修辞学只视为不切实际论辩的贬词。但我们必须重新赋予修辞学概念真正的范围。它包括所有以讲话能力为基础的交往形式,而且是联系人类社会的纽带。如果没有互相的讲话、相互的理解以及相互之间逻辑推论争辩的理解,那就不可能有人类社会。因此,我们应该重新认识修辞学对于现代科学的意义及其地位。

毫无疑问,修辞学在希腊的思想中并不作为科学。然而,在希腊思想家眼里,历史学也不是科学,这点也很清楚。它们都同属好的讲话和好的写作这一大类之中。当塞克斯都·恩彼里柯(Sextus Empiricus)在他著名的怀疑论辩中对科学的效用提出质疑时,他根本没有想到要为历史学说句赞美之词。于是我们就遇到一个新的问题:在我们被科学,亦即被现代经验科学打上烙印的文明中,古代修辞学的遗产的情况究竟如何? 从科学角度证明和辩护由它传递的关于人的知识之合理性的机会究竟如何?

为了清楚地指出这一点,请允许我回忆一下18世纪和19世纪之间历史学家的理想是如何转变的。我指的是从普鲁塔克到修昔底德的转变,普鲁塔克这位为伟大人物作传的《比较列传》(Viae parallelae)的后希腊时期作家,他的书为18世纪的人们提供了大量道德经验的例证,然而到了19世纪人们的兴趣却转向另一位伟大的、在某种意义上可说更为伟大的希腊历史学家,亦即修昔底德,由于他对同代人的报道持批判的态度、细致地检验所有证词的成见、更由于他的历史著作具有几乎超人的公正性,在我们看来他就像现代批判历史学的埃鲍吕牟斯(Eponymos)英雄。

我的问题是:这种新的、批判科学性理解如何和旧的在人为人、人依人以及人与人之间(Menschen für Menschen und Menschen unter Menschen und Menschen mit Menschen)发展起来的理解相一致。用现代的提问方式可以这样问:这种所谓的精神科学的认识论性质是什么？它真的只是"不精确"的科学,只能与长期天气预报加以竞争,抑或它具有一种特权,即使所有科学中最精确的科学,我指的自然是至今存在的唯一纯粹理性科学,即数学也不具有这种特权？认识论问题同样可以表述为事实和理论的关系。这样一种关系正是我们作为科学家批判性自我辩护的普遍问题。

这并非仅限于精神科学。显然,即使在自然科学中理论也必须证明并规定某种事实论断的真正认识裨益。纯事实的堆砌根本不是经验,更谈不上经验科学的基础。事实和理论之间的"诠释学"关系正是在这个领域具有决定性的意义。维也纳学派曾有一种认识论试图,想把记录陈述(protokollsatz)作为无可怀疑的确信的语句,因为在这种语句中观察者和观察对象具有直接同时性,从而企图在此基础上建立自然科学,但这种试图早在维也纳学派的最早阶段(1934年)就遭到莫里茨·石里克的反对。这种反对我认为是恰当的。

如果我们只从其理论构造观点看待这种对事实的"诠释学"批判,那我们只就很小一部分公正评价了精神科学。最后只剩下马克斯·韦伯那种巨大的但却带有唐·吉诃德式的工作,即把"与价值无关的科学"扩展到关于社会的知识之中。在关于人的知识以及人对自身的知识的领域中真正的诠释学问题并非仅仅在于孤立理论和事实的相互关系。当德国西南学派在19世纪后期占据统治地位的时候(马克斯·韦伯在某种意义上也追随这个学派),精神科学的自我证明正是依据于什么是历史事实,什么代表关键性位置这样的定义。历史事实并非只是一件事实,而发生的一切也并非都能叫作历史事实,这是很清楚的。是什么使一件事实提升为历史事实?众所周知的答案是,价值关系。只有在事物的进展中具有意义的事实,例如拿破仑在瓦格汉姆战役(或其他什么战役中)得了感冒才算历史事实。并非人们患的所有感冒都算历史事实。价值理论也是占统治地位的理论。然而从价值出发却不存在科学。于是马克斯·韦伯就发展到极端,把价值问题和科学脱离,并力图为社会学建立新的基础。

但这种新康德主义的价值历史哲学显然只是很狭窄的基础。德国精神的浪漫主义遗产,黑格尔的遗产、施莱尔马赫的遗产,尤其是狄尔泰为精神科学奠定诠释学基础的努力所掌管的浪漫主义遗产应该具有更大的影响。狄尔泰的思想远远超出新康德主义的认识论,因为他接受了黑格尔客观精神理论的全部遗产。根据这种理论,精神并非仅仅体现在它实际执行的主观性之中,而且也体现在机构、商业体系和生活制度的客观化中,诸如经济、法律和社会,因此它作为"文化"而成为可能理解的对象。当然狄尔泰那种想更新施莱尔马赫的诠释学,并把理解者和理解对象之间的所谓同一性观点证明为人文科学基础的试图被斥为失败,因为历史本身显然具有更深刻的陌生性和疏异性,而并非像人们在历史的可理解性观点下充满希望所看到的。狄尔泰错过事件"事实性"(Faktizität)的典型标志是以下细节,狄尔泰把自传,亦即某人得以与眼睛观看的历史进程共同经历并在回顾往事中意味的事件作为历史理解的模型。实际上,自传与其说是对真正历史事件的理

解,毋宁说是私人幻觉的历史。⑧⁵

与此相反,20世纪开始的转折,而且我个人认为是由胡塞尔和海德格尔起了决定作用的转折意味着对这种精神和历史之间唯心主义的或精神史之同一性的界限的发现。在胡塞尔的晚期著作中有个充满魔力的词"生活世界"——这是少有的、令人惊异的人造词之一(这个词在胡塞尔之前并不存在),这个词在日常语言意识里找到入门的途径,并且由此证明它表述了一种被错认了的或遗忘了的真理。"生活世界"这个词使人回忆起所有科学认识的前提。尤其是海德格尔"事实性诠释学"的纲领,也就是同实际此在本身的不可理解性照面,乃是同唯心主义诠释学概念的决裂。理解和理解的愿望是在其与现实事件的对立之中被承认的。无论胡塞尔的生活世界理论还是海德格尔事实性诠释学概念都坚持人相对于理解和真理之无限任务的时间性和有限性。我的观点是,从这种角度出发,则知识并非只是基于统治他在的、疏异的东西这个问题而提出来。这只是活跃于当今自然科学中对事实进行科学研究的基本激情(虽说也许是根据对世界组织合理性的最终信仰)。我的观点刚好相反:"精神科学"中最关键的并不是客观性,而是与对象的先行关系。我想为该知识领域用"参与"(Teilhabe)理想——如同在艺术和历史里鲜明形成的对人类经验本质陈述的参与——来补充由科学性道德设立的客观认识理想。在精神科学中参与正是其理论有无价值的根本标准。我在我的论文中试图指出

---

⑧⁵ [参见《狄尔泰全集》,第1卷,第228、281页,以及我在我的著作集第4卷中写的关于狄尔泰的论文。]

对话模式对于这种参与形式具有阐明结构的意义。因为对话的特点正好在于并非只一个人通观发生的事,也不能宣称唯他自己掌握着事情,而是人们相互参与并获取真理。

我必须对以上这些预先说明,从而使亚里士多德实践哲学的含义以及以此开始的传统获得可信性。最终的关键问题乃是突出藏身在修辞学和批判、人关于自身知识的传统形态以及把一切都异化成客观性的现代科学研究背后的共同根据。亚里士多德曾经在与理论和理论哲学的理想进行深入争辩过程中提出了包括政治在内的实践哲学。他把人的实践提升到独立自主的知识领域。"实践"意味着所有实际事务之整体,亦即一切人的行为以及人在此世界中的一切自我设置,这一切还包括政治及其中的制订法律。实践是项主要任务,通过解决这项任务才能对人类事务作出规定和安排,通过"宪法"在最广泛的意义上对社会和国家的有序生活进行自我规定。

然而,对实践和政治进行的这种求知愿望和反思究竟有何种理论地位?亚里士多德曾经提到把"哲学"分成理论哲学、实践哲学和创制哲学三部分(在最后一部分中就有著名的《诗学》,而进行谈话的修辞学也属其中)。然而在知识和制作的极端之间显然还有作为实践哲学对象的实践(Praxis)。实践的真正基础构成人的中心地位和本质特征,亦即人并非受本能驱使,而是有理性地过自己的生活。从人的本质中得出的基本美德就是引导他"实践"的合理性(Vernünftigkeit)。对此希腊语的表述是"Phronesis"(实践智慧)。亚里士多德的问题是:这种实践的合理性如何处身于科学家的自我意识和能手、工匠、工程师、技术员、手工艺者等人的自我意识之间？这种合理性德行与科学性的德行和技术能力的德行如何相处？即使对亚里士多德的观点一无所知，我们也会承认，与这种实践合理性相吻合的必然是一种优势的地位。如果一切均由专家统治或者让技术专家为所欲为，那我们在生活中的位置以及我们本身的事情会得出怎样的后果呢？我们的道德选择难道不该像我们的政治选择一样必须成为我们的选择吗？此外：只有我们信任的、合理性的、负责的政治家作决定，我们在政治上才会感到像个人对自己一样的负责。

亚里士多德的"实践哲学"就建筑在这种由苏格拉底所体现的真理之上。这里必然要对这种合理性和责任性要求作出解释，这正是哲学家的事情——这就是说，要求概念的努力。我们必须理解，为什么在理论之外，在惊异这个原始事实中具有人类学基础的占统治地位的求知激情之外还存在另外一种真正包容一切的理性运用，它并不存在于可学的能力之中或盲目的顺应潮流之中，而存在于合理性的自我责任之中。这就是对所谓的精神科学和"实践哲学"都具有决定意义的观点：在这两者之中人有限的基本状况相对于无限的认知任务都处于决定性的地位。这显然就是我们称之为合理性的本质特征，或者当我们说某人是个合乎理性的人，因为他克服了存在于所有臆断知识中的独断企图时的含义。它还包括我们必须在我们有限此在的既定性中为我们想望、力争，并通过自己的行动能试图得出的东西找到其根据。对此亚里士多德的表述是：das Hoti，那原则，就存在于实际事务中（意即事实本身就是原则）。⑧ 这根本不是充

---

⑧ [《尼各马可伦理学》，A7，1098b2 以下。]

满秘密的智慧。只有以它的科学理论意义才能说明,在这里事实就是原则。

事实性如何才能获得原则的特性,首要的、规定性的"出发点"特性?"事实"在这里所指的并不是陌生事实的事实性,对于陌生的事实我们必须学会自己解释它们才能对付它们。它是最可理解、最为共同的、被我们所有人一起分享的信念、价值、习惯的事实性,是构成我们生活制度的东西的总概念。这种事实性总概念的希腊词是著名的"伦理"(Ethos)概念,是通过练习和习惯而生成的存在的概念。亚里士多德是伦理学的创始人,因为他使这种事实性特征作为规定性东西得到重视的。这种"伦理"并不是纯粹的训练或适应,它和不顾善恶的顺应潮流毫不相干,哪怕它受到"Phronesis"亦即负责的合理性的保证——以及在某人具有这种合理性的地方。它根本不是天性。人在与其同伴交换意见中、在社会和国家的共同生活中信奉共同的信念和决定,这并不是随大流,这恰好构成人的自我存在和自我理解的尊严。任何人只要不是我们所称反社会(asozial)的人,他就是已经承认他人和与他人的交换意见以及建造一个共同的习俗世界。

习俗(Konvention)是比我们耳里听到的语词更好的东西。习俗就是指意见一致(Übereingekommensein),而意见一致的作用并不是指纯粹以外部规定的规则体系的外表,而是指个体意识与在他人意识中表现的信念之间的同一性,从而也就是与人们创造的生活制度的同一性。在某种意义上这是合理性问题,而且不只是在我们一般用合理性这个词时指的技术-实践意义上的合理性问题。在一般意义上我们也许会说:当我想要这样或那样东西时,那么首先就要做成它们,这就是合乎理性的。这就是马克斯·韦伯著名的目标合理性。谁想达到某个确定的目标,谁就有责任知道,何种手段能用于达到这种目标,何种手段不能。因此,伦理学就不仅仅是思想问题。甚至我们的知或不知都必须负责任。知也属于"伦理"(Ethos)。然而毫无疑问,光知道对既定目标使用正确手段,并不是亚里士多德 Phronesis 伟大的道德和政治意义里所刻画的合理性。在人类社会中最重要的是如何设定目标,或者说,如何使社会成员一致同意接受大家赞同的目标并找到正确的手段。我认为,在人类生活实践这个领域中,整个理论认知欲问题最具决定性的意义在于,在一切理论说明之前,我们已预先假定了一切人先行献身于某种具有确定内容的合理性理想。

一种带有内容前提的科学!我认为,这里产生出实践哲学置身其中的真正科学理论疑难。亚里士多德对此作了反思。例如他曾说过,为了学会实践哲学,亦即学会人类行为的规范概念或合理的国家宪法的规范概念,我们就必须受过教育,必须具有合理性能力。[57] 在这里"理论"以"参与"为前提。这就是康德在完全不同的情况下提出的观点:如果人在合理性中认识到与人的理论能力无关的道德品质,那怎么还会容许道德的理论和哲学呢?康德在他的笔记本中留下一段著名的话,他说"卢梭教育了我!"他想以此说明:我从卢梭身上学到,文明的高度完善和文化的高度理解并不是人类道德进步的保证。他众所周知的道德哲学事实上就是依据这一深刻见解。人类道德的自我证明并不是哲学的任务,而是道德

---

[57] [《尼各马可伦理学》,A1,1095a3 以下。]

本身的任务。被广为引证的康德的绝对命令无非只是用抽象的反思表述了每个人的实际的自我责任所说的东西。这里就承认理论理性知识绝不能要求对合理性的实际自主性具有任何优势。因此,实践哲学本身就处于实际的条件之中。它的原则就是"Daß":用康德的语言来说,我们把这叫作伦理学中的"形式主义"。

我认为正是实践哲学的这个理想适用于我们的精神科学,虽说它不愿承认。把它叫作道德科学并非没有道理。在这里认识的并不是某个特定对象领域,而是人类本身对象化的总体:包括人类的行为、痛苦及其持久的创造物。在合理性(及缺乏合理性)概念中蕴含的实践普遍性包括我们所有的一切。因此它能够为不受限制的理论求知欲(无论在自然科学还是社会科学中)表现为责任性的最高仲裁。这就是被亚里士多德也称为"政治学"的实践哲学理论。我们知识和能力的正确运用都要求理性。

如果我的看法正确的话,我觉得亚里士多德的思想沿着他固有的、对我们关于人及其历史性知识的思想具有典范性的道路发展。如果我们追随亚里士多德的思想,我们就无须从一种一般科学概念出发去思考这种人文知识的特殊形式,而是寻求传递这种知识的语言媒介,从而根据它的真实根源,即人的社会现实性来建立自己的根据。因此,关键不在于用哲学思想或社会科学理论赋予语言和语言的中介以中心地位,而是要认识隐藏在语言中介中的规范含义。

这点并非偶然。狄尔泰对历史理性令人钦佩的批判事业是以它对于实验自然科学方法典范的依赖性为其验证的,而且如我们今天所感到的那样,它也受到这种方法典范的阻碍。虽说他弃绝价值论的新康德主义(李凯尔特)也许具有足够的理由。但这显然必须超出和新康德主义价值论的纯粹对立。特奥多·利特曾做过类似的工作。当我们1941年在莱比锡萨克森科学院作为最年轻的成员听利特的报告时,他关于"建立精神科学认识中的一般性"研究在我听来就像一种综合,在这种综合中,利特基本改变了他在1930年那本杰出的书中制订的自己在康德和赫尔德之间的中间地位。利特用语言在一般性和个体性之间架起桥梁,这显然接近了我的试图,即利用海德格尔对希腊形而上学及其后继的近代主体性思想作的本体论批判作为精神科学更好的自我理解。如今我感到自己在某种程度上与利特更加接近,即相对于在自然科学中完全合法的专业语言和"纯"概念构造而为日常语言作辩护。利特从黑格尔的普遍与特殊的辩证法以及统一规定判断力和反思判断力中学会表述他自己的思想。这样就触及到诠释学的神经。我自己就曾试图超越近代科学理论和精神科学哲学的视野,把诠释学问题扩展到人基本的语言性。最后就达到亚里士多德的合理性美德、Phronesis(实践智慧)、诠释学基本德行本身。它成为我本身思想构造的模式。于是,在我看来,诠释学这种应用理论,亦即一般和个别相联系的理论就成为中心的哲学任务。

也许特奥多·利特会反驳我的思路说,用亚里士多德的Phronesis 模式对精神科学作哲学辩护必然会承认先天因素(ein Apriori)的作用,这种先天因素不可能只是经验一般化的结果。如果亚里士多德的实践哲学在"Daß"中发现它的原则而不承认自己作为一种哲学,亦即作为一种理论求知欲不可能依赖于在经验中作为具体实现的道德和作为实际进行的理性所照面的东西,那么亚里士多德的实践哲学就完全被误解了。因此利特就将坚持连胡塞尔和写作《存在与时间》时的海德格尔都遵循的先验反思。虽说我也看到这点,但我认为,和经验-归纳理论如此对立虽然有道理,但却未能认识到这种反思正是从生活实践中感受自己的根据和界限,反思就是从生活实践中提升出来的。这种观点必然会拒绝按照唯心主义的分级直达"精神"的反思。我相信,亚里士多德的谨慎以及他对人类生活中善行思考的自我限制归根到底是正确的,它正确地——也许与柏拉图一起——让显然不是简单的经验普遍化的哲学思想担负起联结本身的有限性,而且如我们所经验的那样去联结这种自身的有限性的任务——而这正是联结我们历史条件性的任务。

24

文本和解释

（1983年）

诠释学问题虽说最初是从个别的科学，尤其是神学和法学出发，并且最终也是从历史科学出发发展起来的，然而以下这一点却是德国浪漫主义的深刻洞见，即理解和解释并不像狄尔泰所说只是对固定在文字中的生命表现起作用，而是涉及到人与人之间以及人与世界之间的一般关系。甚至由此引申出来的像"Verständnis"（理解，相互理解，取得一致意见）这样的词也被打上这种烙印。在德语中理解（Verstehen）也指"对某事取得一致意见"（für etwas Verständnis haben）。因此，理解能力是人的基本素质，它使人能够与他人共同生活，特别使人能够达到语言并能进行互相的谈话。就此而言，诠释学的普遍要求是根本不容置疑的。另一方面，发生在人与人之间的相互理解事件的语言性也意味着一种不可逾越的界限，德国浪漫主义首先对这种界限的形而上学含义作了积极的评价。它是用以下句子表述的：Individuum est ineffabile（个体是无法形容的）。这个命题表达了古代本体论的界限（当然无法从中世纪得到证实）。但对于浪漫主义意识来说，它意味着：语言永远不可能达到个人最后的、不可取消的秘密。这恰当地说出了浪漫主义时代人的生活感受，并且指出了语言表述本身固有的规律性，这种规律性不仅构成这种语言表述的界限,而且也构成它对于造就把人类联合在一起的 common sense(共同感觉,共通感)的意义。

对我们今天的提问立场的前史作番回忆是有益的。发端于浪漫主义的历史科学方法意识以及硕果累累的自然科学典范造成的压力,导致哲学反思把诠释学经验的普遍性简化成它的科学表现形式。威廉·狄尔泰在自觉推进弗里德里希·施莱尔马赫及其浪漫主义朋友的观念时,试图在精神科学的历史性上奠定精神科学的基础,新康德主义者则以其先验的文化哲学和价值哲学形式为精神科学作认识论证明,但无论狄尔泰还是新康德主义者都没有认识到诠释学基本经验的整个范围。在康德和先验唯心主义的故乡,比起那些文字 les Lettres 在公众生活中具有决定作用的国家来,这种情况甚至更为严重。然而哲学反思最终却到处都沿袭了相同的思路。

我自己的出发点也源于对唯心主义以及认识论时代的方法论主义的批判。尤其海德格尔把理解概念深化成一种生存论概念,亦即深化成一种对人的此在的绝对基本规定,这对我非常重要。这就促使我批判地超越关于方法的讨论,并且扩展诠释学的提问立场,使之不像以往那样只关注科学,而且也关注艺术经验和历史经验。海德格尔在分析理解时怀着批判和论战的目的,他以诠释学循环的古老说法为依据,把诠释学循环作为某种积极的因素加以强调,并在他的此在分析中用概念对此加以表达。但我们一定不要忘记,这里讨论的并非作为一种形而上学隐喻的循环性,而是在科学证明理论中作为恶性循环(circulus vitiosus)理论而有其特有地位的逻辑概念。诠释学循环概念只是表明,在理解领域内根本不能要求从此物到彼物的推导,所以循环性的逻辑证明错误不代表理解程序的错误;相反,诠释学循环乃是对理解结构的恰当描述。所以,把诠释学循环作为对逻辑推理理想的限制这一讲法是通过狄尔泰被引入施莱尔马赫的后继者中的。如果我们注意到与从语言用法出发的理解概念相适宜的真正范围,那么诠释学循环的讲法实际上就指明了在世存在(In-der-Welt-Sein)的结构本身,亦即指明了对主-客体二分的扬弃,这正是海德格尔对此在先验分析的基础。正如懂得使用工具的人不会把工具当作客体,而只是使用它,同样,此在在其存在和世界中得以领会自身的理解也绝不是和某种认识客体打交道,而是实现它的在世存在本身。于是打上狄尔泰印记的诠释学方法论就转变成一种"事实性诠释学"(Hermeneutik der Faktizität),它引导出海德格尔对存在的追问,并包括了对历史主义和狄尔泰的更深一层的追问。

众所周知,海德格尔后来却完全放弃了诠释学概念,因为他发现,他用这种方法并不能突破先验反思的禁区。他的哲学思考尽管试图把抛弃先验概念作为"转向"(Kehre),但却日益陷入一种语言困境,从而使许多海德格尔的读者认为在他的转向中更多的是诗而不是哲学思考。我认为这种看法当然是错的。[68] 因此,我自己的动机之一就是试图找到可以指明海德格尔关于并非在者存在那样的存在的讲法的道路。这又一次把我更有力地引导到古典诠释学的历史,并且迫使我在对它的批判过程中重新发挥它的作

---

[68] [参见我关于海德格尔后期著作的研究文集《海德格尔之路——后期著作研究》,蒂宾根,1983年;现载我的著作集,第3卷。]

用。我自己的观点使我发现,只要思考者相信语言,也就是说,只要他与其他思考者和其他人的思想进行对话,那么任何一种概念语言,甚至包括海德格尔所谓的形而上学语言都不会成为思想无法穿透的禁区。由海德格尔进行的对主体概念的批判证明了这一概念具有实体的背景,由于我完全承认海德格尔的这种批判,所以我试图在对话中领会原始的语言现象。这同时也意味着把德国唯心主义作为思辨方法加以发展的辩证法从诠释学上重新返回到生动的对话艺术,苏格拉底-柏拉图式的思想运动正是在这种对话中进行的。但这并不表明它只是一种消极的辩证法,尽管希腊的辩证法总是不断使人认识其基本的不可完成性。它乃是对以绝对唯心主义完成的近代辩证法方法理想的纠正。正是出于这相同的兴趣,所以我一开始并没有在科学所进行加工的经验中寻找诠释学的结构,而是在所谓精神科学当作其对象加以处理的艺术经验和历史经验中寻找诠释学的结构。任何一种艺术品,不管它表现为一种历史的所与物还是作为科学研究的可能对象,它总向我们诉说着什么——它的陈述永远不可能最终完全凝结在概念之中。这也同样适用于历史经验,历史研究的客观性理想其实只是事情的一个方面,甚至是比较次要的方面,而历史经验的特征就在于,我们本身就置身于事件之中,却又不知晓它如何对我们发生,往往只是在回顾中才认识到发生了什么,与此相应,历史必须由每一个新的当代重新撰写。

最后,类似的基本经验也同样适用于哲学和它的历史。这不仅可以从只写对话从不写独断文本的柏拉图身上看到。甚至黑格尔称作哲学中的思辨以及他自己哲学史研究以之作为基础的东西，我认为也一直是对用辩证方法加以表现的努力的不断挑战。因此，我的试图恰恰在于抓住所有感性经验的不可完成性，并从海德格尔关于有限性的中心意义观点得出诠释学的结论。

在这种情况下，与法国思想的接触对我就意味着一种真正的挑战。尤其德里达针对后期海德格尔曾指出，后期海德格尔事实上并未破除形而上学的逻各斯中心主义（Logozentrismus）。不管海德格尔追问真理的本质还是存在的意义，他说的都是把意义当作现成在手的，并可以找到的形而上学语言。在这一点上尼采更为彻底。尼采的解释概念并不是指找到现成在手的意义，而是让意义为"权力意志"服务。因此形而上学的逻各斯中心主义在尼采那里才第一次被破除。这种首先由德里达提出的对海德格尔观点的继续发展被理解为海德格尔观点的彻底化，它内在的逻辑必然地会完全放弃海德格尔自己的尼采解释和尼采批判。尼采并非在价值概念和作用概念中达到顶峰的存在遗忘的极端代表。其实尼采真正克服了海德格尔追问存在、存在的意义和要寻找的逻各斯时仍囿于其中的形而上学。现在已经很清楚，正是后期海德格尔本人为了避免形而上学语言而发展出他半诗化的特殊语言，这种特殊语言从一开始就试图成为一种新的语言并给人提出一项任务，即要经常能够成为这种语言的翻译者。到底在多大程度上能够找到这么一种语言也许仍存疑问——但任务毕竟已经提出了。这就是"理解"的任务。我认识到——尤其通过与法国思想的后继者的对峙——我自己"翻译"海德格尔的企图就证明了我的限制，它尤其表明，我自己如何强烈地扎根在精神科学的浪漫主义传统及其人文主义遗产中。但我正是相对这种承载我的"历史主义"传统而找到一种批判的立场。列奥·斯特劳斯早就在一封业已发表的私人信件中向我指出,⑱尼采为海德格尔和狄尔泰为我构成了批判的方向。海德格尔的彻底性也许就表现在,他对带有胡塞尔印记的现象学新康德主义的批判最终使他实际上在尼采身上认出他称之为存在遗忘史的最后的终点。但这却是一个特别具有批判性的断言,它不仅要追溯到尼采,而且还要越出尼采。我感到在法国的尼采后继者身上有一种欠缺,他们未能在尼采的意义上把握他思想的探索性。我觉得,只有用尼采的意思把握他思想的探索性,他们才可以认为,海德格尔力图从形而上学背后挖掘的存在经验在彻底性上被尼采的极端主义超过了。实际上在海德格尔关于尼采的形象中具有深刻的两面性:一方面他最彻底地追随尼采的思想,另一方面正是在那里他发现了形而上学的非本质的作用。因为在所有价值的估价和重新估价中实际上是存在本身变成一种为"权力意志"服务的价值概念。海德格尔思考存在的企图远远超越这种把形而上学消融在价值思考中的做法,或者说,他追溯到形而上学的背后,而不是像尼采那样,在形而上学自我消融的极端中感到满足。这种回溯并未抛弃逻各斯概念及其形而上学含义,但却认识到它的片面性以及"肤浅性"。对此最具决定性意义的是,存在并不终止于它的自我显示(Sich Zeigen),而是同时带有一种既显示自身又克制自身甚至隐遁自身的原始性。这正是首先由谢林用以反对黑格尔的逻辑唯心主义指出的观点。海德格尔重又提

---

⑱ ［关于《真理与方法》的通信——列奥·斯特劳斯和汉斯-格奥尔格·伽达默尔",载《哲学独立杂志》,第 2 卷(1978 年),第 5—12 页。］

起这个问题,但他却同时附加上谢林所缺乏的概念力。

因此,我就努力做到不忘记蕴含在所有诠释学意义经验中的界限。当我写下"能被理解的存在就是语言"⑨这句话的时候,里面就蕴含着以下意思:凡存在的,绝不可能被完全理解。因为语言所引导的总是超出了陈述中所出现的东西。凡能被理解的,总要进入语言——当然它总要作为某种东西而被觉察。这就是存在"显示自身"(sich zeigt)的诠释学度向。"事实性诠释学"意味着诠释学意义的转变。当然,我在试图描述我研究的问题时完全跟随体现在语言中的意义经验的引导,以便指出这种意义经验为语言设定的界限。我致力于研究的"趋向文本的存在"(Sein zum Texte)在界限经验的彻底性上当然不能与"趋向死亡的存在"(Sein zum Tode)相比,追问艺术品的意义以及我们所遭遇的历史的意义这种不可完成的问题相较于人类此在追问其本身的有限性这种原始现象也相形逊色。因此我能够理解,后期海德格尔(德里达可能认为自己在这点上与海德格尔一致)为什么会认为,我并没有真正跳出现象学内在性的禁区。这种内在性贯串胡塞尔思想的始终,同时也是我最初新康德主义烙印的基础。我同样能够理解,人们为什么相信在我坚持诠释学循环中可以看出这种方法的"内在性"(Immanenz)。实际上我觉得,想突破诠释学循环是一种不可实现的、甚而矛盾的要求。因为这种内在性其实不过是对所谓理解的一种描述,正如施莱尔马赫及其后继者狄尔泰所认为的。

---

⑨ 《真理与方法——哲学诠释学的基本特征》,见我的著作集,第1卷,第478页。

自赫尔德以来,我们就不仅仅把"理解"看作一种揭露既存意义的方法过程。正是面对所谓理解的范围,在理解者和理解对象之间周转的循环性才能要求真正的普遍性,我觉得,正是在这一点上,我们可以追随海德格尔对胡塞尔先验终极证明中蕴含的现象学内在性概念的批判。⑨ 我试图阐明的语言的对话特征远远胜过在主体的主观性与在说话者的意图中寻找出发点。谈话过程中产生的并不只是把设想的意义固定下来,而是一种经常变换的试图,或者说是经常重复地参与某事并与某人交往的试图。但这就意味着自我弃置(Sich aussetzen)。说话也并非只是展示和指出我们的前见,让前见发生作用——听任自己的怀疑和对他人的异议。谁都不知道这种经验——尤其是针对我们想使其相信的他者——我们心中的充足理由,特别是对某人说的充足理由是如何迫不及待地进入语词的。只要我们相遇的他者的在场,即使他并未开口表示异议,也有助于揭露和解除我们的局限性和狭隘性。在这里对我们来说成为对话经验的东西并不仅限于理由和相反理由的范围,而每次争论的意义也许正终结于这种理由和相反理由的交换和统一之中,正如以上描述的经验所示,其实还存在他者的东西,即所谓他在的潜在性,它总是会超越一切共同意见的一致性。这就是黑格尔未曾跨越的界限。虽说他已经认识到在"逻各斯"中具有支配作用的思辨原则,甚至以非常具体的方式指出这一点。他把自我意识的结构和"在他者中认证自我"的结构扩展成承认的辩证

---

⑨ [早在1959年,我就试图在献给海德格尔的论文"论理解的循环"中指出这点。参见本书第57页以下。]

法,并把它提到生死之争的高度。同样,尼采的心理学深刻洞见怀着极大的热情把"权力意志"的基础提升为意识:"甚至在奴隶心中也有权力意志"。这种自我放弃和自我坚持的对峙扩展到理由和相反理由的范围内,因此也扩展到实际的对立意见中,这正好表示海德格尔对我发生重要意义的关键,因为他正好在这里认识了希腊本体论的"逻各斯中心主义"。

这里我们可以感到希腊典范的局限。这种局限是由《旧约·圣经》、保罗、路德以及首先由其现代复兴者批判地指出的。当人们发现苏格拉底式的对话可以作为思维的基本形式时,对话中的这个层面并未达到概念的认识。也许它只是使一个具有诗意想象力和柏拉图语言能力的作家能如此描述他的苏格拉底的魅人形象,从而把人物和为人物担心的情欲张力真正表现出来。然而,如果该作家只就引导谈话这一点来解释他的苏格拉底而撇开其他现象,甚至不管这些现象,那他同时就有一个前提,即逻各斯对所有人都是共同的而并非他独有的。正如我已指出,对话原则的深刻意义只是到了形而上学行将就木之时,亦即在德国浪漫主义时代才进入哲学意识,并在本世纪为着反对唯心主义的主体局限性才得到复兴。我正是在这里开始询问,在谈话中建立的意义共同性与他者他在性的不可穿透之间是如何互相调解的,而语言性究竟又是什么:桥梁还是障碍。如果是桥梁,则彼此可以借此进行交往,并可跨越他在性的洪流建造起自在性。若是障碍,则就会限制我们的自我使命,并限制我们完全说出和传达自身的能力。

于是,在这种普遍的提问范围内,"文本"概念就表现为一种特有的挑战。这又是使我们和我们的法国同行相联系抑或和他们相

文本和解释

分离的因素。不管怎样,我的意图就是要以"文本和解释"这个论题重新阐明我的观点。文本和语言的关系如何?能从语言进入到文本中的究竟是何物?什么叫说话者之间相互理解?所谓诸如文本这样的东西能够对我们表现共同的东西,或者说,当人们相互理解时就会出现像文本那样对我们来说是同样的东西,这些究竟是什么意思?文本概念如何能够经历如此普遍的扩展?每一个了解当今哲学倾向的人都清楚地知道,这个论题涉及的要远远超出对语言科学方法论的反思。文本并非只是文学研究对象领域的名称。解释也非仅是对文本作科学阐释的技术。这两个概念在20世纪都根本改变了它们在我们认识和世界方程中的地位。

显然这种变化和语言现象在此期间在我们思想中取得的作用相联系。但这只是一种同语反复的说法。语言在哲学思想中获得中心地位,这也许又同哲学在过去十年中所发生的转折相联系。现代科学追随的科学认识的理想是从自然的数学构思模型(正如伽利略在其力学中首先发展的)出发的,这表明,语言的世界解释,亦即在生活世界中用语言表示的世界经验,再也不构成提问和求知欲的出发点。如今只有从理性规则出发可解释和可构造的东西才是构成科学的本质的东西。于是,尽管自然语言仍然坚持其观看和讲述的固有方式,它却丧失了其不言而喻的优势地位。这种现代数理自然科学含义合乎逻辑的推广,就使得语言理想在现代逻辑学和科学理论中被单一的指称理想所取代。如果说自然语言在此期间重又作为"普遍性"占据了哲学的中心,那这是和科学的通向世界的普遍性相联系的边际经验有关。

当然,这并非表示一种单纯的返回到生活世界的经验及其语言的沉淀,尽管我们把这种经验语言的沉淀看作希腊形而上学的主线,对它的逻辑分析则导致了亚里士多德的逻辑学和思辨的语法(grammatica speculativa)。如今则正相反,并不是它的逻辑成就,而是作为语言的语言及其通向世界的说明图式被人所知,并因此变更了原本的观点。这在德国传统内部表现为浪漫主义观念的重新获得——施莱格尔、洪堡等等。不管在新康德主义者还是第一代的现象学者那里,语言问题都根本没有受到注意。只是在第二代人那里,语言这个中介世界才成为讨论的论题,例如在恩斯特·卡西尔那儿,尤其是在马丁·海德格尔身上,汉斯·利普斯首先追随的就是海德格尔。在盎格鲁-撒克逊范围内,类似的情况则表现在维特根斯坦从罗素(B. Russell)观点出发所作出的继续发展。当然,对我们来说,这里涉及的不再是建筑在比较语言学基础上的语言哲学,抑或归属于一般符号理论的语言构造理想,而是涉及到思想和讲话之间谜一般的联系。

于是,我们一方面有符号理论和语言学,它们导致了对语言系统和符号系统的功能方式和构造的新认识;另一方面则有认识理论,这种理论认识到,语言就是对一切世界通道(Weltzugang)进行中介。两者的共同作用使我们在一种新的光亮中看到对科学的世界通道进行哲学证明的出发点。它的前提是,主体在方法的自我确定性中借助理性的数学构造强占了经验实在性,并用判断句对它进行表达。由此主体就实现了它本身的认识任务,这种实现在数学符号化中达到顶峰,自然科学正是在这种数学符号化中达到普遍有效性。按照这种观念,语言这个中介世界就被排除在外。但就语言现在作为中介世界被人认识而言,它表明自己是一切世界通道的首要中介。这样,语言的世界模式的不可超越性,就得到清楚表现。因其无可争辩的自我确定性而成为一切有效性的起源和证明依据的自我意识的神话,以及先验主义和经验主义争论不休的最终根据的理想面对语言系统的优先性和不可超越性,就丧失了它的可信性,而所有的意识和知识正是用语言系统来表达的。通过尼采我们学会了怀疑用自我意识的自我确定性来证明真理。通过弗洛伊德我们认识了因这种怀疑而被人严肃看待的令人吃惊的科学发现,而在海德格尔对意识概念所作的彻底批判中,我们看到了源于希腊逻各斯哲学并在其现代转折中把主体概念置于中心地位的概念偏见。所有这些都使我们世界经验的"语言性"获得了优先地位。无论针对自我意识的幻象还是实证事实概念的天真,语言的中介世界都证明自己是既存物的真正维度。

我们正是从这里理解了解释(Interpretation)概念的崛起。解释这个词原本开始于调解关系(Vermittlungsverhältnis),即在操不同语言的讲话者之间作为中介人的作用,亦即翻译者,然后它被转用到解开难以理解的文本。当语言的中介世界对于哲学意识表现出它先定意义的当口,解释也必定在哲学中取得某种关键地位。这个词是随着尼采开始出现在哲学中,并且同时成为对一切实证主义的挑战。难道真的存在有从其确保的出发点出发认识就能寻求普遍性、规律和规则并在其中得到实现的这样的所与物吗?难道所与物本身不正是某种解释的结果?解释就是在人和世界之间进行永无止境的调解,因此它就是唯一真正的直接性和所与性,从而使我们能把某物理解为某物。相信记录语句是所有认识的基础,这甚至在维也纳学派中也未能持续多久。⁹² 甚至在自然科学范围内,认识的证明也无法避免诠释学这一结论,即所谓的所与物根本无法与解释相分离。⁹³

只有在解释的光亮中某物才会成为一件事实,某种观察才证明为可以被讲出来。更为极端的做法是海德格尔的批判,他揭露了现象学的意识概念以及——像舍勒的——"纯知觉"的概念均是独断的。因此,在所谓的知觉之中就发现有把某物作为某物的诠释学理解(das hermeneutische Etwas-als-etwas-Verstehen)。但这最终就说明,解释并不是认识的附加过程,它构成"在世存在"(In-der-Welt-Sein)的本源结构。

不过,这是否表明解释只是添加意义(Einlegen von Sinn)而并非寻找意义(Finden von Sinn)？这显然是由尼采提出的问题,这个问题既决定诠释学的范围和领域,也决定它的对方的反驳意见。无论如何我们要承认,正是从解释概念出发,文本概念才能作为中心概念建立在语言性的结构之中;这表明,文本概念只有与解释相联系并从它出发才表现为真正的所与(Gegebene)、要理解之物(zu Verstehende)。这也适用于对话中的相互理解(Verständigung),因为人们可能重复有争议的陈述,从而使意图去追随有约束的表述(Formulierung),这个过程在记录下的文字中达到顶点。文本的解释者也在同样的意义上问,真正存在的究竟为何物。只要每

---

⁹² [莫里茨·石里克:"论认识的基础",载《1926—1936年论文集》,维也纳,1938年,第290—295页和第300—309页。]

⁹³ [对此似可参看较新的科学理论,详见 J. C. 魏斯海默的《伽达默尔的诠释学——读〈真理与方法〉》(耶鲁,1985年)。]

个如此发问的人都企图要求为他自己的设想寻找直接的证明,那就总能找到一种先入的、充满前见的回答。然而,这样引证存在的东西,则文本相对于对文本的解释可能的疑问性、任意性或至少是多义性就永远是坚固的关联点。

这又可以从语词的历史中得到证明。"文本"这个概念基本上是从两种联系进入现代语言的。一方面是作为在布道和教会理论中进行解释的圣经的文本,因此文本是所有注释的根据,而一切注释则是以信仰真理为前提。"文本"这个词另一种自然的用法是我们在与音乐联系中遇到的。在音乐中,文本乃是歌曲的文本,音乐词义解释的文本,就此意义而言,文本并非预先给定的东西,而是一种从歌唱过程中产生的东西。这两种文本一词的自然使用方法——也许两种用法一起——都可以回溯到古典后期罗马法学家的语言用法,这些法学家针对解释法典和运用法典的争议性用查士丁尼法典来突出法律文本。于是,凡是我们把事物归并进经验时遇到阻力的地方,凡是回溯到想象的所与物时能为理解指出一个指向的地方,文本这个词就会得到广泛传播。

关于"自然之书"这种喻意的说法也以同样的含义为根据。⑭ 这种书是上帝用自己的手指写下的文本并由研究者进行破译的文体,也就是说,通过研究者的解释使它可以被人阅读,得到理解。因此,凡我们对所与物作预先的意义猜测,而这种意义猜测又并非不受抵抗地进入意义期待的地方,我们就能——而且只能在这

---

⑭ [参见 E. 罗特哈克:《"自然之书":隐喻史材料及原理》。据 W. 佩皮特遗著,波恩,1979 年。]

里——发现与文本概念具有的诠释学关系在发生作用。文本和解释互相联结得如何紧密,完全可以从以下情况中表现出来,即使传承下来的文本对于解释也并非总是预先给定的。常常是解释导致了文本的批判产生。当我们搞清了解释和文本这种内在关系,我们才会获得方法上的益处。

从对语言所作的这种观察中产生的方法上的益处在于,"文本"在此必须被理解成一个诠释学的概念。这就是说,不要从语法学和语言学的角度来看待文本,亦即不要把它看作完成品,可以据此分析它的制作,并企图撇开它所传达的所有内容去解释语言据以起作用的机制程序。从诠释学的立场看——也就是第一个读者的立场——文本就是单纯的中间产品(Zwischenprodukt),是理解事件中的一个阶段,作为这样一个阶段,它固然包括某种抽象,亦即甚至把这个阶段也孤立化和固定化。但这种抽象与语言学家所熟悉的方向刚好相反。语言学家不会介入对文本中所表达的事情的理解,而是澄清语言的功能,说明文本可能说什么。语言学家讨论的并非文本传达了什么,而是文本如何可能传达某事,用何种符号规则和联结手段进行。

诠释学的考虑则正相反,它唯一关心的就是对所说出的话进行理解。因此,语言的功能仅仅只是前提条件。所以,首要的前提就是,某种声音表达是可理解的,或某种文字表述是可以被解读,从而以使对所说的话或在文本中所写的进行理解有所可能。文本必须是可以阅读的。

为此,语言用法又一次给予我们重要的提示。当我们在评论某种文体或判断某种翻译时想说明它质量低劣时,我们是在一种苛求的意义上谈论某种文本的"可读性"(Lesbarkeit)。这当然是一种转义的说法。但它却把意思表达得十分清楚,就像通常在翻译或改编时所发生的情况一样。它的否定的对应词是不可读性(Unlesbarkeit),它总是意指作为文字表达的文本无法完成它的任务,无法使文本中记述的事情不受阻碍地得到理解。这可以从以下情况得到证明,即我们在理解文本所述之事时总是要预视(vorausblicken)。唯有从这点出发我们才把一件文本视为和认定为可读的。

语言学的工作就是要把制造某种可读的文本作为自己的任务,这是很清楚的。然而很显然,提出这种任务总以对文本有某种程度的理解为出发点。只有当文本已被解读,而被解读的文本又并非痛痛快快地被人理解,而是提出障碍,于是人们才会问,文本中所述的究竟是什么,对传承物的阅读以及选用的阅读方法是否正确。语文学家要生产出可读的文本,他对文本的处理完全类似于通过直接听觉传达进行的,并非只是听觉上的理解。我们说,如果某人能够理解,则他必然已经听见。与此相应的是口头布道的听觉理解的不确实性类似于阅读方式的不确实性。在这两种情况中都有一种反馈作用。前理解,意义期待以及种种并不存在于文本中的事情都对文本的理解起着作用。这在翻译某种陌生语言时表现得十分明显。在翻译时,对外语的掌握只是一种前提条件。如果说在这种情况下也要说到"文本",那只是因为它并非只是被理解,而是要用另一种语言转达出来。这样它就变成了"文本",因为所说的并不只是被理解,而是成了"对象"——其目的是针对各种可能性,重新给出"原本语"中的意义,这里就又存在一种诠释学关系。每一种翻译,即使是所谓的逐字逐句的字面翻译,都是一种解释。

让我们概括起来说一下,由于语言学家撇开对事物的理解,他作为研究对象的东西对于理解本身只是可能注意的模棱两可的极限情况。理解过程所进行的与语言学恰好相反,它是一种语言遗忘(Sprachvergessenheit),话语或文本就被置于此种语言遗忘之中。只有当语言遗忘受到干扰,也就是说,凡理解不能成功的地方,文本的原话才会被询问,而文本的制造才能成为一种独特的任务。我们在语言用法中虽说区别了原话(Wortlaut)和文本(Text),但这两个名称总可以互相替代,这并非偶然。(甚至在希腊语中说话和书写也汇聚在语法〔Grammatikē〕这个概念中)文本概念的扩展也许从诠释学角度看很有理由。不管是口头的还是文字的,文本的理解无论如何总有赖于交往的条件,这种条件超出仅仅固定在所说话中的意义内容。我们可以说:真要想回溯到原话或是文本,那就必定总要受到理解境遇特殊性的推动。

在"文本"这个词今天的用法中同样也能清楚地追溯到"文本"这个词的语词史所指出的内容。毫无疑问存在某种最弱级的文本,我们甚至几乎不能把它叫作"文本"。例如为了有助于记忆而作的笔记。在这里唯有当记忆失灵而笔记变得陌生而不可理解,因此有必要回溯到符号状态,亦即回溯到文本的时候,才会提出文本的问题。但一般说来笔记并不是文本,因为它只是作为回忆的线索使人重新想起记录的含义。

然而另一种关于理解的极端例子一般也并不推进关于"文本"的说法。这大概就是科学报告,这种报告一直以确定的理解条件为前提。这在于它们的特殊报告人。这些人指的就是专家。如果说笔记只是给我自己看的,那么科学报告的情况也是如此,虽说它是发表的,但却并非给所有人看的。只有对那些熟悉研究的状况和研究所用的语言的人,它才是可以理解的。假如这个条件得到满足,那么参与者一般说来就无须回溯到作为文本的文本。只有当这些表述出来的意见使他觉得完全不可信并且必须自问:难道这里不存在误解么?这时他才会回溯到文本。——对于科学史家的情况当然不一样,对于他们来说,这些科学的证据就是真正的文本。这些证据需要解释,因为这里作解释的人并非是这些证据意指的读者,并且必须跨越在他和原始读者之间存在的距离。虽说我在其他地方已经强调指出,[35]"原始读者"(ursprünglicher Leser)这个概念是相当含糊的。然而在研究的过程中他大概会有自己的规定性。出于同样的理由,当人自己是一封信的收信人时,他一般不会谈论信的文本。只要在理解中不出现特别的障碍从而必定要回到详细的文本,那么就会顺利地进入书面交谈中。书面谈话基本上也要求口头交谈所适用的同样基本条件。两者都具有互相理解的良好意愿。因此,凡要寻求理解,就要有良好的意愿作为前提。于是问题就在于,如果没有提到确定的收信人或收信人团体,而是无名的读者——或者说,并非提到的读者,而是一个陌生人想理解文本,那么这种情境及其含义在多大程度上仍是给定的呢?写一封信就像其他形式的谈话试图一

---

[35] 首先参见《全集》,第1卷,第397页以下,特别是第399页以下,那里这样说"原始的读者这一概念完全是未经澄清的抽象"。

样,正如在直接的语言接触或在所有练熟了的实际处理情况中一样,只有理解中出现障碍才会促使人们对所说的内容的精确原文产生兴趣。

正如在谈话中的情形一样,写信者无论如何都试图报告他所意指的事情,这就包括对收信人的预期,他和该人分享共同的前提,并指望他的理解。收信人则如其意指的那样取出其中的含义,这就是说,他对信中的话进行补充,把它具体化,而并非按照字面取其抽象的意义内容,从而理解这封信。这就是为何人们在信中不能像在直接谈话的情形中那样讲某些事情,即使这封信是写给他非常信任的人。在直接的谈话中有许多东西共同帮助人们正确地理解,起码人们在谈话中总能够根据答复来澄清或辩护所指的意思。这一点通过苏格拉底的对话和柏拉图对书面文字的批判已是众所周知。从理解境遇中脱离出来的逻各斯很容易受到误用和误解,因为它缺乏生动的谈话所具有的明显的修正,这种缺点自然也包括书面文字。

这里就出现了对于诠释学理论具有中心意义的重要推论。如果说一切用文字固定下来的东西都与理解境遇隔开,那么它对写作意图本身则意味着某种意思。因为我们作为写作者都了解所有文字书写的问题,因此,我们都受控于对读者的预期,我们期望他能产生符合意义的理解。正如在生动谈话中,我们通过讲话和回答寻求达到理解,但这就是说,我们寻找恰当的词并运用语调和手势,期望这些能帮助对方的理解,同样,在写作时虽说不能寻找合适的词来告知,但也必然要在文本中开辟一个解释和理解的视域,这个视域必须由读者来填写。"书写"(Schreiben)并非仅仅把所说的话记下来。虽然一切文字书写的东西都要回指原来所说的，但它必定也要前瞻(Nach vorwärts blicken)。一切说出的话总是指向相互理解，并把对方包括在内。

于是我们也可以谈论记录的文本，因为记录历来是被当作文件，也就是说，应当回指其中所记的东西。因此它就需要对方特殊的标志和签名。在商业和政治方面签署的条约也需要这一套。

由此我们就达到一个总括的概念，这个概念是一切文本构造的基础，同时也使这种构造与诠释学的联系明显可见：每一次向文本的回溯——不管涉及的是真正用文字写下的文本抑或只是重复在谈话中的表述都是一样——都是指"证物"(Urkunde)，即最初讲出的或宣告的东西，这些可以作为同样的意义而起作用。这种"证物"应当被理解，这规定了一切文字书写物的任务。写下来的文本应该这样固定原始的宣告，以使其意义被人清楚地理解。与书写人任务相应的是阅读者、收信人、解释者的任务，他们应当达到理解，亦即使写下的文本重新讲话。在这个意义上可以说阅读和理解就意味着使证物返回它原初的真实性。只有当写在文字中的意义内容发生争议才会提出解释的任务，解释就是要获得对"证物"的正确理解。然而，"证物"却并不是讲话者或写作人原本所说的，而是假设我作为它原始的谈话伙伴时它所曾经想说的。这一点在把"命令"解释为诠释学问题上表现得很明显，即命令应该"按意义"遵守（而不是按字面）。因此，实际的结论就是，文本并不是一种给定的对象，而是理解事件过程中的一个阶段。

这种普遍的情况可能在法典的编纂和相应的法学诠释学中得

到很好的反映。法学诠释学能具有典范功能并非偶然。在法学诠释学中引用书面文字以及经常引证文本这两者联系得很紧。凡被制定为法律的,历来就为着调解或避免争吵。因此,在这里就总有必要回溯到文本,不光对于诉讼者发生争执的双方,而且对于制定法律、代表法律说话的人、法庭都是如此。因此,凡制订法律、缔结具有法律效力的契约以及作出具有法律效力的裁决都要求相当严格,它们的文字表述应当相当精确的。因此,决议或协议的制订都被要求从文本出发具有清晰的法律意义,并且避免误用或曲解。"文件化"(Dokumentation)的要求就在于它必须能被正确可靠地解释,哪怕这些文件的作者,例如立法者或缔约双方并没有想到这一层。这就包含了以下意思。起草文件时必须一开始就同时想到解释的活动空间,这种解释的活动空间是为必须应用这种空间的文本的"读者"而形成的。这里的关键就在于——无论对于"布道"或"法典"都一样——避免争吵、排除误解和误用、尽可能达到清楚的理解。相对于纯粹的公布法律或订立契约,书面文件将提供合法的、附加的安全系数。但这里还包含以下意见,这里仍然保存着按照意义进行具体化的活动领域,这种具体化在实际的法律活动中引导着解释。

　　法律制订的有效性要求在于它像文本一样,不管它是否像法律条文那样编纂成文。法律像规章一样,它的实际运用总是需要解释,这反过来又说明,任何实际运用总已包括了解释。因此,司法实践、先例或迄今为止的执法都一直具有一种法律创造的功能。因此,司法上的例子典范清楚地表明,任何一种文本的制作都与解释以及正确的、符合意义的应用具有预先的关联。应该承认,在口头处理程序和文字处理程序之间的诠释学问题基本上乃是相同的。例如我们可以想一想盘问证人的情况。我们通常并不透露给证人有关调查的过程和寻找判决的努力。因此,证人遇到向他提的问题都带有"文本"的抽象性,而证人必须作出的回答也是如此。这表明这些也像文字表述一样。用文字记载证人的证词会使证人感到不满,这就表明了上述情况。虽说证人不能否认他所说的话,但却不能让证词孤立存在,最好能立刻对它进行解释。因此,在记录证词时应当考虑到这一点,即在重复证人的实际证词时要尽可能正确评判对证人意向的记录。上述证词的例子又反过来表明,文字的处理方法(例如审讯过程中文字的部分)如何和谈论过程联系在一起。和证人提供的证词相分离的证据也已与调查过程的文字确认相分离。类似情况显然也适用于以下场合:某人书面提供一种允诺或一个命令或一个问题,它们也会包含有和原来的交往情况相脱离的情形,从而必须以文字的方式表述其原来的意义。在所有这类情况中显然总要回溯到原来的告知境遇。

这也可以采用现今文字写作所发明的附加标记的方法,以便易于达到正确的理解。例如问号就是一种这一类的指示,它表明用文字记录下的句子原来一定是怎么表述的。西班牙语用两个问号把问句括出来,从而以令人信服的方式表达出这种基本意图。甚至在开始阅读的时候就使人们知道如何表达出适当的段落。在许多古老的文化中一般都没有标点符号,缺乏这种标点符号又从另一方面证明,唯有通过书写的文本才有可能达到理解。不带标点符号的文字排列以极端的方式表明了交往的抽象性。

毫无疑问还有许多不可能符合这种目的性的语言交往方式。然而它们仍然是文本,只要它们与其收件人相分离时仍然被人理所当然地看作文本——例如文学作品(literarische Darstellung)。然而在交往事件中它们却抗拒被文本化。我想举出三种此类形式的文本,以便根据它们的背景揭露那些以明显的文本化方式而不是以文本的形式附加地实现其真正规定性的文本。这三种形式是:反文本(Antitexte)、伪文本(Pseudotexte)和前文本(Prätexte)。所谓的反文本我指的是那些与文本化相反的谈话形式,因为在这种形式中互相讲话的过程境遇具有压倒优势。属于此类形式的有例如任何一种玩笑。在交往过程中我们对某事并不认真,而且期待能被人当作一种玩笑,这种情况非常正常,而且我们可以在语调、手势或社会情境等等中找到它的标记。但很明显,绝不可能重复这种瞬间的玩笑性提示。——类似情况还可以举出另一种经典的相互理解形式,亦即反话(Ironie)。在这里清楚的社会前提是运用反话所先必备的共同的前理解。谁能说出他所意指的反话又能确保其所意指的同时被人所理解,他就处在一种正起着作用的理解境遇之中。这种"掩饰"其实是不可能做到的,即使采用文字表达的方式也不行,它极大地依赖于交往中前理解的程度以及占统治地位的认可程度。例如我们在早先的贵族制社会中看到反话的运用,而且这种反话又径直用文字记载下来。属于类似情况的还有引用古典的箴言,通常以弄巧成拙的形式。这样做的目的还是在于一种社会的一致,在这里则是优先掌握教育的前提条件,从而在于对古典的兴趣及其证明。凡这种理解条件的关系不清楚的地

方,则要把它转成文字表达就会产生疑问。因此,反话的运用总是 Ⅱ348
提出一种极为困难的诠释学任务,而那种有关反话的假定则很难
得到证明。人们把对某事讽刺的理解常常说成对解释的怀疑,并
非没有道理。在社交中则正好相反,如果反话的运用未被理解就
意味着一种认同的断裂。凡玩笑或反话可能的地方总以基本认同
为前提条件。因此,人与人之间的相互理解绝不可能通过以下方
式重新建立起来,即某人以不引起误解的方式彻底改变他的讥讽
表述方式。如果这样做可能,则如此清楚地表达的该陈述的意义
就会远离反话的交往意义。

第二种与文本相悖的文本类型我称之为伪文本。我指的既是
讲话的用法也指文字的用法,它作为一种要素根本不属于对意义
的转达,而是像讲话过程中修辞学的填充材料。修辞学部分的特
点就在于,它在讲话中并不代表表述的实际内容,亦即不转述文本
中的意义内容,而是以口语或书面文字形式出现、具有话语交流中
纯功能和礼节性功能的成分。因此我称之为伪文本的就是语言成
分中所谓没有含义的成分,每个人都能在以下困难情形中认识这
种现象,即在翻译另一种语言的文本的时候很难认出话语中不言
自明的填塞材料而且很难对它作恰当的处理。翻译家在这种填塞
材料中猜想真实的意义,但在用另一种语言重新表达时却毁坏了
他所翻译的文本真正的告知内容(Mitteilungsfluss)。这是每个翻
译家都会遇到的困难。毋庸置疑,多种语言中都可以找到与这种
填塞材料等价的表述,但翻译这项任务实际上只是指文本的意义,
因此,有意义的翻译的真正任务就在于认出这种填塞材料并把这
种空洞的填塞材料剔除掉。当然这里要预先说明,对于所有具有

真正文学质量的,我称之为杰出的文本的、如同我们将看到的文本则完全不一样。文学文本的可译性界限就在于此,它以最为不同的层次表现出来。

作为与文本相悖的第三种文本我指的是前文本。凡不能在其意指的意义转达中得到理解,而是以假象的方式出现的交往表述我都称为前文本。因此,前文本就是我们须根据它并未指出的其他因素来解释的文本。它所意指的只是一种托辞(Vorwand),"意义"则藏身在这种托辞的背后,于是解释的任务就在于识破托辞,并把其中所含的真正意义表达出来。

意识形态批判指出在公众舆论教育中就存在这种文本。意识形态这个概念恰好说明,在意识形态中并没有真正的告知,而是它作为托辞为之服务的隐藏于其后的利益。于是,意识形态批判力图把所说的话追溯到它所掩盖的利益,例如在资本主义利益之争中资产阶级的利益。然而,这种意义形态批判行为本身同样可能需要进行意识形态批判,因为它也代表某种反资产阶级的或无论何种的利益,从而也掩盖了它本身的托辞性质。我们能在追溯背后隐藏的利益这种共同动机中发现一致性的断裂,这正是哈贝马斯所称的交往扭曲(Kommunikationsverzerrung)。扭曲的交往同样表现为破坏了可能的一致性和可能的相互理解,从而促使人们由此去追溯真正的意义。这就像一种破译。

这种深入到托辞之后的解释的另一种例子是梦在现代深层心理学中所起的作用。梦生活的经验实际上是不连贯的。经验生活的逻辑在这里是完全失效的。但这却并不排除能从梦生活的令人吃惊的逻辑中产生一种直接的意义魅力,这种魅力完全可以与童话的非逻辑相媲美。实际上我们提到的文学也包括了梦和童话的类型,例如在德国的浪漫主义之中。但这只是一种美学性质,是在梦幻作用中以此种方式享有的美学性质,它当然能够体验一种文学美学的阐释。然而,如果试图在梦的回忆片段中揭示一种以梦幻形式伪装起来并可以被破译的真实意义,则梦这种现象就会成为另一种完全不同解释的对象。这构成梦的回忆在精神分析活动中的巨大含义。借助于梦的解释,精神分析就能把反社会的谈话引入正途,由此就能去除障碍,并且最终把病人从他的精神病中解放出来。显然,这种所谓的分析过程要经历复杂的重建原始梦文本及其解释的过程。虽说它与做梦人"所指的"意义完全不同,甚或同释梦者通过它的解释解除梦经验的不安所解读出的意义完全不同。实际上我们称为的精神病即是完全破坏了建筑在一致性之上的相互理解事件。它促使我们追溯到"所意指的"背后,并对托辞进行解释。

甚至除了特定的精神障碍之外对日常生活进行的心理治疗也具有同样的结构,这种治疗通过追溯无意识的行动使人对错误的举止产生突然的理解。追溯到无意识的动机在这里仍然是出于不一贯,亦即对错误举止的不可理解性。通过解释这些举止变得可理解,从而失去它本身所具有的令人烦躁的性质。

本文论题所涉的文本与解释的联系在此是以一种特别的形式表现出来,利科尔把它称为怀疑诠释学(Hermeneutik des Mißtrauens; hermeneutic of suspicion)。把这种歪曲理解的情况当作文本理解的正常情况乃是一种错误。⑯

---

⑯ [参见作者的"怀疑诠释学",载《诠释学:问题和眺望》,G. 沙皮罗和 A. 西卡编,阿姆黑斯特,1984年,第54—65页。]

本文迄今为止的讨论都为着指出,当涉及所谓的"文学文本"时,则文本和解释之间的联系就彻底变了。在以上列举的产生解释的动机以及把一些在交往过程中的东西,作为文本建立起来的情况中,解释和所谓的文本一样都被归属到理解事件之中。这正符合 interpres 一词的字面意思,它指的是居中讲话者,首先指的就是口译者的原始功能,口译者处于操不同语言的讲话者之间,通过他的居中讲话把操不同语言的讲话人联系起来。正如在这种情况下是克服外语的障碍,当在操同一种语言时出现理解障碍也需要进行克服,在这种情况下是通过回溯,亦即把它作为潜在的文本而达到陈述的同一性。

使一个文本变得不可理解的疏异性应该通过解释者得到扬弃。解释者是在文本(或话语)不能实现其被人倾听和理解的规定性时才居间说话的。解释者除了在达到理解这项目标时自身完全消失外,没有任何其他作用。解释者的话并不是文本,而是为文本服务。但这并不是说,解释者的贡献就完全消失于听从文本的方式里。解释者只是并不作为主题的、并不作为文本而存在,而是进入到文本之中。这样就以最广的普遍性勾画了文本和解释的关系。因为这里出现了一种理应得到强调的诠释学结构因素。这种居间讲话有其自身的对话结构。在双方之间作调解的口译者只能把他相对于双方立场的距离作为一种超越双方局限性的优越性加以经验。因此他在理解方面提供的帮助并不局限于纯粹的语言学层面,相反总是进入实际内容的调解,试图把双方的权利和界限都互相扯平。于是"居间讲话者"(Dazwischenrede)就变成了"调停者"(Unterhändler)。在我看来文本和读者之间也存在类似的关系。当解释者克服了一件文本中的疏异性并由此帮助读者理解了文本,那他本身的退隐并不意味着消极意义上的消失,而是进入到交往之中,从而使文本的视域和读者的视域之间的对峙得到解决——这就是我所称为的视域融合(Horizontverschmelzung)。相分离的视域如同不同的立场一样互相开启。因此,理解文本就在于使读者占有文本所说的,而文本自身也就因此而消退。

然而还存在着文学(Literatur),这是一种并不消失的文本,而是相对于所有的理解以正当的要求而存在,面临着文本的一切新的说话。它的特征是什么？说文本能够"在那儿",这对于解释者的居间说话又意味着什么？[97]

我的观点是:文本总是在返回自身时才真正地在那儿。但这却不过是说,它们是原始的和本来意义上的文本,在返回自身时才真正"在那儿"的这种话语,从自身出发实现文本的真正意义:它们说话。文学的文本是人们在阅读时必须倾听的文本。即使只是在内心倾听,而那些朗读的人则不仅是听,而是在内心跟着一起说。它们是在能背诵,即 par coeur 中获得其真实的此在。然后它们就生存在行吟诗人、唱诗班和抒情诗歌手的记忆之中。它们就像写在灵魂中一样地逐渐变为文字,因此,人们在阅读文化中把这种独特的文本叫作"文学"根本不会令人吃惊。

文学文本并非只是把讲过的话记下来。文学文本根本不是指示人回到所说出的词。这一点具有诠释学后果。解释并非只是重新传达原先表述的手段。文学文本作为一种特别意义的文本就在

---

[97] [对此首先参见我的著作集第 8 卷中关于文学理论的论文汇集。]

于它并不回证原初的语言行为,而是从它这方面来规定所有的重复和语言行为;没有一种讲话能完全实现诗歌的文本所表现的指令。诗歌的文本行使的规范功能既不能回指原初的讲话又不能回指讲话人的意图,它的功能产生于文本自身,例如有幸成功的一首诗歌令诗人出乎意料并且超过了诗人本身。

"文学"这个词具有一种评价的意义并非偶然,因此,属于文学就代表一种标志。一种这样的文本并不表示纯粹把讲的话记下来,而是具有其本身的真实性。如果讲话的特性就在于听讲话的人能通过讲话而听出含义并且完全针对话语所传递的内容,那么语言就会在这里以特有的方式显现出来。

正确把握语词的自我表现并不容易。语词当然也在文学文本中保持其含义(Bedeutung)并承载有意指的话语的意义(Sinn)。文学文本的必然特性就在于,它并不损害所有话语都把事实内容置于首位的做法,甚至相反还要提高这种优先性,从而使它的陈述的实在关系受到怀疑。此外,被说出话的状况不能占据突出地位。否则我们就不能说语词的艺术,而要说艺术性,不能说像歌唱方法一样地规定的声调,而要谈论诗的想象,或者说,我们将不再谈论其无可替换的质量使我们惊异的文体,而要谈论使人感到产生阻碍作用的矫揉造作的格调。尽管如此,文学文本仍然要求表现在它的语言现象中而不只是行使它的告知功能。它必须不仅被阅读,而且也必须被倾听——虽说在绝大多数情况下只是用内在的耳朵来倾听。

于是,语词才在文学文本里得到其完全的自我出现(selbst-präsenz)。它不仅使所说的得到显现,而且使语词本身出现在声音之中。正如文体作为一种实际的因素构成了好的文本但却并未作为文体艺术突显出来,语词和话语的声音也和它的意义传递不可分离地联在一起。然而,如果说话语是被前面所说的话规定着意义,从而我们可以完全撇开它的表现而听出、读出它传递的意义,但在文学文本中每个语词却都是在其音调中得到显现,而话语的音调也正是对于用词讲出的内容才具有含义。于是在话语的意义指向及其显现的自我表现之间产生了一种特别的对峙。话语的每一个成分,每一个属于句子意义单位的个别词本身都代表一种意义单位,只要它通过自己的含义激起某种意指。一旦它在自己的单位中产生作用而不只是作为猜测话语意义的手段,那它本身命名力的意义多样性就得到了扩展。于是我们才能谈到内涵意义(Konnotationen)。这种内涵意义当一个语词在文学文本中以其含义表现出来时一起讲出来的。

Ⅱ 353

于是,作为其含义的承载者和话语意义的共同承载者的单个词就仅仅成为话语的抽象因素。其实所有的语词都必须在更广的句法(Syntax)整体中被看待。在文学文本中当然有句法,但这种句法并非必然的也并非只是通常所谓语法的句法。讲话者享有听者赋予他的句法自由,因为他作为讲话者具有所有的变调和做手势的便利,同样,诗歌文本——由于它所表明的一切细微差别——也具有自身的自由。它具有强化文本整体意义力的音调。在通常的散文领域中确实也是如此,即话语不是"写作",朗诵不是讲课,亦即不是"论文"(paper)。然而对于文学而言在语词突出的意义上却还意味着更多。文学不仅克服其被写就存在(Geschriebensein)的抽象性从而使文本可读、其意义可以理解。文学的文本还具有自己的地位。它作为文本的语言存在要求重复原来的字句,但却并非回溯到原初的说话,而是预见一种新的、理想的说话。文本的意义关联永远不会完全穷尽于语词主要含义之间的关系之中。正是并不包括在意义目的论中而共同起作用的意义关系才给予文学语句以作用范围。如果整个话语并不所谓自我坚持,稍作逗留,抓住读者或听众,迫使他们成为倾听者,那么那种意义关系就不会显现出来。但尽管这样,这种成为倾听者的过程却像每一种倾听一样,仍是对某物的倾听,这种倾听把听到的作为话语的意义形式来把握。

很难说这里什么是原因,什么是结果:不是因装订成书,中断了文本的告知功能和推荐功能并使其成为文学文本?或者倒过来,是因为去除了把文本当作诗歌刻画的现实性,亦即语言的自我显现,才使话语的意义在其整个书册范围显现出来?这两者显然是不可分的。如何衡量以不同方式填满从艺术散文直到诗歌这整个领域的部分要依赖语言在意义整体上显现的部分。

话语的组合、语词的配置究竟如何复杂可以在以下情况中得到最清楚的表现,例如语词在它的多方面作用中成为独立的意义承载者。我们把这叫作双关语(Wortspiel)。不能否认,只有用作加强讲话者的精神、又完全隶属于话语意向的修饰语、双关语才能提升到独立性。但其结果却是,整个话语的意向会突然失去清晰性。在音词单位背后会出现多种多样隐藏的,甚至是相反的含义单位。黑格尔曾经在这种关联中谈到语言的辩证天性,赫拉克利特则在双关语中发现了对他基本观点最好的证据,即意义相反的实际上却是同一的。但这是哲学的说话方式。它涉及的是话语自然含义的中断。这对于哲学思维具有创造性,因为语言以这种方式必然会放弃它的直接客观意义,并促使思想的反映得到表现。双关语的多义性代表着思辨最具诗意的显现形式,它蕴含在互相矛盾的判断之中。正如黑格尔所说,辩证法就是思辨的表现。

文学文本的情况就不一样了,而且还是出于同样的原因。双关语的作用与诗的语词的含义丰富的多义性并不一致。与主要含义回响在一起的共同含义虽说赋予语言的文学活动范围,但它却归属于话语的意义统一性,并只让其他的含义听得出来。双关语并非只是语词的多义性或多样作用,诗意的话语就从这种多义性中构成——在双关语中毋宁有独立的意义单位在互相起作用。因此,双关语破坏了话语的统一性并要求在更高反思的意义关联中得到理解。这样我们就会因太多地使用双关语和文字游戏而弄昏头脑,因为它们破坏了话语的统一性。此外,在叙事诗或抒情诗以及语言的音调形象占优势的任何领域中,双关语的爆破词很难证明它的作用,当然在戏剧话语中情况不一样。因为在戏剧中是冲突统治着舞台。我们可以想一下戏剧中的轮流对白,或者主角在相关语中以自己的名义宣称的自我毁灭。[38] 同样不一样的是,诗意的话语既不构成阐述之潮流,又不构成歌吟之流和戏剧的道白;而是有意在反思的作用中诉说,而话语期待的冲击就属于反思的反映作用。因此,双关语在极具反思性的抒情诗中能取得一种创造性的功能。例如可以想一下保罗·塞兰(Paul Celan)封闭的抒

---

[38] [参见 M. 瓦堡:"关于克拉底鲁的两个问题"(《新哲学研究》,柏林,1929 年)。]

情诗。但我们必须在这里问,这种给语词装载上反思因素的道路最终是否必然会陷入走不通的死胡同。引人注目的是,马拉美(Mallarmé)在他的散文稿中,一如在 Igitur("那么")中运用双关语,但他涉及的是诗歌创造物完整的音调,而几乎不涉及到语词。散文诗《致礼》显然是多层次的,并且能满足多种层面的意义期待,例如喝酒的要求和在酒杯中香槟酒的泡沫与抱着生活之舟的波浪间摇摆的生活回顾。但这两种意义域都作为同样优美的语言表情发生在同一的话语单位中。⑨⑨

---

⑨⑨ [我为马拉美的十四行诗配上不带艺术性的德文释义,全文如下:

Salut	致礼
Rien, cette écume, vierge vers	只有泡沫,纯洁的诗行
A ne désigner que la coupe;	刚刚触及酒杯的杯沿;
Telle loin se noie une troupe	远方有一群海妖
De Sirènes mainte à l'envers	变化无端。
Nous naviguons, ô mes divers	让我们驶入,我无与伦比的
Amis, moi déjà sur la poupe	朋友——我已经在船尾
Vous l'avant fastueux qui coupe	你在木船的船首,船首犁开
Le flot de foudres et d'hivers;	航迹和波涛。
Une ivresse belle m'engage	心醉神迷使我
Sans craindre même son tangage	无从察觉船的摇晃
De porter debout ce salut	屹立船上致意
Solitude récif, étoile	孤独、危岩、星辰
A n'importe ce qui valut	也许仍将一如既往
Le blanc Souci de notre toile	闪亮的忧虑之帆向我们驶来。

福格特(P. Forget):《文本和解释》,慕尼黑,1984 年,第 50 页;雅帕(U. Japp):《诠释学》,慕尼黑,1977 年,第 80 页以下。在那里区分了三个层次(按照拉斯蒂尔〔Rastier〕)饱和的分析处于最高地位,Salut 不再作为致礼而被理解为拯救(récif),而闪亮的忧虑理解为纸片,这在文本中根本未提及,在自我相关的纯洁的诗行中也未提及。这正是没有真理的方法。]

隐喻也有类似情况。在诗歌中隐喻同音调、词意和话意的作用联系在一起,从而使它甚至不能作为隐喻而得到显露。因为散文根本就不用日常的话语。因此,在散文诗中隐喻也几乎没有作用。隐喻是为唤起精神的直观形象服务的,它也同时消失在这种唤起之中。隐喻真正的统治领域其实是修辞学。在修辞学中我们才把隐喻作为隐喻来享受。在诗学中,隐喻理论无法获得像双关语所据有的那种尊荣地位。

这一简短的题外话告诉我们,如果涉及到文学,声音和意义之间的相互关系在话语和著作中是如何多层次和不同,人们询问,解释者的居间讲话如何才能被归到诗歌文本的进程之中。对此问题只能作一个非常极端的回答。和其他文本不同,文学文本并不会被解释者的居间讲话打断,而是经常被他的一起说话(Mitreden)所引导。这可以从所有话语都具有的时间性结构得到证明。我们在联系讲话和语言艺术时使用的时间范畴当然具有特别的难度。正如我上面指出,人们谈论在场(Präsenz),甚至谈到诗歌语词的自我呈现(Selbstpräsentation)。如果我们从形而上学出发把这种在场理解为现成在手东西的当下性,或者从可客观化概念出发来理解,这就是一种谬误。这不是一种适合于文学作品的当下性,它甚至不适合任何文本。语言和文字总是在进行指点。它们并不存在,而是意指,甚至当被意指的东西不在别处而只是在现在显现的语词中,情况也是如此。诗意的讲话只有在讲话和阅读的过程中才能得到实现,这就是,不被理解,它就不能存在。

说话和阅读的时间结构表明了一个尚未得到研究的问题领域。如果我们发现,纯粹演化的模式描写的并不是阅读而只是一个一个字母的拼读,就会明白这种模式不能用于说话和阅读。谁在想阅读时却只能一个一个字母地拼读,那他恰恰不能够阅读。类似情况不仅适用于默读也适用于大声朗读。好的朗读应该把含义和音调的共同作用传达给他人,从而把它自为和自在地更新。我们为某人朗读,这就是说我们面向着他,附属于他。朗诵和朗读一样都是"对话式的"。甚至我们自己对自己作的大声朗读也是对话式的,因为它必须要把音调的显现和对意义的理解尽可能地糅合在一起。

诗歌或散文的朗诵艺术并没有什么大的不同。它只需要特殊的技巧,因为在这里听众是一群不知姓名的人,因此诗歌的文本要求在每个个别听众的心中得到实现。我们在这里可以发现相应于阅读时按字母拼读的情况,即所谓的背诵(Aufsagen)。这也不是说话,而只是把意义的片段一串串地排列起来。在德语中我们就这样形容孩子背短诗或为了取悦父母所作的"背诵"。真正的朗诵能手或朗诵艺术家却相反。他把整个语言形式都显示出来,就像演员把自己角色的道白有如在瞬间发现一般地重新产生出来。它不应该只是话语成分的排列,而是从在本身中"存在"的意义和音调中产生出来的整体。因此,理想的讲话者根本无须显现自身,而只显现文本,即使对于一个无法看见自己手势的盲者,也一定可以把文本完全表现出来。歌德曾经说过"闭着眼睛,按照自然的、正确的声音,而不是装腔作势地朗读莎士比亚的片段,世上没有比这更高级、更美妙的享受了"。[⑩] 我们可以问,是否每一种诗歌的文

---

⑩ ["莎士比亚和无止境",载《约翰·沃尔夫·歌德全集》,阿特米斯-纪念版,第14卷,第757页。]

本都能朗读,例如关于哲理的诗?在抒情诗的分类史中也存在这个问题。合唱抒情诗以及所有需要一起吟唱的叙事诗都和挽歌体的诗完全不一样。哲理的诗看来只能单独分类。

不管怎样,这里完全没有演进模式的位置。我们可以回想一下学习拉丁文韵律学时称作构成的东西:拉丁文学生必须找到"动词",然后是主语,由此出发组织整个语词群,直到最后,那一开始完全意义矛盾的成分突然结合在一起了。亚里士多德曾描述过流水的结冰过程在受到震动时突然一下子冻住。一下子达到的理解也是这样,当无序的词素结晶成一个意义整体时,理解就突然出现。倾听也和阅读一样具有相同的理解的时间结构,它的循环性质可以算作为最古老的修辞学和诠释学的知识。

这对所有的倾听和阅读都适用。文学文本的情况则要更为复杂。它并非只是把文本传达的信息都提取出来。人们并非不耐烦地并且坚定不移地趋向意义的目标,由此来把握传达的所有信息。这里当然也存在诸如突如其来的理解,在这种理解的瞬间,文本的结构统一性得到阐明。在诗歌文本中的情况就像艺术画的情况一样。它的意义关联虽说也许很含糊、很不完整,但却能被认识。在这两种情况中,对现实的反映关系被排除了。只有文本和它的意义关联是唯一的在场物。当我们讲述或者阅读文学文本的时候,我们将回溯到表达整体结构的意义和音调关系,而且这种回溯并非只是一次性的,而是在不断重复。我们似乎是不断地翻读、重新开始、重新阅读、发现新的意义关联,而最终出现的并不是必须理解事情的确信意识,我们因拥有这种意识而将文本甩到一边。实际情况正好相反。意义和音调的关联越是进入我们的意识,我们就越深入到这种关联之中。我们并不把文本甩在一边,而是使自己进入文本。我们就像每个说话的人进入他所讲的话里一样地进入文本,而不是像使用工具的人那样,用时拿起,用完甩掉,我们并不和它保持距离。因此,说语词是运用的,这非常不正确。它涉及的并不是真正的说话,它对说话的处理更像运用一本外语辞典。因此,当我们处理真正的说话时就必须彻底限制关于规则和准则的说法。这点恰好适用于文学的文本。文学文本的正确性并不在于说出每个人都将说的东西,而是具有一种新的、唯一的、使它作为艺术品的正确性。每一个词都"记牢",从而几乎不可替换,而且在某种程度上也确实无法替代。

正是狄尔泰在浪漫唯心主义的断续发展中对这个问题提出了第一个指向。由于抛弃了同代人因果思想的独断论,他不去谈论原因和结果的联系,而是谈论效果联系,也即谈论在效果本身(尽管它仍然有其所有的原因)中存在的联系。为此他引进了日后被人熟知的"结构"概念并指出,对结构的理解如何必定具有循环的形式。他以听音乐出发——对此纯音乐因其极端不具概念性而成为一个典型例子,因为纯音乐排除了一切反映理论——讲到集中,并把理解的时态结构(Gebilde)作为讨论的题目。在美学中,人们也在类似的意义上谈论"构成物",不管对于文学的文本还是对于一幅画。"构成物"的不确定的含义中包含有:某物不要从预先计划的完成性出发加以理解,而是似乎从内部出发构造一种特有的形式,并在进一步的构造中加以理解。这表明,对此进行理解乃是一项特有的任务。这项任务就在于,把构成物建造起来,把并未"构造"的东西构造起来——这就包含着所有的构造试图重新又被撤回。如果说理解和阅读的统一性在充满理解的阅读中得到实现,从而把语言的表现甩到一边,那么在文学的文本中则经常要把变化着的意义和音调关联表现出来。正是我们称作逗留的运动的时间结构填补了这种在场,而所有解释的居间话语也必定进入这种在场。如果不准备好洗耳恭听,文学文本就不会说话。

作为结束让我列举一个著名的解释例子。这就是莫里克(E. Mörike)的诗《灯》(Auf eine Lampe)的结束句。[10] 那句诗说"那美

---

[10] 莫里克的诗全文如下:
Noch unverrückt, o schöne Lampe, schmückest du,
(依然如故,哦美丽的灯,你)
An leichten Ketten zierlich aufgehangen hier,
(娇小玲珑悬挂于纤细的灯链)
Die Decke des nun fast vergeßnen Lustgemachs.
(在几乎已被遗忘的房间的天花板)
Auf deiner weißen Marmorschale, deren Rand
(在你白大理石的边沿)
Der Efeukranz von goldengrünem Erz umflicht,
(环绕着金灰合金的常春藤花环)
Schlingt fröhlich eine Kinderschar den Ringelreihn.
(一群孩子兴高采烈地围圈跳舞)
Wie reizend alles! lachend, und ein sanfter Geist
(一切多令人陶醉!欢笑着,温柔的)
Des Ernstes doch ergossen um die ganze Form-
(最严肃的精神笼罩着一切—)
Ein Kunstgebild der echten Art. Wer achtet sein?
(真正的艺术构造。谁在观察?)
Was aber schön ist, selig scheint es in ihm selbst.
(那美的,乐在自身之中得到显现。)
埃米尔·施泰格和马丁·海德格尔对此问题的争论载于埃米尔·施泰格:《阐释艺术》,德国袖珍书出版社,科学系列 4078(1971年,阿特兰蒂斯出版社特许出版,苏黎世和布雷斯高的弗莱堡,1955年),第28—42页。

的东西,极乐地在自身之中得到显现"。

这首诗是埃米尔·施泰格和马丁·海德格尔的讨论对象。它之所以使我们感兴趣,只是因为它是一个典型的例证。在这首诗里有一组看起来最为普通的词"Scheint es"。我们可以把它理解为"anscheinend"、"dokei"、"videtur"、"il semble"、"it seems"、"pare"即似乎看起来、看样子等等。这种诗意的理解赋予它转义从而自有理由。但我们可以发现:它并不能满足诗的规律。我们可以指出为何"scheint es"在此的意思是"es leuchtet"(照耀)、"splendet"(照亮)。这里首先要运用一种诠释学原则。在遇到分歧的时候就应以更广的联系来作决定。然而任何理解的双重可能都是一种分歧。显而易见,美在这里是用在一盏灯上。这是我们完全应该理解的整首诗的陈述。这是一首不会闪亮的灯,因为它已经过时,已被遗忘,高悬在一间"高雅的房间"("谁在观察?"),然而因为它是一件艺术品,它仍然具有自己特有的光辉。毫无疑问,这里说的是灯的光辉,虽然已经没有任何人需要它,但它仍然闪闪发光。

列奥·施皮茨(Leo Spitzer)在一篇针对这场讨论而作的富有见地的文章中详细描写了这种诗歌的文学分类,并令人信服地解说了它在文学史上的地位。海德格尔也正确地指出"美"(schön)和"显现"(scheinen)之间的概念联系,这可以听得出黑格尔关于理念的感性显现的著名说法。然而仍然存在内在的理由。正是从语词的声音和含义之间相互作用出发才产生出更为明显的决定者。在这首诗中S这个发音怎样构成很强的组织("was aber schön ist, selig scheint es in ihm selbst"),诗的韵律变调怎样构成诗行的韵律单位(在 schön, selig, scheint, in, selbst 这些词上面都有韵律的重音),但这对于反思的干扰却没有位置,有如诗意的"Scheint es"所要表现的。相反它将意味着诗歌语言中连贯诗意的断裂,是一条对我们构成威胁的诗意性理解的歧途。因为我们通常都讲乏味的话(prosa),正如莫里哀(Molière)的约丹(Jaudain)先生惊奇地感受到的。甚至避免诗意的断裂却能把对象的诗化引导到极端封闭的文体形式。在莫里克的这首诗中离这种歧途也并不算远。有时这首散文诗的语言很接近这种歧途("wer achtet sein?")。然而,因为这句诗在整首诗中乃是作为结论,因此这种地位赋予它箴言式的重要性。实际上通过其特有的陈述阐明为何这行诗的黄金并不像钞票或消息那样是一种指示,而是有其自身的价值。光亮并不只是被理解,而是闪耀在这盏灯的整个形象之上,这盏灯挂在无人注意被人遗忘的房间,除了在这首诗中它也不再闪亮。我们内心的耳朵可以听到这里在"schön"和"selig"、"scheinen"、"selbst"之间有一种吻合——此外,整首诗的结束词"selbst"使得沉默的运动在我们内心的耳朵中久久回响。在我们内心的眼睛里灯光的默默涌流仍可得到表现,我们称之为"闪亮"。因此我们的理解并非只理解诗中对美所说的以及艺术品的自主性所述的,即和用语联系毫无关联的东西——我们的耳朵在倾听,我们的理解把美的显现作为它真正的本质来听取。说明其理由的解释者消失了,唯有文本在说话。

25
解析和解构
（1985年）

当海德格尔把理解这个论题由精神科学的方法论提升为此在本体论的生存性和基础时，诠释学的向度就再不表示以肉体感觉为基础的现象学意向性研究的更高的层次，而是把几乎同时在盎格鲁-撒克逊逻辑学中作为"语言学转向"而突破出来的东西带到欧洲大陆并带入现象学研究方向中。在胡塞尔-舍勒当初扩展现象学研究的时候，尽管有着生活世界的转向，但语言却一直受到忽视。

在现象学中一直重复着深不可测的语言遗忘（Sprachvergessenheit），这种语言遗忘早已是先验唯心主义的特征，而且通过赫尔德对康德先验转向不幸的批判而似乎还得到认可。即使在黑格尔的辩证法和逻辑学中语言也并没有获得突出的地位。另一方面，黑格尔偶尔也指出语言的逻辑本能，他的天才的逻辑学著作的任务就在于说明这种逻辑本能对绝对的思辨性的预先推断。实际上，自从康德把形而上学的学院语言作了洛可可式精美的德语化之后，黑格尔对哲学语言的贡献就具有不可忽视的意义。他真正回忆起亚里士多德的语言和概念的构造力，并因为他试图将其母语的许多精神保存在概念语言中，因此他最为接近亚里士多德这个最伟大的楷模。这种情况自然为他设置了不可翻译的界限，这个界限近百年来无人超越,至今仍是一个难以对付的障碍。然而在黑格尔那儿语言仍然没有取得中心地位。

在海德格尔身上也重复着类似的,甚至更为强烈的原始语言力在思想领域中的爆发。导致这种爆发的就是他有意识地回溯到希腊哲学语言的源始性。于是,"语言"在对其生活世界基础的整个直观能力中逐渐扩散,并在胡塞尔现象学精致的描述艺术中发挥巨大的作用。不可避免,语言本身会成为其哲学自我理解的对象。我可以证明,早在1920年,年轻的思想家海德格尔就在德国的讲台上开始反思到底什么叫"世界化"(es weltet),这就突破了纯真的,但却和其本身的起源完全疏异了的形而上学学院语言,这件事本身就是一个语言事件,它意味着对语言获得了一种更深的理解。在德国唯心主义传统中促使洪堡、格林兄弟、施莱尔马赫、施莱格尔以及狄尔泰转向语言现象的东西,以及使最近语言科学,尤其是语言比较科学得到未曾料及的推动的东西都一直停留在同一哲学的框架之内。主体和客体、思维和存在、自然和精神的同一性一直贯穿到符号形式哲学之中,[102]而语言正是在此之中得到凸现。同一性哲学的最后的顶峰是黑格尔辩证法的综合成就,它通过所有虚构的矛盾和差别而重新产生同一性,并把亚里士多德关于思想(Noesis noēseoos)的原始观点发展到最精妙的完善。黑格尔哲学全书的结论章节恰好挑战性地表述了这一点。正如黑格尔用一句格言所表达的,似乎整个漫长的精神史都是朝向一个唯一目标的历程:"tantae molis erat se ipsam cognoscere mentem"(认识自己本身,这对于精神来说是何等伟大的工作)。[21]

---

[102] E.卡西尔:《符号形式哲学》,第1卷《语言》,柏林出版,1923年。

确实,黑格尔式的辩证中介已经以自己的方式完成了对近代主观主义的克服,这对于本世纪新的、后形而上学的思想一直是一种持久的挑战。单单黑格尔客观精神的概念就是对此的生动证据。甚至克尔凯郭尔以"非此即彼"(Entweder-Oder)口号对辩证法以"既是-也是"(Sowohl-als-Auch)的方式对所有规定进行的辩证自我扬弃所作的具有宗教动机的批判仍然能被归入整个辩证中介之中。甚至海德格尔对意识概念的批判——这种批判通过其极端的本体论解析证明整个意识唯心主义不过是希腊思想的异化,而且这种批判也完全适用于经过新康德主义改装的胡塞尔现象学——也并非完全的突破。所谓此在的基础本体论尽管作过所有的时间性分析但仍然在此在的烦心特性(Sorgecharakter)中有其自我关联,因而并未克服自我意识的基本立场。因此,它就不能导致任何对带有胡塞尔标记的意识内在性(Bewußtseinsimmanenz)的真正突破。

海德格尔很快就承认了这一点,并且接受了尼采的彻底的思想冒险行动,除了只会使人转向难走通的林中之路外,未找到任何其他的道路。难道唯有形而上学的语言才维护着这种先验唯心主义陷于瘫痪的通道?海德格尔通过抛弃形而上学的证明思想,从他对意识和自我意识的本体论无根性所作的批判中得出最后的结论。然而这种转向(Kehre)和抛弃(Abkehr)仍然和形而上学保持明显的联系。对形而上学的克服要准备的前提应该是,不仅近代主观主义通过解析它未经证实的概念而被撇在一边,而且希腊关于存在的原始经验在西方形而上学于概念之光中的崛起和统治之后也应作为积极的东西被召回。海德格尔把亚里士多德的自然概念(Physis-Begriff)追溯到前苏格拉底先驱的存在经验,这实际上仍然是一种冒险的误航。显然,这种航行尽管还很模糊,却总有一个遥远目标:即要重新思考开端、开创的东西。然而趋向开端却总是意味着在追溯已走过的路时发现其他的、开放的可能性。谁能完全站在开端,谁就必然会选择自己的道路,如果他回到了开端,那他就会意识到,他能从出发点开始走其他的道路——例如就像东方的思想就走着不同的道路。也许东方的思想道路很少能出于自由选择,而西方的道路选择却是出于自由选择。也许这该归功于以下情况,那没有语法上的主谓结构把东方思想引到关于实体和偶性的形而上学。因此,无须惊异,甚至海德格尔对开端的回溯也在某种程度上追踪着东方思想的魅力,并且试图在日本和中国访问学者的帮助下——徒劳地——更进一步地追随这种思想。语言,特别是对固有文化圈子中的所有语言都共同的基本轮廓,是不能轻易超越的。甚至在本身的起源史中都永远不再能真正达到开端。开端总是不断地陷于不确定之中——正如托马斯·曼在他《魔山》(Der Zauberberg)的开头关于时间倒行的著名描述所写的,在每个最后的海滨突出部背后总指出新的无尽的长路。与此相应,海德格尔也按照从阿那克西曼德到赫拉克利特、到巴门尼德,然后重又到赫拉克利特的顺序寻找存在的最初经验,寻找揭蔽(Entborgenheit)和遮蔽(Verbergung)之间互相联系的证据。他相信自己在阿那克西曼德那里发现了 Anwesen(在场)本身及其本质的逗留,在巴门尼德那里发现了 Aletheia(真理、无蔽)的宁静的心,在赫拉克利特那里发现了喜欢自己隐藏起来的 Physis(自然)。然而,虽说这一切最终都适用于暗示指向无时间性的词,但实际上却不适用于早期文本中出现的意谓者的自我解释。海德格尔只能在名称、词的命名能力及其如同掉进金矿脉里兜不出来的迷途中,重新认识他自己关于存在的观点:他说的"存在"应该并非存在者的存在。文本本身总是证明自己不是通向观看存在之敞开的道路上的最后的山丘。

这就预先规定了海德格尔在他这条探索词的原始矿脉的道路上必定会遇到尼采这个最后角色,尼采的极端主义冒险导致了一切形而上学、一切真理和对真理的所有认识的自我毁灭。当然海德格尔并不满足尼采的概念术,虽说他很欢迎尼采对辩证法——"黑格尔的辩证法和其他人例如施莱尔马赫的辩证法"——的魔法的祛除(Entzauberung der Dialektik),虽说希腊悲剧时代的哲学观点可能对他证明,在哲学中除了可见世界背后的真实世界这种形而上学外还可以看到其他的东西。所有这一切对于海德格尔显然意味着他和尼采只能是很短的同路人。"好几百年过去了——但却没有新的上帝",这就是他接收尼采的格言。

然而海德格尔对于一个新的上帝又知道些什么?他是否预感到这个上帝,他是否只是缺少呼唤上帝的语言?是形而上学的语言对他束缚得太紧?虽说语言的前理解不可跨越,但它并非只是精神的巴比伦因牢。巴比伦的语言混乱并不像《圣经》所载只意味导致人类罪孽的语言家族的多样性和语言的多样性。毋宁说它包括人和人之间出现的并总是造成新混乱的整个陌生性。但这里也包括了克服它的可能性。因为语言就是谈话。我们必须寻找词并能够找到通达到对方的词,我们甚至能学会对方语言的陌生的词。为了通达到对方,我们可以转而掌握对方的语言。正是所有这一切才使语言成为语言。

当然,正是作为构成理解语言而产生的束缚力本质上被空话所包围,这种空话作为话语的假象实际上也把谈话变成空洞词藻的交换。拉康(Lacan)曾正确地说过,凡不通达到对方的词就是一个空洞的词。这正构成谈话的优先地位,因为谈话正是在问答中发展起来并构成共同的语言。在两个操不同语言并对对方的语言只能达到一知半解的人之间的谈话中,众所周知的经验就是:在这种基础上人们根本不能进行谈话,实际上只是坚持进行一场旷日持久的斗争,直到这两个人都能讲其中的一种语言,哪怕是讲得很糟糕。这种经验是每人都能体验的。这里包含一个明显的指示。实际上这种情况并非只发生于两个操不同语言的人之间,而且在每场用同样语言进行的谈话中谈话者之间的相互适应也是这种情况。正是实际的或可能的回答才使一个词成其为词。

属于这种经验范围的是,所有的修辞学,正因为它不允许有问题和回答,正面意见和反面意见之间的经常交换,所以就总是包括我们认之为空洞的言词或"纯粹的客套话"的空洞的词的特点。理解在倾听中的真实实现与在阅读中的实现是类似的。正如胡塞尔所特别指出的,意义发生过程总是贯串着空洞的意向。

如果我们想给形而上学的语言加上一种意义,那就必须进行更深入的反思。这里所能指的当然并不是形而上学得以开始发展起来的语言,亦即希腊的哲学语言。相反它指的是,在当今语言共同体生活着的语言中已经纳入了从这种形而上学的原始语言中产生的概念印记(begriffliche Prägungen)。我们把科学的语言用法与哲学的语言用法中这一概念特征称之为专业术语的作用。如果说在数理自然科学中——首先在实验自然科学中——引进名称的做法只是一种纯粹约定俗成的行动，它只是为了标志一切可通达的事实，并不使国际通用的专业术语与民族语言的语言习惯之间真正的意义关系发生作用——有谁会在"伏特"(Volt)这个词身上想到伟大的研究家伏塔(Volta)呢？——那么在哲学中的情形就不同了。在哲学中不存在普遍通行的、亦即可控制的经验领域，可以由约定的专业术语来标志。在哲学领域中使用的概念词却总是由它所源出的人们所说的语言来表述。因此，在哲学领域中概念构造当然也意味着，把某个词可能含义的多样性按照某个确切规定的含义来定义。但这种概念词绝不可能和其具有自己整个意义展开的含义领域完全分离。确实，把一个词和其词语关联完全分开并归入(horismos)一种使其成为概念词的精确内容中，这就必然会使这个词的用法产生意义空泛化(Sinnentleerung)。因此，例如像 Ousia(存在)这样一个形而上学基本概念，只要这个希腊词的词义不一起出现在它的整个活动范围中，则这个形而上学基本概念的构造就是永远不可能完全实现的。因此，在理解这个希腊存在概念时如果知道 Ousia[22] 这个词在希腊语中首先是指农村庄园的在场(Anwesen)，而"存在"这个作为在场者的在场(als Anwesenheit von Anwesendem)的概念意义正是从这里引申而来，那么会对我们帮助很大。这个例子说明：并不存在形而上学的语言，只存在对活生生的语言中取出的概念词进行形而上学的思考所打上的印记，这样一种概念印记——就如在亚里士多德的逻辑学和本体论中的情形那样——可以造成一种坚固的概念传统，并在随后导致一种疏异化，这种疏异化早已发生，随着希腊化的学院文化转化到拉丁文中,然后随着拉丁文转化成当代的民族语言又构成一种学院语言,在这种语言中概念逐渐地丧失了它从存在经验中得来的本来意义。

于是就提出了解析形而上学概念性的任务(Destruktion der Begrifflichkeit der Metaphysik)。唯此才是谈论形而上学语言中靠得住的意义,即在其历史中逐渐构成的概念性。解析形而上学被疏异化了的概念性的任务一直继续到当今的思想之中。它是由海德格尔在他开始学术生涯的时候作为口号提出的。把传统的概念词思维性地追溯到希腊的语言,追溯到词的自然词义和在语言中可找到的掩遮的语言智慧,就如海德格尔以令人难以置信的生气所试图做的,这实际上就重新唤醒希腊思想及其使我们深受感染的力量。这正是海德格尔的天才。他甚至倾向于把词置回其业已失落的、不再意指的词义之中,并从这种所谓词源学的词义中得出思想的成果。令人注意的是,后期海德格尔正是在这种关系中讲到"原始词"(Urworten),在这种原始词中,海德格尔承认作为希腊人世界经验的东西比起在早期希腊文本的理论和命题中更可理解地被表达出来。

当然,海德格尔并非第一个认识发生在形而上学学院语言中的内容疏异化(Sachentfremdung)的人,毋宁说是自费希特,尤其是黑格尔以来的德国唯心主义就努力通过思想的辩证运动来消除和消融希腊的实体本体论及其概念性。甚至这种努力也有先驱者,比如那些运用拉丁文学院语言的人,特别是在拉丁文宗教小册子之外出现了用民族语言写的生动的布道词,像埃克哈特大师(Meister Eckhart)或库萨的尼古拉(Nicolaus Cusanus),还有在雅可布·波墨(Jakob Böhme)的思辨之中。但这些只是形而上学传统中的配角。当费希特用"本原行动"(Tathandlung)代替了"事实"(Tatsache)的时候,他就基本上先取得了一种海德格尔式的挑战性印记,亦即喜欢把词义头足倒置,例如把疏远(Ent-fernung)理解成趋近,或者把"什么叫思?"这句话的意义理解成想说"是什么命令我们思?"把"凡事皆有理由"理解成表述一种毫无理由的虚无:一位逆流而上的游泳者的强力。

可是就总体说来,德国唯心主义很少对词进行重新塑造或强行突破词的含义,亦即对形而上学概念性的传统形式进行消融,它更多是使命题发展到它的反命题和矛盾。辩证法自古以来就是把内在的对立命题发展成矛盾,而且当对两个对立命题的维护并不只有消极的意义,而是要达到矛盾的统一,那么这就达到最大的可能性,即使形而上学的思想,亦即在原初希腊概念意义上的思想能够把握绝对。生命就是自由和精神。黑格尔在辩证法中看到了哲学证明的理想,这种辩证法的内在后果使他实际上能够超越主体的主观性,并把精神同样思考成客观的,就像上面已经提及的。在辩证法的本体论结果中这种运动重又终结并复兴于自我展现的精神的绝对在场之中,就如黑格尔哲学全书的结尾所证明的那样。因此,海德格尔与辩证法的诱导一直处于经常的紧张的对立关系,这种辩证法不去解毁希腊的概念,而是努力把它们继续发展成精神和自由的辩证概念并且仿佛把自己的思想也同时驯化了(domestizierte)。

这里我们不能详尽解释,海德格尔在他的后期思想中是怎样从他的基本意图出发坚持和扬弃他早年的解析性工作的。他后期作品的女巫式的文风可以为此提供证据。他十分清楚地意识到他自己和我们的语言困境。除了海德格尔自己想借助荷尔德林诗的语言排除形而上学语言的努力之外,我认为只剩下两条可行的以及曾被人走过的道路,可以克服辩证法特有的本体论自我克制。其中的一条路就是从辩证法回到对话再回到谈话。我在我的哲学诠释学(Philosophische Hermeneutik)中就曾试图走这条道路。另一条就是首先由德里达指出的解构的道路(Weg der Dekonstruktion)。这条道路并不是在谈话的生动性中重新唤起业已失落的意义。相反,它要在作为一切谈话之基础的意义关联的背景中,亦即在本体论的écriture(书写)概念中——而不是在闲话或谈话中——去消除意义的统一性,从而实现对形而上学的真正摧毁。

在这个对峙领域产生了特有的重点转移(umakzentuierungen)。在诠释学哲学看来,海德格尔关于克服终结于技术时代全面存在遗忘的形而上学理论乃超越了被嵌合起来的生命统一体——这类生命统一体不断存在于人类杂然共在的大大小小范围中——的持续的抵抗和惯性力。在解构主义的眼里却正相反,当海德格尔询问存在的意义并坚持一种问题的意义,对这种意义人们可以指出,不可能有一个与之相应的有意义的回答时,则海德格尔恰好缺乏彻底性。德里达针对存在意义的问题而提出首要的延异(Differenz),并且相对于海德格尔思想的调节形而上学的要求而把尼采看作更为彻底的人物。他认为海德格尔仍然属于逻各斯中心主义思路的人,他对逻各斯中心主义提出总是互相分离、变动的意义这种反对意见,因为这种意义破坏一切指向统一性的集合并被德里达称作 ecriture（书写）。显然，尼采在这里占据着批判的地位。

因此，为了对比和权衡这里提到的从辩证法返回的两条道路所开启的前景，我们可以根据尼采的例子来讨论那种为不再继续形而上学的思想提供的可能性。

如果我把海德格尔据以找回他的道路的出发点称为辩证法，那么这并不只是出于以下表面的原因，即黑格尔通过思辨的辩证法对形而上学的遗产作了其异乎寻常的综合，这种思辨的辩证法要求把希腊开端的全部真理都集合在自己身上。其实主要的原因在于，因为海德格尔实际上并未停留于对形而上学的遗产作修正或保持，有如马堡的新康德主义和胡塞尔对现象学作的新康德主义改装所作的那样。海德格尔为克服形而上学而作的努力并非仅止于采取抗议的态度，有如黑格尔左派和克尔凯郭尔、尼采等人所作的那样。相反，他运用从亚里士多德学来的艰巨的概念剖析工作开始这项任务。在我看来，辩证法意味着西方形而上学传统大大扩张的整体，不管是黑格尔语言用法中的"逻辑的东西"还是早已为西方哲学定下了第一步的希腊思想中的"逻各斯"。在这个意义上，我们可以说海德格尔重新提出存在问题的试图，或者说第一次把这个问题置于一种非形而上学的意义中的试图，以及他叫作"返回步伐"的东西都是从辩证法的返回之路。

甚至我所试图的诠释学的谈话转向在此意义上也不仅只是要回到德国唯心主义的辩证法之后，亦即回到柏拉图的辩证法，而且还要透过这种苏格拉底-对话的转向追溯到它的前提，这就是在 Logoi 中被寻找和唤起的回忆（Anamnēsis）。这种从神话中创造出来,但又最具理性意义的重新回忆(Wiedererinnerung)并非只是单个灵魂的重新回忆,而总是"能把我们联结在一起的精神"的重新回忆——这个我们就是谈话。然而在谈话中存在(Im-Gespräch-Sein)却意味着超越自我(Über-sich-hinaus-sein),和他人一起思考,并像回到他者一样地回到自身。当海德格尔不再把形而上学的本质(Wesen)概念当作在场者的在场(die Anwesenheit des Anwesenden),而是把"本质"这个表述当作一个动词,亦即时间词(Zeitwort),亦即理解为其有"时态的",那么本质就会被理解成 An-Wesen(在-本质上),即在一个与通常的术语"本质化"(Verwesen)的意义上被理解。但这就是说,海德格尔正如在他关于阿那克西曼德的论文中所作的那样,是用片刻(die Weile)来解释原始的希腊时间经验。海德格尔实际上以此对形而上学及其探寻存在的视域作了寻根究底的追问。海德格尔自己记得,如果不注意到本质这个表述被置于引号之内,那么沙特引用的句子"此在的本质(Wesen)就是它的存在"就会被误用。这里涉及的恰好不是作为"本质"的本质应先行于存在、事实的 Essenz 概念,同样也不是像沙特所颠倒的关系,从而使存在先于本质。我认为当海德格尔追问存在的意义时,他绝没有在形而上学及其本质概念的意义上思考"意义",而是把它设想为问题意义(Fragesinn),这种意义并不期待某种确定回答,而是指出问题的方向。

我曾有一次讲过"意义就是方向意义"(Richtungssinn),海德格尔有时甚至引进一种正字法的复古,他把"存在"(Sein)写成"Seyn",以便强调它的动词特性。与此类似,我试图从谈话以及在谈话中寻找并构成的共同语言出发——在这种共同语言中问答逻辑被证明是有决定性作用的——去摆脱实体-本体论的遗传重负。问答逻辑开启了一个相互理解的维度,它超越了用语言固定的陈述,并且也超出了在辩证法独白式的自我理解意义上包罗万象的综合。正如我在《真理与方法》第三部分中指出,唯心主义辩证法显然并不完全否认它从语言思辨的基本结构出发的起源。然而,当黑格尔把辩证法归入一种科学和方法的概念时,他实际上乃是掩盖了它真正的起源,亦即在语言中的起源。因此,哲学诠释学注意到在说出的东西和未说出的东西之间产生作用的思辨的两者统一(Zwei-Einheit)的关联,这种统一其实是辩证法发展到矛盾及其在新的陈述中得到扬弃的前提条件。我认为,如果有人从我赋予传承物在设置问题、预示答案中具有的作用中制造一种超主体(Übersubjekt)并进而像曼弗雷德·弗朗克和福格特(P. Forget)所声称的那样,把诠释学经验简化成一种 parole vide(言语审视),那么他们就完全误入了歧途。在《真理与方法》中根本没有支持这种观点的说法。如果说在《真理与方法》中也谈到传承物和与传承物的谈话,那么它并不表现为集体的主体,而只是单个文本的集合名词(并且即使在最广义上的文本,即可以包括绘画作品、建筑物以及自然事件,情况也是如此)。[103] 柏拉图式的苏格拉底对话显然是一种很特别的谈话,这种谈话由一个人引导,而其他人则必须自愿或不自愿地跟随他,然而这种谈话毕竟还是所有谈话过程的典范,因为在这种谈话中遭驳斥的并不是词句,而是对方的灵魂。苏格拉底式的对话对于好的被告知者(Besser-Gewußtes)来说并不是

---

[103] 参见我的著作集,第 1 卷,第 478 页。

通俗的穿戴和装扮游戏,而是真正的重新回忆过程,是唯有处于肉体有限性中的灵魂才能进行并作为谈话过程而实现的思维着的回忆过程。这才是在词的可能性中实现的思辨统一性的意义,它并不是单个词,也不是一个组织好的陈述,而是越出所有的可陈述性。

因此,我们在此活动的问题域与要破译的密码根本没有关系。这样一种被破译的密码是一切文本的书写和阅读的基础,这当然是正确的,但这只是对在话语中所说内容作诠释学努力的前提条件。在这一点上我完全同意对结构主义的批判。但我觉得我已超越了德里达的解构,因为话语只有在谈话中才存在,而话语在谈话中并不是作为单个词存在,而是作为讲话和回答的整体而存在。

显然解构的原则涉及的是同样的事情,因为德里达力图把词和词义都归属其中的形而上学意义域扬弃在他称之为 écriture(书写)的过程中,书写的完成并不是一种本质的存在,而是指示线索的路线。于是他针锋相对地把矛头对准了形而上学的逻各斯概念并且谈到那种甚至把海德格尔作为追问存在意义的存在追问也包括在内的逻各斯中心主义。这是一个少见的,按照胡塞尔来重新解释的海德格尔,仿佛所有的话语都以判断陈述为根据。在这种意义上则很显然,现象学研究所致力的和在思想的活动中作为意识的意向的实现而被引导的不懈的意义建构指的就是"在场"(Präsenz)。提供信息的声音(la voix)似乎也被归属于在思想中所思考的东西的在场。实际上在胡塞尔为真正的哲学所作的努力中就有时间经验和时间意识,它们是所有"在场"和建构以及超时间效用的先行条件。当然,胡塞尔关于时间问题的思考保持着不可消除的魅力,因为他坚持希腊的存在概念,这种概念由于以下的谜而完全吸引了奥古斯丁,这个谜就表现为时间的存在,用黑格尔的表述方式来说,时间既是"现在"又不是"现在"。

因此,德里达也像海德格尔一样深深陷进充满秘密的多样性中,这种多样性存在于词及其含义的多样性即它的含义区分的不确定性中。海德格尔对命题和陈述追问到使词和句子成为可能的存在的开放性,这就使他好像抢在由词构成的命题、反命题和矛盾等整个领域之先。同样,德里达似乎在追踪阅读时才出现的线索。他特别试图在亚里士多德的时间分析中找出以下观点,即"时间"对于存在只有作为延异(différance)才可见。然而因为他从胡塞尔出发阅读海德格尔,他就把在《存在与时间》及其先验自我描述中可以感到的对胡塞尔概念性的依赖作为海德格尔逻各斯中心主义的证据,而当我不仅把谈话,而且把诗歌及其在内心倾听中的显现解释为语言的真正实在时,他就把这称作"声音中心主义"(Phonozentrismus)。在他看来,似乎话语或声音仅仅对于最卖力的反思意识才能在其实施进程中获得在场而不会自我消失。正因为某人在"思维",所以他察觉不到自身,这绝不是廉价的反思论辩,而是对每一个谈话者和每一个思考者身上所发生的事情的回忆。

因此,德里达对海德格尔的尼采解释——这种解释事实上令我信服——所作的批判也许有助于阐明我们所面临的公开疑难。在这疑难中,一方面是令人头晕目眩的丰富的多面体和无尽的假面游戏,尼采勇敢的思想冒险在这种游戏中似乎消散于无法把握的多样性之中;另一方面则是询问尼采,这种冒险的游戏究竟意味着什么。并非尼采本人认识到统一性的消散并且把握住权力意志的基本原则和每天中午的永恒轮回布道之间的内在联系。如果我对海德格尔的理解正确的话，那么实际情况是，尼采并未这样做，因此尼采最后观点的这种隐喻对我们就表现得像闪闪发光的多面体，在它背后没有统一性。这种统一性表现为统一的终极位置，对存在的询问就在这里自我遗忘和丧失。——因此虚无主义得到实现的技术时代实际上就意味着永恒轮回。——我觉得，想到这一切，在思维上接受尼采，这并不是一种回到形而上学及其在本质概念中达到顶峰的本体论前概念。如果是那样的话，那么海德格尔追求完全不一样的、具有时间结构的"本质"的道路就不会总是在此路不通中迷失方向。此外，我们在自己的思维中继续进行着的谈话，在今天为了从地球上不断扩展的人类遗产中得到更多的参与者而丰富充实的谈话应该到处寻找它的谈话伙伴——尤其是那些与我们自身完全不同的谈话伙伴。谁使我关注解构并使我坚持延异(Differenz)，他就是处于一场谈话的开端，而不是处于它的终极。

V

附　　录

26
补注Ⅰ—Ⅵ
(1960年)

Ⅰ
——第1卷第43页补注

风格(Stil)这一概念是历史意识借以存在的诸种未经讨论的假定之一。简短地考察一下尚很少研究过的这个词的历史,我们就可以解释情况为什么这样。正如大多数情况所表明的,这一概念是通过该词由其原来应用范围加以转借而得到确定的。这种由转借而确定的意义首先不是历史的意义,而是规范的意义。所以,"风格"在古典修辞学的现代传统中取代了原先那种被认为genera dicendi(讲话类型[23])的东西,而成为一个规范性的概念。存在有各种不同的口述和笔述方式,这些方式既各自适合于自身的目的和内容,又各自有其自身特殊的要求。这就形成了不同的风格类型(Stilarten)。显然,这样一种关于风格类型及其正确应用的学说也包含了错误应用的可能性。

对于掌握写作和表现自身技巧的人来说,需要依循正确的风格。所以风格概念就像它所呈现的那样,首先是在法国法理学中表现出来的,并且在那里指manière de procéder(行事的方式),即指一种满足于某种特定法律要求的指导审判方式。从16世纪起，风格概念也被用于一般语言的表达方式。① 显然，这种用法是以这样一种观点为依据的，即对于某种技巧完善的表现来说，存在有某些先行的要求，特别是统一性的要求，这些要求独立于所表现事物各自的内容。在巴诺夫斯基（Panofsky）②和 W. 霍夫曼（Hofmann）③所搜集的事例中，除了风格这个词外，还提到了 maniera（格调）和 gusto（趣味）这两个词作为这种规范概念，这种规范概念确立了一种作为风格理想的类型要求。

但是，除了这种一般用法外，这个词从一开始还有一种个人的用法。风格是在同一个艺术家的不同作品里到处可看到的个性特征。这种转借的用法起源于古代那种把某种讲话类型的古典主义代表视为圣徒的做法。从概念上看，把风格概念应用到所谓个人风格上，事实上乃是同一个意义的必然应用结果。因为风格的这种意义标志了众多作品中的某种统一性，也就是说，标志了某个艺术家的独特的表现方式是怎样区别于其他艺术家的表现方式的。

这一点也表现在歌德对该词的用法里，歌德的用法对于后世来说是有典范性的。歌德的风格概念是在与格调（manier）概念的区别中获得的，而且显然包含了这两个方面。④ 只要一个艺术家不再热衷于模仿，而是同时为自己创造一种语言，那么这个艺术家

---

① 参见为书信者汇编的书名为《新风格与书写方式》的表述集编。在这种用法里，遵循风格几乎类似于遵循讲话类型（genera dicendi）。然而，转用于一切表达行为则是显然的，当然是在规范的意义上。
② E. 巴诺夫斯基：《理念》，注释244。
③ W. 霍夫曼：《类型研究》，第8卷，1955年，第1期，第1页。
④ 参见《谢林》，第3卷，第494页。

就形成了一种风格。虽然艺术家被系之于所给定的现象，但这个现象对于他来说并不是一种束缚——他仍能在这里表现自己本身。纵使"如实模仿"与个人格调（或理解方式）之间很少有一致性，但这种一致性却正构成了风格。因此，就问题涉及某个个人的风格而言，风格概念也一起包含着某种规范的要素。事物的"本性"或"本质"总是伟大艺术家所不能背离的认识和艺术的基础，而且照歌德看来，由于这种与事物本质的联系，个人对"风格"的运用也明显地保留了一种规范的意义。

我们很容易在此认出了古典主义的理想。不过，歌德的用法同时也揭示了风格概念经常所具有的概念内涵。无论如何，风格绝不是一种单纯的个性表现——风格总是指一种制约个人表达方式的确定的、客观的东西。因此这个概念作为历史范畴加以运用也就得到了解释。因为对于历史的反思来说，被视为这种制约性的东西无疑也包括了当时的时代趣味，而且在这一点上，风格概念在艺术史上的运用就是历史意识的一种自然结果。但是，在风格概念里本来所包含的审美规范（vero stile，真风格）的意义在此却由于它的描述功能而被丧失掉了。

这一点绝不能决定这样的问题，即风格概念是否应得到这样一种像它在艺术史中一般所具有的独一无二的效用——同样，这也不能决定风格概念是否可超出艺术史而应用于其他的历史现象，例如是否可应用于政治行为上。

首先，就第一个问题来看，情况似乎是，凡是在唯一的审美标准就是与某个占统治地位的趣味相联系的地方，历史的风格概念无疑是合法的。所以风格概念首先适用于一切装饰现象，这些现象最基本的规定便是,它并不是自为地存在,而是为他物存在,并把这个他物置于某个生命联系的统一体中。装饰物显然作为一种附属的性质归属于那种具有某种其他规定,即具有某种用处的东西。

但是我们还可以探问,把风格的历史观点扩大到所谓自由艺术作品上去,是否就反过来说是合法的呢?我们已经知道,就连一部所谓自由的艺术作品在某种生命联系中也有其本来的位置。谁要理解这样的作品,谁就不应去获得该作品的任何一种体验价值,而是必须获得对这些价值的正确态度,这就是说,首先获得对这些价值的历史的正确的态度。

事实上,这里也存在着一些不可违背的风格要求。但这并不意味着,一部艺术作品只具有一种风格史的意义。这里泽德尔迈尔对风格史的批判则是完全正确的。⑤ 通过风格史而得到满足的分类兴趣,并没有真正触及艺术性的东西。然而,风格概念对于真正的艺术科学也仍然具有其意义。因为即使像泽德尔迈尔所要求的那种艺术科学的结构分析也明显地必须在艺术科学称作正确的态度中考虑风格史的诸种要求。

这一点在那些需要再现的各类艺术(音乐、戏剧、舞蹈等等)中是完全明显的。再现(Wiedergabe)必须是忠实于风格的。我们必须知道时代风格和一个大师的个性风格所要求的东西。当然,这种知识并不就是一切。一个"忠实于历史"的再现并不是真正的艺

---

⑤ [参见《艺术和真理——关于艺术史的理论和方法》,最近的新版,曼德尔,1978年。]

术再创造,也就是说,在这种再现中,作品并不表现自身为一部艺术作品,而是相反——如果这样一种产品是可能的——它将表现为一种传授性的产品或单纯的历史研究资料,这种产品或资料最终将成为某种类似于由一位大师亲自指挥的唱片灌制那样的东西。然而,即使一部作品的最逼真的复现(Erneuerung)也会由于风格史方面的问题而受到某些它不能不考虑的限制。风格事实上属于艺术的"基础"(Grundfesten),它是艺术的不可避免的条件之一,而且这种在再创造中所出现的东西,显然适合于我们对一切种类艺术的接受态度(再创造无非只是一种服务于这种接受的特殊中介方式)。风格概念(类似于与它密切相关的趣味概念,参阅风格感(Stilgefühl)这个词)对于艺术经验及其科学认识来说虽然不是一个充分的视点——风格概念只是在装饰物领域才是这样的——但是,凡是在艺术应当被理解的地方,风格概念必然是一个前提条件。

现在这个概念也被转用到政治史上去了。甚至行为方式也能具有风格,而且甚至在命运过程中也会有某种风格的表现。这首先是在规范的意义上说的。当我们讲到某种行为有伟大风格或真正风格,那么我们就是在审美地评判这种行为。[⑥] 即使我们试图用政治术语来描述某种行为的特殊风格,这也基本上是一种审美的风格概念。由于我们表现了这样一种行为风格,所以我们就使自己能为他人所见,以致他人知道他们应当期待谁。在此,风格概念就意味着一种表现统一体。

---

⑥ [参见黑格尔:《纽伦堡文集》,第310页。]

但是，让我们考虑一下，我们能否把这种风格概念用作为历史范畴。把艺术史上的风格概念转用于一般历史上，这是有前提条件的，即我们并不是按历史事件自身的意义去看待历史事件，而是按照历史事件与某个表现形式整体（这些表现形式表明了它们时代的特征）的关系来看待历史事件。但是一个事件的历史意义并不需要与该事件作为表现现象所具有的认识价值相一致，而且，如果认为由于我们这样把该事件理解为表现现象所以才理解诸事件，这也是错误的。如果我们像埃里希·罗特哈克首先所讨论的那样，把风格概念真正地扩大到一般历史上，并由此期待历史的知识，那么我们就不得不有这个假定，即历史本身遵循一种内在逻各斯。这可能适用于我们所追循的个别发展线索，但是这样一种双向性的历史并不是真正的历史，而是理想型的构造，这种构造，正如马克斯·韦伯对器官学的批判所表明的，只具有描述性的合理性。对所发生事件按风格史进行的观察方式，正如只按照风格史去思考的艺术科学的观察方式一样，将不能正确考虑这一决定性的事实，即某物是出现在这种观察方式里的，并且其中所展开的并不只是可理解的过程。这就是我们这里所遇到的精神史的界限。

II
——第1卷第149页补注

偶缘性（Okkasionalität）必须表现为作品整个意义要求中的某个意义要素，而不是表现为那种仿佛隐藏在作品背后并应通过解释去揭示的境遇的痕迹（die Spur des Gelegenheitlichen）。如果偶缘性表现为境遇的痕迹，那么这就表示，我们只有通过重建原来的境况才能根本地理解作品整体的意义。但是，如果偶缘性是作为作品本身要求中的一个意义要素，那么情况正相反，正是通过对作品意义内容的理解才使得历史学家有可能经验该作品得以如此讲述的原本某些境况。现在我们关于审美存在的存在方式的原则性思考就给偶缘性概念提供了一种新的超过一切特殊形式的合法性。艺术游戏并不像审美意识所主张的那样是超时空的。即使我们在原则上承认这一点，但是我们也不可能讲到时间于游戏中的中断（Einbruch der Zeit in das Spiel），有如最近卡尔·施密特（Carl Schmitt）关于哈姆雷特戏剧所论述的那样。

毫无疑问，历史学家可能有兴趣于在艺术游戏的形成过程中去探寻那些使游戏与其时间紧密联结的关系。但是在我看来，卡尔·施密特似乎低估了这个对历史学家来说是合法的任务的困难性。他认为我们能够在游戏中看出这种中断（den Bruch），通过这种中断的裂隙，当时的真实情况就表现出来，并且这种中断使作品的当时作用得以看出。但是，这种做法充满了方法论上的困难，正如柏拉图研究的例子所告诉我们的一样。虽然排除某种纯粹体验美学的偏见，并把艺术游戏放置在其时代历史的和政治的关系中这种做法在原则上是正确的，但是，如果我们要求人们把《哈姆雷特》当作一部影射小说（Schlüsselroman）去阅读，那么在我看来，这在《哈姆雷特》事例中则是有错误的。我认为这里恰恰不存在那种时间在游戏中的中断，尽管这种中断作为断痕是在游戏中可看出的。对于游戏本身来说，并不存在像卡尔·施密特所认为的那种时间与游戏的对立。游戏其实是一起把时间包括在其游戏中。

这就是文学创作的巨大可能性,通过这种可能性文学创作归属于其时间,并通过这种可能性时间也就服从于文学创作。在这种普遍的意义上,哈姆雷特戏剧确实充满了政治的现实意义。但是,如果我们从《哈姆雷特》中见出了被掩盖着的诗人对艾塞克斯[24]和雅可布[25]的拥戴,那么这部作品就很难被证明是文学创作。即使诗人实际上属于这个党派——但是由他所创作的戏剧就应当这样地掩盖他这种党派关系,以致就是卡尔·施密特这样敏锐的洞察力在此也无济于事。如果诗人想赢得他的观众,那么他无疑必须完全考虑观众中的反对派。所以,实际上在这里向我们表现的东西乃是游戏于时间中的中断(Einbruch des Spiel in die Zeit)。正如游戏本身是多义性的,所以游戏只有在自我表现中才能展现其不可预见的作用。游戏按其本质并不是要成为被掩饰的目的的一种工具,以致人们为了明确理解它就必须看清这种被掩盖了的目的。游戏要成为游戏,仍需保持一种不可解决的多义性。游戏中所包含的偶缘性,并不是一种使所有东西获得其真正意义的先定关系,正相反,偶缘性乃是作品本身,正如每一种境遇一样,正是这种偶缘性才有可能使作品的表现力得以实现。

所以,当卡尔·施密特从政治方面解释了莎士比亚对女皇过错问题的悬置,并在这里看到了一种忌讳,而在我看来,他就陷入了一种错误的历史主义。实际上,游戏的真实性正在围绕原始主题不断允许有一个不确定的领域。一部其中一切东西都得到透彻说明的戏剧,其毛病正像一部嘎嘎作响的机器。如果一部戏剧的情节是像方程式那样可以计算出来,那么这部戏剧就表现了一种虚假的真实性。如果一部戏剧并未使观众理解了一切东西,而只是使观众理解了比他们在其日常活动中所通常理解的稍多一点东西,那么这部戏剧就是一部真实性的游戏。在一部戏剧中,悬而未决的东西越是多,理解就越是自由地得以实现,也就是说,游戏中所表现的东西向自身世界、无疑也是向自身政治方面的经验世界的转入也就越是自由地得到实现。

让许多东西不可揣测地悬置起来,是具有丰富内容的虚构的本质,例如,一切神话就具有这种性质。神话正是由于其明显的不确定性才能够随着主题的视域而不断地转向不同的方向,从而从自身中不断迸发出新的发现(我们只需要想一下构造浮士德故事的许多尝试,从马罗〔Marlowe〕直到保罗·瓦莱利〔Paul Valéry〕)。

如果我们在悬置的东西里看出了政治意图,有如卡尔·施密特在讲到女皇的忌讳时所作的那样,那么我们就没有认清游戏的真正本质,即没有认识那种由历试可能性而进行的自我表现(Sichausspielen)。游戏的自我表现并不定居于审美现象的某个封闭世界里,而是作为一种对时间的不断闯入而实现自身的。构成艺术作品本质的创作多义性只是游戏不断演变成新事件这一本质规定的另一种说法。在这种基本意义上,精神科学的理解就最紧密地与艺术作品的直接经验靠拢了,即使科学中取得的理解也使传承物的意义向度表现出来,并且这种理解就存在于对这些意义向度的多次检验中。正是因为这种理由,理解本身还是一种事件,正如我们在本书探究中所指明的。

Ⅲ
——第1卷第269页补注

所以勒维特（Löwith）关于海德格尔的尼采解释的分析，⑦虽然在个别地方提出了正确的异议，但整个来说却是有缺陷的，因为他没有透彻了解就以尼采的自然性理想去反对一般理想教化原则。如果海德格尔是有意识地要把尼采与亚里士多德放在一条线上——这就是说，对于他来说他并不让自己处于同一观点上——那么海德格尔的意思因而就是不可理解的。反之，勒维特自己却由于这种错误的结论而陷入了更大的荒谬之中，以致把尼采的永恒复归的学说视为一种亚里士多德的复活（eine Art Aristoteles redivivus）。事实上对于亚里士多德来说，自然的永恒循环过程乃是存在的不言而喻的面貌。人类的伦理的和历史的生命在亚里士多德那里总是与宇宙示范性地表现的秩序相关联。可是尼采根本没有讲过这种话。尼采完全是从人类此在对他显现的对立中来思考存在的宇宙性循环的。同一东西的永恒复归对于人类来说可以具有作为一种学说的意义，即作为一种对于人类意志来说是令人愤慨的无理苛求，因为它要消除人类意志关于未来和进步的一切幻想。所以尼采设想永恒复归学说，目的是为了刺激人类的意志张力。自然在这里是从人类出发被思考的，它被设想为人类不知其为何物的东西。

如果我们想理解尼采思想的统一性，那么我们就不能再次像

---

⑦ 参见《海德格尔——可怜时代的思想家》，第3章，法兰克福，1953年。目前也可参见勒维特新出版的书《尼采的永恒复归学说》[以及现在在其全集中的尼采卷，斯图加特，1986年]。

在最近的一次返归中那样以自然来对抗历史。勒维特自己仍处于尼采的未被解决的矛盾的立场上。难道我们面对这种立场就不需提出这样一个进一层的问题吗,即这样一种自我陷入死胡同怎样可能呢,也就是说,对于尼采自己来说,为什么就不是一种自我窘境或失败,而会是伟大的发现和解放呢?读者在勒维特那里找不到对这一深层问题的回答。但是,正是这一点乃是我们要理解,即要通过自己思想去加以思考的东西。海德格尔就曾经做了这一工作,也就是说,他曾经构造了使尼采的陈述彼此得以和谐的关联体系。这种关联体系在尼采那里并未直接讲出来,这正是这种重构本身的方法论意义。反之,我们看到勒维特却使自己矛盾地再一次去做那种他自己在尼采那里仅能视为某种断裂的东西:他反思了不可反思性;他以自然性的名义从事反对哲学的哲学工作,并援引了健全的人类知性。假如健全的人类知性确实是一种哲学论据,那么它可能早就同一切哲学来到终极了,并因而也同对它的援引来到终极了。如果勒维特承认援引自然和自然性既不是自然也不是自然性的,那对勒维特摆脱这种窘境也无济于事。

IV
——第 1 卷第 271 页补注

我认为,勒维特对于海德格尔关于理解的陈述的先验意义所作的固执随意的论述⑧在两方面是不正确的。他认识不到海德格

---

⑧ 参见勒维特:《海德格尔——可怜时代的思想家》,法兰克福,1953 年,第 80 页以下。

尔曾经发现了存在于一切理解中的东西以及作为任务根本不能否认的东西。⑨ 另外,他也认识不到许多海德格尔解释中出现的强词夺理根本不是这种理解理论的结果。相反,它们乃是对文本的一种明显说明缺乏诠释学意识的人为误用。显然,正是事物本身要求的过分压力才给予文本的某些方面以某种突破比例的过分共鸣。海德格尔对于流传下来的文本的焦急行为很少是他的诠释学理论的结果,以致他的这种行为就像伟大的精神传统深造者的行为一样,这些精神传统深造者在历史意识培养之前就已经"无批判地"吸收融化了传承物。语文学批判要挑战的是,在这里海德格尔使自己去适应科学的标准,并时而试图通过语文学去证明他对传承物的创造性吸收的合法性。因此海德格尔对理解分析的正确性并不因此而受到影响,反而从根本上得到证明。理解的本质总是在于:要进行理解的意见必须要反对支配解释者的意义倾向的力量而肯定自身。正是因为我们被事物所要求,我们才需要诠释学努力。反之,如果我们不是被事物所要求,我们可能根本不会理解传承物,不管心理学解释和历史学解释有怎样实际的不同,凡是我们不再理解的地方,那里就出现这种心理学的或历史学的解释。

V
——第1卷第427页补注

像理查德·哈德尔(Richard Harder)这样卓有成绩的柏罗丁

---

⑨ 〔这里德里达可能会反驳,因为他在海德格尔的尼采解释中看到了一种向形而上学的倒退。参见我的著作集,第2卷,第361页以下。〕

研究专家竟会在最近的演讲中由于源泉(Quelle)这个概念具有"自然科学来源"而进行批评(柏罗丁的源泉见《谈话录》V，Ⅶ，"源泉还是传统？")，这是很少见的。虽说对一种受外部推动的源泉研究进行批评是正确的——但源泉概念却有一种更好的合法性。源泉作为哲学的比喻，它具有柏拉图-新柏拉图主义的来源。它的主要意思就是从不可见的深层涌流出纯洁而新鲜的水。它表示了一种常见的组合 pēgē kai archē(源泉和源始)(《斐德罗篇》245c 以及在斐洛和柏罗丁那儿多次提到)——fons(源泉)这个概念作为语文学的术语大概是在历史主义时代才引进的，但它在那里首先并不是指从源泉研究中所认出的概念，而是把术语 ad fontes，即回溯到源泉，理解为转向古典作家之本原的、未受歪曲的真理。⑩ 即使在这里也证明了我们的断定，即语文学在它的文本中指的是在它之中能找到的真理。——这个概念向我们所熟悉的技术性词义的转化也许可以从其原初意义中断定某些东西。因为源泉同那种混沌的再现或错误的认同是相区别的。这就特别说明，我们唯有通过文字传承物才能认识源泉概念。唯有语言的传承物才能对其中存在的东西作出持久而完全的解释，这并非仅仅表明如何衡量以前的文献和文物，而是指允许直接从源泉出发创造文献和文物，或用源泉来衡量它们后来的变化。这一切都不是自然科学式的图画，而是语言-精神的图画，这些图画从根本上证明了哈德尔所指的，亦即源泉肯定不会由于它的使用而变得混浊不清。在源泉中

---

⑩ ［我要感谢 E. 莱多(Lledo)由西班牙人道主义找出的对于 ad fontes 的有趣的证据，这个证据表示了它与《旧约》的诗篇(Psalmen)的关联。］

VI
——第1卷第341页和第471页补注
关于表达概念

我们整个的解释是基于这样一种观点,即表达(Ausdruck)概念必须从它现代主观主义的含义中纯化出来并重新回到它原本的语法-修辞意义中去。表达这个词同拉丁文的 expressio、exprimere 相吻合,它表示话语和文字的精神起源(verbis exprimere)。但这个词在德语中却有一个更早在神话语言中使用的历史,因此就反证了新柏拉图主义的概念构成,这一点正是要研究的。在神话文献之外的领域中,表达这个词是在18世纪才开始使用。当时该词扩展了它的含义,并排挤掉模仿概念而进入了美学理论。但表达概念的主观主义的转向,即把表达作为一种内在东西的表达,如某种体验的表达,在那时尚未出现。⑪ 那时该词主要含义是传达

---

⑪ 同经院哲学的 expressio 概念相对应的对立概念是 impressio speciei(种的印象)。当然作为动词出现的 expressio 的本质就在于展现思想,这一点大约是库萨的尼古拉最先说出的。因此,很可能在尼古拉那儿就已出现了这种转向,例如他说:das wort sei expressio exprimentis et expressi(这个词是表达者和被表达东西的表达,参见《神学手册》,第7卷)。但这并不是指一种内在体验的表达,而是指词的反思结构:使万物可见并使自己在表述中可见——犹如光既使一切可见又使自身可见一样。[目前在理特编的《哲学历史辞典》第1卷第653—655页有托内里(Tonelli)写的"表达"词条。]

(Mitteilung)和可传达性(Mitteilbarkeit),也就是说,它涉及到表达。⑫ 然而,找到表达,就是指找到一种旨在获得某种印象(Eindruck)的表达,因此绝不是在体验表达意义上的表达。这尤其适用于音乐的术语。⑬ 18世纪的音乐冲动理论(Affektenlehre)并不认为是人在音乐中作表达,相反,是音乐表达出某种可产生印象的冲动(Affekte)。我们在祖尔策(1765年)的美学中也可发现同样的观点:表达主要不能被理解为自己感觉的表达,而是作为引起感觉的表达。

然而18世纪下半叶已经远远地走在通向表达概念主观化的道路上。例如当祖尔策同年轻的里可波尼(Riccoboni)论战时(里可波尼把演员的艺术看作表现而不是感受),他已经把感受的真实性当作美学表现所不可缺少的东西。这样他就通过作曲家之感受的心理结构补充了音乐的 espressivo (表达)。于是我们就在这里处在从修辞学的传统向体验心理学的转变过程中。但对表达之本质的深入研究,尤其是对审美表达之本质的深入研究最终仍然要回溯到具有新柏拉图主义痕迹的形而上学联系之中。因为表达从来就不是人们可借以回溯到他者的内心过程的符号,相反,被表达的东西本身就在表达之中,例如愤怒就存在于愤怒的表示之中。现代的表达诊断术对这一点知道得很清楚,而亚里士多德也早就知道这一点。显然,生物的存在方式就在于一物以这种方式存在于他物之中。当斯宾诺莎在 exprimere 和 expressio 中发现一种

---

⑫ 康德:《判断力批判》,B,第198页。

⑬ 参见 H. H. 埃格布莱希特(Eggebrecht)富有启发性的论文"音乐狂飙突进运动中的表达原则",载《德国文学和精神史季刊》,第29卷(1955年),第323—349页。

本体论的基本概念,而黑格尔又紧跟斯宾诺莎在客观的意义上把表达看作精神的表现、表达和真正的实现时,这个概念就在哲学的语言用法中得到了专门的承认。黑格尔以这种观点来支持他对反思主观主义的批判。荷尔德林和他的朋友,即表达概念在他那儿获得一种中心地位的辛克莱(Sinclair)也是这样想的。⑭ 语言作为使诗得以产生的创造性反思的产物,是"一种生动的,但又是特别整体的表达"。这种表达理论的含义显然由于19世纪的主观化和心理化而被完全忽视了。实际上,不管是在荷尔德林还是在黑格尔那儿修辞学传统都是决定性的。在18世纪,"表达"就完全取代了"表达活动"(Ausdrückung)的位置而只是指表达活动所剩留的形式,例如印章的痕迹等等所留下来的形式。表达概念同图形的联系可以从盖勒特(Gellert)的一段话中看得很明显,"我们语言无法表达某种美,它是一种难以加工的蜡,每当我们想把精神的图像印上去的时候,它就会弹出来。"⑮

这是古老的新柏拉图主义传统。⑯ 这种比喻的要点在于,被打上的形式并不是部分地,而是完完全全地存在于一切痕迹之中。表达概念在"流溢说思想"中的运用也是以此为基础的,而按照罗特哈克的观点,⑰"流溢说的思想"正是我们世界历史观的基础。很清楚,对"表达"概念之心理化做法的批判贯穿于本书的整个

---

⑭ 参见海林格拉斯(Hellingrath)版,第3卷,第571页以下。
⑮ 《文集》,第7卷,第273页。
⑯ 《第欧尼修著作集》(Dionysiaca),第1卷,第87页。
⑰ 罗特哈克:《逻辑学和精神科学的系统化》(《哲学手册Ⅲ》),第166页。参见本书第1卷第33页关于奥廷格的生命概念和第246页以下关于胡塞尔和约尔克伯爵的生命概念。[参见我的著作集,第1卷,第239页以下、第253页以下。]

研究之中,并且是对"体验艺术"和浪漫主义诠释学进行批判的基础。⑱

---

⑱ 在笔者早期的著作,例如《巴赫和魏玛》(1946年)第9页以下[《短篇著作集》,第2卷,第75—81页,现收入我的著作集,第9卷]以及《论哲学的起源》(1947年)第25页[《短篇著作集》,第1卷,第11—38页,现收入我的著作集,第4卷]也指明了这一点。

27
诠释学与历史主义

(1965年)

以前,在对精神科学的基础作哲学思考时是根本不谈诠释学的。诠释学在以前不过是一种辅助性的学科,是一种以处理文本作为对象的规则或法规汇集。有时它还通过对某种特殊形式的文本作考虑而使自己相区别,例如作为《圣经》诠释学。后来还有另一种称之为诠释学的辅助学科,这就是以法学诠释学形式出现的诠释学。它因为包含旨在弥补已颁布的法律之缺陷的规则,因而也具有规范的性质。与此相反,人们则在认识论中——仿效于自然科学及其经由康德哲学而得到的证明——看到了包含在精神科学领域中的中心哲学问题。康德的《纯粹理性批判》证明了自然科学经验认识的先验因素。因此,问题就在于要为历史科学的认识方式获得相应的理论上的证明。J. G. 德罗伊森在他的《历史学》中设计了一种很有影响的历史科学方法论,其目的全在于同康德的任务相吻合,而发展历史学派真正哲学的 W. 狄尔泰则很早就以明确的意识追随历史理性批判的任务。就此而言,他的自我理解仍是一种认识论的理解。显然,他在一种摆脱了自然科学过多影响的"描述的和分析的"心理学中看到了所谓精神科学的认识论基础。可是在执行这项任务的过程中,狄尔泰却被导向了去克服他自己本来的认识论起点,从而他就成了开创诠释学的哲学时代的人。虽说他从未完全放弃他在心理学中寻找的认识论基础。体验(Erlebnisse)要通过内在存在(Innesein)来描述,以致作为康德探究基础的关于他者即非我的认识问题在这里根本不存在,这就是狄尔泰试图在精神科学中进行历史世界构造的基础。但是,历史世界并不是这样一种体验联系(Erlebniszusammenhang),有如历史在自传中为主观性的内在性所表现的。历史的联系最终必须被理解成一种意义联系(Sinnzusammenhang),这种意义联系从根本上就超越了个体的体验视域。意义联系就像一件巨大而又陌生的文本,诠释学必须帮助对它进行破译。因此,狄尔泰由于事物的逼迫而寻找从心理学到诠释学的过渡。

在为精神科学建立这种诠释学基础的努力中,狄尔泰发现自己同当时一种试图从新康德主义的立场出发奠定精神科学基础的认识论学派,也就是同由文德尔班和李凯尔特所发展的价值哲学处于极端的对立之中。在狄尔泰看来,认识论的主体不过是无血无肉的抽象。虽说在精神科学中追求客观性的想法强烈地激励着他,但他仍然不能摆脱这一事实,即认识主体,亦即进行理解的历史学家不可能简单地面对他的对象、面对历史生活,相反,历史学家乃是被同一种历史生命的运动所推动。尤其在他的晚年,狄尔泰越来越认为唯心主义的同一哲学具有正确性,因为在唯心主义的精神概念中我们可以设想主体和客体,我与你之间有一种实质性的共同性,有如狄尔泰自己的生命概念中所存在的那种共同性一样。格奥尔格·米施作为生命哲学的立场而尖锐地加以维护以反对胡塞尔和海德格尔的东西,⑲显然也同现象学一起参与了对天真的历史客观主义的批判,以及对这种客观主义通过德国西南学派价值哲学所进行的认识论证明的批判。尽管历史事实的建立明显地同价值有关,但它根本不考虑历史认识在历史事件中的复杂关系。⑳

这使我们回想起马克斯·韦伯所留下的未完成的巨作,它在1921年首次以"科学和社会"为题出版,其实是他计划要写的《理解社会学概论》。㉑ 这门为社会经济学概论而准备的社会学详细阐述了宗教社会学、法律社会学和音乐社会学,而国家社会学却只得到零零散散的说明。其中最使人感兴趣的是1918—1920年所写的导言部分,它如今被冠以"社会学范畴理论"的标题。这是一部以极端的唯名论为基础的富有影响的概念范畴著作,另外它——同众所周知的1913年逻各斯论文相区别——也避开了价值概念(从而也避免了对德国西南学派的新康德主义的依赖)。马克斯·韦伯把这种社会学称作"理解社会学",因为它把社会行动所指的意义作为自己的对象。当然,在社会-历史生活领域中,"主观意指"的意义不可能只是由个别活动者所实际意指的意义。于是,概念地构造起来的纯模型"理想-典型结构"就作为诠释学-方法论的补偿概念而补充

---

⑲ G.米施:"生命哲学和现象学——狄尔泰同海德格尔及胡塞尔的争论",载《哲学期刊》,1929/30年,第2卷,莱比锡/柏林,1931年。

⑳ [1983年——此时正值《精神科学导论》两卷材料(《狄尔泰全集》第18卷和第19卷)出版——重新使W.狄尔泰进入了普通的意识之中,请参见最近我写的关于狄尔泰的论文,载我的著作集,第4卷。]

㉑ 这部遗稿目前在约翰尼斯·温克尔曼对浩瀚的材料所作的重新编排中作为第4版问世。参见第1、2卷,蒂宾根,1956年。[卷帙浩繁的《马克斯·韦伯全集》批判版现正在出版之中。]

进来了。在这个被马克斯·韦伯称为"理性主义"的基础上矗立着整座大厦——按照概念这座大厦是"无价值的"和中性的,是"客观"科学纪念碑式的边界要塞,它通过分类系统而维护它的方法单义性,并在内容解释的部分中达到对历史经验世界的宏观的系统概括。这里通过方法论上的苦行而避免了陷入历史主义疑难。

然而,诠释学思考的继续发展却恰好受到历史主义立场的支配并因而从狄尔泰出发,狄尔泰的全集在20年代很快就压倒了恩斯特·特勒尔奇的影响。

狄尔泰同浪漫主义诠释学的联系——这种诠释学同本世纪黑格尔思辨哲学的复活相联系——引起了对历史客观主义的多方面批判(约尔克伯爵、海德格尔、罗特哈克、贝蒂等等)。

曾经被19世纪科学实证主义所遮蔽的浪漫主义动机在科学内部重又发生作用,从而狄尔泰与浪漫主义诠释学这一联系又在历史-语文学的研究中留下了可见的痕迹。[22] 我们也许可以想到

---

[22] 弗里茨·瓦格纳在"现代历史描述——历史哲学概览"(柏林,1960年)一文中对现代历史学中所使用的自我反思——通过详细引进英美和法国的历史研究——给出了有用的概括。该文指出,天真的客观主义已经不再使人满足,从而使人认识到一种超出纯粹认识论方法主义的理论需要。[目前参见K-G.费伯的《历史学理论》(慕尼黑,1971年)和R.科泽勒克的《已逝去的未来——关于历史符号的语义学》(法兰克福,1979年)。]

W.霍法(Hofer)在题为《哲学和政治学之间的历史——现代历史思想问题研究》(斯图加特,1956年)的书中既包括了对兰克、F.梅纳克(Meinecke)、利特(Litt)的研究,又包括了对国家社会主义和布尔什维主义把历史研究工具化的研究。霍法试图说明历史思维对政治关系日益增长的这种反思性的危险及其发展可能性。

这里还应首先指出莱茵哈特·维特拉姆(Wittram)的《历史的兴趣》(范登霍克系列小丛书59/60/61,哥廷根,1958年)。这些讲演坚决地提出了已超出纯粹"正确性"的"历史中的真理"问题,并在注释中对于新的文献,尤其是对于重要杂志上所登载的论文提出了一系列令人信赖的证据。

由瓦尔特·F.奥托,卡尔·凯伦伊等以谢林精神所复活的古代神话学问题。就连J.J.巴霍芬[26]这种混乱的、醉心于自己直觉偏执狂的研究者——他的思想促进了现代的替代宗教[这种宗教越过阿尔弗雷德·舒勒(Alfred Schuler)和路德维希·克拉格斯(Ludvig Klages)而对像斯忒芬·乔治这样的人发生了影响]——也重新引起了科学的注意。1925年以《东西方神话,古老世界的形而上学》为题曾出版了一部系统编辑的巴霍芬主要论文集,阿尔弗雷德·波姆纳为它撰写了一篇意味深长、引人注意的导言。㉓

即使我们翻开德·福里斯的科学史文集《神话学的研究史》,㉔我们也会获得"历史主义的危机"在神话学的复兴中所造成的同样印象。德·福里斯给出了一个因其宽阔的视野而著称的概

㉓ 在1956年,也就是30年之后,巴霍芬这部著作又出了一个影印的新版本(第2版,慕尼黑,1956年)。

如果我们今天重读这本书,那我们就会一方面意识到,当时的新版确实有其后果,因为在此期间继续出版了大批巴霍芬著作的批评性版本。另一方面我们又可带着一种少见的赞赏和震惊的混合感去读波姆纳冗长的导言。在此导言中波姆纳重新强调了德国浪漫派的历史,从而促进了对巴霍芬的思想发展史的理解。他在他尊之为18世纪成果的耶拿美学浪漫派和海德堡的宗教浪漫派之间作了一个明确的区分(参见我的"黑格尔和海德堡浪漫派",载《黑格尔辩证法》,1971年,第71—81页)。他把格雷斯(Görres)推为此区分的首创者,格雷斯的兴趣转向德国早期历史是为德国1813年的民族起义准备的因素之一。波姆纳对此说出很多正确的见解,因此他的文章至今仍值得重视。当然,正如巴霍芬一样,他的解释也是在同一种错误的科学领域相关的心灵经验范围内活动[正如弗朗茨·维亚克尔在《日晷》第28卷(1956年)第161—173页的巴霍芬评论中正确地谈到的一样]。

㉔ 福里斯(Jan de Vries):《神话的研究史》,弗赖堡-慕尼黑,无日期。[可参见F.舒普编辑出版的关于神话起源的文集,以及我和亨利希·福里斯合著的"神话和科学",载K.拉勒(和其他人合编)的《现代社会的基督教信仰》,弗赖堡,第2版,1981年,第8—38页。对于神话的诠释学向度印象深刻的证据乃是H.布鲁门伯格的著作:《神话研究》,法兰克福,1979年。]

览——他仔细地挑选出阅读材料,撇除掉宗教史,而以时而是盲目服从、时而又太自由的编年史观特别对近代作了很好的概述。值得注意的是,瓦尔特·F.奥托和卡尔·凯伦伊主要是作为一种新的、严肃对待神话的研究方向的开拓者而被人承认。

神话学的例子只是许多例子中的一种。我们可以在精神科学这项具体工作的许多点上指出同天真的方法论主义同样的背离,与此相应,在哲学思考中则有对历史客观主义或实证主义的明确批判。在原本规范的观点与科学相联系的领域,这种转折具有特别的意义。在神学和法学中的情况就是如此。近十年来的神学讨论因其必然要用新出现的神学-教义学动机来传递历史神学的遗产,因而就把诠释学问题推到了前台。卡尔·巴尔特对《罗马书》的解释代表着第一次革命性的突破,㉕它是对自由主义神学的一种"批判",这种批判所针对的并不是批判的历史学本身,而是指那种把其结论当作对神学文献理解的神学的满足性。尽管巴尔特的《罗马书》反对方法论的反思,但它仍不失为一种诠释学的宣言。㉖如果说他对鲁道夫·布尔特曼及其消解《新约》神秘性的论题很少感到满意,那么这并不是由于实际所关心的论题使他分开,在我看来,倒是历史-批判研究同神学注解的联系以及方法的自我思考对哲学的依赖(海德格尔)才阻碍了巴尔特在布尔特曼的研究方法中重新认出自己。对自由主义神学的遗产不作简单的否认,而是进行掌握,这乃是一种事实上的必要性。当前神学内部进行的诠释

㉕ 第1版,1919年。
㉖ 参见 G.埃贝林:《上帝之词和诠释学》《真理与批判》,1959年,第228页以下)。

学问题讨论——并非只是诠释学问题的讨论——因而是被绝对必要的神学意图与批判的历史之间的争论所规定。一方认为历史的立场面对这种状况需要重新辩护,另一方则如奥特、埃贝林和富克斯的研究所指出的,很少突出神学的研究性质而更多地提出"诠释学"对于福音布道所具有的辅助作用。

如果有谁作为一个门外汉想对诠释学问题在法学讨论里的发展发表意见,那么他就不可能深入到法学的个别工作中去。他将在总体上发现,法学同所谓的法律实证主义相隔甚远,而中心问题是,法律的具体化在多大程度上表现为一个独立的法学问题。库特·英吉希(1953年)对此提出一种全面的概括。㉗ 在反对法律实证论的极端主义中这个问题凸现了出来,这从历史的角度看也可以理解,例如在弗朗茨·维亚克尔的《近代私法史》或在卡尔·拉伦茨(Karl Larenz)的《法学方法学》中。㉘ 这样,在诠释学自古以来就起作用的三个领域,即历史-语文科学领域、神学领域和法学领域中就表明,对历史客观主义的批判以及对"实证主义"的批判如何赋予诠释学观点以一种新的意义。

在这方面值得庆幸的是,诠释学问题的整个领域最近由于一位意大利研究者的重要研究而得到了探索性和系统性的整理。这位

㉗ "当代法律和法学中的具体化思想",海德堡,1953年,第294页(《海德堡科学院论文集》,哲学-历史卷,1953年,第1卷,也可参见新出版的《法学思想导言》,斯图加特,1956年)。参见第520页。

㉘ [除了K.拉伦茨在其《方法论》第3版里富有影响的论述外,J.埃塞尔的论文也成了某种法学讨论的出发点。参见埃塞尔的《法学认识中的前理解和方法选择——法官判决实践的理性保证》(法兰克福,1970年)和"在我们时代法学认识概念发展中的法学论证"(《海德堡科学院论文集》,哲学-历史卷,1979年,第1卷),海德堡,1979年。]

法史学家埃米里奥·贝蒂在他的大作《一般解释学原理》㉙——该书的主要思想在德语中曾以《一般解释学基础》为题发展成一种"诠释学宣言"。㉚——中对问题的状况给出了一个概括，该概括因其宽阔的视野、详尽的细节以及清楚、系统的编排而博得人们的好感。作为一个法学史家同时又是一个法学理论家，作为克罗齐和金蒂尔（Gentile）这些本身非常熟悉伟大德国哲学、以致能讲并书写完美德语的学者的同国人，贝蒂完全避免了天真的历史客观主义的危险。他懂得如何收集自威廉·冯·洪堡和施莱尔马赫以来在不懈的努力中成熟起来的诠释学思考的巨大成果。

同贝纳德托·克罗齐采取的极端立场完全相反，贝蒂在一切理解的客观因素和主观因素之间寻找一种中介。他表述了诠释学的整个规则体系，在其顶端是文本的意义自主（Sinnautonomie），按照这一规则，意义，亦即作者的意见是从文本中获得的。他也以同样的坚决性强调了理解的现实性原则，以及理解与对象的相符。这就是说，他发现解释者的立场束缚性（Standortgebundenheit）是诠释学真理的综合因素。

作为法学家，贝蒂同样也避免过高估价主观意见，例如导致构成法律内容的历史偶然性，并防止把主观意见同法律的意义完全加以等同。当然从另一方面看，贝蒂仍旧跟随着由施莱尔马赫所创立的"心理学解释"，从而使他的诠释学立场总是具有逐渐模糊的危险。尽管他努力克服心理学的狭隘，并认为自己的任务就是

㉙ 第2卷，米拉诺，1955年。德文版，1967年。
㉚ 《E. 拉伯尔纪念文集》，第2卷，蒂宾根，1954年。

重构价值和意义内容之间的精神联系,但他只有通过一种类似心理学解释的方法才能确立这种真正的诠释学任务立场。

例如他这样写道,理解是一种意义的重认(Wiedererkennen)和重构(Nachkonstruieren),他是这样解释这一说法:"这是对那个借助其客观化形式向另一个进行思维的精神进行讲话的精神的重认和重构,这种精神感觉到自己同这一个进行思维的精神具有共同人性的联系;这是这些形式同那个曾经产生它们而它们又与其相分离了的内在整体进行的回溯(Zurückführen)、共在(Zusammenführen)和重新联系(Wiederverbinden)。这是这些形式的一种内在化(Verinnerlichung);在这种内在化过程中,这些形式的内容当然被移置于某种同本来它们具有的主观性相不同的主观性之中。据此,我们在解释过程中就必须进行创造过程的倒转(Inversion)。按照这种倒转,解释者在他的诠释学道路上就必须通过在他的内心重新思考(Nachdenken)这些形式而在逆向上经历原来的创造过程"(第93页以下)。因此贝蒂是跟随施莱尔马赫、伯克、克罗齐和其他人的。[31] 他特别认为,用这种带有浪漫主义印记的严格心理学主义就可以保证理解的"客观性",他认为这种客观性受到那些依海德格尔而把这种向意见主观性的回溯认作错误的人们的威胁。

在贝蒂同我所作的那在德国也经常重复进行的争论中,他认为我总是模棱两可、概念混乱。[32] 此类争论一般都证明,批判者往

---

[31] 参见"宣言"注释19以及第147页。
[32] E.贝蒂:"历史诠释学和理解的历史性",载《法学专科年鉴》,第16卷,巴里,1961年,以及《作为精神科学一般方法论的诠释学》,蒂宾根,1962年。

往把作者同他本人并未提到的立场相联系。在我看来,这里的情况也是如此。我在一封私人信件中向贝蒂担保,他那由我的书而激起的对解释之科学性的担忧是没有必要的,贝蒂则以一种正人君子的做法从这封信中抽出以下这段话印在他的论文里:

"从根本说来我并未提出任何方法,相反,我只是描述了实际情形。我认为我所描述的情形是无人能够真正反驳的……例如,当您阅读蒙姆森(Mommsen)所写的古典论文时,您也立刻就知道这篇文章只可能在何时写成。即使是历史方法的大师也不可能使自己完全摆脱他的时代、社会环境以及民族立场的前见。这是否该算一种缺陷呢?如果说这是一种缺陷,那么我就认为,对这种缺陷为什么无处不在地发生于我们的理解之中进行反思,就是一种哲学任务。换言之,我认为唯一科学的做法就是承认实际情形,而不是从应该如何和可能如何出发进行思考。正是在这个意义上我才试图超越现代科学的方法概念(它自有其有限的权利)进行思考并在根本的一般性中考虑一直发生的事情。"

贝蒂对此又怎样说呢?他认为我把诠释学问题只限于对事实的追问("现象学地""描述性地")却根本没有提出对法权的追问。好像康德对纯粹自然科学的法权的追问立场是想预先描写出自然科学究竟该如何存在,而不是试图去证明业已存在的自然科学的先验可能性。正是在这种康德式区别的意义上,我的著作所试图的对精神科学作出超出方法概念的思考才提出了精神科学"可能性"的问题(但这绝不意味着它该如何!)。正是对现象学的一种特殊的怨恨,才在这里把我们这位卓有贡献的研究者搞糊涂了。因为他只能把诠释学问题当作一种方法的问题来思考,从而表明了他仍深深地陷于本该克服掉的主观主义之中。

显然,我并不能使贝蒂确信,一种哲学的诠释学理论并不是一种——不管是正确的抑或错误的("危险的")——方法学理论。即使博尔诺把理解称作一种"本质上是创造性的工作",那也可能是一种误解——虽说贝蒂本人也毫不迟疑地对法律解释的法学补充活动作这样的定义。的确,贝蒂本人所采取的对天才说美学的依赖也显然是不够的。通过倒转(Inversion)理论也不可能实际克服贝蒂(跟随德罗伊森)正确地认作为心理学限制的东西。因此,他完全没有超越狄尔泰在心理学和诠释学之间设置的二义性。当他为着解释精神科学的理解可能性而必须设立以下前提,即只有同等层次的精神才能理解另一种精神,这时,这种心理学-诠释学双关意义的不尽人意之处就昭然若揭了。[33]

就算我们对于心理特殊性和历史意义的区别已经十分清楚,但要找出从狭隘的心理学到历史诠释学的过渡仍然十分困难。德罗伊森对这个任务就已经十分清楚(《历史学》,§41),但直到现在这种过渡只有在黑格尔的主观精神和客观精神于绝对精神里的辩证中介中才能有真正坚固的基础。

甚至在某个很接近黑格尔的人那里,例如曾受到克罗齐强烈影响的R.G.科林伍德身上我们也能感觉到这点。我们如今已有了科林伍德著作的两部德文译本:他的自传,这篇著作在原文获得

---

[33] 参见贝蒂在《综合研究》第7卷(1959年)第87页上的论文,F.维亚克尔最近对此毫无疑虑地表示赞同[我曾经把贝蒂的伟大贡献和我对他的批评重新在"埃米里奥·贝蒂和唯心主义遗产"一文(《佛罗伦萨季刊》,第7卷,1978年,第5—11页)中加以论述]。

巨大成功之后以《思想》为书名在德国出版,㉞以及以《历史哲学》为德译本书名的他的遗作《历史的观念》。㉟

对于自传我已在德文本的导言中作了一些评论,因此在这里就不想重复了。他的遗作包括从古代到当代历史描述的历史,它引人注目地以克罗齐结束,而其第五部分则是一种特有的理论讨论。我只限于讨论第五部分,因为就如全书经常表现出的那样,其历史部分在这里也受到民族思维传统的控制从而达到不可理解的程度。例如该书关于威廉·狄尔泰的章节对于德国读者来说肯定是令人失望的:

"狄尔泰触及了文德尔班和其他人因没有深入从而未能透彻认识到的问题,即怎样才可能有一种与直接经验不同的有关个体的知识这个问题。他对这个问题的回答是承认不可能有这样一种知识,并又回到了实证主义的这一观点即'一般'(知识的固有对象)能被认识的唯一方法是要靠自然科学或建立在自然主义原则之上的科学。这样,他就终于像他那一代的其他人一样,屈服于实证主义思维的影响"(184)。这个判断中真实的东西,从科林伍德这里所提供的论据中几乎是看不出来的。

科林伍德关于历史知识的重要理论的核心无疑是对过去经验再领会(Nachvorzug)的学说(重演)。因此,科林伍德就处于那些反对"人们可以称为实证主义解释或历史概念误解的东西"(239)的人的前列。历史学家的真正任务就在于"进入他们正在研究其

㉞ 斯图加特,1955年,我为它写了导言。
㉟ 斯图加特,1955年。

行动的历史活动主体的思想"。在德语翻译中要正确地规定科林伍德用思想这个词所指的含义是特别困难的。德语中的"活动"（Akt）这个概念显然同英语作者所指的含义完全不一样。对行动者（或思想家）思想的再思考在科林伍德这儿显然不是指这些人真正的心理活动，而是指他们的思想，亦即可以在反思中原样再思考的东西。思想概念也完全应该包括人们称之为某个团体或某个时代的共同精神（Gemeingeist）〔翻译者不幸把它说成"团体精神"（Gemeinschaftsgeist）〕的东西（230）。但是，科林伍德因为传记并不是以"思想"为基础，而是以一种自然现象为基础，因而他认为传记是反历史的，从而这种"思想"也很少表现为私人性的（eigenlebendig）。"这种基础——人在童年、成年、老年、患病以及一切生理变化时的肉体生命——被（自己和陌生的）思想环流冲刷而根本不顾及它的结构，就如搁浅船只的残骸被海水冲刷一样。"

谁真正承担着这种"思想"？什么是我们要力图进入其思想的历史承担者？是人们以其行动所追求的某种意图吗？科林伍德似乎指的就是这个：㊱"如果这种前提不存在，就不可能有人行动的历史"（324）。那么重构这种意图真的就是对历史的理解吗？我们可以看到，科林伍德怎样违背他的意图而陷进了心理学的特殊性之中。没有一种"世界精神承担者"的理论，亦即没有黑格尔，他是不可能找到出路的。

假如科林伍德听到这种话，他绝不会高兴。因为在他看来，一

㊱ 参见本书第1卷，第375页以下。

切历史形而上学,包括黑格尔的历史形而上学都只不过是一种分类体系(276),它们都没有真正的历史真理价值。此外我还不大明白,他的这样一种彻底历史主义的论点如何能与他的重演(Re-enactment)理论相协调,因为他在另一方面看到(我认为这是正确的),历史学家本身就是他所研究的一部分,而且是他只有从自己同时也进入此中的立场才能观察到的历史过程的一个部分(260)。这同科林伍德所举柏拉图在《泰阿泰德篇》中对感觉论的批判这个例子中解释的意思,即维护对流传下来的"思想"进行再领会的观点如何协调呢? 恐怕科林伍德举的例子是错的,它所证明的恰好相反。

如果说柏拉图在《泰阿泰德篇》中提出了认识只不过是感官知觉这个命题,那么按照科林伍德,我作为今天的读者就不会知道使柏拉图得出这个命题的联系。在我看来这联系倒是另一种联系,即从现代感觉论中生长出来的讨论。但是,既然这里涉及的是"思想",这就无关紧要。因为思想可以置于各种联系之中而不会丧失它的同一性(315)。我们可以在此回想起科林伍德用他自己的"问答逻辑"对牛津学派陈述讨论的批判(《理想》,30—43)。实际上,对柏拉图思想的再思考不正是唯有把握了真实的柏拉图的联系方能成功吗? (亦即要把握柏拉图的数学证明理论的联系,我认为该理论并不十分清楚数学的理智存在方式。)㊲ 如果我们不暂时中止

㊲ [现可参见我的论文"柏拉图的数学和辩证法"(摘要稿),载《C.F.冯·魏茨泽克纪念文集》,慕尼黑,1982年,第229—240页;也可参见我的著作集,第7卷(全文稿)。]

现代感觉论的前概念,我们又如何可能把握这种联系呢?[38]

换句话说,科林伍德的重演理论虽然避免了心理学的个别性,但他并没有察觉到贯穿于一切理解之中的诠释学中介因素。

在对历史客观主义的批判中还应特别提到埃里希·罗特哈克的著作。尤其是他在一篇最近写的文章"精神科学中教义学的思想形式和历史主义问题"[39]中继续了他早期的思想,坚持以狄尔泰的诠释学观点(就如汉斯·弗雷耶在"客观精神理论"中所作的一样)来反对一切心理学主义。教义学的思想形式这个概念完全被认作一个诠释学概念。[40] 教义学(Dogmatik)应该被作为精神科学认识的一种创造性方法而加以保护,因为它突出了统一规定意义域的内在实际联系。罗特哈克可能依据这一点,即神学和法学中的"教义学"概念绝非只具有批判-贬低的意义。但是教义学同这些系统的学科不同,它在这里并非只是系统认识的代名词,即哲学的同义词,而是相对于试图认识发展的历史提问作为一种需要证明的"另一种观点"。因此,"教义学"概念在他那儿从根本上看是在历史总体性内部才有其地位并具有它相对的正确性。其实,这只不过是狄尔泰的结构联系概念所一般构成的内容在历史方法论

---

[38] 我想到赫尔曼·朗格伯克[朗格伯克(Langerbeck)的论文 ΔΟΧΙΣ ΕΠΙΡrΣΜΙΗ(关于表面性理论),载《新哲学探究》,1934年,第11卷]所带来的巨大的认识进步,尽管 E. 卡普在《箴言集》(1935年)中对此作了尖锐批评,我们仍然不应忽视这种进步。[也可参见我的评论,现收入我的著作集,第5卷,第341页以下。]

[39] 《科学和文学院精神科学和社会科学文集》,第6卷,美茵茨,1954年。

[40] 罗特哈克完全清楚有必要使诠释学的意义问题摆脱一切关于"意图"的心理学研究——也即摆脱文本的"主观意见"。参见他的论文"意义和事件"(载《意义和存在——哲学讨论会论文集》,1960年)。

上的特殊运用罢了。

因此,这种教义学唯有在历史地思考和认识的地方才有它的纠正作用。罗马法的教义学当然也唯有当有了法学史以后才可能存在。瓦尔特·F.奥托的《希腊诸神》也只有当历史研究从希腊神话中得出宗教史和传说史知识的多样性之后才可能出现,如果说韦尔夫林(Wölfflin)的"古典艺术"——与"艺术史基本概念"相区别——被罗特哈克称作教义学,那么我认为这种刻画只是相对的。巴洛克美学,尤其是矫饰派美学的对立面一直就是这种"教义学"的秘密关键点,但这也就是说,教义学从来就不曾被人相信和认识,而只是具有历史的含义。

在这个意义上教义学实际上就是我们历史认识的一个因素。罗特哈克提出这种因素是"我们精神认识的唯一源泉"(25),这是很有贡献的。在他看来,教义学表现为一种全面的意义联系,我们必须贯彻这种意义联系,并把它认为是自明的。如果我们真的要理解它,那我们至少不能不认为它是"真"的。正如罗特哈克所指出的,这就自然地提出了这种教义系统或格式多样性的问题,这也就是历史主义的问题。

罗特哈克证明了自己是历史主义的热情辩护人。狄尔泰曾经试图把各种世界观归溯到生命的多样性,从而来消除历史主义的危险。罗特哈克遵循狄尔泰,他把教义学说成是对既存世界观的解释或是风格的指向,并把它归溯到行动者的观点制约性和行动者的视角上去。由此它们就获得了自身观点上的不可辩驳性(35)。应用于科学上这就意味着相对主义并非到处适用,而是有其清楚的界限。罗特哈克并没有危及研究的内在"客观性"。他的出发点是科学研究的可变性和自由性,这种可变性和自由性是由世界观的多变的意义指向所产生。只要我们承认也可能存在其他的认识自然方式,那么现代自然科学也就可以被看作一种用数量量度的认识方式的教义学了(53)。㊶

说法学诠释学也属于一般诠释学的问题范围之中,这绝不是自明的。因为法学诠释学并不像语文学和《圣经》诠释学那样涉及到方法问题的思考,而是涉及到作为辅助用的法律原则本身。它的任务并不在理解通用的法律条文,而是寻找合法性(Recht),也就是说对法律进行解释,从而使法治能完全渗透到现实中去。由于解释在这里具有一种规范的作用,贝蒂就把它同语文学的解释完全区别开来,从而也就同把法学自然(例如宪法、法律等等)作为对象的历史理解相区别。法律解释在法学意义上是一种法学上的创造性活动,这一点绝不会引起争议。在这种活动中运用的各种原则,例如相似原则、弥补法律缺陷的原则以及法律判决或在定案时使用的创造原则等等并不表现为纯方法论的问题,而是深深地影响到法律材料本身。㊷

㊶ 罗特哈克为何要援引海德格尔的本体论区别来说明这种意义指向的前在性(先天性),而不是援引现象学和新康德主义所共有的超验的先天主义(Apriorismus),这一点我很不明白。

㊷ 如果我们看到过卡尔·拉伦茨(Larenz)为大学生所写的教材《法学方法论》(柏林,1961年),其中所提供的历史的和系统的出色概括就会清楚地告诉我们,这种方法论对于漂浮的法律问题总要说点什么,于是它就成了一种法学教义学的辅助学科,它对于我们研究的意义也就在于此。[目前这部《法学方法论》出了第3版,并包括了关于哲学诠释学的广泛讨论。也可参见 G. 察卡里阿(Zaccaria)的内容丰富的专著《诠释学与法学》(米兰诺,1984年),这本书以两卷本陈述了我的理论根据和 J. 埃塞尔(Esser)的法学应用。]

法学诠释学显然不能真的满足于把法律制订者的意见和本来意图的主观原则作为解释规则。相反它不得不运用客观概念,例如运用表达在某条法律中的法律观念的客观概念。如果有人认为法律在某个具体案件上的运用只是把个别置于一般之中的逻辑归属过程,那显然是一种外行的看法。

法律实证主义想把法学实在完全限制于制订出的法律及其正确的应用,今天可能已不再有这种观点的继承人。法律的一般性与个别案件的具体情况之间的距离显然是本质上不可消除的。人们甚至不会满足于在理想的教义学中把个别案件的法律创造力量当作在演绎上是前定的东西,亦即把教义学设想成至少在某个融会贯通的联系中潜在地包含了一切可能的法学真理。即使是这样一种完美的教义学的"观念"也是荒唐的,更不用说案件的法律创造力量实际上总是为新法律的编纂作了准备。这个例子值得注意的地方在于,调解法律和案件之间距离这一诠释学任务即使在社会关系没有变化、抑或现实的历史变化并没有使通用的法律变得过时或不适用的情况下也还是存在着。法律和案件之间的距离看来是绝对不可能消除的。因此,诠释学问题就可以摆脱对历史因素的考虑。在编纂法律的过程中为法律的具体化留下了活动空间,这样,我们就可以按照观念而以任意的尺度削减这种活动空间,这并不是一种不可避免的不完善性。相反在法规本身及一切法律秩序的意义上说倒该是具有"灵活的"方式,从而使它具有这种活动空间。

假如我没有弄错的话,则亚里士多德早就清楚地看到了这一点。因为他并未赋予自然法的思想以一种积极的-独断的作用,而仅仅赋予它批判的作用。人们总是感到惊奇的是(假如不是借助于错误解释亚里士多德的文本而进行争论)，亚里士多德虽然区分了习惯法和自然法，但他又把自然法解释成可以改变的。㊸

自然法和制定的法律并非"同等程度地可变"。也许通过观察可比的现象就可以解释，虽说自然法也是可变的，但它并不因此就消除了同单纯制定的法律之间的差别。比如与自然生效的法相比，交通规则就不是在同一程度，而是在更高程度上具有可变性。亚里士多德并不想减弱这种区别，他只是想说明在不稳定的人类世界中(区别于神的世界)我们如何区分自然法。于是他说道：对于自然法和习惯法的区别——尽管两者都有可变性——就像右手和左手的区别一样清楚也具有同样的规定。右手也是天然地要强壮一些，但这种自然优势也不能被认为是不可改变的，因为人们可以通过训练另一只手而在某种范围内废除掉这种自然优势。㊹

所谓在某种范围内，也就是说在某种活动空间内。留下这种

㊸ 《尼各马可伦理学》，第 10 卷，1134b27 以下。

㊹ 亚里士多德这段话曾经被 L. 斯特劳斯用他大概是从犹太传统知道的关于极端情况的理论来解释(《自然法和历史》，G. 莱伯霍尔茨作序，斯图加特，1956 年)。H. 库恩(《政治学杂志》，新系列 3，第 4 卷，1956 年，第 289 页以下，同时参阅我的著作集，第 2 卷，第 302 页以下)试图以一种批判的立场按照 H. H. 约金姆的观点修正亚里士多德的原文，从而使亚里士多德根本没有无限地声称自然法的可变性。实际上，如果我们不把有争议的"同等程度"这句话同自然法和习惯法的可变性相联系，而是同后面的"显然"($\delta\eta\lambda ov$)这个词相联系，那么我认为 1134b32—33 的句子就很正常了。

最近 W. 布吕克(Bröcker)在他的《亚里士多德》(第 3 版，第 301 页以下)中也参加了这场讨论，但我认为他陷入了诡辩，因为他"在自然法和实证的法之间的争论中"把实证法的有效性说成是亚里士多德的意见。当克瑞翁"废除"自然法时，它当然是"有效"的，但却不是"正确"的。因此问题就在于，超越"实证的"合法性并面对它绝对的有效要求而承认一种自然法的权威，(在这种权威面前"有效性"就变得不正确)这种说法是否有意义。我试图指出，这样一种权威是存在的，但只是作为批判性的。

活动空间显然极少废除法学秩序的意义,因此它毋宁是属于实际状况本质本身:"法律是一般的,因此它不可能适用于一切个别案件。"㊺事实并不依赖于法律的编纂,情况正相反,只是因为法律是自在的并按其本质是一般的,法律的编纂本身才是可能的。

也许有人会在这里提出问题,诠释学和文字的内在联系是否同样不可能被认为是次要的。㊻ 并不是文字使思想具有解释的需要,而是它的语言性,亦即以文字标志作为结果的意义的一般性才需要解释。编纂的法律和用文字保留下来的文本都指明了一种深层的联系,它适用于理解和应用的关系,我相信已经指出了这一点。亚里士多德是这种观点的最高证人,这一点不会使人惊奇。我猜想,他对柏拉图善的理念的批判是他整个哲学的出发点。这种批判包含着对柏拉图善的理念理论——至少按它在柏拉图对话中的表现——中所蕴含的一般与特殊关系的彻底修正,但本身并不因此而成为"唯名论"。㊼

㊺ 库恩:《尼各马可伦理学》,第 299 页。

㊻ [目前可参见我的论文"走向文字之路",载 A. 阿斯曼-J. 阿斯曼出版的《口语和文字》,慕尼黑,1983 年,第 10—19 页,也可参见我的著作集,第 7 卷,第 258—269 页。]

㊼ 参见 J. 里特对"亚里士多德的自然法"所作的出色研究(《国家研究》,第 6 卷,1961 年),它强调指出,为何在亚里士多德那里不可能存在独断的自然法——因为自然法完全规定了整个人类世界和法律状况。我不清楚里特是否接受了我 1960 年 10 月在汉堡所讲的关于亚氏原文的修正(S.28),尤其是因为他不加批判限制地引用了 H H 约金姆的章节编排(注 14)。不过事实上他同我的观点是一致的(参见我的著作集,第 1 卷,第 324 页以下)。(好像他同 W. 布吕克的观点也是一致的,布吕克翻译了本书第 302 页的内容,但并未接受我的更正。)里特极有启发地展开了亚里士多德"政治"哲学和"实践"哲学的形而上学背景。[我现在已详细论述了这里只有小心谨慎才能觉察到的东西,参见"柏拉图和亚里士多德关于善的理念"(《海德堡科学院会议论文集》,哲学-历史卷,第 3 卷,海德堡,1978 年)。总之,我怀疑柏拉图会像亚里士多德所批判的那样设想过善的理念。该论文也收入我的著作集,第 7 卷,第 128—227 页。]

但这并不能推出还要把历史距离附加到一般和具体的这种根本距离之上,并且历史距离还具有一种特有的诠释学创造性。

我不敢断定这是否也适用于法学诠释学,亦即由于事物的变化而产生解释需要的法律秩序(例如借助于相似原则)是否会对更正确地应用法律有所贡献——亦即对提高指导着解释的法律感觉有所贡献。无论如何在其他领域中事情是很清楚的。毫无疑问,历史事件的"意义"和艺术品的等级是在时间距离中才获得其可见性的。

当代诠释学问题讨论最活跃的莫过于新教神学领域。在某种意义上可以说这里同法学诠释学一样也是涉及到超越科学的兴趣,亦即信仰及其正确的福音预告。结果就使诠释学讨论同注释和教义问题搅在一起,从而使外行人不可能发表任何意见。但这里的优先情况与法学诠释学中的情况同样清楚:每次要去理解的文本的"意义"不能局限于其作者想象的意见。卡尔·巴尔特的巨著《教会教义学》[48]对诠释学问题所作的贡献在明确性和直接性上都是无与伦比的。但在鲁道夫·布尔特曼那里的情况就不太一样,他主要作方法的讨论,并在他的《文集》中多次对诠释学问题作了明确表态。[49]但即使在他那里整个问题的重点也是神学的,这不仅因为他的注释工作表现了他的诠释学原理的经验基础和应用

---

[48] 参见 H. 库恩对该节重要方面的评价,载《哲学评论》,第 2 卷,第 144—152 页,以及第 4 卷,第 182—191 页。

[49] 参见《信仰和理解》,第 2 卷,第 211 页以下;第 3 卷,第 107 页以下、第 142 页以下,以及《历史和末世论》,Ⅷ;另见 H. 布鲁门伯格的讲演,载《哲学评论》,第 2 卷,第 121—140 页[以及 G. 博恩卡姆在《哲学评论》第 29 卷(1963 年)第 33—141 页的评论]。

领域,而且主要因为当今神学争论的主要对象,即消除《新约》神秘性的问题,更多地充满了教义的张力而不是适合于方法论的思考。按照我的信念,消除神秘性的原则有纯诠释学的因素。按照布尔特曼的观点,不能用消除神秘性的纲领来预先决定这类教义的问题,例如《圣经》的内容中对于基督教的福音预告和信仰有多少是本质性的以及该用何种东西作祭品等等,相反,它涉及的是对基督教福音预告本身的理解,涉及到这种预告为了被"理解"而必须在其中被理解的意义。也许,甚至完全可能在《新约》中理解到比布尔特曼"更多"的东西。当然我们只有把"更多"理解成好,亦即真实,这种情况才可能出现。

历史的《圣经》批判及其在18世纪和19世纪的科学实施造成了一种形势,它要求在科学理解文本的一般原理和基督教信仰的自我理解这种特殊任务之间经常进行新的比较。如果我们回想一下这种比较史的情况将是很有好处的。[50]

处于19世纪发展开端的是施莱尔马赫的诠释学,它在对神学著作以及一切其他文本的解释过程中(如塞梅勒所见到)系统地建立了根本的同类性(Gleichartigkeit)。施莱尔马赫自己的贡献则

---

[50] 神学和哲学的关系在历史的《圣经》批判产生之前是不同的,因为《新约》被直接理解为教义,亦即作为一般信仰真理的总和,并由此而能(善意或敌意地)同理性哲学的系统的证明方式及表现形式相联系,对此 H. 李宾(Liebing)的研究《正统教义和解释之间——论沃尔夫派的 G. B. 比尔芬格尔》(蒂宾根,1961年)已有说明。比尔芬格尔试图把他的神学的科学性系统地建立在修正过的沃尔夫形而上学基础上。他在此意识到他的时代和观点所设置的界限这一事实是他科学论的唯一诠释学因素,这一因素后来指出了:历史问题。

参见我为 F. Chr. 厄廷格尔《共通感研究》写的导言,福洛曼出版社,1964年新版,第 V—XXVIII 页,以及《短篇著作集》,第3卷,第89—100页[现收入我的著作集,第4卷]。

在于心理学的解释,按照这种解释,为了完全理解一个文本,就必须把文本的一切观点都作为一种生活瞬间而回溯到作者的个人生活联系中去。当施莱尔马赫的柏林手稿(吕克从这些手稿中编出了当时的版本)由海德堡科学院原样出版之后,我们对于施莱尔马赫发展到诠释学的思想发生史有了一种更为详细的认识。[51] 这种对原始手稿的回顾,其成果并不是革命性的,但也并非毫无意义。H. 基默尔在导言中指出,最早的笔记突出了思想和说话的同一性,但在后期的加工中却在说话中看到了个体化的表达。这样就导致了心理学立场的逐渐形成和对"技术性"解释这种真正语言立场的最终统治。

在施莱尔马赫的教义学内部——由于马丁·雷德克以很好的新版本出版(《基督教信仰》),我们可以重新了解施莱尔马赫的这种教义学[52]——施莱尔马赫的心理学-主观倾向也引起了神学批判,这一点是很清楚的。"信仰的自我意识"是一种危险的教义基础。克里斯托芬·塞夫特(Christoph Senft)的书——该书以极大的机智讨论了从施莱尔马赫直到里奇尔的自由神学的发展——对这种危险提出了很好的看法。[53] 塞夫特在第 42 页上对施莱尔马

---

[51] 柏林手稿最老的本子十分难读,这次原样再版由 H. 基默尔作了校勘。参见对 1968 年海德堡版本的补充后记。[正是 M. 弗兰克的贡献(《个别的一般——施莱尔马赫关于文本结构和文本解释的观点》,法兰克福,1977 年),关于施莱尔马赫的争论还在继续。对此请参见我对弗兰克的反驳"在现象学和辩证法之间——一种自我批判的尝试",载我的著作集,第 2 卷,第 3 页以下。]

[52] 柏林,1960 年[目前 M. 雷德克还以两卷本整理了 W. 狄尔泰遗留下来的作为其写《施莱尔马赫传》第 2 卷准备的材料(参阅《施莱尔马赫著作集》,第 14 卷第 1 分卷和第 2 分卷)]。

[53] 塞夫特:《真实和真理——处于正统神学和启蒙运动之间的 19 世纪神学》,蒂宾根,1956 年。

赫这样写道：

"虽然他努力用生动的概念去把握历史性，但是思辨和经验之间的辩证法在他那里却是一种不运动的东西：历史和历史的认识者之间的相互影响是一种无疑问的和批判性的影响，向历史发问的人在这种影响中总是停留在一切彻底的反问题面前。"

正如塞夫特指出的，虽说 F. ch. 鲍尔（Baur）把历史过程作为自己的思考对象，但他并未在这个方向上继续推进诠释学的问题，因为他坚持把自我意识的自主性当作无限制的基础。然而霍夫曼却在他的诠释学中在严格诠释学的意义上研究了启示（Offenbarung）的历史性（这一点塞夫特作了很好的表述）。霍夫曼所提出的整个理论就是"阐明那种在'外于我们的存在'中有其前提的基督教信仰，但这不是法律上的外在，而是说，这种外于我们的存在作为基督教信仰的历史而'按经验地'被启示"（塞夫特，第105页）。然而同时又保证了"作为历史的纪念碑，亦即一种确定的事件联系的纪念碑——不是作为一般理论的教材——《圣经》是启示的书。"总的说来，历史《圣经》学对规范所作的批判由于使得《圣经》的教义统一性产生极大的疑问，并且消解了《圣经》"学"的理性—教义前提，从而这种批判提出了把《圣经》历史当作历史来认识这个神学任务。

在我看来，新的诠释学争论唯有从这里才得其确切的方向。对这种历史的信仰必须被理解成一种历史事件，理解为是上帝话语的呼唤。这对于《旧约》和《新约》的关系也适用。这种关系可以被理解成预言和实现的关系(按霍夫曼的观点),这样,历史上落空的预言只有从其实现中才得到它的意义。《旧约》预言的历史理解绝不会损害它从《新约》所感受到的福音预告意义。正相反,《新约》所预告的神迹只有当预言不再纯是"未来事实之迹象(Abdruck)"时,才能被理解成一种真正的事情(塞夫特书中第101页所引霍夫曼的话)。但首先适用于信仰的自我理解这个概念的(这是布尔特曼神学的基本概念),乃是它具有一种历史的(而并非唯心主义的)意义。�54

自我理解应该指一种历史决定而非指某种我们可支配和掌握的东西。布尔特曼经常强调这一点。如果把布尔特曼使用的前理解概念理解成囿于偏见中的东西,当作一种前知识,那就完全错了。�55 实际上这里涉及的是一个纯粹的诠释学概念,它是布尔特曼被海德格尔对诠释学循环以及人类此在的一般前结构的分析所激起而制定的概念。他指的是开放问题视域,理解唯有在这种视域中才成为可能,但他并不是指自己的前理解不能通过同上帝话语的相遇(就如同其他话语相遇一样)而得到修正。正相反,这个概念的意义就在于把作为这种修正的理解的活动性显现出来。这种"修正"在信仰呼唤的情况中是一种只按其形式结构才具有诠释

�54 参见我载于《G.克吕格尔纪念文集》(1962年,第71—85页)和《布尔特曼纪念文集》(1964年,第479—490页)的论文(《短篇著作集》,第1卷,第70—80页[参见我的著作集,第2卷,第121—132页]和第82—92页[我的著作集,第3卷])。

�55 贝蒂在他的"概论"(见前引书第115页,注47a)中似乎有一种误解,他认为"前理解"是由海德格尔和布尔特曼所要求的,因为它促进理解。其实,如果我们要想赋予它以"科学性",就必须要求一种一直起作用的前理解意识。

学之一般性的特殊修正,这一点很值得注意。㊱

神学的自我理解概念就在这种情况出现了。这个概念显然也是从海德格尔对此在所作的先验分析中发展出来的。与其存在打交道的存在者(Das Seiende)通过他的存在理解而表现为通向追问存在的通道。存在理解的活动本身表现为一种历史的活动,表现为历史性的基本状况。这点对于布尔特曼的自我理解概念具有决定性的意义。

自我理解概念由此就同自我认识概念相区别,这种区别不仅是在"心理学的"意义上、即在自我认识中可以发现某些预存的东西(etwas Vorfindliches),而且同样在规定着德国唯心主义精神概念的深层思辨意义上。按这种观点,完成了的自我意识可以在他物中认识自己。显然,在黑格尔的现象学中这种自我意识的发展必须通过对他物的承认才有可能。自我意识着的精神的生成乃是一场围绕着承认(Anerkennung)的斗争。精神就是它所生成的东西。但是在自我理解概念中(如其与神学家相适合)涉及的是某种他者。㊲

㊱ L.施泰格(Steiger)的《作为教义问题的诠释学》(冈特斯罗,1961年)试图在他卓越的博士论文中(出自 H.蒂姆的学派)指出神学诠释学的特殊性。因为他追踪了从施莱尔马赫、里奇尔、哈纳克直到布尔特曼、戈加滕的神学理解的先验观点的连续性,并使其与基督教福音预告的存在辩证法相遇。

㊲ 奥特在《R.布尔特曼神学中的历史和神迹》(蒂宾根,1955年)一书中的分析在很多方面卓有成果,但在第164页的注释2却表明他没有看到自我意识的形而上学概念和自我理解的历史意义之间的方法论区别。黑格尔的思想是否如奥托认为的不如布尔特曼所谈的自我理解更符合自我意识的实际,我想留存不论。但这是不同的"事物"——正如形而上学与基督教信仰的不同——"同传统进行的生动谈话"不应当忽视这一点。

不可支配的他者,即外在于我们的东西(extra nos)是这种自我理解不可去除的本质。我们在永远更新的经验中对某个他者和许多他者所获得的自我理解,从基督教角度看,在某种本质的意义上说总是不可理解的。一切人类的自我理解唯有面临死亡才有其绝对界限。这一点确实不能用作反对布尔特曼的真正论据(奥托,第163页),我们也不想在布尔特曼的自我理解概念中找到一种"封闭"的意义。信仰的自我理解仿佛不是人类自我理解失败的经验。这种失败的经验无须基督教地来理解。在一切这种经验中都浸染着人的自我理解。无论如何这都是一种"事件",而自我理解概念则是一种历史概念。然而,按照基督教的理论,应该存在"最后"一种这样的失败。基督教预言的摆脱死亡的复活,这种福音布道的基督教意义正在于使自我理解的不断重复着的不成功,即它在死亡和有限性上的失败,能在对基督的信仰中得以终结。这当然不是指要从自己的历史性中走出来,它的意思是说,信仰是一种来世的事情。布尔特曼在《历史和来世论》中写道:^㊳"基督教的存在既是一种来世的、非现世的存在,同时又是一种历史的存在,这个矛盾同路德的命题'既是正义又是罪孽'(Simul iustus simul peccator)具有同样的意思。"正是在这种意义上,自我理解才是一种历史的概念。

同布尔特曼相联系的最近的诠释学讨论似乎在某个方面超越了他。如果说按照他的观点基督教福音布道对人类的要求在于人

㊳ R.布尔特曼的这篇吉福特讲演具有特别的意义,因为它表明了布尔特曼的诠释学观点同其他作者尤其是同科林伍德和 H. J. 马罗的《论历史的认识》(1954 年,参见《哲学评论》,第 8 卷,第 123 页)的关系。

必须放弃对自己的支配,那么对这种要求的呼吁就好像是人类自我支配的一种私人经验。布尔特曼以这种方式神学地解释了海德格尔关于此在本真性的概念。非本真性(Uneigentlichkeit)在海德格尔那儿与本真性(Eigentlichkeit)并列并不只是指沉沦。像"决心"(Entschlossenheit)一样,罪孽(非信仰)像信仰一样乃是人类此在所特有的本质。在海德格尔那儿,本真性和非本真性的同源性毋宁说超越了自我理解的出发点。它是海德格尔思想中存在本身在揭示和遮蔽的对立性中得以表达的第一种形式。⑲ 正如布尔特曼为了解释人在信仰和不信仰之间的来世存在而依靠海德格尔对此在所作的生存论分析,人们也把语言在存在事件中具有的中心意义作为"信仰的语言",从而同后期海德格尔详细解释的存在问题领域发生了神学的联系。在奥托所引起的很有思辨性的诠释学讨论中就有一种按照海德格尔的人道主义通信而对布尔特曼所作的批判。它同海德格尔第 107 页上的积极论题相符合:"现实得以'表达'和对存在的反思得以进行的语言在其自我事件的一切阶段中都陪伴着存在。"我认为神学家富克斯和埃贝林的诠释学思想都以相同的方式从后期海德格尔出发,因为他们更强烈地强调了语言概念。

恩斯特·富克斯提出了一种他自称为"信仰的语言理论"的诠释学。⑳ 他的出发点是,语言是存在之澄明(Lichtung)。"假如我们作

---

⑲ [参见《海德格尔之路——后期著作研究》,蒂宾根,1983 年,第 29 页以下;参见我的著作集,第 3 卷。]

⑳ 巴特·坎斯塔特(Bad Cannstatt),1954 年,附有第 2 版增补,1958 年,另见《神学中的诠释学问题——生存论解释》,蒂宾根,1959 年,以及《马堡诠释学》(1968 年)。

为人应该总是可交谈的,那么语言就作为能由我们生成的东西的可能性隐藏了关于对作为此在的我们开放的东西的决定。"这样,他就同海德格尔相联系,以便"结束现代主观-客观模式的局限性"。然而当海德格尔思考"语言本身从本源回到本源去的过程时",富克斯则试图在倾听《新约》的过程中把语言的内在过程认作上帝话语的过程。

由于意识乃是同这种倾听相联系,因此我们就不能说自己是最后同上帝话语相适应的人。由此就可以推论出"我们可以并且应该在我们的历史界限中让自己认识到,上帝的话语如何在我们历史的世界理解中显示出来。由此我们也就感受到它对于信仰的自我思考历来就存在的同一种任务。我们也同《新约》的作者共担这个任务"。这样,富克斯就获得了可以从《新约》科学本身证明其合理性的诠释学基础。在布道中对上帝话语所作的预告乃是对《新约》内容的翻译,神学则是其正确性的证明。

神学在这里几乎成了诠释学,因为它随着现代《圣经》批判的发展具有的并不是启示本身的真理,而是把同上帝的启示有关的陈述或通告的真理作为它的对象(98)。决定性的范畴因而就是通告(Mitteilung)这个范畴。

富克斯在下面这点上遵循布尔特曼,即诠释学原则在理解《新约》时相对于信仰是中立的,因为它唯一的前提就是对我们自己的追问,但它却把自己表现为上帝向我们提的问题。信仰的语言理论必须说明,与上帝话语的呼唤相遇的倾听到底是如何进行的。"对于在这种相遇中所发生的东西的认识并不意味着,我们立即就能说出我们所认识的东西"(86)。因此,任务最终不仅在于倾听语词,更在于要找出说出答案的语词。我们所涉及的是信仰的语言。

在一篇题为"翻译和福音预告"的文章中更清楚地说明,这种诠释学理论是如何想超越布尔特曼那种生存论解释。[61] 正是翻译的诠释学原则指出了方向。毫无疑问"翻译应该创造文本想创造的同一空间,因为精神就在这种空间中说话"(409)。语词相对于文本具有——这是大胆的但又是无法避免的结果——优先权,因为这是语言事件。因此我们显然就该说,语词和思想的关系并不是思想通过语词的表达然后才获得的关系,毋宁说语词是思想所遇到的一道闪电。与此相应,埃贝林也曾说过"诠释学问题在布道仪式中以最浓缩的形式出现"。[62]

这里我们还不能得知从这种基础出发"诠释学在《新约》中的运动"将如何表现。这里所能看到的要点是,按照富克斯的观点,神学在《新约》中"按其出发点就是在一开始就有威胁的法律或秩序思想与语言本身之间的争论。"[63] 福音布道的任务就是把它转换成语词。[64]

---

[61] "关于历史上的耶稣问题",载《文集》,第2卷,蒂宾根,1960年。

[62] "上帝的话语和诠释学",载《神学和教会杂志》,第56卷,1959年。

[63] 参见我为《布尔特曼纪念文集》所写的文章,出处同上。[《海德格尔之路——后期著作研究》,第29页以下;也可参见我的著作集,第3卷。]

[64] 也许在富克斯和埃贝林眼中视为"新的诠释学立场"的东西经过夸张就最为清楚。H 弗朗茨在一本热情而又严肃的小册子中提出了《福音和艺术》(沙布吕克,1959年)问题。他继续研究后期海德格尔的语言材料,并认为他的任务就是把艺术重新归溯到真正的福音存在中去,应该从艺术活动的"框架"(Ge-stell)中重新生成事件(Er-eignis)。这位作者也许特别注意到音乐及其在本质上对于得以奏响的空间或者说音乐使其奏响的空间的隶属性。但他显然并非仅指音乐、仅指艺术,当他发现福音正受到"活动"威胁的时候,他指的是教会本身及其神学。然而,通过转变成"事件"难道神学和教会就可以得到标志了吗?[也可参见 J. B. 可布、J. M. 罗宾逊合著的《新诠释学》,纽约,1964年。]

当今对历史客观主义或实证主义的所有批判在以下这一点上是共同的：即认为所谓的认识主体具有客体的存在方式，因此主体和客体都属于同一种历史的运动。虽然当客体相对于思维体（res cogitans）是绝对的他者，即广袤体（res extensa）时，主体-客体的对立具有它的恰当性，但历史知识却不可能用这种客体和客体性的概念适当地作出描述。用约尔克伯爵的话讲，关键在于要把握"存在者状态的"（ontisch）和"历史的"（historisch）这两种说法之间的"类的"差别，也就是说，要以适合于主体的历史存在方式认识所谓的主体。我们已经看到，狄尔泰并未认清这种观点的所有后果，尽管他的继承者已经引出了这种结论。因此，就如恩斯特·特勒尔奇所指出的，对于历史主义克服问题我们缺乏概念前提。

现象学学派的研究在这里是有其成果的。今天，当胡塞尔现象学的各个发展阶段已经一目了然之后，我认为这是清楚的，即由于胡塞尔证明了主观性的存在方式就是绝对的历史性，亦即时间性，因此他是在这个方向上迈出决定步伐的第一人。⑥ 而在这方面我们通常联想到的海德格尔划时代的巨著《存在与时间》则有一种完全不同、更为彻底的意图，即揭露支配着近代关于主观性即"意识"（甚至在其达到时间性和历史性的现象学这种极端形式中）

---

⑥ 《胡塞尔文库》，第1—8卷。参见 H. 瓦格纳（《哲学评论》，Ⅰ，第1—23页、第93—123页）、D. 亨利希（《哲学评论》，Ⅵ，第1—25页）、L. 朗德格雷伯（《哲学评论》，Ⅸ，第133页）以及我的文章《哲学评论》，Ⅹ，第1—49页）。可惜我那篇文章对赫尔伯特·斯皮格尔伯格（Herbet Spiegelberg）的观点进行的批判在某些方面有不正确的贬低。斯皮格尔伯格对"回到事物本身去"的口号以及胡塞尔的还原概念都采取了像我一样的反对当时流行的误解的立场，这一点我将在这里明确地加以更正［特别要指出的，由于胡塞尔版本的进展，目前胡塞尔解释正在青年一代中进行着］。

之理解的不恰当的本体论前概念。这种批判有助于重新提出"存在"问题这一积极的任务,希腊人对此问题曾经给出形而上学问题作为第一种回答。然而,《存在与时间》的真正意图却不能在此意义上来理解,而应在海德格尔与胡塞尔具有的共同点上来理解:因为我们在该书中看到对"此在"之绝对历史性的彻底辩护,而这种历史性乃是从胡塞尔对时间性的原始现象性所作的分析中得出的。也许人们会这样争论说:此在的存在方式现在从本体论上得到了积极规定。其实这不是现成在手的存在(Vorhandensein),而是未来性(Zukünftigkeit)。并不存在任何永恒的真理。真理就是与此在的历史性一起被给出的存在的展开(Erschlossenheit)。⑯这里我们可能找到科学中所进行的对历史客观主义的批判由之得到本体论合法证明的基础。这是一种所谓第二等级的历史主义,它不仅把一切认识的历史相对性同绝对的真理要求相对立,而且还思考作为其根据的认识主体的历史性,并因而能够把历史的相对性不再看作真理的局限。⑰

即使这种说法是正确的,也绝不能由此推出,一切哲学认识唯有在狄尔泰的世界观哲学意义上才得到一种历史表述的意义和价值,产因而与艺术置于同一层次,即它们都只涉及真性(Echtheit)而不涉及真理。海德格尔所提的问题根本不想为着历史的缘故而

---

⑯ 这并不是说"不存在永恒的东西,凡存在的都是历史的"。相反,凡是永恒或无时间的东西的存在方式,例如上帝或数的存在方式只有从此在获得其存在意义的"基础本体论"出发才能得到正确规定,见 O. 迈克尔关于数学存在的文章(《哲学和现象学研究年鉴》,Ⅷ,1927年)。

⑰ 参见 F. 梅纳克的"动力学历史主义概念"(《历史主义的产生》,第499页以下)。

废除形而上学、为着表达之真性的缘故而放弃对真理的追问。相反,他想深思地追问到形而上学的提问背后去。说哲学的历史因此而在某种新的意义上表现为世界史的内在化,亦即作为存在史或存在的遗忘史,这并不意味着,这里涉及的是以下意义上的历史形而上学,即勒维特证明它是基督教神学史理解的世俗形式,⑱而它在现代启蒙运动基础上最彻底的实施则是黑格尔的历史哲学。胡塞尔在其《危机》一书所讲的对新近哲学"客观主义"的历史批判也不是历史形而上学。"历史性"是一个先验的概念。

如果我们采取一种神学形而上学立场,那么我们就很容易反驳这样一种"先验的"历史主义——这种"先验的"历史主义以胡塞尔先验还原的风格而在主观性的绝对历史性中取得了地位,以便从它出发把一切作为存在物的东西理解为这种主观性的客体化。假如真的存在一种能够唯一地限制相互接替的世界筹划(Weltentwürfe)的普遍历史运动的自在存在,那就显然必定有某种超越一切有限的人的观点的东西,有如向无限的精神所表现的那样。但这就是创世秩序,它以这种方式而对一切人类的世界筹划永远保持着前定性。格哈德·克吕格尔数十年前就在这种意义上解释了康德哲学的两重性,即现象的唯心主义和自在之物的现实主义这种两面性,⑲并且直到他最近的文章中也一直试图从神秘经验或宗教经验的基础出发反对现代主观主义而捍卫神学形而上学的权利。

如果我们不想承担在基督教的创世说中达到顶峰的后果,并因而把古老的目的论宇宙(所谓的自然的世界意识总是为它辩护)

---

⑱ 《世界史和神迹》,斯图加特,1953年。[现收入其全集,第2卷,斯图加特,1983年,第7—239页。]

⑲ 《康德批判中的哲学和道德》,蒂宾根,1931年。

同人类历史变化相对立,那么事情就变得更为困难。⑳ 虽然历史性的本质只是随着基督教宗教及其对上帝神迹之绝对瞬间的强调才为人的思想所意识,但在这种意识之前历史生活的同一种现象已为人所知,只不过它被"非历史地"理解,不管它是从神秘的史前时期引出当前,还是在对一种理想的永恒的秩序的观照中去理解当前,这种说法也许是正确的、清楚的。

的确,像希罗多德甚至普罗塔克这样一些人的历史著作能够很好地把人类历史起伏描述为大量的道德事例,而完全没有对他们自己当前的历史性以及人类此在的历史性进行反思。宇宙秩序的模式——一切偏离和正常的事物都在这种秩序中流返活动,并被置于自然过程的巨大平衡之中——也能帮助描写人类事物的进程。事物的最佳秩序,亦即理想的国家,在观念上乃是同宇宙一样持久的秩序,假如理想国家的实现并未持久,而是造成了新的混乱和无秩序(即我们称之为的历史),那么这只是知道公理的理性错误计算的结果。正确的秩序是没有历史的。历史就是衰亡史,同样也是正确秩序的重建。㉑

---

⑳ 参见勒维特对克吕格尔的批判,载《哲学评论》,Ⅶ,1959 年,第 1—9 页。

㉑ 鉴于 G. 罗厄(Rohr)的文章"柏拉图对历史的看法"(柏林,1932 年),我在数十年前就已说过(《德意志文汇报》,1932 年,第 1982 行以下;我的著作集,第 5 卷,第 327—331 页):"如果在一个国家中真的实施了正确的教育(Paideia),那么它肯定不是我们称为'历史'的地方;牛长和消逝,增长和衰败的交替。真正的状态超越了由事实证明的事件的经过规律。只有当人们发现这种'持续'也能叫作'历史'的时候才能显示出柏拉图'对历史的看法';历史的存在作为重复保存的持久性是在持续着的典范(Vorbild)的持续着的映象(Abbild)中、在自然宇宙的政治宇宙中实现的。(回忆一下《蒂迈欧篇》开头)"。K. 盖塞尔(Gaiser)在此期间又在他的《柏拉图未写出的学说》(1963 年)一书中重新探讨了这个问题[也可参见我的论文"柏拉图的乌托邦思想",载《文科中学》,第 90 卷(1983 年),第 434—455 页,现收入我的著作集,第 7 卷,第 270—289 页]。

所以,历史怀疑论——即使按照基督教的宗教改革派的理解——乃是我们唯一可能观察实际的人类历史的态度。这就是勒维特在《世界历史和神迹》一书中揭露欧洲历史哲学的神学的,尤其是来世论的前提的背后的意图和观点。在勒维特看来,思考世界历史的统一性乃是现代基督教精神的错误需要。如果我们真要严肃对待人的有限性,那么按勒维特的观点我们就不能考虑永恒的上帝和他对人所施行的拯救计划。我们必须注视自然的永恒过程,以便在其中学习到唯一与人的此在在世界整体中的渺小性相适合的冷静。正如我们所见,勒维特为了反对现代历史主义和自然科学而提出的"自然的世界概念"具有斯多葛派的印记。⑫ 看来没有一篇希腊的文章能比伪亚里士多德的(古希腊-斯多葛的)著作"论世界"更好地表现勒维特的意图,这点毫不奇怪。显然,现代作者如同他的希腊前驱一样,对于自然过程的兴趣只不过是把它当作人类事物绝望的非秩序的对立物。谁想捍卫这种自然世界观的自然性,那他绝不是从同一物的永恒轮回出发——就如尼采——而是从人类此在的绝对有限性出发。他对历史的拒绝是一种宿命论的反映,亦即对这种此在之意义的绝望。这根本不是对历史意义的否认,而是对其是否能有意义这一点的否认。

我认为列奥·斯特劳斯[27]在一系列关于政治哲学的卓越书籍中对现代历史信仰所作的批判是更为彻底的。他是芝加哥政治哲学教授,而这位对现代政治思想进行如此彻底批判的批判家竟

---

⑫ "近代哲学的世界概念",载《海德堡科学院会议论文集》,哲学-历史卷,1960年。

在美国产生影响,这对我们这个自由活动领域日趋狭窄的世界无疑是一种鼓励。我们都还知道使法国17和18世纪文学公众紧张不安的古代和现代之争。虽然那主要是一种文学争论,它表现了希腊和罗马古典诗人之不可超越性的捍卫者与当时那些在太阳王的宫殿里掀起了文学新古典主义阶段的作家的文学自我意识之间的竞争,但这场争论的冲突最终则是在历史意识的意义上达到它最后的消融。因为它必然要限制古代的绝对典范性。这场争论似乎又是传统和现代之间非历史性争论的最后形式。

列奥·斯特劳斯最初的著作之一《斯宾诺莎的宗教批判》(1930年)就讨论这场争论,这绝非偶然。他一生中所有给人深刻教益的著作都奉献于这一任务,即在一种更为彻底的意义上重新激起这场争论,亦即把现代的历史自我意识与古典哲学昭然若揭的正确性相对置。如果说柏拉图探究了最好的国家,甚而亚里士多德扩展了的政治经验论也固守着这种探究的优先性,那么这同自马基雅维里以来支配着现代思想的政治概念很少有相吻合之处。如果说斯特劳斯在他那本德文译本也很流行的著作《自然法和历史》中按照现象而深入到现代历史世界观的对立面,即自然法,那么他的著作的意义实际上就在于把希腊古典哲学家柏拉图和亚里士多德等人描述为自然法的真正创始人,并且既不让自然法的斯多葛派形式、也不让它的中世纪形式、更不用说它的启蒙时代形式在哲学上正确地发挥作用。

这里,斯特劳斯乃是被他对现代灾难的洞察所推动。诸如"正确"和"不正确"的区别这样一种基本的人的要求自然要假定人必须能够超越他的历史条件性。以追问合法性的问题而突出了这种区别之无条件性的古典哲学显然是正确的,而把一切无条件的作用历史地相对化的彻底历史主义则不可能是正确的。我们必须根据古典哲学来检验斯特劳斯的论据。

当然斯特劳斯也不能认为他能够以柏拉图承担批判智者派的方式来承担这项任务。他本人也深深地浸染于现代历史意识之中,以致他不可能有"纯洁"地代表古典哲学的权利。所以他反对他所谓的历史主义的论据首先也是在历史的基础上提出来的。他引证说(勒维特也重复这种引证),历史思想本身也有其产生的历史条件。其实这不仅适用于幼稚的历史主义的形式,即在对传承物的研究中构成历史的意义,同时也适用于那种把认识者的存在本身也一起放到其历史性中思考这种纯化过的历史主义形式。

如果上述说法无疑是正确的,那么以下推论也同样无可争议,即历史主义的历史现象如其存在一样,也终有一天会灭亡。这是确然的,这不是因为它自相"矛盾",而是因为它要严肃地对待自己的论据。当然我们不能说,宣称一切知识都绝对"永恒地"具有其历史条件性的历史主义从根本上就是自相矛盾的。这种自我矛盾乃是一种特有的事情。⑬ 我们必须在这里问,"一切认识都有历史条件性"和"这种认识是无条件地有效"这两个命题是否处在同一层次上,从而它们可以互相矛盾。因为这论题并不是说人们将永远认为这种命题是真的——只不过说人们认为这一命题曾经总是真的。严肃的历史主义则相反会认为,人们终有一天会认为他的论题不是真的,亦即"非历史地"思考。但这绝不是因为无条件地

---

⑬ 参见我的著作集,第1卷,第452页(注释㊿)。

宣称一切认识具有条件性是无意义的,而是因为它包含着"逻辑"矛盾。

然而斯特劳斯所指的也许并不是这种意思。单纯地论证说古典思想家乃是另外地、非历史地思维,这并不能说明今天我们就可能非历史地思维。然而却又存在足够的理由使我们不要把非历史地思维的可能性看作空洞的可能性。恩斯特·荣格(Ernst Jünger)对这个问题所作的许多正确的"外貌方面"的观察可以说明,人类业已碰到了"时间之墙"。⑭ 斯特劳斯所看到的只是在历史思想内部所思维的东西,并具有一种纠正的意义。他所批判的,正是"历史地"理解传统思想所要求的,即对这种过去的思想世界的理解要比这种思想世界过去对自己的理解来得更好。⑮ 谁这样地思维,谁就永远地排除了使传统思想永真的可能性。这就是这种思维方式普遍的教条主义。

据我看来,斯特劳斯这里所描绘并与之斗争的历史主义者的形象与我在哲学诠释学的研究中标明为狄尔泰和19世纪历史非理性主义背后的主导观念的完美的启蒙运动的理想相吻合。所谓要借助于现代才能把所有过去都完全揭示出来,这难道不正是一种现代的乌托邦理想?我认为把现代的优势观点应用于一切过去身上并不是历史思维的本质,相反倒标志出一种"幼稚"历史主义的顽固的实证性。历史思维的尊严和真理价值就在于承认根本不

---

⑭ 参见A.格伦对现代艺术的分析,他正好谈到了"我们已置身其中的"后历史(post-histoire)。[参见我对"时间图像"的评论,载《哲学评论》,Ⅹ,1/2;《短篇著作集》,第2卷,第218—226页,现收入我的著作集,第9卷。]

⑮ 《什么是政治哲学?》,格莱柯,1959年,第68页。

存在什么"现代",只存在不断更换的未来和过去的视域。说某种表现传统思想的观点是正确的,这绝不是固定不变的(也绝不可能是固定不变的)。"历史的"理解没有任何特权,无论对今天或明天都没有特权。它本身就被变换着的视域所包围并与它一起运动。

与此相反,语文学诠释学的转向,即我们对某位作者的理解必须比作者本人对自己的理解来得更好,正如我所证明的,乃是起源于天才说美学,但它本来乃是一种简单的启蒙运动理想的表述,即通过概念分析阐明混淆的观念。⑦ 它在历史意识中的运用只是次要的,并且促成了现代的解释具有不可超越的优越性这种错误的假象,这正是斯特劳斯正确地批判过的。然而,当他论证说,为了更好地理解,我们就必须像作者自己理解的那样理解这位作者,我认为他就是低估了一切理解所具有的困难,因为他忽视了我们可以称之为陈述辩证法的东西。

他在其他地方也表现出这种倾向,例如他在捍卫"客观地解释"文本这种理想时就说,无论如何作者只以唯一的一种方式理解自己的理论,"前提是,他并不混乱"(67)。这里必须问的是,这里所指的清楚和混乱的对立是否如斯特劳斯所认为的具有不言而喻的清楚意义。从事实看,他难道不正是以此而分享了完美的历史启蒙运动的观点并越出了根本的诠释学问题?他似乎认为我们有

---

⑦ 参见我的著作集,第1卷,第197页以下。[参见本书第182页以下,对第183页注④可比较亨利希·努萨《弗里德里希·施莱格尔的语言理论》第92页以下。按此书观点,施莱格尔的转向完全是"忠于"历史的语文学家的转向:他必须在作者的意义上"刻画"作者。施莱尔马赫正是在浪漫主义基础上转义了的"更好理解"中才首先看到真正的诠释学工作的,参见 H. 帕切,本书第180页注①。][28]

可能理解并非我们所理解的东西而是他人所理解的东西,并且仅仅像这位他人所理解的那样进行理解。他也似乎认为,如果有人说了某些东西,则他"自己"就必然地和适当地理解了。我认为这两者是不相容的。我们必须把受到指控的诠释学基本命题——应该比作者本人对自己的理解"更好地"理解作者——同完美的启蒙运动前提相区分,以便把握它的有效意义。

我们可以查问一下,斯特劳斯为古典哲学所作的辩护从诠释学角度看又会显得如何。我们可以用一个例子来研究。斯特劳斯很清楚地指出,古典政治哲学是用另外的名称认识现代讨论中所谓的我—你—我们关系的,即把它称作友谊。他正确地看出,现代讨论"你—问题"的思想方式起源于笛卡尔"我思"(ego cogito)所具有的基本优先地位。斯特劳斯认为自己已发现,为何古代的友谊概念是正确的,而现代的概念构成则是错误的。谁要想认识国家和社会的构成,谁就必须合法地谈论友谊的作用。但他却不能用同样的合法性谈论"你"。你并不是所谈论的东西,而是对之谈论的对方。如果有人用你的作用来代替友谊的作用,那就恰好弄错了国家和社会的客观交往本质。

我发现这个例子很幸运。友谊概念在亚里士多德的伦理学中处于德行和善行理论之间的不定地位,很久以来就被我出于完全类似理由而认作现代伦理学相对于古典伦理学的界限的出发点。⑦ 因

---

⑦ 参见我的论文"论哲学伦理学的可能性"(《短篇著作集》,第 1 卷,第 179—191 页,现收入我的著作集,第 4 卷)。[也可参见我为《乌伏·赫尔席纪念文集》所写的文章"友谊和自我认识",维尔茨堡,1985 年,现收入我的著作集,第 7 卷,以及我在《哲学评论》(第 32 卷,1985 年,第 1—26 页)上所发表的伦理学综评。]

此我完全同意斯特劳斯的例子，但我还要问：是否可能通过由历史科学训练过的眼光"阅读"古典思想家，同样地重构出他们的意见，然后可以在可信任的意义上认为这些意见是正确的，从而使我们不费力气地获得这样的见解？——抑或我们在其中发现了真理，因为当我们试图理解它们时我们总是已经进行了思考？但这也就是说，它们所陈述的东西对我们之所以显示为真，乃是因为借助于正在流行的相应的现代理论？我们无须把它理解为更正确的东西就理解它吗？如果回答是否定的，那么我还要进一步追问：如果我们发现亚里士多德所讲的要比现代理论（他根本不可能知道的现代理论）更为正确，那我们就说亚里士多德不可能像我们理解他的方式那样理解他自己，这种说法是否有意义？

斯特劳斯正确地坚持的国家概念和城邦概念之间的区别也说明了相同的问题。国家机构同城邦的自然生活共同体很不一样，这一点不仅正确——而且还可以从这种区别的经验中发现某些因素，假如我们不是从现代的对立面来理解它，则这些因素不仅对于现代理论是不可理解的，而且在我们对流传下来的古典文本的理解中也是不可理解的。假如有人想把这称为"复活"（revitalisation），我认为这同科林伍德的重演（Re-enactment）说法同样是不妥当的。精神生活并不像肉体的生活。承认这一点并不是错误的历史主义，而是同亚里士多德的 epidosis eis auto（馈赠自己本身）最为一致。实际上我认为自己在这一点上与斯特劳斯并无根本区别，只要他仍然认为"历史和哲学问题的混淆"在我们今天思想中乃是不可避免的。我同意他以下意见，如果有人把这认为是现代的绝对优越性，那只是一种独断的主张。确实，当我们在受到传统多方歪曲的概念中思维时，有多少前概念不为我们觉察地支配着我们，而刚才所提到的例子——这例子可以从斯特劳斯的著作中任意扩展——又清楚地表明回溯到思维之父又能给我们多大的教益。

无论如何我们不能被那种谬误所迷惑，认为诠释学问题只是从现代历史主义的立场才提出的。应该承认，对于古典思想家说来，其前辈的意见根本不是作为历史的他者，而是作为同时代的思想来讨论的。然而诠释学的任务，亦即解释流传下来的文本的任务仍然存在，如果这种解释在那时总是同时包含着真理问题，那么这同我们自己与文本打交道的经验的距离也不会像历史-语文科学方法论所感受到的距离那么远。诠释学这个词显然使人想到口译者的任务，即解释并传达因在陌生语言中说出——即使是诸神的暗示和符号语言——而不可理解的话语。献身于这种任务的能力已经总是可能的思考和有意识训练的对象（这当然可能具有某种口头传说的形式，例如特尔斐的神职人员那里）。但这解释任务则是到了产生文字以后才确立。一切用文字固定下来的东西都具有某些陌生的因素，因此就提出了用陌生语言说话时所提出的同样的理解任务。文字的解释者如同神的或人的话语的口译者一样都必须去除掉其中的陌生性并能把它占为己有。如果意识到在文本和解释者之间所存在的历史距离，那么这个任务就可能更为复杂。因为这同时就意味着，使流传下来的文本和解释者具有共同性的传统已经变得脆弱了。我认为，人们在自然科学所诱发出的错误的方法相似性的压力下，把"历史的"诠释学同那种前历史的诠释学分割得太远。我试图指出，这两者之间至少有一种支配的性质是相同的:它们的应用结构。⑱

我觉得,从希腊的开端处去研究诠释学和文字之间的本质联系乃是很有吸引力的事情。

如果我们可以相信柏拉图的话,不仅苏格拉底及其对手智者派都卷入了对诗人的解释。而更重要的是,整个柏拉图辩证法都被柏拉图自己明确地与文字问题相关联,而这个问题即使在实际对话内部也经常表现出一种明显的诠释学特性,不管辩证的对话是由男女神甫的神秘传统、由第欧梯玛(Diotima)的指教或仅仅是由一种论断所引导。古代人根本不担心我们的理解,因此让我们就如面对童话一样束手无策。此外似乎还应从相反的角度作一番考察,即在柏拉图那里他自己的神秘性在多大程度上属于辩证努力的进程,并因而具有解释的性质。这样,从赫尔曼·古德特(Hermann Gundert)提出的开端出发构造一种柏拉图主义的诠释学就可能是极有教益的。⑲

但更重要的则是把柏拉图作为诠释学思考的对象。柏拉图著作的对话艺术独特地处于戏剧文学的多样装扮性和教育理论著作的真实性之间。在这一方面最近十年帮助我们达到一种高度的诠释学意识,而斯特劳斯在他的著作中通过对隐藏在柏拉图对话中意义关联的许多卓越破译而吸引着我们。不管形式分析和其他的语文学方法对我们有多大的帮助,真正的诠释学基础却是我们自己同实际问题的关系,柏拉图所处理的也是这种关系。甚至唯有

---

⑱ 参见我的著作集,第1卷,第312页以下。
⑲ 载《O.雷根伯根纪念文集》,海德堡,1952年;《读书——语言哲学、语言历史和概念探究的研究》,第2卷。

实际上对柏拉图有所了解的人才能理解柏拉图的艺术家的讽刺（就如一切讽刺一样）。这种情况的后果就是使这种破译性的解释成为"不确定的"。它的"真理"不是"客观地"可证明的，除非是由于那种把我们同被解释的文本相联系的实际赞同。

于是，斯特劳斯以一种间接的方法对诠释学理论作出了更为重要的贡献，他研究了一个特别的问题，即在理解文本的时候，出于官方或教会的迫害压力而有意地隐藏起的真实意见在多大程度上能被人注意到。[80] 对麦蒙尼德、哈列维和斯宾诺莎的研究首先就提供了了解上述情况的机会。我并不想对斯特劳斯提出的解释进行质疑——它使我茅塞顿开——但我却想提出一种相反的考虑，这种考虑在此场合中也许同样很清楚，但在其他场合中，例如关于柏拉图的情况，却完全确实地自有它的道理。有意识地歪曲、掩盖、伪装自己的意见实际上相对于通常的，甚而一般的正常情况难道不是一种罕见的极端例子？正如迫害（官方的或是教会的、宗教法庭等）与社会和舆论对人的思想造成的有意或无意的压力相比也只不过是一种极端情况。只有当我们完全意识到从一种情况到另一种情况的连续转变，我们才能衡量斯特劳斯所处理问题的诠释学困难。我们如何才能清楚地确定一种歪曲呢？据我看来，如果有人在一个作家那儿发现矛盾的论述，这种论述把掩盖了的和偶然的东西——如斯特劳斯所认为——认作是他自己真实意见的陈述，那么这不能算清楚地确定了它是歪曲。因为人类精神有一种无意识的随大流倾向，会把一般明显的东西当作真的。同时

---

[80] 《迫害和写作方式》，格莱柯，1952年。

又存在着正相反的尝试极端可能性的无意识冲动,尽管这些可能性不可能同一个融会贯通的整体相一致。尼采的尝试性的极端主义就是对此不可否认的明证。虽说矛盾性是一种出色的真理标准,但可惜它在诠释学事务中却不是清楚的标准。

因此很显然,斯特劳斯乍看起来很明白的命题——如果某位作者所写的东西表现出连今天的小学生都能一眼看穿的矛盾,那么这种矛盾就是故意造成的,是为着使人能识破——是不可能应用在柏拉图笔下的苏格拉底那种所谓的论据错误上去的。这并不是因为那时我们还正处于逻辑学的开端(谁这样认为,谁就混淆了逻辑思维和逻辑学理论),而是因为针对着事物所进行的谈话其本质就是能容忍非逻辑的东西。㉛

这个问题具有普遍的诠释学后果。它所涉及的是作者的意见这个概念。我撇开法学以其法律解释的理论能在这里提供何种辅助手段这一问题。我只想指出,不管怎样,柏拉图的对话总是具有多方面关系的多义性的著作模式,这种模式经常使斯特劳斯获得重要的发现。难道该把柏拉图笔下的苏格拉底谈话中的模仿真理肆意贬低,甚至说我们不可能在其中,甚至在苏格拉底本身中发现这种多义性?难道作者真的详细地知道他在每句话中的含义?哲学自我解释的奇妙篇章——我想到康德、费希特及海德格尔等——在我看来说的是清楚的语言。如果斯特劳斯提出的对立命题是正确的,即哲学家或者具有清晰的意见或者就是混乱的意见,

---

㉛ 我认为对该问题的讨论总是没有切中要害,例如 K. 欧勒(Oehler)对 R. K. 斯帕古(Sprague)的著作《柏拉图对谬误的利用》所作的本来很有价值的评论。参见格诺蒙,1964 年,第 335 页以下。

那么我担忧在许多有争议的解释问题中只会存在一种诠释学的后果:把混乱的情况认作既存的。

对于诠释学过程的结构我显然依赖亚里士多德对 Phronesis（实践智慧）的分析。[82] 我基本上追随海德格尔在他早期弗赖堡时期业已开辟的路线,那时他运用实存性诠释学战胜了新康德主义和价值哲学(最后,还可能说战胜了胡塞尔本人)。的确,海德格尔在他的早期研究中就已怀疑亚里士多德的本体论基础,而整个现代哲学,尤其是主体性概念和意识概念以及历史主义的疑难都以这种本体论基础为根据。[在《存在与时间》中称之为"现成在手的本体论(Ontologie des Vorhandenen)"[29]。]但亚里士多德的哲学在那时对海德格尔在某一点上就不仅仅是对立面,而是他自己哲学意图的真正保证人:亚里士多德对柏拉图"一般理念"的批判,尤其是他证明了善与在行动时所需要的对善的认识具有相似的结构。

斯特劳斯为古典哲学所作的辩护中最使我惊奇的地方是,他极想把古典哲学理解成一个统一体,这样,在柏拉图和亚里士多德之间由于追问善的方式和意义的不同而产生的极端对立似乎就不会使他担忧。[83] 我从海德格尔处得到的早期激励对我很有帮助,因为亚里士多德的伦理学出乎所料地减轻了深入理解诠释学问题的难度。我认为这根本不是对亚里士多德思想的误用,而是为我

---

[82] 参见我的著作集,第 1 卷,第 315 页以下。
[83] [在我最近所写的关于柏拉图的长篇论文"柏拉图和亚里士多德关于善的理念"(《海德堡科学院会议论文集》,哲学-历史卷,海德堡,1978 年)一文中,我试图消除这一所谓的对立——L.斯特劳斯对此也许会感到非常满意。]

们大家指出了可能的教益,像亚里士多德所作的对抽象-一般的批判——无须以黑格尔的方式去辩证地发展,也无须产生像绝对知识概念所代表的站不住脚的结论——可以随着历史意识的产生而对诠释学处境成为决定性的。

特奥多·利特(Theodor Litt)在1956年出版的小册子《历史意识的重新唤起》中以"历史主义及其对手"为题挑起了一场同克吕格尔和勒维特(可惜没包括斯特劳斯)的激烈争论,这使我对这一点引起了注意。[84] 我认为,当利特在哲学和历史的对立性中看到一种新独断论的危险时,他是正确的。如果道德-政治判断的谬论导致了糟糕的结果,那么对一种稳固的、保持不变的尺度、"能给行动的人指明方向的尺度"的要求就具有特别的力量。追问正当性、追问真正的国家,这些都似乎是人的此在所具有的本质需要。此外,一切的关键都在于,这个问题的含义是什么、又该如何提出,以便把问题搞清楚。利特指出,这根本不可能指一种可以把需判断的实际政治活动的情况归置于其中的一般模式。[85] 我感到他未能利用亚里士多德可以提供的帮助乃是很可惜的事,因为亚里士多德就曾经对柏拉图做过同样的反驳。

我深信,我们必定能从古典思想家身上学到东西,而且我能很高地评价说,斯特劳斯不仅提出了这个要求,而且能够通过行动多

---

[84] 海德堡,1956年。

[85] "试图仰望'真正'国家的理念并按正当性规范的指示来确定,何种共同事物的特殊秩序能够帮助普遍实现一般的要求,这是一种无望的努力。"(88)利特在他的一篇题为"论精神科学认识构造中的一般性"文章中(写于1940年),对于上述问题作了更为详细的证明。

方面地实现这种要求。但我还要提到,我们必须从古典思想家身上学到的东西也就是存在于 politikē technē(政治技术)和 politikē phronēsis(政治实践智慧)之间不可去除的对立。我认为,斯特劳斯对此没有足够注意。

亚里士多德对此能给我们以帮助的无论如何是在这一点上,即我们并不坚持自然、自然性和自然法的神圣性,这种神圣性只不过是对历史的一种软弱空洞的批判,相反,我们获得了同历史传承物的更恰当关系,并更好地把握了存在。此外,我认为亚里士多德给我们提出的问题绝不可能一劳永逸地解决。情况很可能总是:亚里士多德式的批判——如同许多这样的批判——在它所说的内容上是正确的,但并不是针对它所对之说的对象。⑧ 但这已是另外一个更大的问题了。

Ⅱ 424

---

⑧ [参见我的著作集,第 1 卷,第 422 页注释㉝。]

28

诠释学

(1969年)

假如我们把1955年至1965年这11年间作为一个整体来加以通观的话,尽管它的特殊性需要细致描写,那么这段时间首先与再前面的10年相比区别是非常明显的,再前面的10年是由某种追补需要决定的:它是为了解决那种由于第二次世界大战这一大事件及其先行形式使思想在所有本有邻近影响的国家彼此分离的断绝状态。当东欧国家的哲学交往今天还由于多种理由而受到干扰时,在第二次世界大战结束后随着一种哲学从语言领域影响到其他领域的普遍时代转移,法国和英-美哲学观点首先在中欧起了实际作用,反之,现象学哲学和存在主义哲学从德国开始,首先也在法国、意大利等国,然后在美国发生了影响。沙特和梅格-庞蒂(Merleau-Ponty)、怀特海、罗素、维特根斯坦、胡塞尔和海德格尔相互发生影响并共同形成一个可以从之开始新的发展的基础,这一新发展在最近10年相当明显。诠释学无可争议地就属于这一新发展。

以前在德国浪漫主义时期,诠释学是通过施莱尔马赫在哲学中心问题上迈出了一大步,因为施莱尔马赫由于受到首先是由弗德里希·施莱格尔想起的对话哲学的启发,从个体性的形而上学意蕴出发,以便使个体性在无限的东西上进行整理。紧接着施莱尔马赫,诠释学又通过威廉·狄尔泰经历了它的哲学铸造。在1966年,青年狄尔泰的大部头诠释学研究第一次在编成第2卷的狄尔泰关于《施莱尔马赫传》的资料里[87]公之于世,关于这些资料我们以前只是通过1900年科学院论文集才知道部分的内容。这份研究除其他内容外还指出诠释学的哲学问题怎样在德国唯心主义里有其根源,这种根源不仅存在于施莱尔马赫把理解辩证地规定为主观性和客观性、个体性和同一性的内在相互作用里,而且首先还存在于费希特对于独断论的实体概念的批判和费希特准备提供的思考历史力量这一概念的可能性中,以及存在于黑格尔从"主观"精神过渡到"客观"精神的做法中。狄尔泰正确地认识到德罗伊森的《历史学》对于精神科学方法论的划时代的意义,因为德罗伊森使唯心主义遗产对于历史方法的正确自我理解富有成果。这种唯心主义遗产至今仍是生机盎然。我们要感谢法学史家埃米里奥·贝蒂对诠释学及其最新发展所作的出色的系列阐述,他的以德文写的诠释学"宣言"[88]吸收了所有诠释学传统(参阅贝蒂),[89]而在另一部内容广泛的著作里[90]我们可以找到他有关这一问题的重要论述。

---

[87] W. 狄尔泰:《施莱尔马赫传》,Ⅱ,2(M. 雷德克尔编),柏林,1966年。

[88] E. 贝蒂:"为一般解释学奠定基础的诠释学宣言",载《拉伯尔纪念文集》,第2卷,蒂宾根,1954年,第79—168页。

[89] 参见我的评价文章"埃米里奥·贝蒂与唯心主义遗产",载《佛罗伦斯季刊》,1978年,第5—12页。

[90] E. 贝蒂:《一般解释学理论》,两卷本,米兰,1955年(精简的德译本《作为精神科学方法论的一般解释学》,蒂宾根,1967年)。

可是从狄尔泰到贝蒂这种使唯心主义思想得以为诠释学所利用的科学理论度向现在却基本地被超越了。施莱尔马赫早已提出说话、理解和解释的内在交叉关系,并且解除了诠释学工作与"文字固定的生命表现"(狄尔泰)的传统联系,从而把其诠释学位置让给了生动的谈话。但是,即使在19世纪诠释学所重新经验的科学理论狭隘化也可能并不隐瞒那些与唯心主义激起的一般解释理论相对立的内在困难。要求法权创造性作用的法学诠释学应当怎样与精神科学的诠释学方法相联系,就如在戏剧和音乐里起了如此明显作用的解释的再创造意义一样皆是不明确的。这两者都超出了科学理论的探究。此外这一点也适于神学。因为即使神学诠释学也不想为理解圣经行为要求其他的灵感源泉或启示源泉——在布道或牧师个别谈话里出现的圣经解释福音事实也可能作为诠释学现象而不简单地加以排除或者返回到神学的科学疑难上去。所以,那种想掌握诠释学问题统一性的需要必须追问到科学理论度向的背后去并把握理解和解释现象的更原始意义。但是在这里显然还是要返回到施莱尔马赫对诠释学的普遍推广及其在思想与说话的统一中的基础背后去。因此我们首先必须同时把握以前与神学诠释学有最紧密联系的法学诠释学,因为在这两种"解释"中都包含有应用(Applikation),即把某种规范运用于个别情况。

显然,光把解释的实践应用度向与解释的理论基础区分出来,这是很不够的。诠释学作为"技艺学"乃属于 scientia practica(实践科学)之列,并且这正是实践科学是否只指科学对实践的应用这一问题——这一问题大概是由胡塞尔预先提出来的,因为他认识到通过指出逻辑规则的理论基本意义去反驳那种把逻辑规则重新解释成正确思考的技术规则的做法。研讨永恒在者(Immerseiende)和自身出发在者(von sich aus Seiende)的科学,以及其知识是研讨要制作物的艺术,都不具有那种对于实践科学及其现代表现即"实践理性"来说是决定性的,并且其规范性质既不是理论的也不是技术的特殊知识品性。这一点在法学诠释学领域内呈现的情况是,作出判断不仅仅是把事例归入一般(法律条款)的归属法,而且在找寻正确的"条款"时也依据于一种特有的法律创造的、法律补充的或继续塑造法律的决定。同样的情况也适合于牧师个别谈话的福音布讲使命,即这种布讲使命绝不由于它的神学手段而唯一被理解为他的职务。虽然这也可能是不正确的,即认为把这种判决出让给非理性的决定论(即使理论科学并未夺走法官或牧师的判决)。情况毋宁是,我们需要更切近地去规定在这种判决中何谓理性。

这——并非粗暴的非理性主义——就是所谓存在哲学有权作出的贡献:把判决、选择或任何名称的一切判断力的这种因素,作为理性的某种方式加以认识。雅斯贝斯[91]是通过存在澄明(Existenzerhellung)这一概念来表述这种知识的理性性质,存在澄明被列入科学作为强制知识唯一让人处于的界限状态(Grenzsituationen)。这总还是从科学的知识概念出发来描述,而当海德格尔把界限状态概念看作某种本体论转向的出发点时,他是更加彻底的。针对作为科学基础的现成在手(Vorhandenen)这一存在概念,海德格尔从实践-技术的掌握世界所特有的使用上手(Zuhandenen)概念和与某物

---

[91] K. 雅斯贝斯:《哲学》,三卷本,柏林,1932年,以及《理性和存在——五篇讲演录》,格罗宁根,1935年。

打交道(Sich-auf-etwas-Verstehen)概念出发,把人的此在的存在结构规定为"存在理解"(Seinsverständnis),不过这也就是说通过理性的本真光照。因此狄尔泰所采用的诠释学概念,也即理解意义关系的艺术,被推至到了某种"事实性诠释学"的怪论。在这里包含了一种对传统的规范概念的本体论批判,尤其是对价值概念(李凯尔特、舍勒)和"柏拉图式的"理想的一种意蕴概念(胡塞尔)的批判。由于拒绝心理学解释而赋予逻辑和伦理学规范领域的自在存在(Ansichsein)从本体论上看只是"现成在手状态"(Vorhandenheit),当然也是这样一种不可证明的深不可测的东西,至少在早期舍勒那里,它并蕴含一种创世神学的基础,而这基础对于价值概念和善概念以及对于价值和善的某种秩序概念可能是基本的。

因此,诠释学通过海德格尔由所谓精神科学的基础问题而移置到哲学本身的中心。从本体论上看,实际性诠释学这一怪名里就有着对意识、对象、事实和本质、判断和价值诸概念的批判。这种批判的彻底性赋予《存在与时间》以其革命的冲力。但是,海德格尔当时用以进行单纯加深哲学的先验基础的先验反思形式并不能满足那种想把此在的有限性和历史性(替代某种永恒在者的无限性)提升为进行追问存在意义的入门这一目的和任务。这就是所谓语言问题在海德格尔思想里作为中心位置出现这一时期的情况。在语言实现过程(事件)中所发生的东西显然掌握了先验哲学的反思,并把作为一切最终证明基础的先验主体性概念彻底地加以抛弃(参阅海德格尔㉜)。

㉜ M.海德格尔:《走向语言之途》,普福林根,1959年。

这就与盎格鲁-撒克逊的语言批判转向不期而遇了。这种语言批判转向是从对具有完美单义性的逻辑艺术语言理想进行彻底反思而开始的。代替已泛属于技术辅助学科的逻辑演算和语言公理化,出现了对实际所讲语言(日常语言)分析。但在这里批判形而上学的目的基本上仍是一样,只不过与这样一种积极的期待相联系,即致力于生动讲述的语言的这种新定向不只是揭露假问题,而是能解决问题。这种转向尤其通过维特根斯坦死后出版的巨著《哲学研究》(Philosophischen Untersuchungen)(1953 年)而在广泛的范围生效,尤其是这部著作对一种特有的唯名论前提所作的尖锐批判,而这种前提正是他的《逻辑哲学论》(Tractatus)(1921年)以及维也纳学派形成(首先是卡尔纳普)的基础。那种基于单义性理想的语言规范化观念现在被语言游戏理论所替代。任何这样一种语言游戏乃是一种表现为某种生活形式的功能性的统一体。哲学永远是形而上学批判和语言批判,但这种批判的基础是某种充满内在历史性的诠释学事件(das hermeneutische Geschehen)。

我们可以把这里所从事的哲学分析工作称之为诠释学的,如果就这里任何人为地整理信息手段、任何信息理论或某种一般符号理论都不能形成那种可以构造语言句法和表现这种句法交往功能的出发点的话。毋宁说这里描述的乃是那种设法为自己获得其特有规则和其特有构造形式的生活关系和语言关系本身。按照所谓信息论的对极来衡量,诠释学表现了观察方式的另一方面,因为它并不是从分子过程,而是从其自身的生活进程承担对语言事件的解释。

从科学方面来说有许多发现是支持这种观点的。自古以来诠释学就是神学的一种进行综合的组成成分。首先通过辩证神学对上帝话语所作的批判,以及自自由主义历史神学认为自己的任务就在于把其自己的科学要求和《圣经》及《圣经》解释的福音布讲意义相协调以来,诠释学问题就必然重新复苏。所以鲁道夫·布尔特曼㉝这位反对一切灵感理论和圣灵注释的顽强对手和历史方法大师曾经承认理解者对其文本的先行存在关系,因为他在与《圣经》的关系上通过追问上帝教导了一种与人的存在相联系的不断运动着的"前理解"(Vorverständnis)。由于布尔特曼在去神话化的口号下力图发掘《新约》的福音布讲核心并因此拯救《圣经》免于历史异化,所以他实际上考虑到了一种古老的诠释学命题。因为很显然,《新约圣经》的真正目的乃是福音布道,只有从这里出发我们才能阅读《新约圣经》。正是通过布尔特曼的学生,布尔特曼重新所唤醒的诠释学论题才发展至极端:这就是恩斯特·福克斯㉞和格哈德·埃贝林㉟,前者写了一部天才地把反思和注释结合在一起的著作,后者则首先从路德的诠释学出发。他们两人都讲到了某种信仰的"语言自成事件"(Sprachereignis),并试图以此阻止神话或历史事实上的每一种冷漠的客观主义参与《圣经》传统的福音意义。即使在现代神学里也不乏相反的运

㉝ R.布尔特曼:《去神话化问题》,慕尼黑,1954年;《信仰与理解》,论文集,两卷本,蒂宾根,1939年(第2版,1952年)。

㉞ E.福克斯:《诠释学》,附有注释的补充卷,巴登·康恩施塔特,1958年;《神学里的诠释学问题》,蒂宾根,1959年。

㉟ G.埃贝林:"上帝谈话与诠释学",载《神学与教会杂志》,第56卷,蒂宾根,1959年;"诠释学",载《历史与当代宗教》,K.伽宁编,第3卷,蒂宾根,1959年。

动,但从这种反感出发而来的诠释学意识就不仅在新教神学里而且目前又在天主教神学里得到发展。⁹⁶

同样,在法学领域,至少就德语国家而言,诠释学观点也重新得到复苏。正如法律的具体化问题一样,注释学观点作为法学独断论的补充从一开始就有其地位(参阅库尔特·英吉希关于讨论的出色概述⁹⁷)。但除此之外,一种关于法律知识特征的新思考也从许多方面,首先是通过菲维格(Th. Viehweg)⁹⁸和迈霍夫(K. Maihofer)⁹⁹,开始出现了,并且为此要求论题(Topik)这一古老的修辞学概念。同样,盎格鲁-撒克逊的判例法(Case Law)也具有某种诠释学兴趣的方面。¹⁰⁰

但是从哲学方面来看,随着愈来愈多的哲学意识,一种类似的努力长期以来就起作用,特别沙因姆·佩雷尔曼和他的同事维护了在法律和政治学里所使用的论证的逻辑特有意义以反对科学理论逻辑。¹⁰¹ 当然这里也使用了逻辑分析的手段,但由于带有想把令人信服的讲话的行事方式突出于具有逻辑强制力证明形式之上的目的,古老的修辞学要求相对于科学实证主义发生了影响。因

---

⑯ 关于这种反感在美国的影响,参见 J. 罗宾逊和 J. 可布:《新诠释学》,纽约,1965年,以及 R. W. 芬克(Funk):《语言、诠释学和上帝话语》,纽约,1966年。

⑰ K. 英吉希:《法律应用的逻辑研究》,第3版,海德堡,1963年。"当代法律和法律科学中的具体化观点",载《海德堡科学院论文集》,哲学-历史卷,1953年。

⑱ T. 菲维格:《论题与法学——法律科学基础研究论文》,慕尼黑,1953年,第3版,1965年。

⑲ K. 迈霍夫:《自然法是存在法》,法兰克福,1963年。

⑳ 参见哈特(C. L. A. Hart):《法律概念》,牛津,1961年。

㉑ C. 佩雷尔曼和 L. 奥尔布莱希特-梯特卡(L. Olbrechts-Tyteca):《新修辞学——论论证》,巴黎,1958年。

此面对现代科学理论和科学哲学的片面性,哲学兴趣不可避免地又逐渐转向修辞学传统并要求重新恢复这一传统。[102] 这必然有益于对诠释学的问题兴趣。因为诠释学与修辞学都共同具有限制科学理论的真理概念和维护真理概念独立自主权利的作用。不过这里还存在一个尚需决定的问题,即修辞学和诠释学之间的这种历史上合法的一致关系是否真的在全部范围里都合乎事实。的确,自梅兰希顿以来的古典诠释学的绝大部分概念都源自古代的修辞学传统。修辞学要素,即劝说论证领域,并不限制于具有高度艺术性的讲话用法的法庭-公众场所,而似乎与理解和相互理解的普遍现象一起而扩大范围。但一种不可抛弃的界限自古以来就存在于修辞学和辩证法(就此词的古代意义而言)之间。相互理解过程深深地进入了主体间的思想感情交流领域,例如包括了所有那些通过沉默而取得一致意见的形式,有如 M. 波兰尼[103]所指出的,同样也包括了非言语的表情的交往现象,如笑和哭,H. 普莱斯纳[104]曾向我们指出了这些交往现象的诠释学意义。

但还有另一种关系应当提到,而且这也是诗学今天面对修辞学所具有的难以解决的关系。这也具有一种诠释学方面。直到康德时代和修辞学由于天才美学和体验概念而失势的时代之前,诗学和修辞学这两门学科、两种语言艺术,也即两种具有高度艺术性的自由的讲话用法形式之间本来具有姊妹般的亲密关系。但在这里有

---

[102] 参见 M. 拉汤森(Natanson)和 H. 约翰斯通(Johnstone)有深厚基础的富有启发的散文集《哲学、修辞学和论证》,派克大学,1965年。
[103] M. 波兰尼:《个人知识》,伦敦,1958年;《缄默的领域》,纽约,1966年。
[104] H. 普莱斯纳:《笑与哭》,慕尼黑,1950年。

一种我们即将要消除的传统偏见。按照这种传统,诗的语言正如具有高度艺术性的讲话的语言一样乃是从 ornatus(装饰)出发来理解的。但这意味着,实际生活的毫无装饰的讲话方式乃是语言的本真状态——至少自维柯、哈曼(R. Hamann)和赫尔德以来,这种问题的不言而喻性是消失了。如果诗是人类的天生语言,那么从诗那里所学到的关于语言本质的知识就远比从科学里得到的多得多,因为科学研究语言就像是研究陌生语言,是在它们已异化成交往工具和信息工具的此在方式里进行的。当然,诗和诠释学现在由于技术-工业的雅各宾党统治而陷入狭隘的谷口,因为诗歌作品的可理解性(正如绘画作品和雕塑作品的可理解性一样)被视为一种"古典的"偏见。但在我看来,公正对待这种可理解性的私有形式,仍是诠释学的任务(参阅前几年以《诗学与诠释学》为书名出版的诠释学研究丛书)。

对于想在现代科学之外去承认真理这项要求最明确的证据是存在于艺术经验里。实践生活(vita practica)的要求很容易遭到拒绝,因为在当今科学信仰时代和普遍的专家统治的庇护下,这些要求似乎为了"科学的"生活指导应当放弃它们自身的权利。甚至就艺术经验而言,也不缺乏催办艺术的科学形态性的倾向(参阅格伦〔A. Gehlen〕[105]及本塞〔M. Bense〕[106])。所以借助于现代信息论,艺术家的发明宝库里愈来愈充塞着技术综合分析的产品,并使用时代艺术消费者的判断能力(虽然这种能力永远不会很深刻)愈来愈低下。但是在艺术经验里——尽管在当代人看来这种经验具有

---

[105] A. 格伦:《时代画面》,法兰克福,1960 年。
[106] M. 本塞:《美学》,巴登-巴登,1965 年。

严重的不确定性,并只在尚存的艺术过去的共时性中证明其真正的自主性——存在有一种限制科学唯一有效要求的真理要求。这一要求对哲学思考提出了一种不走上科学理论道路的任务。例如法国的杜弗伦(M. Dufrenne)[107]、意大利的帕勒松(L. Pareyson)[108]。从这种观点出发重新使美学问题活跃起来。本文作者以同样的方式在《真理与方法》[109]里试图从艺术经验出发确保哲学的真理要求以及对现代科学天真的自我解释。尤其是诗——其实并不只是诗,而且包括所有曾经对我们说过什么的艺术——并不是通过诗艺科学或一般艺术科学而被整合到我们人类的自我理解中去的,而永远是已经被整合并一起构成我们的自我理解,这一点证明了哲学诠释学要在其形式和内容的条件中去把握这种自我理解并把这种自我理解提升到概念高度这一要求的正当性。

但是,这其实不只是已进入诠释学探究的美学人文主义的遗产,而且也是古代的实践科学(scientia practica)的遗产。诠释学不仅从其在亚里士多德伦理学和政治学里的原始构思[110]出发而作为一种特有的认知方式(allo eidos gnōseōs)[111]区别于古代的知识(Episteme)这一科学概念(在我们今天称为科学的东西里只有数

---

[107] M. 杜弗伦:见第五届国际美学协会,1964年发表,巴黎,1968年。

[108] L. 帕勒松:Estetics, teoria della formatività, 托里诺,1954年。

[109] H.-G. 伽达默尔:《真理与方法》,蒂宾根,1960年(第4版,1975年)。[参见我的著作集,第1卷]同时参见《短篇著作集》,第1—4卷,蒂宾根,1967—1977年。

[110] J. 里特(Ritter):"亚里士多德实践哲学基础",载《法哲学与社会哲学档案》,第52卷,1966年。现在可参见里特:《形而上学与政治学:亚里士多德和黑格尔研究》,法兰克福,1969年。

[111] 亚里士多德:《尼各马可伦理学》,27,1141b33。

学才能真正满足于这一概念)。它也相对于现代科学概念及其技术转向而具有一种特有的——当然对于一般意识来说是没有的——合法性。诠释学的任务就是反思这里产生决定作用的认识的特殊条件。亚里士多德曾经在 Ethos(伦理)这一概念(以及在 Nomoi,即社会组织和其中教育的影响力之下的教化)里概括了这些对于实际生活(vita practica)来说唯一使真认识有可能的条件。这一点在当代起了它的作用,因为正是亚里士多德哲学里的这些批判柏拉图理念论的因素愿意为事实性诠释学充当宣誓保证人。不过除此之外,它们还是我们认识的社会条件可能牵涉到无前提科学的理想这一点的明确见证人。因此考察这种无前提性理想也属于彻底诠释学思考的任务。在这里确实我们不要忘记,科学的无前提性这种说法(顺便说一下,这产生于1870年以后的文化斗争〔Kulturkampf〕情况)表现了何种解放冲动,这是一种为启蒙运动及其造就成近代科学奠定基础的冲动。但是这种说法在历史科学和社会科学特殊领域的应用又显露了何等非反思的天真幼稚,这不仅表现在社会科学结论和从"维也纳学派"的科学理论而引出的具体应用的乌托邦性质上,它也明确表现在新实证主义科学理论及其记录陈述理论所陷入的根本疑难中。所以依据于维也纳学派的素朴历史主义在卡尔·波普尔的科学理论批判中⑫找到了它的有力的批判者。同样,霍克海默尔(M. Horkheimer)⑬和哈贝马斯⑭

---

⑫ K.波普尔:《历史主义的贫困》,伦敦,1957年;德译本,蒂宾根,1965年。

⑬ M.霍克海默尔:《理性的丧失》,纽约,1967年;德译本,《工具理性批判》,法兰克福,1967年。

⑭ J.哈贝马斯:"社会科学的逻辑",载《哲学评论》,附刊5,蒂宾根,1967年(第5版,法兰克福,1982年)。

的意识形态批判工作也揭示了存在于实证主义认识论,尤其是其社会科学激情背后的意识形态意蕴。

因此诠释学反思必须提出一种关于前见的学说,这种学说既正确对待了在所有理解里以之为前提的前理解的创造性的意义,但又并不危及对所有威胁认识的前见进行批判的意义。理解的诠释学制约性,正如在解释理论,尤其是在诠释学循环学说里所表述的,并不限制于那些让研究者的立场制约性属于实践认识条件的历史科学。可是诠释学在这里有其范例,因为在理解的循环结构中同时反映了作为一切历史枯萎和异化之前提的历史和现代的中介关系。解释者对其"文本"的隶属关系正如人的命运对其历史的隶属关系一样,显然是一种诠释学基本关系,这种关系虽然被正直的格言非科学性地发誓要丢弃,但对于认识的科学性来说唯有自觉地接受这种关系才是恰当的。

此外,解释不仅限制于文本,限制于由文本获取的历史理解。所有作为文本而理解的意义关系,从自然(自然解释,培根)开始,经过艺术(它的非概念性〔康德〕使它成为解释的突出例证〔狄尔泰〕),直到人类行为的所有自觉或不自觉的动机,都合于解释的要求。诠释学将指明人类行为的那种不明确表现的而是处于背后的真的意义规定性,它可以这样来做到这一点,或者每一个人的真实存在揭示自身是其自己历史的存在(利科尔[115]),或者我们思想的社会的和历史的条件不可识破地规定着我们。精神分析和意识形态批判不管是彼此敌对,还是结合在怀疑主义的或乌托邦的综合

---

[115] P.利科尔:《诠解释——一篇关于弗洛伊德的论文》,巴黎,1965年。

中(阿多尔诺〔T. W. Adorno〕、马尔库塞〔H. Marcuse〕),它们都必须再次经受诠释学反思。因为如此被认识和理解的东西是不依赖于解释者的立场的。任何解释空间既不是任意的,同时也很少是客观地被给出的。诠释学反思指明了历史主义和实证主义科学理论的客观主义里面有一些未知前提在作用。尤其是知识社会学和马克思主义意识形态批判在这里证明了它们的诠释学丰硕成就。只有通过批判意识和效果历史反思,这种解释的认识价值才能得到保证。但这并不是说这样的认识价值不具有科学的客观性。只有在其中有意或无意起作用的诠释学的批判反思才让它的真理显露出来。

哲学诠释学根本地意识到,认识者与那种向他表现和展示为有意义的东西以一种不可解开的方式联系在一起。它不仅对历史学的客观主义和实证主义的物理主义认识理想——科学的统一(Unity of Science)要求通过物理学的统一方法去建立这种物理主义——进行了批判,而且同样也对形而上学传统展开了批判。形而上学基本学说之一,即存在与真性(wahrsein)基本上是同一的——这是对于神的无限理智而言,形而上学把这种神的无限理智的全在(Allgegenwart)设想为所有存在东西的在场——是站不住脚的。这样一种绝对主体对于人及其认识能力的有限——历史的存在方式来说甚至也不是一种可接近的理想。因为认识者的存在的本质在于,正像所有对他来说是作为未来和作为规定他的过去的东西不是在场一样,这种绝对主体也很少是在场的。

出于同一种理由,现代的意识哲学也遭到了批判性的摧毁。

它的基础证明是古典希腊形而上学的基础,即使思辨唯心主义的同一哲学和黑格尔在精神的内容上对思想史的明确接受也对此未改变什么。绝对的知识被认为是某种绝对的当下(Gegenwärtighaben)。

为意识总概念在已贯彻执行的时间性现象学里奠定基础,像它在胡塞尔毕生工作里作为不断追求的目的所显现的,并不超越这一古希腊已被规定的现在(Präsenz)概念。因此语言问题在传统的思想里并未获得我们今天归于它的那种中心地位。无论是在黑格尔那里,还是在胡塞尔那里,它都未成为特殊的论题,甚至借助于语义学和一般符号理论的现代认识论基础也不把语言置于语言事件本身所表现的那种中心位置。现代诠释学讨论目前已把谈话现象移到中心,因为唯有在谈话里语言才存在,唯有在谈话里语言才被形成、发展和发挥作用。无论如何,理解现象是负载了这个过程的语言性,而并不因此具有施莱尔马赫心理学解释理论的片面性。我们宁可说诠释学度向正是通过一切言语东西的可文字性来表现其特征的。如果真有一种模式能说明理解中存在的紧张关系,那么它就是翻译的模式。在翻译中,陌生的东西是作为陌生的东西而成为我们熟悉的东西,也就是说,翻译不只是把它作为陌生的东西丢下不管或通过单纯的模仿它的陌生性把它重构于自己的语言中,而是在翻译中过去和现在的视域在一种持久不断的运动中进行交融,而这种视域交融才构成理解的本质。

29

第 2 版序言

（1965 年）

本书第 2 版实质上没有什么改动。它赢得了读者，同时也找到了它的批评者。本书已得到的关注无疑使作者有义务吸取一切极有价值的批评意见而修订全书。然而一种长年累月所形成的思路有它自身的凝固性，因此不管作者怎样力图去领会批评者的意见，他自己一贯坚持的观点总是在起主导的作用。

自从本书初版问世以来，已经 3 年过去了，但对于作者来说，要把全书重新修改一遍，并有效地利用这段时间从别人的批评⑯

---

⑯ 首先我要指出的是下面这些文章，其中还包括一些书面的或口头的意见：
(1) K. O. 阿佩尔：《黑格尔研究》，第 2 卷，波恩，1963 年，第 314—322 页。
(2) O. 贝克尔："艺术审美领域先验性问题"（《真理与方法》，第 1 部分），载《哲学评论》，第 10 卷，1962 年，第 225—238 页。
(3) E. 贝蒂：《作为精神科学普遍方法论的诠释学》，蒂宾根，1962 年。
(4) W. 黑勒布兰德："时间弧"，载《法律哲学和社会哲学文献》，第 49 卷，1963 年，第 57—76 页。
(5) H. 库恩："真理和历史的理解"，载《历史学杂志》，第 193 卷，1961 年，第 376—389 页。
(6) J. 默勒：《蒂宾根神学季刊》，第 5 卷，1961 年，第 467—471 页。
(7) W. 潘南贝格："诠释学和世界史"，载《神学和教会杂志》，第 60 卷，1963 年，第 90—121 页，特别是第 94 页以下。
(8) O. 珀格勒：《哲学文汇报》，第 16 卷，第 6—16 页。
(9) A. 德. 瓦尔亨斯："论诠释学的诠释学"，载《卢万哲学评论》，第 60 卷，1962 年，第 573—591 页。
(10) F. 维亚克尔："法律史诠释学摘记"，载《哥廷根科学院院刊——哲学历史学》，1963 年，第 1—22 页。

以及他本人近年来的工作中[117]所得到的一切,这三年的时间还是不够的。

也许我可以在此简要地概述一下全书的目的和主张。显然,我启用具有古老传统的诠释学(Hermeneutik)这一术语,已引起某些误解。[118]像古老的诠释学那样作为一门关于理解的"技艺学",并不是我的目的。我并不想炮制一套规则体系来描述甚或指导精神科学的方法论程序。我的目的也不是研讨精神科学工作的理论基础,以便使获得的知识付诸实践。如果这里所进行的研究有一种实践的后果,那么它确实不是一种为非科学的"承诺"而得出的实际结论,而是一种为"科学的"诚实性而得出的实际结论,即承认一切理解中都有实际的承诺。但是,我本人的真正主张过去是、现在仍然是一种哲学的主张:问题不是我们做什么,也不是我们应当做什么,而是什么东西超越我们的

---

[117] 参见:
(1)为 M. 海德格尔《艺术作品的起源》所写的后记,斯图加特,1960 年。
(2)"黑格尔和古代辩证法",载《黑格尔研究》,第 1 卷,1961 年。
(3)"自我理解的问题",载《G. 克吕格尔纪念文集:见解》,法兰克福,1962 年,第 71—85 页。
(4)"创作与解释",载《德国语言和文学创作研究会年鉴》,1960 年,第 13—21 页。
(5)"诠释学与历史主义",载《哲学评论》,第 9 卷,1961 年,见本书附录。
(6)"现象学运动",载《哲学评论》,第 11 卷,1963 年,第 1 页以下。
(7)"事情的性质和事物的语言",载《秩序问题——1960 年慕尼黑第 6 届德国哲学会议文集》,迈森海姆,1962 年。
(8)"论哲学伦理学的可能性,存在和道德",载《瓦尔柏贝格尔研究》,第 1 卷,1963 年,第 11—24 页。
(9)"人和语言",载《D. 契策维斯基纪念文集》,慕尼黑,1964 年。
(10)"马丁·海德格尔和马堡神学",载《R. 布尔特曼纪念文集》,蒂宾根,1964 年。
(11)"美学和诠释学",1964 年在阿姆斯特丹美学协会会议上的报告。
[118] 参见前引 E. 贝蒂和 F. 维亚克尔的著作。

愿望和行动与我们一起发生。[30]

因此,精神科学的方法论问题在此一般不予讨论。我的出发点只是:历史的精神科学,即使当它脱离了德国的浪漫主义并渗透了现代科学精神时,仍然保存了一种人文主义的遗产,这种遗产不仅使它区别于现代所有其他的研究,而且使它接近了完全是另外一类的非科学经验,尤其是艺术的经验。这确实有它的认识社会学方面的根源。在德国——它一直处于前革命的状态——正是美学上的人文主义传统在现代科学思想的发展中继续起着有力的作用,而在其他一些国家或许是政治意识更多地进入了那里的"人文学科"、"文学",简言之,即进入了人们以前称之为"人学"(Humaniora)的一切东西。

这一点丝毫不排除现代自然科学的方法在社会领域内也有其运用。我们的时代受日益增长着的社会合理化以及主宰这一合理化的科学技术的制约,也许比受现代自然科学巨大进展的制约要更强烈得多。科学的方法论精神渗透到一切领域。因此我完全不是想否认在所谓精神科学内进行方法论探讨的必要性。我的目的也不是想重新挑起自然科学和精神科学之间那场古老的方法论争论。很难有关于方法论对立的争论。就这一点来说,以前文德尔班[31]和李凯尔特[32]提出的"自然科学概念的构成界限"这一问题在我看来是不确切的。我们所面临的问题根本不是方法论的差别,而只是认识目标的差异。本书提出的问题将使人发现和认识到某种被那场方法论争论所掩盖和忽略的东西,某种与其说限制或限定现代科学,不如说先于现代科学并使之得以可能的东西。这丝毫不使现代科学自身的内在发展规律丧失其本身的重要性。

规劝人的求知欲望和人的认识能力,以便使它能更宽容地同我们这个世界的自然秩序和社会秩序相协调,这可能是徒劳的尝试。披着科学研究外衣的道德说教者的角色是荒诞的,而哲学家的那种要求,即要求从原则出发进行推论:"科学"为了使其在哲学上合法化必须怎样演变,也同样是荒诞的。

因此我认为,如果有人认为我们这里混淆了康德关于法权问题(quaestio iuris)和事实问题(quaestio facti)的著名区分[33],那完全是一种误解。康德确实并未想过为现代自然科学规定它必须怎样做,以便使它能经受理性的审判。他曾提出一个哲学问题,即他曾经追问,使近代科学成为可能的认识条件是什么,它的界限是什么。我们这里的探究也是在这个意义上提出一个哲学问题,但是我们所探究的绝不只是所谓精神科学的问题(尽管我们赋予精神科学某些传统学科以优先的地位),我们一般所探究的不仅是科学及其经验方式的问题——我们所探究的是人的世界经验和生活实践的问题。借用康德的话来说,我们是在探究:理解怎样得以可能?这是一个先于主体性的一切理解行为的问题,也是一个先于理解科学的方法论及其规范和规则的问题。我认为海德格尔对人类此在(Dasein)的时间性分析已经令人信服地表明:理解不属于主体的行为方式,而是此在本身的存在方式。本书中的"诠释学"概念正是在这个意义上使用的。它标志着此在的根本运动性,这种运动性构成此在的有限性和历史性,因而也包括此在的全部世界经验。既不是随心所欲,也不是片面夸大,而是事情的本性使得理解运动成为无所不包和无所不在。[34]

如果有人认为,诠释学观点在超历史的存在方式,例如数学或美学的超历史的存在方式上有它的限制,[119]我不能认为这是正确的。的确,一部艺术作品的审美性质大体上是依赖于其构造法则和形式水准,而这些法则和这种水准最终是超越了历史源泉和文化背景的一切界限。就艺术作品而言,我并不想讨论"质感"(Qualitätssinn)究竟在多大程度上表现了一种独立的认识可能性,[120]或者质感是否像所有的趣味(Geschmack)那样,不仅是形式地展开的,而且也是被构成和被塑造的。趣味无论如何必定是由某种东西造就的,这种东西从它那方面标明趣味是为何而形成的。就此而言,趣味也许总包含某种特定内容的取(和舍)。但是在任何情况下,每一个对艺术作品具有经验的人无疑都把这种经验整个地纳入到他自身中,也就是说,纳入到他的整个自我理解中,只有在这种自我理解中,这种经验才对他有某种意义。我甚至认为,这种方式囊括了对艺术作品的经验所进行的理解,在审美经验领域内超出了所有历史主义。诚然,在一部艺术作品最初所设定的世界关系和它在此后变化了的生活环境中的继续存在之间似乎要有区分,[121]但是最初的世界和后来的世界的分界线究竟在哪里呢?最初的生活意蕴是怎样转化为对文化意蕴的反思经验呢?在我看来,我在这里首先提出的审美无区分这一概念是完全正确的。这里根本没有什么明确的分界,理解的运动不可能囿于审美区分所

---

[119] 参见前引 O. 贝克尔的著作。

[120] 库特·里茨勒以前曾在其《论美》一书(法兰克福,1935 年)中试图对"质感"作出一种先验演绎。

[121] 参见这方面的最新成果:H. 库恩的《艺术作品的本质》(1961 年)。

规定的反思快感中。⑫我们应当承认,一尊古代神像——它不是作为一种供人审美享受的艺术品过去被供奉在神庙内、今天被陈列在现代博物馆中——即使当它现在立于我们面前时,仍然包含它由之而来的宗教经验的世界。这有一个重要的结果,即这尊神像的那个世界也还是属于我们的世界。正是诠释学的宇宙囊括了这两个世界。⑬

诠释学观点的普遍性在其他方面也不能被任意地限制或丢弃。如果我为了确保理解现象的合理范围而从艺术经验开始,这绝不只是一种写作布局上的考虑。这里天才说美学(Genieästhetik)[35]已经作了一个重要准备工作,因为它揭示了对艺术作品的经验从根本上说总是超越了任何主观的解释视域的,不管是艺术家的视域,还是接受者的视域。作者的思想(mens auctoris)绝不是衡量一部艺术作品的意义的可能尺度。甚至对一部作品,如果脱离它不断更新的被经验的实在性而光从它本身去谈论,也包含某种抽象性。我想我已经表明了,这种谈论为什么只描述了一种意向,而未提供理论的解答。无论如何,我的探究目的绝不是提供一种关于解释的一般理论和一种关于解释方法的独特学说,有如 E. 贝蒂卓越地做过的那样,[36]而是要探寻一切理解方式的共同点,并要表明理解(Verstehen)从来就不是一种对于某个被给定的"对象"的主观行为,而是属于效果历史

---

⑫ [尧斯如此坚决地坚持审美经验,仍狭窄,参见 H. R. 尧斯(Jauss)的《审美经验与文学诠释学》(法兰克福,1979 年)。]

⑬ 为这种关系中所存在的"譬喻"恢复名誉(参见本书第 1 卷,第 77 页以下),早在几十年前已由瓦尔特·本亚明的重要著作《德国悲剧的起源》(1927 年)开始了。

（Wirkungsgeschichte），这就是说，理解是属于被理解东西的存在（Sein）。[37]

因此，如果有人反对我说，一部音乐艺术作品的再现是一种不同意义的解释——不同于例如阅读一首诗或观看一幅画的理解行为，在我看来这并不能令人信服。所有的再现首先都是解释（Auslegung），而且要作为这样的解释，再现才是正确的。在这个意义上，再现也就是"理解"。⑫

我认为诠释学观点的普遍性，即使涉及到历史科学中存在的历史兴趣多样性问题时，也不应受到限制。的确，有许多种类的历史描述和历史研究方式，毫无疑问，每一种历史兴趣都以对效果历史的有意识反思为其基础。北美洲爱斯基摩人部落的历史确实与这个部落是否以及何时编入"欧洲历史"毫无关系，然而我们却不能真正否认，效果历史的反思就是对于这种历史课题而言也是重要的。谁在半世纪或一世纪后重新读我们今天所写成的这个部落的历史，他不仅会发现这个历史已经过时了——因为那时他将知道更多的东西或者更正确地解释原始资料，而且他也会承认我们在1960年是以另外一种方式读这些原始资料的，因为我们是被另一些问题、另一些前见和另一些兴趣所支配。如果我们想让历史描述和历史研究完全避开效果历史反思的判断权限，那么这就等于取消了历史描述和历史研究。正是诠释学问题的普遍性才会对所有的历史兴趣提出深刻性的问题，因为这种普遍性总是涉及到

---

⑫ 这里我可以引证——当然重点有所不同——汉斯·泽德尔迈尔的解释，他的解释现在收在《艺术和真理》（罗沃尔特：《德国百科全书》，第71卷）中，尤其参见第87页以下。

"历史问题"的根本性的东西。⑮ 没有"历史问题"的历史研究算是什么呢？用我所使用的并且为语词史研究证明是合理的语言来说，这就是：应用（Applikation）乃是理解本身的一个要素。如果我在这种情况下把法学史家和开业律师相提并论，那么我并不是要否认前者专门负有一个"思索的"任务，而后者唯一负有一个实践的任务。但是在两者的活动中都包含着应用。对一条法律的法权意义的理解对于他们两者来说怎么会是不同呢！的确，譬如说法官有一个进行判决的实践任务，并且在判决时可能介入许多法律政策上的考虑，而对这些考虑法学史家是不顾及的，虽然他也面对同一条法律。但是，难道因此他们对这条法律的法权理解是不一样的吗？法官的那种"对生活富有实践影响"的判决应是对法律的一种正确的而绝不是任意武断的应用，因而这种判决也必须基于"正确的"解释，这也就必然地在理解本身中包含着历史和现在的沟通。

当然，法学史家也必须"历史地"评价一条在这种意义上被正确理解的法律，这总是意味着，他必须估价这条法律的历史意义，并且因为他可能受其自身历史上的前见解（Vor-Meinungen）和当时流行的前判断（Vor-Urteilen）所支配，他可能"错误地"作了估价。这无非只是说，又有一个过去和现在的沟通，即又有一个应用。研究的历史所从属的历史进程通常总是说明了这一点。显然，这并不意味着历史学家做了某种他本不"可以"或本不应该做的事，做了某种我们凭借诠释学某条准则本应该或本可以阻止他

---

⑮ 参见前引 H. 库恩的著作。

去做的事。我这里并不是在谈法学史上的错误,而是在讲真正的认识。法学史家的实践——正如法官的实践一样——自有其避免错误的"方法",在这方面我完全赞同法学史家的意见。⑯ 哲学家的诠释学兴趣只有在成功地避免了错误的地方才开始出现。只要历史学家和理论家自身的正在消失的现在可在他们的行动和行为中被辨识,他们就证明了一条超出他们所知范围的真理。

从哲学诠释学观点看,历史的方法和理论的方法之间的对立没有绝对的有效性。这就提出了一个问题,即诠释学观点到底具有多大的历史的或理论的有效性。⑰ 如果说效果历史原则已成为理解的一个普遍的结构要素,那么这种说法就肯定不包含任何历史的条件性,而要具有绝对的有效性——可是,只有在特定的历史条件下才有诠释学意识。传统——自然地不断给出的传承物乃属于其本质——必须是有疑问的,同化传统的诠释学任务才会得到明确的意识。所以我们在奥古斯丁那里看到一种对于《旧约》的诠释学意识,而在宗教改革时期,为反对罗马教会的传统原则,需要从《圣经》本身来理解经文(所谓唯一圣经),从而发展了一种新教诠释学。但是自从历史意识——它包含现在对于一切历史传承物的基本间距——出现以来,理解就更成为一项任务,并需要方法论的指导。我这本书的论点因而就是:效果历史这一要素在对传承物的所有理解中都起作用,即使在现代历史科学方法论已被广泛采用的地方,以及这种方法论已使历史的生成物和历史的传承物

---

⑯ 参见前引贝蒂、维亚克尔和黑勒布兰德的著作。
⑰ 参见前引 O. 阿佩尔的著作。

沦为一种如实验的检验结果那样的"凝固起来"的"对象"——在这种意义上,传承物仿佛与物理学的对象一样,既是陌生的,而且从人的观点看,又是不可理解的——时,效果历史这一要素也仍然在起作用。

因此,在我使用的效果历史意识这个概念中合理地存在着某种两重性,这种两重性在于:它一方面用来指在历史进程中获得并被历史所规定的意识,另一方面又用来指对这种获得和规定本身的意识。显然,我的论证的意义是:效果历史的规定性也仍然支配着现代的、历史的和科学的意识——并且超出了对这种支配活动的任何一种可能的认识。效果历史意识在一个如此彻底的意义上是终究的,以致我们在自己整个命运中所获得的存在在本质上也超越了这种存在对其自身的认识。但是这却是一个不应局限于某一历史境况的基本见识,当然,这种见识在现代的历史研究和信奉科学客观性的方法论理想面前也遭到了来自科学自我理解的特殊反抗。

的确,我们有责任提出一个历史的反思问题,即为什么恰恰是在现在这一历史瞬间,对一切理解中的效果历史要素的根本洞见才有了可能。我的研究对此提出了一个间接的答案。因为只有在历史上那个世纪中朴素的历史主义遭到失败的时候,人们才明白,非历史-理论的东西和历史的东西之间的对立、传统和历史科学之间的对立、古代和现代之间的对立,都不是一种绝对的对立。那场著名的古今之争不再是一个真正的非此即彼的选择问题。

因此,本书关于诠释学观点的普遍性所讲到的东西,尤其是关于语言是理解得以完成的形式所阐发的东西,既包括了"前诠释学的"意识,也包括了一切形式的诠释学意识。因此对传统的朴素占有也是一种"再诉说"(Weitersage),尽管这"再诉说"当然不能被描述为"视域融合"(Horizontverschmelzung)(参见本书第419页以下)。[38]

现在转到这样一个根本问题:理解及其语言性观点本身究竟有多大的有效性?这个观点能得出"能被理解的存在就是语言"(参阅本书第1卷,第478页)这一命题所表现的这个一般哲学结论吗?这个命题是否由于语言的普遍性而得出"一切"只是语言和语言事件这一毫无根据的形而上学推论? 的确,不可言说的东西的明显存在并不必然破坏语言性事物的普遍性。用以实现理解的对话的无限性可能使与不可言说东西本身相关的一切成为相对的。但是,理解完全是通向历史实在的唯一而正确的道路吗? 显然,围绕这种观点存在一种危险,即事件的真正实在性,特别是事件的荒谬性和偶然性将会被削弱,并且在一种感官经验的形式里被歪曲。

所以,我自己探究的目的正是要指明,德罗伊森[39]和狄尔泰[40]的历史主义,尽管与黑格尔的唯灵论全然对立,却被其诠释学出发点引诱到把历史作为一本书来读,而且还是当作一本从头至尾每一个字眼都富有意义的书来读。狄尔泰的历史诠释学尽管全力反对把概念的必然性当作一切事件核心的历史哲学,但他仍然没有避免让精神史作为历史的最高形式。我的批评正是在这里。那么,我这本书是否会重蹈这种危险呢? 传统的概念构成,尤其是我试图为诠释学奠定基础的出发点即整体和部分的诠释学循环(der hermeneutische Zirkel)并不必然导致这一结论。整体这一概念本身应当理解为只是相对的。应在历史或传承物中去理解的意义整体从来不是指历史整体的意义。在我看来,当历史传承物不被认作是历史认识或哲学认识的对象,而被认作是某个特定存在的效果要素,基督幻影说的危险也就似乎被祛除了。自身理解的有限性乃是实在、对抗、荒谬和不可理解借以肯定自身的方式。谁认真地看待这种有限性,他就必须同样认真地看待历史的实在。

正是这同样的问题使得"你"的经验对于一切自我理解来说成了起决定性作用的因素。本书中关于经验的那一章占据了一个具有纲领性的关键地位。在那里从"你"的经验出发,效果历史经验的概念也得到了阐明。因为"你"的经验揭示了这样一种矛盾:立在我对面的东西提出了它自身的权力并要求绝对地承认这种权利——并且正是因此而被"理解"。但是我相信我已经正确证明了,这种理解根本不是理解这个"你",而是理解这个"你"向我们所说的真理。我所指的真理是这样一种真理,这种真理只有通过这个"你"才对我成为可见的,并且只有通过我让自己被它告知了什么才成为可见的。对历史的传承物也是同样如此,如果历史传承物不能告诉我们一些我们靠自己不能认识的东西,历史传承物就根本不能享有我们对它的那种兴趣。"能被理解的存在就是语言"这一命题必须在这个意义上去领会。它不是指理解者对存在的绝对把握,而是相反,它是指:凡是在某种东西能被我们所产生并因而被我们所把握的地方,存在就没被经验到,而只有在产生的东西仅仅能够被理解的地方,存在才被经验到。

这里涉及到一个哲学方法论的问题,这个问题同样也是在许多对我的书的批评意见中所提出的。我想把这个问题称之为现象学内在性问题(das Problem der phänomenologischen Immanenz)。我的书在方法论上是立足于现象学基础上的,这一点毫无疑义。但也似乎有些矛盾,因为我对普遍的诠释学问题的处理又是以海德格尔对先验探究的批判和他的"转向"(Kehre)思想为基础的。但是我认为,现象学论证原则也可应用于使诠释学问题得以揭示的海德格尔的这种转折,因此我曾经保留了年轻的海德格尔所使用的"诠释学"这一概念,但不是作为一种方法论,而是作为一种关于真实经验即思维的理论。所以我必须强调,我对游戏或语言的分析应被认为是纯粹现象学的。[128] 游戏并不出现于游戏者的意识之中,因此游戏的意义远比某种主观的行为要丰富得多。语言也不出现于言语者的意识之中,因此语言的意义也远比某种主观的行为要丰富得多。这就是可以被描述为主体的经验的东西,并且与"神话学"或"神秘化"毫不相干。[129]

这样一种基本的方法论态度是与一切真正的形而上学结论无关的。我在以后发表的著作中,特别是在我的研究报告"诠释学与历史主义"[130]和"现象学运动"(载《哲学评论》)里强调说,我确实已经接受了康德的《纯粹理性批判》,并且把那些只是以辩证方式从有限去思考无限、从人类经验去思考自在存在者、从短暂事物去思考永恒事物的陈述,都看成只是在设定界限,没有什么特有的认识

---

[128] 因此,当我接触到路德维希·维特根斯坦的"语言游戏"概念时,我就觉得这个概念是完全自然的。参见《现象学运动》,第37页以下。[我的著作集,第3卷。]

[129] 参见我在雷克拉姆版《海德格尔关于艺术作品的论文》里所写的后记(该书第108页以下)和最近我在1964年9月26日《法兰克福汇报》(即1965年合订本第1卷)上发表的论文。[《短篇著作集》,第3卷,第202页以下。]

[130] 参见本书第387—424页。

可以通过哲学的力量从这些陈述里提供出来。但尽管如此,形而上学的传统,特别是其最后的庞大形态即黑格尔的思辨辩证法,仍与我们保持经常的接近。"无限联系"(der unendliche Bezug)这一任务仍然存在。但是,论证这种无限联系的方式却力图摆脱黑格尔辩证法综合力量的束缚,甚至于摆脱从柏拉图辩证法发展起来的"逻辑",并且还试图在语词和概念真正成其语词和概念的对话活动中寻求其立足之地。[131]

因此,正如我们在费希特、黑格尔和胡塞尔的那种借思辨而发展的先验哲学那里所看到的,这种对反思的自我创建活动(reflexive Selbstbegründung)的要求仍没有得以实现。但是,与我们整个哲学传统(我们就处于这种传统中,并且我们作为哲学工作者就是这种传统)进行对话难道因此就毫无意义吗?难道我们需要为那种使我们已得以存在的东西进行辩护吗?

但是,由此引出了一个最后的问题,这个问题与我所阐发的诠释学普遍化的方法论转换较少关系,而更多地与诠释学普遍化的内容转换相关。就理解的普遍性缺乏一种对于传统的批判原则和似乎崇奉一种普遍的乐观主义而言,理解的普遍性是否意味着一种内容上的片面性?如果仅仅通过继承而存在至少能属于传统的本质,那么能够破坏传统、批判传统和消除传统岂不就当然地属于人的本质了吗?那种在按照我们目的改造实在的活动过程中所产生的东西,在我们对存在的关系中岂不就是更原始的东西吗?就

---

[131] O.珀格勒在前引书第12页以下给出了一个有趣的说明,他指出,从罗森克兰茨的口中,黑格尔对此本来要说什么。

此而言,理解的本体论普遍性岂不就导致一种片面性吗?——理解确实并不单纯地指接收流传下来的意见,或承认传统奉为神圣的东西。海德格尔首先把理解这一概念刻画为此在的普遍规定性,他的意思正是指理解的筹划性质(Entwurfscharakter),亦即此在的未来性。[41]然而我并不想否认,我曾经在理解诸因素的普遍关联中强调了接收过去流传下来的东西这一方面,因此就连海德格尔在这里也可能同我的许多批评者一样,或许感到我在推出结论时缺乏一种终极的彻底性。作为一门科学的形而上学的终结意味着什么?形而上学终结于科学意味着什么?当科学发展到全面的技术统治,并因而导致"在的遗忘"的"宇宙之夜"这种尼采曾预言的虚无主义时,难道我们要目送黄昏落日那最后的一抹余晖,而不欣然转身去期望红日重升的第一道朝霞吗?

但是,在我看来,诠释学普遍化的这种片面性本身就具有自身矫正的真理性。它启发了人的创造、生产和构造活动对于其所受制的必要条件的现代态度。这一点特别限制了哲学家在现代世界中的地位。不管哲学家可以怎样被认为能对一切事物作出彻底的论断,他总是扮演很坏的预言家、报警人、说教者甚至很坏的智者这类角色。

人们所需要的东西并不只是锲而不舍地追究终极的问题,而且还要知道:此时此地什么是行得通的,什么是可能的以及什么是正确的。我认为,哲学家尤其必须意识到他自身的要求和他所处的实在之间的那种紧张关系。

因此,我们必须唤醒并且保持清醒的诠释学意识,承认在这个科学的时代,哲学思维要求自己君临一切,必将包含某种幻想和不切实际的成分。但是,诠释学意识希望,以某种得自记忆的真理的东西,即某种一直是而且永远是实在的东西来对抗人们那种对以往东西进行批判的愈来愈强烈的愿望,这种愿望几近于一种乌托邦或末世学的意识。

30
第3版后记
（1972年）

当我于1959年底写完本书的时候，对于本书是否已经"过时"还很不清楚，也就是说，不知道本书对传统历史思想所作的清算是否已算是一种多余的工作。一种同历史性相敌对的新的技术性浪潮的迹象正在扩展。与此相应，对盎格鲁-撒克逊的科学理论和分析哲学的接受与日俱增。最后，社会科学，主要是社会心理学和社会语言学所出现的新高涨也并没有为浪漫主义精神科学的人文主义传统预示美好的前景。但这乃是我的研究借以出发的传统。这勾勒了我理论研究的经验基础——虽说并非我理论研究的界限和目标。然而，即使在古典历史精神科学内部也不可否认地存在着一种转向统计学和形式化这种新的方法手段的风格转变，以致研究需要科学规划和技术组织的要求不容忽视。因接受美国和英国的方法和立场而促成的新的"实证主义的"自我确信已经出现。

如果有人因本书的书名《真理与方法》而抱怨说这里忽视了现代科学的方法严格性，那么这显然是一种浅薄的误解。诠释学所做的是完全不同的工作，但它同最严格的科学习行绝不对立。任何有创见的研究者都不可能从根本上怀疑这一看法，即，虽说科学的方法纯洁性是不可或缺的，但是与仅仅应用习惯的方法相比，倒是对新方法的寻求——它的动力是研究者的创造性想象——更构成一切研究的本质。这一点并非仅仅适用于所谓精神科学的领域。

此外,在《真理与方法》中所进行的诠释学反思也完全不是一种概念游戏。这种诠释学反思完全是从科学的具体实践中产生出来,它对于方法的思考,亦即对于可控制的过程和证伪性都是不言而喻的。此外,这种诠释学反思也总是由科学实践得到证明。如果有人想确定我的工作在本世纪哲学中的地位,那他就必须从以下这点出发,即我力图在哲学和科学之间进行调解,尤其是试图在科学经验的广阔领域——虽说我对这些领域只有概略的了解——创造性地继续扩展马丁·海德格尔所提出的根本问题,这些问题对我具有决定性的影响。当然,这样做需要越过科学理论方法论的有限的兴趣域。但这是否可能成为一种对哲学思考的诘难?因为这种诠释学反思并不把科学研究视为自身目的,而是用它的哲学提问使科学在整个人类生活中的条件和界限成为主题。在科学日益强烈地渗入社会实践的时代,只有当科学不隐瞒它的界限和它自由空间的条件性时才能恰当地行使它的社会功能。对于一个对科学的信念业已达到迷信的时代,这只有从哲学方面才能解释清楚。以此为根据,真理和方法之间的对峙就具有一种不可消除的现实性。

哲学诠释学就以这种方式加入了我们这个世纪的一种哲学运动中,这种哲学运动旨在克服片面指向科学事实的倾向,而这种倾向对于新康德主义和当时的实证主义都是不言而喻的。然而诠释学也具有科学理论的重要性,因为它通过诠释学反思而在科学内部发现了真理的条件性,这种条件性并不存在于研究的逻辑之中,而是先于它而存在的。这点尤其见于所谓的精神科学领域(虽说并非唯有在这个领域中),同精神科学这个概念等价的英语词"moral sciences"(道德科学)已经指明,这种科学是把认识者自身必然隶属的东西作为对象的。

在某种最终的意义上甚至可以说这也适用于"正确的"科学。但依我看来这里作些区别也是必要的。如果说在现代微观物理学中观察者不可能从测量的结果中排除掉,并且必然会出现在微观物理学的测量结果的表述中,那么它就具有一种可以用数学公式表述的精确可陈述的意义。如果说研究者在现代行为研究中发现了能从种族发生史的遗传规定性角度规定他自身行为的结构,那么他就可以说学到了某些关于自身的知识,但这正是因为他用其他的眼光来观察而不是用他的"实践"和自我意识的眼光来观察,而且他既不屈服于赞誉的激情也不顺从对人的贬低。如果与此相反,每一个历史学家自己的立场总是在其认识和评价中清楚可见,那么这种论断并不是对其科学性的反驳。它根本没有说历史学家是否因其自身立场的限制而误入歧途,从而错误地理解和评价传承物,也没有说是否会因为历史学家立场的优先选择(这使他能在直接的时间历史经验中观察到相似之处)而使他能够把至今尚未被观察到的东西显露出来。这里我们就处在一种诠释学问题的中心——但这绝不是说它不再是人们用以判断真伪、消除错误、获得知识的科学方法手段。这在"道德"科学和"正确的"科学中绝无二致。

在经验的社会科学中情况也相同。很明显,这里也有一种"前理解"在指导着它的探讨。它所涉及的是高度发展了的社会体系，这种社会体系使历史地形成而又不可能在科学上证明的规范发生作用。它所表现的不仅是对象，而且也表现了具有方法工作的经验科学合理化的范围。在绝大多数情况下，社会科学研究对象的获得总是由于进入了现存社会的功能联系之中，或是通过同现存占统治地位的社会关系作对的意识形态批判。毋庸置疑，科学研究在这里同样也会导致对社会生活的局部联系相应的科学统治——但同样不可否认的是，它也会被引诱到把其结果外推到更为复杂的联系。这种引诱是很容易发生的。使得对社会生活的合理控制得以可能的事实根据同样也是不确定的——同社会科学相迎合的有一种信仰需要，这种需要严格地吸引住社会科学并远远超出社会科学的界限。我们可以以一个古典的例子来作解释，即J. St. 穆勒为了在社会科学中使用归纳逻辑而提出的例子，亦即气象学。不仅通过现代数据处理和加工而获得的长期的、对更广大空间有效的天气预测至今只具有很小的确定性——就算我们对天气过程有了完全的控制，或者更正确地说，我们支配了大量的数据并从而能作出一种确定的预告（这从根本上说来并不缺乏），与此同时总会出现新的疑难。对过程进行科学控制的本质就在于，使这种过程能服务于任何的目的。这就意味着将会产生出制造气候的问题、影响天气的问题，并且由此会产生经济-社会利益的斗争，我们对这种斗争从现在的预测学角度只具有很少的最初印象，例如有些利益集团有时会试图影响周末的天气预报。在向社会科学的转变中，社会过程的"可控制性"也必然会转入社会工程师的"意识"，这种意识本想成为"科学的"意识但却根本不可能否认自己的社会合作关系。这里存在着一种源自经验社会科学之社会作用的特殊疑难:一方面存在着把经验-合理的研究成果匆忙地外推到复杂情况的倾向,以便能达到科学的、有计划的行动——另一方面,社会成员对科学施加的利益压力也在产生着影响,以便按照他们的意思去影响社会过程。

绝对设置"科学"的理想确实有一种强烈的魅力,而这种魅力又总是使人认为诠释学反思是站不住脚的。由方法思想所导致的观点限制对研究者说来似乎很难被识破的。研究者总是指向他研究过程的方法正确性,但也就是说,他离开了反思这个相反的方向。只要他在维护他的方法意识,那么尽管他实际上反思地进行着研究,他仍然不会使他的这种反思得到系统的意识。一种把自己理解为科学方法论的科学哲学、一种绝不接受它不能通过反复试验过程而确认为有意义的观点的科学哲学绝不会意识到,正是通过这种确认就使它自己处于这种科学之外了。

因此,从根本上说来,同科学哲学进行哲学对话是永远不可能成功的。阿多尔诺[42]与波普尔[43]以及哈贝马斯与阿尔伯特[44]的争论很清楚地表明了这一点。⑬[45]科学理论的经验主义通过把"批判的合理性"提升为真理的绝对尺度的做法,就会把诠释学反思完全合乎逻辑地视为神学的蒙昧主义。⑬

所幸的是在下面这一点上还存在着一致意见,即只存在一种唯一的"研究逻辑",但这种逻辑并不是万能的,因为选定重要的问

---

⑬ [T.W.阿多尔诺(和他人共同编辑出版):《德国社会学中的实证主义争论》,新维德,1969年。]

⑬ 汉斯·阿尔伯特:《论实践理性》,1968年,第1版。

题并把它们列为研究课题的选择观并不能从研究的逻辑中获得。值得注意的是,科学理论为着合理化起见而沉湎于一种完全的非理性主义,并把通过哲学反思系统组织这种实际认识观的做法斥为不正确,它甚至指责持这种做法的哲学说,它使自己的论断不受经验的影响。科学理论没有认识到,正是它自己促进了一种充满灾难性的对经验的反对,例如,它使自己不受到健全的人类理解和生活经验的影响。当对局部联系的科学控制近于非批判的运用时,情况就是如此。例如,期待由专家们来为政治上的决策负责。按照哈贝马斯的分析,波普尔和阿多尔诺之间的争论有些不尽人意之处。虽说我同意哈贝马斯的观点,即诠释学的前理解总是起着作用因而需要反思的阐明。但我是在以下这点上同"批判的合理性"站在一边的,即我认为完全的澄清只是一种幻想。

鉴于这种情况,在此需要重新讨论两个问题:诠释学反思对于科学方法论究竟意味着什么?以及面对理解的传统规定性如何担负起思想的批判这一职责?

真理和方法之间对立的尖锐化在我的研究中具有一种论战的意义。正如笛卡尔所承认,使一件被歪曲的事物重新恢复正确的特定结构在于,人们必须矫枉过正。然而被歪曲的是事物——而并非作为其反思自我意识的科学方法论。在我看来,这从我描绘的后黑格尔主义的历史学和诠释学中得到足够清楚的表明。如果有人——E.贝蒂的追随者总是这样[13]——担心我所提出的诠释学

---

[13] 我已经在"诠释学与历史主义"(我的著作集,第2卷,第387页以下)一文中探讨了贝蒂富有成果,但却由于热烈的争论而弄错了方向的研究。

反思会使科学客观性烟消云散，那只是一种天真的误解。我认为阿佩尔[46]、哈贝马斯⑬和"批判的合理性"的代表在这里同样盲目。他们全都搞错了我的分析的反思要求，并且搞错了我试图作为一切理解的结构要素加以揭示的应用的意义。他们深深地囿于科学理论的方法论主义之中，因此他们总是注意着规则及规则的运用。他们没有认识到，对实践的反思并不是技术。

我所进行反思的对象是科学本身的过程及其客观性的限制，这种限制可以在科学过程本身中观察到（但没有被接受）。承认这种限制的创造性意义，例如创造性的前见形式，在我看来无非是一种科学正直性的要求，而哲学家必须担保这种科学正直性。对于使人们意识到这一点的哲学怎么可以说它鼓励人们在科学中非批判和主观地进行工作呢？如果有人倒过来期待从数学逻辑中发展逻辑思维，或者从自命为"研究逻辑"的批判理性主义的科学理论中发展科学研究，那么在我看来同样是荒唐的。理论的逻辑如同科学的哲学一样只能满足一种哲学的证明需要，它同科学实践相比只是次要的。在自然科学和精神科学之间存在的所有区别中，实际上只有科学批判方法论的内在有效性才是无争议的。即使极端的批判理性主义者也不会否认，科学方法论的运用要以确定的因素为前提，这种确定的因素涉及到论题的选择以及探究的立场。

依我看来在科学方法论方面所产生混乱的最后根据是实践概念的衰亡。实践概念在科学时代以及科学确定性理想的时代失去

---

⑬ 参见阿佩尔、哈贝马斯以及其他人在哈贝马斯编辑出版的文集《诠释学和意识形态批判》(1971年)中所写的文章及我在那文本集中的答辩，第283—317页。[我的著作集，第2卷，第251页以下。]

了它的合法性。因为自从科学把它的目标放在对自然和历史事件的因果因素进行抽象分析以来,它就把实践仅仅当作科学的应用。但这乃是一种根本不需要解释才能的"实践"。于是,技术概念就取代了实践概念,换句话说:专家的判断能力就取代了政治的理性。

正如我们所见,这里所提的问题并不仅仅是诠释学在科学中的作用,而是人在现代科学时代中的自我理解。哲学史为这个现实问题准备好的最重要的教导之一就在于,实践以及由实践所阐明和指导的知识,即被亚里士多德称为 Phronesis 的实际聪明或智慧在亚里士多德的伦理学和政治学中所起的作用。《尼各马可伦理学》第 6 卷是引导我们进入这个已被湮没的问题的最好向导。我想请大家就此问题参阅一本最近的著作,即我的"作为实践哲学的诠释学"一文,它收在由 M. 里德尔主编的文集《实践哲学的复兴》一书中。⑬ 从哲学角度看,从亚里士多德直到 19 世纪初的实践(以及政治)哲学传统这个大背景上所表现出的即是实践对认识表现了一种独立的贡献。具体的特殊性在这里不仅是出发点,而且是一直规定着普遍性内容的因素。

我们对这个问题是以康德在《判断力批判》中赋予它的那种形式去认识的。康德在该书中区别了把个别归置于一般之中的规定判断力和为既存的个别寻找一个一般概念的反思判断力。正如我所认为的,黑格尔曾经有效地指出,对判断力这两种功能所作的区别只是一种纯粹的抽象,而判断力实际上总是兼具这两种功能。

---

⑬ 《实践哲学的复兴》,1972 年[现收入我的著作集,第 4 卷]。

我们把个别归置于其中的一般正是通过这种归置而对自身进行着规定。因此，一条法律的法学意义是通过案例才得到规定，而规范的普遍性从根本上说也是通过具体的事例才得到规定。众所周知，亚里士多德走得更远，他甚至从这种根据出发把柏拉图的善的理念解释为空洞的，如果人们真的必须把善的理念认作最高普遍性的存在物，那么亚里士多德这一解释确实是正确的。⑬

依靠实践哲学传统能帮助我们用这种方式免受近代科学概念的技术自我理解观的影响。但这并不是我的研究的全部哲学目的。在我们所处的诠释学谈话中，我若有所失地感到应该追随这种哲学目的。我于数十年前从主观的"游戏动力"（席勒）领域得来并用作"审美区分"批判的游戏概念蕴含着一个本体论问题。因为在这个概念中糅合了事件和理解的相互游戏以及我们世界经验的语言游戏，正如维特根斯坦为了批判形而上学所强调的。如果有人不加质疑地接受语言工具化的前提，那么我的观点对他就只能表现为一种语言的"本体化"。其实这只是诠释学经验向我们提出的一个哲学问题：发现存在于"技术的"科学概念之中的本体论含义并使诠释学经验得到其理论的承认。在这个方向上必须先进行一种哲学的谈话，这不是为了复活柏拉图主义——而是为了重新恢复同柏拉图的谈话，这种谈话将追问到已经固定了的形而上学

---

⑬ 关于这点我可以引证我的论文"Amicus Plato magis amica veritas"（柏拉图的朋友超过友好的真），参见新版《柏拉图的辩证伦理学》，附录，1968年，以及"柏拉图未写出的辩证法"一文，载《短篇著作集》，第3卷《观念和语言》，1971年。[现收入我的著作集，第6卷，第71—89页，以及第129—153页。也可参见我在海德堡科学院发表的论文"柏拉图和亚里士多德关于善的理念"，海德堡，1978年，现收入我的著作集，第7卷。]

概念之后并直抵其尚未被认识的永生。正如维尔(Wiehl)所正确地认识到的那样,怀特海的"柏拉图脚注"可以在这方面变得很重要(参见维尔为怀特海《思想的历险》德文版所写的导言)。不管怎样,我的意图则是,把哲学诠释学的领域同柏拉图的——但不是黑格尔的——辩证法联系起来。我的《短篇著作集》第 3 卷的标题已经表明了它所讨论的内容:观念和语言。现代语言研究的确值得我们尊重,但是近代科学的技术自我确信却封闭了它的诠释学度向以及其中所存在的哲学任务。

关于诠释学探究所包括的哲学问题的范围,那本由我编著的文集《诠释学和辩证法》(1970 年)通过其中各篇文章在各个领域的展开对此提供了很好的介绍。但目前在诠释学方法论这一特殊领域中哲学诠释学已成为经常的谈话对象。

关于诠释学的谈话首先分布在四个学科领域,即法学诠释学、神学诠释学、文学理论和社会科学的逻辑。在那些逐渐地变得浩如烟海的文献内部让我只举出一些著作,即那些与我自己的研究具有明显联系的著作。在法学诠释学中有以下著作:

弗朗茨·维亚克尔:《解释问题》(《美茵茨大学谈话录》,第 5 页以下);

弗里茨·里特纳(Rittner):《理解和解释》,弗赖堡迪斯大学,14(1967 年);

约瑟夫·埃塞尔(Josef Esser):《法律判决中的前理解和方法》(1970 年);

约金姆·胡斯卡(Joachim Hruschka):"法律文本的理解",《慕尼黑大学文集》,法学系卷,第 22 卷,1972 年。

在神学诠释学领域中除上面提到的研究者,我还要提出以下新的著作:

古恩特·斯塔克尔(Günter Stachel):《新诠释学》(1967年);

恩斯特·富克斯:《马堡诠释学》(1968年);

欧根·比塞尔(Eugen Biser):《神学语言理论和诠释学》(1970年);

格哈德·埃贝林:《神学语言学导论》(1971年)。

在文学理论中,继贝蒂之后首先应该提到希尔施的著作《解释的有效性》(1967年)以及另外一系列极其强调文学解释理论中的方法问题的著作。可参见 S. W. 施密特-柯瓦切克(Schmied-Kowarzik)"历史科学和历史性",载《维也纳哲学、心理学、教育学杂志》第8期(1966年)第133页以下;D. 贝纳(Benner)"论历史学科学理论的立场",载《维也纳哲学年鉴》第2卷(1969年)第52页以下。我在托马斯·西伯姆(Thomas Seebohm)《诠释学理性批判》(1972年)一书中发现了对于解释过程之方法的绝妙分析,他把所有整体性的思辨概念归到哲学诠释学的名下,从而避开了哲学诠释学的要求。

其他著作还有,H. 罗伯特·尧斯:《挑衅的文学史》(1970年)和《审美经验与文学诠释学》(1979年);列奥·波尔曼(Leo Pollmann):《文学理论》(1971年);哈特(Harth):《语文学和实践哲学》(1970年)。

诠释学在社会科学中的意义首先是由 J. 哈贝马斯作了批判的评价。参见他的报告"论社会科学的逻辑",载《哲学评论》副刊,以及舒坎伯出版社"理论"丛书中的文集《诠释学和意识形态批判》。

同样重要的是《闭联集》杂志发表的法兰克福批判理论同诠释学争论的专刊。卡尔-弗里德里希·格鲁德（Karl-Friedrich Gründer）在1970年历史学家年会上所作的讲演对历史科学的一般问题作了很好的概括[Saeculum/22(1971)，第101页以下]。

还是让我们回到科学理论问题上来吧。重要性问题并非仅限于精神科学领域。自然科学中所谓的事实并不是指随意测量的数值，而是表现为对某个问题的回答，表现为对某种假设的证明或反驳的测量结果。即使是为了衡量某种数值而进行的试验也不是由于它最精确地按全部技术规则进行而获得合法性。它只是通过研究所处的境况（Forschungskontext）方才获得它的合法性。因此，一切科学都包括着诠释学的因素。正如不可能存在抽象孤立意义上的历史问题或历史事实一样，在自然科学领域中的情况也是如此。但这绝不意味着由于这种可能性科学方法的合理性就会受到限制。"假设的提出和证明"这一公式在一切研究中都存在，它也同样存在于精神科学之中，甚至也存在于语文学之中——当然也存在着以下的危险，即有人会把科学方法的合理性当作所"认识"东西之意义的足够证明。

一旦我们承认了重要性问题，就再也不可能停留在马克斯·韦伯[47]所提出的价值自由的口号上了。盲目的法律哲学观不可能满足马克斯·韦伯所说的最后目标。于是方法的理性主义就在此终结于一种粗糙的非理性主义。如果把它同所谓的存在哲学相联系，那么事情就从根本上被颠倒了。其实正好相反。雅斯贝斯[48]的存在阐明（Existenzerhellung）概念所指的，正是要使终极决定经受一种理性的阐明——否则他不会认为"理性和存在"是不可分的——海德格尔则得出了更为彻底的结论,即用价值和事实的区分来解释本体论的困境并消除掉独断论的"事实"概念。然而在自然科学中价值问题却不起作用。虽说自然科学在其特有的研究联系中(如我所提到的)屈从于可以诠释学加以解释的联系,但它并未由此超越其方法的职权范围。至多只会在唯一的一点上提出一个类似的问题,即自然科学在其科学的探究中是否真的完全独立于研究者作为研究者生活于其中的语言世界观,尤其是它是否独立于自己母语的语言世界框架。⑬ 但从另外的意义上又可以说诠释学总是在这里起着作用。就算我们可以通过一种规范化的科学语言把源自母语的次重音过滤掉,但总还是存在着把科学知识"翻译"成共同语言的问题,自然科学正是通过这种翻译才得到它的交往普遍性,并从而获得它的社会意义。但这并不是指研究本身,而只是指出,研究并不是"自主的",而是处于社会环境之中。这对一切科学都适用。虽然我们并不想为"理解的"科学保留一种特别的自主性,然而我们却不能忽视,前科学的知识在这种科学中起着更为巨大的作用。当然人们也可能以斥骂这种科学的所谓知识的"非科学性"、不能经理性检验等等而自娱,⑬但与此同时人们也就承认这正是这种科学的基本状况。我们也必须提出这一异议,即人们作为非科学性中可信赖的残余而在这种科学上保留下来的前科学知识恰好构成了科学知识的特点,而且这种前科学知识远比人们通过人类联系不断理性化

---

⑬ 维纳·海森堡总是不断地指出这个问题。

⑬ 参见维克多·克拉夫特逻辑严密的论文"作为严格科学的历史研究",载《社会科学的逻辑》,E. 托庇茨(Topitsch)编辑出版,第72—82页。

所能达到的甚而所想达到的东西更重要地规定了人们的实际生活和社会生活(包括推动科学的条件)。因为,难道人们真的愿意让每一个人把社会生活、政治生活以及私人和个人生活中决定性的问题交由一个专家去处理?即使是专家对于他的科学的具体运用也不是使用他的科学,而是用他的实践理性来作决定。为什么说专家的实践理性(即使他是理想的社会工程师)就比其他人多呢?

如果有人用嘲弄的口气指责诠释学科学,说它用修修补补的方式复活了亚里士多德的质的世界观,那在我看来真是暴露了真情。⑩ 我撇开以下事实不说,即现代科学也并非总是运用量的操作方式,例如在研究形态的学科中。但我可以援引这一事实,即从我们的语言世界定向而落到我们身上的前知识(这确实是亚里士多德所谓"科学"的基础)在生活经验被同化、语言的传承物被理解以及社会生活在进行的任何地方都起着作用。这样一种前知识当然不是对于科学进行批判、审理的法庭,而且它本身也受到来自科学方面的批判反对——但它却是并永远是一切理解所必须具有的媒介。这样就为理解科学的方法特殊性打上了印记。理解科学所提的任务显然是,限制专业语言术语的构成,并且不构造特殊的语言,而是造就"共同语言的"说话方式。⑭

也许我可以在这里补充一句,即使卡姆拉[49]和洛伦兹[50]提出

---

⑩ H.阿尔伯特的论文,载《社会科学的逻辑》,第138页。
⑭ D.哈特:《德国季刊》,1971年9月号,他在一篇扎实的论文中正确地强调了这一点。

的《逻辑学概论》⑭要求哲学家在方法上"引入"完全可以由科学检验的陈述作为合法的概念,但它自身也总是由事先作为前提设定的语言前知识和必须批判地澄清的语言用法这一诠释学循环所补充。对建立这样一种科学语言理想当然不能有所反对,因为这种理想无疑在许多领域尤其在逻辑学和科学理论领域中作了重要的澄清,并且就它引出负有责任心的谈话而言,在哲学领域中也不该对之设置界限。黑格尔的逻辑在一种包罗一切科学的哲学主导思想下所作的一切,洛伦兹则在对"研究"的反思中寻求,并试图重新论证它的逻辑有效性。这当然是一项正当的任务。但我想辩护的是,从语言积淀的世界解释中涌流出来的知识和前知识的源泉,即使在人们认为理想的科学语言业已臻于完美时也保持着它的合法性——这也适用于"哲学"。我在我的书中说到的并尽我可能运用了的概念史解释都被卡姆拉和洛伦兹用以下的说法轻蔑地抛到一边,即传统的论坛不可能说出确定的、意义清楚的判断。实际情况却不然。然而,能够在这样的论坛面前进行辩白,也就是说:并不是发明同新的观点相适的语言,而是从生动的语言中取出合适的语言,我认为这是一个正当的要求。哲学的语言只有当它使从语词到概念和从概念到语词的通道在两个方向上都保持畅通时,它才能满足这种要求。在我看来,即使卡姆拉和洛伦兹在维护他们自己的程序时也经常求助于语言用法。当然这不是通过逐渐引进概念在方法上构造一种语言。但这也是"方法",它能使人意识到概念语词中所存在的意蕴,并如我认为的,它也是同哲学的事物研

---

⑭ W.卡姆拉、P.洛伦兹:《逻辑学概论——合理说话的预备性训练》(1967年)。

究相适合的方法。因为哲学研究事物并不仅限于对科学的程序进行反思的阐明。它也不在于从我们现代知识的多样性中得出"总和",并把这种总和知识修饰成一种整体"科学观"。哲学必须处理的乃是我们世界经验和生活经验的整体——它绝不像其他科学,而只是像我们在语言中表达出的生活经验和世界经验自身所作的那样。我绝没有宣称,这种整体性的知识表现为一种真正确实的知识而无须在思想上接受愈来愈新的批判。但我们绝不可忽视这种"知识",不管它以什么形式表达出来——以宗教的形式或箴言的形式,以艺术品抑或哲学思想的形式。甚至于黑格尔的辩证法——我指的并不是系统地构成哲学证明的方法,而是指作为它基础的概念(这种概念声称能把握整体)向其对立面"转化"的经验⑭——也属于我们人类经验内在自我解释的形式和主体间性的表现。我在本书中对这种含糊的黑格尔模式作了一种同样含糊的使用,对此现在请参阅我新出版的小册子《黑格尔的辩证法,五篇诠释学研究》,蒂宾根,1971年[扩充的第2版,1980年],该书包括了对这种含糊性所作的详细解释,但又是一种确切的说明。

经常有人对我的研究提出以下的责难,说它的语言太不确切。我认为这不只是对一种缺陷的揭露——这种缺陷可能总是存在,而且在我看来这是同哲学的概念语言任务相适应的,即以牺牲概念的确切界限为代价从而使它能同语言世界知识的整体交织在一

---

⑭ 波普尔根本没有提出这种经验,因而他的批判所针对的"方法"概念并不适用于黑格尔,参阅"什么是辩证法?",载《社会科学的逻辑》,E. 托庇茨编辑出版,第262—290页。

起,并且使它保持同整体的生动联系。这就是哲学与生俱来的"语言困境"的积极含义。在很特殊的时刻和很特殊的条件下——这种时刻和条件并不能在柏拉图、亚里士多德、埃克哈特大师[51]、库萨的尼古拉、费希特和黑格尔那儿找到,而也许是在托马斯、休谟和康德那儿发现——这种语言困境将总是隐藏在一种匀称的概念体系之中,而唯有在考虑到思想的运动时——而且也必然在这种时刻——才会重新浮现。对此可参见我在杜塞尔多夫的演讲"概念史和哲学语言"⑭。我们在哲学语言中所用的并使之达到概念精确性的语词总是蕴含着"客观语言"的含义因素,因此它总是保留着某种不合适性。然而在生动语言的每一个语词中都能听出的意义联系都同时进入到概念语词的潜在意义之中。而对于概念说来,不管怎样使用共同语言的表达,都无法达到这一点。但这对于自然科学中的概念构成却无关紧要,因为在自然科学中经验关系控制了一切概念的使用并使其对单义性的理想负有责任,从而纯粹地制订出陈述的逻辑内容。

但是,在哲学领域以及一切前科学语言知识的前提进入认识的地方就不一样了。语言在那里具有另外的作用,它并非对所有东西尽可能单义的指称——语言是"自身给出的"(Selbstgebend),并把这种自身给出带到交往之中。在诠释学科学中通过语言的表述并非简单地指示出一种事实情况,这种事实情况是我们用其他方式通过检验能达到认识的,相反,诠释学总是致力

---

⑭ 载《北莱茵河-威斯特法伦州研究协会会刊》第170卷(1971年)[现收入《短篇著作集》,第4卷,第1—16页;我的著作集,第4卷]。

于使事实情况的含义如何显示出来。这就构成了对语言表达和概念构成的特殊要求,即要把事实情况得以意指某物的理解联系一起指出来。因此,一个表述所具有的引申意义并不会妨碍它的理解性(因为它并未单义地标示出它的含义),相反,它强化了自己的理解性,因为所意指的联系作为整体是在理解性中得到的。这里在语词中所构造并且唯有在语词中才表现出来的是一个整体。

按照传统的方式人们在这里看到的乃是一种单纯风格的问题,并指出这只是修辞学范围内的一种现象,它是与通过激起情感而达到的劝说有关。或许人们也可以想到现代的美学概念。因为"自身给出"似乎是一种审美性质,它产生于语言的寓意性质。也许人们不会承认其中存在着一种认识因素。然而在我看来"逻辑的"和"审美的"这种对立是大可怀疑的,只要所涉及的是真正的谈话而不是像洛伦兹所认为的那样涉及到对一种正统语言精巧的逻辑构造,我认为去感受在一切特殊语言要素、艺术表达等等以及日常语言之中的干扰,这并不是更为低级的逻辑任务。这就是诠释学的任务,即所谓规定语词合适性这另一极的任务。

这就把我引到了诠释学的历史。在我的研究中,对诠释学历史的研究本质上是一种准备性的、构成背景的任务,其后果则使我的表述呈现出某种片面性。这也适用于施莱尔马赫。我们在吕克出版的著作中所读到的施莱尔马赫关于诠释学的讲演,以及 H. 基默尔编在海德堡科学院论文集中的原始材料(这些材料现在附有一个详尽批评性的补遗⑮),还有牵涉到与沃尔夫和阿斯特论战关系的施莱尔马赫的科学院讲演,这一切材料就其对哲学诠释学的理论重要性角度讲都无法同施莱尔马赫的辩证法讲演,尤其是其中包括的对思想和说话之联系的讨论相比拟。⑯

此外,我们从狄尔泰的作品中又得到新的材料,狄尔泰描写了施莱尔马赫的哲学,尤其是相当出色地描绘了这种哲学的时代背景即费希特、诺瓦利斯、施莱格尔的哲学。M. 雷德克的贡献在于,他从狄尔泰的遗稿中用详细批判的形式编辑出版了狄尔泰的《施莱尔马赫传》第 2 卷。⑰ 狄尔泰对诠释学在 17 和 18 世纪的前历史所作著名的,但迄今未为人知的描述只是在该书中才首次问世(众所周知的 1900 年科学院院刊对此只作了一个概述)。该书在来源研究的彻底性、一般历史背景和详尽的描述诸方面都使其他著作——不仅我自己千辛万苦写出的小文章⑱,而且也包括约金姆·瓦赫(Joachim Wach)著名的典范著作⑲——显得相形见绌。

自从卢茨·盖尔德塞策(Lutz Geldsetzer)重印了一系列诠释

---

⑮ H. 基默尔关于 E. D. E. 施莱尔马赫《诠释学》出版的说明,并有关于日期、更正和说明的附录,海德堡,1968 年。

⑯ 不幸的是,关于施莱尔马赫的辩证法尽管我们有哈尔帕(Halpern)和奥德布莱希特(Odebrecht)的本子,但尚无满意的版本。因此约拿斯(Jonas)的版本仍是完全不可缺少的。我们急切地希望这个缺陷能够得到弥补,尤其是在编辑方面因其与尚未得到的关于黑格尔演讲录的批判性版本具有类似之处,因而对它表现出巨大的兴趣。

⑰ 参见狄尔泰:《施莱尔马赫传》,第 2 卷,1 和 2,柏林,1966 年。

⑱ [目前可参阅我和 G. 伯姆(Boehm)编辑出版的《哲学诠释学讲演》,法兰克福,1976 年。]

⑲ [J. 瓦赫:《理解——19 世纪诠释学理论史的基本特征》,三卷本,蒂宾根,1926 年重印本,希尔德斯海姆,1966 年。]

学的新材料之后,⁽¹⁵⁰⁾我们就可以用另外的方式来讲授以往的诠释学历史。除了迈耶(Meier)之外还有一个出自弗兰西斯(Flacius)、卓越的梯鲍特(Thibaut)(他的东西如今已很容易阅读)以及其他一些人——例如受到我高度重视的克拉顿尼乌斯等——的重要的理论阶段。盖尔德塞策对这些新材料加上非常仔细、令人叹为观止的博学的导言。当然,狄尔泰的重点和盖尔德塞策在导言中所强调的重点与我自己根据重点的例证,尤其是关于斯宾诺莎和克拉顿尼乌斯的例证而提出的重点是非常不相同的。

在最近关于施莱尔马赫的研究中也有类似情况,尤其是 H. 基默尔、H. 帕茨(Palsch)⁽¹⁵¹⁾的文章和 G. 瓦蒂莫(Vattimo)的书。⁽¹⁵²⁾也许我把施莱尔马赫心理学(技术)解释的倾向同语法-语言解释的对立划分得过于明显。⁽¹⁵³⁾但不管怎样这点总是他最有特点的贡献,而且也正是心理学解释才构成了他的学派。对此我可以根据赫尔曼·施泰因塔尔(Hermann Steinthal)的例证以及狄尔泰对施莱尔马赫的追随来释除大家的怀疑。

威廉·狄尔泰在我研究的问题中所占的重要地位,以及我对他那种一方面站在本世纪的归纳逻辑上而另一方面又维护浪漫主义-唯心主义遗产(对于后期狄尔泰来说,这种遗产不仅包括施莱尔马赫,而且也包括青年黑格尔)的摇摆不定态度的强调都是由我

⁽¹⁵⁰⁾ 《哲学文献:诠释学丛书》,第 1—4 卷,杜塞尔多夫,1965 年。
⁽¹⁵¹⁾ H. 帕茨:《神学和教会杂志》,1966 年,第 434—472 页。
⁽¹⁵²⁾ G. 瓦蒂莫:《施莱尔马赫是解释哲学家》,米拉诺,1968 年。
⁽¹⁵³⁾ [对此参见 M. 弗兰克(Frank)的著作《个体的一般——施莱尔马赫的文本结构和文本解释》,法兰克福,1977 年。]

自己研究立场的理论目的所决定的。在这里新的研究重点是值得注意的。彼得·克劳塞(Peter Krausser)从相反的目的追随狄尔泰广阔的科学兴趣并以他的遗稿为材料展示了这些兴趣的某些方面。[154] 克劳塞借以表现狄尔泰这些兴趣的重点当然只会在那些通过狄尔泰在本世纪20年代的后期活动才开始认识狄尔泰的一代人中产生影响。对于那些早期强调狄尔泰对于历史性和把精神科学奠基于自己理论目的上的兴趣的人们,比如对米施、克罗图伊森(Groethuysen)、斯潘格(Spranger)以及雅斯贝斯和海德格尔来说,则认为狄尔泰积极地参与了他那时代的自然科学,尤其是那时代的人类学和心理学,这是不言而喻的。克劳塞用一种几乎是控制论分析的手段发展了狄尔泰的结构理论,从而使精神科学的基础完全遵照自然科学的模式,并且自然是以一种极为模糊的数据为根据,以致每一个控制论者都会对之画十字的。

M.里德尔对狄尔泰关于历史理性的批判(尤其是由布雷斯劳时代的著作所证明)所表示的兴趣要远甚于他对后期狄尔泰的兴趣,虽说他在重印的《精神科学中历史世界的建立》中展示了后期狄尔泰的著作。[155] 他给予狄尔泰的精神科学兴趣以一种有趣的社会批判重点,并认为狄尔泰的真正关键乃在于他的科学理论探究,因此在他看来,人们把狄尔泰作为生命哲学辩护人而谴责他的非理性主义就显得纯属误解。这样,由我提出的狄尔泰立场的摇摆性,即他在科学理论和生命哲学之间的不定性就以对立的意义清

---

[154] 《狄尔泰对有限理性的批判》(1970年)。
[155] 舒坎伯出版社(1970年)。

楚地表达出来：在这些作者的眼中，解放性的解释不仅是狄尔泰身上最深层、最强烈的动力，而且说也奇怪，也是他身上最有创造性的动力。⑯

对我哲学诠释学概念最重要的异议是，我徒然地要从一切理解和一切相互理解（Verständigung）的语言束缚性中推断出认可（Einverständnisse）的基本意义并由此为着有利于现存的关系而证明社会前见乃是正当的。然而，相互理解唯有在原始认可的基础上才可能成功，而且理解和解释的任务也绝不能描述成好像诠释学必须克服流传下来的文本显然的不可理解性，甚或克服由于误解而造成的谬论，这些看法都是正确的并且在我看来乃是真正的观点。它们对我来说是正确的，这既不是在早期临时诠释学的意义上——因为这种诠释学并不对其他的前提进行反思，也不是在施莱尔马赫和浪漫主义的传统决裂的意义上——因为对施莱尔马赫和浪漫主义者说来，在一切理解中唯有误解是首要的。一切语言的相互理解并非仅以对词义和所说语言之规则的认可为前提。相反，在一切能够被有意义地讨论的东西中，倒是鉴于"事物"许多东西是无可争议的。我对这一点的坚持也许会造成一种保守的倾向，并为诠释学反思隐瞒了它真正的、批判-解放的任务。

这里涉及的显然是关键点。对这个问题的讨论首先是在作为"批判理论"继承者的哈贝马斯和由我为另一方之间进行的。⑰ 双方似乎都同意有某些最终的、几乎未加以控制的前提在起作

---

⑯ ［关于最近的狄尔泰研究请参见我的著作集第3卷中的论文。］
⑰ ［参见文集《诠释学和意识形态批判》以及我的著作集第2卷第4部分"续编"里的文章。］

用——虽然在一方,在哈贝马斯及许多追随古老的启蒙运动口号——即要通过思想和反思消解掉陈腐的偏见并扬弃掉社会特权——的人那边,相信"无约束的对话"(denzwangsfreien Dialog)。哈贝马斯在这里提出了"非事实认可"(das kontrafaktische Einverständnisse)的基本前提。而在我这边则相反,是深深的怀疑,即我对幻想的自我过高评价抱有的怀疑,这种自我过高评价自以为能够衡量哲学思想在社会现实中的作用——换句话说,我反对同人类情感的感情动力相比对理性作不现实的过高估价。如果说我对于诠释学和意识形态批判之间的争论不带着修辞学所起的重大作用就不可能思考,那么这并不是文学上的偶然事件,而是对一种系统整体深思熟虑的勾勒。马克思、毛泽东和马尔库塞[52]——人们可以在今天的墙报上发现他们被这样地列在一起——之所以广为人知确实并不是由于"合理的无约束的谈话"……

把诠释学实践及学科同一门可学的纯技术(不管它叫作社会技术抑或批判方法)相区别之点在于,在诠释学实践中总有一种效果历史的因素在共同影响着理解者的意识。这里存在着一种根本的转折,即被理解的东西总是发展一种有助于形成新信念的信念力。我并不否认,当我们想理解的时候必须努力同自己的意见保持距离。谁想理解,谁就不该对他理解的对象先持赞同态度。但我认为,诠释学经验告诉我们,这种批判性的努力总是仅仅在有限的范围内才产生作用。我们所理解的对象也总是在为自己说话。向一切理解性开放的诠释学宇宙的全部财产就建筑在这个基础上。诠释学宇宙既然把其整个活动范围都投入游戏,从而也强迫理解者把自己的前见置入游戏。这就是从实践并且唯有从实践才能使人得到的反思的好处。语文学家的经验世界以及我高度注意的他们那种"趋向文本的存在"(Sein zum Texte)实际上对于同人类实践整体交织在一起的诠释学经验说来只是一个片断和一种方法上的解释地域。虽说在这中间对写成东西的理解具有特别的重要性,但它只是一种后来的并因而是派生的现象。诠释学经验实际上就同理性生物的谈话预备状况(Gesprächsbereitschaft)一样宽广。

我发现我们没有认识到以下事实,即诠释学领域其实是诠释学和修辞学分享的领域:令人信服的论据的领域(而并非逻辑强制性领域)。它就是实践和一般人性的领域,它的活动范围并不是在人们必须无条件地服从的"铁一般的推论"力发生作用的领域,也不是在解放性的反思确信其"非事实的认可"[53]的地方,而是在通过理性的考虑使争议点得到决定的领域。正是在这里,讲话艺术和论证技巧(及其沉默的自我思虑)才得其所哉。如果说讲话术同样乞求情感(这点自古就是如此),那它也决未因此就脱出了理性的领域。维柯正确地赋予它一种特有的价值:Copia,即丰富的观察角度。如果有人(比如哈贝马斯)认为修辞学具有一种强制特性,因而我们为了能进行理性的无约束的谈话就必须抛弃它,那在我看来真是太不符合事实了。这样做不仅低估了巧于辞令和剥夺理性能力的危险,而且也低估了用语词进行相互理解的机会,而社会生活正是建筑在这种理解的基础之上。一切社会实践——也许也包括革命实践——没有修辞学的作用都是不可想象的。正是我们时代的科学文化才把它显示出来。它为人类相互理解的实践提出了不断增长的巨大任务,把任何时代科学控制事物的特定领域组合到社会理性的实践之中;现代大众媒介就在此出现了。

如果在修辞学中只看到一种纯粹的技术,甚至只看到一种操纵社会的工具,那就贬低了修辞学的意义。其实修辞学是一切理性行为的本质方面。亚里士多德就没有把修辞学称作技术而是叫作能力(Dynamis),因此它也属于对人的一般规定,即人是一种理性生物。我们这个工业社会所发展出的对公众意见有计划地进行组织也许具有很大的影响领域并继续为社会操纵服务——但它并未穷尽理性论证和批判反思的领域,而社会实践正占有这些领域。⑮

对这种实际情况的承认当然是以以下观点为前提,即解放性反思的概念具有极大的模糊不定性。这里涉及的是一个朴实的问题,即对我们的经验作适当的解释。理性在我们人类实践方面究竟起着何种作用? 不管怎样它总具有一般的反思形式。这就是说,它并非只是努力运用理性手段以达到预设的目标和目的。它并不是限制在目标合理性领域。在这一点上诠释学和意识形态批判一样都是反对"科学理论"的,因为科学理论业已把它的内在逻辑和研究成果的应用当作社会实践的原则。诠释学反思同样也使人意识到目标,但这并不是在预先认识那种事先设定的最高目标(对手段的目标合理性的反思乃追随这一目标)的意义上。这是

---

⑮ 我认为 C. 佩雷尔曼(Perelman)和他的学生们的研究对于哲学诠释学作出了极有价值的贡献。尤其是他的《论证的特征》(与 L. 奥尔布莱希特-梯特卡合著)以及最近出版的《论证的范围》(上述两部著作均在布鲁塞尔大学出版社出版)[还可参见 C. 佩尔曼的新书《新修辞学和人性——修辞学及其应用论文集》,多特莱希特、波斯顿、伦敦,1979 年]。

种谬误,它来源于技术理性在该领域中的应用,即只考虑选择正确的手段,而把目标当作业已预先决定了的。

从最终的意义上说,一切社会实践总有某些预先决定的因素,例如无论个人或社会都旨在追求"幸福"。这似乎是具有明显合理性的自然说法。但我们必须承认康德的观点,即作为想象力之理想的幸福乃是缺乏一切固定的规定性的。但我们实际的理性需要却要求我们在考虑目标时使用如同我们考虑与目标相适应的手段时那同样的确定性来思考,这就是说,我们在行动时要能够意识到另一件行动的可能性,并把一个目标隶属于另外的目标之下。我们并不是简单地把社会生活的现存秩序作为前提,并在这种既存范围内形成我们实际的选择,恰好相反,我们随着自己所作出的每一次决定就处于自己方式的后果之中。

同结果相联系,这当然属于理性的目标,但也同样属于不断合理地追求有限目标的技术目标。但只有在可以技术地控制的目标合理性之外它才正确地在实际经验中发挥作用。结果在这里不再是选择手段的自明的合理性,为了中止这种观点,马克斯·韦伯在社会政治行动这个极度失真的领域中进行了不懈努力。其实这里涉及的是意愿能力的结果。谁处于真正的选择状态,谁就需要一种首要的尺度,以便他在这种尺度的控制下进行他得出决定的反思。这种反思的结果又并非仅仅是把某种考虑正确地置于主导的尺度之下。凡对我们作为正确的东西,它也在规定着尺度本身,这并不是说获得的决定就是由此而预先定好了的,而是说由此就使对确定行为目标的决定本身得到了构成。于是,结果在这里最终就意味着连续性(Kontinuität),唯有这种连续性才使得自身同一性充满内容。这就是康德的道德哲学反思以相对于一切功利主义-技术性的计算而作为道德规律的形式性质起作用的真理。

但是我们可以遵照亚里士多德以及一种延伸至今的传统而从这种对"正确"的规定中引出一幅正当生活的图景,而且我们肯定会赞同亚里士多德的观点,即当我们遇到"批判的"决定时,社会预先形成的榜样总会不断继续地得到规定——直到我们不可能再意识到其他的规定性,亦即我们的"伦理"对我们成了第二"自然"[159]。于是,个人的榜样和社会的榜样就这样地构成着,而正因为如此,年轻一代的理想才相对于老一代人的理想而得到改变,以便重新通过自己行为的具体实践而在自己的活动空间和目的关系中继续规定自己,即确立自身。

那么解放性反思又在何处发挥作用呢?我可以说,当然是到处都发挥着作用,它消解了旧的目的观,从而又使自己体现在新的目的观里。它只服从历史生活和社会生活本身的进步规律。如果解放性的反思想考虑一种实现了的反思观念,以便在这种观念中使社会从经常的解放过程中——社会在这种过程中摆脱传统的束缚而构成新的联系有效性——提升到一种最终的、自由和合理的自我占有,那我就认为它是空洞的和非辩证的。

如果我们把解放说成是通过意识而从强迫中解脱出来,那这只是一种很相对的说法。解放的内容依赖于它所涉及的是何种强迫。正如我们所知,个体心理的社会化过程总是同排除本能和放

---

[159] 参见我的论文"论哲学伦理学的可能性",载《短篇著作集》,第1卷,第179页以下[目前可参见"世间有否尺度",第1和第2部分,载《哲学评论》,第31卷,1984年,第161—177页和第32卷,1985年,第1—26页]。

弃欲望具有必然联系。人类的社会和政治共同生活是由社会秩序组织起来,这种秩序又对何为正确构成决定性的影响。在个体心理的领域可能存在某种神经官能的歪曲,它使应有的社会交往能力成为不可能。这里我们可以通过解释和意识来消除掉交往干扰的强制性。实际上它的作用不外是把受干扰的人重新引回到社会的正常世界中。

类似情况也存在于社会-历史生活中。在那里控制的形式也可能使人感到是种强制,而对这种强制的意识就意味着唤醒那种同普遍性新的同一的欲望。黑格尔对实证性的批判——对基督教、德国宪法、残余封建主义的批判——就是此极好的例子。但我认为这种例子并不能证明我的批判者假设的看法,即对现存统治关系的意识总是起着一种解放的作用。意识也能帮助通过权威而形成的行为方式转变成规定着自己自由行为的主导观念(Leitbilder)。对此黑格尔也是一个极好的例子,这个例子只是对这种预先设定的想法来说才显得是复旧的。实际上,传统——并不是作为过去流传下来的事物的保卫者,而是作为道德-社会生活的继续创造——总是依据于自由的意识。

凡可以归属到反思的东西与被预先成型所规定的东西相比总是有限的。同人类有限性的实际情况相对立的是盲目性,它导致启蒙运动的抽象口号和贬低一切权威——如果认为承认这种状况就会导致在政治上采取保卫现存关系的立场,那就是一种严重的误解。实际上所谓进步或革命——如同保守一样——如果都要求一种抽象的、预定的神圣知识,那就只是一种纯粹的夸夸其谈。也许在革命环境中出现的罗伯斯庇尔、抽象道德家——即想按照他们的理性重新安排世界的人——会赢得人们的赞同。但这些人显然已经寿终正寝。如果有人把一切反思的辩证性质及其同既存物的关系同整个启蒙运动的理想相联系,那我只能把它看作是精神充满厄运的混乱。在我看来,这就同那种认为个体是生活在对其动力和动机有完全意识和控制之中,因而个体可以达到完全合理的自我解释这种理想一样地荒唐。

唯心主义同一哲学的意义概念在这里显然也是危险的。它把诠释学反思的范围缩小到所谓的"文化传承物",这似乎继承了维柯的观点。维柯只认为由人制造出的东西才可能被人理解。但作为我研究中心课题的诠释学反思却试图证明,这样一种意义-理解概念是错误的,而且我也必须在这一点上限制维柯的著名定义。⑩ 我认为阿佩尔和哈贝马斯都坚持这种唯心主义的意义-理解概念,这同我的整个分析手法不相吻合。我把我的研究指向其"意义"对概念性的理解来说是不可穷尽的艺术经验,这绝非偶然。我通过审美意识的批判和对艺术的反思——而不是直接通过所谓的精神科学——发展出一种普遍的哲学诠释学立场,这绝不意味着要避开科学的方法要求,而是对诠释学问题所占据的领域的首次测定,这个领域不能用任一种科学来标志而只能用诠释学领域来标志,它把先于一切科学方法需要的前定领域暴露在光天化日之下。因此,艺术经验在多重意义上都是很重要的。艺术作为我们审美教化意识之内容所要求的时间优势又是如何?难道这里不会引起一种怀疑,即这种意为"艺术"的审美意识——如同提升为伪宗教的"艺

---

⑩ [参见我的著作集,第1卷,第24页以下。]

术"概念一样——是否缩减了我们对艺术品的经验,就像历史意识和历史主义缩减了历史经验一样?这两者不是同样的情况吗?

这个问题也同样表现在克尔凯郭尔的"共时性"(Gleichzeitigkeit)概念上,这个概念当然不是指历史再现化(Vergegenwärtigung)意义上的普遍同在(Allgegenwart),而是提出了一个我后来称之为"应用"的任务。为了反对波曼(Bormann)的反驳,我想对这一观点作一下辩护,即我提出的共时性(Gleichzeitigkeit)与审美同时性(Stimultaneität)的区别是在克尔凯郭尔含义上的区别,尽管这自然是另外一种概念使用。[161] 如果说克尔凯郭尔在其日记中写道"共时性状态是被完成的"(wird zuwege gebracht),那么我也说过类似的意思,我的原话是"完全被中介"(total vermittelt),亦即达到直接的共在(Zugleichsein)。当然,对于听到过克尔凯郭尔在反驳"中介"(Mediation)时所用的语言的人说来,我的说法仿佛退到了黑格尔。我们在这里碰到了黑格尔体系的封闭性为一切研究所准备的典型困难,即要与黑格尔体系的概念力量保持距离。我和克尔凯郭尔都遇到这同样的困难,而我则试图借助于克尔凯郭尔的概念表述自己同黑格尔的距离。因此我首先求助于黑格尔,以便在反对历史观的天真的非概念性中强调诠释学关于当时和今天进行中介的度向。我在这个意义上让黑格尔与施莱尔马赫相遇。[162] 实际上我跟随黑格尔关于精神历史性的观点还要更进一步。黑格尔的"艺术宗教"概念所指的就是引起我对审美意识的诠释学怀疑的东西:艺术并非就是艺术,而

---

[161] 载《诠释学和意识形态批判》,哈贝马斯编辑出版,第88页以下。
[162] [参见我的著作集,第1卷,第171页以下。]

是宗教,是神性的显现,是神性本身的最高可能性。如果一切艺术都被黑格尔解释成某种过去的东西,那它似乎也就受到历史地回忆着的意识所关注。因此,艺术作为过去的东西就获得了审美同时性。对这种联系的认识为我提出了诠释学的任务,即把真正的艺术经验——并不是被体验为艺术的艺术——通过审美无区分概念而从审美意识中划分出来。这在我看来是一个正当的问题,它并非产生于对历史的崇拜,而是在我们的艺术经验中不可忽视的。把"艺术"看成原本对一切时间都是现代的——无历史的——或者看成为历史的教化体验,这种两分法乃是错误的。⑯ 黑格尔是对的。因此我现在不能跟从奥斯卡·贝克尔的批判,⑯ 正如我们不能跟从某种只在有限范围内才有效的历史客观主义一样:诠释学的综合任务一直存在。也许有人会说,它更符合克尔凯郭尔的伦理研究而不是他的宗教研究。波曼在这一点上也许是正确的。但是伦理研究在克尔凯郭尔处不也同样占有某种概念的优势地位?它虽说也向宗教转化,但只不过是为了"使人注意"。

如今,黑格尔的美学重又受到高度重视。我们有理由说:对于审美性的超时间要求和艺术作品和世界的历史一度性之间的冲突,黑格尔的美学代表了至今为止唯一现实的解决,因为它把两者放在一起思考,并由此使艺术成为完全"可以回想的"。这两者在

---

⑯ 我认为,H. 库恩的《艺术作品的本质和作用》(1960 年)就受到这种抽象地划分宗教和艺术的阻碍。相反,我认为 W. 本亚明虽然也承认艺术具有彻底的过去性[当他谈到艺术品的"影响力"(Aura)的时候],但他认为艺术品在其可以技术地复制的时代具有一种新的政治作用。这种作用完全改变了艺术的意义,特奥多·阿多尔诺在他的《美学》一书中针对这种作用提出了中肯的反对意见。

⑯ 《哲学评论》,第 10 卷,第 225—237 页。

这里显然联系了起来：自从基督教出现之后，艺术就再也不是真理的最高方式，再也不是神性的启示（Offenbarkeit），并从而变成了反思艺术——另一方面，精神所进展的阶段，即表象、概念、天启宗教和哲学却趋向于把艺术仅仅作为艺术来把握。从反思艺术到艺术反思的转化，以及两者的互相渗透，在我看来并不是磨平不同点（维尔），⑯而是构成了黑格尔观点客观可证明的内容。反思艺术并不是艺术时代的晚期，而已是从艺术向知识的转化，唯有这样艺术才成其为艺术。

这里出现了一个通常总被人忽视的特殊问题，即在艺术殿堂的等级中，语言艺术的标志是否就在于它指出了这种转化。⑯ R.维尔令人信服地指出，在构成戏剧艺术核心的情节（Handlung）概念中，可以发现通向辩证思维剧作艺术的联系环节。这确实是黑格尔含义深刻的观点之一，它在他美学的概念体系中闪闪发光。我觉得同样值得注意的是，这种转变在语言性首次出现时亦即在抒情诗中就已存在。虽说抒情诗中并未表现情节，而在人们今天称之为"语言情节"的东西中（它也适用于抒情诗）也并未出现情节性。这就在一切语言艺术之中构成了语词所具的谜一般的容易性——这种容易性是同绘画艺术必须借以实现的材料的抵抗性相对而言的——从而人们根本不可能想到这样一种说话居然也叫情

---

⑯ R.维尔："论黑格尔美学范畴的情节概念"，载《黑格尔研究》，第 6 卷，特别参见第 138 页。

⑯ ［参见我的论文"论诗艺术对探求真理的贡献"（《短篇著作集》，第 4 卷，第 218—227 页；我的著作集，第 8 卷）；"哲学和诗艺"（《短篇著作集》，第 4 卷，第 241—248 页；我的著作集，第 8 卷）；以及最近发表的"黑格尔艺术体系中的诗歌"，载《黑格尔研究》，第 21 卷，1986 年。］

节。维尔说得对:"抒情诗是纯粹语言情节的表现,而不是对以语言情节的形式出现的情节的表现(就如戏剧)"。但这就是说,语言在这里作为语言而出现。

于是语词和概念的关系就开始起作用,这种关系先于维尔所提出的戏剧和辩证法的关系。[157] 正是在抒情诗中语言才以其纯粹本质出现,因此在抒情诗中语言的一切可能以及概念的可能性好像都被包藏在那里。当黑格尔认识到,语言性同其他艺术"材料"的区别就在于整体性时,他就已经认识到这根本观点。这是一个曾经促使亚里士多德把某种特有的优势归于倾听的洞见——尽管注视在自然意义上具有许多优势,因为倾听接纳了语言并因此而接纳了一切而不仅仅是可见物。

黑格尔当然没有特别指出抒情诗的这种语言优势。他过多地受到以歌德为代表的自然性理想的影响,因此他把抒情诗仅仅当作内在性的主观表达。实际上抒情诗的语词是绝妙意义上的语言。这尤其表现在,抒情诗的语词能被提高到纯粹诗的理想。这点虽然不属于辩证法的发展了的形式——就如戏剧所作的——但却可以属于作为一切辩证法之基础的思辨性。无论在思辨思想的语言运动抑或"纯"诗歌的语言运动中精神的自我出现都得到了实现。阿多尔诺曾经也正确地看到在抒情诗的表述和思辨-辩证表述之间的亲缘性。——而首先马来麦(Mallarmé)[54]自己就曾经这样说。

还存在着另一种同样含义的证明,这就是各种不同形式的诗

---

[157] [参见我的著作集第 2 卷论文"文本与解释",并参见本书 I 第 330 页以下。]

歌可被翻译的层次性。维尔取自于黑格尔的"情节"的尺度与这种尺度几乎是对立的。无须争议的是：抒情诗越是接近纯粹诗的理想，它就越难于翻译：声音和意义的互相交织显然在这里达到不可消解的程度。

至今我在这个方面进行了深入的研究，当然我并不是唯一这样做的人。威莱克－伐伦(Wellek-Warren)所使用的"外延的－内涵的"(denotative-connotative)的区分要求作更详细的分析，我在对各种语言方式作分析时首先注意的是文字性对于语言的理想性所具有的意义。保尔·利科尔[55]最近在类似的思考中也得出了同样的结论，即文字性证明了意义的同一性并从说话者的心理因素摆脱出来。这就从事实本身解释了——顺便说一下——为什么继施莱尔马赫之后的诠释学，尤其是狄尔泰尽管预先接受了心理学的规定，但却不采用浪漫主义把诠释学建基于生动的对话的观点，而是返回到旧诠释学所强调的"用文字固定下来的生命表达"。与此相应，狄尔泰在诗歌解释中看到了诠释学的凯旋。相反，我却把"谈话"作为语言相互理解的结构加以揭示，并把谈话描述为问答辩证法。这也完全证明了我们"趋向文本的存在"。一件文本在我们作解释时向我们提出的问题，只有当文本被当作对某个问题的回答时才能被人理解。

语言艺术品处于突出地位并不是没有根据的。它在某种根本的意义上——这同口语诗的历史问题完全无关——是作为文学的语言艺术。我把这种文本称作"非常的"文本。

我几年来一直所作的研究，以及我在各种尚未发表的讲演（"画和词"，"诗的存在"，"论词的真理"，"哲学的、诗歌的、宗教的讲演")所研究的就是非常文本的特定诠释学问题。这样的文本把纯粹的言语情节固定下来,并同文字具有一种非常的关系。语言在这种文本中的存在使它同所与物的认识关系消失了,就好像在谈话中与既存物的交往关系消失一样。这样,我曾经发展到概念表达的视域构成和视域融合这种一般诠释学基本境遇也就同样适用于这种非常的文本。我根本没有否认,艺术品在它的时代和世界中的表达方式(H. R. 尧斯称为它的"消极性"⑯)也规定了它的意义,亦即规定了它如何向我们说话的方式。这就是效果历史意识的要点,即把作品和效果作为意义的统一体进行考虑。我所描述的视域融合就是这种统一的实现形式,它使得解释者在理解作品时不把他自己的意义一起带入就不能说出作品的本来意义。如果有人认为,我们可以通过历史-批判方式"打破"理解的循环(例如基默尔新近所说),⑯那就误解了这种诠释学基本结构。基默尔所写的不过是海德格尔所说的"用正确的方式进入循环",也就是说,不要把时代秩序搞错了或者非批判地迎合自己的前意见。构成一件文本的历史视域就已经是视域融合。历史视域不可能只为自己设定,在最近的诠释学中这就是所谓的前理解的问题。

然而在非常文本中还有另一种需要进行诠释学反思的因素在起作用。直接现实关系的"取消(Ausfall)"(英语地区以及唯名论传统的思维观和语言观对这种现象有一个很有特色的用语叫作"虚构")实际上并不是取消的表现,也不是语言情节之直接性的削

---

⑯ H. R. 尧斯:《作为挑衅的文学史》(1970 年)[和《审美经验与文学诠释学》,法兰克福,1979 年]。

⑯ H. 基默尔:《精神科学对社会的意义》,1971 年,第 71 页以下。

弱,恰好相反,这正是它"非常的"实现。在所有的文学中,这一点也适用于其中所包含的"收件人(Adresse)",但它指的并不是某个通知的收件人,而是指今天和明天的接受者。虽说古典悲剧是为某种固定场景而写作并在某种社会时代演出,但它并不像戏剧道具那样只是被规定为某种一次性的运用,或者在此期间停留在库房里等着新的运用。古典悲剧能够重复上演并经常作为文本被阅读,这当然并不是出自历史的兴趣,而是因为它一直在说话。

促使我把古典型完全规定为效果历史范畴的并不是某种古典性内容法规。我只是想用这个范畴来标志艺术品,尤其是非常文本相对于其他可理解和解释的传承物所具有的特殊性。我所提出的问答辩证法在这里并不是没有用的,但它也对自己作了修正:文本被理解成对之回答的原来的问题在此(就如上面指出的)就从其起源上具有自在的起源优越性和自由。这当然不等于说"古典作品"只有在毫无指望的协议中才能接近,并要求一种和谐、宁静的"一般人性"概念。说作品"说着话",只有在它"本来地"说话的时候,亦即"就像作品自身向我说话"那样才叫"说着话"。这当然不是说,这样说话的作品须得按一种超社会的规范概念进行衡量。恰好相反,这样说话的作品就设定了一个尺度。这里存在着一个问题。文本被当作对之回答的本来的问题在这种情况下就要求一种意义同一性,这种同一性一直调解着原先和目前的距离。我在1969 年的苏黎世讲演"诗意物的存在"中已经指出了这种文本所必需的诠释学区分。[170]

---

[170] 参见"真理和诗",载《时间转折点》,第 6 卷,1971 年[现收入我的著作集,第 8 卷]。

我认为诠释学观点对于今天的美学讨论乃是不可缺少的。正好是在"反艺术"成为一种社会口号，通俗艺术（Pop Art）和观众一起参与的激情演出（Happening）业已流行，而在传统方面又在试验那些背离作品和作品统一性传统观点并企图摆脱理解单义性的艺术形式的当口，诠释学反思必须询问，这种要求具有什么意义。回答将会是，只有当可同一性（Identifizierbarkeit）、重复性（Wiederholung）和值得重复性（Wiederholungswürdigkeit）被封闭在这样的创作中的时候，诠释学的作品概念才得到它的完成。只有当这样的创作作为它所想成为的作品而服从诠释学的基本结构即把某物当作某物加以理解的时候，理解力的形式（Auffassungsform）才不会对它成为彻底新的东西。这种"艺术"实际上根本没有同自古就为人知的流动的艺术形式（例如艺术舞蹈）相区别。它的等级和质量要求也就在于，那根本不可能重复的即兴演奏（Improvisation）应该是"好的"，这就是说：它可以理想地重复并在重复时证明其为艺术。这里就同纯粹的绝招和变戏法的小节目具有严格划定的界限。即使在这些绝招和小玩意中也有某种东西被理解。它可以被把握、被模仿。它还可以成为精湛的和优秀的。用黑格尔的话说，则它的重复就会"像拆穿把戏的戏法一样乏味"。从艺术品到小玩意的转变经常发生，而同代人常常不知道，某种作品的魅力究竟是惊奇造成的魅力还是艺术充实所造成的魅力。艺术手段也经常被用作为单纯实用的手段，例如在广告艺术及其他商业和政治宣传的形式中。

我们称之为艺术品的东西同这种艺术手段的功能保持着区别。虽说神的雕像、赞美诗、雅典的悲剧和喜剧都属于宗教文化序列,而每一件"作品"又都本源地属于某种已过去了的生活联系,但所谓审美无区分理论却认为,这样一种过去的关联性就包括在作品本身之中。即使在这些艺术品起源的时候它也把它的"世界"包括在自身之中,因此它所"指"的就是自己,就是菲迪亚斯的雕像,埃斯库罗斯的悲剧和巴赫的合唱曲。艺术作品统一性的诠释学构造相对于艺术活动的一切社会变动是恒久不变的。这在资本主义时代把艺术提升成为文化宗教的情况下也适用。就连马克思主义的文学观也必须记住这种恒久不变性,正如卢奇·哥德曼(Lucien Goldmann)正确地强调的。[20] 艺术并非就是社会政治意志的一种工具——只有当艺术是真正的艺术时,艺术才记录了一种社会现实,而当艺术被当作一种工具时,艺术就记录不了一种社会现实。

为了超越同资产阶级的文化宗教相适应的美学概念并且不再捍卫古典的理想,我在我的研究中使用了诸如"模仿"(Mimesis)或"代表"(Repräsentation)等"古典的"概念。人们曾经把这理解成向业已被现代艺术观所接替的柏拉图主义的回归。但在我看来却并非如此简单。作为一切模仿表现之基础的重认(Wiedererkennung)理论只表现了正确把握艺术表现之存在要求的最初暗示。亚里士多德虽然从认识的愉悦引出艺术的模仿性质,但他却用以下说法来表示诗人与历史学家的不同,即诗人并不把事物表现为它所是的样子,而是把它表现为它所可能是的样子。因此,他赋予诗歌一种普遍性,而这种普遍性同古典主义模仿美学的实体形而上学毫无关系。亚里士多德的概念构成揭示的是可能性

---

[20] L.哥德曼:《辩证研究》,1968年。

领域以及对现实性的批判领域(对此古典喜剧确实给予我们强烈的趣味),并无可争议地向我显示了诠释学的合理性——虽说在亚里士多德的理论中仍然同许多古典主义的模仿理论有联系。

然而我必须打住。正在进行的谈话要避开确定性。如果有人自夸他能够或必须说出最后的语词,那他就是一个坏的诠释学家。

31

汉斯-格奥尔格·伽达默尔自述

生于 1900 年 2 月 11 日 *

（截止于 1975 年）

1918 年，我从布雷劳斯一所旨在培养神学精神的文科中学毕业，此时正值第一次世界大战最后一年，我开始准备进布雷劳斯大学继续深造，当时我还根本没有决定，日后我要走上一条从事专业哲学研究的学术道路。

我的父亲是个自然科学工作者，虽然对于他自己的专业学得很出色，但对于书斋知识却深表厌恶。在我的童年时代，他曾试图用各种方法来引起我对自然科学的兴趣，但他不得不大失所望。因为从我学习一开始就清楚表明，日后我将与"空谈的教授们"站在一起。虽然他让我自己选择自己的路，但他终其一生对我的选择却极不满意。

在当时，投身于学术研究就像走上一条漫长的历险之路。开始时各门学科对我都有吸引力，对每门学科我都想尝试一下。如果说在最后占上风的却不是我的文学的、历史和艺术史的爱好，而是哲学的兴趣，那么这与其说是我从一种兴趣转到另一种兴趣，毋宁说这正是一条逐渐深入专业学术研究的道路。第一次世界大战

---

* 此处年份与目录中年份不统一，但原书如此。——译者

及其后果给德国生活带来一片迷茫,在此迷茫中要想深信不疑地与现存的传统保持一致,已实属不可能。正是这种不知所措的处境成了促使我进行哲学研究的动力。

当然,就是在哲学领域内,我们这些青年人也显然不可能简单地继续老一代人所创造的传统。新康德主义在当时虽然仍具有一种真正的,虽说并非毫无争议的世界意义,但它如同自由主义时代自负的文化意识及其以科学为依据的进步信念一样,在世界大战的枪炮声中被砸得粉碎。我们这些当时的年轻人都试图在一个失去了方向的世界中找到一个新的定向。当时我们实际上被限制于德国内部的矛盾之中,痛苦和新尝试,贫穷无望和青年人的不屈不挠的求生意志彼此进行着斗争。当时的文化明显表现了这种状况,在生活和艺术领域中占统治地位的是表现主义(Expressionismus)。尽管自然科学继续在蓬勃发展——这尤其是因爱因斯坦提出的相对论而引起轰动,但在那些限制于世界观的学术和科学领域内却充斥着一种真正灾难性的声调,这种声调广为流传,并促使人们同旧的传统决裂。德国唯心主义的崩溃〔这是保尔·恩斯特(Paul Ernst)一部当时被人广为引用的著作的书名〕只是其中的一种声调,它表明了当时学术界中的新的时代感。另一种流传更广的声调表现在奥斯瓦尔德·斯宾格勒《西方的没落》一书引起的轰动效应,这部出自科学和世界史幻想的罗曼史"既使许多人为之着迷也受到许多人的痛斥"——最后,一种世界史声调的表现就像一种固有的推动力一样引起人们对于近代的进步信念和它引以为荣的成就理想的怀疑。在这种情况下,一本完全可以说是二流水平的著作却对我起了非常革命性的影响。这就是特奥多·莱辛

（此人在后来更为混乱的年代里可能被纳粹分子暗杀）的书《欧洲和亚洲》，该书用东方的智慧对整个欧洲的思想成果提出了疑问，这本书使我第一次对自己通过出生、教养、学校和周围世界而在其中成长的全部境域感到怀疑。于是我开始了自己的思考。著名的作家们对我起了某种最初的导向作用。我还记得托马斯·曼的《一个不问政治的人的观察》当时对高年级学生产生的巨大影响。他在《托尼奥·克勒格尔》一书中把艺术和生活对立起来的狂热做法曾深深地打动了我，而赫尔曼·黑塞（Hermann Hesse）早期小说中的伤感的调子则曾使我着迷。

理查德·赫尼希斯瓦尔德是引导我进入概念思维艺术的第一人，他的精雕细琢并富有文采的辩证法，尽管有着某种单调性，却捍卫了新康德主义的先验唯心论立场以反对所有的心理主义。我曾经速记并整理过他的讲课"认识论的基本问题"。现在我把这两份手稿都留给了由汉斯·瓦格纳（Hans Wagner）所建立的赫尼希斯瓦尔德档案馆。他的讲课乃是对先验哲学的一个卓越的导论。所以我于1919年带着某种准备去了马堡。

在马堡我很快就发现自己面对了新的研究经验。马堡与那些大城市里的大学不一样，这个"小"大学当时具有一种真正的学院生活，亦即洪堡所称的"观念生活"，并且在哲学系里每一门学科和每一个教授都有一个"圈子"，以致人们被卷入到多方面的兴趣之中。当时在马堡正开始批判历史神学，这种批判是紧接着巴尔特的《〈罗马书〉评论》通过所谓的辩证神学来进行的。当时在年轻人中间愈来愈剧烈地展开了对新康德主义学派的方法主义的批判，并且被胡塞尔的现象学描述理论所吸引。但在这一切之中首先是生命哲学对我们的整个世界观起了影响，而生命哲学之所以有这么大的作用则是因为背后有轰动欧洲的弗里德里希·尼采。与此相联系，年轻人纷纷研究历史相对主义问题，这个问题开初就是由威廉·狄尔泰和恩斯特·特勒尔奇讨论的。

对此还要特别提到的是，当时在诗人斯忒芬·乔治周围的一批人也开始挤进了学术圈子。主要是弗里德里希·贡多尔夫（Friedrich Gundolf）最有效应和最吸引人的诗作，他用诗把一种新的巧妙的感性带入了科学界。从这个诗人圈子中产生出的作品，如贡多尔夫的书和恩斯特·贝尔特拉姆（Ernst Bertram）论尼采的书，沃尔特斯（Wolters）的修饰学小册子，萨林（Salin）的如结晶般的精致作品，特别明显的是埃里希·冯·卡勒（Erich von kahler）对马克斯·韦伯"作为天职的科学"著名演讲所作的慷慨激昂的攻击都是独特的、巨大的挑衅。这是一种坚决的文化批判的呼喊。但是与另一方面的同样的声调——虽然由于像我当时那样的一些初入学术之门的青年人具有的典型的不满，这种声调也找到了某些听众——不同，人们在这里却有一种实有所物的感受。在这些通常是单调的宣言背后存在着一种力量。像乔治这样的诗人用他诗文的魔力以及他个人的魅力居然能对人产生这样巨大的影响，这对那些喜欢思考的人是一个永久的问题，而且对于哲学研究的概念游戏也是一种永远不会被人完全忘却的纠正。

我对于艺术经验居然会与哲学有关这件事当然不可能无动于衷。艺术可能是哲学的真正工具，而不是它的骄傲自负的敌手，这是一个真理，这个真理为直到唯心主义时代终结为止的德国浪漫主义哲学提出了它的内容广泛的任务。黑格尔之后时期的大学哲学因其未能认识到这个真理而日趋衰落。对于新康德主义以及迄今为止的新实证主义情况也是同样如此,正是我们的历史遗产向我们表明,应该重新掌握这个真理。

历史相对主义的怀疑对于哲学的概念的真理要求提出了根本性的疑难,如果我们引用艺术真理去反驳这种怀疑,这显然不是一个令人满意的答复。一方面,这种艺术证明过于强烈,因为没有人想把科学的进步信念延伸到艺术领域中去,并且我们既不会在莎士比亚身上发现超出索福克勒斯的进步,也不会在米开朗琪罗身上发现超出菲迪亚斯的进步。另一方面,艺术证明又过于软弱,因为艺术作品不给概念表现其所体现的真理。不管怎样,审美意识的教化形式(Bildungsgestalt)都像历史意识的教化形式及其在"世界观"中的思想的教化形式一样是苍白无力的。这并不是说艺术,或者说同历史的思想传统的接触,会失去它的魅力。相反,艺术的陈述如同大哲学家的陈述一样都会唤起一种对真理的模糊而又不可抗拒的要求,这种要求绝不可能通过"问题史"而取消,也不会屈服于严格科学和方法进展的规则。在一种新的克尔凯郭尔热的影响下,这种要求在当时的德国被称为"生存论的"(existenziell)要求。这里所涉及的真理并不能在一般的陈述或知识中得到证明,而是通过自身体验的直接性以及自身存在的不可替代性而得到证明。陀思妥耶夫斯基首先为我们指出了这一点。当时,几乎在每张写字台上都有时髦一时的红皮的陀思妥耶夫斯基小说闪闪发光。凡·高的信,克尔凯郭尔批判黑格尔的《非此即彼》等著作都吸引着我们,而在我们生存义务的大胆和冒险背后——这是对我们文化知识的浪漫主义传统的一种几乎看不见的威胁——则是弗里德里希·尼采这个巨人,他用其令人兴奋的批判对一切、包括所有自我意识的幻觉都作了批判。当时何处有这样的用其哲学力量激起这种反叛热情的思想家呢?

在马堡学派中也反映出这种新的时代感。首先,马堡学派杰出的方法论者保罗·纳托普在其晚年试图用音乐的狂热探究原始图腾(Urkonkreten)的神秘的不可说性,并且在柏拉图和陀思妥耶夫斯基、贝多芬和拉宾特拉纳特·泰戈尔之外唤醒柏罗丁和埃克哈特大师——直至贵格会教徒——的神秘传统,他的那种音乐的狂热留下了深刻影响,同样,马克斯·舍勒作为客座教授也以巨大的魔力展示了他深刻的现象学天才,并在新的、人们未曾料到的领域中证明这种天才。另外也有尼古拉·哈特曼的冷静的洞察力,尼古拉·哈特曼这个具有令人难忘的冷峻性格的思想家和学者曾试图用这种洞察力通过批判性的论证来摆脱自己以前的唯心主义的立场。当我撰写我的论柏拉图的博士论文并且于1922年取得博士学位的时候,我还很年轻,我当时主要受到尼古拉·哈特曼的影响,而这种影响同纳托普的唯心主义风格的系统正处于相对立的状态。当时我们期待着一种新的哲学指向,这种指向尤其是同含糊而又充满魔力的"现象学"这个词联系在一起的。但是,在胡塞尔——尽管他运用他所有的分析天才和孜孜不倦地进行描述的耐心在不停地寻求最终的证据——除了打上了新康德主义印记的先验唯心主义之外并未能找到更好的哲学依据之后,帮助我们思维的工具究竟来自何方?海德格尔带来了这种工具。一些人从海德格尔那儿理解了马克思是怎么回事,另一些人从他那儿理解弗洛伊德是怎么回事,而我们最后则从他那儿认识了尼采是怎么回事。我本人从海德格尔身上认识到在由黑格尔所写的、由新康德主义的问题史所详尽描述的哲学史失去了它的 fundamentum inconcussum（牢固的基础），即自我意识之后，我们现在才开始能够"重新学习"希腊人的哲学思维。

至此我才对我所喜爱的东西有了某种预感——当然，我并不喜欢一种新的、包罗万象的系统思想。克尔凯郭尔对黑格尔的批判令人难忘。我在保罗·纳托普70诞辰的纪念文集中写了一篇题为"论哲学中的系统观念"的文章，第一次提出了我的这样一种想法，即要把哲学重新还原于人类存在的基本经验，只有这些人类存在的基本经验才能解释一切历史主义。这篇文章属于我的不成熟之作，但也是我从海德格尔身上获得新的倾向和启发的证据。当然也有人把这篇文章当作我反对先验唯心主义转向海德格尔的先期作为——但从历史角度看这是根本不正确的。这种说法的正确之处至多就在于，我于1923年夏天在弗赖堡同海德格尔呆在一起度过的几个月，如果没有做了充分准备的话，是根本不可能导致这样一种"启发"。但不管怎样，正是依靠海德格尔，我才能同马堡的老师们、纳托普的包罗万象的系统结构以及哈特曼范畴研究的素朴的客观主义保持了距离。但那篇文章却也正证明了我那时的莽撞。

当我有了更多的认识之后，我才学会了保持沉默。当我在1928年取得大学授课资格时，除了前面提到的那篇文章外，我只于1923年写了一篇论哈特曼的"认识论的形而上学"的逻各斯文章，这篇文章同样也可以算作鲁莽之作，我把它作为哲学论文发表了。在此期间我还研究了古典语文学，我在保尔·弗里德伦德尔

(Paul Friedländer)的语文学讲座里写了"亚里士多德的告诫和亚里士多德伦理学的发展史考察",后来我把它改成了一篇论文,理查德·海因茨(Richard Heinze)把这篇文章收入《赫尔墨斯》中——它可以说是一种对耶格(Werner Jäger)的批判[56],它后来的结果使我在语文学家圈子里得到承认——虽说我是以海德格尔的学生而著称的。

那么,究竟是什么原因把我和其他人吸引到海德格尔的身边呢?当然,当时我还不知道。今天看来是因为:正是在海德格尔那里哲学传统的思想文化(Gedankenbildungen)才具有了生命力,因为它们可以被理解为对现实问题的回答。揭示这些思想文化的产生历史可以使这些问题具有某些不可避免的因素。被理解的问题不可能简单地视为我们的知识。它们变成了我们自身的问题。

虽然在问题中重新认出自身的问题也是新康德主义问题史的要求,但要在不断更新的系统的联系中去重复这个超时间的"永恒的"问题的要求却是不可证明的,而且实际上这个极为幼稚的"同一"问题是从唯心主义和新康德主义哲学的破烂中偷来的。相对于这种所谓的超时间性,历史-相对主义怀疑论的异议就显得较为可信和无可辩驳。只有当我从海德格尔那儿学会把历史思想带入重新对传统提出疑问的活动中时,才使得这个老问题变得可以理解、充满生机,从而使它变成了自身的问题。我以此所描述的就是我今天称之为诠释学基本经验的东西。

海德格尔以强烈的感情召唤希腊哲学,这给我们产生了深刻的影响。但我们却不知道希腊哲学并不是他自身问题的范例而是反例。海德格尔对形而上学的摧毁不仅对近代的意识唯心主义产生作用,而且也对其在希腊形而上学中的根源发生了作用。他那彻底的批判使神学的基督性和哲学的科学性都产生了疑问。学院哲学用某种生疏了的康德式或黑格尔式的语言进行思考,并且总是力图不断地结束或克服先验唯心主义,相对于这种苍白无力的学院哲学,则柏拉图和亚里士多德对于那些不相信学院哲学的体系游戏的人——即使是以现象学的本质研究或以问题史为依据的范畴分析用以进行理解的那种问题、范畴、价值等这些开放体系的形式——一下子就显得像是哲学的保护神。我们可以从希腊人身上学到,哲学思维并非必然要服从以一种最高原理的形式建立起来的体系性的指导思想才能执行解释的功能,相反,哲学思维总是受到某种指导的支配:它在对原始的世界经验继续思考的时候必然要透彻地思考我们生活于其中的语言的概念力和直观力。我认为这就是柏拉图对话的秘密所在。

当时,在德国研究柏拉图的学者中坐头把交椅的是尤利乌斯·斯坦彻尔(Julius Stenzel)。他的研究也显示出同样的倾向,因为他面对自我意识的疑难——当时的唯心主义及其批判者都陷入了这种疑难——却在希腊哲学中观察到了"主观性的抑制"(Abdämpfung der Subjektivität)。我也有同感,而且在海德格尔开始教我之前就把这一点视作希腊人神秘的优点,因为希腊人出于对思考的自我遗忘的热情以过分纯洁的态度投身于思想的运动。

出于同样的原因,我很早就对黑格尔产生了兴趣,因为我觉得黑格尔也像希腊人一样,而且我也只是如此地理解黑格尔。至少我觉得他的《逻辑学》真正具有某些希腊人的纯洁态度,并且在天才地,但也有点儿糟糕地编辑的《哲学史讲演录》中为我提供了一座通向并非历史主义的、而是真正思辨地了解柏拉图和亚里士多德思想的桥梁。

但我最重要的思想则学自于海德格尔。首先要提到的是1923年我在弗赖堡参加的关于尼各马可伦理学第六卷的第一次研讨班。那时 Phronesis,亦即"实践理性"的德行,一种 allo eidos gnōseōs,即"另一种类型认识"的德行,对我还是一个充满魔力的字眼。这种实践理性引出了一种直接性的东西,就如海德格尔有一天曾分析过技术(Techne)和实践智慧(Phronesis)的区分并对"phronēseōs de ouk esti lēthē"①(合理性绝不包含遗忘性)解释道:"这就是良知。"但这种出于教育本能的夸张却标出了一个重要的出发点,后来海德格尔在《存在与时间》中正是由此出发为重新提出存在问题作了准备,我们可以想到像"愿有良知"(Gewissen-Habenwollen)这样的术语。[57]

我当时根本不知道还可以用完全不同的方式去理解海德格尔的意见,亦即在一种对希腊人进行秘密批判的意义上去理解海德格尔的意见。于是就有了这样的话:只有作为一种不受遗忘性威胁的认知确定性(Wissens-Gewissheit),希腊思想才能思考良知这一人类原始的现象——我正是通过海德格尔富有启发性的意见才发现了一条道路去把陌生问题变成自己的问题,并且认识到概念具有的前把握性(Vorgreiflichkeit)。

我从海德格尔那里受教的第二个要点是,海德格尔通过亚里

---

① [参见"实践知识",载我的著作集,第5卷,第230—248页。]

士多德的著作(在一些私人的会晤中)向我表明所谓亚里士多德的"实在主义"的说法是毫无根据的,而且亚里士多德依据的正是柏拉图同他的苏格拉底的后继者所给予的同一个逻各斯基础。几年之后,海德格尔——在我作的一次试讲性的讲座之后——与我们争论说,这个柏拉图和亚里士多德所共有的辩证哲学思维的新基础不仅承载了亚里士多德范畴理论,而且还可以区分出亚里士多德的潜能(Dynamis)概念和现实活动(Energeia)概念[瓦尔特·布吕克(Walter Bröcker)后来在他论亚里士多德的著作中详细研究了这个问题]。

我就是这样首次实际地进入了诠释学的普遍领域。

但我当时并未清楚地认识到这一点。我只是后来才逐渐认识到,这位给我们造成压力的亚里士多德本人并没有直接讲出新的思想,尽管他的概念精确性以我们不曾料到的方式,通过直观、经验和接近事实而达到无懈可击的地步。海德格尔遵从的其实是柏拉图《智者篇》的原则,即使对方的论据更为有力。他做得极为出色,以致在我们看来他几乎成了一个复活的亚里士多德,他通过自己观点的力量和自身原始概念构成的独创性而吸引了所有的人。海德格尔的解释诱使我们达到的这种认同(Identifikation)对我一直是一种强有力的挑战。我认识到,我直到当时为止的学习——主要是在文学和艺术史等领域——并不适合于古典哲学领域,而我的博士论文就是立于古典哲学之上写的。因此我开始(在保尔·弗里德伦德尔的指导下)重新有计划地致力于古典语文学的新研究。在这种新研究中,我除了对古希腊的哲学家感兴趣之外,首先对当时重新为人认识的荷尔德林所注视的品达产生了兴趣——还有修辞学,我当时领悟到它对哲学具有补充功能,它一直陪伴我直到我构思出我的哲学诠释学。我之所以能逐渐削弱掉使自己归同于海德格尔思想的形象,主要应归功于这种语文学的研究。在领会希腊人的相异性中去认识他们,在希腊人的他在性中去发现那些可能已湮没,也可能在今天不知不觉仍起作用的真理,这就成了自觉不自觉地指导我一切研究的动机。因为在海德格尔对希腊思想的解释中存在着一个问题,特别在《存在与时间》一书发表后这个问题一直萦绕在我心中。当时按海德格尔的意图显然我们有可能把作为对立概念和最外在衍生物的纯粹的现成在手状态(Vorhandenheit)归于"此在"的生存论概念,而无需对希腊的存在理解和"自然科学概念构成的对象"作区分。但这里也存在着一种挑战,我一直跟从这种挑战,以致我在海德格尔的鼓励下深入研究了亚里士多德的物理学和现代科学的产生,特别是伽利略。也许我的未完成的《物理学评注》的一部分在日后还会出版。

我由之出发的诠释学境遇是因复活唯心主义-浪漫主义企图遭到失败而造成的。要把近代的经验科学综合进哲学科学的统一体中——这是在"思辨物理学"(这是一本杂志的名称)这个概念中表达出来的——这一要求是无法实现的。

重新进行这种尝试是不可能的。然而,更清楚地认识到这种不可能性的根据,却不光会给近代科学理解同时也会为希腊的"科学"概念——德国唯心主义就是在再次复活希腊的科学概念——提供一个更清晰的形象。康德的《判断力批判》,尤其是其中的"目的论判断力"批判,正是在这种问题联系中才具有深刻意味,这是非常清楚的,而且我的一些学生后来从这里出发进行了深入的研究。

显然,希腊科学史的情况与现代科学史的情况完全不同。在柏拉图的时代,把解释、研究和阐释世界的方法同希腊宗教和希腊生活观的传统世界联系起来这一尝试是可能的。统治后古典时期科学历史的并不是德谟克利特,而是柏拉图和亚里士多德,而且这部历史并不是一部科学衰亡的历史。人们今天称之为希腊主义时代的专门科学并不反对"哲学"和哲学的先入之见,而是正如我于1973年在一篇题为"物质存在吗?"的论文中试图指出的,②希腊主义时代的专门科学正是通过希腊的哲学、通过《蒂迈欧斯篇》和亚里士多德的物理学才得以解放。事实上,伽利略-牛顿的物理学构思也受到希腊哲学的制约。我写的"古代原子论"(1934年)就是我在当时发表的关于这个问题研究的唯一一篇文章。③ 这篇文章将会纠正一种幼稚的偏见,即把现代科学的产生归功于德谟克利特这一大无知者。大人物德谟克利特实际上对科学的产生造成了不小的阻碍。

我研究的中心仍然是柏拉图。我第一本关于柏拉图的著作《柏拉图的辩证伦理学》是我为了申请教授资格而撰写的,它实际上是一本未明说的关于亚里士多德的书。我的出发点是亚里士多德关于"乐趣"的两篇论文的复制品(《尼各马可伦理学》H10—13和K1—5)。若从发生学的观点看,这个问题是无法解答的,因此这个问题应当用现象学的方法来解答,这也就是说,即使不从历史-

---

② [现收入我的著作集,第5卷,第263—279页。]
③ [现收入我的著作集,第6卷,第201—217页。]

发生学的角度来解释，只要有可能，我也要从其本身的根据去证明这种相互联系的关系。如果不把这两篇论文与柏拉图的《菲利布斯篇》相联系，就不可能做到这一点，出于这种目的，我就对这篇对话进行了现象学解释。当时我还不能认识到《菲利布斯篇》对于柏拉图的数论以及一般对于理念和"实在"的关系问题所具有的普遍意义。④ 在我心中当时有两个同样具有方法含义的问题：从对话的现象学出发解释柏拉图辩证法的功能以及通过对现实生活现象作现象学分析来解释"乐趣"及其表现形式的理论。我从胡塞尔（1923年在弗赖堡）和海德格尔那里试图学习的现象学描述方法应该有助于对古代文献作指向"事物本身"的解释。这项工作做得还算过得去并得到了人们的承认。当然没有得到纯历史学家的承认，这些历史学家总是生活在空想之中，他们认为理解现存的东西只是雕虫小技，我们应当研究现象背后的东西。因此，汉斯·莱茨冈（Hans Leisegang）在他关于当代柏拉图研究的报告中（1932年《哲学史年鉴》）就可以轻蔑地把我的成绩撇在一边，他引证我自己著作的前言说："如果历史批判——按他的意见，也就是我的著作无什么价值而言——认为它所说的东西是不言而喻的，那么它同历史批判的关系乃是一种积极的关系。"

实际上我当时已在一定程度上成了一位古典语文学家。我于1927年通过了该门课程的国家考试，而且不久就取得了大学授课资格（1928/1929年）。当时我所关心的是一种方法上的对立，后

---

④ ［现在可参见我的学术论文"柏拉图的《蒂迈欧斯篇》中的理念和实在"，载我的著作集，第6卷，第242—270页。］

来我在诠释学分析中曾经解释过这种对立——当然这项工作在所有那些乐意进行反思研究的人那里没有产生什么结果,而只是被称作"积极的"研究,因为这些研究可以产生一些新的东西(虽说它们都像以前的问题一样未曾得到理解)。

不管怎样,我的起步成功了。作为一个哲学教师,我每一个学期都要学习新东西,而且是在领取奖学金和承担授课任务的艰苦条件下进行,但我的教学工作总是同我自己的研究计划完全相合。我的教学主要是柏拉图,我对柏拉图钻研较深,在教学工作中特别通过与 J. 克莱因(Klein)的合作在数学和数论方面有所进展。克莱因关于"希腊逻辑学和代数学的产生"的经典论文(1936年)就是在那时问世的。

当然不能说我十几年来的这项研究充分反映了惊心动魄的时代事件。它至多只是一种间接的反映,因为1933年之后,我为谨慎起见中断了对智者派和柏拉图的国家学说的更详尽的研究。从这项研究中我只发表了两篇小著作《柏拉图和诗人》(1934年)以及《柏拉图的教育国家》(1942年)。

这两篇著作都自有它们的历史。第一篇小册子提出了我至今仍以为唯一正确的解释,即柏拉图的《理想国》表现了一种自觉的乌托邦,它涉及的是斯威夫特[58]而不是"政治科学"。⑤ 这篇著作的发表通过书前的格言表明了我对纳粹主义的态度:"谁要进行哲学思维,谁就不可能同他时代的意见相一致。"虽说这是一种巧妙

---

⑤ [现在我在"柏拉图的乌托邦思想"一文中重新讨论了这个问题,该文载《人文中学》,第90卷1983年,第434—455页,现收入我的著作集,第7卷,第270—289页。]

的伪装,因为是引用歌德的话来为一篇论述柏拉图的文章开路。但如果你不想成为殉道者或者成为流亡者,那么这句格言对处于"一体化"时代能理解的读者来说就表现为对自己同一性的强调——它就像卡尔·赖因哈特在他的那本论索福克勒斯的书中的前言上著名的署名一样"写于1933年1月到9月"。人们自那时以后都竭力避开与政治有关的题目(特别是在专业杂志之外发表这类题目的文章),这是符合自我保护的规律的。一个国家如果出于国家的原因在哲学探究中把某种"理论"推崇为"正确的"理论,那这个国家就一定会知道它的最优秀的人才会躲避到其他不受政治家——也就是"外行"——迫害的领域中去,这条规律直至今天都不会改变。无论是在黑色国家抑或红色国家,情况都没有两样。这样我就继续不引人注目地工作,并且发现了一些很有天赋的学生,我在这里只提一下瓦尔特·舒尔茨(Walter Schulz)、福尔克曼-施鲁克(Volkmann-Schluck)和阿图尔·亨克尔(Arthur Henkel)等。所幸的是当时纳粹的政策——为了准备在东方的战争——减轻了对大学的压力,于是我几年以来一直无所事事的学术生涯有了改善。在经过十年之久的讲师工作之后我终于获得了教授头衔。我预期可以在哈勒大学获得一个古典语文学的教席,最后,在1938年我终于在莱比锡获得了哲学正教授的职位,于是我开始面临新的任务。

我的第二篇小册子《柏拉图的教育国家》也是一种自我辩护。它写作于战争时期。当时在汉诺威技术大学的一个名叫奥森伯格的教授认为希特勒对于科学具有一种类似于决定战争的作用,并由此把希特勒美化成自然科学的保护神,尤其是下一代的保护神。

这个所谓的奥森伯格行动曾经拯救了许多年轻研究者的生命。这自然也引起了精神科学的忌妒,后来有一个机智的精神科学教授想出了"平衡行动"的好主意,这个主意获得了穆西尔发明荣誉。这个主意就是"精神科学为战争服务"。实际上它的含义乃是战争为精神科学服务,而绝没有其他含义,这一点是绝不会被人误解的。为了避免在哲学领域中进行诸如此类的工作,比如"犹太人和哲学"、"哲学中的德国"等题目的合作,我就转移到了古典语文学领域。在这个领域中一切还算过得去,并且在赫尔姆特·贝弗(Helmut Berve)的保护下出版了《古代的遗产》这部重要的文集,这部文集在战后未加修改出了第二版。我的著作《柏拉图的教育国家》继续了我关于《柏拉图和诗人》的研究,并且一直表明了我的新研究方向,就如这篇著作的最后一句所说的"数和存在"。

在整个第三帝国时期我只出版了一部专著《赫尔德思想中的人民和历史》(1942年),在这本书中我突出强调了力量这个概念在赫尔德历史思想中的作用。这本书尽量避免明确的表述。但尽管如此这本书还是引起了一些人的愤慨,这些人当时也从事了同样题目的研究,并且认为不能避免某种更多的"一体化"。至于我则是出于某种原因而偏爱这个题目。我是于1941年在一个关押法国军官的战犯俘虏营里第一次用法语演讲这个题目的。在讨论的时候出现一个情况,我说道,一个君临于群众头上的帝国是"auprès de sa chute"(处于崩溃的边缘),那些法国军官们看起来很注意这句话并且理解了其中的含义。(我不知道在当时那种可怕的、不真实的情况下我以匿名的方式遇见的这些人中是否有我日后的法国同事?)那个陪伴我的政治干部对他们专心听讲很高兴。这种精神的明晰性和无所顾忌的无偏袒态度特别真实地反映了我们的胜利信心。(究竟那位干部也相信这一点抑或只是附和而已,这我不敢断定。但不管怎样他并没有表示反感,而且我还必须在巴黎再作一次这样的讲演。)

但总的来说,更聪明的做法还是尽可能不引人注目。我只是在讲课时才讲我的研究成果。因为在讲课时可以不受阻碍和限制地发表意见。甚至我在莱比锡还不受干扰地作了些关于胡塞尔思想的研究,我当时所研究的东西是在我学生的文章中第一次公布于众的,尤其是在福尔克曼-施鲁克杰出的博士论文"柏罗丁是柏拉图式本体论的解释者"中(1940年)。

自从我在莱比锡当了教授并在那里——在特奥多·利特(Theodor Litt)退休之后——成了唯一的学术代表之后,我就再也不能把我的授课与自己的研究计划很好地结合起来了。我除了教授希腊哲学及其最后、最伟大的后继者黑格尔之外,还要讲授从奥古斯丁、托马斯直到尼采、胡塞尔和海德格尔的整个古典传统的思想——自然,作为半个语文学家,我还是以他们的原著为主。此外,我还开些很费解的诗人作品的研讨班,主要是荷尔德林、歌德和里尔克。里尔克因其语言精美的风格而成为当时学术界抵抗运动的真正诗人。谁像里尔克那样讲话或像海德格尔那样解释荷尔德林,谁就会置身事外并把其他置身事外的人吸引在自己身边。

战争的最后几年自然非常危险。无数次的炸弹袭击使莱比锡城及大学设施沦为一片废墟,但人们必须忍受的这些袭击也有它的好处:纳粹党的恐怖由于紧急状态的存在而受到其他方面的限制。在大学里上课常常从一个教室换到另一个教室,不过,直到战争结束前夕上课并未停止。当美国人占领莱比锡的时候，我正在研究新出版的维尔纳·耶格的《潘迪亚》(Paideia)第2卷和第3卷——这是一件很少见的事情，即一个流亡者的这部著作竟能在战争最危急的关头用德文在一个德国的出版社出版。谁能说这是一场致命的战争呢？

在战争结束后，我作为莱比锡大学的校长必须做其他的事情。我很有几年未曾想过继续进行哲学研究。但在周末的休息日子里我却写出了一批解释诗歌的文章。这些文章今天构成我的《短篇著作集》的第2卷。我觉得自己从来没有这样在争分夺秒的情况下如此轻松地工作和写作过，它表明在我不专门从事科研而从事政治和行政管理工作的时期心中积累了一些东西必须一吐为快。否则的话这样多篇的著述就是一种真正的折磨。我总是有一种很强烈的感觉，觉得海德格尔在我的身后催促着我。

1947年秋，在我当了两年校长之后，我应邀去了美因河畔的法兰克福并且完全彻底地回到我的教学工作和研究工作中去——当然是在工作条件许可的范围之内。在我逗留于法兰克福的两年工作期间，我力图考虑到学生的艰苦处境，我不光是积极地给学生上课，而且也出版了一些著作，比如《亚里士多德形而上学第12卷》（希腊文和德文对照本）、《狄尔泰的哲学史概要》，这两本书都由克罗斯特曼出版社很快地出版了。其他重要的事件还有1949年2月在阿根廷的梅诺萨召开的哲学大会，在这次大会上我们一方面同旧日的犹太朋友，另一方面同其他国家的哲学家（意大利、法国、西班牙、南美）首次建立了联系。

1949年我应邀接替了卡尔·雅斯贝斯的讲座，这意味着我在学术"世界"里重新开始了一种"学术"活动。正像我在马堡当了20年的学生和讲师一样,我现在开始将在海德堡工作25年,尽管要求我们所有人的战后重建任务很繁忙,但我还是做到逐步卸掉了政治和学校行政方面的工作,并使自己集中精力在自己的学术研究上。这些研究最后于1960年以《真理与方法》一书而达到一个初步的总结。

在我满腔热情地当好一个教师的同时,我终于完成了这本大部头著作,这应该归功于一种自然的需要,即要反思一下我们在课堂上所听到的各种哲学思维方法是怎样从当代哲学处境出发而得到其真正实现的。那种归结为一种先天构造好了的历史过程的方法(黑格尔),正如历史主义的相对主义的中立观点一样,是不能令我满意的。我赞同莱布尼茨的态度,他曾经说过,他对自己读到的一切都持赞同态度。与这位大思想家不同的是我在这种经验中并未感到需要构思一种巨大的综合。相反我开始自问,哲学是否必须受制于这样一种综合的任务,以及为发展诠释学经验哲学是否必须以彻底的方式保持开放。由于这种富有启发的并且竭力与一切重新把认清的东西搞晦涩的行为相对抗的想法的吸引……哲学就是一种启蒙(Aufklärung),但这是反对其自身独断论的一种启蒙。

实际上我的"诠释学哲学"(hermeneutische Philosophie)的产生从根本上说无非只是试图对我的研究风格和授课方式作理论解释。实践是第一位的。我总是竭力不要讲得太多,不要用不能完全为经验兑现的理论构造为自己辩护。于是我继续双管齐下努力工作,作为教师我继续上好课,特别同与我关系紧密的学生保持密切的联系,而把写作《真理与方法》的工作放在假期里进行。我写这本书几乎用了10年时间,并在这段时间里尽可能地不分散自己的注意力。当这本书出版的时候——《真理与方法》这个书名还是在该书印刷的时候想出来的——我自己都不清楚这本书是否出得太晚了,真正过时了。因为当时已经出现了新的一代理论工作者,他们有的对技术充满了期待,有的则受到意识形态批判的影响,这是可以料到的。

关于书名问题也麻烦十足。我的国内外同行都期待着把这本书作为一种哲学诠释学。但当我建议用哲学诠释学作书名的时候,出版商就反问我:什么叫哲学诠释学?看来更好的做法还是把这个当时还不为人所知的名词作为副标题的好。

此外,我一直坚持从事的教学工作也不断地产生出更多的成果。我的老朋友卡尔·勒维特(Karl Löwith)从国外回来并和我一起在海德堡教书,这在我俩之间造成了一种有益的竞争。几年以后当我知道由于约尔根·哈贝马斯的缘故霍克海默尔和阿多尔诺成了对头,我们就把约尔根·哈贝马斯请来当了年轻的编外教授,于是我同哈贝马斯之间产生了富有成果的相互影响。既然哈贝马斯能使马克斯和特埃蒂这两个精神盟友关系破裂,那他肚子里肯定有点货色,事实上我们向他索取的文章证明了这个青年研究者的才能。他的这一才能我是早有所闻的。当然,还有一些立志献身于哲学的学生,在这里我只提一提在哲学领域中当教师的那些学生。我从法兰克福带来了一批学生,其中有迪特尔·亨利希(Dieter Henrich),他最初是受到马堡的埃宾豪斯(Ebbinghaus)和克劳斯·莱因希(Klaus Reich)的极端康德主义的影响。在海德堡也有一些同样的学生,我也只提那些从事哲学教学和哲学研究的人,他们是:沃尔夫冈·巴图沙特(Wolfgang Bartuschat)、吕迪格尔·布勃纳(Rüdiger Bubner)、特奥·艾伯特(Theo Ebert)、海因茨·基默尔(Heinz Kimmerle)、沃尔夫冈·屈内(Wolfgang Künne)、鲁伯莱希特·普夫拉奥默(Ruprecht Pflaumer)、J. H. 特雷德(Trede)和沃尔夫冈·维兰德(Wolfgang Wieland)等。后来从法兰克福又来了一些学生,有科拉德·克拉默(Konrad Cramer)、弗里德里希·福尔达(Friedrich Fulda)、赖纳·维尔(Reiner Wiehl)等,当时在法兰克福除了法兰克福思辨学派的影响外,沃尔夫冈·克拉默(Wolfgang Cramer)也有强大的影响。后来渐渐地又来了些外国学生,并且加入了我的学生圈子,他们中有来自意大利的瓦兰里奥·维拉(Valerio Verra)和 G. 瓦蒂莫(Vattimo),来自西班牙的 E. 莱多(Lledo),还有很多美国学生,后来当我去美国旅行遇到他们时,他们都已身居高位。特别使我满意的是,在我最亲近的学生圈子中的一些人后来在其他专业中也卓有成就——这可以说是对诠释学思想本身的一种考验。

我当时教的主要是诠释学实践。诠释学首先是一种实践,是理解和达到理解(Verständlichmachen)的艺术。它是所有想教授哲学思维的课程的灵魂。要想掌握这种灵魂首先要训练自己的耳朵,使自己对概念中具有的前规定性(Vorbestimmtheiten)、前把握性(Vorgreiflichkeiten)和前印记(Vorprägungen)有一种敏感性。我在概念史上所下的苦功就是这样一种训练。在德国研究联合会的帮助下我举办了一系列概念史的学术讨论会和报告会,从而引起很多人进行类似的努力。运用概念需要认真,而要达到这种认真则要求具有概念史意识,这样我们才不会随意下定义,不会陷入幻想,才能把具有约束力的哲学话语规范化。概念史意识于是具有了批判的义务。为了完成这个任务我还运用了其他的办法,我同赫尔姆特·库恩(Helmut Kuhn)一起复刊了专门从事批判的杂志《哲学评论》,对于库恩的批判才能,我早在1933年之前、亦即我研究康德的最后几年里就极为惊叹。在凯特·伽达默尔-莱克布施太太的严格指导下我们为这份杂志工作了23年,直到我们把它交给新一代年轻人的手中。

但是我工作的重点始终是在海德堡讲学。只是在我于1968年退休之后我才试图在更大的范围内把很多人都感兴趣的我的诠释学观念推广到国外去,当时主要是美国。

诠释学和希腊哲学是我研究工作的两个重点。在此我想简略地描述一下两者之间的联系,正是这种联系推动了我思想的发展。

首先谈谈《真理与方法》中提出的诠释学。

这种哲学诠释学究竟是何许物也?它同德国的浪漫主义传统——这是由施莱尔马赫这个深深浸染了旧的神学传统的人所提出、并在狄尔泰的精神科学诠释学中达到顶峰而且被人当作一种精神科学方法论——又有何区别呢?出于何种理由可以把我自己的尝试称作"哲学的"诠释学呢?

我在这里谈一下这个问题恐怕不是多余的。因为有许多人过去曾经并且现在仍然在这种哲学诠释学中看到一种对方法合理性的回绝。特别是自诠释学成为一种时髦、任何一种"解释"都想自称为诠释学以来,还有许多人误解了诠释学这个词,误解了我为什么要启用这个词,他们甚至反其道而行之,在诠释学中发现了一种新的方法论，并且在实际工作中用这种方法论去为方法上的含糊性和意识形态的掩饰作辩护。还有一些属于意识形态批判流派的人虽说在诠释学中认识到了真理，但只认识一半真理。他们说，虽然在传统的前把握的含义中认识传统是件好事，但这样做却缺乏一件更重要的事，即要从传统中释放出批判性的和解放性的反思。

如果我把事实上促使我提出诠释学探究的动机如实地提出来，这可能会有助于说清问题。也许这样说更明白一点，即无论是热衷于方法的人还是意识形态批判者，他们实际上都反思得不够。前者把绝无争议是不断试验的合理性当作人类理性的最高标准，后者虽然认识到这种合理性具有意识形态方面的前定性，但却未能对这种意识形态批判本身具有的意识形态关联给以足够的重视。

如果说我在尝试构造一种哲学诠释学，那么由诠释学的前历史本身就可以得出，"进行理解的"科学乃构成我的出发点。然而，对于进行理解的科学尚有一种迄今未为人所认识的补充。我指的是艺术经验。因为艺术和历史科学这两者都是我们自身的此在理解（Daseinsverständnis）得以直接起作用的经验方式。为这种以正确口径提出的"理解"疑难提供的概念帮助可以在海德格尔关于理解的生存论结构的阐明中找到，他本来把这称为"事实性诠释学"（Hermeneutik der Faktizität），即事实的自我解释（Selbstauslegung des Faktischen），也就是说，处于在之中的人的此在的自我解释（Selbstauslegung des sich vorfindlichen menschlichen Daseins）。我的出发点也是对唯心主义及其浪漫主义传统的批判。我清楚地认识到，我们先天继承和后天获得的历史教化的意识形态，即审美意识和历史意识，都表现了我们真正历史存在的异化形式，并且通过艺术和历史所传达的原始经验绝不可能从这种异化形式出发得到理解。中产阶级的教育意识得以享受其文化财富的那种安宁的距离，是无法认识到我们是怎样纠缠于其中和进行冒险的（wie sehr wir dabei selber im Spiele sind und anf dem Spiele stehen）。所以我试图从游戏（Spiel）概念出发去克服自我意识的幻觉和意识唯心主义的偏见。游戏绝不是一种单纯的客体，而是对于一起进行游戏的人具有其此在，而不管他是否只是以旁观者的方式参加。海德格尔在《存在与时间》中关于存在问题的说明已经指出了主体概念和客体概念的不恰当性，而这种不恰当性在游戏中就可以得到具体的证明。对于海德格尔曾经引导他的思想到"转向"（Kehre）的东西，我则试图把它描述为我们自我理解的一种界限经验（Grenzerfahrung），描述为效果历史意识，而这种效果历史意识与其说是一种意识，倒不如说是一种存在。我以此所表述的东西从来就不是为艺术科学和历史科学的方法论实践而提出的任务，它也绝不是主要为这些科学的方法论意识服务，而是唯一地或首要地为着对解释能力进行哲学思考（Gedanken der Rechenschaftsgabe）服务。方法在多大程度上能为真理作担保？哲学必然要求科学和方法认识到它们在人类存在及其理性的整体中的微不足道（Partikularität）。

毫无疑问，这样一种任务本身最终也受到效果历史的限制并且植根于某种完全被规定了的德国哲学和文化传统之中。所谓的精神科学在德国比任何地方都更强烈地兼有科学的功能和世界观的功能——或者更正确地说，它的自身兴趣所具有的世界观和意识形态的规定性是如此彻底地隐藏在它的科学程序的方法意识背后。一切人类的自我认识都具有的不可消解的统一性在其他国家表现得更为明显,在法国表现在"美文学"(Lettres)这个更为宽泛的概念中,在英语国家则表现在新引进的"人道"(humanities)概念之中。因此,随着对效果历史意识的承认,包括艺术科学在内的历史精神科学的自我理解首先就得到了更正。

但这样并未把问题域完全测定出来。即使在自然科学中也存在着如同诠释学疑难那样的东西。自然科学的道路也并非就是方法进步的道路,如同最近托马斯·库恩所指出并且实际上与海德格尔首先在"世界构造的时间"以及对亚里士多德物理学(《物理学》B 第 1 卷)的解释中所意指的观点相一致。"范式"(Paradigma)对于方法研究的使用和解释来说都具有决定性的意义,而且它本身显然不是这种研究的简单结果。伽利略早就曾讲过:Mente concipio(我用思维进行理解)⑥。

这就开启了一个更为广阔的领域,这领域存在于根本的语言性或语言相关性中。在所有的世界认识和世界定向中都可以找出理解的因素——并且这样诠释学的普遍性就可以得到证明。当然,理解的根本语言性并不能说明一切世界经验只有作为讲话并在讲话中才能实现。很显然存在着前语言的和超语言的领悟、哑语或沉默寡言,其中表现了直接的世界遭遇,——而且谁会否认有人类生活的真实条件,饥饿和爱情,劳动和统治不属于说话和语

---

⑥ [参见我于 1984 年在卢德所作的报告"诠释学和自然科学",载 A. 维斯纳编:《哲学和文化》,第 3 卷,第 39—70 页,现收入我的著作集,第 7 卷。]

言，而是量度其中能出现相互讲话和相互倾听的空间呢。同样无可争议的是，正因为存在着这种人类意见和话语的前定性（Vorgeformtheiten），才促进了诠释学的反思。以苏格拉底谈话为准则的诠释学是不会受到下面这些议论的反驳，诸如意见（Doxa）不是知识，人们在随便生活和随意谈话中达成的表面一致意见并非真正的一致意见等等。然而，正如苏格拉底式对话所做的，对表面假象东西的揭示正是在语言的要素中实现的。对话甚至可以使我们在不能达成一致意见、在误解以及在那种著名的对自己一无所知的承认下达到可能的一致意见。我们称之为人的共性是以对我们生活世界的语言把握为基础的。每当我们试图通过批判的反思和论证来纠正对人与人之间相互理解的歪曲时，这种试图就证实了存在着这种共性。

诠释学观点也不能总是局限于艺术和历史的诠释学科学，局限于同"文本"打交道，但也不能在更广的意义上局限于艺术经验本身。施莱尔马赫早已认识到的诠释学问题的普遍性同一切理性活动都有关系，也就是说，同人们对之能试图进行相互理解的一切东西都有关系。凡是因为人们"操不同的语言"从而不可能达成一致意见的地方，诠释学也就不会终结。正是在这里诠释学的任务才变得格外重要，也即作为寻找共同语言的任务。但共同的语言从来不是固定的既存物。它是说话者之间所操的语言，这种语言必须这样顺畅和熟练，以致在说话者之间可以开始进行相互理解，而这一点也只有在不同的"观点"不可消除地对峙的时候才能出现。在理性生物之间不可能否认相互理解的可能性。即使那种似乎以人类语言的多样性为根据的相对主义也不是对理性的限制，因为理性的语言对所有人都是共同的,这一点赫拉克利特早已了解。我们学习外语以及儿童学习说话倒亦非只表示获得理解的手段。毋宁说这种学习表现了一种对可能经验的预先安置(Vor-schematisierung),表现了它的第一次收获。学会一种语言(Hineinwachsen in eine Sprache)是认识世界的一种途径。不仅这种"学习"——而且所有经验都是在我们对世界的认识的不断交往的发展中实现的。在更为深层和更为普遍的意义上可以说,经验总是"对已认识事物的认识"(Erkenntnis von Erkanntem),正如奥古斯特·伯克为语文学家的任务所定的公式所说。我们在传统中生活,但这种传统并非我们世界经验的一个部分,并非那种仅仅由文本和碑文等构成并继续传达一种文字写下的和具有历史文献证明的意义的所谓的文化传统。其实正是世界本身在相互交往中被经验并且作为一种无限开放的任务不断地交付给我们(traditur)。世界从来就不是某个混沌初开的世界,而是不断地遗留给我们的世界。哪里有东西被经验,不可信的东西被抛弃,或者彰明、领会和掌握被产生,哪里就会有引入语词和共同意识的诠释学过程在发生。即使是现代科学的独白式的语言也只是以这种途径才获得其社会现实性。我觉得这里就充分证明了诠释学的普遍性,虽然哈贝马斯对此表示强烈的反对。我认为哈贝马斯对诠释学问题从未超出过一种唯心主义的埋解,并且很不恰当地把我的观点限制在特奥多·利特(Theodor Litt)所认为的"文化传统"的意义上。我们可以在舒坎伯版的《诠释学和意识形态批判》一书中找到广泛讨论此问题的文献。

对于我们的哲学传统,我们也必须提出同样的诠释学任务。

哲学思维并不是从零开始，而是必须继续思考和继续运用我们讲话所操的语言，我们今天仍然要像古代智者派的时代那样，把与其原始意义相异的哲学语言置回到对所意指的东西的讲话中去，置回到载负我们讲话的共同性中去。

由于现代科学及其哲学的推广，我们对这项任务或多或少地变得视而不见了。苏格拉底在柏拉图的《斐多篇》中提出了一个要求，他要对世界的构造和自然现象按他自己理解的那样去理解，为什么他要这样坐在监牢里而不接受为他安排好的越狱逃跑呢？——因为他认为这样做是对的，哪怕他遭受到的是一项不公正的判决。像苏格拉底自己理解的那样去理解自然，这项要求由亚里士多德的物理学按自己的方式实现了。这项要求与17世纪以来所谓的科学以及使自然科学和以科学为基础对自然的统治成为可能的东西都是不可调和的。这就是为何诠释学及其方法的结果不可能从现代科学理论中学到，而只能通过回忆较老的传统而学到的原因。

这种传统之一就是修辞学传统，后期维柯就曾用方法意识来反对他称为"批评法"（Critica）的现代科学而保卫这种修辞学传统。我在对古代哲学的研究中就特别强调过修辞学，即说话技巧及其理论。特别是修辞学以一种长期未被人充分认识的方式也成为美学概念古老传统的承载者，这在鲍姆加登对美学所下的定义中表现得很清楚。我们今天必须强调说明：修辞学论证方式的合理性虽然力图使"情感"（Affekte）起作用，但从根本上说是要使论证更为有力，并且在大多数情况下都很成功，修辞学论证方式的合理性现在是并且将一直是一种比科学确实性更加强有力的社会规定因素。因此，我在《真理与方法》中突出讨论了修辞学，并从很多方面，特别是在从法学实践出发的 Ch. 佩雷尔曼（Perelman）的研究中找到了对此的证明。这并不表明，假如我们以此为根据就忽视了现代科学及其对技术文明的应用的意义。恰恰相反，这正是提出现代文明的全新的中介问题。但情况并未因此而有根本的改变。因此，把科学的独白组合到交往意识中去这一"诠释学"任务——这里包括了训练实践的、社会的、政治的合理性——由此只是变得更为紧迫罢了。

实际上这是我们自柏拉图以来就已认识到的老问题。苏格拉底认为像政治家、诗人以及工匠等只知道本领域的知识而不知道"善"为何物乃是错误的。亚里士多德则通过对 Techne（技术）和 Phronesis（实践智慧）的区分描述了这里所存在的结构性区别。对此我们不能忽略。即使这种区别会被误用，而且对"良知"（Gewissen）的依靠也可能常常掩藏着不为人知的意识形态依赖性，如果我们只是在匿名的科学的意义上认识理性和合理性并把它们认作科学，那我们还是误解了理性和合理性。所以我认为我建立诠释学理论的工作更具可信性，因为我们必须重新接受苏格拉底遗留给我们的"人的智慧"，与科学所意识的那种可与上帝相媲美的无差错性相比，这种"人的智慧"只是无知的。亚里士多德建立的"实践哲学"对此可以给我们提供样板。这就是我们必须牢记的传统的第二条线索。

我认为亚里士多德提出的实践科学纲领为我们提供了"理解"科学可据以参照的唯一科学理论范式。在对理解的条件性作诠释学反思时我们已指出，理解的可能性表现为一种以语言表述的、绝非从零开始的、绝不可能以无限性结束的思考。亚里士多德指出，实践理性和实践的观点并不具备科学所具备的可学性，它只有在实践中，亦即在同伦理学的内在联系中才获得其可能性。我们必须牢记这一点。实践哲学这种范式必须取代下述"理论"(Theoria)的地位，这种"理论"的本体论证明唯有在"无限理智"(intellectus infinitus)中才能找到，而我们与启示无关的此在经验则对此一无所知。这种范式也必然会同所有把人的理性置于"匿名"科学的方法论思想之下的观点相对立。我认为相对于科学的逻辑自我理解的完善化，这种范式乃是真正的哲学任务，它同样并且正是面对科学对于我们的生活和继续生存所具有的实际意义而成为真正的哲学任务。

"实践哲学"还不仅仅只是"诠释学"学科的纯粹方法论的范式。它还像是它的实际根据。实践哲学的方法特殊性只是亚里士多德在其概念特性中所发现的"实践合理性"(Praktische Vernünftigkeit)的结果。单从现代的科学概念出发是根本无法把握它的结构的。甚至流动的辩证法——尽管黑格尔是从传统的概念中获得的并且复活了某些"实践"哲学的真理——也具有产生一种新的、不可察觉的反思教条主义的危险。作为意识形态批判之基础的反思概念同样也包含着一种非强迫性讨论的抽象概念，这种概念忽视了人的实践固有的限制。我必须把它作为心理分析治疗情境的不正当的推广加以拒绝。在实践理性的领域中不存在"知道着的"分析者(den "wissenden" Analysten)，他可以指导对被分析者(Analysanden)的创造性的反思行为。我认为在反思问题上布伦坦诺对于反思的领悟和对象化的反思所作的区分(这种区分可以追溯到亚里士多德)胜过了德国唯心主义的遗产。我认为它甚至同阿佩尔和其他一些人引向诠释学的先验的反思要求也是相对立的。上述这一切在颇受欢迎的《诠释学和意识形态批判》(舒坎伯版)一书中有详细的论述。

因此,柏拉图的对话对我的影响比起德国唯心主义大师们更大,它一直指导着我的思考。柏拉图对话是一种独特的交往。如果我们根据尼采和海德格尔的教导把希腊概念从亚里士多德到黑格尔和现代逻辑学的前概念性认作一种界限,在此界限之外,我们的问题就得不到回答,我们的意愿就得不到满足——那么柏拉图的对话术就胜过我们想作为犹太-基督教传统的遗产所据有的那种表面优越性。正是柏拉图用他的理念论、用理念的辩证法、用把物理学数学化和把我们称作"伦理学"的理论理智化的做法为我们传统的形而上学概念奠定了基础。但他同时也以模仿的方式对他所有的陈述都作了限制,正如苏格拉底懂得如何对他的谈话对手运用熟练的讽刺术来达到自己的目的一样,柏拉图也通过他的对话诗的艺术剥夺了他的读者自认为的所谓优越性。我们的任务是同柏拉图一起进行哲学思维,而不是去批判柏拉图。批判柏拉图就如同指责索福克勒斯不是莎士比亚的做法一样幼稚。我这种说法听起来似乎很荒谬,但只是对那些不了解柏拉图诗意想象的哲学含义的人才显得荒谬。

当然我们首先要学会真正用模仿的方式来阅读柏拉图。本世纪已有一些人这样做了,尤其是保尔·弗里德伦德尔,以及斯忒芬·乔治(Stefan George)的诗人圈子[弗里德曼(Friedemann)、辛格(Singer)、希尔德布兰特(Hildebrandt)]出版的一些富有启发,虽然说不上奠基性的书和列奥·斯特劳斯及其朋友和学生们的研究。当然还远不能说这项任务已得到解决。这项任务在于,要把对话中所运用的概念性陈述丝丝入扣地与这些陈述由之产生的对话现实相关联。因为在这些对话中存在着做和说、激情(Ergon)和逻各斯等柏拉图认为并非只用语词言说的"多立克式的和谐"(dorische Harmonie)。毋宁说它是苏格拉底对话真正的生命法则。它是真正词义上的"引导的说话"(hinführende Reden)。只有从这里出发才能表现出苏格拉底那种充满机智,并且一直使混乱发展到极端的反驳术的实际含义。是呀,如果人的智慧真能从一个人身上转到另一个人身上,就像水可以通过毛线从一只容器达到另一只容器那样该有多好……(《会饮篇》,第175d)。但人的智慧却不可能这样。它是无知的知(das Wissen des Nichtwissens)。依靠这种智慧,与苏格拉底谈话的人就可以承认自己的无知——这就是说:通过谈话使他对自己有所明白,并对自己浑浑噩噩的生活有所知晓。或者我们可以运用柏拉图的第七封信中更冷静的话来说:受到反驳的不仅是他的论题,而且是他的灵魂。这种说法既适用于那个自认为相信朋友却又根本不知道友谊为何物的奴隶(《吕锡篇》),也适用于那个相信自己身上体现了士兵德行的有名的统帅(《拉凯篇》),以及那个认为自己具备胜过所有其他知识的虚荣的政治家(《卡尔米德篇》)——它还适用所有那些跟从专门教授智慧的老师的人,最后它还适用于那些头脑简单的民众,这些人既自己相信又使人相信他"正可以"做一个商人、小贩、银行家犹如他做一个工匠等一样出色。显然,这里所涉及的并不是专业知识,而是另外种类的知识,它与所有专门性的知识要求和认识性的思考能力都无关,同所有其他的著名的技术和科学(Technai und Epistemai)都毫不相干。这种特殊的知识指的就是"转向理念"(Wendung zur Idee),在自认为有知识的人的一切敞露之后就存在着这种向理念的转向。

但这也并不说明柏拉图最终有一种人们能向他学习的理论,亦即"理念论"。虽说柏拉图在他的《巴门尼德篇》中批判了这种"理念论",这也并不说明他当时曾在理念论上犯了错误。这只是说明接受"理念"并不是接受一种"理论",而是标明一种问题指向,哲学的任务就在于提出并讨论这种问题指向的蕴含,这也就是柏拉图的辩证法。辩证法是一种引导谈话的艺术,其中也包括引导同自己的谈话,致力于与自己达成一致意见的艺术。它是思维的艺术。但这乃指这样一种艺术,即探究人们以他们所想和所说的究竟意指什么。我们用这种艺术开辟一条道路,说得更准确一点:我们运用这种艺术时已经处在一条道路上。因为有一种像"人对哲学的自然倾向"这样一种东西。我们的思想不会停留在某一个人用这或那所指的东西上。思想总是超出自身。柏拉图的对话集对此有一种表述——思维把人们引向太一、引向存在、引向"善",而这些东西就表现在灵魂、国家宪法和世界构造的秩序之中。

当海德格尔把理念的接纳解释成存在遗忘的开端(这种存在遗忘在纯粹的想象和客体化中达到顶峰,随之出现了普遍趋向权力意志的技术时代),当他相当彻底地把希腊最早的存在思想也理解为形而上学里的存在遗忘的准备时,柏拉图理念辩证法固有的领域也相应地意指完全不同的东西了。作为这种辩证法基础的对一切存在者彼岸的超越乃是一种超出"肤浅地"接受理念的步伐,其最后结果乃是对形而上学地把存在解释为存在者的存在这一做法的反动。

实际上形而上学的历史也可以写成一部柏拉图主义的历史。这部历史的发展阶段也许可以分作:柏罗丁和奥古斯丁、埃克哈特大师和库萨的尼古拉、莱布尼茨、康德和黑格尔等等。其实也可以说,在西方的思想中,一切努力追问理念的本质存在以及形而上学传统的实体理论的思想都是这种发展阶段中的一个环节。这个发展系列中的第一个柏拉图主义者不是别人,而是亚里士多德自己。我在这个研究领域中的目标就是力图使人相信这一点,尽管亚里士多德对柏拉图的理念论和西方传统的实体形而上学作了批判,但事实就是如此。我在这一点上的观点并非孤掌难鸣。正是黑格尔给予了我这种观点。⑦

我所从事的也绝不是仅仅作"历史的"研究。因为用存在回忆的历史(Geschichte der Seinserinnerung)去补充海德格尔提出的日益增长的存在遗忘史(Geschichte der wachsenden Seinsvergessenheit),这完全不是我的目的。这种做法是没有意义的。恰当的做法应该是谈论这种日益增长的对存在的遗忘。在我看来,海德格尔的伟大功绩就在于教导我们严肃地询问什么是"存在"?从而把我们从对存在的完全遗忘中唤醒过来。我还清楚地记得,1924年海德格尔在一次关于卡耶坦(Cajetan)的"指称相似性"的研讨课中用以下一个问题结束了讨论:什么是存在?当时我们被这个

---

⑦ [参见我的论文"柏拉图和亚里士多德关于善的理念"(《海德堡科学院论文集》,哲学-历史卷,1978年,第3卷),海德堡,1978年;现收入我的著作集,第7卷。]

问题的荒谬性弄得目瞪口呆。渐渐地我们所有人都在某种意义上被带到了对存在问题的回忆。即使是传统的形而上学传统的捍卫者、那些想成为海德格尔的批判者的人也不再充满自信地认为建筑在形而上学基础上的对存在的理解是毫无疑问的了。他们只是认为古典的回答也是对存在问题的一种回答，但这就说明他们又重新把存在问题看作一个问题了。

凡在试图进行哲学思维的地方就会用这种方式产生对存在的回忆。但我认为尽管如此却没有存在回忆的历史。回忆并不具有历史。不可能像有着日益增长的遗忘那样也有一种日益增长的回忆。回忆总是一种降临于人的东西，向人们袭来的东西，所以一种重新再现的东西（Wiedergegenwärtigtes）就会使流逝和遗忘稍作停顿。此外，对存在的回忆也不是对某种先前所知现在再想起的东西的回忆，而是对先前所问的东西的回忆，是对一种失落掉的问题的回忆。但一切作为问题追问的问题已不可能再被回忆。所有这样的问题作为对当时被追问的东西的回忆乃是现在被追问的问题。这样，问题就扬弃了我们思维和认识的历史性。哲学是没有历史的。第一个书写哲学史（实际上就是这样的历史）的人也就是最后一个书写这种历史的人：他就是黑格尔。在黑格尔那里历史消融在绝对精神的现在（Gegenwart）之中。

然而，这就是我们的现在吗？对我们来说唯有黑格尔才是这种现在吗？的确，我们不应当对黑格尔作教条主义的限制。如果黑格尔讲到随着一切人的自由而达到的历史的终点，那么这是说，历史唯有在这种意义上才终结，即再没有比一切人的自由还更高的原则能够被提出。人人都具有日益增长的不自由——这种不自由开始表现了世界文明的也许不可避免的命运——这在黑格尔的眼里绝不是对该原则的反驳。也许这只是"对事实来说太糟了"。我们同样可以问黑格尔：对存在的哲学思维终结于其中的原则，亦即第一和最后的原则就是"精神"吗？青年黑格尔派的批判对此作了攻击性的指责，但按我的观点唯有海德格尔才第一个发现了超出纯辩证倒转的积极的可能性。他的观点是："真理"并不是最终在绝对精神的自我显现中得到其理想实现的完全的无蔽（die volle Unverborgenheit）。相反他教导我们，要把真理同时作为揭蔽（Entbergung）和遮蔽（Verbergung）来考虑[59]伟大的传统思维尝试——在这种尝试中我们总是相互诉说地认识自己——把一切东西都置于这种对峙之中。所说出的东西绝不是一切。只有未说出的东西（das Ungesagte）才使我们能达到的说出的东西（das Gesagte）得到表述。我认为这点绝对正确。我们借以表述思想的概念好像一堵黑暗的墙。它使我们的思想具有片面性、固执性并充满偏见。例如我们可以想一下希腊的唯理智论，或德国唯心主义的意志形而上学，或新康德主义和新实证主义的方法论主义。它们用自己的方式说话，但同时也就不得不使自己变得无法认识。它们被囿于自身概念的前把握性之中。

由于这个理由我们可以说，我们为了理解某位思想家而试图与该思想家的思想进行的每一次对话都是一种自身无限的谈话。一种真正的谈话就是我们在其中力图寻找"我们的"语言——即一种共同的语言——的谈话。历史距离，以及把谈话对方置于一种可以历史地看出的起点上，一直是我们相互理解尝试的附属因素，实际上就是我们用以不理睬对话者的自我确信（Selbstvergewisserung)的形式。但在谈话中我们却相反地试图使自己向对方开放，亦即保持住使我们相互联系的共同事物。

如果情况是这样，那么我们同自己固有的立场当然就不能和睦相处。这种对话的无限性从根本上说不就是一种完完全全的相对主义吗？但它本身不也同样就是这样一种立场，而且还是一种显然充满自我矛盾的立场？最后它也像获得生活经验的情况一样：我们获得的许多经验、遭遇、教训和失望等等并不会导致我们在最终知晓一切，而是使我们学会了解、学会知足。我在《真理与方法》的主要一章中曾经捍卫了这种"个人的"经验概念以反驳那种通过对经验科学过程的程式化而使这种概念遭受到的掩盖，而且我感到在这点上与 M. 波兰尼(Polanyi)有同感。从这一点出发则"诠释学"哲学就不能理解为一种"绝对的"立场，而是一种经验的方法。它说明根本不存在有比开放谈话还更高的原则。但这也就是说，要预先承认谈话对方的可能权利，甚而他们的优势。这样是否太微不足道了？我认为我们从一位哲学教授那里所能要求的就只是这种说话的方式(die Art Redlichkeit)——而且我们也只应该要求这些。

我认为返回到人类世界财富(Welthabe)的原始对话并不是倒退，这是很清楚的。这也适用于那种对最终评价、"最终证明"的要求或对"精神的自我显现"的教导。因此，我们必须首先重新探究黑格尔的思想道路。海德格尔曾经发现了形而上学传统的希腊思想背景，并在黑格尔于其《逻辑学》中辩证地消解传统概念的做法中认识到对希腊思想的最彻底的追随。但黑格尔对形而上学的消解却没有激起这种后果。尤其是黑格尔那种巧妙的对主观精神的人为的思辨性的超越发生了作用,并且表现为对近代主观主义的一种解决办法。黑格尔的这种意图同海德格尔"转向"思想中抛弃先验的自我设定的意图不是一样的吗?黑格尔的意图不也正是要抛弃那种指向自我意识和意识哲学的主客观对立的倾向吗?莫非这里还存在差别?我们与海德格尔一起坚持的通向"语言"的普遍性的指向,即坚持我们世界交往(Weltzugang)的语言性,是否意味着一种超出黑格尔的步伐,一种返回到黑格尔深处的步伐?

为了首先确定我自己的思想轨道,我其实只能说,我的任务就是要维护"恶的无限性"的荣誉。当然我认为这是经过了重大的修正。因为思维就是同自己的灵魂进行无限的对话,这种对话不能被描述为对所要认识的对象世界的一种无限的继续规定,不管是在新康德主义所谓的无限任务的意义上,还是在辩证法所谓思维超出以前一切界限的意义上。海德格尔在这一点上为我指出了一条新的道路,他把对形而上学传统的批判变成一种准备,从而以新的方式提出了追问存在的问题,并且使自己处在"通向语言的路上"。这种语言的道路并不出现在判断陈述及其客观的有效要求之中,它只是不断地关注存在的整体。整体性并不是一种规定着的对象性。因此,我认为康德对纯粹理性二律背反的批判似乎是针对黑格尔的。整体性并不是对象,而是包围着我们并且使我们在其中生活的世界境域(Welthorizont)。

海德格尔褒扬荷尔德林而贬低黑格尔,并把艺术作品解释为一种原始的真理事件,以便在诗歌作品中承认一种对于客观规定的理想和概念的傲慢的纠正,在这一点上我无须跟随海德格尔。因为从我本人最主要的思想轨道出发这乃是确定无疑的。我应该不断考虑我自己的诠释学指向。诠释学的尝试,也就是从对话出发思考语言——对于一个终生都是柏拉图的学生的人来说这乃是不可避免的尝试——最终意味着通过进行谈话而对每一种语言固定用法的超越。在现代科学及其对知识支配的主要领域中对每个人都很适用的固定的专业术语在哲学思想的活动领域中就完全遭人轻视。伟大的希腊思想家在进行论题分析时有时也运用固定的概念术语,但即使如此他们也要维护自己语言的活动性。然而还存在着经院哲学,有古代的、中世纪的、近代的、当代的经院哲学。它们就像影子一样伴随着哲学。因此我们可以按下述标准很快确定某种思想的级别,即看它能在多大程度上打破那种传统哲学语言用语所表现的僵化。黑格尔作为其辩证方法使用的纲领性的尝试从根本上说有许多先在的东西。甚至像康德这样一个被认为非常讲究形式的思想家虽然总是想着拉丁文的学校用语,但也认为他"自己的"语言,虽说没有重新改造,却为传统的概念赢得了许多新的用法。相对于胡塞尔同时代及更早时代的新康德主义,胡塞尔的地位是由此决定的:即他的精神直观力把传统的艺术表达和他的语言词汇的描述性的灵活性融合成一种统一的风格。海德格尔则完全以柏拉图和亚里士多德为榜样,去证明自己新颖的语言创造的合理性,而我们在这一点上紧紧跟随他,甚至超过第一次轰动的效果和惊异所能期待的结果。与科学和生活实践相反,哲学则处于一种特有的困难之中。我们所讲的语言并不是为着哲学思维的目的而创造的。哲学陷入了一种根本性的语言困境之中。进行哲学思维的人越是勇敢地超前思考,这种语言困境就越发明显。一般说来,如果一个人任意"构造"概念,热衷于对他的概念"作出规定",这就正标明他是个半瓶醋。哲学家只是唤醒语言的直观力(Anschauungskraft),任何一种语言的果敢和力量如果能进入那些一起思考和继续思考的人的语言中,也就是说,如果它们能继续推动、扩展和照亮相互理解的视域,那它们就很恰当。

哲学的语言从来不会提前遇到它的对象,而是自己构造出对象,因此哲学语言并不是在语句系统(这种语句系统的基于逻辑性和单义性的形式化表述和批判的验证据说能加深哲学的见解)中活动,我认为这是不可避免的结论。这个事实绝不会取消"革命",也不会取消日常语言分析学派所声称的"革命"。让我用例子来说明这一点:如果有人用逻辑手段分析柏拉图某个对话中出现的论辩,指出其中的逻辑矛盾,弥补其中的缺陷并揭露其中的错误推论等,这当然能得到某种清晰性。但我们难道这样就能阅读柏拉图吗?这样就算把他的问题变成我们自己的问题了吗?如果不证明我们自己的优越性,就能算学习柏拉图吗?凡适用于柏拉图的经过必要的修正之后也适用于所有的哲学。我认为,柏拉图在他的第七封信中一劳永逸地正确地说明了这一点:哲学思维的工具并不是工具本身。表面的逻辑一贯性并不能代表一切。这倒不是说逻辑不具备其明显的有效性。但是,按逻辑处理论题的方法却把问题域限制在形式的可证明性上,从而阻碍了在我们用语言解释世界经验时所产生的世界开放(Weltöffnung)。这是一个诠释学的论断,我发现自己在这一点上最终与后期维特根斯坦有某种相似之处。他修正了他的《逻辑哲学论》中唯名论的偏见,以便把所有的说话都回溯到生活实践的联系之中。当然,这种还原的成就对他来说仍主要是消极的。对他来说,这种成就在于拒斥不可证明的形而上学问题,而不是在于重新获得不可拒绝的形而上学问题——尽管这些问题看起来可能是如此地不可证明——因为我们从我们的在世存在的语言用法中听出了这些问题。在这一点上我们从诗人的语词中可以学到比从维特根斯坦学到的更多的东西。

概念的解释并不能穷尽诗歌作品的内容,这一点是确定无疑的,而且也不会有人对此提出反驳。至少自康德以来人们就认识到了这一点,假如我们不说从鲍姆加登发现审美真理(cognitio sensitiva)以来的话。但从诠释学的观点看这点就更加重要。对于诗歌来说仅仅把它的审美因素同理论因素相分离并把它从语言规则或概念的压力下解放出来是不够的。诗歌本身也有一种说话的格式,概念就在这种格式中彼此发生关系。因此,诠释学的任务就在于学会在语言约束的联系中(在这种语言约束中总是有概念性的东西在起作用)去规定诗歌的特殊地位。语言是以何种方式变成艺术的呢?我们在这里并非只是提出这么一个问题,因为在解释的艺术中总是涉及到话语和文本的形式,而且因为在诗歌中也总是涉及到语言作品,涉及到文本。诗歌作品是一种新含义上的"构成物",它是一种卓越的"文本"。语言在这里是以其完全的自主性出现的。它是自为存在并自己存在,而语词则可以被它们所抛弃的话语的意向所超越。

这里存在一个很困难的诠释学问题。诗歌所进行的是一种特别类型的交往(Kommunikation)。它同谁交往呢?同读者?是同同哪类读者?作为诠释学过程之基础并起源于对话的基本格式的问答辩证法在这里就得到一种特别的修正。对诗歌的接纳和解释似乎蕴含了一种特有的对话关系。

如果我们对各种不同的说话方式就其特殊性进行研究,这一点就特别明显。并非只有诗歌语言才指明了一种丰富的区分尺度,例如史诗、戏剧诗和抒情诗等等。显然还有其他的说话方式使问和答的诠释学基本关系得以进行特有的修正。我想到的是不同形式的宗教讲话,例如宣告、祈祷、布道、祝福等等。我可以举出神秘的"传说"、法律文本,以及哲学所运用的那种或多或少有点儿结巴的语言。它们构成诠释学的应用难题,自从《真理与方法》问世以来,我就把越来越多的精力集中在这个问题上面。我认为可以从两个方面出发来解决这一难题,其一是从我对黑格尔的研究出发,在这种研究中我以语言同逻辑的关系追踪语言的作用;其二是从现代严密的诗学出发,我对保尔·塞兰(Paul Celan)的《生命结晶》所作的评论就是这样一种研究。在这种研究中占中心地位的是哲学和诗学的关系。对这个问题的反思会使我和我们大家都不断地回想到,柏拉图并不是一个柏拉图主义者,而哲学也绝不是经院哲学。

本书论文版源

1. **在现象学和辩证法之间——一种自我批判的尝试**

   Zwischen phänomenologie und Dialektik—Versuch einer Selbstkritik.

   至今未发表

2. **当今德国哲学中的历史问题**

   Das Problem der Geschichte in der neueren deutschen Philosophie.

   原是1943年一篇讲演稿(当时未发表);第一次发表于我的《短篇著作集》,第1卷,第1—10页。也可参阅我在门杜萨会议(阿根廷,1948年)以《历史理性的界限》为题所作的讲演,这篇讲演稿刊登在该会的论文集中。

3. **精神科学中的真理**

   Wahrheit in den Geisteswissenschaften.

   原为德国研究联合会1953年在不莱梅举行的年会上的报告。第一次发表于《德意志大学杂志》,第9卷,1954年,第6—8页;后重印于《短篇著作集》,第1卷,第39—45页。

4. **什么是真理?**

   Was ist Wahrheit?

应法兰克福大学新教学生会的邀请在 1955 年于阿罗尔德海恩所作的讲演。第一次发表在《时代转折新航迹》,第 28 卷,1957 年,第 226—237 页;重印于《短篇著作集》,第 1 卷,第 46—58 页。

5. 论理解的循环

Vom Zirkel des Verstehens.

第一次发表在《马丁·海德格尔 70 诞辰纪念文集》,福林根,1959 年,第 24—35 页;重印于《短篇著作集》,第 4 卷,第 54—61 页。

6. 事情的本质和事物的语言

Die Natur der Sache und die Sprach der Dinge.

原为 1960 年在慕尼黑召开的第 6 届德国哲学年会上所作的报告,刊印在该会文集《秩序问题》,迈森海姆,1962 年,第 26—36 页;重印于《短篇著作集》,第 1 卷,第 59—69 页。

7. 作为哲学的概念史

Begriffsgeschichte als Philosophie.

第一次发表在《概念史档案》,第 14 卷,1970 年,第 137—151 页;重印于《短篇著作集》,第 3 卷,第 237—250 页。

8. 古典诠释学和哲学诠释学

Klassische und philosophische Hermeneutik.

第一次以意大利文发表在 *Encyclopedia del Novecento*,罗马,1977 年,第 2 卷,第 731—740 页,题目是"诠释学"(Ermeneutica)。在里特尔编的《哲学历史辞典》第 3 卷第 1061—1073 页上有德文节选。

9. 自我理解的疑难性

Zur Problematik des Selbstverständnisses.

原为1961年在罗马所作的讲演,法文是由 E. 卡斯特里(Castelli)以"Intendimento e Rischio"为题发表在"人文主义国际研究大会"的会议文献里,罗马,1962年;德文是以"理解和游戏"为题发表在《神学研究》,第30卷,1963年。本书所收乃是修改和扩大的版本,它第一次发表在格哈德·克吕格尔60诞辰纪念文集《洞见》里,法兰克福,1962年,第71—85页,同时也收入《短篇著作集》,第1卷,第70—81页。

10. **历史的连续性和存在的瞬间**

Die Kontinuität der Geschichte und der Augenblick der Existenz.

原为蒂宾根新教学生会在1965年召开的高等学校会议上的讲演,第一次与 R. 维特拉姆、J. 莫尔特曼(Moltmann)的报告一起以"历史——未来的要素"为题发表,蒂宾根,1965年,第33—49页。以本文题目重印于《短篇著作集》,第1卷,第149—160页。

11. **人和语言**

Mensch and Sprach.

首先发表在《母语》,第65卷,1965年,第257—262页;继后刊登于 D. 提策维斯基(Tschizewskij)70诞辰纪念文集《文字域》,慕尼黑,1966年,第237—243页;同时又收入《短篇著作集》,第1卷,第93—100页。

12. **论未来的规划**

Über die Planung der Zukunft.

第一次发表在 *Daedalus*,第 95 卷,1966 年,第 572—587 页,题目是"Planning of the Future",德文发表于《短篇著作集》,第 1 卷,第 161—178 页。

13. 语义学和诠释学

Semantik and Hermeneutik.

原为 1968 年维也纳召开的第 14 届国际哲学大会上的报告,第一次发表于《短篇著作集》,第 3 卷,第 251—260 页。

14. 语言和理解

Sprach and Verstehen.

第一次发表在《时代转折新航迹》,第 41 卷,1970 年,第 364—377 页,重印于《短篇著作集》,第 4 卷,第 94—108 页。

15. 语言能在多大程度上规定思维?

Wieweit schreibt Sprache das Denken vor?

第一次发表在《时代转折新航迹》,第 44 卷,1973 年,第 289—296 页,重印于《短篇著作集》,第 4 卷,第 86—93 页。法文载于 E. 卡斯特里(编辑)的 *Démythisation et Idéologie*,巴黎,1973 年,题目是"Jusqu'à quel point la langue préforme-telle la pensée",第 65—70 页。英文见《真理与方法》英译本附录,伦敦,1976 年。

16. 无谈话能力

Die Unfähigkeit zum Gespräch.

原是海德格尔研究会举办的广播讲座稿,第一次发表于《大学》,第 26 卷,1971 年,第 1295—1304 页,重印于《短篇著作集》,第 4 卷,第 109—117 页。

17. 诠释学问题的普遍性

Die Universalität des hermeneutischen Problems.

第一次发表于《哲学年鉴》,第 73 卷,1966 年,第 215—225 页,同时收入《短篇著作集》,第 1 卷,第 101—112 页。

18. 修辞学、诠释学和意识形态批判   Ⅱ 511

Rhetorik, Hermeneutik und Ideologiekritik.

第一次发表于《短篇著作集》,第 1 卷,第 113—130 页。

19. 答《诠释学和意识形态批判》

Replik zu Hermeneutik und Ideologiekritik.

第一次发表在哈贝马斯(编辑出版)的《诠释学和意识形态批判》,法兰克福,1971 年,第 283—317 页,重印于《短篇著作集》,第 4 卷,第 118—141 页。

20. 修辞学和诠释学

Rhetorik und Hermeneutik.

第一次作为约金姆-尤吉乌斯科学学会刊物发表,哥廷根,1976 年,重印于《短篇著作集》,第 4 卷,第 148—163 页。

21. 逻辑学还是修辞学?

Logik oder Rhetorik? Nochmals zur Frühgeschichte der Hermeneutik.

第一次发表在《概念史档案》,第 20 卷,1976 年,第 7—16 页,重印于《短篇著作集》,第 4 卷,第 164—172 页。

22. 作为理论和实践双重任务的诠释学

Hermeneutik als theoretische und praktische Aufgabe.

原为 1978 年 1 月 19 日在明斯特召开的国际法哲学和社会哲学联合会威斯特伐伦组会上的报告,以及 1978 年 1 月 18 日在海德堡科学院的报告。第一次以扩大篇幅发表在《法律理论》，第 9 卷，1978 年，第 257—274 页。

23. 实践理性问题

Probleme der praktischen Vernunft.

第一次发表于《意义和历史性——特奥多·利特的研究和影响》，J. 德勃拉夫(Derbolav)和其他人合编，斯图加特，1980 年，第 147—156 页。

24. 文本和解释

Text und Interpretation.

第一次发表在《文本和阐释——德法辩论》，P. 福格特编，慕尼黑，1984 年，第 24—55 页。

25. 解析和解构

Destruktion und Dekonstruktion.

德文原文未发表——以意大利文载于《解释和解构》(Interpretazione e deconstruzione)，拿波里，1986 年；英文由马尔夏尔(Marshall)编，鲁瓦，1986 年。

26. 补注 I — VI

Exkurse I — VI.

第一次发表在《真理与方法——哲学诠释学的基本特征》，蒂宾根，1960 年，第 466—476 页。

27. 诠释学与历史主义

Hermeneutik und Historismus.

第一次发表在《哲学评论》，第 9 卷，1961 年，第 241—276 页，重印于《真理与方法》，第 2 版，蒂宾根，1965 年，第 477—512 页。

28. 诠释学

Hermeneutik.

第一次发表在《当代哲学》(*Contemporary Philosophy*),R. 克里彭斯基编,第 3 卷,菲伦斯,1969 年,第 360—372 页。

29. 第 2 版序言

Vorwort zur 2. Auflage.

第一次发表在《真理与方法》,第 2 版,蒂宾根,1965 年,第 XVI—XXVI 页。

30. 第 3 版后记

Nachwort zur 3. Auflage.

第一次发表在《真理与方法》,第 3 版,蒂宾根,1972 年,第 513—541 页。

31. 汉斯-格奥尔格·伽达默尔自述

Selbstdarstellung.

第一次发表在《自序中的哲学》,L. J. 波格拉茨(Pongratz)编,汉堡,1977 年,第 3 卷,第 59—100 页。

译者注释

第1卷

(诠释学Ⅰ 真理与方法——哲学诠释学的基本特征)

[1]按照伽达默尔的看法,效果历史的规定性是这样的彻底,以致它超出了对这一规定性的任何认识,他写道:"我的论证的意义是:效果历史的规定性也仍然支配着现代的、历史的和科学的意识——并且超出了对这种支配活动的任何一种可能的认识。效果历史意识在一个如此彻底的意义上是终究的,以致我们在自己整个命运中所获得的存在在本质上也超越了这种存在对其自身的认识。"(《真理与方法》,第 xii 页)简言之,我们获得的存在超越了我们对这种存在的认识。因此真理的概念对于伽达默尔来说也与自然科学所谓的真理概念风马牛不相及,正如在艺术的经验中我们探究的是那些在根本上超出了方法论知识范围外的真理一样,在精神科学中我们涉及的也是各种形式的历史传承物自身所表述出来的真理。

[2]在伽达默尔看来,我们对历史传承物的经验——这种经验超越了我们对历史传承物的任何探究——都经常居间传达了我们必须一起参与其中去获取的真理,这也就是说,历史传承物的真理绝不是一成不变的,而总是与我们自己的参与相联系,真理都是具体的和实践的。伽达默尔在一篇题为"论实践哲学的理想"的论文里曾经写道:"我要宣称:精神科学中的本质性东

西并不是客观性,而是同对象的先在的关系。我想用参与者的理想来补充知识领域中这种由科学性的伦理设立的客观认识的理想。在精神科学中衡量它的学说有无内容或价值的标准,就是参与到人类经验本质的陈述之中,就如在艺术和历史中所形成的那样。我曾试图在我的其他著作中指出,对话模式可以阐明这种参与形式的结构,因为对话也是由此表明,对话者并非对对话中出现的东西视而不见并宣称唯有自己才掌握语言,相反,对话就是对话双方在一起相互参与着以获得真理。"(见《赞美理论——伽达默尔选集》,上海三联书店 1988 年版,第 69 页)

[3]诠释学宇宙与自然科学的宇宙不同,它不仅包括我们所探究的自然对象-历史传承物和自然的生活秩序,而且包括我们怎样经验历史传承物的方式,我们怎样经验我们存在和我们世界的自然给予性的方式,因此诠释学宇宙总是一个无限开放的宇宙。

[4]"精神科学"在德文里是复数形式,最早是用来翻译穆勒《逻辑学》里"道德科学"(moral sciences)一词的。

[5]约翰·斯图加特·穆勒(John Stuart Mill,1806—1873),英国哲学家、社会学家和经济学家。主要哲学著作《逻辑学》写于 1843 年。

[6]赫尔曼·赫尔姆霍茨(Hermann Helmholtz,1821—1894),德国自然科学家,19 世纪精确科学最重要的代表。对生理学、光学、电动力学、数学和气象学均有十分重要的贡献,最著名的是发现能量守恒定律。

[7]巴黎的奥卡姆学派,指 14 世纪上半叶法国巴黎一些奥卡姆(W. V. Ockham,1280/1285—1347/1349)学说追随者。

[8]J. G. 德罗伊森,见[10]。

[9]皮埃尔·杜恒(Pierre Duhem,1861—1916),法国物理学家、数学家和科学哲学家,著名的科学理论约定论代表。杜恒主张科学理论的作用在于使各种关联系统化,而不在于解释新的现象。主要著作有《莱奥纳多·达·芬奇研究》(1903—1913 年)、《世界体系——从柏拉图到哥白尼的宇宙学说

史》(1913—1917年)。

[10]威廉·舍勒尔(Wilhelm Scherer,1841—1886),德国语言学家、文学史家,文学艺术中实证主义方法的建立者。

[11]巴洛克,原指16—18世纪中叶盛行于欧洲的一种华丽花型的建筑风格,这里指这一时代。

[12]赫尔德(Johann Gottfried von Herder,1744—1803),德国批评家、哲学家、路德派神学家,浪漫主义运动先驱。赫尔德具有超越时代的眼光,预见了德国哲学思想和文艺理论的未来发展。在《论语言的起源》(1772年)中认为语言结构是人类本性的真实图像,只有通过语言才能产生对人性的认识。他以后的一系列著作,特别是《关于人类发展的另一种历史哲学》(1774年)、《论人的天赋虚构》(1777年)、《论人类灵魂的认识和感觉》(1778年)和《人类历史哲学纲要》(1784—1791年)为德国的启蒙运动,特别是文学上的狂飙突进运动奠定了深厚的基础。

[13]至善论指一种主张人类可完全达到完善圆满境界的理论。

[14]教化(Bildung)是一个很难翻译的德文词,它不仅指一般所谓的文化,有如英语中的culture,更重要的指一种精神的造就或陶冶,比较接近于英文中的cultivation或cultivated。伽达默尔把它定义为"人类发展自己的天赋和能力的特有方式"(《真理与方法》,第1卷,第16页)。对应于教化这个词的拉丁文是formatio,这是从forma(形式、形象)而推导的词。按照中世纪神学解释,人是按照上帝的形象创造的,人在自己的灵魂里就带有上帝的形象,并且必须在自身中去造就这种形象。同样,Bildung包括Bild(形象),它既包括Vorbild(范本、模式),又包括Nacbbild(摹本),意即按照范本加以铸造。教化一词在18世纪末和19世纪的德国思想界相当流行。赫尔德曾从根本上把人类教育规定为"达到人性的崇高教化"(Emporbildung zur Humanität)。按照黑格尔的解释,人之为人的显著特征在于他脱离了直接性和本能性,而人之所以能脱离直接性和本能性,乃在于他的本质具有精神性的理性方面,因此人

需要教化,人类教化的本质就是使自己成为一个普遍的精神存在,教化从而就作为个体向普遍性提升的一种内在的精神活动。德国哲学家非常重视这一概念的内涵,黑格尔说,哲学正是"在教化中获得了其存在的前提条件"(《哲学纲要》,第 41 节);狄尔泰自豪地说:"只有从德国才能产生那种可取代充满偏见而独断的经验主义的真正的经验方法,穆勒就是由于缺乏历史性的教化而成为独断的。"(《狄尔泰全集》,第 5 卷,第 lxxiv 页)伽达默尔更发挥说:"我们可以补充说,精神科学也是随着教化一起产生的,因为精神的存在是与教化观念本质上联系在一起的。"(《真理与方法》,德文版第 1 卷,第 17 页)

[15]克洛普施托克(Friedrich Klopstock,1724—1803),德国叙事诗和抒情诗人。主要代表作《弥赛亚》(或译《救世主》)最早三篇发表于 1749 年,诗文充满激情,引起轰动,1770 年完成最后五篇。

[16]威廉·冯·洪堡(Wilhelm Freiherr von Humboldt,1767—1835),德国语言学家、哲学家、外交家兼教育改革家,对 20 世纪语言科学的发展有深刻的影响,曾预示探索语言-文化关系的人类文化语言学的发展。

[17]沙夫茨伯里(Anthong Ashley Cooper Shaftesbury,1671—1713),英国政治家、哲学家、自然神论者。早年受教于洛克,但剑桥柏拉图主义者对他影响颇大,因此哲学思想带有浓厚的柏拉图主义观点,主张我们所看到的美或真乃是绝对的美或真的影子。主要著作是《人的特征、风俗、见解和时代》(1711 年)。正是通过沙夫茨伯里,英国自然神论思想传入德国,康德在一定程度上受过他的影响。

[18]教化(Bildung)来源于 Bilden(形成),包含(Bild)(图像、形象),而 Bild 既有 Vorbild(范本、模本),又有 Nachbild(摹本),意思就是说 Bildung 乃是按照 Vorbild(范本)进行摹写(Nachbilden),也即按照人性理想进行教化或陶冶,这种观点究其根源应当说来自柏拉图,柏拉图的 eidos 原本指所看到的形象,德文是以 Urbild(原型)来翻译,按照柏拉图,事物乃是原型的摹写,因此现实世界的事物可以说是摹本,即德文里的 Abbild,以后新柏拉图主义

就是利用 Urbild 和 Abbild 这种关系,认为世界万物乃是上帝根据他心灵中的原型(arche-type)、范式(paradigms)或模式(pattern)所创造,德国思想家所使用的 Bildung 就是沿着这一思路而发展起来的。

[19]《第一哲学》系黑格尔1808年任纽伦堡文科中学校长期间所编写的《哲学入门》中的一部分,该书1811年写毕,1840年正式出版。

[20]黑格尔在《精神现象学》里这样写道:"虽说对于主人的恐惧是智慧的开始,但在这种恐惧中意识自身还没有意识到它的自为存在。然而通过劳动,奴隶的意识却回到了它自身。当行动符合于主人的意识的时候,对于物的非主要的关系这一面诚然显得是落在服役者的意识身上,因为在这一关系里物仍然是保持其独立性。欲望却为自身保有其对于对象之纯粹的否定,因而享有十足的自我感。但是也就因为这样,这种满足本身只是一个随即消逝的东西,因为它缺少那客观的一面或持久的实质的一面。与此相反,劳动是受到限制或节制的欲望,亦即延迟了的满足的消逝,换言之,劳动陶冶(Bilden)事物。对于对象的否定关系成为对象的形式并且成为一种持久性的东西,这正因为对象对于那劳动者来说是有独立性的。这个否定的中介过程或陶冶的行动同时就是意识的个别性或意识的纯粹自为存在,这种意识现在在劳动中外在化自己,进入到持久的状态。因此那劳动者的意识便达到了以独立存在为自己本身的直观。"(黑格尔:《精神现象学》,上卷,商务印书馆1979年版,第130页)

[21]黑格尔自1808年在纽伦堡任文科中学校长,长达8年之久。

[22]伊索克拉底(Isokrates,前436—前338),古希腊修辞学家和教育学家。

[23]《波尔·罗亚尔逻辑》(Logique de Port-Royal),亦名《皇港逻辑》,系17世纪波尔·罗亚尔运动的两个领导者安东尼·阿尔诺和皮埃尔·尼科尔编著的一部逻辑书。

[24]詹孙教派(Die Jansenisten)系17世纪和18世纪出现于法国、荷兰

和意大利的一个天主教的非正统教派,主要创始人是卢万大学神学家詹孙。这一教派认为,反宗教改革运动的神学家在反对路德和加尔文关于上帝的恩惠的教义的同时,走向另一极端,即过分强调了人的责任以致贬低了天主的主动性。詹孙教派还试图利用科学方法来论证奇迹,从而开创奇迹的批判。

[25]斯宾诺莎(Benedict de Spinoza,1632—1677),犹太裔荷兰哲学家,他的《神学政治论》(1670年)一书开创了对《圣经》的历史批判任务。按照伽达默尔的看法,斯宾诺莎对《圣经》的历史批判,尤其是对《圣经》各篇作者所使用的语言的性质和特征的解释,分清字面的意思和比喻的意思,乃属于诠释学的前史。

[26]共通感,原在亚里士多德那里指五种普通的感觉,但尔后的发展却成为一种实践的判断标准,或者健全的常识。维柯在他的《新科学》一书中援引了共通感这一概念,在他看来,共通感乃是所有人中存在的一种对于合理事物和公共福利的共同感觉。苏格兰常识学派也援引了这一概念,在他们看来,这是人类的一种健全感觉,并用这一概念来攻击形而上学及其怀疑主义的解决方案。康德在其《判断力批判》里也讲到鉴赏(趣味)作为一种共通感,尽管共通感这一概念的含义常常被了解为平凡、庸俗,"但是在共通感这一名词之下人们必须理解为一个共同的感觉的理念,这就是一种评判机能的理念,这评判机能在它的反思里顾到每个别人在思想里先验的表象形式,以便把他的判断似乎紧密地靠拢着全人类理性,借以逃避主观性和人的诸条件对判断产生的有害影响。"(康德:《判断力批判》,上卷,商务印书馆1987年版,第187—138页)伽达默尔在共通感这一概念里所强调的就是一种历史的、实践的智慧。他利用亚里士多德的"实践智慧"(Phronesis)这一概念来解释共通感,一个具有共通感的人就是具有实践智慧,知道如何正确应用的人,因此他说:"显然就有某种理由要把语文学-历史学的研究和精神科学的研究方式建立在这个共通感概念上,因为精神科学的对象,人的道德的和历史的存在,正如它们在人的行为和活动中所表现的,本身就是被共通感所根本规定的。"

(《真理与方法》,德文版第1卷,第28页)

[27]维柯(Giambattista Vico,1668—1744),意大利哲学家,人文主义思想家。主要著作《新科学》后来才受到人们注意。维柯认为人类社会经历从生成逐渐走向毁灭的阶段,首先是野蛮时期,然后进入众神时代,再后是英雄时期,最后是人类时期,人类时期最后又回到野蛮时期。

[28]犬儒学派(Kyniker)系古希腊小苏格拉底学派之一,创始人安提西尼(Antisthenes,约前445—前365)。这一学派主张禁欲克己的生活,据说安提西尼力破常规,终身流浪行乞。

[29]逍遥学派(Peripatos)系亚里士多德学派,据说亚里士多德常在散步时与他的门徒讲学,亦名"散步学派"。

[30]斯多葛派(Stoiker),古希腊和罗马时期兴盛的一个哲学派别,创始人系蒂昂的芝诺(Zenon Kitieus,前340—前265),因为他通常在雅典集市的画廊柱下讲学,故又名为"画廊学派"。

[31]菲托原系规劝女神,这里维柯用来指古代修辞学传统。

[32]罗马斯多葛派指公元后罗马时代的后期斯多葛派。著名人物有罗马政治家塞涅卡、奥勒留以及被尼禄皇帝释放的奴隶爱比克泰德。这一学派对于传播和发展斯多葛派哲学和逻辑学起了很大作用。

[33]特滕斯(Johannes Nikolaus Tetens,1736—1807),德国心理学家、数学家、经济学家和教育家。主要著作《对人的本质及其发展的哲学探究》(1777年)是一部研讨人类认识的起源和结构的书,康德曾经给予很高的评价。

[34]达兰贝尔(D'Alembert,1717—1783),法国数学家、启蒙思想家、《百科全书》编纂者。曾对牛顿第二运动定律提出另一种表述,即所谓达兰贝尔原理。

[35]西塞罗(Marcus Jullius Cicero,前106—前43),古罗马政治家、律师、古典学者和作家。其著名著作有《论演说术》《论共和国》《论法律》,另有

长诗《我的执政》和《我的时代》。在哲学史上,西塞罗的重要性在于他传播了希腊的思想,给予欧洲一套哲学术语。

[36]卡斯蒂廖内(Baldassare Castiglione,1478—1529),意大利作家和外交家,他的著名的代表作《侍臣论》(1528年)使他成为文艺复兴时期贵族礼仪的权威人士,曾被译成多种外国文字。

[37]马克·奥勒留(Mark Aurel 或 Marcus Aurelius,120—180),罗马皇帝,罗马斯多葛派哲学家。主要著作有《沉思录》,是我们研究后期斯多葛派哲学观点的重要经典。

[38]萨尔马修斯(Claudius Salmasius,1588—1653),法国古典主义时期思想家,原名为 Claude de Salmasius。

[39]哈奇森(Francis Hutcheson,1694—1747),爱尔兰哲学家。自1730年至去世任格拉斯可夫大学道德哲学教授。

[40]托马斯·里德(Thomas Reid,1710—1796),英国哲学家,苏格兰常识学派的创始人。主要著作《论人的智力》(1785年)是反对休谟的怀疑论,而《论人的积极力量》(1788年)则是捍卫唯理论的伦理学。

[41]布菲尔(Claude Buffier,1661—1737),法国哲学家、历史学家和语言学家。其哲学观点对苏格兰常识学派有影响。

[42]亨利·柏格森(Henri Louis Bergson,1859—1941),法国哲学家。1900年任法兰西学院教授,1914年任法兰西科学院院士,1928年获诺贝尔文学奖。重要哲学著作有《时间与自由意志》(1889年)、《物质与记忆》(1896年)和《创化论》(1907年)。

[43]18世纪德国学院派形而上学指莱布尼茨-沃尔夫学派哲学。

[44]大众哲学指18世纪在德国学者中产生的这样一种哲学尝试,即把哲学学说以一种通俗易懂和便于应用的形式阐述出来。当时莱辛就倾向于这样一种哲学立场。

[45]虔信派,17世纪兴起于德国新教内部并注重个人信仰的改革教派,

虔信派可以说是对所谓"西方世俗化"的反响,同时也是对教会世俗化的抗议。虔信派企图使基督教重新发挥改造人类生活的力量。

[46]厄廷格尔(Friedrich Christopher Oetinger,1702—1782),德国路德新教神学家。为反对笛卡尔主义和理性主义,厄廷格尔强调了精神和物质的相互联系以及生命的首要性,从而突出了共通感。厄廷格尔的观点对于施瓦本虔信派和黑格尔有影响,其共通感学说被伽达默尔作为精神科学的诠释学思想的前史加以强调。

[47]费内伦(Francois de Salignac de la Mothe-Fenelon,1651—1715),法国神学家和教育学家,其思想对法国启蒙运动有很大影响。

[48]弗勒里(Claude de Fleury,1640—1723),法国宗教历史学家。

[49]沃尔夫(Christian Wolff,1679—1754),德国哲学家,18世纪德国学院派形而上学的主要代表,作为德国启蒙运动(18世纪以唯理论为特色的哲学运动)的代言人而出名。沃尔夫继承莱布尼茨和笛卡尔,试图把唯理论和数学方法应用于哲学,在德国哲学史上开创了莱布尼茨-沃尔夫时期。

[50]约翰·贝尔努利(Johann Bernoulli,1667—1748),瑞士著名数学家,其兄雅可布·贝尔努利(Jakob Bernoulli,1654—1705),也是著名数学家。

[51]帕斯卡(Blaise Pascal,1623—1662),法国思想家、数学家、物理学家。主要哲学著作有《思想录》。

[52]莫佩尔蒂(Pierre Louis Moreau de Maupertuis,1698—1759),法国物理学家、数学家。

[53]"共同感觉"(Gemeinsinn)是德语中用来翻译拉丁文 sensus communis(共通感)的语词。"共同感觉"在德国古典哲学里指人类天生具有的一种判断能力,因此厄廷格尔把它理解为一种"上帝的恩赐"。"共同感觉"后来就发展成为一种与理性判断不同的感觉判断,即没有反思的判断。

[54]"所罗门的智慧"原系《圣经·旧约》伪经中的一卷,这里系指一种最高的认识能力。

[55]"几何学的精神"指演绎,"微妙的精神"指直觉。帕斯卡在其晚年的神学研究中区分了这两种精神,并且认为"微妙的精神"优于"几何学的精神",只有通过"微妙的精神"才能洞察宇宙的真相。

[56]兰巴赫(Johann Jakob Rambach,1693—1735),18世纪神学诠释学中虔信派诠释学代表人物,著有《圣经解释原则》(1723年)。

[57]关于健全的人类理智(即共同的理智)是由判断力所规定的,参见康德《判断力批判》第1版序,康德认为:"判断力的正确的运用是这样必然地和普遍地需要着,因而在健全的理智的名义下正意味着这种能力。"(康德:《判断力批判》,上卷,商务印书馆1987年版,第5页)

[58]马鲁斯(Morus,1478—1535),英国政治家,人文主义著作家,马鲁斯系拉丁语名字,英语名字为Sir Thomas More(托马斯·莫尔),《乌托邦》一书是其代表作。

[59]判断力由于需要某个能够指导它的应用的规则而处于一种根本的困境中,因为正如康德所指出的,为了遵循这个规则它将需要一个其他的判断力,可参见康德《判断力批判》第1版序:"人们却能够从判断力的本性里——它的正确的运用是这样必然地和普遍地需要着,因而在健全的理智的名义下正意味着这个能力——容易知道,寻找出一个这样的原理是伴着许多巨大困难的。这就是说它必须不是从先验诸概念里导引出来的。这些先验诸概念是隶属于悟性,而判断力却只从事于运用它们。所以判断力应自己提供一个概念,通过这概念却绝不是某一物被认识,而只是服务于它自己作为一法规,但又不是成为一个客观的法规,以便它的判断能适应这个法规,因为这样又将需要另一个判断力,来判别这场合是不是这法规能应用的场合了。"(康德:《判断力批判》,上卷,商务印书馆1987年版,第5页)

[60]鲍姆加登(Alexander Gottlieb Baumgarten,1714—1762),德国哲学家和美学家,沃尔夫学派后期重要代表。1738年任哈勒大学教授,1740年任法兰克福大学教授。鲍姆加登第一次使用了"美学"(Ästhetik)这一词,并在

德国把美学作为哲学的一个分支学科。对于他来说,狭义的美学就是自由的艺术理论,而广义的美学就是一般感性认识理论。鲍姆加登的美学理论对康德有很大影响。

[61]在鲍姆加登看来,美在于多样性的统一,单纯的印象,如颜色,并不是美的,唯有多样性才能刺激心灵,产生愉快,美乃是感性里表现的完满,而这完满即是多样性中的统一。

[62]康德在其《判断力批判》里一方面把共通感原有道德规定摈除出去,使共通感成为一种判断能力;另一方面又强调共通感与一般所理解的共同知性(gemeines Verstand)有区别,共同知性是不按照情感,而是按照概念,这样共通感就必然成为鉴赏判断的基础。参见《判断力批判》第20节和第40节。

[63]纯粹实践理性模型见康德的《实践理性批判》第一部第一编(纯粹实践理性的分析论)第二章"纯粹实践判断力的模型论",康德说:"这种备考(即判断力的模型论)就防御了实践理性的经验论,实践理性的经验论是仅以经验结果(所谓幸福)来定'善''恶'的实践概念,经验结果以及因自爱而决定的一种意志之无效果虽当然能用作'理想善'的完全适当模型,但同'理想善'却不一样。"(康德:《实践理性批判》,张铭鼎译,商务印书馆1936年版,第88页)

[64]康德在《实践理性批判》第二部分简短地探讨了纯粹实践理性的方法论,他首先声明这种方法论并不是"关于纯粹实践理性的一种科学认识方面而用纯粹实践原则来进行的方法"(尽管通常在理论认识上称之为方法),而是指一种"我们能使纯粹实践理性律通行于人类精神以内而影响其格言的方法,即我们能使客观实践理性也成为主观实践理性的方法"。关于康德具体提出的建立和培养真正道德情操的方法纲要,可以参阅他的《实践理性批判》,张铭鼎译,商务印书馆1936年版,第212页以下。

[65]参阅康德:《判断力批判》,上卷,商务印书馆1987年版,第137页。

[66]康德说:"一个这样的原理却只能被视为一种共同感觉(Gemeinsinn),这种共同感觉是和人们至今也称作共通感的共同知性(gemeines Ver-

stand)在本质上有区别,后者是不按照情感,而是时时按照概念,固然通常只按照模糊不明表现的原理去进行判断的。"(康德:《判断力批判》,上卷,商务印书馆1987年版,第76页)

[67]按照康德的观点,判断力正如共通感一样,是不能从逻辑上加以证明的,因此康德承认事例或历史对于判断力具有主导线索的意义。

[68]康德在《判断力批判》里说:"所以只在这个前提下,即有一个共通感(不是理解为外在的感觉,而是从我们的认识诸能力的自由活动来的结果),只在一个这样的共通感的前提下,我说,才能下鉴赏〈趣味〉判断。"(康德:《判断力批判》,上卷,商务印书馆1987年版,第76页)

[69]巴尔塔扎·格拉西安(Balthasar Gracian,1601—1658),西班牙作家、哲学家。

[70]F.黑尔(Friedrich Heer,1910—   ),奥地利历史学家、政论家。

[71]康德在《判断力批断》关于趣味的二律背反里指出:"关于趣味可以容人争吵(虽然不能辩论)。这个命题却含着第一前提的反对面。因关于争吵的对象,必须希望先能达到一致;从而人们必须能够依凭判断的根据,而这根据不仅仅具有私人的有效性,即不仅仅是主观的;对于这一层另外那个命题和它正相对立,这就是:每个人有他的自己的趣味。所以关涉到趣味的原理显示下面的二律背反:(一)正命题。趣味不植根于诸概念,因否则可容人对它辩论(通过论证来决定);(二)反命题。趣味判断植根于诸概念,因否则,尽管它们中间有相违异点,也就不能有争吵(即要求别人对此判断必然同意)。"(康德:《判断力批判》,上卷,商务印书馆1987年版,第185页)

[72]按照康德的观点,趣味判断不基于概念,而基于共通感,因此它不要求每个人都同意我们的判断,而是要求每个人都应当与我们的判断相一致,他说:"在一切我们称某一事物为美的判断里,我们不容许任何人有异议,而我们并非把我们的判断放在概念之上,而只是根据情感:我们根据这种情感不是作为私人的情感,而是作为一种共同的情感。因此而假设的共通感,就

不能建立在经验的基础上,因为它将赋予此类判断以权利,即其内部含有一个应该:它不是说,每个人都将要同意我们的判断,而是应该对它同意。"(康德:《判断力批判》,上卷,商务印书馆1987年版,第78页)

[73]伽达默尔的一个根本观点是,精神科学,例如法律和道德的知识,都是通过具体情况的应用而得到创造性的补充和发展,"法官不仅应用法律于具体事件中,而且通过他的裁决对法律的发展作出贡献。正如法律一样,道德也是鉴于个别情况的创造性而不断得以发展的。"(《真理与方法》,第1卷,第44页)因此他认为,美并不是只有在自然和艺术领域内作为对美和崇高东西的判断才是创造性的,自然和艺术中的美应当被那弥漫于人的道德现实中的美的整个广阔海洋所充实。

[74]康德所谓规定性的判断力和就是指把个别的东西(特殊)归纳在某个普遍的原理、法则或规律(普遍)之下的判断力,参见《判断力批判》"判断力作为一个先验地立法着的机能"一节。

[75]康德在《判断力批判》里把判断力区分为规定性判断力和反思性判断力两种,规定性判断力是把特殊归在已知的普遍之下;反之,反思性判断力是已知特殊而去寻找普遍,他说:"判断力一般是把特殊包含在普遍之下来思维的机能。如果普遍的(法则、原理、规律)给定了,那么把特殊的归纳在它的下面的判断力就是规定性判断力,但是,假使给定的只是特殊的并要为了它而去寻找那普遍的,那么这种判断力就是反思性判断力。规定性判断力在知性所提供的普遍的超验的规律之下只是归纳着,那规律对于它已经先验地预示了,它无需为自己去思维一个规律从而把自然界的特殊归纳在普遍之下。……反之,反思性判断力的任务是从自然中的特殊上升到普遍,所以需要一个原理,这原理不能从经验中借来,因为它正应当建立一个一切经验原理在高一级的虽然它是经验的诸原理之下的统一,并且由此建立系统中上下级之间的隶属关系的可能性。所以这样一个超验原理,只能是反思性判断力自己给自己作为规律的东西,它不能从别处取来(否则它将是规定性判断

力)。"(康德:《判断力批判》,上卷,商务印书馆1987年版,第16—17页)伽达默尔根据黑格尔的观点,反对康德这种区分,因为被给予的普遍性和要发现的普遍性是很难区分的。

[76]黑格尔承认康德判断力学说的思辨意义,但也认为在康德那里,普遍和特殊的关系未表现为真理,参见黑格尔的《小逻辑》第55节:"康德的《判断力批判》的特色,在于说出了什么是理念的性质,使我们对理念有了表象,甚至有了思想。直观的理念或内在的目的性的观念,提示给我们一种共相,但同时这共相又被看成一种本身具体的东西。只有在这方面的思想里,康德哲学才算达到了思辨的高度。席勒以及许多别人曾经在艺术美的理念中,在思想与感觉表象的具体统一中寻得一摆脱割裂了的理智之抽象概念的出路。另有许多人复于一般生命的直观和意志中找到了同样的解脱。——不过,艺术品以及有生命的个体,其内容诚然是有局限的,但康德于其所设定的自然或必然性与自由目的的谐和,于其所设想为实现了世界目的时,曾发挥出内容极其广泛的理念。不过由于所谓思想的懒惰,使这一最高的理念只在应当中得到一轻易的出路,只知坚持着概念与实在的分离而未能注意最后目的的真正实现。"(黑格尔:《小逻辑》,商务印书馆1980年版,第144—145页)

[77]尼古拉·哈特曼(Nicolai Hartmann,1882—1950),德国哲学家。最初研究医学,后在彼得堡研究古典哲学,1922年在马堡大学任哲学教授,以后在科隆、柏林和哥廷根等大学任教。

[78]康德美学的突出点和新颖处在于他第一次在哲学里严格而系统地为"审美"划出一独自的领域,即人类心意里的一个特殊的状态,即情绪。情绪表现为认识与意志之间的中介体,正如判断力在知性和理性之间。因此趣味在康德那里没有任何认识的意义,而是一种主体情绪(共通感)的表现,康德写道:"凭借概念来判定什么是美的客观的趣味法则是不能有的。因为一切从下面这个源泉来的判断才是审美的,那就是说,是主体的情感而不是客体的概念成为它的规定根据。寻找一个能以一定概念提出美的普遍标准的

趣味原则,是毫无结果的辛劳,因为所寻找的东西是不可能的,而且自相矛盾的。感觉(愉快或不快的)的普遍传达性,不依赖概念的帮助,亦即不顾一切时代及一切民族关于一定对象的表象这种感觉的尽可能的一致性:这是经验的,虽然微弱地仅能达到盖然程度的评判标准,即从诸事例中证实了的趣味之评判标准,这趣味来源于深藏着的、在判定对象所赖以表现的形式时,一切人们都取得一致的共同基础。"(康德:《判断力批判》,上卷,商务印书馆1987年版,第70页)这在伽达默尔看来,乃是一种美学主体化的倾向,他写道:"康德为证明趣味领域内这种批判的合理性所付出的代价却是:他否认趣味有任何认识意义。这是一种主体性原则,他把共通感也归结为这种原则。"(《真理与方法》,德文版第1卷,第49页)

[79]按照康德的观点,艺术和科学不同,科学乃是按照已被认识了的法则机械模仿而进行的,反之,艺术在于天才的创造,他说艺术"并不是遵守科学的或机械模仿的规则所能做到,而只有主体的天才禀赋才能产生出来。按照着这些前提,天才就是:一个主体在他的认识诸机能的自由运用里表现着他的天赋才能的典范式的独创性"。因此,他得出结论说:"照这个样式,天才的产品(即归属于这产品里的天才而不是由于可能的学习或学校的)不是模仿的范例(否则作品上的天才和作品里的精神就消失了),而是继承的范例,它是对于另一天才唤醒他对于自己的独创性的感觉,在艺术里从规则的束缚解放出来,以致艺术自身由此获得一新的规则,通过这个,那才能表现自己是可以成为典范的。"(康德:《判断力批判》,上卷,商务印书馆1987年版,第164—165页)

[80]康德在《判断力批判》中写道:"虽然人们把趣味的某一些产物看作范例,但并不是人们模仿着别人就似乎可能获得鉴赏力。因为趣味必须是自己固有的能力。一个人模仿了一个范本而成功,这表示了他的技巧,但是只有在他能够评判这范本的限度内他才表示了他的鉴赏力"(康德:《判断力批判》,上卷,商务印书馆1987年版,第70页)

[81]在康德看来,最能表现美感的先验性质的是合目的性概念,他说:

"一物的合目的性,乃至于它在我们知觉里被表象着,也不是客体自身的性质(因为这样一种性质不能被知觉),虽然它可以从物的认识里推断出来。所以合目的性是先行于对客体的认识的,甚至于为了认识的目的而不用它的表象时,它仍然直接和它结合着,它是表象的主观方面的东西,完全不能成为知识的组成部分。所以对象之被称为合目的性,只是由于它的表象直接和愉快及不快结合着:而这个表象自身是一个合目的性的美学表象。"但是,康德又认为合目的性确立了趣味判断的普遍有效性的要求,他说,一个关于客体的合目的性的审美判断,虽然不基于对象的现存的任何概念,而且也不供应任何概念,但"当对象的形式,(不是作为它的表象的素材,而是作为感觉,)在单纯对它反省的行为里,被判定作为在这个客体的表象中一个愉快的根据(不企图从这个对象获致概念)时,这愉快也将被判定为和它的表象必然地结合在一起,不单是对于把握这形式的主体有效,也对于各个评判者一般有效。这对象因而唤起美;而那通过这样一个愉快来进行判断的机能(从而也是普遍有效的)唤起趣味。"(康德:《判断力批判》,上卷,商务印书馆1987年版,第28—29页)

[82]康德说:"假设趣味判断(像知识判断那样)具有一个确定的客观原理,那么谁要是依据这原理下了判断,他将会宣称他的判断具有无条件的必然性。假使趣味判断没有任何原理,像单纯感官的趣味的判断,那么人们就完全不会想到它们的必然性。所以趣味判断必须具有一个主观性的原理,这原理只通过情感而不是通过概念,但仍然普遍有效地规定何物令人愉快、何物令人不愉快。一个这样的原理却只能被视为一共通感,这共通感是和人们至今也称作共通感的共同理智本质上有区别:后者(共同理智)是不按照情感,而是时时按照概念,固然通常只按照不明了地表示的原理判断着。所以只在这个前提下才有一个共通感(不是理解为外在的感觉,而是从我们的认识诸能力和自由活动来的结果),只在一个这样的共通感的前提下,我说,才能下趣味判断。"(康德:《判断力批判》,上卷,商务印书馆1987年版,第76页)

[83]参见康德的《判断力批判》第60节"关于趣味方法论",他说:"一切

美的艺术的入门,在它意图达成完满性的最高程度的范围内,似乎不是设立原则,而是在于心的诸力的陶冶通过人们所称的古典科学(Humanior)的预备知识,大概因为人文主义一方面意味着共通感,另一方面意味着能够自己最内心地和普遍地传达。这些特质集合起来构成了适合于人类的社交性,以便把人类和兽类的局限性区别开来。"(康德:《判断力批判》,上卷,商务印书馆1987年版,第204页)

[84]按照康德的观点,建立真正美感或趣味的根本途径,一方面是通过古典人文科学,加强社交性;另一方面则是通过道德情感的培养,他说:"趣味基本上既是一个对于道德性诸观念的感性化——通过对于两方的反思中某一定的类比的媒介——的评定能力,从这能力和建基在它上面的对于情感的较大的感受性(这情感是出自上面的反思)引申出那种愉快,趣味宣布这种愉快是对于一般人类,不单是对于个人的私自情感普遍有效的。这就是使人明了:建立趣味的真正的入门是道义的诸观念的演进和道德情感的培养;只有在感性和道德情感达到一致的场合,真正的趣味才能采取一个确定的不变的形式。"(康德:《判断力批判》,上卷,商务印书馆1987年版,第204—205页)

[85]康德关于自由美和依存美的区分,见《判断力批判》第16节,在那里康德写道:"有两种美,即自由美(Pulchritudo vaga)和依存美(Pulchritudo adhaerens)。"第一种不以对象的概念为前提,说该对象应该是什么;第二种却以这样的一个概念并以按照这概念的对象的完满性为前提。第一种唤作此物或彼物的(为自身而存的)美;第二种是作为附属于一个概念的(有条件的美),而归于那些隶属一个特殊目的的概念之下的对象。(康德:《判断力批判》,上卷,商务印书馆1987年版,第67页)自由美由于不依存于对象的概念,因而是纯粹的趣味判断,反之,依存美依赖于对象的概念,因而是理智的趣味判断,所以康德说,纯粹的趣味判断和理智的趣味判断之间的区别与自由美和依存美之间的区别是相一致的。

[86]自然美和艺术美的区分见康德《判断力批判》第48节。按照康德的

观点,自然美指一个美的物品,反之,艺术美指我们关于物品的一个美的表象。他说:"评定一个自然美作为自然美,不需预先从这对象获得一概念。知道它是什么物品,这就是说:我不需知道那物质的合目的性(这目的),而是那单纯形式——不必知晓它的目的——在评判里自身令人愉快满意。但是如果那物品作为艺术的作品而呈现给我们,并且要作为这个来说明为美,那么,就必须首先有一概念,知道那物品应该是什么。因艺术永远先有一目的作为它的起因(和它的因果性),一物品的完满性是以多样性在一物品内的协调合致成为一内面的规定性作为它的目标。所以评判艺术美必须同时把物品的完满性包括在内,而在自然美作为自然美的评判里根本没有这问题。"(康德:《判断力批判》,上卷,商务印书馆1987年版,第157页)

[87]阿拉贝斯克系美术中阿拉伯风格的装饰,其特点是纯粹线条的缠绕交错。

[88]温克尔曼(Johann Winckelmann,1717—1768),德国考古学家和艺术史家,对于艺术上新古典主义的兴起有重大影响。其著名著作有《希腊绘画雕塑沉思录》和《古代艺术史》。歌德曾把他与哥伦布相比,认为他在艺术上"预示了新时代的来临"。

[89]规范观念和理性观念(美的理想)的区分见康德《判断力批判》第17节"论美的理想",康德说:"这里有两点:第一,是审美的规范观念,这是一个个别的直观(想象力的)代表着我们(对人)的判定标准,像判定一个特殊种类的动物那样;第二,理性观念,它把人类的不能感性地被表象出来的诸目作为判定人类的形象的原则,诸目通过这形象作为它们的现象而被启示出来。一个特殊种类的动物的形象的规范观念必须从经验中吸取其成分,但是,这形象结构的最大的合目的性,能够成为这个种类的每个个体的审美判定的普遍标准,它是大自然这巨匠的意图的图像,只有种类在全体中而不是任何个体能符合它——这图像只存在于评定者的观念里,但是它能和它的诸比例作为审美的观念在一个模范图像里具体地表现出来。"(康德:《判断力批判》,上卷,商务印书馆1987年版,第71—72页)

[90]迈伦(Myron),公元前5世纪古希腊雕塑家。

[91]按照康德的观点,规范观念的表现之所以令人愉快,并不是因为美,他说:"它(指规范观念)是从人人不同的直观体会中浮沉出来的整个种类的形象,大自然把这形象作为原始形象在这种族中做生产的根据,但没有任何个体似乎完全达到它,它绝不是这种族里美的全部原始形象,而只是构成一切美所不可忽略的条件的形式,所以只是表现这种族时的正确性。它是规则准绳,像人们称呼波里克勒的持戈者那样(迈伦的牝牛可作例子)。正因为这样它也不能具含着何等种别的特性的东西;否则它就不是对于这种类的规范观念了。它的表现也不是由于美令人愉快,只是因它不和那条件相矛盾,这种类中的一物只在这条件之下才能是美的。这表现只是合规格而已。"(康德:《判断力批判》,上卷,商务印书馆1987年版,第73页)

[92]祖尔策(Johann Georg Sulzer,1720—1779),瑞士哲学家、教育学家。

[93]马西森(Friedrich von Matthisson,1761—1831),德国诗人。1787年发表《诗集》,曾轰动一时。

[94]功利(Interesse),也可译为兴趣。

[95]康德探讨美的功利问题,见《判断力批判》第41节。按照康德的观点,把某物评为美的鉴赏判断"必须不以功利为规定根据",但他又认为,"从这里得不出结论说,既然它是作为纯粹的鉴赏判断而给予了的,就不能有功利和它结合在一起"。他说:"但这种结合却永远只能是间接的,这就是说,趣味必须最先对对象和某一些别的结合在一起被表象着以便那单纯对于对象的反射的愉快又能够和一个对于它的存在感到的愉快连接起来(在这愉快里,建立着一切的功利),因为在这审美判断里,就像在认识判断(对事物一般)里所说的那样:a posse ad esse non valet consequentia。这某一别的东西可能是某些经验的东西,即如人性里本具的某一倾向;或某些知性的东西作为意志的特性,它能够先验地经由现性来规定着的:这两者内含着对于一对象的存在的愉快,因此能为着对于下列事物的兴趣安置下基础:这就是某物

自身,不顾及任何一个利益兴趣,它已经使人愉快。"(康德:《判断力批判》,上卷,商务印书馆1987年版,第140—141页)

[96]康德强调自然美对于艺术美的优越性见《判断力批判》第42节,在那里康德说:"这种自然美对艺术美的优越性,尽管自然美就形式方面来说甚至于还被艺术美超越着,仍然单独唤起一种直接的兴趣,和一切人的醇化了的和深入根底的思想形式相协调,这些人是曾把他们的道德情操陶冶过的。"(康德:《判断力批判》,上卷,商务印书馆1987年版,第144页)

[97]康德说:"这种兴趣按照它的亲缘关系来说是道德性的。而谁在自然身上持有这种兴趣的,他只在这一范围内对自然持有这种兴趣,即当他的兴趣在这以前已经稳固地筑基于道德的善上面了。所以谁对自然的美直接地感兴趣,我们有理由能够猜测他至少具有着良善的道德意念的禀赋。"(康德:《判断力批判》,上卷,商务印书馆1987年版,第145—146页)

[98]关于艺术相对于自然美的优越性,康德是这样论述的:"想象力(作为生产的认识机能)是强有力地从真的自然所提供给它的素材里创造一个像似另一自然来。当经验对我呈现得太陈腐的时候,我们同自然界相交谈。我们固然也把它来改造,但仍是按照着高高存在理性里的诸原理(这些原理也是自然的,像知性把握经验的自然时所按照的诸原理那样);在这里我们感觉到从联想规律解放出来的自由。把这场合里固然是大自然对我提供素材,但这素材却被我们改造成为完全不同的东西,即优越于自然的东西。……诗人敢于把不可见的东西的观念,例如极乐世界、地狱世界、永恒界、创世等等来具体化;或把那些在经验界内固然有着事例的东西,如死、忌妒及一切恶德,又如爱、荣誉等等,由一种想象力的媒介超过了经验的界限——这种想象力在努力达到最伟大东西里追逐着理性的前奏——在完全性里来具体化,这些东西在自然里是找不到范例的。本质上只是诗的艺术,在它里面审美诸观念的机能才可以全量地表示出来。但这一机能,单就它自身来看,本质上仅是(想象力的)一个才能。如果把想象力的一个表象安放在一个概念底里,从属

于这概念的表达,但它单独自身就生起来了那样的思想,这些思想是永不能被全面地把握在一个特定的概念里的——因而把这个概念自身审美地扩张到无限的境地;在这场合,想象力是创造性的,并且把知性诸观念(理性)的机能带进了运动,以至于在一个表象里的思想(这本是属于一个对象的概念里的)大大地多过于在这表象里所能把握和明白理解的。"(康德:《判断力批判》,上卷,商务印书馆1987年版,第160—161页)

[99]在能力活动中居领先地位的不是理解力,而是想象力,见《判断力批判》第40节和第49节。康德说:"人们传达他的思想的技能也要求着一种想象力和知性的关联,以便把直观伴合于概念,又把概念伴合于直观,把它们共流入一知识;但此后这两种心力的协调一致是合规律地强制在特定的诸概念之下。只是在这场合:即想象力在它自由中唤醒着知性,而知性没有概念地把想像力置于一合规则的游动之中,这时表象传达着自己,不作为思想,而作为心意的一个合目的状态的内里的情感。"(康德:《判断力批判》,上卷,商务印书馆1987年版,第140页)"如果把想象力的一个表象安放在一个概念里,从属于这概念的表达,但它单独自身就生起来了那样的思想,这些思想是永不能被全面地把握在一个特定的概念里的——因而把这个概念自身审美地扩张到无限的境地;在这场合,想象力是创造性的,并且把知性诸观念(理性)的机能带进了运动,以至于在一个表象里的思想(这本是属于一个对象的概念里的)大大地多过于在这表象里所能把握和明白理解的。"(同上书,第161页)

[100]在康德看来,天才是和模仿的精神完全对立的,因此他拒绝把天才这一名称赋予科学技术领域内的伟大发明家和发现者,他说:"人们在这一点上是一致的,即天上是和模仿的精神完全对立着的。学习既然不外乎是模仿,那么,最大的才能,学问,作为学问,仍究竟不能算是天才。假使人们自己也思考或作诗,并且不仅是把握别人所已经思考过的东西,甚至于对于技术和科学有所发明;这一切仍然未是正确的根据,来把这样一个(常常是伟大的)头脑(与此相反,那些除掉单纯的学习与模仿外不再能有别的东西,将被人唤

作笨伯)称作一天才。因为这一切科技仍是人们能学会的,仍是在研究与思索的天然的道路上按照着法规可以达到的,而且是和人们通过勤恳的学习可以获致的东西没有种别的区分。"(康德:《判断力批判》,上卷,商务印书馆1987年版,第154页)

[101]康德说:"判断力以其自然的合目的性的概念在自然诸概念和自由概念之间提供媒介的概念,它使纯粹理论的过渡到纯粹实践的,从按照前者的规律性过渡到按照后者的最后目的成为可能。因为通过这个,最后目的的可能性才被认识,只有这个最后目的才能在自然里以及在它和自然诸规律的协调里成为现实。知性,通过它对自然供应先验诸规律的可能性,提供了一个证明:自然只是被我们作为现象来认识的,因此,它同时指出有一个超感性的基体(在我们之内一如在我们之外)通过知性能力来规定的可能性。但理性通过它的实践规律同样先验地给它以规定。这样一来,判断力就使从自然概念的领域到自由概念的领域的过渡成为可能。"(康德:《判断力批判》,上卷,商务印书馆1987年版,第35页)

[102]康德说:"所以美的艺术作品里的合目的性,尽管它也是有意图的,却须像似无意图的,这就是说,美的艺术须被看作是自然,尽管人们知道它是艺术。……天才就是那天赋的才能,它给艺术制定法规。既然天赋的才能作为艺术家天生的创造机能,它本身是属于自然的,那么人们就可以这样说:天才是天生的心灵禀赋,通过它自然给艺术制定法规。"(康德:《判断力批判》,上卷,商务印书馆1987年版,第152—153页)

[103]参见康德《判断力批判》第60节。按照康德的看法,趣味基本上是一个对于道德性诸观念的感性化的评定能力,从这能力和建基在它上面的对于情感的较大的感受性引申出愉快,趣味宣布这种愉快是对于一般人类——而不单是对于个人和私自情感——普遍有效的。因此康德说:"这就是使人明了:建立趣味的真正的入门是道义的诸观念的演进和道德情感的培养;只有在感性和道德达到一致的场合,真正的趣味才能采取一个确定而不变的形

式。"(《判断力批判》,上卷,商务印书馆1987年版,第205页)

[104]伽达默尔在这里注明的页码有误,康德把园艺归入绘画艺术,而不归入建筑艺术,应该出自《判断力批判》1799年德文版第209页。在那里康德写道:"绘画艺术,作为造型艺术的第二类,把感性的假象技巧地和诸观念结合着来表现,我欲分为自然的美的描绘和自然产物的美的集合。第一种将是真正的绘画艺术,第二种是造园术。"(康德:《判断力批判》,上卷,商务印书馆1987年版,第169页)

[105]黑格尔反对自然美高于艺术美,见他的《美学》第1卷,尤其是该书序论,在那里他写道:"根据'艺术的哲学'这个名称,我们就把自然美除开了。……艺术美高于自然。因为艺术美是由心灵产生和再生的美,心灵和它的产品比自然和它的现象高多少,艺术美也就比自然美高多少。……心灵和它的艺术美'高于'自然,这里的'高于'却不仅是一种相对的或量的分别。只有心灵才是真实的,只有心灵才涵盖一切,所以一切美只有在涉及这较高境界而且由这较高境界产生出来时,才真正是美的。就这个意义来说,自然美只是属于心灵(Geist)的那种美的反映,它所反映的只是一种不完全不完善的形态,而按照它的实体,这种形态原已包含在心灵里。"(黑格尔:《美学》,第1卷,商务印书馆1997年版,第4—5页)

[106]罗森克兰茨(Johann Karl Rosenkranz,1805—1879),德国哲学史学家、德国老年黑格尔派。主要著作有《康德哲学史》(1835年)、《黑格尔传》(1844年)和《谢林》(1843年)等。

[107]沙斯勒(Max Schasler,1819—1903),德国哲学家、美学家,主要著作有《批判的美学史》。

[108]蒂克(Ludwig Tieck,1773—1853),德国诗人。

[109]亚历克西斯(Willibald Alexis,1798—1871),德国作家。

[110]古茨科(Karl Gutzkow,1811—1878),德国作家、政论家。

[111]Erlebnis一词现在于德语里系中性名词。

[112]赫尔曼·格里姆(Hermann Grimm,1828—1901),德国艺术和文学史学家。

[113]卢梭(Jean-Jacques Rousseau,1712—1778),法国启蒙运动思想家,出生于日内瓦。1750年以"论科学和艺术"一文在法国获征文头等奖。主要著作有《论人类不平等的起源和基础》(1755年)、《爱弥儿》(1762年)和《社会契约论》(1762年),曾对法国大革命产生重要影响。其自传性小说《忏悔录》第2部第9篇也有类似"体验"的词。

[114]弗里德里希·贡多尔夫(Friedrich Gundolf,1880—1931),又名F. Leopold Gundelfinger,德国文学史家、歌德研究家。

[115]Positivität(实证性)在黑格尔哲学体系里指一种非人性的外在权威性或法定性,他曾这样解释过:"一种实证的信仰是这样一种宗教命题的体系,这种体系之所以对我们来说应是真理,是因为它是由一权威命令我们接受的,我们自己不能拒绝使我们的信仰屈从于这一权威。"(黑格尔:《著作集》,第1卷,德文版,1971年,第190—191页)

[116]弗里德里希·尼采(Friedrich Nietzsche,1844—1900),19世纪德国哲学家,现代最有影响的思想家之一,同时也是一位出类拔萃的散文作家。尼采的哲学活动一般可分三个时期:(一)1870—1876年,深受德国音乐家瓦格纳影响,主要著作有《悲剧的起源》(1872年);(二)1877—1882年,受孔德、斯宾塞的实证主义,特别是边沁的功利主义的影响,主要著作有《人性的、太人性的》(1878年)、《朝霞》(1881年);(三)1883—1889年,力求独创自己的哲学体系,主要著作有《查拉图斯特拉如是说》(1883—1891年)、《善恶之彼岸》(1886年)、《道德体系论》(1887年)。

[117]斯忒芬·乔治(Stefan George,1868—1933),德国诗人,曾建立一个以自己名字命名的文学团体,并出版刊物《艺术之页》。

[118]乔治·西默尔(Georg Simmel,1858—1918),德国社会学家、新康德派哲学家。

[119]在伽达默尔看来,诠释学乃是对于产生认识论的条件的范例性表现。伽达默尔说,诠释学和一般认识论主要是对陌生性的反应,即对世界上不再熟悉的条件的反应。熟悉意味着属于,即生活于自明的属自身的环境之中,反之,陌生在于过去和现在、我与他人、自我和世界之间的分裂,诠释学就是一种克服这种分裂的尝试,因此伽达默尔说:"如果力学时代对于作为非人世界的自然必须感到的那种陌生性,在自我意识的概念中和在发展成为方法的'清楚而且明晰知觉'的确实性规则中具有它的认识论的表现,那么19世纪精神科学也对历史的世界感到同样的一种陌生性。过去时代的精神创造物,即艺术和历史,不再属于现代的不证自明的内容,而是被抛掷给研究的对象或所与,从这些对象或所与出发,过去才可能让自身得到再现。"

[120]恩斯特·马赫(Ernst Mach,1838—1916),奥地利物理学家和哲学家,现代实证主义哲学的奠基人之一。实证主义以所与为原始要素,所与指感觉材料,因此实证主义是一种由感觉原子构造知识的结构理想。这与狄尔泰的原始体验统一体的理论是不同的。

[121]保罗·纳托普(Paul Natorp,1854—1924),德国新康德主义哲学家,伽达默尔博士论文指导老师。主要著作有《社会教育学》(1899年)、《哲学与教育学》(1909年)。

[122]理查德·赫尼希斯瓦尔德(Richard Hönigswald,1875—1947),德国哲学家,主要著作有《古代哲学》(1917年)、《认识论根本问题》(1931年)和《哲学与语言》(1937年)。

[123]亨利·柏格森于1888年出版的第一部哲学著作《论意识的直接所与》,后来改名为《时间与自由意志》。

[124]恩斯特·罗伯特·库丘斯(Ernst Robert Curtius,1886—1956),德国罗马语族语言文学家。

[125]伽达默尔这句康德引文有误,他说康德在诗歌和修辞学这两者中看到了"想象力的一种自由活动和一种知解力事务"(ein Freies Spiel der Ein-

bildungskraft und ein Geschaft des Verstandes)，其实康德在《判断力批判》里所说的是"ein Freies Spiel der Einbildungskraft als ein Geschaft des Verstandes"，因此我们改正译为康德在诗歌和修辞学这两者中看到了"一种作为知解力事务的想象力的自由活动"。

[126]Sinn 与 Bedeutung 的区别在德文里是相当重要的。按照弗雷格(Friedrich Ludwig Gottlob Frege,1848—1925)的看法，一个表达式的 Bedeutung 是指该表达式所指称或代表的对象，而一个表达式的 Sinn 则指对它所指称或代表的对象的一种表达方式，例如晨星与暮星，虽然这两个词所指称或代表的对象相同，都是同一颗星，但它们的含义有所不同，晨星指早晨我们所看到的星，暮星指晚上我们所看到的星。因此我们把 Bedeutung 译为所指，把 Sinn 译为含义，英语里一般是用 reference 译 Bedeutung，用 sense 或 meaning 译 Sinn。

[127]普鲁塔克(Plutarch,46—125)，古希腊哲学家、历史学家。

[128]克里西普(Chrysippus,约前 280—前 206)，索利(索罗伊)的希腊哲学家，他是将斯多葛派哲学系统化的主要人物。

[129]伪丢尼修(Pseudo-Dionysius the Areopagite,活动时期约 5 世纪)，大概是一个叙利亚修士的假名。此人写了一系列希腊文作品，以期将新柏拉图主义同基督教神学与神秘主义的经验结合起来。他借用《新约·使徒行传》中经使徒保罗劝化改信基督教的亚略巴古人丢尼修的名字。其作品主要包括《论圣名》《论神秘的神学》《论上天的等级》和《论教会的等级》，以及带有一世纪原始基督教气氛的 10 封书信。这些著作对以后经院哲学家和神学家均发生了很大影响。近代考据学家根据书中提及的一些人物及其思想，推断伪丢尼修著作乃是 5 世纪间的作品。

[130]索尔格(Karl Wilhelm Ferdinand Solger,1780—1819)，德国哲学家。

[131]P. 梅纳尔(P. Mesnard)，当代德国学者。

[132]迪博斯(Charles Dubos,1882—1939)，法国作家。

[133]阿尔加洛蒂(Francesco Graf Algarotti,1712—1764),意大利作家。

[134]按照康德的看法,一切表现作为感性化有两种情况:"或是图式的,知性所把握的概念有着和它相照应的先验的直观。或是象征的,那是一个概念,只是理性能思索它而无任何感性的直观和它相应,而理性把一个这样的直观放在它的根基上,用这个直观,判断力的手续只类似它在图式化的场合所观察到的,这就是说,用这手续它(判断力)只和这手续的规则,不是和直观,亦只是和反思上的形式而不是和内容相一致",并说"近代逻辑家所采用的关于'象征'这个字的运用的意义倒置着的,是不正当的,如果人们把它和直觉的表象对立着,因象征的只是直觉的一种。后者(直觉的)能够分类为图式的和象征的表象形式。"(康德:《判断力批判》,上卷,商务印书馆 1987 年版,第 199—200 页)

[135]按照康德,基于先验概念的一切直观,或者是图式性的,或者是象征性的,前者是直接地,后者是间接地包含着概念的诸表现。前者用证明,后者用类比的方式。他说:"我们的语言是充满着这一类按照着一个类比的间接的表现,通过这个,那表现不是对于概念的本来的图式,而仅包含着为了反思的一个象征。"(康德:《判断力批判》,上卷,商务印书馆 1987 年版,第 200—201 页)

[136]analogia entis(存在的类似性)系中世纪哲学用语。在中世纪经院哲学里,存在有两种不同的关于世界万物的看法:邓斯·司各特(Dans Scotus)主张 Universität des Seins(存在的普遍性),即世界万物皆是同一之物,反之,托马斯·阿奎那则主张 analogia entis(存在的类似性),即认为世界万物是不同的,它们只有类似性。

[137]卡尔-菲利普·莫里茨(Karl-Philipp Moritz,1756—1793),德国作家。

[138]费尔诺(Fernow),生平不详。

[139]亨利希·迈耶(Heinrich Meyer,1760—1832),瑞士画家、艺术家。

1791年在罗马与歌德相识随即成为歌德的好朋友。

[140]赫涅(C. G. Heyne,1729—1812),德国古典文化研究者。

[141]弗里德里希·克罗伊策(Georg Friedrich Creuzer,1771—1858),德国古典文化学者,最著名的著作是《希腊等古代民族的象征主义与神话》(1810—1812年)。

[142]F. Th. 菲舍(Friedrich Theodor von Vischer,1807—1887),德国文学批评家和美学家,他的作品最后发表时题为《美学,或美的科学》(1846—1857年),共6卷。

[143]卡西尔(Ernst Cassirer,1874—1945),德国哲学家、教育家和文化学家。他深受新康德主义马堡学派的影响,先后在柏林和汉堡大学任教,1933年离开德国,在英国、瑞典最后在美国教书。主要著作《象征形式的哲学》(三卷本,1923—1929年)研究了各种精神图像和构成人类文化各方面基础的精神功能。他认为人类主要通过象征活动而表现其特征的。

[144]康德在论述美的社交性时指出,"趣味将发现我们的评判机能的一个从感官享受到道德情感的过渡。并且不仅是人们通过这个将被更好地导致对于鉴赏力的合目的的使用,人类的先验机能的连锁中一个中间环节——一切的立法必须系于这些先验机能——将作为这中间环节而表达出来。"(康德:《判断力批判》,上卷,商务印书馆1987年版,第142页)

[145]伽达默尔美学的一个重要观点就是"审美无区分"说(ästhetische Nicht-Unterscheidung),并以此来反对通常的"审美区分"说。审美区分说来自于席勒。席勒在他的《审美教育书简》里认为审美教化理想就应当包容一切具有"质"的东西,为了实现这种普遍性,他提出了两种抽象:一是使审美地教化了的意识从其共同体抽象出来,以使一切确定的判断标准成为零;一是使艺术作品从其世界抽象出来,以致艺术作品成为一种"纯粹的"艺术作品。伽达默尔把这双重抽象称之为"审美区分",它既使欣赏者和创造者的审美意识从他们各自的世界脱离出来,又使艺术作品从它们各自的对象世界脱离出

来，最后使得艺术作品既脱离了它们的对象，又脱离了我们的观点，成为一种纯粹的抽象，因此伽达默尔写道："由于撇开了一部作品作为其原始生命关系而生根于其中的一切东西，撇开了一部作品存在于其中并在其中获得其意义的一切宗教的或世俗的影响，这部作品将作为'纯粹的艺术作品'而显然可见。就此而言，审美意识的抽象进行了一种对自身来说是积极的活动。它让人看到什么是纯粹的艺术作品，并使这东西自为地存在。这种审美意识的活动，我称之为'审美区分'。"

伽达默尔自己的观点，正如他在《真理与方法》第2版序言中所说的："诚然，在一部艺术作品最初设定的世界关系和它在此后变化了的生活环境中的继续存在之间似乎要有区分，但是最初的世界和后来的世界的分界线究竟在哪里呢？最初的生活意蕴是怎样转化为对文化意蕴的反思经验呢？在我看来，我在这里首先提出的'审美无区分'这一概念是完全正确的。这里根本没有什么明确的分界，理解的运动不可能囿于审美区分所规定的反思快感中。我们应当承认，一尊古代神像——它不是作为一种供人审美享受的艺术品过去被供奉在神庙内、今天被陈列在现代博物馆中——即使当它现在立于我们面前时，仍然包含它由之而来的宗教经验的世界。这有一个重要的结果，即这尊神像的那个世界也还是属于我们的世界。正是诠释学的宇宙囊括了这两个世界。"（《真理与方法》，德文版第2卷，第440—441页）

[146] W. 韦德勒（Weidle），法国现代作家。

[147] 安德列·马尔罗（Andre Malraux，1910—1976），法国现代作家和政治家。

[148] 荷尔德林（Johann Christian Friedrich Hölderlin，1770—1843），德国诗人，生前很少得到赏识，死后也几乎被人遗忘了近100年。直到20世纪初叶才在德国被重新发现了，并在欧洲建立了声誉。海德格尔经常引用荷尔德林的诗来作哲学解释。

[149] 龙格（Philipp Otto Runge，1777—1810），德国画家和作家。

[150]伊默曼(Karl Leberecht Immermann,1796—1840),德国戏剧家、小说家和诗人。

[151]Fr. 罗森茨威格(Franz Rosenzweig,1886—1929),德国犹太裔宗教存在主义者、现代犹太神学家,主要著作有《黑格尔和国家》和《拯救之星》(1921年)。

[152]理查德·哈曼(Richard Hamann,1879—1961),德国艺术史家和美学家。

[153]伽达默尔在这里玩弄一种语言游戏。从德文来看,Bedeutsamkeit(具有意味性)是Bedeutung(意义)的再生词,先有意义,然后才有"有意义",因而伽达默尔说它是意义的两次造就。

[154]舍勒(Max Scheler,1874—1928),德国社会学和伦理学家,早期现象学哲学家。重要著作有《伦理学的形式主义和物质价值伦理学》(1921年)、《知识形态与社会》(1926年)和《人在宇宙中的地位》(1928年)。

[155]W. 柯勒(Wolfgang Koehler,1887—1967),德国心理学家、格式塔心理学的创始人之一。

[156]E. 斯特劳斯(Emil Strauss,1866—1960),德国作家。

[157]M. 魏特海姆(Max Wertheimer,1880—1943),德国心理学家,格式塔心理学的创始人之一。主要著作有《创造性思维》(1945年)。

[158]伽达默尔说"'审美上'被观看的事物的存在方式不是现成状态",这是根据海德格尔的观点。海德格尔在《存在与时间》中说:"'看'不仅不意味着用肉眼来感知,而且也不意味着对一个处于现成状态的现成东西的纯粹非感性的知觉。'看'只有这个特质可以用于'视'的生存论含义,这就是:'看'让那个它可以通达的存在者于其本身无所掩蔽地来照面"(《存在与时间》,德文版,第147页)。这也就是海德格尔所谓把某某视为(als)某某的理解als结构。因此伽达默尔认为"单纯的观看,单纯的闻听,都是独断论的抽象,这种抽象人为地贬抑可感现象。"(《真理与方法》,德文版第1卷,第

97页)

[159]参见康德《判断力批判》第49节。康德说:"美的观念是想象力附加于一个给予的概念上的表象,它和诸部分表象的那样丰富的多样性在对它们的自由运用里相结合着,以至于对于这一多样性没有一名词能表达出来(这名词只标志着一特定的概念),因而使我们要对这概念附加上思想许多不可名状的东西,联系于它(这可不名状的)的感情,使认识机能活跃生动起来,并且使言语,作为文学,和精神结合着。"(康德:《判断力批判》,上卷,商务印书馆1987年版,第163页)

[160]保罗·瓦莱利(Paul Valery,1871—1945),法国诗人、评论家和思想家。

[161]格奥尔格·冯·卢卡奇(Georg von Lukacs,1885—1971),匈牙利著名哲学家、美学家和文学评论家。主要著作有《历史与阶级意识》(1923年)、《理性的毁灭》(1954年)。

[162]赫拉克利特式的结构指赫拉克利特的辩证法:"人不能两次踏进同一条河流"或者说"踏进同一条河流的人,遇到的是不同的水流"。

[163]奥斯卡·贝克尔(Oskar Becker,1889—1964),德国哲学家和美学家。

[164]伽达默尔在这里反对诠释学虚无主义。诠释学虚无主义就是认为理解和解释的不可能性。按照瓦莱利、卢卡奇和奥斯卡·贝克尔等人的看法,艺术作品乃是瞬间存在,也就是当下存在,它"现在"是这部作品,它现在已不再是这部作品,因此他们提出了一种绝对的瞬间性,这种瞬间性既消除了艺术家与自身的同一性,理解者或欣赏者的同一性,又摈弃了艺术作品的统一性。伽达默尔引证克尔凯郭尔从道德立场出发进行的审美批判,指出这种坚持纯粹的直接性和非连续性的学说的危害性和荒谬性,从而确定了诠释学的任务乃是从审美存在和审美经验的不连续性中去获取那种构成我们人类此在的连续性,即从非连续性中去创造连续性,他说:"艺术现象向存在提

出了这样一项任务,即面对个别审美印象应有动人表现的要求去获得自我理解的连续性,因为只有这种连续性才可能支持人类的此在。"事实上我们正是在此在的连续性中扬弃了审美体验的非连续性和瞬间性。诠释学既使艺术作品有永恒的生命力,同时又充实和扩展了我们的此在。

[165]这里伽达默尔肯定了艺术真理的客观性。"艺术就是认识,并且艺术作品的经验就是分享这种认识",而认识就包含有对客观真理的承认,因此"在艺术经验本身中为真理的认识进行辩护这一任务就在原则上得到了承认。"(《真理与方法》,德文版第1卷,第103页)不过要注意的是,艺术认识的这种真理性在伽达默尔这里显然是按照整体与部分的诠释学循环或圆圈关系原则加以论证的。艺术的真理性具有整体的意义联系,而艺术的经验则处于局部水准,艺术经验分享或参与艺术真理的实现。

[166]游戏(Spiel)一词是现代哲学发展的一个关键性概念。维特根斯坦(Ludwig Wittgenstein,1889—1951)在其后期哲学中以游戏概念来刻画语言的根本性质,认为语言就是一种游戏,从而阐明语言的开放性和工具性,使语言成为人类生活形式的一部分。伽达默尔辩证地发展了游戏这一概念。在他看来,游戏的真正主体不是游戏者,而是游戏本身,游戏既使游戏者得到自我表现,又使观赏者也参与了游戏,游戏本身乃是由游戏者和观赏者所组成的统一整体。《真理与方法》一书的整个布局就是从艺术游戏到语言游戏,伽达默尔自己在1985年所写的"在现象学和辩证法之间——一种自我批判的尝试"里曾经这样写道:"我在书中先是讨论艺术游戏,然后再考察了与语言游戏有关的谈话的语言基础。这样就提出了更宽广更有决定性的问题,即我到底在多大程度上做到了把诠释学度向作为一种自我意识的对立面而显露出来,这就是说,在理解时不是去扬弃他者的他在性,而是保持这种他在性。这样,我就必须在我业已扩展到语言普遍性的本体论观点中重新召回游戏概念。这就使我把语言游戏同艺术游戏(我在艺术游戏中发现了诠释学典型现象)更紧密地相联系。这样就显然容易使我按照游戏模式去考虑我们世界经

验的普遍语言性。在我的《真理与方法》第 2 版的前言以及我的'现象学运动'这篇论文的结尾中我都已经指出,我在 30 年代关于游戏概念的想法同后期维特根斯坦的思想具有一致性。"(《真理与方法》,德文版第 2 卷,第 5 页)

[167]比登迪伊克(Frederik Jacobus Johannes Buytendijk,1887—?),荷兰生物学家,心理学家。

[168]赫伊津哈(Johann Huizinga,1872—1945 年),荷兰历史学家和文化史家,成名著作是《中世纪的衰落》。

[169]Schauspiel 从词义来说,是 Schau(观看)和 Spiel(游戏)的结合词,我们一般译为"戏剧",但伽达默尔试图利用游戏(Spiel)的性质来解释戏剧,所以我们译为"观赏游戏",以表明它与游戏的关联。

[170]在柏拉图时代,艺术和生活的区别似乎还不明显,这一点可以从当时希腊人所了解的"艺术"(tekhne)来证明。凡是可以凭专门知识来学会的工作都被希腊人叫作"艺术",因此,音乐、雕刻、图画、诗歌之类是艺术,手工业、农业、医药、骑射、烹调之类也是艺术。柏拉图在《斐德罗篇》和《会饮篇》里,常常拿诗和艺术与爱情相提并论,因此伽达默尔说柏拉图有时不加区别地像谈论舞台上的喜剧和悲剧一样地谈论生活中的喜剧和悲剧,这一方面反对对艺术作过高评价,另一方面也抬高生活相对于艺术的优越性。

[171]亚里士多德这一观点相当重要,因为它说明艺术决不是单纯的模仿,而应当有更高的功用。艺术不仅把生活反映出来,而且要使人从中获得快感。康德也正因为看到艺术能使丑的东西显现为美的东西,从而把艺术定义为对事物的美的表象。

[172]康德这样写道:"美的艺术正是在这里显示了它的优越性,即它美丽地描写着自然的事物,不论它们是美还是丑。狂暴、疾病、战祸等等作为灾害都能很美地被描写出来,甚至在绘画里被表现出来。"(康德:《判断力批判》,上卷,商务印书馆 1987 年版,第 158 页)因此康德定义说:"一自然美是一美的物品;艺术美是物品的一个美的表象。"(同上书,第 157 页)

[173]在德文里 Urbild 意指原始图像,Abbild 意指摹写原始图像的摹本。德国哲学家用这两个词来翻译柏拉图的理念和事物,理念即是 Urbild(原型),而事物则是 Abbild(摹本)。但是柏拉图在《理想国》第 10 卷里实际讲了三种东西的关系:理念、事物和作为事物模仿的艺术。例如,床有三种:第一是床之所以为床的那个床的"理念";其次是木匠依床的理念所制造出来的个别的床;第三是画家模仿个别的床所画的床。因此在柏拉图的哲学里,应当说存在有三种世界:理念世界、现实世界和艺术世界。它们之间的关系是,艺术世界是由模仿现实世界而来的,现实世界又是由模仿理念世界而来的,理念世界是第一性的,现实世界是第二性的,而艺术世界是第三性的。正是根据这种第三性,柏拉图把艺术又说成是"摹本的摹本""影子的影子""和真理隔三层远"。因此伽达默尔在这里说"柏拉图就曾经坚持这种本体论的间距,坚持摹本对原型的或多或少的落后性,并从这里出发,把艺术游戏里的模仿和表现作为模仿的模仿而列入第三等级"。

[174]R. 英加登(Roman Ingarden, 1893—1970),波兰哲学家和美学家。

[175]"接受美学"(Rezeptionsästhetik)是德国学者 H. R. 尧斯(Hans Robert Jauss)在 20 世纪 70 年代初提出的一种在当代颇有影响的美学理论。接受美学以现象学和诠释学作为理论基础,并以人的接受实践作为意义源泉,主张作品的意义的实现不在于作品本身,而在于读者通过阅读实践而对之具体化。在接受美学看法,读者对文本的接受过程就是对文本意义的再创造过程,也是文本得以真正实现的过程。尧斯在其《走向接受美学》一书中写道:"一部文学作品并不是一个自身独立、向每一时代的每一读者均提供同样的观点的客体。它不是一尊纪念碑,形而上学地展示其超时代的本质。它更多地像一部管弦乐谱,在其演奏中不断获得读者新的反响,使文本从词的物质形态中解放出来,成为一种当代的存在。"(尧斯:《接受美学与接受理论》,辽宁人民出版社 1987 年版,第 26 页)伽达默尔对尧斯"接受美学"的批判参见他的论文"在现象学和辩证法之间——一种自我批判的尝试"。(《伽达默

尔著作集》,德文版第2卷,第13—14页)

[176] Dekonstruktion 是当代法国哲学家德里达(Jacques Derrida, 1930—2004)提出的哲学术语,这个词应当理解为是对 Konstruktion(建构)的解构。海德格尔在《存在与时间》中试图利用 Destruktion(解毁)来克服西方哲学从古希腊直到尼采为止一直占统治地位的 Konstruktive(建构)的形而上学。德里达似乎认为海德格尔光用 Destruktion 一词还不够,因这词没有表示对 Konstruktion 的解构,因此他提出 De-Konstruktion,这种哲学是20世纪60年代末在法国兴起的后结构主义的有代表性的重要理论,对当代哲学、文学批评理论和美学产生相当大的影响。

[177] 伽达默尔在这里是反对黑格尔的艺术过去性观点。按照黑格尔的观点,作品产生于过去时代,其意义也存在于过去的生命关联之中。伽达默尔反对这种看法,他认为艺术的过去性就是艺术的同时性,过去的伟大艺术作品不会在时代变迁中失去它们的意义,它们永远是后代探究和理解的不可穷尽的源泉。我们可以说,黑格尔是强调艺术发展连续性中的中断性,反之,伽达默尔是强调艺术发展中断性中的连续性。

[178] 泽德尔迈尔(Hans Sedlmayr,1896—),奥地利艺术史学家。

[179] 巴德尔(Franz Baader,1765—1841),德国哲学家、天主教神学家。

[180] 博尔诺(Friedrich Otto Bollnow,1903—),德国哲学家和教育学家,主要著作有《存在主义哲学》(1943年)、《语言与教育》(1966年)。

[181] 参见柏拉图:《巴曼尼德篇》,131b。按照柏拉图的理念说,理念是一,而体现理念的事物则是多,各个不同的单一的理念是整个地存在于许多相互不同的分离的个别事物之中,所以苏格拉底说:"至少如若像日子,单一的,同一的,它是同时在各处,并不和它自己分离,如若这样每一个相(即理念)单一的,同一的,也是同时在一切事物里"(译文引自陈康译《巴曼尼德篇》)。

[182] 阿提克(Attic),古希腊的一个地区,雅典所在地,是古希腊文化

中心。

[183]欧里庇得斯(Euripides,前484—前406),古希腊三大悲剧作家之一。欧里庇得斯的悲剧在结构上不很符合亚里士多德的标准,他的力量在于他所创造的骇人的戏剧场面和剧本整体的令人惊恐的效果。

[184]阿西洛斯,即埃斯库罗斯,参见译者注释[260]。

[185]黑贝尔(Christian Friedrich Hebbel 1813—1863),德国戏剧家。

[186]塞涅卡(Lucius Anhaeus Seneca,约前4—65),古罗马哲学家,悲剧作家。

[187]高乃依(Pierre Corneille,1606—1684),法国悲剧作家,古典主义戏剧大师。

[188]特奥多尔·黑策(Theodor Hetzer,1890—1946),德国艺术史学家。

[189]L. B. 阿尔贝蒂(Leon Battista Alberti,1404—1472),意大利建筑师、作家、艺术理论家。

[190]transitorischen Künsten指一种流动性艺术,如舞台表现或音乐演奏,它不具有像绘画那样的固定性。

[191]坎彭豪森(Campenhausen),现代神学研究者。

[192]希罗多德(Herodot,约前484—前430/420),古希腊历史学家,著名史书《历史》的作者,被西方史学家誉称为"历史之父"。

[193]赫西俄德(Hesiodos,约公元前8世纪),古希腊诗人,《神谱》和《农作与时日》的作者。

[194]偶缘性指一种由境遇来确定意义的机缘性。伽达默尔说:"偶缘性指的是,意义是由其得以被意指的境遇(Gelegenheit)从内容上继续规定的,所以它比没有这种境遇要包含更多的东西。"(《真理与方法》,德文版第1卷,第149页)

[195]品达(Pindar,前518/522—前438),古希腊诗人,所写颂诗是公元前5世纪希腊合唱抒情诗的高峰。

[196]贺拉斯(Horace,前65—前8),古罗马杰出诗人。早期作品有《讽刺诗集》,但对西方文学发生重大影响的主要是他的《歌集》(公元前23—前13年)和《书札》。

[197]帕拉巴斯(Parabase),古希腊阿提卡喜剧中的具有讽刺意味的插话,这种插话经常与合唱队的歌唱和朗诵交融在一起。

[198]委拉斯开兹(Velasquez,1599—1660),西班牙画家。他的《布列达的投降》表现了17世纪西班牙军队的一场胜利——西班牙统帅阿姆勃罗西奥·斯宾诺拉正在接受1625年被打败的荷兰布列达要塞司令官尤斯廷·纳塞乌的一串钥匙。画面上非常真实而生动地表现了这次历史事件的参加者,他们的注意力都集中向斯宾诺拉,他正客气地迎接那个被自己战败的敌人,而在他身后则是傲慢地站着的西班牙贵族。

[199]汪达尔主义(Vandalismus)指一种破坏文物、蹂躏艺术的行为。汪达尔原是定居于波罗的海的日耳曼族的一支,455年蹂躏罗马,破坏了各地许多文物。汪达尔主义现在成了糟蹋文物、蹂躏艺术的代名词。

[200]帕里(Parry),现代作家。

[201]方括号内这段话是根据《伽达默尔著作集》第1卷,也就是《真理与方法》第5版译出的,1975年出版的《真理与方法》第4版这段话是这样的:"但这是对于文学的正确看法吗?或者说,这种看法最终不是出自一种由疏异了的教化意识而来的浪漫主义逆向投影吗?因为文学作为阅读的对象虽然是一种后来的现象,但这绝不是说连书写(Schriftlichkeit)也是后来出现的。书写实际上是一切伟大文学创作的原始所与的一部分。最新的研究已经抛弃了浪漫主义认为叙事诗(如荷马的诗)在于口诵的看法。书写的起源比我们以前所认为的还要古老,并且似乎是属于文学创作一开始就具有的精神要素。在文学创作还没有作为阅读材料看待之前,文学创作就已经作为'文学'而存在了。就此而言,阅读对于朗诵所具有的优先性——这是我们后来观察到的,并没有带来什么根本新的东西(我们可以想一下亚里士多德对

戏剧的忽视)。"这里表明伽达默尔受了德里达的影响。德里达在反对奥斯丁(John Lanshaw Austin,1911—1960)提出的"讲话比书写更简单更直接"的观点中提出书写先于讲话,即讲话不是书写的先行形式,而书写才是讲话的先行形式。

[202]这里"重构"(Rekonstruktion),指复现作品的原来世界以及作者的原来思想,反之,"综合"(Integration)则指把过去艺术精神与现代的生活和艺术经验结合起来,即过去和现在进行中介。伽达默尔试图用这两个术语说明两种不同的对待传承物的态度,即施莱尔马赫的态度和黑格尔的态度。

[203]参阅黑格尔《精神现象学》,下卷,商务印书馆1979年版,第231—232页。

[204]伽达默尔在其《黑格尔的辩证法:五篇诠释学研究》中同样也说道:"如果说黑格尔是从绝对概念的哲学方面来谈艺术的过去性,那这一可惊的和耸人听闻的表述也还显得是极其模糊的。这里是说今天的艺术不再有什么要做和要说,还是黑格尔在此想说艺术对于绝对概念的观点而言是一种过去的东西,艺术在同思维的概念的关系上一直是并且仍将是一种过去的东西?"伽达默尔把艺术的过去性看作艺术的同时性,他说:"艺术的过去性似乎应是对艺术特有的同时性的思辨表述:艺术从属于进步法则的方式不是思辨思想遵循哲学的历史道路才达到自身的那种方式。"(伽达默尔:《黑格尔的辩证法:五篇诠释学研究》,蒂宾根,1971年,第84页)

[205]诠释学(Hermeneutik)作为宣告、口译、阐明和解释的技术,在古希腊时代就已经存在了。赫尔默斯(Hermes)本是众神的一位信使,他给人们传递众神的消息。他的宣告显然不是单纯的报道,而是解释众神的指令,并且将众神的指令翻译成人间的语言,使凡人可以理解,因此诠释学引申而成为一种关于理解和解释的技艺学。"诠释学"作为书名第一次出现是在1654年,作者是J.丹恩豪威尔(Dannhauer)。自那以后,诠释学就沿着两条路线,即神学的诠释学和语文学的诠释学加以发展。神学诠释学表示一种正

确解释《圣经》的技术,早在西方教父时代就出现了这方面的思考,例如奥古斯丁的《论基督教学说》。因为基督教教义学的任务就是由于犹太民族的特殊历史和《新约·圣经》中耶稣的泛世说教之间的紧张关系而被提出的。在这里诠释学必须帮助并且作出解答。在宗教改革时期,新教神学家为了维护自己对《圣经》的理解,转向《圣经》的文字研究,并试图用诠释学这一工具对教会学说的传统及其对《圣经》经文的独断论解释展开批判,此后神学诠释学就成了神学内一个不可缺少而具有漫长历史的学科。语文学诠释学也最早出现在古希腊罗马时代,当时所谓批评法(ars critica)就是一种简单的语文诠译学,不过其最重要的发展乃是从法国古典主义到德国古典时期,特别是克拉顿尼乌斯(Chladenius)、沃尔夫(Chr. Wolff)和迈耶(G. Fr. Meier)等人所促进的。语文学诠释学主要根据古代语法学和修辞学发展一种关于解释和理解的方法学。按照伽达默尔的看法,神学诠释学和语文学诠释学都经历了同样的发展过程,这种发展终于导致了普遍诠释学的产生,从而开始了我们今天所谓诠释学发展的第一阶段,即以施莱尔马赫和狄尔泰为代表的传统诠释学。

[206]特利恩特宗派(Tridentinum)指1546—1563年特利恩特宗教会议形成的宗派,其宗旨称之为特利恩特会议信纲,1564年由教皇庇护四世公布。主要内容有:肯定《尼西亚信经》包含教会基本信仰,肯定《通俗拉丁文本圣经》的真实性;肯定"原罪"教义及公教会所作的正统解释;谴责马丁·路德新教派的"因信称义"学说及其对"恩宠"的"谬解"。

[207]马丁·路德(Martin Luther,1483—1546),德国基督教新教派神学家,欧洲宗教改革运动发难者,路德新教创始人。路德新教的基本思想是所谓"因信称义"学说,认为人要获得上帝的拯救,不在于遵守教会规条,而在于个人内心的信仰。

[208]梅兰希顿(Philipp Melanchthon,1497—1560),德国基督教新教神学家、教育家。与马丁·路德同为欧洲宗教改革运动领袖。

[209]塞梅勒(Semeler),18世纪德国神学家。

[210]埃内斯蒂(Ernesti),18世纪德国神学家。

[211]F. A. 沃尔夫(Friedrich August Wolf,1759—1824),德国古典学者,现代语文学奠基人,其成名著作《荷马引论》(1795年)首次提出了现代形式的"荷马问题",按照他的看法,《伊利亚特》和《奥德赛》是由多数作者口述,后来才从艺术上加以统一的。这一理论为现代人开拓了理解史诗传统和诗歌起源的道路。

[212]F. 阿斯特(Georg Anton Friedrich Ast,1778—1841),德国古典语文学家、哲学家和新人文主义者。其著作《语法、诠释学和批判的基线》为诠释学的发展起了重要作用,在此书中他提出了一种以精神作为生命的源泉和中心,以精神的理解作为优于历史和语文理解的理解原则的理解学说。

[213]参见斯宾诺莎的《神学政治论》第7章"论解释《圣经》",斯宾诺莎说:"解释《圣经》的方法与解释自然的方法没有大的差异。事实上差不多是一样的。因为解释自然在于解释自然的来历,且从此根据某些不变的公理以推出自然现象的释义来。所以解释《圣经》第一步要把《圣经》仔细研究一番,然后根据其中根本的原理以推出适当的结论来,作为作者的原意。照这样去做,人人总可以不致弄错。那就是说,解释《圣经》不预立原理,只讨论《圣经》本书的内容,并且也可以讨论非理解力所能解的以及为理智所能知的事物。"(斯宾诺莎:《神学政治论》,商务印书馆1963年版,第108页)

[214]斯宾诺莎说:"凡事物因其本身的性质容易理解者,等到表达出来了,也不会暧昧晦涩,难以索解,俗话说得好:'聪明人一个字就懂了。'欧几里得只讲简而易明的事物,任何人都能懂得,没有语言的限制。我们可以把他的用意了解得十分明白,确实知道他的真意所在,不必完全懂得他著书时所用的语言。事实上,关于这种语言,大略知道一点就够了。我们用不着仔细考究作者的生平、事业和习惯。我们也无需推求用什么语言写的,什么时候写的,书在历代所经过的遭遇,各种不同的本子,是否受人欢迎,因谁的推崇

才为世人所赏识,都用不着。欧几里得是如此,凡是一本书,由于所论事物之性容易为人所了解,都是如此。"(斯宾诺莎:《神学政治论》,商务印书馆 1963年版,第 121—122 页)

[215]克拉顿尼乌斯(Johann Martin Chladenius,1710—1759),德国哲学家、语文学家、浪漫主义诠释学先驱,其著作《对合乎理性的讲话和著作的正确解释导论》(1742 年)是德国启蒙运动时期最重要的一部诠释学著作。

[216]萨维尼(Friedrich Karl von Savingny,1779—1861),19 世纪德国法学界最有影响的人物,现代德国民法体系和一般私法理论的创始人。

[217]伯克(Angust Boeckh),19 世纪德国语言学家。

[218]施泰因塔尔(Heymann Steinthal,1823—1899),德国语言学家、哲学家,以语言作为心理学研究对象的学者。

[219]兰克(Lecpold von Ranke,1795—1886),德国历史学家,19 世纪德国历史学派的代表人物之一。重要著作有《16 世纪和 17 世纪罗马教皇的教会和国家》(1834—1836 年)、《德国宗教改革史》(1839—1847 年)、《17 世纪和 18 世纪普鲁士史》(1847—1848 年)、《16 世纪和 17 世纪法国史》(1852—1861 年)和《16 和 17 世纪英国史》(1859—1869 年)等。兰克试图从一种历史的观点来解释各个时代的冲突,他认为历史是由各人、各民族和各国家分别发展起来的,综合在一起形成文化的过程。

[220]诺斯替派(Gnostizismus)是一种融合多种信仰的通神学和秘传宗教,主要盛行于 2 世纪,正统基督教强调信心,而诺斯替派则注重"诺斯"(神授知识)。

[221]黑格尔在《精神现象学》中说:"这个单纯的无限性或绝对概念可以叫作生命的单纯本质、世界的灵魂、普遍的血脉,它弥漫于一切事物中,它的行程不是任何差别或分裂所能阻碍或打断的,它本身毋宁就是一切差异并且是一切差别之扬弃,因此它自身像血脉似的跳动着,但又没有运动,它自身震撼着,但又沉静不波。它是自身等同的,因为它里面的诸差别是循环往复的,

它们是差别,但是又没有差别。因此这种自身等同的本质只是与自身相关联。"(黑格尔:《精神现象学》,上卷,商务印书馆1997年版,第110—111页)

[222]雅各布·布尔克哈德(Jakob Burckhardt,1818—1897),瑞士文化艺术史家。1860年出版的《文艺复兴时期的意大利文化》一书是其声誉卓著的主要著作。死后出版的《世界史观》和《历史片断》概述了其历史哲学思想。

[223]格奥尔格·米施(Georg Misch,1878—1965),德国哲学家。1930年出版的《生命哲学和现象学》试图把两种不同倾向的哲学观点,即生命哲学和现象学加以统一。

[224]约尔克伯爵,狄尔泰同时代人,曾与狄尔泰有长期学术通信。

[225]杜恒见译者注释[9]。

[226]修昔底德(Thukydides,前460—前404),古希腊历史学家,曾参加伯罗奔尼撒战争(前424—前402年),后被放逐。他写的《伯罗奔尼撒战争史》从军事、政治以及心理方面描述了公元前4世纪这场著名的雅典和斯巴达之间的战争。

[227]伯里克利(Perikles,前495—前429),古希腊政治家、军事家,雅典城邦领袖,曾领导雅典人进行反对斯巴达的斗争。

[228]此句是根据1975年第4版译出,而在1986年出版的《伽达默尔著作集》第1卷(即第5版)里,此句是"鉴于这种情况,我们必须承认,精神科学的知识不具有'客观性',并且以完全不同的方式被获得",可能有误。

[229]格奥尔格·西梅尔(Georg Simmel,1858—1918),德国社会学家、新康德派哲学家。他试图把社会相互作用的一般形式或普遍规律同某种活动(政治、经济或美学)的特殊内容分离开来,他特别注重权威和服从的问题。

[230]按照1975年第4版,此句是"而是胡塞尔本人对客观主义心理学和以往哲学的客观主义进行批判的后果"。

[231]参阅海德格尔的《存在与时间》中关于约尔克伯爵的论述,见《存在与时间》,第77节,德文版,第397—404页。

[232]黑格尔在《精神现象学》中曾说过:"通过现象,意识就可以直观进现象界背后的超感官界。这两个极端,一端是纯粹的内在世界,另一端是直观这纯粹内在世界的内在世界,现在合拢在一起了,它们两方面作为两个极端以及作为不同于它们两极端的中介,现在都消失了。这个遮蔽着内在世界的帘幕因而就撤销了,而出现的乃是内在世界对于内在世界的直观。"(黑格尔:《精神现象学》,上卷,商务印书馆1997年版,第114页)

[233]1975年第4版是"黑格尔",而不是"费希特"。

[234]基础本体论是海德格尔在《存在与时间》一书中提出的,对此在的存在从生存论上加以分析,构成了其他一切本体论分析的前提和基础,这种分析,海德格尔称之为"基础本体论"。

[235]布尔特曼(Rudolf Karl Bultmann,1884—1976),德国新教神学家,所谓"辩证神学"的主要代表之一。布尔特曼根据海德格尔的生存论分析提出生存论解释的诠释学方法:信仰和不信仰(罪孽)被解释为相信(Vertrauen)的本真存在方式和专横(Eigenmächtigkeit)的非本真存在方式。

[236]克里斯蒂安·托马修斯(Christian Thomasius,1655—1728),德国法学家、哲学家,哈勒大学教授。

[237]约翰·海因里希·福斯(Johann Heinrich Voss,1751—1826),德国诗人,荷马的德文标准翻译的译者,歌德曾把他视为古典韵律的权威。

[238]拉登杜夫,德国现代作家。

[239]卢卡奇在其《历史和阶级意识》一书中讲到希腊哲学对于物化现象并不陌生,它仍逗留在近乎自然的社会里,他说:"希腊哲学对于物化现象虽不陌生,但它没有把它体验为整个存在的普遍形式,它的一只脚跨入物化的世界,而另一只脚仍留在自然而形成的社会(in einer naturwüchsig aufgebauten Gesellschaft)。因此希腊哲学的问题可以在两个发展方向上被利用——

尽管需要呕心沥血的重新解释。"(卢卡奇:《历史和阶级意识》,德文普及版,1983年,第210页)

[240]1975年第4版是"历史诠释学"。

[241]瓦尔希(Johann Georg Walch,1695—1775),德国教区会成员,哲学家,曾编汇《哲学辞典》,于1726年问世。

[242]柯林斯(William Collins,1721—1759),英国浪漫主义时期诗人,自由思想家。

[243]在伽达默尔看来,精神科学之理解和传统的继续存在,其根本条件就在于继续不断地与传承物进行攀谈或对话,也就是说,传承物成为我们的攀谈者或对话者。这种看法一般颇不易理解,因为传承物,如历史文献、古董、作品,是死的东西,它们怎么能与我们对话呢?这里关键在于对传承物的意义的理解,在伽达默尔看来,传承物并没有一种所谓一成不变的客观的意义,它们的意义总是我们尔后与之不断对话所形成的意义,如他所说的,"历史任务的真正实现仍总是重新规定被研究东西的意义"。这种意义的获得在他看来,乃是通过一种精神的对话——包括提问和回答——而实现的。

[244]莫姆森(Theodor Mommsen,1817—1903),德国作家,其重要著作有《罗马史》和《罗马国家法》。

[245]Epigonen,原系希腊神话中攻打忒拜城死难英雄的儿子们,他们在其父即所谓七雄失败后10年终于征服了忒拜,以后Epigonen成了希腊英雄后裔的代名词。

[246]卡里马可斯(Kallimachos,活动期约公元前4世纪),古希腊诗人。

[247]塔西陀(Cornelius Tacitus,约56—约120),罗马帝国官员,著名历史学家,其巨著《历史》和《编年史》共30卷。

[248]1975年第4版是"如果我们想理解某个语句的各个个别部分在语言方面的意义"。

[249]Abhebung词义是指一种衬托关系,Der Turm hob sich gegen der

Horizont ab,塔在地平线背景上显得分外清晰,即中国语言里的烘托的意思。为了行文方便,我们译为"突出"。

[250]亚里士多德在《尼各马可伦理学》中曾经尖锐地批判了柏拉图的善的理念学说,他说虽然柏拉图是他的朋友和老师,但"在真理与友谊两者俱为我们所要的情况下,我宁取真理"。按照他的看法,柏拉图的善的理念学说主张一种脱离各种特殊的具体的善而永恒存在的所谓"善本身",其实根本不存在这样一种抽象的共相,他说:"现在且让我们把本身即善的事物和有用的事物分开,试看前者之称为善是否由于隶属在单纯的理念之下?并看何种善始可称为'善本身'?是否指那种甚至与其他善可分离而仍被人追求的善:如智慧、见识、某种快乐和荣誉?(的确,这些东西,即使我们有时把它们当作手段来追求,但是,我们仍可视为是'善本身'一类。)或者说,'善本身'是否即是'善的理念'?如果是这样,那么这种理念或形式就会成为空虚的理念或形式了。如果'善本身'即是上述种种事物,那么善就成为上述事物的某种共通东西,如白雪和白铅所共具有之白色性。但是,荣誉、智慧、快乐,当一问及其所具之善性时,则就有种种不同的解释。因此,善绝非是属于一个理念或形式的某种共同因素……世间即使有一种包含无数善事,并为这些善事的共通因素,并能独立自存之善,但这个善,显然是非人力可能求得。人类所求的,总是人能求得的东西。

"有人也许可以这样设想,我们为了那些能求得并能实现的善而认识这个普遍的善,也是值得的事……这种说法有些道理,但是,似乎和科学经验相冲突。因为一切科学,虽然都在于求某种善,并力求补救其缺点,但却不管对所谓普遍善的了解。普遍的善如对于人有那般大的帮助,那么一切技艺家岂会不知道,而且甚至不追求?这绝不是可能的。再说,一个编织工,一个木匠,在知道了'善本身'后,如何会对他的手艺有益?一个人在明白了理念本身后,如何会成良医良将?此中道理,是难于看出的。一个医生研究健康,绝不抽象地研究,而只是研究'人'的健康,或者说,研究一个特殊的人的健康,因为他所治疗的是单个的人。"(亚里士多德:《尼各马可伦理学》,载《西方伦理学名著选辑》,上卷,商务印书馆1987年版,第285—286页)

[251]亚里士多德在《尼各马可伦理学》第二篇里曾经把灵魂的德性分为两类:一类叫作道德的,一类叫作理智的。理智的德性是由训练而产生和增长的,它需要时间和经验,反之,道德的德性则是习俗的结果,他说:"以我们希腊的语言来说,道德的德性这个名字是由习俗(Ethos)这个名字稍加变化而成",并且说"我们没有天赋的道德的德性,因为天赋的东西是不能由于训练而改变的。例如石头是天然有下降的趋势,纵然你训练它,向下掷一万次,也不能把它训练得习惯于上升,你也不能训练火焰习惯于向下燃烧,也不能使任何天然这样行为的东西习惯于另一种方式行为。"(亚里士多德:《尼各马可伦理学》,载《西方伦理学名著选辑》,上卷,商务印书馆1987年版,第294—295页)

[252]亚里士多德在《尼各马可伦理学》第一篇中曾说过:"研究至善的学科,似应属于在学科中最有权威,并占主导地位的学科。看来,政治学是具有这种性质。因为,凡规定一国之内需要何种科学,各阶级人民当学何种学问,学至如何程度,这些都是政治学的事。而且,甚至最受尊重的学问,如战事学,理财学,修辞学等,皆附属于其下。现在,政治学既然应用于一切其他科学,既然又规定我们该做什么和不该做什么,于是这门科学的目的便包括了一切其他科学的目的,而这种目的必然是人类所求的善。"(亚里士多德:《尼各马可伦理学》,载《西方伦理学名著选辑》,上卷,商务印书馆1987年版,第282页)这里亚里士多德显然想把政治学与伦理学联系起来,从而他提出应当由伦理学探究转向政治学的任务。

[253]亚里士多德在《尼各马可伦理学》中说:"由于制造和行为不同,所以技艺乃属于制造这一类,而不属于行为这一类。在某种意义下,技艺和机会(或幸运),其对象相同,犹如阿加松所说:技艺追随幸运,幸运追随技艺。由此可知,技艺是一种运用正确推理以制造物品的才能或习惯,反之,缺乏技

艺,就是指一种运用不正确的计算以制造物品的习惯。两者所处理的事情,都是变易的事情。"(亚里士多德:《尼各马可化理学》,载《西方伦理学名著选辑》,上卷,商务印书馆1987年版,第314页)

[254]《真理与方法》1986年第5版(《伽达默尔著作集》,第1卷)把Ausdehnung误印为Ausdeutung,现根据1975年第4版和英译本加以改正。

[255]《真理与方法》1975年第4版原陈述是:"理解是道德知识德行的一个变形。它是这样被给出的,即在这里不是关系到我自己,而是关系到其他人。理解也是道德判断的一种方式。当我们在判断时置自身于某个其他人借以行动的整个具体情况中时,我们显然才讲到理解。"

[256]《真理与方法》1975年第4版原陈述是:"即Deinos能训练他的能力,而不被某个伦理存在所支配,能无阻碍地训练他的天赋,并且没有任何指向道德目的的打算。他是aneu aretēs(没有德行的)。"

[257]恩斯特·福斯特霍夫(Ernst Forsthoff,1902—1974),德国法律学家,曾在法兰克福、汉堡、柯尼斯堡、维也纳和海德堡诸大学任法学教授。

[258]维拉莫维茨(Wilamowitz-Moellendorff,1848—1931),德国古典语文学家。曾任克拉夫瓦尔德、哥廷根和柏林等大学语文学教授。由于他对希腊文化和古典文学的卓越研究,古典语文学进入一个新的阶段。

[259]伽达默尔在这里引证了培根《新工具》里这样两段话:"人的理智一旦接受了一种意见(不管是通行的意见或者是它所喜欢的意见),就把别的一切东西都拉来支持这种意见,或者使它们符合这种意见。虽然在另一方面可以找到更多的和更有力量的相反的例证,但是对于这些例证它却加以忽视或轻视,或者用某种分别来把它们摆在一边而加以拒绝。这样,通过这种有力而且有害的预先决定,就可以使它以前的结论的权威不致受到侵犯。……这样,先入的结论便把后来的、虽然更好、更健全的结论染上自己的颜色而使它符合于自己。除掉所描述的那种喜好和浮夸之外,人的理智还有一种特有的永久的错误,就是容易被积极(肯定)的东西而不容易被消极(否定)的东西所

激动。然而事实上却应当对于二者同样适当地采取冷静的态度。的确,对于确立真正的公理来说,消极的例证是更有力量的。"(培根:《新工具》,载《16—18世纪西欧各国哲学》,商务印书馆1975年版,第15—16页)另外,"'市场假相'是一切假相中最麻烦的一种假相,这一种假相是通过语词和名称的各种联合而爬进我们理智中来的。因为人们相信他们的理性能支配语词,但是实际上语词也反作用于理性,就是这种情形使哲学和科学流于诡辩和变为无力。由于语词的形成和应用都是以俗人的能力为根据的,因此它们所遵循的乃是对于俗人的理智最明显的那些划分线。当一个更敏锐或更勤于观察的理智要改变这些线来适合自然的真正划分时,语词从中作梗,并且反抗这种改变。因此我们看见学者们的崇高而堂皇的讨论结果往往只是一场语词上的争论。"(同上书,第20页)

[260]埃斯库罗斯(Aischylos,前525/524—前456/455),古希腊三大悲剧家之一,著名悲剧有《波斯人》《被缚的普罗米修斯》和《阿伽门农》等。

[261]安那克萨哥拉(Anaxagoras,前500/499—前428/427),古希腊哲学家,其著名学说是"种子论"和"心灵说"。种子论主张万物都是由单一性质的种子所构成,事物的差异乃是种子不同比例的结合所产生的。心灵说则主张事物运动的原因不是由于爱和恨,而是由于心灵。

[262]泰米斯修斯(Themistius,活动时期约公元4世纪),欧根尼奥斯的儿子,逍遥学派成员,主要工作是解释亚里士多德的著作。

[263]伽达默尔在这里引证了亚里士多德《后分析篇》中末尾这样一段话:"正如我们所说的,从感觉产生出记忆,从对同一个事物的多次的记忆产生出经验。因为数量上虽然是多的记忆却构成一个单一的经验。并且经验——当作为灵魂中的整体,即与多相符合的一,在所有多中同一表现的一致性——提供了艺术和科学的出发点:艺术在过程世界里,科学在事实世界里。这些能力既不是作为确定的完全发展了的东西天生就有的,也不是从其他在高知识水平上发展的能力而推得的,它们而是来自于感觉。例如,在战争中发生的逃亡情况,如果有一人站住了,那么另一个人也站住,再一个人也

站住,直到原来的情况恢复。"(亚里士多德:《后分析篇》,19—100a3—14,载 The Loeb Classical Library 1960 年出版的《亚里士多德后分析篇和论辩篇》,第 257—259 页)伽达默尔引用亚里士多德这段话是试图说明科学的一般知识即普遍真理决不可能依赖于观察的偶然性,观察的偶然性决不可能产生科学。伽达默尔在另一篇题为"人和语言"的论文中同样也引用了亚里士多德这个例子,他说:"我在亚里士多德那里又一次发现了关于人如何学习说话的最机智的描述。亚里士多德的描述当然并不是指学习说话,而是指思维,也就是指获得一般概念。那么在现象的变动中,在不断变化的印象之流中,似乎固定不变的东西是如何产生的呢?显然,这首先是由于一种保持的能力,也就是说记忆力,记忆力使我们能够认出哪些东西是相同的,这是抽象的最大成果。从变动不居的现象中处处可以看出一种一般现象,这样,从我们称之为经验的经常重复的再认识中就渐渐地出现了经验的统一。在这种经验的统一中产生了明显以一般知识方式占有如此经验的东西的过程。现在亚里士多德问道:这种一般知识究竟怎么可能产生?显然不是通过以下这种方法:即我们经验着一件又一件的现象,尔后突然间,当某种特殊现象再一次出现,并被我们确认为与以前经验到的现象一样,于是我们就获得了一般知识。这种使一般性得以表现的过程并不是那样一种特殊现象,有如那些通过某种神秘力量而使自身与所有其他特殊现象相区别的现象。毋宁说它与其他特殊现象一样也是一种特殊现象。但实际情况则是在某个阶段关于一般的知识确实产生了。这种一般知识是在哪个阶段开始出现的呢?亚里士多德对此作了一个绝好的描述:一支正在快速前进的部队是如何停住的呢?这种停住是开始于何处呢?显然不是由于第一个士兵停住了,或是第二个或第三个士兵停住了。我们也不能说在相当数目正在疾跑的士兵站住时这支部队才停住了,显然也不能说部队是在最后一个士兵也收住脚步时才停住的。因为部队并不是在最后一个士兵停住时才开始停止前进的,而是早已就开始停止了。这支部队是怎样开始停步,这种停步的行动怎样扩大,以及最后整个部队怎样完全停步(也就是这支部队又遵守统一命令),这一切都未曾被人清楚地描述,或有计划地掌握,或精确地了解过。然而,这个过程却无可怀疑地发生着。关于一般知识的情况也正是如此,因为这就是一般知识如何进入语言的过程。"(《伽达默尔著作集》,德文版第2卷,第149—150页)

[264]卡尔·波普尔(Karl Popper,1902—1994),英籍德裔分析哲学家,批判理性主义创立者。波普尔虽然深受维也纳学派的影响,但坚决反对该学派的证实理论,他提出著名的证伪理论。他说,"理论科学性的标准就是理论的可证伪性,或可反驳性,或可检验性。"其主要代表作是1934年出版的《科学研究的逻辑》(后改名为《科学发现的逻辑》)。

[265]伽达默尔在这里利用了黑格尔在《精神现象学》中反对康德自在之物不可知的论证。按照黑格尔的看法,我们所谓自在并不是指事物本身脱离我们认识的自在,而是指为我们的自在,他说:"诚然不错,对于意识来说,对象就只是像意识所认识它的那个样子,意识似乎不可能窥探到对象的不是为意识的那个本来面目或其自在的存在,因而也就不能根据对象来考察它的知识。但是,意识之一般地具有关于一个对象的知识这一事实,恰恰就已经表明是有区别的:一个环节是某种自在于意识之外的东西,而另一个环节是知识,或者说,是对象的为意识的存在。根据这个现成存在着的区别,就能进行比较考察。如果在这个比较中双方不相符合,那么意识就必须改变它的知识,以便使之符合于对象,但在知识的改变过程中,对象自身事实上也与之相应地发生变化,因为从本质上说,现成存在着的知识本来是一种关于对象的知识;跟着知识的改变,对象也变成了另一个对象,因为它本质上是属于这个知识的。意识因而就发现,它从前以为是自在之物的那种东西实际上并不是自在的,或者说,它发现自在之物本来就仅只是对它而言的存在。……我们看到,意识现在有了两种对象,一种对象是第一个自在,另一种是这个自在的为意识的存在。后者初看起来好像只是意识对其自身的反映,不是一种关于对象的表象,而是一种关于意识对前一种对象的知识的表象。但是如同我们

前面所指出的那样,前一种对象在运动中改变了自己,它不复是自在,它已被意识到它是一种只为意识的自在,而这样一来,这个自在的为意识的存在就是真实的东西,但这又等于说,这个自在的为意识的存在就是本质,或者说,就是意识的对象。这个新的对象包含着对第一种对象的否定;新对象乃是关于第一种对象的经验。"(黑格尔:《精神现象学》,上卷,商务印书馆1997年版,第60—61页)

[266]参见黑格尔:《精神现象学》,上卷,导论,商务印书馆1997年版,第60页。

[267]同上书,第61页。

[268]伽达默尔这里是依据于黑格尔这样一段话:"在我们对经验过程的这个陈述里,有一个环节似乎使这里所说的经验与通常所理解的经验不尽一致。在这里,从第一种对象以及从这种对象的知识发展到另一种对象,即发展到人们称之为经验的那种对象,其间的过渡被说成为:对第一种对象的知识,即,第一种自在的为意识的存在,本身变成了第二种对象。与此相反,通常所理解的情况则好像我们是从一种另外的对象上经验到我们的第一种概念的非真实性的,而这另外的一种对象是我们偶然地从外面找到的对象,因而归根到底我们所有的对象,只是那种对自在而自为的东西的单纯的把握。但按照上述的那种看法,新对象的出现显然是通过一种意识本身的转化而变成的。像这样地来考察事物,乃是我们的额外做法,通过这种考察,意识所经历的经验系列,就变成一个科学的发展进程;……由于当初作为对象而出现于意识之前的东西归结为关于这个对象的一种知识,并且由于自在变成了自在的一种为意识的存在,变成了一种新的对象,因而也就出现了一种新的、具有不同于以前的本质的意识形态。这种情况就使意识形态的整个系列按照它们的必然性向前发展。不过,这种必然性,或者说,新对象的出现——新对象在意识的不知不觉中出现于意识面前——在我们看起来,仿佛是一种暗自发生于意识背后的东西。因此,在意识的运动过程里就出现了一种环节,即

自在的存在或为我们的存在,这种存在是为我们的,而不是为意识的,因为意识正在聚精会神地忙于经验自身。然而这种为我们而出现的存在,它的内容却是为意识的,我们只另外把握了它的形式,亦即它的纯粹的出现,所以就它是为意识的而言,这种新出现或新发生的东西只是一种对象,而就它是为我们的而言,它就同时又是一种形成运动。"(黑格尔:《精神现象学》,上卷,商务印书馆1997年版,第61—62页)

[269]关于统治和奴役,主人和奴隶之间的辩证结构关系,可参阅黑格尔《精神现象学》第4章关于自我意识的独立与依赖一节,在这里黑格尔论证主人一方面通过自己的独立存在间接地使自己与奴隶相关联,使自己成为支配奴隶存在的主人,另一方面通过奴隶间接地使自己与物发生关系,这样把物的独立性让给奴隶,自己只与物的非独立性相结合,这样一来,奴隶一方面扬弃了自己的自为存在或独立性,只为主人做他所需要的事,另一方面奴隶的行动也正是主人自己的行动,主人反倒成了纯粹的否定力量,奴隶却成了实际的肯定力量。黑格尔说:"因为正当主人完成其为主人的地方,对于他反而发生了作为一个独立的意识所不应有的事。他所完成的不是一个独立的意识,反而是一个非独立的意识。因此他所达到的确定性并不是以自为存在为他的真理,他的真理反而是非主要的意识和非主要的意识之非主要的行动。"(黑格尔:《精神现象学》,上卷,商务印书馆1997年版,第129页)

[270]这里伽达默尔引证了亚里士多德《形而上学》里的这样一段话:"当时苏格拉底专心于伦理道德的研究,并首先试图为伦理道德提出普遍定义,因为早先的自然学家德谟克利特只在物理学上为热和冷作了定义,而对伦理道德问题仅偶有所接触;至于毕达哥拉斯学派在以前只是研究很少一些问题,例如机会、公正或婚姻,而且把这些东西的概念归之于数。但苏格拉底却竭诚于探究事物是什么。因为他试图进行推理,而是什么正是推理的始点。因为辩证的艺术直到那时还没有具备这样的能力,以使我们没有认识本体也能探究对象,并探究对立的东西是否属于同一门科学,这两件大事我们有权

归功于苏格拉底。"(亚里士多德:《形而上学》,希-德对照本,迈纳出版社1984年版,第2卷,第289—291页)

[271]Maieutik＝mäeutik,指苏格拉底那种通过机智的提问而引导学生解答问题的教育方法,世称"助产术"(Hebammenkunst)。

[272]R.G.科林伍德(Robin George Collingwood,1889—1944),英国哲学家、考古学家和历史学家。科林伍德早先深受实在论(柯克)和唯心主义(布拉德雷、格林)的影响,以后通过克罗齐、金蒂尔(G. Gentile)和罗斯金(J. Ruskin)转向黑格尔哲学。

[273]这里指1805年10月21日英国名将纳尔逊指挥的英国海军在特拉法尔加角附近击败法西联合舰队的著名的特拉法尔加战役。

[274]1812年拿破仑入侵俄国,9月7日与库图佐夫指挥的俄军大战于博罗季诺。列夫·托尔斯泰在《战争与和平》一书中曾对这次战役作了极为细致的描述。

[275]按照伽达默尔的观点,理解就是与某人在某事上取得相互一致意见,理解总是相互理解,例如我们对于某一作品的理解,就是与作品的作者在语言上取得相互一致意见,与作者达成相互了解,因此他说"所谓理解就是在语言上取得相互一致,而不是说使自己置身于他人的思想之中并设身处地地领会他人的体验"。关于理解的这种观点,可参阅《真理与方法》,德文版第1卷,第233—234页。另外,这里说"在语言上"此语,在《真理与方法》第4版原是"在事情上"(in der Sache)。

[276]这种观点来自于约翰·马丁·克拉顿尼乌斯,参见他的《对合乎理性的讲话和著作的正确解释导论》,莱比锡,1742年,1969年新版。

[277]里尔克(Rainer Maria Rilke,1875—1926),德裔奥地利诗人,作家,对20世纪德国语文学的发展有重要贡献。其著名长组诗《祈祷书》(1905年)以"我"的形式出现,围绕他的上帝讽诵经文,这个上帝就是"人生"的化身。里尔克作为一个独具一格的诗人赢得了当代德国哲学家的赞扬。

[278]Logos(逻各斯)是一个类似于中国哲学里的"道"的希腊词,其最根本的意思是指"话语"和"理性"。在这里伽达默尔是强调其作为话语的语言意思。在柏拉图的《智者篇》里,逻各斯显然与语句同义。他主张一个完整的逻各斯至少必须由一个名词和一个动词所组成,并且把与"一个人学习"和"泰阿泰德坐着"同义的希腊语句叫作逻各斯。在中世纪,基督教通过斐洛(Philo,前20—公元50,犹太神秘主义哲学家)思想的中介,从希腊哲学引用此词专指上帝的话和理性,以致有"逻各斯变成了肉"(道成肉身)。伽达默尔在这一节里试图从希腊的逻各斯来探讨语言作为诠释学的媒介,以同下一节探讨拉丁文的语词(Verbum)相对照。本节逻各斯一般指判断,正如伽达默尔引用苏格拉底的说法,"他从真的逻各斯和假的逻各斯的区别出发,把逻各斯的成分,即语词也区分为真的和假的。"(《真理与方法》,德文版第1卷,第412页)

[279]后一句话是译者根据1989年新英译本补加的。

[280]伽达默尔这里所依据的是这样一种现象学观点,即摹本(Abbild)乃是原型(Urbild)的开启,也就是说,对存在的描摹乃是存在自身的开启,因此,原型通过摹本而得以展示,存在通过描摹而得以表现。

[281]Characteristica universalis(普遍语言)的理想是17世纪西方思想家,特别是德国哲学家莱布尼茨提出的。威廉·涅尔夫妇在其《逻辑学的发展》一书中对这种思想的形成有这样一段说明:"17世纪的许多著作家提出了构造人工语言的建议;在莱布尼茨时代,这种思想特别在英国流行。"在那里维尔金(Wilkins)和道尔加诺(Dalgarno)各自提出自己的系统。这些发明家的主要理由与现今提倡世界语的理由一样,即如果所有的人,或者至少所有知识的人都有一种由他们支配的根据简单原则构造的并且有严格语法规则的语言,那么语言交流就会非常容易,传达思想就会更迅速。对于这种考虑,莱布尼茨并不是无动于衷的,因为他坚信确立全世界的和平和秩序的重要性,他认为科学的进步依赖于不同民族的人们之间的理智合作。因此在

一个时期他提倡使用一种基本的正规的拉丁语(这大概类似于本世纪初皮亚诺在他的《数学公式》中所用的拉丁变形记号)。但是他对构造理想语言的兴趣比这还广。他要求一种科学的语言,这种语言不仅有助于思想交流,而且也有利于思想本身,他把这种语言叫作"哲学语言(Lingua philosophica)或普遍语言(Characteristica unirersalis)"。(威廉·涅尔和玛莎·涅尔:《逻辑学的发展》,商务印书馆1985年版,第421页)

[282]这里是哲学史上一个问题,在康德那里,transzendental(先验的)和transzendent(超验的)这两个术语似乎并没有像现在所说的严格的区分,康德有时互换地使用,但是在新康德主义看来,这两个术语的严格区分却是最重要的。他们认为,有些东西虽然是transzendental(先验的),但却不是transzendent(超验的),因此他们对于那些把这两个术语混淆加以解释的做法表示极端的反对。另外,Ideologie(意识形态)一词现今虽然被广泛采用,特别是法兰克福学派,但在18世纪末至19世纪初,这个术语曾引起很大的争论,例如拿破仑就曾经坚决反对过这个术语,他特别反对法国当时阿彭尼斯(Abanis)、德特里特·德·特雷西(Destritt de Tracy)和谢纳·德·比朗(Chaine de Biran)等开创的所谓科学意识形态学派。

[283]人为制造的混合词(Kunstswort)指一种用古代一两种语言成分构成的某些科技术语,如Automöbil(原先用的汽车一词)、Soziologie(社会学)等。

[284]概念的理念性(Idealität)应当说来源于柏拉图的理念学说。按照柏拉图的观点,事物乃是理念(Eidos)的摹本,因此关于事物的概念或思想,其内容和意义应当是理念。伽达默尔用Urbild(原型)和Abbild(摹本)来解释柏拉图的理念和事物的关系,因此他认为,作为理念摹本的语词和概念,其内容和意义乃是一种概念的理念性。

[285]Verbum(话语)在拉丁文里一般指动词(动作的语词),这和希腊文有区别。上一节伽达默尔是以逻各斯来考察古希腊的语言思想,而在本节则

是以Verbum来考察中世纪的基督教关于语言的观点,他认为基督教的语言思想更使西方思想家认识到语言的重要性。

[286]基督教的Inkarnation(道成肉身)思想是基督教的基本教义和根本信条:基督是三位一体(圣父、圣子和圣灵的上帝)第二位,即圣子,他在世界尚未造出前,便与上帝圣父同在,即上帝的道,亦即逻各斯,因世人犯罪无法自救,上帝差遣他来到人间,通过圣母玛利亚而取肉身成人。按照伽达默尔的看法,我们应当把基督教所讲的Inkarnation(道成肉身)与那种认为灵魂外入肉体和上帝外在创造世界的思想严格区分开来。按照他的看法,Inkarnation根本不是Einkörperung(外入肉体)。Einkörperung是伽达默尔自己杜撰的一个德文词,意思是说一种外在化,例如我们把水倒入杯子,水仍是水,杯子仍是杯子,这不同于我们把糖或咖啡倒入水里,因为这里水就变成了糖水或咖啡。水倒入杯子就是一种外在化过程,类似于Einkörperung。按照古老的思想,特别是柏拉图-毕达哥拉斯的观点,灵魂完全与肉体不同,当它进入肉体之前就已经有了自为的存在,而在它进入肉体之后,仍保持它的自为存在,以致肉体死了后,灵魂重新又获得真实的存在,这就是一种最典型的Einkörperung(外入肉体)的观点。同样,在希腊的神话中,神以人的形象出现,神却未变成人,而是以人的形象向人显示自己,因为神总是保持着超人的神性。伽达默尔认为这些希腊思想都不是基督教所教导的道成肉身思想,基督教教导的上帝人化理论即道成肉身乃是一种内在化过程,即上帝变成了人,道(逻各斯)成了肉身,伽达默尔认为,这一内在化过程乃是通过语词而实现的。

[287]话语变成了肉,即逻各斯变成了肉,来源于《圣经》,《约翰福音》第一章称逻各斯"太初与上帝同在","万物是借着他造的",而且"道(逻各斯)成了肉身,住在我们中间"。后世神学据此说逻各斯即三位一体上帝中的第二位的圣子,他降生世上,取肉身而成为人,便是道成肉身的耶稣基督,伽达默尔正是根据这一点而把话语说成是一种纯粹的事件。

[288] 基督教教义之一则认为宇宙万物都是上帝所创造的。《圣经·创世记》载:"太初上帝创造天地,地是空虚混沌,渊面黑暗。上帝与其逻各斯运行于水面",也就是说,在宇宙被造出之前,没有任何物质存在,只有上帝及其话语,上帝以发出话语而创造出一切。

[289] 等级从属说(Subordinationismus),基督教神学学说。认为上帝圣父、圣子和圣灵是三个等级,有从属关系。或认为圣子的等级低于圣父,并从属于圣父,或认为非但如此,圣灵的等级又低于圣父、圣子,并从属于圣父和圣子。此说早在2世纪的希腊教父查斯丁和2—3世纪间的奥利金的著作中已见端倪,4世纪更为阿里乌加以全面发挥,最后于381年,由君士坦丁堡公会议宣布这种说法是同上帝三位一体论相对立的,因而被定为异端邪说。

[290] 柏拉图在《泰阿泰德篇》里也讲到思想是灵魂同自己的讲话,并且也区分了无声的讲话(意见)和有声的讲话(逻各斯)。他借苏格拉底的嘴说:"思想就是灵魂在它所看到的东西上同它自己的谈话。在我看来,当它思想时,它无非只是在讲话、提问题和回答问题,作肯定和否定。当它达到了一个决定不再疑惑时,我们叫作意见。所以我叫作形成一个意见的东西就是讲话,意见就是不是大声地同其他人的讲话,而是默默地同自己的讲话。"(柏拉图:《泰阿泰德篇》,189E—190A)

[291] 理智的流射(emanatio intellectualis),又译理智的流溢,来源于新柏拉图主义者柏罗丁(Plotinus,205—270)。柏罗丁认为一切创造都是从无限的不变的完满的太一本身而流射出来的,首先从太一中流射出伟大的心智(奴斯),心智是太一的影子,它仿效太一再流射出灵魂,灵魂是双重的,一种专对心智的内在灵魂,另一种是对外界的灵魂,它产生自身的形象,即自然和可见的世界。按照一般解释,流射是由于太一太完满了,就不愿守着自己,而要产生另外的东西,以致太一可以通过流射而能保持力量均衡,但按照伽达默尔的解释,太一的流射过程并未使太一本身有所消损,而是通过流射其他东西而使自己有了新的补充和充实。

[292]《真理与方法》1986年新版即《伽达默尔著作集》第1卷有许多印刷错误,这里柏罗丁误印为柏拉图。译者根据以前的版本作了改正。

[293]斯鲍锡普(Speusipp,或 Speusippus,？—前339/338),柏拉图的学生,在柏拉图于公元前347年去世后接替他任柏拉图学院首领。

[294]阿提克,参见译者注释[182]。

[295]斯多葛派的语言理论在逻辑哲学里最重要的成果是他们提出了作为意义的来克顿(Lekton)概念,威廉·涅尔夫妇在《逻辑学的发展》一书中曾这样写道:"他们(指斯多葛学派)理论最具创造性的部分是关于被表示物或被表达物的,这些东西他们统称为来克顿(λεκτά)。这些理论在逻辑哲学里是一个重要的新事物,值得密切注意。"(威廉·涅尔和玛莎·涅尔:《逻辑学的发展》,商务印书馆1985年版,第180页)来克顿(λεκτόν)来源于动词λέγειν,这动词指"意味"或"说",因此来克顿的意思就是"所意味的东西"或"所说的东西",这也就是我们今天所说的"意义"。

[296]库萨的尼古拉(Nicolaus Cusanus,1401—1464),德国天主教枢机主教、古典作家、数学家、自然科学家和对现代德国思想富有影响的哲学家。

[297]这里伽达默尔根据德语语词构成把世界(Welt)与环境(Umwelt)加以对立,世界是离开人而独立存在的,而环境则是为人而存在的世界(Umwelt＝Welt um uns)。用海德格尔的术语来解释,世界是Vorhanden(现成在手的东西),环境则是Zuhanden(使用上手的东西),因此伽达默尔接下来说,"环境概念首先是为人类环境而使用,而且也只为人类环境而使用。环境就是人们生活于其中的'周围世界'(Milieu),而环境对生活于其中的人的性质和生活方式的影响就构成了环境的意义。"

[298]这也是德语的一个特点,即某一语词加上frei(自由、从中摆脱)则词义变成否定,如Autofrei(无汽车)、Umweltfrei(无环境)。Umweltfreiheit(无环境性)就是指世界的开放性(Weltöffentlichkheit)。

[299]语言的他在性(Anderssein)是以说话者同事物的距离作为前提,

我们可以用维特根斯坦的观点作这样解释：语言中所表述的东西是关于被表述对象（即事物 Sache）的一种事态（Sachverhalt, a state of affairs），而事态乃是一组表明对象与说话者之间距离的特定的关系。这就是语言的特殊对象性和事实性。这种客观性或事实性允许事态可以用一个命题表述出来而告知给他人。而且事态也可以是否定性的，因为它也可以间接地表现不存在的东西。

[300] die perspektivischen Abschattungen（感觉上的细微差别）引自于胡塞尔，胡塞尔曾把关于一个桌子的感性知觉描述为一个人围绕桌子而运动的诸多感性知觉的统一体，其中每一种感性知觉都不相同，即使是最细微的，我们也可以看到不同的方面或色调。这些各不相同的感性知觉他称为 perspektivischen Abschattungen（或译视角的差异）。没有一种特殊的感性知觉可以把整个桌子给出，作为空间对象的桌子只能由经验意识从连续的 Abschattungen 加以构造。伽达默尔在这里引用胡塞尔这一术语，是为了说明语言的细微差别（Sprachliche Abschattungen），他说这种语言的细微差别乃是"世界在各种不同的语言世界中所经验到的"。

[301] 冯·于克斯科尔（Jakob Baron von Uexkuell, 1864—1944），德国生物学家，现代环境理论的奠基者之一。

[302] 关于古代意义上的理论，可参阅伽达默尔的"赞美理论"一文。在那里他写道："现在回想一下理论这个词的最初意义，即它在希腊人那儿的含义也许不无帮助。这个词的原意是指观察，例如观察星座位置的人，又如观察一种游戏或参加一场节日典礼的人。观察的含义并非单纯的看，并非单纯地确认现有存在的东西或者储存信息。沉思并不会停驻于某个存在者，而是关注着一个领域。因此，理论并不是一种人们可以保持住的诸如停住、站立、状况等的瞬间行为。它是在好的双重含义中的'Dabei-sein'，即同在那儿的在。它不仅仅是在那儿，而且是'整个儿地在那儿'。因此，当一个人介入日常生活或参加一个仪式时，当他开始加入到这个行动中时，这也就含有他必须加入到其他人或可能的其他人的行动之中的意味。可见，'理论'并不是人

们借此可以征服一个对象的行动,并不是通过对对象的解释能使它变得可以为我所用的行动。理论所对待的是另一类财富。"(伽达默尔:《赞美理论——伽达默尔选集》,上海三联书店1988年版,第40页)

[303]这里伽达默尔仍利用德语语词的构成特性进行诠释学分析,隶属性的德文词是(Zugehörigkeit),这是从动词 Zuhören 而来,Zuhören 是倾听。倾听与观看不同,观看可以看另一方而不看对方,即所谓"视而不见",但倾听却不能不听其他人的讲话,因此亚里士多德曾经强调了倾听优先于观看。伽达默尔曾经这样写道:"当黑格尔认识到,语言性同其他艺术材料的区别就在于整体性时,他就已经认识到这根本观点,这是一个曾经促使亚里士多德把某种特有的优势归于倾听的洞见——尽管看视在自然意义上具有许多优势,因为倾听接纳了语言并因此而接纳了一切而不仅仅是可见物。"(《真理与方法》,第3版后记,见本书边码 Ⅱ473—Ⅱ474 页)倾听就是必然要听,这就是说必然要听从。显然听从与从属或隶属相关,因此伽达默尔接下来说:"隶属性概念却以新的方式得到了规定。所谓隶属的东西就是从传承物的诉说而来的东西。谁这样处于传承物之中,谁就必须倾听从传承物中向他涌来的东西。传承物的真理与直接向感官显现的当下(Gegenwart)是一样的。"(《真理与方法》,德文版第1卷,第467页)

[304]黑格尔对"外在反思"概念的批判见《逻辑学》第2编第1部分第1章关于"外在的反思"一节,他说外在反思"完全从一个已有的、异己的直接物出发,并且认为自己只像是一个徒具形式的行动,从外面接受内容和质料,而就自身说,则只是被内容和质料所制约的运动。"(黑格尔:《逻辑学》,下卷,商务印书馆1976年版,第22页)

[305]克罗齐(Benedetto Croce,1866—1952),意大利哲学家、历史学家和文艺批评家。克罗齐曾经系统地阐述了一门"精神哲学",试图以古典浪漫主义哲学的理性主义为雏形,提示精神在体系结构和历史长河中的发展,最后精神凝聚成历史行为,历史成为全部精神环节的唯一仲裁原则。主要著作

有《作为表现科学和一般语言学的美学》(1902年)、《历史,其理论和实践》(1917年)和《哲学、诗、历史》(1951年)。

[306]弗斯勒(Karl Vossler,1872—1949年),德国浪漫主义语文学家,著作有《作为创世和发展的语言》(1905年)。

[307]括号内此句是根据《真理与方法》1975年第4版译出,1986年新版本无此句。内容见《圣经》:"上帝说,要有光。"

第2卷

（诠释学Ⅱ　真理与方法——补充和索引）

[1]1986年出版的《真理与方法》新版本（即第5版）分为两卷,即《伽达默尔著作集》第1卷和第2卷。第1卷为《真理与方法》正文,第2卷乃是围绕《真理与方法》的论文集,共分四个部分:准备、补充、发展和附录。"在现象学和辩证法之间——一种自我批判的尝试"是第2卷的导论。

[2]黑格尔关于恶的无限的论述可参见《小逻辑》第94节、第104节,黑格尔说:"量的无限进展每为反思的知性所坚持,用来讨论关于无限性的问题。但对于这种形式的无限进展,我们在前面讨论质的无限进展时所说过的话也一样可以适用。我们曾说,这样的无限进展并不表述真的无限性,而只表述恶的无限性。它绝没有超出单纯的应当,因此实际上仍然停留在有限之中。这种无限进展的量的形式,斯宾诺莎曾很正确地称之为仅是一种想象的无限性(infinitum imaginationis)。……这里我们便首先遇着了量,特别是数,不断地超越其自身,这种超越康德形容为'令人恐怖的'。其实真正令人恐怖之处只在于永远不断地规定界限,又永远不断地超出界限,而并未进展一步的厌倦性。上面所提到的那位诗人,在他描写恶的无限性之后,复加了一行结语:我摆脱它们的纠缠,你就整个儿呈现在我前面。这意思是说,真的无限性不可视为一种纯粹在有限事物彼岸的东西,我们想获得对于真的无限的意

识,就必须放弃那种无限进展"(黑格尔:《小逻辑》,第228—230页)。按照黑格尔的看法,恶的无限就如数的无限一样,是一种永远向外跑的,而且永远没有完结的无限,因此他反对这种恶的无限,而主张真的无限,即一种可能在有限之内实现的真正的现实的无限。但是,伽达默尔反对黑格尔这种看法,他认为,正是没有完结或不可穷尽才表现了无限的本质。理解永远是一个不可穷尽的过程,因此他说:"我从一开始就作为'恶'的无限性的辩护人而著称,这种恶使我同黑格尔处于似乎是极为紧张的关系之中。"

[3]吕克(Friedrich Lucke)是施莱尔马赫哲学著作的出版者。这里伽达默尔所引证的观点见吕克编辑出版的《施莱尔马赫全集》第1系列第7卷题为"诠释学以及特别就与《新约·圣经》的关系所进行的批判"的论文。该论文现在被H.基默尔收在他根据遗著重新整理出版的《F.D.E.施莱尔马赫的诠释学》(海德堡,1959年,1974年)一书中。伽达默尔经常注吕克版本的页码,但实际上是从基默尔编的书中引证的。

[4]Syntheke,希腊文原意是"相遇"(Zusammensetzen)、"取得一致意见"(Übereinkunft)、"达成协议"(Übereinstimmen)。伽达默尔认为希腊语言的天才可用Syntheke这词来表现,因为人们在理解时总是关于意义已经达成协议或取得一致意见了。

[5]奥特伽·伽塞特是一位西班牙哲学家、评论家,其哲学思想是存在主义、历史哲学和对西班牙文化的批判。

[6]这篇文章的写作时间是1894年,伽达默尔可能在此记错。

[7]蓬丁乌斯·彼拉多(Pontius Pilatus,?—39年),罗马帝国驻约旦以土米亚总督。据《新约·圣经》记载,虽然耶稣是由他判决并钉死于十字架的,但他对耶稣的罪行是持异议的,因而曾受到罗马教皇的谴责。在《新约圣经·约翰福音》第18章中曾记载:"(耶稣说)你说我是王,我为此而生,也为此来到世间,特为给真理作见证,凡属真理的人就听我的话。彼拉多说真理是什么呢,说了这话,又出来到犹太人那里,对他们说我查不出来他有什么

罪。"黑格尔在其《哲学史讲演录》中曾对此有这样的说法："彼拉多'真理是什么东西'这话说得很高傲,意思是说:'真理这个观念已经是一个口头禅,我们已经对它很厌烦了,我们已经看穿了它是什么东西,现在已经说不上认识真理了。'谁说这样的话,才真可算是'超出真理'——被摒于真理之外!"(黑格尔:《哲学史讲演录》,第1卷,第19页)。

[8]一种完全意识的理想(das Ideal einer totale Bewusstheit)指对某种概念的整个发展史都有完全清楚的认识,伽达默尔认为这是不可能的。

[9]四重文字意义学说系亚里山大城语文学家提出来的一种解释理论,这种理论在基督教文本解释中曾具有标准的效力。所谓四重文字意义指字面上的(woertliche)、比喻的(allegorische)、道德的(moralische)和引导的(hinfuehrende,即引导至神圣而不可言说的东西)意义。后来人们将这四重意义概括为一口头禅:"字面意义教导事实,比喻意义教导信仰内容,道德意义教导应当做事,而引导意义则教导你应努力争取的东西。"

[10]哈里卡那斯的狄奥尼斯(Dionys von Halikarnass)系公元前30年罗马修辞学家,曾编了一部《罗马古典文献》大型丛书,共20卷,现存第1—10卷。

[11]巴比伦塔为古巴比伦人传说中造的通天塔,见《旧约·创世记》第十一章。

[12]空间(Raum),指上文提到的"无尽的空间",因为任何语言的含义都不仅包含在所说出的话中,同时也蕴藏在未说出的话中,译文只能以平面的形式而不能以立体的形式传达原文,因此就会失去那未讲出的含义,故称"没有空间"。

[13]康德曾经说过,虽然牛顿能够从其理论解释一切物理现象,但却不能从理论上来解释生物现象,因此我们必须期待一位"草茎牛顿"来解释像草茎这样一类生物现象。

[14]查尔斯·威廉·莫里斯(Charles William Morris,1901—1979),美国语言哲学家、符号学家,主要代表作《符号、语言和行为》(1946年)。莫里

斯曾对符号(Sign)区分了三种类型关系:符号与其对象的关系,符号与人的关系和符号与符号之间的关系。按照他的看法,符号的这三种类型关系分别构成语义学(Semantics)、语用学(Pragmatics)和语形学或句法学(Syntactics)。

[15] Zähre 和 Träne 的意思都是眼泪,两者相较,Zähre 专门用于诗歌之中,而 Träne 则是日常用语。

[16] 七里靴(Siebenmeilenstiefel)系童话里一步能跨七里的靴子,中国也有类似的说法,俗称飞毛腿,这里指长足进步。

[17] "前见"一词的德文是 Vorurteil,即先于判断(Urteil)之前(vor)的东西,因此伽达默尔说:"从文字意义上,前见构成了我们整个经验能力(指判断)的先行指向。"

[18] 尤吉乌斯学会系德国汉堡的一个学术团体,尤吉乌斯(Joachim Jungius)是莱布尼茨时代的哲学家。

[19] Trivium 指希腊古代七种自由艺术中的三种:语法学、修辞学和逻辑学。

[20] 拉米斯(Ramist)指法国哲学家、逻辑学家彼得·拉米斯(Petrus Ramus),其逻辑学是反对亚里士多德逻辑学,强调逻辑是论辩的而非诘问的手段。

[21] 这句话是黑格尔对于世界精神所说的,他引用了罗马诗人维吉尔的 Äneis 诗中的一句话,只不过在维吉尔原诗中,此句话是这样说的:"tantae molis erat romanam condere gentem(建立罗马国家是何等伟大的工作)"。

[22] Ousia 在希腊文里指存在,拉丁文里指实体。海德格尔强调此词在古希腊是指"乡村别墅"或"农村庄园"意义上的在场,即在这种别墅或庄园中某物在场出来(etwas anwest)或展示出来(sich zeigt),也就是指占有者的权力或财富。

[23] 古典修辞学关于讲话类型(genera dicendi)有如下分类:(1)事实陈述,这是描述过去事件的,如历史陈述;(2)判断句,这是具有当前性的,如法律判断;(3)祈使句,这是要求别人做并指出将来后果的,如政治陈述。

[24] 艾塞克斯(Robert Devereux II. Earl of Essex, 1567—1601),莎士比亚时代英国行政指挥官。

[25]雅可布(Jakob，1566—1625),莎士比亚时代的英国国王。

[26]J. J. 巴霍芬(Johann Jakob Bachofen,1815—1887),瑞士法学家、法学史家和人类学家。

[27]列奥·斯特劳斯(Leo Strauss,1899—1973),德裔美籍政治哲学家、古典政治理论阐释者。当人们对古典政治哲学家的研究被定量的和行为派的政治科学家弄得黯然失色时,他出色地复兴了一种从语文学出发的政治研究方向。主要著作有《迫害与写作艺术》(1952年)。

[28]括号内这段话在《真理与方法》1986年新版本里被删去,我们根据1975年第4版补译在此,以作参考。关于我们对某位作者的理解应当比作者本人对自己的理解来得更好,这可以追溯到康德,康德曾在他的《纯粹理性批判》一书中说:"在我们把一个作者在日常谈话中或者在著作中关于他的论题所表达的思想进行比较时,发现我们了解他甚于他了解他自己,这并非是罕见的事。由于他没有充分确定他的概念,他有时所说的乃至所想的就全和他自己的本意相违。"(康德:《纯粹理性批判》,A314)

[29]Vorhanden(现成在手)和 Zuhanden(使用上手)是海德格尔提出的两个重要哲学术语,弄清这两个术语的区别是我们理解海德格尔哲学的关键。按照海德格尔的观点,人类认识世界基本上有两种不同的方式,即本体论的方式和现象学的方式,本体论方式是把自然事物看成现成在手的(Vorhandenheit),反之,现象学方式则把事物看成使用上手的(Znhandenheit),他在《存在与时间》一书中这样写道:"从现象学角度把切近照面的存在者的存在展示出来,这一任务是循着日常在世的线索来进行的。日常在世的存在我们也称之为在世界中与世界内的存在者打交道。这种打交道已经分散在形形色色的诸繁忙方式中了。我们已经表明了,最切近的交往方式并非一味地进行知觉性的认识,而是操作着、使用着的繁忙(das hantierende gebrauchende Besorgen),繁忙有它自己的'认识'。现象学首先问的就是在这种繁忙中照面的存在者的存在。"(《存在与时间》,第67页)因此按照海德格

尔,现象学解释不是对存在者的存在状态上的属性进行认识,而是对存在者的存在结构进行规定。他引证希腊人关于物的观点,"希腊人有一个适当的术语用于物:πράγματα,这就是人们在繁忙打交道之际对之有所行事的那种东西。然而希腊人在本体论上却恰恰任这种πράγματα所特有的'实用'性质掩蔽不露而把它们'首先'规定为'纯粹的物'。我们把这种在繁忙活动中照面的存在物称为用具(Zeug)。"(同上书,第68页)这样,海德格尔引出了与现成在手的东西(Vorhanden)相对立的使用上手的东西(Zuhanden),他说:"例如用锤子来锤,并不把这个存在者当成摆在那里的物进行专题把握,这种使用也根本不晓得用具的结构本身。锤不仅有着对锤子的用具特性的知,而且它还以最恰当不过的方式占有着这一用具。在这种使用着打交道中,繁忙使自己从属于那个对当下的用具起组建作用的'为了作'(Um-zu)。对锤子这物越少瞠目凝视,用它用得越起劲,对它的关系也就变得越原始,它也就越发昭然若揭地作为它所是的东西来照面,作为用具来照面。锤本身揭示了锤子特有的'称呼'。我们称用具的这种存在方式为使用上手状态(Zuhandenheit)。"(同上书,第69页)伽达默尔经常援引海德格尔这两个术语,在他看来,他的哲学诠释学以及后来发展的实践哲学最初就是受到海德格尔的Zuhandenheit的启发。

[30]传统诠释学(特别是狄尔泰)试图把诠释学作为一门理解的技艺学来为精神科学奠定一个不同于自然科学的基础,因此,特别像贝蒂这样的诠释学家力求提出一套规则体系来规定或指导精神科学的方法论程序。与此相反,伽达默尔强调了他的目的"并不想炮制一套规则体系来描述甚或指导精神科学的方法论程序"(《真理与方法》,第1卷,蒂宾根,1986年,第xvi页),他的主张过去是、现在仍然是一种哲学的主张,即"问题不是我们做什么,也不是我们应做什么,而是什么东西超越我们的愿望和行动与我们一起发生"(同上书,第xvi页)。简言之,他只是在客观地描述理解的现象,特别是揭示那些非但不受我们支配反而支配我们的超人力量。这一点对于我们理解伽达默尔,特别是理解《真理与方法》一书相当重要。

在"诠释学与历史主义"一文中,伽达默尔引证了他给贝蒂写的一封信中的这样一段话:"从根本说来我并未提出任何方法,相反,我只是描述了实际情形。我认为我所描述的情形是无人能够真正反驳的。……即使是历史方法的大师也不可能使自己完全摆脱他的时代、社会环境以及民族立场的前见。这是否该算一种缺陷呢？如果说这是一种缺陷，那么我就认为，对这种缺陷为什么无处不在地发生于我们的理解之中进行反思，就是一种哲学任务。换言之，我认为唯一科学的做法就是承认实际情形，而不是从应该如何和可能如何出发进行思考。正是在这个意义上我才试图超越现代科学的方法概念进行思考，并在根本的一般性中考虑一直发生的事情。"（《真理与方法》，德文版第 2 卷，第 394 页）

[31]威廉·文德尔班（Wilhelm Windelband，1848—1915），德国新康德主义哲学家，是新康德主义西南学派的创始人。主要著作有《近代哲学史》（两卷本，1878 年）、《哲学史教程》（1892 年）和《哲学概念》（1914 年）。

[32]亨利希·李凯尔特（Heinrich Rickert，1863—1936），德国新康德主义哲学家，文德尔班的学生。主张自然科学的逻辑和认识论基础在历史科学内可望达到实在和价值的统一。主要著作有《自然科学概念构成的界限》（1896—1902 年）、《文化科学和自然科学》（1899 年）、《哲学史问题》（1905 年）和《康德作为现代文化的哲学家》（1924 年）。

[33]康德关于法权问题和事实问题的著名区分见其《纯粹理性批判》一书。在该书绪论中康德提出了"纯数学何以可能？纯自然科学何以可能？"因为这些科学实际存在着，光作为事实问题研究是不充分的，我们应当提出它们何以可能。"因为事实上它们存在着，这就证明它们必定是可能的"，因此关键在于何以可能，这是一个法权问题。正是根据这一区分康德在《纯粹理性批判》里探究了近代科学得以可能的认识条件是什么以及其界限是什么。

由于伽达默尔认为他的探究并不提出任何方法，而只是"描述了实际情形"，贝蒂就认为他混淆了康德关于法权问题和事实问题的著名区分，正如伽达默尔在"诠释学与历史主义"一文中所写的："贝蒂对此又怎样说呢？他认为我把诠释学问题只限于对事实的追问（"现象学地"、"描述性地"），而根本没有提出对法权的追问。好像康德对纯粹自然科学的法权的追问立场是想预先描写出自然科学究该如何存在，而不是试图去证明业已存在的自然科学的先验可能性。"按照伽达默尔的看法，法权问题并不是一个单纯的"应当"问题，而是一种对实际存在的先验可能性的探究。因此他认为他的探究与康德的探究乃是同一性质的探究，即理解怎样得以可能？他说，"这是一个先于主体性的一切理解行为的问题，也是一个先于理解科学的方法论及其规范和规则的问题。"(《真理与方法》，德文版第1卷，第xvii页)

[34]哲学诠释学认为诠释学绝不是一门关于理解和解释的技术学，而应当看作此在的根本运动性，这种运动性构成此在的有限性和历史性。这种观点来源于海德格尔关于理解是此在的存在方式这一见解。按照海德格尔的看法，理解是此在(人的存在)的一种生存论结构(existenziale Struktur)，即展开或开辟此在与它生活于其中的整个世界的存在关系的可能方式。理解具有一种筹划结构(Entwurf)，对此在在世界关系中存在的某种可能性进行筹划。诠释学既然是理解和解释的学科，就应当描述此在的这种向未来进行筹划的根本运动性，也即此在的全部世界经验。

[35]天才说美学，指康德继承人席勒、费希特和谢林提出的以天才为主导概念的美学。详见《真理与方法》第一部分第2节 b"天才说美学和体验概念"。

[36]埃米里奥·贝蒂(Emilio Betti,1890—)，意大利法学家和哲学家，早年曾在佛罗伦萨、米兰等大学任罗马法教授，1948年以后任教于罗马大学。贝蒂在其《作为精神科学方法论的一般解释理论》一书(1955年)中提出了一种关于解释的一般理论和一种关于解释方法的独特学说。按照贝蒂的看法，任何表达式都具有一种意义充分的形式。解释和理解就是揭示这种意义充分的形式。意义充分的形式是其他心灵的创造物，它们都体现了创造它们的精神，解释和理解意义充分的形式，目的就是要理解创造这些形式的精神，贝蒂说："无论何时，只要我们碰到那些可知觉形式——另一个心灵对象化它们之中，并通过它们向我们的理解力说话——我们就开始了我们的解

释活动。解释的目的是理解这些形式的意义,找出它们希望传达给我们的信息。"(《作为精神科学方法论的一般解释理论》,1967年,第42—43页)因此,按照贝蒂,任何解释过程都是一种"三位一体"的过程,在这过程中,意义充分的形式起了一种中介作用,它把在自身中得以客观体现的心灵同解释者的心灵沟通起来,解释就是重新认识或复制体现在这些形式中的创造心灵。

为了正确重认或复制原创造心灵的精神,即贝蒂所谓区别于"思辨的解释"的"客观的解释",贝蒂在他的《作为精神科学方法论的一般解释理论》中提出了四条著名的诠释学原则:1.自主性原则,即作为解释对象的意义充分的形式应当看作是独立自主的,我们需根据体现在它们之中的精神,即原作者的观点或意向来加以理解和解释;2.整体性原则,即任何个别的语句需根据其意义上下文、任何个别作品需根据当时整个文化体系来加以理解和解释;3.现实性原则,即解释者在重建原创造精神时需把原创造精神解释为他自己生活的现实,也就是说,对于意义充分的形式的理解和解释必须使这些形式所体现的意义或精神成为自身内在精神的一部分;4.相符原则,即解释者的精神或思想必须与原作者的精神或思想相一致。

[37]针对上述贝蒂把诠释学作为精神科学一般方法论的观点,伽达默尔根据海德格尔关于理解是此在的存在方式的卓越见解创立了有别于古典诠释学的哲学诠释学。按照伽达默尔的观点,诠释学并不是一种找寻正确理解和解释的方法论,而是解释和现象学描述在其时间性和历史性中的人的此在,理解从来就不是一种对于某个被给定的"对象"的主观行为,而是属于效果历史,也就是说,理解是属于被理解东西的存在。因此,诠释学的任务不是单纯地复制过去,复制原作者的思想,而是把现在和过去结合起来,把原作者的思想和解释者的思想沟通起来,理解乃是一种效果历史事件。伽达默尔写道:"真正的历史对象根本就不是对象,而是自己和他者的统一体,或一种关系,在这种关系中同时存在着历史的实在以及历史理解的实在。一种名副其实的诠释学必须在理解本身中显示历史的实在性。因此我把所需要的这样

一种东西称之为'效果历史'。理解按其本性乃是一种效果历史事件。"(《真理与方法》,德文版第 1 卷,第 305 页)

[38]"视域交融"(Horizontverschmelzung)是伽达默尔哲学诠释学的基本概念。按照伽达默尔看法,前理解或前见是历史赋予理解者或解释者的生产性的积极因素,它为理解者或解释者提供了特殊的"视域"(Horizont)。视域就是看视的区域,它包括从某个立足点出发所能看到的一切。谁不能把自身置于这种历史性的视域中,谁就不能真正理解传承物的意义。但是,按照伽达默尔的看法,理解者和解释者的视域不是封闭的和孤立的,它是理解在时间中进行交流的场所。理解者和解释者的任务就是扩大自己的视域,使它与其他视域相交融,这就是伽达默尔所谓的"视域交融"。视域交融不仅是历时性的,而且是共时性的,在视域交融中,历史和现在,客体和主体,自我和他者构成了一个无限的统一整体。

[39]德罗伊森(Johann Gustav Droysen,1808—1884),德国历史学家,主要贡献在于古希腊文化史研究。他的主要著作《希腊化时期史》为研究希腊化时期奠定了基础。他的另一重要著作《历史学》为历史学派奠定了理论基础。德罗伊森在历史学研究中坚决反对实证主义观点和兰克学派的理论和实践(伦理)相脱离的方法。他认为,历史科学绝不像自然科学,它需要有"打动人民和民族的伟大的最终的问题",它"不仅使人更聪明,而且也应该并将使他更好",历史科学必须完成它的更重要的伦理任务,只有在"道德力"(die sittlichen Machte)里历史学家才找到他们的真理。

[40]狄尔泰(Wilhelm Christian Ludwig Dilthey,1833—1911),德国哲学家和思想史学家,现代诠释学创始人。最初跟伯克(A. Boeckh)、兰克(L. V. Ranke)研究历史、古典文学、哲学和神学,1864 年在柏林大学取得教授资格,1866 至 1881 年先后在巴塞尔大学、基尔大学和布雷斯劳大学任教授,1882 年在柏林大学接替洛策(H. Lotze)的讲座一直到 1905 年。狄尔泰的主要贡献是反对精神科学受自然科学的普遍影响,为精神科学奠定独特的方法论基

础。狄尔泰在哲学上试图建立一种在人类自身的历史中,即按照历史过程的偶然性和可变性来理解人的生命哲学。在诠释学方面,狄尔泰以他的"历史理性批判"而使自己成为精神科学认识论的创立者和历史学派诠释学的主要代表人物之一。其主要著作有《精神科学导论》(1833年)、《施莱尔马赫传》(第1卷,1870年,第2卷,1966年)等。

[41]海德格尔在《存在与时间》一书中是这样揭示理解的生存论结构——筹划性质的:"理解是此在本身的本己能在的生存论意义上的存在,其情形是:这个于其本身的存在开展着随它本身一道存在的何所在(Woran)。……理解把此在之在向着此在的'为何之故'加以筹划,正如把此在之在向着那个作为此在当下世界的世界性的意蕴加以筹划,这两种筹划是同样的原始。……此在作为此在一向已经对自己有所筹划。只要此在存在,它就筹划着。此在总已经是从可能性来理解自身。理解的筹划性质又是说:理解本身并不把它向之筹划的东西,即可能性,作为课题来把握。这种把握恰恰取消了所筹划之事的可能性,使之降低为一种已有所指的、给定的内容;而筹划却在抛掷中把可能性作为可能性抛掷到自己面前,让可能性作为可能性来存在。理解作为筹划是这样一种此在的存在方式:在这种方式中此在是它的作为种种可能性的可能性。"(海德格尔:《存在与时间》,德文版,第144—145页)

[42]阿多尔诺(Theodor Wiesengrund Adorno,1903—1969),德国哲学家,法兰克福批判理论学派代表人物之一。主要著作有《启蒙辩证法》(1974年)、《独裁主义的个性》(1950年)和《美学理论》(1970年)等。

[43]波普尔(Karl Popper,1902—1994),英国科学哲学家和社会科学家,批判理性主义的创始者,他关于科学方法论的思想对当代科学哲学的发展有重大影响。主要著作有《科学研究的逻辑》(1935年)、《开放社会及其敌人》(1945年)、《历史主义的贫困》(1957年)和《客观知识》(1972年)。

[44]阿尔伯特(Hans Albert,1921—),德国当代哲学家、社会学家。在20世纪60年代实证主义争论中,他与波普尔站在一边,反对批判社会学代表

阿多尔诺和哈贝马斯。近年来阿尔伯特试图把分析哲学与诠释学加以结合。

[45]在20世纪60年代的德国,以阿多尔诺和哈贝马斯为代表的所谓意识形态批判学派为一方,和以波普尔和阿尔伯特为代表的所谓批判理性主义为另一方,就社会科学方法论问题展开了激烈争论,即所谓著名的实证主义争论,有关这场争论的详细情况请参阅阿多尔诺编辑出版的《德国社会学中的实证主义争论》(1969年)一书。

[46]阿佩尔(Karl-Otto Apel,1922—),德国当代哲学家,他试图在批判吸收实用主义的基础上把诠释学和分析哲学加以融合,主要著作有《哲学的转变》(两卷本,1973年)。

[47]马克斯·韦伯(Max Weber,1864—1920),德国社会学家、政治经济学家。最著名的著作是《新教伦理与资本主义精神》一书,他根据统计数字说明德国资本主义兴业兴趣和成功率与基督教新教背景的相互关系,并指出这种关系的根源在于加尔文教的预定说和清教派神学观点所引发的某些心理状态。价值自由口号是韦伯在政治经济学方面的重要观点。

[48]雅斯贝斯(Karl Jaspers,1883—1969),德国哲学家,为现代存在主义哲学奠定了基础。他主张哲学是对存在的主观解释,致力于发展一种既不受科学控制又不包含宗教信仰的哲学,哲学应当为人的自由和价值而呼吁,晚年主张建立一种"世界哲学"。主要著作有《现时代的人》(1931年)、《哲学》(三卷本,1932年)等。

[49]卡姆拉(Wilhelm Kamlah,1905—1976),德国哲学家,爱尔兰根学派成员之一,其哲学探究中心是实践哲学问题及其在一种新哲学人类学框架内的回答。

[50]洛伦兹(Paul Lorenzen,1915—),德国当代哲学家,爱尔兰根学派创始人,是德国结构科学理论的主要代表。主要著作有《结构逻辑、伦理学和科学理论》(1973年,1975年第2版)、《结构科学理论》(1974年)等。

[51]埃克哈特(Eckart 或 Eckehart,1260—1327),世称埃克哈特大师(Meister Eckart),德国神秘主义哲学家,多明我会修道士,其思想的哲学渊

源是大阿尔伯特、托马斯·阿奎那和新柏拉图主义者。主要兴趣并不在于一种真正的哲学的和神学的思考,而在于用一种哲学的和神学的语言来表现他的神秘主义观点,特别是神人同一学说。

[52]马尔库塞(Herbert Marcuse,1898—1979),美籍德裔政治哲学家,主要著作有《爱欲与文明》(1955年)、《单向度的人》(1964年)和《批判哲学研究》(1972年)等。

[53]"非事实的认可"(Kontrafaktisches Einverständnis),所谓"非事实的",即"未被实现的"(nichtverwirklicht),按照法兰克福学派的观点,语言的相互理解有一个理想的前提条件,即一种无需有事实的认可。

[54]马莱麦(Stephane Mallarmé,1842—1895),法国诗人,符号论的创立者。

[55]保尔·利科尔(Paul Ricoeur,1913年——),法国当代哲学家,法国哲学诠释学派创始人。利科尔虽然赞成海德格尔和伽达默尔关于解释不仅具有认识意义而且具有存在的本体论意义。但他不同意伽达默尔关于我们从属于文化历史,脱离它就是意义的异化的观点,他反而认为,与历史传统拉开距离,我们才能承担起对之加以批判的任务。

[56]耶格(Werner Jäger,1888—1961),德国古典哲学研究家,著名的亚里士多德专家。他有一部著作《亚里士多德,其思想发展史之基础》(第2版,1955年),在此书中,他提出所谓早期亚里士多德思想发展史的文献,以便通过引证亚里士多德思想不同发展阶段来解释亚里士多德著作中存在的矛盾。耶格最著名的著作是《潘迪亚——希腊人的形成》(Paideia),三卷本,1934—1947年出版。

[57]"良知"(Gewissen)在海德格尔的《存在与时间》里指此在的一种本真的现象,他说:"良知作为此在的现象,不是摆在那里的、偶尔现成在手的事实。它只'存在'于此在的存在方式中,它只同实际生存一道并即在实际生存之中才作为实情宣泄出来。"因此良知是不可证明的,"要求良知的'事实性'及其声音的合法性提供归纳'经验证明',这根源于在本体论上倒置了这一现象"(海德格尔:《存在与时间》,德文版,第269页)。按照海德格尔的看法,良

知的呼唤具有把此在向其最本己的能自身存在召唤的性质,而与此召唤相应的则是一种可能的倾听。对召唤的理解暴露其自身为"愿有良知"(Gewissenhabenwollen),在愿有良知这一现象中就有我们所查找的那种生存状态上的选择活动——对一种自身存在的选择的选择,这就是他所说的"决断"(Entschlossenheit)。所以海德格尔说:"良知提供出某种本真能在的证明,良知这一此在现象像死亡一样要求一种本然的生存论上的阐释,这一阐释使我们明见到此在的本真能在就在'愿有良知'之中。"(同上书,第234页)

[58]斯威夫特(Jonathan Swift, 1667—1745),英国著名讽刺作家、诗人和政治家。其著名讽刺散文《一只澡盆的故事》(1704年)曾为邓波尔的《论古代和现代学问》辩护,主张文学家应像蜜蜂一样博采古今精华,制成蜜和蜡,为人类带来"甜蜜和光亮",而不做自吃自吐的蜘蛛。著名寓言小说《格列佛游记》(1726年),通过描写假想的大人国、小人国等嘲讽时政。

[59]海德格尔关于真理的观点是渊源于希腊文真理一词aletheia的含义,aletheia本意指显露、显现、澄明,因此海德格尔把真理同无蔽(Unverborgenheit)相联系,"是真的"(Wahrsein)与"进行揭示的"(entdeckend-sein)相等同,他说:"'是真'(真理)等于说'是进行揭示的'。……逻各斯这种让人看的'是真'乃是一种揭示方式的真在:把存在者从隐蔽状态中取出来而让人在其无蔽状态(揭示状态)中来看。"(海德格尔:《存在与时间》,第219页)不过按照海德格尔,存在者虽被揭示,同时又被伪装;存在者虽呈现,又具有假象的模式;被揭示了的东西同时又沉沦在晦蔽状态中。他说:"此在的实际状态中包含有封闭状态和遮蔽状态。就其完整的生存论本体论意义来说,'此在在真理中'这一命题同样原始地也是说:'此在在不真中'。不过,只因为此在是展开的,它才也是封闭的,只因为世内存在者一向只随着此在是揭开的,这类存在者作为可能的世内照面的东西才是遮蔽的(晦蔽的)或伪装的。"(同上书,第222页)所以伽达默尔在这里说海德格尔把真理同时作为揭蔽和遮蔽来考虑。

概念、名词索引(汉—德)

(本书索引所标页码均为德文原书页码,Ⅰ为第1卷,Ⅱ为第2卷,请查检中译本每页边码。)

阿拉贝斯克美学 Arabeskenästhetik Ⅰ 51f., 98

巴洛克 Barock Ⅰ 15, 85f.

悲剧,悲剧的 Tragödie, tragisch Ⅰ 133ff. 362f.;Ⅱ 140f.

悲剧的过失理论 Schuldtheorie, tragische Ⅰ 137

被抛状态 Geworfenheit Ⅰ 266f.;Ⅱ 9f., 124f.

本能 Instinkt Ⅰ 34

本体论的差别 Differenz, ontologische Ⅰ 261f., 460f.;Ⅱ 368, 372

本体论神学 Ontotheologie Ⅱ 12

文本 Text Ⅰ 168, 265, 383;Ⅱ 17u.ö., 233u.ö., 337ff., 434u.ö., 474u.ö.

本质认识 Wesenserkenntnis Ⅰ 120f., 434f.

边缘域 Horizont Ⅰ 249f., 307ff., 375, 379ff., 398;Ⅱ 30, 38, 53, 55f., 76, 369, 417, 507

变化 Veränderung Ⅰ 116, 286;Ⅱ 286

辩证法 Dialektik Ⅰ 189f., 192, 346ff., 368ff., 396, 412, 426f., 469ff.;Ⅱ 52, 306ff., 332, 354, 366ff., 502

表达 Ausdruck Ⅰ 53f., 69, 77, 121, 200, 216ff., 221, 228f.,

233ff., 240, 265, 341f., 399, 471f.; Ⅱ 346, 384ff.

表现　Außerung　参见 Ausdruck

表现　Darstellunng　Ⅰ 50, 58, 80f., 142ff., 156ff., 414., 488f.;Ⅱ 375f.

表现、表象　Repräsentation　Ⅰ 74f., 146f., 153f., 156f., 164, 210f.; Ⅱ 12, 72

表演　Aufführung　Ⅰ 121, 139, 152, 172; Ⅱ 310

博物馆　Museum　Ⅰ 92f., 139f.

博学　Eruditio　Ⅰ 23

布道　Predigt　Ⅰ 132f., 336ff.; Ⅱ 97, 132, 312

差别　Differenz　Ⅰ 261f., 460f.

解释　Interpretation　参见 Auslegung　Ⅰ 124f., 216f., 340ff.; Ⅱ 14ff., 36, 103, 283, 258f., 310, 339ff., 434f.

陈述　Aussage　Ⅰ 457, 471ff.; Ⅱ 46ff., 179, 192ff., 288, 293

衬托　Abhebung　Ⅰ 273f., 306, 310f., 331, 380

成见(前判断)　Vorurteil(praejudicium)　Ⅰ 275f.; Ⅱ 60ff., 181f.

澄明　Aletheia　Ⅰ 461, 486ff.; Ⅱ 46f., 364

澄明、开显、真理　illuminatio　Ⅰ 489

承认　Anerkennung　Ⅰ 349, 364; Ⅱ 244, 336

冲动　Affekte　Ⅱ 284, 385

崇高　Erhabene　Ⅰ 57

重复　Wiederholung　Ⅱ 353, 477

重构　Rekonstruktion　Ⅰ 171ff., 192, 196

重新认识　Wiedererkenntnis　Ⅰ 119ff., 381; Ⅱ 149f., 200f., 229f.

抽象　Abstraktion　Ⅰ 18, 258, 432ff., 479; Ⅱ 186

抽象的普遍性　Allgemeinheit, abstrakte　Ⅰ 26; Ⅱ 422f.

筹划　Entwurf　Ⅰ 266ff.; Ⅱ 59f. u. ö., 168

处境　Situation　Ⅰ　45f., 307, 317u.ö., 339, 476；Ⅱ　51, 53f., 164, 275, 315

揣想　Coniectura　Ⅰ　441

传说　Sage　参见 Sprache　Ⅰ　94, 138, 300；Ⅱ　63, 498

传统　Tradition　Ⅰ　177f., 282, 285ff., 300ff., 364；Ⅱ　263, 268, 470

创建　Stiftung　Ⅰ　159f.

创世，创世者　Schöpfung, Schöpfer　Ⅰ　420, 438f., 483；Ⅱ　71

创造的理智　Intellectus agens　参见 Verstand　Ⅰ　487

创造性的前见　Vorurteil, produktive　Ⅱ　261f., 434, 454

此在　Dasein　Ⅰ　258ff.；Ⅱ　29ff., 33f., 54, 102, 331, 335

此在的连续性　Kontinuität des Daseins　Ⅰ　74ff., 101ff., 125f., 133, 138, 249f.；Ⅱ　134, 469

从属　Zugehörigkeit　Ⅰ　114, 129, 131, 134ff., 165f., 171, 266u.ö., 295, 319, 335, 420, 462f.；Ⅱ　62ff., 379, 450

存在　Existenz　Ⅰ　258ff.；Ⅱ　54, 103, 369, 427f.

存在　Hexis　Ⅰ　27, 317ff.

存在　Sein　Ⅰ　105, 145, 261, 459；Ⅱ　85f., 333f., 366ff.

存在遗忘　Seinsvergessenheit　Ⅰ　262；Ⅱ　333, 368, 372, 447, 502f.

错误　Falschheit　Ⅰ　412ff.

达成一致意见（同意）　Einverständnis(Konsensus)　Ⅰ　183, 297f.；Ⅱ　16ff., 497

代表　Repräsentation　Ⅰ　74f., 146f., 153f., 156f., 164, 210f.；Ⅱ　12, 72

担忧　Bangigkeit　Ⅰ　135f.

导演　Regisseur　Ⅰ　152；Ⅱ　263f.

道成肉身　Inkarnation　Ⅰ　145ff., 422ff., 432f.；Ⅱ　247

道德　Sitte　Ⅰ　27f., 44, 56f., 285, 317ff.；Ⅱ　39, 138, 158, 250, 315f.

道德科学　Moral science　Ⅰ　9, 318f.；Ⅱ　320, 327 450

道德哲学　Moralphilosophie　Ⅰ　30f., 36, 38f., 285, 317ff.；Ⅱ　187, 304f., 308, 327

德国(思辨)唯心论　Idealismus, deutscher(spekulativer)　Ⅰ　11, 65, 105, 221f., 246f., 255ff. u. ö., 464；Ⅱ　32, 71, 126, 241f., 264, 366f.

德行　Arete　参见 Tugend　Ⅰ　18, 317ff.；Ⅱ　303

德行(善)　Tugend(Arete)　Ⅰ　27, 30f., 317ff., 453；Ⅱ　290f., 315

等级从属说　Subordinationismus　Ⅰ　424

雕塑　Skulptur　Ⅰ　141

定向的意义　Richtungssinn　参见 Sinn

动词　Verbum　Ⅰ　366u. ö., 409, 420, 422. ff., 438ff., 487u. ö；Ⅱ　80u. ö., 298, 379f., 460

动机　Motiv　Ⅰ　98

动力(能力)　Dynamis(Potenz)　Ⅰ　27, 34, 210, 428；Ⅱ　274, 467, 486

洞见　Einsicht　Ⅰ　328, 362

独白　Monolog　Ⅱ　207, 211u. ö., 256, 370, 498f.

独断论,教义学　Dogmatik　Ⅰ　332ff.

独断论的形而上学　Metaphysik, dogmatische　Ⅰ　471；Ⅱ　187

读物　Lektüre　Ⅰ　153, 165f., 195, 273, 339, 394ff.；Ⅱ　21, 351

读者　Leser　Ⅰ　153, 165f., 195, 273, 339, 394ff.；Ⅱ　21, 351

对话　Dialog　参见 Denken Gespräch

多立克式的和谐　Harmonie, dorische　Ⅱ　501

发明的技术　Ars inveniendi　Ⅰ　26, 420

法　Recht　Ⅰ　44ff., 330ff.；Ⅱ　331, 441ff.

法律、法则　Gesetz　Ⅰ　10ff., 44, 246, 313f., 323f., 330ff., 365；Ⅱ　278,

285，400ff.

法律　Nomos　参见 Gesetz　Ⅰ　285f.，435f.；Ⅱ　433

法学　Jurisprudenz　Ⅰ　44；Ⅱ　311

法律的教义学　Dogmatik, juristische　Ⅰ　332ff.

法学教义学　Rechtsdogmatik　Ⅰ　44ff.，330ff.；Ⅱ　311，441ff.

法学诠释学　Hermeneutik, juristische　Ⅰ　44，314ff.，330ff.；Ⅱ　67f.，106，278，310f.，392f.，430

法学实证主义　Gesetzespositivismus　Ⅰ　323；Ⅱ　392，400

法学史　Reschtshistorie　Ⅰ　44ff.，330ff.；Ⅱ　311，441ff.

法学约定主义　Konventionalismus, juristische　Ⅰ　324f.

翻译　Übersetzung　Ⅰ　387ff.，450；Ⅱ　92，153，183，197，205f.，229f.，342，348，436

翻译者　Dolmetscher　参见 Interpretation　Ⅰ　313，387f.；Ⅱ　153f.，264，294f.，350f.，419

烦神　Fürsorge　Ⅰ　366

反话　Ironie　Ⅰ　300；Ⅱ　347，420，501

反思（再意识）　Reflexion（Bewußtmachung）　Ⅰ　71，94，239ff.，258，366ff.，430，486；Ⅱ　32，121u.ö.，239u.ö.，270u.ö.，302，317，469f.，500

反思性判断力　Urteilskraft, reflektierende　Ⅰ　37，44f.，61；Ⅱ　400，427

反思哲学　Reflexionsphilosophie　Ⅰ　240f.，346ff.，452u.ö.；Ⅱ　8，86

反映　Spiegelung　Ⅰ　143f.，429，469f.；Ⅱ　73，148，222，242f.

泛神论　Pantheismus　Ⅰ　202，214f.，222

范本　Vorbild　Ⅰ　48，198，290ff.，342ff.；Ⅱ　89，330，499

范例　Exemplum　参见 Beispiel, Vorbild　Ⅰ　211

方法　Methode　Ⅰ　11，13f.，29，177f.，182，185u.ö.，254，287，354f.，

364f., 463f.; Ⅱ 38, 45u.ö., 186, 226u.ö., 248, 394, 438u.ö., 394

方式　Mode　Ⅰ 42f.; Ⅱ 51, 228

分析的认识　Analysis, notionum　Ⅰ 420

分有、参与　Methexis　参见 Teilhabe

分有、参与　Teilhabe　Ⅰ 129ff., 156, 215, 297, 395, 462, 485; Ⅱ 58, 259, 323

丰富的观察角度　Copia　Ⅱ 467

风格　Concinnitas　Ⅰ 140

风格　Stil　Ⅰ 7, 43f., 293f.; Ⅱ 352, 375ff.

讽刺术　Ironie　Ⅰ 300; Ⅱ 420, 501

福音布道　Verkündigung　Ⅰ 336ff.; Ⅱ 127ff., 138f., 286, 312, 345f., 407, 426f., 430, 407

福音启示（布道）　Kerygma　参见 Verkündigung

符号　Zeichen　Ⅰ 157ff., 416ff.; Ⅱ 16, 50, 71f., 174, 178, 385

概括　Complicatio　Ⅰ 439

概括在普遍性下　Subsumtion unter A.　Ⅰ 27, 36f. u.ö.

概念　Begriff　Ⅰ 4, 400, 407; Ⅱ 11f., 77ff., 90, 292ff., 366, 375ff., 460, 494

概念构成　Begriffsbildung　Ⅰ 356ff., 432ff.; Ⅱ 77u.ö., 149f., 462

概念史、概念性　Begriffsgeschichte, Begrifflichkeit　Ⅰ 4, 400, 407; Ⅱ 11f., 77ff., 90, 292ff., 366, 375, 460, 494

感觉　Sinn, Sinne(sensus)　Ⅰ 23ff., 30ff., 37f.; Ⅱ 210

感觉主义　Sensualismus　Ⅰ 38; Ⅱ 80

感情　Sentiment　参见 Gefühl

格调　Manier　Ⅱ 375f.

格式塔　Gestalt　Ⅰ　234；Ⅱ　358f.

个别事例(生产性)　Einzelfall(Produktivität dess.)　参见 Urteilskraft

个体性　Individualität　Ⅰ　10，183f.，193ff.，211，117f.，229ff.，347，433f.；Ⅱ　15，21，63，98，173f.，210f.，221，313f.

根据　Begründung　Ⅰ　28f.，261，275；Ⅱ　484，505

工具-目的　Mittel-Zweck　Ⅰ　326f.，364，463

工具主义符号理论　Instrumentalistische Zeichentheorie　Ⅰ　408ff.，420ff.，436ff.，450f.

功利、旨趣　Interesse　Ⅰ　55f.，492

公道　Aequitas　Ⅰ　323f.

公道　Epieikeia　参见 Billigkeit

公理　Axiom　Ⅰ　354；Ⅱ　47

公平　Epieikeia　Ⅰ　323f.

公正　Billigkeit　Ⅰ　323f.，Ⅱ　106，310f.

共通感　Common sense　Ⅰ　24ff.，37；Ⅱ　236，330

共通感　Sensus communis　Ⅰ　24ff.，37f.，39f.，49；Ⅱ　111

共同思想力(共通感)　Koinonoemosyne(sensus communis)　Ⅰ　30

构成物　Gebilde　Ⅰ　116ff.，138；Ⅱ　177，357ff.，508

共享　Kommunion　Ⅰ　129，137，156；Ⅱ　431

古代与现代之争　Querelle des anciens et des modernes　Ⅰ　26，166，181；Ⅱ　263，299，414f.，444

古典科学、古典文化　Altertumswissenschaft　Ⅰ　290；Ⅱ　55

古典人文学科　Humaniora　参见 Geisteswissenschaften

古典型　Klassisch　Ⅰ　204f.，290ff.；Ⅱ　223f.，476

古希腊文化　Hellenismus　Ⅰ　292

关怀　Fürsoge　Ⅰ　366

观念　Idee　Ⅰ　53ff.，58，83f.，87，205，219，317，484ff. u. ö.；Ⅱ　35，73，235，370，402，488，501ff.

观赏游戏　Schauspiel　Ⅰ　114，122f.，133ff.

观赏者　Zuschauer　Ⅰ　114f.，129f.，133ff.

惯例　Konvertion　参见 Übereinkommen　Ⅰ　203f.，401

规范的解释　Auslegung, normative　Ⅰ　315ff.，402ff.；Ⅱ　17ff.，93ff.，98，236，278，310，399，426f.

归纳　Induktion　参见 Epagoge　Ⅰ　9ff.，354f.，421，433；Ⅱ　112

归纳　Epagoge(Induktion)　Ⅰ　354ff.，436；Ⅱ　149，200，228f.

国家　Staat　Ⅰ　155f.

国家与城邦　Staat vs. Polis　Ⅱ　418

害怕　Furcht　Ⅰ　135f.

含糊性　Zweideutigkeit　Ⅰ　492；Ⅱ　234ff.，271，301ff.，334，380，444

好奇　Neugierde　Ⅰ　131；Ⅱ　224f.，325

合理性　Vernünftigkeit　参见 Phronesis

合目的性　Zweckmäßigkeit　Ⅰ　28，56u. ö，99f.，326f.，463；Ⅱ　158ff.，168ff.，194

怀疑　Zweifel　Ⅰ　241f.，275；Ⅱ　45f.，103，320

环境　Umwelt　Ⅰ　428，446ff.，460

幻觉　Trug　Ⅰ　412ff.

回答　Antwort　参见 Frage

回忆　Erinnerung　Ⅰ　21，72f.，173；Ⅱ　145

绘画　Bild　Ⅰ　16f.，83f.，97，120ff.，139ff.，156ff.，412ff.，417ff.，491

绘画本体论意义　Bild, Seinsvalenz des　Ⅰ　144ff.

绘画历史　Bild, Geschichte des　Ⅰ　140f.

激情主义　Enthusiasmus　Ⅰ　130f.

基础本体论　Fundamentalontologie　Ⅰ　223，261f.；Ⅱ　362f.

基督教　Christentum　Ⅰ　24，45，79，84f.，136，145，178f.，23，243，292；Ⅱ　28，45，55，138f.，403ff.

基督学　Christologie　Ⅰ　145，432

机敏　Takt　Ⅰ　11f.，20f. u. ö.，34，45；Ⅱ　40

机缘性　Okkasionalität　Ⅰ　149ff.；Ⅱ　379ff.

机智　Wit　Ⅰ　30

技巧　Subtilitas　Ⅰ　188，312；Ⅱ　97

技术　Techne（ars）　Ⅰ　320，357；Ⅱ　23，160ff.，252.，304u. ö.

技艺学　Kunstlehre　Ⅰ　182，270；Ⅱ　92u. ö.，254，312ff.

记忆（回忆）　Gedächtnis（Mneme）　Ⅰ　21，355；Ⅱ　149

记忆　Mneme　参见 Gedächtnis

纪念碑　Monument　Ⅱ　154

家庭音乐　Hausmusik　Ⅱ　115f.

假相　Idola　Ⅰ　355；Ⅱ　79

价值　Wert　Ⅰ　46，63，225，243；Ⅱ　29f.，33，38f.，133. f，163，203，221，322，334

价值哲学　Wertphilosophie　Ⅱ　388f.，428，458

间距（时间距离）　Abstand（Zum Anderen，Zeiten-A）　参见 Distanz

间距　Distanz　Ⅰ　12f.，135，137，301f.，448，457；Ⅱ　8f.，22，32，63，143，221，351，476

简单枚举法　Enumeratio simplex　Ⅰ　354

（生活的）简单性　Einfachheit（des Lebens）　Ⅰ　34

鉴赏　Geschmack　Ⅰ　32，37，40ff.，45ff.，6ff.，87，90ff；Ⅱ　375，440

纪念建筑物　Baudenkmäler　Ⅱ　161ff.

建筑任务　Bauaufgabe　Ⅰ　161

建筑术　Architektur　参见 Baukunst

建筑艺术　Architektur　参见 Baukunst

建筑艺术　Baukunst　Ⅰ　93,161ff.

讲话　Sprechen　Ⅰ　200,272f.,383ff.,433f. u. ö.,459ff.,476ff.;Ⅱ　5ff.

教父学　Patristik　Ⅰ　85,145,423ff.

教化　Bildung　Ⅰ　15ff.,22f.,87ff.,365;Ⅱ　6,235,280

教化　Kultivierung　Ⅰ　17,56

教化的完成(完满的教化)　Vollendung der Bildung　Ⅰ　20

教化宗教　Bildungsreligion　Ⅰ　5,85

教会　Kirche　Ⅰ　155f.;Ⅱ　289,292,296,311f.

教养社会　Bildungsgesellschaft　Ⅰ　41,92f.;Ⅱ　221

教义学　Dogmatik　Ⅰ　332ff.

教育　Erziehung　Ⅰ　26,237;Ⅱ　172,305,308,326,433

教育　Paideia　Ⅰ　23ff.,481

教育学　Pädagogik　Ⅰ　12f.,186f.

揭露　Entschlusselung　Ⅰ　300

结构　Struktur　Ⅰ　227f.,235;Ⅱ　31,57,358,398

节日庆典　Fest　Ⅰ　128f.

解放　Emanzipation　Ⅰ　241,243,249f.,257,270ff.,469

解析　Destruktion　Ⅱ　484,505

解构　Dekonstruktion　Ⅱ　11,114,333,361ff.

解释、阐释　Auslegung, Auslegen　参见 Hermeneutik　Ⅰ　188ff.,216ff.,312ff.,333ff.,389ff.,401ff.,475ff.;Ⅱ　55f.,285ff.,290,309ff.,340f.

解(阐)释的机缘性　Okkasionalität der Auslegung　Ⅰ　186f.,301f.

解(阐)释的语言性　Auslegung,Sprachichkeit der　Ⅰ　402ff.;Ⅱ　79,229f.

解（阐）释的自我扬弃　Auslegung, Selbstaufhebung der　Ⅰ　402, 469, 477; Ⅱ　350f.

解（阐）释与理解　Auslegung und Verstehen　Ⅰ　186f., 393ff., 401ff., 474; Ⅱ　59ff., 264, 290, 345f., 351, 419, 465

进行　Begehung　Ⅰ　128f.

近乎自然的社会　Naturwüchsige Gesellschaft　Ⅰ　279

精神　Geist　Ⅰ　19, 104, 214, 231ff., 247f., 349u. ö., 354u. ö., 397, 441, 461; Ⅱ　71f., 105, 262, 270f., 435f.

精神的保存力　Bewahrungskraft des Geistes　Ⅰ　286, 453

精神科学　Geisteswissenschaften　Ⅰ　9—15, 28ff., 46f., 90, 104f., 170f., 222ff., 238ff., 263, 286ff., 479; Ⅱ　3, 28u. ö., 37ff., 50u. ö., 98u. ö., 238, 260u. ö., 387u. ö., 438u. ö., 497u. ö.

经验　Empeiria　参见 Erfahrung

经验　Erfahrung　Ⅰ　10f., 105f., 320f., 352ff., 421, 463f., 469; Ⅱ　69, 79f., 149f., 200

经验的辩证过程　Erfahrung, dialektischer Prozeß der　Ⅱ　359ff., 271

经验的否定性　Negativität der Erfahrung　Ⅰ　359f.

经验的开放性　Offenheit der Erfahrung　Ⅰ　104f., 361f. u. ö., 450f. u ö; Ⅱ　201, 230, 271, 505

经验的普遍性　Allgemeinheit der Erfahrung　Ⅰ　356f.; Ⅱ　328

辩证法经验　Erfahrung der Dialektik　Ⅰ　468f.; Ⅱ　270f.

经验与语词　Erfahrung und Wort　Ⅰ　421

经验主义　Empirismus　Ⅰ　12, 14, 216, 222

境况　Situation　Ⅰ　45f., 307, 317u. ö., 339, 476; Ⅱ　51, 53f., 164, 275, 315

镜 Spiegel Ⅰ 143f., 429, 469f.; Ⅱ 73, 148, 222, 242f., 354

镜中之像 Spiegelsbild Ⅰ 143

净化 Katharsis Ⅱ 135

距离 Abstand(zum Anderen, Zeiten-A.) 参见 Distanz

距离 Distanz Ⅰ 12f., 135, 137, 301f., 448, 457; Ⅱ 8f., 22, 32, 63, 143, 221, 351, 476

具体的普遍性 Allgemeinheit, konkrete Ⅰ 26; Ⅱ 422f.

决定 Entscheidung Ⅰ 322f.; Ⅱ 468f.

抉择 Entscheidung Ⅰ 322f.; Ⅱ 468f.

绝对的音乐 Musik, absolute Ⅰ 97, 152f., 169; Ⅱ 31, 90, 340, 358, 385

绝对的中介 Vermittlung, absolute Ⅰ 347ff.

绝对(无限)知识 Absolutes (unendliches) Wissen 参见 Geist, Vernuft Ⅰ 20, 104, 173f., 233f., 248, 306, 347ff., 464f.

开端 Anfang Ⅰ 476f.; Ⅱ 363

开放性 Offenheit Ⅰ 105, 273, 304u.ö.; Ⅱ 8, 32, 63f., 152f., 259, 380

开始 Anfang Ⅰ 476f.; Ⅱ 363

科学 Wissenschaft Ⅰ 241ff., 338ff., 457ff.; Ⅱ 37ff., 78u.ö., 155u.ö., 172, 181f., 186u.ö., 225u.ö., 280, 319u.ö., 449u.ö.

科学的教义学 Dogmatik, wissenschaftliche Ⅱ 506

客观主义,可对象性 Objektivismus, Objektivierbarkeit Ⅰ 248ff., 260u.ö., 457, 480; Ⅱ 40, 48f., 64, 69ff., 124, 221, 240, 323, 356, 388f., 410, 435, 443f.

客观精神 Geist, objektiver Ⅰ 233ff., 362, 367

肯定(悲剧的) Affirmation(tragische) Ⅰ 137; Ⅱ 141

空间　Topos, Locus　Ⅰ　437；Ⅱ　282f.

口才　Beredsamkei　参见 Rhetorik

口才　Eloquentia　Ⅰ　25, 27

口诵　Mündlicheit　参见 Schriftlichkeit Text　Ⅰ　11, 192, 201ff., 221u. ö., 263, 328；Ⅱ　236, 342, 346, 419

宽容　Nachsicht　Ⅰ　328f.

狂热　Enthusiasmus　Ⅰ　130f.

浪漫派　Romantik　参见 romantische Hermeneutik　Ⅰ　56, 93, 200u. ö., 263, 277, 328ff., Ⅱ　122u. ö., 222, 232, 236, 251, 330, 342, 346, 419

浪漫主义诠释学　Hermeneutik, romantische　Ⅰ　177ff., 201ff., 227f., 245, 301f., 392；Ⅱ　97ff., 121f., 222f.

劳动　Arbeit　Ⅰ　18, 218；Ⅱ　203, 242f.

类比　Anaogie　Ⅰ　81, 434f.；Ⅱ　12, 422

类型　Gattungen　Ⅰ　294

类型逻辑　Gattungslogik　Ⅰ　432ff.；Ⅱ　87, 366

理解　Verstehen　参见 Sprache, Sprachlichkeit　Ⅰ　183ff., 215, 219ff., 263ff.；Ⅱ　6ff., 30ff. u. ö., 52ff., 57ff., 103, 116f., 121ff., 222ff. u. ö., 330u. ö.

理解（伦理的）　Verständnis(sittliches)　Ⅰ　328

理解的艺术　kunst des Verstehens　Ⅰ　169f., 192

理解的语言性　Sprachlichkeit des Verstehens　Ⅱ　64f., 75, 112, 143ff., 184ff., 232ff., 436, 444, 465, 496f.

理解的直接性　Unmittelbarkeit des Verstehens　Ⅰ　221

理论，理论的　Theorie, theoretisch　Ⅰ　19, 27, 129f., 458f.；Ⅱ　233, 321f., 324f.

理念　Idee　Ⅰ　53ff., 58, 83f., 87, 205, 219, 317, 484ff. u. ö.；Ⅱ　35, 73, 235, 370, 402, 488, 501ff.

理想国家　Staat, idealer　Ⅱ　413

理想主义　Idealismus　Ⅰ　252f., 451f.；Ⅱ　9f., 69f., 125, 245

理性　Ratio　Ⅰ　34, 49, 198, 275f., 419ff., 482f.；Ⅱ　276f.

理性　Vernunft　Ⅰ　33, 277, 283f., 349, 405, 425, 471；Ⅱ　22

理性知识　Episteme　Ⅰ　319

理性主义　Rationalismus　Ⅰ　34, 49, 198, 275f., 419ff., 482f.；Ⅱ　276f.

理由　Begründung　Ⅰ　28f., 261, 275；Ⅱ　484, 505

理智的直观　Anschauung, intellektuelle　Ⅰ　246f.

例证　Beispiel　参见 Exempel, Vorbild　Ⅰ　44f., 48, 211

隶属　Zugehörigkeit　Ⅰ　114, 129, 131, 134ff., 165f., 171, 266u. ö., 295, 319, 335, 420, 462f.；Ⅱ　62ff., 379, 434, 450

力　Kraft　Ⅰ　209ff., 217ff., 230f.；Ⅱ　31f., 177, 426, 490

力量的表现　Äußerung der Kraft　Ⅰ　209, 217f.；Ⅱ　177

历史　Geschichte　参见 Historie, Historik usw.　Ⅰ　200ff., 208ff. u. ö.；226ff. u. ö.；Ⅱ　27ff., 31f., 36, 48f., 59, 133ff., 413f., 445

历史　Historie　Ⅰ　28f., 91, 172f. u. ö.；Ⅱ　27ff., 33, 221, 321

历史必然性　Notwendigkeit in der Geschichte　参见 Freiheit　Ⅰ　210f., 217f.

历史的教义学　Dogmatik, historische　Ⅰ　332ff.

历史的连续性　Kontinuität der Geschichte　Ⅰ　212f., 218f., 288f.；Ⅱ　135ff.

历史的启蒙运动　Aufklärung, historische　Ⅱ　32f., 36

历史的中介　Vermittlung, geschichtliche　Ⅰ　162, 174, 221f., 295ff., 333f., 346u. ö.；Ⅱ　441ff.

历史教化　Bildung, historische　Ⅰ　12f., 22f.

历史经验　Erfahrung, geschichtliche　Ⅰ　225f., 244f.；Ⅱ　29ff., 112,

136ff., 332f., 418, 471

历史经验的有限性　Endlichkeit der geschichtlichen Erfahrung　Ⅰ　105, 125, 137, 236ff., 280f., 363, 428ff., 461, 475f., 483f.；Ⅱ　28f., 40ff., 54, 331, 333, 470

历史理性　Vernunft, historische　Ⅱ　28, 32ff., 36, 387

历史目的论　Teleologie der Geschichte　Ⅰ　203ff.；Ⅱ　412ff.

历史神学　Theologie der Geschichte　Ⅰ　204f.；Ⅱ　124

历史性　Geschichtlichkeit　参见 Historisches Bewußtsein

历史学　Historik　Ⅰ　47, 181, 201ff., 216f., 226ff., 340f.；Ⅱ　20f., 441f.

历史意识的完成　Vollendung des historischen Bewußtseins　Ⅰ　233ff., 244；Ⅱ　32, 35, 42

历史意识的自我遗忘性　Selbstvergessenheit des Historiches Bewußtsein　Ⅰ　174u. ö.

历史意识＝关于自身历史性的知识　Historisches Bewußtsein＝Wissen um die eigend Gesehichtlichkeit Ⅰ　4, 173f., 233u. ö., 300ff., 399ff. u. ö.；Ⅱ　27u. ö., 64f., 100u. ö., 124f., 134u. ö., 221u. ö., 240, 262f., 299, 410ff.

历史知识　Historisches Wissen　Ⅰ　12, 19f., 91f., 172, 332f., 344f., 366ff., 399ff. u. ö.

历史主义　Historismus　Ⅰ　201ff., 222ff., 275, 278, 305ff. u. ö.；Ⅱ　38, 63, 99f., 221ff., 240, 389ff., 414ff.

怜悯　Eleos　Ⅰ　135f.

良知　Gewissen　Ⅰ　217, 220f., 349；Ⅱ　485

灵魂轮回　Anamnesis　Ⅰ　21f., 119；Ⅱ　237f., 369f., 478

流传过程　Überlieferungsgeschehen　Ⅰ　295, 214u. ö.

传承物　Überlieferung　Ⅰ　165ff. u. ö., 280u. ö., 341ff., 363ff., 366,

393ff., 400, 445, 467；Ⅱ　20, 39ff., 62, 76, 143ff., 237, 241ff., 370, 383, 443, 447

传承物语言　Sprache der Überlieferung　Ⅰ　339ff. u. ö.

流动性艺术　Künste, transitorische　Ⅰ　142f., 152；Ⅱ　477

流射（溢）说　Emanation　Ⅰ　145f., 427, 438f.；Ⅱ　384ff.

留恋　Andenken　Ⅰ　158, 395

伦理的抉择　Entscheidung, sittliche　Ⅰ　322f.；Ⅱ　135, 168, 303, 324, 427f., 468f.

伦理的评判　Beurteilung, sittliche　Ⅰ　328；Ⅱ　224, 378

伦理性　Sittlichkeit　Ⅰ　27f., 44, 56f., 285, 317ff.；Ⅱ　39, 138, 158, 250, 315f.

伦理学　Ethik/Ethos　Ⅰ　45, 317f.；Ⅱ　308, 315f., 325f., 433, 469, 500

论证法　Topica　Ⅰ　26；Ⅱ　282f., 430

逻各斯　Logos　Ⅰ　224f., 317ff., 356, 373ff., 409, 415ff., 423ff., 433f., 460；Ⅱ　43, 46ff., 146, 148, 333, 336

逻辑（三段论）　Logik (Syllogistik)　Ⅰ　247, 371, 432f.；Ⅱ　47, 49f., 193, 280, 294f., 338, 421

逻辑演算　Logikkalkül　Ⅰ　419；Ⅱ　192

矛盾性　Widersprüchlichkeit　Ⅰ　425；Ⅱ　416, 421

美　Kalon (das Schöne)　Ⅰ　481ff.

美　Pulchrum　参见 Schön

美的形而上学　Metapaysik des Schönen　Ⅰ　481ff.；Ⅱ　359f.

美学　Ästhetik　Ⅰ　45ff., 61ff., 85ff., 103f., 196f.；Ⅱ　472ff.

美学主体化　Subjektivierung der Ästhetik　Ⅰ　48ff., 87, 98ff.

蒙蔽、迷惑　Verblendung　Ⅰ　137, 327

名称　Onoma　参见 Name, Wort

名字　Name　参见 Wort　Ⅰ　409ff., 433f., 441f.；Ⅱ　73

命令　Befehl　Ⅰ　339f.；Ⅱ　47, 179, 345

命运　Schicksal　Ⅰ　19, 135f.；Ⅱ　32, 36, 138f., 202f.

命运主体化　Subjektivierung des Schicksals　Ⅰ　136f.

模本　Vorbild　参见 Nachfolge　Ⅰ　48, 198, 290ff., 342ff.；Ⅱ　89, 330, 499

模仿　Mimesis (Nachahmung)　Ⅰ　118ff., 139u.ö., 414；Ⅱ　501

模仿的　Eikos　Ⅰ　26f., 488f.；Ⅱ　111, 234f., 280, 499

模型　Modell　Ⅰ　320；Ⅱ　307, 323, 328

摹本、摹写　Abbildung　参见 Bild, Abbild　Ⅰ　142f., 412f.

末世论　Eschatologie　Ⅰ　211f., 431；Ⅱ　407f.

陌生性　Fremdheit　Ⅰ　19f., 183, 195, 300；Ⅱ　35, 55, 61ff., 122f., 143, 183, 187, 235, 264, 285, 313, 419, 436

目的　Zweck　Ⅰ　28, 56u.ö., 99f., 326f., 463；Ⅱ　158ff., 168ff., 194

目的合理性　Zweckrationalität　Ⅱ　163, 194, 272, 326, 467f.

目的论　Teleologie　Ⅰ　60, 71, 207, 463f.；Ⅱ　228ff.

内在存在　Innesein　Ⅰ　71, 227, 239f., 257f.；Ⅱ　251, 387

内在形式　Form, innere　Ⅰ　137, 444

内在性　Innerlichkeit　Ⅰ　210, 217

能、实现　Energeia, Energie　Ⅰ　116, 118, 218, 230, 236, 247, 444, 463；Ⅱ　308, 486

能对付任何情况的人　Deinos　Ⅰ　329

你的经验　Erfahrung des Du　Ⅰ　364ff.；Ⅱ　35, 104, 210f., 223, 445f., 504f.

匿名的意向性　Intentionalität, anonyme　Ⅰ　249；Ⅱ　16, 245

努力　Orexis　Ⅰ　317ff.

判断　Judicium　参见 Urteilskraft

判断　Urteil　参见 Aussage 与 Logos

判断力　Urteilskraft (judicium)　Ⅰ　27, 31f., 36ff.；Ⅱ　97, 278, 307, 310, 328, 455

培养　Kultivierung　Ⅰ　17, 56

批评法　Critica　Ⅰ　26；Ⅱ　111, 254, 313, 497

譬喻　Allegorie　Ⅰ　77ff., 157, 178；Ⅱ　94f., 283

譬喻　Metapher　Ⅰ　81, 108., 433ff., 176, 355f.；Ⅱ　462

评价　Wertung　Ⅰ　46, 63, 225, 243；Ⅱ　29f., 33, 38f., 133f., 163, 203, 221, 322, 334

评判　Beurteilung　Ⅰ　328；Ⅱ　224, 378

普遍性　Allgemeinheit　Ⅰ　18f., 22f., 26f., 36ff., 46f., 74, 83, 90, 317, 322u.ö.；Ⅱ　31, 73, 86f., 200f.

普遍性　Universalität　参见 Hermeneutik

普遍语言　Characteristica unversalis　Ⅰ　420f.

欺骗　Täuschung　Ⅱ　40f.

歧义　Zweideutigkeit　Ⅰ　492；Ⅱ　234ff., 271, 301ff., 334, 380, 444

奇遇　Abenteur　Ⅰ　75

启蒙运动　Aufklärung　Ⅰ　36, 181f., 242f., 274ff.；Ⅱ　39, 42, 58, 83ff., 126ff., 183, 263, 304, 416f., 492

启示　Offenbarung　Ⅰ　336f.

起因　Motivation　Ⅰ　382f., 475

前见(前判断)　Vorurteil (praejudicium)　Ⅰ　275f.；Ⅱ　60ff., 181f.

前理解　Vorverständnis　Ⅰ　272ff., 299ff.；Ⅱ　61, 240, 247, 277ff., 406

前意见　Vormeinung　参见 Vorverständnis

情感（感受性） Gefühl (Sentiment)　Ⅰ　34, 38, 46, 49, 90ff., 194

倾听　Hören　Ⅰ　367, 466f.；Ⅱ　213f., 350, 352f., 357ff., 371, 473f.

求持续存在的意识　Wille zur Dauer　Ⅰ　286ff., 395, 399

区分　Abhebung　Ⅰ　273f., 306, 310f., 331, 380

区分、延异　Differenz　Ⅰ　261f., 460f.；Ⅱ　368, 372

趣味　Geschmack　Ⅰ　32, 37, 40ff., 45ff., 61ff., 87, 90ff.；Ⅱ　375, 440

趣味　Gusto　参见 Geschmack

趣味的完成（完满的趣味）　Vollendung des Geschmacks　Ⅰ　62f.

趣味与天才　Geschmack und Genie　Ⅰ　59ff.

权力意志　Wille zur Macht　Ⅰ　365；Ⅱ　103, 333f., 336, 372, 502

权威　Autorität　Ⅰ　11, 13, 276f., 281ff.；Ⅱ　39f., 225, 243f.

诠释学　Hermeneutik　Ⅰ　169ff., 177ff. u. ö., 300ff., 312ff., 330ff., 346；Ⅱ　5ff. u. ö., 57ff., 110ff., 178ff., 219ff. u. ö., 297, 301ff. u. ö., 419ff., 438ff., 493ff.

诠释学的普遍性　Universalität der Hermeneutik　Ⅱ　110f. u. ö., 186u. ö., 201ff., 219ff., 240u. ö., 255ff., 312ff. u. ö., 439ff.

诠释学经验　Erfahrung, hermeneutische　Ⅰ　353ff., 363f., 387, 432, 469；Ⅱ　115ff., 224f., 238, 466, 484, 492

诠释学谈话　Gespräch, hermeneutisches　Ⅰ　373ff., 391, 465ff.；Ⅱ　238

诠释学循环　Zirkel, hermeneutischer　Ⅰ　179, 194, 270ff., 296ff.；Ⅱ　34, 57ff., 224f., 331, 335, 357f., 406

诠释学意识的完成　Vollendung des hermeneutischen Bewußtseins　Ⅰ　367f.

诠释学宇宙　Universum, hermeneutisches　Ⅱ　441, 466

诠释学中间地带　Zwischen, hermeneutisches　Ⅰ　300；Ⅱ　63, 338

劝告　Beratung(＝Euboulia)　Ⅱ　168ff., 315, 467

劝告　Euboulia　参见 Beratung

劝告 Rat Ⅰ 328；Ⅱ 315f.

确实性 Gewißheit Ⅰ 243；Ⅱ 45, 48, 300

人道主义、人文主义 Humanismus Ⅰ 14ff., 23f., 178, 198, 206, 291, 343；Ⅱ 99, 122, 279, 284, 288f., 292, 296, 383, 433

人类的有限性 Endlichkeit des Menschen Ⅰ 105, 125, 137, 236ff., 280f., 363, 428ff., 461, 475f., 483f.；Ⅱ 28f., 40ff., 54, 331, 333, 470

人文主义的 Humanitas Ⅰ 30；Ⅱ 214

人性知识 Menschenkenntnis Ⅰ 364；Ⅱ 162, 315

认识论 Erkenntnistheorie Ⅰ 71f., 224ff., 254, 258；Ⅱ 28ff., 69f., 387f., 397

认知的解释 Auslegung, kognitive Ⅰ 315ff., 402ff.；Ⅱ 17ff., 93ff., 98, 236, 278, 310, 399, 426f.

任务艺术 Auftragskunst Ⅰ 93, 140

三位一体 Trinität Ⅰ 422ff., 461

善（善的理念） Gutes (Idee des guten, agathon) Ⅰ 27f., 317, 482；Ⅱ 266, 275, 291, 304u.ö., 422, 455

上帝 Gott Ⅰ 34, 215f., 324, 336, 363, 422ff., 442, 489f.；Ⅱ 28, 71, 129ff., 202, 220

社会 Gesellschaft Ⅰ 10, 36, 41, 45, 90ff.；Ⅱ 239, 269, 274, 317, 320

社会科学 Sozialwissenschaften Ⅰ 10, 364f.；Ⅱ 21f., 114ff., 238ff., 248f., 451ff.

神话 Mythos Ⅰ 85ff., 114, 138, 278u.ö., 351u.ö.；Ⅱ 33, 36, 101f., 126ff., 380

神话学 Mythologie Ⅰ 82f., 93；Ⅱ 390f.

神圣性 Sakralität Ⅰ 154f.

神性　Gottheit　参见 Gott

神性的　Göttliche　参见 Gott

神学　Theologie　Ⅰ　127，177ff.，422ff.；Ⅱ　101f.，277f.，282ff.，409

神学诠释学　Hermeneutik, theologische　Ⅰ　177，312ff.，335ff.；Ⅱ　391f.，403ff.

审美存在　Existenz, ästhetische　Ⅰ　101f.

审美的评判　Beurteilung, ästhetische　Ⅰ　328；Ⅱ　378

审美对象　Ästhetischer Gegenstand　参见 Kunstwerk

审美反思　Reflexion, ästhetische　Ⅰ　123，351

审美体验　Erlebnis, ästhetisches　Ⅰ　75f.，100f.

审美功利（无功利性）　Ästhetisches Interesse(Interesselosigkeit)Ⅰ　54f.，492

审美教化　Bildung, ästhetische　Ⅰ　23ff.，87ff.

审美教育　Erziehung, ästhetische　Ⅰ　88

审美判断力　Urteilskraft, ästhetische　Ⅰ　43ff.，60f.

审美（无）区分　ästhetische (Nicht-) Unterscheidung　Ⅰ　91ff.，120f.，132，144，154，158，403，479；Ⅱ　14，472，477

审美区分　Unterscheidung, ästhetische　参见 Unterscheidung

审美现象　Schein, Ästhetischer　Ⅰ　89ff.，484f.；Ⅱ　359f.

审美意识　Ästhetisches Bewußtsein　Ⅰ　46f.，87ff.，94ff.，102，132，140 u. ö.；Ⅱ　220，223f.

审美直接性　Ästhetische Unmittelbarkeit　Ⅰ　139，404

审慎　Besonnenheit　参见 Phronesis

审慎的　prudentia　Ⅰ　25ff.，318ff.；Ⅱ　422，485

生产　Herstellung　Ⅰ　99f.；Ⅱ　252，303，308

生产　Produktion　Ⅰ　63ff. u. ö.，98ff.，192f.，196ff.，301；Ⅱ　63，236

生产多义性　Vieldeutigkeit, produktive　Ⅱ　380，421f.

生产性　Produktivität　Ⅰ　63ff. u. ö.，98ff.，192f.，196ff.，301；Ⅱ　63，236

生存理想　Existenzideal　Ⅰ　267f.

生活、生命　Leben　Ⅰ　34ff.，69，72ff.，190，215，226ff.，231f.，236f.，239ff.，263；Ⅱ　30ff.，45，102f.，140f.，377

生活放荡　Boheme　Ⅰ　93

生活世界　Lebenswelt　Ⅰ　251f.，353f.；Ⅱ　323，361

生命哲学　Lebensphilosophie　Ⅰ　223，235ff.；Ⅱ　465

生物学　Biologie　Ⅰ　455f.，463；Ⅱ　168

《圣经》　Bibel　Ⅰ　155，177ff.，187，190，200，282，330，335ff.；Ⅱ　94ff.，127，132，281，283ff.，296f.，308f.，311f.

《圣经》批判　Bibelkritik　Ⅰ　24，184f.，276；Ⅱ　277，404f.

诗　Dichtung　Ⅰ　122f.，165ff.，192f.，453，473f.；Ⅱ　198，351ff.，508

诗的解(阐)释　Auslegung von Dichtung　Ⅰ　234；Ⅱ　420，508

诗人(历史学家)　Dichter(－Historiker)　Ⅰ　215f.；Ⅱ　141

诗人(哲学家)　Dichter(－Philosoph)　Ⅰ　279

事实性　Faktizität　Ⅰ　259f.，268f.；Ⅱ　323，331f.，335，428，433

实践　Praxis　Ⅰ　25ff.，318ff.；Ⅱ　22f.，117，252ff.，275，289，302u.ö.，427u.ö.，454f.，468u.ö.

实践理性　Vernunft, praktische　Ⅱ　427f.，467ff.，499f.

实践哲学　prakt, Philosophie　Ⅰ　25ff.，318ff.；Ⅱ　22f.，117，252ff.，275，289，302u.ö.，427u.ö.，454f.，468u.ö.

实践知识　Phronesis　Ⅰ　25ff.，318ff.；Ⅱ　162，239，251ff.，311，315u.ö.，324u.ö.，422，485

实体　Substanz　Ⅰ　20，286；Ⅱ　251f.，363，366，502f.

实验　Experiment　Ⅰ　220f.，354；Ⅱ　457f.

实在　Wirklichkeit　参见 Faktizität　Ⅰ　88f.，121，347；Ⅱ　245，380，488

实证主义　Positivismus　Ⅰ　287ff.；Ⅱ　71f.，254，434

时间,时间性　Zeit, Zeitlichkeit　Ⅰ　126ff., 231, 261f.; Ⅱ　16, 124, 135ff., 356u. ö.

时间合作　Zeitgenossenschaft　Ⅰ　303f., 399

时间距离　Zeitenabstand　Ⅰ　195, 296ff., 302f., 316u. ö.; Ⅱ　8f., 63, 109, 264, 403

视界、视域　Horizont　Ⅰ　249f., 307ff., 375, 379ff., 398; Ⅱ　30, 38, 53, 55f., 76, 369, 417, 506

视域融合　Horizontverschmelzung　Ⅰ　311f., 380f., 401; Ⅱ　14, 55, 109, 351, 436, 475

世界　Welt　Ⅰ　428, 446ff., 460; Ⅱ　34, 73f., 112, 149ff., 183, 202

世界观　Weltanschauung　Ⅰ　103f., 279f., 447; Ⅱ　78, 100

世界历史性的个人　Individuum, weltgeschichtliches　Ⅰ　208, 376f.; Ⅱ　105

世界史　Universalgeschichte　Ⅰ　201, 203ff., 235; Ⅱ　31, 34, 75, 240, 246

世界史的统一和多样性　Einheit und Vielfalt der Weltgeschichte　Ⅰ　211f.

世俗性　Profanität　Ⅰ　155f.

事件、事件之发生　Geschehen　Ⅰ　105, 314, 379, 423, 430f., 476, 488, 491f.; Ⅱ　63, 130, 135ff., 240f., 322f., 332f., 378

事情(事物)、事实性　Sache, Sachlichkeit　Ⅰ　265, 449, 457ff., 467f., 489; Ⅱ　6, 56ff., 66u. ö.

事实　Tatsache　Ⅱ　3f., 388, 457f.

事物　Ding　Ⅰ　459f.

释放　Emanzipation　Ⅰ　241, 243, 249f., 257, 270ff., 469

适应　Assimilation　Ⅰ　256f.

收件人　Adressat　Ⅰ　339f., 399; Ⅱ　287, 343f., 特别是Ⅱ　476

疏异化　Verfremdung　参见 Fremdheit

书写　Schreiben　Ⅰ　165ff., 276f., 393ff.; Ⅱ　204f., 236, 283, 296,

308ff., 344ff., 419f., 474f.

书写的艺术　kunst des Schreibens　Ⅰ　167,397

数　Zahl　Ⅰ　416,420,438

术语　Terminus, Terminologie　Ⅰ　419;Ⅱ　83f., 113, 176f., 191f., 196, 365f.

瞬间　Augenblick　Ⅰ　208;Ⅱ　135, 140ff., 371, 413

顺从(模仿)　Nachfolge(Imitatio)　Ⅰ　48, 286, 343;Ⅱ　99, 122, 279, 296, 300

思辨,思辨的　Spekulation, spekulativ　Ⅰ　223u. ö., 469ff.;Ⅱ　52, 370, 474

思念　Andenken　Ⅰ　158, 395

思维、思想　Denken　Ⅰ　267f., 335ff.;Ⅱ　200, 210, 294, 298, 336, 372, 396, 502

思维和语言的统一和多样性　Einheit und Vielfalt von Denken und Sprechen　Ⅰ　406

似真的　Eikos, Verisimile(das Einleuchtende)　Ⅰ　26f., 488f.;Ⅱ　111, 234f.;280, 499

似真的　Wahrscheinlich　参见 Eikos

苏格兰哲学　Schottische Philosophie　Ⅰ　30

所与　Durée　Ⅰ　74

所与　Gegebenes　Ⅰ　71f., 231, 246f., 248f.;Ⅱ　339f.

他性,他在,他者　Andersheit, Anderssein, Andere　Ⅰ　273, 304f., 366f.;Ⅱ　9, 18f., 64, 116, 210ff., 335u. ö.

谈话(对话、讲话)　Gespräch　(Dialog, Sprechen)　Ⅰ　189, 192, 383f.;Ⅱ　6ff., 58ff., 112ff., 151ff., 200, 207ff., 332u. ö., 500ff.

谈话的艺术　Kunst des Gesprächs　Ⅰ　371ff.

提问　Frage　Ⅰ　304ff., 368ff., 374ff.；Ⅱ　6,503

提问的艺术　Kunst des Fragens　Ⅰ　371ff.

体格　Physis　Ⅰ　17, 318；Ⅱ　363f.

体验　Erlebnis　Ⅰ　66ff.

体验的词义史　Erlebnis, Wortgeschichte　Ⅰ　66ff.

体验概念　Erlebnis, Begriff　Ⅰ　70ff., 100f., 227, 236, 239f., 254, 281；Ⅱ　30ff.

体验艺术　Erlebniskunst　Ⅰ　76ff., 85f., 93；Ⅱ　379

天才　Genie　Ⅰ　59ff., 61ff., 70, 98ff., 193, 196；Ⅱ　75, 417

天才性　Genialität　参见 Kongenialität　Ⅰ　59ff., 61ff., 70, 98ff., 193, 196；Ⅱ　75, 417

通信　Korrespondenz　Ⅰ　374f.

同化　Assimilation　Ⅰ　256f.

同情　Mitleid　Ⅰ　133, 135ff.

同情　Sympathie　Ⅰ　30, 217, 219, 236f.

共时性　Gleichzeitigkeit　参见 Simultaneität

同时性　Simultaneität　Ⅰ　91ff., 126ff., 395；Ⅱ　33, 55, 220, 321, 432, 471f.

同一性　Identität　参见 Einheit

同一哲学　Identitätsphilosophie　Ⅰ　256；Ⅱ　362, 388, 470f.

共在　Dabeisein　参见 Teilhabe

统计学　Statistik　Ⅰ　306；Ⅱ　226

统一和多样性　Einheit und Vielfalt　Ⅰ　430f., 461ff.

统一性（同一性）　Einheit(＝Identität)　Ⅱ　7f., 16f., 86, 174f.

统治-奴役　Herrschaft - Knechtschaft　Ⅰ　365f.；Ⅱ　68, 203, 242, 250, 336

统治知识　Herrschaftswissen　Ⅰ　316, 455

投射　Projektion　Ⅰ　258

突然产生的思想（念头）　Einfall　Ⅰ　24, 271, 372, 468；Ⅱ　206

突现　Abhebung　Ⅰ　273f., 306, 310f., 331, 380

图像　Bild　Ⅰ　16f., 97, 120ff., 139ff., 156ff., 412ff., 417ff., 491

团结　Solidarität　Ⅰ　30, 37；Ⅱ　80, 269f., 347

推论性　Dianoia(Diskursivität)　Ⅰ　411f., 426f.

推论性　Diskursivität　参见 Dianoia

外在反思　Reflexion, äußere　Ⅰ　468ff.

完成　Vollendung

完满性　Vollkommenheit　参见 Vorgriff der Vollkommenheit

完全性前概念　Vorgriff der Vollkommenheit　Ⅰ　229f.；Ⅱ　61ff., 265

完美趣味的理念　Geschmack, Idee der Vollendung des　Ⅰ　62f.

汪达尔主义　Vandalismus　Ⅰ　156

威信　Autorität　Ⅰ　11, 13, 276ff., 281ff.；Ⅱ　39f., 225, 243f.

唯名论　Nominalismus　Ⅰ　11ff., 121, 439；Ⅱ　49f., 71, 101

唯心主义　Idealismus　Ⅰ　252f., 451f.；Ⅱ　9f., 69f., 125, 245

伪装　Verschlüsselung　Ⅰ　300；Ⅱ　284ff., 349

畏惧　Phobos　Ⅰ　135f.

文化　Kultur　Ⅰ　16, 38f., 49f.；Ⅱ　224, 226, 237, 322

文化社会　Bildungsgesellschaft　Ⅰ　41, 92f.；Ⅱ　221

文学　Literatur　Ⅰ　165ff., 395；Ⅱ　4, 17, 180, 209, 284, 350ff.

文学类型　Gattungen, literarische　Ⅰ　294

文学作品　Dichtung　Ⅰ　122f., 165ff., 192f., 453, 473f.；Ⅱ　198, 351ff., 508

文学作品的解释　Auslegung von Dichtung　Ⅰ　234；Ⅱ　420, 508

文字,文字性　Schrift, Schriftlichkeit　Ⅰ　165ff., 276f., 393ff.；Ⅱ　204f., 236, 283, 296, 308ff., 344ff., 419f., 474f.

主体间性　Intersubjektivität　Ⅰ　252ff.

概念、名词索引(德—汉)

(索引所标页码均为德文原书页码,Ⅰ为第1卷,Ⅱ为第2卷,请查检中译本每页边码。)

A

Abbildung 摹写、摹本(参见 Bild,Abbild) Ⅰ 142f.,412f.

Abenteuer 奇遇 Ⅰ 75

Abhebung 衬托、区分、实现 Ⅰ 173f.,306,310f.,331,380

Abschattung 细微差别 Ⅰ 451;Ⅱ 69

Absolutes(unendliches)Wissen 绝对(无限)知识(参见 Geist,Vernunft)
  Ⅰ 20,104,173f.,233f.,248,306,347ff.,464f.

Abstand(zum Anderen,Zeiten-A.) 距离、间距(时间距离) 参见 Distanz

Abstraktion 抽象 Ⅰ 18,258,432ff.,479;Ⅱ 186

Adressat 收件人 Ⅰ 339f.,399;Ⅱ 287,343f.,特别是476

Aequitas 公正、公道(参见 Billigkeit)

Affekte 情绪、情感、冲动 Ⅱ 284,385

Affirmation(tragische) 肯定(悲剧的) Ⅰ 37;Ⅱ 141

Akademie 学园 Ⅰ 26,433f.

Aletheia 开显、显现、无蔽、真理 Ⅰ 461,486ff.;Ⅱ 46f.,364

Allegorie 隐喻、譬喻 Ⅰ 77ff.,157,178;Ⅱ 94f.,283

Allgemeinheit 普遍性（参见 Urteilskraft, Induktion） Ⅰ 18f., 22f., 26f., 36ff., 46f., 74, 83, 90, 317, 322u. ö.；Ⅱ 31, 73, 86f., 200f.

- konkrete 具体的普遍性 Ⅰ 26；Ⅱ 422f.
- abstrakte 抽象的普遍性 Ⅰ 26；Ⅱ 422f.
- Subsumtion unter A. 概括在普遍性下 Ⅰ 27, 36f. u. ö.
- der Erfahrung 经验的普遍性 Ⅰ 356f.；Ⅱ 328

Altertumswissenschaft 古典文化、古典科学 Ⅰ 290；Ⅱ 55

Analogie 类比 Ⅰ 81, 434f.；Ⅱ 12, 422

Analytik 分析 Ⅱ 293, 298

Analysis notionum 分析的认识 Ⅰ 420

Anamnesis 灵魂轮回 Ⅰ 21f., 119；Ⅱ 237f., 369f., 478

Andenken 思念、留恋 Ⅰ 158, 395

Andere, Andersheit, Anderssein 他者, 他性, 他在（参见 Gespräch） Ⅰ 273, 304f., 366f.；Ⅱ 9, 18f., 64, 116, 210ff., 335u. ö.

Anerkennung 承认 Ⅰ 349, 364；Ⅱ 244, 336

Anfang 开始、开端 Ⅰ 476f.；Ⅱ 363

Anrede 谈话、攀谈 Ⅱ 53, 64

Anschauung, intellektuelle 直观, 理智的直视 Ⅰ 246f.

Ansichsein 自在存在 Ⅰ 349f., 451f., 480f.；Ⅱ 428

Anspruch 欲求 Ⅰ 131, 365

Anticipatio 预期 Ⅰ 354；Ⅱ 277

Antwort 回答（参见 Frage）

Anwendung 应用、运用（参见 Applicatio）

Anwesenheit(Vorhandenheit) 在场（现成在手状态）（参见 Parousie） Ⅰ 128, 261；Ⅱ 15, 46ff., 356u. ö., 428, 435f.

Applicatio 应用　Ⅰ　35f., 188, 312ff., 320ff., 335ff., 338f., 344f., 407；Ⅱ　106ff., 260ff., 303f., 310ff., 419, 427., 471；

Arabeskenästhetik 阿拉贝斯克美学　Ⅰ　51f., 98

Arbeit 劳动　Ⅰ　18, 218；Ⅱ　203, 242f.

Arche 始基(Prinzip, Erstes 第一原则)　Ⅱ　303, 315, 325, 327f.

Architektur 建筑术、建筑艺术(参见 Baukunst)

Arete 德行(参见 Tugend)　Ⅰ　18, 317ff.；Ⅱ　303

Ars 技艺、技能、技术(参见 Techne)

Ars inveniendi 发明的技术　Ⅰ　26, 420

Assimilation 适应、同化　Ⅰ　256f.

Ästhetik 美学　Ⅰ　45ff., 61ff., 85ff., 103f., 196f.；Ⅱ　472ff.

Ästhetisches Bewußtsein 审美意识(参见 Ästhetische Unterscheidung)
　　　Ⅰ　46f., 87ff., 94ff., 102, 12f., 132, 140u. ö.；Ⅱ　220, 223f.

Ästhetischer Gegenstand 审美对象(参见 Kunstwerk)

Ästhetisches Interesse(Interesselosigkeit) 审美功利(无功利性)　Ⅰ　54f., 492

Ästhetische(Nicht -) Unterscheidung 审美(无)区分　Ⅰ　91ff., 120f., 132, 144, 154, 158, 403, 497；Ⅱ　14, 440f., 472, 477

Ästhetische Unmittelbarkeit 审美直接性　Ⅰ　139, 404

Aufführung 演出、表演　Ⅰ　121, 139, 152, 172；Ⅱ　310

Aufführungstradition 演出遵循的传统　Ⅰ　124

Aufklärung 启蒙运动　Ⅰ　36, 181f., 242f., 274ff.；Ⅱ　39, 42, 58, 83ff., 126ff., 183, 263, 304, 416f., 492

- historische 历史的启蒙运动　Ⅱ　32f., 36

Auftragskunst 任务艺术　Ⅰ　93, 140

Augenblick 瞬间　Ⅰ　208；Ⅱ　135, 140ff., 371, 413

Ausdruck 表达(参见 Darstellung)　Ⅰ　53f., 69, 77, 121, 200, 216ff., 221,

228f., 233ff., 240, 265, 341f., 399, 471f.；Ⅱ 346, 384ff.

Auslegen, Auslegung 解释、阐释（参见 Hermeneutik） Ⅰ 188ff., 216ff., 312ff., 333ff., 389ff., 401ff., 475f.；Ⅱ 55f., 285ff., 290, 309ff., 340f.

- grammatische 语法的解释 Ⅰ 190
- psychologische 心理学的解释 Ⅰ 190ff., 217f., 302ff.；Ⅱ 14f., 19, 57, 99, 104f., 123, 223, 284, 298, 313f., 383, 393ff.
- kognitive, normative, reproduktive 认知的、规范的、再现的解释 Ⅰ 315ff., 402ff.；Ⅱ 17ff., 93ff., 98, 236, 278, 310, 399, 426f.
- von Dichtung 诗、文学作品的解释 Ⅰ 234；Ⅱ 420, 508
- und Verstehen 解释与理解 Ⅰ 186f., 393ff., 401ff., 474；Ⅱ 59ff., 264, 290, 345f., 351, 419, 465
- Sprachlichkeit der 解释的语言性 Ⅰ 402ff.；Ⅱ 79, 229f.
- Selbstaufhebung der 解释的自我扬弃 Ⅰ 402, 469, 477；Ⅱ 350f.

Aussage 陈述 Ⅰ 457, 471ff.；Ⅱ 46ff., 179, 192ff., 288, 293

Äußerung 表现（参见 Ausdruck）

- der Kraft 力量的表现 Ⅰ 209, 217f.；Ⅱ 177

Authentizität 真实性、可靠性 Ⅱ 345f., 352

Autobiographie 自传 Ⅰ 228, 281；Ⅱ 105, 134, 322f., 388

Auto(Urheber) 作者（创作者） Ⅰ 116, 184f., 187, 296f.；Ⅱ 18f., 58, 104ff., 272, 284, 441

Autorität 权威、威信 Ⅰ 11, 13, 276f., 281ff.；Ⅱ 39f., 225, 243f.

Axiom 公理 Ⅰ 354；Ⅱ 47

B

Barock 巴洛克 Ⅰ 15, 85f.

Bauaufgabe 建筑任务 Ⅰ 161

Baudenkmäler 纪念建筑物 Ⅰ 161ff.

Baukunst 建筑艺术 Ⅰ 93,161ff.

Bedeutung 意义、所指、指称、含义 Ⅰ 72f.,96f.,229f.,248f.,414ff., 436f.,476f.;Ⅱ 174f.,196f.,395

Befehl 命令 Ⅰ 339f.;Ⅱ 47,179,345

Begehung 进行 Ⅰ 128f.

Begierde 欲望、欲求 Ⅰ 19,257

Begriff,Begriffsgeschichte,Begrifflichkeit 概念,概念史,概念性 Ⅰ 4, 400,407;Ⅱ 11f.,77ff.,90,292ff.,366,375ff.,460,494

Begriffsbildung 概念构成 Ⅰ 356ff.,432ff.;Ⅱ 77u.ö.,149f.,462

Begründung 理由、根据 Ⅰ 28f.,261,275;Ⅱ 484,505

Bewarrungskraft des Geistes 精神的保存力 Ⅰ 286,453

Beispiel 例证(参见 Exempel,Vorbild) Ⅰ 44f.,48,211

Beratung(=Euboulia) 劝告 Ⅱ 168ff.,315,467

Beredsamkeit 口才(参见 Rhetorik)

Beruf 职业 Ⅰ 19

Besonnenheit 审慎(参见 Phronesis)

Beurteilung(sittliche,ästhetische) 评判(伦理的、审美的) Ⅰ 328;Ⅱ 224,378

Beweis 证明 Ⅰ 29,436,471f.;Ⅱ 45,49,331,367

Bewußtsein 意识 Ⅰ 72f.,229,248f.,347ff.,360f.;Ⅱ 10f.,60f., 64,84,125f.,339

－Kritik 意识批判 Ⅱ 362f.,435f.

Bibel 《圣经》 Ⅰ 155,177ff.,187,190,200,282,330,335ff.;Ⅱ 94ff., 127,132,281,283ff.,296f.,308f.,311f.

Bibelkritik 《圣经》批判 Ⅰ 24,184f.,276;Ⅱ 122,277,404f.

Bild 形象、图像、绘画 Ⅰ 16f., 83f., 97, 120ff., 139ff., 156ff., 412ff., 417ff., 491

- Geschichte des 绘画历史 Ⅰ 140f.

- Seinsvalenz des 绘画本体论意义 Ⅰ 144ff.

- Spiegelbild 镜中之像 Ⅰ 143

- religiöses 宗教绘画 Ⅰ 147f., 154f.

- Sinnbild 意义形象 Ⅰ 82f.

Bildende Kunst 造型艺术 Ⅰ 139ff.

Bildung 教化 Ⅰ 15ff., 22f., 87ff., 367; Ⅱ 6, 235, 280

- ästhetische 审美教化 Ⅰ 23ff., 87ff.

- historische 历史教化 Ⅰ 12f., 22f.

Bildungsgesellschaft 教养社会、文化社会 Ⅰ 41, 92f.; Ⅱ 221

Bildungsreligion 教化宗教 Ⅰ 15, 85

Billigkeit(Aequitas, Epieikeia) 公正(公道, 公平) Ⅰ 323f.; Ⅱ 106, 310f.

Biographie 传记 Ⅰ 67ff., 227f.

Biologie 生物学 Ⅰ 455ff., 463; Ⅱ 168

Boheme 生活放荡 Ⅰ 93

C

Causa 原因 Ⅱ 69

Characteristica universalis 普遍语言 Ⅰ 420f.

Christentum 基督教 Ⅰ 24, 45, 79, 84f., 136, 145, 178f., 213, 243, 292; Ⅱ 28, 45, 55, 138f., 403ff.

Christologie 基督学 Ⅰ 145, 432

Common sense 共通感 Ⅰ 24ff., 37; Ⅱ 236, 330

Complicatio 综合, 概括 Ⅰ 439

Concinnitas　风格　Ⅰ　140

Coniectura　揣想　Ⅰ　441

Copia　丰富的观察角度　Ⅱ　273，467

Critica　批评法、考证　Ⅰ　26；Ⅱ　111，254，313，497

D

Dabeisein　共在（参见 Teilhabe）

Darstellung　表现　Ⅰ　50，58，80f.，113ff.，142ff.，156ff.，414f.，488f.；Ⅱ　375f.

Dasein　此在　Ⅰ　258ff.；Ⅱ　29ff.，33f.，54，102，331，335

Deinos　能对付任何情况的人　Ⅰ　329

Dekonstruktion　解构　Ⅱ　11，114，333，361ff.

Dekoration　装饰物　Ⅰ　43，50ff.，162ff.；Ⅱ　377f.

Denken　思想、思维　Ⅰ　267f.，335ff.；Ⅱ　200，210，294，298，336，372，396，502

-Dialog der Seele　作为灵魂对话的思维　Ⅱ　110，152，184，200，505

Destruktion　摧毁、解析　Ⅱ　366ff.，435f.，484，505

Dialektik　辩证法　Ⅰ　189f.，192，346ff.，368ff.，396，412，426f.，469ff.；Ⅱ　52，306ff.；332，354，366ff.，502

Dialog　对话（参见 Denken/Gespräch）

Dianoia(Diskursivität)　推论性　Ⅰ　411f.，426f.

Dichter(-Historiker)　诗人（历史学家）　Ⅰ　215f.；Ⅱ　141

-(-Philosoph)　诗人（哲学家）　Ⅰ　279

Dichtung　诗、文学作品　Ⅰ　122f.，165ff.，192f.，453，473f.；Ⅱ　198，351ff.，508

Differenz, ontologische　差别、区分，本体论的　Ⅰ　261f.，460f.；Ⅱ　368，372

- différence 区分、延异　Ⅱ　371

Ding 事物　Ⅰ　459f.

Diskontinuität 非连续性　Ⅱ　136ff.

Diskursivität 推论性（参见 Dianoia）

Distanz 距离、间距　Ⅰ　12f., 135, 137, 301f., 448, 457；Ⅱ　8f., 22, 32, 63, 143, 221, 351, 476

Divination 预感　Ⅰ　193, 215；Ⅱ　14f., 61

Docta ignorantia 博学的无知　Ⅰ　26, 368f.；Ⅱ　501

Dogmatik, historische, juristice 教义学、独断论，历史的，法学的　Ⅰ　332ff.

- wissenschaftliche 科学的　Ⅱ　506

Dolmetscher 翻译者（参见 Interpretation）　Ⅰ　313, 387f.；Ⅱ　153f., 264, 294f., 350f., 419

Doxa 意见　Ⅰ　371f.；Ⅱ　497

Durée 所与　Ⅰ　74

Dynamis(Potenz) 潜能（能力）　Ⅰ　27, 34, 210, 428；Ⅱ　274, 467, 486

E

Eigenbedeutsamkeit 自身意味性　Ⅰ　95

Eikos, Verisimile(das Einleuchtende) 模仿的、似真的（明显的）　Ⅰ　26f., 488f.；Ⅱ　111, 234f., 280, 499

Einbildungskraft(produktive) 想象力（创造性的）　Ⅰ　52, 58f.

Einfachheit(des Lebens) （生活的）简单性　Ⅰ　34

Einfall 突然产生的思想（念头）　Ⅰ　24, 271, 372, 468；Ⅱ　206

Einfühlung 移情　Ⅰ　47, 254；Ⅱ　57, 223, 284

Einheit(=Identität) 统一性（同一性）　Ⅱ　7f., 16f., 86, 174f.

- Zwei-Einheit, spekulative 思辨的二合一　Ⅱ　370

Einheit und Vielfalt 统一和多样性 Ⅰ 430f., 461ff.; Ⅱ 80

- der Weltgeschichte 世界史的统一和多样性 Ⅰ 211f.

- von Denken und Sprechen 思维和语言的统一和多样性 Ⅰ 406

Einsicht 洞见 Ⅰ 328, 362

Einzelfall(Produktivität dess.) 个别事例(生产性)(参见 Urteilskraft)

Eleos 怜悯 Ⅰ 135f.

Eloquentia 口才 Ⅰ 25, 27

Emanation 流射(溢)说 Ⅰ 145f., 427, 438f.; Ⅱ 384ff.

Emanzipation 解放、释放 Ⅰ 241, 243, 249f., 257, 270ff., 469

Empeiria 经验(参见 Erfahrung 即 Empeiria)

Empirismus 经验主义 Ⅰ 12, 14, 216, 222

Endlichkeit(des Menschen, der geschichtlichen Erfahrung) 有限性(人类的有限性,历史经验的有限性) Ⅰ 105, 125, 137, 236ff., 280f., 363, 428ff., 461, 475f., 483f.; Ⅱ 28f., 40ff., 54, 331, 333, 470

- und Sprachlichkeit 有限性与语言性 Ⅰ 460ff.

Energeia, Energie 现实活动,实现,能 Ⅰ 116, 118, 218, 230, 236, 247, 444, 463; Ⅱ 308, 486

Entfremdung, Verfremdung 异化,疏异化(参见 Fremdheit)

Enthusiasmus 激情主义、狂热 Ⅰ 130f.

Entscheidung, sittliche 决定、抉择,伦理的抉择 Ⅰ 322f.; Ⅱ 135, 168, 303, 324, 427f., 486f.

Entwurf 筹划 Ⅰ 266ff.; Ⅱ 59f. u. ö., 168

Enumeratio simplex 简单枚举法 Ⅰ 354

Epagoge(Induktion) 归纳 Ⅰ 354ff., 436; Ⅱ 149, 200, 228f.

Epieikeia 公道、公正(参见 Billigkeit)

Episteme 理性知识、纯粹科学 Ⅰ 319；Ⅱ 78

epoche 悬置 Ⅰ 250

Epoche 时代 Ⅱ 136f.，252f.

Erfahrung 经验 Ⅰ 10f.，105f.，320f.，352ff.，421，463f.；469；Ⅱ 69，79f.，149f.，200

- geschichtliche 历史经验 Ⅰ 225f.，244f.；Ⅱ 29ff.，112，136ff.，332f.，418，471

- hermeneutische 诠释学经验 Ⅰ 353ff.，363f.，387ff.，432，469；Ⅱ 115ff.，224f.，238，466，484，492

- dialektischer Prozeß der 经验的辩证过程 Ⅰ 359ff.，271

- des Du 你的经验 Ⅰ 364ff.；Ⅱ 35，104，210f.，223，445f.，504f.

- und Wort 经验与语词 Ⅰ 421

- der Dialektik 辩证法的经验 Ⅰ 468f.；Ⅱ 270f.

Erhabene 崇高 Ⅰ 57

Erinnerung 回忆 Ⅰ 21，72f.，173；Ⅱ 145

Erkenntnistheorie 认识论 Ⅰ 71f.，224ff.，254，258；Ⅱ 28ff.，69f.，387f.，397

Erlebnis 体验 Ⅰ 66ff.

- Wortgeschichte 体验的词义史 Ⅰ 66ff.

- Begriff 体验概念 Ⅰ 170ff.，100f.，227，236，239f.，254，281；Ⅱ 30ff.

- ästhetisches 审美体验 Ⅰ 75f.，100f.

Erlebniskunst 体验艺术 Ⅰ 76ff.，85f.，93；Ⅱ 379

Erscheinung 现象 Ⅰ 348f.，486f.

Eruditio 博学 Ⅰ 23

Erziehung 教育 Ⅰ 26，237；Ⅱ 172，305，308，326，433

- ästhetische 审美教育 Ⅰ 88

Eschatologie 转世论、末世论 Ⅰ 211f., 431；Ⅱ 407f.
Ethik/Ethos 伦理学(参见 Phronesis, Praxis) Ⅰ 45, 317f.；Ⅱ 308, 315f., 325f., 433, 469, 500
Euboulia 劝告(参见 Beratung)
Exemplum 范例(参见 Beispiel, Vorbild) Ⅰ 211
Existenz 存在 Ⅰ 258ff.；Ⅱ 54, 103, 369, 427f.
- ästhetische 审美存在 Ⅰ 101f.
Existenzideal 生存理想 Ⅰ 267f.
Experiment 实验 Ⅰ 220f., 354；Ⅱ 457f.
Experte, Expertentum 专家,专家统治、专家技术(参见 Techne) Ⅱ 159ff., 182, 251f., 256f., 316, 324, 454

F

Faktizität 实际性、事实性 Ⅰ 259f., 268f.；Ⅱ 323, 331f., 335, 428, 433
Fest 节日庆典 Ⅰ 128f.
Form 形式 Ⅰ 16f., 83f., 97f.
- innere 内在形式 Ⅰ 137, 444
Forma, formatio 形式,形成 Ⅰ 16f., 427f., 441, 491
Forschung 研究 Ⅰ 219；Ⅱ 38ff., 52ff., 225ff., 248
Frage 问题、提问 Ⅰ 304ff., 368ff., 374ff.；Ⅱ 6, 52ff., 64, 82ff., 153, 179, 193, 205, 503
Freiheit 自由 Ⅰ 10, 14, 87f., 209ff., 218ff.；Ⅱ 39, 41f., 44, 81ff., 187
- Umweltfreiheit 无环境性(环境自由) Ⅰ 448
Fremdheit 陌生性(参见 Andere, Andersheit) Ⅰ 19f., 183, 195, 300；Ⅱ 35, 55, 61ff., 122f., 143, 183, 187, 235, 264, 285, 313,

419,436

- Entfremdung, Verfremdung 异化,疏异化　Ⅰ　19,90,168f.,172,390f.；Ⅱ　181,219u.ö.

Freundschaft　友谊　Ⅰ　30；Ⅱ　211,312,315,417f.

Fundamentalontologie　基础本体论　Ⅰ　223,261f.；Ⅱ　362f.

Fürsorge　关怀、照顾、烦神　Ⅰ　366

G

Ganzes(Teil),Ganzheit　整体(部分),整体性　Ⅰ　76,179f.,194f.,202,227f.,296,463；Ⅱ　31,57,287,307,462

Gattungen(literarische)　类型(文学类型)　Ⅰ　294

Gattungslogik　类型逻辑　Ⅰ　432ff.；Ⅱ　87,366

Gebilde　构成物、创造物　Ⅰ　116ff.,138；Ⅱ　177,357ff.,508

Gedächtnis(Mneme)　记忆(回忆)　Ⅰ　21,355；Ⅱ　149

Gefühl(Sentiment)　情感(感受性)　Ⅰ　34,38,46,49,90ff.,194

- Qualitätsgefühl　质感　Ⅰ　194,215,257

Gegebenes　所与　Ⅰ　71f.,231,246f.,248f.；Ⅱ　339f.

Geist　精神　Ⅰ　19,104,214,231ff.,247f.,349u.ö.,354u.ö.,397,441,461；Ⅱ　71f.,105,262,270f.,435f.

- objektiver　客观精神　Ⅰ　233ff.；Ⅱ　32,362,367

Geisteswissenschaften　精神科学　Ⅰ　9—15,28ff.,46f.,90,104f.,170f.,222ff.,238ff.,263,286ff.,479；Ⅱ　3,28u.ö.,37ff.,50u.ö.,98u.ö.,238,260u.ö.,387u.ö.,438u.ö.,497u.ö.

Gelehrtenlatein　学者之拉丁语　Ⅰ　440

Genie,Genialität　天才,天才性(参见 Kongenialität)　Ⅰ　59ff.,61ff.,70,

98ff., 193, 196; Ⅱ 75, 417

Geschehen 事件、事件之发生 Ⅰ 105, 314, 379, 423, 430f., 476, 488, 491f.; Ⅱ 63, 130, 135ff., 240f., 322f., 332f., 378

- überlieferungsgeschehen 传统过程、传承事件 Ⅰ 295, 314 u. ö.; Ⅱ 62ff., 445f.

- Sprachgeschehen 言语过程 Ⅰ 465, 474f.

Geschichte 历史(参见 Historie, Historik usw.) Ⅰ 200ff., 208ff., 226ff. u. ö.; Ⅱ 27ff., 31f., 36, 48f., 59, 133ff., 413f., 445

- der Philosophie 哲学史 Ⅱ 504

Geschichtlichkeit 历史性(参见 Historisches Bewußtsein)

Geschmack 趣味、鉴赏 Ⅰ 32, 37, 40ff., 45ff., 61ff., 87, 90ff.; Ⅱ 375, 440

- und Genie 趣味与天才 Ⅰ 59ff.

- Idee der Vollendung des 完美趣味的理念 Ⅰ 62f.

Gesellschaft 社会 Ⅰ 10, 36, 41, 45, 90ff.; Ⅱ 239, 269, 274, 317, 320

Gesetz 法则、法律 Ⅰ 10ff., 44, 246, 313f., 323f., 330ff., 365; Ⅱ 278, 285, 400ff.

Gesetzespositivismus 法学实证主义 Ⅰ 323; Ⅱ 392, 400

Gespräch(Dialog, Sprechen) 谈话(对话、讲话) Ⅰ 189, 192, 383f.; Ⅱ 6ff., 58ff., 112ff., 151ff., 200, 207ff., 332 u. ö., 500ff.

- hermeneutisches 诠释学谈话 Ⅰ 373ff., 391, 465ff.; Ⅱ 238

Gestalt 形式、形态、格式塔 Ⅰ 234; Ⅱ 358f.

Gewissen 良知 Ⅰ 217, 220f., 349; Ⅱ 485

Gewißheit 确实性 Ⅰ 243; Ⅱ 45, 48, 300

Geworfenheit 被抛状态 Ⅰ 266f.; Ⅱ 9ff., 124f.

Glaube 信仰、信念 Ⅰ 132, 267, 335ff.; Ⅱ 102, 121ff., 285, 312, 406, 430

Gleichzeitigkeit 共时性(参见 Simultaneität)

Gott, Gottheit, Göttliche 上帝,神性,神性的 Ⅰ 34,215f.,324,336, 363,422ff.,442,489f.；Ⅱ 28,71,129ff.,202,220

Glück 幸福 Ⅱ 468

Grammatik 语法 Ⅰ 418,436；Ⅱ 73,84,202,233,338,342

Gusto 趣味(参见 Geschmack)

Gutes(Idee des Guten, agathon) 善(善的理念) Ⅰ 27f.,317,482ff.； Ⅱ 266,275,291,304u.ö.,422,455

H

Harmonie, dorische 和谐,多立克式的 Ⅱ 501

Hellenismus 古希腊文化 Ⅰ 292；Ⅱ 366

Hermeneutik 诠释学 Ⅰ 169ff.,177ff. u. ö.,300ff.,312ff.,330ff., 346ff.；Ⅱ 5ff. u. ö.,57ff.,110ff.,178ff.,219ff. u. ö.,297, 301ff. u. ö.,419ff.,493ff.

– romantische 浪漫主义诠释学 Ⅰ 177ff.,201ff.,227f.,245,301f., 392；Ⅱ 97ff.,121f.,222f.

– reformatorische 宗教改革时期诠释学 Ⅰ 177ff.；Ⅱ 94f.,277,311f.

– theologische 神学诠释学 Ⅰ 177,312ff.,335ff.；Ⅱ 93ff.,101ff., 125ff.,281ff.,391f.,403ff.

– juristische 法学诠释学 Ⅰ 44,314ff.,330ff.；Ⅱ 67f.,106f.,278, 310f.,392f.,430

– Universalität d. H. 诠释学的普遍性 Ⅱ 110f. u. ö.,186u.ö.,201ff., 219ff.,242u.ö.,255ff.,312ff. u. ö.,439ff.

Herrschaft-Knechtschaft 统治-奴役 Ⅰ 365f.；Ⅱ 68,203,242,250,336

Herrschaftswissen 统治知识 Ⅰ 316,455

Herstellung 制造、生产 Ⅰ 99f.；Ⅱ 252,303,308

Hexis 存在 Ⅰ 27,317ff.

Historie 历史 Ⅰ 28f., 91, 172f. u. ö.；Ⅱ 27ff., 33, 221, 321

Historik 历史学 Ⅰ 47, 181, 201ff., 216f., 226ff., 340ff.；Ⅱ 20f., 441f.

Historisches Bewußtsein = Wissen um die eigene Geschichtlichkeit 历史意识=关于自身历史性的知识 Ⅰ 4, 173f., 233u. ö., 300ff., 399ff. u. ö.；Ⅱ 27u. ö., 64f., 100u. ö., 124f., 134u. ö., 221u. ö., 240, 262f., 299f., 410ff.

- Historisches Wissen, Bildung, Verstehen 历史知识,教化,理解 Ⅰ 12, 19f., 91f., 172, 332f., 344f., 366ff., 399ff. u. ö.

- Selbstvergessenheit des H. B. 历史意识的自我遗忘性 Ⅰ 174u. ö.

Historismus 历史主义 Ⅰ 201ff., 222ff., 275, 278, 305ff. u. ö.；Ⅱ 38, 63, 99f., 221ff., 240, 389ff., 414ff.

Hoffnung 希望 Ⅰ 355

Hören 倾听 Ⅰ 367, 466f.；Ⅱ 213f., 350, 352f., 357ff., 371, 473ff.

Horizont 视域、边缘域、视界 Ⅰ 249f., 307ff., 375, 379ff., 398；Ⅱ 30, 38, 53, 55f., 76, 369, 417, 506

Horizontverschmelzung 视域融合 Ⅰ 311f., 380f., 401；Ⅱ 14, 55, 109, 351, 436, 475

Humaniora 古典人文学科(参见 Geisteswissenschaften)

Humanismus 人道主义、人文主义 Ⅰ 14ff., 23f., 178, 198, 206, 291, 343；Ⅱ 99, 122, 279, 284, 288f., 292, 296, 383, 433

Humanitas 人文主义的 Ⅰ 30；Ⅱ 214

Humour 幽默 Ⅰ 30

Hyle 物质、质料(参见 Materie)

I

Ich – Du – Verhältnis 我-你-关系 Ⅰ 254，364ff.；Ⅱ 35，54，211

Idealismus 唯心论、理想主义 Ⅰ 252f.，451f.；Ⅱ 9f.，69f.，125，245

- deutscher(spekulativer) 德国（思辨）唯心论 Ⅰ 11，65，105，221f.，246f.，255ff. u. ö.，464；Ⅱ 32，71，126，241f.，264，366f.

Idee 理念、观念 Ⅰ 53ff.，58，83f.，87，205，219，317，484ff. u. ö.；Ⅱ 35，73，235，370，402，488，501ff.

Identität 同一性（参见 Einheit）

Identitätsphilosophie 同一哲学 Ⅰ 256；Ⅱ 362，388，470f.

Ideologiekritik 意识形态批判 Ⅱ 114f.，181ff.，201，241，258，349，434，465f.，500

Idiota 无学问的人 Ⅰ 26，441f.；Ⅱ 38，50，172，306

Idola 假相 Ⅰ 355；Ⅱ 79

illuminatio 澄明 Ⅰ 489

Immanenz 内在性 Ⅱ 335，446

Individualität 个体性 Ⅰ 10，183f.，193ff.，211，217f.，229ff.，347，443f.；Ⅱ 15，21，63，98，173f.，210f.，221，313f.，330，426

Individuum, weltgeschichtliches 世界历史性的个体 Ⅰ 208，376；Ⅱ 105

Induktion 归纳（参见 Epagoge） Ⅰ 9ff.，354f.，421，433；Ⅱ 112

Industrialisierung 工业化 Ⅱ 199，231，260

Inkarnation 道成肉身 Ⅰ 145ff.，422ff.，432f.；Ⅱ 247

Innerlichkeit 内在性 Ⅰ 210，217

- des Wortes 话语的内在性 Ⅰ 425ff.

Innesein 内在存在 Ⅰ 71，227，239f.，257f.；Ⅱ 251，387

Instinkt 本能 Ⅰ 34

Instrumentalistische Zeichentheorie　工具主义符号理论　Ⅰ　408ff.，420f.，436ff.，450f.

Integration　组合　Ⅰ　169ff.

Intellectus agens　创造的理智　(参见 Verstand)　Ⅰ　487

- archetypus　原型理智　Ⅱ　246
- purus　纯粹理智　Ⅱ　266
- infinitus　无限理智　Ⅰ　214，489f.；Ⅱ　412，435，500

Intentionalität　意向性　Ⅰ　72，229，247ff.

- anonyme　匿名的意向性　Ⅰ　249；Ⅱ　16，245

Interesse, Interesselosigkeit　兴趣、功利，无功利性　Ⅰ　55ff.，492

Interpretation　解释(参见 Auslegumg)　Ⅰ　124f.，216f.，340ff.；Ⅱ　14ff.，36，103，283，285f.，310，339f.，434f.

Intersubjektivität　主体间性、众人通用　Ⅰ　252ff.

Intuition　直观、直觉　Ⅰ　35；Ⅱ　168

Ironie　讽刺术、反话　Ⅰ　300；Ⅱ　347f.，420，501

J

Judicium　判断(参见 Urteilskraft)

Jurisprudenz　法学　Ⅰ　44；Ⅱ　311

K

Kairos　良机、机会　Ⅱ　32，307

Kalon(das Schöne)　美　Ⅰ　481ff.

Katharsis　净化　Ⅰ　135

Kerygma　福音启示(布道)(参见 Verkündigung)

Kirche　教会　Ⅰ　155f.；Ⅱ　289，292，296，311f.

Klassisch　古典型　Ⅰ　204f.，290ff.；Ⅱ　233f.，476

Koinonoemosyne(sensus communis)　共同思想力(共通感)　Ⅰ　30

Kommunikation　交往、交往理论　Ⅱ　114ff.，144，189，208ff.，256f.，265f.，274，296，344ff.

- verzerrte　扭曲的交往　Ⅱ　257，266，349f.

Kommunion　共享　Ⅰ　129，137，156；Ⅱ　431

Kompetenz, Kommunikative　交往能力　Ⅱ　265ff.

Kongenialität　同质性、与原著精神相符　Ⅰ　192ff.，221，237f.，245，295，315f.；Ⅱ　105，124，395

Konstitutionstheorie, phänomenolog　现象学的构成理论　Ⅰ　252ff.；Ⅱ　371

Kontinuität des Daseins　此在的连续性　Ⅰ　74ff.，101f.，125f.，133，138，249f.；Ⅱ　134，469

- der Geschichte　历史的连续性　Ⅰ　212f.，218f.，288f.；Ⅱ　135ff.

Konvention　惯例、约定(参见 Ubereinkommen)　Ⅱ　203f.，401

Konventionalismus, juristischer　约定主义、法学约定主义　Ⅰ　324f.

- sprachtheoretischer, sprachlicher　语言理论、语言的约定主义(论)　Ⅰ　409ff.；Ⅱ　176，190，365

Korrelationsforschung　相关关系研究　Ⅰ　248ff.

Korrespondenz　通信　Ⅰ　374f.

Kosmos　宇宙　Ⅰ　56f.，484；Ⅱ　28，381，413

Kraft　力　Ⅰ　209ff.，217ff.，230ff.；Ⅱ　31f.，177，426，490

Krise　危机、转换期　Ⅰ　208

Kult　宗教膜拜　Ⅰ　114f.，121，132f.

kultivierung　培养、教化　Ⅰ　17，56

Kultur　文化　Ⅰ　16，38f.，49f.；Ⅱ　224，226，237，322

Kulturkritik　文化批判　Ⅱ　159f.，171，251

Kunste, transitorische 流动性艺术 Ⅰ 142f., 152;Ⅱ 477

- reproduktive 再现艺术 Ⅰ 152

Kunst 艺术 Ⅰ 55ff., 61ff., 88ff., 101ff., 233ff., 239f., 302f., 480ff.;Ⅱ 5, 220f., 472ff., 481

- des Fragens, des Gesprächs 提问的艺术,谈话的艺术 Ⅰ 371ff.

- des Verstehehens 理解的艺术 Ⅰ 169f., 192

- des Schreibens 书写的艺术 Ⅰ 167, 397

- Erfahrung der K. 艺术经验 Ⅱ 7, 14, 17, 108, 332, 378, 432, 471f., 495

Kunstlehre 技艺学(参见 Techne)

Kunstler, künstlerisch 艺术家,艺术家的 Ⅰ 94f., 116, 123, 192f.;Ⅱ 220

Kunstwerk 艺术作品 Ⅰ 90ff., 99ff., 113f.;Ⅱ 75, 313u. ö., 476u. ö.

L

Lebensphilosophie 生命哲学 Ⅰ 223, 235ff.;Ⅱ 465

Leben 生命、生活 Ⅰ 34ff., 69, 72ff., 190, 215, 226ff., 231f., 236f., 239ff., 263;Ⅱ 30ff., 45, 102f., 140f., 337

Lebenswelt 生活世界 Ⅰ 251f., 353f.;Ⅱ 323, 361

Lektüre, Leser 读物,读者 Ⅰ 153, 165f., 195, 273, 339, 394ff.;Ⅱ 21, 351

- ursprünglicher 原本读物、原始读者 Ⅰ 397ff.;Ⅱ 343

Lesen 阅读 Ⅰ 94f., 124[A], 153[A], 165ff., 254, 345f.;Ⅱ 17ff., 61, 205, 233, 297ff. u. ö., 356ff.

- Lesbarkeit 可读性 Ⅱ 341f., 353

Literatur 文学 Ⅰ 165ff., 395;Ⅱ 4, 17, 180, 209, 284, 305ff.

Locus 空间(参见 Topos)

Logik(Syllogistik) 逻辑(三段论) Ⅰ 247,371,432f.;Ⅱ 47,49f.,193,280,294f.,421

Logikkalkül 逻辑演算 Ⅰ 419;Ⅱ 192

Logos 逻各斯 Ⅰ 224f.,317ff.,356,373ff.,409,415ff.,423ff.,433f.,460;Ⅱ 43,46ff.,146,148,333,336

Lüge 谎言 Ⅱ 180

M

Maieutik 助产术 Ⅰ 373f.

Manier 格调 Ⅱ 375f.

Materie 物质 Ⅱ 87

Meinung 意见(参见 Doxa)

- Vormeinung(Vorverständnis) 前意见(前理解) Ⅰ 272f.,299ff.;Ⅱ 52f.,59ff.

Mens auctoris 作者的意思(参见 Autor)

Menschenkenntnis 人性知识 Ⅰ 364;Ⅱ 162,315

Mesotes 中庸 Ⅰ 45f.,317ff.;Ⅱ 315f.

Metapher,Metaphorik 譬喻(隐喻),隐喻术 Ⅰ 81,108,433ff.;Ⅱ 176,355ff.,462

Metaphysik 形而上学 Ⅰ 206ff.,462ff.;Ⅱ 10u.ö.,202u.ö.

- dogmatische 独断论的形而上学 Ⅰ 471;Ⅱ 187

- Überwindung der M. 形而上学之克服 Ⅱ 333ff.,368ff.,502f.

Metasprache 元语言 Ⅰ 418;Ⅱ 50

Methexis 分有、参与(参见 Teilhabe)

Method 方法 Ⅰ 11,13f.,29,177f.,182,185u.ö.,254,287,354f.,

364f., 463ff.; II 38, 45u.ö., 186, 226u.ö., 248, 394, 438u.ö.

Mimesis(Nachahmung) 模仿 I 118ff., 139u.ö., 414; II 501

Mißverständnis/Mißverstand 误解 I 188ff., 273u.ö.; II 222ff., 237, 313, 343

Mitleid 同情 I 133, 135ff.

Mittel – Zweck 工具-目的 I 326f., 364, 463

Mneme 记忆(参见 Gedächtnis)

Mode 样式、方式 I 42f.; II 51, 228

Modell 模型 I 320; II 307, 323, 328

Monolog 独白 II 207, 211u.ö., 256, 370, 498f.

Mounment 纪念碑 I 154

Moral, provisorische 应急性的道德 I 283f.

Moralphilosophie 道德哲学 I 30f., 36, 38f., 285, 317ff.; II 187, 304f., 308, 327

Moral science 道德科学 I 9, 318f.; II 320, 327, 450

Motiv 动机 I 98

Motivation 引起、起因 I 382f., 475

Museum 博物馆 I 92f., 139f.

Mündlichkeit 口诵(参见 Schriftlichkeit Text) I 11, 192, 201ff., 221u.o., 263, 328; II 236, 342, 346, 419

Musik, absolute 音乐,绝对的音乐 197, 152f., 169; II 31, 90, 340, 358, 385

– Hausmusik 家庭音乐 I 115f.

Mythologie 神话学 I 82f., 93; II 390f.

Mythos 神话 I 85ff., 114, 138, 278u.ö., 351u.o.; II 33, 36,

101f., 126ff., 380

N

Nachahmung 模仿(参见 Mimesis)

Nachsicht 宽容 Ⅰ 328f.

Nachfolge (Imitatio) 顺从(模仿)(参见 Vorbild) Ⅰ 48, 286, 343; Ⅱ 99, 122, 279, 296, 300

Name, Onoma 名称, 名字(参见 Wort) Ⅰ 409ff., 433f., 441f.; Ⅱ 73

Natur 自然 Ⅰ 16ff., 34, 354f.; Ⅱ 27f., 381, 413f.

- schönheit 自然美 Ⅰ 57ff., 63

- recht 自然法 Ⅰ 12, 28, 30, 275, 324f.; Ⅱ 401f., 415

- wissenschaften 自然科学 Ⅰ 10ff., 24f. u. ö., 46u. ö., 130, 223ff., 244, 263, 288, 455ff., 463; Ⅱ 3, 37 u. ö., 251u. ö., 337u. ö., 439f., 496

Naturrecht 自然法(参见 Natur)

Naturwüchsige Gesellschaft 近乎自然的社会 Ⅰ 279; Ⅱ 246

Negativität der Erfahrung 经验的否定性 Ⅰ 359f.

Neugierde 好奇 Ⅰ 131; Ⅱ 224f., 325

Nihilismus 虚无主义 Ⅱ 38

Nominalismus 唯名论 Ⅰ 11ff., 121, 439; Ⅱ 49f., 71, 101

Nomos 法、法律(参见 Gesetz) Ⅰ 285f., 435f.; Ⅱ 433

Notwendigkeit in der Geschichte 历史必然性(参见 Freiheit) Ⅰ 210f., 217f.

Nous 心灵、心智、神智 Ⅰ 34, 129, 327, 458u. ö.; Ⅱ 362

O

Objektivismus, Objektivierbarkeit 客观主义, 可对象性 Ⅰ 248ff., 260u. ö., 457, 480; Ⅱ 40, 48f., 64, 69ff., 124, 221, 240, 323, 356,

388f., 410, 435, 443f.

Offenbarung 启示 Ⅰ 336f.

Offenheit 开放性 Ⅰ 105, 273, 304u.ö.; Ⅱ 8, 32, 63f., 52f., 380

- der Erfahrung 经验开放性 Ⅰ 104f., 361f. u. ö., 450f. u. ö.; Ⅱ 201, 230, 271, 505

- der Frage 问题开放性 Ⅰ 368ff., 380f.

- des Wirkungsgeschichtlichen Bewußtseins 效果历史意识开放性 Ⅰ 346, 367f.; Ⅱ 498

Okkasionalität 偶缘性

- des Kunstwerks 艺术作品的偶缘性 Ⅰ 149ff.; Ⅱ 379ff.

- der Auslegung 解(阐)释的偶缘性 Ⅰ 186f., 301f.

- der Sprache 语言的偶缘性 Ⅰ 462; Ⅱ 178, 195f.

Onoma 名称(参见 Name, Wort)

Ontotheologie 本体论神学 Ⅱ 12

Ordnung 秩序(参见 Kosmos) Ⅰ 57, 104, 110; Ⅱ 139, 155ff., 287, 381, 413f.

Orexis 努力 Ⅰ 317ff.

Ornament 装饰品 Ⅰ 50f., 163f.

Ornatus 装饰 Ⅱ 432

P

Pädagogik 教育学 Ⅰ 12f., 186f.

Paideia 教育 Ⅰ 23ff., 481

Pantheismus 泛神论 Ⅰ 202, 214f., 222

Parousie(Anwesenheit, Gegenwärtigkeit) 再现(在场,显现) Ⅰ 128f., 133, 485ff.

Patristik 教父学 Ⅰ 85, 145, 423ff.

Perfektionismus 至善论 Ⅰ 15, 20, 278ff.

Peitho 证明（参见 Überzeugung）

Phänomenologie 现象学 Ⅰ 89, 246ff., 258ff.; Ⅱ 52, 67, 69, 338, 411f., 446

Philologie 语文学 Ⅰ 28u.ö., 177u.ö., 195ff., 201f., 287ff., 340ff.; Ⅱ 20f., 55, 383, 488

Phobos(Bangigkeit, Furcht) 畏惧（担忧） Ⅰ 135f.

Phonozentrismus 音调中心主义 Ⅱ 371

Phronesis(prudentia, Vernünftigkeit) 实践智慧（审慎，合理性） Ⅰ 25ff., 318ff.; Ⅱ 162, 239, 251ff., 311, 315u.ö., 324u.ö., 422, 485

Physik 物理学 Ⅰ 427ff., 435; Ⅱ 48, 303

Physis 自然、本性 Ⅰ 17, 318; Ⅱ 363f.

Poésie pure 纯诗 Ⅱ 474

Poetik 诗学 Ⅱ 431f.

Politik 政治学 Ⅱ 160ff., 235, 252f., 267, 314, 318, 327

Porträt 肖像 Ⅰ 150ff.

Positivismus 实证主义 Ⅰ 287ff.; Ⅱ 71f., 254, 434

Praxis(prakt, Philosophie) 实践（实践哲学） Ⅰ 25ff., 318ff.; Ⅱ 22f., 117, 252ff., 275, 289, 302u.ö., 427u.ö., 454f., 468u.ö.

Predigt 布道 Ⅰ 132f., 336ff.; Ⅱ 97, 132, 312

Présence 在场 （参见 Anwesenheit）

Problem, Problemgeschichte 问题，问题史 Ⅰ 381ff.; Ⅱ 81ff., 113, 482, 484

Produktion(Produktivität) 生产（生产性，创造性） Ⅰ 63ff. u.ö., 98ff.,

192f., 196ff., 301；Ⅱ 63, 236

Profanität 世俗性 Ⅰ 155f.

Projektion 投射 Ⅰ 258

Pseudos(Täuschung, Trug, Falschheit) 虚假(欺骗,幻觉,错误) Ⅰ 412ff., Ⅱ 50f., 235

Psychologie 心理学 Ⅰ 73f., 228ff., 341f.；Ⅱ 134, 254, 388

Psychophysik 心理生理学 Ⅰ 74

Pulchrum 美、漂亮(参见 Kalon, Schön)

Q

Quelle 源泉 Ⅰ 427；Ⅱ 34, 383f.

Querelle des anciens et des modernes 古代与现代之争 Ⅰ 26, 166, 181；Ⅱ 263, 299, 414f., 444

R

Rat 劝告 Ⅰ 328；Ⅱ 315f.

Ratio, Rationalismus 理性,理性主义(唯理论) Ⅰ 34, 49, 198, 275f., 419ff., 482f.；Ⅱ 276f.

Recht, Rechtshistorie, Rechtsdogmatik 法、法律,法学史,法学教义学 Ⅰ 44ff., 330ff.；Ⅱ 311, 441ff.

- Rechtsschöpfung 法权创造 Ⅱ 310f., 346, 399f., 426f.

Reduktion, phänomenologische 还原,现象学还原 Ⅰ 250f., 260；Ⅱ 412

Reflexion(Bewußtmachung) 反思(再意识) Ⅰ 71, 94, 239ff., 258, 366ff., 430, 486；Ⅱ 32, 121u.ö., 239u.ö., 270u.ö., 302, 317, 469f., 500

- ästhetische 审美反思 Ⅰ 123, 351

- transzendentale 先验反思 Ⅰ 249；Ⅱ 246f.，332，428
- äußere 外在反应 Ⅰ 468ff.

Reflexionsphilosophie 反思哲学 Ⅰ 240f.，346ff.，452u.ö.；Ⅱ 8，86

Reformation 宗教改革 Ⅰ 177f.，282；Ⅱ 279，282ff.，308f.，312

Regeneration 再生 Ⅰ 34

Regisseur 导演 Ⅰ 152；Ⅱ 263f.

Rekonstruktion 再造、重构 Ⅰ 171ff.，192，196

Relativismus 相对主义 Ⅰ 40，46，240f.，252，350，451；Ⅱ 30，38，40，201，230，262，299，399

Repräsentation 代表、表象、表现 Ⅰ 74f.，146f.，153f.，156f.，164，210f.；Ⅱ 12，72

Reproduktion 再现(参见 Darstellung) Ⅰ 82f.，122ff.，165，191u.ö.，315f.，403f.；Ⅱ 17，109，263f.，377f.，441

Respublica Litteraria 文字共和国 Ⅱ 27，295，298f.

Restauration 修复 Ⅰ 171f.，278；Ⅱ 263

Rhetorik 修辞学 Ⅰ 25ff.，77，179，382，488f.；Ⅱ 95f.，111，234u.ö.，273f.，276u.ö.，292u.ö.，320f.，466f.，486，498ff.

Rhythmus 节奏、韵律 Ⅱ 74f.

Richtungssinn 定向意义(参见 Sinn)

Roman 小说 Ⅰ 166

Romantik 浪漫派(参见 romantische Hermeneutik) Ⅰ 56，93，200u.ö.，277ff.；Ⅱ 122u.ö.，222，232，251，330

S

Sache，Sachlichkeit 事物、事情，事实性 Ⅰ 265，449，457ff.，467f.，489；Ⅱ 6，56ff.，66u.ö.

Sachlichkeit der Sprache 语言的事实性 Ⅰ 449,457f.；Ⅱ 6,56

Sage 传说(参见 Sprache) Ⅰ 94,138,300；Ⅱ 63,498

Sakralität 宗教性、神圣性 Ⅰ 154ff.

Schauspiel 戏剧、观赏游戏 Ⅰ 114,122f.,133ff.

Schein, ästhetischer 现象,审美现象 Ⅰ 89ff.,484f.；Ⅱ 359f.

Schicksal 命运 Ⅰ 19,135f.；Ⅱ 32,36,138f.,202f.

Schmuck 装饰品(参见 Dekoration)

Schön, Schönheit 美

- freie, anhängende 自由美,依存美 Ⅰ 50ff.

- Natur- und Kunstschönheit 自然美和艺术美 Ⅰ 50,55f.,64,483f.

- Metaphysik des Schönen 美的形而上学 Ⅰ 481ff.；Ⅱ 359f.

Schöpfung, Schpöfer 创世,创世者 Ⅰ 420,438f.,483；Ⅱ 71

Schottische Philosophie 苏格兰哲学 Ⅰ 30,38

Schrift, Schriftlichkeit, Schreiben 文字,文字性,书写 Ⅰ 165ff.,276f., 393ff.；Ⅱ 204f.,236,283,296,308ff.,344ff.,419f.,474f.

Schuldtheorie, tragische 悲剧的过失理论 Ⅰ 137

Scopus(Gesichtspunkt) 眼界(观点),目的 Ⅰ 164,186；Ⅱ 35,255, 259,282,286,296,309,317,430

Seele 心灵 Ⅰ 462；Ⅱ 43,71,74f.,234ff.,255,287,298,315, 370,501

Sein 存在 Ⅰ 105,145,261,459；Ⅱ 85f.,333f.,366ff.

- Seinserinnerung 存在回忆 Ⅱ 503

- Seinsvergessenheit 存在遗忘 Ⅰ 262；Ⅱ 333,368,372,447,502f.

- Seinsverständnis 存在理解(领悟) Ⅱ 125,428f.

Selbstauslöschung 自我消除 Ⅰ 215,219,239,274；Ⅱ 60f.,221f.

Selbstbewußtsein 自我意识 Ⅰ 18,74,214f.,233f. u. ö.,257ff.；Ⅱ 9,

32,84,300,338,363,484f.

Selbsterhaltung 自我保存 Ⅰ 257

Selbsterkenntnis 自我认识 Ⅱ 40f.,336,407

Selbstvergessenheit 自我忘却 Ⅰ 131,133;Ⅱ 73,126ff.,150f.,
178,198,372,485

- des historischen Bewußtseins 历史意识的自我忘却 Ⅱ 174u.ö.

Selbstverständnis(Bewußtmachung) 自我理解(再意识) Ⅰ 103,463ff.;
Ⅱ 75f.,121ff.,255,406ff.

Sensus communis 共通感 Ⅰ 24ff.,37f.,39f.,49;Ⅱ 111

Sensualismus 感觉主义 Ⅰ 38;Ⅱ 80

Sentiment 感情(参见 Gefühl)

Simultaneität(Gleichzeitigkeit) 同时性(共时性) Ⅰ 91ff.,126ff.,395;
Ⅱ 35,55,220,321,432,471f.

Sinn 意义(参见 Bedeutung) Ⅰ 71f.,297ff.,339,368ff.;477;Ⅱ 5,
57u.ö.,178u.ö.,264f.,352ff.,368ff.,470u.ö.

- Richtungssinn 定向的意识 Ⅰ 368;Ⅱ 369

Sinn,Sinne(sensus) 感觉 Ⅰ 23ff.,30ff.,37f.;Ⅱ 210

Sitte,Sittlichkeit 道德,伦理性 Ⅰ 27f.,44,56f.,285,317ff.;Ⅱ 39,
138,158,250,315f.

Situation 处境,境况 Ⅰ 45f.,307,317u.ö.,339,476;Ⅱ 51,53f.,
164,275,315

Skulptur 雕塑 Ⅰ 141

Solidarität 团结 Ⅰ 30,37;Ⅱ 80,269f.,347

Sophia 智慧 Ⅰ 25u.ö.

Sozialingenieur 社会工程师 Ⅱ 452,459

Sozialwissenschaften 社会科学(参见 Gesellschaftsw) Ⅰ 10,364f.;Ⅱ 21f.,

114ff., 238ff., 248f., 451ff.

Spekulativ, Spekulation 思辨的,思辨 Ⅰ 223u.ö., 469ff.；Ⅱ 52, 370, 474

Spiegel, Spiegelung 镜, 反映 Ⅰ 143f., 429, 469f.；Ⅱ 73, 148, 222, 242f., 354

Spiel 游戏(参见 Sprache) Ⅱ 107ff., 491ff.；Ⅱ 5f., 60, 90, 128ff., 151ff., 259, 379f., 466, 495ff.

Sprache, Sprechen 语言,讲话(参见 Gespräch) Ⅰ 200, 272f., 383ff., 433f. u.ö, 459ff., 467ff.；Ⅱ 5ff., 54ff. u.ö., 109ff., 125ff., 146ff. u.ö., 197f., 207u.ö., 231, 243u.ö., 332u.ö., 506ff.

– des Glaubens 信仰的语言 Ⅱ 408ff.

– der Natur 自然语言 Ⅰ 57, 478f.；Ⅱ 233, 434

– der Überlieferung 传承物语言 Ⅰ 339ff. u.ö.

– und Logos 语言和逻各斯 Ⅰ 409ff., 460u.ö.

– und Verbum 语言与话语 Ⅰ 422ff., 487；Ⅱ 80, 384

– Privatsprache 私有语言 Ⅱ 176

– Sprache der Metaphysik 形而上学语言 Ⅱ 332f., 356, 361ff., 366

Sprachspiel 语言游戏 Ⅱ 239, 245u.ö., 429

– Sprachvergessenheit 语言遗忘 Ⅱ 343, 361

– Ursprache 原始语言 Ⅰ 430, 448；Ⅱ 74, 147, 192, 365

– Virtualität der Sprache 语言效力 Ⅱ 204, 364, 370

Sprachlichkeit des Verstehens 理解的语言性 Ⅱ 64f., 73, 112, 143ff., 184ff., 232ff., 436, 444, 465, 496f.

Sprachnot, Sprachfindung 语言困境,语言发明 Ⅱ 10, 83, 85f., 332, 367, 461, 507

Sprachphilosophie 语言哲学 Ⅰ 406f. u.ö., 443；Ⅱ 5f., 72ff., 147ff., 338, 361, 429

Sprachunbewußtheit 语言无意识 Ⅰ 272, 383, 407f., 409; Ⅱ 148

Spur Linie 踪迹线 Ⅱ 371

Staat 国家 Ⅰ 155f.

- idealer 理想国家 Ⅱ 413

- vs. Polis 国家与城邦 Ⅱ 418

Standpunkt der Kunst 艺术立脚点 Ⅰ 612ff.

Statistik 统计学 Ⅰ 306; Ⅱ 226

Stiftung 创建 Ⅰ 159f.

Stil 风格 Ⅰ 7, 43f., 293f.; Ⅱ 352, 375ff.

Struktur 结构 Ⅰ 227f., 235f.; Ⅱ 31, 57, 358, 398

Subjekt, Subjektivität 主体,主体性 Ⅰ 228, 250ff., 282 u. ö.; Ⅱ 84, 410ff., 446, 505

Subjektivierung 主体化

der Ästhetik 美学主体化 Ⅰ 48ff., 87, 98ff.

- als Methode 作为方法的主体化倾向 Ⅰ 73ff.

- des Schicksals 命运主体化 Ⅰ 136f.

Subjektivismus 主观主义 Ⅰ 101, 105, 148, 261f. u. ö., 464; Ⅱ 70, 75, 124, 331f.

Subordinationismus 等级从属说 Ⅰ 424

Substanz 实体 Ⅰ 20, 286; Ⅰ 251f., 363, 366, 502f.

Subtilitas 技巧 Ⅰ 188, 312; Ⅱ 97

Symbol, Symbolik 象征,象征手法、象征语言 Ⅰ 15, 78ff., 158f., 408; Ⅱ 72

Sympathie 同情 Ⅰ 30, 217, 219, 236f.

Synesis 理解 Ⅰ 328; Ⅱ 314

Syntheke 协定(参见 Übereinkommen)

Systembegriff 系统概念 I 179；II 484

T

Takt 机敏 I 11f., 20f. u. ö., 34, 45；II 40

Tathandlung 本原行动 II 367

Tatsache 事实 II 3f., 321f., 339, 388, 457f.

Tatsächlichkeit 事实性 II 325, 327

Täuschung 失望 II 40f.

Techne(ars) 技术 I 320, 357；II 23, 160ff., 252f., 304 u. ö.

– Kunstlehre 技艺学 I 182, 270；II 92 u. ö., 254, 312ff.

Technik 技术 II 23, 48, 194, 203, 219, 225, 368

Teilhabe 分有 I 129ff., 156, 215, 297, 395, 462, 485；II 58, 259, 323

Teleologie 目的论 I 60, 71, 207, 463f.；II 228ff.

– der Geschichte 历史目的论 I 203ff.；II 412ff.

Terminus, Terminologie 术语 I 419；II 83f., 113, 176f., 191f., 196, 365f.

Text 文本（参见 Schriftlichkeit） I 168, 265, 383；II 17 u. ö., 233 u. ö., 337ff., 434 u. ö., 474 u. ö.

– eminenter 真正的（卓越的）文本 II 348, 350ff., 475f., 508

Theologie 神学（参见 theol. Hermeneutik） I 127, 177ff., 422ff.；II 101f., 277f., 282ff., 409

– liberale 自由神学 II 391, 429

– der Geschichte 历史神学 I 204f.；II 124

Theorie, theoretisch 理论，理论性的 I 19, 27, 129f., 458f.；II 233, 321f., 324f.

Tod 死亡 II 141f.

Topica 论证法　Ⅰ　26；Ⅱ　282f.，430

Topos, Locus 空间　Ⅰ　437；Ⅱ　282f.

Totalität 整体性　Ⅱ　174，176，198，460，473，506

Tradition 传统　Ⅰ　177f.，282，285ff.，300ff.，364；Ⅱ　263，268，470

Tragödie, tragisch 悲剧，悲剧的　Ⅰ　133ff.，362f.；Ⅱ　140f.

Trinität 三位一体　Ⅰ　422ff.，461

Tugend(Arete) 德行（善）　Ⅰ　17，30f.，317ff.，453；Ⅱ　290f.，315

Tyche 幸运　Ⅰ　321；Ⅱ　160，352

Typologie 类型学　Ⅱ　100ff.，283，389

U

Übereinkommen(Syntheke) 协定　Ⅰ　435f.，449；Ⅱ　16，74，146，326

Überhellung 突出重点　Ⅰ　389，404；Ⅱ　63，382

Überlieferung 传承物（参见 Tradition）　Ⅰ　165ff. u. ö.，280u. ö.，341ff.，363ff.，366，393ff.，400，445，467；Ⅱ　20，39ff.，62，76，143ff.，237，241f.，370，383，443，447

Übersetzung 翻译　Ⅰ　387ff.，450；Ⅱ　92，153，183，197，205f.，229f.，342，348，436

Überzeugung(Peitho) 证明　Ⅱ　236，273f.，308，431，466，499

Unabgeschlossenheit 无封闭性（参见 Offenheit）

Universalgeschichte 世界史　Ⅰ　201，203ff.，235；Ⅱ　31，34，75，240，246

Universalität 普遍性（参见 Hermeneutik）

Universum, hermeneutisches 诠释学宇宙　Ⅱ　441，466

Unmittelbarkeit 直接性（参见 Ästhet, Unmittelbarkeit）　Ⅰ　101，214f.，404

－des Verstehens 理解的直接性　Ⅰ　221

- der Gesprächssituation 谈话境遇的直接性 Ⅱ 344

Unterscheidung, ästhet 审美的区分(参见 Ästh, Unterscheidung)

Urbild 原型(参见 Bild)

Urkunde 证词(参见 Schriftchkeit) Ⅱ 344f.

Ursprache 原始语言(参见 Sprache)

Urteil 判断(参见 Aussage und Logos)

Urteilskraft(judicium) 判断力(法学的) Ⅰ 27,31f.,36ff.；Ⅱ 97, 278,307,310,328,455

- ästhetische 审美判断力 Ⅰ 43ff.,60f.

- reflektierende 反思性判断力 Ⅰ 37,44f.,61；Ⅱ 400,427

V

Vandalismus 汪达尔主义 Ⅰ 156

Veränderung 变化 Ⅰ 116,286；Ⅱ 268

Verbalismus 咬文嚼字 Ⅰ 355,463

Verblendung 迷惑、蒙蔽 Ⅰ 137,327

Verbum 话语、语词(动词)(参见 Wort)

Verfremdung(Entfremdung) 疏异化(异化)(参见 Fremdheit)

Vergessen 遗忘(参见 Selbst-,Seinsvergessen) Ⅰ 21；Ⅱ 145,485

Vergleichung als Methode 作为方法的比较 Ⅰ 237f.,406

Verhör 盘问、审讯 Ⅱ 346

Verifikation 证实 Ⅱ 48,50,185

Verisimile 似真的(参见 Eikos)

Verkündigung 福音布道 Ⅰ 336ff.；Ⅱ 127ff.,138f.,286,312, 345f.,407,426f.,430

Vermittlung 中介

- totale　整体的中介　Ⅰ　115ff., 123ff., 132；Ⅱ　362, 471
- geschichtliche　历史的中介　Ⅰ　162, 174, 221f., 295ff., 333f., 346 u. ö.；Ⅱ　441ff.
- absolute　绝对的中介　Ⅰ　347ff.

Vernehmen(noein)　闻听　Ⅰ　416

Vernunft　理性　Ⅰ　33, 277, 283f., 349, 405, 425, 471；Ⅱ　22, 47, 52, 183, 187, 191, 204, 215, 255, 267, 269f., 274f., 327, 497
- historische　历史理性　Ⅱ　28, 32ff., 36, 387
- praktische　实践理性　Ⅱ　427f., 467ff., 499f.

Vernüftigkeit　合理性(参见 Phronesis)

Verschlüsselung/Entschlüsselung　伪装/揭露　Ⅰ　300；Ⅱ　284ff., 349

Versetzung　置身于　Ⅰ　193, 195, 308ff., 328f., 339, 389f. u. ö., 398；Ⅱ　61

Verstand　知性(参见 Intellectus)　Ⅰ　52, 59, 80, 187, 276, 471f.

Verständigung, Einverständnis(Konsensus)　互相理解,达成一致意见(同意)　Ⅰ　183, 297f.；Ⅱ　16ff., 116, 183 u. ö., 225 u. ö., 266 u. ö., 342ff., 497

Verständnis(sittliches)　理解(伦理的)　Ⅰ　328；Ⅱ　314ff.

Verstehen　理解(参见 Sprache, Sprachlichkeit)　Ⅰ　183ff., 215, 219ff., 263ff.；Ⅱ　6ff., 30ff. u. ö., 52ff., 57ff., 103, 116f., 121ff., 222ff. u. ö., 330 u. ö.

Verwandlung　转化　Ⅰ　116ff.

Verweilen　逗留(参见 Zeitlosigkeit des Kunstwerks)　Ⅱ　359, 369

Vieldeutigkeit, produktive　多义性,生产性的　Ⅱ　380, 421f.

Vollendung　完成
- der Bildung　教化的完成(完满的教化)　Ⅰ　20

- des Geschmacks 趣味的完成(完满的趣味) Ⅰ 62f.

- des historischen Bewußtseins 历史意识的完成 Ⅰ 233ff., 244; Ⅱ 32, 35, 42

- des hermeneutischen Bewußtseins 诠释学意识的完成 Ⅰ 367f.

Vollkommenheit 完全性(参见 Vorgriff der Vollkommenheit)

Vorbild 范本、模本,参见 Nachfolge Ⅰ 48, 198, 290ff., 342ff.; Ⅱ 89, 330, 499

Vorgriff der Vollkommenheit 完全性前概念 Ⅰ 229f.; Ⅱ 61ff., 265

Vorhandenheit 现成在手状态(参见 Anwesenheit)

Vorurteil(praejudicium) 前见、成见(前判断) Ⅰ 275f.; Ⅱ 60ff., 181f.

- Konservative 保守性前见 Ⅱ 270f.

- produktive 创造性的前见 Ⅱ 261f., 434, 454

- Vorurteilslosigkeit 无前见 Ⅱ 34, 433f.

Vorverständnis 前理解 Ⅰ 272ff., 299ff.; Ⅱ 61, 240, 247, 277ff., 406

W

Wahrheit 真理 Ⅰ 1ff., 47, 103ff., 118, 174, 490f.; Ⅱ 37u. ö., 50ff., 71u. ö., 103, 220, 232, 411, 432, 482, 504

Wahrnehmung 感觉 Ⅱ 339

Wahrscheinlich 似真的(参见 Eikos)

Welt, Umwelt 世界、环境 Ⅰ 428, 446ff., 460; Ⅱ 34, 73f., 112, 149ff., 183, 202

Weltanschauung 世界观 Ⅰ 103f., 279f., 447; Ⅱ 78, 100

Wert, Wertung 价值、评价 Ⅰ 46, 63, 225, 243; Ⅱ 29f., 33, 38f., 133f., 163, 203, 221, 322, 334

- Wertphilosophie 价值哲学 Ⅱ 388f., 428, 458

Wesen 本质、存在(参见 Anwesenheit) Ⅱ 369, 372

Wesenserkenntnis　本质认识　Ⅰ　120f.，434f.

Widersprüchlichkeit　矛盾性　Ⅰ　452；Ⅱ　416，421

Wiedererkenntnis　再认识、重新认识　Ⅰ　119ff.，381；Ⅱ　149f.，200f.，229f.

Wiederholung　重复　Ⅱ　353，477

Wille zur Macht　权力意志　Ⅰ　365；Ⅱ　103，333f.，336，372，502

- zur Dauer　求传承的意志　Ⅰ　286ff.，395，399

Wirklichkeit　实在（参见 Faktizität）　Ⅰ　88f.，121，347；Ⅱ　245，380，488

Wirkungsgeschichte, wirkungsgesch, Bewußtsein　效果历史，效果历史意识　Ⅰ　305ff.，346，348，351f.，367f.，392f.，476f.；Ⅱ　5，10f.，31u.ö.，64f.，106u.ö.，142f.，228ff.，239ff.，247，441u.ö.，475f.，495

Wirkungszusammenhang(Bedeutungs-, Sinn -)　效果关系（意义的效果关系）　Ⅱ　31，134，358，461

Wissen　知识

- dist Erfahrung　明显经验知识　Ⅱ　271，306ff.，314ff.

- des Allgemeinen　普遍知识　Ⅱ　149，168，200f.

Wissenschaft　科学（参见 Naturw.，Geistesw.，Historie）　Ⅰ　241ff.，338ff.，457ff.；Ⅱ　37ff.，78u.ö.，155u.ö.，172，181f.，186u.ö.，225u.ö.，280，319u.ö.，449u.ö.

Wit　机智　Ⅰ　30

Wort(Onoma, Verbum)　话语、语词（名称，动词）　Ⅰ　366u.ö.，409，420，422ff.，438ff.，487u.ö.；Ⅱ　80u.ö.，192u.ö.，298，370f.，460

- Selbstpräsentation des　语词自我表现　Ⅱ　352ff.

- Wortspiel　语词游戏　Ⅱ　354

Z

Zahl 数 Ⅰ 416, 420, 438

Zeichen 符号 Ⅰ 157ff., 416ff.; Ⅱ 16, 50, 71f., 174, 178, 385

Zeigen 指示 Ⅰ 120, 400, 402, 404; Ⅱ 47, 334

Zeit, Zeitlichkeit 时间,时间性 Ⅰ 126ff., 231, 261f.; Ⅱ 16, 124, 135ff., 356u. ö.

Zeitenabstand 时间距离(间距) Ⅰ 195, 296ff., 302f., 316u. ö.; Ⅱ 8f., 63, 109, 264, 403

Zeitgenossenschaft 同时代 Ⅰ 303f., 399

Zirkel, hermeneutischer 循环,诠释学循环 Ⅰ 179, 194, 270ff., 296ff.; Ⅱ 34, 57ff., 224f., 331, 335, 357f., 406

Zugehörigkeit 从属、隶属 Ⅱ 114, 129, 131, 134ff., 165f., 171, 266u. ö., 295, 319, 335, 420, 462f.; Ⅱ 62ff., 379, 434, 450

Zuschauer 观赏者 Ⅰ 114f., 129f., 133ff.

Zweck, Zweckmäßigkeit 目的,合目的性 (参见 Teleologie) Ⅰ 28, 56u. ö., 99f., 326f., 463; Ⅱ Ⅱ 158ff., 168ff., 194

Zweckrationalität 目的合理性 Ⅱ 163, 194, 272, 326, 467f.

Zweideutigkeit 歧义、含糊性 Ⅰ 492; Ⅱ 234ff., 271, 301ff., 334, 380, 444

Zweifel 怀疑 Ⅰ 241f., 275; Ⅱ 45f., 103, 320

Zwischen, hermeneutisches 中间地带,诠释学中间地带 Ⅰ 300; Ⅱ 63, 338

人名索引(汉—德)

(索引所标页码均为德文原书页码,Ⅰ为第1卷,Ⅱ为第2卷,请查检中译本每页边码。)

阿多尔诺,Th. W. Adorno, Th. W. Ⅰ 153,153,279;Ⅱ 452,472,474,493
阿尔加洛蒂 Algarotti Ⅰ 80
阿芬那留斯,R. Avenarius, R. Ⅰ 250
阿那克西曼德 Anaximander Ⅰ 128f.;Ⅱ 363f.
阿佩尔,K.-O Apel, K.-O Ⅰ 271,452;Ⅱ 109f.,260,263f.,265f.,272,437,443,454,470,501
阿斯曼,A,u. J. Assmann, A, u. J. Ⅱ 402
阿斯特,F. Ast, F. Ⅰ 182,189,193f.,297;Ⅱ 58f.,463
阿图尔,亨克尔 Henkel, A. Ⅱ 489
埃贝林,格哈德 Ebeling, G. Ⅰ 177f.,180,336;Ⅱ 391,408,410,457
埃宾豪斯,H. Ebbinghaus, H. Ⅰ 229;Ⅱ 493
埃格布莱希特,H. H. Eggebrecht, H. H. Ⅱ 385
埃克哈特大师 Meister Eckhart Ⅱ 461,482,502
埃内斯蒂 Ernesti Ⅰ 180,188;Ⅱ 97
埃塞尔,约瑟夫 Esser, J. Ⅱ 392,400,457

埃斯库罗斯　Aischylos　Ⅰ　134,355,357,362；Ⅱ　477

艾伯特,特奥　Ebert,Th.　Ⅱ　493

爱利亚学派　Eleatismus　Ⅰ　416,468

爱因斯坦,A.　Einstein,A.　Ⅱ　480

安茨,H.　Anz,H.　Ⅱ　11

安那克萨哥拉　Anaxagoras　Ⅰ　357

奥德布莱希特,R.　Odebrecht,R.　Ⅰ　55,98；Ⅱ　431,463

奥尔布莱希特-梯特卡　Olbrecht-Tyteca　Ⅱ　431,467

奥古斯丁　Augustin　Ⅰ　21,177,297,424ff.,487；Ⅱ　58,93ff.,111,123,130,135,288f.,295,298,300,371,443,491,502

奥森伯格　Osenberg　Ⅱ　490

奥特　Ott　Ⅱ　391,407f.

奥托,瓦尔特　Otto,W.　Ⅰ　128；Ⅱ　390f.,398

巴德尔,F.　Baader,F.　Ⅰ　126

巴尔特,卡尔　Barth,K.　Ⅰ　148；Ⅱ　391,403,481

巴赫,J. S.　Bach,J. S.　Ⅱ　477

巴霍芬,J.J.　Bachofen,J. J.　Ⅰ　15；Ⅱ　390

巴克尔　Buckle　Ⅰ　216f.

巴门尼德　Parmenides　Ⅰ　128f.,465；Ⅱ　85ff.,363f.

巴诺夫斯基,E.　Panofsky,E.　Ⅱ　375

巴图沙特,沃尔夫冈　Bartuschat,W.　Ⅱ　493

拜尔瓦特,W.　Beierwaltes,W.　Ⅰ　120

鲍尔,F. Ch.　Baur,F. Ch.　Ⅱ　405

鲍赫,K.　Bauch,K.　Ⅰ　143

鲍姆加登,A.　Baumgarten,A.　Ⅰ　36f.,79；Ⅱ　499,508

贝蒂,埃米里奥　Betti,E.　Ⅰ　264,315,331,333；Ⅱ　17,389,392ff.,

399，406，453，457

贝多芬　Beethoven　Ⅱ　482

贝尔努利，J.　Bernoulli, J.　Ⅰ　33

贝尔特拉姆，恩斯特　Bertram, E.　Ⅱ　481

贝弗，赫尔姆特　Berve, H.　Ⅱ　490

贝克尔，奥斯卡　Becke, O.　Ⅰ　101f., 247, 260；Ⅱ　14, 411, 472

贝伦松，伯恩哈德　Berenson, B.　Ⅰ　97

贝纳，D.　Benner, D.　Ⅱ　457

贝特利　Bentley　Ⅰ　183

本亚明，W.　Benjamin, W.　Ⅱ　441, 472

比登迪伊克，F.J.　Buytendijk, F.J.　Ⅰ　108

比尔芬格尔，G.B.　Bilfinger, G.B.　Ⅱ　404

比塞尔，欧根　Biser, E.　Ⅱ　106, 457

波尔-罗亚尔　Port-Royal　Ⅰ　24

波尔曼，列奥　Pollmann, L.　Ⅱ　457

波尔特曼，阿道夫　Portmann, A.　Ⅰ　113

波拉尼，M.　Polanyi, M.　Ⅱ　505

波曼，C. v.　Bormann, C. v.　Ⅱ　471f.

波姆纳，阿尔弗雷德　Baeumler, A.　Ⅰ　43；Ⅱ　390

波普尔，卡尔　Poppre, K.R.　Ⅰ　359；Ⅱ　4, 452

伯克，奥古斯特　Boeckh, A.　Ⅰ　190, 197；Ⅱ　393, 497f.

伯克，E.　Burke, E.　Ⅰ　277

伯克曼，保罗　Böckmann, P.　Ⅰ　77

伯姆，G.　Boehm, G.　Ⅰ　139, 377；Ⅱ　17, 463

柏格森，亨利　Bergson, H.　Ⅰ　31, 69, 74, 247

柏拉图　Plato　Ⅰ　23, 27, 100, 117ff., 128f., 131, 150, 210, 276, 279,

320, 350f., 368ff., 381, 396, 409ff., 426f., 433f., 461f., 482, 484; Ⅱ 12, 22, 42f., 73, 80, 82, 85f., 90, 92f., 110, 126, 152, 160ff., 184, 200, 209f., 287, 293f., 302, 305ff., 317f., 329, 332f., 344, 369f., 379, 397, 402, 413, 415, 420, 422f., 428, 433, 455f., 461, 482, 484ff., 500ff., 506ff.

柏拉图主义 Platonismus Ⅱ 7, 12, 16, 223, 227, 364, 456, 478, 503

柏罗丁 Plotin Ⅱ 298, 383, 482, 502

博恩卡姆, G. Bornkamm, G. Ⅰ 199; Ⅱ 102, 403

博尔诺, O. F. Bollnow, O. F. Ⅰ 126, 197, 223, 230, 267; Ⅱ 100, 395

布伯, 马丁 Buber, M. Ⅱ 10, 104, 173, 211

布勃纳, R. Bubner, R. Ⅰ 93; Ⅱ 203, 270, 493

布尔克哈德, 雅各布 Burckhardt, J. Ⅰ 214

布尔特曼, R. Bultmann, R. Ⅰ 267, 336ff.; Ⅱ 101f., 121ff., 135, 297, 391, 403, 406ff., 429f.

布菲尔 Buffier Ⅰ 31

布龙, J. Bruns, J. Ⅰ 151

布鲁门伯格, 汉斯 Blumenberg, H. Ⅰ 487; Ⅱ 391, 403

布鲁纳, 奥托 Brunner, O. Ⅰ 15

布吕克, W. Bröckar, W. Ⅱ 262, 401f., 486

布伦坦诺, F. Brentano, F. Ⅱ 245, 500

察卡里阿, G. Zaccaria, G. Ⅱ 400

达兰贝尔 D'Alambert Ⅰ 28

大马士革的约翰 Johannes Damascenus Ⅰ 145

戴维森, D. Davidson, D. Ⅰ 300

德里, H. Dörrie, H. Ⅰ 362

德希达, J. Derrida, J. Ⅱ 4, 7, 11, 13u.ö., 114, 333, 335, 368ff., 382

德罗伊森，J. G.　Droysen, J. G.　Ⅰ　12，202，216ff. u. ö.，391；Ⅱ　99f.，123，187，240，264，387，395，426，445

德谟克利特　Demokrit　Ⅱ　487

狄尔泰，W.　Dilthey, W.　Ⅰ　12f.，66ff.，156，170，177ff.，200，202，215，222ff.，246ff.；Ⅱ　8，15，28ff.，52，54，56，99ff.，113，124，133ff.，219，232，264，277ff.，292f.，296f.，298f.，313f.，318，322，327，330ff.，335，358，362，387f.，395f.，405，412，416，425f.，428，435，445，463f.，474，481，492，494

迪博斯　Dubos　Ⅰ　80

笛卡尔　Cartesius　Ⅰ　71f.，242f.，275，282ff.，420；Ⅱ　48，84，103，115f.，148，161，237，267，410，418，453

笛卡尔主义　Cartesianismus　Ⅰ　30，242ff.，263

蒂克，L.　Tieck, L.　Ⅰ　66

蒂姆，H.　Diem, H.　Ⅱ　406

杜恒，皮埃尔　Duhem, P.　Ⅰ　11，224

厄廷格尔，F. Chr.　Oetinger, F. Chr.　Ⅰ　32ff.，489；Ⅱ　386，404

恩格伯格-佩德逊，T. Engberg - Pederson, T.　Ⅰ　327

恩斯特，保罗　Ernst, P.　Ⅱ　480

梵谷，V.　Gogh, V.　Ⅱ　482

范苏里，C.　Vasoli, C.　Ⅰ　22

菲迪亚斯　Phidias　Ⅱ　477，482

菲舍，Fr. Th.　Vischer, Fr. Th.　Ⅰ　85f.

费伯，K.-G.　Faber, K.-G.　Ⅰ　289；Ⅱ　390

费尔巴哈，L.　Feuerbach, L.　Ⅰ　148，349

费内伦　Fénelon　Ⅰ　33

费希特，J. G.　Fichte, J. G.　Ⅰ　65，69，87，102，199，230，246，346，

397；Ⅱ 12，97ff.，187，366f.，422，461，463

芬克，E. Fink，E. Ⅰ 89，131，252

芬克尔戴，约阿希姆 Finkeldei，J. Ⅰ 376

弗赖，D. Frey，D. Ⅰ 141，157

弗兰克，埃里希 Frank，E. Ⅰ 276

弗兰克，M. Frank，M. Ⅰ 190；Ⅱ 11，13ff.，370，404，464

弗兰西斯，M. Flacius，M. Ⅰ 276；Ⅱ 95f.，277f.，281f.，284ff.，292，296，299，463

弗朗茨 Franz，H. Ⅱ 278，410

弗勒里 Fleury Ⅰ 33

弗雷耶，汉斯 Freyer，H. Ⅱ 100，398

弗里德曼 Friedemann Ⅱ 501

弗里伦德尔，P. Friedländer，P. Ⅱ 483，486，501

弗洛伊德，S. Freud，S. Ⅱ 116，249，338，483

弗斯勒，K. Vossler，K. Ⅰ 474

伏尔哈德，E. Volhard，E. Ⅰ 86

福尔达，弗里德里希 Fulda，F. Ⅱ 493

福尔克曼-施鲁克，K.-H. Volkmann-Schluck，K.-H. Ⅰ 438，489，491

福里斯，H. Vries，H. Ⅱ 390

福里斯，J. de Vries，J. de Ⅱ 390f.

福斯勒，O. Vossler，O. Ⅰ 267；Ⅱ 221

福斯特霍夫，E. Forsthoff，E. Ⅰ 332

福克斯，恩斯特 Fuchs，E. Ⅰ 336；Ⅱ 109，391，408f.，430，457

盖尔德塞策，卢茨 Geldsetzer，L. Ⅱ 95，278，463

盖塞尔，K. Gaiser，K. Ⅱ 413

戈加滕，F. Gogarten，F. Ⅱ 10，104，211，406

戈捷,Th. Gauthier, Th. Ⅰ 321

哥德曼,卢奇 Goldmann, L. Ⅱ 477

哥特舍德 Gottsched Ⅰ 37

歌德 Goethe Ⅰ 67f., 76, 81ff., 99, 167, 204f., 463; Ⅱ 177, 192, 210, 300, 357, 376, 489, 491

格奥加德斯,T. Georgiades, T. Ⅰ 97; Ⅱ 18

格策,A. Götze, A. Ⅰ 104

格拉伯曼,M. Grabmann, M. Ⅰ 482

格接西安,巴尔塔扎 Gracian, B. Ⅰ 40ff.

格雷斯 Görres Ⅱ 390

格里姆,赫尔曼 Grimm, H. Ⅰ 68, 305

格鲁德,K.-F. Gründer, K.-F. Ⅱ 457

格伦,A. Gehlen, A. Ⅰ 284, 448; Ⅱ 416, 432

格特曼-西弗特,A. Gethmann-Siefert, A. Ⅰ 64

贡多尔夫,弗里德里希 Gundolf F. Ⅰ 68, 305; Ⅱ 481

古茨科,K. Gutzkow, K. Ⅰ 66

古德特,赫尔曼 Gundert, H. Ⅱ 235, 420

瓜尔迪尼,R. Guardini, R. Ⅰ 376, 492

哈贝马斯,约尔根 Habermas, J. Ⅰ 284, 350; Ⅱ 4, 21, 110, 114, 203, 234, 238ff., 254f., 256ff., 269f., 272ff., 349, 434, 452, 454, 457, 465f., 467, 470f., 493, 498

哈德尔,理查德 Harder, R. Ⅱ 383f.

哈尔帕 Halpern Ⅱ 463

哈列维 Halevy Ⅱ 421

哈曼,理查德 Hamann, R. Ⅰ 94f., 134; Ⅱ 432

哈特,D. Harth, D. Ⅱ 457, 459

哈特曼,尼克拉 Hartmann, N.   Ⅰ 46, 382；Ⅱ 70, 81, 112, 482f.

哈纳克,A. v. Harnack, A. v. Ⅱ 406

哈奇森 Hutcheson Ⅰ 30

海德格尔,马丁 Heidegger, M.   Ⅰ 74, 102, 105ff., 109, 129, 156, 247, 258ff., 267ff., 270ff., 298, 360, 433, 459f.；Ⅱ 8ff., 15ff., 22, 33f., 46, 48, 52u.ö., 59ff., 145, 173, 203, 212, 219, 224, 245, 254, 279, 297ff., 300, 323, 328, 331ff., 338f., 359f., 361ff., 381f., 388f., 391, 399, 406ff., 422, 425, 428, 437, 446f., 464, 483ff., 500, 504ff.

海林格拉斯 Hellingrath Ⅱ 385

海森堡,维纳 Heisenberg, W. Ⅱ 458

海因茨,理查德 Heinze, R. Ⅱ 483

豪格,W. Haug, W. Ⅰ 82

荷尔德林,F. Hölderlin, F.   Ⅰ 93, 149, 474；Ⅱ 10, 75, 140f., 367, 385, 486, 491, 506

荷马 Homer Ⅰ 78, 148, 279；Ⅱ 46, 92, 94

赫尔德 Herder   Ⅰ 14, 32, 84, 198, 204ff., 291f., 406, 442；Ⅱ 72, 111, 142, 147, 177, 192, 328, 335, 361, 433, 490

赫尔姆霍茨,H. Helmholtz, H.   Ⅰ 11ff., 47, 90；Ⅱ 39, 228

赫拉克利特 Heraklit   Ⅰ 409；Ⅱ 46, 354, 363f., 497

赫尼希斯瓦尔德,理查德 Hönigswald, R.   Ⅰ 73, 408；Ⅱ 74, 111, 480

赫西俄德 Hesiod Ⅰ 148

赫伊津哈 Huizinga Ⅰ 109；Ⅱ 129

贺拉斯 Horaz Ⅰ 151

黑贝尔 F. Hebbel, F. Ⅰ 134, 136

黑策,特奥多尔 Hetzer, Th. Ⅰ 140

黑尔,弗里德里希 Heer, Fr. Ⅰ 41, 155

黑格尔 Hegel Ⅰ 16ff., 45, 54ff., 64ff., 69, 84ff., 103f., 171, 172ff., 202u. ö., 209ff., 215u. ö., 231ff., 238, 256ff., 291, 322, 346ff., 359ff., 377, 395, 417, 467ff.; Ⅱ 8, 12, 32, 48, 67, 70, 72, 78, 80, 85, 88, 98, 100, 105, 108, 110ff., 130, 187, 210, 220, 241, 246, 254, 264, 270f., 278, 322, 328, 333f., 336, 354, 360f., 366ff., 385, 389, 395, 397, 407, 423, 426, 433, 436f., 447, 453, 455f., 460f., 464, 470, 472f., 477, 482ff., 491f., 500, 502ff., 505f., 508

黑林, Th. Haering, Th. Ⅰ 232

赫塞,赫尔曼 Hesse, H. Ⅱ 480

亨利希,迪特尔 Henrich, D. Ⅰ 100; Ⅱ 62, 101, 411, 493

洪堡, W. v. Humboldt, W. v. Ⅰ 16, 204, 206, 217, 347f., 406, 419, 442ff.; Ⅱ 72, 99, 147, 187, 201, 338, 362, 393, 481

胡塞尔, E. Husserl, E. Ⅰ 71f., 156, 229f., 246ff., 307, 353, 451f.; Ⅱ 12, 15f., 69, 71, 100, 102ff., 110f., 125, 197, 212, 245, 279, 297, 300, 323, 328, 334f., 361ff., 386, 388, 411, 422, 481, 483, 488, 491, 506

胡斯卡,约金姆 Hraschka, J. Ⅱ 457

怀特海 Whitehead Ⅱ 425, 456

霍尔, G. Holl, G. Ⅰ 178

霍尔, K. Holl, K. Ⅱ 94

霍法, W. Hofer, W. Ⅱ 390

霍夫曼, H. Hofmann, H. Ⅰ 146

霍夫曼, W. Hofmann, W. Ⅰ 337; Ⅱ 405f.

霍克海默尔, M. Horkheimer, M. Ⅰ 279; Ⅱ 434, 493

霍托　Hotho　Ⅰ　64，70

伽达默尔-莱克布施,凯特　Gadamer-Lekebusch, K.　Ⅱ　494

伽利略　Galilei　Ⅱ　88，186，319，337，487，496

基默尔,海因茨　Kimmerle, H.　Ⅰ　190；Ⅱ　15，404，462f.，464，475，493

金蒂尔　Gentile　Ⅱ　112，392

卡勒,埃里希·冯　Kahler, E. v.　Ⅱ　481

卡里马可斯　Kallimachos　Ⅰ　293

卡伦,G.　Kallen, G.　Ⅰ　146

卡姆拉,W.　Kamlah, W.　Ⅰ　155；Ⅱ　459f.

卡普,恩斯特　Kapp, E.　Ⅰ　371；Ⅱ　307，397

卡斯蒂廖内　Castiglione　Ⅰ　29，41

卡斯纳,鲁道夫　Kassner, R.　Ⅰ　114f.

卡西尔,E.　Cassirer, E.　Ⅰ　86，408，440；Ⅱ　72，111，338，362

卡耶坦　Cajetan　Ⅱ　503

凯伦伊,卡尔　Kerényi, K.　Ⅰ　128；Ⅱ　390f.

康德　Kant　Ⅰ　14，16，36ff.，48ff.，80f.，103f.，163f.，193ff.，248，276，346，348，382，452；Ⅱ　22，28，32，67，69，78，81，89，97f.，112，133，137，161，167，187，304，307，326ff.，331，361，384，387，394，412，422，431，435，439，446，455，461，468f.，484，487，502，506

考夫曼,F.　Kaufmann, F.　Ⅰ　266

柯赫,J.　Koch, J.　Ⅰ　438，441，490

柯勒　Koller　Ⅰ　118

柯勒,W.　Koehler, W.　Ⅰ　96

柯林斯　Collins　Ⅰ　282

科尔特,A.　Körte, A.　Ⅰ　291

科林伍德，R. G.　Collingwood, R. G.　Ⅰ　277, 375ff.；Ⅱ　6, 105, 110, 273, 395ff., 408, 418

科默雷尔，M.　Kommerell, M.　Ⅰ　135f.

科泽勒克，赖因哈特　Kosellek, R.　Ⅰ　15；Ⅱ　390

克伯纳，R.　Koebner, R.　Ⅰ　127

克尔凯郭尔　Kierkegaard　Ⅰ　101, 132, 134, 137, 259, 349；Ⅱ　9f., 22, 55, 103, 142, 210f., 271, 362, 368, 471f., 482f.

克拉顿尼乌斯　Chladenius　Ⅰ　186f., 301；Ⅱ　95, 267, 463f.

克拉夫特，维克多　Kraft, V.　Ⅱ　459

克拉格斯，路德维希　Klages, L.　Ⅰ　433；Ⅱ　390

克拉默，科拉德　Cramer, K.　Ⅰ　66；Ⅱ　203, 493

克拉默，沃尔夫冈　Cramer, W.　Ⅱ　493

克莱因，J.　Klein, J.　Ⅱ　489

克劳塞，彼得　Krausser, P.　Ⅱ　464

克劳斯，W.　Krauss, W.　Ⅰ　40

克里班斯基，R.　Klibansky, R.　Ⅰ　490

克里西普　Chrysipp　Ⅰ　79

克吕格尔，林哈德　Krüger, G.　Ⅰ　130, 276, 284, 484；Ⅱ　70, 125f., 406, 412f., 423

克罗齐，B.　Croce, B.　Ⅰ　86, 376, 474；Ⅱ　105, 110, 112, 392f., 395f.

克罗图伊森，B.　Groethuysen, B.　Ⅱ　100, 464

克洛普施托克　Klopstock　Ⅰ　15, 81, 84

库恩，赫尔姆特　Kuhn, H.　Ⅰ　88, 120, 285, 324, 327；Ⅱ　401f., 403, 437, 440, 442, 472, 494

库恩，托马斯　Kuhn, Th.　Ⅰ　288；Ⅱ　114, 496

库丘斯，恩斯特·罗伯特　Curtius, E. R.　Ⅰ　77, 185

库萨的尼古拉, N.　Cusanus, N.　Ⅰ　26, 146, 438ff., 482, 490;
　　Ⅱ　12, 271, 298, 367, 384, 461, 502

拉伯尔, E.　Rabel, E.　Ⅱ　392, 426

拉柏奥, G.　Rabeau, G.　Ⅰ　432

拉伦茨, K.　Larenz, K.　Ⅱ　392, 400

拉纳, K.　Rahner, K.　Ⅱ　390

莱奥纳多, 达·芬奇　Leonardo da Vinci　Ⅰ　11, 98

莱伯霍尔茨, G.　Leibholz, G.　Ⅱ　401

莱布雷通　Lebreton　Ⅰ　423

莱布尼茨　Leibniz　Ⅰ　33, 146, 209, 230, 419f.; Ⅱ　210, 276, 492, 502

莱茨冈, 汉斯　Leisegang, H.　Ⅱ　488

莱多, E. Lledo, E.　Ⅱ　383, 493

莱辛, G. E.　Lessing, G. E.　Ⅰ　53f., 80; Ⅱ　267

莱辛, 特奥多　Lessing. Th.　Ⅱ　480

莱因希, 克劳斯　Reich, K.　Ⅱ　493

莱因哈特, 卡尔　Reinhardt, K.　Ⅱ　261, 489

兰巴赫, J. J.　Rambach, J. J.　Ⅰ　35, 188, 312f.; Ⅱ　97, 105, 284, 298

兰克, L.　Ranke, L.　Ⅰ　202, 206ff., 221, 227f. u. ö.; Ⅱ　21, 99,
　　187, 221f., 240, 390

朗德格雷伯, L.　Landgrebe, L.　Ⅱ　411

朗格伯克, 赫尔曼　Langerbeck, H.　Ⅱ　397

勒维特, 卡尔　Löwith, K.　Ⅰ　212, 214, 365, 433; Ⅱ　70, 102, 104,
　　139, 381f., 412f., 415, 423, 493

雷德克, M.　Redeker, M.　Ⅰ　198; Ⅱ　277, 405, 463

李宾, H.　Libing, H.　Ⅱ　404

李凯尔特, H.　Rickert, H.　Ⅰ　225, 350; Ⅱ　328, 388, 428, 439

里茨勒,库特 Riezler, K. Ⅰ 108；Ⅱ 440

里德,托马斯 Reid, Th. Ⅰ 30

里德尔,M. Riedel, M. Ⅰ 32；Ⅱ 117, 455, 464

里尔克 Rilke Ⅰ 110, 397；Ⅱ 128, 210, 491

里可波尼 Riccoboni Ⅱ 385

里奇尔,O. Ritschl, O. Ⅰ 179；Ⅱ 405f.

里特,J. Ritter, J. Ⅰ 15；Ⅱ 117, 298, 384, 402, 433

里特纳,弗里茨 Rittner, F. Ⅱ 456

利科尔,保罗 Ricoeur, P. Ⅱ 114, 116, 350, 435, 474

利普斯,H. Lipps, H. Ⅰ 431, 462；Ⅱ 54, 110, 195, 338

利特,特奥多 Litt, Th. Ⅰ 432；Ⅱ 100f., 328, 390, 423, 491, 498

龙格 Runge Ⅰ 93

卢卡奇,格奥尔格·冯 Lukács, G. v. Ⅰ 101, 279

卢梭 Rousseau Ⅰ 56, 68, 279, 484；Ⅱ 22, 69, 304, 327

鲁伯莱希特·普夫拉奥默 Ruprecht Pflaumer Ⅱ 493

路德,马丁 Luther, M. Ⅰ 132, 177ff., 198f., 237；Ⅱ 94f., 277, 282, 284, 286, 292, 296, 336, 430

吕伯,H. Lübbe, H. Ⅰ 250

吕克 Lücke Ⅱ 15, 101, 404, 462

罗宾逊,J.M. Robinson, J. M. Ⅱ 410, 430

罗厄,G. Rohr, G. Ⅱ 139, 413

罗森茨威格,Fr. Rosenzweig, Fr. Ⅰ 93；Ⅱ 10, 211

罗森克兰茨,K. Rosenkranz, K. Ⅰ 65；Ⅱ 447

罗斯,H. Rose, H. Ⅰ 400

罗特哈克,埃里希 Rothacker, E. Ⅰ 69, 238, 307；Ⅱ 100, 107, 340, 378, 386, 389, 398

罗西，P. Rossi, P. Ⅰ 21

洛夫，H. Loof, H. Ⅰ 81

洛伦兹，P. Lorenzen, P. Ⅱ 459f., 462

洛曼，约翰纳斯 Lohmann, J. Ⅰ 407, 418, 437；Ⅱ 228f., 233, 245

洛斯，恩里希 Loos, E. Ⅰ 29

马恩克，D. Mahnke, D. Ⅰ 146

马尔库塞，H. Marcuse, H. Ⅰ 232；Ⅱ 435, 466

马尔罗，安德烈 Malraux, A. Ⅰ 93

马赫，恩斯特 Mach, E. Ⅰ 71

马基雅维里 Machiavelli Ⅱ 415

马克·奥勒留 Marc Aurel Ⅰ 30

马克思，卡尔 Marx, K. Ⅰ 279；Ⅱ 116, 246, 466, 483

马克思主义 Marxismus Ⅰ 337, 327；Ⅱ 263

马拉美 Mallarmé Ⅱ 355, 474

马勒伯朗士 Malebranche Ⅰ 146

马鲁斯 Morus Ⅰ 35；Ⅱ 297, 301

马罗，H. J. Marrou, H. J. Ⅱ 408

马苏尔，格哈德 Masur, G. Ⅰ 207

迈耶，G. F. Meier, G. F. Ⅰ 277；Ⅱ 463

梦蒙尼德，M. Maimonides, M. Ⅱ 421

毛泽东 Mao, Tse-Tung Ⅱ 466

梅兰希顿 Melanchthon Ⅰ 180, 324f.；Ⅱ 96, 277, 281, 282ff., 286, 296, 305, 308, 431

梅纳尔，P. Mesnard, P. Ⅰ 80

梅纳克，F. Meinecke, F. Ⅱ 390, 411

门策尔，P. Menzer, P. Ⅰ 37, 48

米开朗琪罗　Michelangelo　Ⅱ　482

米勒,马克斯　Müller, M.　Ⅰ　488

米施,格奥尔格　Misch, G.　Ⅰ　222, 239, 242；Ⅱ　100, 102f., 388, 464

缪勒,库尔特　Müller, C.　Ⅰ　81

莫里茨,卡尔-菲利普　Moritz, K.-Ph.　Ⅰ　81f., 101

莫洛维茨,G.　Mollowitz, G.　Ⅰ　98

穆勒,约翰·斯图加特　Mill, J. St.　Ⅰ　9, 12, 14；Ⅱ　99, 320, 451

穆西尔,R.　Musil, R.　Ⅱ　490

纳托普,保罗　Natorp, P.　Ⅰ　73, 224, 247, 459；Ⅱ　482f.

奈策尔,海因茨　Neitzel, H.　Ⅰ　363

尼采,弗里德里希　Nietzsche　Ⅰ　21, 69, 73, 130, 165, 247, 262, 267, 307, 309f., 421；Ⅱ　11, 27, 31, 38, 45f., 103, 114, 116, 202, 221, 333f., 336, 338ff., 363f., 368, 372, 381f., 414, 421, 481ff., 491, 500

牛顿　Newton　Ⅱ　167, 177, 228, 487

牛津学派　Oxfordschule　Ⅰ　376；Ⅱ　397

诺瓦利斯　Novalis　Ⅱ　463

欧尔缪勒,W.　Oelmüller, W.　Ⅰ　86

欧勒,K.　Oehler, K.　Ⅱ　421

帕策尔,H.　Patzer, H.　Ⅰ　343

帕茨,H.　Patsch, H.　Ⅱ　464

帕茨,W.　Paatz, W.　Ⅰ　141

帕勒松,路易吉　Pareyson, L.　Ⅰ　66；V433

帕里　Parry　Ⅰ　165

帕斯卡　Pascal　Ⅰ　35

佩雷尔曼,Ch.　Perelman, Ch.　Ⅱ　111, 317, 431, 467, 499

人名索引(汉—德)

培根,F. Bacon,F. Ⅰ 13,185,354f.,457;Ⅱ 67,79,112,434

品达 Pindar Ⅰ 151;Ⅱ 128,486

普鲁塔克 Plutarch Ⅰ 78;Ⅱ 321,413

虔信派 Pietismus Ⅰ 32f.,313f.;Ⅱ 97,284,298

乔治,斯忒芬 George,Stefan Ⅰ 69;Ⅱ 159,390,481,501

青年黑格尔派 Junghegelianer Ⅰ 250,349;Ⅱ 504

屈内,沃尔夫冈 Künne,W. Ⅱ 493

荣格,恩斯特 Jünger,E. Ⅱ 416

萨尔马修斯 Salmasius Ⅰ 30

萨林,E. Salin,E. Ⅱ 481

萨维尼 Savingny Ⅰ 190,332;Ⅱ 311

塞兰,保罗 Celan,P. Ⅱ 355,508

桑梯奈洛,G. Santinello,G. Ⅰ 482

沙德瓦尔特,W. Schadewaldt,W. Ⅰ 135,390

沙尔施米特,I. Schaarschmidt,I. Ⅰ 7

沙夫茨伯里 Shaftesbury Ⅰ 16,29f.

沙斯勒,M. Schasler,M. Ⅰ 65

莎士比亚 Shakespeare Ⅰ 62;Ⅱ 357,379,482,501

舍勒,马克斯 Scheler,M. Ⅰ 96,134,237,287,316,448,453ff.; Ⅱ 69f.,339,361,428,482

舍勒尔,W. Scherer,W. Ⅰ 12

舍内,沃尔夫冈 Schöne,W. Ⅰ 140

施拉德,胡贝特 Schrade,H. Ⅰ 145

施莱尔马赫 Schleiermacher Ⅰ 63,69,75,171ff.,182ff.,188ff. u.ö.; 283u.ö.,296ff.,347;Ⅱ 14f.,19,54,57ff. u.ö.,95,97ff., 123,209,222,236,254,277,279,284,290,292,298f.,301,

312f., 318, 322, 330f., 335, 362, 393, 404ff., 462ff., 472, 474, 494, 497

施莱格尔, F.　Schlegel, F.　Ⅰ　64f., 82, 85, 93, 111, 199f., 295, 367, 400; Ⅱ　97f. u. ö., 209, 338, 362, 425, 463, 463

施密特, 卡尔　Schmitt, C.　Ⅱ　379f.

施密特-柯瓦切克, S. W.　Schmied - Kowarzik, S. W.　Ⅱ　457

施奈德, H.　Schneider, H.　Ⅰ　93

施泰格, E.　Staiger, E.　Ⅰ　134, 271; Ⅱ　108, 359

施泰格, L.　Steiger, L.　Ⅱ　406

施特格米勒, W.　Stegmüller, W.　Ⅰ　271

施特鲁克斯, J.　Stroux, J.　Ⅰ　291

石里克, M.　Schlick, M.　Ⅱ　3f., 321, 339, 434

叔本华, A.　Schopenhauer, A.　Ⅰ　65, 84, 464; Ⅱ　297

舒尔茨, 瓦尔特　Schulz, W.　Ⅱ　489

舒勒, 阿尔弗雷德　Schuler, A.　Ⅱ　390

舒普　Schupp, F.　Ⅱ　390

塞夫特, Chr.　Senft, Chr.　Ⅱ　405

塞梅勒　Semler　Ⅰ　180, 188; Ⅱ　97, 404

斯鲍锡普　Speusipp　Ⅰ　434ff.

斯宾格勒, 奥斯瓦尔德　Spengler, O.　Ⅱ　480

斯宾诺莎　Spinoza　Ⅰ　184f., 189, 275, 277; Ⅱ　96f., 122f., 267, 299, 385, 415, 421, 464

斯多葛　Stoa　Ⅰ　423, 437, 486; Ⅱ　94, 308, 414

斯内尔, B.　Snell, B.　Ⅰ　294

斯帕古, R. K.　Sprague, R. K.　Ⅱ　421

斯潘格, E.　Spranger, E.　Ⅱ　100f., 107, 464

斯皮格尔伯格,H.　Spiegelberg,H.　Ⅱ　411

斯塔克尔,古恩特　Stachel,G.　Ⅱ　106,457

斯泰因塔尔,H.　Steinthal,H.　Ⅰ　190,197,410;Ⅱ　15,99,464

斯坦策尔,J.　Stenzel,J.　Ⅰ　434,477,485

斯特劳斯,E.　Strauß,E.　Ⅰ　96

斯特劳斯,列奥　Strauss,L.　Ⅰ　29,275,300,324;Ⅱ　299,334,401,414f.,501

斯威夫特　Swift　Ⅱ　489

苏格拉底　Sokrates　Ⅰ　26,320u.ö.,368ff.,468;Ⅱ　23,43,90,208,210,227,235,252,255,306,325,332,336,344,369f.,420,422,486,497f.,501f.

索尔格　Solger　Ⅰ　79,83

索福克勒斯　Sophokles　Ⅱ　482,501

塔西佗　Tacitus　Ⅰ　293;Ⅱ　290

泰戈尔　Tagore,R.　Ⅱ　482

泰米斯修斯　Themistius　Ⅰ　357,421;Ⅱ　112

特勒尔奇,恩斯特　Troeltsch,E.　Ⅰ　241;Ⅱ　31,100,389,410,481

特雷德,J.H.　Trede,J.H.　Ⅱ　493

特里尔,J.　Trier,J.　Ⅰ　109

特滕斯　Tetens　Ⅰ　28,36

梯鲍特,A.F.J.　Thibaut,A.F.J.　Ⅱ　107,278,463

图玛金,安娜　Tumrarkin　Ⅰ　120

托尔斯泰　Tolstoi　Ⅰ　377

托马斯·阿奎那　Thomas V. Aquinas　Ⅰ　28,426ff.,491;Ⅱ　111,461,491

托马斯·曼　Mann,Th.　Ⅱ　363,480

托马修斯,Chr.　Thomasius,Chr.　Ⅰ　276

托内里　Tonelli　Ⅱ　384

托庇茨,E.　Topitsch,E.　Ⅱ　459

陀思妥耶夫斯基　Dostojewskij　Ⅱ　482

瓦蒂莫,G.　Vattimo,G.　Ⅱ　464,493

瓦尔亨斯,A.de　Waelhens,A.de　Ⅰ　258;Ⅱ　437

瓦尔希　Walch,　Ⅰ　183,276,282

瓦格纳,Chr.　Wagner,Chr.　Ⅰ　427

瓦格纳,弗里茨　Wagner,F.　Ⅱ　389

瓦格纳,H.　Wagner,H.　Ⅱ　411,480

瓦赫,J.　Wach,J.　Ⅰ　186;Ⅱ　100,277,463

瓦莱利,保罗　Valéry,P.　Ⅰ　98ff.

瓦兰里奥·维拉　Verra,U.　Ⅱ　493

瓦特松-弗朗克,M.-B.　Watson-Franke,M.-B.　Ⅱ　9

瓦特松,L.C.　Watson,L.C.　Ⅱ　9

威莱克-伐伦　Wellek-Warren　Ⅱ　474

威斯海默,J.C.　Weinsheimer,J.C.　Ⅱ　4,339

韦伯,马克斯　Weber,M.　Ⅱ　101,159,163,165,310,322,326,378,388f.,458m,468,481

韦德勒,W.　Weidlé,W.　Ⅰ　192

韦尔夫林　Wölfflin　Ⅱ　398

维尔,赖纳　Wiehl,R.　Ⅱ　203,456,473,493

维柯　Vico　Ⅰ　24ff.,226,281,379;Ⅱ　111,192,273,280,311,432,467,498

维拉莫维茨　Wilamowitz　Ⅰ　342

维兰德,沃尔夫冈　Wieland,W.　Ⅱ　493

维特根斯坦,L.　Wittgenstein,L.　Ⅱ　4f.,71f.,110,239,254,338, 425,429,456,507

维特拉姆,莱茵哈特　Wittram,R.　Ⅱ　390

维亚克尔,弗兰茨　Wieacker,F.　Ⅰ　25,332,335;Ⅱ　108,390,392, 437f.,443,456

伪丢尼修　Pseudodionys　Ⅰ　79,482

委拉斯开兹,D.　Velasquez,D.　Ⅰ　154

魏茨泽克,C.F.v.　Weizsäcker,C.F.v.　Ⅱ　397

魏茨泽克,V.v.　Weizsäcker,V.v.　Ⅰ　255;Ⅱ　10,104,129

魏舍德尔,W.　Weischedel,W.　Ⅰ　141

温克尔曼　Winckelmann　Ⅰ　77f.,84,204,291

文德尔班,W.　Windelband,W.　Ⅱ　388,396,439

沃尔措根,C.　Wolzogen,C.　Ⅰ　253

沃尔夫,Chr.　Wolff,Chr.　Ⅰ　80,183;Ⅱ　95,404

沃尔夫,F.A.　Wolf,F.A.　Ⅰ　182;Ⅱ　463

沃尔特斯　Wolters　Ⅱ　481

乌利希,冯·斯特拉斯堡　Ulrich,v.Straßburg　Ⅰ　482

西伯姆,托马斯　Seebohm,Th.　Ⅱ　11,106,457

西默尔,乔治　Simmel,G.　Ⅰ　69,228,247

西塞罗　Cicero　Ⅰ　29;Ⅱ　236,279f.

希尔德布兰特　Hildebrandt　Ⅱ　501

希尔斯,D.　Hirsch,D.　Ⅰ　188;Ⅱ　106

希罗多德　Herodot　Ⅰ　148;Ⅱ　413

希普,L.　Siep,L.　Ⅰ　18

希特勒,A.　Hitler,A.　Ⅱ　490

席勒,F.　Schiller,F.　Ⅰ　56,61,63,69,81ff.,397;Ⅱ　99,151,

300, 456

谢林 Schelling Ⅰ 64, 83, 93, 200, 464, 469; Ⅱ 28, 98f., 103, 334, 376

辛恩, D. Sinn, D. Ⅰ 254f.

辛格, S. Singer, S. Ⅱ 501

辛克莱 Sinclair Ⅱ 385

欣里希斯, C. Hinrichs, C. Ⅰ 205, 213

新柏拉图主义 Neuplatonismus Ⅰ 79, 145, 205, 427f., 438, 478f.; Ⅱ 94, 293, 298, 383, 384f., 386

新康德主义 Neukantianismus Ⅰ 65f., 225, 250, 258, 381; Ⅱ 29f., 69ff., 81f., 89, 133f., 164, 210f., 322, 328, 331, 334, 338, 362, 368, 388, 399, 422, 479ff., 505f.

休谟, D. Hume, D. Ⅰ 9, 30, 281, 364f.; Ⅱ 461

修昔底德 Thukydides Ⅰ 237; Ⅱ 190, 321

许茨, 阿尔弗雷德 Schütz, A. Ⅰ 255

亚里山大的菲洛 Philo v. Alex. Ⅱ 383

亚里士多德 Aristoteles Ⅰ 27, 45f., 88, 95f., 107, 116, 121, 128f., 134f., 141, 210, 285, 317ff., 356f., 370f., 373, 382, 431, 435f., 449f., 458, 466, 472f.; Ⅱ 12f., 22, 47, 74, 78, 81, 84, 87f., 93, 106, 112, 135, 146, 149, 154, 162, 164, 193, 207, 228f., 234f., 244f., 252f., 272, 274f., 276, 280f. u. ö., 287, 289ff., 293f., 298, 302ff., 314ff., 319, 324, 326f., 328f., 338, 357, 361ff., 381, 385, 401f., 415, 418f., 422ff., 455, 459, 461, 467, 469, 473, 478, 484ff., 499f., 503, 506

雅可比 Jacobi Ⅰ 346, 471; Ⅱ 130

雅姆, C. Jamme, C. Ⅰ 93

人名索引(汉—德)

雅斯贝斯,卡尔　Jaspers,K.　Ⅰ　284,307;Ⅱ　54,101,104,135,164,211,427,458,464,492

尧斯,H.R.　Jauss,H.R.　Ⅰ　53,125;Ⅱ　7,13f.,62,106,223,299,441,457,475

耶格,H.　Jaeger,H.　Ⅱ　279,287f.,292ff.

耶格,维尔纳　Jaeger,W.　Ⅰ　25,291;Ⅱ　261,307,484,491

伊默曼,K.　Immermann,K.　Ⅰ　94,278;Ⅱ　175

伊索克拉底　Isokrates　Ⅰ　23;Ⅱ　235,307

伊泽尔,W.　Iser,W.　Ⅰ　100

英达尔,M.　Imdahl,M.　Ⅱ　17

英吉希,卡尔　Engisch,K.　Ⅰ　335;Ⅱ　107,392,430

英加登,R.　Ingarden,R.　Ⅰ　124,166;Ⅱ　18

尤斯蒂,C.　Justi,C.　Ⅰ　154

于克斯科尔,冯　Uexkuell,v.　Ⅰ　455

约尔克伯爵　York,Graf　Ⅰ　238,255ff.;Ⅱ　100,124,135,386,389,410

约翰福音教派　Johannesevangelium　Ⅰ　423ff.;Ⅱ　44,135,192

约金姆,H.H.　Joachim,H.H.　Ⅱ　401ff.

约拿斯　Jonas　Ⅱ　463

云格尔,F.G.　Jünger,F.G.　Ⅱ　112

泽贝格,埃里希　Seeberg　Ⅰ　377

泽德尔迈尔,H.　Sedlmayr,H.　Ⅰ　98,101,126;Ⅱ　108,377,441

詹姆士,W.　James,W.　Ⅰ　250

芝诺　Zenon　Ⅰ　468;Ⅱ　87

智者派　Sophistik　Ⅰ　23,25,276,350ff.,357,396,410u.ö.;Ⅱ　43,94,160,227f.,234f.,252,289,305,415

祖尔策　Sulzer　Ⅰ　54;Ⅱ　385

人名索引(德—汉)

(索引所标页码均为德文原书页码,Ⅰ为第1卷,Ⅱ为第2卷,请查检中译本每页边码。)

A

Adorno, Th. W. 阿多尔诺,Th. W. Ⅰ 53, 279;Ⅱ 435, 452, 472, 474, 493

Aischylos 埃斯库罗斯 Ⅰ 134, 355, 357, 362;Ⅱ 128, 477

D'Alambert 达兰贝尔 Ⅰ 28

Albert, H. 阿尔伯特,汉斯 Ⅱ 144

Algarotti 阿尔加洛蒂 Ⅰ 80

Ammonios Hermeiou 阿莫尼奥斯·赫缪 Ⅱ 294

Anaxagoras 安那克萨哥拉 Ⅰ 357

Anaximander 阿那克西曼德 Ⅰ 128f. ;Ⅱ 363f.

Anz, H. 安茨,海纳 Ⅱ 11

Apel, K.-O 阿佩尔 K.-O Ⅰ 271, 452;Ⅱ 109f., 260, 263f., 265f., 272, 437, 443, 454, 470, 501

Aristophanes 阿里斯托芬 Ⅱ 235

Aristoteles 亚里士多德 Ⅰ 27, 45f., 88, 95f., 107, 116, 121, 128f., 134f., 141, 210, 285, 317ff., 356f., 370f., 373, 382, 431, 435f.,

449f., 458, 466, 472f.；Ⅱ 12f., 22, 47, 74, 78, 81, 84, 87f., 93, 106, 112, 135, 146, 149, 154, 162, 164, 193, 207, 228f., 234f., 244f., 252f., 272, 274f., 276, 280f. u. ö., 287, 289ff., 293f., 298, 302ff., 314ff., 319, 324, 326f., 328f., 338, 357, 361ff., 381, 385, 401f., 415, 418f., 422ff., 433, 455, 459, 461, 467, 469, 473, 478, 484ff., 499f., 503, 506

Aristotelismus 亚里士多德主义 Ⅱ 88, 282, 289, 293f., 298, 305

Arnim 阿尼姆 Ⅰ 437

Assmann, A. u. J. 阿斯曼 A. u. J. Ⅱ 402

Ast, F. 阿斯特, F. Ⅰ 182, 189, 193f., 297；Ⅱ 58f., 463

Augustin 奥古斯丁 Ⅰ 21, 177, 297, 424ff., 487；Ⅱ 58, 93ff., 111, 123, 130, 135, 288f., 295, 298, 300, 371, 443, 491, 502

Austin, J. L. 奥斯汀, J. L. Ⅱ 110, 195f.

Avenarius, R. 阿芬那留斯, R. Ⅰ 250

B

Baader, F. 巴德尔, F. Ⅰ 126

Bach, J. S. 巴赫, J. S. Ⅱ 477

Bachofen, J. J. 巴霍芬, J. J. Ⅰ 15；Ⅱ 390

Bacon, F. 培根, F. Ⅰ 13, 185, 354f., 457；Ⅱ 67, 79, 112, 434

Baeumler, A. 波姆纳, 阿尔弗雷德 Ⅰ 43；Ⅱ 390

Barth, K. 巴尔特, 卡尔 Ⅰ 148；Ⅱ 101f., 125, 391, 403, 481

Bartuschat, W. 巴图沙特, 沃尔夫冈 Ⅱ 493

Bauch, K. 鲍赫, K. Ⅰ 143

Baumgarten, A. 鲍姆加登, A. Ⅰ 36f., 79；Ⅱ 499, 508

Baur, F. Ch. 鲍尔, F. Ch. Ⅱ 405

Becker, O. 贝克尔,奥斯卡 Ⅰ 101f., 247, 260; Ⅱ 14, 411, 437, 440, 472

Beethoven 贝多芬 Ⅱ 89, 482

Beierwaltes, W. 拜尔瓦尔特, W. Ⅰ 120

Benjamin, W. 本亚明, W. Ⅱ 441, 472

Benner, D. 贝纳, D. Ⅱ 457

Bense, M. 本塞, M. Ⅱ 432

Bentley 本特利 Ⅰ 183

Benveniste, S. 贝弗尼斯特, S. Ⅱ 92, 295

Berenson, B. 贝伦松,伯恩哈德 Ⅰ 97

Bergson, H. 柏格森·亨利 Ⅰ 31, 69, 74, 247

Bernstein 伯恩斯坦 Ⅱ 270

Bertram, E. 贝尔特拉姆,恩斯特 Ⅱ 481

Berve, H. 贝弗,赫尔姆特 Ⅱ 490

Betti, E. 贝蒂,埃米里尼奥 Ⅰ 264, 315, 331, 333; Ⅱ 17, 100, 104, 106, 108, 260, 299, 318, 330, 389, 392ff., 399, 406, 426, 437f., 441, 443, 453, 457

Biser, E. 比塞尔,欧根 Ⅱ 106, 457

Bilfinger, G. B. 比尔芬格尔, G. B. Ⅱ 404

Blumenberg, H. 布鲁门伯格,汉斯 Ⅰ 487; Ⅱ 391, 403

Boeckh, A. 伯克,奥古斯丁 Ⅰ 190, 197; Ⅱ 99, 112, 121, 242, 318, 393, 497f.

Böckmann, P. 伯克曼,保罗 Ⅰ 77

Boeder, H. 波埃德, H. Ⅱ 86

Boehm, G. 伯姆, G. Ⅰ 139, 377; Ⅱ 17, 463

Böhme, J. 波墨, J. Ⅱ 367

Bollnow, O. F.　博尔诺,O. F.　Ⅰ　126,197,223,230,267；Ⅱ　100,395

Bormann, C. v.　波曼,克劳斯·冯　Ⅱ　256,266f.,271,315,471f.

Bornkamm, G.　博恩卡姆,G.　Ⅰ　199；Ⅱ　102,403

Brentano, C.　布伦坦诺,C.　Ⅱ　245

Brentano, F.　布伦坦诺,F.　Ⅱ　500

Bröcker, W.　布吕克,W.　Ⅱ　262,401f.,486

Brunner, O.　布鲁纳,奥托　Ⅰ　15

Bruns, J.　布龙,J.　Ⅰ　151

Buber, M.　布伯,马丁　Ⅱ　10,104,173,211

Bubner, R.　布伯纳,R.　Ⅰ　93；Ⅱ　203,270,493

Buckle　巴克尔　Ⅰ　216f.

Buddha　释迦牟尼　Ⅱ　208

Budeus　布德斯　Ⅱ　311

Buffier　布菲尔　Ⅰ　31

Bultmann, R.　布尔特曼,鲁道夫　Ⅰ　267,336ff.；Ⅱ　101f.,121ff.,135,297,391,403,406ff.,429f.

Burckhardt, J.　布尔克哈德,雅各布　Ⅰ　214

Burke, E.　伯克,E.　Ⅰ　277；Ⅱ　243

Buytendijk, F. J.　比登迪伊克,F. J.　Ⅰ　108

C

Cajetan　卡耶坦　Ⅱ　503

Carnap, R.　卡尔纳普,鲁道夫　Ⅱ　254,429

Carneades　卡涅阿德斯　Ⅱ　273

Cartesianismus　笛卡尔主义　Ⅰ　30,242ff.,263

Cartesius　笛卡尔　Ⅰ　71f.,242f.,275,282ff.,420；Ⅱ　48,84,103,

115f., 148, 161, 237, 267, 410, 418, 453

Cassian　卡西安　Ⅱ　94

Cassiodor　卡西奥多　Ⅱ　311

Cassirer, E.　卡西尔,恩斯特　Ⅰ　86, 408, 440;Ⅱ　72, 111, 338, 362

Castiglione　卡斯蒂廖内　Ⅰ　29, 41

Celan, P.　塞兰,保罗　Ⅱ　355, 508

Chartres, Schule von　夏尔特学派　Ⅰ　490

Chladenius　克拉顿尼乌斯　Ⅰ　186f., 301;Ⅱ　95, 267, 463f.

Chomsky, N.　乔姆斯基,N.　Ⅱ　112, 265

Chrysipp　克里西普　Ⅰ　79

Cicero　西塞罗　Ⅰ　29;Ⅱ　236, 279f.

Ciceronianismus　西塞罗主义　Ⅱ　284, 288

Cobb, J. B.　可布,J. B.　Ⅱ　410, 430

Cohen, H.　柯亨,赫尔曼　Ⅱ　85

Collingwood, R. G.　科林伍德,R. G.　Ⅰ　277, 375ff.;Ⅱ　6, 105, 110, 273, 395ff., 408, 418

Collins　柯林斯　Ⅰ　282

Connan, F.　柯纳,F.　Ⅱ　311

Conte, A.　孔德,A.　Ⅱ　295

Coreth　柯雷特　Ⅱ　106

Cramer, K.　克拉默,科拉德　Ⅰ　66;Ⅱ　203, 493

Cramer, W.　克拉默,沃尔夫冈　Ⅱ　493

Creuzer, F.　克罗伊策,F.　Ⅰ　83f.

Croce, B.　克罗齐,B.　Ⅰ　86, 376, 474;Ⅱ　105, 110, 112, 392f., 395f.

Curtius, E. R.　库丘斯,恩斯特·罗伯特　Ⅰ　77, 185

Cusanus, N.　库萨的尼古拉　Ⅰ　26, 146, 438ff., 482, 490;Ⅱ　12,

271, 298, 367, 384, 461, 502

D

Dannhauer, J. 丹恩豪尔,约翰   Ⅱ 93, 279, 282, 284, 287f., 292ff.

Darwinismus 达尔文主义 Ⅱ 159

Davidson, D. 戴维森,D. Ⅰ 300

Demokrit 德谟克利特 Ⅱ 487

Derrida, J. 德希达,雅科斯 Ⅱ 4, 7, 11, 13u. ö., 114, 333, 335, 368ff., 382

Descartes, R. 笛卡尔,R. 参见 Cartesius

Dessoir, M. 德苏瓦尔,M. Ⅰ 99

Diem, H. 蒂姆,H. Ⅱ 406

Dilthey, W. 狄尔泰,威廉 Ⅰ 12f., 66ff., 156, 170, 177ff., 200, 202, 215, 222ff., 246ff.; Ⅱ 8, 15, 28ff., 52, 54, 56, 99ff., 113, 124, 133ff., 219, 232, 264, 277ff., 292f., 296f., 298f., 313f., 318, 322, 327, 330ff., 335, 358, 362, 387f., 395f., 405, 412, 416, 425f., 428, 435, 445, 463f., 474, 481, 492, 494

Dionys von Halikarnass 哈里卡那斯的狄奥尼斯 Ⅱ 96

Dockhorn, K. 多克霍恩,K. Ⅱ 111, 234, 236

Dörrie, H. 德里,H. Ⅰ 362

Dostojewskij 陀思妥耶夫斯基 Ⅱ 482

Droysen, J.G. 德罗伊森,J.G. Ⅰ 12, 202, 216ff. u. ö., 391; Ⅱ 99f., 123f., 187, 240, 264, 387, 395, 426, 445

Dubos 迪博斯 Ⅰ 80

Dufrenne, M. 杜弗伦,M. Ⅱ 432

Duhem, P. 杜恒,皮埃尔 Ⅰ 11, 224

E

Ebbinghaus, H. 埃宾豪斯, H. Ⅰ 229；Ⅱ 493

Ebeling, G. 埃贝林, 格哈德 Ⅰ 177f., 180, 336；Ⅱ 94, 109, 391, 408, 410, 430, 457

Ebert, Th. 艾伯特, 特奥 Ⅱ 493

Meister Eckhart 埃克哈特大师 Ⅱ 367, 461, 482, 502

Ebner, F. 埃伯勒, 弗迪南德 Ⅰ 10；Ⅱ 104, 151, 211

Eggebrecht, H. H. 埃格布莱希特, H. H. Ⅱ 385

Einstein, A. 爱因斯坦, A. Ⅱ 480

Engberg-Pederson, T. 恩格伯格-佩德逊, T. Ⅰ 327

Eleatismus 爱利亚学派 Ⅰ 416, 468

Engisch, K. 英吉希, 卡尔库特 Ⅰ 335；Ⅱ 107, 392, 430

Ernesti 埃内斯蒂 Ⅰ 180, 188；Ⅱ 97

Ernst, P. 恩斯特, 保尔 Ⅱ 480

Esser, J. 埃塞尔, 约瑟夫 Ⅱ 392, 400, 457

Euklid 欧几里得 Ⅱ 123

F

Faber, K.-G. 费伯, K.-G. Ⅰ 289；Ⅱ 390

Fechner 费希纳 Ⅱ 99

Fénelon 费内伦 Ⅰ 33

Feuerbach, L. 费尔巴哈, 路德维希 Ⅰ 148, 349

Fichte, J. G. 费希特, J. G. Ⅰ 65, 69, 87, 102, 199, 230, 246, 346, 397；Ⅱ 12, 97ff., 187, 366f., 422, 426, 447, 461, 463

Fink, E. 芬克, E. Ⅰ 89, 131, 252

Finkeldei, J. 芬克尔戴, 约阿希姆 Ⅰ 376

Flacius, M. 弗兰西斯, M. Ⅰ 276；Ⅱ 95f., 277f., 281f., 284ff.,

292,296,299,463

Fleury 弗勒里 Ⅰ 33

Forget, Ph. 福格特, Ph. Ⅱ 355, 377

Forsthoff, E. 福斯特霍夫, E. Ⅰ 332

Francke, A. H. 弗兰克, A. H. Ⅱ 97, 105, 284, 298

Frank, E. 弗兰克,埃里希 Ⅰ 276

Frank, M. 弗朗克,曼福雷德 Ⅰ 190; Ⅱ 11, 13ff., 370, 404, 464

Franz, H. 弗朗茨, H. Ⅱ 278, 410

Freud, S. 弗洛伊德,西格蒙德 Ⅱ 116, 249, 338, 483

Frey, D. 弗赖, D. Ⅰ 141, 157

Freyer, H. 弗雷耶,汉斯 Ⅱ 100, 398

Friedemann 弗里德曼 Ⅱ 501

Friedlaender, P. 弗里伦德尔,保罗 Ⅱ 483, 486, 501

Fuchs, E. 富克斯,恩斯特 Ⅰ 336; Ⅱ 109, 391, 408f., 430, 457

Fulda, F. 福尔达,弗里德里希 Ⅱ 493

G

Gadamer-Lekebusch, K. 伽达默尔-莱克布施, K. Ⅱ 494

Gaiser, K. 盖塞尔, K. Ⅱ 413

Galilei 伽利略 Ⅱ 88, 186, 319, 337, 487, 496

Galling, K. 伽宁, K. Ⅱ 430

Gauthier, Th. 戈捷, Th. Ⅰ 321

Gehlen, A. 格伦, A. Ⅰ 284, 448; Ⅱ 416, 432

Geldsetzer, L. 盖尔德塞策,卢茨 Ⅱ 95, 278, 463

Gellert 盖勒特 Ⅱ 385

Gentile 金蒂尔 Ⅱ 112, 392

George, St. 乔治,斯忒芬　Ⅰ　69；Ⅱ　159,390,481,501

Georgiades, T. 格奥加德斯,T.　Ⅰ　97；Ⅱ　18

Gerigk, H.-J. 格里克,H.-J.　Ⅱ　106

Gethmann-Siefert, A. 格特曼-西弗特,A.　Ⅰ　64

Giegel 齐格尔　Ⅱ　258f.,263,265,267,269f.,273

Goethe, 歌德　Ⅰ　67f.,76,81ff.,99,167,204f.,463；Ⅱ　177,192,210,300,357,376,489,491

Gogarten, F. 戈加滕,F.　Ⅱ　10,104,211,406

Gogh, V. 梵谷,V.　Ⅱ　482

Goldmann, L. 哥德曼,卢奇　Ⅱ　477

Görres 格雷斯　Ⅱ　390

Götze, A. 格策,A.　Ⅰ　104

Gottsched 哥特舍德　Ⅰ　37

Gouhier, H. 高里尔,H.　Ⅱ　237

Grabmann, M. 格拉伯曼,M.　Ⅰ　482

Gracian, B. 格拉西安,巴尔塔扎

Griesebach, E. 格里斯巴赫,E.　Ⅱ　104

Grimm, H. 格里姆,赫尔曼　Ⅰ　68,305

Grimm, J. 格林,J.　Ⅱ　362

Groethuysen, B. 克罗图伊森,B.　Ⅱ　100,464

Gründer, K.-F. 格鲁德,卡尔-弗里德里希　Ⅱ　457

Guardini, R. 瓜尔迪尼,R.　Ⅰ　376,492

Gundert, H. 古德特,赫尔曼　Ⅱ　235,420

Gundolf, F. 费多尔夫,弗里德里希　Ⅰ　68,305；Ⅱ　481

Gutzkow, K. 古茨科,K.　Ⅰ　66

H

Habermas, J. 哈贝马斯,约尔根　Ⅰ　284,350；Ⅱ　4,21,110,114,

203, 234 238ff., 254f., 256ff., 269f., 272ff., 349, 434, 452, 454, 457, 465f., 467, 470f., 493, 498

Haecker, Th. 海克尔,特奥多 Ⅱ 104

Haering, Th. 黑林 Ⅰ 232

Halevy 哈列维 Ⅱ 421

Halpern 哈尔帕 Ⅱ 463

Hamann, J. G. 哈曼,J. G. Ⅱ 130

Hamann, R. 哈曼,理查德 Ⅰ 94f., 134; Ⅱ 432

Harder, R. 哈德尔,理查德 Ⅱ 383f.

Harnack, A. v. 哈纳克,A. v. Ⅱ 406

Hart, H. L. A. 哈特,H. L. A. Ⅱ 430

Harth, D. 哈特,D. Ⅱ 457, 459

Hartmann, N. 哈特曼,尼加拉 Ⅰ 46, 382; Ⅱ 70, 81, 112, 482f.

Haug, W. 豪格,W. Ⅰ 82

Hebbel, F. 黑贝尔,F. Ⅰ 134, 136

Hebel, J. P. 海贝尔,J. P. Ⅱ 297, 301

Heer, Fr. 黑尔,弗里德里希 Ⅰ 141, 155

Hegel 黑格尔 Ⅰ 16ff., 45, 54ff., 641ff., 69, 84ff., 103f., 171, 172ff., 202u. ö., 209ff., 215u. ö., 231ff., 238, 256ff., 291, 322, 346ff., 359ff., 377, 395, 417, 467ff.; Ⅱ 8, 12, 28, 32, 48, 67, 70, 72, 78, 80, 85, 88, 98, 100, 105, 108, 110ff., 130, 187, 210, 220, 241, 246, 254, 264, 270f., 278, 322, 328, 333f., 336, 354, 360f., 366ff., 385, 389, 395, 397, 407, 423, 426, 433, 436f., 447, 453, 455f., 460f., 464, 470, 472f., 477, 482ff., 491f., 500, 502ff., 505f., 508

Hehn, V. 汉,维克多 Ⅱ 148

Heidegger, M. 海德格尔,马丁 Ⅰ 74,102,105ff.,109,129,156,247,258ff.,267ff.,270ff.,298,360,433,459f.;Ⅱ 8ff.,15ff.,22,33f.,46,48,52u.ö.,59ff.,145,173,203,212,219,224,245,254,279,297ff.,300,323,328,331ff.,338f.,359f.,361ff.,381f.,388f.,391,399,406ff.,422,425,428,437,446f.,464,483ff.,500,504ff.

Heinze, R. 海因茨,理查德 Ⅱ 483

Heisenberg, W. 海森堡,维纳 Ⅱ 458

Hellebrand, W. 黑勒布兰德,W. Ⅱ 437,443

Hellingrath 海林格拉斯 Ⅱ 385

Helmholtz, H. 赫尔姆霍茨,H. Ⅰ 11ff.,47,90;Ⅱ 39,228

Henkel, A. 亨克尔,阿图尔 Ⅱ 489

Henrich, D. 亨利希 Ⅰ 100;Ⅱ 62,101,411,493

Heraklit 赫拉克利特 Ⅰ 409;Ⅱ 46,354,363f.,497

Herbart 赫巴特 Ⅱ 99

Herder 赫尔德 Ⅰ 14,32,84,198,204ff.,291f.,406,442;Ⅱ 72,111,142,147,177,192,328,335,361,433,490

Hermes 赫尔墨斯 Ⅱ 92,294f.

Herodot 希罗多德 Ⅰ 148;Ⅱ 413

Hesiod 赫西俄德 Ⅰ 148

Hesse, H. 赫塞,赫尔曼 Ⅱ 480

Hetzer, Th. 黑策,特奥多尔 Ⅰ 140

Hildebrandt 希尔德布兰特 Ⅱ 501

Hinrichs, C. 欣里希斯,C. Ⅰ 205,213

Hirsch, D. 赫尔施,D. Ⅰ 188;Ⅱ 106

Hitler, A. 希特勒,A. Ⅱ 400

Hitzig 希尔施 Ⅱ 297

Hofer, W. 霍法,W. Ⅱ 390

Hofmann, H. 霍夫曼,H. Ⅰ 146

Hofmann, W. 霍夫曼,W. Ⅰ 377;Ⅱ 405f.

Hölderlin, F. 荷尔德林,F. Ⅰ 93,149,474;Ⅱ 10,75,140f., 367,385,486,491,506

Holl, G. 霍尔,G. Ⅰ 178

Holl, K. 霍尔,K. Ⅱ 94

Hölscher, U. 赫尔希,U. Ⅱ 211

Homer 荷马 Ⅰ 78,148,279;Ⅱ 46,92,94

Hönigswald, R. 赫尼希斯瓦尔德,理查德 Ⅰ 73,408;Ⅱ 74,111,480

Horaz 贺拉斯 Ⅰ 151

Horkheimer, M. 霍克海默尔,M. Ⅰ 279;Ⅱ 434,493

Hotho 霍托 Ⅰ 64,70

Hruschka, J. 胡斯卡,J. Ⅱ 457

Huizinga 赫伊津哈 Ⅰ 109;Ⅱ 129

Humboldt, W. v. 洪堡,W. v. Ⅰ 16,204,206,217,347f.,406,419, 442ff.;Ⅱ 72,99,147,187,201,338,362,393,481

Hume, D. 休谟 Ⅰ 9,30,281,364f.;Ⅱ 461

Husserl, E. 胡塞尔,E. Ⅰ 71f.,156,229f.,246ff.,307,353, 451f.;Ⅱ 12,15f.,69,71,100,102ff.,110f.,125,197, 212,245,279,297,300,323,328,334f.,361ff.,386,388, 411,422,425,427f.,436,447,481,483,488,491,506

Hutcheson 哈奇森 Ⅰ 30

I

Imdahl, M. 英达尔,M. Ⅱ 17

Immermann, K. 伊默曼, K. Ⅰ 94, 278; Ⅱ 175.
Ingarden, R. 英加登, R. Ⅰ 124, 166; Ⅱ 18
Iser, W. 伊泽尔, W. Ⅰ 100; Ⅱ 106
Isokrates 伊索克拉底 Ⅰ 23; Ⅱ 235, 307

J

Jacobi 雅可比 Ⅰ 346, 471; Ⅱ 130
Jaeger, H. 耶格, 哈索 Ⅱ 279, 287f., 292ff.
Jaeger, W. 耶格, 维尔纳 Ⅰ 25, 291; Ⅱ 261, 307, 484, 491
Jaensch 杨恩希 Ⅱ 101
James, W. 詹姆士, 威廉 Ⅰ 250
Jamme, C. 雅姆, C. Ⅰ 93
Japp, U. 雅帕, U. Ⅱ 355
Jaspers, K. 雅斯贝斯, 卡尔 Ⅰ 284, 307; Ⅱ 54, 101, 104, 135, 164, 211, 427, 458, 464, 492
Jauss, H. R. 尧斯, 汉斯·罗伯特 Ⅰ 53, 125; Ⅱ 7, 13f., 62, 106, 223, 299, 441, 457, 475
Jesus 耶稣 Ⅱ 44, 208
Joachim, H. H. 约金姆, H. H. Ⅱ 401ff.
Joël, K. 乔埃尔, K. Ⅱ 261
Johannes Damascenus 大马士革的约翰 Ⅰ 145
Johannesevangelium 约翰福音教派 Ⅰ 423ff.; Ⅱ 44, 135, 192
Johnstone(jr.). H. W. 约翰斯通, H. W. Ⅱ 111, 431
Jonas 约拿斯 Ⅱ 463
Jünger, E. 荣格, 恩斯特 Ⅱ 416
Jünger, F. G. 云格尔, F. G. Ⅰ 112
Junghegelianer 青年黑格尔派 Ⅰ 250, 349; Ⅱ 504

Jungius, J.　尤吉乌斯,J.　Ⅱ　276

Justi, C.　尤斯蒂,C.　Ⅰ　154

K

Kahler, E. v.　卡勒,埃里希·冯　Ⅱ　481

Kallen, G.　卡伦,G.　Ⅰ　146

Kallimachos　卡里马可斯　Ⅰ 293

Kamlah, W.　卡姆拉,W.　Ⅰ　155；Ⅱ　459f.

Kant　康德　Ⅰ　14,16,36ff.,48ff.,80f.,103f.,163f.,197ff.,248, 276,346,348,382,452；Ⅱ　22,28,32,67,69,78,81,89, 97f.,122,133,137,161,167,187,304,307,326ff.,331, 361,384,387,394,412,422,431,435,439,446,455,461, 468f.,484,487,502,506

Kapp, E.　卡普,恩斯特　Ⅰ　371；Ⅱ　307,397

Kassner, R.　卡斯纳,鲁道夫　Ⅰ　114f.

Kaufmann, F.　考夫曼,F.　Ⅰ　266

Keckermann　凯克曼　Ⅱ　294

Kerényi, K.　凯伦伊,卡尔　Ⅰ　128；Ⅱ　390f.

Kierkegaard　克尔凯郭尔　Ⅰ　101,132,134 137,259,349；Ⅱ　9f., 22,55,103,142,210f.,271,362,368,471f.,482f.

Kimmerle, H.　基尔默,海因茨　Ⅰ　190；Ⅱ　15,404,462f.,464, 475,493

Klages, L.　克拉格斯,路德维希　Ⅰ　433；Ⅱ　390

Klein, J.　克莱因,J.　Ⅱ　489

Kleist, H. v.　克莱斯特,亨利希·冯　Ⅱ　205

Kleon　克里昂　Ⅱ　263

Klibansky, R.　克里班斯基,R.　Ⅰ　490

Klopstock　克洛普施托克　Ⅰ　15, 81, 84

Knoll, R.　克诺尔,雷纳特　Ⅱ　130

Koch, J.　柯赫,J.　Ⅰ　438, 441, 490

Koebner, R.　克伯勒,R.　Ⅰ　127

Koehler, W.　柯勒,W.　Ⅰ　96

Koller　柯勒　Ⅰ　118

Kommerell, M.　科默雷尔,M.　Ⅰ　135f.

Konfuzius　孔子　Ⅱ　208

Körte, A.　科尔特,A.　Ⅰ　291

Koschacker, P.　柯夏克,P.　Ⅱ　106, 311

Kosellek, R.　科泽勒克,赖因哈特　Ⅰ　15; Ⅱ　390

Kraft, V.　克拉夫特,维克多　Ⅱ　459

Krauss, W.　克劳斯,W.　Ⅰ　40

Krausser, P.　克劳塞,彼得　Ⅱ　464

Kretschmer　克莱希默　Ⅱ　101

Krüger, G.　克吕格尔,格哈德　Ⅰ　130, 276, 284, 484; Ⅱ　70, 125f., 406, 412f., 423

Kuhn, H.　库恩,赫尔伯特　Ⅰ　88, 120, 285, 324, 327; Ⅱ　401f., 403, 437, 440, 442, 472, 494

Kuhn, Th.　库恩,托马斯　Ⅰ　288; Ⅱ　114, 496

Künne, W.　屈内,沃尔夫冈　Ⅱ　493

Kunz, H.　库恩兹,H.　Ⅱ　257

L

Lacan, J.　拉康,雅克　Ⅱ　114, 249

Lagus, J.　拉古斯,雅克　Ⅱ　276

Landgrebe, L. 朗德格雷纳, L. Ⅱ 411

Lang, H. 朗格, 赫尔曼 Ⅱ 249

Langerbeck, H. 朗格伯克, 赫尔曼 Ⅱ 397

Larenz, K. 拉伦茨, K. Ⅱ 392, 400

Lebreton 莱布雷通 Ⅰ 423

Leibholz, G. 莱伯霍尔茨, G. Ⅱ 401

Leibniz 莱布尼茨 Ⅰ 33, 146, 209, 230, 419f.; Ⅱ 210, 276, 492, 502

Leisegang, H. 莱茨冈, 汉斯 Ⅱ 488

Leonardo da Vinci 莱奥纳多·达·芬奇 Ⅰ 11, 98

Lersch 莱尔希 Ⅱ 101

Lessing, G. E. 莱辛, G. E. Ⅰ 53f., 80; Ⅱ 267

Lessing, Th. 莱辛, 特奥多 Ⅱ 480

Liebing, H. 李宾, H. Ⅱ 404

Lipps, H. 利普斯, H. Ⅰ 431, 462; Ⅱ 54, 110, 195, 338

Litt, Th. 利特, 特奥多 Ⅰ 432; Ⅱ 100f., 328, 390, 423, 491, 498

Lledo, E. 莱多, E. Ⅱ 383, 493

Lohmann, J. 洛曼, 约翰纳斯 Ⅰ 407, 418, 437; Ⅱ 228f., 233, 245

Loof, H. 洛夫, H. Ⅰ 81

Loos, E. 洛斯, 恩里希 Ⅰ 29

Lorenzen, P. 洛伦兹, P. Ⅱ 459f., 462

Lorenzer, A. 洛伦兹, A. Ⅱ 258f.

Löwith, K. 勒维特, 卡尔 Ⅰ 212, 214, 365, 433; Ⅱ 70, 102, 104, 139, 381f., 412f., 415, 423, 493

Lübbe, H. 吕伯, H. Ⅰ 250

Lücke 吕克 Ⅱ 15, 101, 404, 462

Lukács, G. v. 卢卡奇, 格奥尔格·冯 Ⅰ 101, 279

Luther, M. 路德,马丁 Ⅰ 132,177ff.,198f.,237;Ⅱ 94f.,277,282, 284,286,292,296,336,430

M

Mach, E. 马赫,恩斯特 Ⅰ 71

Machiavelli 马基雅维里 Ⅱ 415

Mahnke, D. 马恩克,D. Ⅰ 146

Maihofer, K. 迈霍夫,K. Ⅱ 430

Maimonides, M. 麦蒙尼德 Ⅱ 421

Malebranche 马勒伯朗士 Ⅰ 146

Mallarmé 马拉美 Ⅱ 355,474

Malraux, A. 马尔罗,安德烈 Ⅰ 93

Mann, Th. 曼·托马斯 Ⅱ 363,480

Mao-Tse-Tung 毛泽东 Ⅱ 466

Marcuse, H. 马尔库塞,H. Ⅰ 232;Ⅱ 435,466

Marc Aurel 马克·奥勒留 Ⅰ 30

Marquard, O. 马尔奈特,O. Ⅱ 233

Marrou, H. J. 马罗,H. J. Ⅱ 408

Marx, K. 马克思,卡尔 Ⅰ 279;Ⅱ 116,246,466,483

Marxismus 马克思主义 Ⅰ 337,327;Ⅱ 263

Masur, G. 马苏尔,格哈德 Ⅰ 207

Meier, G. F. 迈耶,G. F. Ⅰ 277;Ⅱ 463

Meinecke, F. 梅纳克,F. Ⅱ 390,411

Melanchthon 梅兰希顿 Ⅰ 180,324f.;Ⅱ 96,277,281,282ff.,286, 296,305,308,431

Menzer, P. 门策尔,P. Ⅰ 37,48

Merleau-Ponty 梅洛-庞蒂 Ⅱ 425

Mesnnard, P. 梅纳尔 Ⅰ 80

Michelangelo 米开朗琪罗 Ⅱ 482

Mill, J. St. 穆勒,纳翰·斯图加特 Ⅰ 9,12,14; Ⅱ 99,320,451

Misch, G. 米施,格奥尔格 Ⅰ 222,239,242; Ⅱ 100,102f.,388,464

Molière 莫里哀 360

Möller, J. 默勒, J. Ⅱ 437

Mollowitz, G. 莫洛维茨, G. Ⅰ 98

Mommsen, Th. 莫姆森, Th. Ⅰ 289; Ⅱ 222,394

Monan, J. 莫纳 J. 多纳尔德 Ⅱ 253

Mörike, E. 莫里克, E. Ⅱ 359f.

Moritz, K. Ph. 莫里茨,卡尔·菲利普 Ⅰ 81f.,101

Morris, Ch. 莫里斯,查尔斯 Ⅱ 174

Morus 马鲁斯 Ⅰ 35; Ⅱ 297,301

Müller, C. 缪勒,库尔特 Ⅰ 81

Müller, M. 米勒,马克斯 Ⅰ 488

Musil, R. 穆西尔, R. Ⅱ 490

N

Napoleon 拿破仑 Ⅱ 322

Natanson, M 纳汤森, M. Ⅱ 111,431

Natorp, P. 拉托普,保尔 Ⅰ 73,224,247,459; Ⅱ 482f.

Neitzel, H. 奈策尔,海因茨 Ⅰ 363

Neukantianismus 新康德主义 Ⅰ 65f.,225,250,258,381; Ⅱ 29f., 69ff.,81f.,89,133f.,164,210f.,322,328,331,334,338,362,368, 388,399,422,479ff.,505f.

Neuplatonismus 新柏拉图主义 Ⅰ 79,145,205,427f.,438,487f.;Ⅱ 94,293,298,383,384f.,386

Newton,I. 牛顿,I. Ⅱ 167,177,228,487

Nietzsche 尼采,弗里德里希 Ⅰ 21,69,73,130,165,247,262,267,307,309f.,421;Ⅱ 11,27,31,38,45f.,103,114,116,202,221,333f.,336,338ff.,363f.,368,372,381f.,414,421,447,481ff.,491,500

Novalis 诺瓦利斯 Ⅱ 463

O

Odebrecht,R. 奥德布莱希特,鲁道夫 Ⅰ 55,98;Ⅱ 463

Oehler,K. 欧勒,K. Ⅱ 421

Oelmüller,W. 欧尔缪勒,W. Ⅰ 86

Oetinger,F. 厄廷达尔,F. Ⅰ 32ff.,489;Ⅱ 177,386,404

Olbrecht-Tyteca 奥尔布莱希特-梯特卡 Ⅱ 431,467

Origines 奥里根 Ⅱ 94

Ortegay Gasset 奥特伽,伽塞特 Ⅱ 29

Osenberg 奥森伯格 Ⅱ 490

Ott 奥特 Ⅱ 391,407f.

Otto,W.F. 奥托,瓦尔特.F. Ⅰ 128;Ⅱ 390f.,398

Overbeck,F. 奥佛伯克,弗朗茨 Ⅱ 209

Oxfordschule 牛津学派 Ⅰ 376;Ⅱ 397

P

Paatz,W. 帕茨,W. Ⅰ 141

Pannenberg,W. 帕伦伯格,W. Ⅱ 246f.,437

Panofsky,E. 巴诺夫斯基,E. Ⅱ 375

Pareyson, L. 帕勒松,路易吉 Ⅰ 66;Ⅱ 433

Parmenides 巴门尼德 Ⅰ 128f.,465;Ⅱ 85ff.,363f.

Parry 帕里 Ⅰ 165

Pascal 帕斯卡 Ⅰ 35

Patsch, H. 帕茨 H. Ⅱ 464

Patzer, H. 帕策尔 H. Ⅰ 343

Paul, J. 保尔,让 Ⅱ 259

Paulus 保罗 Ⅱ 336

Peirce, Ch. S. 皮尔斯,Ch. S. Ⅱ 262

Perelman, Ch. 佩雷尔曼,Ch. Ⅱ 111,317,431,467

Perikles 伯里克利 Ⅱ 263

Perrault, M. 佩拉尔特,M. Ⅱ 299

Pflaumer, R. 普夫拉奥默,鲁伯莱希特 Ⅱ 493

Phidias 菲迪亚斯 Ⅱ 477,482

Philo v. Alex. 亚里山大的菲洛 Ⅱ 383

Piaget, J. 皮亚杰,J. Ⅱ 112,204,256

Pietismus 虔信派 Ⅰ 32f.,313;Ⅱ 97,284,298

Pindar 品达 Ⅰ 151;Ⅱ 128,486

Pinder 品德尔 Ⅱ 101

Plato 柏拉图 Ⅰ 23,27,100,117ff.,128f.,131,150,210,276,279,320, 350f.,368ff.,381,396,409ff.,426f.,433f.,461f.,482,484;Ⅱ 12, 22,42f.,73,80,82,85f.,90,92f.,110,126,152,160ff.,184,200, 209f.,212,225,234f.,237,255,275,281,287,293f.,302,305ff., 317f.,329,332f.,344,369f.,379,397,402,413,415,420,422f.,428, 433,455f.,461,482,484ff.,500ff.,506ff.

Platonismus 柏拉图主义 Ⅱ 7,12,16,223,227,364,456,478,503

Plessner, H.　普莱斯纳, H.　204, 257, 431

Plotin　柏罗丁　Ⅱ　298, 383, 482, 502

Plutarch　普鲁塔克　Ⅰ　78; Ⅱ　321, 413

Pöggeler, O.　珀格勒, 奥托　Ⅱ　437, 447

Polanyi, M.　波兰尼, M.　Ⅱ　256, 431, 505

Pollmann, L.　波尔曼, 列奥　Ⅱ　457

Pontius Pilatus　蓬丁乌斯·彼拉多　Ⅱ　44f.

Popper, K. R.　波普尔, 卡尔·R.　Ⅰ　359; Ⅱ　434, 452

Portmann, F.　波尔特曼, F.　Ⅰ　113

Port-Royal　波尔-罗亚尔　Ⅰ　24

Pragmatismus, amerikanischer　美国实用主义　Ⅱ　53

Protagoras　普罗泰戈拉　Ⅱ　235

Pseudodionys　伪丢尼修　Ⅰ　79, 482

Pythagoreer　毕达哥拉斯派　Ⅱ　319

Q

Quintilian　奎因梯利安　Ⅰ　95; Ⅱ　236, 280

R

Rabeau, G.　拉柏奥, G.　Ⅰ　432

Rabl, E.　拉伯尔, E.　Ⅱ　392, 426

Rad, G. v.　拉德, G. v.　Ⅱ　106

Rahner, K.　拉纳, K.　Ⅱ　390

Rambach, J. J.　兰巴赫 J. J.　Ⅰ　35, 188, 312f.; Ⅱ　97, 105, 284, 298

Ranke, L.　兰克, L.　Ⅰ　202, 206ff., 221, 227f. u. ö.; Ⅱ　21, 99, 187, 221f., 240, 390

Rastier 拉斯蒂尔 Ⅱ 355

Raumer 劳默尔 Ⅱ 263

Redcker,M. 雷德克,马丁 Ⅰ 198;Ⅱ 277,405,425,463

Reich,K. 莱因希,克劳斯 Ⅱ 493

Reid,Th. 里德,托马斯 Ⅰ 30

Reinhardt,K. 赖因哈特,卡尔 Ⅱ 261,489

Riccobini 里可彼尼 Ⅱ 385

Rickert,H. 李凯尔特,H. Ⅰ 225,350;Ⅱ 328,388,428,439

Ricoeur,P. 利科尔,保罗 Ⅱ 114,116,350,435,474

Riedel,R. 里德尔,M. Ⅰ 32;Ⅱ 117,455,464

Rilke 里尔克 Ⅰ 110,397;Ⅱ 128,210,491

Ritschl,O. 里奇尔,O. Ⅰ 179;Ⅱ 405f.

Ritter,J. 里特,J. Ⅰ 15;Ⅱ 117,298,384,402,433

Rittner,F. 黑特纳,F. Ⅱ 456

Robinson,J.M. 罗宾逊,J.M. Ⅱ 410,430

Rohr,G. 罗厄,G. Ⅱ 139,413

Rose,H. 罗斯,H. Ⅰ 400

Rosenkranz,K. 罗森克兰茨,卡尔弗 Ⅰ 65;Ⅱ 447

Rosenzweig,Fr. 罗森茨威格,弗朗茨 Ⅰ 93;Ⅱ 10,211

Rossi,P. 罗西,P. 21

Rothacker,E. 罗特哈克,埃里布 Ⅰ 69,185,238,307;Ⅱ 100,107,340,378,386,389,398

Rousseau 卢梭 Ⅰ 56,8,279,484;Ⅱ 22,69,304,327

Royce 罗伊斯 Ⅱ 262

Runge 龙格 Ⅰ 93

Russell,B. 罗素,柏特兰 Ⅱ 338,425

S

Salin, E. 萨林, E. Ⅱ 481

Salmasius 萨尔马修斯 Ⅰ 30

Santinello, G. 桑梯奈洛, G. Ⅰ 482

Sarter, J.-P. 沙特, 让-保罗 Ⅱ 259, 369, 425

Savingny 萨维尼 Ⅰ 190, 332; Ⅱ 311

Schaarschmidt 沙米施米特, Ⅰ 17

Schadewaldt, W. 沙德瓦尔特, W. Ⅰ 135, 390

Schasler, M. 沙斯勒, M. Ⅰ 65

Scheler, M. 舍勒, 马克斯 Ⅰ 96, 134, 237, 287, 316, 448, 453; Ⅱ 69f., 339, 361, 428, 482

Schelling 谢林 Ⅰ 64, 83, 93, 200, 464, 469; Ⅱ 28, 98f., 103, 334, 376

Scherer, W. 舍勒尔, W. Ⅰ 12

Schiller, F. 希勒, F. Ⅰ 56, 61, 63, 69, 81ff., 397; Ⅱ 99, 151, 300, 456

Schlegel, F. 施莱格尔, F. Ⅰ 64f., 82, 85, 93, 111, 199f., 295, 367, 400; Ⅱ 97f. u. ö., 209, 338, 362, 425, 463

Schleiermacher 施莱尔马赫 Ⅰ 63, 69, 75, 171ff., 182ff., 188ff. u. ö., 283 u. ö., 296ff., 347; Ⅱ 14f., 19, 54, 57ff. u. ö., 95, 97ff., 123, 209, 222, 236, 254, 277, 279, 284, 290, 292,, 298f., 301, 312f., 318, 322, 330f., 335, 362, 393, 404ff., 425ff., 436, 462ff., 472, 474, 494, 497

Schlick, M. 石里克, 莫里茨 Ⅱ 3f., 321, 339, 434

Schmidt, E. 施密特, 恩斯特 Ⅱ 253

Schmied-Kowarzik, S. W. 施密特-柯瓦切克, S. W. Ⅱ 457

Schmitt, C. 施密特, 卡尔 Ⅱ 379f.

Schneider, H. 施奈德, H. Ⅰ 93
Schöne, W. 舍内, 沃尔夫冈 Ⅰ 140
Schopenhauer, A. 叔本华, A. Ⅰ 65, 84, 464; Ⅱ 297
Schrade, H. 施拉德, 胡贝特 Ⅰ 145
Schuler, A. 舒勒, 阿尔弗雷德 Ⅱ 390
Schulz, W. 舒尔茨, 瓦尔特 Ⅱ 489
Schupp. F. 舒普, F. Ⅱ 390
Schütz, A. 许茨, 阿尔弗雷德 Ⅰ 255
Sedlmayr, H. 泽德尔迈尔, H. Ⅰ 98, 101, 126; Ⅱ 108, 377, 441
Seeberg, E. 泽贝格, 埃里希 Ⅰ 377
Seebohm, Th. 西伯姆, 托马斯 Ⅱ 11, 106, 457
Semler 塞梅勒 Ⅰ 180, 188; Ⅱ 97, 404
Senft, Chr. 塞夫特, Chr. Ⅱ 405
Seume, H. 绍伊默, H. Ⅱ 297, 301
Sextus Empiricus 塞克斯都·恩彼里柯 Ⅱ 320
Shaftesbury 沙夫茨伯里 Ⅰ 16, 29f.
Shakespeare 莎士比亚 Ⅰ 62; Ⅱ 357, 379, 482, 501
Siep, L. 希普, L. Ⅰ 18
Simmel, G. 西默尔, 乔治 Ⅰ 69, 228, 247
Simon, R. 西蒙, R. Ⅱ 96, 284
Sinclair 辛克莱 Ⅱ 385
Singer, S. 辛格, S. Ⅱ 501
Sinn, D. 辛恩, D. Ⅰ 254f.
Snell, B. 斯内尔, B. Ⅰ 294
Sokrates 苏格拉底 Ⅰ 26, 320u.ö., 368ff., 468; Ⅱ 23, 43, 90, 208, 210, 227, 235, 252, 255, 306, 325, 332, 336, 344, 369f., 420, 422, 486, 497f., 501f.

Solger 索尔格 Ⅰ 79

Sophistik 智者派 Ⅰ 23,25,276,350ff.,357,396,410u.ö.;Ⅱ 43,94,160,,227f.,234f.,252,289,305,415

Sophokles 索福克勒斯 Ⅱ 482,489,501

Spengler,O. 斯宾格勒,奥斯瓦尔德 Ⅱ 480

Speusipp 斯鲍锡普 Ⅰ 434ff.

Spiegelberg,H. 斯皮格尔伯格,H. Ⅱ 411

Spinoza 斯宾诺莎 Ⅰ 184f.,189,275,277;Ⅱ 96f.,122f.,267,299,385,415,421,464

Spitzer,L. 皮茨,列奥 Ⅱ 360

Sprague,R.K. 斯帕古,R.K. Ⅱ 421

Spranger,E. 斯潘格,E. Ⅱ 100f.,107,464

Stachel,G. 斯塔克尔,古恩特 Ⅱ 106,457

Staiger,E. 施泰格,埃米尔 Ⅰ 134,271;Ⅱ 108,359

Stegmüller,W. 施特格米勒,沃尔夫冈 Ⅰ 271

Steiger,L. 施泰格,L. Ⅱ 406

Steinthal,H. 施泰因塔尔,H. Ⅰ 190,197,410;Ⅱ 15,99,464

Stenzel,J. 斯坦策尔,J. Ⅰ 434,477,485

Stoa 斯多葛 Ⅰ 423,437,486;Ⅱ 94,308,414

Strauß,E. 斯特劳斯,E. Ⅰ 96

Strauss,L. 斯特劳斯,列奥 Ⅰ 29,275,300,324;Ⅱ 299,334,401,414f.,501

Stroux,J. 施特鲁克斯,J. Ⅰ 291

Sturm,J. 斯图姆,约翰纳斯 Ⅱ 283,289

Sulzer 祖尔策 Ⅰ 54;Ⅱ 385

Sybel 西贝尔 Ⅱ 222

Swift 斯威夫特 Ⅱ 489

T

Tacitus 塔西陀 Ⅰ 293;Ⅱ 290

Tagore,R. 泰戈尔,R. Ⅱ 482

Tate,A. 塔特,A. Ⅱ 94

Taylor,Ch. 泰勒,查尔斯 Ⅱ 114

Tetens 特滕斯 Ⅰ 28,36

Themistius 泰米斯修斯 Ⅰ 357,421;Ⅱ 112

Thibaut,A.F.J. 梯鲍特,A.F.J. Ⅱ 107,278,463

Thomas v. Aquinas 托马斯·阿奎那 Ⅰ 28,426ff.,491;Ⅱ 111,461,491

Thomasius,Chr. 托马斯,Chr. Ⅰ 276

Thukydides 修昔底德 Ⅰ 237;Ⅱ 190,321

Thurneisen 图尔纳森 Ⅱ 101

Tieck,L. 蒂克,L. Ⅰ 66

Tolstoi 托尔斯泰 Ⅰ 377

Tonelli 托内里 Ⅱ 384

Topitsch,E. 托庇茨,E. Ⅱ 459

Trede,J.H. 特雷德,J.H. Ⅱ 493

Treitshke 特赖奇克 Ⅱ 222

Trier,J. 特里尔,J. Ⅰ 109

Troeltsch,E. 特勒尔奇,恩斯特 Ⅰ 241;Ⅱ 31,100,389,410,481

Tugendhat,E. 吐根哈特,E. Ⅱ 254

Tumarkin 图玛金,安娜 Ⅰ 120

U

Uexkuell,J.v. 于克斯科尔,J.v. Ⅰ 45

Ulrich v. Straßburg 乌利希·冯·斯特拉斯堡 Ⅰ 482

Unamano 乌那马诺 Ⅱ 104

V

Valéry,P.　瓦莱利,保罗　Ⅰ　98ff.

Vasoli,C.　范苏里,C.　Ⅰ　22

Vattimo,G.　瓦蒂莫,G.　Ⅱ　464,493

Velasquez,D.　委拉斯开兹,D.　Ⅰ　154

Verigl　维吉尔　Ⅱ　362

Verra,V.　维拉·瓦兰里奥　Ⅱ　493

Vico　维柯　Ⅰ　24ff.,226,281,379;Ⅱ　111,192,273,280,311,432,467,498

Viehweg,Th.　菲维格,Th.　Ⅱ　430

Vischer,Fr.Th.　菲舍,Fr.Th.　Ⅰ　85f.

Volhard,E.　伏尔哈德,E.　Ⅰ　86

Volkmann-Schluck,K.-H.　福尔克曼-施鲁克,K.-H.　Ⅰ　438,489,491

Vorsokratiker　前苏格拉底学派　Ⅱ　363

Vossler,K.　弗斯勒,K.　Ⅰ　474

Vossler,O.　福斯勒,O.　Ⅰ　267;Ⅱ　221

Vries,H.　福里斯,H.　Ⅱ　390

Vries,J.de　福里斯,J.德　Ⅱ　390f.

W

Wach,J.　瓦赫,约金姆　Ⅰ　186;Ⅱ　100,277,463

Wagner,F.　瓦格纳,弗里茨　Ⅱ　389

Wagner,H.　瓦格纳,汉斯　Ⅱ　411,480

Walch,C.F.　瓦尔赫,C.F.　Ⅱ　106

Waehlens,A.de　瓦尔亨斯,A.德　Ⅰ　258;Ⅱ　437

Wagner,Chr.　瓦格纳,Chr.　Ⅰ　427

Walch　瓦尔希　Ⅰ　183,276,282

Warburg,M.　瓦堡,M.　Ⅱ　355

Watson,L.C.　瓦特松,L.C.　Ⅱ　9

Weber,M.　韦伯,马克斯　Ⅱ　101,159,163,165,310,322,326,378,388f.,458ff.,468,481

Weidlé,M.　韦德勒,M.　Ⅰ　192

Weinsheimer,J.C.　威斯海默,J.C.　Ⅱ　4,339

Weischedel,W.　魏舍德尔,W.　Ⅰ　141

Weizsäcker,C.F.v.　魏茨泽克,C.F.v.　Ⅱ　397

Weizsäcker,V.v.　魏茨泽克,V.v.　Ⅰ　255；Ⅱ　10,104,129

Wellek-Warren　威莱克-伐伦　Ⅱ　474

Whitehead　怀特海　Ⅱ　425,456

Wieacker,F.　维亚克尔,弗兰茨　Ⅰ　25,332,335；Ⅱ　108,390,392,437f.,443,456

Wiehl,R.　维尔,赖纳　Ⅱ　203,456,473,493

Wieland,W.　维兰德,沃尔夫冈　Ⅱ　493

Wilamowitz　维拉莫维茨　Ⅰ　342

Winch,P.　温赫,P.　Ⅱ　239

Winckelmann　温克尔曼　Ⅰ　77f.,84,204,291

Windelband,W.　文德尔班,W.　Ⅱ　388,396,439

Wittgenstein,L.　维特根斯坦,路德维希　Ⅱ　4f.,71f.,110,239,254,338,425,429,456,507

Wittram,R.　维特拉姆,莱茵哈特　Ⅱ　390

Wolf,F.A.　沃尔夫,F.A.　Ⅰ　182；Ⅱ　463

Wolff,Chr.　沃尔夫,Chr.　Ⅰ　180,183；Ⅱ　95,404

Wölfflin　韦尔夫林　Ⅱ　398

Wolters　沃尔斯特　Ⅱ　481

Wolzogen,C.　沃尔措根,C.　Ⅰ　253

Y

Yorck,Graf　约尔克伯爵　Ⅰ　238,255ff.；Ⅱ　100,124,135,386,389,410

Z

Zabarella　察巴雷拉　Ⅱ　281,295

Zaccaria,G.　察卡里阿,G.　Ⅱ　400

Zenon　芝诺　Ⅰ　468；Ⅱ　87

本书所引经典文献

Aristoteles 亚里士多德

Analytica Posteriora 《后分析篇》

B19，Ⅰ 421；B19,99bff.，Ⅰ 356；B19,99b35ff.，Ⅱ 149；B19,100a3ff.，Ⅱ 200,229

De anima 《论灵魂》

425a14ff.，Ⅰ 27；425a25，Ⅰ 96；431b21，Ⅰ 462

Ethica Nicomachea 《尼各马可伦理学》

A1，Ⅰ 116；A4，Ⅰ 317；A7，Ⅰ 303；A1,1094a1ff.，Ⅱ 316；A1,1094a27，Ⅱ 318；A1,1095a3aa.，Ⅱ 326；A4,1096b20，Ⅱ 275；A7,1098b2ff.，Ⅱ 325；A13,1102a28ff.，Ⅱ 315；B5,1106b6，Ⅰ 486；E10,1134b27ff.，Ⅱ 401；E10,1134b27ff.，Ⅱ 401；E10,1134b32—33，Ⅱ 401；14，Ⅰ 323；Z44,1140a19，Ⅱ 1,60；Z5,1140b13，Ⅰ 327；Z8，Ⅰ 323；Z8,1141b15，Ⅰ 327；Z9,1141b33，Ⅰ 27,321；Ⅱ 162,433,485；Z9,1142a25ff.，Ⅰ 327；Z9,1142a30，Ⅰ 321；Ⅱ 162；Z10,1142b33，Ⅰ 327；Z11，Ⅰ 328；Ⅱ 308；Z13,1144a23ff.，Ⅰ 329；H1,1145a15，Ⅰ 328；K6,1176b33，Ⅰ 107；K10，Ⅰ 285；K10,1179b24f.，Ⅱ 317；K10,1180a14f.，Ⅱ 317

Ethica Eudemia 《欧德米亚伦理学》

B1，Ⅰ 116；Θ2,1246b36，Ⅰ 321

Magna Moralia 《大伦理学》

A33,1194bff., Ⅰ 324

De interpretatione 《解释篇》

 Ⅱ 93,293;4,16b31ff.,Ⅱ 74

Metaphysik 《形而上学》

 A1, Ⅰ 458;A1,980b23—25, Ⅰ 466;Γ1, Ⅱ 78;Γ1, 1004b25, Ⅰ 373;E1, Ⅱ 291,303;K7, Ⅱ 303;Λ7, Ⅰ 129;M4,1078a3—6, Ⅰ 482;M4,1078b25ff., Ⅰ 370

Politik 《政治论》

 A2,1253a9ff.,Ⅰ 435,449;Ⅱ 146;H1,1337a14ff.,Ⅱ 308;H3, 1337b39,Ⅰ 107

Poetik 《诗学》

 4,1448b 10f.,Ⅰ 119;4,1448b16,Ⅰ 119;9,1451b6,Ⅰ 120;13, 1453a29,Ⅰ 134;22,1459am,Ⅰ 435;23,1459a20,Ⅱ 287

Physik 《物理学》

 Γ6,206a20,Ⅰ 128f.;Δ4,211b14ff.,Ⅰ 437

Rhetorik 《修辞学》

 A2,1355b,Ⅱ 274;A2,1356a26,Ⅱ 308;B13,1389b32,Ⅰ 135

De sensu 《论感觉》

 473a3,Ⅰ 466

Topik 《论辩篇》

 A11,Ⅰ 435;A18,108b 7—31,Ⅰ 435

Heraklit 赫拉克利特

VS 《前苏格拉底残篇》

12,B54,Ⅰ 179

Plato 柏拉图

Apologie 《申辩篇》

 22d,Ⅰ 320

Charmides 《卡尔米德篇》

    169a，Ⅰ　210

Epinomis 《伊庇诺米篇》

    975c，Ⅱ　93，294，295；991e，Ⅰ　179

Goggias 《高尔吉亚篇》

    Ⅱ　305；456a，Ⅱ　235

Hippias I 《大希庇阿斯篇》

    293e，Ⅰ　150

Ion 《伊安篇》

    534e，Ⅱ　93

Kratylos 《克拉底鲁篇》

    384d，Ⅰ　410；385b，Ⅰ　413；387c，Ⅰ　413；388c，Ⅰ　410；429bc，Ⅰ　414；430a，Ⅰ　414；430d⁵，Ⅰ　415；432aff.，Ⅰ　413；436e，Ⅰ　413；438d—439b，Ⅰ　411

Menon 《美诺篇》

    80dff.，Ⅰ　351

Parmenides 《巴门尼德篇》

    131b，Ⅰ　128f.

Phaidon 《斐多篇》

    Ⅱ　498；72，Ⅰ　462；73ff.，Ⅰ　119；96，Ⅰ　357；99e，Ⅰ　443；Ⅱ　73

Phaidros 《斐德罗篇》

    Ⅰ　131；Ⅱ　305，308，317；245c，Ⅱ　383；250d7，Ⅰ　485；262c，Ⅰ　281；264c，Ⅰ　287；268aff.，Ⅰ　307；269b，Ⅰ　306；272a6，Ⅰ　307；275，Ⅰ　396；280b，Ⅰ　307

Protagoras 《普罗泰戈拉篇》

    314a，Ⅱ　225；314a、b，Ⅱ　43；335ff.，Ⅰ　368

Philebos 《斐利布斯篇》

　　Ⅱ　307;50b,Ⅰ　117;51d,Ⅰ　486

Politikos 《政治家篇》

　　260d,Ⅱ　92;2294ff.,Ⅰ　324;305e,Ⅱ　86

Nomoi 《法律篇》

　　907d,Ⅰ　93

Ⅶ.*Brief* 《第七封信》

　　Ⅱ　507;341c,Ⅰ　396;342ff.,Ⅰ　411;434a7,Ⅱ　255;343c-d,Ⅰ

　　350;344b,Ⅰ　382;344c,Ⅰ　396

Sophistes 《智者篇》

　　Ⅰ　486;263e,Ⅰ　411,426;264a,Ⅰ　411

Staat 《国家篇》

　　508d,Ⅰ　487;601c,Ⅰ　100;617e4,Ⅱ　82

Symposion 《会饮篇》

　　175d,Ⅱ　501;204a1,Ⅰ　490;210d,Ⅰ　482

Timaion 《蒂迈欧篇》

　　Ⅱ　86

Sextus Empirikus 塞克斯都·恩彼里柯

Adv. math. 《反数学家》Ⅷ

　　275,Ⅰ　423

Stoa 斯多葛

StVfr. 《早期斯多葛派著作残篇》

　　Ⅰ24,36,36;9,Ⅰ　486;168,11pass.,Ⅰ　179

译　后　记[*]

当我把本书下卷最后一页清样校对完毕,这几年因紧张劳动而疲惫不堪的精神总算暂时得到某种放松。正如我在本书上卷译者序中所说,本书的翻译是从1986年开始的,时至今日已整整8年之久。尽管在这段时期内,我有一部分时间是为我的论著《斯宾诺莎哲学研究》进行最后的修改和统稿工作,但不可否认我仍把大部分精力和时间投入此书的翻译。我每日清晨伏案耕耘,直至夕阳西下而辍,日继一日,年复一年,其间的酸辣苦涩一时难以尽言。

从某一个意义上说,我花这样长的时间只从事一部著作的翻译工作,似乎有些得不偿失。我的一些亲朋好友也曾经以此指责我说,我本可以利用这几年经常出国与德国哲学家进行直接联系和学术交流的好时机写出一部关于诠释学甚至当代德国哲学的专著。尽管这种批评有一定道理,特别是在当前我国只重论著不重翻译的学术评定倾向下,但我仍要争辩说,需知西方哲学发展至今日,其内容之广泛和其意义之深奥,实非我们仅以几年时间写出的一部学术专著所能涵盖的。与其写一部阐述自己尚未成熟看法的专著,还不如译介一部有影响的经典著作对我国读者来说更为重

---

[*] 这是为《真理与方法》上海译文出版社版本写的译后记。

要一些。正是这样一种看法使我对这几年的辛苦劳作没有感到可惜。扪心自问,反而有一种自慰。如果我国年轻的读者能被这本书引导去踏实研究一下当代西方哲学,译者这几年的苦心就算没有白费了。

诠释学对于我国今天的一些读者来说可能还不算陌生,但不管怎样,这只是最近10年内的事。在20世纪70年代末我们通过一些东德和日本的哲学译文接触到这一名词,但对其内容却是完全不了解的。只是到了20世纪80年代,由于当时所谓存在主义热,一些个别的学者开始对当代西方这一哲学倾向赋予了注意,特别是在1986年《哲学译丛》以"德国哲学解释学"为题出了一期专辑,在一定程度上推动了国内的诠释学研究。在此期间,我国哲学界组织了两次关于诠释学的专题研讨会。一次是1987年在深圳召开的首届诠释学学术讨论会,这次讨论会我们邀请了德国哲学史学家格尔德泽策教授作了题为"什么是诠释学"的学术报告;与会的中外哲学家就诠释学的历史、主要观点以及自然科学和人文科学的区别作了广泛的讨论。一次是1991年在成都召开的第二届诠释学学术讨论会,与会30多名哲学研究学者就海德格尔、伽达默尔、哈贝马斯、利科尔和德里达的思想进行了深入的讨论。这些活动无疑都促进了我国的诠释学研究,以致诠释学在我国今天已成为一个拥有越来越多研究者的专门研究领域。当然,我们也不可否认,诠释学在我国仍是一个研究不足的新领域,有关这方面的一些重要哲学著作尚未完全翻译过来。相对于国外(不仅欧洲,而且包括美国)已经将诠释学主要观点普遍应用于哲学、美学、法学、历史学、语言学、文学批评和宗教各个人文科学领域而言,我们还只是起步，还有待于我国年轻一代哲学工作者今后的努力。

为了便于我国读者理解本书所阐发的诠释学观点，下面我再就几个主要概念的翻译作些说明和解释。

Hermeneutik，相应的英文词是 hermeneutics。该词在我国目前已有好几种译名，如"解释学""诠释学""释义学""阐释学"等。我本人采用了"诠释学"这一译名。我之所以选用"诠释学"这一译名是有一番考虑的。首先，Hermeneutik 来源于古老的希腊文词ἑρμηνεύειν，意即传达、翻译、解释和阐明的技术。Hermeneutik 是从词根 Hermes 引申而来，Hermes 本是神的一位信使的名字，其使命一方面是传达神的指令，将神的指令翻译成人间的语言，另一方面是解释神的指令，把神的指令的意义阐明出来。因此 Hermeneutik 最基本的含义就是通过翻译和解释把一种意义关系从一个陌生的世界转换到我们自己熟悉的世界。我们知道，柏拉图在其《伊庇诺米篇》里就曾经讲到过 Hermeneutik，他把它视为一种与占卜术同属一类的技艺，其目的是用来阐发神的旨意，具有传谕旨意和要求服从的双重功能。同样，在亚里士多德的《工具论》中也有一篇很著名的逻辑论文，就是 Peri hermeneias，我们一般译为《解释篇》。hermēneus（诠释）就是以对被表述东西本来含义的理解为前提，从而把被表述东西的本来意蕴阐发出来，因而理解和解释就构成诠释的两个不可分离的组成因素。近代和现代诠释学家之所以采用 Hermeneutik 这个古老的希腊字作为这一学科名称，我想主要是为了尽量传达出古代的遗风，特别是古代人的思想倾向和思维方式。在我国古代文化里比较接近这一概念的词是"诠释"。早在唐代，诠释就被用来指一种"详细解释、阐明事理"的学问。唐颜师古"策贤良问一"中就有"厥意如何,停问诠释",元稹《解秋十首》中也有"此意何由诠"。因此我在上述几种中译名中选用了"诠释学"这一比较古雅而意蕴似乎又深厚的译名。当然,我也并不是说这一译名就完全正确,因为中国的传统文化和西方的传统文化毕竟还有差别。

不过,这里我要着重说明的是我为什么不采用目前国内大多使用的"解释学"这一译名(当然港台仍用"诠释学")。在德文里关于解释的词有好几个,如 Interpretation、Explanation、Explikation、Erklärung 和 Auslegung,其中 Interpretation、Explanation 和 Explikation 显然是从拉丁文而来;英语里也有相应的词：interpretation、explanation 和 explication。从语言学史上看,Interpretation 可能是最接近 hermeneus 的翻译。我们知道,亚里士多德那篇"Peri hermeneias",后来译成拉丁文就是"De interpretatione"。按照德国语文学家的观点,Interpretation 至少应该有两个基本含义,这两个含义可以用德文自身形成的字来表示,即 Erklärung 和 Auslegung。Erklärung 偏重于从原则或整体上进行说明性和描述性的解释,我们可以译为"说明";Auslegung 偏重于从事物本身出发进行阐发性的揭示性的解释,我们可以译为"阐释"。因此,Interpretation 既有从原则或整体上进行的说明性的外在解释的含义,又有从事物本身揭示出来的阐发性的内在解释的含义。但是,随着近代自然科学的形成和发展,Interpretation 原有的那种从对象本身揭示出来的阐发性的解释含义似乎被淹没在外在的说明性的描述性的解释里面,以致在英语里,interpretation 似乎主要指那种按照某种说明模式进行描述性的因果性的解释，这就成为近现代自然科学通行的解释方法。按照这种方法，所谓解释就是将某一事件或某一过程隶属于或包摄于某个一般法则之下从而作出因果性的说明。这种自然科学的说明方法或解释观念影响相当大，几乎被认为是一切人类科学（包括人文科学）唯一有效的科学方法论。近代诠释学的产生正是对于这种试图统治一切科学的自然科学方法论的反抗。在近现代诠释学家看来，Interpretation 偏重于 Erklärung，乃是近代自然科学发展的产物，而人文科学应当面对自然科学的挑战争取自己与之不同的独立的方法论，因而他们强调了 Interpretation 原本就含有的 Auslegung 的含义，即从事物自身进行揭示性的和阐发性的解释。Auslegung 即 legen aus（展示出来），即把事物自身具有的意蕴释放出来。海德格尔关于这一点讲得最清楚。他在《存在与时间》一书中曾以"Verstehen und Auslegung"（理解和解释）一节来讲述何谓理解和何谓解释。按他的看法，理解作为此在的存在方式，就是此在"向着可能性筹划它的存在"，理解的筹划活动具有造就自身（sich auszubilden）的特有可能性，而解释（Auslegung）就是指"理解的这种造就自身的活动"，因此"解释并不是把某种'意义'抛掷到赤裸裸的现成东西上，也不是给它贴上某种价值标签，而是随世内照面的东西本身一起就一直已有某种在世界理解中展开出来的因缘关系，解释无非就是把这种因缘关系释放出来（herausgelegt）而已"（参见《存在与时间》，德文版，第 148—150 页）。这种解释观念显然与自然科学的说明模式不同，它表现了当代人文科学诠释学方法的基本特征。正是鉴于"解释"一词通常带有自然科学说明模式的含义，我认为选用"诠释学"来翻译 Hermeneutik 就更能表明自然科学的说明方法和人文科学的理解方法,也即科学论和诠释学的对峙,即使我们像达格劳·弗莱施达尔(D. Føllesdal)、冯·赖特(G. H. v. Wright)、罗蒂(R. Rorty)、阿佩尔(Otto Apel)和伯恩斯坦(R. J. Bernstein)等那样主张综合的倾向,即尝试在这两个领域或两种方法之间进行沟通,但也应以它们之间的区别为前提。

Bildung,我暂译为"教化"。这是一个很难翻译的德文字,《真理与方法》的两种英译本均未将此字译成英文,只是在括号里加了 culture 以指文化。Bildung 在德文里不仅指一般所谓文化,如英文的 culture,更重要和更本质的是指一种内在的精神造就或陶冶,比较接近于英文中的 cultivation 或 cultivated。伽达默尔在本书第一部分里把它定义为"人类发展自己的天赋和能力的特有方式"(本书第 1 卷,第 12 页)。从语源学上说,Bildung 这个德文词来源于拉丁词 formatio,formatio 是从 forma(形式、形象)衍生而来。这里有一个古老的哲学史背景。我们知道,柏拉图曾提出 eidos 这一概念,eidos 来源于动词 idein,idein 的意思是"看",因此 eidos 即指"所看的东西",所看的东西一般指相型,按照柏拉图,这种相型不是感觉的对象,而是思维的对象,它是永恒不变的存在,而不是变幻无常的现象。因此柏拉图认为在我们这个倏忽即逝的现象世界之外,还存在一个永恒不变的相型世界,相型世界是现象世界的原型,反之现象世界是相型世界的摹本。后来亚里士多德针对柏拉图这种原型和摹本的区分提出形式和质料的区分,他所谓的"质料"(matter)是一种无规定的东西,而"形式"就是给予质料以规定性的东西。他有时用可能性和现实性来区分质料和形式,也就是说,形式乃是使可能性的质料成为现实性的东西。他曾把形式定义为"事物的是其所是及其自身的本质"(《形而上学》，1032b 1)。后来中世纪神学家和哲学家按照亚里士多德这种形式和质料的观点，认为上帝心灵中具有各种事物的形式(Form)，他们称之为原型(archetype)、范型(paradigm)或模式(pattern)，上帝正是凭借这些原型、范型或模式创造了万事万物。按照中世纪神学解释，人是按照上帝的形象创造的，人在自己的灵魂里都带有上帝的形象，并且必须在自身中去继续造就这种形象，以致在中世纪的哲学家看来，人类认识的获得和德性的培养就在于把形式纳入自身中。现今英语里所谓信息、知识一词 information 就是这种观点的产物，所谓 information，就是把 form(形式)纳入(in)自身。

Bildung 来源于 Bilden(形成)，所谓形成(Bilden)就是按照 Bild(图像、形象)而造就。Bild 既有 Vorbild(范本、模本)，又有 Nachbild(摹本、抄本)，因此 Bildung 就是指按照 Vorbild 进行摹写(Nachbilden)，意即按照人性的理想范本加以铸造。Bildung 一词在 18 世纪末和 19 世纪初的德国思想家中相当流行。赫尔德曾经从根本上把人类教育规定为"达到人性的崇高教化"(Emporbildung zur Humanität)。按照黑格尔的解释，人之为人的显著特征就在于脱离直接性和本能性，而人之所以能脱离直接性和本能性，乃在于他的本质具有精神性的理性方面，因此人需要教化，人类教化的本质就是使自己成为一个普遍的精神存在，教化从而就作为个体向普遍性提升的一种内在的精神活动。德国哲学家很重视这一概念的内涵。黑格尔说，哲学正是"在教化中获得了其存在的前提条件"(《哲学纲要》，第 41 节)。狄尔泰自豪地说："只有从德国才能产生那种可取代充满偏见而独断的经验主义的真正的经验方法,穆勒就是由于缺乏历史性的教化而成为独断的"(《狄尔泰全集》,第5卷,第LXXIV页)。伽达默尔更发挥说:"我们可以补充说,精神科学也是随着教化一起产生的,因为精神的存在是与教化观念本质上联系在一起的。"(本书上卷,第14页)

如果我们把德国思想家关于Bildung的论述与我国古代的"文化"概念加以比较,那是很有意思的。在我国古代,"文化"一词并不是像《现代汉语词典》所说的那样,指Culture的译名,泛指人类社会的一切物质财富和精神财富,而是指一种内在的精神教化或文治。所谓文,按《说文解字》:"错画也,象交文",即一种象形的东西,其所像物乃事物的理或道,因而《论语集注》曰:"道之显者谓之文,盖礼乐制度之谓。"所谓化,《说文解字》:"教行也";《增韵》曰:"凡以道业诲人谓之教,躬行于上风动于下谓之化。"《老子》曰:"以德化民曰化",《荀子注》:"化,迁善也"。文和化连在一起就自然指教化或文治,故刘向《说苑》曰:"凡武之兴,为不服也,文化不改,然后加诛。"束晳《补亡诗·由仪》曰:"文化内辑,武功外悠。"王融《三月三日曲水诗序》曰:"设神理以景俗,敷文化以柔远。"由此可见,文化一词在我国古代系指相对于武力制服的一种按照道或德进行自我造就的内在精神陶冶,也即指教化,而这一意蕴与德文词Bildung非常相近。中国哲学的"道""德"或"理"作为第一原则很类似德国哲学的Urbild(原型)、Vorbild(范本),因此我采用"教化"一词来翻译Bildung,更可把人文科学相对于自然科学而特有的那种价值取向和精神意蕴表现出来。

Vorhanden,"现成在手",Zuhanden,"使用上手"。这本是海

德格尔提出的两个重要哲学概念,伽达默尔在此书中也多次使用这对概念来阐发他的哲学诠释学观点。从词义说,Vorhanden 即 Vor-handen,放在手前面的,Zuhanden 即 Zu-han-den,来到手边的或为了什么变为在手的。按照海德格尔的观点,人类认识世界基本上有两种不同的方式,即本体论的方式和现象学的方式。本体论方式是把自然事物看成现成在手的状态(Vorhandenheit),反之,现象学方式则把事物看成使用上手的状态(Zuhandenheit)。他在《存在与时间》一书中这样写道:"从现象学角度把切近照面的存在者的存在展示出来,这一任务是循着日常在世存在的线索来进行的。日常在世的存在我们也称之为在世界中与世界内的存在者打交道。这种打交道已经分散在形形色色的诸繁忙方式中了。我们已经表明了,最切近的交往方式并非一味地进行知觉性的认识,而是操作着的、使用着的繁忙(das hantierende, gebrauchende Besorgen),繁忙有它自己的'认识'。现象学首先问的就是在这种繁忙中照面的存在者的存在。"(《存在与时间》,德文版,第 67 页)因此按照海德格尔的看法,现象学解释不是对存在者的存在着状态上的属性进行认识,而是通过打交道或操作对存在者的存在结构进行规定。他引证希腊人关于物的观点,"希腊人有一个适当的术语用于物:πράγματα,这就是人们在繁忙打交道之际对之有所行事的那种东西。然而希腊人在本体论上却恰恰任这种 πράγματα 所特有的'实用'性质掩蔽不露而把它们'首先'规定为'纯粹的物'。我们把这种在繁忙活动中照面的存在物称为用具(Zeug)。"(同上书,第 68 页)这样,海德格尔引出了与现成在手的东西(Vorhanden)相对立的使用上手的东西(Zuhanden)。他说:"例如用锤子来锤,并不把这个存在者当成摆在那里的物进行专题把握,这种使用也根本不晓得用具的结构本身。锤不仅有着对于锤子的用具特性的知,而且它还以最恰当不过的方式占有着这一用具。在这种使用着打交道中,繁忙使自己从属于那个对当下的用具起组建作用的'为了作'(um-zu)。对锤子这物越少瞠目凝视,用它用得越起劲,对它的关系也就变得越原始,它也就越发昭然若揭地作为它所是的东西来照面,作为用具来照面。锤本身揭示了锤子特有的'称呼'。我们称用具的这种存在方式为使用上手状态(Zuhandenheit)。"(同上书,第69页)按照海德格尔这里的观点,理解的基本模式不再是那种按规则指导从事物中汲取出它们预先就有的意义,而是与要被理解的用具进行实践的、手工-技术操作的打交道或交往(mit etwas umgehen)。海德格尔认为,只有在这种与事物具体直接的打交道中才能形成全部的意义联系,他由此提出了"事实性的诠释学"(Hermeneutik der Faktizität)。按照海德格尔的看法,自古希腊哲学开始以来的两千多年的形而上学就是以"现成在手的本体论"(Ontologie des Vorhandenen)为基础,从而造成了"存在的遗忘",他试图通过 Zuhanden 概念"重新唤起对存在问题的意义之理解"。伽达默尔在其《真理与方法》里也遵循海德格尔这一思路,他写道:"海德格尔在他早期的研究中就已怀疑亚里士多德的本体论基础,而整个现代哲学,尤其是主体性概念和意识概念以及历史主义的疑难都以这种本体论基础为根据(在《存在与时间》中称之为'现成在手的本体论')。"(本书下卷,第711页)不过,伽达默尔认为,亚里士多德的哲学似乎是个例外,他不是海德格尔的对立面,而应当是海德格尔哲学意图的真正保证人。伽达默尔通过对亚里士多德善的观念的分析，特别是对亚里士多德所谓 phronesis（实践知识）概念的分析，认为亚里士多德"已减轻了我们深入理解诠释学问题的难度"，他写道："亚里士多德对此能给我们以帮助的无论如何是在这一点上，即我们并不坚持自然、自然性和自然法的神圣性，这种神圣性只不过是对历史的一种软弱空洞的批判，相反，我们获得了同历史传承物的更恰当关系，并更好地把握了存在。"（本书下卷，第713页）

在今天自然科学和人文科学的方法论争论中，也就是说，自然科学的考察方式和方法是否可以转用于人类文化领域，或者精神科学和社会科学是否需要一种与自然科学方法根本不同的特殊方法，北欧的冯·赖特（G. H. v. Wright）曾提出两种模型说，即因果性模型和目的论模型。按照冯·赖特的看法，因果性模型即所谓包摄模型（Subsumtionsmodell），这是伽利略的传统，它寻求一般性法则，以使单个事件或过程隶属于或包摄于一般法则之中，这是一种因果性的描述性的解释方式；反之，目的论模型即所谓意向性模型（Intentionalitätsmodell），这是亚里士多德的传统，它是以亚里士多德实践三段论为基础的合目的性的解释方式。冯·赖特认为，包摄模型虽然对于自然科学是很适用的，但在关于人的科学中这种模型是不适用的，他主张人文科学应当采用目的论模型。我认为冯·赖特这两种模型的分析正是从海德格尔的 Vorhandenheit 和 Zuhandenheit 的区分而来。不过，海德格尔是否赞成人文科学和自然科学这种明显的方法论区分还是一个有待探讨的问题。至少就伽达默尔来说，由运用科学方法所提供的确实性不足以保证真理，因为从语言作为一切科学的中介看来，对自然事物进行对象化处置的自然科学知识以及与这种知识相符合的自在存在概念被证明只是一种抽象的结果,是对存在于我们语言中的原始世界关系的背离,即使我们承认自然科学有助于人类获取自然知识,但不可否认它愈来愈远离人生,甚至愈来愈成为异化于人和统治于人的手段。

Dekonstruktion,这是当代法国哲学家德里达(Jacques Derrida,1930—2004)提出的哲学术语,我国哲学界通常译为"解构"。按照我的看法,德里达提出这一词乃是表示一种综合倾向,即把Konstruktion(建构)和Destruktion(解构)加以综合,形成Dekon-struktion,因此一般应译为"解—建—构"。在我看来,德里达之所以提出这个概念是针对海德格尔的Destruktion(解毁)这一概念。Destruktion在德文里具有从结构上、本质上进行摧毁、捣毁或毁灭之义。海德格尔在《存在与时间》一开始就提出了一项"解毁本体论历史的任务"(Die Aufgabeeiner Destruktion der Geschichte der Ontologie),试图利用Destruktion(解毁、解析)来克服西方哲学从古希腊直到尼采为止一直占统治地位的konstruktive(建构的)形而上学。海德格尔在书中说,这种占统治地位的传统把承袭下来的东西当作是不言自明的,并堵塞了通达原始"源头"的道路,而流传下来的许多范畴和概念一部分本来曾是以真切的方式从这些源头汲取出来的。传统甚至根本使这样的渊源被遗忘了,传统使人们以为甚至无须去了解一下是否有必要回溯到渊源处去,传统把此在的历史性连根拔除,换句话说,这种传统就是以我们上面所分析的Vorhanden(现成在手)的东西为出发点,因此他批评说:"希腊本体论及其通过形形色色的分流与变种直到今天仍还规定着哲学的概念思维的历史就是下述情况的证明:此在是从'世界'方面来理解自己本身并且理解一般存在本身,而这样成长起来的本体论沉溺于其中的传统使本体论降低为不言自明之事,降低为只不过有待重新制作一番的材料(黑格尔就是这样)。这种无根的希腊本体论在中世纪变成了固定教材。这份教材的系统化无非只是把承袭下来的诸构件凑合成一座建筑罢了。在教条式地承受希腊对存在的基本看法的限度内,在这个系统的构造中还是出了不少初拙的工作。希腊本体论的本质部分盖上了经院哲学的印记,通过苏阿列兹的形而上学论辩过渡到近代的'形而上学'和先验哲学,并且还规定着黑格尔《逻辑学》的基调和目标。尽管在这个历史过程中,某些别具一格的存在领域曾映入眼帘并在此后主导着问题的提法(笛卡尔的我思故我在、主体、自我、理性、精神、人格),但这些东西同时却与始终把存在问题耽搁了的情况相适应,没有就它们的存在之为存在及其存在结构被追问过。"(《存在与时间》,德文版,第22页)为了揭示传统本体论及其存在问题的虚构,海德格尔提出要把僵硬化了的传统加以松动,要把由传统作成的一切遮蔽打破的任务。他说:"我们把这个任务理解为以存在问题为主线而对古代本体论流传下来的内容所进行的解毁(Destruktion),将这些内容解构为一些原始经验,而那些最初的、以后又起主导作用的存在规定就是根据这些原始经验而获得的。"(同上书,第22页)由此可见,海德格尔所谓解毁,就是对传统本体论进行解析或批判。不过他说,他的这一解毁不要认为是摆脱本体论传统的消极任务,其实"这种解毁工作只是要标明本体论传统的各种积极的可能性"(同上书,第22页)。但是,海德格尔这一解毁任务在德里达看来仍是消极的。例如海德格尔对尼采作为形而上学思想家的批判,在德里达看来,真正把哲学从形而上学的本体论解放出来的正是尼采而不是海德格尔,他认为海德格尔光用 Destruktion 一词还不够,因这词只表示否定,而没有肯定,因此他提出 De-Kon-Struktion,即解—建—构哲学,这种观点在本世纪 60 年代法国兴起的后结构主义思潮中具有重大的影响。

伽达默尔在和德里达的争论中,于 1985 年发表了一篇题为 Destruktion und Dekonstruktion("解析和解构")的论战性的文章,在此文章中,伽达默尔重新解释了海德格尔的解析任务,他说,对至今仍影响当代思维的形而上学概念内容进行解析的任务,乃是海德格尔早年就提出的口号,按照伽达默尔的看法,海德格尔所谓把古代本体论流传下来的内容解析为一些原始经验,乃是"对传统的概念语词进行思维性的追溯,追溯至希腊语言,追溯至语词的自然词意和其中可以发现的语言的被隐蔽了的智慧,而这种追溯实际上乃重新唤醒希腊思维及其使我们深受感染的力量"(《伽达默尔著作集》,第 2 卷,第 366 页)。针对德里达把语言看作书写,言说的语词是业已中断的符号,伽达默尔提出了"回到对话和谈话的辩证法道路"(der Weg von der Dialektik zurück zum Dialog und Zurück zum Gespräch),他认为生动的对话和谈话"展开了交往和理解的维度,并超越了语言学上的固定的陈述",从而使意义在相互的理解和交往事件中得以呈现。他说,词语本身只存在于谈话里,而谈话中的语词本身并不是作为单个的语词存在,而是作为讲话事件和回答事件的整体而存在,因此德里达这条认为被失去的语词意义不能在生动的谈话里重新唤醒的解—建—构道路(der Weg der Dekonstruktion)是不能为他所接受的。

至于其他的一些专门译名，我在本书下卷后面所附的译注里已有说明。不过要说明的是，对于像伽达默尔（甚至像海德格尔）这样的哲学家，我们往往不能用同一个中文词去翻译他们所用的同一个德文词，也就是说，对于他们所使用的同一个德文词，我们不能在任何语境中都以同样的方式去加以解释。这不仅是因为德文词的意义域有其独特之处，在其他语言中找不到意义域完全相等的对应词，更为重要的原因在于伽达默尔本人特别反对任何僵化的语言，他常常对现行通用的词的固定用法保持敌对态度，认为这种用法限制了人们的真正思考。我的译注除了解释一些专门术语外，还包括了两个内容：一个是介绍一些哲学史的背景知识，另一个是补充或摘录一些重要哲学家如康德和黑格尔有关的观点和论述。我们知道，伽达默尔这部书最初是对他的学生进行讲课的讲稿，因此该书是以它的读者已具有某些有关的哲学史知识和熟悉古典哲学家的著作为前提的，这当然在一定程度上给我国读者带来困难。为了便于我国读者了解这方面的情况，我在译注里作了一些知识性的补充。当然，鉴于我本人知识有限和修养不足，可能还有不少问题，这些译注只能作参考之用。

现在谈一下本书翻译所据的版本。《真理与方法》德文版至今已出了5版，除1960年初版外，尚有1965年版、1972年版、1975年的修改版以及1986年著作集版。其中1975年第4版为标准版，一卷本，共553页（约中文60万字），除《真理与方法》正文外，还包括附注、论文"诠释学与历史主义"和第3版后记。1986年著作集版（即第5版）在原有的第4版基础上大大扩充，成为两卷本，

第1卷为《真理与方法》正文,第2卷收集《真理与方法》前后有关论文31篇。这两卷共1027页,约中文120万字。本中译本主要是按第4版篇幅翻译,但译文全部根据第5版加以校对,并增补了三篇重要论文:"在现象学和辩证法之间——一种自我批判的尝试"(1985年)、"诠释学"(1969年)和"汉斯-格奥尔格·伽达默尔自述"(1973年)。我认为这些论文,特别是"在现象学和辩证法之间""伽达默尔自述"和"第3版后记",对于理解《真理与方法》一书可以起到预备性的导读作用。在翻译过程中我们也参考了1989年出版的新英译本(*Truth and Method*, translated by J. Weinsheimer and D. G. Marshall, Crossroad, New York),新英译本对1975年旧英译本作了不少修正。

当本书上卷译文付印时,上海大学文学院夏镇平先生来信说他已在几年前就将《真理与方法》第3部分以及附录中一些论文译出,现在锁在箱子里成为死稿。夏君在研究生学习期间默默无闻埋头译作,我早有所闻,为了不辜负他的辛勤劳动,我在本书下卷中用了他的三篇译文,即"在现象学和辩证法之间——一种自我批判的尝试""诠释学与历史主义"和"第3版后记",并且还参考了他的其他一些译文,当然全书最后的统校整理工作仍是由我负责的。在翻译此书的整个过程中我得益最多的是德国杜塞尔多夫大学哲学系卢茨·盖尔德塞策教授,他不仅帮我翻译了原书中所有的希腊文和拉丁文,而且对伽达默尔一些原文难点的翻译给予了通俗的解释。另外,南京大学哲学系张继武和倪梁康先生、商务印书馆张伯幼先生也均对本书的翻译给予了不少的帮助,在此我一并表示衷心的感谢。最后上海译文出版社的刘建荣和赵月瑟同志为本书的编辑、出版做了不少辛苦而又默默无闻的工作,谨向她们表示真诚的谢意。

洪汉鼎

1993 年 11 月北京

《真理与方法》(修订译本)译后记

《真理与方法》德文原书1975年第4版为一卷本,1986年著作集版扩充为两大卷,第1卷为《真理与方法》正文,第2卷为有关《真理与方法》内容的相关论文,其中包括《真理与方法》出版前以及出版后伽达默尔关于诠释学的重要论文31篇。该书两卷中译本曾于1993年和1995年由台湾时报文化出版公司出版。由于版权问题,国内上海译文出版社只出了相当于第1卷的内容,第2卷绝大部分论文未出版。此次商务印书馆直接从德国出版社购买了该书版权,因此《真理与方法》1986年完整两卷本的修订中译本不久将与内地读者见面。

这次再版,我花了一年多的时间对全书重新做了校订,改正了不少错误,不仅按德文原版重新校阅了全书,而且对第2卷许多论文做了重译,原译者夏镇平先生对部分译稿做了很大修改,那薇女士也帮助校对了部分译稿。在此我首先要向曾经为本书提出修改意见的读者致以衷心的感谢,正是他们的批评和支持,这次中译本的修订版才能问世。当然,像伽达默尔这样的书,误读和误译也是在所难免,以后我将还会不断地修正。

在此,我要再次感谢我的德国老朋友卢茨·盖尔德塞策(Lutz

Geldsetzer)教授,正是他陪同我于2001年拜访了本书作者101岁高寿的伽达默尔教授,伽达默尔才会在他去世前一年为本书中译本写了短序,这是他留给我们中国人的一份非常珍贵的遗产。另外也是由于盖尔德塞策教授的努力,该书德文版权才会顺利地转交了商务印书馆。

商务印书馆翻译室陈小文主任自始至终一直关心此书的出版,在此表示深深谢意,责任编辑马冬梅同志为此付出艰辛劳动,在此致以衷心的感谢。

洪汉鼎

2005年中秋前夕

北京怡斋

图书在版编目(CIP)数据

诠释学 I、II:真理与方法/(德)伽达默尔著;洪汉鼎译.
(修订译本)—北京:商务印书馆,2010(2023.12 重印)
(汉译世界学术名著丛书)
ISBN 978-7-100-06925-0

Ⅰ.①诠… Ⅱ.①伽… ②洪… Ⅲ.①解释学 Ⅳ.①B089.2

中国版本图书馆 CIP 数据核字(2009)第 244545 号

权利保留,侵权必究。

汉译世界学术名著丛书
诠释学 Ⅰ、Ⅱ
真理与方法
(修订译本)
〔德〕汉斯-格奥尔格·伽达默尔 著
洪汉鼎 译

商 务 印 书 馆 出 版
(北京王府井大街36号 邮政编码100710)
商 务 印 书 馆 发 行
北京艺辉伊航图文有限公司印刷
ISBN 978-7-100-06925-0

2010 年 9 月第 1 版　　开本 850×1168 1/32
2023 年 12 月北京第 8 次印刷　印张 49⅝
定价:198.00 元